1급에서 6급까지
HSK 어휘 5000 플러스

지은이 다락원 편집부
펴낸이 정규도
펴낸곳 (주)다락원

초판 1쇄 발행 2022년 3월 10일

기획 · 편집 김보경, 김현주
디자인 정현석
조판 최영란

중문감수 ZHAO LI JUAN
녹음 AOOLIN Communication Co., Ltd.

다락원 경기도 파주시 문발로 211
내용문의: (02)736-2031 내선 560~561
구입문의: (02)736-2031 내선 250~252
Fax: (02)732-2037
출판등록 1977년 9월 16일 제406-2008-000007호

정가 29,000원 (본책 + MP3 무료 다운로드)

ISBN 978-89-277-2296-0 13720

http://www.darakwon.co.kr
다락원 홈페이지를 방문하시면 상세한 출판 정보와 함께 MP3 자료 등 다양한
어학 정보를 얻으실 수 있습니다.

1급에서 6급까지

HSK 어휘

5000
플러스

다락원 편집부 편

다락원

☰ 차례 🔍

☰ 이 책의 특징 　🔍

⟩ HSK 1~6급 필수 어휘 전체를 한 권에 수록

HSK 1급에서 6급까지의 필수 어휘 5,000개와 新HSK으로 개정되면서 필수 어휘에서는 제외되었으나 여전히 출제 빈도가 높은 어휘, 두 가지 이상의 음으로 읽히는 다음자(多音字) 등을 포함, 총5,210개 어휘를 한 권에 모두 수록하였습니다.

⟩ 검색이 쉬운 사전식 배열

전체 어휘를 한어 병음 자모의 알파벳순으로 배열하였으며, 한어 병음 자모가 같은 어휘는 성조에 따라 1성, 2성, 3성, 4성, 경성의 순으로 배열하여 어휘를 쉽고 빠르게 찾을 수 있습니다.

⟩ HSK 1~6급 급수별 색인

급수별로 정리한 HSK 필수 어휘 색인을 이용하여 각 급수에 해당하는 어휘를 쉽게 찾을 수 있습니다.

⟩ 온라인 바로듣기

본서에 수록된 어휘와 예문 전체를 전용 웹 페이지에서 중국 현지 성우의 음성으로 바로 들을 수 있습니다.
페이지별, 급수(1~6급)별로 쉽게 검색하여 별도의 다운로드 없이 청취가 가능합니다.

⟩ 무료 MP3 다운로드

다락원 홈페이지에서 MP3를 무료로 다운받아 오프라인에서도 중국인 성우가 읽는 어휘와 예문을 들으면서 어휘를 학습하고, 발음을 연습할 수 있습니다.

▤ 이 책의 구성

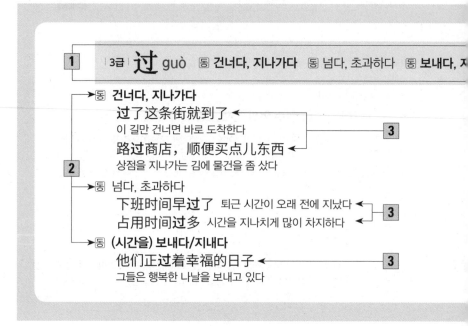

❶ HSK 급수, 어휘, 발음, 품사, 뜻을 한눈에

- 각 어휘의 상단에 어휘의 발음, 품사, 뜻을 한눈에 볼 수 있도록 배치하였습니다.
- HSK 필수 어휘에 포함되지 않는 어휘에는 급수가 표기되어 있지 않습니다.
- 모든 한어 병음은 원래의 성조대로 표기하였습니다.
- a, o, e로 시작하는 음절이 다른 음절의 뒤에 오는 경우, 구분을 명확히 하기 위해 a, o, e 앞에 격음 부호(')를 추가하였습니다.

❷ 품사와 의미

- 동사와 목적어로 이루어진 일부 어휘, 명사와 명사로 이루어진 복합 명사 등은 품사를 표기하지 않았습니다.
- 전체 품사 약어표는 일러두기(p.8)에 수록하였습니다.
- 기출 의미는 볼드체로 진하게 표기하였으며, 의미의 나열은 쉼표로 구분하였습니다.
- 의미의 한정 설명, 생략 가능한 말, 용법 설명, 보충 설명 등은 괄호로 표시하였으며, 괄호 부분이 그 뒤에 나열된 여러 가지 의미에 모두 해당하는 경우, 빗금 부호(/)로 묶어 표시하였습니다.

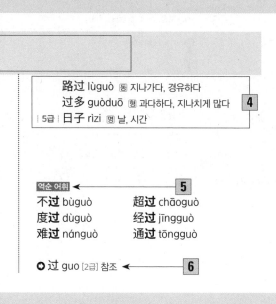

路过 lùguò 통 지나가다, 경유하다
过多 guòduō 형 과다하다, 지나치게 많다 **4**
| 5급 | 日子 rìzi 명 날, 시간

역순 어휘 ◀━━━━━ **5**
不过 búguò   超过 chāoguò
度过 dùguò   经过 jīngguò
难过 nánguò   通过 tōngguò

◐ 过 guo [2급] 참조 ◀━━━ **6**

3 예문 및 예문 해석

- 어휘의 의미와 용법을 잘 나타내고 활용도가 높은 예문을 수록하고자 노력하였으며, 어휘의 성격에 따라 짧은 구, 복합 명사, 문장 등 여러 유형의 예문을 제시하였습니다.
- 일부 예문은 중국 외연사(外研社)의 「현대한어규범사전(现代汉语规范词典)」에서 발췌하여 수록하였습니다.

4 예문 어휘

- 예문에 사용된 어휘 중, HSK 1~6급 어휘 및 출제 빈도가 높은 어휘를 선별하여 발음, 품사, 뜻을 표시하였습니다.

5 역순 어휘 역순 어휘

- 한 글자로 된 어휘는 해당 글자로 끝나는 HSK 급수 어휘를 참조할 수 있도록 제시하였습니다.

6 참조 어휘 ◐

- 두 가지 이상의 음으로 읽히는 다음자가 포함된 어휘는 화살표 뒤에 다른 음을 수록하였습니다.

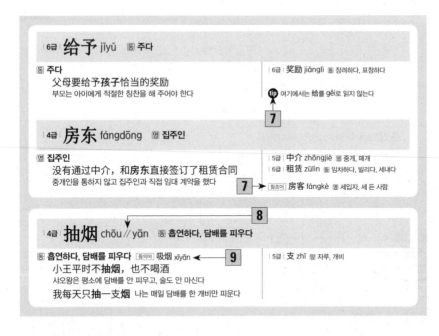

6급 **给予** jǐyǔ 동 주다

동 주다
父母要给予孩子恰当的奖励
부모는 아이에게 적절한 칭찬을 해 주어야 한다

6급 **奖励** jiǎnglì 동 장려하다, 표창하다

tip 여기에서는 给를 gěi로 읽지 않는다

7

4급 **房东** fángdōng 명 집주인

명 집주인
没有通过中介，和房东直接签订了租赁合同
중개인을 통하지 않고 집주인과 직접 임대 계약을 했다

7

5급 **中介** zhōngjiè 명 중개, 매개
6급 **租赁** zūlìn 동 임차하다, 빌리다, 세내다
참조어 **房客** fángkè 명 세입자, 세 든 사람

8

4급 **抽烟** chōu∥yān 동 흡연하다, 담배를 피우다

동 흡연하다, 담배를 피우다   동의어 **吸烟** xīyān   **9**
小王平时不抽烟，也不喝酒
샤오왕은 평소에 담배를 안 피우고, 술도 안 마신다
我每天只抽一支烟 나는 매일 담배를 한 개비만 피운다

5급 **支** zhī 양 자루, 개비

---

7 팁 tip 및 참조어 참조어

- 어휘의 발음, 용법과 관련된 주의 사항을 제시하였습니다.
- 해당 어휘와 함께 참조할 수 있는 어휘를 수록하였으며, 발음, 뜻, 급수를 함께 표시하였습니다.

8 이합사 ∥

- 중간에 다른 성분이 들어가 두 개의 단어로 분리될 수 있는 이합사(离合词)의 경우, 한어 병음 음절 사이에 ∥ 기호를 넣어 표시하였습니다.

9 동의어와 반의어 동의어 반의어

- 동의어, 반의어는 어휘의 뜻 뒤에 수록하였으며, 발음, 급수 등을 함께 표시하였습니다.

일러두기 🔍

⟩ 품사 약어표

명 명사(名词)	동 동사(动词)	형 형용사(形容词)	수 수사(数词)	양 양사(量词)
대 대사(代词)	부 부사(副词)	개 개사(介词)	연 연사(连词)	조 조사(助词)
탄 감탄사(叹词)	의성 의성어(拟声词)	접두 접두어(前缀)	수량 수량사(数量词)	성 성어(成语)

– 지명, 인명 등의 고유명사는 외래어 표기법에 따라 중국어 발음을 우리말로 표기하였으며, 학습자의 편의를 위해 한국 한자음을 병기하였습니다.

3급 阿姨 āyí 명 아주머니

명 아주머니
我觉得李阿姨一定可以帮他的忙
나는 리씨 아주머니가 분명 그를 도와줄 수 있다고 생각한다

3급 啊 a 조 어조나 감정적 분위기를 강조한다　조 어조를 강조하거나 완화시킨다

조 문장 끝에 쓰여 어조나 감정적 분위기를 강조한다
不是我不想去，我确实有事啊！
내가 가기 싫은 것이 아니라 정말 일이 있단 말이야!

4급 确实 quèshí	부 확실히, 정말로
有事 yǒushì	동 일이 있다, 용무가 있다, 일이 생기다

조 감탄문의 어조를 강조하거나 의문문의 어조를 완화시킨다
她真漂亮啊！ 그녀는 정말 아름답구나!
你找谁啊？ 너는 누구를 찾니?

5급 哎 āi 탄 어, 어머나, 앗 탄 야, 자

탄 어, 어머나, 앗 (놀람을 나타냄)
哎！你怎么来啦？ 어, 너 어떻게 온 거야?

탄 야, 자 (상대방을 부르거나 상대방의 주의를 환기시킴)
哎，小声点！别惊醒了睡觉的孩子
야, 소리 좀 낮춰! 잠든 아이를 놀라서 깨게 하지 마

惊醒 jīngxǐng	동 놀라서 깨어나다, 갑자기 깨우다

哎哟 āiyō 탄 아야, 아이고, 앗

탄 아야, 아이고, 앗 (놀람, 고통, 아쉬움 등을 나타냄)
哎哟，难受死啦！ 아이고, 괴로워 죽겠네!
哎哟，你怎么又来了？ 어머, 너 왜 또 왔어?

4급 难受 nánshòu	형 견디기 힘들다, 괴롭다

5급 唉 āi 탄 응, 그래 탄 아, 후유

탄 응, 그래 (대답을 나타냄)
唉，我这就来 응, 곧 갈게

탄 아, 후유 (탄식을 나타냄)
听到这个消息，他唉唉地直叹气
이 소식을 듣고 그는 아아 하고 계속 탄식했다

4급 消息 xiāoxi	명 소식, 뉴스
5급 直 zhí	부 줄곧, 계속
6급 叹气 tànqì	동 한숨 쉬다, 탄식하다

6급 挨 ái 동 당하다, 받다 동 견디다, 힘들게 보내다 동 시간을 끌다, 꾸물거리다

동 (봉변 등을) 당하다/받다
想要成功，就不要怕挨骂
성공하고 싶다면 욕먹는 것을 두려워해서는 안 된다

동 (시간을) 견디다/힘들게 보내다
苦日子总算挨过来了 힘들었던 날들이 마침내 지나갔다

동 시간을 끌다, 꾸물거리다
大雾始终不散，我只好在候机厅里挨时间
짙은 안개가 줄곧 걷히지 않아 나는 공항 대합실에서 시간을
보낼 수 밖에 없었다

挨骂 áimà	동 욕먹다, 꾸중을 듣다, 비난을 받다
苦日子 kǔrìzi	명 어렵고 고통스러운 생활, 괴롭고 힘든 나날
5급 总算 zǒngsuàn	부 마침내, 드디어, 결국
挨时间 ái shíjiān	그냥 시간을 보내다, 빈둥거리며 지내다

A

6급 癌症 áizhèng 몡 암

몡 암
患者被诊断为癌症
환자가 암 진단을 받다

| 6급 患者 huànzhě 몡 환자
| 5급 诊断 zhěnduàn 통 진단하다

3급 矮 ǎi 톙 작다, 낮다

톙 (키가) 작다, (높이가) 낮다 반의어 高 gāo [2급]
弟弟比哥哥矮多了
남동생은 형보다 훨씬 키가 작다

桌子太矮，椅子太高，不配套
탁자는 너무 낮고, 의자는 너무 높아서 짝이 맞지 않는다

| 6급 配套 pèitào 통 체계를 갖추다

1급 爱 ài 통 사랑하다 통 아끼다, 중시하다 통 좋아하다, 애호하다

통 사랑하다
我爱祖国的美丽山川
나는 조국의 아름다운 산천을 사랑한다

통 아끼다, 중시하다
越没本事的人，越爱面子
능력이 없는 사람일수록 체면을 더 중시한다

통 좋아하다, 애호하다
因为他爱篮球，所以经常看篮球比赛
그는 농구를 좋아해서 농구 경기를 자주 본다

| 6급 祖国 zǔguó 몡 조국
| 4급 美丽 měilì 톙 아름답다, 매력적이다
| 6급 面子 miànzi 몡 체면
| 篮球 lánqiú 몡 농구
| 3급 比赛 bǐsài 몡 시합, 경기, 대회

역순 어휘
可爱 kě'ài   恋爱 liàn'ài   亲爱 qīn'ài
热爱 rè'ài   疼爱 téng'ài

6급 爱不释手 àibùshìshǒu 졩 매우 좋아하여 손에서 놓지 못하다

졩 매우 좋아하여 손에서 놓지 못하다
他对自己收藏的古董爱不释手
그는 자신이 소장한 골동품을 매우 좋아하여 손에서 놓지 못한다

| 6급 收藏 shōucáng 통 소장하다
| 6급 古董 gǔdǒng 몡 골동품

6급 爱戴 àidài 통 경애하며 추대하다, 떠받들다, 받들어 모시다

통 경애하며 추대하다, 떠받들다, 받들어 모시다
他是位深受群众爱戴的领导
그는 많은 사람의 사랑과 추대를 받는 지도자이다

| 6급 群众 qúnzhòng 몡 군중, 대중
| **tip** 상급자나 손윗사람에게만 쓴다

3급 爱好 àihào 통 좋아하다 몡 취미, 기호, 애호

통 좋아하다
爱好集邮
우표 수집을 좋아하다

몡 취미, 기호, 애호
他有多种爱好
그는 다양한 취미를 갖고 있다

集邮 jíyóu 통 우표를 수집하다

5급 爱护 àihù 동 애호하다, 아끼고 보호하다

동 애호하다, 아끼고 보호하다
爱护校园的一草一木
교정의 풀 한 포기, 나무 한 그루도 아끼고 보호하다

校园 xiàoyuán 명 교정, 캠퍼스

4급 爱情 àiqíng 명 애정

명 (남녀 간의) 애정
我们应该如何看待**爱情**与金钱的关系?
우리는 애정과 금전 관계를 어떻게 봐야 할 것인가?

6급 看待 kàndài 동 대하다, 취급하다, 다루다
金钱 jīnqián 명 금전, 돈, 화폐

5급 爱惜 àixī 동 귀하게 여기고 아끼다, 아끼고 사랑하다, 애호하다

동 귀하게 여기고 아끼다, 아끼고 사랑하다, 애호하다
爱惜人才，才能让人才发挥出最大的能量
인재를 아껴야만 인재가 최대 역량을 발휘할 수 있다

奶奶对小孙女非常**爱惜**
할머니는 어린 손녀를 매우 아끼고 사랑하신다

6급 能量 néngliàng 명 역량, 능력
孙女 sūnnǚ 명 손녀

5급 爱心 àixīn 명 사랑과 관심

명 사랑과 관심
人人都为灾区儿童献出一份**爱心**
사람들이 모두 재해 지역 아동을 위해 사랑과 관심을 나타냈다

灾区 zāiqū 명 재해 지역
4급 儿童 értóng 명 아동, 어린이
献 xiàn 동 헌납하다, 바치다

6급 暧昧 àimèi 형 애매하다, 수상쩍다, 정당하지 못하다

형 (태도 등이) 애매하다, (행위가) 수상쩍다/정당하지 못하다
他的态度非常**暧昧**
그의 태도가 매우 애매하다

朋友怀疑妻子与同事有**暧昧**关系
친구는 아내가 동료와 부적절한 관계가 있다고 의심한다

4급 态度 tàidu 명 태도
4급 怀疑 huáiyí 동 의심하다, 회의하다
3급 关系 guānxi 명 관계

3급 安静 ānjìng 형 조용하다, 고요하다, 평온하다

형 조용하다, 고요하다, 평온하다
阅览室里十分**安静**
열람실이 매우 조용하다

渴望过**安静**的日子
평온한 나날을 보내기를 갈망하다

阅览室 yuèlǎnshì 명 열람실
4급 十分 shífēn 부 십분, 매우, 아주
6급 渴望 kěwàng 동 갈망하다, 간절히 바라다

安居乐业 ānjū-lèyè 성 안정된 생활을 하며 즐겁게 일하다

성 안정된 생활을 하며 즐겁게 일하다
我们**安居乐业**，过着平静的日子
우리는 안정된 생활을 하고 즐겁게 일하며 편안한 나날을 보낸다

5급 平静 píngjìng 형 차분하다, 편안하다, 안정되다

A

6급 安宁 ānníng 형 안녕하다, 평화롭다, 안정되다

형 안녕하다, 평화롭다, 안정되다
当今的世界很不**安宁**
지금 세계는 매우 평화롭지 못하다
噪音污染严重，使人不得**安宁**
소음 공해가 심해서 안정을 취할 수가 없다

当今 dāngjīn 현재, 지금
6급 噪音 zàoyīn 명 잡음, 소음
4급 污染 wūrǎn 명 오염

4급 安排 ānpái 동 안배하다, 배정하다, 배치하다, 마련하다

동 안배하다, 배정하다, 배치하다, 마련하다
合理**安排**工作时间，提高工作效率
작업 시간을 합리적으로 배정하여 작업 능률을 높이다

5급 合理 hélǐ 형 합리적이다, 사리에 맞다
5급 效率 xiàolǜ 명 효율, 능률

4급 安全 ānquán 형 안전하다

형 안전하다
晚上出门一定要注意**安全**
저녁에 외출할 때는 반드시 안전에 주의해야 한다

出门 chūmén 동 외출하다
3급 注意 zhùyì 동 주의하다

5급 安慰 ānwèi 동 위로하다, 위안하다, 마음을 편안하게 하다 / 형 마음이 안정되고 편안하다

동 위로하다, 위안하다, 마음을 편안하게 하다
我不知道该说什么来**安慰**她
무슨 말로 그녀를 위로해야 할지 모르겠다
家人的**关怀**给了我很大的**安慰**
가족의 보살핌이 나에게 큰 위로를 주었다

형 마음이 안정되고 편안하다
听到她的消息，我心里感到很**安慰**
그녀의 소식을 듣고 내 마음은 매우 편안해졌다

家人 jiārén 명 가족, 식구
6급 关怀 guānhuái 동 관심을 보이다, 보살피다

6급 安详 ānxiáng 형 차분하다, 침착하다, 편안하다

형 차분하다, 침착하다, 편안하다
父亲**安详**地坐在靠椅里看着报纸
아버지께서 등받이 의자에 차분히 앉아 신문을 보고 계신다
他的**岳母**今天**去世**了，走得很**安详**，像睡着了一样
그의 장모는 오늘 별세하셨는데 잠드신 것처럼 편안히 가셨다

靠椅 kàoyǐ 명 (등받이) 의자
6급 岳母 yuèmǔ 명 장모
5급 去世 qùshì 동 세상을 뜨다, 별세하다

6급 安置 ānzhì 동 잘 두다, 배치하다, 안배하다

동 (적당한 위치에) 잘 두다/배치하다/안배하다
家具都**安置**好了
가구를 모두 잘 배치하였다
安置下岗人员
퇴직자를 일자리에 배치하다

4급 家具 jiājù 명 가구
下岗 xiàgǎng 동 실직하다, 퇴직하다
5급 人员 rényuán 명 인원

5급 安装 ānzhuāng 동 설치하다, 고정시키다 동 인스톨하다, 설치하다

동 **(부속, 기자재 등을) 설치하다/고정시키다**
政府投入资金，将天然气管道**安装**到每家每户
정부가 자금을 투입하여 집집마다 천연가스 파이프를 설치하다

동 **(소프트웨어를) 인스톨(install)하다/설치하다**
在电脑上下载的程序怎么**安装**到手机里?
컴퓨터에 다운로드한 프로그램을 어떻게 핸드폰에 설치합니까?

6급	天然气 tiānránqì 명 천연가스
	管道 guǎndào 명 도관, 파이프
5급	下载 xiàzài 동 다운로드하다
5급	程序 chéngxù 명 프로그램

5급 岸 àn 명 강기슭, 호숫가, 해안

명 **강기슭, 호숫가, 해안**
中国有很长的海**岸**线 중국은 해안선이 길다
网民高度关注两**岸**关系 네티즌은 양안 관계에 관심이 높다

	海岸线 hǎi'ànxiàn 명 해안선
	两岸 liǎng'àn 명 양안, 중국 대륙과 타이완

6급 按摩 ànmó 동 안마하다, 마사지하다

동 **안마하다, 마사지하다**
经常**按摩**腹部能加强肠胃的消化功能
복부를 자주 마사지하면 위장의 소화 기능을 강화시킬 수 있다

	腹部 fùbù 명 복부, 배
	肠胃 chángwèi 명 위장, 장과 위
5급	消化 xiāohuà 동 소화하다

4급 按时 ànshí 부 시간에 맞춰, 시간에 따라, 제시간에, 제때에

부 **시간에 맞춰, 시간에 따라, 제시간에, 제때에**
医生嘱咐我要**按时**吃药，好好休息
의사는 나에게 약을 시간에 맞춰 먹고, 충분히 휴식할 것을 당부했다

6급	嘱咐 zhǔfù 동 분부하다, 당부하다

4급 按照 ànzhào 개 …에 따라, …에 의하면, …대로

개 **…에 따라, …에 의하면, …대로**
按照科学说法，这叫日食
과학적 표현에 의하면, 이는 일식이라고 한다
按照实际情况决定工作方针
실제 상황에 따라 작업 방침을 결정하다

	说法 shuōfa 명 표현법, 논법, 견해
	日食 rìshí 명 일식
6급	方针 fāngzhēn 명 방침

6급 案件 ànjiàn 명 안건, 사건

명 **안건, 사건**
法院公开审理了一起受贿**案件**
법원이 한 건의 뇌물 수수 사건을 공개적으로 심리했다

6급	审理 shěnlǐ 동 심리하다
	起 qǐ 양 건, 번, 차례
	受贿 shòuhuì 동 뇌물을 받다

6급 案例 ànlì 명 판례, 사례, 케이스

명 **판례, 사례, 케이스**
典型**案例** 전형적 사례
这无疑是个成功**案例**，值得我们借鉴
이는 의심할 여지 없는 성공적 케이스로 우리가 본보기로 삼을 만하다

6급	典型 diǎnxíng 형 전형적인, 대표적인
6급	借鉴 jièjiàn 동 본보기로 삼다, 거울로 삼다

5급 暗 àn ⑲ 어둡다, 캄캄하다 ⑲ 은밀한, 숨겨진

⑲ 어둡다, 캄캄하다
随着天色渐渐暗下来，行人越来越少
날이 점점 어두워지면서 행인들이 갈수록 줄어들다

⑲ 은밀한, 숨겨진
明人不做暗事
공명정대한 사람은 떳떳하지 못한 일을 하지 않는다

渐渐 jiànjiàn ⑲ 점점, 차츰
5급 行人 xíngrén ⑲ 행인, 보행자
明人 míngrén ⑲ 공명정대한 사람, 떳떳하고 바른 사람

6급 暗示 ànshì ⑤ 암시하다, 넌지시 알리다

⑤ 암시하다, 넌지시 알리다
他轻轻地咳嗽了一声，暗示我该发言了
그는 가볍게 기침을 해서 내가 발언할 차례임을 넌지시 알렸다

4급 咳嗽 késou ⑤ 기침하다
该 gāi ⑤ 마땅히 …해야 하다, …의 차례이다
5급 发言 fāyán ⑤ 발언하다

6급 昂贵 ángguì ⑲ 매우 비싸다

⑲ 매우 비싸다
为了事业，他付出了昂贵的代价
사업을 위해 그는 막대한 대가를 치렀다

付出 fùchū ⑤ 지불하다, 지출하다
6급 代价 dàijià ⑲ 대가, 값

6급 凹凸 āotū ⑲ 울퉁불퉁하다

⑲ 울퉁불퉁하다
表面凹凸不平 표면이 울퉁불퉁하다

5급 表面 biǎomiàn ⑲ 표면, 겉, 겉모습

6급 熬 áo ⑤ 쑤다, 달이다, 조리다 ⑤ 참고 견디다, 간신히 지탱하다

⑤ 쑤다, 달이다, 조리다
熬粥前先将米用冷水浸泡半小时
죽을 쑤기 전에 쌀을 냉수에 반 시간 불려야 한다

这种药要用小火熬三个半小时
이 약은 약한 불에 세 시간 반 동안 달여야 한다

⑤ 참고 견디다, 간신히 지탱하다
苦日子总算熬出头了 힘든 세월을 겨우 버텨냈다

6급 粥 zhōu ⑲ 죽
6급 浸泡 jìnpào ⑤ 담그다
小火 xiǎohuǒ ⑲ 약한 불
熬出头 áochūtóu (어려움에서) 벗어나다, (고통을) 견뎌내다

5급 熬夜 áo // yè ⑤ 철야하다, 밤을 새다

⑤ 철야하다, 밤을 새다
工作任务繁重，他经常熬夜
업무가 많고 힘들어 그는 늘 밤을 샌다

繁重 fánzhòng ⑲ (업무, 등이) 많고 무겁다/ 많고 복잡하다

6급 奥秘 àomì ⑲ 신비, 비밀, 심오한 이치, 오묘한 현상

⑲ 신비, 비밀, 심오한 이치, 오묘한 현상
带领孩子们穿越森林，探索大自然的奥秘
아이들을 인솔하여 숲을 통과하며 대자연의 신비를 탐색하다

6급 带领 dàilǐng ⑤ 인솔하다, 이끌다
6급 穿越 chuānyuè ⑤ 통과하다, 지나가다, 넘다
6급 探索 tànsuǒ ⑤ 탐색하다

1급 八 bā [수] 팔, 여덟, 8

[수] **팔, 여덟, 8**

四加四等于八
4더하기 4는 8이다

他在北京住了八年
그는 베이징에서 8년을 살았다

5급 等于 děngyú [동] (둘 이상의 수치가) …와 같다

6급 巴不得 bābude 간절히 바라다

간절히 바라다

我**巴不得**立刻就出发
나는 바로 출발하기를 간절히 바란다

5급 立刻 lìkè [부] 즉각, 즉시, 바로

6급 巴结 bājie [동] 아첨하다, 아양을 떨다 [형] 부지런하다, 근면하다

[동] **아첨하다, 아양을 떨다**

这家伙没别的本领，只会**巴结**总经理
이 자식은 다른 능력은 없고, 사장에게 아첨할 줄만 안다

[형] 부지런하다, 근면하다

她工作一直很**巴结**
그녀는 줄곧 근면하게 일해 왔다

6급 家伙 jiāhuo [명] 자식, 놈
5급 本领 běnlǐng [명] 기량, 솜씨, 능력
总经理 zǒngjīnglǐ [명] 사장, 최고 책임자

6급 扒 bā [동] 잡다, 매달리다, 꼭 쥐다 [동] 파내다, 헤집다, 부수다

[동] **잡다, 매달리다, 꼭 쥐다**

扒着墙头往里看
담장 위를 잡고 안을 들여다 보다

[동] **파내다, 헤집다, 부수다**

扒开院墙 담을 부수다

墙头 qiángtóu [명] 벽이나 담의 꼭대기
院墙 yuànqiáng [명] 정원을 둘러싼 담

6급 疤 bā [명] 흉터 [명] 흠, 흠집

[명] **흉터**

小时候出过一次车祸，腿上留下了很大的一块**疤**
어렸을 때 교통사고가 나서 다리에 큰 흉터가 남았다

[명] **(그릇 등에 생긴) 흠/흠집**

洗脸盆上有块**疤**
세숫대야에 흠집이 있다

车祸 chēhuò [명] 교통사고
洗脸盆 xǐliǎnpén [명] 세면기, 세숫대야

6급 拔苗助长 bámiáo-zhùzhǎng [성] 발묘조장, 모를 뽑아 올려 빨리 자라게 하다, 너무 조급하게 서두르다가 오히려 일을 망치다

[성] **발묘조장(拔苗助長), 모를 뽑아 올려 빨리 자라게 하다, 너무 조급하게 서두르다가 오히려 일을 망치다**

拔苗助长式的教育，会抹杀孩子的天性
발묘조장식 교육은 아이의 천성을 말살할 수 있다

6급 抹杀 mǒshā [동] 말살하다, 무시하다, 지우다
天性 tiānxìng [명] 천성

B

3급 把 bǎ 〔개〕 …을, …을 가지고 〔양〕 자루, 개 〔동〕 쥐다, 잡다

〔개〕 …을, …을 가지고 (把 뒤의 대상은 그 뒤에 나오는 동사의 목적어임)
把电源插头拔下来 전원 플러그를 뽑다
把搞活经济当作首要任务来抓
경제 활성화를 가장 중요한 임무로 여기고 매진하다

〔양〕 자루, 개 (손잡이나 그와 비슷한 것이 있는 물건을 세는 단위)
一**把**菜刀 식칼 한 자루 | 两**把**椅子 의자 두 개
一**把**雨伞 우산 하나 | 一**把**钥匙 열쇠 한 개

〔동〕 (손으로) 쥐다/잡다
把住方向盘 핸들을 꼭 쥐다

- 插头 chātóu 〔명〕 (전원) 플러그
- 搞活 gǎohuó 〔동〕 활성화하다
- 6급 首要 shǒuyào 〔형〕 가장 중요한
- 5급 抓 zhuā 〔동〕 치중하다, 강조하다
- 4급 钥匙 yàoshi 〔명〕 열쇠
  方向盘 fāngxiàngpán 〔명〕 (자동차 등의) 핸들

6급 把关 bǎ//guān 〔동〕 엄격히 검사하다, 관리하다

〔동〕 (원칙이나 표준에 따라) 엄격히 검사하다/관리하다
毕业班由老教师**把关**
졸업반은 경력이 많은 교사가 엄격히 관리한다
把好出口产品质量**关** 수출 제품의 품질을 엄격히 검사하다

- 5급 出口 chūkǒu 〔동〕 수출하다
- 5급 产品 chǎnpǐn 〔명〕 생산품, 제품

6급 把手 bǎshou 〔명〕 손잡이, 핸들

〔명〕 손잡이, 핸들
他转动**把手**，慢慢地打开门
그는 손잡이를 돌려 천천히 문을 열었다

- 转动 zhuàndòng 〔동〕 회전시키다, 방향을 바꾸다

5급 把握 bǎwò 〔동〕 쥐다, 파악하다, 장악하다, 잡다 〔명〕 성공 가능성, 자신감

〔동〕 쥐다, 파악하다, 장악하다, 잡다
把握机遇，迎接挑战 기회를 잡고 도전을 받아들이다
把握文章的主要内容 글의 주요 내용을 파악하다

〔명〕 성공 가능성, 자신감
成功的**把握**不大 성공 가능성이 크지 않다

- 6급 机遇 jīyù 〔명〕 기회, 적기, 시기
- 5급 迎接 yíngjiē 〔동〕 영접하다, 맞이하다
- 5급 挑战 tiǎozhàn 〔명〕 도전

把戏 bǎxì 〔명〕 잡기, 곡예, 마술 〔명〕 속임수, 농간, 트릭

〔명〕 잡기, 곡예, 마술
有人在街上耍**把戏**，吸引了不少老人家
누가 길에서 곡예를 부려 많은 어르신의 주목을 끌었다

〔명〕 속임수, 농간, 트릭
看穿他的**把戏** 그의 속임수를 간파하다

- 耍 shuǎ 〔동〕 공연하다, 연기하다
- 4급 吸引 xīyǐn 〔동〕 끌어당기다, 유인하다, 사로잡다
  看穿 kànchuān 〔동〕 간파하다

1급 爸爸 bàba 〔명〕 아빠

〔명〕 아빠 (주로 구어에 쓰임)
这块手表是我**爸爸**的
이 손목시계는 우리 아빠 거다

- 2급 手表 shǒubiǎo 〔명〕 손목시계

6급 罢工 bà//gōng 동 파업하다

동 (동맹) 파업하다

为了抗议医疗改革计划，医护人员开始罢工
의료 개혁 계획에 항의하기 위해 의료진이 파업을 시작했다

6급 抗议 kàngyì 동 항의하다
医护 yīhù 동 의료하고 간호하다

6급 霸道 bàdào 명 패도 형 횡포하다, 포악하다, 난폭하다

명 패도

霸道政治 패도 정치

형 횡포하다, 포악하다, 난폭하다

他们横行霸道，鱼肉乡民
그들은 포악하게 나쁜 짓을 하며 마을 사람들을 짓밟았다

横行霸道 héngxíng-bàdào
성 포악하게 나쁜 짓을 하며 날뛰다
鱼肉 yúròu 형 폭력을 휘두르고 괴롭히다, 짓밟다

2급 吧 ba 조 추측, 제의, 명령, 의문 등의 어기를 나타낸다

조 추측, 제의, 명령, 의문 등의 어기를 나타낸다

他大概已经走了吧 그는 아마 이미 갔겠지
你回去吧! 돌아가!
这笔是你的吧? 이 펜은 네 것이지?

4급 大概 dàgài 부 대략, 아마도
2급 已经 yǐjing 부 이미, 벌써

6급 掰 bāi 동 쪼개다, 나누다, 떼어 내다 동 갈라서다, 절교하다

동 쪼개다, 나누다, 떼어 내다

用手把苹果掰开
손으로 사과를 쪼개다

一块月饼掰成两半儿
월병 하나를 반으로 나누다

동 갈라서다, 절교하다

他俩掰了，我不知道该怎么办了
그들 둘이 절교해서 나는 어떻게 해야 할 지 모르겠다

月饼 yuèbing 명 위에빙, 월병 (중국에서 중추절에 먹는 둥근 과자)
两半儿 liǎngbànr 명 절반

2급 白 bái 형 희다 부 헛되이, 보람 없이, 쓸데없이

형 (색이) 희다 [반의어] 黑 hēi [2급]

墙刷得很白 벽을 하얗게 칠하다
10多年没见，老师已是白发苍苍
10년 넘게 뵙지 못했더니, 선생님은 이미 백발이 성성하시다

부 헛되이, 보람 없이, 쓸데없이

植物园暂停开放，你可别白跑一趟!
식물원은 잠시 개방하지 않으니, 너는 헛걸음하지 마!

白发苍苍 báifà-cāngcāng 성 백발이 성성하다
暂停 zàntíng 동 잠시 멈추다
5급 开放 kāifàng 동 개방하다, 열다

역순 어휘
苍白 cāngbái   空白 kòngbái
坦白 tǎnbái

2급 百 bǎi 수 백, 100

수 백, 100

大约有两百人参加了这场比赛
대략 200명의 사람들이 이 시합에 참가했다

4급 大约 dàyuē 부 대략, 대강

B

百分点 bǎifēndiǎn 몡 퍼센트포인트

몡 퍼센트포인트(percent point)
今年农业增长率为4%，比去年降低8.7个百分点
올해 농업 성장률은 4%로, 작년보다 8.7퍼센트포인트 낮아졌다

增长率 zēngzhǎnglǜ 몡 증가율, 성장률
4급 降低 jiàngdī 통 떨어지다, 내려가다, 하락하다

4급 百分之··· bǎifēnzhī··· ···퍼센트

···퍼센트
把体脂肪率降到百分之十五左右
체지방률을 15퍼센트 정도로 낮추다

体脂肪率 tǐzhīfánglǜ 몡 체지방률
4급 左右 zuǒyòu 몡 가량, 정도

5급 摆 bǎi 통 놓다, 배열하다, 배치하다 통 열거하다

통 놓다, 배열하다, 배치하다
把书摆整齐 책을 가지런히 배열하다
통 열거하다
举例子，摆事实，讲道理
예를 들고 사실을 열거하면서 이치를 설명하다

5급 整齐 zhěngqí 톙 정연하다, 가지런하다
例子 lizi 몡 예, 보기

6급 摆脱 bǎituō 빠져나오다, 벗어나다, 모면하다

통 (불리한 상황, 규제 등에서) 빠져나오다/벗어나다, 모면하다
摆脱旧传统的束缚 옛 전통의 속박에서 벗어나다
帮助这些国家摆脱贫困，实现经济发展
이들 국가가 빈곤을 벗어나 경제 발전을 실현하도록 돕다

5급 传统 chuántǒng 몡 전통
6급 束缚 shùfù 통 속박하다, 구속하다, 제한하다
6급 贫困 pínkùn 톙 빈곤하다, 궁핍하다

6급 败坏 bàihuài 통 손상시키다, 흐리다 톙 타락하다, 매우 나쁘다

통 (풍속, 명예 등을) 손상시키다/흐리다
他败坏了我们的名誉 그가 우리의 명예를 손상시켰다
톙 타락하다, (도덕, 품행 등이) 매우 나쁘다
赌博使人道德败坏 도박은 사람을 매우 부도덕하게 만든다

6급 名誉 míngyù 몡 명예, 명성
5급 道德 dàodé 몡 도덕

6급 拜访 bàifǎng 통 방문하다, 찾아뵙다

통 방문하다, 찾아뵙다
拜访客户 고객을 찾아뵙다
企业代表团拜访了中国驻德国大使馆
기업 대표단이 독일 주재 중국 대사관을 방문했다

6급 客户 kèhù 몡 고객, 거래처
代表团 dàibiǎotuán 몡 대표단
驻 zhù 통 (기관, 단체 등이) 주재하다

6급 拜年 bài//nián 통 새해 인사를 하다, 세배하다

통 새해 인사를 하다, 세배하다
我大年初一不回家，打电话拜年了
나는 정월 초하루에 집에 가지 않고 전화를 걸어 새해 인사를 드렸다
给伯伯拜个年 큰아버지께 새해 인사를 드리다

大年初一 dànián chūyī 음력 정월 초하룻날, 설날
伯伯 bóbo 몡 백부, 큰아버지

6급 拜托 bàituō 동 부탁하다

동 부탁하다

孩子学习的事就**拜托**您了
아이 공부에 관한 일은 당신께 부탁합니다

这件事请您给打听一下，**拜托，拜托！**
이 일을 한 번 알아봐 주세요, 부탁합니다!

5급 打听 dǎting 동 알아보다, 물어보다

3급 班 bān 명 반, 그룹, 조 명 교대, 근무, 순번 양 번, 편

명 반, 그룹, 조

我们**班**有40名同学
우리 반에는 40명의 학우가 있다

명 교대, 근무, 순번

今晚我要加**班**
오늘 저녁 나는 초과 근무를 해야 한다

下了**班**去看电影 퇴근하고 영화 보러 가다

양 번, 편 (정기적으로 운행하는 교통수단에 쓰임)

最后一**班**车几点出发?
맨 마지막 차는 몇 시에 출발합니까?

1급 同学 tóngxué 명 동창, 학우, 학교 친구
4급 加班 jiābān 동 초과 근무를 하다
下班 xiàbān 동 퇴근하다

班主任 bānzhǔrèn 명 담임 선생님, 담임 교사

명 담임 선생님, 담임 교사

班主任家的电话一直占线打不通
담임 선생님 댁 전화가 계속 통화 중이어서 연결이 되지 않는다

3급 一直 yīzhí 부 계속, 내내
4급 占线 zhànxiàn 동 통화 중이다

6급 颁布 bānbù 동 반포하다, 공포하다

동 (법령, 조례 등을) 반포하다/공포하다

颁布宪法 헌법을 공포하다

政府**颁布**了一项新管理条例
정부가 새로운 관리 조례를 반포했다

6급 宪法 xiànfǎ 명 헌법
5급 项 xiàng 양 항, 항목
条例 tiáolì 명 조례

6급 颁发 bānfā 동 하달하다, 수여하다

동 (명령, 지시 등을) 하달하다, (상장, 표창, 증서 등을) 수여하다

颁发荣誉证书
명예 증서를 수여하다

6급 荣誉 róngyù 명 영예의, 명예의
证书 zhèngshū 명 증서

6급 斑 bān 명 반점, 얼룩무늬 형 반점이 있는, 얼룩무늬가 있는, 알록달록한

명 반점, 얼룩무늬

脸上长了很多黑**斑**
얼굴에 검은 반점이 많이 생겼다

형 반점이 있는, 얼룩무늬가 있는, 알록달록한

草原上的**斑**马 초원 위의 얼룩말

草原 cǎoyuán 명 초원
斑马 bānmǎ 명 얼룩말

斑纹 bānwén 圆 줄무늬, 얼룩무늬

圆 줄무늬, 얼룩무늬
鸟蛋上都有着各式各样的颜色与斑纹
새알에는 여러 가지 색상과 무늬가 있다

鸟蛋 niǎodàn 圆 새알
各式各样 gèshì-gèyàng 圐 각양각색,
각기 서로 다른 모양과 색깔, 여러 가지 종류

3급 搬 bān 圄 옮기다, 운반하다 圄 이사하다, 이전하다

圄 (비교적 크거나 무거운 물건을) 옮기다/운반하다
行李箱太重，一个人搬不动
여행 가방이 너무 무거워서 혼자서는 옮길 수 없다

圄 이사하다, 이전하다
上个月搬进了新公寓
지난 달에 새 아파트로 이사를 했다

3급 行李箱 xínglixiāng 圆 트렁크, 여행 가방
5급 公寓 gōngyù 圆 아파트, 기숙사

6급 版本 bǎnběn 圆 판본, 버전

圆 판본, 버전
软件版本 소프트웨어 버전
这个故事有好几种版本
이 이야기는 여러 가지 판본이 있다

5급 软件 ruǎnjiàn 圆 소프트웨어
3급 故事 gùshi 圆 이야기, 줄거리

3급 办法 bànfǎ 圆 방법, 수단

圆 (일 처리, 문제 해결 등을 위한) 방법/수단
我们会想尽一切办法来赢得胜利
우리는 모든 방법을 다 생각해서 승리를 얻을 것이다

想尽 xiǎngjìn 圄 이것저것 다 생각하다
4급 一切 yīqiè 때 전부, 모든, 일체

3급 办公室 bàngōngshì 圆 사무실, 사무소

圆 사무실, 사무소
在办公室聚齐后我们准时出发了
사무실에 집합한 후 우리는 정시에 출발했다

聚齐 jùqí 圄 모두 모이다, 집합하다
4급 准时 zhǔnshí 恩 정시에, 제때에

5급 办理 bànlǐ 圄 처리하다, 맡아서 처리하다, 수속을 밟다

圄 (사무, 업무 등을) 처리하다, 맡아서 처리하다, 수속을 밟다
办理监管业务
관리 감독 업무를 처리하다

监管 jiānguǎn 圄 감독 관리하다
5급 业务 yèwù 圆 업무

3급 半 bàn 㑳 반, 2분의 1 圐 중간의, 가운데의

㑳 반, 2분의 1
每天早上开窗户通风半小时
매일 아침 30분 동안 창문을 열어 환기를 시킨다

圐 중간의, 가운데의
都半夜了，快睡吧
벌써 한밤중이니 얼른 자거라

通风 tōngfēng 圄 통풍시키다, 환기시키다
半夜 bànyè 圆 자정 전후, 한밤중

6급 半途而废 bàntú'érfèi 성 중도에 멈추다, 일을 끝내지 못하고 중도에 포기하다

성 중도에 멈추다, 일을 끝내지 못하고 중도에 포기하다
这种皮肤病，需要长期坚持治疗，不要半途而废
이 피부병은 장기간 치료를 계속해야 하며, 중도에 포기하면 안 된다

皮肤病 pífūbìng 명 피부병
4급 坚持 jiānchí 통 견지하다, 굳건하게 유지하다
5급 治疗 zhìliáo 통 치료하다

6급 扮演 bànyǎn 통 연기하다, 역을 맡다

통 연기하다, 역을 맡다
他在戏剧中扮演了很重要的角色
그는 연극에서 매우 중요한 역을 맡았다

5급 戏剧 xìjù 명 극, 연극
5급 角色 juésè 명 배역, 역

6급 伴侣 bànlǚ 명 반려, 동반자, 동료, 배우자

명 반려, 동반자, 동료, 배우자
如何找到理想的人生伴侣？
이상적인 인생의 동반자를 어떻게 찾을 것인가?

4급 理想 lǐxiǎng 형 이상적이다, 만족스럽다

6급 伴随 bànsuí 통 동행하다, 따르다, 수반하다

통 동행하다, 따르다, 수반하다
社会的发展总是伴随着思想的进步
사회 발전은 늘 사상의 발전을 수반한다

3급 总是 zǒngshì 부 늘, 항상
5급 进步 jìnbù 통 진보하다, 발전하다

3급 帮忙 bāng∥máng 통 돕다, 거들다

통 돕다, 거들다
请大家帮忙投票！
여러분이 투표를 도와주십시오!
我想帮你的忙，但是我无能为力
나는 너를 돕고 싶지만, 내가 능력이 부족하다

6급 投票 tóupiào 통 투표하다
6급 无能为力 wúnéng-wéilì
성 무능하다, 능력이 부족하다

2급 帮助 bāngzhù 통 돕다, 원조하다

통 돕다, 원조하다
帮助他克服困难
그가 어려움을 극복하도록 돕다
如果没有你的帮助，我不可能取得这么好的成绩
너의 도움이 없었다면 나는 이렇게 좋은 성적을 얻지 못했을 것이다

5급 克服 kèfú 통 극복하다

6급 绑架 bǎng∥jià 통 납치하다, 인질로 잡다

통 납치하다, 인질로 잡다
他儿子被绑架了，绑匪向他索要了赎金
그의 아들이 납치되었고, 유괴범이 그에게 몸값을 요구했다

绑匪 bǎngfěi 명 납치범, 유괴범
索要 suǒyào 통 독촉하다, 요구하다
赎金 shújīn 명 몸값

6급 榜样 bǎngyàng 명 본보기, 모범

명 본보기, 모범
父母要给孩子树立一个好的榜样
부모는 아이에게 좋은 본보기를 세워 주어야 한다

6급 树立 shùlì 통 수립하다, 세우다, 확립하다

4급 棒 bàng 명 막대기, 몽둥이, 방망이 형 좋다, 뛰어나다, 훌륭하다, 강하다

명 막대기, 몽둥이, 방망이
棒球棒 야구 배트

형 좋다, 뛰어나다, 훌륭하다, 강하다
这篇文章写得棒极了 이 글은 정말 잘 썼다
他身体真棒，像他当教练的父亲
그는 몸이 정말 건장한 것이 운동 코치인 부친을 닮았다

棒球 bàngqiú 명 야구
4급 文章 wénzhāng 명 문장, 글, 저작
3급 像 xiàng 통 같다, 비슷하다, 닮다, …와 같다
5급 教练 jiàoliàn 명 코치

5급 傍晚 bàngwǎn 명 해질녘, 황혼, 저녁 무렵

명 해질녘, 황혼, 저녁 무렵
今天午后至傍晚有雷阵雨
오늘 오후부터 저녁까지 천둥을 동반한 소나기가 오겠습니다

雷阵雨 léizhènyǔ 명 천둥과 번개를
동반한 소나기

6급 磅 bàng 양 파운드 통 무게를 달다

양 파운드 (무게의 단위)
他比我重二十磅 그는 나보다 20파운드가 무겁다

통 (앉은뱅이저울로) 무게를 달다
把这块牛肉磅一磅 이 쇠고기를 달아 보시오

4급 重 zhòng 형 무겁다
牛肉 niúròu 명 쇠고기

3급 包 bāo 통 싸다, 꾸리다 명 꾸러미, 자루, 주머니, 가방 양 포, 꾸러미, 봉지

통 (종이, 천 등으로) 싸다/꾸리다
用包装纸把盒子包起来
포장지로 상자를 싸다
家人围坐在一起包饺子
가족이 다같이 둘러앉아 만두를 빚다

명 꾸러미, 자루, 주머니, 가방
把书放进了我的书包
책을 내 책가방에 집어 넣었다

양 포, 꾸러미, 봉지 (포장한 물건을 셀 때 쓰임)
一包衣服 옷 한 보따리 | 两包饼干 과자 두 봉지

包装纸 bāozhuāngzhǐ 명 포장지
4급 盒子 hézi 명 소형 상자
围坐 wéizuò 통 둘러앉다
4급 饺子 jiǎozi 명 교자, 만두
书包 shūbāo 명 책가방

6급 包庇 bāobì 통 비호하다, 감싸다

통 (나쁜 사람이나 나쁜 일을) 비호하다/감싸다
他为了包庇罪犯，故意隐藏了证据
그는 범인을 비호하기 위해 고의로 증거를 감췄다

6급 罪犯 zuìfàn 명 죄인, 범인
4급 故意 gùyì 부 고의로, 일부러
隐藏 yǐncáng 통 숨다, 숨기다, 감추다

6급 包袱 bāofu 명 보따리 명 압박, 부담

명 보따리
手里提着一个**包袱** 손에 보따리를 하나 들고 있다

명 압박, 부담
我学会放下沉重的**包袱**，做回我自己
나는 무거운 부담을 내려놓고 자신으로 돌아가는 법을 배웠다

学会 xuéhuì 동 배우다, 습득하다
放下 fàngxià 동 내려놓다
6급 沉重 chénzhòng 형 무겁다, 부담이 크다

5급 包裹 bāoguǒ 명 꾸러미, 소포

명 꾸러미, 소포
我到邮局寄**包裹**去 나는 우체국에 소포를 부치러 갔다

4급 邮局 yóujú 명 우체국
4급 寄 jì 동 부치다, 보내다

5급 包含 bāohán 동 포함하다, 내포하다

동 포함하다, 내포하다 (주로 추상적인 것에 쓰임)
这一成果**包含**着多年的心血
이번 성과에는 다년간의 심혈이 담겨 있다

5급 成果 chéngguǒ 명 성과
6급 心血 xīnxuè 명 심혈

5급 包括 bāokuò 동 포괄하다, 포함하다

동 포괄하다, 포함하다
主要内容**包括**以下三个方面的资料
주요 내용은 다음 세 방면의 자료를 포함하고 있다

4급 内容 nèiróng 명 내용
4급 方面 fāngmiàn 명 방면, 분야

6급 包围 bāowéi 동 포위하다, 에워싸다

동 포위하다, 에워싸다
他被人群重重**包围**了 그는 인파에 겹겹이 둘러싸였다

人群 rénqún 명 군중, 무리, 인파

6급 包装 bāozhuāng 동 포장하다, 싸다 명 포장 동 그럴듯하게 꾸미다

동 포장하다, 싸다
这件礼盒**包装**得真漂亮
이 선물 상자는 정말 예쁘게 포장했다

명 포장
这种**包装**很雅致，适合送人
이 포장은 우아해서 선물하기에 알맞다

동 그럴듯하게 꾸미다
经过包装之后，这里不再是以前的样子了
꾸미고 나서 이곳은 더 이상 예전 모습이 아니다

礼盒 lǐhé 명 선물 상자, 선물 세트
雅致 yǎzhì 형 우아하다, 고상하고 격에 맞다
送人 sòngrén 동 다른 사람에게 주다
4급 样子 yàngzi 명 모습, 상태, 상황

4급 包子 bāozi 명 찐빵, 만두

명 찐빵, 만두
这种肉馅儿**包子**要蒸20分钟左右就可以了
이 고기만두는 20분 정도 찌면 된다

肉馅儿 ròuxiànr 명 고기소
蒸 zhēng 동 찌다

B

5급 薄 báo 阌 얇다

阌 얇다 [반의어] 厚 hòu [4급]

这款电子手表很薄
이 전자시계는 매우 얇다

3급 饱 bǎo 阌 배부르다 图 만족시키다

阌 배부르다 [반의어] 饿 è [3급]

我吃饱了，不能再吃了
나는 배가 불러서 더는 못 먹겠다

图 만족시키다

这次画展使我们大饱眼福
이번 그림 전시회에서 우리는 보는 즐거움을 실컷 만끽했다

画展 huàzhǎn 阌 그림 전시회
饱眼福 bǎo yǎnfú 마음껏 눈요기하다,
보는 즐거움을 만끽하다

6급 饱和 bǎohé 图 포화하다, 최대 한도에 달하다

图 포화하다, 최대 한도에 달하다

饱和溶液 포화 용액 | **饱和脂肪** 포화 지방
停车位已达饱和状态
주차 공간이 이미 포화 상태에 이르렀다

溶液 róngyè 阌 용액
6급 脂肪 zhīfáng 阌 지방
5급 状态 zhuàngtài 阌 상태, 형태

6급 饱经沧桑 bǎojīng-cāngsāng 阌 세상의 수많은 변천을 겪다, 경험이 풍부하다

阌 세상의 수많은 변천을 겪다, 경험이 풍부하다

他过去饱经沧桑，晚年终于过上了安宁的生活
그는 과거에 산전수전 다 겪고 노년에 마침내 안정된 생활을 보냈다

晚年 wǎnnián 阌 만년, 노년
6급 安宁 ānníng 阌 안녕하다, 평화롭다, 안정되다

5급 宝贝 bǎobèi 阌 보배, 보물, 귀중한 물건 阌 아기, 귀염둥이, 베이비

阌 보배, 보물, 귀중한 물건
珍贵的宝贝 진귀한 보물

阌 아기, 귀염둥이, 베이비 (어린아이나 애인에 대한 애칭)
宝贝儿，别哭了 아가, 울지 마라

6급 珍贵 zhēnguì 阌 진귀하다, 귀중하다

5급 宝贵 bǎoguì 阌 귀중하다, 소중하다

阌 귀중하다, 소중하다 (주로 추상적인 사물을 형용함)
这是人类文明的宝贵财富
이것은 인류 문명의 귀중한 자산이다

6급 财富 cáifù 阌 부, 재부, 자산

5급 保持 bǎochí 图 유지하다, 지키다

图 유지하다, 지키다

我们一定要保持优良传统
우리는 우수한 전통을 반드시 지켜야 한다
毕业生就业率与去年相比保持稳定
졸업생 취업률은 작년과 비교해서 안정을 유지하고 있다

优良 yōuliáng 阌 우수하다, 매우 좋다
5급 传统 chuántǒng 阌 전통
就业率 jiùyèlǜ 阌 취업률, 고용률

5급 保存 bǎocún 图 보존하다, 간직하다, 보관하다

图 보존하다, 간직하다, 보관하다
这是保存最好的古城之一
이것은 가장 완벽하게 보존된 고성 중 하나이다
冷藏保存蔬菜 채소를 냉장 보관하다

完好 wánhǎo 톙 완전하다, 완벽하다
古城 gǔchéng 몡 고성, 고도
冷藏 lěngcáng 图 냉장하다

6급 保管 bǎoguǎn 图 보관하다 图 보증하다

图 보관하다
这些文件由你保管 이 파일들은 네가 보관해라
图 보증하다
这双鞋是名牌货，保管你满意
이 신발은 유명 브랜드 제품이라서 너는 틀림없이 만족할 것이다

5급 文件 wénjiàn 몡 문건, 파일
5급 名牌 míngpái 몡 유명 상표

4급 保护 bǎohù 图 보호하다

图 보호하다
保护儿童的权益 아동의 권익을 보호하다

权益 quányì 몡 권익, 권리와 이익

5급 保留 bǎoliú 图 보존하다, 유지하다 图 남겨 두다

图 (원래 상태로) 보존하다/유지하다
城市里还保留着许多的古建筑
도시에는 아직 많은 옛 건축물이 보존되어 있다
图 (꺼내지 않고) 남겨 두다
把多年积累的经验毫无保留地传授给学生们
여러 해 동안 쌓은 경험을 하나도 남김 없이 학생들에게 전수하다

5급 建筑 jiànzhù 몡 건축물, 건물
4급 积累 jīlěi 图 쌓다, 누적하다
6급 毫无 háowú 图 전혀 …이 없다, 조금도 …이 없다
6급 传授 chuánshòu 图 전수하다, 가르치다

6급 保密 bǎo//mì 图 비밀을 지키다

图 비밀을 지키다
签署保密协议 비밀 유지 협약에 서명하다
这件事非常重要，你一定要保密
이 일은 매우 중요하므로 너는 반드시 비밀을 지켜야 한다

6급 签署 qiānshǔ 图 서명하다, 조인하다
6급 协议 xiéyì 몡 협의, 합의, 협약

6급 保姆 bǎomǔ 몡 보모, 가정부, 가사 도우미

몡 보모, 가정부, 가사 도우미
许多双职工家庭雇佣保姆来照顾孩子
많은 맞벌이 가정이 보모를 고용하여 아이를 돌보게 한다

双职工 shuāngzhígōng 몡 맞벌이 부부
6급 雇佣 gùyōng 图 고용하다
3급 照顾 zhàogù 图 돌보다, 보살피다

6급 保守 bǎoshǒu 图 지키다, 고수하다 톙 보수적이다

图 지키다, 고수하다
员工要保守公司的商业秘密
직원은 회사의 영업 비밀을 지켜야 한다

5급 商业 shāngyè 몡 상업
5급 秘密 mìmì 몡 비밀

형 보수적이다
他是思想保守的老顽固
그는 생각이 보수적인 고집불통이다

老顽固 lǎowángù 명 고집불통

B

6급 **保卫** bǎowèi 동 보위하다, 지키다

동 보위하다, 지키다
加强节日期间交通安全保卫工作
명절 기간의 교통 안전 보호 업무를 강화하다

加强 jiāqiáng 동 강화하다
5급 期间 qījiān 명 기간

5급 **保险** bǎo//xiǎn 동 보증하다, 담보하다 형 안전하다, 미덥다 명 보험

동 보증하다, 담보하다
按我说的办，保险没问题
내가 말한 대로 처리하면 문제가 없다고 보증한다

형 안전하다, 미덥다
钱存入银行很保险 돈은 은행에 맡기면 안전하다

명 보험
按照保险合同的规定给付保险金
보험 계약 규정에 따라 보험금을 지급하다

存入 cúnrù 동 맡기다, 저금하다
给付 jǐfù 동 교부하다, 지급하다
保险金 bǎoxiǎnjīn 명 보험금

6급 **保养** bǎoyǎng 동 보양하다, 잘 돌보다 동 유지하다, 정비하다, 수리하다

동 보양하다, 잘 돌보다
要注意保养身体，才能显得年轻
건강 관리에 신경을 써야 젊어 보일 수 있다

동 유지하다, 정비하다, 수리하다
保养公路 도로를 정비하다
保养汽车 자동차를 정비하다

5급 显得 xiǎnde 동 드러내다, 보이다
汽车 qìchē 명 자동차

6급 **保障** bǎozhàng 동 보장하다, 보호하다 동 확보하다, 충분히 갖추게 하다

동 보장하다, (침범이나 침해로부터) 보호하다
充分保障合法权益
합법적 권익을 충분히 보장하다

동 확보하다, 충분히 갖추게 하다
增加生产，保障供给
생산을 늘려 공급을 확보하다

5급 充分 chōngfèn 부 충분히, 최대한
6급 供给 gōngjǐ 동 공급하다, 제공하다

4급 **保证** bǎozhèng 동 보증하다, 보장하다, 담보하다 명 담보물, 담보, 보증

동 보증하다, 보장하다, 담보하다
保证每期刊按时出版
각 정기 간행물을 규정된 시간에 출판할 것을 보증하다
保证足够的休息时间 충분한 휴식 시간을 보장하다

명 담보물, 담보, 보증
团结一心是赢得胜利的保证
한마음으로 단결하는 것은 승리를 얻는 보증 수표이다

期刊 qīkān 명 정기 간행물, 잡지
4급 按时 ànshí 부 시간에 맞춰, 시간에 따라
足够 zúgòu 동 충분하다
6급 团结 tuánjié 동 단결하다

6급 保重 bǎozhòng 통 몸조심하다, 몸을 건강하게 유지하다

통 몸조심하다, 몸을 건강하게 유지하다 (건강을 당부하는 말)
天气变冷了，小心着凉，请多保重
날씨가 추워졌으니, 감기 조심하고 건강하세요

3급 小心 xiǎoxīn 통 조심하다, 주의하다
5급 着凉 zháoliáng 통 감기 들다, 감기에 걸리다

6급 报仇 bào//chóu 통 복수하다, 원수를 갚다

통 복수하다, 원수를 갚다
我要为牺牲的战友报仇
나는 희생된 전우를 위해 복수할 것이다
替父母报仇雪恨 부모 대신 원수를 갚고 원한을 씻다

6급 牺牲 xīshēng 통 희생하다, 목숨을 바치다
战友 zhànyǒu 명 전우
报仇雪恨 bàochóu-xuěhèn
성 원수를 갚아 원한을 씻어내다

6급 报酬 bàochóu 명 보수, 수당, 사례금

명 보수, 수당, 사례금
公司理应支付相应报酬
회사는 마땅히 상응하는 보수를 지불해야 한다
志愿者不计报酬，参与慈善活动
자원봉사자가 보수를 따지지 않고 자선 활동에 참여하다

支付 zhīfù 통 지불하다, 지출하다
6급 相应 xiāngyìng 통 상응하다, 어울리다
5급 志愿者 zhìyuànzhě 명 지원자, 자원봉사자
不计 bùjì 통 따지지 않다, 살피지 않다

6급 报答 bàodá 통 보답하다

통 보답하다
报答老师的培育之恩
선생님의 가르쳐주신 은혜에 보답하다

6급 培育 péiyù 통 육성하다, 양성하다

5급 报到 bào//dào 통 도착을 보고하다, 등록하다

통 도착을 보고하다, 등록하다
高一新生在家长的陪同下来校报到
고1 신입생들이 학부모의 동행하에 학교에 와서 등록했다

新生 xīnshēng 명 신입생
陪同 péitóng 통 수행하다, 동반하다

5급 报道 bàodào 통 보도하다 명 보도

통 보도하다
国内各大报纸都报道了这一消息
국내 대형 신문이 모두 이 소식을 보도했다
명 보도
这篇独家报道引起了社会的强烈关注
이 단독 보도는 사회의 강렬한 관심을 일으켰다

4급 消息 xiāoxi 명 뉴스, 정보, 보도
独家 dújiā 명 독점, 단독
4급 引起 yǐnqǐ 통 일으키다, 유발하다, 야기하다

6급 报复 bàofù 통 보복하다, 앙갚음하다

통 보복하다, 앙갚음하다
严禁对举报人进行打击报复
신고자에게 보복하는 것을 엄격히 금지하다

6급 严禁 yánjìn 통 엄금하다, 엄격히 금지하다
打击报复 dǎjī-bàofù 성 반격해서 보복하다

B

5급 报告 bàogào 图 보고하다, 알리다 图 보고서

图 (의견, 상황 등을) 보고하다/알리다
如果出现异常现象，要及时报告
만약 이상 현상이 나타나면 바로 보고해야 한다

我向大家报告一个好消息
여러분께 좋은 소식을 알립니다

图 보고서
领导让他写一份季度工作总结报告
상사가 그에게 분기 업무 총결 보고서를 작성하도록 했다

4급 出现 chūxiàn 图 출현하다, 나타나다, 드러나다
6급 异常 yìcháng 图 이상하다, 평소와 다르다
6급 季度 jìdù 图 분기
4급 总结 zǒngjié 图 총결, 최종 결론, 총결산

6급 报警 bào//jǐng 图 신고하다, 긴급 경보를 발령하다

图 (경찰에) 신고하다, 긴급 경보를 발령하다
如果发现邻居发生火灾，首先要报警
이웃에서 화재가 난 것을 발견하면 가장 먼저 신고를 해야 한다

火灾 huǒzāi 图 화재
4급 首先 shǒuxiān 图 가장 먼저, 제일 처음으로

4급 报名 bào//míng 图 등록하다, 신청하다, 지원하다

图 등록하다, 신청하다, 지원하다
报名参加进口博览会
수입 박람회 참가를 신청하다

6급 博览会 bólǎnhuì 图 박람회

5급 报社 bàoshè 图 신문사

图 신문사
报社公开招聘摄影记者二名
신문사가 촬영 기자 2명을 공개 모집하다

5급 摄影 shèyǐng 图 촬영하다
4급 记者 jìzhě 图 기자

6급 报销 bàoxiāo 图 보고하여 정산 받다, 청구하여 받다
图 폐기하다, 폐기 신고하다 图 제거되다, 처치되다, 훼손되다

图 (공무 등에 쓴 돈을) 보고하여 정산 받다/청구하여 받다
因公出差的差旅费都是可以报销的
공무 출장의 출장비는 모두 정산 받을 수 있다

医保的保障是有限的，全额报销很难
의료 보험의 보장은 한계가 있어서 전액을 받기는 어렵다

图 폐기하다, 폐기 신고하다
那些老机器已经报销了
그 낡은 기기들은 이미 폐기되었다

图 제거되다, 처치되다, 훼손되다 (해학적 의미를 나타냄)
子弹打出去，敌人立刻报销了
총탄이 발사되자 적은 즉시 제거되었다

差旅费 chāilǚfèi 图 출장비
全额 quán'é 图 전액
5급 机器 jīqì 图 기계, 기기
6급 子弹 zǐdàn 图 총알, 탄약, 탄환

2급 报纸 bàozhǐ 图 신문, 신문지

图 신문, 신문지
发行免费报纸 무료 신문을 발행하다

6급 发行 fāxíng 图 발행하다
4급 免费 miǎnfèi 图 돈을 받지 않다, 무료로 하다

4급 抱 bào 동 안다, 포옹하다　동 마음속에 품다, 가슴속에 지니다

동 안다, 포옹하다
母亲抱着哭泣的孩子
어머니가 우는 아이를 안고 있다

동 (생각이나 감정을) 마음속에 품다/가슴속에 지니다
我还抱着最后的一线希望
나는 아직 마지막 한 가닥 희망을 품고 있다

6급 哭泣 kūqì 동 (작은 소리로) 울다
线 xiàn 양 줄기, 가닥 (추상적인 사물에 쓰임)

6급 抱负 bàofù 명 포부

명 포부
他是一个很有抱负的年轻人
그는 포부가 큰 젊은이다

年轻人 niánqīngrén 명 젊은이

4급 抱歉 bàoqiàn 동 미안하다

동 미안하다 (용서나 양해를 구하는 말)
是我错怪了你，实在抱歉！
내가 잘못 알고 너를 나무란 거야, 정말 미안해!
很抱歉，给您添麻烦了
폐를 끼쳐 대단히 죄송합니다

错怪 cuòguài 동 잘못 알고 나무라다
添麻烦 tiān máfan 폐를 끼치다, 수고를 끼치다

5급 抱怨 bàoyuàn 동 원망하다

동 원망하다
他做了错事不从自身找原因，却抱怨别人 그는
잘못을 저지르고 자신에게서 원인을 찾지 않고 오히려 남을 원망한다

自身 zìshēn 대 자신, 본인
4급 原因 yuányīn 명 원인, 이유

6급 暴力 bàolì 명 폭력, 무력

명 폭력, 무력
消除家庭暴力
가정 폭력을 없애다

6급 消除 xiāochú 동 제거하다, 없애다, 퇴치하다

6급 暴露 bàolù 동 드러내다, 폭로하다

동 드러내다, 폭로하다
敌人的阴谋彻底暴露了
적의 음모가 철저히 폭로되었다
脚部动作通常会暴露一个人的真实心理
발 동작은 일반적으로 사람의 실제 심리를 드러낸다

6급 阴谋 yīnmóu 명 음모, 책략
5급 彻底 chèdǐ 형 철저하다, 완전하다, 빈틈없다
5급 通常 tōngcháng 부 보통, 일반적으로
5급 真实 zhēnshí 형 진실한, 사실적인, 실제의

6급 曝光 bào // guāng 동 폭로하다, 들추다, 드러나다

동 폭로하다, 들추다, 드러나다
丑闻曝光后，社会反应强烈
추문이 폭로된 후 사회의 반응이 뜨겁다

丑闻 chǒuwén 명 추문, 스캔들
5급 强烈 qiángliè 형 강렬하다

B

6급 爆发 bàofā 동 폭발하다 동 발발하다, 갑자기 발생하다, 터지다

동 (화산이) 폭발하다
这次火山**爆发**持续了三十多个小时
이번 화산 폭발은 30여 시간 동안 지속됐다

동 발발하다, 갑자기 발생하다, 터지다
两国之间虽有摩擦，但至今也没有**爆发**战争
두 나라 간에 마찰이 있지만, 지금까지 전쟁이 발발하지는 않았다

5급	持续 chíxù 동 지속하다
6급	摩擦 mócā 명 마찰, 불화, 갈등
5급	战争 zhànzhēng 명 전쟁

6급 爆炸 bàozhà 동 폭발하다, 터지다 동 폭발적으로 증가하다, 급증하다

동 폭발하다, 터지다
昨晚油库发生了剧烈**爆炸**
어젯밤 유류 창고에 큰 폭발이 발생했다

동 폭발적으로 증가하다, 급증하다
在知识**爆炸**的时代，如何培养自己的竞争力？
지식 폭발의 시대에 어떻게 자신의 경쟁력을 키울 것인가?

油库 yóukù 명 유고, 유류 창고
| 6급 | 剧烈 jùliè 형 극렬하다, 격렬하다 |
| 5급 | 培养 péiyǎng 동 양성하다, 키우다 |
竞争力 jìngzhēnglì 명 경쟁력

1급 杯子 bēizi 명 잔, 컵

명 잔, 컵
桌子上有10个**杯子**
테이블 위에 컵 10개가 있다

| 1급 | 桌子 zhuōzi 명 탁자, 테이블 |

6급 卑鄙 bēibǐ 형 저열하다, 저급하다

형 (품성이나 언행이) 저열하다/저급하다
他的行为极度**卑鄙**，实在可憎
그의 행동이 몹시 저급해서 정말 가증스럽다

极度 jídù 부 몹시, 극히, 매우
可憎 kězēng 형 가증스럽다, 혐오스럽다

6급 悲哀 bēi'āi 형 매우 슬프다, 애통하다

형 매우 슬프다, 애통하다
他的不幸结局让人感到**悲哀**
그의 불행한 결말에 사람들은 가슴 아파했다

| 6급 | 结局 jiéjú 명 최종 국면, 결국, 결말, 종국 |

6급 悲惨 bēicǎn 형 비참하다

형 (상황, 환경 등이) 비참하다
他经历过**悲惨**的遭遇 그는 비참한 경험을 했다
她一生很**悲惨** 그녀의 일생은 매우 비참했다

| 4급 | 经历 jīnglì 동 겪다, 체험하다, 경험하다 |
| 6급 | 遭遇 zāoyù 명 처지, 경험 |

5급 悲观 bēiguān 형 비관적이다

형 비관적이다 반의어 乐观 lèguān [5급]
对人生的苦难不要**悲观**
인생의 고난에 대해 비관적일 필요는 없다

苦难 kǔnàn 명 고난, 역경, 고통과 재난

3급 北方 běifāng 명 북, 북쪽, 북방

명 북, 북쪽, 북방
冬天，北方比南方冷多了
겨울에는 북쪽이 남쪽보다 훨씬 춥다

南方 nánfāng 명 남, 남쪽, 남방, 남쪽 지방

6급 北极 běijí 명 북극

명 북극
全球气候变暖导致北极的冰雪融化
지구 온난화는 북극의 얼음과 눈이 녹게 한다

全球气候变暖 quánqiú qìhòu biànnuǎn 지구 온난화
冰雪 bīngxuě 명 빙설, 얼음과 눈
6급 融化 rónghuà 동 (얼음, 눈 등이) 녹다

1급 北京 Běijīng 명 베이징, 북경

명 베이징, 북경 (중국의 수도)
北京是中国的政治、经济、文化的中心
베이징은 중국의 정치, 경제, 문화의 중심지이다

5급 政治 zhèngzhì 명 정치
4급 经济 jīngjì 명 경제

6급 贝壳 bèiké 명 조개껍데기, 조가비

명 조개껍데기, 조가비
到海边，我们在沙滩上捡了漂亮的贝壳
바닷가에 도착해서 우리는 백사장에서 예쁜 조개껍데기를 주웠다

海边 hǎibiān 명 해변, 바닷가
5급 沙滩 shātān 명 모래사장, 백사장

6급 备份 bèifèn 동 예비로 복사해 두다, 백업하다 명 예비품, 예비분, 스페어

동 예비로 복사해 두다, 백업하다
定期备份硬盘中的重要文件
하드 디스크의 중요 파일을 정기적으로 백업하다

명 예비품, 예비분, 스페어
备份轮胎 스페어타이어

硬盘 yìngpán 명 하드 디스크
6급 轮胎 lúntāi 명 타이어

6급 备忘录 bèiwànglù 명 비망록, 각서, 회의록

명 비망록, 각서, 회의록
双方签署了一份合作谅解备忘录
양측은 협력 양해 각서에 서명했다
在备忘录上记录会议的时间和主要议题
비망록에 회의 시간과 주요 의제를 기록하다

6급 谅解 liàngjiě 동 양해하다, 용서하다
5급 记录 jìlù 동 기록하다, 기재하다
议题 yìtí 명 의제

5급 背 bèi 명 등, 뒷면 동 암송하다, 외우다 동 등지다

명 (사람, 동물의) 등, (사물의) 뒷면
锻炼背部肌肉 등 근육을 단련하다
동 암송하다, 외우다
昨天学过的生词都背好了吗?
어제 배운 새 단어를 모두 외웠니?

5급 肌肉 jīròu 명 근육
生词 shēngcí 명 새 단어

역순 어휘
后背 hòubèi   违背 wéibèi

B

통 등지다 [반의어] 向 xiàng [3급]
背着风走 바람을 등지고 가다

5급 背景 bèijǐng 명 배경, 무대, 환경 명 뒷배경, 배후 세력

명 배경, 무대, 환경
作品反映了当时的社会文化背景
작품은 당시의 사회, 문화적 배경을 반영했다

명 뒷배경, 배후 세력
有人怀疑他的背景强大
어떤 사람은 그의 뒷배경이 막강하다고 의심한다

5급 反映 fǎnyìng 통 반영하다
4급 当时 dāngshí 명 당시, 그때
4급 怀疑 huáiyí 통 의심하다, 회의하다

6급 背叛 bèipàn 통 배반하다, 배신하다, 반역하다

통 배반하다, 배신하다, 반역하다
背叛祖国 조국을 배반하다
他一时冲动背叛了朋友
그는 순간적인 충동으로 친구를 배신했다

6급 祖国 zǔguó 명 조국
6급 冲动 chōngdòng 통 충동적이다, 흥분하다

6급 背诵 bèisòng 통 암송하다

통 암송하다
他背诵了一段经典给妈妈听
그는 고전 한 구절을 암송해서 엄마에게 들려주었다

5급 经典 jīngdiǎn 명 고전

4급 倍 bèi 양 배, 갑절

양 배, 갑절
报名人数比去年增加了一倍
신청자 수가 작년보다 배로 증가했다
8的5倍是40 8의 다섯 배는 40이다

4급 报名 bàomíng 통 등록하다, 신청하다
4급 增加 zēngjiā 통 증가하다

3급 被 bèi 조 …당하다 개 …에게 …당하다

조 …당하다 (동사 앞에 쓰여 주어가 동작의 대상임을 나타냄)
他的房子被拆了 그의 집이 헐렸다

개 …에게 …당하다 (피동문에서 동작의 행위자를 이끌어 내고,
주어는 동작의 대상이 됨)
那本书被人借走了
그 책은 다른 사람이 빌려갔다
他被老板解雇了
그는 사장에게 해고당했다

5급 拆 chāi 통 해체하다, 철거하다
6급 解雇 jiěgù 통 해고하다

6급 被动 bèidòng 형 수동적이다, 피동적이다

형 수동적이다, 피동적이다 [반의어] 主动 zhǔdòng [5급]
他对待工作总是消极被动
그는 일을 대할 때 늘 소극적이고 수동적이다

5급 对待 duìdài 통 대하다, 다루다, 대처하다
5급 消极 xiāojí 형 소극적이다, 부정적이다

6급 被告 bèigào 명 피고

명 피고 [반의어] 原告 yuángào [6급]

证据有利于**被告**，原告胜诉的可能性很小
증거가 피고에게 유리해서, 원고가 승소할 가능성은 작다

5급 证据 zhèngjù 명 증거
胜诉 shèngsù 동 승소하다

5급 被子 bèizi 명 이불

명 이불

盖两床**被子** 이불을 두 채 덮다

5급 盖 gài 동 덮다
床 chuáng 양 채 (이불, 침구를 세는 단위)

6급 奔波 bēnbō 동 고생스럽게 뛰어다니다, 분주하다

동 고생스럽게 뛰어다니다, 분주하다

为生活**奔波**劳碌
생계를 위해 고생스럽게 뛰어다니다

劳碌 láolù 형 고되고 바쁘다

6급 奔驰 bēnchí 동 빠르게 달리다, 질주하다

동 빠르게 달리다, 질주하다

每天都有上千万辆车**奔驰**在高速公路上
매일 천만 대가 넘는 차가 고속도로에서 빠르게 달린다

4급 高速公路 gāosù gōnglù 고속도로

1급 本 běn 명 뿌리, 근본 부 본래, 원래 양 권, 회

명 뿌리, 근본

生活好了，可不能忘**本**
사는 것이 나아졌다고 근본을 잊으면 안 된다

부 본래, 원래

她**本**是上海人 그녀는 원래 상하이 사람이다

양 권, 회 (책, 장부, 희곡, 필름 등을 세는 단위)

我在图书馆借了两**本**书
나는 도서관에서 책 두 권을 빌렸다

역순 어휘

版**本** bǎnběn	笔记**本** bǐjìběn
标**本** biāoběn	成**本** chéngběn
根**本** gēnběn	基**本** jīběn
剧**本** jùběn	资**本** zīběn

5급 本科 běnkē 명 학부

명 (대학의) 학부

目前每年**本科**毕业生扎堆，找工作压力非常大
현재 매년 학부 졸업생이 몰려, 구직 스트레스가 매우 크다

毕业生 bìyèshēng 명 졸업생
扎堆 zhāduī 동 (사람이) 한데 몰리다

4급 本来 běnlái 형 본래의, 고유의 부 본래, 원래

형 본래의, 고유의

本来的形态 본래의 형태

부 본래, 원래

他们俩**本来**是不认识的，现在成了好朋友
그 둘은 원래 알지 못했는데 지금은 친한 친구가 되었다

6급 形态 xíngtài 명 형태
1급 认识 rènshi 동 알다

B

5급 本领 běnlǐng 명 기량, 솜씨, 능력

명 기량, 솜씨, 능력
增强工作**本领**
직업 능력을 강화하다

增强 zēngqiáng 동 강화하다, 증강하다

6급 本能 běnnéng 명 본능 부 본능적으로

명 본능
生物学的**本能** 생물학적 본능

부 본능적으로
他**本能**地点点头 그는 본능적으로 고개를 끄덕였다

点头 diǎntóu 동 고개를 끄덕이다

6급 本钱 běnqián 명 본전, 밑천, 원금 명 경력, 능력

명 본전, 밑천, 원금
我们想创业，但没有**本钱**
우리는 창업하고 싶지만 밑천이 없다

6급 创业 chuàngyè 동 창업하다

명 경력, 능력
年轻是他们的**本钱** 젊음이 그들의 능력이다

6급 本人 běnrén 명 본인, 당사자, 화자 자신

명 본인, 당사자, 화자 자신
我**本人**对企业的发展很有信心
저는 기업의 발전에 확신이 있습니다
参加考试人员须持**本人**身份证
시험 참가자는 반드시 본인의 신분증을 지참해야 한다

4급 发展 fāzhǎn 동 발전하다
4급 信心 xìnxīn 명 자신감
身份证 shēnfènzhèng 명 신분증

6급 本身 běnshēn 명 그 자신, 그 자체

명 그 자신, 그 자체
我**本身**性格内向 나 자신은 성격이 내향적이다
我们不应该忘记事件**本身**
우리는 사건 자체를 잊어서는 안 된다

内向 nèixiàng 형 내향적이다, 내성적이다
6급 事件 shìjiàn 명 사건

6급 本事 běnshi 명 솜씨, 능력, 수완, 기량

명 솜씨, 능력, 수완, 기량
他根本没有**本事** 그는 전혀 능력이 없다
凭**本事**赚钱 능력으로 돈을 벌다

5급 凭 píng 개 …에 근거하여
赚钱 zhuànqián 동 돈을 벌다

本着 běnzhe 개 …에 의거하여, …에 따라, …에 입각하여

개 …에 의거하여, …에 따라, …에 입각하여
本着协作的精神处理双方关系
협력 정신에 입각하여 양측 관계를 해결하다

协作 xiézuò 동 협력하다, 협업하다
5급 处理 chǔlǐ 동 처리하다, 해결하다

5급 本质 běnzhì 몡 본질, 본성

몡 본질, 본성

拥有透过现象看**本质**的能力
현상을 통해 본질을 보는 능력을 가지다

尽管他有些缺点，但**本质**是好的
그는 단점이 좀 있지만, 본성은 훌륭하다

透过 tòuguò 통 ⋯을 통하다
4급 尽管 jǐnguǎn 젭 비록 ⋯일지라도
4급 缺点 quēdiǎn 몡 결점, 단점

4급 笨 bèn 톙 아둔하다, 멍청하다

톙 아둔하다, 멍청하다

虽然他不聪明，但并不**笨**
그는 비록 영리하지는 않지만 결코 멍청하지 않다

3급 聪明 cōngming 톙 총명하다, 영리하다

6급 笨拙 bènzhuō 톙 서툴다, 아둔하다, 미련하다

톙 서툴다, 아둔하다, 미련하다

她动作僵硬**笨拙**
그녀는 동작이 뻣뻣하고 서툴다

勤奋不懈可以弥补天生的**笨拙**
근면하고 꾸준함은 타고난 아둔함을 보완할 수 있다

6급 僵硬 jiāngyìng 톙 뻣뻣하다
5급 勤奋 qínfèn 톙 열심이다, 근면하다
不懈 búxiè 톙 나태하지 않다
6급 弥补 míbǔ 통 보상하다, 보충하다, 메우다

6급 崩溃 bēngkuì 통 붕괴하다, 산산이 무너지다

통 붕괴하다, 산산이 무너지다

股票市场**崩溃**后，消费者的信心下跌得更深
주식 시장이 붕괴된 이후, 소비자들의 믿음은 더 깊이 하락했다

4급 信心 xìnxīn 몡 자신감, 믿음
下跌 xiàdiē 통 하락하다

6급 甭 béng 뿌 ⋯할 필요가 없다

뿌 ⋯할 필요가 없다

您就**甭**操心了 걱정하실 필요 없습니다

这个道理大家都明白，我就**甭**多说了
이 이치는 모두 다 알테니, 내가 더 말할 필요가 없다

5급 操心 cāoxīn 통 마음을 쓰다, 노심초사하다

6급 迸发 bèngfā 통 갑자기 나오다

통 갑자기 나오다

火山**迸发** 화산이 폭발하다

她的演奏结束时，全场**迸发**出一阵掌声
그녀의 연주가 끝났을 때, 공연장 전체에서 박수가 터져 나왔다

5급 阵 zhèn 톙 차례, 바탕
掌声 zhǎngshēng 몡 박수 소리

6급 蹦 bèng 통 뛰다, 뛰어오르다

통 뛰다, 뛰어오르다

从台上**蹦**下来 무대에서 뛰어 내려오다

蟋蟀从罐里**蹦**出来了
귀뚜라미가 통에서 뛰어 나왔다

蟋蟀 xīshuài 몡 귀뚜라미
6급 罐 guàn 몡 단지, 깡통, 동이

6급 逼迫 bīpò 동 핍박하다, 강요하다

동 핍박하다, 강요하다
不能逼迫人家承认错误
다른 사람에게 잘못을 인정하도록 강요해서는 안 된다

6급 人家 rénjia 데 다른 사람, 남
5급 承认 chéngrèn 동 인정하다

6급 鼻涕 bítì 명 콧물

명 콧물
最近一直打喷嚏，流鼻涕
최근에 계속 재채기를 하고 콧물을 흘린다

5급 打喷嚏 dǎ pēntì 재채기하다

3급 鼻子 bízi 명 코

명 코
我感冒了，鼻子不舒服
나는 감기에 걸려서 코가 맹맹하다

3급 舒服 shūfu 형 편안하다, 쾌적하다

2급 比 bǐ 동 비교하다, 겨루다 개 …에 비해, …보다

동 비교하다, 겨루다
同他比高低 그와 우열을 겨루다
你说我哪点比不上他?
내 어떤 점이 그보다 못하다는 거야?

개 …에 비해, …보다 (비교 대상을 이끌어 냄)
他个子比我高 그는 나보다 키가 크다
身体比过去结实了 몸이 예전보다 튼튼해졌다

高低 gāodī 명 높이, 우열, 경중
比不上 bǐbushàng 비교가 안 되다, 견줄 수가 없다
5급 结实 jiēshi 형 건장하다, 튼튼하다

역순 어휘
对比 duìbǐ   无比 wúbǐ

6급 比方 bǐfang 동 비유하다, 예를 들다 명 비유

동 비유하다, 예를 들다
北京著名的公园很多，比方有颐和园、北海公园
베이징에는 유명한 공원이 많은데, 예를 들면 이허위안, 베이하이 공원이 있다

명 비유
他说话爱打比方 그는 말할 때 비유를 드는 것을 좋아한다

打比方 dǎ bǐfang 비유를 들다

3급 比较 bǐjiào 동 비교하다 부 비교적

동 비교하다
通过比较，决定取舍
비교해 보고 취사선택을 결정하다
这款手机与新产品比较起来并不会差
이 핸드폰은 신형 제품과 비교해도 뒤떨어지지 않는다

부 비교적
这孩子学习比较好 이 아이는 공부를 비교적 잘한다
比较容易接受 비교적 받아들이기 쉽다

4급 通过 tōngguò 개 …을 통해
取舍 qǔshě 동 취사선택하다
款 kuǎn 양 종류, 유형
4급 接受 jiēshòu 동 접수하다, 받다, 채택하다

5급 比例 bǐlì 명 비례, 비율

명 비례, 비율
这个班男女学生人数**比例**为三比二
이 반 남녀 학생 수의 비율은 3대 2다

男女 nánnǚ 명 남녀, 남자와 여자
人数 rénshù 명 사람 수, 인원 수

4급 比如 bǐrú 동 예를 들다

동 예를 들다
他想学的东西很多，**比如**学电脑、学开车等
그는 배우고 싶은 것이 많은데, 예를 들면 컴퓨터, 운전 등이다

开车 kāichē 동 운전하다

3급 比赛 bǐsài 동 겨루다, 시합하다 명 시합, 경기, 대회

동 겨루다, 시합하다
中国队和日本队**比赛**
중국 팀과 일본 팀이 시합을 하다

명 시합, 경기, 대회
足球**比赛** 축구 경기
书法**比赛** 서예 대회

队 duì 명 팀(team)
6급 书法 shūfǎ 명 서예

6급 比喻 bǐyù 동 비유하다 명 비유

동 비유하다
人们把树木和绿色植物**比喻**成"氧气工厂"
사람들은 나무와 녹색식물을 '산소 공장'에 비유한다

명 비유
这是一个很绝妙的**比喻**
이것은 정말 절묘한 비유이다

树木 shùmù 명 나무, 수목
4급 植物 zhíwù 명 식물
6급 氧气 yǎngqì 명 산소
绝妙 juémiào 형 절묘하다

6급 比重 bǐzhòng 명 비중

명 비중
棉纺织品销售在总收入占很大的**比重**
면 방직물 판매가 총수입에서 큰 비중을 차지하다

纺织品 fǎngzhīpǐn 명 방직물
5급 占 zhàn 동 차지하다

5급 彼此 bǐcǐ 대 피차, 서로 대 서로 비슷하다

대 피차, 서로
我们初次见面，**彼此**还不熟悉
우리는 처음 만나서, 서로 아직 잘 모른다

대 서로 비슷하다 (상대방의 칭찬에 대답하는 말로 쓰임)
彼此彼此，咱们都在同一水平线上
비슷비슷하지, 우리는 모두 같은 수준이잖아

4급 熟悉 shúxī 동 잘 알다
4급 咱们 zánmen 대 우리

B

3급 笔记本 bǐjìběn 몡 공책, 노트 몡 노트북 컴퓨터

몡 공책, 노트
两本笔记本 공책 두 권

몡 노트북 컴퓨터
这是我新买的笔记本电脑
이것은 내가 새로 산 노트북 컴퓨터이다

1급 电脑 diànnǎo 몡 컴퓨터

6급 鄙视 bǐshì 동 얕보다, 경멸하다, 업신여기다

동 얕보다, 경멸하다, 업신여기다
我没有鄙视他的意思 나는 그를 경멸하려는 뜻이 없다
你竟然这样鄙视我们! 네가 이렇게 우리를 업신여기다니!

4급 竟然 jìngrán 튄 의외로, 뜻밖에

必定 bìdìng 튄 분명히, 틀림없이 튄 기필코, 반드시, 꼭

튄 분명히, 틀림없이 (판단이 틀림없음을 나타냄)
坚持锻炼必定对身体大有益处
체력 단련을 계속하면 건강에 좋은 점이 분명히 많다

튄 기필코, 반드시, 꼭 (태도가 결연함을 나타냄)
我必定准时到达 나는 반드시 시간에 맞춰 도착할 것이다

4급 坚持 jiānchí 동 견지하다
益处 yìchu 몡 좋은 점
4급 准时 zhǔnshí 혱 시간에 맞다

5급 必然 bìrán 혱 필연적이다, 반드시 그러하다

혱 필연적이다, 반드시 그러하다
必然的结果 필연적인 결과 | 必然趋势 필연적 추세
新旧思想交替是历史发展的必然规律
신구 사상이 교체되는 것은 역사 발전의 필연적인 규칙이다

5급 趋势 qūshì 몡 추세
5급 规律 guīlǜ 몡 규율, 법칙

3급 必须 bìxū 튄 반드시 …해야 한다

튄 반드시 …해야 한다
这件事你必须解释清楚
이 일은 네가 반드시 명확히 해명해야 한다

4급 解释 jiěshì 동 설명하다, 해명하다

必需 bìxū 동 반드시 있어야 한다, 필수적이다

동 반드시 있어야 한다, 필수적이다
阳光是庄稼生长所必需的
햇볕은 농작물 생장에 필수적이다

6급 庄稼 zhuāngjia 몡 농작물
5급 生长 shēngzhǎng 동 생장하다

5급 必要 bìyào 혱 필요한, 필수적인

혱 필요한, 필수적인
机遇与努力是成功的必要条件
기회와 노력은 성공의 필수 조건이다

编者作了必要的修改 편집자는 꼭 해야 할 수정을 했다

6급 机遇 jīyù 몡 기회, 적기, 시기
5급 修改 xiūgǎi 동 교정하다, 수정하다

5급 毕竟 bìjìng 튄 결국, 마침내

튄 결국, 마침내
不要苛责，他毕竟是个孩子
너무 심하게 꾸짖지 마, 그 애는 어쨌든 아직 아이잖아

苛责 kēzé 튕 과도하게 엄책하다;
격렬하게 비난하다

4급 毕业 bì//yè 튕 졸업하다

튕 졸업하다
大学毕业 대학을 졸업하다
毕不了业 졸업을 할 수 없다
毕业于著名大学 유명한 대학을 졸업하다

4급 著名 zhùmíng 튕 저명하다, 유명하다

6급 闭塞 bìsè 튕 막히다 튕 외지다, 교통이 불편하다 튕 늦다, 적다

튕 막히다
通风口闭塞 통풍구가 막혔다

튕 외지다, 교통이 불편하다
修了公路，闭塞的山村改变了面貌
도로를 건설하자 외진 산촌의 모습이 새롭게 바뀌었다

튕 (소식이) 늦다, (아는 것이) 적다
消息闭塞 소식이 늦다

4급 改变 gǎibiàn 튕 변하다, 바뀌다
6급 面貌 miànmào 튕 모습, 상황
4급 消息 xiāoxi 튕 소식

碧玉 bìyù 튕 벽옥, 녹색 옥

튕 벽옥, 녹색 옥
湖水就像一块碧玉一样清澈纯洁
호수가 마치 벽옥과 같이 맑고 깨끗하다

湖水 húshuǐ 튕 호수
6급 清澈 qīngchè 튕 깨끗하고 맑다
6급 纯洁 chúnjié 튕 순결하다, 깨끗하다

6급 弊病 bìbìng 튕 폐단, 결점, 결함

튕 폐단, 결점, 결함
这套方案弊病很多
이 방안은 결함이 많다

5급 套 tào 튕 세트, 가지
5급 方案 fāng'àn 튕 방안

6급 弊端 bìduān 튕 폐단, 병폐, 폐해

튕 폐단, 병폐, 폐해
现在看来，弊端已经开始凸显了
지금 보니 폐단이 이미 드러나기 시작했다

凸显 tūxiǎn 튕 분명하게 드러나다

5급 避免 bìmiǎn 튕 피하다, 모면하다, 방지하다

튕 피하다, 모면하다, 방지하다 (주로 좋지 못한 상황을 가리킴)
我告诉你如何避免这些错误
내가 너에게 이런 실수를 어떻게 피할 수 있는지 알려 줄게

4급 错误 cuòwù 튕 잘못, 실수, 착오

6급 臂 bì 명 팔, 앞다리

명 팔, 앞다리
他比赛中右臂骨折受伤
그는 경기 중에 오른팔이 골절되는 부상을 입었다

骨折 gǔzhé 통 골절되다

6급 边疆 biānjiāng 명 변경, 국경 지대의 영토

명 변경, 국경 지대의 영토 (넓은 범위를 가리킴)
这里的特殊队伍，一边种田，一边保卫边疆
이곳의 특수 군대는 농사를 지으면서 한편으로 변경 지역을 지킨다

种田 zhòngtián 통 밭을 일구다, 농사 짓다
6급 保卫 bǎowèi 통 보위하다, 지키다

6급 边界 biānjiè 명 경계선, 국경

명 경계선, 국경
解决两国边界问题 양국 간 국경 분쟁을 해결하다
两省边界 두 성의 경계선

4급 省 shěng 명 성 (중국 행정 구역 단위)

6급 边境 biānjìng 명 변경, 국경, 경계 지역

명 변경, 국경, (좁고 긴) 경계 지역
数百名难民冒死穿越边境
난민 수백 명이 죽음을 무릅쓰고 국경을 넘다

难民 nànmín 명 난민, 이재민
冒死 màosǐ 통 죽음을 무릅쓰다
6급 穿越 chuānyuè 통 통과하다, 넘다

6급 边缘 biānyuán 명 가장자리, 가 형 경계의, 여러 방면과 관련된

명 가장자리, 가
池子的边缘 저수지 가장자리
精神处于崩溃的边缘
정신이 붕괴될 지경까지 이르다

형 경계의, 여러 방면과 관련된
边缘学科 학제 간 학과

池子 chízi 명 못, 저수지
6급 崩溃 bēngkuì 통 붕괴하다, 산산이 무너지다

5급 编辑 biānjí 통 편집하다 명 편집자

통 편집하다
出版社编辑出版了几套丛书
출판사는 전집 몇 질을 편집하여 출판했다

명 편집자
责任编辑 책임 편집자

5급 出版 chūbǎn 통 출판하다
5급 套 tào 양 세트, 가지
丛书 cóngshū 명 총서, 전집

6급 编织 biānzhī 통 짜다, 엮다

통 짜다, 엮다
编织地毯 양탄자를 짜다
编织了一个动人的故事
한 편의 감동적인 이야기를 엮었다

5급 地毯 dìtǎn 명 카펫, 양탄자
动人 dòngrén 형 감동적이다

6급 鞭策 biāncè 동 채찍질하다, 독려하다

동 채찍질하다, 독려하다
这一句话，却成了鞭策自己的动力
이 한마디가 오히려 자신을 채찍질하는 원동력이 되었다

6급 动力 dònglì 명 동력, 원동력

5급 鞭炮 biānpào 명 폭죽

명 폭죽
今年春节一些农村禁止放鞭炮
올해 음력설에 일부 농촌에서는 폭죽을 터뜨리는 것을 금지했다

春节 Chūnjié 명 음력설, 설날, 춘제, 춘절
4급 禁止 jìnzhǐ 동 금지하다
3급 放 fàng 동 (불을) 붙이다, (폭죽을) 터뜨리다

6급 贬低 biǎndī 동 고의로 폄하하다

동 고의로 폄하하다
既不贬低别人，也不抬高自己
남을 고의로 폄하하지도 않고, 자기 자신을 치켜세우지도 않다

抬高 táigāo 동 높이다

6급 贬义 biǎnyì 명 부정적인 의미

명 부정적인 의미
词语的感情色彩有贬义、褒义和中性
어휘의 감정 색채에는 부정적 의미, 긍정적 의미, 중성적 의미가 있다

5급 色彩 sècǎi 명 색채, 분위기, 경향
褒义 bāoyì 명 포의, 긍정적인 의미

6급 扁 biǎn 형 납작하다, 넓적하다

형 납작하다, 넓적하다
盒子压扁了
상자가 납작하게 눌렸다

4급 盒子 hézi 명 소형 상자

6급 变故 biàngù 명 변고

명 변고
一场变故使他家破人亡
변고로 그는 집과 가족을 잃었다

家破人亡 jiāpò-rénwáng
성 집이 없어지고 가족을 잃다

3급 变化 biànhuà 동 변화하다, 달라지다

동 변화하다, 달라지다
气候变化很大 기후 변화가 심하다
随着时代的发展，人们的思想也发生着变化
시대 발전에 따라 사람들의 생각도 달라지고 있다

4급 气候 qìhòu 명 기후
5급 思想 sīxiǎng 명 생각, 의견

6급 变迁 biànqiān 동 변천하다

동 변천하다 (주로 장기간의 큰 변화를 가리킴)
以独特的角度来观察社会变迁
독특한 시각으로 사회 변천을 관찰하다

5급 角度 jiǎodù 명 각도, 시각, 관점

B

6급 变质 biàn//zhì 동 변질되다

동 변질되다
药物储存不当会使得药物**变质**
약물을 잘못 저장하면 약품이 변질된다

6급 储存 chǔcún 동 비축하다, 저장하다
不当 bùdàng 형 부당하다, 부적합하다

5급 便 biàn 형 적절하다, 편리하다 형 간단한 부 곧, 바로

형 적절하다, 편리하다
公司因协议原因，不**便**公开具体内容
회사는 협의 때문에 구체적인 내용을 공개하기가 곤란하다

형 간단한
我去哥哥家，吃了一顿家常**便**饭
나는 형의 집에 가서 간단한 집밥을 한 끼 먹었다

부 곧, 바로
只要坚持锻炼，身体**便**会健康
운동을 꾸준히만 한다면 곧 건강해질 것이다

这里**便**是我的故乡
이곳이 바로 내 고향이다

5급 公开 gōngkāi 동 공개하다
6급 家常 jiācháng 형 가정식의, 일상적인, 보통의
4급 坚持 jiānchí 동 견지하다
6급 故乡 gùxiāng 명 고향

역순 어휘
方便 fāngbiàn　　即便 jíbiàn
顺便 shùnbiàn　　随便 suíbiàn
以便 yǐbiàn

○ 便宜 piányi [2급] 참조

6급 便利 biànlì 형 편리하다 동 편리하게 하다

형 편리하다
公司为员工提供**便利**的条件
회사가 직원들에게 편리한 조건을 제공한다

这个城市，旅游资源丰富，交通**便利**
이 도시는 여행 자원이 풍부하고, 교통이 편리하다

동 편리하게 하다
便利居民生活 주민 생활을 편리하게 하다

6급 居民 jūmín 명 주민

6급 便条 biàntiáo 명 쪽지, 메모

명 쪽지, 메모
他离开之前留了一张**便条**
그는 떠나기 전에 쪽지 한 장을 남겼다

3급 离开 líkāi 동 떠나다, 헤어지다
4급 留 liú 동 남기다

6급 便于 biànyú 동 쉽다, 편리하다

동 (…하기가) 쉽다/편리하다
提前60天预售是为了**便于**游客提前安排好行程
60일 전에 예매하는 것은 여행객들이 여행 일정을 미리 짜기 편하도록 하기 위해서이다

预售 yùshòu 동 예매하다, 미리 판매하다
行程 xíngchéng 명 노정, 여정

4급 遍 biàn 양 번, 회

양 번, 회 (동작의 전 과정을 세는 단위)
这本书我看过好多**遍**
이 책을 나는 여러 번 읽었다

역순 어휘
普遍 pǔbiàn

6급 遍布 biànbù 동 각지에 분포하다, 널리 퍼지다

동 각지에 분포하다, 널리 퍼지다
遍布全国各地
전국 각지에 널리 퍼져 있다

各地 gèdì 명 각지

6급 辨认 biànrèn 동 판별하다, 식별하다

동 판별하다, 식별하다
证人通过照片辨认凶手
증인이 사진으로 살인자를 판별하다
辨认指纹 지문을 판별하다

6급 凶手 xiōngshǒu 명 살인자
指纹 zhǐwén 명 지문

6급 辩护 biànhù 동 변호하다

동 변호하다
律师为被告人进行辩护
변호사가 피고인을 위해 변호하다

4급 律师 lǜshī 명 변호사
被告人 bèigàorén 명 피고인

6급 辩解 biànjiě 동 변명하다, 해명하다

동 변명하다, 해명하다
当孩子犯错误时，家长应该给孩子辩解的机会
아이가 잘못했을 때, 보호자는 아이에게 해명할 기회를 주어야 한다

犯 fàn 동 (잘못을) 저지르다
家长 jiāzhǎng 명 학부모, 보호자
3급 机会 jīhuì 명 기회, 시기

5급 辩论 biànlùn 동 변론하다, 논쟁하다

동 변론하다, 논쟁하다
双方展开了一场激烈辩论
쌍방이 격렬한 논쟁을 펼쳤다

5급 展开 zhǎnkāi 동 펼치다
5급 激烈 jīliè 형 격렬하다, 치열하다

6급 辩证 biànzhèng 동 변증하다 형 변증법의

동 변증하다
형 변증법의
不断增强辩证思维能力
변증법적 사유 능력을 부단히 강화하다

6급 思维 sīwéi 명 사유, 사고

6급 辫子 biànzi 명 땋은 머리, 땋은 머리 모양의 물건 명 약점, 꼬투리

명 땋은 머리, 땋은 머리 모양의 물건
姑娘留着长辫子
아가씨가 길게 땋은 머리를 늘어뜨리고 있다
蒜辫子 마늘 타래
명 약점, 꼬투리
被人抓住了小辫子
다른 사람에게 작은 약점을 잡혔다

5급 姑娘 gūniang 명 아가씨
蒜 suàn 명 마늘
5급 抓 zhuā 동 잡다

6급 标本 biāoběn 명 표본, 전형, 시료

명 표본, 전형, 시료
蝴蝶标本 나비 표본
血清标本 혈청 시료
苏州园林是中国园林的标本
쑤저우 정원은 중국 정원의 전형이다

5급 蝴蝶 húdié 명 나비
血清 xuèqīng 명 혈청
6급 园林 yuánlín 명 조경림, 정원

5급 标点 biāodiǎn 명 구두점

명 구두점
给句子加标点
문장에 구두점을 찍다

3급 句子 jùzi 명 문장

6급 标记 biāojì 동 표기하다, 표시하다 명 표기, 표지

동 표기하다, 표시하다
照片上标记着拍照的日期
사진에 촬영한 날짜가 표기되어 있다

명 표기, 표지
印有纳税标记
납세 표지가 찍혀 있다

5급 日期 rìqī 명 날, 날짜
纳税 nàshuì 동 납세하다, 세금을 납부하다

6급 标题 biāotí 명 표제, 제목

명 표제, 제목
21世纪的新闻标题更加口语化
21세기 뉴스 표제는 더욱 구어체로 변했다

3급 新闻 xīnwén 명 뉴스, 뉴스거리
更加 gèngjiā 부 더욱, 더

5급 标志 biāozhì 명 표지, 상징 동 표지하다, 나타내다

명 표지, 상징
各国海关都有自己的标志
각 나라 세관마다 모두 자국만의 표지가 있다
技术革新是生产力发展的主要标志
기술 혁신은 생산력 발전의 주요한 표지이다

동 표지하다, 나타내다
联合公报的发表标志着两国关系进入了新的阶段
공동 성명 발표는 양국 관계가 새로운 단계로 진입했음을 나타낸다

5급 海关 hǎiguān 명 세관
革新 géxīn 동 혁신하다
公报 gōngbào 명 공보, 성명

4급 标准 biāozhǔn 명 표준, 기준 형 표준의, 표준적이다

명 표준, 기준
合乎技术标准
기술 표준에 부합하다

형 표준의, 표준적이다
动作很标准 동작이 표준적이다

合乎 héhū 동 부합하다

飙升 biāoshēng 동 급상승하다

동 (가격, 수량 등이) 급상승하다
油价飙升
유가가 급상승하다
猪肉销量飙升
돼지고기 판매량이 급상승하다

销量 xiāoliàng 명 판매량

5급 表达 biǎodá 동 표시하다, 나타내다

동 (생각, 감정 등을) 표시하다/나타내다
学生给老师送小礼物表达谢意
학생이 선생님께 작은 선물을 하며 감사의 뜻을 표시하다

谢意 xièyì 명 사의, 감사하는 마음

4급 表格 biǎogé 명 표, 서식

명 표, 서식
填写表格
서식에 기입하다

填写 tiánxiě 동 써넣다, 기입하다

6급 表决 biǎojué 동 표결하다

동 표결하다
开会以举手表决的方式通过了选举办法
회의에서 거수 표결의 방식으로 선거 방법을 통과시켰다

举手 jǔshǒu 동 거수하다, 손을 들다
6급 选举 xuǎnjǔ 동 선거하다

5급 表面 biǎomiàn 명 표면, 겉, 겉모습

명 표면, 겉, 겉모습
玻璃球表面很光滑
유리공 표면이 매끄럽다
看问题不能只看表面，要看本质
문제를 볼 때 겉모습만 살펴서는 안 되고 본질을 봐야 한다

5급 光滑 guānghuá 형 반들반들하다, 매끄럽다

5급 表明 biǎomíng 동 표명하다, 분명하게 나타내다

동 표명하다, 분명하게 나타내다
外交部已经正式表明立场
외교부는 이미 공식적으로 입장을 표명했다
种种迹象表明他出事了
여러 징조가 그에게 사고가 생겼음을 나타낸다

6급 立场 lìchǎng 명 입장, 관점
6급 迹象 jìxiàng 명 현상, 징조

5급 表情 biǎoqíng 명 표정

명 표정
她姿态优美，表情也很丰富
그녀는 태도가 우아하고 표정도 풍부하다

6급 姿态 zītài 명 자세, 태도
5급 优美 yōuměi 형 우아하고 아름답다

B

4급 表示 biǎoshì 图 표시하다, 나타내다, 의미하다

图 (생각, 감정, 태도 등을) 표시하다/나타내다/의미하다
表示同意 동의를 표시하다
他向大家表示热烈欢迎
그는 모두에게 열렬한 환영을 표했다

> 5급 热烈 rèliè 图 열렬하다

6급 表态 biǎo//tài 图 태도를 표명하다

图 태도를 표명하다
不轻易表态 경솔하게 태도를 표명하지 않다
他对一些问题随便表态
그는 일부 문제에 대해 제멋대로 태도를 표명했다

> 5급 轻易 qīngyì 图 쉽다, 경솔하다
> 4급 随便 suíbiàn 图 마음대로이다, 제멋대로이다

5급 表现 biǎoxiàn 图 표현하다, 나타내다 图 태도, 표현, 품행

图 표현하다, 나타내다
这幅作品表现了时代特色
이 작품은 시대적 특징을 표현했다

图 태도, 표현, 품행
他的表现一贯很好 그의 품행은 한결같이 훌륭하다

> 5급 特色 tèsè 图 특색, 특징
> 6급 一贯 yīguàn 图 한결같다, 일관되다

4급 表演 biǎoyǎn 图 공연하다, 연기하다

图 공연하다, 연기하다
她用舞蹈来表演古典作品
그녀는 춤으로 고전 작품을 공연했다
表演节目 공연 프로그램

> 6급 舞蹈 wǔdǎo 图 무용
> 5급 古典 gǔdiǎn 图 고전의

4급 表扬 biǎoyáng 图 표양하다, 표창하다, 칭찬하다

图 표양하다, 표창하다, 칭찬하다
他拾金不昧，受到老师表扬
그는 주운 물건을 탐내지 않아 선생님께 칭찬을 받았다

拾金不昧 shíjīn-bùmèi
图 돈이나 물건을 주워도 숨기지 않다

6급 表彰 biǎozhāng 图 표창하다

图 표창하다
表彰全国劳动模范
전국의 모범 노동자들을 표창하다

> 6급 模范 mófàn 图 모범, 본보기

6급 憋 biē 图 억제하다, 억누르다, 참다

图 억제하다, 억누르다, 참다
憋着一肚子的话 한가득 하고 싶은 말을 참다
在水中扎猛子时要憋气
물속에서 자맥질할 때는 숨을 참아야 한다

一肚子 yīdùzi 뱃속 가득
扎猛子 zhā měngzi 다이빙하다,
자맥질하다

2급 别 bié 图 구분하다, 분별하다 명 종류, 분류 대 다른 부 …하지 마라

图 구분하다, 분별하다
分门别类 부문별로 나누다, 종류별로 구별하다

명 종류, 분류
性别 성별 | **类别** 분류, 종류

대 다른
我就喜欢这件，别的都不好看
나는 오직 이 옷만 좋고, 다른 것은 모두 별로다

부 …하지 마라
别出声 소리 내지 마라 | **别开玩笑** 농담하지 마

4급 **开玩笑** kāi wánxiào 농담하다, 장난하다

> **역순 어휘**
> **差别** chābié　**分别** fēnbié　**告别** gàobié
> **个别** gèbié　**级别** jíbié　**鉴别** jiànbié
> **派别** pàibié　**区别** qūbié　**识别** shíbié
> **特别** tèbié　**性别** xìngbié

○ **别扭** bièniu [6급] 참조

3급 别人 biérén 대 다른 사람

대 다른 사람
除了我，别人都不知道
나 말고 다른 사람은 다 모른다

3급 **除了** chúle 개 …을 제외하고

6급 别墅 biéshù 명 별장

명 별장
我们住进了海滨别墅
우리는 바닷가 별장에 묵었다

6급 **海滨** hǎibīn 명 해변, 바닷가

6급 别致 biézhì 형 독특하다, 색다르다

형 독특하다, 색다르다
房间的布置很别致
방 배치가 매우 독특하다

6급 **布置** bùzhì 图 배치하다, 꾸미다, 안배하다

6급 别扭 bièniu 형 불편하다, 순조롭지 않다 / 형 고약하다, 괴팍하다 / 형 껄끄럽다, 사이가 나쁘다 / 형 부자연스럽다, 어색하다

형 불편하다, 순조롭지 않다
这台打印机用起来别扭极了
이 프린터는 사용해 보니 너무 불편하다

형 고약하다, 괴팍하다
他的脾气太别扭了 그는 성격이 너무나 괴팍하다

형 껄끄럽다, 사이가 나쁘다
你不应该为这点小事跟他闹别扭
이런 작은 일로 그와 틀어져서는 안 된다

형 (말, 글 등이) 부자연스럽다/어색하다
这段话写得太别扭了 이 단락은 글이 너무 부자연스럽다

4급 **台** tái 대 (기계, 설비 등을 세는 단위)
　　打印机 dǎyìnjī 명 프린터
4급 **脾气** píqi 명 성격, 성질
　　闹别扭 nào bièniu 사이가 틀어지다, 다투다

🅣 여기에서는 别를 bié로 읽지 않는다

2급 宾馆 bīnguǎn 명 여관, 호텔

명 여관, 호텔
火车站附近的宾馆一般价格便宜
기차역 부근의 여관은 일반적으로 가격이 싸다

3급 **附近** fùjìn 명 부근, 근처, 인근
4급 **价格** jiàgé 명 가격

B

6급 濒临 bīnlín 图 인접하다, 이르다, 다다르다

图 인접하다, 이르다, 다다르다
濒临大海 바다에 인접하다
濒临灭绝 멸종에 이르다

灭绝 mièjué 图 멸종하다, 소멸하다

6급 冰雹 bīngbáo 图 우박

图 우박
去年果园遭受了冰雹灾害
지난해 과수원은 우박 피해를 입었다

果园 guǒyuán 图 과수원
6급 遭受 zāoshòu 图 …을 당하다, …을 입다
5급 灾害 zāihài 图 재해

5급 冰激凌 bīngjīlíng 图 아이스크림

图 아이스크림
夏天可以用清凉可口的冰激凌来解暑
여름에는 시원하고 맛있는 아이스크림으로 더위를 식힐 수 있다

清凉 qīngliáng 图 상쾌하고 시원하다
6급 可口 kěkǒu 图 입맛에 맞다, 맛이 좋다
解暑 jiěshǔ 图 더위를 식히다

3급 冰箱 bīngxiāng 图 냉장고

图 냉장고
我已经把啤酒放在冰箱里了
나는 이미 맥주를 냉장고에 넣었다

3급 啤酒 píjiǔ 图 맥주

6급 丙 bǐng 图 병, 셋째, 세 번째

图 병, 셋째, 세 번째
划分为甲乙丙丁4个等级
갑, 을, 병, 정 4개 등급으로 구분하다

6급 划分 huàfēn 图 구분하다
6급 等级 děngjí 图 등급

4급 饼干 bǐnggān 图 과자, 비스킷

图 과자, 비스킷
她拿了几块奶酪饼干给我吃
그녀는 치즈 비스킷 몇 조각을 집어 나에게 먹으라고 줬다

奶酪 nǎilào 图 치즈

并存 bìngcún 图 병존하다, 공존하다

图 병존하다, 공존하다
多种经济成分并存
여러 가지 경제 요소가 병존하다

5급 成分 chéngfèn 图 성분, 요소

6급 并非 bìngfēi 图 결코 …이 아니다

图 결코 …이 아니다
世界并非你想象中的那么糟糕
세계는 결코 네가 상상하는 것만큼 엉망은 아니다

5급 糟糕 zāogāo 图 매우 나쁘다, 엉망이다

[6급] 并列 bìngliè [동] 병렬하다

[동] **병렬하다**
两人**并列**第一 두 사람이 나란히 1등이 되다
这个句子由一个**并列**词组作主语
이 문장에서는 병렬구가 주어가 된다

词组 cízǔ [명] 구(句)
主语 zhǔyǔ [명] 주어

[4급] 并且 bìngqiě [연] 또한, 그리고 [연] 더욱이, 게다가

[연] 또한, 그리고 (병렬하는 동사나 형용사를 연결하여, 동시에 진행되거나 성질이 동시에 존재함을 나타냄)
讨论**并且**达成一致意见
토론하여 의견 일치를 이루다
聪明机智**并且**勇敢
똑똑하고 기지가 있으며 용감하다

[연] **더욱이, 게다가 (동사나 동사성 구, 단문을 연결하여 점층 관계를 나타냄)**
这是一个漫长的发展过程，**并且**是一个无限的过程 이는 매우 기나긴 발전 과정이며, 더욱이 끝없는 과정이다

[6급] 机智 jīzhì [형] 기지가 있다
[6급] 漫长 màncháng [형] 길다
[4급] 过程 guòchéng [명] 과정
无限 wúxiàn [형] 무한하다, 끝이 없다

[5급] 病毒 bìngdú [명] 바이러스, 컴퓨터 바이러스

[명] **바이러스, 컴퓨터 바이러스**
他受**病毒**感染，得了严重的流行性感冒
그는 바이러스에 감염되어 심한 유행성 감기에 걸렸다

[6급] 感染 gǎnrǎn [동] 감염되다
流行性感冒 liúxíngxìng gǎnmào
유행성 감기, 인플루엔자

[6급] 拨 bō [동] 밀다, 가르다, 나누다 [양] 무리, 무더기

[동] **밀다, 가르다, 나누다**
用脚轻轻一**拨**，把球送进球门
발로 가볍게 차서 공을 골문에 밀어 넣었다
拨两个人去值夜班
두 사람을 나눠 숙직을 서게 보내다

[양] **무리, 무더기 (여럿으로 나눈 사람이나 물건을 세는 단위)**
来了一**拨**儿人 한 무리의 사람들이 왔다

球门 qiúmén [명] 골(goal), 골문
值夜班 zhí yèbān 숙직을 서다

拨打 bōdǎ [동] 전화를 걸다, 전화번호를 누르다

[동] 전화를 걸다, 전화번호를 누르다
拨打114查询台，查询号码
114 안내 데스크에 전화를 걸어 번호를 물어보다

查询 cháxún [동] 문의하다
[4급] 号码 hàomǎ [명] 번호

[6급] 波浪 bōlàng [명] 파랑, 물결, 파도

[명] **파랑, 물결, 파도**
汹涌的**波浪**
세차게 솟아오르는 파도

[6급] 汹涌 xiōngyǒng [형] 출렁이다, 용솟음치다

B

6급 波涛 bōtāo 명 파도

명 파도
波涛冲击着石堤
파도가 돌 제방에 부딪히다

6급 冲击 chōngjī 통 세게 부딪히다

5급 玻璃 bōli 명 유리, 투명한 물체

명 유리, 투명한 물체
孩子们不小心打碎了玻璃碟子
아이들이 부주의해서 유리 접시를 깼다

打碎 dǎsuì 통 깨다, 부수다
碟子 diézi 명 접시

6급 剥削 bōxuē 통 착취하다

통 착취하다
封建时代地主如何剥削农民?
봉건 시대 지주들은 어떻게 농민을 착취했는가?

6급 封建 fēngjiàn 형 봉건적이다

tip 여기에서는 削을 xiāo로 읽지 않는다

5급 播放 bōfàng 통 방송하다, 방영하다

통 방송하다, 방영하다
播放电视剧 텔레비전 드라마를 방영하다
播放足球比赛录像
축구 경기 녹화 영상을 방송하다

录像 lùxiàng 명 녹화 영상

6급 播种 bō//zhǒng 통 파종하다, 씨를 뿌리다

통 파종하다, 씨를 뿌리다
及时播种
때를 맞추어 파종하다

4급 及时 jíshí 형 때맞다, 시기적절하다

6급 伯母 bómǔ 명 큰어머니, 아주머니

명 큰어머니, 아주머니
我特别喜欢吃大伯母做的家常菜
나는 큰어머니가 만드신 집밥을 특히 좋아한다

家常菜 jiāchángcài 명 가정식, 집밥

5급 脖子 bózi 명 목

명 목
长时间低头的人，脖子特别酸痛
오랜 시간 고개를 숙이고 있는 사람은 목이 특히 시큰거리고 아프다

低头 dītóu 통 고개를 숙이다
酸痛 suāntòng 통 (몸이) 시큰하고 아프다

6급 博大精深 bódà-jīngshēn 성 사상이나 학식이 폭넓고 심오하다

성 사상이나 학식이 폭넓고 심오하다
这个理论内容丰富，博大精深
이 이론은 내용이 풍부하며 사상이 심오하다

6급 理论 lǐlùn 명 이론

6급 博览会 bólǎnhuì 圆 박람회

圆 박람회
首届国际技术装备博览会6月在北京开幕
제1회 국제 기술 장비 박람회가 6월 베이징에서 개막한다

6급 装备 zhuāngbèi 圆 장비
开幕 kāimù 됭 개막하다

4급 博士 bóshì 圆 박사

圆 박사
攻读博士学位
박사 학위 과정을 공부하다

攻读 gōngdú 됭 깊이 연구하다, 전공하다

5급 博物馆 bówùguǎn 圆 박물관

圆 박물관
带孩子去参观历史博物馆
아이를 데리고 역사 박물관을 참관하다

4급 参观 cānguān 됭 참관하다

6급 搏斗 bódòu 됭 격투하다, 투쟁하다

됭 격투하다, 투쟁하다
同犯罪分子展开激烈搏斗 범죄자들과 격투를 벌이다
与洪水搏斗 홍수와 싸우다

5급 展开 zhǎnkāi 됭 전개하다, 벌이다
6급 洪水 hóngshuǐ 圆 홍수

6급 薄弱 bóruò 휑 박약하다, 취약하다

휑 박약하다, 취약하다
基础薄弱 기초가 취약하다
意志薄弱 의지가 박약하다

6급 意志 yìzhì 圆 의지

6급 补偿 bǔcháng 됭 보충하다, 보상하다

됭 보충하다, 보상하다
她付出的心血并未得到补偿
그녀가 쏟은 심혈은 전혀 보상을 받지 못했다

6급 心血 xīnxuè 圆 심혈

5급 补充 bǔchōng 됭 보충하다, 채우다, 추가하다

됭 보충하다, 채우다, 추가하다
文章太单薄，需补充些内容
글이 너무 빈약하니, 내용을 좀 보충해야 한다
补充一个训练科目 훈련 과목 하나를 추가하다

单薄 dānbó 휑 (내용, 실력 등이) 부족하다
5급 训练 xùnliàn 됭 훈련하다
6급 科目 kēmù 圆 과목

6급 补救 bǔjiù 됭 보완하다, 만회하다

됭 보완하다, 만회하다
想个补救漏洞的办法
허점을 보완할 방법을 생각하다

漏洞 lòudòng 圆 허점, 빈틈

B

6급 补贴 bǔtiē 통 보조하다 명 보조비, 보조금

통 (자금을) 보조하다
所缺部分，由国家财政补贴
부족한 부분은 국가 재정으로 보조하다

명 보조비, 보조금
向困境儿童发放基本生活补贴
어려운 상황에 있는 아동에게 기초 생활 보조금을 지급하다

6급 **财政** cáizhèng 명 재정
困境 kùnjìng 명 곤경, 어려운 상황
发放 fāfàng 통 (정부, 단체 등이 돈이나
물자를) 방출하다

6급 捕捉 bǔzhuō 통 잡다, 붙잡다

통 잡다, 붙잡다
捕捉逃犯 탈주범을 붙잡다
捕捉有利时机 유리한 시기를 잡다

逃犯 táofàn 명 탈주범
6급 **时机** shíjī 명 기회, 시기

6급 哺乳 bǔrǔ 통 포유하다, 젖을 먹이다

통 포유하다, 젖을 먹이다
鲸鱼是哺乳动物
고래는 포유동물이다

鲸鱼 jīngyú 명 고래

1급 不 bù 부 …이 아니다, …하지 않다 조 …할 수 없다 부 …할 필요 없다

부 …이 아니다, …하지 않다
不吃早餐对身体有什么影响？
아침밥을 먹지 않으면 신체에 어떤 영향이 있는가?
你这么做不太好吧！
너 이렇게 하는 건 그다지 좋지 않아!
不见不散 만나지 않으면 헤어지지 않는다, 만날 때까지 기다린다

조 …할 수 없다 (동사와 보어 사이에 쓰여, 결과를 얻을 수
없음을 나타냄)
菜太多，我吃不完
요리가 너무 많아서 나는 다 먹을 수 없다

부 …할 필요 없다 (일부 겸양어에 쓰임)
不客气 사양하지 마십시오 ㅣ **不谢** 천만에요

早餐 zǎocān 명 조찬, 아침밥

역순 어휘
要不 yàobù

tip 不가 4성 앞에 쓰이면 아래와 같이 2성으로
발음한다
不去 búqù, **不累** búlèi, **不算** búsuàn

5급 不安 bù'ān 형 불안정하다, 불안하다

형 불안정하다, 불안하다
社会动荡不安 사회가 동요하여 불안정하다
我的心情还是有些不安 내 마음은 여전히 조금 불안하다

6급 **动荡** dòngdàng 통 동요하다

不必 bùbì 부 …할 필요가 없다

부 …할 필요가 없다
不必介意 개의치 마라
色彩不必太浓 색채가 너무 짙을 필요는 없다

介意 jièyì 통 신경 쓰다, 개의하다
5급 **色彩** sècǎi 명 색채, 색깔

3급 不但…而且… bùdàn…érqiě… …뿐만 아니라 또한 …하다

…뿐만 아니라 또한…하다
他**不但**是伟大的文学家，**而且**是伟大的思想家
그는 위대한 문학가일 뿐 아니라 위대한 사상가이다

| 5급 伟大 wěidà 혱 위대하다

4급 不得不 bùdébù 부득불 …하다, …하지 않을 수 없다

부득불 …하다, …하지 않을 수 없다
任务在身，我**不得不**这样做
임무를 띠고 있으니 난 이렇게 하지 않을 수 없다

| 4급 任务 rènwù 혱 임무, 사명

5급 不得了 bùdéliǎo 야단나다, 심각하다, 대단하다

야단나다, 심각하다, 대단하다
不得了，闯了大祸了! 야단났어, 큰 사고가 났어!
他俩好得**不得了** 그 둘은 사이가 정말 좋다
渴得**不得了** 목이 너무 마르다

| 5급 闯 chuǎng 동 일으키다, 초래하다
　　大祸 dàhuò 혱 대참사, 큰 사고

6급 不得已 bùdéyǐ 부득이하다, 어쩔 수 없다, 방법이 없다, …할 수 밖에 없다

부득이하다, 어쩔 수 없다, 방법이 없다, …할 수 밖에 없다
在**不得已**的情况下，我们停止工作
부득이한 상황에서 우리는 작업을 멈추었다
实在不得已就只好由他去了
정말 부득이하게 그가 가는 수 밖에 없다

| 4급 情况 qíngkuàng 혱 정황, 상황
　　停止 tíngzhǐ 동 정지하다, 중단하다
| 4급 实在 shízài 부 확실히, 정말

5급 不断 bùduàn 동 끊임없다 부 부단히, 끊임없이

동 끊임없다
行人往来**不断** 오가는 사람이 끊이지 않다
부 부단히, 끊임없이
时尚是**不断**变化的 유행은 끊임없이 변화한다
不断努力，继续发展 부단히 노력하여 계속 발전하다

| 5급 行人 xíngrén 혱 행인, 보행자

6급 不妨 bùfáng 부 무방하게

부 무방하게
你要是有兴趣，**不妨**去看看
관심이 있으면, 가서 좀 봐도 무방하다
不妨把你的意见直接告诉他
네 의견을 직접 그에게 말해도 무방하다

| 4급 要是 yàoshi 접 만약 …이라면
| 4급 直接 zhíjiē 혱 직접적이다

6급 不敢当 bùgǎndāng 감당하기 어렵다, 황송할 뿐이다, 어찌할 바를 모르다

감당하기 어렵다, 황송할 뿐이다, 어찌할 바를 모르다
(상대방의 예우, 칭찬 등을 사양할 때 쓰임)

叫我老前辈，我可**不敢当**
날 대선배라고 부르니 황송할 뿐입니다

这么盛情款待，真**不敢当**
이렇게 정성껏 환대해 주시니 정말 어찌할 바를 모르겠습니다

| 老前辈 lǎoqiánbèi 몡 대선배
6급 | 盛情 shèngqíng 몡 두터운 정
6급 | 款待 kuǎndài 동 환대하다, 정성껏 대접하다

B

6급 **不顾** bùgù 동 고려하지 않다, 배려하지 않다, 개의치 않다, 아랑곳하지 않다

동 고려하지 않다, 배려하지 않다, 개의치 않다, 아랑곳하지 않다
　不顾他人
　남을 고려하지 않다

　不顾同伴有病，他独自走了
　동료가 병이 난 것도 고려하지 않고 그는 혼자서 갔다

　不顾一切地扑向罪犯
　전혀 아랑곳하지 않고 범인에게 달려들다

| 同伴 tóngbàn 몡 동료, 친구
| 独自 dúzì 뭐 단독으로, 홀로
6급 | 扑 pū 동 달려들다, 돌진하다
6급 | 罪犯 zuìfàn 몡 죄인, 범인

4급 **不管** bùguǎn 옌 …와 상관없이, …든 간에

옌 …와 상관없이, …든 간에 (都dōu, 也yě 등과 호응하여 어떤
조건에서도 결과가 변하지 않음을 나타냄)
　不管是谁，都要遵纪守法
　누구든지 간에 모두 규율과 법을 준수해야 한다

　不管有什么困难，我们也要完成任务
　어떤 어려움이 있어도 우리는 임무를 완수해야 한다

| 遵纪守法 zūnjì-shǒufǎ 규율과 법령을
준수하다

4급 **不过** bùguò 뭐 …에 불과하다, …에 지나지 않다 옌 그러나, 그런데

뭐 …에 불과하다, …에 지나지 않다
　只**不过**是个10岁的小孩子而已
　단지 열 살짜리 아이에 불과할 뿐이다

　别多想，他**不过**说说罢了
　너무 많이 생각하지 마라, 그는 그저 한번 해 본 말이니까

옌 그러나, 그런데
　担子确实重了点儿，**不过**我相信你能挑得起
　부담이 확실히 좀 크긴 해도 난 네가 감당할 수 있으리라 믿는다

6급 | 而已 éryǐ 조 …일 뿐이다, …일 따름이다
| 罢了 bàle 조 단지 …일 뿐이다
4급 | 确实 quèshí 뭐 확실히, 정말로

不好意思 bùhǎoyìsi　부끄러워하다, 수줍어하다　거북하다, 난처하다
　　　　　　　　　　　　　미안합니다, 죄송합니다

부끄러워하다, 수줍어하다
　别人一夸，他就**不好意思**起来
　남이 칭찬하기만 하면 그는 바로 수줍어한다

　这点东西真拿不出手，**不好意思**
　이 정도 물건이라 내놓기에 약소해서 쑥스럽습니다

거북하다, 난처하다
　都是熟人，实在**不好意思**回绝
　다들 잘 아는 사람이라 정말 거절하기가 난처하다

미안합니다, 죄송합니다
　不好意思，我先走了
　죄송하지만 저는 먼저 가겠습니다

5급 | 夸 kuā 동 칭찬하다
| 拿不出手 nábùchūshǒu 남 앞에 내놓을
수 없다
| 熟人 shúrén 몡 잘 아는 사람
| 回绝 huíjué 동 (요구를) 거절하다

5급 不见得 bùjiàndé 꼭 …은 아니다, 반드시 …하지는 않다

꼭 …은 아니다, 반드시 …하지는 않다
说他上不了大学，那倒也不**见得**
그가 대학에 못 간다고 하지만 꼭 그런 건 아니다
这样做，**不见得**会有好结果
이렇게 한다고 반드시 좋은 결과가 있는 건 아니다

4급 倒 dào 🖫 도리어, 의외로

6급 不禁 bùjīn 🖲 금치 못하다, 참을 수 없다

🖲 금치 못하다, 참을 수 없다
他的话使我**不禁**大笑
그의 말에 나는 참지 못하고 크게 웃었다
不禁叹了一口气说："没办法"
자기도 모르게 한숨을 쉬며 "어쩔 수 없지"라고 말했다

6급 叹气 tànqì 🖲 한숨 쉬다, 탄식하다

4급 不仅 bùjǐn 🖫 …뿐 아니다 🖫 …뿐만 아니라

🖫 …뿐 아니다 (수량이나 범위를 넘어서는 것을 나타냄)
反对这事儿的，**不仅**是他一个人
이 일에 반대하는 사람은 그 하나뿐이 아니다

🖫 …뿐만 아니라 (而且érqiě, 反而fǎn'ér, 也yě, 还hái 등과 함께 쓰여 점층 관계를 나타냄)
不仅嗓子好，扮相也好
목청이 좋을 뿐만 아니라 분장도 잘했다

4급 反对 fǎnduì 🖲 반대하다
5급 嗓子 sǎngzi 🖲 목소리, 음성
　　扮相 bànxiàng 🖲 분장한 모습

6급 不堪 bùkān 🖲 견디지 못하다, …하면 안 된다 🖫 매우, 심하게

🖲 견디지 못하다, …하면 안 된다
不堪重负
무거운 부담을 버텨 내지 못하다
不堪回首
지난날을 차마 돌아볼 수 없다
🖫 매우, 심하게 (형용사 뒤에 쓰여 정도가 심함을 나타냄)
破旧**不堪**
몹시 낡아 빠지다

回首 huíshǒu 🖲 고개를 돌리다, 회상하다
破旧 pòjiù 🖲 오래되어 낡다, 낡아 빠지다

6급 不可思议 bùkě-sīyì 🖾 불가사의, 상상하거나 이해하기 어렵다

🖾 불가사의, 상상하거나 이해하기 어렵다
这真是**不可思议**的奇迹！
이건 정말 불가사의한 기적이다!

5급 奇迹 qíjì 🖲 기적

1급 不客气 bùkèqì 별말씀을요, 천만에요, 괜찮습니다

별말씀을요, 천만에요, 괜찮습니다
谢谢你的礼物。-**不客气**！
선물 감사합니다 -별말씀을요!

3급 礼物 lǐwù 🖲 선물

6급 不愧 bùkuì 통 …에 부끄럽지 않다, …이라고 할 만하다

통 …에 부끄럽지 않다, …이라고 할 만하다
他工作非常出色，**不愧**是劳动模范
그는 업무에 매우 뛰어나서 모범 근로자라고 할 만하다

| 5급 出色 chūsè 형 뛰어나다, 훌륭하다
| 6급 模范 mófàn 명 모범, 본보기

6급 不料 bùliào 연 뜻밖에, 의외로, 예상 밖에

연 뜻밖에, 의외로, 예상 밖에 (뒤 문장의 맨 앞에 쓰여 전환을 나타냄)
刚才天还很好，**不料**竟下起雨来了
방금 날씨가 좋았는데 뜻밖에 비가 내리기 시작했다

竟 jìng 부 의외로, 뜻밖에

6급 不免 bùmiǎn 부 피할 수 없이, 불가피하게

부 피할 수 없이, 불가피하게
等了好久他也没来，**不免**使我失望
오래 기다렸는데도 그가 오지 않아 나는 실망을 금치 못했다

| 4급 失望 shīwàng 형 실망스럽다

5급 不耐烦 bùnàifán 귀찮아서 견딜 수 없다, 성가시다, 참을 수 없다

귀찮아서 견딜 수 없다, 성가시다, 참을 수 없다
她等上菜等得**不耐烦**了
그녀는 음식이 나오기를 기다리다가 참을 수 없어졌다

上菜 shàngcài 통 음식을 내오다

5급 不然 bùrán 형 그렇지 않다, 아니다 연 그렇지 않으면

형 그렇지 않다, 아니다
其实**不然** 사실은 그렇지 않다
연 그렇지 않으면
快走吧，**不然**就赶不上飞机了
얼른 가라, 그렇지 않으면 비행기를 놓치겠다

| 3급 其实 qíshí 부 사실, 실제로, 사실상
赶不上 gǎnbushàng 놓치다, 늦다

5급 不如 bùrú 통 …에 비할 수 없다, …만 못하다 연 …하는 것이 낫다

통 …에 비할 수 없다, …만 못하다
他学习**不如**妹妹 그는 누이동생보다 공부를 못한다
연 …하는 것이 낫다 (비교 선택을 나타냄)
与其这样，还**不如**干点事
이럴 바에는 일을 좀 하는 것이 낫다

| 5급 与其 yǔqí 연 …하기 보다는, …하느니 차라리

6급 不时 bùshí 부 때때로, 자주 부 수시로, 불시에

부 때때로, 자주
不时从街上传来笑声 때때로 거리에서 웃음소리가 들려왔다
부 수시로, 불시에
大夫**不时**过来检查腹部
의사가 수시로 와서 복부를 검사하다

传来 chuánlái 통 전해오다
腹部 fùbù 명 복부, 배

6급 不惜 bùxī 동 아까워하지 않다, 아끼지 않다

동 아까워하지 않다, 아끼지 않다
不惜一切代价
모든 대가를 아끼지 않다

6급 代价 dàijià 명 대가

6급 不相上下 bùxiāng-shàngxià 성 막상막하, 차이가 크지 않다

성 막상막하, 차이가 크지 않다
两人技术**不相上下**
두 사람의 기술이 막상막하이다

4급 技术 jìshù 명 기술

6급 不像话 bùxiànghuà 형 말이 되지 않다 형 지나치다

형 말이 되지 않다
结婚才几天就打架，真**不像话**
결혼한 지 며칠 만에 싸우다니, 정말 말도 안 된다

형 (나쁜 상황이) 지나치다
脏得**不像话** 지나치게 더럽다

6급 打架 dǎjià 동 싸우다, 다투다
4급 脏 zāng 형 더럽다, 지저분하다

6급 不屑一顾 bùxiè-yīgù 성 거들떠볼 가치도 없다, 매우 경시하거나 업신여기다

성 거들떠볼 가치도 없다, 매우 경시하거나 업신여기다
他对我的说法根本**不屑一顾**
그는 나의 의견을 아예 무시했다

说法 shuōfa 명 의견, 견해

6급 不言而喻 bùyán'éryù 성 말하지 않아도 이해할 수 있다, 쉽게 알 수 있다

성 말하지 않아도 이해할 수 있다, 쉽게 알 수 있다
两个队的胜负已经**不言而喻**
두 팀의 승부는 이미 말하지 않아도 알 수 있다

6급 胜负 shèngfù 명 승패, 승부

5급 不要紧 bùyàojǐn 괜찮다, 상관없다, 문제없다

괜찮다, 상관없다, 문제없다
不要紧，过几天再办也误不了
상관없어, 며칠 지나서 다시 해도 늦지 않아

有困难**不要紧**，大家帮助你就行了
어려움이 있어도 괜찮아, 모두가 널 도우면 되니까

4급 困难 kùnnan 명 곤란, 어려움

6급 不由得 bùyóude 부 자신도 모르게, 저절로 동 …하지 않을 수 없다

부 자신도 모르게, 저절로
实在太感人了，听众**不由得**流下泪来
정말 너무나 감동적이라 청중은 자신도 모르게 눈물을 흘렸다

동 …하지 않을 수 없다
他叙述得那么生动，**不由得**你不信
그가 그렇게 생생하게 서술하니 네가 안 믿을 수가 없다

感人 gǎnrén 명 감동시키다
5급 叙述 xùshù 동 서술하다
5급 生动 shēngdòng 형 생동하다, 생생하다

B

6급 不择手段 bùzé-shǒuduàn 성 수단과 방법을 가리지 않다

성 **수단과 방법을 가리지 않다**
有些人为了达到目的，往往是**不择手段**的 어떤
사람들은 목적을 실현하기 위해 종종 수단과 방법을 가리지 않는다

- 5급 达到 dádào 동 실현하다, 도달하다
- 4급 目的 mùdì 명 목적
- 4급 往往 wǎngwǎng 부 왕왕, 흔히, 종종

6급 不止 bùzhǐ 동 멈추지 않다, 그치지 않다 동 …만이 아니다, …에 그치지 않다

동 **멈추지 않다, 그치지 않다**
他不小心跌倒了，腿上的伤口血流**不止** 그는 부주의
해서 넘어졌는데 다리의 상처에서 피가 멈추지 않고 흘렀다

동 **…만이 아니다, …에 그치지 않다**
不止一次地说过这种话 이런 말을 한 번만 한 게 아니다

- 跌倒 diēdǎo 동 넘어지다
- 伤口 shāngkǒu 명 상처

5급 不足 bùzú 형 부족하다, 불충분하다 동 도달하지 않다

형 **부족하다, 불충분하다**
估计**不足** 예측이 충분하지 않다
我们社会经验还**不足** 우리는 사회 경험이 아직 부족하다

동 **(수치에) 도달하지 않다**
资金**不足**10万元 자금이 10만 위안이 안 된다

- 4급 估计 gūjì 동 예측하다, 짐작하다, 평가하다
- 4급 经验 jīngyàn 명 경험, 체험
- 5급 资金 zījīn 명 자금

5급 布 bù 명 포, 천

명 **포, 천**
买了几尺**布**
피륙 몇 자를 샀다
这种设计不仅好看还能节省**布**料
이 디자인은 보기 좋을 뿐만 아니라 옷감을 절약할 수 있다

- 5급 节省 jiéshěng 동 절약하다, 아끼다

역순 어휘
颁布 bānbù　遍布 biànbù　发布 fābù
分布 fēnbù　公布 gōngbù　瀑布 pùbù
散布 sànbù　宣布 xuānbù

6급 布告 bùgào 명 포고, 공고 동 포고하다, 공고하다

명 **포고, 공고**
街上张贴着危房改造的**布告**
거리에 낙후 건축물 개조에 관한 공고문이 붙어 있다

동 **포고하다, 공고하다**
布告天下 천하에 포고하다
特此**布告** 이에 특별히 공고합니다

- 张贴 zhāngtiē 동 붙이다
- 危房 wēifáng 명 붕괴 위험이 있는 집
- 改造 gǎizào 동 개조하다

6급 布局 bùjú 동 배치하다, 안배하다 명 계획, 배치, 구성

동 **배치하다, 안배하다**
这件事我们先**布局**，等条件成熟后，自然会水
到渠成 이 일은 우리가 우선 안배하고 조건이 무르익으면
자연히 성사될 것이다

명 **계획, 배치, 구성**
画面**布局**紧凑 화면 구성이 치밀하다

- 水到渠成 shuǐdào-qúchéng
  성 조건이 구비되면 일은 자연히 성사된다
- 紧凑 jǐncòu 형 치밀하다

6급 布置 bùzhì 〔동〕 배치하다, 꾸미다, 안배하다

〔동〕 배치하다, 꾸미다, 안배하다
布置会场 회의장을 배치하다
领导给下属**布置**任务
지도자가 부하에게 임무를 배정하다

5급 领导 lǐngdǎo 〔동〕 지도자, 리더, 책임자
6급 下属 xiàshǔ 〔명〕 부하, 아랫사람

6급 步伐 bùfá 〔명〕 발걸음, 진행 속도

〔명〕 발걸음, 진행 속도
步伐整齐 발걸음이 가지런하다
加快改革的**步伐**
개혁의 속도를 빠르게 하다

5급 整齐 zhěngqí 〔형〕 가지런하다
加快 jiākuài 〔동〕 속도를 내다
5급 改革 gǎigé 〔명〕 개혁

5급 步骤 bùzhòu 〔명〕 순서, 단계

〔명〕 순서, 단계
按**步骤**行事 순서에 따라 일을 하다
调查分三个**步骤**进行
조사는 세 단계로 나누어 진행한다

行事 xíngshì 〔동〕 일하다
4급 调查 diàochá 〔동〕 조사하다
4급 进行 jìnxíng 〔동〕 하다, 진행하다

4급 部分 bùfen 〔명〕 부분, 일부

〔명〕 부분, 일부
这是工程的主体**部分**
이것이 프로젝트의 주요 부분이다
部分同志缺席
일부 동료들이 빠지다

工程 gōngchéng 〔명〕 프로젝트
6급 缺席 quēxí 〔동〕 결석하다, 빠지다

5급 部门 bùmén 〔명〕 부, 부문, 부서

〔명〕 부, 부문, 부서
政府各**部门** 정부 각 부서
业务**部门** 업무 부문

5급 业务 yèwù 〔명〕 업무

6급 部署 bùshǔ 〔동〕 안배하다, 배치하다

〔동〕 안배하다, 배치하다
政府已经计划在东部**部署**兵力
정부는 이미 동부 지역에 병력을 배치하기로 계획했다

兵力 bīnglì 〔명〕 병력

6급 部位 bùwèi 〔명〕 부위

〔명〕 부위
不能按摩受伤**部位**
다친 부위를 마사지하면 안 된다

6급 按摩 ànmó 〔동〕 안마하다, 마사지하다
5급 受伤 shòushāng 〔동〕 부상당하다, 상처를 입다

4급 **擦** cā	통 문지르다, 닦다, 훔치다	통 마찰하다, 비비다, 긁다	통 바르다

통 문지르다, 닦다, 훔치다
从口袋里拿出纸巾给小孩擦眼泪
주머니에서 티슈를 꺼내 아이의 눈물을 닦아주다

통 마찰하다, 비비다, 긁다
他跌倒时膝盖擦伤了
그는 넘어졌을 때 무릎에 찰과상을 입었다

통 바르다
擦药膏 연고를 바르다

口袋 kǒudai 명 주머니, 호주머니
纸巾 zhǐjīn 명 티슈, 종이 타월
眼泪 yǎnlèi 명 눈물
6급 膝盖 xīgài 명 무릎
药膏 yàogāo 명 연고

역순 어휘
摩擦 mócā

4급 **猜** cāi	통 짐작하다, 추측하다, 알아맞히다

통 짐작하다, 추측하다, 알아맞히다
猜谜语 수수께끼를 맞추다, 수수께끼 놀이를 하다

6급 谜语 míyǔ 명 수수께끼

才 cái 부 비로소, 이제야 부 방금, 지금, 막 부 겨우, 고작, 단지 부 비로소

부 비로소, 이제야
说了半天才明白你的意思
한참을 말하고 나서야 비로소 네 말 뜻을 알았다

부 방금, 지금, 막
他才来，还顾不上去看你
그는 지금 막 와서 아직 널 볼 겨를이 없다

부 겨우, 고작, 단지
这所学校才有五个班 이 학교에는 겨우 다섯 학급만 있다

부 (…해야만) 비로소
只有坚持到底，才能取得胜利
끝까지 버텨야만 비로소 이길 수 있다

半天 bàntiān 명 오랜 시간, 한참 동안
顾不上 gùbushàng 돌볼 틈이 없다,
　　…할 겨를이 없다
4급 到底 dàodǐ 통 끝까지 …하다
取得 qǔdé 통 얻다, 획득하다, 취득하다
5급 胜利 shènglì 통 승리하다, 이기다

역순 어휘
刚才 gāngcái　　　人才 réncái
天才 tiāncái

6급 **才干** cáigàn	명 재간, 능력, 재능

명 재간, 능력, 재능
他有领导才干 그는 지도자의 능력을 갖고 있다
他既年轻，又有才干 그는 젊고 재능도 있다

既 jì 접 …하고, …하고도, …할 뿐만 아니라

4급 **材料** cáiliào	명 재료, 자재, 원료	명 글감, 소재, 제재	명 자료, 데이터

명 재료, 자재, 원료
网上购买装修材料
온라인에서 인테리어 자재를 구매하다

명 글감, 소재, 제재(题材)
写剧本要搜集很多材料
극본을 쓰려면 많은 제재를 수집해야 한다

명 자료, 데이터
人事档案材料 인사 파일 자료

5급 装修 zhuāngxiū 통 실내 장식을 하다,
　　인테리어를 하다
6급 剧本 jùběn 명 극본
搜集 sōují 통 수집하다
6급 档案 dàng'àn 명 공문서, 기록, 서류, 파일

5급 财产 cáichǎn 명 재산, 자산

명 재산, 자산

父亲死后，她继承了一大笔财产
아버지가 돌아가신 후, 그녀는 거액의 재산을 물려받았다

6급 继承 jìchéng 동 상속하다, 물려받다
大笔 dàbǐ 거액, 큰 몫

6급 财富 cáifù 명 부, 재부, 자산

명 부, 재부, 자산

分享人类共有的财富
인류가 공유한 자산을 함께 누리다

为了过上更好的生活，人们追求财富
더 나은 삶을 살기 위해 사람들은 부를 추구한다

分享 fēnxiǎng 동 함께 누리다, 함께 나누다
5급 追求 zhuīqiú 동 추구하다

6급 财务 cáiwù 명 재무, 재정 관련 업무

명 재무, 재정 관련 업무

实行财务公示制度，提高企业财务的透明度
재무 공시 제도를 실행하여 기업 재무의 투명성을 높이다

公示 gōngshì 동 공시하다
透明度 tòumíngdù 명 투명도, 투명성

6급 财政 cáizhèng 명 재정, 국가 재정

명 재정, 국가 재정

财政赤字持续扩大
재정 적자가 계속 늘어나다

6급 赤字 chìzì 명 적자

6급 裁缝 cáifeng 명 재봉사

명 재봉사

他对衣服很有兴趣，所以选择当了个裁缝
그는 옷에 관심이 많아서 재봉사가 되는 것을 선택했다

1급 衣服 yīfu 명 옷, 의복, 의상

6급 裁判 cáipàn 동 재판하다, 판정하다, 심판하다 명 심판, 심판원

동 재판하다, 판정하다, 심판하다

司法裁判 사법 재판

명 심판, 심판원

赛后教练对裁判的判罚提出了质疑
경기 후 코치가 심판의 페널티에 의문을 제기했다

6급 司法 sīfǎ 동 사법 처리하다
判罚 pànfá 동 벌칙을 부여하다, 페널티를 주다
质疑 zhìyí 동 질의하다, 의문을 제기하다

6급 裁员 cái // yuán 동 감원하다, 인원을 줄이다

동 감원하다, 인원을 줄이다

这是公司为避免大规模裁员而采取的措施
이는 회사가 대규모 감원을 피하기 위해 취한 조치이다

大规模 dàguīmó 형 대규모의
5급 措施 cuòshī 명 조치, 대책

5급 采访 cǎifǎng 图 인터뷰하다, 취재 방문하다

图 인터뷰하다, 취재 방문하다
记者在招聘会现场采访了企业的招聘负责人
기자는 채용 설명회 현장에서 기업의 채용 책임자를 인터뷰했다

招聘会 zhāopìnhuì 图 채용 설명회, 채용 박람회
负责人 fùzérén 图 책임자

6급 采购 cǎigòu 图 사다, 구매하다

图 (주로 여러 종류나 대량으로) 사다/구매하다
采购土特产 지방 특산품을 구매하다

土特产 tǔtèchǎn 图 토산품과 특산품, 지방 특산품

6급 采集 cǎijí 图 모으다, 채집하다, 수집하다

图 모으다, 채집하다, 수집하다
在森林里采集药材
숲에서 약재를 채집하다
采集民间故事
민간에 전하는 이야기를 수집하다

药材 yàocái 图 약재
6급 民间 mínjiān 图 민간

6급 采纳 cǎinà 图 채택하다, 받아들이다

图 (건의, 의견 등을) 채택하다/받아들이다
市政府积极采纳了市民提出的建议
시 정부는 시민이 제기한 건의를 적극적으로 받아들였다

提出 tíchū 图 제시하다, 제출하다
4급 建议 jiànyì 图 건의, 제안

5급 采取 cǎiqǔ 图 취하다, 채택하다

图 (방침, 정책, 방법, 행동 등을) 취하다/채택하다
立即采取果断行动，以避免扩大损失
손실 확대를 피하기 위해 과감한 행동을 즉각 취하다

5급 立即 lìjí 图 즉각, 즉시, 바로
6급 果断 guǒduàn 图 과단성이 있다, 과감하다

5급 彩虹 cǎihóng 图 무지개

图 무지개
我相信风雨过后就能看见彩虹
나는 비바람이 지나간 후 무지개를 볼 수 있다고 믿는다

风雨 fēngyǔ 图 비바람
1급 看见 kànjiàn 图 보다, 보이다

6급 彩票 cǎipiào 图 복권

图 복권
他买彩票有十多年了，但是一直没有中过奖
그는 십 년 넘게 복권을 샀지만 지금까지 당첨된 적은 없다

中奖 zhòngjiǎng 图 당첨되다

5급 踩 cǎi 图 밟다, 디디다

图 밟다, 디디다
别把地毯踩脏了 카펫을 밟아 더럽히지 마라
轻轻踩油门 가속 페달을 살살 밟다

5급 地毯 dìtǎn 图 카펫, 양탄자, 깔개
油门 yóumén 图 가속 페달, 액셀러레이터

## 1급 菜 cài 	[명] 채소, 야채 	[명] 요리, 반찬

[명] 채소, 야채
我跟妈妈一起到市场买菜
나는 엄마와 함께 시장에 가서 채소를 샀다

[명] 요리, 반찬
我想吃妈妈的拿手菜
나는 엄마가 가장 잘 하시는 요리가 먹고 싶다

5급 市场 shìchǎng [명] 시장
6급 拿手 náshǒu [형] 뛰어나다, 숙달하다

역순 어휘
蔬菜 shūcài

## 3급 菜单 càidān 	[명] 차림표, 메뉴판, 메뉴 	[명] 메뉴, 선택 메뉴

[명] 차림표, 메뉴판, 메뉴
先看一下菜单，一会儿再点菜
먼저 메뉴를 좀 보고 잠시 후에 음식을 주문할게요

[명] (컴퓨터, 핸드폰 등의) 메뉴/선택 메뉴

点菜 diǎncài [동] (식당에서) 음식을 주문하다

## 4급 参观 cānguān 	[동] 참관하다

[동] 참관하다
老师带着学生参观展览
선생님이 학생을 데리고 전시를 참관하다

5급 展览 zhǎnlǎn [명] 전람, 전시, 전시품

## 3급 参加 cānjiā 	[동] 참가하다, 참여하다, 가입하다

[동] 참가하다, 참여하다, 가입하다
参加运动会
운동회에 참가하다
明天你能来参加会议吗?
내일 당신은 회의에 참석하러 올 수 있습니까?

运动会 yùndònghuì [명] 운동회, 체육 대회
3급 会议 huìyì [명] 회의

## 5급 参考 cānkǎo 	[동] 참고하다, 참조하다

[동] 참고하다, 참조하다
这些资料仅供参考
이 자료들은 단지 참고로 제공하는 것이다
参考一下他们的做法
그들의 방법을 참고해 보시오

5급 资料 zīliào [명] 자료
仅 jǐn [부] 단지, 다만
做法 zuòfǎ [명] 방법

## 6급 参谋 cānmóu 	[명] 참모, 조언자, 카운슬러 	[동] 조언하다, 의견을 제시하다

[명] 참모, 조언자, 카운슬러
作战参谋 작전 참모
请找个了解这一方面知识的人当参谋
이 방면에 대해 잘 아는 사람을 찾아 조언자로 삼으십시오

[동] 조언하다, 의견을 제시하다
这件事我给你参谋一下吧
이 일은 내가 조언을 좀 해 줄게

作战 zuòzhàn [동] 전쟁하다, 전투하다
4급 方面 fāngmiàn [명] 방면, 분야
4급 知识 zhīshi [명] 지식

5급 参与 cānyù [동] 참여하다, 참가하다

[동] **참여하다, 참가하다**

参与制订计划
계획 수립에 참여하다

希望有更多的同学积极参与讨论
더욱 많은 학생들이 토론에 적극 참여하길 바랍니다

制订 zhìdìng [동] 제정하다, 초안을 잡다, 만들어 정하다
4급 积极 jījí [형] 적극적이다, 열성적이다

tip 여기에서는 与를 yǔ로 읽지 않는다

6급 参照 cānzhào [동] 참조하다, 참고하여 대조하다

[동] **참조하다, 참고하여 대조하다**

依照有关法律并参照国际惯例，解决贸易纠纷
관련 법률에 의거하고 국제 판례를 참조하여 무역 분쟁을 해결하다

这种做法我们可以参照实行
이런 방법은 우리가 참조하여 실행할 만하다

依照 yīzhào [동] (…에) 따르다/의거하다
6급 惯例 guànlì [명] 선례, 판례
6급 纠纷 jiūfēn [명] 분쟁, 분규

4급 餐厅 cāntīng [명] 식당

[명] **식당**

这家餐厅的饭菜又便宜又好吃
이 식당의 음식은 가격도 싸고 맛도 좋다

饭菜 fàncài [명] 밥과 반찬, 음식, 요리

6급 残疾 cánjí [명] 불구, 장애

[명] **불구, 장애**

所有残疾儿童都应该接受免费的义务教育
모든 장애 아동은 무상 의무 교육을 받아야 한다

4급 免费 miǎnfèi [동] 돈을 받지 않다, 무료로 하다
5급 义务 yìwù [명] 의무

6급 残酷 cánkù [형] 잔혹하다, 가혹하다, 냉혹하다

[형] **잔혹하다, 가혹하다, 냉혹하다**

残酷剥削民众 민중을 가혹하게 착취하다

面对残酷的现实 잔혹한 현실과 마주하다

6급 剥削 bōxuē [동] 착취하다
民众 mínzhòng [명] 민중

6급 残留 cánliú [동] 잔류하다, 남아 있다

[동] **잔류하다, 남아 있다**

他的眼角还残留着未干的泪痕
그의 눈가에 마르지 않은 눈물 자국이 아직 남아 있다

消除残留的癌细胞
잔류 암세포를 제거하다

眼角 yǎnjiǎo [명] 눈가, 눈구석
泪痕 lèihén [명] 눈물 자국
6급 细胞 xìbāo [명] 세포

6급 残忍 cánrěn [형] 잔인하다

[형] **잔인하다**

他本性残忍 그는 본성이 잔인하다

用残忍的手段杀害保护动物
잔인한 수법으로 보호 동물을 살해하다

本性 běnxìng [명] 본성
手段 shǒuduàn [명] 수단, 방법, 수법
杀害 shāhài [동] 살해하다

5급 惭愧 cánkuì 형 부끄럽다, 면목이 없다, 송구스럽다

형 부끄럽다, 면목이 없다, 송구스럽다

我听到她的话有些惭愧，于是跟她说抱歉
나는 그녀의 말을 듣고 조금 부끄러워서 그녀에게 미안하다고 말했다

他很惭愧地低下了头 그는 부끄러워 고개를 숙였다

- 4급 于是 yúshì 젭 그래서, 그리하여
- 4급 抱歉 bàoqiàn 동 미안하다

6급 灿烂 cànlàn 형 찬란하다

형 찬란하다

在这里，打开窗户就能看到灿烂的阳光
여기에서는 창문을 열면 찬란한 햇빛을 볼 수 있다

她接受媒体采访时，笑得灿烂
그녀는 언론 인터뷰를 할 때 환하게 웃었다

- 打开 dǎkāi 동 열다
- 4급 阳光 yángguāng 명 햇빛

6급 仓促 cāngcù 형 촉박하다, 급박하다

형 촉박하다, 급박하다

由于时间仓促，我来不及打扫房间
시간이 촉박하여 나는 미처 방을 청소하지 못했다

- 4급 来不及 láibují 동 …할 틈이 없다, 미처 …하지 못하다

6급 仓库 cāngkù 명 창고

명 창고

把货物储存在物流仓库里
상품을 물류 창고에 보관하다

货物 huòwù 명 상품, 화물
物流 wùliú 명 물류, 유통

6급 苍白 cāngbái 형 창백하다 형 생기가 없다, 생동감이 없다

형 창백하다

脸色突然变得苍白 안색이 갑자기 창백하게 변하다

형 (글, 예술적 이미지 등이) 생기가 없다/생동감이 없다

小说中的人物形象苍白
소설 속 인물의 이미지에 생기가 없다

脸色 liǎnsè 명 안색, 기색
5급 形象 xíngxiàng 명 형상, 이미지

6급 舱 cāng 명 선실, 객실, 화물칸

명 (배, 비행기의) 선실/객실/화물칸

船舱里既没有空调也没有电风扇
선실 안에는 에어컨도 없고 선풍기도 없다

怎么才能买到便宜的头等舱机票
어떻게 하면 저렴한 일등석 항공권을 살 수 있을까?

船舱 chuáncāng 명 선실, 선창
电风扇 diànfēngshàn 명 선풍기, 팬(fan)
头等 tóuděng 형 일등의, 가장 중요한

5급 操场 cāochǎng 명 운동장, 연병장

명 운동장, 연병장

老师带着我们到操场上踢足球
선생님이 우리를 데리고 운동장에 가서 축구를 하다

- 2급 踢足球 tī zúqiú 축구를 하다

C

6급 操劳 cāoláo 동 열심히 일하다, 힘들게 일하다, 수고하다　동 신경을 쓰다, 마음을 쓰다

동 열심히 일하다, 힘들게 일하다, 수고하다
奶奶操劳了一辈子 할머니는 평생 열심히 일하셨다
동 신경을 쓰다, 마음을 쓰다
这件事请您多操劳 이 일에 많이 신경 써 주십시오

| 5급 一辈子 yībèizi 명 평생, 일생

6급 操练 cāoliàn 동 교련하다, 훈련하다, 연습하다

동 교련하다, 훈련하다, 연습하다
士兵正在操场上进行操练
사병이 연병장에서 훈련하고 있다
反复操练基本功 기본기를 반복해서 훈련하다

| 5급 士兵 shìbīng 명 사병, 군대의 병사
基本功 jīběngōng 명 기초 지식과 기능, 기본기

5급 操心 cāo // xīn 동 마음을 쓰다, 노심초사하다

동 마음을 쓰다, 노심초사하다
母亲成天操心儿子的婚事
어머니는 온종일 아들의 혼사 때문에 노심초사한다
你何必操那份心 네가 그렇게 마음 쓸 필요가 있느냐

| 6급 成天 chéngtiān 부 온종일, 하루 종일
婚事 hūnshì 명 혼사, 결혼에 관한 일

6급 操纵 cāozòng 동 조종하다, 조작하다　동 몰래 조종하다, 통제하다

동 (기계를) 조종하다/조작하다
操纵方向盘 핸들을 조종하다
동 (사람, 조직, 상황 등을) 몰래 조종하다/통제하다
远程操纵他人电脑，窃取受害人电脑中的资料
타인의 컴퓨터를 원격 조종하여 피해자 컴퓨터 안의 자료를 훔치다

方向盘 fāngxiàngpán 명 (자동차 등의) 핸들
远程 yuǎnchéng 형 원거리의, 원격의
窃取 qièqǔ 동 훔치다
受害人 shòuhàirén 명 피해자

6급 操作 cāozuò 동 조작하다, 다루다

동 (기계 등을) 조작하다/다루다
熟练地操作电脑 컴퓨터를 능숙하게 다루다

| 5급 熟练 shúliàn 형 능숙하다

6급 嘈杂 cáozá 형 떠들썩하다, 왁자지껄하다

형 떠들썩하다, 왁자지껄하다
农贸市场里嘈杂不堪
농산물 시장 안은 매우 시끌벅적하다

农贸市场 nóngmào shìchǎng 농산물 시장
| 6급 不堪 bùkān 부 매우, 심하게

3급 草 cǎo 명 풀　명 초고

명 풀
昨天我清理了院子里的杂草
나는 어제 정원에 난 잡초를 모두 정리했다
명 (글의) 초고
请律师起草合同 변호사에게 부탁하여 계약서 초안을 잡다

| 6급 清理 qīnglǐ 동 깨끗이 정리하다
院子 yuànzi 명 정원, 뜰
| 6급 起草 qǐcǎo 초고를 쓰다, 초안을 잡다

역순 어휘
起草 qǐcǎo

6급 草案 cǎo'àn 명 초안

명 초안

政府向议会提交了预算草案
정부가 의회에 예산안을 회부했다

提交 tíjiāo 통 회부하다, 제출하다, 제안하다
6급 预算 yùsuàn 명 예산

6급 草率 cǎoshuài 형 경솔하다, 건성이다

형 (태도 등이) 경솔하다/건성이다

不能这么草率地做出决定
이렇게 경솔하게 결정을 내리면 안 된다

做出 zuòchū 통 만들어 내다, …을 하다
3급 决定 juédìng 통 결정하다

5급 册 cè 명 책, 책자 양 책, 권

명 책, 책자

给孩子买了一本数学练习册
아이에게 수학 연습 문제집을 사주었다

양 책, 권

这套丛书共八册 이 전집 세트는 모두 8권이다

5급 套 tào 양 세트, 가지
丛书 cóngshū 명 총서, 전집

역순 어휘
注册 zhùcè

4급 厕所 cèsuǒ 명 변소, 화장실

명 변소, 화장실

这间公共厕所里的马桶不卫生
이 공중 화장실의 변기는 깨끗하지 않다

马桶 mǎtǒng 명 변기
卫生 wèishēng 형 위생적이다, 깨끗하다

6급 侧面 cèmiàn 명 측면, 옆면 명 다른 측면

명 측면, 옆면

从正面看，从侧面看，这座雕塑都无可挑剔
정면에서 보나 옆면에서 보나, 이 조소 작품은 흠잡을 데가 없다

명 (사물, 현상의) 다른 측면

我从侧面还了解到他的一些问题
나는 다른 측면에서도 그의 일부 문제들을 이해했다

正面 zhèngmiàn 명 정면
6급 雕塑 diāosù 명 조소
6급 挑剔 tiāoti 통 트집을 잡다, 지나치게 흠잡다

6급 测量 cèliáng 통 측량하다 통 재다, 평가하다

통 (기기로) 측량하다

每天定时测量体重 매일 정해진 시간에 체중을 측정하다

통 (검사, 시험을 통해) 재다/평가하다

测量学生的学习状况 학생의 학습 상황을 평가하다

定时 dìngshí 부 정시에, 정해진 시간에 따라
体重 tǐzhòng 명 체중

5급 测验 cèyàn 통 테스트하다, 시험하다

통 테스트하다, 시험하다

心理测验 심리 테스트
为了检验学生的数学水平，进行测验
학생의 수학 수준을 검사하기 위해 시험을 실시하다

5급 心理 xīnlǐ 명 심리
检验 jiǎnyàn 통 검사하다, 검증하다

6급 策划 cèhuà ⑤ 획책하다, 일을 기획하다 ⑱ 기획, 기획자

⑤ 획책하다, 일을 기획하다
这次袭击事件是经过精心策划的
이번 습격 사건은 치밀하게 계획된 것이다

⑱ 기획, 기획자
老王是这部电影的策划 라오왕은 이 영화의 기획자이다

| 6급 袭击 xíjī ⑤ 습격하다, 급습하다
| 6급 精心 jīngxīn ⑱ 정성스럽다, 치밀하다, 세심하다

6급 策略 cèlüè ⑱ 책략, 전략 ⑱ 전략적이다, 책략적이다

⑱ 책략, 전략
制定并运用正确的工作策略
정확한 업무 전략을 세워 운용하다

⑱ 전략적이다, 책략적이다
处理此事，要策略一些
이 일을 해결하려면 좀 더 전략적일 필요가 있다

| 5급 制定 zhìdìng ⑤ 제정하다, 세우다
| 5급 运用 yùnyòng ⑤ 운용하다, 활용하다
| 一些 yìxiē ⑱ 조금, 약간

3급 层 céng ⑱ 층 ⑱ 층

⑱ 층 (중첩된 것을 세는 단위)
孩子从二层楼上摔下来了
아이가 건물 2층에서 떨어졌다

⑱ 층
修建高层建筑 고층 건물을 시공하다

| 摔 shuāi ⑤ 떨어지다, 넘어지다
| 6급 修建 xiūjiàn ⑤ 건설하다, 시공하다
| 5급 建筑 jiànzhù ⑱ 건축물, 건물

역순 어휘
阶层 jiēcéng

6급 层出不穷 céngchū-bùqióng 솅 끊임없이 계속해서 나타나다

솅 끊임없이 계속해서 나타나다
科学技术日新月异，科研成果层出不穷
과학 기술이 빠르게 발전하고, 과학 연구 성과가 끊임없이 나오다

| 6급 日新月异 rìxīn-yuèyì 솅 나날이 새롭고 다달이 다르다, 빠르게 발전하다
| 科研 kēyán ⑱ 과학 연구

6급 层次 céngcì ⑱ 등급, 층, 단계 ⑱ 순서, 맥락

⑱ 등급, 층, 단계
楼房的层次不同，售价也不同
다층 건물의 층이 다르면 판매 가격도 다르다

他文化层次不高 그는 지식 수준이 낮다

⑱ (글이나 말의) 순서/맥락
文章结构严谨，层次清楚
글의 구성이 빈틈없고 맥락이 분명하다

| 楼房 lóufáng ⑱ 다층집, 고층 건물
| 售价 shòujià ⑱ 판매 가격
| 5급 结构 jiégòu ⑱ 구성, 구조
| 严谨 yánjǐn ⑱ 엄밀하다, 빈틈없다, 세밀하다

5급 曾经 céngjīng ⑲ 일찍이, 예전에

⑲ 일찍이, 예전에
她小时候曾经跳过芭蕾舞
그녀는 어렸을 때 일찍이 발레를 했었다

他十年前曾经去过日本
그는 10년 전에 일본에 간 적이 있다

| 芭蕾舞 bālěiwǔ ⑱ 발레

C

5급 叉子 chāzi 몡 포크

몡 포크
用叉子吃生日蛋糕
포크로 생일 케이크를 먹다

3급 蛋糕 dàngāo 몡 케이크

3급 差 chā 혱 상이하다, 차이가 나다 몡 착오, 실수

혱 상이하다, 차이가 나다
差额 차액 | 收入差距 수입 격차

몡 착오, 실수
一念之差 한 번의 잘못된 생각

역순 어휘
偏差 piānchā　时差 shíchā　误差 wùchā

❍ 差 chà [3급] · 出差 chūchāi [4급] 참조

6급 差别 chābié 몡 차별, 차이

몡 차별, 차이
两者实际上存在着很大的差别
둘은 실제로 큰 차이가 있다

5급 存在 cúnzài 동 존재하다, 있다

5급 差距 chājù 몡 격차, 차이

몡 격차, 차이
缩小贫富差距，改善公民生活
빈부 격차를 줄이고, 국민 생활을 개선하다

贫富 pínfù 빈부
5급 改善 gǎishàn 동 개선하다
6급 公民 gōngmín 몡 국민, 공민

5급 插 chā 동 끼우다, 꽂다 동 삽입하다, 끼어들다, 개입하다

동 끼우다, 꽂다
把花插在花瓶里
꽃을 화병에 꽂다

동 삽입하다, 끼어들다, 개입하다
我没有共同话题，一句话也没有插上
나는 공통 화제가 없어서 한마디도 끼어들지 못했다
在两个视频的中间插一张图片
동영상 두 개 사이에 그림 하나를 삽입하다

花瓶 huāpíng 몡 화병, 꽃병
6급 视频 shìpín 몡 동영상
3급 中间 zhōngjiān 몡 중간, 가운데, 사이
图片 túpiàn 몡 그림, 사진

6급 插座 chāzuò 몡 콘센트, 플러그 소켓

몡 콘센트, 플러그 소켓
只要充电器插在插座上不用也会耗电
충전기를 콘센트에 꽂아 두면 쓰지 않아도 전기가 소모된다

4급 只要 zhǐyào 옌 …하기만 하면
耗电 hàodiàn 동 전기를 소모하다

1급 茶 chá 몡 차, 차 음료

몡 차, 차 음료
我跟他一边喝茶一边聊天
나는 그와 차를 마시며 이야기를 나누었다

1급 喝 hē 동 마시다, 먹다
3급 聊天 liáotiān 동 한담하다, 수다 떨다

6급 查获 cháhuò 동 수색하여 압수하다, 수사하여 체포하다, 적발하다

동 수색하여 압수하다, 수사하여 체포하다, 적발하다
查获了不少犯罪证据
많은 범죄 증거를 수색하여 확보했다
海警**查获**了两起海上走私案件
해경이 두 건의 해상 밀수 사건을 적발했다

犯罪 fànzuì 명 범죄
海警 hǎijǐng 명 해경, 해양 경찰
6급 走私 zǒusī 동 밀수하다

6급 岔 chà 명 갈래, 갈림길, 갈림목 동 끊다, 돌리다 명 사고, 착오

명 갈래, 갈림길, 갈림목
三**岔**路口 삼거리
동 (남의 말을) 끊다, (화제를) 돌리다
请不要**岔**开话题
화제를 돌리지 마십시오
명 사고, 착오
这次比赛一点**岔**儿也没出
이 시합에서 아주 작은 사고도 발생하지 않았다

5급 话题 huàtí 명 화제

6급 刹那 chànà 명 찰나, 순간

명 찰나, 순간
在流星划过夜空的一**刹那**，她还是兴奋不已
유성이 밤하늘을 가로지르는 순간, 그녀는 흥분을 가라앉힐 수 없었다

流星 liúxīng 명 유성, 별똥별
不已 bùyǐ 동 멈추지 않다, 끝이 없다

6급 诧异 chàyì 형 이상하고 놀랍다, 의아하다

형 이상하고 놀랍다, 의아하다
他突然退学，同学们都非常**诧异**
그가 갑자기 학교를 그만두어 학우들 모두가 많이 놀랐다

3급 突然 tūrán 형 갑작스럽다
退学 tuìxué 동 퇴학하다, 학교를 그만두다

3급 差 chà 형 상이하다, 차이가 나다 동 모자라다, 부족하다 형 나쁘다, 미달하다

형 상이하다, 차이가 나다
这两件东西大小一样，但重量却**差**很多
이 두 가지 물건은 크기는 같지만 무게는 크게 차이가 난다
동 모자라다, 부족하다
差10分5点 5시 10분 전
只**差**一道工序就完成了
한 단계의 공정만 마치면 완성이다
형 나쁘다, (표준에) 미달하다
学习成绩太**差**
학습 성적이 매우 나쁘다
这种保温杯质量**差**点儿
이 보온 컵은 품질이 좀 떨어진다

工序 gōngxù 명 생산 공정, 작업 순서
保温杯 bǎowēnbēi 명 보온 컵
4급 质量 zhìliàng 명 품질

역순 어휘
相差 xiāngchà

○ 差 chā [3급] · 出差 chūchāi [4급] 참조

4급 差不多 chàbuduō

혱 비슷하다, 거의 같다　혱 보통의, 일반의, 대다수의
㿟 대체로, 거의

혱 **비슷하다, 거의 같다**
这两个队的水平**差不多**
이 두 팀은 수준이 비슷하다

혱 **보통의, 일반의, 대다수의**
差不多的农活儿他都会干
웬만한 농사일을 그는 모두 할 줄 안다

㿟 **대체로, 거의**
差不多等了一个小时　거의 한 시간을 기다렸다
她俩**差不多**高　그녀 둘은 키가 거의 비슷하다

3급 水平 shuǐpíng 혱 수준
农活儿 nónghuór 혱 농사일
4급 干 gàn 동 (일을) 하다

5급 拆 chāi

동 떼다, 뜯어내다, 열다　동 해체하다, 철거하다

동 **떼다, 뜯어내다, 열다**
人事档案不小心**拆**开了　인사 서류를 실수로 뜯었다

동 **해체하다, 철거하다**
把旧房子**拆**了，重新建个小别墅
오래된 집을 철거하고 작은 별장을 다시 지었다

6급 档案 dàng'àn 혱 공문서, 기록, 서류, 파일
6급 别墅 biéshù 혱 별장

6급 柴油 cháiyóu

혱 디젤유, 중유

혱 **디젤유, 중유(重油)**
重型工程机械一般都使用**柴油**
공사 중장비는 일반적으로 모두 디젤유를 사용한다

6급 机械 jīxiè 혱 기계

6급 搀 chān

동 부축하다, 돕다

동 **부축하다, 돕다**
搀着老人过马路
노인을 부축하여 길을 건너다

马路 mǎlù 혱 대로, 큰길

6급 馋 chán

동 먹고 싶어 하다, 군침을 흘리다　혱 눈독을 들이다, 탐내다, 부럽다

동 **먹고 싶어 하다, 군침을 흘리다**
馋得直流口水　먹고 싶어서 군침이 계속 흐르다

혱 **눈독을 들이다, 탐내다, 부럽다**
看到好的衣服就**馋**得慌
좋은 옷을 보면 매우 부러워하다

口水 kǒushuǐ 혱 침
慌 huāng 조 매우 …하다 (得 de 뒤에서
　　　　보어로 쓰임)

6급 缠绕 chánrào

동 휘감다, 둘둘 감다　동 귀찮게 굴다, 방해하다, 애먹이다

동 **휘감다, 둘둘 감다**
牵牛花**缠绕**在大树上
나팔꽃이 큰 나무 위를 휘감았다

동 **귀찮게 굴다, 방해하다, 애먹이다**
他一直被忧愁**缠绕**着
그는 계속 걱정에 시달리고 있다

牵牛花 qiānniúhuā 혱 나팔꽃
忧愁 yōuchóu 혱 우울하다, 걱정스럽다,
　　　　　근심스럽다

5급 产品 chǎnpǐn 몡 생산품, 제품, 산물

몡 생산품, 제품, 산물
生产的**产品**在出厂前都要做质量检测
생산한 제품은 공장 출하 전에 모두 품질 검사를 해야 한다

出厂 chūchǎng 동 공장에서 출하하다
检测 jiǎncè 동 검사하여 측정하다

5급 产生 chǎnshēng 동 생기다, 발생하다, 출현하다, 나타나다

동 생기다, 발생하다, 출현하다, 나타나다
在中国体育界，**产生**了许多世界冠军
중국 체육계에서 많은 세계 챔피언들이 나왔다
一种依恋的情感在他俩之间**产生**了
그리운 감정이 그들 둘 사이에 생겨났다

5급 冠军 guànjūn 몡 우승, 우승자, 일등
依恋 yīliàn 동 그리워하다, 미련을 두다

6급 产业 chǎnyè 몡 재산, 자산, 부동산 몡 산업, 공업

몡 (주로 개인 소유의) 재산/자산/부동산
购置**产业** 부동산을 사들이다
他继承了祖父的**产业**
그는 할아버지의 재산을 물려받았다

몡 산업, 공업
汽车**产业**已经成为我国国民经济的支柱**产业**
자동차 산업은 이미 우리 나라 국민 경제의 기간 산업이 되었다

购置 gòuzhì 동 구입하다, 사들이다
6급 支柱 zhīzhù 몡 지주, 받침대, 버팀목

6급 阐述 chǎnshù 동 논술하다, 설명하다

동 논술하다, 설명하다
大家**阐述**了各自的看法
모두 각자의 견해를 논술했다

5급 各自 gèzì 대 각자
4급 看法 kànfǎ 몡 견해, 관점, 의견

6급 颤抖 chàndǒu 동 덜덜 떨다, 부들부들 떨리다

동 덜덜 떨다, 부들부들 떨리다
浑身不住地**颤抖**
온몸이 계속해서 덜덜 떨리다
吓得声音都**颤抖**了 놀라서 목소리도 떨렸다

不住 bùzhù 부 끊임없이, 계속해서
5급 吓 xià 동 두려워하다, 놀라다

6급 昌盛 chāngshèng 혱 창성하다, 흥성하다, 강성하다

혱 (국가, 민족 등이) 창성하다/흥성하다/강성하다
为国家繁荣**昌盛**做出了巨大的贡献
국가의 번영과 흥성을 위해 커다란 공헌을 했다

5급 繁荣 fánróng 혱 번영하다, 번창하다
5급 贡献 gòngxiàn 몡 공헌, 기여

猖狂 chāngkuáng 혱 난폭하다, 미친 듯하다

혱 난폭하다, 미친 듯하다
敌人**猖狂**进犯
적이 미친 듯이 침범하다

进犯 jìnfàn 동 (적군이) 침범하다

2급 长 cháng 형 길다 명 길이 명 장점, 특기

형 **(길이, 거리 등이) 길다** [반의어] 短 duǎn [3급]
这座桥真**长**啊！ 이 다리는 진짜 길구나!
时间拖得太**长** 시간을 너무 오래 끌었다

명 **길이**
全**长**十多公里 전체 길이가 10여 킬로미터이다

명 **장점, 특기**
根据自己的体型来着装，扬**长**避短
자신의 체형에 맞게 옷을 입어 장점은 드러내고 단점은 피하다

拖 tuō 동 (시간을) 끌다/미루다/연기하다
扬长避短 yángcháng-bìduǎn
성 장점은 드러내고 단점은 피하다

> 역순 어휘
漫**长** màncháng   擅**长** shàncháng
特**长** tècháng   延**长** yáncháng

○ **长** zhǎng [3급] 참조

4급 长城 Chángchéng 명 장성, 만리장성

명 **장성, 만리장성**
不到**长城**非好汉
만리장성에 오르지 않은 자는 대장부가 아니다

好汉 hǎohàn 명 사내 대장부, 호걸

4급 长江 Cháng Jiāng 명 창장, 장강

명 **창장, 장강**
长江是中国最长的河流 창장은 중국에서 가장 긴 하천이다

河流 héliú 명 하류, 강과 하천의 총칭

5급 长途 chángtú 형 장거리의, 원거리의

형 **장거리의, 원거리의**
打**长途**电话 장거리 전화를 걸다
我晕车特别厉害，不能出去**长途**旅行
나는 차멀미가 유독 심해서 장거리 여행을 할 수 없다

晕车 yùnchē 동 차멀미하다
4급 旅行 lǚxíng 동 여행하다

4급 尝 cháng 동 먹어 보다, 맛을 보다 동 시험 삼아 하다 부 일찍이, 예전에

동 **먹어 보다, 맛을 보다**
尝一**尝**味道 맛을 한번 보다
此时的葡萄**尝**起来酸甜可口
요즘 포도는 먹어보면 새콤달콤한 것이 맛있다

동 **시험 삼아 하다**
对于学语言千万不可浅**尝**辄止
언어 공부를 절대 수박 겉핥기로 하면 안 된다

부 **일찍이, 예전에**
未**尝**失败 일찍이 실패한 적이 없다

酸甜 suāntián 형 새콤달콤하다
6급 可口 kěkǒu 형 입맛에 맞다, 맛이 좋다
4급 千万 qiānwàn 부 제발, 반드시, 절대로
浅尝辄止 qiǎncháng-zhézhǐ
성 조금 시도해 보고 바로 그만두다,
수박 겉핥기식으로 공부하거나 연구하다

> 역순 어휘
品**尝** pǐncháng

6급 尝试 chángshì 동 시험 삼아 하다, 시행해 보다

동 **시험 삼아 하다, 시행해 보다**
尝试一下 시험 삼아 한번 해 보다
尝试利用社会化网络服务进行产品宣传
소셜 네트워킹 서비스(SNS)를 이용하여 제품을 홍보해 보다

5급 宣传 xuānchuán 동 선전하다, 홍보하다

常年 chángnián 명 예년, 평년 명 일 년 내내, 매년

명 예년, 평년
跟**常年**的利润不相上下
예년의 이윤과 거의 차이가 없다

명 일 년 내내, 매년
这座山**常年**被冰雪覆盖
이 산은 일 년 내내 눈과 얼음으로 덮혀 있다

| 5급 | 利润 lìrùn 명 이윤
| 6급 | 不相上下 bùxiāng-shàngxià
명 막상막하이다, 차이가 크지 않다
| 6급 | 覆盖 fùgài 통 덮다, 가리다, 커버하다

C

5급 常识 chángshí 명 상식

명 상식
了解法律**常识** 법률 상식을 이해하다
掌握科技**常识** 과학 기술 상식에 정통하다

| 5급 | 掌握 zhǎngwò 통 파악하다, 정통하다
科技 kējì 명 과학 기술

常务 chángwù 형 상무의, 상임의

형 상무의, 상임의
他去年3月担任了公司的**常务**董事
그는 작년 3월에 회사의 상무 이사직을 맡았다

董事 dǒngshì 명 이사(理事), 임원, 중역

6급 偿还 chánghuán 통 상환하다, 갚다

통 상환하다, 갚다
为了**偿还**欠款，只好把自己的房子卖掉了
부채를 상환하기 위해 어쩔 수 없이 자기 집을 팔았다

欠款 qiànkuǎn 명 빚, 부채
| 4급 | 只好 zhǐhǎo 부 부득이, 어쩔 수 없이

4급 场 chǎng 양 번, 회, 차례 명 장소, 건물, 장

양 번, 회, 차례 (문화, 오락, 체육 활동의 횟수를 세는 단위)
昨晚一个人去电影院看了一**场**电影
어제 저녁에 혼자 영화관에 가서 영화를 봤다

昨天我踢了一**场**足球比赛
나는 어제 축구 시합을 했다

명 장소, 건물, 장
超级市**场** 슈퍼마켓 | 香蕉农**场** 바나나 농장

电影院 diànyǐngyuàn 명 영화관

역순 어휘
操场 cāochǎng   当场 dāngchǎng
广场 guǎngchǎng   机场 jīchǎng
立场 lìchǎng   市场 shìchǎng
现场 xiànchǎng

6급 场合 chǎnghé 명 상황, 경우, 장소

명 상황, 경우, 장소
出席正式**场合**的时候，一定要穿西装，系领带
공식 석상에 참석할 때는 반드시 양복을 입고 넥타이를 매야 한다

| 5급 | 出席 chūxí 통 출석하다, 참석하다
西装 xīzhuāng 명 양복, 양장
| 5급 | 系领带 jì lǐngdài 넥타이를 매다

6급 场面 chǎngmiàn 명 장면, 광경, 정경

명 장면, 광경, 정경
电影中的战斗**场面**很壮观
영화 속 전투 장면이 매우 장관이다

| 6급 | 壮观 zhuàngguān 형 장관이다, 아름답고 웅장하다

6급 场所 chǎngsuǒ 명 장소

명 장소
保持公共场所的清洁卫生
공공장소의 청결과 위생을 유지하다

公共 gōnggòng 형 공공의, 공용의, 공중의
6급 清洁 qīngjié 형 깨끗하다, 청결하다

6급 敞开 chǎngkāi 동 활짝 열다 부 마음껏, 실컷, 마음대로, 무제한으로

동 활짝 열다
敞开窗户通通风
창문을 활짝 열어 환기 좀 시켜라

通风 tōngfēng 동 통풍하다, 환기하다
供应 gōngyìng 동 제공하다, 보급하다

부 마음껏, 실컷, 마음대로, 무제한으로
有什么想法请敞开说
의견이 있으면 마음껏 말씀하십시오
敞开供应 무제한 제공하다

6급 畅通 chàngtōng 형 막힘이 없다, 잘 통하다

형 (도로 등이) 막힘이 없다/잘 통하다
及时处理交通事故，确保交通畅通
교통사고를 즉시 처리하여 교통의 원활한 소통을 확보하다

4급 及时 jíshí 부 바로, 즉시
6급 确保 quèbǎo 동 확보하다, 확실히 보증하다

6급 畅销 chàngxiāo 동 판로가 넓다, 잘 팔리다

동 판로가 넓다, 잘 팔리다
这本书在国内外市场都很畅销
이 책은 국내외 시장에서 모두 잘 팔린다

5급 市场 shìchǎng 명 시장, 상품 유통 영역

6급 倡导 chàngdǎo 동 제창하다, 창도하다, 앞장서서 주장하다

동 제창하다, 창도하다, 앞장서서 주장하다
积极参与垃圾分类回收，倡导绿色消费
쓰레기 분리 수거에 적극 참여하여 녹색 소비를 제창하다

6급 回收 huíshōu 동 재활용하다
绿色消费 lǜsè xiāofèi 친환경 소비, 녹색 소비

6급 倡议 chàngyì 동 앞장서서 제안하다, 발의하다 명 발기, 발의, 제의

동 앞장서서 제안하다, 발의하다
与会代表倡议成立一个文学联盟
회의 참가 대표자들이 문학 연맹 결성을 앞장서서 제안하다

与会 yùhuì 동 회의에 참가하다
6급 联盟 liánméng 명 연맹
6급 响应 xiǎngyìng 동 (구호, 제창, 호소 등을) 지지하다

명 발기, 발의, 제의
积极响应两国的共同倡议
양국의 공동 제의를 적극 지지하다

2급 唱歌 chànggē 동 노래하다

동 노래하다
他的孙女很会唱歌
그의 손녀는 노래를 잘 부른다

孙女 sūnnǚ 명 손녀

5급 抄 chāo 동 베끼다, 베껴 쓰다 동 수사하여 몰수하다

동 베끼다, 베껴 쓰다
老师让学生抄书 선생님은 학생들에게 책을 베껴 쓰게 했다
作业要自己做，不要抄别人的
숙제는 스스로 해야지 다른 사람의 것을 베끼면 안 된다
동 (재산 등을) 수사하여 몰수하다
家产被抄了 가산이 몰수되었다

家产 jiāchǎn 명 가산(家産)

6급 钞票 chāopiào 명 지폐

명 지폐
借助专用仪器识别假钞票
전용 기기의 도움을 받아 위조 지폐를 식별하다

6급 借助 jièzhù 동 도움을 받다, 힘을 빌리다
6급 识别 shíbié 동 식별하다, 변별하다

4급 超过 chāo∥guò 동 따라잡다, 추월하다 동 초과하다, 넘다, 앞서다, 능가하다

동 따라잡다, 추월하다
她接连超过3名对手，跑在最前面
그녀가 연달아 상대 선수 3명을 따라잡고 맨 앞에서 달리고 있다
동 초과하다, 넘다, 앞서다, 능가하다
超过最高的限额 최고 한도액을 초과하다
她的身高超过了1.70米 그녀의 키는 170센티미터가 넘는다

6급 接连 jiēlián 끊임없이, 계속, 연이어
5급 对手 duìshǒu 명 상대편, 맞수, 적수
限额 xiàn'é 명 제한된 수량, 한도액

5급 超级 chāojí 형 초특급의, 최고급의, 슈퍼급의

형 초특급의, 최고급의, 슈퍼급의
超级计算机 슈퍼컴퓨터 | 超级明星 슈퍼스타
父亲是我心中永远的超级英雄
아버지는 내 마음속의 영원한 슈퍼히어로이다

5급 明星 míngxīng 명 스타, 인기인
5급 英雄 yīngxióng 명 영웅

3급 超市 chāoshì 명 슈퍼마켓

명 슈퍼마켓
天天到超市购买新鲜的食材
날마다 슈퍼마켓에 가서 신선한 식재료를 구매하다

购买 gòumǎi 동 사다, 구매하다
3급 新鲜 xīnxiān 형 신선하다, 싱싱하다
食材 shícái 명 식재료, 식자재

6급 超越 chāoyuè 동 초과하다, 넘어서다

동 초과하다, 넘어서다
对于超越自己能力范围的事情，不要轻易去许诺
자기 능력 범위를 넘어서는 일에 대해 가벼이 승낙해서는 안 된다

5급 范围 fànwéi 명 범위
许诺 xǔnuò 동 허락하다, 승낙하다, 동의하다

6급 巢穴 cháoxué 명 소굴, 은신처, 아지트

명 소굴, 은신처, 아지트
潜入敌人的巢穴 적의 소굴에 잠입하다

潜入 qiánrù 동 잠입하다, 숨어들다

5급 朝 cháo 게 …을 향해, …쪽으로 명 왕조 동 …으로 향하다, …을 마주하다

게 …을 향해, …쪽으로 [유의어] 对 duì [2급] · 向 xiàng [3급]
他家大门朝南开 그의 집 대문은 남쪽으로 나 있다
他朝我笑了笑 그가 나를 향해 웃었다
명 왕조
唐朝是中国历史上对外贸易的黄金时代
당 왕조는 중국 역사상 대외 무역의 황금기였다
동 …으로 향하다, …을 마주하다
仰面朝天 얼굴을 하늘로 향하고 눕다, 뒤로 자빠지다

对外 duìwài 동 외부와 관련되다, 외부와 관계를 맺다
5급 黄金 huángjīn 명 황금과 같은, 귀한, 귀중한
5급 时代 shídài 명 시대, 시기

❍ 朝气蓬勃 zhāoqì-péngbó [6급] 참조

6급 朝代 cháodài 명 조대, 왕조, 시대

명 조대, 왕조, 시대
中国历史上经历了许多政权演变和朝代更替
중국은 역사상 많은 정권 변천과 왕조 교체를 겪었다

6급 演变 yǎnbiàn 동 변화 발전하다, 변천되다
更替 gēngtì 동 바꾸다, 교체하다

6급 嘲笑 cháoxiào 동 조소하다, 비웃다

동 조소하다, 비웃다
不要嘲笑别人的梦想 다른 사람의 꿈을 비웃지 마라

5급 梦想 mèngxiǎng 명 꿈, 이상

6급 潮流 cháoliú 명 조류, 바닷물의 흐름 명 조류, 추세, 경향

명 조류, 바닷물의 흐름
潮流预报 조류 예보
명 조류, 추세, 경향
产业数字化已经成为不可阻挡的时代潮流
산업의 디지털화는 이미 막을 수 없는 시대의 조류가 되었다

数字化 shùzìhuà 동 디지털화하다
阻挡 zǔdǎng 동 막다, 저지하다

5급 潮湿 cháoshī 형 축축하다, 눅눅하다

형 축축하다, 눅눅하다
每年到了梅雨季节，衣服晾好几天还潮湿
해마다 장마철이 되면 옷을 며칠 말려도 눅눅하다
这种植物生长在阴暗潮湿的地方
이 식물은 어둡고 축축한 곳에서 자란다

梅雨 méiyǔ 명 장마
6급 晾 liàng 동 (햇빛 등에) 말리다
阴暗 yīn'àn 형 어둡다, 음침하다

5급 吵 chǎo 형 시끄럽다, 떠들썩하다 동 시끄럽게 하다, 성가시게 하다 동 말다툼하다, 다투다, 언쟁하다

형 시끄럽다, 떠들썩하다
外面吵得厉害，睡不着
밖이 너무 떠들썩해 잠을 잘 수가 없다
동 시끄럽게 하다, (떠들어서) 성가시게 하다
别把孩子吵醒了 떠들어서 아이를 깨우지 마라
동 말다툼하다, 다투다, 언쟁하다
俩人一见面就吵 두 사람은 만나기만 하면 말다툼한다

4급 厉害 lìhai 형 대단하다, 심각하다, 지독하다
睡不着 shuìbuzháo 잠들지 못하다
4급 醒 xǐng 동 깨다, 깨어나다

C

5급 吵架 chǎo//jià 图 다투다, 말다툼하다

图 다투다, 말다툼하다
有问题好好商量，吵架不能解决什么
문제가 있으면 상의해야지 싸움으로는 아무것도 해결할 수 없다
他们感情很好，从没吵过架
그들은 사이가 좋아 한 번도 다툰 적이 없다

好好 hǎohǎo 图 잘, 마음껏, 힘껏
3급 解决 jiějué 图 해결하다, 풀다

5급 炒 chǎo 图 볶다 图 전매하다, 투기하다 图 해고하다

图 볶다
炒肉丝 가늘게 채를 썬 고기를 볶다

图 전매하다, 투기하다
靠炒股票发大财 주식을 투기해서 큰돈을 벌다

图 해고하다
老板把他给炒了 사장은 그를 해고했다

肉丝 ròusī 图 가늘게 채 썬 고기
5급 股票 gǔpiào 图 주식
5급 老板 lǎobǎn 图 사장, 상점 주인

5급 车库 chēkù 图 차고

图 차고
进入地下车库的车辆都要接受安全检查
지하 주차장으로 진입하는 차량은 모두 안전 검사를 받아야 한다

车辆 chēliàng 图 차량

5급 车厢 chēxiāng 图 객차, 화차, 찻간, 트렁크, 적재함

图 객차, 화차(货车), 찻간, 트렁크, 적재함
车厢内严禁吸烟
객차 내 흡연을 엄금하다

6급 严禁 yánjìn 图 엄금하다, 엄격히 금지하다
吸烟 xīyān 图 흡연하다, 담배를 피우다

5급 彻底 chèdǐ 图 철저하다, 완전하다, 빈틈없다

图 철저하다, 완전하다, 빈틈없다
我们队输得很彻底
우리 팀이 완전히 졌다
把自己的错误行为彻底改正过来
자신의 잘못된 행위를 철저하게 바로잡다

5급 改正 gǎizhèng 图 바로잡다, 시정하다

6급 撤退 chètuì 图 철수하다, 물러나다

图 철수하다, 물러나다
舰长果断下令撤退
함장이 과감하게 철수를 명령했다

舰长 jiànzhǎng 图 함장
下令 xiàlìng 图 명령을 내리다

6급 撤销 chèxiāo 图 파기하다, 제거하다

图 파기하다, 제거하다
撤销多余的机构 필요 없는 기구를 제거하다

5급 多余 duōyú 图 남는, 불필요한, 쓸데없는

6급 沉淀 chéndiàn 동 침전하다, 가라앉다 동 응어리지다, 쌓이다, 축적되다

동 침전하다, 가라앉다
打上来的井水太浑了，沉淀一下再用
길어 올린 우물물이 몹시 탁하니 한 번 가라앉힌 다음에 사용하시오

동 응어리지다, 쌓이다, 축적되다
疑团沉淀在他的心中
의심 덩어리가 그의 마음에 응어리지다

浑 hún 형 (물, 공기 등이) 혼탁하다/흐리다
疑团 yítuán 명 의심 덩어리

6급 沉闷 chénmèn 형 갑갑하다, 답답하다 형 울적하다, 침울하다 형 나지막하다

형 갑갑하다, 답답하다
会议的气氛有些沉闷
회의 분위기가 약간 갑갑하다

형 울적하다, 침울하다
近来他很少说话，沉闷得很
요즘 그가 말수가 적어지고 많이 울적해 한다

형 (소리가) 나지막하다
从远处传来了沉闷的雷声
멀리서부터 나지막한 천둥소리가 들렸다

5급 气氛 qìfēn 명 분위기, 기운
远处 yuǎnchù 명 먼 곳
雷声 léishēng 명 천둥, 천둥소리

5급 沉默 chénmò 동 침묵하다

동 침묵하다
他们对记者的提问始终保持沉默
그들은 기자의 질문에 대해 줄곧 침묵을 지켰다

5급 提问 tíwèn 동 질문
5급 始终 shǐzhōng 부 한결같이, 줄곧
5급 保持 bǎochí 동 유지하다, 지키다

6급 沉思 chénsī 동 사색하다, 심사숙고하다

동 사색하다, 심사숙고하다
我沉思了很久，终于想出了一个好办法
나는 오랫동안 심사숙고하다가 마침내 좋은 방법을 생각해 냈다

3급 终于 zhōngyú 부 드디어, 마침내, 결국
3급 办法 bànfǎ 명 방법, 수단

6급 沉重 chénzhòng 형 무겁다 형 심각하다, 중대하다, 심하다 형 침울하다

형 무겁다
母亲提着一个沉重的箱子
어머니가 무거운 상자를 들고 계신다

我深深感到自己肩上担子沉重
나는 어깨 위에 짊어진 책임이 무거움을 깊이 느꼈다

형 심각하다, 중대하다, (정도가) 심하다
病情沉重 병세가 심하다

형 침울하다
心情沉重 마음이 침울하다

箱子 xiāngzi 명 상자, 케이스
深深 shēnshēn 부 매우 깊이, 깊숙이
担子 dànzi 명 짐, 책임, 부담
病情 bìngqíng 명 병세

C

6급 沉着 chénzhuó 형 침착하다, 차분하다 동 침착하다

형 침착하다, 차분하다
不管发生什么事，都要沉着冷静
어떤 일이 발생하더라도 차분하고 냉정해야 한다

동 (색소 등이) 침착하다
维他命C能防止皮肤色素沉着
비타민C는 피부 색소 침착을 방지할 수 있다

4급 冷静 lěngjìng 형 냉정하다, 침착하다
4급 皮肤 pífū 명 피부
　　色素 sèsù 명 색소

6급 陈旧 chénjiù 형 낡다, 오래되다, 진부하다

형 낡다, 오래되다, 진부하다
款式陈旧 디자인이 구식이다
思想陈旧 사상이 진부하다

6급 款式 kuǎnshì 명 양식, 디자인, 스타일

6급 陈列 chénliè 동 진열하다

동 진열하다
便利店在陈列商品时，可根据销量进行布局
편의점에서 상품을 진열할 때 판매량에 따라 배치할 수 있다

便利店 biànlìdiàn 명 편의점
销量 xiāoliàng 명 상품 판매량
6급 布局 bùjú 동 배치하다, 안배하다

6급 陈述 chénshù 동 진술하다, 조리 있게 서술하다

동 진술하다, 조리 있게 서술하다
有条理地陈述意见
의견을 조리 있게 진술하다

6급 条理 tiáolǐ 명 조리, 두서

3급 衬衫 chènshān 명 셔츠

명 셔츠
我昨天在百货商店买了两件衬衫
나는 어제 백화점에서 셔츠 두 벌을 샀다

百货商店 bǎihuò shāngdiàn 백화점

6급 衬托 chèntuō 동 두드러지게 하다

동 (다른 사물을 받치거나 대조시켜) 두드러지게 하다
绿叶衬托红花
녹색 잎이 붉은 꽃을 두드러지게 한다

那座山的红叶，在蓝天、白云的衬托下，犹如
一幅美丽的画 그 산의 단풍은 푸른 하늘과 하얀 구름과
대조되어 마치 한 폭의 아름다운 그림과 같다

红叶 hóngyè 명 단풍잎
6급 犹如 yóurú 동 마치 …와 같다, …인 것 같다

6급 称心如意 chènxīn-rúyì 성 일이 생각대로 되어 마음에 꼭 들다

성 일이 생각대로 되어 마음에 꼭 들다
我希望买到称心如意、物美价廉的东西
나는 마음에 꼭 들면서 물건도 좋고 값도 싼 물건을 사길 바란다

6급 物美价廉 wùměi-jiàlián
성 상품의 질도 좋고 값도 싸다

tip 여기에서는 称을 chēng으로 읽지 않는다

5급 趁 chèn 께 이용하여, 틈타

께 (시기, 조건, 기회 등을) 이용하여/틈타

我想趁假期去上海旅游
나는 휴가를 이용해 상하이로 여행을 가고 싶다

他趁机会逃跑了
그는 기회를 틈타 도망쳤다

假期 jiàqī 몡 방학, 휴가 기간
3급 机会 jīhuì 몡 기회, 시기
逃跑 táopǎo 통 도주하다, 도망치다

5급 称 chēng 통 무게를 재다 통 부르다, 칭하다 몡 명칭, 호칭

통 무게를 재다

称一称看有多重
얼마나 무거운지 한 번 재어 보다

통 부르다, 칭하다

大家都称她小公主
모두가 그녀를 작은 공주님이라고 부른다

몡 명칭, 호칭

敬称 경칭 | 职称 직함

小公主 xiǎogōngzhǔ 몡 작은 공주님,
곱게 자란 딸

◐ 称心如意 chènxīn-rúyì [6급] 참조

6급 称号 chēnghào 몡 칭호

몡 칭호

荣获劳动模范的称号
영예롭게도 모범 노동자라는 칭호를 얻다

荣获 rónghuò 통 영예롭게 …을 얻다
6급 模范 mófàn 몡 모범, 본보기

5급 称呼 chēnghu 통 부르다, 호칭하다 몡 호칭

통 부르다, 호칭하다

人们都称呼他王大爷
사람들은 모두 그를 왕씨 어르신이라고 부른다

몡 호칭

"宝宝"是对孩子亲密的称呼
'宝宝'는 아이에 대한 친밀한 호칭이다

大爷 dàye 몡 아저씨, 어르신
宝宝 bǎobao 몡 우리 아기, 귀염둥이
6급 亲密 qīnmì 톙 친밀하다

5급 称赞 chēngzàn 통 칭찬하다, 찬양하다

통 칭찬하다, 찬양하다

她在期末考试中考了第一名，受到了老师的称赞
그녀는 기말고사에서 1등을 해서 선생님의 칭찬을 받았다

期末考试 qīmò kǎoshì 기말고사,
기말시험

6급 成本 chéngběn 몡 생산비, 생산 원가, 코스트

몡 생산비, 생산 원가, 코스트(cost)

降低成本，提高生产效率
생산비를 절감하고 생산 효율을 높이다

4급 降低 jiàngdī 통 낮추다, 떨어뜨리다
5급 效率 xiàolǜ 몡 효율, 능률

5급 成分 chéngfèn 명 성분, 요소 명 성분, 계급, 계층, 신분

명 성분, 요소
牛奶是一种营养**成分**比较丰富的食品
우유는 영양 성분이 비교적 풍부한 식품이다

5급 营养 yíngyǎng	명 영양, 영양분
4급 丰富 fēngfù	형 풍부하다, 많다
5급 个人 gèrén	명 개인

명 (출신) 성분, 계급, 계층, 신분
他的个人**成分**是学生
그의 개인적인 신분은 학생이다

C

4급 成功 chénggōng 동 성공하다 형 성공적이다

동 성공하다 [반의어] 失败 shībài [4급]
第五届校园音乐会圆满**成功**了
제5회 교내 음악회는 원만하게 성공했다

6급 圆满 yuánmǎn	형 원만하다, 순조롭다
6급 发射 fāshè	동 발사하다
通信卫星 tōngxìn wèixīng	통신 위성

형 성공적이다
成功地发射了一颗通信卫星
통신 위성 한 대를 성공적으로 발사했다

5급 成果 chéngguǒ 명 성과

명 성과
在人才培养、交流合作等方面取得良好的**成果**
인재 양성, 교류 협력 등의 방면에서 좋은 성과를 거두다

5급 培养 péiyǎng	동 양성하다, 키우다
5급 良好 liánghǎo	형 좋다, 양호하다

3급 成绩 chéngjì 명 성적

명 성적
小王的学习**成绩**非常优秀
샤오왕의 학습 성적은 매우 우수하다

4급 优秀 yōuxiù	형 우수하다, 매우 뛰어나다
5급 突出 tūchū	형 뛰어나다, 뚜렷하다, 두드러지다

在中国古代史方面的研究取得了突出的**成绩**
중국 고대사 방면의 연구에서 두드러진 성적을 거두었다

6급 成交 chéng // jiāo 동 거래가 성립하다, 매매가 성립되다

동 거래가 성립하다, 매매가 성립되다
拍卖**成交**后，双方应当签署**成交**确认书
경매 성립 후, 쌍방이 거래 확인서에 서명해야 한다

拍卖 pāimài	명 경매
6급 签署 qiānshǔ	동 서명하다, 조인하다

5급 成就 chéngjiù 동 성취하다, 완수하다, 이루다 명 성과, 성취, 업적

동 성취하다, 완수하다, 이루다
要想**成就**一番事业，必须要有坚持到底的决心
사업을 완수하고 싶다면, 끝까지 버티겠다는 결심이 반드시 필요하다

5급 决心 juéxīn	명 결심, 결정
6급 自满 zìmǎn	형 자신만만하다, 스스로 만족하다

명 성과, 성취, 업적
作为一个很有**成就**的作家，他从不自满
그는 성과가 큰 작가로서 지금까지 자만한 적이 없다

5급 成立 chénglì 图 설립하다, 설치하다, 결성하다, 건립하다 图 성립되다

图 (조직, 기구 등을) 설립하다/설치하다/결성하다/건립하다
学会已经成立多年 학회가 건립된 지 이미 여러 해이다
公司成立不久，工作量很大，任务也很重
회사가 설립된 지 얼마 되지 않아 업무량이 많고 임무도 막중하다
图 (이론, 의견 등이) 성립되다
这个观点能够成立 이 관점은 성립될 수 있다

学会 xuéhuì 图 학회
5급 观点 guāndiǎn 图 관점, 입장
能够 nénggòu 图 …할 수 있다, …해도 된다

5급 成人 chéngrén 图 어른이 되다 图 성인, 어른

图 어른이 되다
孩子已经成人了 아이가 이미 어른이 되었다
图 성인, 어른
跟成人相比，孩子自我保护能力还差
성인과 비교해서 아이는 자기 보호 능력이 더 떨어진다

相比 xiāngbǐ 图 비교하다, 대조하다

5급 成熟 chéngshú 图 성숙하다, 익다 图 성숙하다, 무르익다, 완전하다

图 (과일, 곡식 등이) 성숙하다/익다
果园里的葡萄成熟了 과수원의 포도가 익었다
图 성숙하다, 무르익다, 완전하다
这是个比较成熟的方案 이것은 비교적 완전한 방안이다

果园 guǒyuán 图 과수원
5급 方案 fāng'àn 图 방안

6급 成天 chéngtiān 图 온종일, 하루 종일

图 온종일, 하루 종일
他成天忙碌，一点都闲不住
그는 온종일 바빠서 조금도 가만히 있지 못한다

6급 忙碌 mánglù 图 바쁘다
闲不住 xiánbuzhù 쉴 새가 없다, 항상
바쁘다, 계속 움직이다

4급 成为 chéngwéi 图 …이 되다

图 …이 되다
多年不见，她现在已经成为了一名著名作家
몇 년 동안 보지 못했는데 그녀는 이미 유명한 작가가 되었다

4급 著名 zhùmíng 图 저명하다, 유명하다
4급 作家 zuòjiā 图 작가

6급 成效 chéngxiào 图 효과, 성과

图 효과, 성과
这家公司开拓海外市场已经取得了明显的成效
이 회사는 해외 시장 개척에 이미 뚜렷한 성과를 거두었다

6급 开拓 kāituò 图 개척하다, 확장하다
5급 明显 míngxiǎn 图 뚜렷하다, 분명하다

6급 成心 chéngxīn 图 고의로, 일부러

图 고의로, 일부러
你何必成心气他呢！ 넌 어째서 일부러 그의 화를 돋우느냐!
真对不起，我不是成心的 정말 미안해, 고의가 아니었어

5급 何必 hébì 图 할 필요가 있는가,
굳이 …할 필요가 없다
气 qì 图 성질을 돋우다, 화나게 하다

5급 成语 chéngyǔ 圆 성어, 관용구

圆 성어, 관용구
用**成语**来描写秋天的景色
성어를 이용해 가을 풍경을 묘사하다

5급 描写 miáoxiě 图 묘사하다
4급 景色 jǐngsè 圆 풍경, 경치

C

6급 成员 chéngyuán 圆 성원, 구성원, 멤버

圆 성원, 구성원, 멤버
父亲工作太忙，忽视了家庭**成员**之间的交流
아버지는 일이 너무 바빠서 가족 구성원 간의 교류를 소홀히 했다

5급 忽视 hūshì 图 소홀히 하다, 경시하다

5급 成长 chéngzhǎng 图 성장하다, 자라다, 발전하다

图 성장하다, 자라다, 발전하다
他是在本乡本土**成长**起来的政治领袖
그는 이 지역에서 성장한 정치 지도자이다

本乡本土 běnxiāng-běntǔ
셈 고향, 이 지역, 이곳
6급 领袖 lǐngxiù 圆 영수, 지도자

6급 呈现 chéngxiàn 图 드러나다, 나타나다

图 드러나다, 나타나다
呈现在我们眼前的是一片碧蓝的大海
우리의 눈앞에 펼쳐진 것은 새파란 바다이다

眼前 yǎnqián 圆 눈앞
碧蓝 bìlán 圆 새파랗다, 매우 파랗다

5급 诚恳 chéngkěn 圈 진지하다, 간곡하다

圈 (태도가) 진지하다/간곡하다
作为领导干部，**诚恳**地听取群众意见
지도층 간부로서 일반 대중의 의견을 진지하게 경청하다
道歉的时候一定要态度**诚恳**
사과할 때는 반드시 태도가 진지해야 한다

听取 tīngqǔ 图 (의견, 보고 등을) 청취하다/
경청하다
4급 道歉 dàoqiàn 图 사과하다

4급 诚实 chéngshí 圈 성실하다

圈 (성품이) 성실하다
他是个**诚实**可靠的人 그는 성실하고 신뢰할 만한 사람이다

5급 可靠 kěkào 圈 신뢰할 만하다, 믿음직스럽다

6급 诚挚 chéngzhì 圈 성실하고 진실되다

圈 (감정이) 성실하고 진실되다
向受灾地区人民致以**诚挚**的慰问
재해 지역 주민들에게 진실된 위로의 뜻을 표하다

致以 zhìyǐ 图 표현하다, 나타내다
6급 慰问 wèiwèn 图 위문하다, 위로하고
안부를 묻다

6급 承办 chéngbàn 图 맡아서 처리하다, 담당하다, 주관하다

图 맡아서 처리하다, 담당하다, 주관하다
每年5所大学共同**承办**国际学术研讨会
해마다 5개 대학이 국제 학술 연구 토론회를 공동으로 주관한다

4급 共同 gòngtóng 圆 함께, 같이
研讨会 yántǎohuì 圆 토론회

6급 承包 chéngbāo 图 도급을 맡다, 위탁 경영하다

图 도급을 맡다, 위탁 경영하다
承包建筑工程
건축 공사를 도급 맡다

工程 gōngchéng 图 공사

5급 承担 chéngdān 图 맡다, 지다, 책임지다

图 맡다, 지다, 책임지다
玩忽职守，是要**承担**法律责任的
직무를 소홀히 하면 법적 책임을 져야 한다

玩忽职守 wánhū-zhíshǒu
図 직무를 소홀히 하다, 책무를 다하지 않다
4급 责任 zérèn 图 책임

6급 承诺 chéngnuò 图 승낙하다, 동의하다, 대답하다 图 승낙, 약속

图 승낙하다, 동의하다, 대답하다
双方**承诺**不使用武力
쌍방이 무력을 사용하지 않는 것에 동의하다

武力 wǔlì 图 무력
6급 履行 lǚxíng 图 (약속, 직책 등을) 이행하다

图 승낙, 약속
所有的员工认真履行对客户的**承诺**和要求
모든 직원이 고객에 대한 약속과 요구를 성실히 이행하다

5급 承认 chéngrèn 图 인정하다, 승인하다, 시인하다

图 인정하다, 승인하다, 시인하다
他**承认**自己有过错
그는 자기가 잘못이 있다고 인정했다

过错 guòcuò 图 과실, 착오, 잘못

5급 承受 chéngshòu 图 받다, 견디다, 감당하다 图 계승하다, 잇다

图 (일, 어려움, 시련 등을) 받다/견디다/감당하다
承受不住生活的重担
생활의 무거운 짐을 견디지 못하다

很多职业女性**承受**着工作和生活的双重压力
많은 직업 여성들이 일과 생활의 이중 중압감을 감당하고 있다

图 계승하다, 잇다
承受遗业 (선인의) 유업을 잇다

重担 zhòngdàn 图 중책, 무거운 짐
双重 shuāngchóng 图 양면의, 이중의
遗业 yíyè 图 유업, 유산

6급 城堡 chéngbǎo 图 성보, 보루, 요새

图 성보, 보루, 요새
这座**城堡**修建于17世纪，是一座军事要塞
이 보루는 17세기에 세워진 군사 요새이다

6급 修建 xiūjiàn 图 건조하다, 건설하다, 건축하다
要塞 yàosài 图 요새

3급 城市 chéngshì 图 도시

图 도시
加强**城市**环境基础设施建设
도시 환경 인프라 건설을 강화하다

3급 环境 huánjìng 图 환경
基础设施 jīchǔ shèshī 인프라

C

6급 乘 chéng 통 타다, 탑승하다 개 …을 이용해, …을 틈타 통 곱하다

통 타다, 탑승하다
我要乘船到青岛
나는 배를 타고 칭다오에 갈 것이다

개 …을 이용해, …을 틈타
乘这次看电影的机会和他好好谈谈
이번에 영화 보는 기회를 이용해 그와 잘 얘기해 봐

통 곱하다
6乘7等于42
6 곱하기 7은 42이다

5급 等于 děngyú 통 …와 같다

乘务员 chéngwùyuán 명 승무원

명 승무원
列车上有一名乘务员处理意外情况
열차에는 돌발 상황을 해결하는 승무원이 한 명 있다

5급 意外 yìwài 형 의외의, 뜻밖의

4급 乘坐 chéngzuò 통 타다, 탑승하다

통 타다, 탑승하다
乘坐飞机回到韩国
비행기를 타고 한국으로 돌아오다

1급 飞机 fēijī 명 비행기

6급 盛 chéng 통 담다, 채우다, 넣다

통 담다, 채우다, 넣다
用木勺盛饭
나무 주걱으로 밥을 담다

小坛子盛不下这么多酒
작은 단지에는 이렇게 많은 술을 담을 수 없다

坛子 tánzi 명 단지

○ 盛 shèng [6급] 참조

5급 程度 chéngdù 명 정도, 수준

명 정도, 수준
高中文化程度
고등학교 지식 수준

金融业发展在一定程度上与储蓄率有关
금융업의 발전은 저축률과 어느 정도 관계가 있다

金融业 jīnróngyè 명 금융업
3급 一定 yídìng 형 일정한
储蓄率 chǔxùlǜ 명 저축률

5급 程序 chéngxù 명 순서, 차례, 단계 명 프로그램

명 순서, 차례, 단계
大会程序 대회 순서
民事诉讼程序 민사 소송 순서

명 (컴퓨터) 프로그램
电脑应用程序
컴퓨터 응용 프로그램

6급 诉讼 sùsòng 통 소송하다
5급 应用 yìngyòng 통 운용하다, 응용하다

6급 惩罚 chéngfá 통 징벌하다, 처벌하다 명 징벌, 처벌

통 징벌하다, 처벌하다
惩罚犯罪，保护人民 범죄를 처벌하여 국민을 보호하다
명 징벌, 처벌
如果违反了，就一定会受到惩罚
만약 위반한다면 반드시 처벌을 받게 된다

犯罪 fànzuì 명 범죄
5급 违反 wéifǎn 통 위반하다
4급 受到 shòudào 통 받다, 당하다, 입다

6급 澄清 chéngqīng 형 맑고 투명하다 통 평정하다 통 분명히 밝히다

형 (물이) 맑고 투명하다
澄清的湖水 맑고 투명한 호수
통 (혼란을) 평정하다
澄清混乱 혼란을 일소하다
통 분명히 밝히다
我们要澄清这个是非
우리는 이것의 시비를 분명히 밝히려고 한다

6급 混乱 hùnluàn 형 혼란스럽다
6급 是非 shìfēi 명 시비, 옳고 그름

6급 橙 chéng 명 오렌지, 등자 형 오렌지색의

명 오렌지, 등자
很多人喜欢喝橙汁
많은 사람이 오렌지주스 마시는 것을 좋아한다
형 오렌지색의
赤橙黄绿青蓝紫 빨주노초파남보

橙汁 chéngzhī 명 오렌지주스

6급 秤 chèng 명 저울

명 저울
用电子秤称体重 전자저울로 체중을 재다

5급 称 chēng 통 무게를 재다
体重 tǐzhòng 명 체중

1급 吃 chī 통 먹다 통 받다, 경험하다, 감당하다

통 먹다
腰疼了好几天，吃药不见效
허리가 며칠째 아팠는데 약을 먹어도 효과가 없다
통 받다, 경험하다, 감당하다
吃过败仗 패전을 경험했다
身体吃不消 몸이 감당하지 못하다

5급 腰 yāo 명 허리
见效 jiànxiào 통 효과를 보다
败仗 bàizhàng 명 패전

역순 어휘
好吃 hǎochī   小吃 xiǎochī

4급 吃惊 chī//jīng 통 놀라다, 겁먹다

통 놀라다, 겁먹다
爸爸听到爷爷出了事故，非常吃惊
아빠는 할아버지가 사고가 났다는 것을 듣고 매우 놀랐다
你这一喊，真叫我吃了一惊
네가 이렇게 소리 질러서 난 정말 놀랐다

6급 事故 shìgù 명 사고, 의외의 변고나 재앙
5급 喊 hǎn 통 외치다

6급 吃苦 chī//kǔ 통 어려움을 견디다, 고생하다

통 **어려움을 견디다, 고생하다**
年轻人不怕**吃苦** 젊은이는 고생을 두려워하지 않는다
救灾中护士们**吃**了很多苦
재난 구호 과정에서 간호사들이 매우 고생했다

不怕 bùpà 통 두려워하지 않다
救灾 jiùzāi 통 이재민을 구제하다,
재난을 없애다
4급 护士 hùshi 명 간호사

5급 吃亏 chī//kuī 통 손실을 입다, 손해 보다

통 **손실을 입다, 손해 보다**
购房注意这一点，避免**吃亏**上当
집을 살 때 속아서 손해 보지 않도록 이 점을 주의해라
吃了点儿**亏** 손해를 좀 입었다

购房 gòufáng 통 주택을 구입하다
5급 避免 bìmiǎn 통 피하다, 모면하다, 방지하다
5급 上当 shàngdàng 통 속다, 속임수에 빠지다

6급 吃力 chīlì 형 힘들다, 고되다

형 **힘들다, 고되다**
干这活儿不太**吃力** 이 일은 그다지 힘들지 않다
他曾感叹生活艰难**吃力**
그는 예전에 생활이 어렵고 힘들다고 탄식했었다

感叹 gǎntàn 통 감탄하다, 탄식하다
6급 艰难 jiānnán 형 힘들다, 고생스럽다

5급 池塘 chítáng 명 못, 저수지

명 **못, 저수지**
池塘里全是荷花 연못이 연꽃으로 가득하다
池塘养鱼是淡水渔业的主要组成部分
저수지 양식은 담수 어업의 주요 구성 부분이다

荷花 héhuā 명 연꽃
6급 淡水 dànshuǐ 명 담수, 민물
渔业 yúyè 명 어업
5급 组成 zǔchéng 통 조성하다, 구성하다

池子 chízi 명 못, 저수지 명 수조, 욕조

명 **못, 저수지**
池子上正浮游着洁白的天鹅
저수지에 새하얀 백조가 떠다니고 있다

명 **수조, 욕조**
卫生间里有一个专用来洗墩布的**池子**
화장실에는 대걸레만 빨 수 있는 작은 수조가 있다

浮游 fúyóu 통 떠다니다, 부유하다
洁白 jiébái 형 새하얗다
天鹅 tiān'é 명 백조
墩布 dūnbù 명 대걸레, 자루걸레

3급 迟到 chídào 통 지각하다, 늦게 도착하다

통 **지각하다, 늦게 도착하다**
他上班**迟到**了10分钟
그는 출근하는 데 10분 지각했다

2급 上班 shàngbān 통 출근하다

6급 迟钝 chídùn 형 둔하다, 무디다, 굼뜨다

형 **둔하다, 무디다, 굼뜨다**
国内市场反应比较**迟钝**
국내 시장의 반응이 비교적 둔하다

5급 反应 fǎnyìng 명 반응

6급 **迟缓** chíhuǎn 형 느리다, 더디다	

형 **느리다, 더디다**
孩子语言发育**迟缓**
아동의 언어 발달이 느리다
事情进展**迟缓**
일의 진척이 더디다

6급 发育 fāyù 동 발육하다, 자라다
6급 进展 jìnzhǎn 동 진전하다, 진척하다

6급 **迟疑** chíyí 동 망설이다, 머뭇거리다	

동 **망설이다, 머뭇거리다**
她**迟疑**了一下，还是找到了答案
그녀는 잠시 망설였지만 답을 찾아냈다

4급 答案 dá'àn 명 답안, 해답

5급 **迟早** chízǎo 부 조만간, 언젠가는	

부 **조만간, 언젠가는**
这个问题他**迟早**会想通的
이 문제는 그가 조만간 납득하게 될 것이다

想通 xiǎngtōng 동 생각 끝에 납득하다, 이해하다

6급 **持久** chíjiǔ 형 오래 가다, 길게 유지되다	

형 **오래 가다, 길게 유지되다**
如果农业被削弱，就不可能取得**持久**而稳定的
发展
만일 농업이 약화된다면 길고 안정적인 발전을 얻기란 불가능하다

6급 削弱 xuēruò 동 약화되다
5급 稳定 wěndìng 형 안정되다

5급 **持续** chíxù 동 지속하다	

동 **지속하다**
交往已经**持续**多年
왕래가 이미 여러 해 지속되었다
可**持续**发展 지속 가능한 발전

5급 交往 jiāowǎng 명 왕래, 교제, 교류

5급 **尺子** chǐzi 명 자, 척도	

명 **자, 척도**
他手里拿着一把**尺子**
그는 손에 자를 들고 있다
用什么**尺子**来衡量干部？
무슨 척도로 간부를 평가할 것인가?

衡量 héngliáng 동 평가하다, 헤아리다

6급 **赤道** chìdào 명 적도	

명 **적도**
地球上的重力在**赤道**上最小，随纬度增加而增大
지구 중력은 적도에서 가장 작으며, 위도가 증가함에 따라 커진다

重力 zhònglì 명 중력, 지구 중력
纬度 wěidù 명 위도
增大 zēngdà 동 증대하다, 커지다

6급 赤字 chìzì 명 적자

명 적자
对外贸易**赤字** 대외 무역 적자
国家财政继续出现较大的**赤字**
국가 재정에 계속해서 비교적 큰 적자가 나타나다

对外贸易 duìwài màoyì 대외 무역
6급 财政 cáizhèng 명 재정

5급 翅膀 chìbǎng 명 날개

명 날개
张开**翅膀**向远方飞翔
날개를 펴고 먼 곳을 향해 날다
飞机**翅膀** 비행기 날개

张开 zhāngkāi 동 열다, 펴다
6급 飞翔 fēixiáng 동 비상하다, 날다

5급 冲 chōng 동 돌진하다, 충돌하다 동 물로 씻다, 물을 붓다

동 돌진하다, 충돌하다
汽车飞快地向前**冲**去
자동차는 빠르게 앞으로 돌진했다
冲进敌人的阵地 적의 진지로 돌진하다
동 물로 씻다, 물을 붓다
把碗**冲**干净 그릇을 물로 깨끗이 씻다
冲一杯茶 차 한 잔을 타다

飞快 fēikuài 형 나는 듯 빠르다, 아주 빠르다
6급 阵地 zhèndì 명 진지, 진영
3급 干净 gānjing 형 깨끗하다

6급 冲动 chōngdòng 동 충동적이다, 흥분하다 명 충동

동 충동적이다, 흥분하다
他一时**冲动**，说了几句过头的话
그는 잠시 흥분해서 심한 말을 몇 마디 했다
명 충동
心里涌起一股创作的**冲动**
마음속에서 한 가닥 창작의 충동이 솟아나다

过头 guòtóu 형 지나치다, 심하다
涌 yǒng 동 솟아오르다, 쏟아져 나오다
股 gǔ 양 줄기, 가닥

6급 冲击 chōngjī 동 세게 부딪히다 동 돌격하다, 돌진하다 동 충격을 주다, 타격을 입히다 명 충격, 쇼크

동 (물 등이) 세게 부딪히다
滚滚波涛**冲击**着大堤
세찬 파도가 제방에 부딪히다
동 돌격하다, 돌진하다
向敌人侧翼猛烈**冲击**
적군의 측면을 향해 맹렬히 돌격하다
冲击世界纪录 세계 기록을 향해 돌진하다
동 충격을 주다, 타격을 입히다
竞争**冲击**着人们的意识和思想
경쟁은 사람들의 의식과 생각에 충격을 주고 있다
명 충격, 쇼크
受到国际市场价格**冲击** 국제 시장 가격의 충격을 받다

6급 波涛 bōtāo 명 파도
6급 猛烈 měngliè 형 맹렬하다, 거세다
5급 纪录 jìlù 명 기록

C

6급 冲突 chōngtū 동 충돌하다, 모순되다, 저촉되다

동 충돌하다, 모순되다, 저촉되다
这篇文章的前后观点相**冲突**
이 글은 앞뒤 관점이 서로 모순된다

两项活动的时间安排**冲突**
두 행사의 시간 배정이 서로 겹쳤다

5급 观点 guāndiǎn 명 관점, 입장
5급 项 xiàng 양 항, 항목, 가지

6급 充当 chōngdāng 동 맡다, 담당하다

동 (임무, 책임을) 맡다/담당하다
她在中间**充当**了重要角色
그녀는 중간에서 중요한 역할을 맡았다

5급 角色 juésè 명 배역, 역할

5급 充电器 chōngdiànqì 명 충전기

명 충전기
快速无线**充电器** 급속 무선 충전기

无线 wúxiàn 형 무선의

5급 充分 chōngfèn 형 충분하다 부 충분히, 최대한

형 충분하다 (주로 추상적 사물에 쓰임)
有**充分**的根据 충분한 근거가 있다
论证不够**充分** 논거가 불충분하다

부 충분히, 최대한
充分听取大家的意见
모두의 의견에 충분히 귀를 기울이다

6급 论证 lùnzhèng 명 논거
听取 tīngqǔ 동 (의견, 보고 등을) 경청하다

5급 充满 chōngmǎn 동 충만하다, 가득하다

동 충만하다, 가득하다
充满生机 생명력이 가득하다
充满信心 자신감으로 충만하다
这部小说**充满**了古风艺术的魅力
이 소설은 고풍스러운 예술적 매력으로 가득하다

6급 生机 shēngjī 명 생명력
5급 魅力 mèilì 명 매력

6급 充沛 chōngpèi 형 풍부하다, 왕성하다

형 풍부하다, 왕성하다
雨量**充沛** 강우량이 풍부하다
充沛的精力 왕성한 정력

5급 精力 jīnglì 명 정력, 정신과 체력

6급 充实 chōngshí 형 충실하다, 풍부하다 동 충실하게 하다, 강화하다

형 충실하다, 풍부하다 (주로 추상적 사물에 쓰임)
生活**充实** 생활이 여유롭다
做了几年买卖，钱包变得**充实**了
장사를 몇 년 했더니 지갑이 두둑해졌다

买卖 mǎimai 명 매매, 장사

동 충실하게 하다, 강화하다
再**充实**一下内容 내용을 좀 더 보강하시오
不断**充实**自己 스스로를 끊임없이 발전시키다

5급 | 不断 bùduàn 및 부단히, 끊임없이

6급 **充足** chōngzú 형 충분하다

형 충분하다 (구체적, 추상적 사물에 모두 쓰임)
资金**充足** 자금이 충분하다
我觉得我没有**充足**的理由拒绝他
나는 내가 그를 거절할 충분한 이유가 없다고 생각한다

5급 | 资金 zījīn 명 자금
5급 | 理由 lǐyóu 명 이유, 까닭
4급 | 拒绝 jùjué 동 거절하다

4급 **重** chóng 동 중복하다, 겹치다 부 다시, 거듭, 한 번 더

동 중복하다, 겹치다
两个影子**重**在一起了 두 개의 그림자가 겹쳐졌다
부 다시, 거듭, 한 번 더
重抄一遍 한 번 더 베껴 적다 | **重**开谈判 협상을 재개하다

5급 | 影子 yǐngzi 명 그림자
5급 | 谈判 tánpàn 명 담판, 협상, 교섭

○ 重 zhòng [4급] 참조

6급 **重叠** chóngdié 동 중첩되다, 중복되다

동 중첩되다, 중복되다
中央和地方政府的管理机构**重叠**
중앙과 지방 정부의 관리 기구가 중복되다

6급 | 机构 jīgòu 명 기구, 기관

5급 **重复** chóngfù 동 되풀이하다, 반복하다

동 되풀이하다, 반복하다
他总**重复**别人的话 그는 늘 다른 사람의 말을 따라 한다
这个画面**重复**好几次了 이 화면은 여러 번 나왔다

3급 | 别人 biérén 대 다른 사람
画面 huàmiàn 명 화면

4급 **重新** chóngxīn 부 다시, 새로이

부 다시, 새로이
重新排练一次 다시 한 번 리허설을 하다
重新安排人力 인력을 다시 배치하다

6급 | 排练 páiliàn 동 리허설을 하다

重阳节 Chóngyángjié 명 중양절

명 중양절
每年农历九月九日**重阳节**他要玩赏菊花
매년 음력 9월 9일 중양절에 그는 국화를 감상한다

玩赏 wánshǎng 동 감상하다, 관상하다
菊花 júhuā 명 국화

6급 **崇拜** chóngbài 동 숭배하다

동 숭배하다 (사람, 신, 물건 등에 쓰임)
孩子们从小就**崇拜**英雄
아이들은 어려서부터 영웅을 숭배한다
不要盲目**崇拜**明星 스타를 맹목적으로 숭배하지 마라

5급 | 英雄 yīngxióng 명 영웅
6급 | 盲目 mángmù 형 맹목적이다

6급 崇高 chónggāo 형 숭고한, 고상한, 최고의

형 숭고한, 고상한, 최고의
学习先烈的**崇高**品质
선열의 숭고한 품질을 배우다

先烈 xiānliè 명 선열
6급 品质 pǐnzhì 명 품성, 인품

6급 崇敬 chóngjìng 동 우러러 존경하다

동 우러러 존경하다 (사람에게만 쓰임)
她平时**崇敬**陈先生的爱国精神
그녀는 평소에 천 선생의 애국 정신을 존경했다

5급 精神 jīngshén 명 정신

5급 宠物 chǒngwù 명 애완동물

명 애완동물
很多年轻人喜欢养**宠物**
많은 젊은 사람들이 애완동물 기르는 것을 좋아한다

养 yǎng 동 사육하다, 기르다

抽空 chōu//kòng 동 시간을 내다, 틈을 내다

동 시간을 내다, 틈을 내다
我明天**抽空**陪你玩玩
내가 내일 시간을 내서 너와 놀아 줄게

4급 陪 péi 동 동반하다, 모시다
2급 玩 wán 동 놀다, 장난하다

5급 抽屉 chōuti 명 서랍

명 서랍
拉开**抽屉** 서랍을 열다
关上**抽屉** 서랍을 닫다

拉开 lākāi 동 당겨서 열다, 끌어당기다

5급 抽象 chōuxiàng 형 추상적인

형 추상적인 반의어 具体 jùtǐ [5급]
不要**抽象**地发议论
의견을 추상적으로 제시하지 마라

5급 议论 yìlùn 명 의논, 의견

4급 抽烟 chōu//yān 동 흡연하다, 담배를 피우다

동 흡연하다, 담배를 피우다 동의어 吸烟 xīyān
小王平时不**抽烟**，也不喝酒
샤오왕은 평소에 담배를 안 피우고, 술도 안 마신다
我每天只**抽**一支**烟** 나는 매일 담배를 한 개비만 피운다

5급 支 zhī 양 자루, 개비

6급 稠密 chóumì 형 조밀하다, 많고 빽빽하다

형 조밀하다, 많고 빽빽하다
长江三角洲是全国人口最**稠密**的地区之一
창장 삼각주는 전국에서 인구가 가장 조밀한 지역 중 하나이다

三角洲 sānjiǎozhōu 명 삼각주
5급 人口 rénkǒu 명 인구
5급 地区 dìqū 명 지역, 구역

6급 筹备 chóubèi 图 계획하여 준비하다, 주비하다

图 계획하여 준비하다, 주비하다
委员会正积极筹备座谈会
위원회에서 적극적으로 좌담회를 준비하고 있다

4급 积极 jījí 圈 적극적이다, 열성적이다
座谈会 zuòtánhuì 圀 좌담회

踌躇 chóuchú 图 머뭇거리다, 주저하다, 망설이다

图 머뭇거리다, 주저하다, 망설이다
她踌躇了很久，终于向他泄露了一个秘密
그녀는 한참 망설이다가 마침내 그에게 비밀 하나를 털어놓았다

6급 泄露 xièlòu 图 누설하다, 폭로하다
5급 秘密 mìmì 圀 비밀

5급 丑 chǒu 圈 못생기다, 추악하다 圀 추태, 추잡한 일

圈 못생기다, 추악하다
长得很丑 참 못생겼다 | 丑闻 추문, 스캔들
圀 추태, 추잡한 일
他故意让我当众出丑
그는 일부러 나에게 공개적으로 망신을 주었다

4급 故意 gùyì 囝 고의로, 일부러
当众 dāngzhòng 囝 대중 앞에서, 공개적으로

6급 丑恶 chǒu'è 圈 추악하다

圈 추악하다
这次他最丑恶的一面被曝光了
이번에 그의 가장 추악한 면이 폭로되었다

一面 yīmiàn 圈 일면, 한 방면, 한 부분
6급 曝光 bàoguāng 图 세상에 알리다, 공개하다

5급 臭 chòu 圈 구리다, 고약하다, 역겹다 囝 심하게, 잔인하게

圈 구리다, 고약하다, 역겹다 [반의어] 香 xiāng [4급]
他们在院子里闻到冲鼻的臭味
그들은 정원에서 코를 찌르는 악취를 맡았다
囝 심하게, 잔인하게
臭骂一顿 한바탕 호되게 꾸짖다

冲鼻 chòngbí 圈 (냄새가) 코를 찌르다
5급 骂 mà 图 질책하다, 꾸짖다
5급 顿 dùn 曜 번, 차례

2급 出 chū 图 나오다, 나가다 图 출현하다, 나타나다 图 내다, 꺼내다, 지출하다 图 나다, 생기다, 생산하다

图 나오다, 나가다 [반의어] 进 jìn [2급]
出了屋门 방문을 나오다
出出进进 들락날락하다, 빈번하게 드나들다
图 출현하다, 나타나다
这条成语出自《左传》 이 성어는 「좌전」에 나온다
图 내다, 꺼내다, 지출하다
为慈善事业出一把力 자선 사업을 위해 힘쓰다
图 나다, 생기다, 생산하다
出问题 문제가 생기다
最近连续出了几件意外的事
최근 뜻밖의 일들이 잇달아 발생했다

5급 成语 chéngyǔ 圀 성어, 관용구
6급 慈善 císhàn 圈 자선의, 자비로운
5급 连续 liánxù 图 연속하다
5급 意外 yìwài 圈 의외의, 뜻밖의

역순 어휘
杰出 jiéchū　　突出 tūchū
演出 yǎnchū　　支出 zhīchū

5급 出版 chūbǎn 동 출판하다

동 출판하다
首次**出版**了美术编辑系列教材
처음으로 미술 편집 시리즈 교재를 출판했다

5급	编辑 biānjí 동 편집하다
6급	系列 xìliè 명 계열, 세트, 시리즈
5급	教材 jiàocái 명 교재

4급 出差 chū//chāi 동 출장 가다

동 출장 가다
上个月，爸爸**出差**到北京去了，去了20天
지난달에 아버지는 베이징으로 20일간 출장을 가셨다

tip 여기에서는 差를 chā, chà로 읽지 않는다

4급 出发 chūfā 동 출발하다, 떠나다, 시작하다

동 출발하다, 떠나다, 시작하다
车队**出发**了 자동차 행렬이 출발했다
一切从实际**出发** 모든 것은 현실에서 시작한다

4급	实际 shíjì 명 실제

5급 出口 chūkǒu 명 출구 동 수출하다

명 출구
在人民广场地铁站一号**出口**见面
런민광장 지하철역 1번 출구에서 만나다

电影院里一共有十个安全**出口**
영화관에는 모두 10개의 비상구가 있다

동 (chū//kǒu) 수출하다
这家公司的产品主要**出口**到美国
이 회사의 제품은 주로 미국으로 수출된다

5급	广场 guǎngchǎng 명 광장
3급	地铁 dìtiě 명 지하철
	电影院 diànyǐngyuàn 명 영화관
5급	产品 chǎnpǐn 명 생산품, 제품

6급 出路 chūlù 명 출로, 출구 명 기회, 가능성 명 판로

명 출로, 출구
这是条死胡同，没有**出路**
이 길은 막다른 골목이라 나가는 길이 없다

명 기회, 가능성
先进的技术体系是产业发展的根本**出路**
선진 기술 체계는 산업 발전의 근본적인 기회이다

명 판로
用电商促进商品销售，打开了新的**出路**
전자 상거래로 상품 판매를 촉진하여 새로운 판로를 열었다

5급	胡同 hútòng 명 골목
	电商 diànshāng 명 전자 상거래
5급	销售 xiāoshòu 동 팔다, 판매하다
	打开 dǎkāi 동 열다, 타개하다

6급 出卖 chūmài 동 팔다 동 배반하다, 팔아먹다

동 팔다
到市场**出卖**农产品 시장에서 농산물을 팔다

동 배반하다, 팔아먹다
出卖军事机密 군사 기밀을 팔아먹다
出卖朋友 친구를 배반하다

6급	机密 jīmì 명 기밀, 극비

C

5급 出色 chūsè 혱 뛰어나다, 훌륭하다

혱 **뛰어나다, 훌륭하다**
他各方面表现很**出色**
그는 각 방면에서 활약이 뛰어나다
出色地实现了软着陆 연착륙을 훌륭하게 실현했다

各方面 gèfāngmiàn 명 각 방면, 각 분야
软着陆 ruǎnzhuólù 동 연착륙하다

6급 出身 chūshēn 명 출신, 신분 동 … 출신이다, …의 신분이다

명 **출신, 신분**
他是军校**出身** 그는 사관 학교 출신이다
我是学习物理**出身**的
저는 물리를 공부한 출신입니다

军校 jūnxiào 명 군사 학교, 사관 학교
5급 物理 wùlǐ 명 물리

동 **… 출신이다, …의 신분이다**
他**出身**于贫农 그는 빈농 출신이다

6급 出神 chū//shén 동 넋을 잃다, 정신이 나가다

동 **넋을 잃다, 정신이 나가다**
这部电影色调美极了，让人看得**出神**
이 영화는 색감이 매우 아름다워, 넋을 잃고 보게 만든다
她正在**出神**地望着前面墙上的那幅画
그녀는 앞쪽 벽의 그 그림을 넋을 잃고 바라보고 있다

色调 sèdiào 명 색조
5급 幅 fú 양 폭 (옷감, 그림 등을 세는 단위)

4급 出生 chūshēng 동 출생하다, 태어나다

동 **출생하다, 태어나다**
他是哪年**出生**的? 그는 몇 년도에 태어났습니까?

5급 出示 chūshì 동 보이다, 제시하다

동 **보이다, 제시하다**
出示证件 증명서를 제시하다
出示样品 견본을 제시하다

5급 证件 zhèngjiàn 명 증서, 증명서
6급 样品 yàngpǐn 명 샘플, 견본

6급 出息 chūxi 명 장래성, 미래

명 **장래성, 미래**
这孩子有**出息** 이 아이는 장래성이 있다
这些人基本上都没什么**出息**
이런 사람들은 대체로 별 미래가 없다

基本上 jībénshàng 부 주로, 대체로, 거의

5급 出席 chū//xí 동 출석하다, 참석하다

동 **출석하다, 참석하다**
会议内容非常重要，请务必准时**出席**
회의 내용이 매우 중요하니 반드시 정시에 참석해 주십시오

6급 务必 wùbì 부 반드시, 꼭
4급 准时 zhǔnshí 부 정시에, 제때에

4급 出现 chūxiàn 동 출현하다, 나타나다, 드러나다

동 출현하다, 나타나다, 드러나다
资本市场可能会**出现**更危险的局面
자본 시장에 더욱 위험한 국면이 나타날 수 있다

4급 危险 wēixiǎn 형 위험하다
6급 局面 júmiàn 명 국면

出洋相 chū yángxiàng 추태를 보이다, 웃음거리가 되다

추태를 보이다, 웃음거리가 되다
他基本功不太扎实，工作中常**出洋相**
그는 기본기가 탄탄하지 않아 일을 할 때 종종 웃음거리가 된다

6급 扎实 zhāshi 형 견실하다, 견고하다

1급 出租车 chūzūchē 명 택시

명 택시
聚会结束后她要搭**出租车**回家
모임이 끝난 후 그녀는 택시를 타고 집에 가려고 한다

4급 聚会 jùhuì 명 모임, 회합
6급 搭 dā 동 타다, 탑승하다

6급 初步 chūbù 형 초보의, 초기의, 기본적인

형 초보의, 초기의, 기본적인
取得**初步**的研究成果
초보적인 연구 성과를 얻다
对两国关系作**初步**的考察
양국 관계에 대해 기본적인 고찰을 하다

取得 qǔdé 동 얻다, 획득하다
5급 成果 chéngguǒ 명 성과
6급 考察 kǎochá 동 고찰하다, 탐구하다

5급 初级 chūjí 형 초급의

형 초급의
初级汉语 초급 중국어
人工智能的发展程度还在**初级**阶段
인공 지능의 발전 수준은 아직 초급 단계이다

人工智能 réngōng zhìnéng 인공 지능
5급 阶段 jiēduàn 명 계단, 단계
참조어 高级 gāojí 형 상급의 [5급]

6급 除 chú 동 제거하다, 치우다 동 나누다 개 …을 제외하고

동 제거하다, 치우다
把杂草**除**掉 잡초를 제거하다
扫**除**垃圾 쓰레기를 치우다
동 나누다
8**除**16等于2
8로 16을 나누면 2이다
6**除**以2等于3
6을 2로 나누면 3이다
개 …을 제외하고
这篇文章**除**附录外，只有5000字
이 글은 부록을 제외하면 겨우 5천 자이다

垃圾 lājī 명 쓰레기
5급 等于 děngyú 동 …와 같다
附录 fùlù 명 부록

역순 어휘
废**除** fèichú
开**除** kāichú
清**除** qīngchú
消**除** xiāochú
解**除** jiěchú
排**除** páichú
删**除** shānchú

5급 除非 chúfēi 〔연〕…해야만, 오직 …해야 〔개〕…을 제외하고는

〔연〕 **…해야만, 오직 …해야**

除非你答应守口如瓶，我才会告诉你
네가 비밀을 지키겠다고 약속해야 비로소 너에게 말해 줄 것이다

除非大家都去，否则我不去
모두 가야지, 그렇지 않으면 나는 가지 않겠다

〔개〕 **…을 제외하고는**

除非他，再没人熟悉山林里的情况了
그를 제외하고 숲속의 상황에 대해 잘 아는 사람은 없다

守口如瓶 shǒukǒu-rúpíng
〔성〕 비밀을 엄격하게 지키다
- 4급 否则 fǒuzé 〔연〕 만약 그렇지 않으면
- 4급 熟悉 shúxī 〔동〕 잘 알다

3급 除了 chúle 〔개〕…을 제외하고 〔개〕…외에도

〔개〕 **…을 제외하고** (주로 都 dōu, 全 quán과 함께 쓰여 배제를 나타냄)

这件事，**除了**他，谁都不知道
이 일은 그를 제외하고 아무도 모른다

〔개〕 **…외에도** (주로 还 hái, 也 yě와 함께 쓰여 다른 것도 포함됨을 나타냄)

他**除了**喜欢语文以外，还喜欢数学、外语
그는 국어 외에도 수학과 외국어도 좋아한다

语文 yǔwén 〔명〕 어문학, 언어와 문학
以外 yǐwài 〔명〕 이외
外语 wàiyǔ 〔명〕 외국어

5급 除夕 chúxī 〔명〕 제석, 섣달그믐

〔명〕 **제석, 섣달그믐**

在**除夕**之夜，吃年夜饭是一种不可缺少的习俗
섣달 그믐날 밤에 가족들이 함께 밥을 먹는 것은 없어서는 안 될 풍속이다

年夜饭 niányèfàn 〔명〕 섣달그믐 밤 가족이 함께 먹는 식사
- 6급 习俗 xísú 〔명〕 습속, 풍속

4급 厨房 chúfáng 〔명〕 주방, 부엌

〔명〕 **주방, 부엌**

爸爸平时很喜欢下**厨房**做菜
아빠는 평소에 주방에서 요리하는 것을 좋아하신다

下厨房 xià chúfáng 주방에서 요리하다, 주방에서 일하다
做菜 zuòcài 〔동〕 요리를 하다

6급 处分 chǔfèn 〔동〕 처벌하다, 처분하다, 처리하다 〔명〕 처벌, 처분

〔동〕 **처벌하다, 처분하다, 처리하다**

一定要严肃**处分** 반드시 엄히 처벌해야 한다
处分继承的财产 상속받은 재산을 처분하다

〔명〕 **처벌, 처분**

给予警告**处分** 경고 처분을 내리다

- 6급 继承 jìchéng 〔동〕 상속하다, 물려받다
- 6급 给予 jǐyǔ 〔동〕 주다
- 6급 警告 jǐnggào 〔명〕 경고

6급 处境 chǔjìng 〔명〕 처지, 상황

〔명〕 **처지, 상황**

两人的**处境**不同 두 사람의 처지가 다르다
处境已有改善 상황은 이미 개선되었다

- 5급 改善 gǎishàn 〔동〕 개선하다

5급 处理 chǔlǐ 통 처리하다, 해결하다 통 처벌하다

통 처리하다, 해결하다
由小王负责处理
샤오왕이 책임지고 처리하다

통 처벌하다
严肃处理乱砍滥伐林木的人
함부로 벌목하는 사람을 엄히 처벌하다

4급 负责 fùzé 통 책임지다
5급 严肃 yánsù 휑 엄숙하다, 엄격하다
乱砍滥伐 luànkǎn-lànfá
나무를 함부로 마구 베다, 남벌하다

6급 处置 chǔzhì 통 처리하다, 처벌하다

통 처리하다, 처벌하다
合理处置这笔遗产
이 유산을 합리적으로 처리하다

处置罪犯 범인을 처벌하다

5급 合理 hélǐ 휑 합리적이다
6급 遗产 yíchǎn 휑 유산

6급 储备 chǔbèi 통 비축하다, 저장하다 휑 비축한 물품

통 비축하다, 저장하다
储备粮食 식량을 비축하다

휑 비축한 물품
外汇储备 외화 보유고
动用人员储备 예비 인력을 동원하다

外汇 wàihuì 휑 외국환, 외화
动用 dòngyòng 통 사용하다, 유용하다

6급 储存 chǔcún 통 비축하다, 저장하다 휑 비축량, 저장량

통 비축하다, 저장하다
储存物资 물자를 비축하다

휑 비축량, 저장량
粮食储存不多了
식량 비축량이 많지 않다

5급 粮食 liángshi 휑 양식, 식량

6급 储蓄 chǔxù 통 저축하다 휑 저축

통 저축하다
在银行储蓄 은행에 예금하다

휑 저축
他把储蓄都捐献给灾区了
그는 저축한 돈을 모두 재해 지역에 기부했다

捐献 juānxiàn 통 기부하다

6급 触犯 chùfàn 통 어기다, 침해하다, 건드리다

통 어기다, 침해하다, 건드리다
触犯刑律 형법을 어기다
触犯了他的自尊心
그의 자존심을 건드렸다

刑律 xínglǜ 휑 형법
自尊心 zìzūnxīn 휑 자존심

6급 川流不息 chuānliú-bùxī 성 강물이 끊임없이 흐르다, 끊임없이 왕래하다

성 강물이 끊임없이 흐르다, (행인, 차량 등이) 끊임없이 왕래하다
这家超市生意兴隆，客人川流不息
이 슈퍼마켓은 장사가 잘 되어 손님이 끊이지 않는다

3급 超市 chāoshì 명 슈퍼마켓
6급 兴隆 xīnglóng 형 번창하다, 흥하여 번성하다

2급 穿 chuān 동 입다, 신다

동 (옷을) 입다, (신발, 양말 등을) 신다
穿衬衫 셔츠를 입다
穿运动鞋 운동화를 신다
袖子太瘦，穿不进去
소매가 너무 좁아 팔이 들어가지 않는다

运动鞋 yùndòngxié 명 운동화
袖子 xiùzi 명 소매
3급 瘦 shòu 형 꽉 끼다, 넉넉하지 않다

6급 穿越 chuānyuè 동 통과하다, 지나가다, 넘다

동 통과하다, 지나가다, 넘다
飞机穿越云层 비행기가 구름층을 통과하다

云层 yúncéng 명 운층, 구름층

5급 传播 chuánbō 동 전파하다, 널리 전하다

동 전파하다, 널리 전하다
传播文明新风 새로운 문화를 전파하다

5급 文明 wénmíng 명 문명, 문화

6급 传达 chuándá 동 전달하다, 나타내다, 표현하다

동 전달하다, 나타내다, 표현하다
传达中央政府文件 중앙 정부의 문서를 전달하다
异国来信传达了海外赤子对祖国的眷恋之情
타국에서 온 편지는 해외 동포의 조국에 대한 그리움을 전했다

异国 yìguó 명 이국, 외국
赤子 chìzǐ 명 동포, 교포
眷恋 juànliàn 동 그리워하다

6급 传单 chuándān 명 광고 전단, 전단지

명 광고 전단, 전단지
在街上发传单 길에서 전단지를 나눠 주다

街上 jiēshang 명 거리, 길거리

传递 chuándì 동 전달하다, 넘겨 주다

동 전달하다, 넘겨 주다
传递信息 정보를 전달하다
传递奥运会圣火 올림픽 성화를 전달하다

奥运会 Àoyùnhuì 명 올림픽
圣火 shènghuǒ 명 성화

5급 传染 chuánrǎn 동 전염하다, 감염되다, 물들다

동 전염하다, 감염되다, 물들다
防止疫病的传染 역병의 전염을 막다
传染了坏习气 나쁜 버릇에 물들다

6급 防止 fángzhǐ 동 방지하다
疫病 yìbìng 명 역병, 유행성 전염병
习气 xíqì 명 나쁜 습성, 버릇

C

6급 传授 chuánshòu 图 전수하다, 가르치다

图 전수하다, 가르치다
传授知识　지식을 전수하다
这点儿本事是父亲**传授**给我的
이 능력은 아버지가 나에게 가르쳐 준 것이다

6급 本事 běnshi 图 솜씨, 능력

5급 传说 chuánshuō 图 전설

图 전설
这里流传着一个动人的**传说**
이곳에는 감동적인 전설이 전해진다

5급 流传 liúchuán 图 유전되다, 전해 내려오다

5급 传统 chuántǒng 图 전통 图 전통의, 보수적인

图 전통
继承**传统**　전통을 계승하다
图 전통의, 보수적인
传统艺术　전통 예술 | **传统**社会　전통 사회

6급 继承 jìchéng 图 계승하다, 이어받다

4급 传真 chuánzhēn 图 팩시밀리, 팩스

图 팩시밀리, 팩스
我给你发个**传真**
내가 너에게 팩스를 한 통 보낼게

3급 发 fā 图 보내다, 전송하다

3급 船 chuán 图 배, 선박

图 배, 선박
一只渔**船**　어선 한 척 | 乘**船**　배를 타다, 승선하다

渔船 yúchuán 图 어선, 고기잡이배

6급 船舶 chuánbó 图 선박, 배

图 선박, 배
300多艘**船舶**已到港避风
300여 척의 선박이 이미 풍랑을 피해 정박했다

6급 艘 sōu 图 척 (선박을 세는 단위)
港 gǎng 图 항구, 항만, 공항

6급 喘气 chuǎn//qì 图 숨을 헐떡이다, 숨을 돌리다

图 숨을 헐떡이다, 숨을 돌리다
再急，也得让人**喘**口气呀!
아무리 바빠도 숨 돌릴 틈은 줘야지!

急 jí 图 긴박하다, 긴급하다, 절실하다
3급 口 kǒu 图 입, 모금, 마디

6급 串 chuàn 图 꿰다, 연결하다 图 꿰미, 꼬치 图 꿰미, 두름, 꼬치

图 꿰다, 연결하다
把这些生活片**断串**成一个故事
이 생활의 단편들을 하나의 이야기로 연결하다

6급 片断 piànduàn 图 단편, 단면, 부분

명 꿰미, 꼬치
珠宝**串**儿 보석 꿰미 | 羊肉**串**儿 양고기 꼬치
양 꿰미, 두름, 꼬치 (하나로 연결된 물건을 세는 단위)
一**串**项链 목걸이 하나 | 两**串**糖葫芦 탕후루 두 꼬치

珠宝 zhūbǎo 명 보석
5급 项链 xiàngliàn 명 목걸이
糖葫芦 tánghúlu 명 탕후루

C

4급 **窗户** chuānghu 명 창, 창문

명 창, 창문
打开**窗户** 창문을 열다
关上**窗户** 창문을 닫다

打开 dǎkāi 통 열다

5급 **窗帘** chuānglián 명 창문 커튼

명 창문 커튼
拉开**窗帘** 커튼을 걷다
请把**窗帘**拉上 커튼을 쳐 주세요

6급 **床单** chuángdān 명 침대 시트

명 침대 시트
服务员每天都会换新**床单**
종업원이 매일 새로운 침대 시트로 교체한다

2급 服务员 fúwùyuán 명 종업원, 승무원
3급 换 huàn 통 교환하다, 바꾸다

5급 **闯** chuǎng 통 돌진하다 통 일으키다

통 돌진하다
拼命往外**闯** 필사적으로 밖을 향해 돌진하다
통 (문제를) 일으키다
这样做非**闯**乱子不可
이렇게 하면 분란을 일으킬 것이 분명하다

6급 拼命 pīnmìng 통 필사적으로 하다
乱子 luànzi 명 사고, 소란, 분쟁

6급 **创立** chuànglì 통 창립하다, 세우다

통 창립하다, 세우다
爱因斯坦**创立**了相对论
아인슈타인은 상대성 이론을 세웠다
他们一起**创立**了一家新公司
그들은 함께 새로운 회사를 창립했다

爱因斯坦 Àiyīnsītǎn 명 아인슈타인, 미국 이론 물리학자
相对论 xiāngduìlùn 명 상대성 이론

6급 **创新** chuàngxīn 통 혁신하다 명 독창성, 창의성

통 혁신하다
不断**创新** 부단히 혁신하다
改革**创新** 개혁하고 혁신하다
명 독창성, 창의성
这个新车站在建筑风格上很有**创新**
이 새 역사(驛舍)는 건축 양식에 있어 독창성을 갖추고 있다

5급 不断 bùduàn 부 부단히, 끊임없이
5급 改革 gǎigé 통 개혁하다
5급 风格 fēnggé 명 풍격, 양식

6급 创业 chuàngyè 图 창업하다

图 창업하다
初次创业如何找到启动资金?
처음 창업할 때 어떻게 초기 자금을 찾아야 하는가?

5급 | 如何 rúhé 때 어찌, 어떻게
启动 qǐdòng 图 개척하다, 개시하다

5급 创造 chuàngzào 图 창조하다, 만들다 图 창조물, 새로운 성과

图 창조하다, 만들다
我们为用户创造价值和科技
우리는 사용자를 위해 가치와 기술을 만듭니다
创造新理论 새로운 이론을 창조하다
图 창조물, 새로운 성과
陶器是中国古代劳动人民的创造
도기는 중국 고대 노동자들의 창조물이다

6급 | 用户 yònghù 图 사용자
5급 | 价值 jiàzhí 图 가치
科技 kējì 图 과학 기술

6급 创作 chuàngzuò 图 창작하다, 만들다 图 창작, 작품

图 창작하다, 만들다 (주로 예술 작품을 가리킴)
这座雕塑是他创作的 이 조각상은 그가 만든 것이다
图 창작, 작품
这是他的新创作 이것은 그의 새 작품이다

6급 | 雕塑 diāosù 图 조각 예술품

5급 吹 chuī 图 바람이 불다 图 불다 图 허풍 떨다, 큰소리치다

图 바람이 불다
春风吹进田间地头 봄바람이 논밭으로 불어오다
图 (입으로) 불다
把蜡烛吹灭 촛불을 불어 끄다 | 吹喇叭 나팔을 불다
图 허풍 떨다, 큰소리치다
他吹自己能干 그는 자신이 유능하다고 허풍을 떨었다

6급 | 蜡烛 làzhú 图 초, 양초
6급 | 喇叭 lǎba 图 나팔
5급 | 能干 nénggàn 图 유능하다

6급 吹牛 chuī∥niú 图 허풍을 떨다, 큰소리치다

图 허풍을 떨다, 큰소리치다
少吹牛，多干事儿 허풍 그만 떨고 일이나 열심히 해

4급 | 干 gàn 图 (일을) 하다

6급 吹捧 chuīpěng 图 치켜세우다

图 치켜세우다
他经常在别人面前吹捧自己
그는 자주 다른 사람 앞에서 자신을 치켜세운다

面前 miànqián 图 면전, 앞

6급 炊烟 chuīyān 图 밥 짓는 연기

图 밥 짓는 연기
家家户户的屋顶都升起一股炊烟
집집마다 지붕에서 밥 짓는 연기가 피어올랐다

家家户户 jiājiā-hùhù 图 가가호호,
집집마다
屋顶 wūdǐng 图 옥상, 지붕

C

6급 | 垂直 chuízhí 통 수직을 이루다, 직각이다

통 수직을 이루다, 직각이다
  垂直下降 수직으로 하강하다

下降 xiàjiàng 통 하강하다

6급 | 锤 chuí 명 망치, 해머 통 두드리다, 단련하다

명 망치, 해머
  他用锤子砸碎了玻璃瓶 그는 망치로 유리병을 박살 냈다
통 두드리다, 단련하다
  运动员必须经历大赛反复锤炼
  운동선수는 반드시 큰 경기를 거치며 반복해서 단련해야 한다

锤子 chuízi 명 망치
砸碎 zásuì 통 부수다, 산산조각 내다
5급 | 反复 fǎnfù 부 거듭, 반복하여
锤炼 chuíliàn 통 단련하다, 다듬다

3급 | 春 chūn 명 봄 명 활기, 애정

명 봄
  开春就该备耕 봄이 오면 경작을 준비해야 한다
명 활기, 애정
  回春 회춘하다, 건강을 되찾다
  春情 춘정, 남녀 간의 애정

开春 kāichūn 통 봄이 오다
备耕 bèigēng 통 경작을 준비하다

6급 | 纯粹 chúncuì 형 순수하다, 깨끗하다 부 순전히, 완전히, 모두

형 순수하다, 깨끗하다
  纯粹的丝织品 순수 견직물
  他们的感情是十分纯粹的
  그들의 애정은 매우 순수하다
부 순전히, 완전히, 모두
  买那些东西，纯粹是浪费钱
  그런 물건을 사는 것은 완전히 돈을 낭비하는 것이다

4급 | 感情 gǎnqíng 명 감정, 애정
4급 | 浪费 làngfèi 통 낭비하다

6급 | 纯洁 chúnjié 형 순결하다, 깨끗하다, 순수하다

형 순결하다, 깨끗하다, 순수하다
  很多人渴望拥有纯洁的爱情
  많은 사람들이 순수한 사랑을 얻기를 간절히 바란다

6급 | 渴望 kěwàng 통 갈망하다, 간절히 바라다
6급 | 拥有 yōngyǒu 통 영유하다, 가지다

3급 | 词典 cídiǎn 명 사전

명 사전
  使用英汉词典查单词 영중 사전을 사용해서 단어를 찾다

查 chá 통 (도서, 자료를) 찾아보다
单词 dāncí 명 단어

5급 | 词汇 cíhuì 명 어휘

명 어휘
  这本书收录了许多常用词汇
  이 책에는 많은 상용 어휘를 수록했다

收录 shōulù 통 수록하다
常用 chángyòng 형 상용의, 늘 사용하는

4급 词语 cíyǔ 명 단어, 어휘

명 단어, 어휘
他要选择恰当词语来表达概念
그는 적당한 어휘를 선택해서 개념을 표현하려고 한다

6급 恰当 qiàdàng 형 알맞다, 적당하다
5급 表达 biǎodá 동 표시하다, 나타내다
5급 概念 gàiniàn 명 개념

5급 辞职 cí//zhí 동 사직하다

동 사직하다
她不想在公司干下去了，决定辞职
그녀는 회사에서 더 이상 일하고 싶지 않아 사직하기로 결심했다

3급 决定 juédìng 동 결정하다

6급 慈善 císhàn 형 자선의, 자비로운

형 자선의, 자비로운
社会各界广泛参与慈善募捐活动
사회 각계에서 광범위하게 자선 모금 활동에 참여했다

5급 参与 cānyù 동 참여하다, 참가하다
募捐 mùjuān 동 모금하다

6급 慈祥 cíxiáng 형 자상하다, 선하고 다정하다

형 (태도, 표정 등이) 자상하다/선하고 다정하다
老人家慈祥的面容令人难以忘怀
어르신의 자상하신 얼굴은 잊기가 어렵다

面容 miànróng 명 용모, 얼굴
忘怀 wànghuái 동 잊다

6급 磁带 cídài 명 자기 테이프, 테이프

명 자기 테이프, 테이프
用空白磁带把自己喜欢的歌曲都录在一起
공테이프에 자기가 좋아하는 노래를 모두 함께 녹음하다

6급 空白 kòngbái 명 공백, 여백
录 lù 동 녹음하다, 녹화하다

6급 雌雄 cíxióng 명 자웅, 암수, 승패

명 자웅, 암수, 승패
人类属于雌雄异体动物 인류는 자웅이체 동물에 속한다
决一雌雄 자웅을 가리다, 승패를 가리다

5급 属于 shǔyú 동 속하다

5급 此外 cǐwài 연 이외에, 이 밖에

연 이외에, 이 밖에
他会说英语，此外也懂点儿俄语
그는 영어를 할 수 있고 이외에도 러시아어를 조금 안다
此外还有要交代的吗? 이 밖에 더 당부할 것이 있습니까?

6급 交代 jiāodài 동 인계하다, 당부하다, 설명하다

2급 次 cì 명 순서 양 차례, 회, 번

명 순서
依次入场 순서대로 입장하다
名次靠前 석차가 앞쪽에 가깝다

6급 名次 míngcì 명 석차, 서열, 순위
5급 靠 kào 동 접근하다

양 차례, 회, 번
初次见面 처음 만나다 | 去过三次 세 번 가 봤다
我第一次来中国旅游 나는 처음으로 중국에 여행을 왔다

역순 어휘
层次 céngcì　档次 dàngcì　屡次 lǚcì
名次 míngcì　其次 qícì

C

6급 **次品** cìpǐn　명 불량품, 질이 낮은 물건

명 불량품, 질이 낮은 물건
通过产品检验防止次品流入市场
상품 검수를 통해 불량품이 시장에 유입되는 것을 방지하다

6급 检验 jiǎnyàn　동 검사하다, 검증하다

6급 **次序** cìxù　명 순서, 차례

명 순서, 차례
按生产的先后次序排列 생산된 선후 순서에 따라 배열하다
区分问题的优先次序 문제의 우선 순위를 구분하다

4급 排列 páiliè　동 배열하다
6급 区分 qūfēn　동 구분하다
6급 优先 yōuxiān　동 우선하다

5급 **次要** cìyào　형 부차적인, 덜 중요한

형 부차적인, 덜 중요한 반의어 主要 zhǔyào [3급]
把学生的心理问题放在次要位置
학생의 심리 문제를 부차적인 위치에 두다

5급 位置 wèizhì　명 위치

6급 **伺候** cìhou　동 모시다, 돌보다

동 모시다, 돌보다
病人需要有人贴身伺候
환자는 누가 곁에서 돌봐 주어야 한다

病人 bìngrén　명 병자, 환자
贴身 tiēshēn　형 가까운, 붙어 다니는

6급 **刺** cì　동 찌르다　동 자극하다　명 가시, 바늘, 돌기

동 찌르다
不小心被刀刺伤 실수로 칼에 찔려 상처를 입다
동 자극하다
刺鼻的臭味儿 코를 찌르는 악취
명 가시, 바늘, 돌기
手上扎了一根刺 손에 가시가 박혔다
不小心吞了一根鱼刺 실수로 생선 가시 하나를 삼켰다

6급 扎 zhā　동 찌르다, 파고들다
5급 根 gēn　양 개 (길쭉한 물건을 세는 단위)
　　吞 tūn　동 통째로 삼키다

역순 어휘
讽刺 fěngcì

5급 **刺激** cìjī　동 자극하다　명 자극, 충격

동 자극하다
咖啡因会刺激中枢神经系统
카페인은 중추 신경계를 자극할 수 있다
刺激国内需求 내수를 진작시키다
명 자극, 충격
失恋对他是一个很大的刺激
실연은 그에게 커다란 충격이었다

中枢神经 zhōngshū shénjīng
中枢神经 중추 신경
6급 需求 xūqiú　명 수요, 요구, 필요
　　失恋 shīliàn　동 실연하다

5급 匆忙 cōngmáng 혱 허둥지둥하다

혱 허둥지둥하다

匆忙地走回自己的座位
허둥지둥 자기 자리로 돌아가다

4급 座位 zuòwèi 몡 좌석, 자리

3급 聪明 cōngming 혱 총명하다, 영리하다

혱 총명하다, 영리하다

他天性聪明，一学就会
그는 천성이 영리해서 한번 배우면 바로 할 줄 안다

天性 tiānxìng 몡 천성

2급 从 cóng 괘 …에서, …부터 몜 지금까지, 여태

괘 …에서, …부터 (시간, 장소, 범위, 경로, 근거 등을 이끌어냄)

我决定从今天开始每天跑步三公里
나는 오늘부터 매일 3km를 달리기로 했다

这趟航班从北京出发到上海
이 항공편은 베이징에서 출발하여 상하이로 간다

从种种迹象来看，这一定不是巧合
여러 조짐으로 볼 때 이건 절대 우연이 아니다

몜 지금까지, 여태 (부정사 앞에 쓰임)

我从没见过这样的事
나는 지금까지 이런 일은 본 적이 없다

2급 开始 kāishǐ 몽 시작하다
2급 跑步 pǎobù 몽 달리기하다, 달리다, 뛰다
4급 公里 gōnglǐ 얜 킬로미터
6급 迹象 jìxiàng 몡 증거, 암시
　　巧合 qiǎohé 혱 우연하다, 공교롭다

역순 어휘
服从 fúcóng　自从 zìcóng

5급 从此 cóngcǐ 몜 이때부터, 이제부터, 그 뒤로, 여기부터

몜 이때부터, 이제부터, 그 뒤로, 여기부터

这条铁路全线通车，从此交通更方便了
이 철도가 전면 개통되고, 이때부터 교통이 더욱 편리해졌다

王子和公主从此以后过着幸福的生活
왕자와 공주는 그 후로 행복하게 살았습니다

铁路 tiělù 몡 철도, 철로
通车 tōngchē 몽 개통되다
5급 王子 wángzǐ 몡 왕자
5급 公主 gōngzhǔ 몡 공주

5급 从而 cóng'ér 옌 그러므로, 이로써, 따라서

옌 그러므로, 이로써, 따라서

经过调查研究，从而找到了解决问题的方法
조사 연구를 거쳐 문제 해결 방법을 찾았다

3급 经过 jīngguò 몽 거치다, 통하다

4급 从来 cónglái 몜 여태, 지금까지

몜 여태, 지금까지 (주로 부정문에 쓰임)

从来没跟人吵过架
지금까지 남과 다툰 적이 없다

5급 吵架 chǎojià 몽 다투다, 말다툼하다

5급 从前 cóngqián 명 이전, 예전, 종전

명 **이전, 예전, 종전**
别总想**从前**的事 이전의 일을 줄곧 생각하지 마라
身体已不如**从前** 몸이 이미 예전만 못하다

5급 不如 bùrú 동 …에 비할 수 없다, …만 못하다

6급 从容 cóngróng 형 태연하다, 침착하다, 느긋하다 형 여유롭다

형 **태연하다, 침착하다, 느긋하다**
从容应对小组面试 소그룹 면접에 침착하게 대응하다
神情显得比较**从容** 표정이 비교적 느긋해 보이다
형 **(시간 등이) 여유롭다**
从容地陪伴孩子 여유롭게 아이와 함께 하다

应对 yìngduì 동 응대하다, 대처하다
面试 miànshì 명 면접시험
神情 shénqíng 명 표정, 안색, 기색
5급 显得 xiǎnde 동 드러나다, 보이다
陪伴 péibàn 동 동반하다, 함께 하다

从容不迫 cóngróng-bùpò 성 매우 침착하다, 당황하거나 서두르지 않다

성 **매우 침착하다, 당황하거나 서두르지 않다**
他**从容不迫**地站起来，走出门去
그는 침착하게 일어나서 문밖으로 걸어 나갔다

5급 从事 cóngshì 동 종사하다, 참여하다

동 **종사하다, 참여하다**
她**从事**教学数十年 그녀는 수십 년 동안 교육에 종사했다
300余名人员专门**从事**救护工作
300여 명의 인원이 특별히 구호 업무에 참여한다

4급 专门 zhuānmén 부 특별히, 일부러
救护 jiùhù 동 구호하다, 구조하다

6급 从 cóng 동 모이다, 군집하다 명 수풀, 덤불 명 무리, 모음

동 **모이다, 군집하다**
杂草**丛**生 잡초가 군집하여 자라다
명 **수풀, 덤불**
灌木**丛** 관목 수풀
명 **무리, 모음**
从人**丛**中认出了他 군중 속에서 그를 알아보았다

杂草 zácǎo 명 잡초
灌木 guànmù 명 관목

6급 凑合 còuhe 동 모이다, 모으다 동 아쉬운 대로 …하다, 그럭저럭 …하다 형 그런대로 괜찮다

동 **모이다, 모으다**
咱们几个人**凑合**一个球队上场吧
우리 몇몇이 팀으로 모여서 경기에 나가자
동 **아쉬운 대로 …하다, 그럭저럭 …하다**
钢笔不大好，**凑合**着用吧
펜이 별로 좋지 않지만 아쉬운 대로 그냥 쓰자
형 **그런대로 괜찮다**
这套家具不是真红木的，不过质量还**凑合**
이 가구는 진짜 마호가니는 아니지만 품질은 그런대로 괜찮다

球队 qiúduì 명 구기 팀
钢笔 gāngbǐ 명 펜, 만년필
5급 套 tào 양 세트(set), 가지
红木 hóngmù 명 마호가니

5급 粗糙 cūcāo 혭 거칠다, 엉성하다, 조잡하다

혭 거칠다, 엉성하다, 조잡하다
双手很粗糙 두 손이 거칠다
这部电视剧拍得太粗糙
이 드라마는 너무 엉성하게 만들었다
设计过于粗糙 설계가 지나치게 조잡하다

电视剧 diànshìjù 혭 텔레비전 드라마
5급 设计 shèjì 혭 설계, 디자인
6급 过于 guòyú 혭 너무, 지나치게

6급 粗鲁 cūlǔ 혭 거칠고 경솔하다, 우락부락하다

혭 거칠고 경솔하다, 우락부락하다
他这人太粗鲁，做事总是火性十足
그 사람은 너무 거칠고 경솔해서 일을 할 때 늘 발끈한다

火性 huǒxìng 혭 불같은 성격, 조급한 성미
6급 十足 shízú 혭 넉넉하다, 충분하다

4급 粗心 cūxīn 혭 부주의하다, 덜렁대다, 꼼꼼하지 않다, 야무지지 않다

혭 부주의하다, 덜렁대다, 꼼꼼하지 않다, 야무지지 않다
他太粗心，把信上的地址写错了
그는 너무 덜렁대서 편지의 주소를 잘못 썼다

4급 地址 dìzhǐ 혭 주소

5급 促进 cùjìn 혭 촉진하다, 추진하다

혭 촉진하다, 추진하다
促进粮食生产 식량 생산을 촉진하다

5급 粮食 liángshi 혭 양식, 식량

5급 促使 cùshǐ 혭 재촉하다, …하게 하다

혭 (행동, 변화를) 재촉하다/…하게 하다
促使社会进步 사회를 진보하게 하다
现实促使他改变观念
현실은 그가 생각을 바꾸도록 재촉한다

5급 进步 jìnbù 혭 진보하다, 발전하다
5급 现实 xiànshí 혭 현실
4급 改变 gǎibiàn 혭 바꾸다, 변경하다, 고치다

5급 醋 cù 혭 식초 혭 질투

혭 식초
加一点醋会更香 식초를 조금 넣으면 더 맛있다
혭 질투
你为什么吃他的醋? 너는 왜 그를 질투하니?

4급 香 xiāng 혭 맛있다
吃醋 chīcù 혭 질투하다

6급 窜 cuàn 혭 도망치다, 내빼다, 날뛰다 혭 고치다, 수정하다

혭 도망치다, 내빼다, 날뛰다
小巷里突然窜出一只狗
골목에서 갑자기 개 한 마리가 뛰어나왔다
혭 (글, 문장을) 고치다/수정하다
他恶意窜改公司合同
그는 악의적으로 회사의 계약서를 고쳤다

小巷 xiǎoxiàng 혭 골목
恶意 èyì 혭 악의
5급 合同 hétong 혭 계약, 약정

5급 催 cuī 图 재촉하다, 촉진하다

图 재촉하다, 촉진하다
催他早点儿起床
일찍 일어나라고 그를 재촉하다

2급 起床 qǐchuáng 图 기상하다, 일어나다

C

6급 摧残 cuīcán 图 손상을 주다, 피해를 입히다, 해치다

图 손상을 주다, 피해를 입히다, 해치다
果树遭受了冰雹的**摧残**
과일나무가 우박의 피해를 입었다
工业废气会**摧残**你的健康
공업 배기가스는 당신의 건강을 해칠 수 있다

6급 遭受 zāoshòu 图 …을 당하다, …을 입다
6급 冰雹 bīngbáo 图 우박
废气 fèiqì 图 폐기, 배기가스

6급 脆弱 cuìruò 图 허약하다 图 여리다, 나약하다

图 (신체가) 허약하다
脆弱的体质 허약한 체질
图 여리다, 나약하다 반의어 坚强 jiānqiáng [5급]
性格**脆弱** 성격이 여리다
孩子的皮肤非常**脆弱** 아이의 피부는 매우 연약하다

体质 tǐzhì 图 체질, 체력
4급 性格 xìnggé 图 성격

4급 存 cún 图 존재하다, 살다 图 저금하다, 저축하다 图 맡기다, 보관하다

图 존재하다, 살다
共**存**共荣 공존공영하다
图 저금하다, 저축하다
到银行**存**钱 은행에 돈을 저금하다
巨额**存**款 거액의 예금
图 맡기다, 보관하다
把行李**存**在车站 짐을 터미널에 맡기다

3급 银行 yínháng 图 은행
巨额 jù'é 图 거액의
行李 xíngli 图 (여행) 짐

역순 어휘
保**存** bǎocún   储**存** chǔcún
生**存** shēngcún

5급 存在 cúnzài 图 존재하다, 있다 图 존재

图 존재하다, 있다
他认为公司目前**存在**不少问题
그는 회사에 현재 적지 않은 문제가 있다고 생각한다
图 존재
谁也没注意到他的**存在**
아무도 그의 존재에 관심을 기울이지 않았다

5급 目前 mùqián 图 목전, 눈앞, 현재
2급 问题 wèntí 图 문제
3급 注意 zhùyì 图 주의하다, 관심을 기울이다

6급 搓 cuō 图 비비다, 문지르다, 만지작거리다

图 비비다, 문지르다, 만지작거리다
急得他直**搓**手 그는 초조해서 계속 손을 비빈다
衣服太脏，要使劲儿**搓**
옷이 너무 더러우니 힘껏 문질러야 한다

4급 脏 zāng 图 더럽다, 지저분하다
5급 使劲儿 shǐjìnr 图 힘을 쓰다, 힘껏 하다

6급 磋商 cuōshāng 图 상의하다, 협상하다

图 상의하다, 협상하다
经磋商，双方终于达成了共识
협상을 거쳐 양측은 마침내 의견 일치에 도달했다

6급 达成 dáchéng 图 달성하다, 이루다
共识 gòngshí 图 공통 인식, 의견 일치

6급 挫折 cuòzhé 图 좌절, 실패

图 좌절, 실패
我在创作过程中，遇到了很多挫折
나는 창작 과정에서 많은 좌절을 겪었다

6급 创作 chuàngzuò 图 창작, 작품
4급 过程 guòchéng 图 과정

5급 措施 cuòshī 图 조치, 대책

图 조치, 대책
这里实行最严格的安全措施
이곳에서는 가장 엄격한 안전 조치를 실시한다

6급 实行 shíxíng 图 실행하다

2급 错 cuò 图 틀리다 图 과실, 잘못 图 나쁘다, 서투르다

图 틀리다
字写错了 글자를 틀리게 썼다
图 과실, 잘못
让孩子知错改错 아이가 잘못을 알고 고치게 하다
我说的没错 내 말이 틀림없다
图 나쁘다, 서투르다 (부정 형식으로만 쓰임)
他的字写得很不错 그는 글씨를 매우 잘 쓴다

不错 bùcuò 图 좋다, 괜찮다

4급 错误 cuòwù 图 잘못되다, 틀리다 图 잘못, 실수, 착오

图 잘못되다, 틀리다
要努力避免以下的错误倾向
아래의 잘못된 경향을 피하기 위해 노력해야 한다
图 잘못, 실수, 착오
立即纠正错误 즉시 잘못을 바로잡다

5급 避免 bìmiǎn 图 피하다, 모면하다, 방지하다
6급 倾向 qīngxiàng 图 경향, 추세
5급 立即 lìjí 图 즉각, 즉시, 바로
6급 纠正 jiūzhèng 图 교정하다, 바로잡다

6급 搭 dā 통 널다, 걸치다, 걸다 통 짓다, 설치하다, 가설하다 통 타다, 탑승하다

통 널다, 걸치다, 걸다
绳子上搭满了毛巾 줄 위에 타월이 빼곡하게 널려 있다
把手搭在同伴的肩膀上 손을 동료의 어깨에 걸치다

통 짓다, 설치하다, 가설하다
搭戏台 연극 무대를 설치하다
这部小说刚搭架子，离出版还远呢
이 소설은 막 윤곽이 잡혀서 출판까지는 아직 멀었어

통 타다, 탑승하다
从饭店到机场搭出租车要多长时间?
호텔에서 공항까지 택시를 타면 얼마나 걸립니까?

5급 绳子 shéngzi 명 줄, 밧줄
同伴 tóngbàn 명 동료, 친구, 동반자
5급 肩膀 jiānbǎng 명 어깨
架子 jiàzi 명 뼈대, 틀, 구상

D

6급 搭档 dādàng 통 협력하다, 함께 어울리다 명 동료, 짝, 파트너

통 협력하다, 함께 어울리다
我们俩已经搭档多年了
우리 둘은 이미 여러 해 동안 협력했다

명 동료, 짝, 파트너
两位演员是老搭档，两人同台配合默契
두 배우는 오랜 파트너라 둘이 같이 무대에 서면 손발이 잘 맞는다

5급 配合 pèihé 통 협력하다, 합동하다
默契 mòqì 형 말없이 마음이 맞다,
묵묵히 통하다

6급 搭配 dāpèi 통 조합하다, 배합하다, 매치하다 형 어울리다, 걸맞다

통 (기준, 요구에 따라) 조합하다/배합하다/매치하다
把下列搭配不当的词语改正过来
아래에 열거한 잘못 조합된 단어를 바로잡으시오
营养搭配的食谱 영양을 고루 배합한 식단

형 어울리다, 걸맞다
她穿的上衣跟裙子的颜色很不搭配
그녀가 입은 상의는 스커트 색상과 너무 안 어울린다

下列 xiàliè 명 아래 열거한
不当 bùdàng 형 부당하다, 부적합하다
5급 营养 yíngyǎng 명 영양, 영양분
食谱 shípǔ 명 식단

5급 答应 dāying 통 대답하다 통 허락하다, 동의하다

통 대답하다
叫门没人答应 문을 두드려도 아무도 대답하지 않는다

통 허락하다, 동의하다
怎么恳求他，他都不答应
그에게 아무리 애원해도 그는 허락하지 않았다
在大家的劝说下，她才勉强答应
여러 사람들의 권유로 그녀는 마지못해 동의했다

恳求 kěnqiú 통 간청하다, 애원하다
劝说 quànshuō 통 권유하다, 설득하다
6급 勉强 miǎnqiǎng 형 마지못하다,
가까스로 견디다

6급 达成 dáchéng 통 달성하다, 이루다

통 (담판, 협상, 토론 등을 통해) 달성하다/이루다
经过谈判，双方达成协议
담판을 거쳐 쌍방이 협의에 이르다

5급 谈判 tánpàn 명 협상, 담판, 교섭
6급 协议 xiéyì 명 협의, 합의

5급 达到 dá//dào 동 실현하다, 도달하다

동 (목적을) 실현하다, (수준에) 도달하다
只要努力学习，你就可以达到目标
열심히 공부한다면 너는 목표를 실현할 수 있을 것이다
经过多次的交流，最终双方才达到共识
여러 차례 교류를 거쳐 마지막에야 양측이 의견 일치에 도달했다

5급	目标 mùbiāo 명 목표
	最终 zuìzhōng 명 최종, 마지막
	共识 gòngshí 명 공통 인식, 의견 일치

4급 答案 dá'àn 명 답안, 해답

명 답안, 해답
我们终于找到正确答案了
우리는 드디어 정확한 해답을 찾았다

4급	正确 zhèngquè 형 정확하다, 올바르다, 틀림없다

6급 答辩 dábiàn 동 답변하다, 해명하다

동 답변하다, 해명하다
通过论文答辩和口试，获得哲学博士学位
논문 답변 심사와 구술시험을 통과하여 철학 박사 학위를 취득하다

	口试 kǒushì 명 구술시험, 구두시험
6급	学位 xuéwèi 명 학위

6급 答复 dáfù 동 응답하다, 답변하다 명 대답, 응답

동 응답하다, 답변하다
对顾客的来信要及时答复
고객이 보내온 편지에 즉각 답변해야 한다

명 대답, 응답
通过律师电话咨询，得到了满意的答复
변호사 전화 자문을 통해 만족스러운 대답을 얻었다

	来信 láixìn 명 (보내온) 편지
5급	咨询 zīxún 동 자문하다, 상의하다, 상담하다
3급	满意 mǎnyì 형 만족하다, 만족스럽다

4급 打扮 dǎban 동 치장하다, 꾸미다, 변장하다 명 차림새

동 치장하다, 꾸미다, 변장하다
她每天把自己打扮得漂漂亮亮的
그녀는 매일 자신을 예쁘게 꾸민다
侦查员打扮成游客模样潜入机场
수사관이 관광객의 모습으로 변장하고 공항에 잠입하다

명 차림새
她的打扮非常时髦 그녀의 차림새는 매우 패셔너블하다

	侦查员 zhēncháyuán 명 수사관, 조사관
	潜入 qiánrù 동 잠입하다, 숨어들다
5급	时髦 shímáo 형 유행이다, 참신하다, 최신식이다

6급 打包 dǎ//bāo 동 포장하다 명 싸가다, 포장해 가다

동 (물건을) 포장하다
店员正忙着打包商品
점원이 상품을 포장하느라 바쁘다

동 (식당에서 남은 음식을) 싸가다/포장해 가다
吃不完的饭菜打包带走
다 먹지 못한 음식은 포장해서 가다

	店员 diànyuán 명 점원
	带走 dàizǒu 동 가지고 가다, 데리고 가다

D

1급 打电话 dǎ diànhuà 전화를 걸다

전화를 걸다
给妈妈打个电话 엄마에게 전화를 걸다
他就打电话报警求助
그는 전화를 걸어 신고하고 도움을 청했다

6급 报警 bàojǐng 통 신고하다, 긴급 상황을 알리다
求助 qiúzhù 통 도움을 청하다

5급 打工 dǎ//gōng 통 임시직으로 일하다, 아르바이트하다

통 **임시직으로 일하다, 아르바이트하다**
离开老家外出打工
고향을 떠나 타지로 나가서 아르바이트를 하다

老家 lǎojiā 명 고향, 고향 집

6급 打官司 dǎ guānsi 소송하다, 소송을 걸다

소송하다, 소송을 걸다
请律师帮我打官司
변호사에게 내가 소송하는 것을 도와 달라고 하다
两家公司已经打了3年官司
두 회사는 벌써 3년째 소송 중이다

4급 律师 lǜshī 명 변호사

6급 打击 dǎjī 통 치다, 두드리다, 부딪히다 통 타격을 주다, 공격하다, 단속하다

통 **치다, 두드리다, 부딪히다**
锣和鼓都是打击乐器 징과 북은 모두 타악기이다
통 **타격을 주다, 공격하다, 단속하다**
坚决打击经济违法犯罪活动
경제 위법 범죄 활동을 단호하게 단속하다
自信心受到了打击 자신감에 타격을 입었다

锣 luó 명 징
鼓 gǔ 명 북
5급 乐器 yuèqì 명 악기
违法 wéifǎ 통 위법하다

6급 打架 dǎ//jià 통 주먹질하며 싸우다, 다투다

통 **주먹질하며 싸우다, 다투다**
你不能因为小事就动手打架
사소한 일로 때리고 싸워서는 안 된다

6급 动手 dòngshǒu 통 때리다

5급 打交道 dǎ jiāodào 교류하고 연락하다, 접촉하다, 교제하다, 다루다

교류하고 연락하다, 접촉하다, 교제하다, 다루다
他是设计人员，经常跟图纸打交道
그는 설계사라 항상 도면을 다룬다
我没跟他打过交道 나는 그와 연락한 적이 없다

设计人员 shèjì rényuán 설계사, 디자이너
图纸 túzhǐ 명 설계도, 도면

2급 打篮球 dǎ lánqiú 농구를 하다

농구를 하다
我经常去体育馆打篮球
나는 종종 체육관에 가서 농구를 한다

体育馆 tǐyùguǎn 명 체육관

6급 打量 dǎliang 图 훑어보다, 관찰하다 图 짐작하다, 여기다

图 훑어보다, 관찰하다
教练对这位新队员打量了一番
코치는 이 신입 대원을 한 번 훑어보았다

图 짐작하다, 여기다
你打量我真不知道这件事吗?
너는 내가 정말 이 일을 모른다고 생각하는 거야?

5급 教练 jiàoliàn 图 코치, 트레이너
队员 duìyuán 图 대원, 팀원
6급 番 fān 图 번, 회, 차례

6급 打猎 dǎ//liè 图 사냥하다, 수렵하다

图 사냥하다, 수렵하다
有一年冬天，他带着猎狗去打猎
어느 해 겨울 그는 사냥개를 데리고 사냥을 하러 갔다

猎狗 liègǒu 图 사냥개

5급 打喷嚏 dǎ pēntì 재채기하다

재채기하다
我对花粉过敏，春天总是不停地打喷嚏
나는 꽃가루 알레르기가 있어서 봄에는 늘 쉼없이 재채기를 한다

花粉 huāfěn 图 화분, 꽃가루
5급 过敏 guòmǐn 图 알레르기 반응을 보이다

4급 打扰 dǎrǎo 图 방해하다, 어지럽히다 图 폐를 끼치다, 실례하다

图 방해하다, 어지럽히다
小王正在学习，不要去打扰他
샤오왕은 공부하고 있으니 가서 방해하지 마라

图 폐를 끼치다, 실례하다
这几天多有打扰
며칠 동안 폐를 많이 끼쳤습니다

那我过一会儿再联系吧，打扰了
그러면 제가 잠시 후에 다시 연락 드리지요, 실례했습니다

4급 联系 liánxì 图 연락하다, 연계하다

3급 打扫 dǎsǎo 图 청소하다, 깨끗이 치우다

图 청소하다, 깨끗이 치우다
他把厨房打扫得很干净
그는 주방을 깨끗이 청소했다

4급 厨房 chúfáng 图 주방, 부엌
3급 干净 gānjìng 图 깨끗하다

3급 打算 dǎsuan 图 계획하다, 고려하다 图 계획, 생각, 마음

图 계획하다, 고려하다
我打算大学毕业后和朋友做生意
나는 대학을 졸업한 후 친구와 장사를 할 생각이다

图 계획, 생각, 마음
这个周末你有什么打算?
이번 주말에 어떤 계획이 있습니까?

4급 毕业 bìyè 图 졸업하다
3급 周末 zhōumò 图 주말

5급 打听 dǎting 통 알아보다, 물어보다

통 (소식, 상황 등을) 알아보다/물어보다

你去**打听**一下，这附近有没有停车场
이 부근에 주차장이 있는지 네가 가서 알아봐라

向老师**打听**孩子的学习情况
선생님에게 아이의 학습 상황을 물어보다

停车场 tíngchēchǎng 명 주차장

D

4급 打印 dǎyìn 통 도장을 찍다, 날인하다 통 인쇄하다, 출력하다, 프린트하다

통 (dǎ//yìn) 도장을 찍다, 날인하다

须有关部门**打印**才有效
반드시 관련 부서의 날인이 있어야만 유효하다

통 인쇄하다, 출력하다, 프린트하다

我要把扫描的文件**打印**10份
나는 스캔한 문서를 10부 프린트하고 싶다

5급 部门 bùmén 명 부, 부문, 부서
有效 yǒuxiào 형 유효하다, 효력이 있다
扫描 sǎomiáo 통 스캔하다
4급 份 fèn 양 등분, 세트, 벌, 부, 통

6급 打仗 dǎ//zhàng 통 전쟁하다, 전투하다, 싸우다

통 전쟁하다, 전투하다, 싸우다

这位将军每次**打仗**几乎都不会赢
이 장군은 매번 전투를 할 때마다 거의 이기지 못했다

我们要不断**发力**，在市场上**打**胜**仗**
우리는 부단히 힘을 내서 시장에서 싸워 이겨야 한다

6급 将军 jiāngjūn 명 장군, 고위 장령
4급 赢 yíng 통 이기다, 따다
发力 fālì 통 힘을 내다, 기합을 넣다

4급 打招呼 dǎ zhāohu 인사하다

인사하다

他向我挥手**打招呼**
그가 나를 향해 손을 흔들며 인사한다

我跟他笑着**打**了个**招呼**
나는 그와 웃으며 인사를 했다

挥手 huīshǒu 통 손을 흔들다

4급 打折 dǎ//zhé 통 할인해서 판매하다, 세일하다

통 할인해서 판매하다, 세일하다

商场举办一些**打折**活动来吸引顾客
상가에서 여러 할인 행사를 열어 고객을 유치하다

商场 shāngchǎng 명 상가, 백화점
4급 吸引 xīyǐn 통 끌어당기다, 유인하다

4급 打针 dǎ//zhēn 통 주사하다, 주사를 맞다

통 주사하다, 주사를 맞다

去医院**打**了两**针**
병원에 가서 주사 2대를 맞았다

我一直咳嗽老不好，**打针**吃药都没用
나는 계속 기침이 낫지 않는데, 주사를 맞고 약을 먹어도 소용이 없다

1급 医院 yīyuàn 명 병원, 의원
4급 咳嗽 késou 통 기침하다
没用 méiyòng 형 효과가 없다, 소용없다

1급 大 dà 형 크다, 넓다, 많다 형 세다 부 크게, 매우, 대단히

형 (면적, 등이) 크다/넓다, (수량, 연령 등이) 많다 반의어 小 xiǎo [1급]

这间房子真**大** 이 집은 정말 크다

年纪**大**了，不能熬夜了
나이가 많아지니 밤을 새울 수가 없다

형 (역량, 정도 등이) 세다

劲头比我**大** 힘이 나보다 세다

昨天的风比今天的**大**
어제는 바람이 오늘보다 세게 불었다

부 크게, 매우, 대단히

最近她身体不**大**舒服
최근 그녀는 건강이 그다지 좋지 않다

5급 年纪 niánjì 명 연령, 나이
5급 熬夜 áoyè 동 철야하다, 밤을 새다
劲头 jìntóu 명 힘, 활력, 열정

역순 어휘

放**大** fàngdà	广**大** guǎngdà
巨**大** jùdà	扩**大** kuòdà
庞**大** pángdà	伟**大** wěidà
重**大** zhòngdà	

6급 大不了 dàbuliǎo 형 대단하다, 중대하다, 심각하다 형 크지 않다, 많지 않다 부 기껏해야, 고작

형 대단하다, 중대하다, 심각하다 (주로 부정이나 반문에 쓰임)

一点小病有什么**大不了**的?
소소한 잔병인데 심각할 게 뭐 있어?

其实离婚没什么**大不了**的
사실 이혼은 별 대단한 일이 아니다

형 (부피, 수량 등이) 크지 않다/많지 않다

那个工厂比一个足球场**大不了**多少
그 공장은 축구장 하나의 면적보다 얼마 크지 않다

부 기껏해야, 고작

今天办不成，**大不了**明天办
오늘 처리하지 못해도 고작 내일이면 처리된다

5급 离婚 líhūn 동 이혼하다
5급 工厂 gōngchǎng 명 공장
足球场 zúqiúchǎng 명 축구장

6급 大臣 dàchén 명 대신, 내각 의원, 장관

명 대신, 내각 의원, 장관

内阁**大臣** 내각 대신

会见英国外交**大臣** 영국 외교 장관을 회견하다

内阁 nèigé 명 내각
会见 huìjiàn 동 회견하다, 만나다

5급 大方 dàfang 형 인색하지 않다, 대범하다 형 시원시원하다, 거리낌 없다, 당당하다 형 고상하다, 우아하다, 세련되다

형 인색하지 않다, 대범하다

他很**大方**，不会计较这几个钱
그는 인색하지 않아서 이 돈 몇 푼을 따지지 않을 것이다

형 (언행이) 시원시원하다/거리낌 없다/당당하다

谈吐**大方** 말투가 시원시원하다

她**大大方方**地走上了领奖台
그녀는 당당하게 시상대로 올라왔다

형 (옷차림이나 스타일이) 고상하다/우아하다/세련되다

穿着朴素**大方**
옷차림이 소박하면서 고상하다

6급 计较 jìjiào 동 계산하여 비교하다, 따지다
谈吐 tántǔ 명 말투, 말하는 태도
领奖台 lǐngjiǎngtái 명 시상대
穿着 chuānzhuó 명 옷차림, 몸치장
6급 朴素 pǔsù 형 소박하다, 수수하다

4급 大概 dàgài 🤍 대략, 아마도

🤍 **대략, 아마도 (추측을 나타냄)**
这箱梨大概有三十多斤
이 배 상자는 대략 30여 근 정도 된다
我断定他大概不会来了
나는 그가 아마 오지 않을 것이라고 단정한다

6급 断定 duàndìng 🗹 단정하다, 판정하다

6급 大伙儿 dàhuǒr 📱 모두

📱 **모두**
老师一走进来，大伙儿顿时都安静下来了
선생님이 들어오시자 모두가 즉시 조용해졌다

6급 顿时 dùnshí 🤍 즉시, 곧

2급 大家 dàjiā 📱 모두

📱 **모두 (일정 범위 안의 모든 사람을 가리킴)**
大家的意见很一致 모두의 의견이 일치한다
我们大家应该保护环境 우리는 모두 환경을 보호해야 한다
我给大家讲个故事吧 내가 모두에게 이야기 하나 해 주지

5급 一致 yīzhì 🗒 일치하다, 서로 같다
3급 应该 yīnggāi 🗹 반드시 …해야 한다
4급 保护 bǎohù 🗹 보호하다

5급 大厦 dàshà 🅜 대형 고층 건물, 빌딩

🅜 **대형 고층 건물, 빌딩**
街道两旁新建的高楼大厦林立
도로 양쪽에 새로 건축된 고층 빌딩이 즐비하다
国贸大厦 국제무역 빌딩

高楼 gāolóu 🅜 높은 빌딩, 고층 건물
林立 línlì 🗹 빽빽하게 늘어서다, 즐비하다

4급 大使馆 dàshǐguǎn 🅜 대사관

🅜 **대사관**
中国驻韩国大使馆 주한 중국 대사관

驻 zhù 🗹 (기관, 단체 등이) 주재하다

6급 大肆 dàsì 🤍 함부로, 제멋대로

🤍 **함부로, 제멋대로**
大型连锁品牌大肆扩张，导致商铺租金上涨
대형 체인 브랜드가 마구 확장하여 상가 임대료 상승을 초래하다

6급 扩张 kuòzhāng 🗹 확장하다, 확대하다
商铺 shāngpù 🅜 상점
上涨 shàngzhǎng 🗹 상승하다, 오르다

6급 大体 dàtǐ 🅜 대체, 기본적인 내용이나 이치 🤍 대체로, 대략

🅜 **대체, 기본적인 내용이나 이치**
识大体，顾大局
기본적인 내용을 파악하고 전체적인 상황을 고려하다
🤍 **대체로, 대략**
他说的情况大体跟实际的情况相符
그가 말한 상황은 대체로 실제 상황과 부합한다

顾 gù 🗹 돌아보다, 돌보다, 보살피다
大局 dàjú 🅜 대국, 전반적인 정세
相符 xiāngfú 🗹 서로 일치하다, 서로 부합하다

D

5급 大象 dàxiàng 명 코끼리

명 코끼리

大象为了清除身上的寄生虫，经常潜进水里
코끼리는 몸에 있는 기생충을 없애기 위해 종종 물속에 들어간다

6급 清除 qīngchú 통 완전히 제거하다
寄生虫 jìshēngchóng 명 기생충

5급 大型 dàxíng 형 대형의, 대규모의

형 대형의, 대규모의

新厂区的大型设备正在进行安装
새로운 공장 구역의 대형 설비는 설치 중이다

举办大型演唱会 대규모 콘서트를 개최하다

5급 设备 shèbèi 명 설비
演唱会 yǎnchànghuì 명 음악회, 콘서트

6급 大意 dàyi 형 소홀하다, 조심성이 없고 부주의하다, 꼼꼼하지 않다

형 소홀하다, 조심성이 없고 부주의하다, 꼼꼼하지 않다

由于疏忽大意，出现不少错误
부주의하는 바람에 적지 않은 실수가 나왔다

6급 疏忽 shūhu 통 소홀히 대하다,
세심하게 살피지 않다

4급 大约 dàyuē 부 대략, 대강 부 아마도, 대개

부 대략, 대강 (주로 수량이나 시간을 가리킴)

这儿离海滨大约二百米
이곳은 해변으로부터 약 200미터 떨어져 있다

比赛大约安排在下月中旬
시합이 대략 다음 달 중순으로 잡혔다

부 아마도, 대개

他动身两三天了，大约已经到了吧?
그가 출발한 지 이삼일이 되었으니 아마도 이미 도착했겠지?

6급 海滨 hǎibīn 명 해변, 바닷가
5급 中旬 zhōngxún 명 중순
6급 动身 dòngshēn 통 출발하다

6급 大致 dàzhì 형 대충의, 대체적인, 대략적인 부 대략, 대체로

형 대충의, 대체적인, 대략적인

了解大致的情况 대략적인 상황을 이해하다

부 대략, 대체로

从建立工厂到投入生产大致要两三年的时间
공장 건설부터 생산 개시까지는 대략 2, 3년의 시간이 걸린다

5급 建立 jiànlì 통 건립하다, 세우다
5급 投入 tóurù 통 참가하다, 뛰어들다, 투입하다

5급 呆 dāi 형 어리둥절하다, 멍하다, 미련하다 형 경직되다, 융통성이 없다 동 머무르다, 체재하다

형 어리둥절하다, 멍하다, 미련하다

她呆呆地坐在沙发上 그녀가 소파 위에 멍하니 앉아 있다

형 경직되다, 융통성이 없다

两眼发呆 두 눈에 생기가 없다

동 머무르다, 체재하다

近来一直呆在家里过日子
근래에 계속 집에서 머무르며 지내고 있다

6급 发呆 fādāi 통 멍해지다, 넋을 잃다
6급 近来 jìnlái 명 근래, 요즘
过日子 guò rìzi 살아가다, 생활하다, 지내다

역순 어휘
发呆 fādāi

6급 歹徒 dǎitú 몡 악당

몡 악당 (주로 강도나 흉악한 일을 저지른 사람을 가리킴)
击毙了这个持枪歹徒 총을 가진 이 악당을 사살하였다

击毙 jībì 동 쳐 죽이다, 총살하다
持枪 chíqiāng 동 총기를 소지하다

4급 大夫 dàifu 몡 의사

몡 의사
介绍经验丰富的大夫 경험이 풍부한 의사를 소개하다

4급 经验 jīngyàn 몡 경험

5급 代表 dàibiǎo 몡 대표, 대표자 동 대표하다

몡 대표, 대표자
公司代表 회사 대표
他是全国青年农民的优秀代表
그는 전국 청년 농민의 우수한 대표로 꼽힌다
동 대표하다
我代表全家感谢您 제가 전 가족을 대표해 감사 드립니다
这支曲子代表了他早期的风格
이 노래는 그의 초기 작품 스타일을 대표한다

4급 优秀 yōuxiù 톙 우수하다, 매우 뛰어나다
全家 quánjiā 몡 전 가족, 온 집안, 가족 전체
6급 曲子 qǔzi 몡 노래, 가곡
5급 风格 fēnggé 몡 풍격, 품격, 기풍, 스타일

6급 代价 dàijià 몡 대가, 값

몡 대가(代價), 값
为此我付出了沉重的代价
이로 인해 나는 막대한 대가를 치뤘다

为此 wèicǐ 젭 이로 인해, 그런 이유로
付出 fùchū 동 지불하다, 지출하다
6급 沉重 chénzhòng 톙 무겁다

6급 代理 dàilǐ 동 대리하다, 대행하다

동 대리하다, 대행하다
局长职务暂时由老王代理
국장의 직무는 잠시 라오왕이 대행한다

6급 职务 zhíwù 몡 직무
4급 暂时 zànshí 몡 잠시, 임시

5급 代替 dàitì 동 대체하다, 대신하다

동 대체하다, 대신하다
代替他值班 그를 대신해서 당직을 서다
大机器生产已经代替了手工劳作
대규모 기계 생산이 이미 수공 노동을 대체했다

6급 值班 zhíbān 동 당직하다, 당번하다
劳作 láozuò 동 노동하다, 육체 노동을 하다

3급 带 dài 동 지니다, 휴대하다 동 통솔하다, 데리다, 이끌다

동 (몸에) 지니다, 휴대하다
出远门要多带些衣服 멀리 나갈 때는 옷을 더 챙겨야 한다
동 통솔하다, 데리다, 이끌다
今天王老师带着我们班去参观博物馆
오늘 왕 선생님이 우리 반을 통솔하여 박물관을 견학한다

4급 参观 cānguān 동 참관하다

역순 어휘
磁带 cídài   系领带 jì lǐngdài
温带 wēndài   携带 xiédài

D

6급 带领 dàilǐng 동 인솔하다, 이끌다 동 통솔하다, 지휘하다, 이끌다

동 인솔하다, 이끌다
带领新生办理入学手续
신입생을 이끌고 입학 수속을 밟다

동 통솔하다, 지휘하다, 이끌다
他带领球队取得了两次胜利
그는 구기 팀을 지휘하여 두 차례 승리를 거두었다

新生 xīnshēng 명 신입생
球队 qiúduì 명 구기 종목 팀
5급 胜利 shènglì 동 승리하다, 이기다

5급 贷款 dàikuǎn 동 대부하다, 대출하다 명 대부금, 대출금

동 (dài//kuǎn) 대부하다, 대출하다
向银行贷款买房 은행에서 대출 받아 집을 사다

명 대부금, 대출금
发放农户小额信用贷款 농가 소액 신용 대출금을 지급하다

发放 fāfàng 동 (정부, 단체 등이) 방출하다/
지급하다
小额 xiǎo'é 명 소액
信用 xìnyòng 명 신용의, 신용 있는

5급 待遇 dàiyù 명 대우

명 대우
职工的福利待遇优厚 종업원의 복리 대우가 후하다
受到不公正待遇 불공평한 대우를 받다

6급 福利 fúlì 명 복리, 복지
优厚 yōuhòu 형 (대우가) 후하다/좋다

6급 怠慢 dàimàn 동 냉대하다, 푸대접하다, 홀대하다

동 냉대하다, 푸대접하다, 홀대하다
不可怠慢退货的顾客
반품하는 고객을 홀대해선 안 된다
招待不周，怠慢大家了
접대가 변변치 못하고 소홀했습니다

退货 tuìhuò 동 반품하다
不周 bùzhōu 형 주도면밀하지 않다,
허술하다

6급 逮捕 dàibǔ 동 체포하다

동 체포하다
犯罪嫌疑人已被逮捕 범죄 혐의자는 이미 체포되었다

嫌疑人 xiányírén 명 혐의자

4급 戴 dài 동 착용하다, 쓰다, 매달다, 두르다

동 착용하다, 쓰다, 매달다, 두르다
戴帽子 모자를 쓰다 | 戴口罩 마스크를 착용하다
戴眼镜 안경을 쓰다
她戴着一条白色围巾 그녀는 흰 머플러를 두르고 있다

口罩 kǒuzhào 명 마스크
5급 围巾 wéijīn 명 목도리, 머플러

역순 어휘
爱戴 àidài

6급 担保 dānbǎo 동 보증하다, 전적으로 책임지다

동 보증하다, 전적으로 책임지다
放心吧，我担保不会发生意外
안심하세요, 뜻밖의 일이 일어나지 않는다고 내가 보증합니다

3급 放心 fàngxīn 동 안심하다, 마음을 놓다
5급 意外 yìwài 명 불운, 뜻밖의 일

5급 担任 dānrèn 동 맡다, 담당하다

동 (직무나 일을) 맡다/담당하다
总指挥由我担任 총지휘는 내가 맡는다
他为总理担任过警卫工作
그는 총리 경호 업무를 담당한 적이 있다

5급 指挥 zhǐhuī 동 지휘하다
警卫 jǐngwèi 동 경위하다, 경호하다

3급 担心 dān//xīn 동 걱정하다, 염려하다

동 걱정하다, 염려하다
我很担心他的安全
나는 그의 안전이 걱정된다
别担心，我们会帮你的
걱정하지 마, 우리가 도와줄게

4급 安全 ānquán 형 안전하다

5급 单纯 dānchún 형 단순하다, 간단하다, 순진하다 부 단순히, 오로지

형 단순하다, 간단하다, 순진하다
结构比较单纯 구조가 비교적 단순하다
他像一个孩子那样单纯、天真
그는 아이처럼 순진하고 천진하다
부 단순히, 오로지
不能单纯看考分，要看全面素质
단순히 시험 점수만 보면 안 되고, 전반적인 소양을 살펴야 한다

5급 天真 tiānzhēn 형 천진하다, 순박하다
6급 素质 sùzhì 명 소양, 교양, 소질

5급 单调 dāndiào 형 단조롭다

형 단조롭다
形式单调 형식이 단조롭다
厌倦单调的生活 단조로운 생활에 싫증나다

5급 形式 xíngshì 명 형식, 양식
厌倦 yànjuàn 동 싫증이 나다, 넌더리 나다

5급 单独 dāndú 부 단독으로, 혼자서, 혼자의

부 단독으로, 혼자서, 혼자의
成本单独核算 원가를 단독으로 정산하다
她说想跟我单独谈一谈
그녀는 나와 단둘이 이야기하고 싶다고 말했다

6급 成本 chéngběn 명 생산비, 생산 원가
核算 hésuàn 동 (기업이) 정산하다/산정하다

5급 单位 dānwèi 명 단위 명 기관, 단체, 부문, 부서

명 단위
提高玉米单位面积产量
옥수수의 단위 면적당 생산량을 높이다
명 기관, 단체, 부문, 부서
事业单位 공공 사업 기관
校长代表学校向捐款单位致谢词
교장이 학교를 대표하여 기부 단체에 감사의 말을 전하다

产量 chǎnliàng 명 산량, 생산량
捐款 juānkuǎn 동 돈을 기부하다
致 zhì 동 보내다, 주다
谢词 xiècí 명 감사의 말

D

5급 单元 dānyuán 명 단원 명 현관, 라인

명 단원 (전체 중 독립된 한 부분)

小学五年级数学上册课本分八个单元

초등 5학년 수학 교과서 상권은 8개 단원으로 나뉘어 있다

명 (공동 주택, 빌딩 등의) 현관/라인

他的父母住在三栋二单元七一二室

그의 부모님은 3동 2라인 712실에 산다

5급 册 cè 양 책, 권
课本 kèběn 명 교과서
6급 栋 dòng 양 동, 채

5급 耽误 dānwu 동 지체하다, 지연시키다, 놓치다

동 지체하다, 지연시키다, (시기를) 놓치다

手续太繁杂了，真耽误事

수속이 너무 번잡해서 일이 많이 지연되었다

解决农机故障，避免耽误农时

농기계 고장을 해결하여 농사철을 놓치는 것을 피하다

繁杂 fánzá 형 번잡하다
6급 故障 gùzhàng 명 고장, 문제
农时 nóngshí 명 농사철, 농기

6급 胆怯 dǎnqiè 형 겁이 많다, 소심하다, 두려워하다

형 겁이 많다, 소심하다, 두려워하다

孩子很胆小，见到陌生人就有些胆怯

아이가 겁이 많아서, 낯선 사람을 보면 두려워한다

胆小 dǎnxiǎo 형 겁이 많다, 소심하다
陌生人 mòshēngrén 명 낯선 사람

5급 胆小鬼 dǎnxiǎoguǐ 명 겁쟁이

명 겁쟁이

你可真是个胆小鬼，连这点儿困难都害怕!

너는 정말 겁쟁이구나, 이만한 어려움도 겁내다니!

4급 连 lián 개 …까지도, …마저도, …조차도
3급 害怕 hàipà 동 두려워하다, 겁내다

但是 dànshì 연 그러나, 그렇지만

연 그러나, 그렇지만

他虽然不太聪明，但是学习非常用功

그는 비록 그다지 똑똑하진 않지만 아주 열심히 공부한다

尽管价格便宜，但是质量却不是很好

비록 가격은 싸지만, 질이 그렇게 좋지 않다

虽然 suīrán 연 비록 …이나, 비록 …이지만
5급 用功 yònggōng 형 열심이다, 성실하다
4급 尽管 jǐnguǎn 연 비록 …일지라도

6급 诞辰 dànchén 명 탄신, 생신

명 탄신, 생신

纪念国父诞辰一百五十周年

국부 탄생 150주년을 기념하다

5급 纪念 jìniàn 동 기념하다
6급 周年 zhōunián 명 주년

6급 诞生 dànshēng 동 탄생하다, 출생하다

동 탄생하다, 출생하다

他诞生于1881年 그는 1881년에 태어났다

这首歌诞生于30年前，一直受到人们的喜爱
이 노래는 30년 전에 탄생하여 줄곧 사람들에게 사랑을 받고 있다

喜爱 xǐ'ài 통 좋아하다, 호감을 갖다

D

5급 淡 dàn 형 싱겁다, 담백하다 형 묽다, 희박하다, 열다, 연하다

형 (간이) 싱겁다, 담백하다
这道菜口味太淡 이 음식은 맛이 너무 싱겁다

형 묽다, 희박하다, 열다, 연하다 [반의어] 浓 nóng [5급]
颜色比较淡 색깔이 비교적 열다
我平时喜欢喝淡咖啡
나는 평소에 연한 커피를 즐겨 마신다

5급 口味 kǒuwèi 명 맛
2급 颜色 yánsè 명 색, 색채, 색깔, 빛깔

역순 어휘
冷淡 lěngdàn　　清淡 qīngdàn

6급 淡季 dànjì 명 비수기, 불경기

명 비수기, 불경기
淡季的蔬菜要贵一些
제철이 아닌 채소는 조금 비싸다
3月是家具行业的销售淡季
3월은 가구 업계의 판매 비수기이다

5급 行业 hángyè 명 직종, 업종
5급 销售 xiāoshòu 통 팔다, 판매하다

참조어 旺季 wàngjì 명 한철, 한창, 성수기

6급 淡水 dànshuǐ 명 담수, 민물

명 담수, 민물
适合淡水养殖的虾 담수 양식이 적합한 새우

养殖 yǎngzhí 통 양식하다

6급 蛋白质 dànbáizhì 명 단백질

명 단백질
多吃蛋白质含量高的食物
단백질 함량이 높은 음식을 많이 먹다

含量 hánliàng 명 함량
5급 食物 shíwù 명 음식, 음식물

3급 蛋糕 dàngāo 명 케이크

명 케이크
给女儿买了生日蛋糕
딸에게 생일 케이크를 사 주었다

2급 生日 shēngrì 명 생일

4급 当 dāng 통 담당하다, …을 맡다, …이 되다 개 바로 …한 때에, 바로 그곳에 통 당연히 …해야 한다

통 담당하다, …을 맡다, …이 되다
同学们选他当班长 학우들이 그를 반장으로 선출하다
大学毕业后当老师 대학 졸업 후 선생님이 되다

개 바로 …한 때에, 바로 그곳에 (장소나 시간을 이끌어 냄)
当我动身的时候，天已经大亮了
내가 출발했을 때, 날이 이미 훤하게 밝았다

통 당연히 …해야 한다
当省就省 절약해야 할 것은 절약해야 한다

选 xuǎn 통 선거하다, 선출하다, 뽑다

역순 어휘
相当 xiāngdāng　　不敢当 bùgǎndāng
充当 chōngdāng

○ 当 dàng [4급] 참조

6급 | 当场 dāngchǎng 몡 당장, 즉석

몡 **당장, 즉석**
当场成交 그 자리에서 거래가 성사되다

6급 | 成交 chéngjiāo 툉 거래가 성립하다

6급 | 当初 dāngchū 몡 당초, 처음

몡 **당초, 처음**
这件事，大家当初就有不同意见
이 일에 대해서는 다들 처음부터 이견이 있었다
当初这里是一片废墟 처음에 이곳은 폐허였다

6급 | 废墟 fèixū 몡 폐허

6급 | 当代 dāngdài 몡 당대, 그 시대, 이 시대

몡 **당대(當代), 그 시대, 이 시대**
当代著名的作家 당대 저명한 작가
当代高科技发展现状与前景
현재 하이테크 발전 현황과 전망

高科技 gāokējì 첨단 기술, 하이테크
6급 | 现状 xiànzhuàng 몡 현재 상황, 현 상태
6급 | 前景 qiánjǐng 몡 전도, 장래, 전망

5급 | 当地 dāngdì 몡 현지, 현장

몡 **현지, 현장**
大熊猫受到了当地人的欢迎
판다는 현지 사람들의 환영을 받았다

大熊猫 dàxióngmāo 몡 판다, 자이언트 판다

6급 | 当面 dāng//miàn 뷔 마주 보고, 직접 얼굴을 맞대고

뷔 **마주 보고, 직접 얼굴을 맞대고**
现钞要当面点清 현금은 앞에서 정확히 세야 한다
有问题请当面提出来，不要在背后说三道四的
뒤에서 이러쿵저러쿵하지 말고 문제가 있으면 직접 제기하십시오

现钞 xiànchāo 몡 현금
点清 diǎnqīng 툉 일일이 조사하다
说三道四 shuōsān-dàosì
셩 이러쿵저러쿵하다

6급 | 当前 dāngqián 몡 눈앞, 현재, 지금 툉 직면하다, 눈앞에 벌어지다

몡 **눈앞, 현재, 지금**
当前的困难是缺乏人才
현재의 어려움은 인재가 부족하다는 것이다

툉 **직면하다, 눈앞에 벌어지다**
大敌当前 강한 적이 앞에 닥치다, 형세가 불리하고 위험하다

5급 | 缺乏 quēfá 툉 결핍되다, 모자라다, 부족하다

3급 | 当然 dāngrán 휑 당연하다, 물론이다 뷔 당연히, 물론

휑 **당연하다, 물론이다**
你侮辱人家，人家要找你评理，那是当然的事
네가 남을 모욕했으니, 그 사람이 널 찾아와 따지는 것은 당연하다

뷔 **당연히, 물론**
不下水，当然学不会游泳
물에 들어가지 않으면 당연히 수영을 배울 수 없다

6급 | 侮辱 wǔrǔ 툉 능욕하다, 모욕하다
评理 pínglǐ 툉 시비를 가리다

4급 当时 dāngshí 명 당시, 그때, 당초

명 당시, 그때, 당초

你的想法，为什么当时不说呢?
네 생각을 왜 그때 이야기하지 않은 거야?

他深刻分析了当时的国际形势
그는 당시 국제 형세를 날카롭게 분석했다

5급 深刻 shēnkè 형 깊고 날카롭다, 핵심적이다
5급 形势 xíngshì 명 형세, 정세, 상황

6급 当事人 dāngshìrén 명 당사자, 관계자 명 소송 당사자, 소송 주체자

명 당사자, 관계자

调解书经双方当事人签收后，即发生法律效力
조정서는 양 당사자가 수령 확인 서명하면 즉시 법적 효력이
발생한다

명 소송 당사자, 소송 주체자

受当事人委托进行诉讼
소송 당사자의 위탁을 받아 소송을 진행하다

调解书 tiáojièshū 명 조정서
签收 qiānshōu 동 (공문서나 편지를 받고) 수령 확인 서명하다/수령했다고 날인하다
6급 委托 wěituō 동 위탁하다, 의뢰하다, 맡기다

6급 当务之急 dāngwùzhījí 성 급선무, 시급히 처리해야 할 일

성 급선무, 시급히 처리해야 할 일

目前当务之急是保护农民利益
현재 급선무는 농민의 이익을 보호하는 것이다

5급 目前 mùqián 명 목전, 눈앞, 현재
5급 利益 lìyì 명 이익, 이득, 이점

5급 当心 dāngxīn 동 조심하다, 주의하다

동 조심하다, 주의하다

当心开水烫伤 끓는 물에 화상을 입지 않도록 조심해
老板是在警告你，你可要当心啊
사장은 너에게 경고하는 거야, 너 조심해야 해

烫伤 tàngshāng 동 데다, 화상을 입다
6급 警告 jǐnggào 동 경고하다

6급 当选 dāngxuǎn 동 당선되다, 뽑히다

동 당선되다, 뽑히다

她获得了过半数的选票，当选为代表
그녀는 과반수 이상의 득표로 대표로 당선되었다

过半数 guòbànshù 명 과반수, 다수
选票 xuǎnpiào 명 투표용지

5급 挡 dǎng 동 막다, 차단하다, 저지하다 동 가리다 명 기어

동 막다, 차단하다, 저지하다

挡风雨 비바람을 막다
消防车被一辆轿车挡住了去路
승용차 한 대가 소방차가 가는 길을 막았다

동 가리다

挂个布帘挡住卫生间门 커튼을 걸어서 화장실 문을 가리다

명 기어(gear)

挂倒挡 후진 기어를 넣다

轿车 jiàochē 명 승용차, 세단(sedan)
去路 qùlù 명 가는 길, 행선지
倒挡 dàodǎng 명 후진 기어

역순 어휘
遮挡 zhēdǎng

6급 党 dǎng 〔명〕 당, 정당 〔명〕 도당, 파벌

〔명〕 당, 정당 (주로 중국 공산당을 가리킴)
党政机关 당정 기관, 당과 정부 기관
得到**党**和人民群众的支持
중국 공산당과 국민의 지지를 얻다

〔명〕 도당, 파벌
结**党**营私
도당을 결성해 사사로운 이익을 꾀하다

4급 支持 zhīchí 〔동〕 지지하다

4급 当 dàng 〔형〕 적합하다, 알맞다 〔동〕 …으로 간주하다, …으로 여기다

〔형〕 적합하다, 알맞다
作文的用词不**当**
작문의 단어 사용이 적합하지 않다

〔동〕 …으로 간주하다, …으로 여기다
他把学生**当**自己的孩子看待
그는 학생을 자신의 자녀처럼 여기며 대한다

6급 看待 kàndài 〔동〕 대하다, 취급하다, 다루다

역순 어휘
恰**当** qiàdàng   上**当** shàngdàng
正**当** zhèngdàng

○ 当 dāng [4급] 참조

6급 档案 dàng'àn 〔명〕 공문서, 기록, 서류, 파일

〔명〕 공문서, 기록, 서류, 파일
人事**档案** 인사 기록, 인사 자료
建立行贿犯罪记录**档案**
뇌물 수수 범죄 기록 파일을 구축하다

行贿 xínghuì 〔동〕 뇌물을 주다
5급 记录 jìlù 〔명〕 기록

6급 档次 dàngcì 〔명〕 등급, 차등, 레벨

〔명〕 등급, 차등, 레벨
拉开工资的**档次**
급여의 차등을 벌리다
出售不同**档次**的商品
서로 다른 등급의 제품을 팔다

拉开 lākāi 〔동〕 넓히다, 벌리다, 띄우다
出售 chūshòu 〔동〕 (상품을) 팔다

4급 刀 dāo 〔명〕 칼

〔명〕 칼
刀口太钝 칼날이 너무 무디다
到超市买了一把小水果**刀**
슈퍼마켓에 가서 작은 과일칼을 한 개 샀다

刀口 dāokǒu 〔명〕 칼날
钝 dùn 〔형〕 둔탁하다, 무디다
水果刀 shuǐguǒdāo 〔명〕 과도, 과일칼

6급 导弹 dǎodàn 〔명〕 유도탄, 유도 미사일

〔명〕 유도탄, 유도 미사일
发射**导弹** 유도탄을 발사하다
战区**导弹**防御系统
전역 미사일 방어 체계

战区 zhànqū 〔명〕 교전 구역, 전투 구역
6급 防御 fángyù 〔동〕 방어하다

6급 导航 dǎoháng 동 항행을 유도하다

동 (표지, 레이더, 장치 등으로) 항행을 유도하다
提供卫星**导航**定位服务
위성 항법 기반 위치 정보 서비스를 제공하다
安装**导航**器 차량 내비게이션을 설치하다

定位 dìngwèi 명 (측정한) 위치
导航器 dǎohángqì 명 자동차 네비게이션

D

6급 导向 dǎoxiàng 동 유도하다, 이끌다 명 유도 방향, 지도 방향, 지향점

동 (어떤 방향으로) 유도하다/이끌다
把人们的思想**导向**何方?
사람들의 생각을 어느 방향으로 유도할까?

명 유도 방향, 지도 방향, 지향점
公司坚持以市场需求为**导向**
회사가 시장 수요를 지향점으로 견지하다

6급 需求 xūqiú 명 수요, 요구, 필요

5급 导演 dǎoyǎn 동 연출하다, 감독하다 명 연출자, 감독

동 (영화, 드라마, 연극 등을) 연출하다/감독하다
他**导演**了多部影片 그는 여러 편의 영화를 감독했다

명 연출자, 감독
动画片**导演** 애니메이션 감독

影片 yǐngpiàn 명 영화, 영화 상영작
动画片 dònghuàpiàn 명 애니메이션,
만화 영화

4급 导游 dǎoyóu 명 여행 가이드, 관광 안내원

명 여행 가이드, 관광 안내원
有些景点会有**导游**带大家去参观
어떤 관광지는 가이드가 모두를 데리고 참관한다

景点 jǐngdiǎn 명 명승지, 명소, 관광지

5급 导致 dǎozhì 동 초래하다, 가져오다

동 (좋지 않은 결과를) 초래하다/가져오다
导致病情恶化 병세의 악화를 초래하다
导致人类的灭亡 인류의 멸망을 가져오다

6급 恶化 èhuà 동 악화되다, 악화시키다
6급 灭亡 mièwáng 동 멸망하다, 멸망시키다

岛 dǎo 명 섬

명 섬
夏威夷**岛**是北太平洋夏威夷群**岛**中的最大**岛**
하와이 섬은 북태평양 하와이 제도에서 가장 큰 섬이다
交通**岛** 교통섬, 교통 정리를 위해 설치된 로터리

群岛 qúndǎo 명 군도, 제도

5급 岛屿 dǎoyǔ 명 도서, 섬

명 도서, 섬
这一带大小**岛屿**有一百多个
이 일대에는 크고 작은 섬이 100여 개 있다

一带 yídài 명 일대

6급 捣乱 dǎo//luàn
- 동 교란하다, 파괴하다
- 동 귀찮게 굴다, 성가시게 하다, 소란을 부리다, 말썽을 피우다

동 교란하다, 파괴하다
严防敌人捣乱 적의 교란을 철저히 막다

동 귀찮게 굴다, 성가시게 하다, 소란을 부리다, 말썽을 피우다
我正忙着呢，你别给我捣乱!
나 지금 바쁘니까 성가시게 굴지 마라!

严防 yánfáng 동 엄격히 방지하다

4급 倒 dǎo
동 넘어지다, 쓰러지다, 무너지다

동 넘어지다, 쓰러지다, 무너지다
一棵大树被大风刮倒了
나무 한 그루가 센 바람이 불어 쓰러졌다
我在马路上看到一位老人倒在地上
나는 큰길에서 한 노인이 땅에 쓰러져 있는 것을 보았다

4급 棵 kē 양 그루, 포기
马路 mǎlù 명 대로, 큰길

○ 倒 dào [4급] 참조

6급 倒闭 dǎobì
동 파산하다, 도산하다

동 파산하다, 도산하다
公司倒闭了 회사가 부도났다
由于金融危机，不少企业面临倒闭的危险
금융 위기로 인해 많은 기업이 도산할 위험에 처해 있다

金融危机 jīnróng wēijī 금융 위기
5급 面临 miànlín 동 직면하다, 당면하다

5급 倒霉 dǎo//méi
형 재수 없다, 운수 사납다

형 재수 없다, 운수 사납다
骑车摔了一跤，真倒霉
자전거 타다 넘어지다니, 정말 재수가 없다

摔跤 shuāijiāo 동 넘어지다, 쓰러지다, 자빠지다

2급 到 dào
- 동 도착하다, 도달하다, 가다
- 동 …에 미치다, …에 이르다, …을 해내다
- 개 …까지

동 도착하다, 도달하다, 가다
今天就到北京 오늘 베이징에 도착한다
到学校学习 학교에 가서 공부하다

동 …에 미치다, …에 이르다, …을 해내다 (동사 뒤에 보어로 쓰여 목적 달성이나 결과 발생을 나타냄)
刚收到他的来电 방금 그의 전화를 받았다
我们既然答应了，就一定说到做到
우리가 이왕에 승낙했으니 꼭 지킨다

개 …까지 (지속이나 도달을 나타냄)
从星期一到星期三都有课
월요일부터 수요일까지 모두 수업이 있다

来电 láidiàn 걸려 온 전화
说到做到 shuōdào-zuòdào
성 말한 바는 반드시 행동으로 옮기다, 언행이 일치하다

역순 어휘
报到 bàodào　　　迟到 chídào
达到 dádào　　　受到 shòudào
遇到 yùdào　　　周到 zhōudào

4급 到处 dàochù
명 도처, 곳곳

명 도처, 곳곳
田野里到处都是金黄色的稻谷
들판 곳곳이 온통 황금빛 벼이다

6급 田野 tiányě 명 들판
6급 稻谷 dàogǔ 명 벼, 벼 낟알

5급 到达 dàodá 图 도착하다, 이르다

图 (장소에) 도착하다/이르다
最后一名选手到达终点
가장 마지막 선수가 결승점에 도착하다
到达完美的境地 완벽한 경지에 이르다

| 6급 | 终点 zhōngdiǎn 명 종점, 결승점
境地 jìngdì 명 경지

D

4급 到底 dàodǐ 图 끝까지 …하다 图 마침내, 끝내 图 도대체, 대체 图 아무튼, 결국

图 (dào//dǐ) 끝까지 …하다
帮人帮到底 남을 끝까지 돕다

图 마침내, 끝내
我们的书到底还是出版了
우리 책이 마침내 출판되었다

图 도대체, 대체
现在的情况到底怎么样?
현재 상황은 대체 어떻습니까?

图 아무튼, 결국
不管好不好, 到底是人家的一片心意
좋든 싫든 어쨌건 이것이 그 사람의 호의 표시이다

| 5급 | 出版 chūbǎn 图 출판하다
| 4급 | 情况 qíngkuàng 명 정황, 상황, 사정
| 4급 | 不管 bùguǎn 접 …와 상관없이
心意 xīnyì 명 마음, 성의, 호의

4급 倒 dào 图 거꾸로 하다, 뒤바꾸다 图 쏟다, 따르다, 붓다 图 도리어, 의외로, 뜻밖에

图 거꾸로 하다, 뒤바꾸다
"9"字倒过来就成"6"了 9자를 거꾸로 하면 6이 된다

图 쏟다, 따르다, 붓다
往杯子里倒水 컵에 물을 따르다
你最好把心里的话都倒出来
너는 마음속의 말을 모두 쏟아 내는 게 좋겠다

图 도리어, 의외로, 뜻밖에
没想到十个学生倒有六个不及格
학생 열 명 중에 뜻밖에 여섯 명이나 불합격할 줄은 상상도 못했다

| 1급 | 杯子 bēizi 명 잔, 컵
| 4급 | 最好 zuìhǎo 图 가장 좋게는
| 5급 | 及格 jígé 图 합격하다

○ 倒 dǎo [4급] 참조

6급 盗窃 dàoqiè 图 절도하다, 훔치다

图 절도하다, 훔치다
盗窃国家的经济情报 국가의 경제 정보를 훔치다
他因涉嫌盗窃被逮捕了
그는 절도 혐의로 체포되었다

| 6급 | 情报 qíngbào 명 정보, 기밀 정보, 첩보
涉嫌 shèxián 图 혐의를 받다

5급 道德 dàodé 명 도덕, 윤리 형 도덕적인

명 도덕, 윤리
增强职业道德观念 직업 윤리 관념을 강화하다

형 도덕적인
侵害消费者的权益是不道德的行为
소비자의 권익을 침해하는 것은 부도덕한 행위이다

增强 zēngqiáng 图 강화하다, 증강하다
| 5급 | 观念 guānniàn 명 관념, 의식, 생각
侵害 qīnhài 图 침해하다
权益 quányì 명 권익, 권리와 이익

5급 道理 dàolǐ 명 법칙, 규율 명 도리, 근거, 이치, 일리 명 방법, 계획

명 법칙, 규율
研究宇宙运行的道理 우주 운행의 법칙을 연구하다

명 도리, 근거, 이치, 일리
他讲的很有道理 그의 말은 일리가 있다

명 방법, 계획
怎样对付他，我自有道理
그를 어떻게 상대할지는 나 나름대로 계획이 있다

6급 宇宙 yǔzhòu 명 우주, 천지 만물
6급 运行 yùnxíng 통 운행하다
自有 zìyǒu 통 당연히 있다, 자연히 있다, 나름대로 있다

4급 道歉 dào//qiàn 통 사과하다

통 사과하다
我今天就去向他道歉，希望他能原谅我
나는 오늘 그에게 가서 사과할 건데, 그가 나를 용서해 줬으면 좋겠다

4급 原谅 yuánliàng 통 용서하다, 이해하다, 양해하다

6급 稻谷 dàogǔ 명 벼, 벼 낟알

명 벼, 벼 낟알
在粮食作物中，稻谷种植面积最大
식량 작물 중에서는 벼의 재배 면적이 제일 크다

作物 zuòwù 명 작물, 농작물
6급 种植 zhòngzhí 통 재배하다, 심다

6급 得不偿失 débùchángshī 성 득보다 실이 많다, 얻는 것보다 잃는 것이 더 많다

성 득보다 실이 많다, 얻는 것보다 잃는 것이 더 많다
为了追求名利而损害健康，得不偿失
명예와 이익을 추구하느라 건강을 해치는 것은 득보다 실이 많다

名利 mínglì 명 명리, 명예와 이익
损害 sǔnhài 통 손상시키다, 해를 끼치다

6급 得力 délì 통 득을 보다, 덕분이다 형 유능하다, 강력하다

통 (dé//lì) 득을 보다, 덕분이다
我能完成任务，得力于他的帮助
내가 임무를 완수할 수 있었던 것은 그의 도움 덕분이다

형 유능하다, 강력하다
没过几年，他就成了老医生的得力助手
몇 년 지나지 않아 그는 나이 든 의사의 유능한 조수가 되었다

6급 助手 zhùshǒu 명 조수

6급 得天独厚 détiān-dúhòu 성 우세한 자연환경을 독점하다, 환경이나 조건이 매우 좋다

성 우세한 자연환경을 독점하다, 환경이나 조건이 매우 좋다
因得天独厚的自然环境，经济迅速发展
천혜의 자연환경으로 인해 경제가 급속도로 발전하다

5급 迅速 xùnsù 형 매우 빠르다

4급 得意 dé//yì 형 뜻대로 되어 흡족하다, 만족하다

형 뜻대로 되어 흡족하다, 만족하다
脸上露出了得意的微笑
얼굴에 흡족한 미소를 띠었다

露出 lùchū 통 나타나다, 드러내다
5급 微笑 wēixiào 명 미소

6급 得罪 dézuì [동] 죄를 짓다, 비위를 건드리다, 화나게 하다, 미움을 사다

[동] **죄를 짓다, 비위를 건드리다, 화나게 하다, 미움을 사다**
他坚持原则，**得罪**了一些人
그는 원칙을 고수하다가 몇몇 사람을 화나게 했다

5급 原则 yuánzé [명] 원칙

3급 地 de [조] 뒤에 오는 성분을 수식하는 것을 나타낸다

[조] **부사어나 부사구 뒤에 쓰여, 뒤에 오는 성분을 수식하는 것을 나타낸다**
坦白**地**说出自己的心里话
자기 마음속의 말을 솔직하게 말하다
眼泪不停**地**往下流
눈물이 끊임없이 흘러내리다
天慢慢**地**黑了
하늘이 서서히 어두워졌다

6급 坦白 tǎnbái [형] 순수하고 솔직하다
不停 bùtíng [부] 끊임없이, 계속해서

1급 的 de [조] 소유 관계, 성질, 속성, 묘사 등을 나타낸다 [조] 피수식어가 없는 명사성 구조를 이룬다 [조] 긍정이나 완료의 어기를 나타낸다

[조] **관형어나 관형구 뒤에 쓰여, 피수식어에 대한 소유 관계, 성질, 속성, 묘사 등을 나타낸다**
这是我**的**书 이것은 나의 책이다
过上幸福**的**生活 행복한 삶을 살다
装出一副很高兴**的**样子 매우 기쁜 척하다

[조] 명사, 동사, 형용사 뒤에 쓰여 피수식어가 없는 명사성 구조를 이룬다
北京**的**、上海**的**都来了
베이징 사람, 상하이 사람 모두 왔다
这是你**的**，那是他**的**
이것은 네 것이고 저것은 그의 것이다

[조] 문장 끝에 쓰여 긍정이나 완료의 어기를 나타낸다
你这样做是行不通**的** 너처럼 이렇게 해서는 안 통해
她什么时候走**的**? 그녀는 언제 간 거야?

5급 装 zhuāng [동] 가장하다
6급 副 fù [양] 얼굴 표정, 태도 등에 쓰인다
4급 样子 yàngzi [명] 모습, 상태, 상황
行不通 xíngbutōng 실행할 수 없다, 처리할 수 없다

역순 어휘
似**的** shìde

2급 得 de [조] 정도나 결과를 나타내는 보어를 연결한다 [조] …할 수 있다

[조] **동사나 형용사 뒤에 쓰여 정도나 결과를 나타내는 보어를 연결한다**
每个字都说**得**很清楚
한 글자 한 글자 분명하게 말하다
激动**得**热泪盈眶
감격해서 뜨거운 눈물이 눈에 가득하다

[조] …할 수 있다 (일부 동사와 보어 사이에 쓰여 가능을 나타냄)
看**得**清楚
분명하게 볼 수 있다, 잘 보인다
我自己拿**得**动这些东西
나 혼자 이 물건들을 들어 옮길 수 있다

4급 激动 jīdòng [동] 감격하다, 감격시키다
热泪盈眶 rèlèi-yíngkuàng [성] 뜨거운 눈물이 눈에 가득하다, 감정이 몹시 격앙되다

역순 어휘
巴不**得** bābude　不由**得** bùyóude
怪不**得** guàibude　恨不**得** hènbude
记**得** jìde　觉**得** juéde
免**得** miǎnde　舍不**得** shěbude
显**得** xiǎnde　值**得** zhíde

➲ 得 děi [4급] 참조

4급 得 děi 图 필요하다, 요구되다 图 …해야 한다

图 필요하다, 요구되다
这篇文章**得**三天才能写完
이 글은 3일은 걸려야 다 쓸 수 있다

图 …해야 한다
要想取得好成绩，就**得**努力学习
좋은 성적을 받고 싶다면 열심히 공부해야 한다

遇事**得**跟大家商量 일이 생기면 사람들과 의논해야 한다

取得 qǔdé 图 얻다, 획득하다, 취득하다
遇事 yùshì 图 (의외의) 일이 생기다
4급 商量 shāngliang 图 상의하다, 의논하다

○ 得 de [2급] 참조

3급 灯 dēng 图 등, 조명

图 등, 조명
你出门的时候，不要忘记关**灯**
외출할 때 불 끄는 거 잊지 마

出门 chūmén 图 외출하다, 나가다
关 guān 图 끄다

6급 灯笼 dēnglong 图 등롱, 초롱

图 등롱, 초롱
在道路两边的路灯杆上悬挂着大红**灯笼**
도로 양쪽의 가로등 기둥에 크고 빨간 초롱이 걸려 있다

路灯 lùdēng 图 가로등
杆 gān 图 기둥, 막대, 대
6급 悬挂 xuánguà 图 매달다, 걸다, 드리우다

4급 登机牌 dēngjīpái 图 탑승권

图 탑승권
换好**登机牌**以后，就可以过安检通道
탑승권으로 교환한 후 보안 검색대를 통과할 수 있다

安检通道 ānjiǎn tōngdào (공항, 항만 등의) 보안 검색대

5급 登记 dēng//jì 图 등록하다, 신고하다, 기재하다

图 등록하다, 신고하다, 기재하다
请先在前台**登记**一下 먼저 프런트에서 등록하시기 바랍니다

前台 qiántái 图 카운터, 프런트, 데스크

6급 登陆 dēng//lù 图 상륙하다 图 시장에 나오다, 장사를 시작하다

图 상륙하다
台风**登陆** 태풍이 상륙하다

图 (상품이) 시장에 나오다, (상인이) 장사를 시작하다
这种新产品已在我市**登陆**
이 신상품은 이미 우리 시장에 나왔다

6급 台风 táifēng 图 태풍

6급 登录 dēnglù 图 등록하다, 등기하다 图 로그인하다, 접속하다

图 등록하다, 등기하다
登录全体学生的姓名 전체 학생의 성명을 기재하다

图 로그인하다, 접속하다
输入用户名和密码进行**登录**
아이디와 비밀번호를 입력하여 로그인하다

5급 输入 shūrù 图 입력하다
用户名 yònghùmíng 图 사용자 이름, 아이디(ID)
4급 密码 mìmǎ 图 비밀번호, 패스워드

6급 蹬 dēng 통 딛다, 서다 통 신다, 입다 통 밟다

통 **딛다, 서다**
蹬着梯子爬上去 사다리를 딛고 올라가다
脚蹬在凳子上 걸상 위에 서 있다

통 **(신을) 신다, (바지를) 입다**
脚底下蹬着一双新皮鞋 발에 새 구두를 신고 있다

통 **(발로) 밟다**
狠狠地蹬了他一脚 그를 인정사정없이 발로 짓밟았다
蹬自行车 자전거 페달을 밟다

梯子 tīzi 명 사다리
凳子 dèngzi 명 (등받이 없는) 의자/걸상
脚底下 jiǎodíxià 명 발, 발밑, 발치
狠狠 hěnhěn 부 흉악하게, 모질게, 호되게

4급 等 děng 조 등, 등등 조 …등 형 같다 명 등급, 계급

조 **등, 등등 (더 있음을 나타내며, 중첩 사용 가능함)**
比赛项目包括田径、游泳、射击等等
경기 종목은 육상, 수영, 사격 등등이다

조 **…등 (열거를 끝맺을 때 쓰며, 뒤에는 주로 총 개수가 나옴)**
北京、上海、广州等三大城市
베이징, 상하이, 광저우 등 3개 대도시

형 **(정도, 수량 등이) 같다**
水平高低不等 수준의 정도가 다르다
大小相等 크기가 서로 같다

명 **등급, 계급**
提供同等的待遇 동등한 대우를 제공하다

6급 | 田径 tiánjìng 명 육상 운동
5급 | 射击 shèjī 명 사격
高低 gāodī 명 높낮이, 높이, 우열, 정도
大小 dàxiǎo 명 크기
同等 tóngděng 형 동등한, 동급의

역순 어휘
平等 píngděng　　相等 xiāngděng

❍ 等 děng [2급] 참조

2급 等 děng 통 기다리다 개 …할 때까지 기다려서, …하고 나서, …하면

통 **기다리다**
我会在学校门口等你 나는 학교 입구에서 너를 기다릴게
在公共汽车站等车 버스 정류장에서 차를 기다리다

개 **…할 때까지 기다려서, …하고 나서, …하면**
等他吃完饭再说 그가 밥을 다 먹고 나면 다시 얘기하자
等你长大了就懂得了 네가 크면 알게 될 것이다

长大 zhǎngdà 통 자라다, 성장하다
懂得 dǒngde 통 알다, 이해하다

❍ 等 děng [4급] 참조

5급 等待 děngdài 통 기다리다

통 **기다리다**
交易需要耐心等待时机
거래는 끈기 있게 시기를 기다려야 한다

4급 | 耐心 nàixīn 형 인내심이 강하다, 끈기가 있다
6급 | 时机 shíjī 명 기회, 시기

6급 等候 děnghòu 통 기다리다

통 **기다리다**
等候好消息 좋은 소식을 기다리다
会议室里正在开会，他只能站在外面等候
회의실에서 회의 중이라 그는 밖에 서서 기다릴 수 밖에 없었다

开会 kāihuì 회의를 하다
外面 wàimiàn 명 밖, 바깥

6급 等级 děngjí 图 등급, 계급

图 등급, 계급
学习成绩分五个**等级** 학습 성적은 5개 등급으로 나눈다
按照评定的残疾**等级**，给付残疾保险金
평가하여 결정된 장애 등급에 따라 장애 보험금을 지급하다

评定 píngdìng 图 평가하여 결정하다
6급 残疾 cánjí 图 불구, 장애
给付 jǐfù 图 교부하다 지급하다

5급 等于 děngyú 图 …와 같다 图 …와 마찬가지이다, …와 같다

图 (둘 이상의 수치가) …와 같다
三加五**等于**八 3 더하기 5는 8과 같다

图 …와 마찬가지이다, …와 같다
不去争取，就**等于**放弃
쟁취하지 않는 것은 포기하는 것과 같다

5급 争取 zhēngqǔ 图 쟁취하다, 획득하다
4급 放弃 fàngqì 图 버리다, 포기하다

6급 瞪 dèng 图 노려보다, 부라리다 图 크게 뜨다

图 노려보다, 부라리다
狠狠**瞪**了他一眼 그를 매섭게 한 번 노려보았다

图 (눈을) 크게 뜨다
他们都**瞪**大了眼睛盯着他
그들은 모두 눈을 크게 뜨고 그를 응시했다

2급 眼睛 yǎnjing 图 눈
6급 盯 dīng 图 주시하다, 응시하다

4급 低 dī 图 낮다, 작다 图 낮다, 뒤떨어지다 图 낮다

图 (높이가) 낮다, (키가) 작다 [반의어] 高 gāo [2급]
水位太**低** 수위가 너무 낮다 | 燕子**低**飞 제비가 낮게 날다

图 (수준이) 낮다/뒤떨어지다 [반의어] 高 gāo [2급]
价钱**低** 가격이 낮다 | 技术水平**低** 기술 수준이 낮다

图 (지위, 등급 등이) 낮다 [반의어] 高 gāo [2급]
老师为**低**年级的小学生推荐了五本书
선생님은 저학년 초등학생을 위해 책 다섯 권을 추천했다

燕子 yànzi 图 제비
3급 水平 shuǐpíng 图 수준
低年级 dīniánjí 图 저학년
5급 推荐 tuījiàn 图 추천하다

역순 어휘
贬**低** biǎndī　降**低** jiàngdī

6급 堤坝 dībà 图 둑과 댐, 제방

图 둑과 댐, 제방
堤坝维修工作尚未结束
댐 수리 작업이 아직 끝나지 않았다

5급 维修 wéixiū 图 수리하다, 정비하다
尚未 shàngwèi 图 아직 …하지 않다

5급 滴 dī 图 한 방울씩 떨어지다, 뚝뚝 떨어지다 图 방울

图 한 방울씩 떨어지다, 뚝뚝 떨어지다
伤心得**滴**下了眼泪 상심해서 눈물을 뚝뚝 흘렸다

图 방울 (주로 작고 둥근 액체 덩어리를 세는 단위)
没流一**滴**眼泪 눈물 한 방울 흘리지 않았다
要想成功，就需要平时一点一**滴**的积累
성공하려면 평소에 조금씩 쌓아 나가야 한다

眼泪 yǎnlèi 图 눈물
一点一**滴** yīdiǎn-yīdī 图 한 방울, 약간, 조금
4급 积累 jīlěi 图 쌓다, 누적하다

5급 **的确** díquè 图 정말, 확실히

图 정말, 확실히
现在的生活**的确**比过去好多了
지금의 생활은 과거보다 정말 많이 나아졌다
的确如此 확실히 그렇다, 정말 그렇다

如此 rúcǐ 때 이렇다, 이와 같다

5급 **敌人** dírén 图 적, 원수

图 적, 원수
消灭**敌人** 적을 소탕하다
把肉类看做健康的**敌人** 육류를 건강의 적으로 간주하다

6급 消灭 xiāomiè 图 소멸시키다, 없애다
看做 kànzuò …으로 여기다, 간주하다

6급 **敌视** díshì 图 적대시하다, 적대하다

图 적대시하다, 적대하다
他用**敌视**的眼神看我
그는 적대시하는 눈빛으로 나를 보았다

6급 眼神 yǎnshén 图 눈빛, 눈길

6급 **抵达** dǐdá 图 도착하다, 이르다

图 도착하다, 이르다
考试当天，考生务必提前15分钟**抵达**
시험 당일, 수험생은 반드시 15분 전에 도착해야 한다
我们平安**抵达**了目的地
우리는 목적지에 무사히 도착했다

6급 务必 wùbì 图 반드시, 꼭
目的地 mùdìdì 图 목적지

6급 **抵抗** dǐkàng 图 저항하다, 맞서 항거하다

图 저항하다, 맞서 항거하다
抵抗侵略 침략에 저항하다
提高**抵抗**疾病的能力 면역력을 높이다

6급 侵略 qīnlüè 图 침략하다
6급 疾病 jíbìng 图 질병, 질환, 병

6급 **抵制** dǐzhì 图 저지하다, 불매하다, 거부하다

图 저지하다, 불매하다, 거부하다
抵制盗版音像制品
불법 음향 영상 제품을 불매하다

盗版 dàobǎn 图 불법 복제하다

4급 **底** dǐ 图 밑, 바닥 图 말, 끝 무렵

图 밑, 바닥
湖水清澈见**底** 호수 물이 맑고 투명해서 바닥까지 보인다
在箱子**底**儿上找到了一件毛衣
상자 바닥에서 스웨터를 찾았다

6급 清澈 qīngchè 图 맑고 투명하다
年底 niándǐ 图 연말, 세밑

图 말, 끝 무렵
快到年**底**了 곧 연말이다

역순 어휘
彻**底** chèdǐ   到**底** dàodǐ
归根到**底** guīgēn-dàodǐ

6급 地步 dìbù 명 상태, 지경, 상황 명 경지, 정도

명 (주로 좋지 않은) 상태/지경/상황
两国关系恶化到军事对抗的地步
양국 관계가 악화되어 군사가 대치하는 지경까지 이르렀다

명 경지, 정도
她对钓鱼的爱好已到了入迷的地步
그녀의 낚시에 대한 사랑은 이미 푹 빠진 정도에 이르렀다

6급 **对抗** duìkàng 동 대립하다, 대항하다, 맞서다
钓鱼 diàoyú 동 낚시하다, 물고기를 낚다
入迷 rùmí 동 빠져들다, 반하다, 매료되다

5급 地道 dìdao 형 본고장의, 정통의, 오리지널의 형 진정한, 순수한, 전형적인

형 본고장의, 정통의, 오리지널의
我带你尝尝地道的北京菜
내가 너에게 정통 베이징 요리를 맛보게 해 줄게

형 진정한, 순수한, 전형적인
他说一口地道的普通话
그는 완벽한 표준 중국어를 구사한다

4급 **尝** cháng 동 먹어 보다, 맛을 보다
4급 **普通话** pǔtōnghuà 명 표준 중국어

4급 地点 dìdiǎn 명 장소, 위치, 소재

명 장소, 위치, 소재
上课地点是305教室
수업 장소는 305 강의실이다
选择约会地点 약속 장소를 고르다

4급 **约会** yuēhuì 명 약속, 데이트

3급 地方 dìfang 명 곳, 위치, 장소, 부위

명 곳, 위치, 장소, 부위
他现在住的地方很安静
그가 지금 사는 곳은 매우 조용하다

3급 **安静** ānjìng 형 조용하다, 고요하다

5급 地理 dìlǐ 명 지리

명 지리
利用地理优势，大力发展苹果种植
지리적 우위를 이용하여 사과 재배를 대대적으로 발전시키다

5급 **优势** yōushì 명 우세, 우위, 유리한 형세
大力 dàlì 부 힘껏, 강력하게, 대대적으로

4급 地球 dìqiú 명 지구

명 지구
克服地球引力
지구 중력을 극복하다

5급 **克服** kèfú 동 극복하다
引力 yǐnlì 명 인력, 만유인력

5급 地区 dìqū 명 지역, 구역

명 지역, 구역
访问受灾地区
재해 지역을 방문하다

6급 **访问** fǎngwèn 동 방문하다
受灾 shòuzāi 동 재해를 입다

D

6급 地势 dìshì 몡 지세, 지형

몡 **지세, 지형**
这里**地势**险峻，但风景秀丽
이곳은 지세가 험준하지만 풍경이 수려하다

险峻 xiǎnjùn 혱 험준하다
秀丽 xiùlì 혱 수려하다

5급 地毯 dìtǎn 몡 카펫, 양탄자, 깔개

몡 **카펫, 양탄자, 깔개**
客厅铺**地毯**有什么好处?
거실에 카펫을 깔면 어떤 좋은 점이 있나요?

6급 铺 pū 툉 깔다, 펼쳐 놓다

3급 地铁 dìtiě 몡 지하철

몡 **지하철**
乘**地铁**上下班很方便
지하철을 타고 출퇴근하면 편리하다

6급 乘 chéng 툉 타다, 탑승하다
3급 方便 fāngbiàn 혱 편리하다

3급 地图 dìtú 몡 지도

몡 **지도**
客厅墙上挂着一幅世界**地图**
거실 벽에는 한 폭의 세계 지도가 걸려 있다

4급 挂 guà 툉 걸다
5급 幅 fú 앵 폭

5급 地位 dìwèi 몡 지위, 위치, 자리

몡 **지위, 위치, 자리**
我国的国际**地位**空前提高
우리 나라의 국제적 지위가 전례 없이 향상되었다
这篇宣言在历史上占着极重要的**地位**
이 선언은 역사적으로 지극히 중요한 위치에 있다

空前 kōngqián 혱 공전이다, 전례가 없다
5급 占 zhàn 툉 처하다, 놓이다

5급 地震 dìzhèn 몡 지진

몡 **지진**
今天凌晨我国南部发生了一次强烈的大**地震**
오늘 새벽 우리 나라 남부에 강한 지진이 한 차례 발생했다

4급 发生 fāshēng 툉 발생하다
5급 强烈 qiángliè 혱 강렬하다

4급 地址 dìzhǐ 몡 주소

몡 **주소**
请在信封上明确地写**地址**
편지 봉투에 주소를 정확하게 적으세요
互联网上网页的**地址**叫做URL
웹 페이지의 주소를 URL이라고 한다

4급 信封 xìnfēng 몡 편지 봉투
5급 明确 míngquè 혱 명확하다, 분명하다
4급 互联网 hùliánwǎng 몡 인터넷
网页 wǎngyè 몡 웹 페이지

6급 地质 dìzhì 몡 지질

몡 지질

这里的奇特**地质**是火山喷发中形成的
이곳의 특이한 지질은 화산이 분출하면서 형성된 것이다

奇特 qítè 혱 기묘하다, 특이하다
喷发 pēnfā 통 뿜어 나오다, 분출하다
5급 形成 xíngchéng 통 형성하다, 이루다

2급 弟弟 dìdi 몡 남동생, 아우

몡 남동생, 아우

我有一个**弟弟**和一个妹妹
나는 남동생 한 명과 여동생 한 명이 있다

2급 妹妹 mèimei 몡 여동생

5급 递 dì 통 건네다, 넘겨주다 閉 차례차례, 점차

통 건네다, 넘겨주다

递了一个眼色 눈짓을 한 번 건넸다
递交申请书 신청서를 제출하다

閉 차례차례, 점차

数目每年**递**升
수량이 매년 점차 증가하다

6급 眼色 yǎnsè 몡 눈짓
数目 shùmù 몡 수, 수량

6급 递增 dìzēng 통 점차 증가하다, 점차 늘어나다

통 점차 증가하다, 점차 늘어나다

收入连年**递增**
수입이 해마다 점차 증가한다

4급 收入 shōurù 몡 수입
6급 连年 liánnián 몡 여러 해 동안 계속되다

2급 第一 dì-yī 囹 제일, 첫 번째 혱 가장 중요하다, 제일이다

囹 제일, 첫 번째

她拿到满分，排名全校**第一**名
그녀는 만점을 맞아 전교 1등을 했다

혱 가장 중요하다, 제일이다

健康**第一** 건강이 제일이다

满分 mǎnfēn 몡 만점
排名 páimíng 통 이름을 배열하다,
석차를 배열하다

6급 颠簸 diānbǒ 통 흔들리다

통 흔들리다

汽车行驶在凹凸不平的山路上，**颠簸**得很厉害
자동차가 울퉁불퉁한 산길을 달리자 심하게 흔들렸다

行驶 xíngshǐ 통 통행하다, 다니다
6급 凹凸 āotū 혱 울퉁불퉁하다

6급 颠倒 diāndǎo 통 뒤집다, 뒤바꾸다, 뒤섞이다

통 뒤집다, 뒤바꾸다, 뒤섞이다

上下联贴**颠倒**了
대련의 앞뒤 구절을 거꾸로 바꿔 붙었다

把文件的每列顺序**颠倒**
파일에서 모든 열의 순서를 뒤집다

5급 文件 wénjiàn 몡 문건, 파일
4급 顺序 shùnxù 몡 순서, 차례

6급 **典礼** diǎnlǐ 명 의식, 식

명 의식, 식
2022届毕业**典礼**在学校体育馆隆重举行
2022년도 졸업식이 학교 체육관에서 성대하게 거행되었다

6급 隆重 lóngzhòng 형 성대하다
4급 举行 jǔxíng 동 거행하다

6급 **典型** diǎnxíng 명 전형, 본보기, 대표 형 전형적인, 대표적인

명 전형, 본보기, 대표
他是勤劳致富的**典型**
그는 부지런히 일해서 부자가 된 전형이다

형 전형적인, 대표적인
这些先进人物的**典型**事迹值得我们学习
이런 선진 인물의 대표적인 업적은 우리가 배울 만하다

6급 勤劳 qínláo 형 근면하다, 부지런하다
致富 zhìfù 동 부유해지다, 부자가 되다
6급 先进 xiānjìn 형 선진적인, 진보한
6급 事迹 shìjì 명 사적, 업적

1급 **点** diǎn 동 주문하다, 신청하다 양 시 양 조금, 약간

동 주문하다, 신청하다
我们先点菜吧
우리 먼저 음식을 주문하자

양 시
我早上9点上班，晚上6点下班
나는 아침 9시에 출근해서 저녁 6시에 퇴근한다

양 조금, 약간
手里还有点儿钱
수중에 돈이 조금 남아 있다

2급 上班 shàngbān 동 출근하다
下班 xiàbān 동 퇴근하다

역순 어휘
标点 biāodiǎn　　地点 dìdiǎn
观点 guāndiǎn　　焦点 jiāodiǎn
缺点 quēdiǎn　　弱点 ruòdiǎn
特点 tèdiǎn　　要点 yàodiǎn
优点 yōudiǎn　　终点 zhōngdiǎn
重点 zhòngdiǎn

点头 diǎn//tóu 동 고개를 끄덕이다

동 고개를 끄덕이다 (동의, 찬성, 이해, 인사 등을 나타냄)
他的发言句句在理，大家连连**点头**
그의 발언이 구구절절 옳아 모두가 고개를 계속 끄덕였다

5급 发言 fāyán 명 발언
在理 zàilǐ 형 도리에 맞다, 이치에 맞다
连连 liánlián 부 계속, 끊임없이

5급 **点心** diǎnxin 명 간식

명 간식
这家店专卖独特的小吃和传统**点心**
이 가게에서는 독특한 스낵과 전통 간식을 전문 판매한다

专卖 zhuānmài 동 전문적으로 팔다
4급 小吃 xiǎochī 명 스낵

6급 **点缀** diǎnzhuì 동 장식하다, 돋보이게 하다 동 겉치레하다, 구색만 맞추다

동 장식하다, 돋보이게 하다
白色的羊群把绿色的大草原**点缀**得生机勃勃
하얀 양 떼가 푸른 초원을 생기 넘쳐 보이게 한다

동 겉치레하다, 구색만 맞추다
请名人到场**点缀**，实在无聊！
유명 인사를 현장에 초대해서 겉치레하는 것은 정말 지루하다

生机勃勃 shēngjī-bóbó
성 생기와 활력이 넘치다
4급 无聊 wúliáo 형 따분하고 지루하다

D

5급 电池 diànchí 명 전지, 배터리

명 전지, 배터리
太阳能**电池** 태양 전지 | 换**电池** 배터리를 교환하다
这款手机是市面上**电池**容量最大的
이 핸드폰은 시중에서 배터리 용량이 제일 크다

市面 shìmiàn 명 시장, 시장 상황
容量 róngliàng 명 용량

1급 电脑 diànnǎo 명 컴퓨터

명 컴퓨터
这台**电脑**速度越来越慢了
이 컴퓨터는 속도가 갈수록 느려진다

4급 速度 sùdù 명 속도
3급 越 yuè 부 갈수록 …하다

1급 电视 diànshì 명 텔레비전, 티브이(TV)

명 텔레비전, 티브이(TV)
你喜欢看**电视**吗? 당신은 TV를 즐겨 봅니까?
拿着遥控器转换**电视**频道 리모컨을 들어 TV 채널을 돌리다

遥控器 yáokòngqì 명 리모컨
转换 zhuǎnhuàn 동 전환하다, 바꾸다
5급 频道 píndào 명 채널

5급 电台 diàntái 명 라디오 방송국, 라디오 방송

명 라디오 방송국, 라디오 방송
她正在收听一个**电台**节目
그녀는 지금 라디오 프로그램을 듣고 있다

收听 shōutīng 동 청취하다

3급 电梯 diàntī 명 엘리베이터, 승강기, 에스컬레이터

명 엘리베이터, 승강기, 에스컬레이터
我刚才在**电梯**门口看见他了
나는 방금 엘리베이터 앞에서 그를 봤다

3급 刚才 gāngcái 명 방금

1급 电影 diànyǐng 명 영화

명 영화
这部**电影**非常有意思 이 영화는 매우 재미있다
和他一起去看**电影** 그와 함께 영화를 보러 가다

部 bù 양 부, 편 (서적, 영화를 세는 단위)
2급 非常 fēicháng 부 매우, 대단히, 무척
有意思 yǒu yìsi 재미있다, 흥미가 있다

6급 电源 diànyuán 명 전원

명 전원
在打开**电源**的状态下, 请按下这个按键
전원을 켠 상태에서 이 버튼을 누르세요

按下 ànxià 동 누르다
按键 ànjiàn 명 버튼, 단추

3급 电子邮件 diànzǐ yóujiàn 전자 우편, 전자 메일, 이메일

전자 우편, 전자 메일, 이메일
昨天他给我发了一封**电子邮件**, 我还没回复
어제 그가 내게 이메일을 한 통 보냈는데, 나는 아직 회신하지 않았다

3급 发 fā 동 보내다, 전송하다
封 fēng 양 통
回复 huífù 동 답신하다, 회신하다

6급 垫 diàn 동 받치다, 깔다 명 깔개, 방석

동 **받치다, 깔다**
把桌子垫高些 탁자를 받쳐서 조금 높게 해라

명 **깔개, 방석**
椅子太硬，铺个垫儿 의자가 너무 딱딱하니 방석을 깔아라

6급 铺 pū 동 깔다

6급 惦记 diànjì 동 마음에 두다, 염려하다

동 **마음에 두다, 염려하다**
妈妈总是惦记着在外地上大学的小女儿
어머니는 외지에서 대학에 다니는 어린 딸을 늘 염려한다

3급 总是 zǒngshì 부 늘, 항상
外地 wàidì 명 외지, 타지

6급 奠定 diàndìng 동 다지다, 안정시키다

동 **다지다, 안정시키다**
为经济腾飞奠定牢固的基础
경제 도약을 위해 튼튼한 기초를 다지다

腾飞 téngfēi 동 도약하다, 비약하다
6급 牢固 láogù 형 견고하다, 튼튼하다
4급 基础 jīchǔ 명 기초

6급 叼 diāo 동 입에 물다

동 **입에 물다**
嘴上叼着一根香烟 입에 담배 한 개비를 물고 있다

香烟 xiāngyān 명 담배

6급 雕刻 diāokè 동 새기다, 조각하다 명 조각

동 **새기다, 조각하다**
石碑身上雕刻着精美的花纹和大量碑文
비석 위에 아름다운 무늬와 대량의 비문이 새겨져 있다

명 **조각**
在博物馆观赏红木雕刻作品
박물관에서 마호가니 조각 작품을 감상하다

精美 jīngměi 정교하고 아름답다
花纹 huāwén 명 무늬
碑文 bēiwén 명 비문
观赏 guānshǎng 동 관상하다, 감상하다

6급 雕塑 diāosù 명 조소, 조소품, 조소 작품

명 **조소, 조소품, 조소 작품**
大型雕塑生动传神
대형 조소 작품이 살아 있는 듯 생동감이 넘치다

5급 生动 shēngdòng 동 생동하다, 생생하다
传神 chuánshén 형 생동감 있다

6급 吊 diào 동 매달다 동 들어 올리다 동 회수하다, 철회하다

동 **매달다**
大树上吊着一口钟 큰 나무 위에 종이 매달려 있다

동 **들어 올리다**
从井里吊一桶水上来 우물에서 물 한 두레박을 길어 올리다

동 **회수하다, 철회하다**
吊销资格证书 자격증을 회수하여 취소하다

钟 zhōng 명 종
桶 tǒng 명 통
吊销 diàoxiāo 동 회수하여 취소하다
资格证书 zīgé zhèngshū 자격증

D

5급	钓 diào	동 낚다, 낚시질하다

동 낚다, 낚시질하다

钓了一条大鱼 큰 물고기를 한 마리 낚았다

我的爱好是养花、钓鱼、散步等等
나의 취미는 꽃 기르기, 낚시, 산책 등이다

| 3급 | 爱好 àihào | 명 취미, 기호, 애호 |
| 4급 | 散步 sànbù | 동 산책하다, 산보하다 |

4급	调查 diàochá	동 조사하다

동 조사하다

公司正在调查有关情况
회사에서 지금 관련 상황을 조사 중이다

监察机关对案件进行全面调查
감찰 기관이 안건에 대해 전면적인 조사를 진행하다

	监察 jiānchá	동 감찰하다
6급	案件 ànjiàn	명 사건, 안건
5급	全面 quánmiàn	명 전면적인, 전체적인

6급	调动 diàodòng	동 이동하다 　 동 동원하다, 활용하다

동 (인원, 작업을) 이동하다

领导不经过本人同意强行调动岗位
상사가 본인의 동의를 얻지 않고 강제로 직위를 이동하다

동 동원하다, 활용하다

调动各种积极因素促进事业发展
모든 긍정적 요소를 활용하여 사업 발전을 촉진시키다

	强行 qiángxíng	부 강제로
6급	岗位 gǎngwèi	명 직위
5급	因素 yīnsù	명 요소

4급	掉 diào	동 떨어지다, 떨어뜨리다, 빠뜨리다

동 떨어지다, 떨어뜨리다, 빠뜨리다

掉雨点儿了，要下雨吗?
빗방울이 떨어지는데, 비가 오려나?

帽子掉了 모자가 벗겨졌다

这行掉了几个字 이 줄은 몇 글자가 빠졌다

| | 雨点儿 yǔdiǎnr | 명 빗방울 |
| 3급 | 帽子 màozi | 명 모자 |

6급	跌 diē	동 넘어지다, 엎어지다 　 동 떨어지다 　 동 내리다

동 넘어지다, 엎어지다

昨天我不小心在路上跌了一跤
어제 나는 부주의해서 길에서 넘어졌다

동 떨어지다

一只小鸟从树上跌下来了
작은 새가 나무에서 떨어졌다

동 (가격, 생산량 등이) 내리다

今天股市行情跌了 오늘 주식 시세가 하락했다

3급	小心 xiǎoxīn	동 조심하다, 주의하다
	股市 gǔshì	명 주식 시장
	行情 hángqíng	명 시세, 시가

6급	丁 dīng	명 정, 네 번째 　 명 성년 남자

명 정, 네 번째

丁等 4등 | 丁种维生素 비타민 D

| 6급 | 维生素 wéishēngsù | 명 비타민 |

명 성년 남자
到处抓壮丁
곳곳에서 장정을 징발하다

壮丁 zhuàngdīng 명 장정, 징병 적령기에
이른 청장년

6급 **叮嘱** dīngzhǔ 동 신신당부하다

동 신신당부하다
师傅叮嘱干活要特别注意安全
스승님은 일을 할 때 안전에 특히 주의하라고 신신당부하셨다

4급 师傅 shīfu 명 사부, 스승
3급 注意 zhùyì 동 주의하다

6급 **盯** dīng 동 주시하다, 응시하다

동 주시하다, 응시하다
两眼直盯着黑板
두 눈은 줄곧 칠판을 응시하고 있다
家长不能每时每刻都盯着孩子
부모가 항상 아이를 주시하고 있을 수는 없다

3급 黑板 hēibǎn 명 칠판
每时每刻 měishí-měikè 항상, 언제나

5급 **顶** dǐng 명 정수리, 꼭대기, 상한 양 개, 채 동 이다, 떠받치다, 지탱하다

명 정수리, 꼭대기, 상한
坐缆车直接可以到山顶
케이블카를 타면 바로 산 정상에 갈 수 있다
产量已经到顶了
생산량이 이미 최고점에 달했다

양 개, 채 (꼭대기가 있는 물건을 세는 단위)
一顶帽子 모자 한 개

동 이다, 떠받치다, 지탱하다
头上顶着瓦罐
머리에 항아리를 이고 있다
顶着烈日帮忙干农活儿
뙤약볕을 견디며 농사일을 돕다

缆车 lǎnchē 명 케이블카
产量 chǎnliàng 명 산량, 생산량
瓦罐 wǎguàn 명 질항아리
烈日 lièrì 명 뜨겁게 내리쬐는 태양
农活儿 nónghuór 명 농사일

6급 **定期** dìngqī 동 날짜를 정하다 형 정기의, 정기적인

동 날짜를 정하다
哪天举行落成典礼尚未定期
언제 낙성식을 거행할지 아직 기일을 정하지 않았다

형 정기의, 정기적인
将首次开通直飞日本的定期航班
곧 일본 직항 정기 운항편이 처음 개통한다

6급 落成 luòchéng 동 낙성하다, 준공하다
尚未 shàngwèi 부 아직 …하지 않다
开通 kāitōng 동 열다, 개통하다
4급 航班 hángbān 명 운항 편수, 항공편

6급 **定义** dìngyì 명 정의

명 정의
用简明的语言给事物下定义
간단한 말로 사물에 정의를 내리다

简明 jiǎnmíng 형 간명하다, 간단명료하다

4급 丢 diū 동 내버리다 형 잃어버리다, 분실하다

동 내버리다
请勿在街上乱**丢**垃圾
길에 함부로 쓰레기를 버리지 마시오

동 잃어버리다, 분실하다
我不小心把钱包**丢**了
나는 부주의로 지갑을 잃어버렸다

请勿 qǐngwù 동 …하지 마시오
垃圾 lājī 명 쓰레기
钱包 qiánbāo 명 지갑

6급 丢人 diū//rén 동 체면을 잃다, 망신을 당하다

동 체면을 잃다, 망신을 당하다
在孩子面前做出这样的事情，实在是太**丢人**了
아이 앞에서 이런 짓을 하는 것은 정말 너무 망신스럽다

4급 实在 shízài 부 확실히, 정말

6급 丢三落四 diūsān-làsì 성 일을 대강대강 하다, 이것저것 잘 잊어버리다

성 일을 대강대강 하다, 이것저것 잘 잊어버리다
很多小学生有**丢三落四**的坏习惯
많은 초등학생이 이것저것 잘 잊어버리는 나쁜 습관이 있다

3급 习惯 xíguàn 명 습관, 관습

tip 여기에서는 落를 luò로 읽지 않는다

3급 东 dōng 명 동쪽 명 주인

명 동쪽 [반의어] 西 xī [3급]
水向**东**流 물이 동쪽으로 흐르다
我家就在这条街的**东**边 우리 집은 이 길의 동쪽에 있다

명 주인
房**东** 집주인
今晚我做**东**，请大家喝酒
오늘 밤엔 제가 한턱내서 모두에게 술을 대접하겠습니다

做东 zuòdōng 동 한턱내다

역순 어휘
房**东** fángdōng　　股**东** gǔdōng

6급 东道主 dōngdàozhǔ 명 주인, 주최 측, 주최자

명 주인, 주최 측, 주최자
韩国作为比赛**东道主**，自动获得参赛名额
한국은 대회 주최자 자격으로 시합 출전 정원을 자동으로 획득했다

5급 作为 zuòwéi 개 …의 자격으로서
5급 自动 zìdòng 부 저절로, 자동으로
6급 名额 míng'é 명 정원, 티오(TO)

1급 东西 dōngxi 명 물건, 것

명 물건, 것
上街买**东西**去了 물건을 사러 나갔다
我喜欢吃甜的**东西** 나는 단 것을 좋아한다

上街 shàngjiē 동 쇼핑하다
3급 甜 tián 형 달다

6급 东张西望 dōngzhāng-xīwàng 성 여기저기 두리번거리다

성 여기저기 두리번거리다
上课时不要**东张西望**
수업 들을 때 두리번거리지 마라

上课 shàngkè 동 수업을 하다

D

3급 冬 dōng 명 겨울, 겨울철

명 겨울, 겨울철
立了冬才两天，天气比往年要冷许多
입동 절기가 된 지 이틀인데, 날씨가 예전보다 훨씬 춥다

立冬 lìdōng 동 입동 절기가 되다, 겨울이 시작되다
往年 wǎngnián 명 왕년, 이전

6급 董事长 dǒngshìzhǎng 명 이사장, 회장

명 이사장, 회장
她曾在大企业担任过董事长秘书
그녀는 대기업에서 회장 비서를 맡았던 적이 있다

5급 担任 dānrèn 동 맡다, 담당하다
5급 秘书 mìshū 명 비서

2급 懂 dǒng 동 알다, 이해하다

동 알다, 이해하다
你的话我听不懂 나는 네 말을 알아듣지 못하겠다
他懂外语 그는 외국어를 할 줄 안다

听不懂 tīngbudǒng 알아듣지 못하다
外语 wàiyǔ 명 외국어

6급 动荡 dòngdàng 동 동요하다

동 동요하다
国际局势动荡多变 국제 정세가 술렁이며 변화가 많다

6급 局势 júshì 명 국세, 국면, 형세

5급 动画片 dònghuàpiàn 명 만화 영화

명 만화 영화
这一部动画片连成年人也喜欢看
이 만화 영화는 성인들도 좋아한다

成年人 chéngniánrén 명 성인, 대인

6급 动机 dòngjī 명 동기

명 동기
激发学生的学习动机 학생의 학습 동기를 부여하다
他对你的动机很不纯，带着目的接近你 그는 너에
대한 동기가 불순하고, 목적을 가지고 너에게 접근한 것이다

6급 激发 jīfā 동 자극하여 불러일으키다, 분발시키다
4급 目的 mùdì 명 목적
5급 接近 jiējìn 동 접근하다

6급 动静 dòngjing 명 인기척, 동정, 동태

명 인기척, 동정, 동태
别说话，屋外好像有动静
말하지 마, 밖에서 인기척이 난 것 같아
密切注意敌人的动静 적군의 동정을 면밀히 주의하다

5급 密切 mìqiè 형 주도면밀하다, 세심하다

6급 动力 dònglì 명 동력, 원동력

명 동력, 원동력
群众是社会发展的基本动力
군중은 사회 발전의 기본적인 원동력이다

4급 发展 fāzhǎn 동 발전하다
5급 基本 jīběn 형 기본의, 기본적인

6급 动脉 dòngmài 명 동맥

명 동맥

这些食物具有预防**动脉**血管硬化的功能
이런 식품에는 동맥 혈관 경화를 예방하는 효능이 있다

铁路是国民经济的主要**动脉**
철도는 국민 경제의 주요 동맥이다

血管 xuèguǎn 명 혈관
硬化 yìnghuà 동 경화하다

참조어 静脉 jìngmài 명 정맥

6급 动身 dòng//shēn 동 출발하다

동 출발하다

他明天**动身**去上海参与大型活动
그는 대규모 행사에 참여하러 내일 상하이로 출발한다

5급 参与 cānyù 동 참여하다, 참가하다
5급 大型 dàxíng 형 대형의, 대규모의

6급 动手 dòng//shǒu 동 착수하다, 시작하다 동 손으로 만지다 동 때리다

동 착수하다, 시작하다

日期快到了，抓紧**动手**准备吧！
날짜가 곧 다가오니 서둘러 준비를 시작하자!

동 손으로 만지다

参观展品，请勿**动手**
전시품 참관 시 손대지 마시오

동 때리다

两人吵着吵着就**动手**了
두 사람은 계속 말다툼을 하다가 결국 때렸다

5급 日期 rìqī 명 날, 날짜
5급 抓紧 zhuājǐn 동 서두르다
展品 zhǎnpǐn 명 진열품, 전시품
请勿 qǐngwù 동 …하지 마시오
5급 吵 chǎo 동 말다툼하다, 다투다

6급 动态 dòngtài 명 동태, 동향 형 역동적인, 움직이는

명 동태, 동향

仔细观察鱼游水的**动态**
물고기가 헤엄치는 동태를 자세히 관찰하다

国内外文化产业**动态**
국내외 문화 산업 동향

형 역동적인, 움직이는

制作**动态**图片格式
움직이는 사진 포맷을 만들다

5급 观察 guānchá 동 관찰하다
6급 产业 chǎnyè 명 산업
6급 格式 géshì 명 포맷(format)

3급 动物 dòngwù 명 동물

명 동물

黑熊是国家二级保护野生**动物**
흑곰은 국가 2급 보호 야생 동물이다

4급 保护 bǎohù 동 보호하다
野生 yěshēng 형 야생의

6급 动员 dòngyuán 동 동원하다

동 동원하다

动员妇女参加生产活动
부녀자를 동원하여 생산 활동에 참가시키다

5급 妇女 fùnǚ 명 성인 여성, 부녀자
4급 活动 huódòng 명 활동

4급 动作 dòngzuò 명 동작, 행동

명 동작, 행동
她的舞蹈**动作**十分灵活
그녀의 춤 동작은 대단히 민첩하다

奶奶年纪大了，**动作**比较迟缓
할머니는 나이가 드셔서 행동이 비교적 느리시다

6급 舞蹈 wǔdǎo 명 무용, 춤
5급 灵活 línghuó 형 민첩하다, 원활하다
6급 迟缓 chíhuǎn 형 느리다, 더디다

D

5급 冻 dòng 통 얼다 통 얼다, 곱다, 차가워지다

통 얼다
河水**冻**冰了
강물이 얼었다

통 (몸이나 손발이) 얼다/곱다/차가워지다
两手**冻**得又红又肿
두 손이 얼어서 빨갛게 부어올랐다

冻冰 dòngbīng 통 결빙하다, 얼음이 얼다
肿 zhǒng 통 부어오르다, 붓다

6급 冻结 dòngjié 통 얼다, 동결되다 통 동결하다, 중단하다, 보류하다

통 얼다, 동결되다
部分渔船**冻结**在水面上不能出海
일부 어선은 수면에 얼어붙어 바다로 나갈 수 없다

통 동결하다, 중단하다, 보류하다
两国的关系**冻结**了十年
양국 관계가 10년간 얼어붙었다

冻结资金 자금을 동결하다

渔船 yúchuán 명 어선, 고기잡이배
5급 资金 zījīn 명 자금

6급 栋 dòng 양 동, 채

양 동, 채 (가옥을 세는 단위)
回到家乡，盖一**栋**漂亮的房子
고향으로 돌아가 아름다운 집 한 채를 짓다

5급 盖 gài 통 짓다, 건축하다
房子 fángzi 명 가옥, 집

5급 洞 dòng 명 구멍, 동굴

명 구멍, 동굴
洞口 동굴 입구
防空**洞** 방공호
槽牙上有个**洞**
어금니에 구멍이 났다

槽牙 cáoyá 명 어금니

역순 어휘
空**洞** kōngdòng

洞穴 dòngxué 명 동굴

명 동굴
野兔钻进了**洞穴**
산토끼가 동굴 안으로 들어갔다

野兔 yětù 명 산토끼
钻 zuān 통 들어가다

1급 都 dōu 분 모두, 전부 분 심지어, …조차도 분 벌써, 이미

분 **모두, 전부**
我们**都**想去北京 우리는 모두 베이징에 가고 싶다

분 **심지어, …조차도**
他的事连我**都**不知道 그의 일은 심지어 나조차도 모른다

분 **벌써, 이미**
都半夜了，快睡吧 벌써 한밤중이니 얼른 자라

4급 连 lián 개 …마저도, …조차도
半夜 bànyè 명 자정 전후, 한밤중

○ 首都 shǒudū [4급] 참조

6급 兜 dōu 명 자루, 주머니 동 싸다, 에워싸다

명 **자루, 주머니**
手里提着一个**兜** 손에 자루 하나를 들고 있다
他从衣**兜**掏出了手机 그는 호주머니에서 핸드폰을 꺼냈다

동 **싸다, 에워싸다**
把西红柿**兜**在衣襟里 토마토를 옷섶에 싸다

4급 提 tí 동 손에 들다
衣兜 yīdōu 명 호주머니
6급 掏 tāo 동 꺼내다, 끌어내다
衣襟 yījīn 명 앞섶, 옷섶

6급 陡峭 dǒuqiào 형 가파르다, 험준하다

형 **가파르다, 험준하다**
山坡非常**陡峭** 산비탈이 매우 가파르다

山坡 shānpō 명 산비탈

6급 斗争 dòuzhēng 동 투쟁하다, 분투하다

동 **투쟁하다, 분투하다**
开展武装**斗争** 무장 투쟁을 전개하다
为民族的振兴而**斗争** 민족의 진흥을 위해 분투하다

6급 武装 wǔzhuāng 명 무장
6급 振兴 zhènxīng 동 진흥하다

5급 豆腐 dòufu 명 두부

명 **두부**
豆腐的蛋白质含量很高 두부는 단백질 함량이 높다
麻辣**豆腐**是我的拿手菜
마라더우푸는 내가 잘 만드는 음식이다

麻辣 málà 형 맛이 맵고 얼얼하다
6급 拿手 náshǒu 형 뛰어나다, 숙달하다

5급 逗 dòu 동 놀리다, 농담하다, 웃기다 형 웃기다, 재미있다

동 **놀리다, 농담하다, 웃기다**
别**逗**了，干点正事吧! 웃기지 말고 해야 할 일이나 해라!

형 **웃기다, 재미있다**
这个人真**逗** 이 사람은 진짜 웃긴다

正事 zhèngshì 명 올바른 일, 해야 할 일

都市 dūshì 명 대도시

명 **대도시**
你愿意放弃繁华的**都市**生活去乡下吗?
너는 번화한 대도시 생활을 포기하고 시골로 가기를 원하니?

6급 繁华 fánhuá 형 번화하다
乡下 xiāngxia 명 농촌, 시골

6급 督促 dūcù 图 독촉하다

图 독촉하다
督促有关部门从速办理
관련 부서가 서둘러 처리하도록 독촉하다

从速 cóngsù 图 서두르다

6급 毒品 dúpǐn 图 마약, 유독물

图 마약, 유독물
警察局破获贩卖**毒品**案件
경찰국에서 마약 판매 사건을 수사하고 용의자를 체포하다

破获 pòhuò 图 수사하여 체포하다
6급 贩卖 fànmài 图 판매하다

6급 独裁 dúcái 图 독재하다, 독단으로 하다

图 독재하다, 독단으로 하다
消除专断**独裁**等不良作风
독단으로 결정하고 처리하는 등의 좋지 않은 기풍을 없애다

6급 消除 xiāochú 图 제거하다, 없애다
专断 zhuānduàn 图 독단하다, 혼자 결정하다

5급 独立 dúlì 图 독립하다 图 독립적이다, 독자적이다

图 독립하다
第二次世界大战后原殖民地国家纷纷**独立**
제2차 세계 대전 후 식민지였던 나라들이 잇달아 독립했다

图 독립적이다, 독자적이다
离开父母开始**独立**的生活
부모와 떨어져 독립적 생활을 시작하다
培养**独立**思考能力 독립적인 사고 능력을 기르다

6급 殖民地 zhímíndì 图 식민지
3급 离开 líkāi 图 떠나다, 떨어지다, 헤어지다
5급 思考 sīkǎo 图 사고하다, 사유하다, 궁리하다
4급 能力 nénglì 图 능력

5급 独特 dútè 图 독특하다, 특별하다

图 독특하다, 특별하다
这些瓷器具有**独特**的民族风格
이 자기들은 독특한 민족 양식을 가지고 있다

具有 jùyǒu 图 있다, 가지고 있다
5급 风格 fēnggé 图 풍격, 양식

1급 读 dú 图 읽다 图 공부하다

图 읽다
这本书值得一**读** 이 책은 한번 읽어 볼 만하다
阅**读**课文 교과서 본문을 열독하다

图 공부하다
他只**读**过初中 그는 중학교까지만 다녔다
你**读**什么专业? 너는 어떤 전공을 공부하니?

4급 值得 zhíde 图 …할 가치가 있다
课文 kèwén 图 교과서 본문
初中 chūzhōng 图 중학교
4급 专业 zhuānyè 图 전공

역순 어휘
朗**读** lǎngdú　　阅**读** yuèdú

4급 堵车 dǔ // chē 图 차가 많아 길이 막히다

图 차가 많아 길이 막히다
这里没有红绿灯，却从不**堵车**
여기는 신호등이 없지만, 지금까지 길이 막힌 적이 없다

红绿灯 hónglùdēng 图 신호등

D

6급 堵塞 dǔsè 동 막다, 가로막다

동 막다, 가로막다
只有采取更加严格的措施，才能**堵塞**风险漏洞
더욱 엄격한 조치를 취해야만 위험과 허점을 막을 수 있다

5급 风险 fēngxiǎn 명 위험
漏洞 lòudòng 명 구멍, 허점

6급 赌博 dǔbó 동 도박하다

동 도박하다
他因**赌博**而欠下了几百万的债务
그는 도박을 해서 몇백만의 빚을 졌다

5급 欠 qiàn 동 빚지다
债务 zhàiwù 명 채무, 빚

6급 杜绝 dùjué 동 두절하다, 근절하다

동 두절하다, 근절하다
杜绝一切不正之风
모든 부정한 풍조를 근절하다

不正之风 bùzhèngzhīfēng
성 올바르지 않은 기풍

4급 肚子 dùzi 명 배, 복부 명 뱃속, 마음

명 배, 복부
我觉得**肚子**饿，要去吃午饭
나는 배가 고파서 점심 먹으러 갈 거야
명 뱃속, 마음
他一**肚子**墨水儿 그는 뱃속에 먹물이 가득하다(학식이 있다)

3급 饿 è 형 배고프다
午饭 wǔfàn 명 점심, 점심 식사
一肚子 yīdùzi 뱃속에 가득하다
6급 墨水儿 mòshuǐr 명 먹물, 학식

5급 度过 dùguò 동 경과하다, 시간을 보내다

동 경과하다, 시간을 보내다
我们一起**度过**了快乐的日子！
우리는 함께 즐거운 시간을 보냈다!
度过假期 휴가를 보내다

5급 日子 rìzi 명 날, 시간
假期 jiàqī 명 방학, 휴가 기간

6급 端 duān 형 단정하다, 바르다 명 끝, 발단, 사건 동 가지런히 들다, 받쳐 들다

형 단정하다, 바르다
品行不**端** 품행이 단정하지 않다
명 끝, 발단, 사건
上**端** 상단 | 发**端** 발단
동 가지런히 들다, 받쳐 들다
老师亲自**端**来一杯茶 선생님이 직접 차 한 잔을 내오셨다

品行 pǐnxíng 명 품행, 행실
5급 亲自 qīnzì 부 친히, 직접

<u>역순 어휘</u>
弊端 bìduān　　极端 jíduān
尖端 jiānduān　争端 zhēngduān

6급 端午节 Duānwǔjié 명 단오, 단오절

명 단오, 단오절 (음력 5월 5일)
吃粽子是**端午节**最重要的习俗之一
쫑쯔를 먹는 것은 단오절의 가장 중요한 풍속 중 하나이다

粽子 zòngzi 명 쫑쯔, 찹쌀을 대나무 잎으로
　　　　　싸서 찐 음식
6급 习俗 xísú 명 습속, 풍속

D

6급 端正 duānzhèng 형 단정하다, 바르다 통 바르게 하다, 바로잡다

형 **단정하다, 바르다**
字体端正 글씨체가 바르다
行为端正 행동이 바르고 곧다
端端正正地坐在椅子上
의자에 바르게 앉아 있다

통 **바르게 하다, 바로잡다**
端正工作作风 업무 기풍을 바로 잡다

5급 行为 xíngwéi 명 행위
6급 作风 zuòfēng 명 태도, 방법, 스타일

3급 短 duǎn 형 짧다

형 **(길이, 시간 등이) 짧다** [반의어] 长 cháng [2급]
在较短的时间内完成了作业
비교적 짧은 시간 안에 과제를 끝냈다
脖子又粗又短 목이 굵고 짧다

5급 脖子 bózi 명 목

역순 어휘
缩短 suōduǎn

6급 短促 duǎncù 형 짧다, 촉박하다

형 **(시간이) 짧다/촉박하다**
他在短促的一生中，写下了不少的小说
그는 짧은 일생에서 적지 않은 소설을 써냈다
呼吸短促 호흡이 가쁘다

一生 yīshēng 명 일생, 평생
5급 呼吸 hūxī 통 호흡하다

4급 短信 duǎnxin 명 문자 메시지

명 **문자 메시지**
我以为收到的是一条垃圾短信，原来是他发送的
나는 스팸 메시지를 받은 줄 알았는데, 알고 보니 그가 보낸 것이었다

收到 shōudào 통 받다, 수신하다
垃圾短信 lājī duǎnxin 스팸 메시지
发送 fāsòng 통 보내다, 발송하다

3급 段 duàn 양 도막, 동안, 단락 명 도막, 부분

양 **도막, 동안, 단락**
我要在家休息一段时间了
나는 당분간 집에서 쉴 것이다
唱一段京剧 경극 한 단락을 부르다

명 **도막, 부분**
阶段 단계 | 地段 구역

4급 京剧 jīngjù 명 경극

역순 어휘
阶段 jiēduàn

5급 断 duàn 통 끊다, 자르다, 중단하다 통 판단하다, 결정하다

통 **끊다, 자르다, 중단하다**
电线断了 전선이 끊어졌다
断开连接 연결이 끊어지다

통 **판단하다, 결정하다**
独断专行 혼자 결정하고 처리하다

역순 어휘
不断 bùduàn   果断 guǒduàn
垄断 lǒngduàn   判断 pànduàn
片断 piànduàn   诊断 zhěnduàn
中断 zhōngduàn

6급 断定 duàndìng 동 단정하다, 판정하다, 결론을 내리다

동 단정하다, 판정하다, 결론을 내리다

我断定他今天是不会来了
나는 그가 오늘 오지 않을 것이라고 단정했다

警察目前断定他是凶手
경찰은 현재 그가 살인자라고 결론을 내렸다

| 5급 目前 mùqián 명 목전, 눈앞, 현재
| 6급 凶手 xiōngshǒu 명 살인자

断断续续 duànduàn-xùxù 형 끊어졌다 이어졌다 하다

형 끊어졌다 이어졌다 하다

他断断续续地读完了那本书
그는 읽다 말다 하면서 그 책을 다 읽었다

屋子里传出一阵断断续续的呻吟声
집에서 띄엄띄엄 신음 소리가 흘러나왔다

| 6급 呻吟 shēnyín 동 신음하다, 끙끙거리다

6급 断绝 duànjué 동 단절하다, 끊다

동 단절하다, 끊다

他们表明与我国断绝一切的外交关系
그들은 우리 나라와 모든 외교 관계를 끊겠다고 밝혔다

双向交通完全断绝
양방향의 교통이 완전히 두절되다

| 4급 一切 yīqiè 대 전부, 모든, 일체
| 5급 外交 wàijiāo 명 외교
| 双向 shuāngxiàng 형 쌍방의, 양방향의
| 4급 交通 jiāotōng 명 교통

3급 锻炼 duànliàn 동 단련하다

동 단련하다

她喜欢在健身中心锻炼身体
그녀는 피트니스 센터에서 몸을 단련하는 것을 좋아한다

| 5급 健身 jiànshēn 동 신체를 단련하다
| 5급 中心 zhōngxīn 명 센터

5급 堆 duī 동 쌓다, 누적하다 명 더미, 무더기, 무리 양 더미, 무더기, 무리

동 쌓다, 누적하다

桌上堆满了书 탁자 위에 책이 가득 쌓여 있다

명 더미, 무더기, 무리

稻草堆 볏짚 더미

问题成堆 문제가 산적하다

양 더미, 무더기, 무리

道路被一堆土堵住了 도로가 흙더미로 막혔다

整天上班处理了一堆事情
출근해서 온종일 한 무더기의 일을 처리했다

| 成堆 chéngduī 동 무더기로 쌓이다
| 整天 zhěngtiān 명 온종일
| 5급 处理 chǔlǐ 동 처리하다, 해결하다

6급 堆积 duījī 동 쌓이다, 퇴적되다

동 쌓이다, 퇴적되다

流沙堆积 모래가 흘러와 퇴적되다

问题堆积如山 문제가 산처럼 쌓이다

| 流沙 liúshā 명 유사, 움직이는 모래

6급 队伍 duìwu 명 부대, 대오, 행렬, 집단

명 부대, 대오, 행렬, 집단
我们都属于一支队伍
우리는 모두 같은 부대에 소속되어 있다

学生队伍从检阅台前通过
학생 행렬이 사열대 앞을 통과하다

拥有一支高水平的科技队伍
높은 수준의 과학 기술자 집단을 보유하다

- 5급 属于 shǔyú 동 속하다
- 检阅台 jiǎnyuètái 명 사열대
- 6급 拥有 yōngyǒu 동 영유하다, 가지다, 보유하다

2급 对 duì 동 향하다, 대하다 개 …에 대해서, …에게, …을 향하여
형 정확하다, 맞다, 옳다 양 짝, 쌍

동 향하다, 대하다
窗户正对着大街
창문은 큰길을 바로 향해 있다

개 …에 대해서, …에게, …을 향하여
大家对他很关心
모두들 그에게 관심이 많다

两个人对这件事怎么看?
두 사람은 이 일에 대해 어떻게 생각합니까?

형 정확하다, 맞다, 옳다
数字不对 숫자가 정확하지 않다
回答对了 대답이 정확했다
他说得很对 그의 말이 옳다

양 짝, 쌍 (짝을 이루는 사람이나 사물을 세는 단위)
一对夫妇 부부 한 쌍 | **两对鸳鸯** 원앙 두 쌍

- 4급 窗户 chuānghu 명 창, 창문
- 3급 关心 guānxīn 동 관심을 갖다, 마음을 쓰다
- 4급 数字 shùzì 명 숫자, 수, 수량
- 3급 回答 huídá 동 회답하다, 대답하다
- 6급 夫妇 fūfù 명 부부
  鸳鸯 yuānyāng 명 원앙

역순 어휘
反对 fǎnduì   绝对 juéduì
面对 miànduì   相对 xiāngduì
针对 zhēnduì

5급 对比 duìbǐ 동 대비하다 명 비, 비율

동 대비하다 (둘 이상의 주체를 동등하게 비교하는 것을 가리킴)
两相对比，优劣自明
둘을 서로 비교해 보면 우열이 명백하다

명 비, 비율
甲乙两公司的资本对比是五比三
갑을 양사의 자본 비율은 5:3이다

优劣 yōuliè 명 우열
自明 zìmíng 형 자명하다, 명백하다

1급 对不起 duìbuqǐ 미안합니다, 죄송합니다

미안합니다, 죄송합니다
对不起，我来晚了
미안해, 내가 늦게 왔네

6급 对策 duìcè 명 대책

명 대책
干部召开会议，商讨下一步对策
간부들이 회의를 소집하여 다음 대책을 협의하다

- 5급 召开 zhàokāi 동 (회의를) 소집하고 열다
  商讨 shāngtǎo 동 협의하다, 상의하고 토론하다

6급 对称 duìchèn 형 대칭이다

형 대칭이다

人体的四肢、耳、目都是很对称的
인체의 팔다리와 귀, 눈은 모두 대칭이다

6급 四肢 sìzhī 명 사지

5급 对待 duìdài 동 대하다, 다루다, 대처하다

동 대하다, 다루다, 대처하다

热情对待顾客
고객을 열정적으로 대하다

只有认真对待自己的工作，才会做出业绩
자기 일을 진지하게 대해야만 업적을 낼 수 있다

4급 顾客 gùkè 명 고객
业绩 yèjì 명 업적, 공적

5급 对方 duìfāng 명 상대방

명 상대방

两个球队比赛前，都下功夫研究对方
두 팀은 시합 전에 모두 상대방을 연구하는 데 힘을 쏟았다

3급 比赛 bǐsài 명 시합, 경기, 대회
下功夫 xià gōngfu 공을 들이다,
시간과 정성을 쏟다

6급 对付 duìfu 동 대처하다, 대응하다 동 그럭저럭 …하다

동 대처하다, 대응하다

事情再多，我一个人也能对付
일이 아무리 많아도 나 혼자 처리할 수 있다

동 그럭저럭 …하다

生活虽有困难，但还可以对付
생활이 비록 어렵지만 그럭저럭 견딜 수 있다

4급 困难 kùnnan 명 곤란, 어려움

4급 对话 duìhuà 동 대화하다 명 대화

동 (duì//huà) 대화하다

通过对话加深了彼此间的了解
대화를 통해 서로간의 이해가 더 깊어졌다

명 대화

我偶然听到她们的对话
나는 우연히 그녀들의 대화를 들었다

5급 彼此 bǐcǐ 대 피차, 서로
3급 了解 liǎojiě 동 분명히 알다, 이해하다
5급 偶然 ǒurán 부 우연히, 뜻밖에

6급 对抗 duìkàng 동 대립하다, 대항하다, 맞서다

동 대립하다, 대항하다, 맞서다

这样对抗下去，对双方都不利
이런 식으로 계속 대립하면 서로에게 모두 불리하다

这是对抗经济危机的手段
이것은 경제 위기에 맞서는 수단이다

5급 双方 shuāngfāng 명 양측, 쌍방
6급 危机 wēijī 명 위기
手段 shǒuduàn 명 수단, 방법, 수법

D

6급 对立 duìlì 图 대립하다

图 대립하다
不要把自己和群众对立起来
자신과 군중을 대립시키지 마라
质量和数量既对立又统一
질량과 수량은 대립하면서도 통일된다

5급 统一 tǒngyī 图 통일하다

6급 对联 duìlián 图 대련

图 대련 (문이나 대청 양쪽에 붙이는 구절)
他家门上贴着一幅对联
그의 집 문에 한 폭의 대련이 붙어 있다

贴 tiē 图 붙이다
5급 幅 fú 穆 폭

4급 对面 duìmiàn 图 건너편, 맞은편, 정면

图 건너편, 맞은편, 정면
他家对面是个商店
그의 집 맞은편은 상점이다
对面开过来一辆汽车
정면에서 차 한 대가 오다

汽车 qìchē 图 자동차

5급 对手 duìshǒu 图 상대편, 맞수, 적수

图 상대편, 맞수, 적수
对手是世界强队
상대는 세계적인 강팀이다

强队 qiángduì 图 강팀

5급 对象 duìxiàng 图 대상 图 결혼 상대, 애인

图 대상
教育方式没有跟上教育对象的变化
교육 방식이 교육 대상의 변화를 따라잡지 못하고 있다
图 결혼 상대, 애인
朋友给我介绍了对象
친구가 내게 결혼 상대를 소개해 줬다
她努力帮单身的朋友找对象
그녀는 독신인 친구에게 열심히 애인을 찾아 주려 한다

5급 方式 fāngshì 图 방식, 패턴
跟上 gēnshàng 图 따라잡다
2급 介绍 jièshào 图 소개하다
单身 dānshēn 图 독신, 솔로

6급 对应 duìyìng 图 대응하다 穆 대응하는, 적합한, 합당한

图 대응하다
掌握本地方言跟普通话的语音对应关系
현지 방언과 표준 중국어의 말소리 대응 관계를 파악하다
穆 대응하는, 적합한, 합당한
对应方式 대응 방식
对应举动 합당한 행동

5급 掌握 zhǎngwò 图 장악하다, 파악하다
本地 běndì 图 이곳, 본지, 현지
语音 yǔyīn 图 말소리, 음성
6급 举动 jǔdòng 图 동작, 행동, 거동

4급 对于 duìyú 깨 …에 대하여, …에 관하여

깨 …에 대하여, …에 관하여

这样做，对于解决问题起不了多大作用
이런 식으로 하는 것은 문제 해결에 별 도움이 되지 않는다

起作用 qǐ zuòyòng 도움이 되다, 역할을 하다

6급 对照 duìzhào 동 대조하다

동 대조하다

对照底稿，认真校订
초고를 대조하며 열심히 교정하다

底稿 dǐgǎo 몡 초고
校订 jiàodìng 동 교정하다

5급 兑换 duìhuàn 동 환전하다, 현금으로 바꾸다

동 환전하다, 현금으로 바꾸다

港币兑换人民币
홍콩 달러를 인민폐로 바꾸다

5급 人民币 rénmínbì 몡 런민비, 인민폐, 중국의 법정 화폐

6급 兑现 duìxiàn 동 현금으로 바꾸다 동 약속을 지키다

동 (증권을) 현금으로 바꾸다

国债到期都能兑现
국채는 기한이 되면 모두 현금으로 바꿀 수 있다

동 약속을 지키다

他终于兑现了过去的承诺
그는 마침내 과거의 약속을 지켰다

国债 guózhài 몡 국채
6급 承诺 chéngnuò 몡 승낙, 약속

5급 吨 dūn 양 톤

양 톤 (질량의 단위)

这个月液化天然气出口量达到182万吨
이달 액화 천연가스 수출량이 182만 톤에 달한다

5급 出口 chūkǒu 동 수출하다
5급 达到 dádào 동 실현하다, 도달하다

5급 蹲 dūn 동 쪼그려 앉다, 웅크려 앉다 동 머무르다

동 쪼그려 앉다, 웅크려 앉다

他蹲下帮我系鞋带 웅크리고 앉아서 내 신발끈을 묶어 주었다

동 머무르다

我在北京已经蹲了十来天了
나는 베이징에서 이미 열흘 가량 머물렀다

系 jì 동 매다, 묶다
鞋带 xiédài 몡 신발끈

5급 顿 dùn 양 끼, 번, 차례

양 끼, 번, 차례 (끼니, 질책, 권고, 욕설 등의 횟수를 세는 단위)

这道菜味道新鲜好吃，一天三顿都吃不腻
이 요리는 신선하고 맛있어서 하루 세 끼를 먹어도 질리지 않는다

他挨了父亲一顿打
그는 아버지에게 한 차례 매를 맞았다

腻 nì 혱 질리다, 물리다
6급 挨 ái 동 당하다, 받다

역순 어휘
停顿 tíngdùn 整顿 zhěngdùn

D

| 6급 | **顿时** dùnshí ᠍명 즉시, 곧 |

᠍명 즉시, 곧
演出一结束，全场顿时响起热烈的掌声
공연이 끝나자 공연장 전체에 즉시 열띤 박수 소리가 울려 퍼졌다

| 4급 | **响** xiǎng ᠍동 소리가 나다
| 5급 | **热烈** rèliè ᠍형 열렬하다, 뜨겁다

| 1급 | **多** duō ᠍형 많다 ᠍동 증가하다, 초과하다, 남다 ᠍주 여, 남짓 ᠍명 얼마나, 아무리 |

᠍형 많다 ᠍반의어 少 shǎo [1급]
人口多 인구가 많다
现在进步多了 지금은 많이 발전했다

᠍동 증가하다, 초과하다, 남다 ᠍반의어 少 shǎo [1급]
收入比去年多了一万元
수입이 작년에 비해 1만 위안 늘었다

᠍주 여, 남짓 (정수 뒤에 써서 남는 정도를 나타냄)
三十多公里 30여 킬로미터
三米多高 3여 미터 높이

᠍명 얼마나, 아무리 (정도, 수량, 감탄 등을 나타냄)
这孩子多大了？ 이 아이는 몇 살이 됐니?
这叶子多绿啊！ 이 잎은 얼마나 푸르른가!
不管多高的山都要上
아무리 높은 산이라도 끝까지 오르겠다

| 5급 | **人口** rénkǒu ᠍명 인구
| 5급 | **进步** jìnbù ᠍동 진보하다, 발전하다
| 4급 | **收入** shōurù ᠍명 수입
| 4급 | **公里** gōnglǐ ᠍양 킬로미터
| 4급 | **叶子** yèzi ᠍명 잎
| 3급 | **绿** lǜ ᠍형 푸르다
| 4급 | **不管** bùguǎn ᠍접 …와 상관없이, …든 간에

᠍역순 어휘
许多 xǔduō

| 5급 | **多亏** duōkuī ᠍동 덕분이다, 덕택이다 ᠍명 다행히, 덕분에 |

᠍동 덕분이다, 덕택이다
多亏你的帮助，我才有今天的成绩
너의 도움 덕분에 내가 오늘의 성과를 얻었다

᠍명 다행히, 덕분에
多亏买了保险，不然损失就更大了 다행히 보험을
들어서 망정이지 그렇지 않았다면 손실이 더 컸을 것이다

| 2급 | **帮助** bāngzhù ᠍동 돕다, 원조하다
| 5급 | **保险** bǎoxiǎn ᠍명 보험
| 5급 | **损失** sǔnshī ᠍명 손실

| 3급 | **多么** duōme ᠍명 얼마나, 아무리 |

᠍명 얼마나, 아무리 (정도, 수량, 감탄 등을 나타냄)
多么好的学生啊！
얼마나 훌륭한 학생인가!
无论工作多么忙，也要参加体育锻炼
일이 아무리 바쁘더라도 체력 단련에 참가해야 한다

| 4급 | **无论** wúlùn ᠍접 …에도 불구하고,
…을 막론하고

| 1급 | **多少** duōshao ᠍대 얼마, 몇 ᠍대 얼마나, 얼마만큼 |

᠍대 얼마, 몇 (의문문에 쓰여 수량을 물을 때 씀)
今天来了多少人？ 오늘은 몇 명이나 왔니?
这台电视多少钱？ 이 TV는 얼마입니까?

᠍대 얼마나, 얼마만큼 (정해지지 않은 수량을 나타냄)
要多少，给多少 원하는 만큼 준다

| 4급 | **台** tái ᠍양 대 (기계, 설비 등을 세는 단위)
| 1급 | **电视** diànshì ᠍명 텔레비전, TV

5급 多余 duōyú 형 남는, 불필요한, 쓸데없는

형 남는, 불필요한, 쓸데없는
多余的劳动力 잉여 노동력
文字简练，没有多余的话
글이 간결하여 불필요한 말이 없다

劳动力 láodònglì 명 노동력
简练 jiǎnliàn 형 간결하고 세련되다

6급 多元化 duōyuánhuà 동 다원화하다 형 다양한, 다원화된

동 다원화하다
资金渠道多元化 자금 조달 경로를 다원화하다
형 다양한, 다원화된
或多或少地进行着多元化的努力
어느 정도 다양한 노력을 하고 있다

6급 渠道 qúdào 명 경로, 절차
或多或少 huòduō-huòshǎo 어느 정도

6급 哆嗦 duōsuo 동 부들부들 떨다, 벌벌 떨다

동 부들부들 떨다, 벌벌 떨다
冻得浑身直哆嗦
추워서 온몸을 부들부들 떨다

6급 浑身 húnshēn 명 온몸, 전신

5급 朵 duǒ 양 송이, 점

양 송이, 점 (꽃, 구름 등을 세는 단위)
请给我一朵花 내게 꽃 한 송이를 주세요
白云朵朵 흰 구름이 뭉게뭉게 피어 오르다

5급 躲藏 duǒcáng 동 도망쳐 숨다

동 도망쳐 숨다
高强度的排查使嫌疑犯无处躲藏，被迫自首
고강도 조사로 피의자는 숨을 곳이 없어져서 어쩔 수 없이 자수했다

排查 páichá 동 하나하나 조사하다
嫌疑犯 xiányífàn 명 혐의자, 피의자

6급 堕落 duòluò 동 타락하다

동 타락하다
他无耻堕落到这种程度！
그가 이 정도까지 파렴치하게 타락하다니!

6급 无耻 wúchǐ 형 뻔뻔하다, 염치없다

E

6급 额外 éwài ㅤ 형 이외의, 추가의, 초과의

형 이외의, 추가의, 초과의
寻找各种方法来增加额外收入
추가 수입을 늘릴 각종 방법을 찾다

5급 寻找 xúnzhǎo 동 찾다
4급 增加 zēngjiā 동 더하다, 늘리다
4급 收入 shōurù 명 수입

6급 恶心 ěxin ㅤ 동 메스껍다, 구역질 나다, 혐오감이 들다

동 메스껍다, 구역질 나다, 혐오감이 들다
闻到汽油味儿就恶心 휘발유 냄새를 맡으면 메스껍다
那样子真让人恶心 그 모습은 정말로 혐오스럽다

5급 闻 wén 동 냄새를 맡다
5급 汽油 qìyóu 명 휘발유, 가솔린

6급 恶化 èhuà ㅤ 동 악화되다, 악화시키다

동 악화되다, 악화시키다
夫妻感情逐渐恶化 부부의 감정이 점점 악화되다

4급 感情 gǎnqíng 명 감정, 애정
5급 逐渐 zhújiàn 부 차츰, 점차

5급 恶劣 èliè ㅤ 형 열악하다, 악랄하다, 매우 나쁘다

형 열악하다, 악랄하다, 매우 나쁘다
这家餐厅客服态度恶劣
이 식당은 고객 서비스 태도가 형편없다
这里的气候十分恶劣
이곳의 기후는 매우 열악하다

4급 餐厅 cāntīng 명 식당
ㅤㅤ 客服 kèfú 명 고객 서비스
4급 气候 qìhòu 명 기후

3급 饿 è ㅤ 형 배고프다

형 배고프다
我饿了，我们先吃饭吧
나 배고파, 우리 먼저 밥부터 먹자
我肚子饿，但是没有胃口
나는 배가 고픈데 식욕은 없다

5급 胃口 wèikǒu 명 식욕

역순 어휘
饥饿 jī'è

6급 遏制 èzhì ㅤ 동 억제하다, 막다

동 억제하다, 막다
遏制通货膨胀 통화 팽창을 억제하다

6급 通货膨胀 tōnghuò péngzhàng
ㅤㅤ 통화 팽창, 인플레이션

6급 恩怨 ēnyuàn ㅤ 명 은원, 은혜와 원한

명 은원, 은혜와 원한 (주로 원한을 가리킴)
不要计较个人恩怨 개인적인 원한을 따지지 마라

6급 计较 jìjiào 동 계산하여 비교하다, 따지다

4급 儿童 értóng ㅤ 명 아동, 어린이

명 아동, 어린이
帮助一名走失儿童安全找到亲人
길을 잃은 아동 한 명에게 안전하게 가족을 찾아 주다

走失 zǒushī 동 행방불명되다, 길을 잃다
亲人 qīnrén 명 가족

1급 儿子 érzi 명 아들

명 아들
我有一个儿子，一个女儿 나는 아들 하나, 딸 하나가 있다

1급 女儿 nǚ'ér 명 딸

4급 而 ér 연 …하고, …하면서, …하나

연 …하고, …하면서, …하나 (병렬, 접속, 전환 등을 나타냄)
年轻而又有活力 젊은 데다가 활력도 있다
不要为钱而工作，要让钱为你而工作
돈을 위해 일하지 말고, 돈이 너를 위해 일하게 하라
费力大而收效小 힘을 많이 들였지만 거둔 효과는 적다

6급 活力 huólì 명 활력, 생기
收效 shōuxiào 동 효과를 보다

역순 어휘
从而 cóng'ér　反而 fǎn'ér　进而 jìn'ér
然而 rán'ér　时而 shí'ér　因而 yīn'ér

而且 érqiě 연 게다가, 또한, …일 뿐만 아니라

연 게다가, 또한, …일 뿐만 아니라
这只狗很可爱，而且很听话
이 개는 귀엽고 게다가 말도 잘 듣는다
他不但聪明，而且好学
그는 총명할 뿐만 아니라 배우기도 좋아한다

3급 只 zhī 양 마리
听话 tīnghuà 동 말을 잘 듣다
不但 bùdàn 연 …뿐만 아니라
好学 hàoxué 동 배우기를 좋아하다

6급 而已 éryǐ 조 …일 뿐이다, …일 따름이다

조 …일 뿐이다, …일 따름이다 (주로 不过 bùguò, 只 zhī와 호응함)
我只是开玩笑而已，别当真
나는 농담한 것뿐이니, 진짜라고 생각하지 마

4급 开玩笑 kāi wánxiào 농담하다
当真 dàngzhēn 동 진짜로 여기다

3급 耳朵 ěrduo 명 귀

명 귀
一只兔子有两只大耳朵 토끼는 두 개의 큰 귀가 있다

5급 兔子 tùzi 명 토끼

5급 耳环 ěrhuán 명 귀걸이

명 귀걸이
我的脸型适合戴哪一种耳环?
내 얼굴형에는 어떤 귀걸이를 하는 게 어울리니?

4급 适合 shìhé 동 …에 적절하다, …에 적합하다
4급 戴 dài 동 착용하다

1급 二 èr 수 이, 둘, 2

수 이, 둘, 2
二年级有两个班 2학년은 두 개의 반이 있다

3급 年级 niánjí 명 학년
2급 两 liǎng 수 둘, 두

6급 二氧化碳 èryǎnghuàtàn 명 이산화 탄소

명 이산화 탄소
减少二氧化碳排放量 이산화 탄소 배출량을 줄이다

4급 减少 jiǎnshǎo 동 감소하다, 줄이다
排放量 páifàngliàng 명 배출량

3급 发 fā 图 발생하다 图 보내다, 송출하다, 전송하다, 내주다

图 **발생하다**
发病 병이 나다, 병이 도지다
最近几年，南方连发水灾
최근 몇 년, 남부 지역에서 수해가 연이어 발생하다

图 **보내다, 송출하다, 전송하다, 내주다**
发送一封邮件 메일을 발송하다

水灾 shuǐzāi 图 수재, 수해

역순 어휘
颁发 bānfā　爆发 bàofā　进发 bèngfā
出发 chūfā　激发 jīfā　开发 kāifā
批发 pīfā　启发 qǐfā　沙发 shāfā
蒸发 zhēngfā　自发 zìfā

5급 发表 fābiǎo 图 발표하다, 게재하다

图 **발표하다, 게재하다**
发表意见 의견을 발표하다
总统已经发表了一项声明
대통령은 이미 성명서를 발표했다
在网络上发表了自己的小说
인터넷 상에 자신의 소설을 게재했다

5급 总统 zǒngtǒng 图 대통령
6급 声明 shēngmíng 图 성명서

6급 发布 fābù 图 발포하다, 발표하다, 선포하다

图 **(명령, 공문, 뉴스 등을) 발포하다/발표하다/선포하다**
发布命令 명령을 발포하다
校园招聘宣讲会的信息发布在学校就业网站上
캠퍼스 채용 설명회 정보는 학교 취업 사이트에서 발표한다

5급 命令 mìnglìng 图 명령
　　宣讲会 xuānjiǎnghuì 图 설명회, 강연회
6급 就业 jiùyè 图 취업하다

6급 发财 fā//cái 图 큰돈을 벌다, 부자가 되다

图 **큰돈을 벌다, 부자가 되다**
他这几年发了财，把欠账都还清了
그는 최근 몇 년 사이에 큰돈을 벌어서 빚을 모두 갚았다
拜年的时候，人们会相互说："恭喜发财"
새해 인사를 할 때, 사람들은 서로 "돈 많이 버십시오"라고 말한다

欠账 qiànzhàng 图 빚, 부채
还清 huánqīng 图 빚을 청산하다
6급 拜年 bàinián 图 새해 인사를 하다,
　　　　　　　세배하다

5급 发愁 fā//chóu 图 근심하다, 우려하다

图 **(어려운 일을) 근심하다/우려하다**
他正发愁找不到合适的人选
그는 적합한 사람을 찾지 못해 근심하고 있다

人选 rénxuǎn 图 선발된 사람

5급 发达 fādá 图 발달하다, 번창하다 图 발전시키다, 번창하게 하다

图 **발달하다, (사업이) 번창하다**
商业发达 상업이 발달하다
交通是衡量一个国家发达程度的重要标准
교통은 한 나라의 발달 정도를 가늠하는 중요한 기준이다

图 **발전시키다, 번창하게 하다**
发达文化 문화를 발전시키다

5급 商业 shāngyè 图 상업
　　衡量 héngliáng 图 평가하다, 헤아리다,
　　　　　　　가늠하다
5급 程度 chéngdù 图 정도, 수준

F

6급 发呆 fā//dāi 图 멍해지다, 넋을 잃다

图 멍해지다, 넋을 잃다
他站在窗前**发呆**
그는 창가에 멍하니 서 있다

6급 发动 fādòng 图 시동을 걸다, 기기를 발동하다 图 시작하다, 일으키다 图 동원하다

图 시동을 걸다, 기기를 발동하다
发动汽车 자동차 시동을 걸다

图 시작하다, 일으키다
他们已经做好了**发动**战争的准备
그들은 이미 전쟁을 시작할 준비를 마쳤다

图 동원하다
发动群众力量推动文明实践
군중의 힘을 동원하여 문명 실천을 추진하다

5급 战争 zhànzhēng 명 전쟁
6급 群众 qúnzhòng 명 군중, 대중, 많은 사람
推动 tuīdòng 나아가게 하다, 추진하다
5급 实践 shíjiàn 명 실천

5급 发抖 fādǒu 图 떨다

图 (분노, 공포, 질병, 추위 등으로) 떨다
气得他全身**发抖**
그는 화가 나서 온몸이 부들거렸다

狐狸一看见老虎就吓得浑身**发抖**
여우는 호랑이를 보자마자 놀라서 온몸을 떨었다

狐狸 húli 명 여우
6급 浑身 húnshēn 명 온몸, 전신

5급 发挥 fāhuī 图 발휘하다, 충분히 드러내다 图 발전시키다

图 발휘하다, 충분히 드러내다
你只要**发挥**正常，进前三名没问题
네가 기량을 제대로만 발휘한다면 3등 안에 드는 것은 문제 없다

把自己的才华**发挥**得淋漓尽致
자신의 뛰어난 재주를 남김없이 드러내다

图 (원래의 기초 위에서) 발전시키다
他**发挥**了导师的见解
그는 지도 교수의 견해를 발전시켰다

才华 cáihuá 명 드러난 재능, 뛰어난 재주
淋漓尽致 línlí-jìnzhì 정 남김없이 드러내다
导师 dǎoshī 명 지도 교사, 지도 교수
6급 见解 jiànjiě 명 견해, 의견

发火 fā//huǒ 图 불이 나다, 불이 붙다 图 화내다, 성질을 부리다

图 불이 나다, 불이 붙다
前几天那个购物中心**发火**了
며칠 전에 그 쇼핑센터에서 불이 났다

这种煤不易**发火**
이 석탄은 불이 쉽게 붙지 않는다

图 화내다, 성질을 부리다
他这个人脾气很急，有一点儿不满意就**发火**
그 사람은 성격이 급해서 조금만 마음에 안 들어도 화를 낸다

购物中心 gòuwù zhōngxīn 쇼핑센터
不易 bùyì 형 쉽지 않다
4급 脾气 píqi 명 성격, 성질

6급 发觉 fājué 동 알아차리다, 발견하다

동 알아차리다, 발견하다
出发后才**发觉**没带钱包
출발한 뒤에야 지갑을 안 가져온 것을 알았다
他**发觉**自己的步子比以前快多了
그는 자기 발걸음이 이전보다 훨씬 빨라졌음을 발견했다

步子 bùzi 명 보폭, 발걸음

5급 发明 fāmíng 동 발명하다 명 발명품, 창안

동 발명하다
他**发明**了电子邮件 그는 전자 우편을 발명했다
명 발명품, 창안
这项**发明**获了奖 이 발명품은 상을 받았다

获奖 huòjiǎng 동 상을 타다, 수상하다

5급 发票 fāpiào 명 영수증, 송장

명 영수증, 송장
请给我开张**发票** 영수증을 발급해 주세요
顾客没有**发票**也可以退货吗?
고객이 영수증이 없어도 반품이 가능합니까?

4급 顾客 gùkè 명 고객
退货 tuìhuò 동 반품하다

3급 发烧 fā//shāo 동 열이 나다 동 광적으로 좋아하다, 열광하다

동 (몸에) 열이 나다
他感冒了，有点儿**发烧**
그는 감기에 걸려서 열이 좀 있다
동 광적으로 좋아하다, 열광하다
追星追得**发烧** 스타를 광적으로 좋아하며 쫓아다니다

3급 感冒 gǎnmào 동 감기에 걸리다
追星 zhuīxīng 동 스타를 쫓아다니다

6급 发射 fāshè 동 발사하다

동 (전파, 총알 등을) 발사하다
发射卫星 인공위성을 발사하다
发射子弹 총알을 발사하다

6급 卫星 wèixīng 명 인공위성
6급 子弹 zǐdàn 명 총알, 탄약, 탄환

4급 发生 fāshēng 동 발생하다, 일어나다

동 발생하다, 일어나다
反复**发生**类似事故 유사한 사고가 반복해서 발생하다
发生强烈地震 강렬한 지진이 발생하다

6급 类似 lèisì 동 유사하다, 비슷하다
5급 地震 dìzhèn 명 지진

6급 发誓 fā//shì 동 맹세하다

동 맹세하다
爸爸**发誓**再也不抽烟了
아빠는 다시는 담배를 피우지 않겠다고 맹세했다

再也 zàiyě 부 두 번 다시, 더 이상
4급 抽烟 chōuyān 동 흡연하다, 담배를 피우다

F

3급 发现 fāxiàn 图 발견하다, 찾아내다, 알아차리다 图 발견

图 발견하다, 찾아내다, 알아차리다
警察在郊外发现了事主丢失的车
경찰이 교외에서 피해자 도난 차량을 발견했다
下车后才发现我的手机不见了
차에서 내린 후에야 내 핸드폰이 없다는 것을 알아차렸다

图 발견
物理学的新发现 물리학의 새 발견

郊外 jiāowài 图 교외
事主 shìzhǔ 图 (사건의) 피해자
丢失 diūshī 图 잃어버리다, 분실하다
物理学 wùlǐxué 图 물리학

6급 发行 fāxíng 图 발행하다, 발매하다

图 발행하다, 발매하다
发行股票 주식을 발행하다
发行唱片 음반을 발매하다
正式发行新版人民币
런민비 신권을 정식으로 발행하다

唱片 chàngpiàn 图 음반, 레코드
5급 人民币 rénmínbì 图 런민비, 인민폐, 중국의 법정 화폐

5급 发言 fāyán 图 발언하다, 의견을 발표하다 图 발언, 발표 의견

图 (fā//yán) 발언하다, 의견을 발표하다
在讨论会上积极发言
토론회에서 적극적으로 발언하다

图 발언, 발표 의견
他的书面发言很有深度
그가 서면으로 한 발언은 매우 심도 있다

4급 积极 jījí 图 적극적이다, 열성적이다
6급 书面 shūmiàn 图 서면
深度 shēndù 图 깊이, 심도

6급 发炎 fā//yán 图 염증을 일으키다, 염증이 생기다

图 염증을 일으키다, 염증이 생기다
受伤后不及时治疗, 会导致伤口发炎
상처를 입은 후 바로 치료하지 않으면 상처에 염증이 생길 수 있다

4급 及时 jíshí 图 바로, 즉시
伤口 shāngkǒu 图 상처

6급 发扬 fāyáng 图 발양하다, 선양하고 발전시키다, 드높이다 图 발휘하다

图 (전통 등을) 발양하다/선양하고 발전시키다/드높이다
发扬优秀的文化传统
우수한 문화 전통을 발전시키다

图 (능력 등을) 발휘하다
发扬潜在的能力 잠재적 능력을 발휘하다

潜在 qiánzài 图 잠재된

6급 发育 fāyù 图 발육하다, 자라다

图 발육하다, 자라다
婴儿睡眠质量直接影响到生长发育
영아의 수면 질은 성장 발육에 직접적인 영향을 미친다
孩子发育正常 아이가 정상적으로 발육하다

6급 婴儿 yīng'ér 图 영아, 갓난아이
4급 正常 zhèngcháng 图 정상이다, 정상적이다

4급 发展 fāzhǎn 동 발전하다, 발전시키다, 개발하다 동 확충하다, 확대하다

동 발전하다, 발전시키다, 개발하다

小企业**发展**成了跨国公司
작은 기업이 다국적 기업으로 발전하다

我国的科技**发展**是非常落后的
우리 나라의 과학 기술 발전은 매우 뒤떨어져 있다

동 (조직을) 확충하다/확대하다

发展新会员近万人
신입 회원을 1만명 가까이 모집하여 확충하다

跨国 kuàguó 동 국경을 초월하다,
여러 국가와 연관되다
5급 落后 luòhòu 동 뒤떨어지다, 낙후하다

5급 罚款 fákuǎn 동 벌금을 부과하다 명 벌금

동 (fá//kuǎn) 벌금을 부과하다

卡车司机未系安全带被交警**罚款**
트럭 기사가 안전띠를 매지 않아, 교통경찰이 벌금을 부과했다

명 벌금

他喝酒开车，交了1000元的**罚款**
그는 술을 마시고 운전해서 벌금 1천 위안을 냈다

5급 卡车 kǎchē 명 트럭
系 jì 동 묶다, 매다, 채우다
安全带 ānquándài 명 안전띠, 안전벨트

4급 法律 fǎlǜ 명 법률

명 법률

遵守**法律** 법률을 준수하다

5급 遵守 zūnshǒu 동 준수하다

6급 法人 fǎrén 명 법인

명 법인

具有独立**法人**资格
독립 법인 자격을 갖추다

具有 jùyǒu 동 있다, 가지고 있다, 지니다

5급 法院 fǎyuàn 명 법원

명 법원

向**法院**提起诉讼，要求对方赔偿
법원에 소송을 제기하여 상대방에게 배상을 요구하다

提起 tíqǐ 동 제기하다
6급 诉讼 sùsòng 동 소송하다

6급 番 fān 양 번, 회 양 종, 종류

양 번, 회 (동작의 횟수를 세는 단위)

重新解释一**番** 다시 한 번 해석하다
经过一**番**搜寻，终于找到了呼救的男子
한 차례 수색을 거쳐 마침내 구조를 요청한 남자를 찾아냈다

양 종, 종류 (사물의 종류를 세는 단위)

别有一**番**滋味在心头
마음속에 일종의 또 다른 느낌이 있다

这**番**情景使人难忘 이런 풍경은 잊기 어렵다

搜寻 sōuxún 동 수색하며 찾아다니다
呼救 hūjiù 동 도움을 요청하다,
구조를 요청하다
6급 滋味 zīwèi 명 기분, 감정
5급 情景 qíngjǐng 명 정경, 광경, 장면

5급 翻 fān 동 뒤집다, 뒤집어 바꾸다 동 들추다, 뒤적이다 동 번역하다, 통역하다

동 뒤집다, 뒤집어 바꾸다
裤子口袋最好翻过来晾
바지 주머니는 뒤집어서 말리는 것이 제일 좋다
他的船被撞翻了 그의 배가 부딪쳐 뒤집어졌다

동 들추다, 뒤적이다
把抽屉翻遍了 서랍을 샅샅이 뒤적였다
偷偷翻书找答案 몰래 책을 들춰 답을 찾다

동 번역하다, 통역하다
把英语翻成汉语 영어를 중국어로 번역하다

6급 晾 liàng 통 (햇빛 등에) 말리다
5급 抽屉 chōuti 명 서랍
偷偷 tōutōu 튀 몰래, 은밀히

역순 어휘
推翻 tuīfān

4급 翻译 fānyì 동 번역하다, 통역하다 명 번역, 통역 명 번역가, 통역가

동 번역하다, 통역하다
翻译法文小说 프랑스어 소설을 번역하다
把韩语翻译成汉语 한국어를 중국어로 번역하다

명 번역, 통역
文学翻译是一种再创作
문학 번역은 일종의 재창작이다

명 번역가, 통역가
他在外交部当翻译
그는 외무부에서 통역가로 일하고 있다

4급 小说 xiǎoshuō 명 소설
5급 文学 wénxué 명 문학
6급 创作 chuàngzuò 명 창작, 작품

6급 凡是 fánshì 부 무릇, 모두

부 무릇, 모두
凡是因质量问题退换，运费都得由商家承担
무릇 품질 문제로 교환하면 운송료는 판매자가 부담해야 한다

退换 tuìhuàn 동 교환하다
运费 yùnfèi 명 운임, 운송료
5급 承担 chéngdān 동 맡다, 지다, 책임지다

4급 烦恼 fánnǎo 형 번뇌하다, 근심하다, 괴롭다

형 번뇌하다, 근심하다, 괴롭다
经常失眠让人非常烦恼
자주 잠을 이루지 못해 매우 괴롭다

5급 失眠 shīmián 동 잠을 이룰 수 없다, 불면하다

6급 繁华 fánhuá 형 번화하다

형 번화하다
上海是一个很繁华的城市
상하이는 번화한 도시이다

3급 城市 chéngshì 명 도시

6급 繁忙 fánmáng 형 일이 많고 바쁘다

형 일이 많고 바쁘다
虽然工作繁忙，但是他仍然坚持锻炼身体
비록 일이 바쁘지만, 그는 여전히 운동을 꾸준히 한다

4급 仍然 réngrán 부 여전히, 아직도

5급 繁荣 fánróng 📗 번영하다, 번창하다

📗 번영하다, 번창하다

南方经济一度十分繁荣
남쪽의 경제는 한때 매우 번영했다

钢铁行业正站在新繁荣的起点
철강업은 새로운 번영의 기점에 서 있다

| 5급 一度 yídù 📘 한때 |
| 5급 行业 hángyè 📗 직종, 업종 |
| 起点 qǐdiǎn 📗 기점, 시작점 |

F

6급 繁体字 fántǐzì 📗 번체자

📗 번체자 (필획이 간화(简化)되지 않은 한자)

"國"是"国"的繁体字 '國'는 '国'의 번체자이다

把繁体字转换成简体字 번체자를 간체자로 바꾸다

| 转换 zhuǎnhuàn 📗 전환하다, 바꾸다 |
| 6급 简体字 jiǎntǐzì 📗 간체자 |

6급 繁殖 fánzhí 📗 번식하다, 생식하다

📗 번식하다, 생식하다

繁殖良种 우량 종자를 번식시키다

人工繁殖 인공 번식

| 良种 liángzhǒng 📗 우량 품종, 우량 종자 |
| 6급 人工 réngōng 📗 인공의, 인위적인 |

6급 反驳 fǎnbó 📗 반박하다

📗 반박하다

他的主张谁也找不出理由反驳
그의 주장에 어느 누구도 반박할 이유를 찾아내지 못했다

| 5급 主张 zhǔzhāng 📗 주장 |
| 5급 理由 lǐyóu 📗 이유, 까닭 |

6급 反常 fǎncháng 📗 비정상적이다, 이상하다

📗 비정상적이다, 이상하다

天气反常 날씨가 이상하다

反常心理 이상 심리

发生地震前很多动物行为反常
지진 발생 전 많은 동물의 행동이 이상해진다

| 5급 心理 xīnlǐ 📗 심리, 심리 상태 |
| 5급 行为 xíngwéi 📗 행위 |

反倒 fǎndào 📘 오히려, 도리어, 반대로

📘 오히려, 도리어, 반대로

钱比以前多了，压力反倒比以前大了
돈은 이전보다 많아졌으나, 스트레스는 오히려 이전보다 커졌다

| 4급 压力 yālì 📗 압박, 스트레스, 부담 |

反动 fǎndòng 📗 반동적이다 📗 반동, 반작용

📗 (사상, 행동 등이) 반동적이다

批判反动的政治观点
반동적인 정치 관점을 비판하다

📗 반동, 반작용

自由主义是对集体意志的反动
자유주의는 집단 의지에 대한 반작용이다

| 6급 批判 pīpàn 📗 비판하다 |
| 6급 意志 yìzhì 📗 의지 |

4급 反对 fǎnduì 동 반대하다

동 반대하다
反对种族歧视
인종 차별에 반대하다

很多人提出反对意见
많은 사람이 반대 의견을 제기했다

6급 歧视 qíshì 동 차별하다, 얕보다, 무시하다
提出 tíchū 제시하다, 제출하다

5급 反而 fǎn'ér 부 오히려, 도리어, 반대로

부 오히려, 도리어, 반대로
我退休后反而更忙了
나는 퇴직한 후 오히려 더 바빠졌다

5급 退休 tuìxiū 동 퇴직하다, 은퇴하다

5급 反复 fǎnfù 동 번복하다, 이랬다저랬다 하다 부 거듭, 반복하여, 반복적으로

동 번복하다, 이랬다저랬다 하다
决定了的事，决不反复
결정된 일은 절대 번복하지 않는다

부 거듭, 반복하여, 반복적으로
反复练习
반복하여 연습하다

文章的初稿写完以后，反复修改直到自己满意
글의 초고를 다 쓴 후에 스스로 만족할 때까지 거듭 수정하다

初稿 chūgǎo 명 초고, 수정하지 않은 원고
5급 修改 xiūgǎi 동 교정하다, 수정하다

6급 反感 fǎngǎn 형 불만스럽다, 싫다 명 불만, 반감

형 불만스럽다, 싫다
对他的话她很反感
그녀는 그의 말이 싫었다

명 불만, 반감
他的傲慢激起了大家的反感
그의 거만함은 모두의 반감을 불러일으켰다

傲慢 àomàn 형 건방지다, 오만하다
激起 jīqǐ 동 불러일으키다, 야기하다

6급 反抗 fǎnkàng 동 반항하다, 저항하다

동 반항하다, 저항하다
面对社会的压迫和不公，他们敢于反抗
사회의 압박과 불공평에 맞서 그들은 용기 있게 반항한다

6급 压迫 yāpò 동 압박하다, 억압하다
敢于 gǎnyú 동 용기 있게 …하다

6급 反馈 fǎnkuì 동 역으로 알리다, 피드백하다

동 역으로 알리다, 피드백하다
把消费者的意见反馈给生产厂家
소비자의 의견을 생산 제조업체에 알리다

厂家 chǎngjiā 명 공장, 제조업체

6급 反面 fǎnmiàn 명 뒷면 명 반면, 다른 측면 명 부정적인 면

명 뒷면
不要把邮票贴在信封的**反面**
우표를 편지 봉투 뒷면에 붙이지 마라

명 반면, 다른 측면
他从**反面**证明了这些观点是正确的
그는 다른 측면에서 이 관점들이 옳음을 증명했다

명 부정적인 면
在这部电影中他扮演了**反面**角色
이 영화에서 그는 악역을 맡았다

- 邮票 yóupiào 명 우표
- 贴 tiē 동 붙이다
- 5급 观点 guāndiǎn 명 관점, 입장
- 6급 扮演 bànyǎn 동 연기하다, 역을 맡다
- 5급 角色 juésè 명 배역, 역

6급 反射 fǎnshè 동 반사하다

동 반사하다
反射光线 빛을 반사하다

- 光线 guāngxiàn 명 광선, 빛

6급 反思 fǎnsī 동 반성하다, 돌이켜 생각하다

동 반성하다, 돌이켜 생각하다
反思自己的错误 자신의 잘못을 반성하다
反思历史 역사를 돌이켜 보다

- 4급 错误 cuòwù 명 잘못, 실수, 착오

6급 反问 fǎnwèn 동 반문하다, 되묻다

동 반문하다, 되묻다
发言人机智地**反问**了记者两个问题
대변인이 기지 있게 기자에게 두 가지 문제를 되물었다

- 6급 机智 jīzhì 명 기지가 있다, 지혜롭고 재치 있다

5급 反应 fǎnyìng 명 반응, 반향

명 반응, 방향
发生过敏**反应**，应立即停止用药
알레르기 반응이 나타나면 즉시 약물 사용을 중지해야 한다
他们的行为引起了民众强烈的**反应**
그들의 행동은 민중의 강렬한 반향을 일으켰다

- 5급 过敏 guòmǐn 동 알레르기 반응을 보이다
- 5급 立即 lìjí 부 즉각, 즉시, 바로
- 用药 yòngyào 동 약물을 사용하다
- 5급 强烈 qiángliè 형 강렬하다

5급 反映 fǎnyìng 동 비치다, 반사되다 동 반영하다 동 보고하다, 전달하다

동 비치다, 반사되다
水面**反映**出树木的倒影 수면 위로 나무 그림자가 비치다

동 반영하다
这部电视剧**反映**了当前的社会现实
이 드라마는 현재 사회 현실을 반영했다

동 (상황이나 문제를 관련 기관에) 보고하다/전달하다
把群众的意见**反映**给市政府
대중의 의견을 시 정부에 전달하다

- 倒影 dàoyǐng 명 도영, 거꾸로 비치는 그림자
- 6급 当前 dāngqián 명 눈앞, 현재, 지금
- 5급 现实 xiànshí 명 현실

F

5급 反正 fǎnzhèng 뷔 어쨌든, 아무튼 뷔 기왕에, 어차피

뷔 어쨌든, 아무튼
不管怎么说，**反正**你得去
좌우간에 너는 어쨌든 가야 한다
我**反正**不同意 나는 아무튼 동의하지 않는다

뷔 기왕에, 어차피
反正天快亮了，索性就不睡了
어차피 날이 곧 밝아 오니 차라리 잠을 자지 않겠다

4급	不管 bùguǎn 젭 …와 상관없이, …든 간에
6급	索性 suǒxìng 뷔 차라리, 아예

6급 反之 fǎnzhī 옌 그와는 반대로

옌 그와는 반대로
供过于求，价格就会下跌，**反之**亦然 공급이 수요를
초과하면 가격은 하락하며, 그 반대의 경우에도 마찬가지이다
恩格尔系数越小说明生活越富裕，**反之**，
越大则说明生活越贫困
엥겔 계수는 작을수록 생활이 더욱 부유함을 나타내고, 그와는
반대로 값이 클수록 생활이 더욱 빈곤함을 나타낸다

	下跌 xiàdiē 퉁 하락하다
	亦然 yìrán 퉁 역시 그렇다, 마찬가지이다
	恩格尔系数 Ēngé'ěr xìshù 엥겔 계수
6급	富裕 fùyù 퉁 부유하다, 풍족하다
6급	贫困 pínkùn 퉁 빈곤하다, 궁핍하다

1급 饭店 fàndiàn 옙 호텔 옙 식당, 음식점

옙 호텔
这是北京最著名、最豪华的五星级**饭店**
여기가 베이징에서 가장 유명하고 가장 호화로운 5성급 호텔이다

옙 식당, 음식점
那个**饭店**离咱们家太远，我们就在附近吃吧
그 식당은 우리 집에서 너무 머니까 그냥 부근에서 먹읍시다

5급	豪华 háohuá 퉁 호화롭다, 화려하다
3급	附近 fùjìn 옙 부근, 근처, 인근

6급 泛滥 fànlàn 퉁 범람하다, 넘쳐흐르다 퉁 만연하다, 판치다, 유행하다

퉁 (강물이) 범람하다/넘쳐흐르다
大河洪水**泛滥**，淹没了两岸土地
큰 강에 홍수가 범람하여 양 기슭의 땅이 물에 잠겼다

퉁 만연하다, 판치다, (나쁜 것이) 유행하다
错误的思想到处**泛滥** 그릇된 사상이 도처에 만연하다

6급	洪水 hóngshuǐ 옙 홍수
6급	淹没 yānmò 퉁 잠기다, 침몰하다
5급	岸 àn 옙 강기슭, 호숫가, 해안

6급 范畴 fànchóu 옙 범주, 범위, 유형

옙 범주, 범위, 유형
经济学属于社会科学**范畴**
경제학은 사회 과학의 범주에 속한다

5급	属于 shǔyú 퉁 …에 속하다

5급 范围 fànwéi 옙 범위

옙 범위
扩大资源利用的**范围** 자원 이용 범위를 확대하다

5급	扩大 kuòdà 퉁 확대하다, 증대하다
5급	资源 zīyuán 옙 자원

6급 贩卖 fànmài ⑤ 판매하다, 구입하여 팔다

⑤ 판매하다, 구입하여 팔다
贩卖水果和蔬菜 과일과 채소를 판매하다
银行人员贩卖客户的个人信息
은행 직원이 고객의 개인 정보를 팔다

6급 | 客户 kèhù ⑲ 고객, 거래처

5급 方 fāng ⑲ 사각형, 네모, 육면체 ⑲ 측, 편

⑲ 사각형, 네모, 육면체
长方形盒子 직육면체 상자
城墙顶上铺着方砖
성벽 꼭대기에 네모난 벽돌이 깔려 있다
⑲ 측, 편
敌我双方 적과 우리 양측 | 对方 상대편

6급 | 铺 pū ⑤ 깔다, 펼쳐 놓다

역순 어휘
北方 běifāng   对方 duìfāng
官方 guānfāng   立方 lìfāng
平方 píngfāng   双方 shuāngfāng

5급 方案 fāng'àn ⑲ 방안, 계획, 규칙

⑲ 방안, 계획, 규칙
提出解决方案 해결 방안을 제시하다
她自己设计了装修方案
그녀는 스스로 인테리어 계획을 세웠다
汉字简化方案 한자 간화 방안

5급 | 装修 zhuāngxiū ⑤ 실내 장식하다,
　　　　　　　　　　　인테리어를 하다
6급 | 简化 jiǎnhuà ⑤ 간소화하다, 간략화하다

3급 方便 fāngbiàn ⑱ 편리하다 ⑤ 편리하게 하다, 편의를 주다
　　　　　　　　　⑱ 알맞다, 적당하다, 편하다

⑱ 편리하다
家离车站很远，乘车不方便
집에서 정류장까지 멀어서, 차를 타기에 불편하다
⑤ 편리하게 하다, 편의를 주다
这件事还求你方便方便
이 일은 아무래도 네가 편의를 좀 봐줬으면 한다
⑱ 알맞다, 적당하다, 편하다
方便的时候，你给我回个电话
편하실 때 전화 주세요

车站 chēzhàn ⑲ 정거장, 역, 정류장
乘车 chéngchē ⑤ 차를 타다, 탈것에 타다
求 qiú ⑤ 간청하다, 부탁하다

4급 方法 fāngfǎ ⑲ 방법, 방식

⑲ 방법, 방식
按时吃饭，增加运动量就是正确的减肥方法
제시간에 식사하고 운동량을 늘리는 것이 올바른 다이어트 방법이다

4급 | 按时 ànshí ⑨ 시간에 맞춰, 제시간에
4급 | 增加 zēngjiā ⑤ 늘리다, 증가하다
4급 | 正确 zhèngquè ⑱ 정확하다, 올바르다

4급 方面 fāngmiàn ⑲ 방면, 분야

⑲ 방면, 분야
他给我们介绍了数学方面的知识
그는 우리에게 수학 분야의 지식을 소개했다

4급 | 知识 zhīshi ⑲ 지식

F

5급 方式 fāngshì 몡 방식, 패턴

몡 방식, 패턴
改变不良的生活**方式**
나쁜 생활 방식을 고치다

不良 bùliáng 혱 불량하다, 나쁘다

6급 方位 fāngwèi 몡 방위

몡 방위
由于大雾天气，辨不清**方位**
짙은 안개로 방향과 위치를 분간할 수가 없다
为用户提供一个全**方位**、多功能的互联网平台
사용자에게 전방위 다기능 인터넷 플랫폼을 제공하다

大雾 dàwù 몡 짙은 안개
全方位 quánfāngwèi 몡 전방위, 모든
방향, 모든 각도
平台 píngtái 몡 플랫폼(platform)

4급 方向 fāngxiàng 몡 방향, 방위 몡 목표, 방향

몡 방향, 방위
指南针可以定**方向** 나침반으로 방향을 정할 수 있다
몡 목표, (나아갈) 방향
确定自己前进的**方向** 스스로 나아갈 방향을 확정하다

6급 指南针 zhǐnánzhēn 몡 나침반
前进 qiánjìn 동 전진하다, 나아가다,
발전하다

6급 方言 fāngyán 몡 방언, 사투리

몡 방언, 사투리
面对记者的提问，他居然用**方言**回答
기자의 질문에 그는 뜻밖에도 사투리로 대답했다

5급 居然 jūrán 분 의외로, 뜻밖에, 놀랍게도

6급 方圆 fāngyuán 몡 주위, 둘레 몡 사각형과 원형, 모양, 형체

몡 주위, 둘레
发生大爆炸，**方圆**数公里有强烈震感
대폭발이 일어나서 사방 몇 킬로미터에서 강한 진동이 감지되다
몡 사각형과 원형, 모양, 형체
没有规矩，不成**方圆** 그림쇠와 자가 없으면 원과 사각형을
그릴 수 없다. 규칙을 지키며 일하지 않으면 성공할 수 없다

6급 爆炸 bàozhà 동 폭발하다, 터지다
震感 zhèngǎn 몡 지진의 감도, 진동의 느낌
5급 规矩 guīju 몡 기준, 규칙, 규율

6급 方针 fāngzhēn 몡 방침

몡 방침
必须贯彻国家教育**方针**，努力提高教育质量
국가 교육 방침을 반드시 관철하여 교육의 질을 높이기 위해 노력하다

6급 贯彻 guànchè 동 관철하다,
철저히 실행하다

6급 防守 fángshǒu 동 수비하다, 방어하다, 막아 지키다

동 수비하다, 방어하다, 막아 지키다
防守边界 국경을 수비하다
加强**防守**是这场球赛取胜的关键
수비를 강화하는 것이 이번 경기에서 승리를 거두는 관건이다

6급 边界 biānjiè 몡 경계선, 국경
取胜 qǔshèng 동 승리하다, 승리를 얻다

防疫 fáng//yì 동 방역하다, 전염병 유행을 막다

동 방역하다, 전염병 유행을 막다
对小学和幼儿园进行全面的义务防疫作业
초등학교와 유치원을 대상으로 전면적인 의무 방역 작업을 하다

| 5급 义务 yìwù 명 의무

6급 防御 fángyù 동 방어하다

동 방어하다
防御敌人的攻击 적군의 공격을 방어하다

| 6급 攻击 gōngjī 동 공격하다, 진격하다

6급 防止 fángzhǐ 동 방지하다

동 방지하다
防止食物中毒 식중독을 방지하다

食物中毒 shíwù zhòngdú 식중독

6급 防治 fángzhì 동 예방하고 치료하다 동 방제하다, 예방하고 관리하다

동 (병을) 예방하고 치료하다
防治感冒 감기를 예방하고 치료하다
동 방제하다, (재해, 질병 등을) 예방하고 관리하다
防治畜禽疫病 가축의 유행성 전염병을 막다

畜禽 chùqín 명 가축
疫病 yìbìng 명 유행성 전염병

5급 妨碍 fáng'ài 동 방해하다

동 방해하다
在电影院里大声说话，妨碍其他观众看电影
영화관에서 큰 소리로 말해서 다른 관객들의 영화 관람을 방해하다

电影院 diànyǐngyuàn 명 영화관
| 4급 观众 guānzhòng 명 관중

4급 房东 fángdōng 명 집주인

명 집주인
没有通过中介，和房东直接签订了租赁合同
중개인을 통하지 않고 집주인과 직접 임대 계약을 했다

| 5급 中介 zhōngjiè 명 중개, 매개
| 6급 租赁 zūlìn 동 임차하다, 빌리다, 세내다
참조어 房客 fángkè 명 세입자, 세 든 사람

2급 房间 fángjiān 명 방

명 방
打扫房间 방을 청소하다 | **房间里很吵** 방 안이 시끄럽다

| 3급 打扫 dǎsǎo 동 청소하다, 깨끗이 치우다
| 5급 吵 chǎo 형 시끄럽다, 떠들썩하다

5급 仿佛 fǎngfú 동 비슷하다, 유사하다 부 마치, 흡사

동 비슷하다, 유사하다
他俩的年龄相仿佛 그들 둘은 나이가 엇비슷하다
부 마치, 흡사
蔚蓝的天空仿佛是一片没有尽头的大海
짙푸른 하늘이 마치 끝없는 바다와 같다

| 4급 年龄 niánlíng 명 연령, 나이
| 6급 蔚蓝 wèilán 형 짙푸르다, 새파랗다
尽头 jìntóu 명 끝, 종점

F

6급 访问 fǎngwèn 통 방문하다, 회견하다, 인터뷰하다 통 엑세스하다, 접근하다, 둘러보다

통 방문하다, 회견하다, 인터뷰하다
访问退休老师 퇴직하신 선생님를 찾아뵙다
接受媒体访问 언론 인터뷰를 받다
통 엑세스하다, 접근하다 (웹 사이트를) 둘러보다
如果您需要更多信息，请访问我们的官方网站!
더 많은 정보가 필요하시면 저희 공식 사이트를 방문해 주십시오!

5급	退休 tuìxiū 통 퇴직하다, 은퇴하다
5급	媒体 méitǐ 명 매체, 미디어
6급	官方 guānfāng 명 정부 측, 공식

6급 纺织 fǎngzhī 통 방직하다

통 방직하다
纺织服装产业是典型的劳动密集型行业
방직, 의류 산업은 전형적인 노동 집약형 업종이다

| 6급 | 典型 diǎnxíng 명 전형적인, 대표적인 |
| | 劳动密集型 láodòng mìjíxíng 노동 집약형 |

3급 放 fàng 통 두다, 놓다 통 넣다, 집어 넣다 통 쉬다, 놓다

통 두다, 놓다
把手机放在桌子上
핸드폰을 테이블 위에 두다
통 넣다, 집어 넣다
炒菜别忘了放盐
요리할 때 소금 넣는 것을 잊지 마라
통 (일이나 공부를 잠시) 쉬다/놓다
今年国庆节放五天假 올해 국경절에는 5일 쉰다

炒菜 chǎocài 통 볶다, (볶음) 요리하다
| 5급 | 国庆节 Guóqìngjié 명 국경절, 건국 기념일 |

역순 어휘
播放 bōfàng　　解放 jiěfàng
开放 kāifàng　　排放 páifàng
释放 shìfàng

6급 放大 fàngdà 통 확대하다, 높이다, 증강하다

통 확대하다, 높이다, 증강하다 [반의어] 缩小 suōxiǎo
放大音量 음량을 높이다
细菌要在显微镜下放大几百倍以上才能看见
세균은 현미경에서 수백 배 이상 확대해야 볼 수 있다

| 6급 | 细菌 xìjūn 명 세균 |
| | 显微镜 xiǎnwēijìng 명 현미경 |

4급 放弃 fàngqì 통 버리다, 포기하다

통 (권리, 의견, 희망 등을) 버리다/포기하다
放弃减肥 다이어트를 포기하다
我本来打算放弃了，可他的话让我改变了主意
나는 원래 포기하려고 했지만, 그의 말에 내가 생각을 바꿨다

| 4급 | 减肥 jiǎnféi 통 체중을 감량하다, 다이어트를 하다 |
| 4급 | 主意 zhǔyi 명 방법, 생각 |

6급 放射 fàngshè 통 쏘다, 방사하다, 방출하다 통 발사하다

통 (광선 등을) 쏘다/방사하다/방출하다
太阳放射出耀眼的光芒
태양이 눈부신 빛을 비추다
통 발사하다
放射火箭 로켓을 발사하다

6급	耀眼 yàoyǎn 통 눈부시다
6급	光芒 guāngmáng 명 광망, 강렬한 빛
6급	火箭 huǒjiàn 명 로켓

放手 fàng // shǒu 图 손을 놓다, 손을 떼다 图 그만두다, 멈추다, 내버려두다

图 손을 놓다, 손을 떼다
抓住绳子不放手 밧줄을 움켜잡고 놓지 않다
图 그만두다, 멈추다, 내버려두다
机会到来时，千万不要放手
기회가 왔을 때 절대 그만두지 마라

抓住 zhuāzhù 图 붙잡다, 꽉 잡다
5급 | 绳子 shéngzi 图 줄, 밧줄, 노끈

4급 放暑假 fàng shǔjià 여름 방학을 하다

여름 방학을 하다
快放暑假了，我想跟朋友们一起去海边旅游
곧 여름 방학을 하는데, 나는 친구들과 바닷가로 여행을 가고 싶다

海边 hǎibiān 图 해변, 바닷가

4급 放松 fàngsōng 图 늦추다, 풀다, 느슨하게 하다

图 (주의력, 제한, 요구 등을) 늦추다/풀다/느슨하게 하다
管理不能放松
관리를 느슨하게 해서는 안 된다
欣赏音乐可以放松心情
음악 감상은 마음을 느긋하게 할 수 있다

4급 | 管理 guǎnlǐ 图 관리하다
5급 | 欣赏 xīnshǎng 图 감상하다, 즐기다

3급 放心 fàng // xīn 图 안심하다, 마음을 놓다, 걱정을 떨치다

图 안심하다, 마음을 놓다, 걱정을 떨치다
没问题，你就放心吧
문제 없으니까 걱정 마라
他始终放不下心
그는 시종일관 마음을 놓지 못했다

5급 | 始终 shǐzhōng 图 한결같이, 줄곧

1급 飞机 fēijī 图 비행기

图 비행기
明天我坐飞机去北京
내일 나는 비행기를 타고 베이징에 간다
下一班飞机是几点? 다음 비행기는 몇 시입니까?

3급 | 班 bān 图 번, 편 (정기적으로 운행하는 교통 수단에 쓰임)

6급 飞禽走兽 fēiqín-zǒushòu 图 하늘을 나는 새와 땅을 달리는 들짐승, 조수와 금수

图 하늘을 나는 새와 땅을 달리는 들짐승, 조수와 금수
古人用飞禽走兽图案作为纹饰
옛 사람들은 새와 짐승 도안을 문양으로 사용했다

6급 | 图案 tú'àn 图 도안
纹饰 wénshì 图 장식 무늬, 문양

6급 飞翔 fēixiáng 图 비상하다, 빙빙 돌며 날다

图 비상하다, 빙빙 돌며 날다
雄鹰在天空飞翔
독수리가 하늘 위를 빙글빙글 돌며 날다

雄鹰 xióngyīng 图 독수리

F

6급 飞跃 fēiyuè
- 동 비약하다, 나는 듯이 높이 뛰어오르다
- 동 비약적으로 발전하다, 신속히 발전하다

동 비약하다, 나는 듯이 높이 뛰어오르다
猴子从一棵树**飞跃**到另一棵树上
원숭이가 한 나무에서 다른 나무로 뛰어올랐다

동 비약적으로 발전하다, 신속히 발전하다
经济**飞跃**发展 경제가 비약적으로 발전하다

| 5급 | 猴子 hóuzi 명 원숭이 |

5급 非 fēi 동 …이 아니다 접두 비… 부 꼭, 반드시

동 …이 아니다 (부정의 판단을 나타냄)
这事**非**你我所能解决
이 일은 너와 내가 해결할 수 있는 것이 아니다

접두 비… (명사, 명사구 앞에서 범위에 속하지 않음을 나타냄)
非金属元素 비금속 원소 | **非**会员 비회원

부 꼭, 반드시 (주로 뒤에 不行 bùxíng, 不可 bùkě, 不成 bùchéng 등과 호응함)
想要取得好成绩，**非**下苦功不可
좋은 성적을 얻으려면 반드시 착실하게 노력해야 한다
非你去不成 반드시 네가 가야 한다

| 6급 | 元素 yuánsù 명 원소, 화학 원소 |
| | 下苦功 xià kǔgōng 착실하게 노력하다, 꾸준히 수련을 쌓다 |

역순 어휘
并非 bìngfēi　　除非 chúfēi
是非 shìfēi　　无非 wúfēi

2급 非常 fēicháng 부 매우, 대단히, 무척

부 매우, 대단히, 무척
他给客人们留下了**非常**好的印象
그는 손님들에게 매우 좋은 인상을 남겼다

我**非常**想念家乡的朋友
나는 고향의 친구가 무척 그립다

4급	印象 yìnxiàng 명 인상
5급	想念 xiǎngniàn 동 그리워하다, 그리다, 생각하다
5급	家乡 jiāxiāng 명 고향

6급 非法 fēifǎ 형 불법의, 위법의

형 불법의, 위법의
没收**非法**武器 불법 무기를 몰수하다
伪造商标是**非法**的 상표를 위조하는 것은 위법이다

| | 没收 mòshōu 동 몰수하다 |
| 6급 | 伪造 wěizào 동 위조하다, 날조하다 |

6급 肥沃 féiwò 형 비옥하다, 기름지다

형 비옥하다, 기름지다
肥沃的田地 비옥한 논밭
施用有机肥料，可以使土壤变得**肥沃**
유기 비료를 사용하여 비옥한 토양을 만들 수 있다

	施用 shīyòng 동 사용하다
	肥料 féiliào 명 비료
6급	土壤 tǔrǎng 명 토양, 토지

5급 肥皂 féizào 명 비누

명 비누
外出回家后要及时用**肥皂**洗手
외출하고 집에 돌아온 후에는 바로 비누로 손을 씻어야 한다

| | 洗手 xǐshǒu 동 손을 씻다 |

匪徒 fěitú 圆 강도, 도적, 악당

圆 강도, 도적, 악당
他在路上看见有**匪徒**抢劫一位老人的钱包
그는 길에서 강도가 노인의 지갑을 빼앗아 가는 것을 보았다

6급 | 抢劫 qiǎngjié 图 약탈하다, 강탈하다

6급 诽谤 fěibàng 图 비방하다

图 비방하다
造谣**诽谤**同事 유언비어를 퍼뜨려 동료를 비방하다
在网上遭受恶意**诽谤**侮辱
인터넷 상에서 악의적인 비방과 모욕을 당하다

造谣 zàoyáo 图 헛소문을 내다, 유언비어를 퍼뜨리다
6급 | 侮辱 wǔrǔ 图 능욕하다, 모욕하다

6급 肺 fèi 圆 폐, 폐장, 허파

圆 폐, 폐장, 허파
有氧运动能有效地改善心**肺**功能
유산소 운동은 심폐 기능을 효과적으로 개선할 수 있다

有氧运动 yǒuyǎng yùndòng 유산소 운동
有效 yǒuxiào 图 효과가 있다, 효력이 있다

6급 废除 fèichú 图 없애다, 폐지하다, 폐기하다

图 (법, 제도, 조건 등을) 없애다/폐지하다/폐기하다
废除死刑 사형 제도를 폐지하다
废除奴隶制 노예제를 없애다

死刑 sǐxíng 圆 사형
奴隶制 núlìzhì 圆 노예 제도

5급 废话 fèihuà 图 쓸데없는 말을 하다

图 쓸데없는 말을 하다
少**废话**，干活儿去！
쓸데없는 말 좀 작작 하고 일이나 하러 가라!

5급 | 干活儿 gànhuór 图 노동하다, 일하다

6급 废寝忘食 fèiqǐn-wàngshí 图 먹고 자는 것을 잊다, 전심전력을 다해 몰두하다

图 먹고 자는 것을 잊다, 전심전력을 다해 몰두하다
他**废寝忘食**地研究甲骨文
그는 전력을 다해 갑골문을 연구했다

甲骨文 jiǎgǔwén 圆 갑골문

6급 废墟 fèixū 圆 폐허

圆 폐허
老房子沦为一片**废墟** 오래된 집이 폐허로 변했다

沦 lún 图 처하다, 전락하다

6급 沸腾 fèiténg 图 끓어오르다, 고조되다, 왁자지껄하다

图 끓어오르다, 고조되다, 왁자지껄하다
比赛结束的那一刻，全场**沸腾**
경기가 끝나는 그 순간 경기장 전체가 고조되었다
工地上一片**沸腾** 공사 현장은 온통 왁자지껄하다

一刻 yīkè 圆 잠시, 잠깐, 순간
全场 quánchǎng 圆 장소 전체, 모든 사람
工地 gōngdì 圆 공사장, 작업 현장

F

费用 fèiyòng 명 비용, 지출

명 비용, 지출
严控各项**费用**支出，使成本**费用**得到了降低
각 항목의 비용 지출을 엄격히 규제하여 원가 비용을 낮췄다

6급 支出 zhīchū 명 비용, 지출
4급 降低 jiàngdī 동 떨어지다, 내려가다

3급 **分** fēn 동 나누다, 가르다, 구분하다 양 분, 할 양 분, 점 양 편

동 나누다, 가르다, 구분하다 [반의어] 合 hé
把钱**分**成两份 돈을 두 몫으로 나누다
分三个问题论述 세 문제로 나누어 논술하다
양 분, 할 (10분의 1)
七**分**成绩，三**分**缺点 7할은 성과이고 3할은 결함이다
양 분, 점 (시간, 점수의 단위)
现在是凌晨三点十五**分** 지금은 새벽 3시 15분이다
语文考了95**分** 국어 시험에서 95점을 받았다
양 편 (중국 화폐 단위, 1편은 1위안(元)의 100분의 1)
七毛五**分**钱 7마오 5편
一**分**钱没花 한 푼도 쓰지 않다

3급 成绩 chéngjì 명 성적
4급 缺点 quēdiǎn 명 결점, 단점
6급 凌晨 língchén 명 새벽녘

역순 어휘
划**分** huàfēn   区**分** qūfēn
十**分** shífēn   万**分** wànfēn

○ **分** fèn 3급 참조

6급 **分辨** fēnbiàn 동 구분하다, 분간하다, 판별하다

동 구분하다, 분간하다, 판별하다
分辨好人与坏人 좋은 사람과 나쁜 사람을 분간하다
一眼就能**分辨**出来 한눈에 구분해 낼 수 있다

5급 **分别** fēnbié 동 구분하다, 분별하다 부 따로따로, 각자 명 차이 동 이별하다, 헤어지다

동 구분하다, 분별하다
分别差异 차이를 구분하다
부 따로따로, 각자
这件事由双方**分别**处理
이 일은 쌍방이 각자 처리한다
把三本书**分别**放进三个抽屉
책 세 권을 세 개의 서랍에 따로따로 넣다
명 차이
两种意见没有太大的**分别** 두 의견에 큰 차이가 없다
동 이별하다, 헤어지다
两人**分别**多年后终于相聚了
두 사람은 헤어진 지 몇 년 만에 마침내 다시 만났다

差异 chāyì 명 차이
5급 双方 shuāngfāng 명 양측, 쌍방
5급 抽屉 chōuti 명 서랍
相聚 xiāngjù 동 모이다, 집합하다

5급 **分布** fēnbù 동 분포하다

동 분포하다
销售网点**分布**全国 판매망이 전국에 분포해 있다

5급 销售 xiāoshòu 동 팔다, 판매하다
网点 wǎngdiǎn 명 네트워크, 망

6급 分寸 fēncun 명 절도, 적정선, 한도

명 절도, 적정선, 한도
说话要有分寸
말을 할 때는 절도가 있어야 한다

人与人之间相处，最重要的就是把握分寸
사람 사이의 교제에서 가장 중요한 것은 적정선을 지키는 것이다

5급 相处 xiāngchǔ 동 함께 지내다, 서로 왕래하다
5급 把握 bǎwò 동 쥐다, 장악하다, 잡다

6급 分红 fēn//hóng 동 이윤을 분배하다, 배당금을 나누다

동 이윤을 분배하다, 배당금을 나누다
公司业绩不错，今年会给股东进行分红
회사 실적이 좋아서 올해는 주주들에게 배당금을 줄 것이다

业绩 yèjì 명 업적, 공적
6급 股东 gǔdōng 명 주주, 투자자

6급 分解 fēnjiě 동 분해하다, 나누다 동 화해시키다, 중재하다 동 와해되다

동 분해하다, 나누다
这个问题可分解为几个方面
이 문제는 몇 가지 측면으로 나눌 수 있다

동 화해시키다, 중재하다
吵得不可开交，难以分解
화해할 수 없을 정도로 다투는 상황이라 중재하기 어렵다

동 와해되다
促使对方内部分解
상대방의 내부가 와해되게 하다

不可开交 bùkě-kāijiāo
성 해결할 수 없다, 벗어나거나 끝낼 방법이 없다
难以 nányǐ 동 …하기 어렵다
5급 促使 cùshǐ 동 재촉하다, …하게 하다
5급 对方 duìfāng 명 상대방
5급 内部 nèibù 명 내부

6급 分裂 fēnliè 동 분열하다, 분열시키다

동 분열하다, 분열시키다
细胞分裂 세포 분열
挑动群众分裂国家
군중을 선동하여 국가를 분열시키다

6급 细胞 xìbāo 명 세포
挑动 tiǎodòng 동 선동하다, 부추기다

6급 分泌 fēnmì 동 분비하다

동 분비하다
蚂蚁腹部能分泌出一种有气味的化学物质
개미는 복부에서 냄새나는 화학 물질을 분비할 수 있다

6급 蚂蚁 mǎyǐ 명 개미
6급 气味 qìwèi 명 냄새

6급 分明 fēnmíng 형 분명하다, 명확하다 부 분명히, 명백히

형 분명하다, 명확하다
是非分明 시비가 분명하다
四季分明 사계절이 뚜렷하다

부 분명히, 명백히
老师分明讲过，你怎么忘了？
선생님이 분명히 말했는데 너는 어째서 잊었니?

6급 是非 shìfēi 명 시비, 옳고 그름
四季 sìjì 명 사철, 사계

5급 分配 fēnpèi 图 분배하다, 나누다 图 배치하다

图 분배하다, 나누다
医疗资源的**分配**应当遵循公平原则
의료 자원의 분배는 마땅히 공평 원칙을 따라야 한다

图 배치하다
他大学刚毕业便被**分配**到上海工作
그는 대학을 막 졸업하자마자 상하이에 배치되어 일한다

5급 资源 zīyuán 圐 자원
6급 遵循 zūnxún 图 따르다
5급 公平 gōngpíng 阌 공평하다

6급 分歧 fēnqí 圐 다르다, 어긋나다 圐 차이, 다른 점

圐 (생각, 의견 등이) 다르다/어긋나다
意见很**分歧** 의견이 매우 다르다

圐 차이, 다른 점
重大国际问题上仍存在根本**分歧**
중대한 국제 문제에서 여전히 근본적인 차이가 존재한다

两人回答**分歧**很大
두 사람의 대답이 차이가 크다

5급 存在 cúnzài 图 존재하다, 있다
5급 根本 gēnběn 圐 근본적인, 중요한

6급 分散 fēnsàn 图 분산하다, 흩어지다 图 분산되어 있다, 흩어져 있다 图 분산시키다, 나누다

图 분산하다, 흩어지다
300名毕业生已经**分散**在全国各地
300명의 졸업생은 이미 전국 각지로 흩어졌다

一会儿**分散**，一会儿集中
잠시 흩어졌다가 곧 모이다

图 분산되어 있다, 흩어져 있다
精力太**分散**，已经影响到自己的工作
기력이 너무 분산되어 이미 자신의 일에 영향을 미쳤다

图 분산시키다, 나누다
军事行动的目标是**分散**敌人的兵力
군사 행동의 목표는 적의 병력을 분산시키는 것이다

全国 quánguó 圐 전국
各地 gèdì 圐 각지
5급 集中 jízhōng 图 집중하다, 모으다
5급 精力 jīnglì 圐 정력, 기력
兵力 bīnglì 圐 병력

5급 分手 fēn//shǒu 图 이별하다, 헤어지다

图 이별하다, 헤어지다
他跟初恋**分手**两年了，可是还是忘不了她 그는
첫사랑과 헤어진 지 2년이 지났는데, 아직도 그녀를 잊지 못한다

合作不到一年就**分手**了
함께 일한 지 1년도 되지 않아서 갈라섰다

初恋 chūliàn 圐 첫사랑
5급 合作 hézuò 图 합작하다, 함께 일하다

5급 分析 fēnxī 图 분석하다

图 분석하다 반의어 综合 zōnghé 5급
分析句子结构 문장 구조를 분석하다
深入**分析**当前形势
눈앞의 형세를 철저히 분석하다

5급 结构 jiégòu 圐 구성, 구조
5급 形势 xíngshì 圐 형세, 정세, 상황

分之 fēnzhī …분의, …분지

…분의, …분지 (분수, 퍼센트, 비율을 나타낼 때 씀)
到2050年老年人将占人口总数的三分之一
2050년이 되면 노인이 인구 총수의 3분의 1을 차지할 것이다

| 5급 | **占** zhàn 통 차지하다 |
| | **总数** zǒngshù 명 총수, 총액 |

1급 分钟 fēnzhōng 양 분

양 **분** (시간의 단위)
十分钟后我再给你打电话 10분 후에 다시 전화할게
再有五分钟就到机场了 5분만 있으면 공항에 도착한다

1급	**打电话** dǎ diànhuà 전화를 걸다
	再有 zàiyǒu 다시 보태다, 더 있다
2급	**机场** jīchǎng 명 공항

6급 吩咐 fēnfù 통 분부하다, 시키다

통 **분부하다, 시키다**
妈妈吩咐他去买酱油
엄마가 그에게 간장을 사 오라고 시켰다
有什么事您尽管吩咐
무슨 일이 있으면 얼마든지 시키세요

| 5급 | **酱油** jiàngyóu 명 간장 |
| 4급 | **尽管** jǐnguǎn 부 마음껏, 얼마든지 |

5급 纷纷 fēnfēn 형 분분하다 부 잇달아, 연이어

형 **분분하다**
行长宣读政策以后，大家意见纷纷
은행장이 정책을 발표한 이후 모두 의견이 분분하다
부 **잇달아, 연이어**
外国朋友纷纷来中国旅游
외국 친구들이 잇달아 중국으로 여행하러 오다

| | **宣读** xuāndú 통 낭독하다, 발표하다 |
| 4급 | **意见** yìjiàn 명 견해, 의견 |

6급 坟墓 fénmù 명 분묘, 무덤, 묘지

명 **분묘, 무덤, 묘지**
到坟墓祭拜祖先
무덤에 가서 조상에게 제사 지내고 절하다
大家常说婚姻是一座坟墓
사람들은 늘 결혼은 무덤이라고 말한다

	祭拜 jìbài 통 제사 지내고 절하다
6급	**祖先** zǔxiān 명 선조, 조상
5급	**婚姻** hūnyīn 명 혼인, 결혼

6급 粉末 fěnmò 명 분말, 가루

명 **분말, 가루**
地上的白色粉末是面粉
바닥의 하얀색 분말은 밀가루이다

| | **面粉** miànfěn 명 밀가루 |

6급 粉色 fěnsè 명 분홍색, 핑크색

명 **분홍색, 핑크색**
粉色裙子 분홍색 치마

| 3급 | **裙子** qúnzi 명 치마 |

F

6급 粉碎 fěnsuì 톙 분쇄되다, 조각나다 통 분쇄하다, 박살내다

톙 **분쇄되다, 조각나다**
把玻璃打得**粉碎** 유리가 깨져서 산산조각났다
통 **분쇄하다, 박살내다**
粉碎黄豆 황두를 분쇄하다
他们联手**粉碎**敌人的阴谋
그들이 연합하여 적의 음모를 박살냈다

5급	玻璃 bōli 톙 유리
	联手 liánshǒu 통 연합하다
6급	阴谋 yīnmóu 톙 음모, 책략

3급 分 fèn 톙 직분, 인연, 자질, 성분

톙 **직분, 인연, 자질, 성분**
努力学习是学生的本**分**
열심히 공부하는 것은 학생의 본분이다
我跟他有缘**分** 나는 그와 인연이 있다
补充水**分** 수분을 보충하다

역순 어휘
| 成**分** chéngfèn | 充**分** chōngfèn |
| 处**分** chǔfèn | 过**分** guòfèn |

❍ 分 fēn [3급] 참조

6급 分量 fènliàng 톙 질량, 무게 톙 무게, 가치

톙 **질량, 무게**
这袋小麦**分量**不轻 이 밀 포대는 무게가 무겁다
톙 **(글이나 말의) 무게/가치**
他的发言很有**分量**
그의 발언은 꽤 무게가 있다

	袋 dài 톙 포대, 봉지, 자루
5급	小麦 xiǎomài 톙 밀
5급	发言 fāyán 톙 발언

4급 份 fèn 톙 분, 단위 톙 등분, 조각 톙 벌, 세트, 인분 톙 부, 통

톙 **분, 단위 (년, 월, 행정 구역 등에 쓰여 구분, 구획을 나타냄)**
四月**份**的薪水 4월분 봉급
31省**份** 31개 성
톙 **등분, 조각**
把蛋糕分成八**份**儿，每人一**份**儿
케이크를 한 사람당 한 조각씩 8등분하다
톙 **벌, 세트, 인분 (조합된 물건, 세트로 된 물건을 세는 단위)**
两**份**盒饭 도시락 2인분
母亲给女儿送一**份**特别的礼物
어머니가 딸에게 특별한 선물을 주셨다
톙 **부, 통 (신문, 자료, 서류 등을 세는 단위)**
订一**份**英语报纸 영자 신문 1부를 구독하다
请把这个文件复印十**份**
이 서류를 10부 복사해 주세요

6급	薪水 xīnshui 톙 임금, 봉급
3급	蛋糕 dàngāo 톙 케이크
	盒饭 héfàn 톙 (판매용) 도시락
3급	礼物 lǐwù 톙 선물
	订 dìng 통 주문하다, 예약하다
4급	复印 fùyìn 통 복사하다

역순 어휘
| 备**份** bèifèn | 股**份** gǔfèn |
| 身**份** shēnfèn | |

5급 奋斗 fèndòu 통 분투하다, 힘을 다해 노력하다

통 **분투하다, 힘을 다해 노력하다**
为祖国的繁荣富强而**奋斗**
조국의 번영과 부강을 위해 분투하다

| 5급 | 繁荣 fánróng 톙 번영하다, 번창하다 |
| | 富强 fùqiáng 톙 (국가가) 부강하다 |

共同富裕是我们**奋斗**的目标
함께 부유해지는 것이 우리가 노력하는 목표이다

| 6급 | **富裕** fùyù 廥 부유하다, 풍족하다 |

6급 **愤怒** fènnù 廥 분노하다 명 분노

廥 **분노하다**
大家**愤怒**声讨暴恐分子的罪行
모두가 폭력 테러 집단의 범죄 행위를 분노하며 성토했다

명 **분노**
平息内心的**愤怒**
마음속의 분노를 가라앉히다

声讨 shēngtǎo 图 성토하다, 공개적으로
　　　　　　　질책하다
罪行 zuìxíng 명 죄행, 범죄 행위
平息 píngxī 图 가라앉히다, 평정하다

4급 **丰富** fēngfù 廥 풍부하다, 많다

廥 **풍부하다, 많다**
这里四季分明，旅游资源**丰富**
이곳은 사계절이 분명하고 관광 자원이 풍부하다

| 5급 | 资源 zīyuán 명 자원 |

6급 **丰满** fēngmǎn 廥 풍족하다, 넉넉하다 廥 풍만하다, 풍성하다

廥 **풍족하다, 넉넉하다**
粮仓**丰满** 곡식 창고가 풍족하게 차 있다

廥 **풍만하다, 풍성하다**
体态**丰满**，笑容迷人
몸매가 풍만하고 웃는 모습이 매혹적이다

体态 tǐtài 명 자태, 몸매, 체형
| 6급 | 迷人 mírén 廥 매혹적이다 |

6급 **丰盛** fēngshèng 廥 풍성하다, 푸짐하다

廥 **풍성하다, 푸짐하다**
他为我们准备了一顿**丰盛**的晚餐
그는 우리를 위해 푸짐한 저녁 식사 한 끼를 준비했다

| 5급 | 顿 dùn 얍 끼, 번, 차례 |
晚餐 wǎncān 명 저녁밥, 저녁 식사

6급 **丰收** fēngshōu 图 풍작을 거두다 图 좋은 성적을 거두다

图 **풍작을 거두다**
小麦连年**丰收**
밀이 여러 해 계속 풍작이다

图 **좋은 성적을 거두다**
体操队喜获**丰收**
체조 팀이 기쁘게도 좋은 성적을 거두었다

| 6급 | 连年 liánnián 图 여러 해 동안 계속되다 |

6급 **风暴** fēngbào 명 폭풍 명 폭풍, 맹렬한 현상, 대규모 사건

명 **폭풍**
热带**风暴** 열대 폭풍

명 **폭풍, 맹렬한 현상, 대규모 사건**
一场政治**风暴**引发国内产品市场的震动
한차례 정치 폭풍은 국내 상품 시장에 충격을 주었다

热带 rèdài 명 열대
引发 yīnfā 图 일으키다, 유발하다
震动 zhèndòng 图 쇼크를 주다, 충격을
　　　　　　　 가져오다

F

6급 风度 fēngdù 圐 풍모, 기품, 훌륭한 태도, 훌륭한 매너

圐 풍모, 기품, 훌륭한 태도, 훌륭한 매너
他翩翩的学者风度给观众留下了很深的印象
그의 소탈한 학자의 풍모가 관중들에게 깊은 인상을 남겼다
这个人很有风度
이 사람은 태도가 매우 훌륭하다

翩翩 piānpiān 圀 시원스럽다, 소탈하다, 멋스럽다

5급 风格 fēnggé 圐 풍격, 품격, 기풍, 스타일

圐 풍격, 품격, 기풍, 스타일
风格高尚 품격이 고상하다
他创作了5首不同风格的歌曲
그는 스타일이 다른 다섯 곡의 노래를 만들었다

6급 高尚 gāoshàng 圀 고상하다
6급 创作 chuàngzuò 图 창작하다, 만들다

6급 风光 fēngguāng 圐 풍광, 경치

圐 풍광, 경치
一望无际的草原风光让你心旷神怡
끝없이 펼쳐진 초원의 풍광에 마음이 트이고 기분이 상쾌해진다

一望无际 yīwàng-wújì
圀 끝이 보이지 않다, 매우 광활하다
心旷神怡 xīnkuàng-shényí
圀 마음이 트이고 상쾌하다

5급 风景 fēngjǐng 圐 풍경

圐 풍경
这里风景优美如画
이곳의 풍경은 그림처럼 아름답다

5급 优美 yōuměi 圀 우아하고 아름답다

6급 风气 fēngqì 圐 풍조, 세태

圐 (현재 유행하는) 풍조/세태
如今强迫性劝酒的风气好转了
지금은 강압적으로 술을 권하는 풍조가 호전되었다

5급 如今 rújīn 圐 지금, 현재
好转 hǎozhuǎn 图 호전되다

6급 风趣 fēngqù 圀 재미있다, 유머러스하다 圐 재미, 유머, 해학

圀 재미있다, 유머러스하다
小王的话很风趣
샤오왕의 말은 매우 재미있다

圐 재미, 유머, 해학
农村生活平平淡淡，倒有一番风趣
농촌의 생활은 평범하지만 오히려 다른 재미가 있다

平淡 píngdàn 圀 평범하다, 무미건조하다
一番 yīfān 한 가지, 한 종류

5급 风俗 fēngsú 圐 풍속, 풍습

圐 풍속, 풍습
各民族的风俗差别很大
각 민족의 풍속은 차이가 매우 크다

4급 民族 mínzú 圐 민족
6급 差别 chābié 圐 차별, 차이

6급 风土人情 fēngtǔ-rénqíng 성 지역의 풍토와 인심, 지역의 특색과 풍습

성 지역의 풍토와 인심, 지역의 특색과 풍습
离开熟悉的地方，去体验不一样的风土人情
익숙한 곳을 떠나 색다른 풍속과 인심을 경험하러 가다

5급 体验 tǐyàn 동 체험하다, 경험하다

6급 风味 fēngwèi 명 풍미, 특색, …풍

명 풍미, 특색, …풍 (주로 지방 특색을 가리킴)
四川风味的麻辣鱼你吃过吗？
너는 쓰촨풍의 마라 생선 요리를 먹어 본 적이 있니?
拜访一个保留着20年代欧洲风味的小城市
20년대 유럽풍을 간직하고 있는 소도시를 방문하다

四川 Sìchuān 명 쓰촨성, 사천성
麻辣 málà 형 맛이 맵고 얼얼하다
6급 拜访 bàifǎng 동 방문하다
5급 保留 bǎoliú 동 보존하다, 유지하다
5급 欧洲 Ōuzhōu 명 유럽

F

5급 风险 fēngxiǎn 명 위험

명 위험
投资股市有风险
주식 시장에 투자하는 것은 위험이 따른다
我们要保持风险意识
우리는 위기 의식을 유지해야 한다

5급 保持 bǎochí 동 유지하다, 지키다
6급 意识 yìshí 명 의식

6급 封闭 fēngbì 동 봉하다, 봉쇄하다

동 봉하다, 봉쇄하다
国际机场因大雾天气封闭
국제 공항이 짙은 안개로 봉쇄되었다

5급 雾 wù 명 안개

6급 封建 fēngjiàn 명 봉건 제도, 봉건 사회, 봉건사상 형 봉건적이다

명 봉건 제도, 봉건 사회, 봉건사상
可以说太平天国运动是属于反帝反封建的
태평천국 운동은 반제국, 반봉건에 속한다고 말할 수 있다
형 봉건적이다
公公思想封建，媳妇不能上桌吃饭
시아버지가 생각이 봉건적이라 며느리는 식탁에서 밥을 먹을 수 없다

5급 属于 shǔyú 동 속하다
反帝 fǎndì 명 반제, 반제국주의
公公 gōnggong 명 시아버지
5급 思想 sīxiǎng 명 생각, 의견
6급 媳妇 xífù 명 며느리

6급 封锁 fēngsuǒ 동 봉쇄하다

동 봉쇄하다
遭到恐怖袭击之后，军队下令封锁公路和铁路
테러 습격을 받은 후 군대는 도로와 철도를 봉쇄하는 명령을 내렸다

6급 恐怖 kǒngbù 명 공포, 테러
6급 袭击 xíjī 동 습격하다

5급 疯狂 fēngkuáng 형 발광하다, 미쳐 날뛰다

형 발광하다, 미쳐 날뛰다
这个原料最近疯狂涨价，一天涨价5倍
이 원료는 최근 미친 듯이 가격이 상승해서 하루에 다섯 배나 올랐다

5급 原料 yuánliào 명 원료
涨价 zhǎngjià 동 물가가 상승하다, 가격이 오르다

6급 锋利 fēnglì 톙 예리하다, 날카롭다

톙 **예리하다, 날카롭다**

鲨鱼的牙齿就像刀具一样**锋利**
상어의 이빨은 칼처럼 날카롭다

他说话太**锋利**，会造成一些误会
그는 말이 너무 날카로워서 오해를 초래하기도 한다

鲨鱼 shāyú 톙 상어
5급 牙齿 yáchǐ 톙 이, 치아
5급 造成 zàochéng 동 조성하다, 야기하다, 초래하다
4급 误会 wùhuì 톙 오해

6급 逢 féng 동 우연히 만나다, 마주치다

동 **우연히 만나다, 마주치다**

相**逢**相识是缘分 서로 만나 알게 된 것은 인연이다
每**逢**星期日都要回家 일요일마다 집에 돌아가야 한다

缘分 yuánfèn 톙 연분, 인연

5급 讽刺 fěngcì 동 풍자하다

동 **풍자하다**

这部电影无情地**讽刺**了人的丑陋
이 영화는 인간의 비열함을 냉정하게 풍자했다

无情 wúqíng 톙 무정하다, 냉정하다
丑陋 chǒulòu 톙 추하다, 비열하다

6급 奉献 fèngxiàn 동 봉헌하다, 바치다

동 **봉헌하다, 바치다**

李老师把青春年华**奉献**给乡村教育
리 선생님은 청춘 시절을 농촌 교육에 바쳤다

大家感谢医护人员的无私**奉献**
의사와 간호사들의 사심 없는 봉사에 모두가 감사해하다

5급 青春 qīngchūn 톙 청춘
年华 niánhuá 톙 세월, 시절
无私 wúsī 톙 무사하다, 사심이 없다, 공정하다

5급 否定 fǒudìng 동 부정하다 톙 부정적인

동 **부정하다** [반의어] 肯定 kěndìng [4급]

不要因为一件事就**否定**所有
한 가지 일 때문에 모든 것을 부정하지 마라

톙 **부정적인**

大多数人对这些政策持**否定**态度
대다수의 사람들이 이런 정책에 부정적인 태도를 지닌다

4급 所有 suǒyǒu 톙 모든, 일체의, 전부의
持 chí 동 (생각, 견해 등을) 지니다
4급 态度 tàidu 톙 태도

6급 否决 fǒujué 동 부결하다

동 **부결하다**

他的提案被大会**否决**了 그의 제안은 총회에서 부결되었다

提案 tí'àn 톙 제안

5급 否认 fǒurèn 동 부인하다

동 **부인하다**

公司坚决**否认**所有不当行为
회사는 모든 부당 행위를 단호하게 부인했다

5급 坚决 jiānjué 톙 결연하다, 단호하다
不当 bùdàng 톙 부당하다, 부적합하다

4급 否则 fǒuzé 옌 만약 그렇지 않으면

옌 만약 그렇지 않으면

7点前一定要出发，**否则**就赶不上飞机了
7시 전에 반드시 출발해야 해, 그렇지 않으면 비행기를 놓칠 거야

除非你亲自去请，**否则**的话他不会来
네가 직접 가서 청해야지, 그렇지 않으면 그는 오지 않을 것이다

赶不上 gǎnbushàng 늦다, 놓치다
5급 除非 chúfēi 옌 …해야만, 오직 …해야

6급 夫妇 fūfù 몡 부부

몡 부부

这只小猫被一对年轻**夫妇**收养了
이 어린 고양이는 한 쌍의 젊은 부부가 맡아 키운다

收养 shōuyǎng 통 수양하다, 맡아서 돌보다

6급 夫人 fūrén 몡 부인

몡 부인 (남의 아내에 대한 존칭)

歌剧《蝴蝶**夫人**》 오페라 「나비부인」

歌剧 gējù 몡 오페라, 가극

6급 敷衍 fūyǎn 통 대충하다, 건성으로 하다 통 억지로 유지하다, 가까스로 버티다

통 대충하다, 건성으로 하다

他不会认真帮你的，只不过**敷衍**一下罢了
그는 너를 열심히 돕는 것이 아니라 그저 건성으로 할 뿐이다

통 억지로 유지하다, 가까스로 버티다

剩下的粮食还能**敷衍**两天
남은 식량으로 이틀은 버틸 수 있다

只不过 zhǐbuguò 쀤 단지 …에 불과하다, 그저 …일 뿐이다
罢了 bàle 조 단지 …일 뿐이다
剩下 shèngxia 통 남기다, 남다

5급 扶 fú 통 부축하다, 돕다 통 기대다, 잡다

통 부축하다, 돕다

他马上把跌倒的孩子**扶**起来
그는 넘어진 아이를 바로 부축해 일으켰다

助理护士**扶**着老人上车
간호조무사가 노인을 부축해 차에 태우다

통 기대다, 잡다

妈妈发现宝宝**扶**着床头站起来了
엄마는 아기가 침대 머리를 잡고 일어선 것을 발견했다

跌倒 diēdǎo 통 넘어지다, 쓰러지다
6급 助理 zhùlǐ 몡 조수, 보조
4급 护士 hùshi 몡 간호사
宝宝 bǎobǎo 몡 우리 아기, 귀염둥이

6급 服从 fúcóng 통 따르다, 복종하다, 순종하다

통 따르다, 복종하다, 순종하다

他内心很失望，但仍表示**服从**组织的决定
그는 마음속으로 실망했지만, 여전히 조직의 결정에 따르겠다는 뜻을 나타냈다

5급 组织 zǔzhī 몡 조직

F

6급 服气 fúqì 동 복종하다, 승복하다, 수긍하다

동 복종하다, 승복하다, 수긍하다
他直言输了比赛很不服气
그는 경기에서 진 것에 승복할 수 없다고 솔직하게 말했다

直言 zhíyán 동 직언하다, 솔직하게 말하다
4급 输 shū 동 지다, 패하다, 잃다

2급 服务员 fúwùyuán 명 종업원, 승무원, 점원

명 종업원, 승무원, 점원
餐厅服务员 식당 종업원

4급 餐厅 cāntīng 명 식당

5급 服装 fúzhuāng 명 복장, 의상

명 복장, 의상
我想过改行去学习服装设计
나는 업종을 바꿔서 의상 디자인을 배우려고 생각한 적이 있다

改行 gǎiháng 동 직업을 바꾸다, 업종을 바꾸다
5급 设计 shèjì 명 설계, 디자인

6급 俘虏 fúlǔ 동 포로로 잡다 명 포로

동 포로로 잡다
在这场战役中，我军俘虏了敌军指挥官
이 전투에서 아군이 적군의 지휘관을 포로로 잡았다

명 포로
释放俘虏 포로를 석방하다

6급 战役 zhànyì 명 전역, 전쟁, 전투
指挥官 zhǐhuīguān 명 지휘관
6급 释放 shìfàng 동 석방하다

6급 符号 fúhào 명 부호, 기호

명 부호, 기호
标点符号 문장 부호
化学元素符号 화학 원소 기호

5급 标点 biāodiǎn 명 구두점
6급 元素 yuánsù 명 화학 원소

4급 符合 fúhé 동 부합하다, 일치하다

동 부합하다, 일치하다
这次发布的改革方案完全符合时代要求
이번에 발표된 개혁 방안은 시대적 요구에 완전히 부합한다

6급 发布 fābù 동 발표하다, 발포하다
3급 要求 yāoqiú 명 요구

5급 幅 fú 명 폭, 너비 양 폭

명 폭, 너비
单幅 (옷감의) 싱글폭
振幅 진폭

양 폭 (옷감, 그림 등을 세는 단위)
春天的校园美得就像一幅画
봄날의 교정은 한 폭의 그림처럼 아름답다

校园 xiàoyuán 명 교정, 캠퍼스

6급 幅度 fúdù 명 진폭, 폭

명 진폭, 폭
煤炭产量大幅度减少
석탄 생산량이 대폭 감소하다

5급 煤炭 méitàn 명 석탄
4급 减少 jiǎnshǎo 통 감소하다, 줄이다

6급 辐射 fúshè 통 방사하다, 복사하다

통 방사하다, 복사하다
电磁辐射对人体到底有什么影响?
전자기 복사는 인체에 대체 어떤 영향을 주는가?

电磁 diàncí 명 전자, 전자기

6급 福利 fúlì 명 복리, 복지

명 복리, 복지
公司提高了员工福利待遇
회사가 직원의 복리 대우를 향상시켰다

5급 员工 yuángōng 명 직원과 노동자
5급 待遇 dàiyù 명 대우

6급 福气 fúqi 명 복, 행운

명 복, 행운
猪是财富和福气的象征
돼지는 부와 행운의 상징이다
全家人身体健康是最大的福气
모든 가족의 몸이 건강한 것이 가장 큰 복이다

6급 财富 cáifù 명 부, 재부, 자산
5급 象征 xiàngzhēng 명 상징

6급 抚摸 fǔmō 통 어루만지다, 쓰다듬다

통 어루만지다, 쓰다듬다
他轻轻蹲下，温柔地抚摸着小狗的头
그는 살며시 쪼그려 앉아 부드럽게 강아지의 머리를 쓰다듬었다
钢琴的旋律抚摸着她的心
피아노의 선율이 그녀의 마음을 어루만진다

5급 蹲 dūn 통 쪼그려 앉다, 웅크려 앉다
5급 温柔 wēnróu 형 부드럽고 순하다
6급 旋律 xuánlǜ 명 선율, 가락, 멜로디

6급 抚养 fǔyǎng 통 키우다, 정성껏 기르다

통 키우다, 정성껏 기르다 (아랫사람에게만 쓸 수 있음)
父母有抚养子女的义务
부모는 자녀를 양육할 의무가 있다
他和前妻离婚，并争取到了抚养女儿的权利
그는 전처와 이혼하고, 딸을 양육할 권리를 얻어 냈다

5급 离婚 líhūn 통 이혼하다
5급 争取 zhēngqǔ 통 얻으려고 애쓰다

6급 俯视 fǔshì 통 내려다보다

통 내려다보다
登上最高的山俯视城市全境地貌
가장 높은 산에 올라 도시 전체 지형을 내려다보다

全境 quánjìng 명 전역, 지역 전체
地貌 dìmào 명 지모, 지형

F

俯仰 fǔyǎng 　图 내리고 들다, 부앙하다 　형 행동거지, 일거일동

图 (고개를) 내리고 들다/부앙하다 (짧은 시간을 비유하기도 함)
腰背不可俯仰 등허리를 굽혔다 펴지 못하다
俯仰之间时光飞逝 눈 깜짝할 사이에 세월이 흘렀다
형 행동거지, 일거일동
俯仰自得 행동이 여유 만만하다

6급 **时光** shíguāng 명 시간, 세월
　飞逝 fēishì 图 쏜살같이 지나가다
　自得 zìdé 图 스스로 만족하다

5급 **辅导** fǔdǎo 　图 도우며 지도하다

图 도우며 지도하다
辅导孩子学习外语 아이가 외국어 배우는 것을 지도하다
校外辅导 방과 후 보충 지도

　校外 xiàowài 명 학교 밖, 방과 후

6급 **辅助** fǔzhù 　图 보좌하다, 돕다 　형 보조적인, 부차적인

图 보좌하다, 돕다
我派一个助手辅助你工作
내가 네 업무를 도울 조수 한 명을 보낼게
형 보조적인, 부차적인
公安局这次公开招聘警务辅助人员20名
경찰국은 이번에 경찰 업무 보조 직원 20명을 공개적으로 채용한다

6급 **助手** zhùshǒu 명 조수
6급 **公安局** gōng'ānjú 명 공안국, 경찰국
5급 **人员** rényuán 명 인원, 요원

6급 **腐败** fǔbài 　图 썩다, 부패하다 　형 부패하다, 타락하다, 문란하다

图 썩다, 부패하다
食品腐败变质 식품이 썩고 변질되다
형 부패하다, 타락하다, 문란하다
政治腐败 정치가 부패하다
遏制腐败蔓延势头 부패가 만연한 추세를 억제하다

6급 **变质** biànzhì 图 변질되다
6급 **遏制** èzhì 图 억제하다, 막다
6급 **蔓延** mànyán 图 만연하다, 널리 퍼지다

6급 **腐烂** fǔlàn 　图 변질되다, 썩다, 부패하다 　형 부패하다, 타락하다, 문란하다

图 변질되다, 썩다, 부패하다
大部分的水果很容易腐烂 대부분의 과일은 쉽게 변질된다
형 (제도, 조직 등이) 부패하다/타락하다/문란하다
司法系统已经腐烂不堪
사법 체계는 이미 심하게 부패했다

5급 **系统** xìtǒng 명 체계, 조직, 시스템

6급 **腐蚀** fǔshí 　图 부식하다 　형 부패시키다, 타락시키다

图 부식하다
防腐涂料有效保护金属不腐蚀
방부 도료는 금속이 부식하지 않도록 보호하는 효과가 있다
图 부패시키다, 타락시키다
权力是腐蚀人心的毒药
권력은 사람의 마음을 타락시키는 독약이다

　防腐 fángfǔ 图 방부하다, 부패를 방지하다
　涂料 túliào 명 도료
5급 **金属** jīnshǔ 명 금속
5급 **权力** quánlì 명 권력, 권한

6급 腐朽 fǔxiǔ 동 썩다, 부패하다 형 진부하다, 타락하다, 문란하다

동 (목재나 섬유질이) 썩다/부패하다
这些出土的棺木早就**腐朽**了
출토된 이 관들은 이미 썩었다

형 진부하다, 타락하다, 문란하다
坚决反对**腐朽**堕落的生活方式
문란하고 타락한 생활 방식을 결사적으로 반대하다

棺木 guānmù 명 관
6급 堕落 duòluò 동 타락하다

4급 父亲 fùqīn 명 아버지, 부친

명 아버지, 부친
我**父亲**是工程师
내 아버지는 엔지니어이다

5급 工程师 gōngchéngshī 명 엔지니어

4급 付款 fù//kuǎn 동 돈을 지불하다

동 돈을 지불하다
到收银台前排队**付款**
계산대 앞에 줄을 서서 돈을 지불하다

汽车公司推出低利率分期**付款**商品
자동차 회사에서 저금리 할부 상품을 출시했다

收银台 shōuyíntái 명 수납처, 계산대
推出 tuīchū 내놓다
利率 lìlǜ 명 이율, 금리
分期 fēnqī 동 단계를 나누다, 기간을 나누다

6급 负担 fùdān 동 부담하다, 책임지다 명 부담, 책임

동 부담하다, 책임지다
负担全家人的生活费用
온 집안의 생활비를 부담하다

명 부담, 책임
减轻农民**负担**
농민의 부담을 줄이다

随着竞争日趋激烈，人们的心理**负担**加重
경쟁이 날로 치열해지면서, 사람들의 심리적 부담은 가중되었다

减轻 jiǎnqīng 동 경감하다, 줄이다
4급 竞争 jìngzhēng 동 경쟁하다
日趋 rìqū 부 나날이, 날로

4급 负责 fùzé 동 책임지다 형 책임감이 강하다, 성실하다

동 책임지다
做坏了，我**负责**赔偿
잘못되면 내가 책임지고 배상한다

형 책임감이 강하다, 성실하다
他是一个极其**负责**的人
그는 책임감이 매우 강한 사람이다

5급 赔偿 péicháng 동 배상하다
5급 极其 jíqí 부 지극히, 매우

5급 妇女 fùnǚ 명 여성, 부녀자

명 여성, 부녀자
中年**妇女** 중년 여성

中年 zhōngnián 명 중년

F

6급 附和 fùhè 동 주관 없이 동조하다, 주관 없이 남을 따라 하다, 부화하다

동 주관 없이 동조하다, 주관 없이 남을 따라 하다, 부화하다

我们切忌万事没有自己的判断，跟风附和
우리는 모든 일에 자기 판단 없이 분위기에 휩쓸려 남을 따라
해서는 절대 안 된다

切忌 qièjì 동 반드시 피하다
跟风 gēnfēng 동 분위기에 휩쓸리다

tip 여기에서는 和를 hé로 읽지 않는다

6급 附件 fùjiàn 명 부속 문건, 첨부 문건, 부록 명 부속, 부속품

명 부속 문건, 첨부 문건, 부록

公文附件 공문서의 첨부 문건

发送电子邮件时该怎么添加附件?
이메일을 보낼 때 어떻게 첨부 파일을 붙이니?

添加 tiānjiā 동 더하다, 늘리다
5급 摩托车 mótuōchē 명 오토바이

명 부속, 부속품

摩托车附件 오토바이 부속

3급 附近 fùjìn 형 부근의 명 부근, 근처, 인근

형 부근의

这里发生4.0级地震，附近地区有震感 여기에서
진도 4.0의 지진이 발생했고, 인근 지역에서도 진동을 느꼈다

5급 地震 dìzhèn 명 지진
5급 地区 dìqū 명 지역, 구역
震感 zhèngǎn 명 지진의 감도

명 부근, 근처, 인근

附近找不到村子 근처에서 마을을 찾을 수 없다

6급 附属 fùshǔ 동 부속되다, 종속되다, 귀속되다 형 부속의

동 부속되다, 종속되다, 귀속되다

这所中学附属于师范大学
이 중학교는 사범 대학에 부속되어 있다

6급 师范 shīfàn 명 사범 학교

형 부속의

附属中学 부속 중고등학교
大学附属医院 대학 부속 병원

6급 复活 fùhuó 동 부활하다, 부활시키다

동 부활하다, 부활시키다

新技术使濒临倒闭的企业得以复活
신기술은 도산 위기에 처한 기업을 부활시킬 수 있다

反对复活迷信 미신을 부활시키는 것에 반대하다

6급 濒临 bīnlín 동 인접하다, 이르다, 다다르다
6급 倒闭 dǎobì 동 파산하다, 도산하다
得以 déyǐ 동 …할 수 있다

3급 复习 fùxí 동 복습하다

동 복습하다

你们在复习哪一课?
너희는 몇 과를 복습하고 있니?

快期末考试了，孩子还不好好复习
곧 기말고사가 다가오는데 아이가 아직 복습을 제대로 하지 않는다

期末考试 qīmò kǎoshì 기말고사
好好 hǎohǎo 부 잘, 제대로, 충분히

6급 复兴 fùxīng 图 부흥하다, 부흥시키다

图 부흥하다, 부흥시키다
全面复兴优秀的传统文化
우수한 전통 문화를 전면적으로 부흥시키다

5급 全面 quánmiàn 图 전면적인, 전체적인
4급 优秀 yōuxiù 图 우수하다, 매우 뛰어나다

4급 复印 fùyìn 图 복사하다

图 복사하다
为了复习功课，复印期末考试的资料
학과목 복습을 위해 기말고사 자료를 복사하다

功课 gōngkè 图 교과 과정
5급 资料 zīliào 图 자료

4급 复杂 fùzá 图 복잡하다

图 복잡하다 [반의어] 简单 jiǎndān [3급]
情况非常复杂 상황이 매우 복잡하다
我常常为复杂的人际关系而烦恼
나는 복잡한 인간 관계 때문에 자주 괴롭다

人际关系 rénjì guānxì 인간 관계
4급 烦恼 fánnǎo 图 번뇌하다, 근심하다

5급 复制 fùzhì 图 복제하다, 복사하다

图 복제하다, 복사하다
这些兵马俑都是复制的 이 병마용들은 모두 복제한 것이다
把手机里的文件复制到U盘
핸드폰에 있는 파일을 USB로 복사하다

5급 文件 wénjiàn 图 문건, 파일
U盘 U pán 图 USB 메모리

6급 副 fù 图 부의, 제2의, 부수적인 图 벌, 쌍, 켤레, 세트 图 얼굴 표정, 태도 등에 쓰인다

图 부의, 제2의, 부수적인
现在已经有了正式会计，你先做他的副手吧
지금은 이미 정식 회계사가 있으니, 너는 우선 그의 조수로 일해라

图 벌, 쌍, 켤레, 세트 (쌍이나 세트를 이루는 물건을 세는 단위)
两副手套 장갑 두 켤레 | 一副对联 대련 한 쌍

图 얼굴 표정, 태도 등에 쓰인다 (수사는 一yī에 한정됨)
他很想念你，却还要装出一副淡然的样子
그는 너를 그리워하면서 오히려 덤덤한 척한다

4급 正式 zhèngshì 图 정식의, 정규의
副手 fùshǒu 图 조수
淡然 dànrán 图 덤덤하다
4급 样子 yàngzi 图 심경, 상태

副作用 fùzuòyòng 图 부작용

图 부작용
呕吐和腹泻是药物最常见的副作用
구토와 설사는 약의 가장 흔한 부작용이다

6급 呕吐 ǒutù 图 구토하다
药物 yàowù 图 약물, 약

6급 赋予 fùyǔ 图 부여하다, 주다

图 (임무, 사명 등을) 부여하다/주다
这是时代和历史赋予我们的重任
이것은 시대와 역사가 우리에게 부여한 중대한 임무이다

重任 zhòngrèn 图 중임, 중요한 임무

4급 富 fù 〔형〕 많다, 풍부하다 〔형〕 부유하다

〔형〕 **많다, 풍부하다**

橘子富含維生素C
귤은 비타민 C를 많이 함유하고 있다

经济富足、社会安定
경제적으로 풍족하고 사회가 안정되다

〔형〕 **부유하다** 〔반의어〕 穷 qióng [4급]

这个村子两年就富起来了
이 마을은 2년 새 부유해졌다

富含 fùhán 〔동〕 대량 함유하다
富足 fùzú 〔형〕 풍족하다, 넉넉하다

〔역순 어휘〕
财富 cáifù　　丰富 fēngfù

6급 富裕 fùyù 〔형〕 부유하다, 풍족하다 〔동〕 부유하게 하다, 풍족하게 하다

〔형〕 **부유하다, 풍족하다**

摆脱贫穷过上富裕的生活
가난에서 벗어나 풍족한 생활을 하다

〔동〕 **부유하게 하다, 풍족하게 하다**

富裕生活 생활을 풍족하게 하다

6급 摆脱 bǎituō 〔동〕 빠져나오다, 벗어나다
贫穷 pínqióng 〔형〕 빈곤하다, 가난하다

6급 腹泻 fùxiè 〔동〕 설사하다

〔동〕 **설사하다**

昨晚稍微着凉，就发生腹痛、腹泻
어제 저녁에 약간 감기에 걸려서 배가 아프고 설사가 난다

4급 稍微 shāowēi 〔부〕 조금, 약간
5급 着凉 zháoliáng 〔동〕 감기에 걸리다
腹痛 fùtòng 〔명〕 복통

6급 覆盖 fùgài 〔동〕 덮다, 가리다, 커버하다

〔동〕 **덮다, 가리다, 커버하다**

草皮覆盖着地面 잔디가 땅을 덮고 있다
医疗保险覆盖范围不断扩大
의료 보험이 포함하는 범위가 계속 확대되다

草皮 cǎopí 〔명〕 떼, 잔디
医疗 yīliáo 〔명〕 의료
5급 扩大 kuòdà 〔동〕 확대하다, 증대하다

4급 改变 gǎibiàn 图 변하다, 바뀌다 图 변하게 하다, 바꾸다, 변경하다, 고치다

图 변하다, 바뀌다
故乡的面貌完全**改变**了
고향의 모습이 완전히 바뀌었다
习惯很难**改变** 습관은 바꾸기 어렵다

图 변하게 하다, 바꾸다, 변경하다, 고치다
改变原来的计划 원래 계획을 바꾸다
章鱼会随温度变化**改变**自身颜色
문어는 온도 변화에 따라 자기 몸의 색깔을 바꾼다

6급 故乡 gùxiāng 图 고향
6급 面貌 miànmào 图 용모, 생김새, 모습
章鱼 zhāngyú 图 문어
随 suí 게 …에 따라

5급 改革 gǎigé 图 개혁하다 图 개혁

图 개혁하다
改革人才管理制度 인재 관리 제도를 개혁하다

图 개혁
我们都支持这项**改革** 우리 모두 이 개혁을 지지한다

5급 制度 zhìdù 图 제도, 체계
5급 项 xiàng 图 항, 항목, 가지

5급 改进 gǎijìn 图 개진하다, 개선하다

图 개진하다, 개선하다
改进教学方法 교육 방법을 개선하다
还有**改进**的余地 아직 개선의 여지가 있다

余地 yúdì 图 (말, 행동 등의) 여지

6급 改良 gǎiliáng 图 개량하다, 개선하다

图 개량하다, 개선하다
改良土壤 토양을 개량하다
改良生活习惯 생활 습관을 개선하다

6급 土壤 tǔrǎng 图 토양, 토지

5급 改善 gǎishàn 图 개선하다

图 개선하다
劳动条件逐步**改善** 노동 조건이 차츰차츰 개선되다
改善环境卫生 환경 위생을 개선하다

5급 逐步 zhúbù 图 차차, 차츰차츰

5급 改正 gǎizhèng 图 바로잡다, 시정하다, 올바르게 고치다

图 (잘못, 결점 등을) 바로잡다/시정하다/올바르게 고치다
改正缺点 결점을 고치다
及时**改正**自己的错误 자신의 잘못을 바로 시정하다

4급 缺点 quēdiǎn 图 결점, 단점, 부족한 점
4급 错误 cuòwù 图 잘못, 실수, 착오

6급 钙 gài 图 칼슘

图 칼슘
牛奶是人体摄取**钙**质的最佳来源
우유는 인체의 칼슘 섭취에 가장 좋은 공급원이다

摄取 shèqǔ 图 섭취하다, 흡수하다
6급 来源 láiyuán 图 원천, 근원, 출처

G

5급 盖 gài 명 뚜껑, 덮개 동 덮다, 씌우다 동 짓다, 건축하다

명 뚜껑, 덮개
把水果放入带**盖**儿的盒子里
과일을 뚜껑이 있는 상자 안에 넣다

동 덮다, 씌우다
盖锅盖 솥뚜껑을 덮다
一场大雪过后，整个城市**盖**上一层棉被
한차례 큰 눈이 내린 후 도시 전체가 솜이불을 한 겹 덮었다

동 (주로 작은 집 등을) 짓다/건축하다
房子**盖**好了 집을 다 지었다

锅**盖** guōgài 명 솥뚜껑, 냄비 뚜껑
棉被 miánbèi 명 솜이불
房子 fángzi 명 가옥, 집

역순 어휘
覆**盖** fùgài   膝**盖** xīgài   掩**盖** yǎngài

6급 盖章 gàizhāng 동 도장을 찍다, 날인하다

동 도장을 찍다, 날인하다
在合同上**盖章** 계약서에 도장을 찍다
没有**盖章**的合同有法律效力吗?
날인이 없는 계약서는 법적 효력이 있습니까?

5급 合同 hétong 명 계약, 약정
法律效力 fǎlǜ xiàolì 법적 효력

5급 概括 gàikuò 동 개괄하다, 요약하다, 간추리다 형 개괄적이다, 간단명료하다

동 개괄하다, 요약하다, 간추리다
概括出一些共同特点 일련의 공통된 특징을 개괄해 내다
概括文章的主要内容 글의 주요 내용을 요약하다

형 개괄적이다, 간단명료하다
把故事看完以后，**概括**地讲一讲故事情节
이야기를 다 읽은 후, 이야기 줄거리를 간단하게 말해 봐라

4급 特点 tèdiǎn 명 특징, 특성, 특색
6급 情节 qíngjié 명 줄거리, 플롯, 구성

5급 概念 gàiniàn 명 개념

명 개념
时间是一个比较抽象的**概念**
시간은 비교적 추상적인 개념이다

5급 抽象 chōuxiàng 형 추상적인

4급 干 gān 형 건조하다, 마르다 명 건조식품, 말린 음식

형 건조하다, 마르다
衣服还没**干** 옷이 아직 마르지 않았다
天气太**干**了，要注意森林防火
날씨가 너무 건조해서 산불 예방에 신경 써야 한다

명 건조식품, 말린 음식
葡萄**干** 건포도 | 肉**干** 육포

防火 fánghuǒ 동 화재를 막다

역순 어휘
饼**干** bǐnggān   若**干** ruògān

○ **干** gàn [4급] 참조

4급 干杯 gān//bēi 동 건배하다, 잔을 비우다

동 건배하다, 잔을 비우다 (술을 권하거나 축하할 때 쓰임)
为我们的友谊**干杯** 우리의 우정을 위해 건배하자

4급 友谊 yǒuyì 명 우의, 우정

5급 干脆 gāncuì 형 단도직입적이다, 시원시원하다, 명쾌하다 부 아예, 차라리

형 (말과 행동이) 단도직입적이다/시원시원하다/명쾌하다
办事干脆 일 처리가 시원시원하다
她选择干脆利落地退出
그녀는 깔끔하게 물러나기로 선택했다

부 아예, 차라리
这事儿，干脆你来办 이 일은 차라리 네가 맡아라

办事 bànshì 동 일을 처리하다, 업무를 보다
干脆利落 gāncuì-lìluò 성 간단명료하고 시원시원하다, 깔끔하고 군더더기 없다
退出 tuìchū 동 (직책, 장소 등에서) 물러나다

6급 干旱 gānhàn 형 건조하다, 가물다

형 (날씨, 토양 등이) 건조하다/가물다
因气候干旱，大米价格大幅上涨
기후가 건조하여 쌀 가격이 크게 올랐다

大幅 dàfú 형 대폭의, 변동이 큰
上涨 shàngzhǎng 동 상승하다, 오르다

G

3급 干净 gānjìng 형 깨끗하다

형 깨끗하다
把手洗干净 손을 깨끗이 씻다
公园的卫生间真干净! 공원 화장실이 정말 깨끗하군!

2급 洗 xǐ 동 씻다, 빨다
4급 卫生间 wèishēngjiān 명 화장실

6급 干扰 gānrǎo 동 방해하다, 어지럽히다, 교란시키다

동 방해하다, 어지럽히다, 교란시키다
他正在学习，不要干扰他
그는 지금 공부하는 중이니 방해하지 마라

6급 干涉 gānshè 동 간섭하다, 참견하다

동 간섭하다, 참견하다
家长不要过多干涉子女的婚恋
부모는 자녀의 연애와 결혼에 과도하게 간섭해서는 안 된다

婚恋 hūnliàn 명 결혼과 연애

6급 干预 gānyù 동 간여하다, 간섭하다, 참견하다

동 간여하다, 간섭하다, 참견하다
请别干预我的事 내 일에 간섭하지 마세요
政府不应过多地干预经济活动
정부는 경제 활동에 지나치게 간여해서는 안 된다

过多 guòduō 형 과다하다, 지나치게 많다

5급 干燥 gānzào 형 건조하다, 메마르다 동 건조시키다

형 건조하다, 메마르다
土壤干燥 토양이 메마르다 | 天气干燥 날씨가 건조하다
동 건조시키다
先干燥一整天，然后放在通风的地方
먼저 하루 동안 건조시킨 다음 통풍이 잘 되는 곳에 두다

通风 tōngfēng 형 바람이 잘 통하다

甘心 gānxīn 图 기꺼이 원하다, 달가워하다, 바라다 图 만족하다, 마음에 들다

图 기꺼이 원하다, 달가워하다, 바라다
甘心做平凡的工作 평범한 일을 기꺼이 하다
图 만족하다, 마음에 들다 (일반적으로 부정에 쓰임)
达不到目的，我决不**甘心**
목적을 달성하지 못하면 나는 절대 만족할 수 없다

| 6급 平凡 píngfán 图 평범하다, 일반적이다, 보통이다
决 jué 图 결코, 절대로 (부정사 앞에 쓰임)

6급 尴尬 gāngà 图 곤란하다, 난처하다 图 부자연스럽다, 어색하다, 무안하다, 부끄럽다

图 (상황, 사정 등이) 곤란하다/난처하다
处境**尴尬** 상황이 곤란하다
图 (표정, 태도 등이) 부자연스럽다/어색하다, 무안하다, 부끄럽다
谎话被揭穿了，他显得非常**尴尬**
거짓말이 폭로되자 그는 매우 당황한 것 같다
气氛突然变得**尴尬** 분위기가 갑자기 어색해졌다

| 6급 处境 chǔjìng 图 처지, 상황
谎话 huǎnghuà 图 거짓말
揭穿 jiēchuān 图 폭로하다, 들추어내다
| 5급 气氛 qìfēn 图 분위기, 기운

4급 赶 gǎn 图 쫓다, 따라가다, 대다 图 서둘러 하다, 서두르다 图 가다, 가서 참가하다

图 쫓다, 따라가다, (시간에) 대다
赶上队伍 대오를 따라잡다
我起晚了，没**赶**上火车 나는 늦게 일어나서 기차를 놓쳤다
图 서둘러 하다, 서두르다
为了**赶**任务，每天只睡四五个小时
서둘러 일을 완수하기 위해 매일 네다섯 시간만 잔다
图 (시간이 정해진 행사에) 가다/가서 참가하다
每次**赶**集回来，母亲给我买回包子
어머니는 매번 시장에서 돌아올 때마다 나에게 만두를 사다 주셨다

| 6급 队伍 duìwu 图 부대, 대오, 집단
赶集 gǎnjí 图 시장에 가서 장사하다, 시장을 돌아다니다

5급 赶紧 gǎnjǐn 图 즉시, 지체 없이, 곧

图 즉시, 지체 없이, 곧
十二点有个招聘会，我们得**赶紧**过去
12시에 채용 박람회가 있으니 우리는 서둘러 가야 한다

| 招聘会 zhāopìnhuì 图 채용 설명회, 채용 박람회

5급 赶快 gǎnkuài 图 서둘러, 빨리

图 서둘러, 빨리
趁机**赶快**溜走 기회를 틈타 서둘러 몰래 달아나다

| 趁机 chènjī 图 기회를 틈타
溜走 liūzǒu 图 몰래 달아나다, 내빼다

4급 敢 gǎn 图 용감하게 …하다, 자신 있게 …하다, 감히 …하다

图 용감하게 …하다, 자신 있게 …하다, 감히 …하다
拿到驾驶证仍然不**敢**开车上路
운전면허증을 땄지만 여전히 길에서 운전할 엄두를 못 낸다
我**敢**说你没吃过这种菜
너는 이런 음식을 먹어 본 적이 없다고 내가 감히 말할 수 있다

| 驾驶证 jiàshǐzhèng 图 운전면허증

역순 어휘
勇**敢** yǒnggǎn

4급 感动 gǎndòng 동 감동하다 동 감동시키다

동 감동하다
看了这部电影，我感动得流下了眼泪
이 영화를 보고 나는 감동하여 눈물을 흘렸다

동 감동시키다
她的崇高精神深深感动了我们
그녀의 숭고한 정신은 우리를 깊이 감동시켰다

6급 崇高 chónggāo 형 숭고한, 고상한, 최고의

5급 感激 gǎnjī 동 감격하다

동 감격하다
感激朋友的真诚帮助
친구의 진실한 도움에 감격하다

真诚 zhēnchéng 형 진실하다, 진지하다, 성실하다

4급 感觉 gǎnjué 명 감각, 느낌 동 느끼다, 여기다, 생각하다

명 감각, 느낌
我没有来过这儿，却对这里有种熟悉的感觉
나는 여기에 와 본 적이 없는데, 이곳에 뭔가 친숙한 느낌이 있다

동 느끼다, 여기다, 생각하다
他总是让我感觉不舒服
그는 늘 내가 불편하게 느끼게 만든다

我感觉这篇文章写得很好
나는 이 글이 잘 쓰여졌다고 생각한다

4급 熟悉 shúxī 형 익다, 훤하다, 친숙하다
4급 文章 wénzhāng 명 문장, 저작, 저술, 글

6급 感慨 gǎnkǎi 동 감개하다, 감격하다

동 감개하다, 감격하다
回顾过去的一年，心中不禁有些感慨
지난 한 해를 뒤돌아보니 마음에서 나도 모르게 감회가 일었다

6급 回顾 huígù 동 뒤돌아보다, 회고하다
6급 不禁 bùjīn 동 금치 못하다, 참을 수 없다

3급 感冒 gǎnmào 명 감기 동 감기에 걸리다

명 감기
治疗流行性感冒 유행성 감기를 치료하다
동 감기에 걸리다
女儿感冒都快一个星期了，还没好呢
딸이 감기에 걸린 지 거의 일주일이 되었는데 아직 낫지 않았다

5급 治疗 zhìliáo 동 치료하다
流行性 liúxíngxìng 명 유행성

4급 感情 gǎnqíng 명 감정 명 애정, 정

명 감정
感情激动 감정이 격해지다
명 애정, 정
他对教育工作越来越有感情了
그는 교육 사업에 갈수록 애정이 생겼다

4급 激动 jīdòng 동 격동하다, 감격하다

G

6급 感染 gǎnrǎn 图 감염되다 图 감화시키다, 영향을 주다, 감동을 주다

图 감염되다
夏天伤口容易感染 여름에는 상처가 감염되기 쉽다
图 감화시키다, 영향을 주다, 감동을 주다
她的演讲深深地感染了很多听众
그녀의 강연은 많은 청중을 깊이 감동시켰다

伤口 shāngkǒu 图 상처
5급 演讲 yǎnjiǎng 图 연설, 강연
听众 tīngzhòng 图 청중

5급 感受 gǎnshòu 图 느끼다, 받다 图 감상, 느낌, 소감

图 느끼다, 받다
闭上眼睛，感受声音的刺激
눈을 감고 소리의 자극을 느끼다
感受到巨大的压力 거대한 압력을 받다, 큰 부담을 느끼다
图 감상, 느낌, 소감
谈谈我的几点感受
내가 느낀 감상 몇 가지를 이야기해 보겠다

5급 刺激 cìjī 图 자극, 충격
5급 巨大 jùdà 图 거대하다

5급 感想 gǎnxiǎng 图 감상, 느낌, 생각

图 감상, 느낌, 생각
我向学生们发表了我的见闻和感想
나는 학생들에게 나의 견문과 감상을 발표했다

5급 发表 fābiǎo 图 발표하다
6급 见闻 jiànwén 图 견문

4급 感谢 gǎnxiè 图 감사하다

图 감사하다
感谢你们的大力支持
여러분의 강력한 지지에 감사 드립니다

大力 dàlì 图 힘껏, 강력하게, 대대적으로
4급 支持 zhīchí 图 지지하다

3급 感兴趣 gǎn xìngqù 흥미를 느끼다, 관심이 있다, 취미가 있다

흥미를 느끼다, 관심이 있다, 취미가 있다
孩子对学习根本不感兴趣
아이가 공부에 아예 관심이 없다

5급 根本 gēnběn 图 전혀, 도무지, 아예

4급 干 gàn 图 하다, 종사하다 图 맡다, 담당하다

图 (일을) 하다, (활동에) 종사하다
那件事我来干吧 그 일은 내가 할게
大家都在忙着干农活儿 모두 농사일을 하느라 바쁘다
图 (직무를) 맡다/담당하다
他以前干过记者 그는 예전에 기자를 한 적이 있다

农活儿 nónghuór 图 농사일

역순 어휘
才干 cáigàn 骨干 gǔgàn 能干 nénggàn

○ 干 gān [4급] 참조

5급 干活儿 gàn//huór 图 노동하다, 일하다

图 노동하다, 일하다
抓紧时间干活儿 서둘러 일하다

5급 抓紧 zhuājǐn 图 서두르다

6급 干劲 gànjìn 명 열성, 의욕

명 (일을 하려는) 열성/의욕
新员工干劲十足 새 직원이 의욕이 충만하다

6급 十足 shízú 형 충분하다, 충만하다

4급 刚 gāng 부 방금, 막 부 겨우, 가까스로 부 바로, 마침, 꼭

부 방금, 막 (동작이 발생한 지 오래 되지 않음을 나타냄)
他刚从中国回来 그는 방금 중국에서 돌아왔다
天刚亮就出发了 날이 막 밝자마자 바로 출발했다

부 겨우, 가까스로 (일정한 정도에 겨우 도달함을 나타냄)
声音不大，刚能听见
소리가 크지 않아서 겨우 들을 수 있다

부 바로, 마침, 꼭 (시간, 공간, 정도, 수량 등이 적당함을 나타냄)
不多不少，刚一杯
많지도 않고 적지도 않고, 딱 한 컵이다

4급 出发 chūfā 동 출발하다, 떠나다
3급 声音 shēngyīn 명 소리, 음성
　　听见 tīngjiàn 동 들리다, 똑똑히 듣다

G

3급 刚才 gāngcái 명 방금

명 방금
刚才有人来电话 방금 어떤 사람에게 전화가 왔다

刚刚 gānggāng 부 방금, 막 부 겨우, 가까스로

부 방금, 막
我刚刚躺下，就响起了敲门声
내가 막 눕자마자 노크하는 소리가 났다

부 겨우, 가까스로
床上有用肉眼刚刚能看见的小虫子
침대 위에 육안으로 겨우 볼 수 있는 작은 벌레가 있다

4급 响 xiǎng 동 소리가 나다, 울리다
　　敲门 qiāomén 동 문을 두드리다, 노크하다
　　肉眼 ròuyǎn 명 육안, 사람의 눈
　　虫子 chóngzi 명 벌레, 곤충

6급 纲领 gānglǐng 명 강령, 지도 원칙

명 강령, 지도 원칙
制定适应时代要求的行动纲领
시대의 요구에 맞는 행동 강령을 제정하다

5급 制定 zhìdìng 동 제정하다, 세우다

5급 钢铁 gāngtiě 명 강철, 철강

명 강철, 철강
钢铁行业 철강업 | 限制钢铁产量 철강 생산량을 제한하다

5급 限制 xiànzhì 동 제한하다

6급 岗位 gǎngwèi 명 직위, 직무

명 직위, 직무
走上领导岗位 지도자의 직위에 오르다
他已经从大学教授岗位上退下来了
그는 이미 대학 교수직에서 물러났다

5급 领导 lǐngdǎo 명 지도자, 리더, 책임자
4급 教授 jiàoshòu 명 교수

6급 港口 gǎngkǒu 명 항구

명 항구
船舶停泊在港口 선박이 항구에 정박하다

6급 船舶 chuánbó 명 선박, 배
6급 停泊 tíngbó 통 정박하다

6급 港湾 gǎngwān 명 항만

명 항만
中国沿海有许多优良港湾
중국 연해에는 우수한 항만이 매우 많다

6급 沿海 yánhǎi 명 연해

6급 杠杆 gànggǎn 명 지레, 지렛대 명 평형, 조절, 지배 작용을 하는 사물이나 힘

명 지레, 지렛대
如果运用杠杆原理，就可以轻松地把重物抬起来
지렛대의 원리를 활용하면 무거운 물건을 수월하게 들어 올릴 수 있다

명 평형, 조절, 지배 작용을 하는 사물이나 힘
充分发挥价格的杠杆调节作用
가격의 균형 조절 작용을 충분히 발휘하다

5급 运用 yùnyòng 통 운용하다, 활용하다
6급 原理 yuánlǐ 명 원리
5급 发挥 fāhuī 통 발휘하다
6급 调节 tiáojié 통 조절하다

2급 高 gāo 형 크다, 높다 형 높다 형 높다, 뛰어나다

형 (키가) 크다, (높이가) 높다 반의어 矮 ǎi [3급] · 低 dī [4급]
很高的大厦 높은 빌딩 | 他个子很高 그는 키가 크다

형 (지위, 등급 등이) 높다 반의어 低 dī [4급]
职位相当高 직위가 상당히 높다

형 (수준 등이) 높다/뛰어나다 반의어 低 dī [4급]
汉语水平很高 중국어 수준이 높다
他的见解比别人高 그의 견해는 다른 사람보다 뛰어나다

5급 大厦 dàshà 명 대형 고층 건물, 빌딩
6급 职位 zhíwèi 명 직위
5급 相当 xiāngdāng 분 매우, 상당히

역순 어휘
崇高 chónggāo   提高 tígāo

6급 高超 gāochāo 형 훌륭하다, 뛰어나다

형 훌륭하다, 뛰어나다
高超的演技 훌륭한 연기
医术高超 의술이 뛰어나다

演技 yǎnjì 명 연기
医术 yīshù 명 의술

6급 高潮 gāocháo 명 클라이맥스, 절정, 최고조

명 클라이맥스, 절정, 최고조
随着电影逐渐进入高潮，观众们也越来越入迷
영화가 점차 클라이맥스에 접어들면서 관객들도 점점 빠져들고 있다

5급 逐渐 zhújiàn 분 차츰, 점차
入迷 rùmí 통 빠져들다, 반하다, 매료되다

5급 高档 gāodàng 형 고급의

형 고급의
他在高档酒店工作 그는 고급 호텔에서 일한다

酒店 jiǔdiàn 명 호텔, 여관

6급 高峰 gāofēng 명 고봉, 높은 산봉우리 명 정점, 절정 명 최고위층, 정상

명 고봉, 높은 산봉우리
攀登世界第一高峰
세계에서 가장 높은 산을 등반하다

명 정점, 절정
攀登科学高峰 과학의 정점에 오르다
进入事业的高峰期 사업의 전성기에 접어들다

명 최고위층, 정상
举行高峰会谈 정상 회담을 개최하다

6급 攀登 pāndēng 동 잡고 기어오르다, 등반하다
高峰期 gāofēngqī 명 절정기, 전성기
会谈 huìtán 명 회담

5급 高级 gāojí 형 높은, 상급의, 상위의, 고위의 형 고급이다, 고급스럽다

형 (단계, 급수 등이) 높은, 상급의, 상위의, 고위의
取得高级中学教师资格证书
고등학교 교사 자격증을 취득하다

高级职称 고위 직함 | 高级阶段 상급 단계

형 (품질, 수준 등이) 고급이다/고급스럽다
购买高级化妆品 고급 화장품을 구매하다
这些颜色很高级 이 색상들은 고급스럽다

取得 qǔdé 동 얻다, 획득하다, 취득하다
5급 资格 zīgé 명 자격
职称 zhíchēng 명 직명, 직함
化妆品 huàzhuāngpǐn 명 화장품

참조어 初级 chūjí 형 초급의 [5급]

高考 gāokǎo 명 대입 시험

명 대입 시험
祝所有参加高考的考生考试顺利
대입 시험에 참가하는 모든 수험생이 시험을 잘 보기를 바랍니다

考生 kǎoshēng 명 수험생, 응시자
4급 顺利 shùnlì 형 순조롭다, 순탄하다

6급 高明 gāomíng 형 고명하다, 훌륭하다, 뛰어나다 명 뛰어난 사람

형 (견해나 기술이) 고명하다/훌륭하다/뛰어나다
他的手艺非常高明
그의 솜씨는 매우 뛰어나다

명 뛰어난 사람
我也不是谦虚，还是另请高明吧 제가 겸손한 것이
아니라, 아무래도 더 뛰어난 사람을 찾는 것이 좋겠어요

6급 手艺 shǒuyì 명 손재주, 솜씨, 수공 기술
5급 谦虚 qiānxū 형 겸허하다, 겸손하다

6급 高尚 gāoshàng 형 고상하다, 품위 있다

형 고상하다, 품위 있다
做一个品德高尚的人
성품이 고상한 사람이 되다

6급 品德 pǐndé 명 인품과 덕성, 품성, 성품

4급 高速公路 gāosù gōnglù 명 고속도로

명 고속도로
高速公路上要控制车速
고속도로에서는 차량 속도를 제어해야 한다

5급 控制 kòngzhì 동 통제하다, 제어하다

G

1급 高兴 gāoxìng · 형 기쁘다, 즐겁다, 유쾌하고 흥분되다 · 동 좋아하다, 흥미가 있다

형 기쁘다, 즐겁다, 유쾌하고 흥분되다
老朋友见面非常**高兴** 오랜 친구를 만나니 매우 기쁘다
高高兴兴地过大年 즐겁게 설을 쇠다
동 좋아하다, 흥미가 있다
你**高兴**去哪儿就去哪儿 네가 가고 싶은 곳으로 가라

老朋友 lǎopéngyou 오래 사귄 친구
大年 dànián 명 설

6급 高涨 gāozhǎng · 동 급상승하다, 고조되다

동 (물가 등이) 급상승하다, (정서 등이) 고조되다
物价**高涨** 물가가 급등하다
两国关系更加紧张，民众的不满情绪**高涨**
양국 관계가 더욱 불안해지고, 국민의 불만이 고조되다

物价 wùjià 명 물가
不满 bùmǎn 형 불만족스럽다, 불만이다

5급 搞 gǎo · 동 하다, 처리하다, 취급하다, 종사하다

동 하다, 처리하다, 취급하다, 종사하다
这种工作很难**搞** 이런 일은 하기 어렵다
退休以后，她在家里**搞**翻译，写小说
퇴직한 이후 그녀는 집에서 번역을 하고 소설을 쓴다

5급 退休 tuìxiū 동 퇴직하다, 은퇴하다
4급 翻译 fānyì 동 번역하다, 통역하다

6급 稿件 gǎojiàn · 명 원고, 작품

명 원고, 작품
把他的**稿件**寄给出版社编辑
그의 원고를 출판사 편집자에게 보내다

出版社 chūbǎnshè 명 출판사
5급 编辑 biānjí 명 편집자

5급 告别 gào//bié · 동 고별하다, 작별 인사를 하다, 이별하다

동 고별하다, 작별 인사를 하다, 이별하다
和好的朋友**告别** 친한 친구와 이별하다
老师和学生开开心心地握手**告别**
선생님과 학생은 즐겁게 악수하며 작별 인사를 했다

5급 握手 wòshǒu 동 악수하다

6급 告辞 gào//cí · 동 이별하다, 이별을 고하다

동 이별하다, 이별을 고하다
向父母**告辞** 부모님에게 이별을 고하다
那今天就不打扰了，我先**告辞**了
그럼 오늘은 더 이상 폐를 끼치지 않고 먼저 가 보겠습니다

3급 向 xiàng 개 …으로, …을 향하여, …에게
4급 打扰 dǎrǎo 동 방해하다, 폐를 끼치다

6급 告诫 gàojiè · 동 충고하다, 훈계하다, 경고하다

동 (아랫사람 등에게) 충고하다/훈계하다/경고하다
父亲屡次**告诫**我要改掉坏毛病
아버지는 내게 나쁜 버릇을 버리라고 여러 차례 충고하셨다

6급 屡次 lǚcì 부 누차, 여러 차례
改掉 gǎidiào 동 깨끗이 고치다, 고쳐 없애다

2급 告诉 gàosu 图 알리다, 말하다, 통지하다

图 알리다, 말하다, 통지하다
告诉大家一个好消息和一个坏消息
여러분에게 좋은 소식 하나와 나쁜 소식 하나를 알리겠습니다

4급 消息 xiāoxi 图 소식, 뉴스, 정보

6급 疙瘩 gēda 图 부스럼, 종기, 뾰루지 图 응어리, 모순

图 부스럼, 종기, 뾰루지
让蚊子咬了个疙瘩 모기에게 물려서 부푼 자국이 생겼다
吓得浑身起鸡皮疙瘩 놀라서 온몸에 소름이 돋다
图 응어리, 모순
解开心中的疙瘩 마음속 응어리를 풀다

蚊子 wénzi 图 모기
5급 咬 yǎo 图 깨물다, 물다
6급 浑身 húnshēn 图 온몸, 전신
鸡皮疙瘩 jīpí gēda 소름, 닭살

G

2급 哥哥 gēge 图 형, 오빠

图 형, 오빠
哥哥每天早上喝一杯果汁
형은 매일 아침 주스를 한 잔 마신다

4급 果汁 guǒzhī 图 과즙, 주스

4급 胳膊 gēbo 图 팔

图 팔
她在胳膊受伤的情况下参加了比赛
그녀는 팔이 다친 상태에서 시합에 참가했다

5급 受伤 shòushāng 图 부상당하다, 상처를
입다, 손상을 입다

6급 鸽子 gēzi 图 비둘기

图 비둘기
鸽子是和平的象征 비둘기는 평화의 상징이다

5급 象征 xiàngzhēng 图 상징

6급 搁 gē 图 두다, 놓다 图 내버려 두다, 방치하다, 미루다, 보류하다

图 두다, 놓다
把花盆搁在窗台上 화분을 창문턱에 두다
图 내버려 두다, 방치하다, 미루다, 보류하다
现在太忙，搁一搁再说
지금 너무 바쁘니 잠시 미뤘다가 다음에 이야기하자

花盆 huāpén 图 화분
窗台 chuāngtái 图 창턱, 창문턱

6급 割 gē 图 베다, 자르다, 절단하다 图 나누다, 분할하다

图 베다, 자르다, 절단하다
轮胎被割开了一个小口子
바퀴가 베여서 작은 구멍이 났다
割稻谷是很辛苦的事情 벼를 베는 것은 힘든 일이다
图 나누다, 분할하다
割地赔款 영토를 할양하여 배상하다

口子 kǒuzi 图 상처, 틈, 구멍
4급 辛苦 xīnkǔ 图 고생스럽다, 힘들다
赔款 péikuǎn 图 배상하다

6급 歌颂 gēsòng 동 찬양하다, 찬미하다

동 찬양하다, 찬미하다
歌颂伟大的祖国
위대한 조국을 찬양하다

6급 祖国 zǔguó 명 조국

6급 革命 gémìng 동 혁명하다 형 혁명적이다 명 혁명, 변혁, 혁신

동 (gé//mìng) (정치적으로) 혁명하다
民主主义革命 민주주의 혁명
형 혁명적이다
树立革命人生观 혁명적인 인생관을 수립하다
명 혁명, 변혁, 혁신
推进新的农业技术革命 새로운 농업 기술 혁명을 추진하다

6급 树立 shùlì 동 수립하다, 세우다, 확립하다
推进 tuījìn 동 추진하다, 추진시키다

6급 格局 géjú 명 격식과 배열, 짜임새, 구조, 구성

명 격식과 배열, 짜임새, 구조, 구성
形成新的市场格局
새로운 시장 구조를 형성하다

5급 形成 xíngchéng 동 형성하다, 이루다

6급 格式 géshì 명 격식, 양식, 서식

명 격식, 양식, 서식
请按照指定格式填写后提交
지정된 양식에 따라 작성하여 제출하십시오

6급 指定 zhǐdìng 동 지정하다
填写 tiánxiě 동 써넣다, 기입하다

5급 格外 géwài 부 각별히, 특히, 유달리 부 별도로, 이외에

부 각별히, 특히, 유달리
被白雪覆盖的村庄显得格外美丽
흰 눈으로 덮인 시골 마을이 유달리 아름다워 보인다
부 별도로, 이외에
他不吃肉，格外给他做了个炒青菜
그는 고기를 먹지 않아서 그에게 별도로 채소 볶음을 만들어 주었다

6급 覆盖 fùgài 동 덮다, 가리다, 커버하다
村庄 cūnzhuāng 명 촌락, 시골 마을
青菜 qīngcài 명 채소, 야채

5급 隔壁 gébì 명 이웃, 이웃집

명 이웃, 이웃집
听到隔壁传来的噪音
이웃에서 나는 소음이 들리다

6급 噪音 zàoyīn 명 잡음, 소음

6급 隔阂 géhé 명 거리, 장벽

명 (생각, 견해 등의) 거리/장벽
如果想要消除两个人的隔阂，一定要多沟通
두 사람 사이의 장벽을 허물려면 반드시 많이 소통해야 한다

5급 沟通 gōutōng 동 소통하다, 교류하다

6급 隔离 gélí 동 격리하다, 떼어 놓다

동 격리하다, 떼어 놓다
这是传染性疾病，确诊后患者需要进行隔离
이것은 전염성 질병이라 확진 후 환자는 격리를 실시해야 한다

传染性 chuánrǎnxìng 명 전염성
确诊 quèzhěn 동 확진하다

1급 个 gè 양 개, 명

양 개, 명 (사람이나 사물을 세는 단위)
3个苹果 사과 세 개
四个留学生 유학생 네 명
两个人很合适
두 사람은 잘 어울린다
那个问题很难回答
그 문제는 대답하기 어렵다

4급 合适 héshì 형 적합하다, 어울리다
3급 回答 huídá 동 회답하다, 대답하다

역순 어휘
整个 zhěnggè

5급 个别 gèbié 형 개별적인, 단독의

형 개별적인, 단독의
个别谈话是班主任了解学生的重要手段
개별 상담은 담임 선생님이 학생을 이해하는 중요한 수단이다

谈话 tánhuà 동 이야기하다

5급 个人 gèrén 명 개인

명 개인 반의어 集体 jítǐ [5급]
个人利益和集体利益在根本上是一致的
개인 이익과 집단 이익은 근본적으로 일치한다

5급 集体 jítǐ 명 집체, 집단, 단체
5급 一致 yīzhì 형 일치하다, 서로 같다

6급 个体 gètǐ 명 개체 명 자영업자

명 개체
任何个体都离不开群体
어떠한 개체도 집단을 떠나지 못한다
명 자영업자
下岗后贷款干个体
퇴직 후 대출을 받아 자영업을 하다

群体 qúntǐ 명 공동체, 단체, 집단
下岗 xiàgǎng 동 실직하다, 퇴직하다
5급 贷款 dàikuǎn 동 대부하다, 대출하다

5급 个性 gèxìng 명 개성

명 개성
教师要注重学生的个性差异
교사는 학생의 개성 차이를 중시해야 한다

6급 注重 zhùzhòng 동 중시하다
差异 chāyì 명 차이

3급 个子 gèzi 명 키, 체격

명 키, 체격
他个子矮，身体又瘦弱
그는 키가 작고 몸도 말랐다

3급 矮 ǎi 형 작다, 낮다
瘦弱 shòuruò 형 마르고 허약하다

4급 各 gè 〔대〕 각각, 여러, 갖가지

〔대〕 각각, 여러, 갖가지
记者采访了社会各阶层的代表人物
기자는 사회 각 계층을 대표하는 인물을 인터뷰했다

6급｜阶层 jiēcéng 〔명〕 계층

6급 各抒己见 gèshū-jǐjiàn 〔성〕 각자 자신의 의견을 발표하다

〔성〕 각자 자신의 의견을 발표하다
座谈会上，大家各抒己见，讨论热烈
좌담회에서 모두 제각기 자기 의견을 말하며 열띤 토론을 벌이다

座谈会 zuòtánhuì 〔명〕 좌담회, 심포지엄
5급｜热烈 rèliè 〔형〕 열렬하다, 뜨겁다

5급 各自 gèzì 〔대〕 각자

〔대〕 각자
不同民族有着各自独特的风俗习惯和宗教信仰
서로 다른 민족은 각자 독특한 풍속 습관과 종교 신앙을 지니고 있다

5급｜独特 dútè 〔형〕 독특하다
6급｜信仰 xìnyǎng 〔명〕 신앙

2급 给 gěi 〔동〕 주다 〔개〕 …에 의해 〔개〕 …에게, …한테

〔동〕 주다
把那本词典给我
그 사전을 나에게 주시오
感谢老师给我这么好的一个机会
이렇게 좋은 기회를 주신 선생님께 감사를 드립니다

〔개〕 …에 의해 (동작이나 행위의 주체자를 이끌어냄)
衣服给雨淋湿了
옷이 비에 젖었다

〔개〕 …에게, …한테
今天，我就来给大家推荐几本书
제가 오늘 여러분에 책 몇 권을 추천하겠습니다
我再打电话给你
내가 너한테 다시 전화할게

3급｜词典 cídiǎn 〔명〕 사전
3급｜机会 jīhuì 〔명〕 기회, 시기
淋湿 línshī 〔동〕 (비에) 흠뻑 젖다
5급｜推荐 tuījiàn 〔동〕 추천하다

➊ 给予 jǐyǔ [6급] · 供给 gōngjǐ [6급] 참조

5급 根 gēn 〔명〕 뿌리 〔명〕 근원, 근본, 출신, 내력 〔양〕 개, 줄기, 가닥, 짝

〔명〕 뿌리
树根从土壤中吸收水分和养分
나무 뿌리가 토양으로부터 수분과 양분을 흡수하다

〔명〕 근원, 근본, 출신, 내력
海外赤子回国寻根
해외 동포들이 귀국하여 민족의 뿌리를 찾다

〔양〕 개, 줄기, 가닥, 짝 (길쭉한 모양의 물건을 세는 단위)
一根草 풀 한 포기
两根筷子 젓가락 두 짝

5급｜吸收 xīshōu 〔동〕 흡수하다
养分 yǎngfèn 〔명〕 양분
赤子 chìzǐ 〔명〕 동포, 교포
寻根 xúngēn 〔동〕 (민족의) 뿌리를 찾다

5급 根本 gēnběn 명 근본 형 근본적인, 중요한 부 전혀, 도무지, 아예

명 근본
从**根本**上说，经济的振兴取决于开发人力资源
근본적으로 말하자면, 경제 진흥은 인력 자원 개발에 달려 있다

형 근본적인, 중요한
根本的目的 근본적인 목적, 중요한 목적

부 전혀, 도무지, 아예 (주로 부정에 쓰임)
我**根本**不知道这件事 나는 이 일을 전혀 모른다

6급	振兴 zhènxīng 동 진흥하다, 발달시키다
	取决 qǔjué 동 …에 따라 결정되다,
	…에 달리다

3급 根据 gēnjù 명 근거 개 …에 근거하여, …에 의거하여, …에 따라

명 근거
这种方法没有科学**根据** 이 방법은 과학적인 근거가 없다

개 …에 근거하여, …에 의거하여, …에 따라
根据大家的意见，重新修改了计划
여러분의 의견에 따라 계획을 다시 수정했습니다

| 4급 | 科学 kēxué 형 정확하다, 과학적이다 |
| 5급 | 修改 xiūgǎi 동 수정하다, 고치다, 바꾸다 |

6급 根深蒂固 gēnshēn-dìgù 성 뿌리가 깊고 꼭지가 단단하다, 깊이 뿌리박히다

성 뿌리가 깊고 꼭지가 단단하다, 깊이 뿌리박히다
清除**根深蒂固**的社会问题
고질적인 사회 문제를 완전히 제거하다

| 6급 | 清除 qīngchú 동 완전히 제거하다, 깨끗이 |
| | 없애다 |

6급 根源 gēnyuán 명 근원, 근본 원인 동 …에 근원하다, …에서 비롯되다

명 근원, 근본 원인
许多冲突的**根源**就是日益扩大的贫富差距
많은 충돌의 근원은 날로 커지는 빈부 격차이다

동 …에 근원하다, …에서 비롯되다
经济结构的失衡**根源**于收入分配不均
경제 구조의 불균형은 소득 분배의 불균형에서 비롯된다

6급	冲突 chōngtū 동 충돌하다, 모순되다,
	저촉되다
	贫富差距 pínfù chājù 빈부 격차
	失衡 shīhéng 동 평형을 잃다, 균형을 잃다

3급 跟 gēn 명 뒤꿈치, 발뒤꿈치 동 따라가다, 뒤쫓아가다 개 …와, …에게 연 …와

명 뒤꿈치, 발뒤꿈치
脚**跟** 발뒤꿈치 | 高**跟**儿鞋 하이힐

동 따라가다, 뒤쫓아가다
我在你后面**跟**着 나는 네 뒤에서 따라가고 있다

개 …와, …에게 (동작의 대상이나 관련된 대상을 이끌어냄)
这个问题要**跟**大家商量
이 문제는 모두와 상의해야 한다

把你的主意**跟**大家说说
네 생각을 모두에게 말해 봐라

연 …와 (병렬 관계를 나타냄)
她**跟**她的妹妹都不喜欢数学
그녀와 그녀의 여동생은 모두 수학을 싫어한다

| 4급 | 商量 shāngliang 동 상의하다, 의논하다 |
| 4급 | 主意 zhǔyi 명 생각, 의견, 마음 |

G

6급 跟前 gēnqián 몡 신변, 부근, 곁 몡 가까운 시기, 가까운 때

몡 **신변, 부근, 곁**
如果没人在**跟前**，婴儿就会哭闹不安
곁에 아무도 없으면 아이가 바로 울며불며 불안해한다
大楼**跟前**停着一辆轿车
빌딩 부근에 승용차 한 대가 주차되어 있다

몡 **가까운 시기, 가까운 때**
又到年**跟前**了 또 연말이 다가왔다

哭闹 kūnào 동 울며 소란을 피우다
轿车 jiàochē 몡 승용차, 세단(sedan)

6급 跟随 gēnsuí 동 뒤따르다, 따라가다, 동행하다

동 **뒤따르다, 따라가다, 동행하다**
他**跟随**父亲来到北京
그는 아버지를 따라 베이징에 왔다
国内金价**跟随**国际金价变动
국내 금값이 국제 금값에 따라 변하다

变动 biàndòng 동 변동하다, 변화하다

6급 跟踪 gēnzōng 동 바짝 뒤따르다, 미행하다, 추적하다 몡 추적

동 **바짝 뒤따르다, 미행하다, 추적하다**
她深夜回家，发现有人**跟踪**
그녀는 한밤중에 집에 가다가 누가 뒤따라오는 것을 발견했다
对服务质量进行**跟踪**调查
서비스 품질에 대해 추적 조사하다

몡 **추적**
自动**跟踪**装置 자동 추적 장치

深夜 shēnyè 몡 심야, 한밤중
装置 zhuāngzhì 몡 장치, 설비

3급 更 gēng 동 변하다, 바꾸다

동 **변하다, 바꾸다**
该公司业已**更**名
그 회사는 이미 이름을 바꿨다

业已 yèyǐ 면 이미, 벌써
● 更 gèng [3급] 참조

6급 更新 gēngxīn 동 갱신하다, 경신하다, 새롭게 바꾸다

동 **갱신하다, 경신하다, 새롭게 바꾸다**
更新教育观念
교육 관념을 쇄신하다
及时**更新**信息
정보를 즉시 업데이트하다

5급 观念 guānniàn 몡 관념, 의식, 생각

6급 更正 gēngzhèng 동 바로잡다, 정정하다

동 **(글이나 말을) 바로잡다/정정하다**
万一出了差错，必须及时**更正**
만일 착오가 생겼다면 반드시 즉시 바로잡아야 한다

差错 chācuò 몡 착오, 잘못

迟迟不作**更正**报道
정정 보도를 질질 끌며 하지 않다

迟迟 chíchí 閉 느릿느릿, 질질 (시간을 끄는 모양)

6급 耕地 gēngdì 图 밭을 갈다 阅 농지, 경지, 경작지

图 (gēng//dì) 밭을 갈다
农民们用拖拉机正在**耕地**
농민들이 트랙터로 밭을 갈고 있다

阅 농지, 경지, 경작지
村民忙着平整**耕地**，准备育秧
마을 사람들이 분주히 농지를 고르며 모를 기를 준비를 한다

拖拉机 tuōlājī 阅 트랙터
平整 píngzhěng 图 가지런히 하다, 평평하게 하다
育秧 yùyāng 图 모를 기르다

3급 更 gèng 閉 더욱, 더, 한층

閉 더욱, 더, 한층
这两双鞋，你觉得哪双**更**漂亮一些?
이 두 켤레 신발 중 너는 어느 것이 좀 더 예쁘다고 생각하니?

一些 yīxiē 鋆 조금, 약간
● 更 gēng [3급] 참조

更加 gèngjiā 閉 더욱, 더, 한층

閉 더욱, 더, 한층
市场**更加**繁荣
시장이 더욱 번영하다

我们应该**更加**爱护自然
우리는 자연을 더 아끼고 보호해야 한다

5급 繁荣 fánróng 图 번영하다, 번창하다
5급 爱护 àihù 图 애호하다, 아끼고 보호하다

5급 工厂 gōngchǎng 阅 공장

阅 공장
那家服装**工厂**购买了一台机器设备
그 의류 공장은 기계 설비를 한 대 구입했다

购买 gòumǎi 图 사다, 구매하다
5급 机器 jīqì 阅 기계, 기기

5급 工程师 gōngchéngshī 阅 엔지니어

阅 엔지니어
记者采访了船厂的总**工程师**
기자는 조선소의 수석 엔지니어를 인터뷰했다

船厂 chuánchǎng 阅 조선소, 선창

工夫 gōngfu 阅 소비한 시간, 투자한 시간, 작업 시간 阅 여가, 여유, 틈, 짬

阅 소비한 시간, 투자한 시간, 작업 시간
白费**工夫**
시간을 허비하다

不到一年的**工夫**，他就当上了老板
1년도 되지 않아 그는 사장이 되었다

阅 여가, 여유, 틈, 짬
我没有**工夫**跟你一起去看电影
나는 너랑 함께 영화 보러 갈 여유가 없다

白费 báifèi 图 허비하다, 쓸데없이 쓰다
5급 老板 lǎobǎn 阅 사장, 상점 주인

G

5급 工具 gōngjù 명 공구, 연장 명 도구, 수단

명 공구, 연장
工具箱 공구함, 연장 통
명 도구, 수단
乘坐公共交通工具 대중교통 수단에 탑승하다

4급 乘坐 chéngzuò 통 타다, 탑승하다

5급 工人 gōngrén 명 노동자, 근로자

명 (육체) 노동자/근로자
产业工人 산업 노동자 | **建筑工人** 건설 근로자
发给工人加班工资
근로자에게 초과 근무 수당을 지급하다

4급 加班 jiābān 통 초과 근무를 하다

5급 工业 gōngyè 명 공업

명 공업
汽车工业已经成为国民经济的支柱产业
자동차 공업은 이미 국민 경제의 지주 산업이 되었다

6급 支柱 zhīzhù 명 지주, 받침대

6급 工艺品 gōngyìpǐn 명 수공예품

명 수공예품
购买少数民族传统工艺品
소수 민족 전통 수공예품을 구매하다

少数民族 shǎoshù mínzú 소수 민족

4급 工资 gōngzī 명 임금, 급여, 봉급

명 임금, 급여, 봉급
厨师的工资很高吗?
요리사의 임금은 높습니까?

厨师 chúshī 명 요리사, 조리사

1급 工作 gōngzuò 통 일하다 명 일, 업무, 임무 명 직업, 일자리

통 일하다
毕业后在那家公司工作了一年
졸업 후에 그 회사에서 1년을 일했다
명 일, 업무, 임무
担当法律咨询工作 법률 상담 업무를 담당하다
명 직업, 일자리
从外地到北京找工作
타지에서 베이징으로 와 직업을 구하다

担当 dāndāng 통 맡다, 담당하다, 감당하다
5급 咨询 zīxún 통 자문하다, 상담하다
外地 wàidì 명 외지, 타지

6급 公安局 gōng'ānjú 명 공안국, 경찰국

명 공안국, 경찰국
到公安局报案 공안국에 가서 신고하다

报案 bào'àn 통 신고하다, 고발하다

5급 公布 gōngbù 통 공개 발표하다, 공포하다

통 (문건, 장부 등을) 공개 발표하다, 공포하다
公布选举结果
선거 결과를 공포하다

不要随便在网上公布自己的照片
자신의 사진을 함부로 인터넷에 공개 게시하면 안 된다

6급 选举 xuǎnjǔ 통 선거하다
4급 结果 jiéguǒ 명 결과, 결실, 성과

6급 公道 gōngdào 명 공정한 도리, 정의, 정도 형 공평하다, 정의롭다, 공정하다

명 공정한 도리, 정의, 정도
为含冤农民找回公道
억울한 죄를 뒤집어 쓴 농민에게 정의를 되찾아 주다

형 공평하다, 정의롭다, 공정하다
这个价格很公道
이 가격은 합리적이다

作为一名负责人，处理问题要非常公道
책임자로서 문제를 처리하는 것에 매우 공정해야 한다

含冤 hányuān 통 누명을 참다, 억울한 죄를 뒤집어쓰다
负责人 fùzérén 명 책임자

G

6급 公告 gōnggào 명 공고, 공고문 통 공고하다, 공개적으로 선포하다

명 공고, 공고문
在网上发布招聘公告
인터넷에 채용 공고를 내다

동 공고하다, 공개적으로 선포하다
公司公告了回购股份的进展情况
회사가 주식 환매 진척 상황을 공고했다

4급 招聘 zhāopìn 통 공개 채용하다, 초빙하다
回购 huígòu 통 (채권, 주식 등을) 환매하다
6급 进展 jìnzhǎn 통 진전하다, 진척하다

2급 公共汽车 gōnggòng qìchē 명 버스

명 버스
坐公共汽车上学
버스를 타고 등교하다

上学 shàngxué 통 등교하다, 학교에 다니다

6급 公关 gōngguān 명 홍보, 섭외, 접대, 공공 관계 업무

명 (회사의) 홍보/섭외/접대/공공 관계 업무
他在公司里搞公关
그는 회사에서 공공 관계 업무를 한다

开展公关活动，提高企业形象
홍보 활동을 전개하여 기업 이미지를 향상시키다

6급 开展 kāizhǎn 통 대규모로 전개하다, 펼치다
5급 形象 xíngxiàng 명 형상, 이미지

3급 公斤 gōngjīn 양 킬로그램

양 킬로그램 (질량의 단위)
他已经减了10公斤
그는 벌써 10킬로그램을 감량했다

减 jiǎn 통 덜다, 줄이다, 빼다

5급 公开 gōngkāi 형 공개적인, 드러난 동 공개하다, 공개되다

형 **공개적인, 드러난** 반의어 秘密 mìmì [5급]

公开反对他的意见
그의 의견을 공개적으로 반대하다

发表公开声明支持他们提出的解决方案
그들이 제시한 해결 방안을 지지하는 공개 성명을 발표하다

동 **공개하다, 공개되다**

要求公开罪犯的身份
범인의 신분을 공개할 것을 요구하다

6급 声明 shēngmíng 명 성명, 성명서
6급 罪犯 zuìfàn 명 죄인, 범인
5급 身份 shēnfèn 명 신분, 출신

4급 公里 gōnglǐ 양 킬로미터

양 **킬로미터 (길이의 단위)**

从北京到上海两地距离约为1080公里
베이징에서 상하이까지 두 지역의 거리는 대략 1,080킬로미터이다

4급 距离 jùlí 명 거리, 간격
约 yuē 부 대략

6급 公民 gōngmín 명 국민, 공민

명 **국민, 공민**

公民有受教育的权利和义务
국민은 교육 받을 권리와 의무가 있다

5급 权利 quánlì 명 권리

5급 公平 gōngpíng 형 공평하다

형 **공평하다**

他的做法对你太不公平啊!
그의 방법은 너에게 너무 불공평해!

为公平竞争创造良好的环境和条件
공평한 경쟁을 위해 좋은 환경과 조건을 만들다

4급 竞争 jìngzhēng 동 경쟁하다
5급 创造 chuàngzào 동 창조하다, 만들다

公婆 gōngpó 명 시부모

명 **시부모**

她要带着孩子伺候公婆，整天忙得团团转
그녀는 아이를 데리고 시부모를 모시느라 하루 종일 정신 없이 바쁘다

6급 伺候 cìhou 동 모시다, 돌보다
团团转 tuántuánzhuàn
동 이리저리 뛰다, 허둥지둥하다

6급 公然 gōngrán 부 공공연히, 공개적으로, 거리낌없이

부 **공공연히, 공개적으로, 거리낌없이**

在比赛场上公然作弊
경기장에서 거리낌없이 부정행위를 하다

6급 作弊 zuòbì 동 부정행위를 하다, 속임수를 쓰다

6급 公认 gōngrèn 동 공인하다, 모두 인정하다

동 **공인하다, 모두 인정하다**

全世界公认了他突出的艺术才能
전 세계가 그의 뛰어난 예술적 재능을 인정했다

5급 突出 tūchū 형 뛰어나다, 뚜렷하다, 두드러지다

6급 公式 gōngshì 명 공식, 법칙

명 공식, 법칙
数学公式 수학 공식
这种衣服搭配公式是太老套的
이렇게 옷을 매치하는 법칙은 너무 상투적이다

3급 数学 shùxué 명 수학
6급 搭配 dāpèi 동 조합하다, 배합하다, 매치하다
老套 lǎotào 명 진부한 형식, 상투적인 방식

2급 公司 gōngsī 명 회사

명 회사
她在一家保险公司上班二十多年了
그녀는 20년 넘게 보험 회사에 근무하고 있다

5급 保险 bǎoxiǎn 명 보험
2급 上班 shàngbān 동 출근하다

6급 公务 gōngwù 명 공무

명 공무
他妨碍警察执行公务被拘留了
그는 경찰이 공무 집행하는 것을 방해해서 구류되었다

5급 妨碍 fáng'ài 동 방해하다
6급 执行 zhíxíng 동 집행하다, 실행하다
6급 拘留 jūliú 동 구류하다

5급 公寓 gōngyù 명 아파트 명 기숙사

명 아파트
住在高档公寓 고급 아파트에서 살다
명 기숙사
学生公寓附近有没有银行?
학생 기숙사 부근에 은행이 있습니까?

5급 高档 gāodàng 형 고급의

5급 公元 gōngyuán 명 기원, 서기

명 기원, 서기
这座桥修建于公元605年左右
이 다리는 서기 605년경에 지어졌다
佛教产生于公元前六至五世纪
불교는 기원전 6세기에서 5세기에 창시되었다

6급 修建 xiūjiàn 동 건설하다, 건축하다
佛教 Fójiào 명 불교
4급 世纪 shìjì 명 세기

3급 公园 gōngyuán 명 공원

명 공원
跟朋友一起去公园散步
친구와 공원에 가서 산책하다

4급 散步 sànbù 동 산책하다, 산보하다

6급 公正 gōngzhèng 형 공정하다

형 공정하다
我力求作出公正、客观的报道
나는 공정하고 객관적인 보도를 하기 위해 힘쓴다
依法得到公正处理
법에 따라 공정한 처분을 받다

6급 力求 lìqiú 동 힘쓰다, 힘써 추구하다
5급 客观 kèguān 형 객관적이다
依法 yīfǎ 부 법에 따라

G

6급 公证 gōngzhèng 동 공증하다

동 공증하다

遗嘱一定要经过**公证**，才能生效
유언장은 반드시 공증을 거쳐야 비로소 효력이 발생한다

遗嘱 yízhǔ 명 유언, 유언장
6급 生效 shēngxiào 동 효력이 생기다, 효력이 있다

5급 公主 gōngzhǔ 명 공주

명 공주

王子和**公主**过上了幸福的生活
왕자와 공주는 행복한 삶을 살았습니다

5급 王子 wángzǐ 명 왕자

4급 功夫 gōngfu 명 솜씨, 기술, 조예 명 쿵푸, 중국 무술 명 시간, 여가, 여유, 때

명 솜씨, 기술, 조예

他是一个表演**功夫**很深的演员
그는 연기에 조예가 깊은 배우이다

명 쿵푸, 중국 무술

希望有一天能到北京学习中国**功夫**
언젠가 베이징에 가서 중국 무술을 배우고 싶다

명 (소비한) 시간, 여가, 여유, 때

我现在哪有**功夫**跟你聊天啊
내가 지금 너와 수다 떨 시간이 어디 있어

4급 演员 yǎnyuán 명 배우, 연기자
3급 聊天 liáotiān 동 한담하다, 수다 떨다

功课 gōngkè 명 학과목, 교과 과정 명 숙제, 과제

명 학과목, 교과 과정

学好每门**功课** 모든 교과 과정을 잘 배우다
我每天晚上回家还要复习**功课**
나는 매일 저녁에 집에 돌아가서 과목 복습도 한다

명 숙제, 과제

做完**功课**再去玩
과제를 끝마치고 나가서 놀다

2급 门 mén 양 과목, 분과, 분야
3급 复习 fùxí 동 복습하다

6급 功劳 gōngláo 명 공로

명 공로

他为公司发展立下了汗马**功劳**
그는 회사 발전에 큰 공헌을 하였다

立下 lìxià 동 세우다, 확립하다
汗马**功劳** hànmǎ-gōngláo 성 전쟁에서 세운 공로, 근면하게 일해서 이뤄낸 공헌

5급 功能 gōngnéng 명 기능, 효능

명 기능, 효능

保持食物新鲜是冰箱最重要的**功能**
음식의 신선함을 유지하는 것이 냉장고의 가장 중요한 기능이다

通过治疗，患者的肝**功能**显著改善
치료를 통해 환자의 간 기능이 현저히 개선되었다

3급 新鲜 xīnxiān 형 신선하다, 싱싱하다
6급 显著 xiǎnzhù 형 현저하다, 두드러지다

6급 功效 gōngxiào 명 효능

명 효능
这种药治疗关节炎有良好的**功效**
이 약은 관절염 치료에 뛰어난 효능이 있다

关节炎 guānjiéyán 명 관절염

6급 攻击 gōngjī 동 공격하다, 진격하다 동 비난하다, 비방하다

동 공격하다, 진격하다
敌人发起了武装**攻击**
적이 무장 공격을 개시했다

동 비난하다, 비방하다
无端**攻击**他人
이유 없이 다른 사람을 비방하다

6급 武装 wǔzhuāng 명 무장, 군장
无端 wúduān 부 까닭 없이, 이유 없이

6급 攻克 gōngkè 동 공격하여 함락시키다, 점령하다 동 해결하다, 극복하다, 돌파하다

동 (적의 진지나 거점을) 공격하여 함락시키다/점령하다
攻克敌军据点 적군의 거점을 점령하다

동 (난제, 난관 등을) 해결하다/극복하다/돌파하다
这个科学难题终于被**攻克**了
이 과학 난제가 드디어 해결되었다

据点 jùdiǎn 명 군사적 거점
难题 nántí 명 난제, 어려운 문제

6급 供不应求 gōngbùyìngqiú 성 공급이 수요를 따르지 못하다

성 공급이 수요를 따르지 못하다
这种商品**供不应求**，需要增加生产订单
이 상품은 공급이 수요를 따르지 못해서 생산 주문서를 늘려야 한다

4급 增加 zēngjiā 동 더하다, 늘리다
订单 dìngdān 명 주문서, 주문 계약서

6급 供给 gōngjǐ 동 공급하다, 제공하다

동 공급하다, 제공하다
发展生产，保障**供给**
생산량을 늘려 공급을 확보하다

我上学的费用由叔叔**供给**
내 학비는 숙부께서 대 주신다

6급 保障 bǎozhàng 동 확보하다, 충분히 갖추게 하다

ⓣ 여기에서는 给를 gěi로 읽지 않는다

6급 宫殿 gōngdiàn 명 궁전

명 궁전
这是世界最豪华的**宫殿**之一
이것은 세계에서 가장 호화로운 궁전 중 하나이다

5급 豪华 háohuá 형 호화롭다, 화려하다

6급 恭敬 gōngjìng 형 공손하다, 예의가 바르다

형 공손하다, 예의가 바르다
他把东西**恭敬**地用双手递给顾客
그는 공손하게 두 손으로 물건을 고객에게 건넸다

5급 递 dì 동 건네다, 넘겨주다

G

5급 恭喜 gōngxǐ 图 축하합니다

图 축하합니다
恭喜你荣登榜首
1등을 차지한 것을 축하합니다

荣登 róngdēng 图 영광스럽게 …에 오르다
榜首 bǎngshǒu 圀 첫 번째, 수석, 1등

6급 巩固 gǒnggù 웹 공고하다, 견고하다, 튼튼하다
图 공고히 하다, 견고하게 하다, 튼튼히 다지다

웹 공고하다, 견고하다, 튼튼하다 (주로 추상적인 사물에 쓰임)
为国家经济打下巩固的基础
국가 경제를 위해 튼튼한 기초를 다지다

图 공고히 하다, 견고하게 하다, 튼튼히 다지다
巩固基础知识
기초 지식을 튼튼히 다지다

打下 dǎxià 图 다지다, 안정시키다
4급 基础 jīchǔ 圀 기초
4급 知识 zhīshi 圀 지식

6급 共和国 gònghéguó 圀 공화국

圀 공화국
中国的全称就是中华人民共和国
중국의 정식 명칭은 중화 인민 공화국이다

全称 quánchēng 圀 정식 명칭

6급 共计 gòngjì 图 합계하다 图 함께 상의하다

图 합계하다
两项开支共计20万元
두 항목의 비용을 합산하여 20만 위안을 지출했다

图 함께 상의하다
我们常常共计大事
우리는 자주 큰일을 함께 상의한다

6급 开支 kāizhī 图 비용을 지불하다, 지출하다

6급 共鸣 gòngmíng 圀 공명, 공감

圀 공명, 공감
好的文学作品可以唤起读者的共鸣
훌륭한 문학 작품은 독자의 공감을 끌어낼 수 있다

唤起 huànqǐ 图 야기하다, 자아내다
读者 dúzhě 圀 독자

4급 共同 gòngtóng 웹 공동의, 공통의 图 함께, 같이

웹 공동의, 공통의
气候变化是人类共同关心的问题
기후 변화는 인류 공통의 관심사이다
伴侣有共同的爱好，会增加共同语言
반려자와 공통의 취미가 있으면 공통의 화제가 늘어난다

图 함께, 같이
团结一切力量，共同奋斗
모든 역량을 단결하여 함께 분투하다

5급 人类 rénlèi 圀 인류
6급 伴侣 bànlǚ 圀 반려, 동반자
6급 团结 tuánjié 图 단결하다
5급 奋斗 fèndòu 图 분투하다

5급 贡献 gòngxiàn 图 공헌하다, 기여하다, 이바지하다 阅 공헌, 기여

图 공헌하다, 기여하다, 이바지하다
为经济社会恢复活力贡献力量
경제 사회가 활력을 회복하는 데 역량을 바치다

阅 공헌, 기여
那位专家为缓解粮食问题作出了很大的贡献
그 전문가는 식량 문제를 완화하는 데 큰 공헌을 했다

6급 活力 huólì 阅 활력, 생기
5급 力量 lìliang 阅 능력, 역량
5급 缓解 huǎnjiě 图 경감시키다, 완화시키다
5급 粮食 liángshi 阅 양식, 식량

6급 勾结 gōujié 图 결탁하다

图 결탁하다
生产商与销售商互相勾结欺骗消费者
생산 공장과 판매상이 서로 결탁하여 소비자를 속이다

6급 欺骗 qīpiàn 图 속이다, 기만하다

G

5급 沟通 gōutōng 图 소통하다, 교류하다

图 소통하다, 교류하다
孩子长大以后不愿意和父母交流沟通了 아이가
크고 나서는 부모와 교류하고 소통하기를 원하지 않게 되었다

4급 交流 jiāoliú 图 교류하다

6급 钩子 gōuzi 阅 갈고리, 갈고리 모양

阅 갈고리, 갈고리 모양
蝎子的钩子有毒
전갈의 갈고리 모양 꼬리에는 독이 있다

蝎子 xiēzi 阅 전갈

1급 狗 gǒu 阅 개

阅 개 동의어 犬 quǎn [6급]
他不喜欢小狗
그는 강아지를 좋아하지 않는다
养一只狗就要对它一辈子负责
개를 한 마리 기르려면 개를 평생 책임져야 한다

小狗 xiǎogǒu 阅 강아지, 작은 개
养 yǎng 图 사육하다, 기르다
5급 一辈子 yībèizi 阅 평생, 일생
4급 负责 fùzé 图 책임지다

5급 构成 gòuchéng 图 구성하다, 조성하다 阅 구성, 구조

图 구성하다, 조성하다
这部电视剧由五十集构成
이 드라마는 50회로 구성되어 있다
传染病的出现对国家安全构成威胁
전염병 발생은 국가 안전에 위협이 된다

阅 구성, 구조
这次教育改革要合理调整教师队伍的构成
이번 교육 개혁에서 교사진의 구성을 합리적으로 조정할 것이다

5급 威胁 wēixié 阅 위협, 위해
5급 调整 tiáozhěng 图 조정하다, 조절하다

6급 构思 gòusī 동 구사하다, 구상하다

동 구사하다, 구상하다

这幅画儿构思了很长时间
이 그림을 오랫동안 구상했다

4급 购物 gòuwù 동 상품을 구매하다, 쇼핑하다

동 상품을 구매하다, 쇼핑하다

网上购物成为居民消费的主要渠道
인터넷 쇼핑이 주민 소비의 주요 경로가 되었다

5급 消费 xiāofèi 동 소비하다
6급 渠道 qúdào 명 경로, 절차

4급 够 gòu 동 충분하다 부 충분히, 매우 형 질리다, 싫증나다

동 충분하다

买票的钱够了 표 살 돈이 충분하다
快递员总是埋怨休息时间不够
택배원은 늘 휴식 시간이 부족하다고 불평한다

부 충분히, 매우

天气真够冷的 날씨가 매우 춥다
这块布做上衣不够长
이 천은 상의를 만들 정도로 길이가 충분히 길지 않다

형 질리다, 싫증나다

天天都是一样的菜，真吃够了
날마다 똑같은 반찬만 먹으니 정말 질린다

快递员 kuàidìyuán 명 택배원
6급 埋怨 mányuàn 동 원망하다, 불평하다

4급 估计 gūjì 동 예측하다, 짐작하다, 평가하다

동 예측하다, 짐작하다, 평가하다

不要过低地估计对手
상대를 과소평가해서는 안 된다

估计三两天就可完工
2~3일이면 완공할 수 있을 것으로 예측한다

5급 对手 duìshǒu 명 상대편, 맞수, 적수
完工 wángōng 동 완공하다, 끝나다

孤单 gūdān 형 고독하다, 외롭다, 쓸쓸하다

형 고독하다, 외롭다, 쓸쓸하다

无亲无故，非常孤单
친척도 친구도 없이 매우 외롭다

一个人孤孤单单地度过晚年
혼자서 쓸쓸하게 노년을 보내다

无亲无故 wúqīn-wúgù 성 친척도 없고 친구도 없다
5급 度过 dùguò 동 경과하다, 시간을 보내다

6급 孤独 gūdú 형 고독하다, 적적하다

형 고독하다, 적적하다

你感到孤独时，如何去安慰自己?
당신은 고독하다고 느낄 때, 스스로를 어떻게 위로하나요?

5급 安慰 ānwèi 동 위로하다, 위안하다

6급 孤立 gūlì 웹 고립되다 图 고립시키다

웹 **고립되다**
我的女儿在幼儿园里被**孤立**了，我向老师请教
该如何解决
내 딸이 유치원에서 따돌림을 당해, 나는 선생님에게 어떻게
해결해야 할지 지도를 부탁드렸다

图 **고립시키다**
我跟领导闹矛盾，同事马上**孤立**我
내가 리더와 의견이 충돌하자 회사 동료들이 바로 나를 따돌렸다

6급 请教 qǐngjiào 圄 가르침을 청하다,
　　　　　　　　　　　지도를 청하다
闹矛盾 nào máodùn 말썽을 일으키다,
　　　　　　　　　　의견이 충돌하다

5급 姑姑 gūgu 웹 고모

웹 **고모**
她和侄子关系很好，**姑姑**和侄子的关系，却像
朋友一样
그녀는 조카와 사이가 좋아서, 고모와 조카 관계가 마치 친구 같다

6급 侄子 zhízi 웹 조카

5급 姑娘 gūniang 웹 아가씨, 처녀, 딸

웹 **아가씨, 처녀, 딸**
那个小**姑娘**委屈得说不出话来了
그 소녀는 억울해서 말이 나오지 않았다

他有一个**姑娘**，两个儿子
그에게는 딸 하나와 아들 둘이 있다

小姑娘 xiǎogūniang 웹 소녀, 여자아이,
　　　　　　　　　　아가씨
5급 委屈 wěiqu 웹 서운하다, 억울하다,
　　　　　　　　　속상하다

6급 姑且 gūqiě 閏 우선, 잠시

閏 **우선, 잠시**
这一点**姑且**不说，先说别的
이건 잠시 얘기하지 말고, 먼저 다른 것부터 얘기하자

6급 辜负 gūfù 图 저버리다

图 **(도움, 호의, 기대를) 저버리다**
我**辜负**了他的一番好意
나는 그의 호의를 한 차례 저버렸다

6급 番 fān 웹 번, 회, 차례
好意 hǎoyì 웹 호의, 친절

5급 古代 gǔdài 웹 고대

웹 **고대**
中国**古代**建筑在世界建筑历史上占有重要地位
중국 고대 건축은 세계 건축 역사에서 중요한 위치를 차지하고 있다

3급 历史 lìshǐ 웹 역사
占有 zhànyǒu 图 점유하다, 차지하다

G

5급 古典 gǔdiǎn 　형 고전의, 고전적인　명 고전, 클래식

형 고전의, 고전적인
这部电影的背景音乐都是由交响乐队演奏的**古典**音乐
이 영화의 배경 음악은 모두 교향악단이 연주하는 고전 음악이다

명 고전, 클래식
人物灵感来自**古典**和文艺复兴时期的形象
인물의 영감은 고전과 르네상스 시기의 이미지에서 나왔다

交响乐队 jiāoxiǎng yuèduì
심포니 오케스트라, 교향악단
6급 演奏 yǎnzòu 　동 연주하다
文艺复兴 Wényì Fùxīng 문예 부흥,
르네상스

6급 古董 gǔdǒng 　명 골동품

명 골동품
他在家里收藏了很多**古董**，就像博物馆一样精心布置　그는 집에 많은 골동품을 수집하여 보관하고 있는데, 박물관처럼 정성스럽게 배치해 두었다

6급 收藏 shōucáng 　동 수장하다, 수집하여
보관하다
6급 精心 jīngxīn 　형 정성스럽다, 세심하다
6급 布置 bùzhì 　동 배치하다, 꾸미다

6급 古怪 gǔguài 　형 괴이하다, 괴팍하다

형 괴이하다, 괴팍하다
他性格有些**古怪**，不好打交道
그는 성격이 좀 괴팍해서 상대하기가 어렵다

5급 打交道 dǎ jiāodào 교류하고 연락하다,
접촉하다, 교제하다

古老 gǔlǎo 　형 역사가 유구한, 오래된

형 역사가 유구한, 오래된
这里是英国最神秘的地方，有很多**古老**的传说
이곳은 영국에서 가장 신비한 곳으로 오래된 전설이 많다

5급 神秘 shénmì 　형 신비하다, 신비스럽다
5급 传说 chuánshuō 　명 전설

6급 股东 gǔdōng 　명 주주, 투자자

명 주주, 투자자
公司上市连续十年坚持分红，回报**股东**　회사가
상장 이후 10년 연속 배당을 지속하며 주주들에게 보답하고 있다

6급 分红 fēnhóng 　동 배당금을 나누다
6급 回报 huíbào 　동 보답하다

6급 股份 gǔfèn 　명 주, 주식, 주권

명 주, 주식, 주권
股份有限公司的经营状况要向股东公开
유한 주식 회사는 경영 상태를 주주들에게 공개해야 한다

5급 经营 jīngyíng 　동 경영하다

5급 股票 gǔpiào 　명 주식, 주식 증권

명 주식, 주식 증권
公司筹划首次公开发行**股票**并上市
회사는 처음으로 공개적으로 주식을 발행하고 상장하는 것을
계획하고 있다

6급 发行 fāxíng 　동 발행하다
上市 shàngshì 　동 (증권 시장에) 상장하다

6급 骨干 gǔgàn 몡 골간, 핵심, 중심	
몡 골간, 핵심, 중심 骨干企业 핵심 기업 培养技术骨干力量 기술 핵심 세력을 양성하다	5급 力量 lìliàng 몡 세력, 영향력
5급 骨头 gǔtou 몡 뼈, 골격	
몡 뼈, 골격 选手的骨折情况严重，骨头完全断裂 선수의 골절 상태는 심각하며, 뼈가 완전히 부러졌다	骨折 gǔzhé 통 골절되다 断裂 duànliè 통 끊어져 갈라지다, 찢어지다

G

6급 鼓动 gǔdòng 통 흔들다 통 부추기다, 선동하다	
통 흔들다 鸟儿鼓动翅膀 새가 날개를 흔들다 통 부추기다, 선동하다 他很有宣传鼓动才能 그는 선전하고 선동하는 재능이 매우 뛰어나다	5급 翅膀 chìbǎng 몡 날개 5급 宣传 xuānchuán 통 선전하다, 홍보하다
4급 鼓励 gǔlì 통 격려하다, 장려하다	
통 격려하다, 장려하다 老师鼓励他努力学习 선생님은 열심히 공부하라고 그를 격려했다 鼓励生育政策 출산 장려 정책	3급 努力 nǔlì 혱 열심이다, 정성을 다하다 6급 生育 shēngyù 통 낳다, 출산하다, 해산하다
5급 鼓舞 gǔwǔ 통 고무하다, 진작하다, 북돋우다	
통 고무하다, 진작하다, 북돋우다 领导的讲话极大鼓舞了群众的斗志 지도자의 연설이 군중의 투지를 크게 진작시켰다	极大 jídà 혱 극대하다, 매우 크다 斗志 dòuzhì 몡 투지, 투혼
5급 鼓掌 gǔ//zhǎng 통 박수를 치다	
통 박수를 치다 全场球迷为选手热烈鼓掌 전체 경기장의 축구 팬들이 선수에게 열렬히 박수를 보내다 鼓掌欢迎 박수를 치며 환영하다	5급 热烈 rèliè 혱 열렬하다
5급 固定 gùdìng 혱 고정된, 변하지 않는 통 고정하다, 고정시키다, 확정하다	
혱 고정된, 변하지 않는 我有稳定的工作和固定的收入 나는 안정적인 직업과 고정 수입이 있다 통 고정하다, 고정시키다, 확정하다 把项目的费用固定下来 프로젝트 비용을 확정하다	5급 稳定 wěndìng 혱 안정되다 4급 收入 shōurù 몡 수입 5급 项目 xiàngmù 몡 항목, 종목

6급 固然 gùrán 옌 물론 …이나 옌 물론 …이거니와

옌 **물론 …이나**
远**固然**远些，不过交通还方便
멀기야 좀 멀지만 교통은 그런대로 편리하다

옌 **물론 …이거니와**
考上了**固然**好，考不上也别灰心
합격하면 물론 좋겠지만 불합격하더라도 낙담하지 마라

5급 灰心 huīxīn 동 낙심하다, 낙담하다

6급 固体 gùtǐ 몡 고체

몡 **고체**
物质有**固体**、液体和气体三种形态
물질은 고체, 액체, 기체의 세 가지 형태가 있다

5급 物质 wùzhì 몡 물질
6급 形态 xíngtài 몡 형태

6급 固有 gùyǒu 혱 고유의, 타고난

혱 **고유의, 타고난**
分析集团诉讼制度的**固有**弊端
집단 소송 제도의 고유 폐단을 분석하다

6급 集团 jítuán 몡 집단, 단체
6급 弊端 bìduān 몡 폐단, 병폐, 폐해

6급 固执 gùzhí 혱 고집스럽다, 완고하다

혱 **고집스럽다, 완고하다**
他很**固执**，听不进别人的意见
그는 아주 고집스러워서 다른 사람의 의견을 들으려 하지 않는다

4급 意见 yìjiàn 몡 견해, 의견

3급 故事 gùshi 몡 이야기, 줄거리

몡 **이야기, 줄거리**
爸爸讲述了一个动人的**故事**
아버지가 감동적인 이야기를 하나 해 주셨다

这本小说**故事**性很强 이 소설은 구성이 탄탄하다

讲述 jiǎngshù 동 서술하다, 진술하다
动人 dòngrén 혱 감동적이다

6급 故乡 gùxiāng 몡 고향

몡 **고향**
北京是我的第二**故乡** 베이징은 나의 제2의 고향이다
我发现自己思念的不是**故乡**，而是童年
나는 자신이 그리워하는 것이 고향이 아니라 어린 시절임을 알았다

6급 思念 sīniàn 동 그리워하다, 그리다
童年 tóngnián 몡 어린 시절, 유년기

4급 故意 gùyì 믠 고의로, 일부러 몡 고의

믠 **고의로, 일부러**
他大声叫我的名字，我**故意**装没听见
그가 큰 소리로 내 이름을 불러서 나는 일부러 못 들은 척했다

5급 装 zhuāng 동 가장하다

몡 **고의**
故意犯罪 고의 범죄

6급 | 故障 gùzhàng 명 고장, 문제

명 고장, 문제
汽车出了**故障** 자동차가 고장 났다
红绿灯出现**故障**，导致车辆堵塞
신호등 고장이 차량 정체를 초래하다

红绿灯 hóng-lǜdēng 명 신호등
6급 | 堵塞 dǔsè 동 막다, 가로막다

4급 | 顾客 gùkè 명 고객

명 고객
工商银行竭诚为**顾客**提供金融服务
공상 은행은 성심성의껏 고객에게 금융 서비스를 제공합니다

竭诚 jiéchéng 부 정성을 다해, 성심성의로
服务 fúwù 동 봉사하다, 서비스하다

G

6급 | 顾虑 gùlǜ 동 염려하다, 주저하다 명 염려, 걱정

동 염려하다, 주저하다
你还在**顾虑**什么? 너는 아직도 뭘 염려하니?
명 염려, 걱정
打破心中的**顾虑** 마음속의 걱정을 없애다

打破 dǎpò 동 깨다, 타파하다

6급 | 顾问 gùwèn 명 고문, 자문

명 고문, 자문
法律**顾问** 법률 고문
顾问委员会 자문 위원회

4급 | 法律 fǎlǜ 명 법률

6급 | 雇佣 gùyōng 동 고용하다

동 고용하다
公司决定终止与他的**雇佣**关系
회사는 그와의 고용 관계를 종료하기로 결정했다

6급 | 终止 zhōngzhǐ 동 종결하다, 종료하다

3급 | 刮风 guā//fēng 동 바람이 불다

동 바람이 불다
今晚受台风影响，将会**刮风**下雨
오늘 밤부터 태풍의 영향을 받아 바람이 불고 비가 내리겠습니다

6급 | 台风 táifēng 명 태풍

4급 | 挂 guà 동 걸다, 걸리다 동 등록하다, 접수하다

동 걸다, 걸리다
墙上**挂**着字画 벽에 서화가 걸려 있다
把帽子**挂**在衣架上 모자를 옷걸이에 걸어라
风筝**挂**到树上了 연이 나무 위에 걸렸다
동 등록하다, 접수하다
存折丢了，赶紧到银行**挂失**
통장을 잃어버려서 급히 은행에 가서 분실 신고를 했다

5급 | 墙 qiáng 명 벽, 담
衣架 yījià 명 옷걸이
存折 cúnzhé 명 예금 통장
挂失 guàshī 동 분실 신고를 하다

역순 어휘
悬挂 xuánguà

5급 挂号 guà//hào 동 접수하다, 수속하다 동 등기 우편으로 부치다

동 (병원에서) 접수하다/수속하다
先挂号，再就诊 먼저 접수를 하고 나서 진료를 받다

동 등기 우편으로 부치다
如果有重要物品，要寄挂号信
중요한 물품이 있다면 등기 우편으로 부쳐라

就诊 jiùzhěn 동 진찰을 받다
4급 寄 jì 동 부치다, 보내다

5급 乖 guāi 형 착하고 얌전하다

형 (어린아이가) 착하고 얌전하다
小宝贝真乖 아기가 정말 착하다
从今天起，我会做一个听话懂事的乖孩子
오늘부터 저는 말 잘 듣고 철든 착한 아이가 될게요

听话 tīnghuà 동 말을 잘 듣다
懂事 dǒngshì 형 세상 물정을 잘 알다,
철이 들다

5급 拐弯 guǎi//wān 동 방향을 바꾸다, 커브를 돌다 동 생각을 바꾸다, 말을 돌리다

동 방향을 바꾸다, 커브를 돌다
照直走，别拐弯 직진하고 방향을 바꾸지 마시오

동 생각을 바꾸다, 말을 돌리다
他性子直，说话不会拐弯
그는 성격이 직선적이라 말을 돌려서 하지 못한다

照直 zhàozhí 부 똑바로, 곧바로
性子 xìngzi 명 기질, 성격

6급 拐杖 guǎizhàng 명 지팡이

명 지팡이
他膝盖受伤，拄着拐杖坚持上班
그는 무릎을 다쳐 지팡이를 짚고 계속 출근한다

6급 膝盖 xīgài 명 무릎
6급 拄 zhǔ 동 (지팡이 등으로) 몸을 지탱하다

5급 怪不得 guàibude 동 원망해서는 안 된다, 탓해서는 안 된다 부 어쩐지

동 원망해서는 안 된다, 탓해서는 안 된다
这件事是我没办好，怪不得别人 이 일은 내가 제대로
처리하지 못한 것이니 다른 사람을 탓해서는 안 된다

부 어쩐지 (주로 앞뒤에 원인을 설명하는 어구가 있음)
怪不得屋里这么冷，原来窗户开着
어쩐지 실내가 춥더라니, 알고 보니 창문이 열려 있어서 그랬구나

3급 别人 biérén 대 다른 사람
4급 原来 yuánlái 부 알고 보니

3급 关 guān 동 닫다 동 끄다

동 닫다 [반의어] 开 kāi [1급]
一回到家就把窗户关上，打开空调
집에 돌아오자마자 창문을 닫고 에어컨을 켰다

동 끄다
她常常忘了关洗手间的灯
그녀는 종종 화장실 불을 끄는 것을 까먹는다

电影马上就要开始了，把手机关了吧
영화가 곧 시작되니, 핸드폰을 끄자

3급 空调 kōngtiáo 명 에어컨
常常 chángcháng 부 항상, 늘, 자주, 종종
3급 洗手间 xǐshǒujiān 명 화장실

역순 어휘
把关 bǎguān   公关 gōngguān
海关 hǎiguān   相关 xiāngguān

5급 关闭 guānbì 동 닫다, 폐업하다

동 닫다, 폐업하다

公司**关闭**了两家长期亏损的工厂
회사는 오랜 기간 적자를 낸 공장 두 곳을 폐업했다

报名系统将会今晚10点**关闭**
신청 시스템은 오늘 밤 10시에 닫힌다

| 6급 | 亏损 kuīsǔn 동 적자를 보다
| 5급 | 系统 xìtǒng 명 계통, 체계, 조직, 시스템

6급 关怀 guānhuái 동 관심을 보이다, 보살피다

동 관심을 보이다, 보살피다 (아랫사람에게만 쓰임)

领导**关怀**我们的成长
지도자가 우리들의 발전에 관심을 보이다

| 5급 | 成长 chéngzhǎng 동 성장하다, 자라다, 발전하다

G

4급 关键 guānjiàn 명 관건, 키포인트 형 중요한, 결정적인

명 관건, 키포인트

培养人才，**关键**在教育
인재 양성은 교육이 관건이다

형 중요한, 결정적인

这是最**关键**的步骤
이것이 가장 결정적인 단계이다

| 5급 | 步骤 bùzhòu 명 순서, 단계

3급 关系 guānxi 명 관계 명 관계, 영향, 이유

명 관계

国际**关系** 국제 관계

朋友**关系**再好，也要注意一些事情
친구 관계가 아무리 좋아도 어떤 일들은 조심해야 한다

명 관계, 영향, 이유

教育事业与社会发展有密切的**关系**
교육 사업과 사회 발전은 긴밀한 관계가 있다

由于健康**关系**他从一线退了下来
건강상의 이유로 그는 일선에서 물러났다

| 5급 | 密切 mìqiè 형 긴밀하다
| 一线 yīxiàn 명 제일선, 일선

3급 关心 guān//xīn 동 관심을 갖다, 마음을 쓰다

동 관심을 갖다, 마음을 쓰다

他突然开始关注新闻，**关心**国家大事 그는 갑자기
뉴스에 관심을 기울이고 국가의 대사에 관심을 가지기 시작했다

关注 guānzhù 동 중시하다, 특별한 관심을 기울이다

3급 关于 guānyú 개 …에 관한, …에 대한

개 …에 관한, …에 대한 (동작 행위와 관련된 사물을 이끌어냄)

关于污水处理问题，有关部门在进行讨论
오수 처리 문제에 관해 관련 부문에서 토론을 진행하고 있다

关于彗星的知识，人们比从前知道得多了
사람들이 혜성에 관한 지식을 예전보다 훨씬 더 많이 알고 있다

| 4급 | 讨论 tǎolùn 동 토론하다
| 4급 | 知识 zhīshi 명 지식

6급 关照 guānzhào 图 돌보다, 보살피다 图 협력하다 图 일깨우다, 통지하다

图 돌보다, 보살피다
关照下岗失业人员 실직자를 보살피다
初次见面，请多多**关照** 처음 뵙겠습니다, 잘 부탁드립니다
图 협력하다
彼此**关照**，互相帮助 서로 협력하고 서로 돕다
图 일깨우다, 통지하다
你**关照**小刘一声，明天早点儿起床
네가 샤오류에게 내일 아침 일찍 일어나라고 일러 줘라

下岗 xiàgǎng 图 실직하다, 퇴직하다
5급 彼此 bǐcǐ 때 피차, 서로
4급 互相 hùxiāng 틧 서로, 상호

5급 观察 guānchá 图 관찰하다, 자세히 살피다

图 관찰하다, 자세히 살피다
用犀利的眼神**观察**现场 예리한 눈으로 현장을 관찰하다

犀利 xīlì 톙 예리하다, 날카롭다
6급 眼神 yǎnshén 圀 눈빛, 눈길

5급 观点 guāndiǎn 圀 관점, 입장

圀 관점, 입장
公开表达政治**观点** 정치적 입장을 공개적으로 나타내다

5급 表达 biǎodá 图 표시하다, 나타내다

6급 观光 guānguāng 图 관광하다, 참관하다

图 관광하다, 참관하다
优美的风景吸引外国游客前来**观光**
아름다운 풍경은 외국 여행객이 관광하러 오도록 끌어당긴다

4급 吸引 xīyǐn 图 끌어당기다, 유인하다
前来 qiánlái 图 …으로 오다

5급 观念 guānniàn 圀 관념, 의식, 생각

圀 관념, 의식, 생각
这些**观念**该更新了 이런 생각은 바뀌어야 한다
参观后我们对西部开发有了新的**观念**
참관 후 우리는 서부 개발에 대해서 새로운 견해를 갖게 되었다

6급 更新 gēngxīn 图 경신하다, 바꾸다

4급 观众 guānzhòng 圀 관중

圀 관중
观众成千上万 관중이 수천 수만에 달하다
一个**观众**都没有 관중이 한 명도 없다

成千上万 chéngqiān-shàngwàn
筬 수천 수만에 달하다, 매우 많다

5급 官 guān 톙 국가의, 정부의, 공공의 圀 관리

톙 국가의, 정부의, 공공의
官办企业 국영 기업
圀 관리
外交**官**是国家派在国外的代表
외교관은 국가에서 해외에 파견한 대표이다

外交官 wàijiāoguān 圀 외교관
5급 代表 dàibiǎo 圀 대표, 대표자

역순 어휘
器**官** qìguān

6급 官方 guānfāng 명 정부 측, 공식

명 정부 측, 공식
官方正式发布了道歉声明
정부 측에서 정식으로 사과 성명을 발표했다

4급 正式 zhèngshì 형 정식의, 정규의
6급 声明 shēngmíng 명 성명서

4급 管理 guǎnlǐ 동 관리하다

동 관리하다
公司内部出现很大的经营**管理**问题
회사 내부에 커다란 경영 관리 문제가 발생했다

5급 经营 jīngyíng 동 경영하다

6급 管辖 guǎnxiá 동 관할하다

동 관할하다
全县**管辖**23个乡镇 현 전체가 23개의 향과 진을 관할하다
内河航运属交通部门**管辖** 하천 운수는 교통부가 관할한다

属 shǔ 동 소속하다, 관할을 받다
5급 部门 bùmén 명 부, 부문, 부서

5급 管子 guǎnzi 명 관, 파이프

명 관, 파이프
暖气**管子**阀门 난방 파이프 밸브

暖气 nuǎnqì 명 라디에이터, 난방 장치
阀门 fámén 명 밸브

6급 贯彻 guànchè 동 관철하다, 철저히 실행하다

동 관철하다, 철저히 실행하다
贯彻节约优先方针 절약 우선 방침을 관철하다
贯彻执行水污染防治条例
수질 오염 방지 조례를 철저히 집행하다

6급 优先 yōuxiān 동 우선하다
6급 方针 fāngzhēn 명 방침
6급 执行 zhíxíng 동 집행하다, 실행하다
条例 tiáolì 명 조례

5급 冠军 guànjūn 명 우승, 우승자, 일등

명 우승, 우승자, 일등
他获得了本届**冠军** 그가 이번 대회의 일등을 차지했다

4급 获得 huòdé 동 얻다, 획득하다

6급 惯例 guànlì 명 습관, 관례

명 습관, 관례
按**惯例**, 吃过中饭他总要睡一觉
오랜 습관대로 점심을 먹고 나면 그는 늘 한숨 잔다
金融开放要符合相关国际**惯例**
금융 개방은 관련 국제 관례에 부합해야 한다

按 àn 개 …에 따라
4급 符合 fúhé 동 부합하다, 일치하다
5급 相关 xiāngguān 동 서로 관련되다

6급 灌溉 guàngài 동 관개하다, 물을 대다

동 관개하다, 물을 대다
农田适时**灌溉**减轻高温危害
농경지에 적시에 관개하여 고온의 피해를 줄이다

农田 nóngtián 명 농지, 농경지
适时 shìshí 형 시기적절하다, 때맞다

G

6급 **罐** guàn 명 단지, 깡통, 캔

명 단지, 깡통, 캔
玻璃密封罐 밀폐 유리 단지
罐装咖啡 캔 커피

6급 密封 mìfēng 동 밀봉하다, 밀폐하다
2급 咖啡 kāfēi 명 커피

罐头 guàntou 명 통조림

명 통조림
她教我轻松开罐头的窍门
그녀가 나에게 손쉽게 통조림을 따는 요령을 가르쳐 주었다

6급 窍门 qiàomén 명 비결, 요령

4급 **光** guāng 명 빛, 광선 형 전혀 남지 않다, 다 쓰고 없다 부 그저, 단지, 오직

명 빛, 광선
灿烂的阳光 찬란한 햇빛
형 전혀 남지 않다, 다 쓰고 없다
火车票卖光了 기차표는 매진되었다
他把钱花光了 그는 돈을 남김없이 다 써 버렸다
부 그저, 단지, 오직
每天光吃蔬菜能减肥吗?
매일 채소만 먹으면 살이 빠질까요?
光买大衣和帽子就花了一万多
코트와 모자 사는 데만 1만 위안 넘게 썼다

6급 灿烂 cànlàn 형 찬란하다
大衣 dàyī 명 외투, 코트

역순 어휘
曝光 bàoguāng   风光 fēngguāng
观光 guānguāng   目光 mùguāng
时光 shíguāng   眼光 yǎnguāng
阳光 yángguāng   沾光 zhānguāng

6급 **光彩** guāngcǎi 명 광채 형 명예롭다, 영광스럽다

명 광채
发出耀眼的光彩 눈부신 광채를 발하다
형 명예롭다, 영광스럽다
参军是一件很光彩的事情
군에 입대하는 것은 매우 명예로운 일이다

6급 耀眼 yàoyǎn 형 눈부시다
参军 cānjūn 동 참군하다, 입대하다

5급 **光滑** guānghuá 형 반들반들하다, 매끄럽다

형 반들반들하다, 매끄럽다
冰面平整光滑 얼음 표면이 평평하고 반들반들하다
靠保养，皮肤就会水润光滑
관리를 통해 피부는 촉촉하고 매끄러워질 수 있다

平整 píngzhěng 형 반듯하다, 가지런하다,
                평평하다
6급 保养 bǎoyǎng 동 보양하다, 잘 돌보다
4급 皮肤 pífū 명 피부

6급 **光辉** guānghuī 명 광휘, 빛 형 찬란하게 빛나다

명 광휘, 빛
太阳的光辉普照四方 햇빛이 사방을 두루 비추다
형 찬란하게 빛나다
他的精神给我们树立了光辉的榜样
그의 정신은 우리에게 빛나는 모범이 되었다

普照 pǔzhào 동 두루 비추다
6급 树立 shùlì 동 수립하다, 세우다
6급 榜样 bǎngyàng 명 본보기, 모범

5급 光临 guānglín 图 광림하다, 왕림하다

图 광림하다, 왕림하다 (손님이 오는 것을 가리킴)
欢迎顾客光临 고객의 왕림을 환영합니다

4급 | 顾客 gùkè 图 고객

6급 光芒 guāngmáng 图 광망, 강렬한 빛

图 광망, 강렬한 빛
太阳放射着耀眼的光芒
태양이 눈부시게 강렬한 빛을 쏘아 내고 있다

6급 | 放射 fàngshè 图 쏘다

5급 光明 guāngmíng 图 광명, 밝은 빛 图 정직하고 공정하다, 떳떳하다
图 밝다, 유망하다, 희망적이다

图 광명, 밝은 빛
逝世后捐献角膜，帮助眼疾患者重见光明
사후에 각막을 기증하여 안질 환자가 다시 광명을 보게 돕다

图 정직하고 공정하다, 떳떳하다
这不是见不得人的事情，为什么不可以正大光明地办 이게 떳떳지 못한 일도 아닌데, 왜 정당하게 할 수 없나

图 밝다, 유망하다, 희망적이다
国家经济发展前景依然光明
국가 경제 발전 전망은 여전히 희망적이다

捐献 juānxiàn 图 기부하다
见不得 jiànbudé 떳떳하지 못해 남에게
알릴 수 없다
正大 zhèngdà 图 정대하다, 정당하다,
공정하다
6급 | 前景 qiánjǐng 图 전도, 장래, 전망

5급 光盘 guāngpán 图 광디스크, CD, DVD

图 광디스크, CD, DVD [동의어] 光碟 guāngdié
光盘是一种用激光技术存储数据的装置
광디스크는 레이저 기술로 데이터를 저장하는 장치이다

激光 jīguāng 图 레이저
存储 cúnchǔ 图 저장하다
5급 | 数据 shùjù 图 수치, 데이터

6급 光荣 guāngróng 图 영광스럽다, 명예롭다, 영예롭다 图 영광, 영예

图 영광스럽다, 명예롭다, 영예롭다
为正义事业而牺牲是十分光荣的
정의로운 일을 위해 희생하는 것은 매우 영광스러운 일이다

能够参加这么隆重的欢迎仪式，我感到光荣和自豪 이렇게 성대한 환영식에 참석하게 되어 영광스럽고 자랑스럽습니다

图 영광, 영예
光荣归于人民 영광을 국민에게 돌리다

6급 | 正义 zhèngyì 图 정의로운
6급 | 牺牲 xīshēng 图 희생하다, 목숨을 바치다
6급 | 隆重 lóngzhòng 图 성대하다, 장중하다
5급 | 自豪 zìháo 图 자랑스럽다, 영예롭다

4급 广播 guǎngbō 图 방송하다, 방영하다 图 방송

图 방송하다, 방영하다
广播老百姓相关的政策信息
국민과 관계된 정책 뉴스를 방송하다

图 방송
我们可以使用智能音箱来收听广播
우리는 인공 지능 스피커로 라디오 방송을 들을 수 있다

4급 | 信息 xìnxī 图 소식, 뉴스
音箱 yīnxiāng 图 스피커
收听 shōutīng 图 청취하다, 듣다

G

5급 广场 guǎngchǎng 몡 광장

몡 광장

人民英雄纪念碑位于北京天安门广场中心
인민 영웅 기념비는 베이징 톈안먼 광장 중심에 위치한다

5급 位于 wèiyú 동 …에 위치하다

5급 广大 guǎngdà 혱 광대하다, 넓다, 크다, 많다

혱 광대하다, 넓다, 크다, 많다

欧洲广大地区将出现近40度的极热天气
유럽의 광대한 지역에 40도에 달하는 무더위가 발생할 것이다

这部电视剧受到了全国广大观众的喜爱
이 TV 드라마는 전국의 많은 시청자에게 사랑을 받았다

5급 地区 dìqū 몡 지역, 구역
4급 观众 guānzhòng 몡 관중
　　 喜爱 xǐ'ài 동 좋아하다, 호감을 갖다

5급 广泛 guǎngfàn 혱 광범하다, 광범위하다, 폭넓다

혱 광범하다, 광범위하다, 폭넓다

公安局广泛展开交通安全宣传活动
경찰국에서 교통 안전 홍보 활동을 폭넓게 전개하다

涉猎的知识十分广泛
섭렵한 지식이 매우 광범위하다

6급 公安局 gōng'ānjú 몡 공안국, 경찰국
　　 涉猎 shèliè 동 섭렵하다, 대강 읽다

4급 广告 guǎnggào 몡 광고

몡 광고

他成为连锁咖啡店的广告代言人
그는 프랜차이즈 커피 전문점 광고 모델이 되었다

代言人 dàiyánrén 몡 홍보 모델

6급 广阔 guǎngkuò 혱 광활하다, 드넓다

혱 광활하다, 드넓다

这里的湖面广阔，湖水清澈，景色优美
이곳의 호수는 수면이 광활하고 물이 맑아 경치가 아름답다

6급 清澈 qīngchè 혱 맑고 투명하다
4급 景色 jǐngsè 몡 풍경, 경치

4급 逛 guàng 동 산책하다, 노닐다, 거닐다

동 산책하다, 노닐다, 거닐다

姥姥喜欢带孙女逛大街
외할머니는 손녀를 데리고 거리를 산책하는 것을 좋아하신다

5급 姥姥 lǎolao 몡 외할머니
　　 大街 dàjiē 몡 대로, 중심가

6급 归根到底 guīgēn-dàodǐ 셩 결국, 요컨대, 끝내

셩 결국, 요컨대, 끝내

新产业竞争归根到底是人才竞争
신산업 경쟁은 결국 인재 경쟁이다

4급 竞争 jìngzhēng 동 경쟁하다

6급 归还 guīhuán 동 돌려주다, 반환하다

동 돌려주다, 반환하다
借书要按时**归还** 책을 빌리면 제때 반환해야 한다
非法征用的东西要**归还**原主
불법으로 수용한 것은 원래 주인에게 돌려줘야 한다

4급 按时 ànshí 부 제시간에, 제때에
征用 zhēngyòng 동 (국가가) 수용하다

5급 归纳 guīnà 동 귀납하다, 개괄하다

동 귀납하다, 개괄하다 (주로 추상적인 사물에 쓰임)
归纳大家的意见后形成了会议纪要
모두의 의견을 개괄하여 회의 기요를 만들었다

6급 纪要 jìyào 명 기요, 요점을 적은 글

4급 规定 guīdìng 동 규정하다, 정하다 명 규정, 규칙

동 규정하다, 정하다
国家**规定**收费标准 국가가 요금 기준을 정하다
명 규정, 규칙
对税收问题作出了几项**规定**
세수 문제에 대해 몇 가지 규정을 만들었다

收费 shōufèi 동 비용을 거두다
4급 标准 biāozhǔn 명 표준, 기준

6급 规范 guīfàn 명 규범 형 규범에 맞는 동 규범화하다, 규범에 맞게 하다

명 규범
礼仪是社会共同认可的行为**规范**
예의는 사회에서 공동으로 인정한 행위 규범이다
형 규범에 맞는
说普通话，写**规范**字
표준 중국어로 말하고, 규범에 맞는 글자를 쓰다
동 규범화하다, 규범에 맞게 하다
有效**规范**市场秩序 시장 질서를 효과적으로 규범화하다

礼仪 lǐyí 명 예의, 예절과 의식
6급 认可 rènkě 동 인가하다, 인정하다
有效 yǒuxiào 동 효과가 있다, 효력이 있다
5급 秩序 zhìxù 명 질서, 순서, 차례

6급 规格 guīgé 명 규격, 규정 요건, 규정 조건

명 규격, 규정 요건, 규정 조건
产品完全符合**规格**
생산품이 완벽하게 규격에 맞는다
如果产品不合**规格**，保证免费退换
상품이 규격에 맞지 않으면 무료 교환을 보증한다

4급 符合 fúhé 동 부합하다, 일치하다
退换 tuìhuàn 동 교환하다

6급 规划 guīhuà 동 계획하다, 기획하다 명 계획

동 계획하다, 기획하다
规划根治黄河的宏伟蓝图
황허를 근본적으로 치수할 수 있는 웅대한 청사진을 기획하다
명 계획
制定教育发展**规划** 교육 발전 계획을 세우다

6급 宏伟 hóngwěi 동 웅장하다, 웅대하다
蓝图 lántú 명 청사진, 계획
5급 制定 zhìdìng 동 제정하다, 세우다

G

5급 规矩 guīju 圆 기준, 규칙, 규율 圆 기준에 맞다, 성실하다, 모범적이다

圆 기준, 규칙, 규율 (주로 관례, 습관, 예의 등을 가리킴)

工作人员必须要按规矩办事
직원들은 반드시 규칙대로 일을 처리해야 한다

他的孩子没教养，一点规矩都不懂
그의 아이는 교양이 없고, 정말 버릇이 없다

圆 기준에 맞다, 성실하다, 모범적이다

他写字总是一笔一画，非常规矩
그가 쓴 글씨는 언제나 한 획 한 획이 단정하다

| 3급 | 必须 bìxū 圆 반드시 …해야 한다 |
| 6급 | 教养 jiàoyǎng 圆 교양 |

5급 规律 guīlǜ 圆 규율, 법칙 圆 규율에 맞는, 규칙적인

圆 규율, 법칙

这是历史发展的重要规律
이것은 역사 발전의 중요한 법칙이다

圆 규율에 맞는, 규칙적인

他的生活很不规律
그는 생활이 매우 불규칙하다

| 4급 | 生活 shēnghuó 圆 생활 |

5급 规模 guīmó 圆 규모

圆 규모

他在这里修建了规模巨大的豪宅
그는 이곳에 거대한 규모의 호화 주택을 건설했다

省政府要实施大规模技术改造工程
성 정부는 대규모 기술 개조 프로젝트를 실시할 것이다

5급	巨大 jùdà 圆 거대하다
	豪宅 háozhái 圆 호화 주택
	工程 gōngchéng 圆 공정, 프로젝트

5급 规则 guīzé 圆 규칙, 법칙

圆 규칙, 법칙

遵守交通规则 교통 규칙을 준수하다
适应自然规则 자연법칙에 적응하다

| 5급 | 遵守 zūnshǒu 圆 준수하다 |
| 4급 | 适应 shìyìng 圆 적응하다, 맞추다 |

6급 规章 guīzhāng 圆 규칙, 규정

圆 규칙, 규정

完善规章制度，进一步加强管理
규칙과 제도를 개선하고 관리를 한 단계 강화하다

| 5급 | 完善 wánshàn 圆 완벽하게 하다, 개선하다 |
| 5급 | 制度 zhìdù 圆 제도 |

6급 轨道 guǐdào 圆 궤도, 선로

圆 궤도, 선로

列车行驶中脱离轨道，造成铁路损坏
열차가 운행 중에 궤도를 이탈하여 철도가 손상되었다

国民经济已步入持续快速高效发展的轨道 국민
경제가 이미 지속적인 고속 성장과 고효율 발전 궤도에 진입했다

5급	列车 lièchē 圆 열차, 기차
	行驶 xíngshǐ 圆 통행하다, 다니다
6급	脱离 tuōlí 圆 벗어나다
	步入 bùrù 圆 걸어 들어가다, 진입하다

5급 柜台 guìtái 몡 계산대, 카운터, 프런트

몡 계산대, 카운터, 프런트
她在商场站了一年多的**柜台**，专门卖服装
그녀는 상점 계산대에서 1년 넘게 의류를 전문으로 판매했다

站柜台 zhàn guìtái 점원이 계산대에서
고객을 접대하다

2급 贵 guì 혱 비싸다 혱 귀하다, 귀중하다

혱 비싸다
价钱太**贵** 가격이 너무 비싸다
혱 귀하다, 귀중하다
家里摆满了名**贵**古董
집안에 유명하고 진귀한 골동품이 가득하다

价钱 jiàqián 몡 가격
名贵 míngguì 혱 유명하고 진귀하다

역순 어휘
昂**贵** ángguì　宝**贵** bǎoguì　珍**贵** zhēnguì

G

6급 贵族 guìzú 몡 귀족

몡 귀족
在**贵族**社会，军权是**贵族**的特权
귀족 사회에서 군권은 귀족의 특권이었다

特权 tèquán 몡 특권

6급 跪 guì 동 무릎을 꿇다

동 무릎을 꿇다
他当众下**跪**向我求爱
그가 사람들 앞에서 무릎을 꿇고 나에게 사랑을 고백했다

下跪 xiàguì 동 무릎을 꿇다

5급 滚 gǔn 동 구르다, 뒹굴다 閉 매우, 특히

동 구르다, 뒹굴다
石头从山坡上**滚**下来 돌이 산비탈에서 굴러 내려오다
小朋友们正兴致勃勃地**滚**着雪球
꼬마 친구들이 한창 신나게 눈덩이를 굴리고 있다
閉 매우, 특히
妈妈就塞给他一个**滚**烫的鸡蛋
엄마는 매우 뜨거운 계란을 그에게 쑤셔 넣었다

6급 兴致勃勃 xìngzhì-bóbó
혱 흥미진진하다, 열의가 가득차다
滚烫 gǔntàng 혱 (끓는 것처럼) 매우 뜨겁다

역순 어휘
摇**滚** yáogǔn

6급 棍棒 gùnbàng 몡 몽둥이, 방망이, 곤봉

몡 몽둥이, 방망이, 곤봉
"**棍棒**教育"对孩子的心理容易造成伤害
'몽둥이 교육'은 아이의 심리에 상처를 주기 쉽다

5급 伤害 shānghài 동 해치다, 상처를 입히다

5급 锅 guō 몡 냄비, 솥

몡 냄비, 솥
这个小甜点的做法很简单，把所有材料放进**锅**
里搅一搅就可以 이 디저트는 조리법이 간단해서 모든 재료
를 솥에 넣고 섞기만 하면 된다

做法 zuòfǎ 몡 만드는 법
搅 jiǎo 동 휘젓다, 고루 섞다

6급 国防 guófáng 명 국방

명 **국방**
国防教育对加强国防建设有着重要意义
국방 교육은 국방 건설 강화에 중요한 의의가 있다

5급 建设 jiànshè 동 건설하다, 세우다, 발전시키다

4급 国籍 guójí 명 국적

명 **국적**
取得韩国国籍
한국 국적을 취득하다
海关扣押了一艘不明国籍的走私船
세관은 국적 불명의 밀항선을 압수하였다

取得 qǔdé 동 얻다, 획득하다, 취득하다
扣押 kòuyā 동 몰수하다, 압수하다
6급 走私 zǒusī 동 밀수하다

4급 国际 guójì 명 국제 형 국제의, 국제적인

명 **국제**
上海是国际往来频繁的城市
상하이는 국제 교류가 빈번한 도시이다

형 **국제의, 국제적인**
严重违反国际准则
국제적 준칙을 엄중히 위반하다

6급 频繁 pínfán 형 빈번하다, 잦다
5급 违反 wéifǎn 동 위반하다
6급 准则 zhǔnzé 명 준칙

3급 国家 guójiā 명 국가

명 **국가**
发达国家 선진국
发展中国家 개발 도상국
30个国家600多位嘉宾参加此次大会
30개 국가, 600여 명의 귀빈이 이번 대회에 참가한다

5급 嘉宾 jiābīn 명 귀빈, 귀한 손님

5급 国庆节 Guóqìngjié 명 국경절, 건국 기념일, 독립 기념일

명 **국경절, 건국 기념일, 독립 기념일**
国庆节那天，劳模们登上天安门城楼观礼 국경절
당일에 모범 노동자들이 톈안먼 성루에 올라 의식을 참관한다

劳模 láomó 명 모범 노동자
观礼 guānlǐ 동 의식을 참관하다

5급 国王 guówáng 명 국왕

명 **국왕**
华丽的王宫里有国王的宝座
화려한 왕궁에 국왕의 보좌가 있다

6급 华丽 huálì 형 화려하다
宝座 bǎozuò 명 보좌, 옥좌

6급 国务院 Guówùyuàn 명 국무원

명 **국무원 (중국 최고 행정 기관)**
国务院总理主持召开国务院常务会议
국무원 총리가 주관하여 국무원 상무 회의를 소집했다

5급 召开 zhàokāi 동 (회의를) 소집하고 열다
常务 chángwù 형 상무의, 상임의

6급 果断 guǒduàn 〔형〕 과단성이 있다, 과감하다

〔형〕 과단성이 있다, 과감하다
市政府要求采取坚决果断措施
시 정부는 단호하고 과감한 조치를 취하기를 요구했다

5급 坚决 jiānjué 〔형〕 결연하다, 단호하다
5급 措施 cuòshī 〔명〕 조치, 대책

5급 果然 guǒrán 〔부〕 과연, 역시나 〔연〕 만약 …하다면

〔부〕 과연, 역시나
他果然来了 과연 그가 왔다
经过一番调查，发现果然有内奸存在
한차례 조사를 통해 역시 내부 첩자가 있다는 것을 발견했다

〔연〕 만약 …하다면
果然像你所说的那么简单，事情就好办了
만약 네가 말한 대로 그렇게 간단하다면 처리하기 쉬울 것이다

内奸 nèijiān 〔명〕 간첩, 스파이
好办 hǎobàn 〔형〕 하기 쉽다, 처리하기 쉽다

G

5급 果实 guǒshí 〔명〕 과실, 열매

〔명〕 과실, 열매
收获胜利的果实
승리의 열매를 수확하다

5급 收获 shōuhuò 〔동〕 수확하다

4급 果汁 guǒzhī 〔명〕 과즙, 주스

〔명〕 과즙, 주스
鲜榨果汁已成为了现在消费时尚
생과일 주스가 현재 소비 트렌드가 되었다

榨 zhà 〔동〕 압착하다, 눌러서 짜다
5급 时尚 shíshàng 〔명〕 유행, 풍조

3급 过 guò 〔동〕 건너다, 지나가다 〔동〕 넘다, 초과하다 〔동〕 보내다, 지내다

〔동〕 건너다, 지나가다
过了这条街就到了 이 길만 건너면 바로 도착한다
路过商店，顺便买点儿东西
상점을 지나가는 김에 물건을 좀 샀다

〔동〕 넘다, 초과하다
下班时间早过了 퇴근 시간이 오래 전에 지났다
占用时间过多 시간을 지나치게 많이 차지하다

〔동〕 (시간을) 보내다/지내다
他们正过着幸福的日子
그들은 행복한 나날을 보내고 있다
再过半年就毕业了 반년만 지나면 졸업한다

路过 lùguò 〔동〕 지나가다, 경유하다
过多 guòduō 〔형〕 과다하다, 지나치게 많다
5급 日子 rìzi 〔명〕 날, 시간

역순 어휘
不过 búguò　　　超过 chāoguò
度过 dùguò　　　经过 jīngguò
难过 nánguò　　　通过 tōngguò

○ 过 guo [2급] 참조

4급 过程 guòchéng 〔명〕 과정

〔명〕 과정
这是人类社会的发展过程
이것이 인류 사회의 발전 과정이다

4급 发展 fāzhǎn 〔동〕 발전하다

6급 过度 guòdù 형 과도하다, 지나치다, 무리하다

형 과도하다, 지나치다, 무리하다
考试前过度紧张会影响正常发挥
시험 전에 과도하게 긴장하면 정상 실력 발휘에 영향을 준다
他的父亲操劳过度，病倒多日
그의 부친은 무리하게 일하다가 여러 날을 앓아누웠다

- 4급 紧张 jǐnzhāng 형 긴장되다, 불안하다
- 5급 发挥 fāhuī 동 발휘하다
- 6급 操劳 cāoláo 동 열심히 일하다, 힘들게 일하다

6급 过渡 guòdù 동 배를 타고 강을 건너다 동 과도하다, 넘어가다

동 배를 타고 강을 건너다
동 과도(过渡)하다, (다른 단계로) 넘어가다
由政府主导逐渐过渡到市场主导
정부가 주도하는 것에서 점점 시장 주도로 넘어가다
设立一个为期一年的过渡期
1년을 기한으로 하는 과도기를 설정하다

- 6급 主导 zhǔdǎo 동 주도하다
- 6급 设立 shèlì 동 설립하다, 건립하다, 세우다
- 6급 为期 wéiqī 동 기한으로 하다

5급 过分 guò//fèn 형 지나치다, 심하다

형 (말, 행동이) 지나치다/심하다
过分在意别人的眼光 남의 시선을 지나치게 의식하다
话说得有些过分 말이 다소 지나치다

- 6급 在意 zàiyì 동 마음에 두다
- 6급 眼光 yǎnguāng 명 시선, 눈길

6급 过奖 guòjiǎng 동 과찬하다

동 과찬하다
先生过奖了，实在不敢当
선생께서 과찬의 말씀을 하시니 정말 몸 둘 바를 모르겠습니다

- 6급 不敢当 bùgǎndāng 감당하기 어렵다, 황송할 뿐이다, 어찌할 바를 모르다

6급 过滤 guòlǜ 동 여과하다, 거르다

동 여과하다, 거르다
把熬好的中药用纱布过滤一下
다 달인 중약을 면포로 한 번 걸러라

- 6급 熬 áo 동 달이다, 오래 끓이다
- 纱布 shābù 명 거즈, 면포

5급 过敏 guòmǐn 동 알레르기 반응을 보이다 형 과민하다, 예민하다

동 알레르기 반응을 보이다
他对青霉素过敏 그는 페니실린 알레르기가 있다
형 과민하다, 예민하다
咖啡因会影响到大脑神经，导致神经过敏
카페인은 대뇌 신경에 영향을 주어 신경과민을 유발한다

- 青霉素 qīngméisù 명 페니실린
- 咖啡因 kāfēiyīn 명 카페인
- 6급 神经 shénjīng 명 신경

5급 过期 guò//qī 동 기한이 지나다, 기한을 넘기다

동 기한이 지나다, 기한을 넘기다
这家商店销售过期食品，被行政处罚1万元 이상
점은 기한이 지난 식품을 판매하여 1만 위안의 행정 처벌을 받았다

- 5급 销售 xiāoshòu 동 팔다, 판매하다
- 处罚 chǔfá 동 (법에 따라) 처벌하다

3급 过去 guòqù 〔동〕 가다 〔동〕 지나가다 〔명〕 과거

〔동〕 (guò//qù) 가다
刚刚**过去**一辆班车
방금 통근차 한 대가 갔다

〔동〕 (guò//qù) 지나가다
半年**过去**了, 工作才走上正轨
반년이 지나서야 업무가 비로소 정상 궤도에 들어섰다

最困难的时期已经**过去**了
가장 힘든 시기는 이미 지나갔다

〔명〕 과거
忘记**过去**就意味着背叛
과거를 잊는 것은 곧 배반을 의미한다

班车 bānchē 〔명〕 정기 운행 차량, 셔틀버스, 통근 차량
正轨 zhèngguǐ 〔명〕 정상 궤도
5급 时期 shíqī 〔명〕 시기, 때
3급 忘记 wàngjì 〔동〕 잊다, 잊어버리다
6급 意味着 yìwèizhe 〔동〕 의미하다, 나타내다
6급 背叛 bèipàn 〔동〕 배반하다, 배신하다

〔참조어〕 将来 jiānglái 〔명〕 장래, 미래 [4급]
现在 xiànzài 〔명〕 현재, 지금 [1급]

6급 过失 guòshī 〔명〕 과실, 실수, 잘못

〔명〕 과실, 실수, 잘못
丢失文件是机要人员的**过失**
문서 분실은 기밀 담당 직원의 과실이다

丢失 diūshī 〔동〕 잃어버리다, 분실하다
机要 jīyào 〔형〕 기밀의

6급 过问 guòwèn 〔동〕 관심을 갖다, 마음을 쓰다 〔동〕 간섭하다

〔동〕 관심을 갖다, 마음을 쓰다
他对孩子的学习平时**过问**得太少
그는 평소에 아이의 공부에 대해 거의 신경 쓰지 않는다

〔동〕 간섭하다
这事与你无关, 你就别**过问**了
이 일은 너와 관계 없으니 간섭하지 마라

4급 平时 píngshí 〔명〕 평상시, 평소
无关 wúguān 〔동〕 무관하다, 관련이 없다

6급 过瘾 guò//yǐn 〔형〕 만족스럽다, 유쾌하다, 짜릿하다

〔형〕 (취미나 기호에서) 만족스럽다/유쾌하다/짜릿하다
这场足球比赛看着真**过瘾**
이번 축구 경기는 보고 있자니 정말 짜릿하다

3급 比赛 bǐsài 〔명〕 시합, 경기, 대회

6급 过于 guòyú 〔부〕 너무, 지나치게

〔부〕 너무, 지나치게
做事循序渐进, 不能**过于**急躁
일을 할 때는 순서대로 해야지, 너무 조급해하면 안 된다

6급 循序渐进 xúnxù-jiànjìn 〔성〕 순서대로 나아가다
6급 急躁 jízào 〔형〕 조급하다, 성급하다

2급 过 guo 〔조〕 …한 적이 있다

〔조〕 …한 적이 있다 (완료나 과거를 나타냄)
吃**过**饭再去 밥을 먹고 나서 가다
这本书我看**过** 나는 이 책을 읽은 적이 있다
他没去**过**苏州 그는 쑤저우에 가 본 적이 없다

苏州 Sūzhōu 〔명〕 쑤저우, 소주, 중국 장쑤성 (江苏省)에 있는 시

● 过 guò [3급] 참조

G

5급 哈 hā ■ 하, 아하 ■의성 하

■ 하, 아하 (뜻을 이루거나 놀라며 기뻐함을 나타냄)
哈，试验成功啦! 하, 실험이 성공했네!
哈哈，这下可好了! 아하, 이제는 됐다!

의성 하 (크게 웃는 소리를 나타내며, 주로 중첩하여 사용함)
哈哈，传来一阵爽快的笑声
하하 하고 한바탕 호탕한 웃음 소리가 들려왔다

6급 试验 shìyàn ■ 실험하다, 시험하다, 테스트하다
5급 阵 zhèn ■ 차례, 바탕
6급 爽快 shuǎngkuai ■ 상쾌하다, 개운하다, 시원시원하다

6급 嗨 hāi ■ 야, 어이 ■ 허, 와

■ 야, 어이 (남을 부르거나 주위를 환기시킴을 나타냄)
嗨，快来呀! 야, 빨리 와!

■ 허, 와 (놀람을 나타냄)
嗨，有这样的好事? 허, 이렇게 좋은 일이 있단 말이야?

2급 还 hái ■ 아직도, 여전히 ■ 더, 또 ■ 더, 한층 ■ 그런대로

■ 아직도, 여전히 (동작이나 상태가 변함이 없음을 나타냄)
他还在上大学 그는 아직도 대학에 다니고 있다
天气还那么热 날씨가 여전히 이렇게 덥다

■ 더, 또 (증가하거나 더해진 것이 있음을 나타냄)
他问了我的姓名、年龄，还问了一些别的问题
그는 내 이름과 나이를 물어 보고, 다른 몇 가지 질문을 더 했다

■ 더, 한층 (比bǐ와 함께 쓰여 정도가 증가했음을 나타냄)
去年比前年热，今年比去年还热
작년은 재작년보다 더웠는데, 올해는 작년보다 더 덥다
成绩比预想的还好 성적이 예상한 것보다 더 좋다

■ 그런대로
这本小说写得还不错 이 소설은 그런대로 괜찮다

4급 年龄 niánlíng ■ 연령, 나이
前年 qiánnián ■ 재작년
预想 yùxiǎng ■ 예상하다
4급 小说 xiǎoshuō ■ 소설

❖ 还 huán [3급] 참조

3급 还是 háishi ■ 아직도, 여전히, 그래도 ■ 아무래도 …하는 편이 낫다 ■ 또는, 아니면

■ 아직도, 여전히, 그래도
多年不见，他还是那么年轻
여러 해 못 만났는데 그는 여전히 젊다
虽然雪下得很大，我们还是准时到达了
눈이 많이 내렸지만 우리는 그래도 제시간에 도착했다

■ 아무래도 …하는 편이 낫다 (비교해서 선택했음을 나타냄)
你比我熟悉情况，这个会还是你去参加吧
네가 나보다 상황을 잘 아니, 아무래도 이번 회의는 네가 참가해라

■ 또는, 아니면 (주로 의문문에 쓰여 선택을 나타냄)
你是上午走还是下午走?
너는 오전에 가니 아니면 오후에 가니?
出国还是留下，你自己决定
출국하느냐 아니면 남느냐는 네 스스로 결정해라

4급 准时 zhǔnshí ■ 정시에, 제때에
4급 熟悉 shúxī ■ 잘 알다

2급 孩子 háizi 명 아동, 아이, 어린이 명 자녀, 아들과 딸

명 **아동, 아이, 어린이**
他才十岁，还是个**孩子** 그는 겨우 열 살이니 아직 아이다

명 **자녀, 아들과 딸**
孩子长得像他爸爸 아들이 제 아빠를 닮았다

3급 像 xiàng 동 같다, 비슷하다, 닮다

6급 海拔 hǎibá 명 해발

명 **해발**
这座雪山的主峰**海拔**6900米
이 설산의 최고봉은 해발 6,900미터이다

主峰 zhǔfēng 명 주봉, 최고봉

6급 海滨 hǎibīn 명 해변, 바닷가

명 **해변, 바닷가**
去美丽的**海滨**小城度假
아름다운 바닷가 소도시에 가서 휴가를 보내다

度假 dùjià 동 휴가를 보내다

5급 海关 hǎiguān 명 세관

명 **세관**
下列入境物品应向**海关**申报
아래에 열거한 입국 물품은 세관에 신고해야 한다

入境 rùjìng 동 입국하다
6급 申报 shēnbào 동 신청하다, 신고하다

5급 海鲜 hǎixiān 명 해물, 해산물

명 **해물, 해산물**
我对**海鲜**过敏
나는 해산물 알레르기가 있다

5급 过敏 guòmǐn 동 알레르기 반응을 보이다

4급 海洋 hǎiyáng 명 해양

명 **해양**
加强**海洋**污染防治，保护**海洋**生态环境
해양 오염 예방 및 관리를 강화하여 해양 생태 환경을 보호하다

6급 防治 fángzhì 동 방제하다, 예방하고 관리하다
6급 生态 shēngtài 명 생태

3급 害怕 hài∥pà 동 두려워하다, 무서워하다, 겁내다

동 **두려워하다, 무서워하다, 겁내다**
从小就很**害怕**打针
어릴 적부터 주사 맞는 것을 무서워하다

4급 打针 dǎzhēn 동 주사하다, 주사를 맞다

4급 害羞 hài∥xiū 동 부끄러워하다, 수줍어하다

동 **부끄러워하다, 수줍어하다**
这孩子一见生人就有点儿**害羞**
이 아이는 낯선 사람 만나면 살짝 수줍어한다

生人 shēngrén 명 낯선 사람, 생소한 사람

6급 含糊 hánhu 형 모호하다, 애매하다 형 소홀하다, 데면데면하다

형 (태도, 말 등이) 모호하다/애매하다
他多次回避记者的提问，回答也含糊不清
그는 기자의 질문을 여러 번 피하고, 대답도 모호했다

형 (말, 일 등에) 소홀하다/데면데면하다 (주로 부정으로 쓰임)
他做工作，从来没含糊过
그는 일을 하는 데 있어 지금까지 소홀히 한 적이 없다

6급 回避 huíbì 동 회피하다, 피하다
含糊不清 hánhú-bùqīng
성 애매하다, (태도나 말이) 모호하고 불분명하다

6급 含义 hányì 명 함의, 포함된 뜻

명 함의, 포함된 뜻
要理解词语的确切含义
어휘의 정확한 뜻을 이해해야 한다

6급 确切 quèqiè 형 정확하다, 적절하다

4급 寒假 hánjià 명 겨울 방학

명 겨울 방학
我们学校1月下旬放寒假
우리 학교는 1월 하순에 겨울 방학에 들어간다

下旬 xiàxún 명 하순

6급 寒暄 hánxuān 동 인사말을 하다, 인사를 나누다

동 인사말을 하다, 인사를 나누다
我在路上碰上熟人，寒暄了几句
나는 길에서 아는 사람을 만나 인사말 몇 마디를 나누었다

5급 碰 pèng 동 우연히 만나다, 마주치다
熟人 shúrén 명 잘 아는 사람

6급 罕见 hǎnjiàn 형 보기 드물다

형 보기 드물다
这件事儿很罕见 이 일은 매우 보기 드물다
给大家介绍几种非常罕见的古董
여러분에게 매우 희귀한 골동품 몇 가지를 소개합니다

6급 古董 gǔdǒng 명 골동품

5급 喊 hǎn 동 외치다, 지르다 동 부르다

동 외치다, 지르다
仰头对着天空大喊一声
고개를 들어 하늘을 향해 크게 한 번 소리치다

동 (사람을) 부르다
你把他喊来 네가 그를 불러와라

仰头 yǎngtóu 동 머리를 들다, 고개를 들다

1급 汉语 Hànyǔ 명 중국어, 한어, 한족 언어

명 중국어, 한어, 한족 언어
他汉语说得很流利
그는 중국어를 유창하게 한다

4급 流利 liúlì 형 유창하다, 매끄럽다

4급 汗 hàn 명 땀

명 땀
他擦了擦脸上的汗 그는 얼굴 위의 땀을 닦았다

4급 擦 cā 동 문지르다, 닦다, 훔치다

6급 捍卫 hànwèi 동 지키다, 수호하다

동 지키다, 수호하다
捍卫祖国领土 조국의 영토를 수호하다

6급 领土 lǐngtǔ 명 영토

4급 行 háng 명 줄, 열 명 직종, 업종, 직업 양 줄, 줄기

명 줄, 열
站成五行 다섯 줄로 서다
명 직종, 업종, 직업
他后来改行经商做董事长
그는 후에 직업을 바꿔 사업을 하며 회장이 되었다
양 줄, 줄기 (줄을 이루는 대상을 세는 단위)
她留下了两行眼泪
그녀는 두 줄기 눈물을 흘렸다

改行 gǎiháng 동 직업을 바꾸다
5급 经商 jīngshāng 동 상업에 종사하다
6급 董事长 dǒngshìzhǎng 명 이사장, 회장

역순 어휘
外行 wàiháng   银行 yínháng

○ 行 xíng [4급] 참조

6급 行列 hángliè 명 대열, 행렬

명 대열, 행렬
整齐的行列 질서 정연한 행동
加入发达国家行列 선진국 대열에 진입하다

5급 整齐 zhěngqí 형 정연하다, 가지런하다
发达国家 fādá guójiā 선진국

5급 行业 hángyè 명 직종, 업종

명 직종, 업종
服务行业 서비스업
从事金融行业 금융업에 종사하다

5급 从事 cóngshì 동 종사하다
6급 金融 jīnróng 명 금융

4급 航班 hángbān 명 운항 편수, 항공편, 운항편 명 여객선, 여객기

명 운항 편수, 항공편, 운항편
受大雾天气影响，所有航班都停飞了
짙은 안개 때문에 모든 항공편이 결항되었다
명 (해당 운항편의) 여객선/여객기
欢迎乘坐中国航空公司的航班
중국 항공사의 여객기에 탑승하신 것을 환영합니다

大雾 dàwù 명 짙은 안개
停飞 tíngfēi 동 (비행기의) 운항을 중지하다
4급 乘坐 chéngzuò 동 타다, 탑승하다

6급 航空 hángkōng 형 항공의, 항공 관련의

형 항공의, 항공 관련의
航空邮件 항공 우편
航空母舰 항공 모함

邮件 yóujiàn 명 우편물
母舰 mǔjiàn 명 모함, 군함

6급 航天 hángtiān 형 우주 비행의, 우주의

형 우주 비행의, 우주의
航天飞机 우주 왕복선, 스페이스 셔틀
许多航天科技成果已经转化为民用
많은 우주 과학 기술의 성과가 이미 민간용으로 전환되었다

转化 zhuǎnhuà 동 변하다, 바뀌다
民用 mínyòng 형 민용의, 민간의

6급 航行 hángxíng 동 항행하다, 배가 운항하다, 선박이 항해하다
동 항행하다, 비행기가 비행하다

동 항행하다, 배가 운항하다, 선박이 항해하다
船舶在大海航行中遇到大风浪
선박이 바다를 항해하는 중에 커다란 풍랑을 만나다

동 항행하다, 비행기가 비행하다
飞机在9000米高空平稳地航行着
비행기는 9,000미터 고공에서 안정적으로 비행 중이다

6급 船舶 chuánbó 명 선박, 배
风浪 fēnglàng 명 풍랑, 풍파
平稳 píngwěn 형 안정되다, 차분하다

6급 毫米 háomǐ 양 밀리미터

양 밀리미터 (길이의 단위)
10毫米厚的钢化玻璃 10밀리미터 두께의 강화 유리

钢化玻璃 gānghuà bōli 강화 유리

6급 毫无 háowú 동 전혀 …이 없다, 조금도 …이 없다

동 전혀 …이 없다, 조금도 …이 없다
发明毫无用处的东西 전혀 쓸모 없는 물건을 발명하다
毫无疑问，他是我们班里最优秀的学生
의심할 여지 없이 그가 우리 반에서 가장 우수한 학생이다

用处 yòngchu 명 용도, 쓸모
5급 疑问 yíwèn 명 의문, 질문

5급 豪华 háohuá 형 호화롭다, 화려하다, 사치스럽다

형 호화롭다, 화려하다, 사치스럽다
房子装修得太豪华 집을 너무 화려하게 꾸몄다
享受着豪华的生活 사치스러운 생활을 누리고 있다

5급 装修 zhuāngxiū 동 실내 장식하다,
인테리어를 하다
5급 享受 xiǎngshòu 동 향수하다, 누리다

6급 豪迈 háomài 형 기백이 있다, 진취적이다, 용맹스럽다

형 기백이 있다, 진취적이다, 용맹스럽다
气势豪迈 기세가 용맹스럽다 | 豪迈的步伐 늠름한 발걸음

6급 步伐 bùfá 명 발걸음, 진행 속도

1급 好 hǎo 형 좋다, 만족스럽다, 아름답다 형 완료하다, 다 …하다
형 건강하다, 완쾌되다 부 매우, 아주, 정말로

형 좋다, 만족스럽다, 아름답다
好吧，就这么办 좋다, 이대로 처리하자
他做的菜味道很好 그가 만든 요리는 맛이 좋다
형 완료하다, 다 …하다 (동사 뒤에서 동작의 완성을 나타냄)
晚饭做好了 저녁밥을 다 만들었다
准备好了吗? 준비됐습니까?

4급 味道 wèidào 명 맛
2급 准备 zhǔnbèi 동 준비하다

형 (몸이) 건강하다, (병이) 완쾌되다
身体比以前**好**多了
몸이 이전보다 훨씬 건강해졌다
感冒还没**好**
감기가 아직 낫지 않았다

부 매우, 아주, 정말로
好漂亮！ 정말 예쁘다!
等了**好**久 아주 오랫동안 기다렸다

3급	以前 yǐqián	명 이전
3급	感冒 gǎnmào	명 감기

역순 어휘

良**好** liánghǎo		讨**好** tǎohǎo	
友**好** yǒuhǎo		正**好** zhènghǎo	
只**好** zhǐhǎo		最**好** zuìhǎo	

○ **好** hào [1급] 참조

2급 **好吃** hǎochī 형 맛있다

형 맛있다
大学食堂饭菜不**好吃**
대학교 학생 식당 음식은 맛이 없다

饭菜 fàncài 명 밥과 반찬, 음식

4급 **好处** hǎochu 명 이익, 장점, 좋은 점, 도움 명 잇속

명 이익, 장점, 좋은 점, 도움
在大城市生活有很多**好处**，当然也会有一些坏处
대도시에서 생활하면 좋은 점이 많고, 물론 나쁜 점도 약간 있다

명 (정당하지 못한) 잇속
乘机捞了不少**好处** 기회를 틈타 적지 않은 잇속을 챙겼다

坏处 huàichu	명 해로운 점, 나쁜 점, 결점	
乘机 chéngjī	기회를 틈타	
6급 捞 lāo	동 정당하지 못한 수단으로 얻다	

4급 **好像** hǎoxiàng 동 마치 …와 같다, 닮다, 비슷하다 부 아마, 대략, 대개

동 마치 …와 같다, 닮다, 비슷하다
草原上的羊群，**好像**绿波里倒映着的白云
초원 위의 양 떼가 푸른 물결에 거꾸로 비친 구름과 비슷하다
他们一见面，就**好像**认识了很久似的
그들은 만나자마자 꼭 오래 알았던 것 같다

부 아마, 대략, 대개
他**好像**明白我的意思了 그는 대략 내 뜻을 이해한 것 같다

草原 cǎoyuán	명 초원
羊群 yángqún	명 양 떼
倒映 dàoyìng	동 거꾸로 비치다
5급 似的 shìde	조 …와 같다, …와 비슷하다

1급 **号** hào 명 번호, 순서 양 일, 날짜, 호

명 번호, 순서
上医院挂一个**号** 병원에 가서 접수하다

양 일, 날짜, 호 (순서를 세는 단위)
我下个月五**号**要结婚了 나는 다음 달 5일에 결혼합니다
一**号**电梯 1호기 엘리베이터
第三**号**文件 제3호 문건

5급	挂号 guàhào	동 접수하다, 수속하다
3급	电梯 diàntī	명 엘리베이터

역순 어휘

称**号** chēnghào	符**号** fúhào
挂**号** guàhào	信**号** xìnhào

4급 **号码** hàomǎ 명 번호

명 번호
设置密码的时候，不要用手机**号码**、生日等
비밀번호를 설정할 때, 핸드폰 번호, 생일 등을 사용하지 마라

6급	设置 shèzhì	동 설치하다, 설정하다
4급	密码 mìmǎ	명 비밀번호, 패스워드

H

6급 号召 hàozhào 동 호소하다 명 호소

동 (정부, 정당, 단체 등이) 호소하다
政府号召全民积极参与戒烟行动
정부가 전국민이 금연 운동에 적극 참여할 것을 호소하다

명 (정부, 정당, 단체 등의) 호소
为响应国家号召，全力支援救灾工作
국가의 호소에 호응하여 재난 구호 사업을 힘껏 지원하다

5급 参与 cānyù 동 참여하다, 참가하다
6급 响应 xiǎngyìng 동 호응하다, 지지하다
6급 支援 zhīyuán 동 지원하다

1급 好 hào 동 좋아하다, 애호하다

동 좋아하다, 애호하다
他是个好学的学生
그는 배우기를 좋아하는 학생이다

역순 어휘
爱好 àihào

○ 好 hǎo [1급] 참조

5급 好客 hàokè 형 손님 접대를 잘하다, 손님에게 친절하다

형 손님 접대를 잘하다, 손님에게 친절하다
当地村民非常热情好客
현지 마을 사람들은 매우 따뜻하고 손님에게 친절하다

村民 cūnmín 명 촌민, 시골 주민, 마을 주민
3급 热情 rèqíng 형 열정적이다, 마음이 따뜻하다

5급 好奇 hàoqí 형 호기심이 많다

형 호기심이 많다
好奇的目光 호기심에 찬 눈빛
对他的经历，大家都很好奇
그의 내력에 대해 모두가 궁금해한다

6급 目光 mùguāng 명 시선, 눈빛, 눈길
4급 经历 jīnglì 명 경험, 경력

6급 耗费 hàofèi 동 소비하다, 다 써 버리다, 들이다

동 소비하다, 다 써 버리다, 들이다
耗费很多时间和精力 많은 시간과 정력을 소비하다
为了建立空间站，耗费了大量的资金和人力
우주 정류장을 세우기 위해 대량의 자금과 인력을 들였다

5급 精力 jīnglì 명 정력, 기력
空间站 kōngjiānzhàn 명 우주 정류장

6급 呵 hē 동 질책하다, 꾸짖다 동 내쉬다 의성 허허, 하하

동 (큰 소리로) 질책하다/꾸짖다
在公共场合，不要大声呵斥孩子
공공장소에서 아이를 큰 소리로 혼내면 안 된다

동 (숨을) 내쉬다
呵了一口气 숨을 한 번 내쉬었다
突然感到有点冷，呵了呵手
갑자기 살짝 추워져서 손을 호호 불었다

의성 허허, 하하 (주로 중첩하여 쓰여 웃음 소리를 나타냄)
尽管生活不如意，但是他每天都是笑呵呵的
비록 생활이 뜻대로 되지 않아도 그는 매일 하하 웃는다

6급 场合 chǎnghé 명 상황, 경우, 장소
呵斥 hēchì 동 큰 소리로 꾸짖다, 호되게 나무라다
如意 rúyì 동 뜻대로 되다, 마음에 들다

1급 喝 hē 동 마시다, 먹다

동 마시다, (음료 등을) 먹다
喝粥 죽을 먹다
我想喝一杯茶 나는 차 한 잔을 마시고 싶다
他喝醉了回家 그는 술에 취해서 집에 돌아왔다

6급 粥 zhōu 명 죽
5급 醉 zuì 동 술에 취하다

6급 合并 hébìng 동 합병하다 동 합병증이 나타나다, 여러 병세가 동시에 나타나다

동 합병하다
依据合同约定，几家公司合并成一家公司
계약 약정에 의거하여 몇 개 회사가 하나의 회사로 합병하다
동 합병증이 나타나다, 여러 병세가 동시에 나타나다
肺癌晚期合并肺炎 폐암 말기에 폐렴이 걸리다

约定 yuēdìng 동 약정하다, 약속하다
肺癌 fèi'ái 명 폐암
晚期 wǎnqī 명 말기, 후기
肺炎 fèiyán 명 폐렴

6급 合成 héchéng 동 합성하다, 하나로 합치다

동 합성하다, 하나로 합치다
把两张照片合成一张
사진 두 장을 한 장으로 합성하다
有些人工合成色素具有毒性
일부 인공 합성 색소는 독성이 있다

色素 sèsù 명 색소
毒性 dúxìng 명 독성

5급 合法 héfǎ 형 합법적이다, 법에 맞다

형 합법적이다, 법에 맞다
行为不合法 행위가 비합법적이다
取得合法权益 합법적인 권익을 얻다

权益 quányì 명 권익, 권리와 이익

4급 合格 hégé 형 합격이다, 기준에 맞다, 규격에 맞다

형 합격이다, 기준에 맞다, 규격에 맞다
产品质量不合格 제품 품질은 불합격이다
培养合格人才 기준에 맞는 인재를 양성하다

4급 质量 zhìliàng 명 품질
5급 培养 péiyǎng 동 양성하다, 키우다

合乎 héhū 동 부합하다, …와 맞다

동 부합하다, …와 맞다
合乎规格 규격에 부합하다
为客户提供合乎要求的产品和服务
요구에 맞는 제품과 서비스를 고객에게 제공하다

6급 规格 guīgé 명 규격, 규정 요건, 규정 조건

6급 合伙 héhuǒ 동 함께 모여 …을 하다, 공동으로 …을 하다, 동업하다

동 함께 모여 …을 하다, 공동으로 …을 하다, 동업하다
大学毕业后，和几个朋友合伙开店
대학 졸업 후 몇몇 친구들과 함께 가게를 열다

H

5급 合理 hélǐ 웹 합리적이다, 사리에 맞다

웹 합리적이다, 사리에 맞다
合理安排休息时间 휴식 시간을 합리적으로 안배하다
每个职工都得到**合理**的报酬
모든 직원이 합리적인 보수를 받다

职工 zhígōng 웹 직원, 근로자, 노동자
6급 报酬 bàochóu 웹 보수, 수당, 사례금

合身 hé//shēn 웹 몸에 맞다

웹 (옷이) 몸에 맞다
这套西装很**合身** 이 양복은 몸에 잘 맞는다

西装 xīzhuāng 웹 양복, 양장

4급 合适 héshì 웹 적합하다, 알맞다, 어울리다

웹 적합하다, 알맞다, 어울리다
房间的温度正**合适** 방의 온도가 딱 알맞다
如何选择**合适**自己的衣服?
나에게 어울리는 옷을 어떻게 고를 것인가?

4급 温度 wēndù 웹 온도
3급 选择 xuǎnzé 됭 고르다, 선택하다

6급 合算 hésuàn 웹 수지가 맞다, 타산이 맞다 됭 고려하다, 계산하다

웹 수지가 맞다, 타산이 맞다
这样交换**合算**吗? 이렇게 교환하면 수지가 맞느냐?
还是坐船去**合算** 역시 배를 타고 가는 것이 이익이다
됭 (손익을) 고려하다/계산하다
我**合算**过, 这笔生意可以做
내가 계산해 봤는데 이번 거래는 할 만하다

5급 交换 jiāohuàn 됭 교환하다, 주고받다
笔 bǐ 웹 묶, 건

5급 合同 hétong 웹 계약, 약정

웹 계약, 약정
签**合同**后立即付款 계약 후 즉시 지불하다
重新签订劳动**合同** 근로 계약을 다시 체결하다

5급 立即 lìjí 위 즉각, 즉시, 바로
签订 qiānding 됭 조인하다, 체결하다

5급 合影 héyǐng 됭 함께 사진을 찍다 웹 함께 찍은 사진, 단체 사진

됭 (hé//yǐng) 함께 사진을 찍다
比赛结束后, 大家在一起**合影**留念
시합이 끝난 후, 모두 함께 기념으로 단체 사진을 찍었다
웹 함께 찍은 사진, 단체 사진
拍了几张全家的**合影** 가족 사진 몇 장을 찍었다

6급 留念 liúniàn 됭 기념으로 남기다

5급 合作 hézuò 됭 합작하다, 함께 일하다, 공동으로 …하다

됭 합작하다, 함께 일하다, 공동으로 …하다
协同**合作** 협업하다 | **合作**施工 공동으로 시공하다
两人**合作**得很好 두 사람은 함께 일하는 호흡이 잘 맞는다

协同 xiétóng 됭 협동하다, 서로 협력하다
施工 shīgōng 됭 시공하다

5급 何必 hébì 円 …할 필요가 있는가, 굳이 …할 필요가 없다

円 …할 필요가 있는가, 굳이 …할 필요가 없다
都是老朋友，何必这么客气?
모두 오래된 친구들인데, 이렇게 예의를 차릴 필요가 있나?
学校附近就有自动取款机，何必去银行呢
학교 부근에 현금 인출기가 있는데 굳이 은행에 갈 필요가 있을까

自动取款机 zìdòng qǔkuǎnjī
자동 현금 인출기, ATM

5급 何况 hékuàng 옌 하물며 옌 게다가, 더군다나

옌 하물며 (…은 말할 필요도 없다)
那么大的困难都克服了，何况这么点小事儿?
그렇게 큰 어려움도 모두 극복했는데, 하물며 이렇게 작은 일이야?

5급 克服 kèfú 동 극복하다

옌 게다가, 더군다나
这地方本来就不好找，何况他又是第一次来
이곳은 본래 찾기가 어렵고 게다가 그는 처음 오는 것이다

H

1급 和 hé 개 …와, …와 함께 옌 …와

개 …와, …와 함께
这件事和我没有关系 이 일은 나와 관계가 없다
上个星期和朋友们去看电影了
지난 주에 친구들과 영화를 보러 갔다

3급 关系 guānxi 명 관계, 관련
2급 西瓜 xīguā 명 수박
3급 自己 zìjǐ 대 자기, 자신, 스스로

옌 …와 (병렬, 선택 등을 나타냄)
我去超市买了一个西瓜和三个苹果
나는 슈퍼마켓에 가서 수박 하나와 사과 세 개를 샀다
去和不去，你自己决定
가고 안 가고는 네 스스로 결정해라

역순 어휘
饱和 bǎohé   缓和 huǎnhé
柔和 róuhé   调和 tiáohé
温和 wēnhé   总和 zǒnghé

○ 附和 fùhè [6급]·暖和 nuǎnhuo [4급] 참조

6급 和蔼 hé'ǎi 형 온화하다, 상냥하다

형 온화하다, 상냥하다
以和蔼亲切的态度说话 상냥하고 친절한 태도로 말하다
性格和蔼可亲 성격이 온화하고 다정하다

5급 亲切 qīnqiè 형 친절하다, 친근하다
可亲 kěqīn 형 친근하다, 다정하다

6급 和解 héjiě 동 화해하다

동 화해하다
经过多次的调解，双方终于和解了
여러 차례 중재를 거쳐 쌍방은 마침내 화해했다

6급 调解 tiáojiě 동 조정하다, 중재하다

6급 和睦 hémù 형 화목하다

형 화목하다
与同事和睦相处 동료와 화목하게 지내다
建立和睦的家庭环境，让孩子健康地成长
화목한 가정 환경을 조성하여 아이가 건강하게 성장하게 하다

5급 相处 xiāngchǔ 동 함께 지내다,
서로 왕래하다
5급 家庭 jiātíng 명 가정, 가족

5급 和平 hépíng 圆 평화 圈 온화하다, 순하다, 부드럽다 圈 평화롭다, 평온하다

圆 평화
他们对世界和平做出了巨大贡献
그들은 세계 평화에 커다란 공헌을 했다

圈 (성질이) 온화하다/순하다/부드럽다
药性很和平 약이 순하다

圈 평화롭다, 평온하다
心境和平 마음이 평온하다

5급 贡献 gòngxiàn 圆 공헌
药性 yàoxìng 圆 약성, 약의 성질
心境 xīnjìng 圆 심경, 심정

6급 和气 héqi 圈 상냥하다, 온화하다 圈 사이가 좋다, 화목하다 圆 화목, 친선, 친목

圈 (태도가) 상냥하다/온화하다
她待人和气又有礼貌
그녀는 사람을 대할 때 상냥하고 예의도 바르다

圈 사이가 좋다, 화목하다
兄弟之间很和气 형제 간에 사이가 좋다

圆 화목, 친선, 친목
不要伤了朋友之间的和气 친구 간의 화목을 깨뜨리지 마라

待人 dàirén 圈 사람을 대하다
5급 兄弟 xiōngdì 圆 형제
伤 shāng 圈 다치다, 상하다, 해를 입히다

6급 和谐 héxié 圈 조화롭다, 어울리다, 화목하다

圈 조화롭다, 어울리다, 화목하다
和邻居关系和谐 이웃과 관계가 좋다
蓝色裙子搭配了白色上衣，整体的颜色很和谐
파란색 스커트에 흰색 상의를 매치해 전체 컬러가 조화롭다

3급 邻居 línjū 圆 이웃, 이웃집, 옆집
6급 搭配 dāpèi 圈 조합하다, 배합하다, 매치하다
5급 整体 zhěngtǐ 圆 전체, 전부

河 hé 圆 황허, 황하 圆 하천, 강

圆 (Hé) 황허(黄河), 황하
河南省 허난성, 하남성, 황허 중하류 지역에 있는 성
圆 하천, 강
河边有一个小村庄 강가에 작은 마을이 있다

村庄 cūnzhuāng 圆 촌락, 시골 마을

5급 核心 héxīn 圆 핵심, 중심

圆 핵심, 중심
提高公司的核心竞争力
회사의 핵심 경쟁력을 향상시키다
学习者的自主学习是整个学习活动的核心
학습자의 자기 주도 학습이 모든 학습 활동의 핵심이다

竞争力 jìngzhēnglì 圆 경쟁력
6급 自主 zìzhǔ 圈 자주하다, 자기 주관대로 행동하다

4급 盒子 hézi 圆 갑, 합, 소형 상자, 케이스

圆 갑, 합, 소형 상자, 케이스
从塑料盒子里拿出4个苹果放到小盒子里
플라스틱 상자에서 사과 4개를 꺼내 작은 상자에 넣다

塑料 sùliào 圆 플라스틱, 비닐

2급 黑 hēi 형 검다, 까맣다 형 어둡다, 깜깜하다

형 검다, 까맣다 반의어 白 bái [2급]

去海边玩了一整天，脸和手臂都晒黑了
바닷가에 가서 온종일 놀았더니 얼굴과 팔이 모두 검게 탔다

형 어둡다, 깜깜하다

屋里太黑
실내가 너무 어둡다

天快黑了，我要回家了
날이 곧 어두워지니 저는 집에 가야겠어요

手臂 shǒubì 명 팔
5급 晒 shài 동 햇볕에 말리다, 햇볕을 쬐다

역순 어휘
乌黑 wūhēi

3급 黑板 hēibǎn 명 칠판

명 칠판

老师在黑板上画了一只老虎
선생님은 칠판에 호랑이 한 마리를 그리셨다

4급 老虎 lǎohǔ 명 호랑이

H

6급 嘿 hēi 탄 와, 야, 허, 이런 탄 야, 어이, 이봐 의성 헤, 허

탄 와, 야, 허, 이런 (놀람, 찬탄 등을 나타냄)

嘿，真了不起!
야, 정말 대단하다!

嘿，我的自行车怎么不见了？
이런, 내 자전거가 왜 안 보이지?

탄 야, 어이, 이봐 (부르거나 일깨우는 것을 나타냄)

嘿，上哪儿去？
야, 어디 가?

의성 헤, 허 (주로 중첩해서 쓰며, 웃음 소리를 나타냄)

嘿嘿地傻笑
헤헤거리며 실없이 웃다

5급 了不起 liǎobuqǐ 형 대단하다, 뛰어나다
傻笑 shǎxiào 동 실없이 웃다, 실실거리다

6급 痕迹 hénjì 명 흔적, 자취, 자국

명 흔적, 자취, 자국

如何去除身上的伤疤痕迹?
몸에 난 흉터 자국을 어떻게 없앨 수 있을까?

水灾的痕迹还没完全消除
수해의 흔적이 아직 완전히 사라지지 않았다

去除 qùchú 동 없애다, 제거하다
伤疤 shāngbā 명 흉터, 상흔
水灾 shuǐzāi 명 수재(水灾), 수해

1급 很 hěn 부 매우, 아주, 잘, 몹시, 대단히

부 매우, 아주, 잘, 몹시, 대단히

他很喜欢看电视
그는 TV 보는 것을 매우 좋아한다

看到孩子们脸上天真的微笑，我感觉很幸福
아이들 얼굴의 천진난만한 미소를 보면 나는 몹시 행복하다

5급 天真 tiānzhēn 형 천진하다, 순박하다
5급 微笑 wēixiào 명 미소
4급 感觉 gǎnjué 동 느끼다, 여기다, 생각하다

6급 **狠心** hěnxīn	형 모질다, 잔인하다	동 마음을 모질게 먹다, 결단하다, 결심하다
	명 결심, 결단	

형 (마음이) 모질다/잔인하다
我只好狠心地拒绝了他的要求
나는 어쩔 수 없이 그의 요구을 모질게 거절했다

동 (hěn//xīn) 마음을 모질게 먹다, 결단하다, 결심하다
他掉转头来，一狠心，坚决地走了
그는 고개를 돌려 모질게 마음을 먹고 결연히 떠났다

他狠了心再不给儿子借钱
그는 다시는 아들에게 돈을 빌려주지 않기로 독하게 마음을 먹었다

명 결심, 결단
下狠心戒烟 금연하기로 결심하다

4급	只好 zhǐhǎo 부 부득이, 어쩔 수 없이
4급	拒绝 jùjué 동 거절하다
	掉转 diàozhuǎn 동 반대 방향으로 돌리다
	戒烟 jièyān 동 담배를 끊다, 금연하다

5급 **恨** hèn	동 미워하다, 증오하다, 적대시하다	동 후회하다, 한스럽게 생각하다

동 미워하다, 증오하다, 적대시하다
我恨那些伤害我的坏人
나는 나를 해친 그 나쁜 사람들을 증오한다

동 후회하다, 한스럽게 생각하다
我恨那时候不听父母的话
나는 그 때 부모님의 말을 듣지 않았던 것을 후회한다

5급	伤害 shānghài 동 해치다, 상처를 입히다

역순 어휘
悔**恨** huǐhèn

6급 **恨不得** hènbude	···하지 못해 애타다, 간절히 ···하길 바라다

···하지 못해 애타다, 간절히 ···하길 바라다
一听说儿子病了，她恨不得立刻飞到他身边
아들이 병이 난 것을 듣자마자, 그녀는 바로 아들 곁으로 가지 못해 애가 탔다

5급	立刻 lìkè 부 즉각, 즉시, 바로
	身边 shēnbiān 명 신변, 주위, 곁

6급 **哼** hēng	동 끙끙거리다, 신음하다	동 흥얼거리다, 웅얼거리다

동 끙끙거리다, 신음하다
病痛折磨着他，但他一声也不哼
통증이 그를 괴롭혀도, 그는 한마디 신음 소리도 내지 않았다

동 흥얼거리다, 웅얼거리다
开始轻松地吹起口哨儿、哼起歌来
가볍게 휘파람을 부르고 노래를 흥얼거리기 시작했다

6급	折磨 zhémó 동 괴롭히다, 고통스럽게 하다
	口哨儿 kǒushàor 명 휘파람

○ **哼** hèng [6급] 참조

6급 **横** héng	형 수평의, 가로의	형 가로지르는, 좌우 방향의, 동서 방향의

형 수평의, 가로의 반의어 竖 shù [6급] · 直 zhí [5급]
用木头来做门窗上的横梁
나무로 문과 창의 들보를 만들다

형 가로지르는, 좌우 방향의, 동서 방향의
横穿马路被交警开了罚单
대로를 무단 횡단하다가 교통경찰에게 벌금 통지서를 떼였다

	横梁 héngliáng 명 들보
	横穿 héngchuān 동 가로지르다
	罚单 fádān 명 벌금 통지서

역순 어휘
纵**横** zònghéng

6급 哼 hèng 嘆 흥

嘆 흥 (불만, 멸시, 분개 등을 나타냄)
哼，有什么了不起！흥, 뭐가 대단하다고!

○ 哼 hēng [6급] 참조

6급 轰动 hōngdòng 图 파문을 일으키다, 뒤흔들다, 반향을 일으키다

图 파문을 일으키다, 뒤흔들다, 반향을 일으키다
这个消息轰动了全球
이 소식은 전 세계에 파문을 일으켰다

他的著作又一次在国内外引起了巨大轰动
그의 저작은 또 다시 국내외에 커다란 반향을 불러일으켰다

全球 quánqiú 圀 지구 전체, 전 세계
4급 引起 yǐnqǐ 图 일으키다, 유발하다, 야기하다

6급 哄 hōng 의성 와, 와그르르 图 와글와글하다, 왁자지껄하다

의성 와, 와그르르 (많은 사람이 한꺼번에 크게 웃는 소리)
哄的一声，学生们都笑了
와 하고 학생들이 모두 웃었다

图 와글와글하다, 왁자지껄하다
在剧场的观众一哄而起，开始拍手叫好
극장의 관중들이 와글와글하며 박수 갈채를 보내기 시작했다

一哄而起 yīhòng'érqǐ
성 왁자지껄하게 몰려들다

○ 哄 hǒng [6급] 참조

6급 烘 hōng 图 쬐다, 말리다, 따뜻하게 하다 图 두드러지게 하다, 돋보이게 하다

图 쬐다, 말리다, 따뜻하게 하다
把衣服烘干 옷을 말리다 | 烘面包 빵을 굽다

图 두드러지게 하다, 돋보이게 하다
通过对地方风俗的描写，烘托了小说的主题
지방의 풍속을 묘사하여 소설의 주제를 부각시켰다

烘托 hōngtuō 图 돋보이게 하다, 부각시키다, 두드러지게 하다

2급 红 hóng 圀 붉다, 빨갛다 圀 성공적이다, 순조롭다, 인기가 높다

圀 붉다, 빨갛다
鲜红的嘴唇 새빨간 입술
到郊外欣赏一下美丽的红叶
교외에 가서 아름다운 단풍을 감상하다

圀 성공적이다, 순조롭다, 인기가 높다
走红运 운이 트이다, 운수 대통하다

鲜红 xiānhóng 圀 선홍색의, 새빨갛다
6급 嘴唇 zuǐchún 圀 입술
郊外 jiāowài 圀 교외
5급 欣赏 xīnshǎng 图 감상하다, 즐기다

红包 hóngbāo 圀 붉은 봉투 圀 장려금, 보너스, 상여금, 뇌물

圀 (축하금, 세뱃돈 등을 넣는) 붉은 봉투
过春节时，爷爷和奶奶给孩子发红包
설날에 할아버지와 할머니가 아이에게 세뱃돈을 주다

圀 장려금, 보너스, 상여금, 뇌물
老板给职工发红包儿
사장이 직원에게 보너스를 지급하다

5급 老板 lǎobǎn 圀 사장, 상점 주인

6급 宏观 hóngguān 형 거시적인

형 **거시적인** 반의어 微观 wēiguān [6급]

宏观经济 거시 경제

从宏观的角度来研究这个问题
거시적인 관점에서 이 문제를 연구하다

5급 角度 jiǎodù 명 각도, 시각, 관점
4급 研究 yánjiū 동 연구하다, 탐구하다

6급 宏伟 hóngwěi 형 웅장하다, 웅대하다, 장엄하다

형 **(규모, 기세 등이) 웅장하다/웅대하다/장엄하다**

宏伟的计划 웅대한 계획

这座建筑多么宏伟!
이 건축물은 얼마나 웅장한가!

5급 建筑 jiànzhù 명 건축물, 건물

6급 洪水 hóngshuǐ 명 홍수

명 **홍수**

田地和房屋被洪水淹没了
논밭과 가옥이 홍수에 잠겼다

6급 淹没 yānmò 동 잠기다, 침몰하다

6급 哄 hǒng 동 속이다 동 어르다, 달래다

동 **(거짓말로) 속이다**

你可不能哄我 너는 절대 나를 속일 수 없어

동 **어르다, 달래다**

整天在家哄孩子
온종일 집에서 아이를 어르다

她生气了，快去哄哄她
그녀가 화가 났으니, 얼른 가서 좀 달래라

整天 zhěngtiān 명 온종일
3급 生气 shēngqì 동 성나다, 화내다

○ 哄 hōng [6급] 참조

6급 喉咙 hóulóng 명 인후, 목, 목구멍

명 **인후, 목, 목구멍**

喉咙疼痛，嗓子哑了
목구멍이 아프고 목이 쉬었다

5급 嗓子 sǎngzi 명 목, 목구멍, 목소리
哑 yǎ 형 (목이) 쉬다/잠기다

5급 猴子 hóuzi 명 원숭이

명 **원숭이**

猴子和人类的基因非常相似
원숭이와 인간의 유전자는 매우 흡사하다

6급 基因 jīyīn 명 유전자, 유전 인자
5급 相似 xiāngsì 형 서로 비슷하다, 유사하다

6급 吼 hǒu 동 고함치다, 외치다, 소리치다 동 울부짖다, 포효하다, 으르렁거리다

동 **(화가 나거나 흥분해서) 고함치다/외치다/소리치다**

大吼一声，扑向敌人
크게 소리치며 적에게 달려들다

6급 扑 pū 동 달려들다, 돌진하다

图 (짐승이) 울부짖다/포효하다/으르렁거리다

老虎大吼一声，一下子跃到他们的面前去了
호랑이는 포효하더니 갑자기 그들 앞으로 뛰어 올랐다

跃 yuè 图 뛰다

| 5급 | **后背** hòubèi 图 등

图 (인체의) 등

早上起来感觉脖子和后背又酸又痛的
아침에 일어나니 목과 등이 시큰거리고 아프다

5급 | 脖子 bózi 图 목
4급 | 酸 suān 图 시큰하다

| 6급 | **后代** hòudài 图 후대, 후세 图 후예, 후손

图 후대, 후세

兵马俑是古代留给后代的宝贵财富
병마용은 고대가 후대에 남겨 준 귀중한 재산이다

图 후예, 후손

他的后代个个都有出息
그의 후손들은 하나같이 모두 장래성이 있다

兵马俑 bīngmǎyǒng 图 병마용
5급 | 宝贵 bǎoguì 图 귀중하다, 소중하다
6급 | 出息 chūxi 图 장래성, 미래

| 6급 | **后顾之忧** hòugùzhīyōu 图 뒤에 남겨 둔 걱정스러운 일, 뒷걱정, 뒷근심

图 뒤에 남겨 둔 걱정스러운 일, 뒷걱정, 뒷근심

建立老年社会保险制度，解除老年人的后顾之忧
노인 사회 보험 제도를 수립하여 고령자의 뒷걱정을 해소하다

6급 | 解除 jiěchú 图 제거하다, 없애다, 해소하다

| 5급 | **后果** hòuguǒ 图 결과, 뒷일

图 결과, 뒷일 (주로 나쁜 결과를 가리킴)

后果不堪设想
결과를 감히 상상할 수도 없다

任何一个细节的失误都可能造成严重的后果
어떠한 사소한 실수라도 심각한 결과를 초래할 수 있다

不堪设想 bùkān-shèxiǎng
图 결과를 감히 예측할 수 없다
6급 | 失误 shīwù 图 실수, 착오

| 4급 | **后悔** hòuhuǐ 图 후회하다

图 후회하다

他对自己所犯的罪行后悔莫及
그는 자신이 저지른 범죄 행위에 대해 후회막급이다

当时不注意，现在后悔也来不及了
그 때 주의하지 않고 이제 와서 후회해도 늦었다

罪行 zuìxíng 图 죄행, 범죄 행위
后悔莫及 hòuhuǐ-mòjí
图 후회막급이다, 일이 벌어진 후에 후회해도 소용없다

| 3급 | **后来** hòulái 图 이후, 나중, 훗날, 그 뒤

图 (과거 어느 시점의) 이후/나중/훗날/그 뒤

我只知道这些，后来的事情就不太清楚了
난 단지 이것만 알 뿐 이후의 일은 잘 모른다

我们俩一起上大学，后来又在同一个单位工作
우리 둘은 함께 대학에 갔고 이후 다시 같은 직장에서 일을 했다

5급 | 单位 dānwèi 图 기관, 단체, 부문, 부서

1급 后面 hòumian 명 뒷면, 뒤편 명 뒷부분, 뒤

명 뒷면, 뒤편
他家的后面有一个公园
그의 집 뒤편에는 공원이 있다

명 (공간, 위치 순서의) 뒷부분/뒤
后面的别往前挤
뒤에 있는 사람은 앞으로 밀지 마시오
关于这个问题，后面还要详细解释
이 문제에 대해서는 뒷부분에서 상세히 해석하겠다

挤 jǐ 동 (몸으로) 비집다/밀치다, 서로 밀다
4급 详细 xiángxì 형 상세하다
4급 解释 jiěshì 동 해석하다, 해설하다, 설명하다

6급 后勤 hòuqín 명 후방 지원 명 물류 관리 업무, 지원 업무

명 (군대의) 후방 지원
后勤部队 후방 부대, 지원 부대

명 (기업이나 단체의) 물류 관리 업무/지원 업무
后勤部门 (물류) 관리 부서
他管教务，我抓后勤
그는 교무를 관리하고 나는 지원 업무를 맡고 있다

部队 bùduì 명 군대, 부대
5급 抓 zhuā 동 주의하다, 치중하다

4급 厚 hòu 형 두껍다, 두텁다 명 두께

형 두껍다, 두텁다 반의어 薄 báo [5급]
这本书真厚 이 책은 정말 두껍다
脱掉了厚厚的大衣
두꺼운 코트를 벗어버렸다

명 두께
玻璃有5毫米厚
유리의 두께는 5밀리미터이다

大衣 dàyī 명 외투, 코트
5급 玻璃 bōli 명 유리

역순 어휘
得天独厚 détiān-dúhòu
浓厚 nónghòu   雄厚 xiónghòu

6급 候选 hòuxuǎn 동 입후보하다, 당선을 기다리다

동 입후보하다, 당선을 기다리다
我们要考察评估候选人员各方面的素质和能力
우리는 입후보자의 각 방면의 소질과 능력을 고찰하고 평가해야 한다

6급 考察 kǎochá 동 고찰하다, 탐구하다
6급 评估 pínggū 동 평가하다

6급 呼唤 hūhuàn 동 부르다, 외치다

동 부르다, 외치다
站在山顶，大声呼唤着她的名字
산 정상에 서서 큰 소리로 그녀의 이름을 부르고 있다

山顶 shāndǐng 명 산꼭대기, 산 정상

5급 呼吸 hūxī 동 호흡하다, 숨을 쉬다, 숨을 들이쉬다

동 호흡하다, 숨을 쉬다, 숨을 들이쉬다
每天早晨到公园锻炼身体，呼吸新鲜空气
매일 이른 아침에 공원에 가서 운동을 하고 신선한 공기를 마시다

早晨 zǎochen 명 이른 아침, 아침
3급 新鲜 xīnxiān 형 신선하다, 싱싱하다

6급 呼啸 hūxiào 동 날카롭고 긴 소리를 내다, 휙 불다

동 날카롭고 긴 소리를 내다, 휙 불다
子弹从头顶上**呼啸**而过
총알이 머리 위로 휙 소리를 내며 지나갔다

6급 子弹 zǐdàn 명 총알, 탄약, 탄환
头顶 tóudǐng 명 정수리, 머리 꼭대기

6급 呼吁 hūyù 동 외치다, 호소하다

동 (동정, 지지 등을 얻기 위해) 외치다/호소하다
呼吁社会各界参与捐款活动
사회 각계가 기부 활동에 참여해 줄 것을 호소하다

各界 gèjiè 명 각계
捐款 juānkuǎn 동 돈을 기부하다

6급 忽略 hūlüè 동 소홀히 하다, 등한시하다, 간과하다

동 소홀히 하다, 등한시하다, 간과하다
很多人**忽略**了这两个细节
많은 사람들이 이 두 가지 세부 사항을 간과했다

这件事很重要，千万不能**忽略**
이 일은 매우 중요하니 절대로 소홀히 해서는 안 된다

5급 细节 xìjié 명 세부, 세부 사항
4급 千万 qiānwàn 부 제발, 반드시, 절대로

5급 忽然 hūrán 부 갑자기, 홀연, 느닷없이

부 갑자기, 홀연, 느닷없이
说着说着，**忽然**停住了
계속 이야기하다가 갑자기 멈췄다

忽然，从阳台上掉下一个花盆来
느닷없이 베란다에서 화분 하나가 떨어졌다

5급 阳台 yángtái 명 발코니, 베란다
花盆 huāpén 명 화분

5급 忽视 hūshì 동 소홀히 하다, 등한시하다, 경시하다, 주의하지 않다

동 소홀히 하다, 등한시하다, 경시하다, 주의하지 않다
在日常生活中，我们容易**忽视**脚部的健康
일상생활에서 우리는 발 건강을 등한시하기 쉽다

5급 日常 rìcháng 형 일상의, 평소의

6급 胡乱 húluàn 부 제멋대로, 함부로, 마구 부 대충, 건성으로, 되는대로

부 제멋대로, 함부로, 마구
千万不要**胡乱**使用信用卡
신용 카드를 절대 함부로 쓰면 안 된다

부 대충, 건성으로, 되는대로
胡乱吃几口就走了
대충 몇 술 뜨더니 바로 갔다

3급 信用卡 xìnyòngkǎ 명 신용 카드

5급 胡说 húshuō 동 함부로 말하다, 제멋대로 이야기하다

동 함부로 말하다, 제멋대로 이야기하다
你竟敢**胡说**八道!
네가 감히 허튼소리를 지껄이다니!

竟敢 jìnggǎn 동 (의외로) 감히 …하다
胡说八道 húshuō-bādào 성 입에서 나오는 대로 마구 지껄이다, 허튼소리를 하다

5급 胡同 hútòng 명 골목

명 골목
我的家在狭窄的**胡同**里
나의 집은 좁은 골목 안에 있다

6급 狭窄 xiázhǎi 형 좁다

6급 胡须 húxū 명 수염

명 수염
一位留着花白**胡须**的老人拉开了大门
흰 수염을 기른 노인이 대문을 열었다

拉开 lākāi 통 당겨서 열다, 끌어당기다

5급 壶 hú 명 주전자, 병

명 주전자, 병
她拿出茶**壶**给我倒了一碗茶
그녀는 찻주전자를 꺼내 나에게 차를 한 잔 따라 주었다

4급 倒 dào 통 쏟다, 따르다, 붓다

6급 湖泊 húpō 명 호수

명 호수
马湖是高山峡谷地带中的一个天然淡水**湖泊**
마후는 고산 협곡 지대의 천연 담수 호수이다

6급 峡谷 xiágǔ 명 협곡
地带 dìdài 명 지대
6급 淡水 dànshuǐ 명 담수, 민물

5급 蝴蝶 húdié 명 나비

명 나비
一只**蝴蝶**在花丛中翩翩飞舞
나비 한 마리가 꽃밭에서 훨훨 춤추며 날아다닌다

翩翩 piānpiān 형 (동작, 나는 모양 등이)
사뿐하다/나풀거리다

5급 糊涂 hútu 형 흐리멍덩하다, 어리석다, 어리둥절하다 형 혼란스럽다, 뒤죽박죽이다

형 흐리멍덩하다, 어리석다, 어리둥절하다
糊涂的国王
어리석은 국왕

他大事一点儿也不**糊涂**
그는 중요한 일에는 전혀 흐리멍덩하지 않다

형 (내용이) 혼란스럽다/뒤죽박죽이다

5급 国王 guówáng 명 국왕

4급 互联网 hùliánwǎng 명 인터넷

명 인터넷 [동의어] 因特网 yīntèwǎng
为用户提供**互联网**支付服务
사용자에게 인터넷 결제 서비스를 제공하다

我们将继续推进**互联网**医疗平台建设
우리는 인터넷 의료 플랫폼 건설을 계속 추진할 것입니다

推进 tuījìn 통 추진하다
平台 píngtái 명 플랫폼(platform)

4급 互相 hùxiāng 🖥 서로, 상호

🖥 서로, 상호
两校的学生要**互相**鼓励，**互相**支持，保持交流
두 학교의 학생들은 서로 격려하고 서로 지지하면서 교류를
유지하려고 한다

- 4급 鼓励 gǔlì 동 격려하다, 장려하다
- 4급 支持 zhīchí 동 지지하다, 후원하다
- 4급 交流 jiāoliú 동 교류하다

4급 护士 hùshi 명 간호사

명 간호사
人们都喜欢把**护士**比喻为白衣天使
사람들은 모두 간호사를 백의 천사로 비유하기를 좋아한다

白衣天使 báiyī tiānshǐ 백의 천사

3급 护照 hùzhào 명 여권

명 여권
外国人入境要持有效**护照**和入境签证
외국인은 입국하려면 유효한 여권과 입국 비자를 소지해야 한다

入境 rùjìng 동 입국하다
- 4급 签证 qiānzhèng 명 사증, 비자(visa)

3급 花 huā 동 쓰다, 소비하다, 들이다 명 꽃

동 쓰다, 소비하다, 들이다
买这个盘子，你**花**了多少钱？
이 접시를 사면서 당신은 얼마를 썼습니까?
每天**花**两个小时上下班
매일 출퇴근을 하는 데에 두 시간이 걸린다
명 꽃
这朵**花**真漂亮 이 꽃은 정말 예쁘다
开**花**结果 꽃이 피고 열매가 맺다

- 3급 盘子 pánzi 명 접시
- 2급 小时 xiǎoshí 명 시간
- 5급 朵 duǒ 양 송이

6급 花瓣 huābàn 명 꽃잎, 화판

명 꽃잎, 화판
玫瑰**花瓣** 장미 꽃잎

玫瑰 méigui 명 장미, 장미꽃

6급 花蕾 huālěi 명 꽃봉오리, 꽃망울

명 꽃봉오리, 꽃망울
浇水过多会导致栀子花出现**花蕾**掉落
물을 과하게 주면 치자꽃 꽃봉오리가 떨어질 수 있다

浇水 jiāoshuǐ 동 물을 주다
栀子花 zhīzihuā 명 치자꽃

5급 花生 huāshēng 명 땅콩

명 땅콩
花生内含丰富的脂肪和蛋白质
땅콩은 풍부한 지방과 단백질을 함유하고 있다

- 6급 脂肪 zhīfáng 명 지방
- 6급 蛋白质 dànbáizhì 명 단백질

H

花园 huāyuán 몡 화원, 정원, 가든

몡 화원, 정원, 가든
花园里有很多美丽的花朵
화원에는 아름다운 꽃이 매우 많다

4급 **美丽** měilì 혱 아름답다, 매력적이다
花朵 huāduǒ 몡 꽃, 꽃송이

5급 划 huá 됭 젓다, 가르다 됭 베다, 긋다, 가르다

됭 (배를) 젓다, (물을) 가르다
一边**划**着小船, 一边欣赏着美丽的景色
작은 배를 저으면서 아름다운 경치를 감상하다

됭 베다, 긋다, 가르다
玻璃碴把手**划**破了 유리 파편에 손을 베었다

4급 **景色** jǐngsè 몡 풍경, 경치
5급 **玻璃** bōli 몡 유리
碴 chá 몡 파편, 조각

○ **划** huà [5급] 참조

划船 huáchuán 됭 배를 젓다

됭 (노 등으로) 배를 젓다
划船不用桨, 一生全靠浪 배를 젓는 데 노를 쓰지 않고
일생을 파도에 의지하다, 노력 없이 일생을 남에게 의지하다

6급 **桨** jiǎng 몡 (배 젓는) 노
浪 làng 몡 파도

6급 华丽 huálì 혱 화려하다

혱 화려하다
办公室没有**华丽**装饰, 非常素雅
사무실은 화려한 장식이 없고 매우 깔끔하고 우아하다

5급 **装饰** zhuāngshì 됭 장식하다
素雅 sùyǎ 혱 깔끔하고 우아하다

6급 华侨 huáqiáo 몡 화교, 외국에 거주하는 중국인

몡 화교, 외국에 거주하는 중국인
根据统计, 海外**华侨**的人数超过6000万
통계에 따르면 해외 화교의 수는 6천만 명을 넘어섰다

6급 **统计** tǒngjì 몡 통계
海外 hǎiwài 몡 해외, 국외

5급 华裔 huáyì 몡 화교, 중국계

몡 화교, 중국계 (외국 국적의 중국 혈통)
他是美籍**华裔**教授
그는 미국 국적의 중국계 교수이다

籍 jí 몡 적, 소속
4급 **教授** jiàoshòu 몡 교수

5급 滑 huá 혱 미끄럽다, 미끈거리다 됭 미끄러지다

혱 미끄럽다, 미끈거리다
雨后的道路很**滑**
비가 온 후 도로가 매우 미끄럽다

缎子被面摸着真**滑**
비단 이불 겉감이 만져 보니 매끄럽다

됭 미끄러지다
山路弯曲, 严禁空挡**滑**行
산길이 구불구불하므로 중립 기어로 활강하는 것을 엄금한다

5급 **摸** mō 됭 만지다, 쓰다듬다
弯曲 wānqū 혱 굽다, 구불구불하다
空挡 kōngdǎng 몡 중립 기어
滑行 huáxíng 됭 활강하다, 미끄러져
달리다

역순 어휘
光滑 guānghuá

滑冰 huábīng 동 스케이트를 타다 명 스케이트, 스케이팅

동 (huá//bīng) 스케이트를 타다
冬天你想**滑冰**还是滑雪?
겨울에 너는 스케이트를 타고 싶니, 아니면 스키를 타고 싶니?

명 스케이트, 스케이팅
她展示了高难度花样**滑冰**表演
그녀는 고난도 피겨 스케이팅 공연을 선보였다

滑雪 huáxuě 동 스키를 타다
难度 nándù 명 난도, 난이도
花样滑冰 huāyàng huábīng
피겨 스케이팅

6급 化肥 huàféi 명 화학 비료

명 화학 비료
由于长期滥用**化肥**,致使土壤被严重污染
오랜 기간 화학 비료를 남용해서 토양이 심각하게 오염되었다

滥用 lànyòng 동 남용하다
6급 土壤 tǔrǎng 명 토양, 토지

6급 化石 huàshí 명 화석

명 화석
他在地质勘查时发现了恐龙足迹**化石**
그는 지질 조사 중에 공룡 발자국 화석을 발견했다

勘查 kānchá 동 현지 조사하다, 답사하다
恐龙 kǒnglóng 명 공룡

5급 化学 huàxué 명 화학

명 화학
光合作用是自然界最有用的**化学**反应之一
광합성은 자연계에서 가장 유용한 화학 반응 중 하나이다

光合作用 guānghé zuòyòng 광합성
5급 反应 fǎnyìng 명 반응

6급 化验 huàyàn 동 화학 실험하다

동 화학 실험하다
这需要进行**化验**分析才能够判断
이는 화학 실험 분석을 하고 나서야 판단할 수 있다

5급 分析 fēnxī 동 분석하다
4급 判断 pànduàn 동 판단하다

6급 化妆 huà//zhuāng 동 화장하다

동 화장하다
女儿为妈妈**化妆**造型,让妈妈重返青春
딸은 어머니에게 화장과 스타일링을 해 줘서 어머니는 청춘으로 되돌아갔다

6급 造型 zàoxíng 동 스타일링하다

5급 划 huà 동 나누다, 가르다, 분할하다

동 나누다, 가르다, 분할하다
她想和你**划**清界限
그녀는 너와 분명히 선을 긋고 싶어한다

这是历史上具有**划**时代意义的重大事件
이것은 역사상 획기적인 의의를 지닌 중대한 사건이다

划时代 huàshídài 형 획기적인

역순 어휘
策**划** cèhuà　　规**划** guīhuà
计**划** jìhuà

❍ **划** huá [5급] 참조

H

6급 划分 huàfēn 图 나누다, 구분하다

图 나누다, 구분하다
全市划分成四个区 시 전체를 네 구역으로 나누다
正确划分各项费用的界限
각 항목 비용의 한도를 정확하게 구분하다

6급 界限 jièxiàn 图 한도, 한계

3급 画 huà 图 그리다 图 그림

图 그리다
我给你画一张到博物馆的路线图
내가 박물관으로 가는 노선도를 너에게 그려 줄게

图 그림
这里是适合度假的景点，风景如画
이곳은 휴가를 보내기에 적합한 명승지로 풍경이 그림 같다

路线图 lùxiàntú 图 노선도
度假 dùjià 图 휴가를 보내다
景点 jǐngdiǎn 图 경관이 빼어난 곳, 명승지

역순 어휘
漫画 mànhuà

6급 画蛇添足 huàshé-tiānzú 图 화사첨족, 사족, 괜한 일을 하여 일을 그르치다

图 화사첨족, 사족, 괜한 일을 하여 일을 그르치다
家用电器的一些智能功能却显得画蛇添足
가전제품의 일부 스마트 기능은 사족으로 보인다

5급 显得 xiǎnde 图 드러내다, 보이다

5급 话题 huàtí 图 화제, 이야기의 주제

图 화제, 이야기의 주제
我们换个话题吧 우리 화제를 바꿔 보자
围绕你感兴趣的一个话题作文
네가 관심 있는 하나의 화제를 중심으로 작문을 해라

5급 围绕 wéirào 图 (문제나 사건을) 중심으로 하다
3급 感兴趣 gǎn xìngqù 흥미를 느끼다, 관심이 있다

6급 话筒 huàtǒng 图 수화기, 마이크, 메가폰

图 수화기, 마이크, 메가폰
我只要一拿起话筒就不会说话了
나는 마이크만 들면 말을 제대로 못한다

4급 只要 zhǐyào 젭 …하기만 하면

5급 怀念 huáiniàn 图 그리워하다, 생각하다, 회상하다

图 그리워하다, 생각하다, 회상하다
怀念那段美好的日子
그 아름다웠던 시절을 회상하다
我非常怀念去世的奶奶
나는 돌아가신 할머니가 몹시 그립다

美好 měihǎo 图 좋다, 아름답다, 행복하다
5급 日子 rìzi 图 시간, 시절

4급 怀疑 huáiyí 图 의심하다, 회의하다

图 의심하다, 회의하다
我丝毫不怀疑这件事的真实性
나는 이 일의 진실성을 추호도 의심하지 않는다

5급 丝毫 sīháo 图 추호, 털끝
真实性 zhēnshíxìng 图 진실성

5급 怀孕 huái//yùn 图 임신하다

图 임신하다
怀孕三个月的孕妇要注意哪一些饮食?
임신 3개월인 임부는 어떤 음식을 조심해야 합니까?

孕妇 yùnfù 图 임부, 임산부

3급 坏 huài 图 파손되다, 상하다, 고장내다, 망치다 혱 나쁘다

图 파손되다, 상하다, 고장내다, 망치다
镜子摔**坏**了
거울이 떨어져서 깨졌다

死要面子，**坏**了大事
체면을 차리다가 큰일을 망치다

夏天容易吃**坏**肚子
여름에는 배탈이 나기 쉽다

혱 나쁘다 [반의어] 好 hǎo [1급]
这种做法太**坏**了 이런 방법은 너무 나쁘다
有些**坏**习惯很难改掉
어떤 나쁜 습관은 고치기 매우 어렵다

摔 shuāi 图 떨어지다
要面子 yào miànzi 체면을 중시하다,
　　　　　　　　　체면을 차리다
改掉 gǎidiào 图 깨끗이 고치다, 고쳐 없애다

역순 어휘
败坏 bàihuài　　　破坏 pòhuài
损坏 sǔnhuài

6급 欢乐 huānlè 혱 즐겁다, 기쁘다

혱 즐겁다, 기쁘다
欢乐的歌声带动了全场气氛
즐거운 노랫소리가 전체 분위기를 띄웠다

带动 dàidòng 图 선도하다, 이끌어 나가다
5급 气氛 qìfēn 图 분위기, 기운

3급 欢迎 huānyíng 图 환영하다

图 환영하다
欢迎大家来到北京
베이징에 오신 여러분 환영합니다

他是今年最受**欢迎**的运动员
그는 올해 가장 인기 있는 운동선수이다

受欢迎 shòu huānyíng 환영 받다,
　　　　　　　　　　인기가 있다
运动员 yùndòngyuán 图 운동선수

3급 还 huán 图 돌아가다 图 돌려주다, 반납하다, 갚다

图 돌아가다
脱险生**还**
위험에서 벗어나 살아 돌아오다

图 돌려주다, 반납하다, 갚다
借东西要**还**
빌린 물건은 돌려줘야 한다

脱险 tuōxiǎn 图 위험에서 벗어나다

역순 어휘
偿还 chánghuán　　　归还 guīhuán

○ 还 hái [2급] 참조

6급 还原 huán//yuán 图 환원하다, 복원하다, 원상회복하다

图 환원하다, 복원하다, 원상회복하다
音箱将电子信号**还原**成声音信号
스피커는 전기 신호를 음성 신호로 환원한다

音箱 yīnxiāng 图 스피커
5급 信号 xìnhào 图 신호

H

6급 环节 huánjié 몡 일환, 부분

몡 일환, 부분
抓住关键环节 결정적인 부분을 붙잡다

抓住 zhuāzhù 동 붙잡다, 꽉 잡다
4급 关键 guānjiàn 혱 중요한, 결정적인

3급 环境 huánjìng 몡 환경

몡 환경
你对现在的办公室环境还满意吗?
당신은 지금의 사무실 환경에 만족하고 있습니까?
持续改善全市生态环境质量
시 전체 생태 환경의 질을 지속적으로 개선하다
营造良好投资环境
좋은 투자 환경을 조성하다

3급 满意 mǎnyì 동 만족하다, 만족스럽다
5급 持续 chíxù 동 지속하다
6급 生态 shēngtài 몡 생태
4급 质量 zhìliàng 몡 품질
营造 yíngzào 동 건설하다, 만들다

6급 缓和 huǎnhé 혱 차분하다, 온화하다, 느긋하다 동 완화시키다, 완화되다

혱 차분하다, 온화하다, 느긋하다
缓和的语气 차분한 말투
国际局势缓和 국제 정세가 평온하다
동 완화시키다, 완화되다
他的一句话缓和了尴尬气氛
그의 한 마디에 난처한 분위기가 풀어졌다

5급 语气 yǔqì 몡 말투, 어조
6급 局势 júshì 몡 정세, 국면, 형세
6급 尴尬 gāngà 혱 곤란하다, 난처하다

5급 缓解 huǎnjiě 동 완화되다, 호전되다 동 완화시키다, 누그러뜨리다

동 완화되다, 호전되다
紧张局势渐趋缓解
긴장된 정세가 차츰 완화되다
동 완화시키다, 누그러뜨리다
缓解压力 스트레스를 풀다
练习瑜伽可以缓解紧张的情绪
요가 동작을 연습하면 긴장된 마음을 누그러뜨릴 수 있다

4급 紧张 jǐnzhāng 혱 긴장되다, 긴박하다
渐趋 jiànqū 동 점차 …하다
瑜伽 yújiā 몡 요가

5급 幻想 huànxiǎng 몡 환상 동 환상을 가지다, 상상하다

몡 환상
你这种想法完全是一种不切实际的幻想
너의 이런 생각은 완전히 현실과 부합하지 않는 환상이다
동 환상을 가지다, 상상하다
幻想着自己长出翅膀在天空中翱翔
나에게 날개가 돋아 하늘에서 나는 상상을 하다

不切实际 bùqiè-shíjì 젱 실제 상황에
부합되지 않다
翱翔 áoxiáng 동 선회하며 날다

3급 换 huàn 동 교환하다, 바꾸다

동 교환하다, 바꾸다
拿鸡蛋换盐了 계란을 소금과 교환했다

5급 盐 yán 몡 소금

他回房间**换**了湿衣服
그는 방으로 돌아가서 젖은 옷을 갈아입었다

湿 shī 톙 젖다

역순 어휘
兑**换** duìhuàn   交**换** jiāohuàn

6급 患者 huànzhě 몡 환자

몡 환자
医生及时救治了危重患者
의사가 위독한 환자를 제때에 응급 처치했다

救治 jiùzhì 툉 응급 치료하다, 구급 처치하다
危重 wēizhòng 톙 위중하다, 위독하다

6급 荒凉 huāngliáng 톙 황량하다, 인적이 드물어 쓸쓸하다

톙 황량하다, 인적이 드물어 쓸쓸하다
郊野无人烟，一片荒凉
교외에 인적이 없어 온통 황량하다

郊野 jiāoyě 몡 교외의 넓은 들판
人烟 rényān 몡 인가(人家), 인적

H

6급 荒谬 huāngmiù 톙 터무니없다, 황당무계하다

톙 터무니없다, 황당무계하다
主持人的荒谬言论遭到了舆论的谴责
진행자의 황당무계한 말은 여론의 비난을 받았다

这个观点荒谬得很
이 관점은 매우 터무니없다

6급 言论 yánlùn 몡 언론, 말
6급 谴责 qiǎnzé 툉 견책하다, 비난하다
5급 观点 guāndiǎn 몡 관점, 입장

6급 荒唐 huāngtáng 톙 황당하다, 터무니없다 톙 방종하다, 방탕하다

톙 황당하다, 터무니없다
这种说法简直荒唐可笑
이런 견해는 그야말로 황당하고 우스꽝스럽다

톙 방종하다, 방탕하다
他好色，生活十分荒唐
그는 여색을 밝히고, 생활이 매우 방탕하다

说法 shuōfa 몡 의견, 견해, 생각
5급 简直 jiǎnzhí 뷔 완전히, 그야말로
可笑 kěxiào 툉 웃기다, 우스꽝스럽다
好色 hàosè 툉 호색하다, 여색을 밝히다

慌忙 huāngmáng 톙 황망하다, 급해서 허둥거리다

톙 황망하다, 급해서 허둥거리다
他一看情况吓得慌忙逃跑
그는 상황을 보더니 놀라서 황망히 도망쳤다

5급 吓 xià 툉 두려워하다, 놀라다
逃跑 táopǎo 툉 도주하다, 도망치다

5급 慌张 huāngzhāng 톙 안절부절못하다, 허둥대다, 당황하다

톙 안절부절못하다, 허둥대다, 당황하다
他左顾右盼，神色略显慌张
그는 두리번거리며 좀 당황한 기색을 보였다

干吗那么慌慌张张？
왜 그렇게 허둥지둥하니?

左顾右盼 zuǒgù-yòupàn
젱 좌우로 두리번거리다, 망설이며 관망하다
神色 shénsè 몡 기색, 표정, 낯빛

6급 皇帝 huángdì 명 황제

명 황제
大臣陪皇帝在江边散步
대신이 황제를 모시고 강가에서 산책하다

6급 大臣 dàchén 명 대신

6급 皇后 huánghòu 명 황후

명 황후
把妻子当皇后对待
아내를 황후처럼 대하다

这种花被称为"花中皇后"
이 꽃은 '꽃의 황후'로 불린다

2급 妻子 qīzi 명 아내, 처
5급 对待 duìdài 동 대하다, 다루다
　　称为 chēngwéi 동 (…이라고) 부르다

黄 huáng 형 노랗다, 누렇다

형 노랗다, 누렇다
公园里开了很多花，有红的，有黄的
공원에 꽃이 많이 피었는데, 붉은 꽃도 있고 노란 꽃도 있다

3급 公园 gōngyuán 명 공원

黄瓜 huángguā 명 오이

명 오이
清脆爽口的凉拌黄瓜
아삭하고 시원한 오이 무침

清脆 qīngcuì 형 (음식이) 아삭아삭하다
爽口 shuǎngkǒu 형 (맛이) 개운하다
凉拌 liángbàn 형 찬 음식을 양념에 버무리다

3급 黄河 Huáng Hé 명 황허, 황하

명 황허, 황하
推进黄河三角洲生态保护
황허 삼각주의 생태 보호를 추진하다

三角洲 sānjiǎozhōu 명 삼각주
6급 生态 shēngtài 명 생태

6급 黄昏 huánghūn 명 황혼, 해질 무렵

명 황혼, 해질 무렵
这里的黄昏，晚霞满天，无比迷人
이곳의 황혼은 저녁 노을이 하늘 가득하여 더없이 매력적이다

晚霞 wǎnxiá 명 저녁 노을
6급 迷人 mírén 형 매혹적이다

5급 黄金 huángjīn 명 황금 형 황금과 같은, 귀한

명 황금
黄金自古以来是财富的象征
황금은 예로부터 부의 상징이다

형 황금과 같은, 귀한
春季是钓鱼的黄金季节
봄철은 낚시하기에 좋은 황금 계절이다

自古 zìgǔ 부 예로부터
5급 以来 yǐlái 명 이래, 동안
6급 财富 cáifù 명 부, 재부, 자산
3급 季节 jìjié 명 계절, 철

6급 恍然大悟 huǎngrán-dàwù 匈 문득 깨닫다, 순식간에 모든 것을 알다

匈 문득 깨닫다, 순식간에 모든 것을 알다
听了老师的**解释**，才**恍然大悟**
선생님의 설명을 듣고서야 문득 깨달았다

4급 解释 jiěshì 동 해석하다, 해설하다, 설명하다

6급 晃 huǎng 동 눈부시게 빛나다 동 번쩍하고 지나가다

동 눈부시게 빛나다
光线太强，**晃**得眼睛难受
빛이 너무 강해 눈이 아플 정도로 부시다

光线 guāngxiàn 명 광선, 빛

동 번쩍하고 지나가다
两年的时间一**晃**而过
2년의 시간이 번쩍하고 지나가다

○ 晃 huàng [6급] 참조

6급 晃 huàng 동 흔들다, 흔들리다

동 흔들다, 흔들리다
电线让风刮得来回乱**晃**
전깃줄이 바람에 이리저리 마구 흔들리다

药水 yàoshuǐ 명 물약

药水**晃**一**晃**再喝
물약은 좀 흔든 다음에 마셔라

○ 晃 huǎng [6급] 참조

5급 灰 huī 명 재, 가루, 먼지 형 회색의 형 침울하다, 의기소침하다

명 재, 가루, 먼지
他把烟**灰**弹在烟**灰**缸里
그는 담뱃재를 재떨이에 털었다

桌面上都是**灰** 탁자 위가 온통 먼지투성이다

형 회색의
身上穿**灰**色夹克搭配牛仔裤
회색 재킷에 청바지를 매치하여 입다

형 침울하다, 의기소침하다
找不到工作，心**灰**意冷
일자리를 못 구해 낙심하다

烟灰 yānhuī 명 담뱃재
烟灰缸 yānhuīgāng 명 재떨이
桌面 zhuōmiàn 명 탁자의 윗면
夹克 jiākè 명 재킷
6급 搭配 dāpèi 동 조합하다, 매치하다
5급 牛仔裤 niúzǎikù 명 청바지
心灰意冷 xīnhuī-yìlěng 匈 낙심하여 의기소침하다

5급 灰尘 huīchén 명 먼지

명 먼지
清理窗框缝隙里的**灰尘**
창틀 사이의 먼지를 깨끗이 치우다

6급 清理 qīnglǐ 동 깨끗이 정리하다
窗框 chuāngkuàng 명 창틀
缝隙 fèngxì 명 틈, 틈새

5급 灰心 huī//xīn 동 낙심하다, 낙담하다

동 낙심하다, 낙담하다
如果失败了也不要**灰心**
만약 실패했더라도 낙심하지 마라

4급 失败 shībài 동 실패하다

H

5급 挥 huī 동 휘두르다, 흔들다 동 흩뿌리다, 흩어지다, 소모하다 동 지휘하다

동 휘두르다, 흔들다
他忍不住了，直接**挥**拳打架
그는 참지 못하고 바로 주먹을 휘두르며 싸웠다

동 흩뿌리다, 흩어지다, 소모하다
挥金如土
돈을 흙덩이처럼 던지다, 돈을 물 쓰듯 쓰다

동 지휘하다
挥师东进
군대를 통솔하여 동쪽으로 진격하다

5급 忍不住 rěnbuzhù 참을 수 없다, 참지 못하다
6급 打架 dǎjià 동 싸우다, 다투다

6급 挥霍 huīhuò 동 헤프게 쓰다

동 (돈을) 헤프게 쓰다
挥霍浪费扶贫资金
빈민 구제 기금을 마구 쓰며 낭비하다

4급 浪费 làngfèi 동 낭비하다

5급 恢复 huīfù 동 회복하다, 회복되다

동 회복하다, 회복되다
恢复名誉 명예를 회복하다
他已经完全**恢复**了健康
그는 이미 건강을 완전히 회복했다

6급 名誉 míngyù 명 명예, 명성, 평판
3급 健康 jiànkāng 명 건강

6급 辉煌 huīhuáng 형 휘황찬란하다, 눈부시다 형 눈부시다, 뛰어나다

형 휘황찬란하다, 눈부시다
这条街霓虹闪烁，灯火**辉煌**
이 거리는 네온이 반짝이고 불빛이 휘황찬란하다

형 (업적, 성취 등이) 눈부시다/뛰어나다
那些成就**辉煌**，令世人瞩目
그 업적들은 눈부셔서 세상 사람들이 주목한다

霓虹 níhóng 네온
6급 闪烁 shǎnshuò 동 반짝이다, 깜박이다
瞩目 zhǔmù 동 주시하다, 주목하다

1급 回 huí 동 돌다, 돌리다 동 돌아오다, 돌아가다 양 회, 차례, 번, 개

동 돌다, 돌리다
他**回**身向相反方向走去
그는 몸을 돌려 반대 방향으로 걸어갔다

동 돌아오다, 돌아가다
时间不早了，你早点儿**回**家休息吧
시간이 늦었으니 너는 일찍 집에 가서 쉬어라
回到祖国 조국으로 돌아오다

양 회, 차례, 번, 개 (동작, 행위 등의 횟수를 세는 단위)
这部戏剧我看了好几**回**
나는 이 연극을 여러 번 봤다

回身 huíshēn 몸을 돌리다
4급 相反 xiāngfǎn 동 상반되다, 반대되다
5급 戏剧 xìjù 명 극, 연극

6급 回报 huíbào 图 보고하다 图 보답하다 图 보복하다, 반격하다

图 보고하다
及时回报灾情 재해 상황을 즉시 보고하다

图 보답하다
他要回报医生当年的救命之恩
그는 의사가 그 당시 생명을 구해 준 은혜에 보답하려 한다

图 보복하다, 반격하다
回报敌军的猖狂挑衅 적군의 미친 듯한 도발에 반격하다

灾情 zāiqíng 图 재해 상황
救命 jiùmìng 图 생명을 구하다
猖狂 chāngkuáng 图 난폭하다, 미친 듯하다
6급 挑衅 tiǎoxìn 图 도발하다, 갈등을 유발하다

6급 回避 huíbì 图 회피하다, 피하다

图 회피하다, 피하다
回避困难解决不了问题
어려움을 회피하면 문제를 해결할 수 없다
汽车开过来了，请行人回避一下
자동차가 오고 있으니 행인은 비켜 주세요

4급 困难 kùnnan 图 곤란, 어려움
5급 行人 xíngrén 图 행인, 보행자, 보행인

3급 回答 huídá 图 회답하다, 대답하다 图 회답, 대답

图 회답하다, 대답하다
他拒绝回答另一名记者的提问
그는 또 다른 기자의 질문에 대답하기를 거절했다
笑着回答了老师的疑问 선생님의 질문에 웃으며 대답했다

图 회답, 대답
这个回答不能令人满意
이 대답으로는 사람들을 만족시킬 수 없다

4급 拒绝 jùjué 图 거절하다
4급 记者 jìzhě 图 기자
5급 提问 tíwèn 图 질문
5급 疑问 yíwèn 图 의문, 질문

6급 回顾 huígù 图 뒤돌아보다, 돌이켜보다, 회고하다

图 뒤돌아보다, 돌이켜보다, 회고하다
回顾成长历程，不禁让人心生感动
성장 과정을 돌이켜보니 마음에 저절로 감동이 밀려온다

5급 成长 chéngzhǎng 图 성장하다, 자라다, 발전하다
历程 lìchéng 图 역정, 지나온 과정

6급 回收 huíshōu 图 재활용하다 图 회수하다

图 재활용하다
回收旧家电 낡은 가전제품을 회수하여 재활용하다

图 회수하다
提前回收贷款 대출금을 미리 회수하다

家电 jiādiàn 图 가전, 가전제품
5급 贷款 dàikuǎn 图 대부금, 대출금

4급 回忆 huíyì 图 회상하다

图 회상하다
回忆童年 어린 시절을 회상하다
回忆起往事来，也真有趣
옛일을 떠올리니 정말 재미있다

童年 tóngnián 图 어린 시절
6급 往事 wǎngshì 图 옛일, 이전의 일

6급 悔恨 huǐhèn 동 회한하다, 후회하며 한탄하다

동 회한하다, 후회하며 한탄하다
对自己的错误行为，他非常悔恨
자신의 잘못된 행위에 대해 그는 매우 후회하며 한탄했다

4급 错误 cuòwù 형 잘못되다, 틀리다
5급 行为 xíngwéi 명 행위

6급 毁灭 huǐmiè 동 훼멸하다, 괴멸하다, 완전히 파괴하다

동 훼멸하다, 괴멸하다, 완전히 파괴하다
地震毁灭了这座城市
지진이 이 도시를 완전히 파괴했다

5급 地震 dìzhèn 명 지진

6급 汇报 huìbào 동 종합하여 보고하다

동 종합하여 보고하다
他找领导汇报救灾情况
그는 지도자에게 재난 구조 상황을 종합하여 보고했다

救灾 jiùzāi 동 이재민을 구제하다,
재난을 없애다
4급 情况 qíngkuàng 명 정황, 상황, 사정

5급 汇率 huìlǜ 명 환율

명 환율
人民币对美元汇率开盘小幅下跌
달러에 대한 인민폐 환율이 개장 후 소폭 하락했다

开盘 kāipán 동 개장하다, 개시하다
小幅 xiǎofú 소폭의
下跌 xiàdiē 동 하락하다

1급 会 huì 동 …을 할 수 있다 동 …을 잘 하다 동 …할 것이다

동 …을 할 수 있다
他不会说英语
그는 영어를 할 줄 모른다

你会骑自行车吗? 会
너는 자전거를 탈 수 있니? 응

동 …을 잘 하다
她很会跳舞
그녀는 춤을 아주 잘 춘다

동 …할 것이다 (실현 가능성이 있음을 나타냄)
只要有信心，你会成功的
자신감만 있다면 너는 성공할 것이다

他会不会来? 会
그가 올까? 올 거야

3급 骑 qí 동 타다, 올라타다
3급 自行车 zìxíngchē 명 자전거
2급 跳舞 tiàowǔ 동 춤추다

역순 어휘
博览会 bólǎnhuì   机会 jīhuì
聚会 jùhuì   领会 lǐnghuì
社会 shèhuì   省会 shěnghuì
体会 tǐhuì   误会 wùhuì
协会 xiéhuì   宴会 yànhuì
约会 yuēhuì

○ 会计 kuàijì [5급] 참조

6급 会晤 huìwù 동 회견하다, 만나다

동 회견하다, 만나다
两国政府首脑定期会晤
양국 정부 수뇌가 기일을 정해 회견하다

5급 政府 zhèngfǔ 명 정부
首脑 shǒunǎo 명 수뇌, 우두머리

3급 会议 huìyì 명 회의

명 회의
参加会议 회의에 참가하다
通知会议时间和地点 회의 시간과 장소를 통지하다
下午三点在公司会议室开会
오후 3시에 회사 회의실에서 회의를 하다

4급 通知 tōngzhī 통 통지하다, 알리다
4급 地点 dìdiǎn 명 장소, 위치
会议室 huìyìshì 명 회의실
开会 kāihuì 통 회의를 하다

6급 贿赂 huìlù 통 뇌물을 주다 명 뇌물

통 뇌물을 주다
用大批资金贿赂干部
많은 자금을 간부에게 뇌물로 주다

명 뇌물
员工拒收贿赂能拿奖励
직원은 뇌물을 거절하고 받지 않으면 표창을 받을 수 있다

大批 dàpī 형 매우 많은, 대량의
拒收 jùshōu 통 받지 않다
6급 奖励 jiǎnglì 명 상금, 표창

6급 昏迷 hūnmí 통 혼미하다, 의식 불명이다

통 혼미하다, 의식 불명이다
患者手术后昏迷了3天才醒来
환자는 수술 후 3일간 혼수 상태였다가 깨어났다

5급 手术 shǒushù 통 수술하다
醒来 xǐnglái 통 깨어나다, 일어나다

6급 荤 hūn 명 육류, 고기

명 육류, 고기
吃素不吃荤
채소를 먹고 육류를 먹지 않다
宝宝一般要8个月才能开荤
아기는 보통 8개월이 되어야 육식을 시작할 수 있다

吃素 chīsù 통 채식하다
吃荤 chīhūn 통 육식을 하다
开荤 kāihūn 통 육식을 시작하다

5급 婚礼 hūnlǐ 명 혼례, 결혼식

명 혼례, 결혼식
他们举行了一场盛大的婚礼
그들은 성대한 결혼식을 올렸다

4급 举行 jǔxíng 통 거행하다
盛大 shèngdà 형 성대하다

5급 婚姻 hūnyīn 명 혼인, 결혼

명 혼인, 결혼
夫妻如何维持美满和谐的婚姻?
부부는 어떻게 원만하고 화목한 결혼을 유지할 수 있는가?

6급 美满 měimǎn 형 아름답고 원만하다
6급 和谐 héxié 형 조화롭다, 어울리다, 화목하다

6급 浑身 húnshēn 명 온몸, 전신, 혼신

명 온몸, 전신, 혼신
浑身上下都湿透了
위에서 아래까지 온몸이 다 젖었다

湿透 shītòu 통 흠뻑 젖다

H

6급 混合 hùnhé 동 혼합하다, 섞다

동 혼합하다, 섞다
玉米、大豆混合磨面
옥수수와 콩을 같이 섞어 제분하다

磨面 mòmiàn 동 가루를 빻다, 제분하다

6급 混乱 hùnluàn 형 혼란스럽다, 어지럽다, 무질서하다

형 혼란스럽다, 어지럽다, 무질서하다
这导致思想混乱而迷失方向
이것이 생각을 어지럽히고 방향을 잃게 만들었다
暴风雨为城市带来了交通混乱
폭풍우가 도시에 교통 혼란을 가져왔다

5급 思想 sīxiǎng 명 생각, 의견
迷失 míshī 동 잃다, 헤매다
4급 交通 jiāotōng 명 교통

6급 混淆 hùnxiáo 동 뒤섞이다, 헷갈리다

동 뒤섞이다, 헷갈리다
混淆是非，颠倒黑白
옳고 그름이 뒤섞이고 흑백이 뒤바뀌다
不要混淆手段与目的 수단과 목적을 헷갈리면 안 된다

6급 是非 shìfēi 명 시비, 옳은 것과 그른 것
6급 颠倒 diāndǎo 동 뒤집다, 뒤바꾸다, 뒤섞이다
手段 shǒuduàn 명 수단

6급 混浊 hùnzhuó 형 혼탁하다

형 혼탁하다
房间里空气混浊
방 안 공기가 혼탁하다

4급 空气 kōngqì 명 공기

4급 活动 huódòng 동 활동하다, 움직이다, 운동하다 명 활동, 운동, 행사

동 활동하다, 움직이다, 운동하다
你需要每天到室外活动活动筋骨
너는 매일 실외에서 몸을 좀 움직이며 풀어야 한다
명 활동, 운동, 행사
开展丰富多彩的文娱活动
풍부하고 다양한 문화 레크레이션 활동을 펼치다

筋骨 jīngǔ 근육과 뼈, 신체
多彩 duōcǎi 형 다채롭다, 다양하다
文娱 wényú 명 문화 오락, 레크레이션

6급 活该 huógāi 동 …해도 싸다, …해도 마땅하다

동 …해도 싸다, …해도 마땅하다
他挨打是自找的，活该！
그가 맞은 것은 자초한 것이니 그래도 싸다!

挨打 áidǎ 동 구타당하다, 맞다
自找 zìzhǎo 동 자초하다

6급 活力 huólì 명 활력, 생기

명 활력, 생기
充满活力的年轻人 활력이 넘치는 젊은이
企业的活力在于创新
기업의 활력은 창의성에 있다

5급 充满 chōngmǎn 충만하다, 가득하다
6급 创新 chuàngxīn 명 독창성, 창의성

4급 活泼 huópo 형 활발하다, 활기차다, 생동감 있다

형 활발하다, 활기차다, 생동감 있다
天真活泼的孩子 천진하고 활기찬 아이

5급 天真 tiānzhēn 형 천진하다, 순박하다

5급 活跃 huóyuè 형 활기차다 동 활기를 불어넣다

형 활기차다
晚会的气氛十分活跃
이브닝 파티의 분위기가 매우 활기차다

동 활기를 불어넣다
他是一位会说话、会活跃气氛的人
그는 말을 잘하고 분위기를 띄우는 사람이다

晚会 wǎnhuì 명 이브닝 파티
5급 气氛 qìfēn 명 분위기, 기운

H

4급 火 huǒ 명 불 형 왕성하다, 흥성하다, 인기 있다

명 불
炉子里的火很旺
난롯불이 활활 타오르다

형 왕성하다, 흥성하다, 인기 있다
最近这家小餐厅生意很火
최근 이 작은 식당은 장사가 잘된다
介绍最近很火的几部电视剧
최근 인기 있는 드라마 몇 편을 소개하다

炉子 lúzi 명 화로, 난로, 용광로
旺 wàng 형 왕성하다
4급 生意 shēngyi 명 장사, 영업, 사업

역순 어휘
恼火 nǎohuǒ   着火 zháohuǒ

5급 火柴 huǒchái 명 성냥

명 성냥
她用发抖的手划着一根火柴
그녀는 떨리는 손으로 성냥 한 개비를 그었다

5급 发抖 fādǒu 동 떨다
5급 根 gēn 양 개비

2급 火车站 huǒchēzhàn 명 기차역

명 기차역
我要到火车站送别朋友
나는 기차역에 가서 친구를 송별할 것이다

送别 sòngbié 동 송별하다

6급 火箭 huǒjiàn 명 로켓

명 로켓
首次发射大型火箭，取得圆满成功
처음으로 대형 로켓을 발사하여 원만한 성공을 거두었다

6급 发射 fāshè 동 발사하다
6급 圆满 yuánmǎn 형 원만하다, 순조롭다

6급 火焰 huǒyàn 명 화염, 불꽃

명 화염, 불꽃
望着燃烧的火焰
타오르는 불꽃을 바라보다

5급 燃烧 ránshāo 동 연소하다

6급 火药 huǒyào 몡 화약

몡 화약
火药爆炸造成多人受伤
화약 폭발로 많은 사람이 부상을 당했다

6급 爆炸 bàozhà 동 폭발하다, 터지다
5급 受伤 shòushāng 동 부상당하다, 상처를
　　　　　　　　입다

5급 伙伴 huǒbàn 몡 동료, 친구, 동반자

몡 동료, 친구, 동반자
我们是共事多年的老**伙伴**
우리는 함께 일한 지 여러 해가 된 동료이다

共事 gòngshì 동 함께 일하다
多年 duōnián 몡 다년, 여러 해

5급 或许 huòxǔ 믠 아마도, 어쩌면

믠 아마도, 어쩌면
再等一下，他**或许**能来
좀 더 기다려 봐. 어쩌면 그가 올지도 몰라

到了广州，**或许**会多住几天
광저우에 도착하면 아마도 며칠 더 묵을 것이다

广州 Guǎngzhōu
몡 광저우, 광주, 광둥성(广东省)의 성도

3급 或者 huòzhě 옌 …이거나 …이다, …하거나 …하다

옌 …이거나 …이다, …하거나 …하다
许多人在广场上**或者**照相，**或者**放风筝，**或者**
散步 수많은 사람들이 광장에서 사진을 찍거나 연을 날리거나
산책을 하기도 한다
我们都叫他老李**或者**李先生
우리는 모두 그를 라오리나 리 선생이라고 부른다

5급 广场 guǎngchǎng 몡 광장
放风筝 fàng fēngzheng 연을 날리다
4급 散步 sànbù 동 산책하다, 산보하다

6급 货币 huòbì 몡 화폐

몡 화폐
他开始痴迷于收藏外国**货币**
그는 외국 화폐 수집에 심취하기 시작했다

痴迷 chīmí 동 심취하다, 극도로 빠지다
6급 收藏 shōucáng 동 수장하다, 수집하여
　　　　　　　　보관하다

4급 获得 huòdé 동 얻다, 획득하다, 취득하다

동 얻다, 획득하다, 취득하다
获得成功的必要条件
성공을 얻기 위한 필수 조건

他曾经**获得**了奥运会冠军
그는 올림픽에서 우승을 차지한 적이 있다

4급 成功 chénggōng 동 성공하다
5급 必要 bìyào 혱 필요한, 필수적인
5급 冠军 guànjūn 몡 우승, 우승자, 일등

3급 几乎 jīhū 📖 거의 📖 하마터면, 거의 …할 뻔하다

📖 **거의**

头发几乎全白了
머리가 거의 다 셌다

小时候，我几乎每天都要看这个电视节目
어릴 적에 나는 거의 매일 이 TV 프로그램을 봤다

📖 **하마터면, 거의 …할 뻔하다**

走在小路上，我脚下一滑，几乎摔倒
오솔길을 걷는데 발이 미끄러져서 하마터면 넘어질 뻔했다

3급	节目 jiémù 📖 프로그램, 방송 목록
5급	滑 huá 📖 미끄러지다
5급	摔倒 shuāidǎo 📖 넘어지다, 쓰러지다, 자빠지다

6급 讥笑 jīxiào 📖 풍자하고 비웃다, 조롱하다

📖 **풍자하고 비웃다, 조롱하다**

不要讥笑同学的缺点，要热情帮助
학우의 부족한 점을 비웃지 말고 따뜻하게 도와야 한다

| 4급 | 缺点 quēdiǎn 📖 결점, 단점, 부족한 점 |
| 3급 | 热情 rèqíng 📖 열정적이다, 마음이 따뜻하다 |

6급 饥饿 jī'è 📖 배고프다, 굶주리다

📖 **배고프다, 굶주리다**

饥饿难忍 배고픔은 참기 힘들다

难忍 nánrěn 📖 참기 힘들다

2급 机场 jīchǎng 📖 공항, 비행장

📖 **공항, 비행장**

到了机场，我才发现护照丢了
공항에 도착해서야 나는 여권을 잃어버린 것을 알았다

| 3급 | 发现 fāxiàn 📖 발견하다, 알아차리다 |
| 3급 | 护照 hùzhào 📖 여권 |

6급 机动 jīdòng 📖 엔진으로 움직이는, 모터로 움직이는 📖 기동적이다, 융통성 있다
📖 탄력적으로 운용할 수 있는, 예비의

📖 **엔진으로 움직이는, 모터로 움직이는**

不要驾驶机动车辆随意驶入步行街
자동차를 운전해서 보행자 도로로 진입하면 안 된다

📖 **기동적이다, 융통성 있다**

机动灵活
민첩하고 융통성 있다

📖 **탄력적으로 운용할 수 있는, 예비의**

机动款项 예비 비용

5급	驾驶 jiàshǐ 📖 운전하다, 조종하다
	驶入 shǐrù 📖 (차, 배 등이) 들어오다
5급	灵活 línghuó 📖 민첩하다, 원활하다
	款项 kuǎnxiàng 📖 금액, 경비, 비용

6급 机构 jīgòu 📖 기구, 기관, 단체

📖 **기구, 기관, 단체**

精简政府机构
정부 기관을 간소화하다

成立慈善机构
자선 단체를 설립하다

| 6급 | 精简 jīngjiǎn 📖 정선하다, 간소화하다 |

J

机关 jīguān 명 기관, 공공 조직이나 단체 명 기관, 기계 장치, 기관부, 기어

명 기관, 공공 조직이나 단체
检察机关开展反腐败工作
검찰 기관이 반부패 사업을 전개하다

명 기관, 기계 장치, 기관부, 기어(gear)
他打开了大坝水闸的机关 그는 댐 수문의 기관부를 열었다

6급 腐败 fǔbài 통 부패하다, 타락하다, 문란하다
水闸 shuǐzhá 명 수갑, 수문

3급 机会 jīhuì 명 기회, 시기

명 기회, 시기
这个机会很难得 이 기회는 얻기 어렵다
北京队抓住机会，连续得分
베이징 팀이 기회를 잡아 연속으로 득점하다

6급 难得 nándé 얻기 힘들다
抓住 zhuāzhù 통 붙잡다, 꽉 잡다

6급 机灵 jīling 형 영리하고 재치 있다, 똑똑하고 약삭빠르다

형 영리하고 재치 있다, 똑똑하고 약삭빠르다
父母期待自己的孩子聪明机灵
부모는 자기 아이가 총명하고 영리하길 기대한다

3급 聪明 cōngming 형 총명하다, 영리하다

6급 机密 jīmì 형 기밀의, 극비의 명 기밀, 극비

형 기밀의, 극비의
曝光国家机密文件 국가 기밀 문서가 공개되다

명 기밀, 극비
军事机密 군사 기밀 | **泄漏机密** 기밀을 누설하다

6급 曝光 bàoguāng 통 들추다, 폭로하다
泄漏 xièlòu 통 누설하다, 폭로하다

5급 机器 jīqì 명 기계, 기기

명 기계, 기기
安装机器 기계를 설치하다
在使用本机器前，请仔细阅读说明进行操作
이 기기를 사용하기 전에 설명서를 자세히 읽고 조작하십시오

5급 安装 ānzhuāng 통 설치하다, 고정시키다
6급 操作 cāozuò 통 조작하다, 다루다

6급 机械 jīxiè 명 기계 형 기계적이다, 판에 박은 듯하다, 융통성이 없다

명 기계
制造机械零件 기계 부속품을 만들다
先进机械设备 선진 기계 설비

형 기계적이다, 판에 박은 듯하다, 융통성이 없다
工作方法太机械了 작업 방식이 너무 기계적이다

5급 零件 língjiàn 명 부분품, 부속품
5급 设备 shèbèi 명 설비

6급 机遇 jīyù 명 기회, 적기, 시기

명 기회, 적기, (유리한) 시기
抓住机遇，谋求发展 기회를 잡아 발전을 꾀하다

6급 谋求 móuqiú 통 모색하다, 꾀하다

6급 机智 jīzhì 톙 기지가 있다, 지혜롭고 재치 있다

톙 **기지가 있다, 지혜롭고 재치 있다**
这部电影的剧情**机智**幽默
이 영화의 줄거리는 재치 있고 유머러스하다
这个孩子**机智**勇敢
이 아이는 기지가 넘치고 용감하다

剧情 jùqíng 톙 줄거리
4급 幽默 yōumò 톙 익살맞다, 유머러스하다

5급 肌肉 jīròu 뎽 근육

뎽 **근육**
缓解腰部**肌肉**的疲劳
허리 근육의 피로를 풀다

5급 缓解 huǎnjiě 동 완화시키다
5급 疲劳 píláo 톙 피로하다, 지치다

2급 鸡蛋 jīdàn 뎽 달걀, 계란

뎽 **달걀, 계란**
西红柿**鸡蛋**汤的做法很简单
토마토 계란탕의 조리법은 아주 간단하다

4급 西红柿 xīhóngshì 뎽 토마토
做法 zuòfǎ 뎽 방법, 만드는 법

4급 积极 jījí 톙 긍정적이다, 건설적이다 톙 적극적이다, 능동적이다, 열성적이다

톙 **긍정적이다, 건설적이다** [반의어] 消极 xiāojí [5급]
交通限行措施对缓解拥堵起到了**积极**作用
교통 통행 제한 조치가 정체 완화에 긍정적인 역할을 했다
톙 **적극적이다, 능동적이다, 열성적이다** [반의어] 消极 xiāojí [5급]
积极开展文化体育活动
문화 체육 활동을 적극적으로 펼치다

限行 xiànxíng 동 (차량의) 통행을 제한하다
起作用 qǐ zuòyòng 도움이 되다,
역할을 하다
6급 开展 kāizhǎn 동 펼치다

4급 积累 jīlěi 동 쌓다, 적립하다, 축적하다, 누적하다

동 **쌓다, 적립하다, 축적하다, 누적하다**
积累工作经验
업무 경험을 쌓다

4급 经验 jīngyàn 뎽 경험, 체험

5급 基本 jīběn 뎽 기본, 근본, 기초 톙 기본의, 기본적인 톙 주요한 뭐 대체로, 기본적으로

뎽 **기본, 근본, 기초**
国家的**基本**权利 국가의 기본 권리
톙 **기본의, 기본적인**
懂得尊重别人，这是最**基本**的礼貌
남을 존중할 줄 아는 것, 이는 가장 기본적인 예절이다
톙 **주요한**
基本成员 주요 구성원
뭐 **대체로, 기본적으로**
两家公司提供的服务**基本**相同
두 회사가 제공하는 서비스는 기본적으로 같다

5급 权利 quánlì 뎽 권리
4급 礼貌 lǐmào 뎽 예의
6급 成员 chéngyuán 뎽 구성원, 멤버
4급 提供 tígōng 동 제공하다, 공급하다

J

基础 jīchǔ 🅟 기초, 기반, 토대, 밑바탕

🅟 기초, 기반, 토대, 밑바탕
对儿童实施**基础**教育
아동을 대상으로 기초 교육을 실시하다
介绍汽车**基础**知识 자동차 기초 지식을 소개하다

6급 实施 shíshī 🅓 실시하다, 집행하다, 실행하다

基地 jīdì 🅟 기지, 터전, 거점, 본거지

🅟 기지, 터전, 거점, 본거지
这个地区是中国最大的水产品加工和出口**基地**
이 지역은 중국 최대의 수산물 가공 수출 기지이다
建立青少年足球训练**基地**
청소년 축구 훈련 기지를 세우다

水产品 shuǐchǎnpǐn 🅟 수산물
5급 建立 jiànlì 🅓 건립하다, 세우다
5급 训练 xùnliàn 🅓 훈련하다

基金 jījīn 🅟 기금

🅟 기금
正式成立公益慈善**基金**
공익 자선 기금을 정식으로 결성하다

公益 gōngyì 🅟 공익, 사회 공공의 이익
6급 慈善 císhàn 🅗 자선의, 자비로운

基因 jīyīn 🅟 유전자, 유전 인자

🅟 유전자, 유전 인자 (영어 gene의 음역어)
黑猩猩是与人类**基因**相似程度最高的动物
침팬지는 인간의 유전자와 유사도가 가장 높은 동물이다

黑猩猩 hēixīngxing 🅟 침팬지
5급 人类 rénlèi 🅟 인류

激动 jīdòng 🅗 감동적이다, 격동하다, 감격하다 🅓 격동시키다, 감격시키다

🅗 감동적이다, 격동하다, 감격하다
激动得热泪盈眶 감격하여 뜨거운 눈물이 눈에 가득 맺히다
想到明天就要去欧洲旅游了，心里很**激动**
내일 유럽으로 여행을 떠난다고 생각하니 가슴이 떨린다
🅓 격동시키다, 감격시키다
激动人心 사람의 마음을 감동시키다

6급 热泪盈眶 rèlèi-yíngkuàng 🅟 뜨거운 눈물이 눈에 가득하다, 감정이 몹시 격앙되다
5급 欧洲 Ōuzhōu 🅟 유럽

激发 jīfā 🅓 자극하여 불러일으키다, 분발시키다, 격발하다

🅓 자극하여 불러일으키다, 분발시키다, 격발하다
在轻松的游戏中，**激发**孩子的想象力
가벼운 놀이를 통해 아이의 상상력을 북돋우다

想象力 xiǎngxiànglì 🅟 상상력

激励 jīlì 🅓 격려하다, 고무하다, 북돋우다

🅓 격려하다, 고무하다, 북돋우다
激励运动员为参加奥运会做好准备
선수들이 올림픽에 참가하기 위해 준비를 잘 하도록 격려하다

奥运会 Àoyùnhuì 🅟 올림픽, 올림픽 경기 대회

5급 激烈 jīliè 휑 격렬하다, 치열하다 휑 격앙되다

형 격렬하다, 치열하다
竞争激烈 경쟁이 치열하다
打斗的场面很激烈 격투하는 장면이 매우 격렬하다
형 (감정, 어조 등이) 격앙되다
情绪激烈 기분이 격앙되다

打斗 dǎdòu 동 치고 박고 싸우다, 격투하다
6급 场面 chǎngmiàn 명 장면, 광경, 정경

6급 激情 jīqíng 명 격정, 열정적인 감정, 격렬한 감정

명 격정, 열정적인 감정, 격렬한 감정
激情高涨 열정적인 감정이 고조되다
抒发胸中的激情 가슴속의 격정을 토로하다

6급 高涨 gāozhǎng 동 (정서 등이) 고조되다
抒发 shūfā 동 표현하다, 토로하다

5급 及格 jí // gé 동 합격하다

동 합격하다
考试终于及格了 시험에 드디어 합격했다
这次化学考试，只有四名学生不及格
이번 화학 시험에서 네 명의 학생만 낙제했다

2급 考试 kǎoshì 명 시험, 테스트
5급 化学 huàxué 명 화학

4급 及时 jíshí 형 때맞다, 시기적절하다 분 바로, 즉시

형 때맞다, 시기적절하다
这场雨来得很及时 이 비는 때맞춰 내렸다
분 바로, 즉시
如果发现孩子的坏习惯，一定要及时纠正
만약 아이의 나쁜 습관을 발견하면, 반드시 즉시 바로잡아야 한다

6급 纠正 jiūzhèng 동 교정하다, 바로잡다

6급 及早 jízǎo 분 서둘러, 빨리

분 서둘러, 빨리
感觉身体不舒服时，要及早找医生诊疗
몸이 불편하면 빨리 의사를 찾아가 진료 받아야 한다

诊疗 zhěnliáo 동 진료하다, 치료하다

6급 吉祥 jíxiáng 형 상서롭다, 길하고 순조롭다, 운이 좋다

형 상서롭다, 길하고 순조롭다, 운이 좋다
石榴在中国是吉祥果实，是多子多福的象征
석류는 중국에서 길한 열매이며, 많은 자손과 다복의 상징이다

石榴 shíliu 명 석류
5급 象征 xiàngzhēng 명 상징

6급 级别 jíbié 명 등급, 단계, 순위, 계급

명 등급, 단계, 순위, 계급
所得税的级别提高了 소득세의 등급이 올랐다
他在三个级别的比赛中都打破了世界纪录
그는 세 개 체급의 경기에서 모두 세계 기록을 깼다

所得税 suǒdéshuì 명 소득세
打破 dǎpò 동 깨다, 타파하다

3급 极 jí ﹝형﹞ 최고의, 최종의 ﹝부﹞ 몹시, 극히, 매우 ﹝명﹞ 극

﹝형﹞ 최고의, 최종의
他们的关系已经恶化到极点了
그들의 관계는 이미 극도로 악화되었다

﹝부﹞ 몹시, 극히, 매우
天气好极了 날씨가 너무 좋다

﹝명﹞ (지구, 전지, 자석 등의) 극
地球的南极和北极这两个地方，哪儿更寒冷？
지구의 남극과 북극 두 곳 중 어디가 더 추운가요?

极点 jídiǎn ﹝명﹞ 최고도, 최고조, 극점
4급 地球 dìqiú ﹝명﹞ 지구
寒冷 hánlěng ﹝형﹞ 한랭하다, 차갑다, 춥다

﹝역순 어휘﹞
北极 běijí　　积极 jījí　　消极 xiāojí

6급 极端 jíduān ﹝명﹞ 극단 ﹝부﹞ 몹시, 극히, 매우 ﹝형﹞ 극단적인, 절대적인, 도를 넘어선

﹝명﹞ 극단
事情走向极端 사건이 극단으로 치닫다

﹝부﹞ 몹시, 극히, 매우
在陌生的人群中，我感到极端不舒服
낯선 사람들 속에서 나는 몹시 불쾌감을 느꼈다

﹝형﹞ 극단적인, 절대적인, 도를 넘어선
我试过最极端的减肥方法
나는 가장 극단적인 체중 감량 방법을 시도한 적이 있다

走向 zǒuxiàng ﹝동﹞ (…을 향해) 나아가다
5급 陌生 mòshēng ﹝형﹞ 낯설다, 생소하다

5급 极其 jíqí ﹝부﹞ 지극히, 매우

﹝부﹞ 지극히, 매우 (다음절 형용사나 동사만 수식함)
极其诚恳 지극히 간곡하다 | **极其努力** 매우 노력하다
火焰龙卷风是极其罕见的自然现象
화염 토네이도는 매우 보기 드문 자연 현상이다

5급 诚恳 chéngkěn ﹝형﹞ 진지하다, 간곡하다
龙卷风 lóngjuǎnfēng ﹝명﹞ 토네이도
6급 罕见 hǎnjiàn ﹝형﹞ 보기 드물다

6급 极限 jíxiàn ﹝명﹞ 극한, 최대한도

﹝명﹞ 극한, 최대한도
忍耐已经达到极限了 인내심이 이미 극에 달했다

6급 忍耐 rěnnài ﹝동﹞ 인내하다, 참다

6급 即便 jíbiàn ﹝연﹞ 설사 …하더라도, 설령 …할지라도

﹝연﹞ 설사 …하더라도, 설령 …할지라도
即便说错了也不要紧 설사 잘못 말했다 하더라도 괜찮다
即便条件不符合，我也要试一试
설령 조건이 맞지 않더라도 나는 한번 해 볼 것이다

5급 不要紧 bùyàojǐn 괜찮다, 상관없다,
　　　　　　　 문제없다
4급 符合 fúhé ﹝동﹞ 부합하다, 일치하다

6급 即将 jíjiāng ﹝부﹞ 곧, 막, 머지않아

﹝부﹞ 곧, 막, 머지않아
收获季节即将到来 수확 철이 곧 다가오다
她感觉自己的生命即将走到尽头
그녀는 자신의 생명이 머지않아 끝날 것임을 느꼈다

5급 收获 shōuhuò ﹝동﹞ 수확하다
尽头 jìntóu ﹝명﹞ 끝, 종점

4급 即使 jíshǐ 연 설사 …하더라도, 설령 …할지라도

연 설사 …하더라도, 설령 …할지라도 (也yě, 还hái 등과 함께 쓰임)
即使明天下雨，比赛也照常进行
설사 내일 비가 오더라도 시합은 원래대로 진행된다

5급 照常 zhàocháng 통 평소와 같다

6급 急功近利 jígōng-jìnlì 성 급하게 성과나 이익을 얻으려고 하다

성 급하게 성과나 이익을 얻으려고 하다
跑步不能急功近利，一定要循序渐进 달리기는
급하게 성공하려고 하면 안 되고 반드시 차츰 발전시켜야 한다

6급 循序渐进 xúnxù-jiànjìn
성 차례대로 나아가다, 점차 발전하다

6급 急剧 jíjù 형 빠르고 맹렬하다, 급격하다

형 빠르고 맹렬하다, 급격하다
经济情况急剧恶化 경제 상황이 급격히 악화되다
变化十分急剧 변화가 매우 급격하다

4급 经济 jīngjì 명 경제
6급 恶化 èhuà 통 악화되다, 악화시키다

J

5급 急忙 jímáng 부 급히, 바삐, 서둘러, 부랴부랴

부 급히, 바삐, 서둘러, 부랴부랴
下班后急忙奔向车站 퇴근 후 서둘러 정류장으로 뛰어가다
接到电话后，她就急急忙忙地赶回家了
전화를 받은 후 그녀는 부랴부랴 집으로 돌아갔다

奔向 bēnxiàng 통 …을 향해 나아가다

6급 急切 jíqiè 형 절실하다, 절박하다 형 급박하다, 다급하다, 급작스럽다

형 절실하다, 절박하다
他们都在急切地期待着特效药的诞生
그들은 모두 특효약의 출시를 간절히 기다리고 있다

형 급박하다, 다급하다, 급작스럽다
急切间说不出话来 급작스러워 말이 나오지 않다

5급 期待 qīdài 통 기대하다, 희망하다, 기다리다
特效 tèxiào 명 특효
6급 诞生 dànshēng 통 탄생하다, 출생하다

6급 急于求成 jíyúqiúchéng 성 급하게 이루려 하다, 성공 추구나 목적 달성에만 급급하다

성 급하게 이루려 하다, 성공 추구나 목적 달성에만 급급하다
减肥要制定一个健身计划，千万不能急于求成
다이어트는 운동 계획을 세워야 하며, 절대로 급하게 서두르면
안 된다

5급 制定 zhìdìng 통 제정하다, 세우다
5급 健身 jiànshēn 통 신체를 단련하다, 몸을 건강하게 하다

6급 急躁 jízào 형 초조하고 불안하다, 침착하지 못하다 형 조급하다, 성급하다

형 초조하고 불안하다, 침착하지 못하다
遇事要沉着，不要急躁
일이 생기면 침착해야지 초조해하고 불안해하면 안 된다

형 조급하다, 성급하다
事情处理得急躁了一点 일을 좀 성급하게 처리했다

6급 沉着 chénzhuó 형 침착하다, 차분하다

5급 急诊 jízhěn 동 응급 치료하다 명 급진, 응급 진찰, 응급 진료

동 응급 치료하다
赶快去医院急诊
급히 병원에 가 응급 치료를 하다

명 급진, 응급 진찰, 응급 진료
深夜带着发烧的孩子到医院看急诊
한밤중에 열이 나는 아이를 데리고 병원에 가서 응급 진찰을 받다

5급 赶快 gǎnkuài 부 서둘러, 빨리
深夜 shēnyè 명 심야, 한밤중
3급 发烧 fāshāo 동 열이 나다

6급 疾病 jíbìng 명 질병, 질환, 병

명 질병, 질환, 병
吸烟是引起心血管疾病的主要危险因素
흡연은 심혈관 질환을 유발하는 주요 위험 요소이다

心血管 xīnxuèguǎn 명 심혈관
5급 因素 yīnsù 명 요소

5급 集合 jíhé 동 모이다, 집합하다 동 모으다

동 (사람이나 사물이) 모이다/집합하다
一小时后我们还在这个入口集合
한 시간 후 우리는 다시 이 입구에서 모입니다

동 모으다
集合全国各地的方言
전국 각지의 방언을 모으다

6급 方言 fāngyán 명 방언, 사투리

5급 集体 jítǐ 명 집체, 집단, 단체

명 집체, 집단, 단체 반의어 个人 gèrén [5급]
维护集体的利益 집단의 이익을 보호하다
在工业园区建设职工集体宿舍
공업 단지에 직원 합숙소를 짓다

6급 维护 wéihù 동 지키다, 보호하다
园区 yuánqū 명 단지, 지구

6급 集团 jítuán 명 집단, 단체 명 기업 그룹, 기업체 집단

명 집단, 단체
提起集团诉讼 집단 소송을 제기하다

명 기업 그룹, 기업체 집단
企业集团 기업 그룹
报业集团 언론 그룹, 신문사 그룹

提起 tíqǐ 동 제기하다
6급 诉讼 sùsòng 동 소송하다
报业 bàoyè 명 신문업

5급 集中 jízhōng 동 집중하다, 모으다 형 집중적인, 한데 모여 있는

동 집중하다, 모으다
集中资金 자금을 모으다
集中群众的意见 대중의 의견을 모으다

형 집중적인, 한데 모여 있는
国家公园是珍稀野生动物分布集中的地区
국립 공원은 희귀 야생 동물이 집중적으로 분포하는 지역이다

5급 资金 zījīn 명 자금
6급 群众 qúnzhòng 명 군중, 대중
6급 珍稀 zhēnxī 형 진귀하고 드문, 희귀한
野生 yěshēng 형 야생의

6급 嫉妒 jídù 동 질투하다, 시기하다

동 질투하다, 시기하다
嫉妒同事的成就
동료의 성취를 시기하다

5급 | 成就 chéngjiù 명 성과, 성취, 업적

6급 籍贯 jíguàn 명 본적지, 본인의 출생지

명 본적지, 본인의 출생지
那位画家的籍贯与生卒年均不详
그 화가의 출생지와 생졸년은 모두 불분명하다

生卒年 shēngzúnián 명 생졸년, 태어난
해와 죽은 해
不详 bùxiáng 형 분명하지 않다

1급 几 jǐ 때 얼마, 몇 때 몇 때 몇

때 얼마, 몇 (숫자의 많고 적음을 물을 때 쓰임)
会议几点开始?
회의는 몇 시에 시작합니까?
来了几个人? 몇 명이 왔습니까?

3급 | 会议 huìyì 명 회의
3급 | 图书馆 túshūguǎn 명 도서관
3급 | 借 jiè 동 빌리다
5급 | 屋子 wūzi 명 방

때 몇 (2에서 9사이의 불확실한 수를 나타냄)
去图书馆借了几本书
도서관에 가서 책 몇 권을 빌렸다

때 몇 (구체적인 문맥에서 확정된 숫자를 대신함)
屋子里只有老张、小王、小李和我几个人
방 안에는 라오장, 샤오왕, 샤오리와 나 이렇게 몇 사람 밖에 없다

6급 给予 jǐyǔ 동 주다

동 주다
父母要给予孩子恰当的奖励
부모는 아이에게 적절한 칭찬을 해 주어야 한다

6급 | 奖励 jiǎnglì 동 장려하다, 표창하다

tip 여기에서는 给를 gěi로 읽지 않는다

4급 计划 jìhuà 명 계획 동 계획하다, …하려 하다

명 계획
做好工作计划 업무 계획을 잘 세우다
동 계획하다, …하려 하다
计划拍摄一部纪录片
다큐멘터리 영화 한 편을 촬영할 계획이다

拍摄 pāishè 동 촬영하다, 찍다
纪录片 jìlùpiàn 명 기록 영화, 다큐멘터리
영화

6급 计较 jìjiào 동 계산하여 비교하다, 따지다 동 논쟁하다, 힘을 겨루다

동 계산하여 비교하다, 따지다
他在薪水和福利待遇上斤斤计较
그는 임금과 복지 대우 부분을 지나치게 따진다
동 논쟁하다, 힘을 겨루다
不要和他计较了,别气坏了身体
그와 실랑이 벌일 필요 없으니 화내서 몸 상하게 하지 마라

6급 | 薪水 xīnshui 명 임금, 봉급
6급 | 福利 fúlì 명 복리, 복지
斤斤计较 jīnjīn-jìjiào 성 작은 이익이나
자질구레한 일을 지나치게 따지다

J

5급 计算 jìsuàn 동 계산하다 동 고려하다, 계획하다

동 계산하다
用这种软件可以对大量数据进行**计算**
이 프로그램을 사용하면 대량의 데이터를 계산할 수 있다

동 고려하다, 계획하다
干什么事都要**计算**，不能心中无数
무슨 일을 하든지 계획을 세워야지 어설프게 처리하면 안 된다

5급 | 数据 shùjù 명 수치, 데이터
心中无数 xīnzhōng-wúshù
성 상황이나 문제를 잘 파악하지 못해 자신이
없다

3급 记得 jìde 동 기억하다, 잊지 않다

동 기억하다, 잊지 않다
我**记得**这条街上有一个小咖啡馆儿的
나는 이 거리에 작은 커피숍이 있는 걸로 기억한다

咖啡馆 kāfēiguǎn 명 카페, 커피숍

5급 记录 jìlù 동 기록하다, 기재하다 명 기록, 기재한 문서 명 기록자, 서기

동 기록하다, 기재하다
这部小说生动地**记录**了古代人的生活状态
이 소설은 고대인의 생활 모습을 생생하게 기록했다

명 기록, 기재한 문서
整理会议**记录** 회의 기록을 정리하다

명 기록자, 서기
老师让她当**记录** 선생님은 그녀에게 서기를 맡겼다

5급 | 生动 shēngdòng 형 생동하다, 생생하다
5급 | 状态 zhuàngtài 명 상태, 형태

6급 记性 jìxing 명 기억력

명 기억력
年纪大了，**记性**太差
나이가 들어서 기억력이 너무 떨어지다

5급 | 年纪 niánjì 명 (사람의) 연령/나이

5급 记忆 jìyì 동 기억하다, 떠올리다 명 기억

동 (경험한 일을) 기억하다/떠올리다
他**记忆**起小时候的情景
그는 어린 시절의 장면을 떠올렸다

명 기억
童年的**记忆**逐渐消失了 어린 시절의 기억이 점차 사라졌다

5급 | 情景 qíngjǐng 명 정경, 광경, 장면
童年 tóngnián 명 어린 시절, 유년기
5급 | 消失 xiāoshī 동 사라지다, 없어지다

6급 记载 jìzǎi 동 기록하다, 기재하다 명 기록, 자료

동 기록하다, 기재하다
书中**记载**了大量的民间故事
책에 많은 민간 설화를 기재했다

명 기록, 자료
这是一篇关于古代民俗的**记载**
이것은 고대 민속에 관한 기록이다

大量 dàliàng 명 대량의, 다량의
6급 | 民间 mínjiān 명 민간
民俗 mínsú 명 민속

4급 记者 jìzhě 몡 기자

몡 기자
在记者招待会上有个记者向他问了一个尴尬的
问题 기자 회견에서 한 기자가 그에게 난처한 질문을 했다

记者招待会 jìzhě zhāodàihuì 기자 회견
6급 尴尬 gāngà 톙 곤란하다, 난처하다

5급 纪录 jìlù 몡 기록, 최고 성적 몡 기록, 자료, 다큐멘터리

몡 (최고) 기록, 최고 성적
打破世界纪录 세계 기록을 깨다
刷新纪录 기록을 경신하다
몡 기록, 자료, 다큐멘터리
历史纪录 역사 기록

打破 dǎpò 톙 깨다, 타파하다
刷新 shuāxīn 톙 (기록을) 경신하다

5급 纪律 jìlǜ 몡 기율, 기강, 규칙, 법칙

몡 기율, 기강, 규칙, 법칙
考生不遵守考场纪律
수험생이 시험장 규칙을 준수하지 않다

5급 遵守 zūnshǒu 톙 준수하다

5급 纪念 jìniàn 톙 기념하다 몡 기념, 기념품, 기념물

톙 기념하다
纪念烈士诞辰一百周年
열사 탄신 100주년을 기념하다
몡 기념, 기념품, 기념물
种上一棵树，作为永久的纪念
나무를 한 그루 심어 영원한 기념물로 삼다

6급 诞辰 dànchén 몡 탄신, 생신
永久 yǒngjiǔ 톙 영구하다, 영원하다

6급 纪要 jìyào 몡 기요, 적요, 요점을 기술한 글

몡 기요, 적요(摘要), 요점을 기술한 글
整理会议纪要
회의 요점을 정리하다

4급 整理 zhěnglǐ 톙 정리하다

技能 jìnéng 몡 기능, 솜씨, 기예

몡 기능, 솜씨, 기예
招聘技能高超的技术人员
기량이 뛰어난 엔지니어를 공개 채용하다

4급 招聘 zhāopìn 톙 공개 채용하다, 초빙하다
6급 高超 gāochāo 톙 훌륭하다, 뛰어나다

6급 技巧 jìqiǎo 몡 기교, 기예, 테크닉, 기술

몡 기교, 기예, 테크닉, 기술
餐桌礼仪是一项基本的社交技巧
식탁 예절은 기본적인 사교 기술이다

礼仪 lǐyí 몡 예의, 예절과 의식
社交 shèjiāo 몡 사교

J

4급 技术 jìshù 명 기술

명 기술
学习国外的先进科学**技术**
해외의 선진 과학 기술을 배우다

6급 先进 xiānjìn 형 선진적인, 진보한, 앞선

5급 系领带 jì lǐngdài 넥타이를 매다

넥타이를 매다
参加招聘会的时候，要不要穿西装、**系领带**？
채용 박람회에 참가할 때, 정장을 입고 넥타이를 매야 합니까?

招聘会 zhāopìnhuì 명 채용 박람회
西装 xīzhuāng 명 양복, 양장
tip 여기에서는 系를 xì로 읽지 않는다

6급 忌讳 jìhuì 동 꺼리다, 기피하다, 금기하다 동 힘써 피하다, 삼가다, 막다

동 (습관, 풍속 등으로) 꺼리다/기피하다/금기하다
许多人**忌讳**用红笔写名字
많은 사람들이 붉은색 펜으로 이름 쓰는 것을 기피한다

동 (나쁜 결과를 초래할 수 있는 일을) 힘써 피하다/삼가다/막다
当领导的最**忌讳**偏听偏信
지도자는 한쪽 말만 곧이듣는 것을 가장 삼가야 한다

他毫不**忌讳**地谈自己的看法
그는 거침없이 자기 견해를 말했다

偏听偏信 piāntīng-piānxìn
성 어느 한쪽 의견만 곧이듣는다

6급 季度 jìdù 명 분기

명 분기(分期)
该公司去年第一**季度**盈利达3亿美元
이 회사의 작년 일사분기 이윤은 3억 달러에 달한다

6급 盈利 yínglì 명 이득, 이윤

3급 季节 jìjié 명 계절, 철

명 계절, 철
秋天是北京一年中最美好的**季节**
가을은 베이징에서 1년 중 가장 아름다운 계절이다

美好 měihǎo 형 좋다, 아름답다, 행복하다

6급 季军 jìjūn 명 3위, 3등

명 3위, 3등
中国队以2比1战胜土耳其队，获得**季军**
중국 팀이 터키 팀을 2대 1로 이기고 3위를 차지하다

战胜 zhànshèng 동 승리하다, 이기다
土耳其 Tǔ'ěrqí 명 터키(Turkey)

6급 迹象 jìxiàng 명 증거, 암시, 현상, 조짐

명 증거, 암시, 현상, 조짐
从种种**迹象**看，他的嫌疑最大
여러 가지 증거로 보아 그의 혐의가 가장 크다

民众消费心理出现了明显的复苏**迹象**
대중의 소비 심리가 뚜렷한 회복 조짐을 보였다

种种 zhǒngzhǒng 명 여러 가지, 각종
6급 嫌疑 xiányí 명 혐의
复苏 fùsū 동 (경제나 경기의) 회복

4급 既然 jìrán 옌 …한 바에는, …한 이상

옌 (기왕에) …한 바에는/…한 이상
既然开始这么做了，我就要做到底
기왕 이렇게 하기 시작했으니 내가 끝까지 해야겠다
事情**既然**已经发生了，后悔也没有什么用
일은 이미 벌어졌으니 후회해 봤자 아무 소용 없다

4급 到底 dàodǐ 동 끝까지 …하다
4급 后悔 hòuhuǐ 동 후회하다

6급 继承 jìchéng 동 계승하다, 이어받다, 승계하다 동 상속하다, 물려받다

동 (문화, 전통, 사업 등을) 계승하다/이어받다/승계하다
继承王老师的遗愿
왕 선생님께서 생전에 다 이루지 못한 염원을 이어받다
동 (유산, 유지 등을) 상속하다/물려받다
她从爷爷那里**继承**了很多的房产
그녀는 할아버지로부터 많은 부동산을 물려받았다

遗愿 yíyuàn 명 죽은 사람이 생전에 이루지 못한 염원
房产 fángchǎn 명 부동산

J

继往开来 jìwǎng-kāilái 성 지난 일을 계승하고 미래를 개척하다

성 지난 일을 계승하고 미래를 개척하다
两国关系正处在一个**继往开来**的重要阶段
양국 관계는 바야흐로 과거를 계승하고 미래를 개척해야 하는
중요한 단계에 놓여 있다

5급 阶段 jiēduàn 명 계단, 단계

4급 继续 jìxù 동 계속하다, 연속하다

동 계속하다, 연속하다
喝点水以后，再**继续**运动
물을 마시고 다시 운동을 계속하다

2급 运动 yùndòng 동 운동하다

4급 寄 jì 동 부치다, 보내다 동 부탁하다, 위탁하다

동 (우편으로) 부치다/보내다
寄包裹 소포를 부치다
我给你**寄**了几本书
너에게 책 몇 권을 우편으로 보냈다
동 부탁하다, 위탁하다
把行李**寄**放在酒店 짐을 호텔에 맡기다

5급 包裹 bāoguǒ 명 꾸러미, 소포
寄放 jìfàng 동 (물건을) 맡기다

6급 寄托 jìtuō 동 부탁하다, 위탁하다, 맡기다 동 걸다, 두다, 기탁하다

동 부탁하다, 위탁하다, 맡기다
把儿子**寄托**在亲戚的家
아들을 친척집에 맡기다
동 (이상, 희망, 감정 등을) 걸다/두다/기탁하다
她把希望**寄托**在孩子身上
그녀는 아이에게 희망을 걸었다

4급 亲戚 qīnqi 명 친척

6급 寂静 jìjìng 혱 조용하다, 고요하다

혱 조용하다, 고요하다
寂静的夜晚 고요한 밤
周围一片寂静
주위가 온통 조용하다

夜晚 yèwǎn 몡 밤, 야간, 저녁
4급 周围 zhōuwéi 몡 주위, 주변

5급 寂寞 jìmò 혱 적막하다, 적적하다, 쓸쓸하다 혱 조용하다, 고요하다

혱 적막하다, 적적하다, 쓸쓸하다
妻子去世后他感到很寂寞
아내가 죽은 후 그는 적적했다

혱 조용하다, 고요하다
寂寞荒凉的沙漠
고요하고 황량한 사막

6급 荒凉 huāngliáng 혱 황량하다
5급 沙漠 shāmò 몡 사막

4급 加班 jiā//bān 동 초과 근무를 하다, 시간 외 근무를 하다

동 초과 근무를 하다, 시간 외 근무를 하다
真不好意思，明天我得加班，不能跟你见面了
정말 미안해. 나 내일 야근해야 해서 너를 만날 수 없어

不好意思 bùhǎoyìsi 미안합니다,
죄송합니다

6급 加工 jiā//gōng 동 가공하다

동 가공하다
玉米加工工厂 옥수수 가공 공장
동 다듬다, 마무리하다
对论文初稿进行加工修改
논문 초고를 다듬고 수정하다

5급 论文 lùnwén 몡 논문
初稿 chūgǎo 몡 초고, 수정하지 않은 원고

6급 加剧 jiājù 동 심해지다, 악화되다

동 심해지다, 악화되다
病情加剧 병세가 악화되다

病情 bìngqíng 몡 병세

4급 加油站 jiāyóuzhàn 몡 주유소

몡 주유소
该加油了，附近有没有加油站?
기름을 넣어야겠는데 부근에 주유소가 있을까요?

该 gāi 동 …해야 한다, …해야겠다
加油 jiāyóu 동 주유하다, 기름을 넣다

6급 夹杂 jiāzá 동 혼합하다, 뒤섞이다

동 (다른 것과) 혼합하다/뒤섞이다
一头黑发中夹杂着几根白发
흑발에 흰머리 몇 가닥이 섞여 있다
听到邻居传来吵闹声，还夹杂着孩子的哭声
이웃집에서 다투는 소리가 들려왔고, 아이 울음소리도 같이 들린다

传来 chuánlái 동 전해오다
吵闹 chǎonào 동 큰 소리로 다투다, 말다툼
하다

5급 夹子 jiāzi 명 클립, 집게, 파일, 바인더

명 클립, 집게, 파일, 바인더
把文件放在夹子里 서류를 파일 안에 넣다

| 5급 | 文件 wénjiàn 명 문건, 서류, 자료, 문서

6급 佳肴 jiāyáo 명 좋은 요리, 훌륭한 요리

명 좋은 요리, 훌륭한 요리
在桌子上摆好各种美味佳肴
테이블 위에 온갖 맛있고 훌륭한 요리를 차려 놓다

美味 měiwèi 명 진미, 맛있는 음식

1급 家 jiā 명 집 명 가정, 가족, 집안 양 집, 군데, 곳

명 집
对门就是他的家 맞은편 집이 바로 그의 집이다

명 가정, 가족, 집안
我家有三口人 우리 집은 세 식구다

양 집, 군데, 곳 (가정, 점포, 공장 등을 세는 단위)
母亲特别喜欢这家餐馆
어머니는 이 식당을 특히 좋아하신다
建设三家工厂 공장 세 개를 건설하다

对门 duìmén 명 건너편 집, 맞은편 집
餐馆 cānguǎn 명 식당
| 5급 | 建设 jiànshè 통 건설하다, 세우다
| 5급 | 工厂 gōngchǎng 명 공장

역순 어휘
大家 dàjiā　　国家 guójiā　　儒家 Rújiā
专家 zhuānjiā　　作家 zuòjiā

6급 家常 jiācháng 형 가정식의, 일상적인, 보통의 명 일상생활

형 가정식의, 일상적인, 보통의
临近年底，加班几乎成了家常便饭
연말이 다가오자 초과 근무는 거의 일상적인 일이 되었다

명 (가정의) 일상생활
跟朋友们聊聊家常 친구들과 일상생활을 이야기하다

临近 línjìn 통 가까워지다, 근접하다
家常便饭 jiācháng-biànfàn
형 가정에서 평소 먹는 식사, 지극히 평범한 일

6급 家伙 jiāhuo 명 공구, 도구, 무기 명 자식, 놈

명 공구, 도구, 무기
她正在找顺手的家伙 그녀는 쓰기 편한 공구를 찾고 있다

명 자식, 놈 (멸시나 해학의 의미를 담고 있음)
那家伙不是好人 그 자식은 나쁜 놈이다

顺手 shùnshǒu 형 손에 익다, 쓰기 좋다

4급 家具 jiājù 명 가구

명 가구
他在一家制造家具的公司工作
그는 가구 제조 회사에서 일한다

| 5급 | 制造 zhìzào 통 제조하다, 만들다

6급 家属 jiāshǔ 명 가속, 식솔, 가족

명 가속(家屬), 식솔, 가족
优待军人家属 군인 가족을 우대하다

优待 yōudài 통 우대하다

J

5급 家庭 jiātíng 명 가정, 가족, 가문

명 가정, 가족, 가문
她面临着兼顾事业和家庭的难题
그녀는 일과 가정을 동시에 돌봐야 하는 어려운 문제에 직면해 있다

5급 面临 miànlín 동 직면하다, 당면하다
兼顾 jiāngù 동 고루 돌보다, 동시에 고려하다
难题 nántí 명 난제, 어려운 문제

5급 家务 jiāwù 명 가사, 집안일

명 가사(家事), 집안일
家庭成员应该要合理分担家务劳动
가족 구성원은 합리적으로 가사 노동을 분담해야 한다

分担 fēndān 동 분담하다, 일부분을 맡다
5급 劳动 láodòng 명 노동, 육체 노동

5급 家乡 jiāxiāng 명 고향

명 고향
思念家乡
고향을 그리워하다

6급 思念 sīniàn 동 그리워하다, 그리다

6급 家喻户晓 jiāyù-hùxiǎo 성 집집마다 모두 알다, 모든 사람이 알다

성 집집마다 모두 알다, 모든 사람이 알다
他是著名的演员，在中国可谓是家喻户晓 그는
유명한 배우로, 중국에서는 모든 사람이 알고 있다고 말할 수 있다

可谓 kěwèi 동 …이라고 말할 수 있다,
…이라고 이를 만하다

5급 嘉宾 jiābīn 명 귀빈, 귀한 손님, 가빈

명 귀빈, 귀한 손님, 가빈(嘉賓)
以热烈的掌声欢迎今天的嘉宾
열렬한 박수 소리로 오늘의 귀빈을 환영해 주십시오

掌声 zhǎngshēng 명 박수 소리
3급 欢迎 huānyíng 동 환영하다

5급 甲 jiǎ 명 갑, 첫 번째, 일등

명 갑, 첫 번째, 일등
达到甲等水平
1등 수준에 이르다
甲方和乙方签订协议
갑 측과 을 측이 협의를 체결하다

签订 qiāndìng 동 조인하다, 체결하다
6급 协议 xiéyì 동 협의하다, 합의하다

4급 假 jiǎ 연 만약, 가령 형 거짓의, 가짜의

연 만약, 가령 (주로 如rú, 若ruò, 使shǐ와 결합하여 가설 관계를
나타냄)
假如打起来，非出人命不可
만약 싸우게 된다면 반드시 죽는 사람이 생긴다

형 거짓의, 가짜의 [반의어] 真 zhēn [2급]
外观上真假难辨
외관으로 진위를 판별하기 어렵다

非…不可 fēi…bùkě 반드시 …하지
않으면 안 된다
出人命 chū rénmìng 사상자가 생기다
外观 wàiguān 명 외관, 겉모양

역순 어휘
虚假 xūjiǎ

❍ 假 jià [4급] 참조

5급 假如 jiǎrú 옌 만약, 가령

옌 만약, 가령 [동의어] 假使 jiǎshǐ

假如我会干，就不来麻烦你了
만약 내가 할 수 있었다면 너를 귀찮게 하지 않았을 것이다

4급 麻烦 máfan 동 귀찮게 하다, 번거롭게 하다

5급 假设 jiǎshè 동 가정하다, 꾸며내다 명 가설, 가정

동 가정하다, 꾸며내다

假设太阳消失，地球会发生什么事呢?
태양이 사라진다고 가정하면, 지구에는 어떤 일이 발생할까?

你别误会了，这只是假设的内容
오해하지 마라, 이것은 단지 꾸며 낸 내용일 뿐이다

5급 消失 xiāoshī 동 사라지다, 없어지다
4급 误会 wùhuì 동 오해하다
6급 验证 yànzhèng 동 검증하다

명 가설, 가정

利用数据验证假设
데이터를 이용하여 가설을 검증하다

J

假使 jiǎshǐ 옌 만약, 가령

옌 만약, 가령 [동의어] 假如 jiǎrú [5급]

假使你中了一百万的彩票，你会怎么花?
가령 네가 백만 위안의 복권에 당첨되었다면 돈을 어떻게 쓸래?

6급 彩票 cǎipiào 명 복권

5급 假装 jiǎzhuāng 동 가장하다, …인 체하다

동 가장하다, …인 체하다

他很难过，却假装满不在乎
그는 매우 괴로웠지만 전혀 신경 쓰지 않는 척했다

3급 难过 nánguò 동 견디기 힘들다, 괴롭다
满不在乎 mǎnbùzàihu 성 전혀 개의치 않다

4급 价格 jiàgé 명 가격

명 가격

今天猪肉价格多少钱一斤?
오늘 돼지고기 가격은 한 근에 얼마입니까?

猪肉 zhūròu 명 돼지고기

5급 价值 jiàzhí 명 가치

명 가치

鸡蛋的营养价值非常高
달걀의 영양가는 매우 높다

他的作品有收藏价值
그의 작품은 소장 가치가 있다

5급 营养 yíngyǎng 명 영양, 영양분
6급 收藏 shōucáng 동 소장하다, 수집하여 보관하다

5급 驾驶 jiàshǐ 동 운전하다, 조종하다

동 운전하다, 조종하다

他去年因醉酒后驾驶机动车被吊销了驾驶证
그는 작년에 술에 취해 자동차를 운전하다가 면허를 취소당했다

吊销 diàoxiāo 동 회수하여 취소하다
驾驶证 jiàshǐzhèng 명 운전 면허증

| 4급 | 假 jià | 명 휴일, 휴가, 방학 |

명 휴일, 휴가, 방학
元旦放假一天
새해 첫날에는 하루 쉰다
老板给小李放6个月的假
사장은 샤오리에게 6개월의 휴가를 주었다
他因为要动手术，向公司请了一个月的病假
그는 수술을 받아야 해서 회사에 1개월 간 병가를 냈다

| 5급 | 元旦 Yuándàn | 명 원단, 새해 첫날 |

역순 어휘
放暑假 fàng shǔjià　　　寒假 hánjià
请假 qǐngjià

○ 假 jià [4급] 참조

| 5급 | 嫁 jià | 동 시집가다, 출가하다 |

동 시집가다, 출가하다 [반의어] 娶 qǔ [5급]
父亲疼爱女儿，舍不得女儿出嫁
아버지는 딸을 매우 사랑해서 딸이 시집가는 것을 서운해 했다

| 5급 | 疼爱 téng'ài | 동 몹시 귀여워하다, 매우 사랑하다 |
出嫁 chūjià 동 출가하다, 시집가다

| 6급 | 尖端 jiānduān | 명 첨단, 뾰족한 끝　형 첨단의 |

명 첨단, 뾰족한 끝
雷电通常会击中最高物体的尖端
번개는 보통 가장 높은 물체의 끝에 맞는다
형 첨단의
拥有世界最尖端诊疗技术
세계 최첨단 진료 기술을 보유하다

雷电 léidiàn 명 천둥과 번개
击中 jīzhòng 동 명중하다, 맞히다
诊疗 zhěnliáo 동 진료하다
| 4급 | 技术 jìshù | 명 기술 |

| 6급 | 尖锐 jiānruì | 형 뾰족하다　형 날카롭다　형 예리하다, 날카롭다, 첨예하다 |

형 (물체가) 뾰족하다
尖锐如刺
찌를 듯이 뾰족하다
형 (소리가) 날카롭다
尖锐刺耳的刹车声
날카롭게 귀를 자극하는 브레이크 소리
형 예리하다, 날카롭다, 첨예하다
作家尖锐地指出了目前的社会问题
작가는 현재 사회의 문제를 예리하게 지적했다

| 6급 | 刺 cì | 동 찌르다 |
刺耳 cì'ěr 형 귀가 따갑다
| 6급 | 刹车 shāchē | 동 제동을 걸다, 브레이크를 걸다 |
指出 zhǐchū 동 지적하다

| 4급 | 坚持 jiānchí | 동 견지하다, 고수하다, 고집하다 |

동 견지하다, 고수하다, 고집하다
坚持原则 원칙을 고수하다
天天坚持长跑会增强体质
매일 꾸준히 오래달리기를 하면 체력을 강화할 수 있다

| 5급 | 原则 yuánzé | 명 원칙 |
增强 zēngqiáng 동 증강하다, 증진하다, 강화하다

6급 坚定 jiāndìng 혱 확고하다, 굳다, 결연하다 동 확고히 하다, 굳히다

혱 확고하다, 굳다, 결연하다
任何困难都挡不住意志坚定的人
어떤 어려움도 의지가 확고한 사람을 막을 수 없다

동 확고히 하다, 굳히다
群众的支持，更加坚定了我们的决心
대중의 지지가 우리 결심을 더욱 확고하게 했다

挡不住 dǎngbuzhù 막을 수 없다
6급 意志 yìzhì 혱 의지
5급 决心 juéxīn 혱 결심, 결정

6급 坚固 jiāngù 혱 견고하다, 튼튼하다

혱 견고하다, 튼튼하다
古城墙600多年来依然坚固如初
옛 성벽은 600여 년 동안 변함없이 처음처럼 견고하다

城墙 chéngqiáng 혱 성벽
5급 依然 yīrán 튄 여전히, 아직도, 변함없이

5급 坚决 jiānjué 혱 결연하다, 단호하다

혱 결연하다, 단호하다
该拒绝的时候要坚决拒绝
마땅히 거절해야 할 때는 단호하게 거절해야 한다
坚决完成目标任务 결연하게 목표한 임무를 완성하다

4급 拒绝 jùjué 동 거절하다
5급 目标 mùbiāo 혱 목표

5급 坚强 jiānqiáng 혱 강인하다, 굳세다 동 강화하다, 굳세게 하다

혱 강인하다, 굳세다 반의어 脆弱 cuìruò [6급]
培育坚强的毅力和高尚的志趣
굳센 의지와 고상한 뜻을 기르다

동 강화하다, 굳세게 하다
坚强自己的意志力 자신의 의지력을 굳세게 하다

6급 培育 péiyù 동 육성하다, 양성하다
6급 毅力 yìlì 혱 굳센 의지, 끈기

6급 坚韧 jiānrèn 혱 튼튼하고 질기다 혱 강인하다, 완강하고 끈기 있다

혱 튼튼하고 질기다
木雕工艺品的木质细密坚韧
목조 공예품의 목질이 치밀하고 단단하다

혱 강인하다, 완강하고 끈기 있다
他好胜心强，意志坚韧
그는 승부욕이 세고 의지가 강하다

木雕 mùdiāo 혱 목조, 목각
细密 xìmì 혱 치밀하다
好胜心 hàoshèngxīn 혱 승부욕

6급 坚实 jiānshí 혱 견고하다, 튼튼하다 혱 건장하다

혱 견고하다, 튼튼하다
为学生的健康成长打下坚实的根基
학생의 건강한 성장을 위해 견고한 기초를 다지다

혱 건장하다
坚实宽厚的肩膀 건장하고 넓은 어깨

打下 dǎxià 동 (기초를) 다지다
根基 gēnjī 혱 기반, 기초
宽厚 kuānhòu 혱 넓고 두텁다

J

6급 坚硬 jiānyìng 형 단단하다, 견고하다

형 단단하다, 견고하다
花岗石的材质是非常**坚硬**的
화강암은 재질이 매우 단단하다

材质 cáizhì 명 재질

5급 肩膀 jiānbǎng 명 어깨

명 어깨
他把头靠在朋友的**肩膀**上睡着了
그는 친구의 어깨에 머리를 기대고 잠들었다

5급 靠 kào 통 기대다

5급 艰巨 jiānjù 형 어렵고도 막중하다

형 어렵고도 막중하다
这是一个光荣而**艰巨**的任务
이것은 영광스럽지만 어렵고 막중한 임무이다

6급 光荣 guāngróng 형 영광스럽다, 명예롭다
4급 任务 rènwù 명 임무, 사명

5급 艰苦 jiānkǔ 형 어렵고 고생스럽다

형 어렵고 고생스럽다
这里的环境很差，当地人的生活非常**艰苦**
이곳의 환경이 나빠서 현지인은 생활이 매우 어렵다

3급 环境 huánjìng 명 환경
3급 差 chà 형 나쁘다, 미달하다

6급 艰难 jiānnán 형 힘들다, 어렵다, 곤란하다

형 힘들다, 어렵다, 곤란하다
公司现在的处境十分**艰难**
회사의 현재 상황이 매우 힘들다

6급 处境 chǔjìng 명 처지, 상황

6급 监督 jiāndū 통 감독하다 명 감독

통 감독하다
陪审员**监督**法院的审判活动
배심원이 법원의 심판을 감독하다

명 감독
接受群众的**监督**评判
대중의 감독과 심사를 받다

陪审员 péishěnyuán 명 배심원
6급 审判 shěnpàn 통 심판하다
评判 píngpàn 명 판정, 심사

6급 监视 jiānshì 통 감시하다, 살피다

통 감시하다, 살피다
侦察员**监视**着敌人的动静
정찰 대원이 적의 동태를 감시하고 있다
对需要逮捕而证据不充足的，可以**监视**居住
체포해야 하지만 증거가 불충분한 사람에 대해서는 연금하여 감시
할 수 있다

侦察员 zhēncháyuán 명 정찰 대원
6급 动静 dòngjing 명 인기척, 동정, 동태
6급 逮捕 dàibǔ 통 체포하다
监视居住 jiānshì jūzhù 연금하다

6급 监狱 jiānyù 몡 감옥, 교도소

몡 감옥, 교도소
他又再一次因为吸毒进了监狱
그는 또다시 마약 흡입으로 감옥에 갔다

吸毒 xīdú 동 마약을 흡입하다

5급 兼职 jiānzhí 동 겸직하다 몡 겸직, 파트타임, 아르바이트

동 (jiān//zhí) 겸직하다
利用空闲的时间来兼职送外卖
짬이 나는 시간에 아르바이트로 음식 배달을 하다

몡 겸직, 파트타임, 아르바이트
他在一个补习班做了兼职老师
그는 학원에서 파트타임 교사를 했다

5급 空闲 kòngxián 몡 겨를, 여가, 짬
外卖 wàimài 동 (음식을) 배달하다
补习班 bǔxíbān 몡 학원, 보습 학원

6급 煎 jiān 동 부치다, 지지다, 굽다 동 달이다, 졸이다

동 (기름에) 부치다/지지다/굽다
用这种方法煎出来的荷包蛋又香又嫩
이 방법으로 부친 달걀프라이는 맛있고 부드럽다

동 달이다, 졸이다
煎药 약을 달이다
煎茶 차를 달이다

荷包蛋 hébāodàn 몡 달걀프라이
5급 嫩 nèn 톙 부드럽다, 연하다

6급 拣 jiǎn 동 고르다, 선택하다

동 고르다, 선택하다
把不合格的产品挑拣出来
불합격품을 골라내다

挑拣 tiāojiǎn 동 고르다, 선택하다

5급 捡 jiǎn 동 줍다

동 줍다
奶奶靠着捡破烂儿将孩子抚养长大
할머니는 폐품을 주워 아이가 성인이 될 때까지 길렀다

捡破烂儿 jiǎn pòlànr 폐품을 수집하다

3급 检查 jiǎnchá 동 검사하다, 점검하다 동 조사하다, 참조하다

동 검사하다, 점검하다
进火车站的时候要检查身份证和车票
기차역에 들어갈 때 신분증과 기차표를 검사한다

동 (간행물, 서류 등을) 조사하다/참조하다
文件要编号归档，以便检查
조사를 수월하게 하기 위해서 문서는 일련번호에 따라 분류하고
보관해야 한다

身份证 shēnfènzhèng 몡 신분증
编号 biānhào 동 번호를 매기다
归档 guīdàng 동 분류하여 보관하다

J

6급 检讨 jiǎntǎo 동 반성하다, 비판하다 동 검토하다

동 (자기 결정이나 잘못을) 반성하다/비판하다
他每场比赛后都会对自己的不足进行检讨
그는 매 경기 후 자신의 부족한 부분에 대해 반성한다

동 검토하다
这种方式效果不明显，就应该检讨成败得失
이 방식은 효과가 명확하지 않으니, 성패와 득실을 검토해야 한다

5급 不足 bùzú 형 부족하다, 불충분하다
成败 chéngbài 명 성패, 승패
得失 déshī 명 득실, 장단점

6급 检验 jiǎnyàn 동 검사하다, 검증하다

동 검사하다, 검증하다
把科学研究理论成果到企业实际运营中去检验
과학 연구 이론의 성과를 기업의 실제 운영에서 검증하다

5급 理论 lǐlùn 명 이론
运营 yùnyíng 동 운영하다

4급 减肥 jiǎn//féi 동 체중을 감량하다, 다이어트를 하다

동 체중을 감량하다, 다이어트를 하다 [동의어] 瘦身 shòushēn
减肥不要只靠节食，还需要配合运动
다이어트는 절식에만 의존하지 말고 운동을 함께 해야 한다

节食 jiéshí 동 절식하다, 음식을 절제하다
5급 配合 pèihé 동 합작하다, 합동하다, 공동으로 하다

4급 减少 jiǎnshǎo 동 감소하다, 줄이다

동 감소하다, 줄이다
消费结构变动明显，居民消费支出有所减少
소비 구조 변동이 뚜렷하여, 주민 소비 지출이 다소 감소했다
在2050年前将二氧化碳的排放量减少一半
2050년 전에 이산화 탄소 배출량을 절반으로 줄이다

5급 消费 xiāofèi 동 소비하다
6급 支出 zhīchū 명 비용, 지출
6급 二氧化碳 èryǎnghuàtàn 명 이산화 탄소

6급 剪彩 jiǎn//cǎi 동 테이프를 자르다

동 (개막식, 준공식, 개업식 등에서) 테이프를 자르다
庆祝旗舰店正式开业并举办了隆重的剪彩仪式
플래그쉽 스토어의 정식 오픈을 축하하며 성대한 테이프 커팅식을 진행했다

旗舰店 qíjiàndiàn 명 플래그십 스토어
开业 kāiyè 동 개업하다, 개장하다
6급 仪式 yíshì 명 의식

5급 剪刀 jiǎndāo 명 가위

명 가위
她用一把剪刀剪出了剪纸作品
그녀는 가위 한 개로 종이 공예 작품을 만들어 냈다

3급 把 bǎ 양 자루, 개
剪纸 jiǎnzhǐ 명 전지 공예, 종이를 오려 만든 작품

3급 简单 jiǎndān 형 간단하다, 단순하다

형 간단하다, 단순하다 [반의어] 复杂 fùzá [4급]
这部小说内容结构很简单
이 소설은 내용과 구조가 간단하다
请简单地介绍一下你自己 자신을 간단히 소개해 보세요

5급 结构 jiégòu 명 구성, 구조
2급 介绍 jièshào 동 소개하다

6급 简化 jiǎnhuà 图 간소화하다, 간략화하다

图 간소화하다, 간략화하다
语音控制简化了家电的操作方法
음성 제어는 가전 제품의 조작 방법을 간소화했다

5급 控制 kòngzhì 图 통제하다, 제어하다
6급 操作 cāozuò 图 조작하다, 다루다

5급 简历 jiǎnlì 图 약력, 간략한 이력

图 약력, 간략한 이력
作者简历 작가 약력

4급 作者 zuòzhě 图 작가

6급 简陋 jiǎnlòu 图 누추하다, 빈약하다, 초라하다

图 (주택, 설비 등이) 누추하다/빈약하다/초라하다
这家酒店空间狭小，设备简陋，很不方便
이 호텔은 공간이 협소하고 설비도 누추해서 불편하다

狭小 xiáxiǎo 图 협소하다
5급 设备 shèbèi 图 설비

6급 简体字 jiǎntǐzì 图 간체자

图 간체자
现在的简体字就是由繁体字演变而来的
현재의 간체자는 번체자에서 변천된 것이다

6급 繁体字 fántǐzì 图 번체자
6급 演变 yǎnbiàn 图 변화 발전하다, 변천되다

6급 简要 jiǎnyào 图 간요하다, 요점만 간단하다, 간단명료하다

图 간요하다, 요점만 간단하다, 간단명료하다
我们简要地回顾一下这段历史
우리 간단하게 이 시기 역사를 회고해 봅시다

6급 回顾 huígù 图 뒤돌아보다, 돌이켜보다, 회고하다

5급 简直 jiǎnzhí 图 완전히, 그야말로, 정말로

图 완전히, 그야말로, 정말로 (과장의 어기를 나타냄)
他画的竹子简直跟真的一样
그가 그린 대나무는 실제와 완전히 똑같다
他干这工作简直是个外行
그는 이 일을 하는 데에 그야말로 문외한이다

6급 外行 wàiháng 图 문외한

6급 见多识广 jiànduō-shíguǎng 图 보고 들은 것이 많아 식견이 넓다

图 보고 들은 것이 많아 식견이 넓다
酷爱旅游的人通常见多识广
여행을 애호하는 사람들은 일반적으로 식견이 넓다

酷爱 kù'ài 图 매우 좋아하다
5급 通常 tōngcháng 图 보통, 통상적으로, 일반적으로

6급 见解 jiànjiě 图 견해, 의견

图 견해, 의견
他对这个问题提出了自己的见解
그는 이 문제에 대해 자신의 견해를 제시했다

提出 tíchū 图 제시하다, 제출하다

J

| 3급 | 见面 jiàn//miàn 图 만나다 |

图 만나다
希望我们能再见面
우리가 다시 만날 수 있기를 희망합니다
两人从未见过面
두 사람은 지금까지 만난 적이 없다

从未 cóngwèi 图 지금까지 …한 적이 없다

| 6급 | 见闻 jiànwén 图 견문 |

图 견문
他见闻广博，学问渊深
그는 견문이 넓고 학식이 깊다

广博 guǎngbó 图 폭넓다
渊深 yuānshēn 图 (지식이) 깊고 두텁다

| 6급 | 见义勇为 jiànyì-yǒngwéi 图 정의로운 일을 보고 용감히 나서서 행하다 |

图 정의로운 일을 보고 용감히 나서서 행하다
他见义勇为的英勇表现赢得了各方赞扬
그의 의롭고 용맹한 활약은 각계의 찬양을 받았다

6급 英勇 yīngyǒng 图 매우 용감하다
赞扬 zànyáng 图 찬양하다

| 2급 | 件 jiàn 图 문건, 문서 图 건, 가지 |

图 문건, 문서
这包裹是急件
이 소포는 긴급 문건이다

图 건, 가지 (하나하나 셀 수 있는 사물을 세는 단위)
一件衣服 옷 한 벌
两件事 두 가지 일
三件重要公文
중요한 공문서 세 건

5급 包裹 bāoguǒ 图 꾸러미, 소포
公文 gōngwén 图 공문서

역순 어휘
案件 ànjiàn
附件 fùjiàn
零件 língjiàn
事件 shìjiàn
文件 wénjiàn
证件 zhèngjiàn
电子邮件 diànzǐ yóujiàn
稿件 gǎojiàn
软件 ruǎnjiàn
条件 tiáojiàn
硬件 yìngjiàn

| 6급 | 间谍 jiàndié 图 간첩, 스파이 |

图 간첩, 스파이
追捕间谍
간첩을 추격하여 체포하다

追捕 zhuībǔ 图 추격하여 체포하다

| 6급 | 间隔 jiàngé 图 간격을 두다, 거리를 두다 图 간격, 거리, 사이 |

图 간격을 두다, 거리를 두다
两次测验之间至少间隔四周
두 차례의 테스트 사이에는 최소 4주 간격을 둔다

图 간격, 거리, 사이
两座楼之间要有一定的间隔
두 건물 사이에는 일정한 간격을 두어야 한다

5급 测验 cèyàn 图 테스트하다, 시험하다
之间 zhījiān 图 사이
4급 至少 zhìshǎo 图 최소한, 적어도
3급 一定 yīdìng 图 일정한

6급 间接 jiànjiē 톙 간접적이다

톙 간접적이다 [반의어] 直接 zhíjiē [4급]
青少年的心理问题大多与其家庭有直接或间接的关系 청소년의 심리 문제는 대부분 그 가정과 직접 혹은 간접적인 관계가 있다

5급 青少年 qīngshàonián 톙 청소년
大多 dàduō 톙 대부분, 거의
3급 关系 guānxi 톙 관계, 영향, 이유

5급 建立 jiànlì 동 건립하다, 세우다, 구축하다, 형성하다

동 건립하다, 세우다, 구축하다, 형성하다
建立艺术人材培养基地
예술 인재를 양성하는 기지를 건립하다
技术创新应该建立在安全基础上
기술 혁신은 안전한 기반에 세워져야 한다

6급 基地 jīdì 톙 기지, 터전, 거점
6급 创新 chuàngxīn 동 혁신하다
4급 基础 jīchǔ 톙 기초, 기반

5급 建设 jiànshè 동 건설하다, 세우다 톙 건설, 구축

동 건설하다, 세우다
目前政府计划建设19座桥梁
현재 정부는 19개 교량 건설을 계획하고 있다
建设先进的企业文化
선진적인 기업 문화를 건설하다

톙 건설, 구축
治理建设工地扬尘 건설 현장의 비산 먼지를 처리하다

6급 桥梁 qiáoliáng 톙 다리, 교량
6급 治理 zhìlǐ 동 정비하다, 정리하다, 처리하다
工地 gōngdì 톙 공사장, 작업 현장
扬尘 yángchén 톙 비산 먼지, 날리는 먼지

4급 建议 jiànyì 동 건의하다, 제안하다 톙 건의, 제안

동 건의하다, 제안하다
医生建议做手术 의사가 수술할 것을 제안하다
톙 건의, 제안
代表提出了三条建议
대표는 세 가지 건의를 제시했다

5급 手术 shǒushù 동 수술하다
5급 代表 dàibiǎo 톙 대표, 대표자

5급 建筑 jiànzhù 동 건축하다, 건설하다 톙 건축물, 건물

동 건축하다, 건설하다
建筑一座二十层大厦
20층짜리 빌딩을 한 채 건축하다
톙 건축물, 건물
举办高层建筑消防安全培训活动
고층 건물의 소방 안전 훈련 활동을 실시하다

5급 大厦 dàshà 톙 대형 고층 건물, 빌딩
高层 gāocéng 톙 고층의
6급 消防 xiāofáng 동 소방하다

6급 剑 jiàn 톙 검, 칼

톙 검, 칼
首届青少年击剑锦标赛明年在重庆举行
제1회 청소년 펜싱 선수권 대회가 내년에 충칭에서 개최된다

击剑 jījiàn 톙 펜싱
锦标赛 jǐnbiāosài 톙 선수권 대회

J

3급 健康 jiànkāng 형 건강하다, 건전하다 명 건강

형 건강하다, 건전하다

祝您身体健康，万事如意
몸이 건강하고 만사가 형통하기를 기원합니다

严厉禁止内容不健康的网络游戏
내용이 불건전한 인터넷 게임을 엄격하게 금지하다

명 건강

吸烟有害健康
흡연은 건강에 해롭다

万事如意 wànshì-rúyì 셍 만사가 뜻대로
　되다
4급 内容 nèiróng 명 내용
吸烟 xīyān 동 흡연하다, 담배를 피우다
有害 yǒuhài 형 유해하다, 해롭다

6급 健全 jiànquán 형 건전하다, 건강하다, 완전하다 동 완비하다, 완전하게 하다

형 건전하다, 건강하다, 완전하다

身心不健全 심신이 건강하지 않다
建立健全质量管理制度和控制体系
완전한 품질 관리 규정과 규제 체계를 수립하다

동 완비하다, 완전하게 하다

健全组织机构
조직 기구를 완벽하게 갖추다

身心 shēnxīn 명 심신, 신체와 정신
5급 制度 zhìdù 명 규칙, 규정
6급 体系 tǐxì 명 체계, 구조

5급 健身 jiànshēn 동 신체를 단련하다, 몸을 건강하게 하다

동 신체를 단련하다, 몸을 건강하게 하다

我要介绍居家健身的10个方法
나는 집에서 신체를 단련하는 10가지 방법을 소개하려고 한다

居家 jūjiā 동 집에 있다

健身房 jiànshēnfáng 명 헬스클럽, 피트니스 센터

명 헬스클럽, 피트니스 센터

健身房的教练给我推荐上私教课
헬스클럽의 트레이너는 나에게 개인 수업을 들을 것을 추천했다

5급 教练 jiàoliàn 명 코치, 트레이너

6급 舰艇 jiàntǐng 명 함정, 군용 선박

명 함정, 군용 선박

海军舰艇编队开展实战化训练
해군 함정 편대가 실전 훈련을 실시하다

编队 biānduì 명 편대
5급 训练 xùnliàn 동 훈련하다

6급 践踏 jiàntà 동 밟다, 짓밟다 동 짓밟다, 유린하다

동 밟다, 짓밟다

请勿践踏幼苗
새싹을 밟지 마시오

동 짓밟다, 유린하다

不许侵略者肆意践踏别国的主权
침략자들이 함부로 다른 나라의 주권을 짓밟는 것을 허락하지 않다

幼苗 yòumiáo 명 새싹, 어린 모종
侵略者 qīnlüèzhě 명 침략자
肆意 sìyì 부 멋대로, 함부로
6급 主权 zhǔquán 명 주권

6급 溅 jiàn 동 튀다

동 (액체 등이) 튀다
下雨天我被过路的车溅了一身水
비 오는 날 나는 지나가는 차에 온몸에 물이 튀었다

过路 guòlù 동 지나가다

6급 鉴别 jiànbié 동 감별하다

동 감별하다
鉴别文物的真伪
문화재의 진위를 감별하다

6급 文物 wénwù 명 문물, 문화재, 문화유산
真伪 zhēnwěi 명 진위

6급 鉴定 jiàndìng 동 감정하다, 평가하다, 평정하다 명 감정, 평가, 평정

동 감정하다, 평가하다, 평정하다
如何鉴定藏品真假?
소장품의 진위를 어떻게 감정하는가?

藏品 cángpǐn 명 소장품
真假 zhēnjiǎ 명 진위
6급 审查 shěnchá 동 심사하다
6급 接连 jiēlián 부 끊임없이, 계속, 연이어

명 감정, 평가, 평정
通过新产品技术鉴定审查
신제품 기술 평가 심사를 통과하다

接连做了3次鉴定
잇달아 세 차례 감정을 했다

6급 鉴于 jiànyú 개 ···에 비추어 보아, ···을 감안하여 연 ···한 까닭에, ···로 인하여

개 ···에 비추어 보아, ···을 감안하여
鉴于现实情况, 可采取一些变通的办法
현실 상황을 감안하여 융통성 있는 방법들을 취할 수 있다

5급 采取 cǎiqǔ 동 취하다, 채택하다
变通 biàntōng 동 변통하다, 융통하다
伤势 shāngshì 명 부상 정도
4급 估计 gūjì 동 예측하다, 짐작하다, 평가하다

연 ···한 까닭에, ···로 인하여
鉴于一些人伤势严重, 估计死亡人数还可能增加
몇몇 사람은 부상이 심각하므로 사망자 수는 더 늘어날 것으로 추정된다

5급 键盘 jiànpán 명 건반, 키보드

명 건반, 키보드
电脑键盘上按什么快键是复制文本?
컴퓨터 키보드에서 어떤 단축키를 누르면 텍스트를 복사합니까?

按 àn 동 누르다
快键 kuàijiàn 명 단축키
文本 wénběn 명 원문, 텍스트(text)

6급 将近 jiāngjìn 동 거의 ···에 가깝다, ···에 근접하다

동 (시간, 수량 등이) 거의 ···에 가깝다/···에 근접하다
有将近300名的商人特地跑到产地进行采购
거의 300명의 상인들이 특별히 산지에 가서 구매하다

特地 tèdì 부 특별히, 일부러
6급 采购 cǎigòu 동 사다, 구매하다

任务将近完成
임무가 거의 완성되다

J

6급 将就 jiāngjiu 동 그럭저럭 견디다, 아쉬운 대로 맞추다

동 그럭저럭 견디다, 아쉬운 대로 맞추다

条件不好，**将就**点儿吧
여건이 좋지 않지만 그럭저럭 참아 보자

这是给你留的饺子，你**将就**着吃吧!
이것은 너를 위해 남겨둔 만두이니 아쉬운 대로 먹어라!

| 4급 条件 tiáojiàn 명 조건, 상태, 여건
| 4급 饺子 jiǎozi 명 교자, 만두

6급 将军 jiāngjūn 명 장군, 고위 장령

명 장군, 고위 장령

在**将军**的指挥下，他们发起了数次冲击
장군의 지휘 하에 그들은 수 차례 돌격을 개시했다

| 5급 指挥 zhǐhuī 동 지휘하다
| 发起 fāqǐ 동 행동을 개시하다
| 6급 冲击 chōngjī 동 돌격하다, 돌진하다

4급 将来 jiānglái 명 장래, 미래

명 장래, 미래

这孩子**将来**一定有出息
이 아이는 장래에 틀림없이 크게 될 것이다

| 6급 出息 chūxi 명 장래성, 미래

6급 僵硬 jiāngyìng 형 뻣뻣하다 형 뻣뻣하다, 고지식하다, 융통성이 없다

형 (신체가) 뻣뻣하다

四肢**僵硬**，手脚不灵活
사지가 뻣뻣하고 팔다리가 잘 안 움직인다

형 뻣뻣하다, 고지식하다, 융통성이 없다

这种制度太**僵硬**，无人性了
이런 제도는 너무 융통성이 없고 비인간적이다

| 6급 四肢 sìzhī 명 사지
| 5급 灵活 línghuó 형 민첩하다, 원활하다

3급 讲 jiǎng 동 말하다, 이야기하다 동 설명하다

동 말하다, 이야기하다

奶奶正在给孙子**讲**故事
할머니는 손자에게 이야기를 들려주고 계시다

동 설명하다

给我**讲讲**这道题 나에게 이 문제를 좀 설명해 주세요

| 3급 奶奶 nǎinai 명 할머니
| 4급 孙子 sūnzi 명 손자
| 3급 故事 gùshi 명 이야기, 줄거리

역순 어휘
演讲 yǎnjiǎng

5급 讲究 jiǎngjiu 동 중시하다, 중요시하다 명 유의할 것, 신경 쓸 것, 규칙, 가치 형 정교하고 아름답다, 훌륭하다

동 중시하다, 중요시하다

工作要**讲究**实效 업무는 실효를 중시해야 한다

讲究卫生的生活习惯 위생을 중요시하는 생활 습관

명 유의할 것, 신경 쓸 것, 규칙, 가치

写文章是很有**讲究**的 글 쓸 때는 매우 신경을 써야 한다

형 정교하고 아름답다, 훌륭하다

客厅的摆设非常**讲究**
거실의 장식품이 매우 정교하고 아름답다

实效 shíxiào 명 실효, 실제 효과
卫生 wèishēng 명 위생
摆设 bǎishe 명 장식품

5급 讲座 jiǎngzuò 명 강좌

명 강좌
开办健康知识**讲座** 건강 지식 강좌를 개설하다

开办 kāibàn 통 개설하다, 창립하다

4급 奖金 jiǎngjīn 명 장려금, 상금, 상여금

명 장려금, 상금, 상여금
她荣获演讲比赛第一名，获得了**奖金**
그녀는 웅변 대회에서 영예롭게 1등을 하여 상금을 받았다

荣获 rónghuò 통 영예롭게 …을 얻다
4급 获得 huòdé 통 얻다, 획득하다, 취득하다

6급 奖励 jiǎnglì 통 장려하다, 표창하다 명 상금, 표창

통 장려하다, 표창하다
奖励有突出贡献的科学家
뛰어난 공헌이 있는 과학자를 표창하다

명 상금, 표창
参赛者还能赢得丰厚的**奖励**
시합 참가자는 또한 많은 상금을 획득할 수 있다

5급 突出 tūchū 형 뛰어나다, 뚜렷하다, 두드러지다
5급 贡献 gòngxiàn 명 공헌
赢得 yíngdé 통 얻다, 획득하다

6급 奖赏 jiǎngshǎng 통 상을 주다 명 상

통 상을 주다
公安部门**奖赏**立功的警察
공안 부서에서 공을 세운 경찰에게 상을 주다

명 상
他获得5000元的**奖赏** 그는 5천 위안의 상금을 받았다

立功 lìgōng 통 공을 세우다

6급 桨 jiǎng 명 노

명 (배 젓는) 노
用**桨**划船 노로 배를 젓다

划船 huáchuán 통 배를 젓다

4급 降低 jiàngdī 통 떨어지다, 내려가다, 하락하다 통 낮추다, 떨어뜨리다

통 떨어지다, 내려가다, 하락하다 [반의어] 提高 tígāo [3급]
产品销售价格大幅**降低**
상품 판매 가격이 대폭 하락하다

통 낮추다, 떨어뜨리다
进行**降低**成本战略
생산 원가를 낮추는 전략을 실시하다

大幅 dàfú 형 대폭의
6급 成本 chéngběn 명 생산비, 생산 원가, 코스트

6급 降临 jiànglín 통 강림하다, 내려오다, 찾아오다, 다가오다

통 강림하다, 내려오다, 찾아오다, 다가오다
第一个小宝宝将在不久的将来**降临**人间
첫 번째 아기가 머지않아 세상에 올 것이다

6급 人间 rénjiān 명 세간, 인간 세상

J

4급 降落 jiàngluò 동 낙하하다, 착륙하다

동 **낙하하다, 착륙하다**
一架飞机**降落**在本国的机场
비행기 한 대가 본국 공항에 착륙했다

架 jià 양 대
2급 机场 jīchǎng 명 공항, 비행장

5급 酱油 jiàngyóu 명 간장

명 **간장**
每一道菜都要加一点盐和**酱油**
모든 음식에 소금과 간장을 조금 넣어야 한다

4급 盐 yán 명 소금

4급 交 jiāo 동 사귀다, 교제하다 동 넘기다, 건네다, 맡기다

동 **사귀다, 교제하다**
我**交**了很多中国朋友
나는 많은 중국인 친구를 사귀었다

동 **넘기다, 건네다, 맡기다**
把我挣的钱**交**给妈妈保管
내가 번 돈을 어머니에게 보관하라고 맡기다

把信**交**给他带走
그에게 편지를 주어 가져가게 하다

5급 挣 zhèng 동 일하여 벌다
6급 保管 bǎoguǎn 동 보관하다

역순 어휘
成**交** chéngjiāo   外**交** wàijiāo
杂**交** zájiāo

6급 交叉 jiāochā 동 교차하다 동 번갈아 하다 동 서로 겹치다, 중복되다

동 **교차하다**
两臂在胸前**交叉**
두 팔을 가슴 앞에서 교차하다

동 **번갈아 하다**
晚会上歌舞和时装表演**交叉**进行
파티에서 가무 공연과 패션쇼가 번갈아 진행된다

동 **서로 겹치다, 중복되다**
减少重叠**交叉**概念
겹치고 중복되는 개념을 줄이다

歌舞 gēwǔ 동 노래하고 춤추다
时装 shízhuāng 명 패션, 유행 의상
6급 重叠 chóngdié 동 중첩되다, 중복되다

6급 交代 jiāodài 동 인계하다, 교대하다 동 당부하다, 분부하다 동 설명하다, 해명하다

동 **인계하다, 교대하다**
我把工作**交代**下一班的人去干
나는 다음 근무자에게 업무를 인계했다

동 **당부하다, 분부하다**
领导**交代**今晚加班
상사가 오늘 저녁에 초과 근무를 하라고 분부했다

동 **설명하다, 해명하다**
他把小说的故事情节**交代**得清楚
그는 소설의 스토리를 분명하게 설명했다

4급 加班 jiābān 동 초과 근무를 하다
6급 情节 qíngjié 명 줄거리, 플롯, 구성

5급 交换 jiāohuàn 　동 교환하다, 주고받다 　동 바꾸다

동 교환하다, 주고받다

在圣诞节我们要与亲人、好友、同事**交换**礼品
크리스마스에 우리는 친지, 친구, 동료와 선물을 주고받는다

就经济和社会问题与政府成员**交换**意见
경제와 사회 문제에 대해 정부 각료와 의견을 교환하다

동 바꾸다

中美正在亚太地区**交换**影响力位置
중국과 미국이 아시아 태평양 지역에서 영향력 지위를 바꾸고 있다

礼品 lǐpǐn 명 선물
亚太 Yà-Tài 명 아시아 태평양
5급 位置 wèizhì 명 지위, 위치

5급 交际 jiāojì 　동 교제하다

동 교제하다

语言是人类特有的交际工具
언어는 인류만이 가진 교제 수단이다

特有 tèyǒu 형 특유하다, 독특하게 가지다
5급 工具 gōngjù 명 도구, 수단

4급 交流 jiāoliú 　동 교류하다, 서로 교환하다, 소통하다

동 교류하다, 서로 교환하다, 소통하다

韩国著名教授来我校进行学术**交流**
한국의 유명 교수가 우리 학교에 와서 학술 교류를 진행했다

5급 学术 xuéshù 명 학술

6급 交涉 jiāoshè 　동 교섭하다

동 교섭하다

两国代表秘密**交涉**政治问题
양국 대표가 정치 문제를 비밀리에 교섭하다

5급 秘密 mìmì 형 비밀의
5급 政治 zhèngzhì 명 정치

4급 交通 jiāotōng 　명 교통

명 교통

这个城市人多地广，**交通**发达
이 도시는 인구가 많고 지역이 넓으며, 교통이 발달했다

5급 发达 fādá 형 발달하다, 번창하다

5급 交往 jiāowǎng 　동 왕래하다, 사귀다 　명 왕래, 교제, 교류

동 왕래하다, 사귀다

我同他很少**交往**
나는 그와 왕래가 적다

他们俩已经**交往**三年，关系十分密切
그들 둘은 이미 3년을 사귀었고 관계가 매우 친밀하다

명 왕래, 교제, 교류

交往日益频繁
왕래가 날로 빈번해지다

5급 密切 mìqiè 형 긴밀하다, 친하다
6급 日益 rìyì 부 나날이 더욱, 날로
6급 频繁 pínfán 형 빈번하다, 잦다

J

6급 交易 jiāoyì 통 교역하다, 거래하다 명 교역, 거래, 매매

통 교역하다, 거래하다
网络游戏的装备不可**交易**
온라인 게임의 장비는 거래해서는 안 된다

명 교역, 거래, 매매
夜间批发**交易**从凌晨2点开始到早晨7点结束
야간 도매 거래는 새벽 2시에 시작해서 아침 7시에 끝났다

6급 装备 zhuāngbèi 명 장비
6급 批发 pīfā 통 도매하다

4급 郊区 jiāoqū 명 교외 구역

명 (도시의) 교외 구역
我想去**郊区**游玩，可是不知道去哪里好
나는 교외에 놀러 가고 싶은데 어디 가야 좋을지 모르겠다

游玩 yóuwán 통 놀며 즐기다, 유람하고 감상하다

5급 浇 jiāo 통 물을 주다 통 뿌리다, 붓다

통 물을 주다
上午10点是**浇**花的最佳时间
오전 10시는 꽃에 물을 주기 가장 좋은 시간이다

통 (액체 등을) 뿌리다/붓다
运动后立刻拿冷水**浇**头对身体不太好
운동 후 바로 찬물을 머리에 붓는 것은 몸에 좋지 않다

5급 立刻 lìkè 부 즉각, 즉시, 바로

6급 娇气 jiāoqì 형 나약하다, 여리다 명 나약한 성격

형 나약하다, 여리다
这孩子太**娇气**，说他两句就受不了
이 아이는 너무 여려서 한두 마디만 꾸짖어도 견디지 못한다

명 나약한 성격
父母要教育小孩克服**娇气**
부모는 아이가 나약한 성격을 극복하도록 교육해야 한다

4급 受不了 shòubuliǎo 참을 수 없다
5급 克服 kèfú 극복하다

4급 骄傲 jiāo'ào 형 거만하다, 오만하다 형 자랑스럽다

형 거만하다, 오만하다
她获得了许多成绩，但她一点不**骄傲**
그녀는 많은 성적을 거두었지만 조금도 거만하지 않다

형 자랑스럽다
为韩国女排的成就而**骄傲**
한국 여자 배구의 업적을 자랑스럽게 여기다

女排 nǚpái 명 여자 배구, 여자 배구 팀
5급 成就 chéngjiù 명 성과, 성취, 업적

5급 胶水 jiāoshuǐ 명 고무풀, 아교풀

명 고무풀, 아교풀
手指被**胶水**粘住了 풀 때문에 손가락이 달라붙었다

5급 手指 shǒuzhǐ 명 손가락
粘住 zhānzhù 통 점착하다, 달라붙다

3급 教 jiāo 동 가르치다, 전수하다

동 가르치다, 전수하다
我**教**她织毛衣
나는 그녀에게 뜨개질을 가르친다
我是在大学里**教**物理的老师
나는 대학에서 물리를 가르치는 교사다

毛衣 máoyī 명 털옷, 스웨터

○ **教** jiào [3급] 참조

6급 焦点 jiāodiǎn 명 초점, 포커스

명 초점, 포커스
斗争的**焦点**在于经济问题
투쟁의 초점은 경제 문제에 있다
焦点访谈 집중 취재

5급 在于 zàiyú 동 …에 있다
访谈 fǎngtán 동 취재하여 평론하다

J

6급 焦急 jiāojí 형 초조하다, 애가 타다

형 초조하다, 애가 타다
她的神情显得**焦急**不安
그녀는 표정이 초조하고 불안해 보인다
考生和家长在**焦急**等待高考录取结果
수험생과 학부모가 대입 합격 결과를 초조하게 기다리고 있다

5급 不安 bù'ān 형 불안정하다, 불안하다
5급 等待 děngdài 동 기다리다

3급 角 jiǎo 명 뿔 명 모퉁이, 모서리, 구석 명 각, 각도 양 자오

명 (동물의) 뿔
头上长着两只**角**
머리에 뿔 두 개가 자라다

명 모퉁이, 모서리, 구석
搬几个箱子放在墙**角**里
상자 몇 개를 옮겨서 벽 구석에 놓다

명 각, 각도
这个图形有五个**角**
이 도형은 각이 다섯 개이다

양 자오 (중국의 화폐 단위로 구어에서는 毛máo로 씀)
你带钱包了吗？我还差5**角**
너 지갑 가져 왔어? 나 5자오가 부족하네

图形 túxíng 명 도형, 기하학적 도형

○ **角色** juésè [5급] 참조

5급 角度 jiǎodù 명 각도 명 각도, 시각, 관점

명 각도
测量**角度**
각도를 측량하다

명 (문제를 보는) 각도/시각/관점
从不同的**角度**看问题，往往会得出不同的结论
다른 각도에서 문제를 보면 종종 다른 결론을 도출할 수 있다

6급 测量 cèliáng 동 측량하다
5급 结论 jiélùn 명 결론, 결말

6급 角落 jiǎoluò 명 구석, 모퉁이 명 구석, 편벽한 곳, 은폐된 곳

명 구석, 모퉁이
房子的每一个**角落**都打扫得干干净净
방 구석구석을 모두 깨끗하게 청소하다

명 구석, 편벽한 곳, 은폐된 곳
躲在阴暗的**角落**里搞阴谋
어두운 구석에 숨어 음모를 꾸미다

躲 duǒ 동 숨기다, 숨다
阴暗 yīn'àn 형 어둡다, 음침하다
6급 阴谋 yīnmóu 명 음모, 책략

6급 侥幸 jiǎoxìng 형 요행하다, 뜻밖으로 운이 좋다

형 요행하다, 뜻밖으로 운이 좋다
侥幸过了考试这一关
운 좋게 시험이라는 관문을 통과했다
不要有**侥幸**心理
요행을 바라는 마음을 가져서는 안 된다

5급 心理 xīnlǐ 명 심리

5급 狡猾 jiǎohuá 형 교활하다, 간사하다

형 교활하다, 간사하다
狡猾得像只狐狸
여우처럼 교활하다

狐狸 húli 명 여우

4급 饺子 jiǎozi 명 만두, 교자

명 만두, 교자
回家跟妈妈一起包**饺子**
집에 가서 엄마와 만두를 빚다

3급 包 bāo 동 (얇은 것으로) 싸다/꾸리다

3급 脚 jiǎo 명 발 명 최하단부, 밑

명 발
弟弟的**脚**受伤了
동생이 발을 다쳤다

명 (물건의) 최하단부/밑
站在山**脚**仰视山顶
산기슭에 서서 산 정상을 올려다보다

山脚 shānjiǎo 명 산기슭
仰视 yǎngshì 동 올려다보다, 우러러보다

6급 搅拌 jiǎobàn 동 고루 섞다, 휘젓다

동 고루 섞다, 휘젓다
把咖啡粉倒入杯子，再加入热牛奶，**搅拌**均匀
커피 가루를 컵에 부은 다음에 뜨거운 우유를 넣고 고루 섞는다

5급 均匀 jūnyún 형 균등하다, 고르다, 가지런하다

6급 缴纳 jiǎonà 동 납부하다, 내다

동 납부하다, 내다
缴纳税款 세금을 납부하다

税款 shuìkuǎn 명 세금, 조세

1급 叫 jiào 图 소리지르다, 외치다 图 …이라고 부르다, …이라 할 수 있다
图 알리다, 부르다 图 요구하다, 명령하다, …하게 하다

图 소리지르다, 외치다
他疼得大叫 그는 아파서 크게 소리질렀다

图 …이라고 부르다, …이라 할 수 있다
你叫什么名字? 네 이름은 무엇이니?
那叫潜水艇 그것은 잠수정이라고 부른다
这才叫真正的魔术
이것이야말로 진정한 마술이라고 할 수 있다

图 알리다, 부르다
快去把他叫来 빨리 가서 그를 불러오시오

图 요구하다, 명령하다, …하게 하다
医生叫他好好休息 의사는 그에게 푹 쉬라고 했다

| 4급 疼 téng 图 아프다, 고통스럽다
潜水艇 qiánshuǐtǐng 圀 잠수정, 잠수함
| 4급 真正 zhēnzhèng 圀 진정한, 진짜의
| 6급 魔术 móshù 圀 마술
| 3급 把 bǎ 꿔 …을

6급 较量 jiàoliàng 图 겨루다, 대결하다 图 따지다, 계산하여 비교하다

图 (실력이나 기량을) 겨루다, 대결하다
要是不服就较量一下
승복하지 못하겠다면 실력을 겨뤄 보자

图 따지다, 계산하여 비교하다
较量价格 값을 따지다

不服 bùfú 图 불복하다, 따르지 않다,
인정하지 않다

3급 教 jiào 图 가르치다, 교육하다, 지도하다 圀 종교

图 가르치다, 교육하다, 지도하다
言传身教 말로 전수하고 행동으로 가르치다, 말과 행동으로
다른 사람에게 모범을 보이다

圀 종교
我不信教 나는 종교를 믿지 않는다
世界十大佛教寺庙 세계 10대 불교 사원

佛教 Fójiào 圀 불교

역순 어휘
请教 qǐngjiào   宗教 zōngjiào

○ 教 jiāo [3급] 참조

5급 教材 jiàocái 圀 교재

圀 교재
大学英语系列教材 대학 영어 시리즈 교재

| 6급 系列 xìliè 圀 계열, 세트, 시리즈

5급 教练 jiàoliàn 圀 코치, 트레이너, 감독

圀 코치, 트레이너, 감독
孩子正在依照教练的指示学习游泳
아이가 코치의 지시에 따라 수영을 배우고 있다

依照 yīzhào 꿔 …에 따라, …대로
| 6급 指示 zhǐshì 圀 지시, 명령

2급 教室 jiàoshì 圀 교실

圀 교실
把教室打扫干净了 교실을 깨끗이 청소했다

| 3급 打扫 dǎsǎo 图 청소하다, 깨끗이 치우다

4급 教授 jiàoshòu 동 교수하다, 가르치다, 전수하다 명 교수

동 교수하다, 가르치다, 전수하다
教授物理学 물리학을 가르치다

명 교수
特聘他为我校**教授**
그를 우리 학교 교수로 특별 초빙하다

物理学 wùlǐxué 명 물리학
特聘 tèpìn 동 특별 초빙하다

5급 教训 jiàoxùn 동 가르치고 타이르다, 훈계하다 명 교훈

동 가르치고 타이르다, 훈계하다
不要动不动就**教训**别人
걸핏하면 다른 사람을 훈계하려고 하지 마라

명 교훈
吸取事故**教训**，全面加强森林防火工作
사고에서 교훈을 얻어 삼림 화재 방지 작업을 전면적으로 강화하다

动不动 dòngbudòng 부 걸핏하면, 툭하면
5급 吸取 xīqǔ 동 얻다, 받아들이다
加强 jiāqiáng 동 강화하다
防火 fánghuǒ 동 화재를 막다

6급 教养 jiàoyǎng 동 가르쳐 키우다, 교육하고 양성하다 명 교양

동 가르쳐 키우다, 교육하고 양성하다
教养子女 자녀를 가르쳐 키우다

명 교양
有**教养**的孩子懂得尊重他人
교양 있는 아이는 타인을 존중할 줄 안다

懂得 dǒngde 동 알다, 이해하다
4급 尊重 zūnzhòng 동 존중하다

4급 教育 jiàoyù 명 교육 동 교육하다

명 교육
学校**教育** 학교 교육

동 교육하다
为了**教育**孩子，家长要给孩子做个好榜样
아이를 교육하기 위해 학부모는 아이에게 좋은 본보기가 되어야 한다

家长 jiāzhǎng 명 학부모, 보호자
6급 榜样 bǎngyàng 명 본보기, 모범

6급 阶层 jiēcéng 명 계층, 집단

명 (같은 특징을 지닌) 계층/집단
白领**阶层** 화이트칼라 계층
帮助贫困**阶层** 빈곤 계층을 돕다

白领 báilǐng 명 화이트칼라, 사무직 노동자

5급 阶段 jiēduàn 명 계단, 단계

명 계단, 단계
初级**阶段** 초급 단계
近年来，两国关系进入了全新的发展**阶段**
최근 몇 년 사이에 양국 관계는 완전히 새로운 발전 단계에 들어섰다

5급 初级 chūjí 형 초급의
全新 quánxīn 형 완전히 새롭다, 참신하다

6급 皆 jiē 튄 모두, 다

튄 모두, 다
这个故事可以说是尽人皆知
이 이야기는 모든 사람들이 다 안다고 말할 수 있다

尽人皆知 jìnrén-jiēzhī 쎙 모든 사람들이
다 안다

5급 结实 jiēshi 혱 견고하다, 단단하다, 질기다 혱 건장하다, 튼튼하다

혱 견고하다, 단단하다, 질기다
书架很结实
책꽂이가 견고하다

5급 书架 shūjià 몡 책꽂이, 서가

혱 건장하다, 튼튼하다
小伙子身体很结实
젊은이의 신체가 매우 건장하다

3급 接 jiē 동 연속하다, 계속하다, 이어지다 동 받다, 수령하다, 접수하다 동 마중하다, 맞이하다

동 연속하다, 계속하다, 이어지다
请您接着说
계속해서 말씀 하십시오

2급 机场 jīchǎng 몡 공항
来信 láixìn 몡 (보내온) 편지
电话 diànhuà 몡 전화

동 받다, 수령하다, 접수하다
接到来信 편지를 받다
你为什么不接电话?
너 왜 전화를 안 받니?

4급 母亲 mǔqīn 몡 모친, 어머니

동 마중하다, 맞이하다
到机场接母亲
공항에 가서 어머니를 마중하다

역순 어휘
间接 jiànjiē　　　衔接 xiánjiē
迎接 yíngjiē　　　直接 zhíjiē

5급 接触 jiēchù 동 접촉하다, 닿다, 접하다 동 접촉하다, 만나다, 교제하다

동 접촉하다, 닿다, 접하다
不要接触高压电线
고압 전선을 건드리면 안 된다

高压 gāoyā 몡 고전압, 고압
电线 diànxiàn 몡 전선

他第一次接触外国音乐
그는 외국 음악을 처음 접한다

동 접촉하다, 만나다, 교제하다
他常接触各方面的代表人物
그는 각계의 대표적인 인물들을 자주 만난다

5급 接待 jiēdài 동 접대하다, 맞이하다

동 접대하다, 맞이하다
以热情周到的服务接待各国嘉宾
따뜻하고 세심한 서비스로 각국 귀빈을 접대하다

5급 周到 zhōudào 혱 꼼꼼하다, 세심하다
5급 嘉宾 jiābīn 몡 귀빈, 귀한 손님, 가빈

J

5급 接近 jiējìn 동 접근하다, 근접하다, 가까이 하다 형 비슷하다, 근접해 있다

동 접근하다, 근접하다, 가까이 하다
教师要主动接近学生
교사는 먼저 학생에게 가까이 다가가야 한다
接近全国纪录 전국 기록에 근접하다
형 비슷하다, 근접해 있다
我们的兴趣爱好非常接近
우리들의 취미와 기호는 아주 비슷하다

5급	**主动** zhǔdòng 형 자발적이다, 능동적이다
	全国 quánguó 명 전국
	兴趣 xìngqù 명 흥취, 흥미, 취미

6급 接连 jiēlián 부 끊임없이, 계속, 연이어

부 끊임없이, 계속, 연이어
他做生意接连失败，却不甘心放弃
그는 장사를 연이어 실패했지만 포기하고 싶어하지 않았다

甘心 gānxīn 동 기꺼이 원하다, 바라다

4급 接受 jiēshòu 동 접수하다, 받다, 채택하다

동 접수하다, 받다, 채택하다
接受礼物 선물을 받다
他从来没有接受过专门教育
그는 지금까지 전문 교육을 받은 적이 없다

4급	**从来** cónglái 부 여태, 지금까지
4급	**专门** zhuānmén 형 전문의, 전문적인

4급 接着 jiēzhe 동 뒤를 따르다, 연이어 있다 부 이어서, 잇따라

동 뒤를 따르다, 연이어 있다
学生们一个接着一个走出教室
학생들이 하나둘 연이어 교실을 나가다
大街两旁，各种商店一家接着一家
큰길 양쪽에는 각종 상점이 줄지어 있다
부 이어서, 잇따라
我做了一半，你接着做吧
내가 절반을 했으니 네가 이어서 해라

	两旁 liǎngpáng 명 양측, 양쪽
	各种 gèzhǒng 형 각종의, 여러 가지의
	一半 yībàn 수 절반, 반

揭发 jiēfā 동 적발하다, 고발하다, 폭로하다, 들추어내다

동 적발하다, 고발하다, 폭로하다, 들추어내다
揭发丑闻 스캔들을 폭로하다
把他的罪行全部揭发了出来
그의 범죄 행위를 전부 적발했다

	丑闻 chǒuwén 명 추문, 스캔들
	罪行 zuìxíng 명 죄행, 범죄 행위

6급 揭露 jiēlù 동 폭로하다, 들추어내다

동 폭로하다, 들추어내다
揭露内幕 내막을 폭로하다
他们的阴谋被揭露出来了
그들의 음모가 폭로되었다

6급	**内幕** nèimù 명 내막, 속사정
6급	**阴谋** yīnmóu 명 음모, 책략

3급 街道 jiēdào 똉 거리, 대로

똉 거리, 대로
到了晚上，这条**街道**就热闹起来了
저녁이 되자 이 거리는 붐비기 시작했다

4급 热闹 rènao 휑 붐비다, 활기차다,
왁자지껄하다

4급 节 jié 똉 명절, 기념일 앙 마디, 칸

똉 명절, 기념일
春节是中国最富有特色的传统**节**日
춘제는 중국에서 제일 특색 있는 전통 명절이다

앙 마디, 칸 (여러 개로 나누어진 것을 세는 단위)
三**节**车厢
열차 3량, (열차 등의) 객차 세 칸

今天我上了两**节**课
오늘 나는 수업 두 과목을 들었다

春节 Chūnjié 똉 음력설, 설날, 춘제, 춘절
富有 fùyǒu 똉 많은 …을 가지다
5급 车厢 chēxiāng 똉 객차, 찻간

역순 어휘
端午节 Duānwǔjié   国庆节 Guóqìngjié
环节 huánjié   季节 jìjié
礼节 lǐjié   情节 qíngjié
调节 tiáojié   细节 xìjié
元宵节 Yuánxiāojié

3급 节目 jiémù 똉 프로그램, 항목, 레퍼토리, 목록, 리스트

똉 프로그램, 항목, 레퍼토리, (방송 등의) 목록/리스트
预报电视**节目** TV 프로그램을 예고하다
演出**节目** 공연 레퍼토리, 공연 프로그램

5급 预报 yùbào 똉 예보하다, 예고하다
4급 演出 yǎnchū 똉 공연, 상연, 퍼포먼스

3급 节日 jiérì 똉 명절, 기념일, 공휴일

똉 명절, 기념일, 공휴일
元宵**节日**是中国的传统**节日**
원소절은 중국의 전통 명절이다

6급 元宵节 Yuánxiāojié 똉 원소절, 대보름날,
정월 대보름

5급 节省 jiéshěng 똉 절약하다, 아끼다 휑 낭비하지 않다, 검소하다

똉 절약하다, 아끼다
节省原料 원료를 절약하다

휑 낭비하지 않다, 검소하다
爷爷花钱一向很**节省**
할아버지는 돈을 쓰실 때 항상 낭비하지 않으신다

5급 原料 yuánliào 똉 원료
6급 一向 yīxiàng 똉 항상, 줄곧

4급 节约 jiéyuē 똉 절약하다, 아끼다 휑 검소하다, 사치하지 않다

똉 절약하다, 아끼다
节约用电，**节约**用水
전기를 절약하고 물을 아끼다

휑 검소하다, 사치하지 않다
他在生活上很勤俭**节约**
그는 생활에서 매우 알뜰하고 검소하다

6급 勤俭 qínjiǎn 똉 근검하다, 부지런하고
알뜰하다

6급 节制 jiézhì 통 절제하다, 제한하다

통 절제하다, 제한하다
节制开销 지출을 제한하다
毫无节制地喝酒 무절제하게 술을 마시다

开销 kāixiāo 명 지출, 비용
6급 毫无 háowú 통 전혀 …이 없다

6급 节奏 jiézòu 명 절주, 박자, 리듬 명 리듬, 규칙, 흐름, 순서

명 (음악 등의) 절주/박자/리듬
节奏明快的歌曲 리듬이 경쾌한 노래
명 리듬, 규칙, 흐름, 순서
加快生活节奏 생활 리듬을 빨리하다

明快 míngkuài 형 명쾌하다, 경쾌하다
歌曲 gēqǔ 명 노래, 가곡
加快 jiākuài 통 속도를 내다, 빨리하다

6급 杰出 jiéchū 형 걸출한, 출중한, 뛰어난

형 (재능, 성과 등이) 걸출한/출중한/뛰어난
表彰为科学技术发展做出杰出贡献的科技人员
과학 기술 발전을 위해 뛰어난 공헌을 한 과학 기술자를 표창하다

6급 表彰 biǎozhāng 통 표창하다
5급 贡献 gòngxiàn 명 공헌

5급 结构 jiégòu 명 구성, 구조, 짜임새 통 구성하다

명 구성, 구조, 짜임새
分析人体结构 인체 구조를 분석하다
这篇文章结构很清晰 이 글은 짜임새가 분명하다
통 (글이나 이야기를) 구성하다
结构故事 이야기를 구성하다

5급 分析 fēnxī 통 분석하다
6급 清晰 qīngxī 형 뚜렷하다, 선명하다

4급 结果 jiéguǒ 명 결과, 결실, 성과 연 결과적으로, 결국, 마침내

명 결과, 결실, 성과
市场调查结果还没出来吗?
시장 조사 결과가 아직 나오지 않았습니까?
연 결과적으로, 결국, 마침내
他们吵了一场大架, 结果分手了
그들은 한바탕 크게 말싸움을 하더니 결국 헤어졌다

5급 分手 fēnshǒu 통 이별하다, 헤어지다

5급 结合 jiéhé 통 결합하다, 결부하다 명 결합 통 부부가 되다, 부부로 맺어지다

통 결합하다, 결부하다
理论与实践相结合 이론과 실천이 서로 결합하다
把学习和游戏结合起来 공부와 놀이를 결합시키다
명 결합
传统与现代的结合 전통과 현대의 결합
통 부부가 되다, 부부로 맺어지다
恋爱三年后他俩终于结合了
3년의 연애 끝에 그 둘은 마침내 부부가 되었다

5급 理论 lǐlùn 명 이론
5급 实践 shíjiàn 명 실천
5급 传统 chuántǒng 명 전통
5급 恋爱 liàn'ài 통 연애하다, 사랑하다

| 3급 | **结婚** jié//hūn | 통 결혼하다 |

통 결혼하다
今天女友终于同意跟我结婚了
오늘 여자 친구가 드디어 나와 결혼하는 데 동의했다

| 3급 | 同意 tóngyì | 통 동의하다, 찬성하다, 허락하다 |

| 6급 | **结晶** jiéjīng | 명 결정, 결정체, 귀한 성과, 소중한 결과 |

명 결정, 결정체, 귀한 성과, 소중한 결과
这种新产品是尖端科技的结晶
이 신상품은 첨단 과학 기술의 결정체이다

| 6급 | 尖端 jiānduān | 명 첨단의 |

| 6급 | **结局** jiéjú | 명 최종 국면, 결국, 결말, 종국 |

명 최종 국면, 결국, 결말, 종국
小说的结局很出乎意料 소설의 결말이 매우 뜻밖이다

出乎意料 chūhū-yìliào
성 예상을 넘어서다, 뜻밖이다

| 5급 | **结论** jiélùn | 명 결론, 결말 |

명 결론, 결말
经过探讨后，专家得出了一个令人震惊的结论
연구와 토론을 거쳐 전문가가 충격적인 결론을 도출했다

| 6급 | 探讨 tàntǎo | 통 연구하고 토론하다, 탐구하다 |
得出 déchū 통 (결론이나 결과를) 도출하다
| 6급 | 震惊 zhènjīng | 통 매우 놀라다, 깜짝 놀라다 |

| 3급 | **结束** jiéshù | 통 완결하다, 종료하다, 끝나다 |

통 완결하다, 종료하다, 끝나다
演出结束后，全场观众起立鼓掌
공연이 끝난 후 모든 관중이 일어나서 박수를 쳤다
结束战争状态 전쟁 상황을 종료하다

全场 quánchǎng 명 장소 전체, 모든 사람
5급	鼓掌 gǔzhǎng	통 박수를 치다
5급	战争 zhànzhēng	명 전쟁
5급	状态 zhuàngtài	명 상태, 형태

| 6급 | **结算** jiésuàn | 통 결산하다, 결제하다 |

통 결산하다, 결제하다
年终**结算** 연말 결산
提供手机**结算**服务 핸드폰 결제 서비스를 제공하다

年终 niánzhōng 명 연말

| 5급 | **结账** jié//zhàng | 통 결산하다, 계산하다 |

통 결산하다, 계산하다
月底**结账** 월말 결산하다
在超市排队**结账** 슈퍼마켓에서 줄을 서서 계산하다

| 3급 | 超市 chāoshì | 명 슈퍼마켓 |
| 4급 | 排队 páiduì | 통 줄을 서다 |

| 6급 | **截止** jiézhǐ | 통 그만하다, 마감하다 |

통 그만하다, 마감하다
报名到30日**截止** 신청은 30일에 마감한다
应聘申请受理**截止**日期是4月30日
채용 원서 접수 마감 날짜는 4월 30일이다

| 4급 | 报名 bàomíng | 통 등록하다, 신청하다 |
| 4급 | 应聘 yìngpìn | 통 공모에 지원하다 |
受理 shòulǐ 통 받아서 처리하다

J

6급 截至 jiézhì 동 …까지 마감하다

동 …까지 마감하다
截至11时全市平均降雨量76.6毫米
11시까지 시 전체 평균 강우량은 76.6밀리미터이다

5급 平均 píngjūn 동 평균하다, 평균을 내다
6급 毫米 háomǐ 양 밀리미터

6급 竭尽全力 jiéjìn-quánlì 성 수고를 아끼지 않다, 최선을 다하다, 전력을 다하다

성 수고를 아끼지 않다, 최선을 다하다, 전력을 다하다
他**竭尽全力**地帮助了我
그는 수고를 아끼지 않고 나를 도왔다
我们将**竭尽全力**去夺得这场比赛的冠军
우리는 모든 힘을 다해서 이번 시합에서 우승을 차지할 것이다

夺得 duódé 동 쟁취하다, 차지하다
5급 冠军 guànjūn 명 우승, 일등

2급 姐姐 jiějie 명 언니, 누나

명 언니, 누나
他的**姐姐**做的蛋糕真好吃
그의 누나가 만든 케이크는 정말 맛있다

3급 蛋糕 dàngāo 명 케이크

6급 解除 jiěchú 동 제거하다, 없애다, 해소하다, 해제하다

동 제거하다, 없애다, 해소하다, 해제하다
解除警报 경보를 해제하다
接触**心结** 응어리를 풀다

警报 jǐngbào 명 경보
心结 xīnjié 명 마음속 문제, 응어리

6급 解放 jiěfàng 동 해방하다, 해방되다, 제약에서 벗어나다

동 해방하다, 해방되다, 제약에서 벗어나다
解放被压迫民族
억압된 민족을 해방시키다
高科技的运用**解放**了大批劳动力
첨단 기술의 운용이 많은 노동력을 해방시켰다

6급 压迫 yāpò 동 압박하다, 억압하다
高科技 gāokējì 명 첨단 기술, 하이테크

6급 解雇 jiě∥gù 동 해고하다

동 해고하다
老板**解雇**了3名职员
사장은 직원 3명을 해고했다

5급 老板 lǎobǎn 명 사장, 상점 주인
职员 zhíyuán 명 직원

3급 解决 jiějué 동 해결하다, 풀다

동 해결하다, 풀다
我已经**解决**了这个案件
나는 이 사건을 이미 해결했다

6급 案件 ànjiàn 명 사건, 안건

6급 解剖 jiěpōu 图 해부하다 图 해부하다, 분석하고 연구하다

图 (생명체 등을) 해부하다
法医解剖尸体 법의학자가 시신을 해부하다

图 해부하다, 분석하고 연구하다
作家解剖了人物的内心世界
작가는 인물의 내면 세계를 해부했다

法医 fǎyī 图 법의학 전문가, 법의학자
6급 尸体 shītǐ 图 사체, 시체, 시신
内心 nèixīn 图 내심, 마음속, 마음

6급 解散 jiěsàn 图 흩어지다, 해산하다 图 해산하다, 해체하다

图 (모인 사람들이) 흩어지다/해산하다
现在解散，10点再集合
지금 해산하고 10시에 다시 집합한다

图 (기구, 단체 등을) 해산하다/해체하다
解散议会 의회를 해산하다
足球队解散了 축구팀은 해체되었다

5급 集合 jíhé 图 모이다, 집합하다
议会 yìhuì 图 의회, 국회

4급 解释 jiěshì 图 해석하다, 해설하다, 설명하다 图 해명하다, 변명하다

图 해석하다, 해설하다, 설명하다
这种现象连科学都无法解释
이런 현상은 과학으로도 설명할 방법이 없다

向顾客解释商品涨价的原因
고객에게 상품 가격이 인상된 원인을 설명하다

图 해명하다, 변명하다
事情已经查清楚，你不用解释了
사건은 이미 정확히 조사했으니 너는 해명할 필요가 없다

无法 wúfǎ 图 …할 방법이 없다
涨价 zhǎngjià 图 물가가 상승하다, 가격이 오르다

解说员 jiěshuōyuán 图 해설자, 아나운서, 안내인

图 해설자, 아나운서, (전시장 등의) 안내인
邀请一位著名的足球解说员
유명한 축구 해설자를 초청하다

4급 邀请 yāoqǐng 图 초청하다, 초대하다
足球 zúqiú 图 축구

6급 解体 jiětǐ 图 와해되다, 무너지다

图 와해되다, 무너지다
家庭解体 가정이 와해되다
军事防线解体 군사 방어선이 무너지다

防线 fángxiàn 图 방어선, 방위선

2급 介绍 jièshào 图 소개하다

图 소개하다
做自我介绍 자기 소개를 하다
他给我介绍几位作家 그는 나에게 작가 몇 분을 소개했다
我给你介绍一本好书 내가 너에게 좋은 책 한 권 소개할게

自我 zìwǒ 때 자신, 자기
4급 作家 zuòjiā 图 작가

J

5급 戒 jiè 图 방비하다, 경계하다 图 없애다, 제거하다, 끊다

图 방비하다, 경계하다
戒骄戒躁 거만함과 조급함을 경계하다

图 없애다, 제거하다, 끊다
医生建议他为了健康要戒酒
의사는 그에게 건강을 위해 술을 끊어야 한다고 제안했다

4급 **建议** jiànyì 图 건의하다, 제안하다
戒酒 jièjiǔ 图 술을 끊다, 금주하다

6급 戒备 jièbèi 图 경계하다, 경비하다, 방비하다

图 경계하다, 경비하다, 방비하다
加意戒备 특별히 주의하고 경계하다
国际机场处于戒备森严的紧急状态
국제 공항이 경비가 삼엄한 비상 사태에 처하다

加意 jiāyì 图 특히 주의하다, 특히 신경 쓰다
森严 sēnyán 图 삼엄하다

戒烟 jièyān 图 담배를 끊다, 금연하다

图 담배를 끊다, 금연하다
我下了决心要戒烟 나는 금연하기로 결심했다
推广戒烟运动 금연 운동을 널리 시행하다

5급 **决心** juéxīn 图 결심, 결정
5급 **推广** tuīguǎng 图 널리 보급하다,
널리 시행하다

5급 戒指 jièzhi 图 반지

图 반지
她手指上戴着钻石戒指
그녀는 손가락에 다이아몬드 반지를 끼고 있다

5급 **手指** shǒuzhǐ 图 손가락
6급 **钻石** zuànshí 图 다이아몬드

5급 届 jiè 图 이르다, 다다르다 图 회, 차, 기

图 (예정된 시기에) 이르다/다다르다
欢迎届时收看 그 때 시청해 주시길 바랍니다

图 회, 차, 기 (정기적인 회의, 행사, 기수 등을 세는 단위)
第一届国际赛 제1회 국제 대회
不参加本届奥运会 이번 올림픽에 불참하다

届时 jièshí 图 약속된 시간이 되다,
그 때가 되다
收看 shōukàn 图 시청하다
奥运会 Àoyùnhuì 图 올림픽

6급 界限 jièxiàn 图 경계 图 한도, 한계

图 경계
上下界限分明 위아래 경계가 분명하다
和敌人划清了界限 적과의 경계를 명확히 구분했다

图 한도, 한계
突破自己能力的界限 자기 능력의 한계를 깨다

6급 **分明** fēnmíng 图 분명하다, 명확하다
划清 huàqīng 图 분명히 구분하다
6급 **突破** tūpò 图 (기록, 한계를) 깨다/돌파하다

3급 借 jiè 图 빌리다 图 빌려주다 图 기대다, 의지하다, 이용하다, 빌리다

图 빌리다
跟哥哥借钱 형에게 돈을 빌리다

我在图书馆借了几本书 나는 도서관에서 책 몇 권을 빌렸다

동 빌려주다
把车借给朋友了 친구에게 차를 빌려주었다

동 기대다, 의지하다, 이용하다, 빌리다
希望借这次机会，增进双方的交流和友谊
이 기회를 빌려 쌍방의 교류와 우정이 증진되기를 바랍니다

3급 图书馆 túshūguǎn 명 도서관	
3급 机会 jīhuì 명 기회, 시기	
增进 zēngjìn 동 증진하다	

6급 借鉴 jièjiàn 동 본보기로 삼다, 거울로 삼다

동 본보기로 삼다, 거울로 삼다
借鉴外国的先进经验
외국의 앞선 경험을 본보기로 삼다

6급 先进 xiānjìn 형 선진적인, 진보한, 앞선

5급 借口 jièkǒu 동 핑계를 대다, 구실을 삼다 명 핑계, 구실

동 핑계를 대다, 구실을 삼다
有的工厂借口生产忙而忽视环境治理
어떤 공장은 생산이 바쁘다는 핑계로 환경 관리를 소홀히 한다

명 핑계, 구실
用种种借口推卸责任 각종 구실로 책임을 회피하다

5급 忽视 hūshì 동 소홀히 하다, 경시하다
推卸 tuīxiè 동 회피하다, 미루다, 떠넘기다

6급 借助 jièzhù 동 도움을 받다, 힘을 빌리다

동 (다른 사람이나 사물의) 도움을 받다/힘을 빌리다
风筝借助风力，越飞越高
연은 바람의 힘을 받으면 점점 더 높이 난다
借助于互联网来促进自身的发展
인터넷의 도움을 받아 자기 발전을 촉진하다

风筝 fēngzheng 명 연
4급 互联网 hùliánwǎng 명 인터넷

1급 今天 jīntiān 명 오늘 명 현재, 오늘날

명 오늘
今天天气不是很冷 오늘은 날씨가 많이 춥지 않다

명 현재, 오늘날
珍惜今天的美好生活 현재의 행복한 생활을 소중히 여기다

1급 天气 tiānqì 명 날씨, 일기
5급 珍惜 zhēnxī 동 아끼다, 소중히 여기다

6급 金融 jīnróng 명 금융

명 금융
克服金融危机和经济困难 금융 위기와 경제난을 극복하다

6급 危机 wēijī 명 위기

5급 金属 jīnshǔ 명 금속

명 금속
金属元素 금속 원소
土壤重金属污染问题日益严重
토양 중금속 오염 문제가 날로 심각해지고 있다

6급 元素 yuánsù 명 화학 원소
6급 土壤 tǔrǎng 명 토양, 토지
6급 日益 rìyì 부 나날이 더욱, 날로

J

6급 津津有味 jīnjīn-yǒuwèi 웹 매우 맛있다 웹 매우 흥미롭다, 흥미진진하다

웹 매우 맛있다
妈妈做的菜，我们都吃得津津有味
엄마가 만드신 요리를 우리 모두 아주 맛있게 먹었다

웹 매우 흥미롭다, 흥미진진하다
孩子们正在津津有味地听着奶奶讲故事
아이들은 할머니가 하는 이야기를 흥미진진하게 듣고 있다

3급 奶奶 nǎinai 뎽 조모, 할머니
3급 故事 gùshi 뎽 이야기, 줄거리

4급 尽管 jǐnguǎn 뛴 마음껏, 얼마든지, 주저 없이 옌 비록 …일지라도, 설령 …라 해도

뛴 마음껏, 얼마든지, 주저 없이
有什么话尽管说
할 말 있으면 얼마든지 얘기하세요

옌 비록 …일지라도, 설령 …라 해도
尽管失败了多次，我们还要坚持实验下去
비록 여러 차례 실패했지만 우리는 실험을 계속해 나갈 것이다

4급 失败 shībài 뎽 실패하다
5급 实验 shíyàn 뎽 실험하다

5급 尽快 jǐnkuài 뛴 가능한 한 빨리, 최대한 빨리

뛴 가능한 한 빨리, 최대한 빨리
完成任务后尽快回来
임무를 완성한 후 가능한 한 빨리 돌아오다

尽快把调查报告写好
최대한 빨리 조사 보고서를 완성하시오

4급 调查 diàochá 뎽 조사하다

5급 尽量 jǐnliàng 뛴 최대한, 가능한 한, 될 수 있는 한

뛴 최대한, 가능한 한, 될 수 있는 한
两岁以下的儿童尽量不要接触电子产品
2세 이하의 아동은 가능한 한 전자 제품과 접촉하지 않아야 한다

5급 接触 jiēchù 뎽 접촉하다, 닿다

紧 jǐn 뎽 팽팽하다 뎽 꽉 끼다, 가깝다 뎽 긴밀하다, 급박하다
뎽 빠듯하다, 넉넉하지 못하다

뎽 팽팽하다
绳子绷得紧紧的
밧줄이 팽팽하게 당겨져 있다

뎽 꽉 끼다, 가깝다
这皮鞋我穿着太紧
이 구두는 내가 신기에 너무 꽉 낀다

两家紧挨着的工厂先后起火
바싹 붙어 있는 두 공장에서 연이어 불이 났다

뎽 긴밀하다, 급박하다
时间太紧，顾不上吃饭了
시간이 촉박하여 밥 먹을 겨를이 없었다

뎽 (생활이) 빠듯하다/넉넉하지 못하다
日子过得很紧
빠듯하게 살다

5급 绳子 shéngzi 뎽 줄, 밧줄, 노끈
绷 bēng 뎽 (팽팽하게) 잡아당기다/펴다
3급 皮鞋 píxié 뎽 가죽신, 가죽 구두
先后 xiānhòu 뛴 뒤이어, 연이어
起火 qǐhuǒ 뎽 불나다, 화재가 일어나다
顾不上 gùbushàng 돌볼 틈이 없다,
…할 겨를이 없다

역순 어휘
不要紧 bùyàojǐn　　赶紧 gǎnjǐn
抓紧 zhuājǐn

5급 紧急 jǐnjí 형 긴박하다, 긴급하다

형 긴박하다, 긴급하다
紧急救援 긴급히 구조하다
情况万分**紧急** 상황이 매우 긴박하다

救援 jiùyuán 동 구원하다, 구하다
6급 万分 wànfēn 형 대단하다, 지극하다

紧密 jǐnmì 형 긴밀하다, 밀접하다

형 긴밀하다, 밀접하다
保持**紧密**的联系
긴밀하게 연락을 주고받으며 지내다
紧密地结合在一块儿
긴밀하게 하나로 뭉치다

5급 保持 bǎochí 동 유지하다, 지키다
5급 结合 jiéhé 동 결합하다, 결부하다

6급 紧迫 jǐnpò 형 긴박하다, 급박하다

형 긴박하다, 급박하다
时间**紧迫** 시간이 긴박하다
把国家秩序恢复作为当前最**紧迫**的任务
국가 질서의 회복을 지금 가장 급박한 임무로 삼다

5급 秩序 zhìxù 명 질서, 순서, 차례
6급 当前 dāngqián 명 눈앞, 현재, 지금

4급 紧张 jǐnzhāng 형 긴장되다, 몹시 불안하다 형 긴박하다, 격렬하다
형 부족하다, 모자라다

형 긴장되다, 몹시 불안하다
心情很**紧张** 마음이 긴장되다
第一次参加比赛，感到**紧张**是很自然的
처음 시합에 참가하니 긴장되는 것은 매우 자연스러운 일이다

형 긴박하다, 격렬하다
每天的日程安排得很**紧张**
매일의 일정이 매우 빡빡하게 짜여 있다

형 (공급이) 부족하다/모자라다
供应**紧张** 공급이 부족하다

4급 自然 zìrán 형 자연스럽다
5급 日程 rìchéng 명 일정
4급 安排 ānpái 동 안배하다, 배치하다
供应 gōngyìng 동 제공하다, 보급하다, 공급하다

6급 锦上添花 jǐnshàng-tiānhuā 성 금상첨화, 좋은 것에 또 좋은 것이 더해지다

성 금상첨화, 좋은 것에 또 좋은 것이 더해지다
美丽的鲜花让精致的装修**锦上添花**
아름다운 생화는 훌륭한 인테리어에 더욱 금상첨화이다

6급 精致 jīngzhì 형 정교하고 치밀하다, 세밀하다
5급 装修 zhuāngxiū 동 실내 장식하다, 인테리어를 하다

5급 谨慎 jǐnshèn 형 신중하다, 조심스럽다

형 (언행이) 신중하다/조심스럽다
严肃**谨慎**的工作作风
진지하고 조심스러운 업무 태도
他讲话很**谨慎**
그는 말할 때 매우 신중하다

5급 严肃 yánsù 형 엄숙하다, 엄격하다, 진지하다
6급 作风 zuòfēng 명 태도, 방법, 스타일

5급 尽力 jìn//lì 〔동〕 온 힘을 다하다, 전력을 다하다

〔동〕 온 힘을 다하다, 전력을 다하다
尽力争取最好成绩
전력을 다해 최고의 성적을 달성하다

| 5급 | 争取 zhēngqǔ 〔동〕 쟁취하다, 획득하다, 얻어 내다

2급 进 jìn 〔동〕 나아가다, 올라가다 〔동〕 들어가다 〔동〕 받다, 받아들이다
〔동〕 밖에서 안으로 진행됨을 나타낸다

〔동〕 나아가다, 올라가다 [반의어] 退 tuì [5급]
又**进**了一步 또 한 발짝 앞으로 나아갔다
终于**进**决赛了 마침내 결승전에 진출했다

〔동〕 들어가다 [반의어] 出 chū [2급]
进了商场，妻子先去看化妆品
쇼핑센터에 들어가서 아내는 먼저 화장품을 보러 갔다

〔동〕 받다, 받아들이다
商店**进**了一批货
상점에 대량의 물건이 들어왔다

〔동〕 (//jìn) 동사 뒤에 쓰여 밖에서 안으로 진행됨을 나타낸다
走**进**大厅 로비로 걸어 들어가다
引**进**新技术 신기술을 도입하다

| 5급 | 决赛 juésài 〔명〕 결승전
商场 shāngchǎng 〔명〕 상가, 백화점
化妆品 huàzhuāngpǐn 〔명〕 화장품
大厅 dàtīng 〔명〕 홀, 로비
引进 yǐnjìn 〔동〕 도입하다, 외부에서 들여오다

역순 어휘
促进 cùjìn   改进 gǎijìn
上进 shàngjìn   先进 xiānjìn
循序渐进 xúnxù-jiànjìn

5급 进步 jìnbù 〔동〕 진보하다, 발전하다 〔명〕 진보, 발전

〔동〕 진보하다, 발전하다 [반의어] 退步 tuìbù [5급]
时代**进步**得太快
시대가 빠르게 발전했다

〔명〕 진보, 발전
我在学习上花了不少时间，却没有明显的**进步**
나는 공부에 적지 않은 시간을 들였는데, 눈에 띄는 발전이 없다

| 5급 | 时代 shídài 〔명〕 시대, 시기
| 5급 | 明显 míngxiǎn 〔형〕 뚜렷하다, 분명하다

6급 进而 jìn'ér 〔연〕 진일보하여, 더 나아가

〔연〕 진일보하여, 더 나아가
先学好第一外语，**进而**再学习第二外语
먼저 제1외국어를 배우고 더 나아가 제2외국어를 배우다
如果连续数天大雾，将使农作物缺乏光照，**进而**
影响生长 만약 여러 날 연속해서 안개가 끼면, 농작물에 일조량
부족을 초래하고 나아가 성장에 영향을 줄 것이다

外语 wàiyǔ 〔명〕 외국어
大雾 dàwù 〔명〕 짙은 안개
| 5급 | 缺乏 quēfá 〔동〕 결핍되다, 모자라다, 부족하다
光照 guāngzhào 〔동〕 빛을 비추다, 빛이
비치다, 볕이 내리쬐다

6급 进攻 jìngōng 〔동〕 공격하다, 진격하다 〔동〕 공격하다

〔동〕 공격하다, 진격하다
进攻敌人大本营
적의 최고 사령부를 공격하다

〔동〕 (경기나 시합에서) 공격하다
主队**进攻**能力强于客队
홈 팀의 공격 능력이 원정 팀보다 강하다

大本营 dàběnyíng 〔명〕 최고 사령부
主队 zhǔduì 〔명〕 (운동 경기의) 홈 팀
客队 kèduì 〔명〕 (홈 팀과 상대되는) 원정 팀

6급 进化 jìnhuà 동 진화하다 동 진화하다, 발전하다

동 진화하다
鸟类是从兽脚类恐龙**进化**而来的
조류는 수각류 공룡에서 진화해 온 것이다

동 진화하다, 발전하다
人类的文明在不断**进化**
인류 문명은 끊임없이 진화하고 있다

鸟类 niǎolèi 명 조류
兽脚类 shòujiǎolèi
명 수각류 (공룡 분류군 중 하나)
恐龙 kǒnglóng 명 공룡
5급 不断 bùduàn 부 부단히, 끊임없이

5급 进口 jìnkǒu 동 수입하다 명 입구

동 (jìn//kǒu) 수입하다
从这个国家**进口**的最重要的产品是橙子
이 나라로부터 수입하는 가장 중요한 제품은 오렌지이다

명 입구
剧院**进口**有两道门
극장 입구에는 문이 두 개 있다

橙子 chéngzi 명 오렌지
剧院 jùyuàn 명 극장, 공연장
道 dào 양 개, 짝 (문, 벽 등을 세는 단위)

J

4급 进行 jìnxíng 동 행진하다, 전진하다 동 하다, 진행하다

동 행진하다, 전진하다
婚礼**进行**曲 결혼 행진곡

동 (지속적인 일, 격식을 갖춘 일을) 하다/진행하다
事情**进行**得很顺利
일이 아주 순조롭게 진행되다

医护人员马上对她**进行**了治疗
의료진은 즉시 그녀를 치료했다

从病人身上采集病毒样本**进行**检测
환자의 몸에서 바이러스를 채취하여 검사를 하다

5급 婚礼 hūnlǐ 명 혼례, 결혼식
6급 采集 cǎijí 동 모으다, 채집하다, 수집하다
检测 jiǎncè 동 검사하여 측정하다

tip 进行 뒤에는 1음절의 목적어가 올 수 없고, 목적어로 쓰인 동사는 또 다른 목적어를 취할 수 없으므로, 개사 对duì를 사용하여 대상이 되는 사람이나 사물을 언급할 수 있다
对他**进行**训练 그를 훈련시키다 | 对**数据进行**分析 데이터를 분석하다

6급 进展 jìnzhǎn 동 진전하다, 진보하다, 진척하다

동 진전하다, 진보하다, 진척하다
调查工作**进展**顺利
조사 작업이 순조롭게 진척되다

4급 顺利 shùnlì 형 순조롭다, 순탄하다

2급 近 jìn 형 가깝다

형 (장소, 시간, 관계 등이) 가깝다 반의어 远 yuǎn [2급]
虽然房租有点儿贵，但是离公司很**近**
방세는 좀 비싸지만 회사에서 매우 가깝다

近几年，我们一直在专注于改善居民居住环境
최근 몇 년, 우리는 계속 주민 거주 환경 개선에 전념해 왔다

房租 fángzū 명 집세, 임대료
专注 zhuānzhù 동 전념하다

역순 어휘
附**近** fùjìn　　将**近** jiāngjìn　　接**近** jiējìn
就**近** jiùjìn　　最**近** zuìjìn

5급 近代 jìndài 명 근대

명 근대 (1840년 아편전쟁부터 1919년 5.4 운동까지의 시기)
他的父亲是中国近代杰出的医学家
그의 부친은 중국 근대의 뛰어난 의학자셨다

6급 杰出 jiéchū 형 걸출한, 출중한, 뛰어난

6급 近来 jìnlái 명 근래, 요즘

명 근래, 요즘
近来有机蔬菜消费量逐渐增加
최근 유기농 채소 소비량이 점차 증가하고 있다

有机 yǒujī 형 유기의, 유기물의, 유기 화합의
5급 逐渐 zhújiàn 부 차츰, 점차

近视 jìnshì 형 근시의 형 근시안적이다, 안목이 짧다

형 근시의
两只眼睛近视度数相差太大
양쪽 눈의 근시 도수 차이가 너무 크다

형 근시안적이다, 안목이 짧다
他的眼光太近视了
그의 안목은 지나치게 근시안적이다

度数 dùshu 명 도수
6급 相差 xiāngchà 동 차이가 나다, 서로 다르다
6급 眼光 yǎnguāng 명 안목, 식견, 통찰력

劲头 jìntóu 명 힘, 기운 명 정력, 활력, 열정

명 힘, 기운
这条鱼的劲头非常大，差一点就跑了
이 물고기는 힘이 매우 세서 하마터면 놓칠 뻔했다

명 정력, 활력, 열정
他讲话时劲头十足
그는 말을 할 때 열정이 충만하다

6급 十足 shízú 형 충분하다, 충만하다

6급 晋升 jìnshēng 동 승진하다, 승격하다, 오르다

동 승진하다, 승격하다, 오르다
由科长晋升为处长
과장에서 처장으로 승진하다

科长 kēzhǎng 명 과장
处长 chùzhǎng 명 처장

6급 浸泡 jìnpào 동 담그다

동 (액체에) 담그다
浸泡大米 쌀을 물에 불리다
把大白菜放到盐水里边，浸泡3个小时
배추를 소금물에 넣어 3시간 동안 담가 두다

大米 dàmǐ 명 쌀
大白菜 dàbáicài 명 배추

4급 禁止 jìnzhǐ 동 금지하다, 불허하다

동 금지하다, 불허하다
禁止车辆通行 차량 통행을 금지하다

车辆 chēliàng 명 차량
通行 tōngxíng 동 통행하다, 다니다

6급 茎 jīng 명 줄기

명 (식물의) 줄기
玫瑰的茎上有刺 장미의 줄기에는 가시가 있다

玫瑰 méigui 명 장미, 장미꽃
6급 | 刺 cì 명 가시, 바늘, 돋기

4급 京剧 jīngjù 명 경극

명 경극
他是著名的京剧演员 그는 유명한 경극 배우이다

4급 | 著名 zhùmíng 형 저명하다, 유명하다

3급 经常 jīngcháng 형 평상의, 일상적인 부 늘, 자주, 항상

형 평상의, 일상적인
干我们这一行，开夜车是经常的事
우리 이 직종에서 일하려면, 밤샘 작업은 일상적인 일이다

부 늘, 자주, 항상
父亲经常工作到深夜 아버지는 늘 한밤중까지 일을 하신다

开夜车 kāi yèchē 밤을 새워 일하다,
밤을 새워 공부하다
深夜 shēnyè 명 심야, 한밤중

5급 经典 jīngdiǎn 명 경전, 고전 형 고전의, 명작의

명 경전, 고전
佛教经典 불교 경전 | 背诵经典 경전을 암송하다
형 고전의, 명작의
我去纽约看了一场百老汇经典音乐剧《猫》
나는 뉴욕에 가서 브로드웨이 고전 뮤지컬「캣츠」를 관람했다
他连唱了三首经典歌曲 그는 명곡 세 곡을 연달아 불렀다

佛教 Fójiào 명 불교
6급 | 背诵 bèisòng 동 암송하다
百老汇 Bǎilǎohuì 명 브로드웨이
音乐剧 yīnyuèjù 명 뮤지컬
歌曲 gēqǔ 명 노래

6급 经费 jīngfèi 명 경비

명 경비
增加教育经费 교육 경비를 늘리다
由于经费不足，这项研究暂停一段时间
경비 부족으로 이 연구는 일정 기간 중단되었다

5급 | 不足 bùzú 형 부족하다, 불충분하다
暂停 zàntíng 동 잠시 멈추다

3급 经过 jīngguò 동 지나다, 통과하다 동 걸리다, 경과하다 동 통하다, 겪다, 경험하다

동 지나다, 통과하다
轮船经过武汉到达上海
기선은 우한을 지나 상하이에 도착했다
동 (시간이) 걸리다/경과하다
经过了一年时间，才查清事实真相
1년의 시간이 걸려서 겨우 진상을 규명했다
동 (활동, 사건 등을) 통하다/겪다/경험하다
经过讨论，终于作出决定
토론을 거쳐 마침내 결정을 내렸다
我们是经过小王介绍认识的，已经认识两年多了
우리는 샤오왕의 소개로 알게 된 지 이미 2년이 넘었다

6급 | 轮船 lúnchuán 명 증기선, 기선
5급 | 到达 dàodá 동 (장소에) 도착하다
5급 | 事实 shìshí 명 사실
6급 | 真相 zhēnxiàng 명 진상, 실상
4급 | 讨论 tǎolùn 동 토론하다

J

4급 经济 jīngjì 몡 경제 몡 경제 상황, 형편

몡 경제
一系列支农政策促进了农业**经济**的发展
일련의 농업 지원 정책이 농업 경제의 발전을 촉진했다

몡 경제 상황, 형편
家庭**经济**状况良好 가정 경제 상황이 양호하다
他**经济**上并不宽裕 그는 형편이 결코 여유롭지 못하다

一系列 yīxìliè 혱 일련의, 계속 이어진
5급 良好 liánghǎo 혱 좋다, 만족스럽다, 양호하다
宽裕 kuānyù 혱 충분하다, 넉넉하다, 부유하다

3급 经理 jīnglǐ 동 경영하다, 관리하다 몡 사장, 지배인

동 경영하다, 관리하다
公司的财务由他**经理** 회사의 재무는 그가 관리한다

몡 사장, 지배인
他是石油集团的总**经理** 그는 석유 기업의 사장이다

6급 财务 cáiwù 몡 재무, 재정 관련 업무
6급 集团 jítuán 몡 기업 그룹, 기업체 집단

4급 经历 jīnglì 동 겪다, 체험하다, 경험하다 몡 경험, 경력

동 겪다, 체험하다, 경험하다
经历了千辛万苦，才达到目的地
천신만고를 겪고 나서야 비로소 목적지에 도착했다

몡 경험, 경력
他的**经历**异常曲折 그의 경력은 대단히 복잡하다

千辛万苦 qiānxīn-wànkǔ
젱 천신만고, 셀 수 없이 많은 어려움
6급 异常 yìcháng 혱 매우, 특히
6급 曲折 qūzhé 혱 복잡하다, 곡절이 많다

5급 经商 jīng//shāng 동 상업에 종사하다, 장사하다

동 상업에 종사하다, 장사하다
他辞去处长铁饭碗职务下海**经商**
그는 처장이라는 안정적인 직무를 그만두고 장사를 시작했다

铁饭碗 tiěfànwǎn 몡 철밥통, 평생 직업
下海 xiàhǎi 동 (상인이 아니었던 사람이) 장사를 하다

6급 经纬 jīngwěi 몡 경위, 날실과 씨실 몡 경도와 위도, 경선과 위선

몡 경위, 날실과 씨실
织牢人生的**经纬**线
인생의 날실과 씨실을 단단하게 엮다

몡 경도와 위도, 경선과 위선
查询**经纬**度坐标 경위도 좌표를 검색하다

织 zhī 동 짜다, 뜨다
查询 cháxún 동 문의하다, 조회하다, 검색하다
坐标 zuòbiāo 몡 좌표

4급 经验 jīngyàn 몡 경험, 체험 동 체험하다, 경험하다, 겪다

몡 경험, 체험
他们积累了许多教学**经验**
그들은 수업 경험을 많이 쌓았다

동 체험하다, 경험하다, 겪다
他**经验**过丧失亲人的痛苦
그는 혈육을 잃는 고통을 겪은 적이 있다

4급 积累 jīlěi 동 쌓다, 적립하다, 축적하다
6급 丧失 sàngshī 동 상실하다, 잃다

5급 经营 jīngyíng 동 경영하다, 운영하다

동 경영하다, 운영하다
独自经营一个小杂货铺 혼자 작은 잡화점을 운영하다
公司的经营状况逐步好转
회사의 경영 상황이 점차 나아지다

独自 dúzì 분 단독으로, 홀로
杂货铺 záhuòpù 명 잡화점
好转 hǎozhuǎn 동 호전되다

6급 惊动 jīngdòng 동 놀라게 하다, 시끄럽게 하다, 귀찮게 하다

동 놀라게 하다, 시끄럽게 하다, 귀찮게 하다
这么一点小事还惊动了您，真不好意思
이런 사소한 일로 또 번거롭게 해드려서 정말 죄송합니다
夜深了，不要惊动大家了
밤이 늦었으니 모두를 놀라게 하지 마라

不好意思 bùhǎoyìsi 미안합니다,
죄송합니다

J

6급 惊奇 jīngqí 형 놀랍고 이상하다, 놀랍고 신기하다

형 놀랍고 이상하다, 놀랍고 신기하다
这些新发现实在令人惊奇
이런 새로운 발견들은 정말 놀랍고 신기하다
孩子眼睛瞪得圆圆的，好像有什么惊奇的事
아이는 무슨 놀라운 일이 있는 것처럼 눈을 똥그랗게 떴다

3급 发现 fāxiàn 명 발견
6급 瞪 dèng 동 크게 뜨다

6급 惊讶 jīngyà 형 놀랍다, 의아하다, 뜻밖이다

형 놀랍다, 의아하다, 뜻밖이다
听了这个消息，她十分惊讶
이 소식을 듣고 그녀는 몹시 놀랐다
他站在门外用惊讶的眼神看着我
그는 문밖에 서서 의아한 눈빛으로 나를 쳐다보았다

6급 眼神 yǎnshén 명 눈빛, 눈길

6급 兢兢业业 jīngjīng-yèyè 성 신중하고 성실하게 일하다

성 신중하고 성실하게 일하다
兢兢业业地承担着自己的职责
신중하고 성실하게 자신의 직책을 맡고 있다

5급 承担 chéngdān 동 맡다, 지다, 책임지다
职责 zhízé 명 직책

4급 精彩 jīngcǎi 형 멋지다, 훌륭하다, 뛰어나다

형 멋지다, 훌륭하다, 뛰어나다
这里晚上会有精彩的喷泉表演
이곳은 밤에 멋진 분수 공연이 있다

喷泉 pēnquán 명 분수
4급 表演 biǎoyǎn 명 공연하다, 연기하다

6급 精打细算 jīngdǎ-xìsuàn 성 세심하게 계획을 짜고 정확하게 계산하다, 면밀하게 계획하다

성 세심하게 계획을 짜고 정확하게 계산하다, 면밀하게 계획하다
各项支出务必精打细算
각 항목의 지출은 반드시 정확하게 계획해야 한다

6급 支出 zhīchū 명 비용, 지출, 지불

6급 精华 jīnghuá 명 정화, 정수

명 정화, 정수
传承传统文化，要剔除糟粕，吸取精华
전통 문화의 전승은 찌꺼기는 제거하고 정수만을 흡수해야 한다

传承 chuánchéng 동 전승하다
糟粕 zāopò 명 찌꺼기, 잔재, 쓸모없는 물건

6급 精简 jīngjiǎn 동 정선하다, 간소화하다

동 (기구, 내용 등을) 정선하다/간소화하다
精简政府机构编制
정부 기구 편제를 간소화하다

编制 biānzhì 명 (기구의) 편제

5급 精力 jīnglì 명 정력, 정신과 체력, 기력

명 정력, 정신과 체력, 기력
养猫要付出很多心血和精力
고양이를 키우는 것은 많은 심혈과 정력을 들여야 한다

付出 fùchū 동 지불하다, 지출하다, 들이다

6급 精密 jīngmì 형 정밀하다

형 정밀하다
精密仪器很娇贵，要特别爱护
정밀 기기는 깨지기 쉬우므로 특별히 조심해서 다루어야 한다

6급 仪器 yíqì 명 정밀 측정 기구, 정밀 측정 장치
娇贵 jiāoguì 형 귀중하고 깨지기 쉽다

6급 精确 jīngquè 형 정밀하고 정확하다

형 정밀하고 정확하다
统计数字很精确
통계 숫자가 정밀하고 정확하다

6급 统计 tǒngjì 명 통계

5급 精神 jīngshén 명 정신

명 정신
精神文明是建设在物质文明的基础上的
정신 문명은 물질 문명의 기초 위에 세워진다

5급 物质 wùzhì 명 물질

❍ 精神 jīngshen [5급] 참조

5급 精神 jīngshen 명 활력, 생기, 기력 형 활기차다, 생기가 있다

명 활력, 생기, 기력
我昨晚失眠了，没有精神
어젯밤에 잠을 못 자서 활력이 없다

형 활기차다, 생기가 있다
小伙子显得格外精神
젊은이가 아주 활기차 보인다

5급 失眠 shīmián 동 잠을 이룰 수 없다, 불면하다

❍ 精神 jīngshén [5급] 참조

6급 精通 jīngtōng 동 정통하다, 깊이 알다

동 정통하다, 깊이 알다
研究人员都是经验丰富，精通业务的专家
연구원은 모두 경험이 풍부하고 업무에 정통한 전문가이다

4급 丰富 fēngfù	형 풍부하다, 많다
5급 专家 zhuānjiā	명 전문가

6급 精心 jīngxīn 형 정성스럽다, 치밀하다, 세심하다

형 정성스럽다, 치밀하다, 세심하다
精心培养接班人 정성을 다해 후계자를 양성하다

接班人 jiēbānrén	명 후계자, 계승자, 후임자

6급 精益求精 jīngyìqiújīng 성 이미 훌륭하지만 더 완벽해지기를 추구하다

성 이미 훌륭하지만 더 완벽해지기를 추구하다
他在工作上追求精益求精，一丝不苟
그는 일에서 완벽을 추구하고 조금도 빈틈이 없다

6급 一丝不苟 yīsī-bùgǒu	성 치밀하여 빈틈이 전혀 없다

6급 精致 jīngzhì 형 정교하고 치밀하다, 세밀하다

형 정교하고 치밀하다, 세밀하다
她制作的精致手工作品让人赞不绝口
그녀가 제작한 정교한 수공예 작품을 사람들이 끊임없이 칭찬한다

5급 手工 shǒugōng	명 수공, 수공예
赞不绝口 zànbùjuékǒu	성 끊임없이 칭찬하다

6급 井 jǐng 명 우물, 우물 같이 생긴 것 형 가지런하다, 조리 있다

명 우물, 우물 같이 생긴 것
打井取水 우물을 파서 물을 얻다
在大庆打油井 다칭에서 유전을 발굴하다
형 가지런하다, 조리 있다
井井有条 조리가 있다, 질서 정연하다

大庆 Dàqìng	명 다칭, 대경, 헤이룽장성(黑龙江省)에 있는 지명
油井 yóujǐng	명 유정, 석유갱

6급 颈椎 jǐngzhuī 명 경추, 목등뼈

명 경추, 목등뼈
不良习惯对颈椎带来致命的损伤
나쁜 습관은 경추에 치명적인 손상을 가져온다

致命 zhìmìng	동 죽음을 초래하다, 죽음에 이르다
损伤 sǔnshāng	명 손상

4급 景色 jǐngsè 명 풍경, 경치

명 풍경, 경치
这里四季分明，景色秀丽
이곳은 사계절이 분명하고 풍경이 수려하다

4급 四季 sìjì	명 사철, 사계
秀丽 xiùlì	형 수려하다

4급 警察 jǐngchá 명 경찰

명 경찰
一名犯罪嫌疑人被警察抓获
범죄 용의자 한 명이 경찰에게 잡혔다

抓获 zhuāhuò	동 잡다, 체포하다

J

6급 警告 jǐnggào 동 경고하다 명 경고

동 경고하다
警告大家，上山时一定要注意安全
모두에게 경고하는데, 등산할 때는 반드시 안전에 주의해야 한다

명 경고 (징계 처분의 하나)
给他一个警告处分
그에게 경고 처분을 내리다

4급 安全 ānquán 안전하다	
6급 处分 chǔfèn 명 처벌, 처분	

6급 警惕 jǐngtì 동 경계하다, 경계심을 갖다

동 경계하다, 경계심을 갖다
高度警惕敌人的突然袭击
적의 기습을 고도로 경계하다

6급 袭击 xíjī 동 습격하다

6급 竞赛 jìngsài 동 시합하다, 경쟁하다

동 시합하다, 경쟁하다
100余名熟练工参加了此次技能竞赛
100여 명의 숙련공이 이번 기능 시합에 참가했다

引发军备竞赛 군비 경쟁을 야기하다

熟练工 shúliàngōng 명 숙련공
军备 jūnbèi 명 군비

6급 竞选 jìngxuǎn 동 경선에 나서다, 경쟁 선거를 하다, 선거 운동을 하다

동 경선에 나서다, 경쟁 선거를 하다, 선거 운동을 하다
他宣布要竞选总统
그는 대통령 경선에 나가겠다고 선포했다

5급 总统 zǒngtǒng 명 대통령

4급 竞争 jìngzhēng 동 경쟁하다

동 경쟁하다
市场竞争日益激烈
시장 경쟁이 나날이 치열해지다

5급 激烈 jīliè 형 격렬하다, 치열하다

4급 竟然 jìngrán 부 의외로, 뜻밖에

부 의외로, 뜻밖에
这么重要的事儿，他竟然忘了
이렇게 중요한 일인데 그는 뜻밖에도 잊어버렸다

他的判断竟然如此准确
그의 판단은 의외로 이처럼 정확하다

4급 判断 pànduàn 명 판단	
如此 rúcǐ 대 이렇다, 이와 같다	
4급 准确 zhǔnquè 형 완전히 부합하다, 정확하다	

敬爱 jìng'ài 동 경애하다

동 경애하다
她是我心目中最敬爱的老师
그녀는 내가 마음으로 가장 경애하는 선생님이다

心目 xīnmù 명 내심, 속마음

6급 敬礼 jìng//lǐ 图 경례하다 图 존경을 담아 보냅니다

图 경례하다
向国旗**敬礼** 국기를 향해 경례하다
图 존경을 담아 보냅니다 (편지 마지막에 씀)

国旗 guóqí 图 국기

6급 敬业 jìngyè 图 업무에 전념하다, 맡은 일에 온 힘을 다하다

图 업무에 전념하다, 맡은 일에 온 힘을 다하다
他们的**敬业**精神值得我们学习
업무에 최선을 다하는 그들의 정신은 우리가 배울 만하다

4급 值得 zhídé 图 …할 가치가 있다

6급 境界 jìngjiè 图 경계 图 경지

图 (토지의) 경계
走进了邻省的**境界** 이웃한 성의 경계로 들어섰다
图 경지
鲁迅的文章已达到最高的**境界**
루쉰의 글은 이미 최고의 경지에 이르렀다

鲁迅 Lǔ Xùn 图 루쉰, 노신, 중국의 작가
4급 文章 wénzhāng 图 문장, 글, 저작
最高 zuìgāo 图 최고이다, 가장 높다

J

6급 镜头 jìngtóu 图 렌즈 图 장면, 화면, 신

图 (카메라 등의) 렌즈
变焦**镜头** 줌 렌즈
图 장면, 화면, 신(scean)
导演为这一段**镜头**拍了几十次
감독은 이 장면을 위해 몇 십 차례를 촬영했다

5급 导演 dǎoyǎn 图 연출자, 감독
5급 拍 pāi 图 찍다, 촬영하다

4급 镜子 jìngzi 图 거울

图 거울
她特别喜欢照**镜子**
그녀는 거울 보는 것을 특히 좋아한다

照镜子 zhào jìngzi 거울을 보다,
거울에 비추다

6급 纠纷 jiūfēn 图 분쟁, 분규

图 분쟁, 분규
委员会对听力障碍医疗**纠纷**进行调解
위원회가 청력 장애 의료 분쟁에 대한 중재를 진행하다

医疗 yīliáo 图 의료
6급 调解 tiáojiě 图 조정하다, 중재하다

6급 纠正 jiūzhèng 图 교정하다, 바로잡다

图 교정하다, 바로잡다
查字典能帮助学生**纠正**错别字
자전을 찾는 것은 학생이 오자를 교정하도록 도와줄 수 있다
发现错误，就要认真**纠正**
잘못을 발견하면 열심히 바로잡아야 한다

错别字 cuòbiézì 图 오자
4급 错误 cuòwù 图 잘못, 실수, 착오

4급 **究竟** jiūjìng 몡 경위, 자초지종 囝 도대체

몡 경위, 자초지종
不查出个究竟来，决不罢休
자초지종이 밝혀지지 않으면 절대로 그만두지 않겠다

囝 도대체 (의문문에 쓰여 추궁을 나타냄)
究竟发生了什么事情？ 도대체 무슨 일이 생긴 거야?

罢休 bàxiū 동 그만두다, 중지하다

1급 **九** jiǔ 준 구, 아홉, 9

준 구, 아홉, 9
我每天九点上班 나는 매일 9시에 출근한다
农历九月九号是重阳节 음력 9월 9일은 중양절이다

6급 农历 nónglì 몡 음력
重阳节 Chóngyángjié 몡 중양절

3급 **久** jiǔ 혱 길다, 오래다

혱 (시간이) 길다/오래다
很久没见了 오랜만입니다
由于时间久远，记不太清楚了
시간이 오래되다 보니, 잘 기억나지 않는다

久远 jiǔyuǎn 혱 (시간이) 오래되다

역순 어휘
持久 chíjiǔ   悠久 yōujiǔ

5급 **酒吧** jiǔbā 몡 술집, 바

몡 술집, 바
和朋友一起合伙开了一家酒吧
친구와 함께 동업하여 술집을 열었다

6급 合伙 héhuǒ 동 동업하다
1급 开 kāi 동 열다, 개설하다

6급 **酒精** jiǔjīng 몡 주정, 에탄올, 알코올

몡 주정, 에탄올, 알코올
他爱喝含酒精的饮料
그는 알코올이 함유된 음료를 마시는 것을 좋아한다

3급 饮料 yǐnliào 몡 음료

3급 **旧** jiù 혱 낡다, 오래되다, 헌 혱 낡은, 진부한, 뒤떨어진

혱 낡다, 오래되다, 헌 반의어 新 xīn [2급]
房子太旧了 집이 너무 낡았다
把旧衣服捐给慈善机构 헌 옷을 자선 단체에 기부하다
혱 낡은, 진부한, 뒤떨어진
打破封建社会旧传统 봉건 사회의 낡은 전통을 타파하다

打破 dǎpò 동 깨다, 타파하다
5급 传统 chuántǒng 몡 전통

역순 어휘
陈旧 chénjiù   仍旧 réngjiù   依旧 yījiù

5급 **救** jiù 동 구하다, 구조하다, 돕다

동 구하다, 구조하다, 돕다
消防队员奋力救火
소방대원이 필사적으로 불을 끄다
他被过路人救了下来 그는 지나가는 사람에게 구조되었다

奋力 fènlì 동 온 힘을 다하다

역순 어휘
补救 bǔjiù   抢救 qiǎngjiù   挽救 wǎnjiù

5급 救护车 jiùhùchē 뗑 구급차

뗑 구급차
一辆救护车紧急护送患者到医院
구급차 한 대가 환자를 병원으로 긴급하게 호송하다

5급 紧急 jǐnjí 뗑 긴박하다, 긴급하다
护送 hùsòng 뗑 호송하다

6급 救济 jiùjì 뗑 구제하다, 구호하다

뗑 구제하다, 구호하다
为救济灾民捐款
이재민을 구호하기 위해 돈을 기부하다

灾民 zāimín 뗑 이재민
捐款 juānkuǎn 뗑 돈을 기부하다

2급 就 jiù 뛤 곧, 바로, 거의, 즉시, 이미 껢 …만, …이나

뛤 곧, 바로, 거의, 즉시, 이미
别急，我马上就走 서두르지 마, 내가 바로 갈게
既然不同意就算了 동의하지 않는다니 그럼 됐다
车站就在前面 정거장은 바로 앞에 있다

껢 …만, …이나
屋里就剩下我一个人
방 안에 나 한 사람만 남다
这次聚会就他没有来
이번 모임엔 그만 오지 않았다

4급 既然 jìrán 옚 …한 바에는, …한 이상
算 suàn 뗑 그만두다, 관두다
车站 chēzhàn 뗑 정거장, 역, 정류장
剩下 shèngxia 뗑 남기다, 남다

역순 어휘
成就 chéngjiù　　迁就 qiānjiù

6급 就近 jiùjìn 뛤 근처에, 가까이에

뛤 근처에, 가까이에
关于就近入学的问题，教育部的政策没有改变
거주지 근처에 취학하는 문제에 대해 교육부의 정책은 바뀌지 않았다

入学 rùxué 뗑 입학하다, 취학하다

6급 就业 jiù//yè 뗑 취업하다

뗑 취업하다
一些专业的毕业生就业压力大
일부 전공 졸업생들은 취업 스트레스가 크다

4급 专业 zhuānyè 뗑 전공
毕业生 bìyèshēng 뗑 졸업생

6급 就职 jiù//zhí 뗑 부임하다, 취임하다

뗑 부임하다, 취임하다 (주로 높은 직무를 가리킴)
总统的就职演说触动了我
대통령의 취임 연설은 나에게 감동을 주었다

演说 yǎnshuō 뗑 연설, 강연
触动 chùdòng 뗑 감정을 불러일으키다,
　　　마음을 움직이다

5급 舅舅 jiùjiu 뗑 외삼촌, 외숙부

뗑 외삼촌, 외숙부
舅舅非常疼爱我
외삼촌은 나를 매우 아끼신다

5급 疼爱 téng'ài 뗑 몹시 귀여워하다,
　　　매우 사랑하다

6급 拘留 jūliú 圄 구류하다

圄 구류하다
犯罪嫌疑人被依法刑事拘留
범죄 용의자가 법에 따라 형사 구류되었다

依法 yīfǎ 圄 법에 따라, 법률에 의거하여
6급 刑事 xíngshì 圄 형사의, 형법과 관련된

6급 拘束 jūshù 圄 구속하다, 제한하다 圄 어색하다, 조심스럽다

圄 구속하다, 제한하다
不要太拘束学生，要让学生大胆发表意见
학생들을 너무 구속하지 말고 대담하게 의견을 발표하게 해야 한다

圄 어색하다, 조심스럽다
他在陌生人面前一点儿也不拘束
그는 낯선 사람 앞에서 조금도 어색해하지 않는다

大胆 dàdǎn 圄 대담하다
5급 发表 fābiǎo 圄 발표하다
陌生人 mòshēngrén 圄 낯선 사람

6급 居民 jūmín 圄 주민

圄 주민
这一区的460户居民要搬家了
이 구역의 460세대 주민이 이주해야 한다

户 hù 圄 호, 세대, 가구

5급 居然 jūrán 圄 의외로, 뜻밖에, 놀랍게도

圄 의외로, 뜻밖에, 놀랍게도 [동의어] 竟然 jìngrán [4급]
他居然考上了一流大学
그는 놀랍게도 일류 대학에 합격했다

6급 一流 yīliú 圄 일류의, 최고의, 일등의

6급 居住 jūzhù 圄 거주하다, 살다

圄 거주하다, 살다
他晚年一直在大城市居住
그는 노년에 계속 대도시에 거주한다

晚年 wǎnnián 圄 만년, 노년
大城市 dàchéngshì 圄 대도시

6급 鞠躬 jū∥gōng 圄 허리를 굽혀 인사하다, 몸을 굽혀 예를 표하다

圄 허리를 굽혀 인사하다, 몸을 굽혀 예를 표하다
学生上课前向老师鞠躬行礼
학생은 수업 시작 전 선생님께 몸을 굽혀 인사한다

行礼 xínglǐ 圄 경례하다, 경의를 표하다

6급 局部 júbù 圄 국부, 일부분

圄 국부, 일부분 [반의어] 全面 quánmiàn [5급]
局部利益服从全局利益
일부의 이익은 전체 이익을 따른다

6급 服从 fúcóng 圄 따르다, 복종하다, 순종하다
6급 全局 quánjú 圄 전체 국면, 대세

6급 局面 júmiàn 명 국면

명 국면
出现了对我公司极为有利的**局面**
우리 회사에 아주 유리한 국면이 되었다

极为 jíwéi 문 매우, 극히
| 5급 有利 yǒulì 형 유리하다

6급 局势 júshì 명 정세, 국면, 형세

명 (정치, 군사, 경제 등의) 정세/국면/형세
把握政治**局势** 정치 형세를 파악하다

| 5급 把握 bǎwò 동 쥐다, 장악하다, 잡다

6급 局限 júxiàn 동 국한하다, 제한하다

동 국한하다, 제한하다
学习不应**局限**于书本知识
학습은 책 속의 지식에만 국한되어서는 안 된다

书本 shūběn 명 서적

J

5급 桔子 júzi 명 귤, 귤나무

명 귤, 귤나무
我花了20块钱买了一袋**桔子**
나는 20위안을 내고 귤 한 봉지를 샀다

袋 dài 양 포대, 봉지, 자루

6급 咀嚼 jǔjué 동 씹다 동 음미하다, 곱씹다

동 (음식물을) 씹다
咀嚼口香糖 껌을 씹다

동 음미하다, 곱씹다
他**咀嚼**着队长刚才那番话的含意
그는 팀장이 방금 한 말의 함의를 곱씹고 있다

口香糖 kǒuxiāngtáng 명 껌
含意 hányì 명 함의

6급 沮丧 jǔsàng 형 의기소침하다, 울적하다, 풀이 죽다 동 실망시키다, 사기를 꺾다

형 의기소침하다, 울적하다, 풀이 죽다
试验多次失败，但他从不**沮丧**
실험이 여러 차례 실패했지만, 그는 의기소침한 적이 없다

동 실망시키다, 사기를 꺾다
大大地**沮丧**敌人的精神 적의 사기를 크게 꺾다

| 6급 试验 shìyàn 동 실험하다, 시험하다, 테스트하다
从不 cóngbù 문 지금까지 …하지 않다
| 5급 敌人 dírén 명 적인, 적, 원수

4급 举 jǔ 동 들다, 들어 올리다 동 들다, 제시하다, 열거하다

동 들다, 들어 올리다
举着火把 횃불을 들다
以**举**手表决的方式通过了决议
거수 표결 방식으로 결의를 통과시켰다

동 들다, 제시하다, 열거하다
举个例子说明道理 예를 들어 이치를 설명하다

火把 huǒbǎ 명 횃불
举手 jǔshǒu 명 거수하다, 손을 들다
| 6급 表决 biǎojué 동 표결하다
例子 lìzi 명 예, 보기

역순 어휘
列**举** lièjǔ   选**举** xuǎnjǔ

4급 举办 jǔbàn 图 거행하다, 개최하다

图 거행하다, 개최하다
我们**举办**了第八届校园文化艺术节
우리는 제8회 학교 문화 예술제를 개최했다

5급 届 jiè ® 회, 차, 기
艺术节 yìshùjié ® 예술제

6급 举动 jǔdòng 图 동작, 행동, 거동

图 동작, 행동, 거동
她的**举动**引人发笑
그녀의 행동은 사람들을 웃게 만든다

发笑 fāxiào 图 웃음이 나오다, 웃기다

举世闻名 jǔshì-wénmíng 웹 온 세계에 이름이 알려지다, 명성이 매우 높다

웹 온 세계에 이름이 알려지다, 명성이 매우 높다
威尼斯是**举世闻名**的旅游观光胜地
베네치아는 세계적으로 알려진 관광 명승지이다

威尼斯 Wēinísī ® 베네치아, 베니스
6급 观光 guānguāng 图 관광하다, 참관하다
胜地 shèngdì ® 승지, 경승지, 명승지

6급 举世瞩目 jǔshì-zhǔmù 웹 온 세상 사람들이 주목하다

웹 온 세상 사람들이 주목하다
取得**举世瞩目**的丰硕成果
온 세상이 주목하는 큰 성과를 거두다

丰硕 fēngshuò ® (수확, 성과 등이) 크고 많다

4급 举行 jǔxíng 图 거행하다

图 (행사를) 거행하다
2022届毕业典礼在学校体育馆隆重**举行**
2022년도 졸업식이 학교 체육관에서 성대하게 거행되다

毕业典礼 bìyè diǎnlǐ 졸업식

6급 举足轻重 jǔzú-qīngzhòng 웹 발을 살짝만 옮겨도 무게에 영향을 주다, 매우 중요해서 영향력이 크다

웹 발을 살짝만 옮겨도 무게에 영향을 주다, 매우 중요해서 영향력이 크다
色彩在服装设计中有**举足轻重**的地位
색채는 의상 디자인에서 매우 중요한 위치를 차지한다

5급 地位 dìwèi ® 지위, 위치, 자리

5급 巨大 jùdà 웹 거대하다

웹 거대하다
疫情对实体经济造成了**巨大**的影响
전염병 발생 상황은 실물 경제에 거대한 영향을 끼쳤다

实体经济 shítǐ jīngjì 실물 경제
3급 影响 yǐngxiǎng ® 영향

3급 句子 jùzi ® 문장

® 문장
把名著里的**句子**写进作文里很容易得高分
명작 속의 문장을 작문에 써 넣으면 쉽게 높은 점수를 얻을 수 있다

名著 míngzhù ® 명저, 명작
5급 作文 zuòwén ® 작문

4급 拒绝 jùjué 동 거절하다

동 거절하다
我拒绝了他的非分要求
나는 그의 주제넘은 요구를 거절했다

非分 fēifèn 형 분수에 맞지 않는, 주제넘은
3급 要求 yāoqiú 명 요구

5급 具备 jùbèi 동 구비하다

동 구비하다
他具备了参加比赛的条件
그는 시합에 참가할 조건을 구비했다
连起码的生活能力都不具备
최소한의 생활 능력조차도 갖추지 않다

4급 条件 tiáojiàn 명 조건, 상태, 여건
6급 起码 qǐmǎ 형 최소한도의

5급 具体 jùtǐ 형 구체적이다 형 특정한

형 구체적이다 반의어 抽象 chōuxiàng [5급]
规定的内容十分具体
규정의 내용은 매우 구체적이다
我们正在详细了解具体情况
우리는 지금 구체적인 상황을 상세하게 알아보는 중이다

4급 详细 xiángxì 형 상세하다
3급 了解 liǎojiě 동 조사하다, 알아보다
人选 rénxuǎn 명 인선, 선발된 사람
5급 确定 quèdìng 동 확정하다

형 특정한
具体人选现在还不能确定
특정 인선은 현재로서는 아직 확정할 수 없다

5급 俱乐部 jùlèbù 명 클럽

명 클럽
英国足球俱乐部 영국 축구 클럽
官方收费粉丝俱乐部 공식 유료 팬클럽

6급 官方 guānfāng 명 정부 측, 공식
收费 shōufèi 동 비용을 거두다
粉丝 fěnsī 명 팬(fan)

6급 剧本 jùběn 명 극본

명 극본
演员背台词都需要先熟悉剧本
배우는 대사를 외울 때 먼저 대본을 파악해야 한다

台词 táicí 명 (배우의) 대사
4급 熟悉 shúxī 동 숙지하다, 파악하다

6급 剧烈 jùliè 형 극렬하다, 격렬하다

형 극렬하다, 격렬하다
剧烈运动以后，第二天会肌肉酸痛
격렬한 운동 후에 다음 날 근육이 시큰하고 아플 수 있다

5급 肌肉 jīròu 명 근육
酸痛 suāntòng 동 (몸이) 시큰하고 아프다

5급 据说 jùshuō 동 들리는 말에 의하다, 소문에 따르다

동 들리는 말에 의하다, 소문에 따르다
据说，他已经搬家了
듣자 하니 그는 이미 이사했다고 한다

搬家 bānjiā 동 이사하다, 이전하다

J

|6급| **据悉** jùxī 图 아는 바에 의하다, 들은 바에 따르면 …라고 한다

图 아는 바에 의하다, 들은 바에 따르면 …라고 한다
据悉，他的论文在评比中获得了一等奖
들은 바에 따르면 그의 논문은 비교 평가에서 1등상을 받았다고 한다

评比 píngbǐ 图 비교하여 평가하다

|4급| **距离** jùlí 图 떨어지다, 거리를 두다 图 거리, 간격

图 (시간, 공간상) 떨어지다/거리를 두다
博物馆距离人民广场很远
미술관은 런민 광장에서 멀다

图 거리, 간격
两座楼之间有二十多米的距离
두 건물 사이에는 20여 미터의 간격이 있다

|5급| 博物馆 bówùguǎn 图 박물관
|5급| 广场 guǎngchǎng 图 광장
之间 zhījiān 图 사이

|4급| **聚会** jùhuì 图 모이다, 회합하다, 집결하다 图 모임

图 모이다, 회합하다, 집결하다
世界各国首脑在美国再次聚会
세계 각국 정상이 미국에서 다시 모이다

图 모임
他按照约定的时间，来到了聚会地点
그는 약속한 시간에 맞춰서 모임 장소에 왔다

首脑 shǒunǎo 图 수뇌, 우두머리
再次 zàicì 图 재차, 다시
约定 yuēdìng 图 약정하다, 약속하다
|4급| 地点 dìdiǎn 图 장소, 위치

|6급| **聚精会神** jùjīng-huìshén 图 마음을 모으고 정신을 집중하다

图 마음을 모으고 정신을 집중하다
同学们上课时都聚精会神地听老师讲课
학우들은 수업할 때 모두 정신을 집중해서 선생님의 강의를 듣는다

讲课 jiǎngkè 图 강의하다

|5급| **捐** juān 图 기부하다, 내놓다, 바치다

图 기부하다, 내놓다, 바치다
这次水灾，他捐了许多钱
이번 수해 때 그는 많은 기부금을 냈다
把全部积蓄捐给家乡 모든 저금을 고향에 기부하다

积蓄 jīxù 图 저금, 저축한 돈

|6급| **卷** juǎn 图 말다, 감다 图 휘말다, 휩쓸다 图 뭉구리, 묶음

图 말다, 감다
把凉席卷起来 돗자리를 말다
图 휘말다, 휩쓸다
马车过后，卷起一片尘土
마차가 지나간 후 먼지가 휘날리다

图 뭉구리, 묶음 (말린 물건을 세는 단위)
我在爸爸的相机里发现了一卷未冲洗的胶卷
나는 아빠의 카메라에서 현상하지 않은 필름 한 롤을 발견했다

凉席 liángxí 图 돗자리
尘土 chéntǔ 图 진토, 티끌과 흙, 먼지
胶卷 jiāojuǎn 图 필름

❍ 卷 juàn [6급] 참조

6급 卷 juàn 양 권 명 시험지, 시험 답안지

양 권 (서적을 세는 단위)

他推出了系列漫画，一共七卷
그는 만화 시리즈를 출간했는데 모두 일곱 권이다

명 시험지, 시험 답안지

做完题目的同学可以提前交卷
문제를 모두 푼 학생은 미리 답안지를 제출할 수 있다

| 6급 系列 xìliè 명 계열, 세트, 시리즈
| 5급 题目 tímù 명 (연습, 시험 등의) 문제

역순 어휘
试卷 shìjuàn

○ 卷 juǎn [6급] 참조

6급 决策 juécè 동 결정하다 명 방침, 책략

동 (정책, 방침 등을) 결정하다

重大问题应由董事会集体决策
중대한 문제는 이사회에서 단체로 결정해야 한다

명 방침, 책략

为了发展科学技术事业，必须具有正确的战略决策 과학 기술 사업의 발전을 위해 반드시 정확한 전략 방침이 있어야 한다

| 5급 集体 jítǐ 명 집체, 집단, 단체
| 6급 战略 zhànlüè 명 전략

J

3급 决定 juédìng 동 결정하다, 결심하다 명 결정 동 좌우하다, 규정하다, 결정하다

동 결정하다, 결심하다

我决定不去上海了 나는 상하이에 가지 않기로 결정했다

명 결정

会议对三项重大问题作出了决定
회의에서 중대한 세 가지 문제에 대해 결정을 내렸다

동 좌우하다, 규정하다, 결정하다

这场战争的胜负决定着国家的命运
이 전쟁의 승패가 국가의 운명을 좌우한다

| 6급 胜负 shèngfù 명 승패, 승부
| 5급 命运 mìngyùn 명 운명

5급 决赛 juésài 명 결승전

명 결승전

半决赛 준결승전

双方正在为争夺冠军进行决赛
양쪽은 지금 우승을 쟁취하기 위해 결승전을 치르고 있다

| 6급 争夺 zhēngduó 동 쟁탈하다, 강탈하다
| 5급 冠军 guànjūn 명 우승, 우승자, 일등

5급 决心 juéxīn 명 결심, 결정 동 결심하다, 다짐하다

명 결심, 결정

必胜的决心从来没有动摇过
꼭 이기겠다는 결심은 지금까지 흔들린 적이 없다

我终于下定决心跟他离婚了
나는 결국 그와 이혼하기로 결정했다

동 결심하다, 다짐하다

他决心去找几个朋友商量商量
그는 몇몇 친구를 찾아가 상의하기로 결심했다

动摇 dòngyáo 동 동요하다, 흔들리다
| 3급 终于 zhōngyú 부 드디어, 마침내, 결국
| 4급 商量 shāngliang 동 상의하다, 협의하다, 의논하다

5급 角色 juésè 명 배역, 역 명 역할

명 배역, 역

不论演什么**角色**，他都很认真
어떤 역을 맡든 간에 그는 모두 성실하다

명 역할

在这场政治斗争中他扮演了极不光彩的**角色**
이 정치 투쟁에서 그는 불명예스러운 역할을 맡았다

6급 斗争 dòuzhēng 동 투쟁하다, 분투하다
6급 扮演 bànyǎn 동 분장하고 연기하다, 역을 맡다

tip 여기에서는 角를 jiǎo로 읽지 않는다

2급 觉得 juéde 동 느끼다 동 생각하다

동 느끼다

他昨天睡得太晚，今天**觉得**昏沉沉的
그는 어제 너무 늦게 자서 오늘 정신이 몽롱한 느낌이 든다

동 생각하다

我**觉得**你去比较合适
나는 네가 가는 것이 비교적 적절하다고 생각한다

我**觉得**这部电影很不错
나는 이 영화가 아주 괜찮다고 생각한다

昏沉沉 hūnchénchén 형 몽롱하다
4급 合适 héshì 형 적합하다, 알맞다
不错 bùcuò 형 좋다, 괜찮다

6급 觉悟 juéwù 동 깨닫다, 자각하다 명 인식, 의식, 각오

동 깨닫다, 자각하다

误入歧途的人都**觉悟**过来了
잘못된 길로 빠졌던 사람들이 모두 각성했다

명 인식, 의식, 각오

要坚持学习，提高自身思想**觉悟**
계속 학습하여 자신의 생각과 인식을 높여야 한다

误入歧途 wùrù-qítú 성 부주의하여 잘못된 길로 가다
5급 思想 sīxiǎng 명 생각, 의견

6급 觉醒 juéxǐng 동 각성하다, 정신을 차리다, 깨어나다

동 각성하다, 정신을 차리다, 깨어나다

被压迫的人们**觉醒**了，纷纷起来反抗
억압 받던 사람들이 각성하여 잇달아 일어나 대항하다

6급 压迫 yāpò 동 압박하다, 억압하다
6급 反抗 fǎnkàng 동 반항하다, 저항하다

5급 绝对 juéduì 형 절대적인, 무조건적인 부 절대로, 확실히

형 절대적인, 무조건적인

他们在所有数据方面占据着**绝对**优势
그들은 모든 데이터 면에서 절대적인 우세를 차지하고 있다

부 절대로, 확실히

这个人**绝对**可靠
이 사람은 확실히 믿을 만하다

这么好的机会，你**绝对**不能错过
이렇게 좋은 기회를 너는 절대로 놓쳐서는 안 된다

6급 占据 zhànjù 동 점거하다, 차지하다
5급 优势 yōushì 명 우세, 우위, 유리한 형세
错过 cuòguò 동 (기회, 대상을) 놓치다

6급 绝望 jué // wàng 동 절망하다

동 절망하다
他身患重病，但并不**绝望**
그는 중병에 걸렸지만 절대 절망하지 않는다

重病 zhòngbìng 명 중병

6급 倔强 juéjiàng 형 강하고 고집스럽다

형 (성격이) 강하고 고집스럽다
老人**脾气**太**倔强**，谁的话也听不进去
노인은 성격이 고집스러워, 누구의 말도 듣지 않는다

4급 脾气 píqi 명 성격, 성질

6급 军队 jūnduì 명 군대

명 군대
疫情对**军队备战打仗**能力造成冲击
전염병 발생 상황이 군대의 전쟁 준비 능력에 타격을 주었다

备战 bèizhàn 동 전쟁을 준비하다
6급 打仗 dǎzhàng 동 전쟁하다, 전투하다

5급 军事 jūnshì 명 군사, 군대와 전쟁에 관한 일

명 군사, 군대와 전쟁에 관한 일
这里**历来**都是一个**军事要地**
이곳은 예로부터 군사 요지였다

6급 历来 lìlái 부 줄곧, 내내, 여태껏
要地 yàodì 명 요지, 주요 지역

5급 均匀 jūnyún 형 균등하다, 고르다, 가지런하다

형 균등하다, 고르다, 가지런하다
中国是一个年降水量**分布**极不**均匀**的国家
중국은 연강수량 분포가 매우 불균등한 국가이다

5급 分布 fēnbù 동 분포하다

6급 君子 jūnzǐ 명 군자, 지위가 높은 사람, 도덕적이고 고상한 사람

명 군자, 지위가 높은 사람, 도덕적이고 고상한 사람
他是我心目中最有**教养**、最有**君子风度**的人
그는 내 마음속에서 가장 교양과 군자의 풍모가 있는 사람이다

6급 教养 jiàoyǎng 명 교양
6급 风度 fēngdù 명 풍도, 훌륭한 모습이나 태도

J

2급 咖啡 kāfēi 명 커피

명 커피
把咖啡倒进杯子里 커피를 컵에 따르다
坐在咖啡馆里一边喝咖啡一边看书
카페에 앉아서 커피를 마시며 책을 읽다

4급 倒 dào 동 쏟다, 따르다, 붓다
咖啡馆 kāfēiguǎn 명 카페, 커피숍

5급 卡车 kǎchē 명 트럭

명 트럭
他们开着卡车走四方，卖蔬菜和水果
그들은 트럭을 몰고 각지로 가서 채소와 과일을 판다

5급 蔬菜 shūcài 명 채소, 야채

6급 卡通 kǎtōng 명 만화, 만화 영화, 애니메이션

명 만화, 만화 영화, 애니메이션
我妹妹喜欢看卡通影片
내 여동생은 애니메이션 영화 보는 것을 좋아한다
和孩子一起读卡通书 아이와 함께 만화책을 읽다

影片 yǐngpiàn 명 영화, 영화 상영작

1급 开 kāi 동 열다, 풀다 동 펴다, 피다 동 운전하다, 조작하다, 조종하다 동 개최하다, 열다, 거행하다 동 열다, 개설하다

동 열다, 풀다 [반의어] 关 guān [3급]
门开了 문이 열렸다
开抽屉 서랍을 열다

동 (한데 모은 물건들을) 펴다, (꽃이) 피다
花儿都开了 꽃이 모두 피었다

동 (차량, 기기 등을) 운전하다/조작하다/조종하다
下班开车回家
퇴근하고 운전해서 집에 가다

동 개최하다, 열다, 거행하다
开运动会 운동회를 개최하다
召开会议 회의를 열다

동 열다, 개설하다
开商店 상점을 열다
电视台新开了两个频道
방송국이 채널 두 개를 신설했다

5급 抽屉 chōuti 명 서랍
下班 xiàbān 동 퇴근하다
运动会 yùndònghuì 명 운동회
5급 召开 zhàokāi 동 (회의를) 소집하고 열다
电视台 diànshìtái 명 텔레비전 방송국
5급 频道 píndào 명 채널

6급 开采 kāicǎi 동 채굴하다

동 (지하자원을) 채굴하다
开采地下资源 지하자원을 채굴하다

5급 资源 zīyuán 명 자원

6급 开除 kāichú 동 해고하다, 직위를 박탈하다, 제명하다

동 해고하다, 직위를 박탈하다, 제명하다
他被开除公职了 그는 공직을 박탈당했다

公职 gōngzhí 명 공직

5급 开发 kāifā 图 개발하다, 개간하다 图 개발하다, 발달시키다 图 개발하다, 연구하여 만들다

图 (천연자원을) 개발하다, (황무지 등을) 개간하다
开发能源 에너지를 개발하다

图 (지식, 재능 등을) 개발하다/발달시키다
开发孩子的智力 아이의 지능을 개발하다

图 (새로운 물건, 생각 등을) 개발하다/연구하여 만들다
开发适合市场的新产品 시장에 적합한 신제품을 개발하다

| 5급 | 能源 néngyuán 图 에너지원, 에너지 |
| 6급 | 智力 zhìlì 图 지력, 지능 |

5급 开放 kāifàng 图 개방하다, 열다 图 개방적이다, 명랑하다

图 개방하다, 열다
改革开放 개혁 개방을 하다 (중국의 정책 중 하나)
图书馆全天开放 도서관은 24시간 개방한다

图 (사상, 생각이) 개방적이다, (성격이) 명랑하다
性格开放 성격이 명랑하다
父母思想开放 부모님은 생각이 개방적이시다

| 5급 | 改革 gǎigé 图 개혁하다 |
| 5급 | 思想 sīxiǎng 图 사상, 생각, 의견, 견해 |

6급 开阔 kāikuò 图 광활하다, 드넓다 图 탁 트이다, 관대하다 图 넓히다

图 광활하다, 드넓다
开阔的天空就在眼前了
드넓은 하늘이 바로 눈앞에 펼쳐졌다

图 (생각, 마음이) 탁 트이다/관대하다
胸襟开阔 도량이 넓다

图 넓히다
开阔学生的眼界 학생의 시야를 넓히다

胸襟 xiōngjīn 图 흉금, 마음, 심정
眼界 yǎnjiè 图 시야, 안목, 식견, 견식

6급 开朗 kāilǎng 图 탁 트이고 환하다 图 탁 트이다, 활달하다, 쾌활하다

图 탁 트이고 환하다
雪后的天空分外开朗
눈 온 뒤의 하늘이 유달리 탁 트이고 맑다

图 (사고, 생각이) 탁 트이다, (성격이) 활달하다/쾌활하다
乐观开朗的性格 낙관적이고 활달한 성격

分外 fènwài 图 유달리, 특별히
| 5급 | 乐观 lèguān 图 낙관적이다

6급 开明 kāimíng 图 깨어 있다, 진보적이다

图 (생각, 사고방식 등이) 깨어 있다/진보적이다
思想比较开明的领导
사상이 비교적 깨어 있는 지도자

| 5급 | 领导 lǐngdǎo 图 지도자, 리더, 책임자

5급 开幕式 kāimùshì 图 개막식, 개회식

图 개막식, 개회식
出席大会开幕式 대회 개막식에 참석하다

| 5급 | 出席 chūxí 图 출석하다, 참석하다

K

6급 开辟 kāipì 동 내다, 개통하다 동 개발하다, 개척하다, 처음 세우다

동 (길을) 내다/개통하다
开辟道路 도로를 개통하다
各地机场致力于开辟国际航线
각지의 공항이 국제선 항로 개척에 주력하다

동 개발하다, 개척하다, 처음 세우다
这一研究成果开辟了免疫治疗研究新领域
이번 연구 성과는 면역 치료 연구의 새로운 영역을 개척했다

6급 致力 zhìlì 동 주력하다, 힘쓰다	
航线 hángxiàn 명 항로, 뱃길, 항공 노선	
6급 免疫 miǎnyì 동 면역이 되다	

2급 开始 kāishǐ 동 시작하다, 개시하다, 착수하다 명 시작, 처음

동 시작하다, 개시하다, 착수하다
会议几点开始?
회의는 몇 시에 시작합니까?

开始下起了小雨
가랑비가 내리기 시작했다

명 시작 (단계), 처음
开始我并不明白 처음에 나는 전혀 이해하지 못했다

3급 会议 huìyì 명 회의	
小雨 xiǎoyǔ 명 가랑비, 조금 내리는 비	

5급 开水 kāishuǐ 명 끓인 물, 끓는 물

명 끓인 물, 끓는 물
把冻饺子放在开水里煮
냉동 만두를 끓는 물에 넣어 삶다

5급 冻 dòng 동 얼다	
5급 煮 zhǔ 동 끓이다, 삶다	

6급 开拓 kāituò 동 개척하다, 확장하다

동 개척하다, 확장하다
不断开拓科技新领域和新的市场
과학 기술의 새로운 영역과 새로운 시장을 끊임없이 개척하다

5급 领域 lǐngyù 명 영역, 분야	

4급 开玩笑 kāi wánxiào 농담하다, 장난하다, 놀리다, 가볍게 생각하다

농담하다, 장난하다, 놀리다, 가볍게 생각하다
这样开玩笑有点过分
이런 식으로 농담하는 것은 좀 지나치다

这种事情可不能开玩笑
이런 일은 결코 가벼이 생각해서는 안 된다

5급 过分 guòfèn 형 지나치다, 심하다	

4급 开心 kāixīn 형 기분이 유쾌하다, 즐겁다

형 기분이 유쾌하다, 즐겁다
每天都过得很开心
매일매일 즐거이 보내다

孩子们在游乐园玩得开心极了
아이들이 놀이공원에서 매우 재미나게 놀다

游乐园 yóulèyuán 명 유원지, 놀이공원	

6급 开展 kāizhǎn ⑤ 대규모로 전개하다, 펼치다 ⑤ 확대되다, 발전하다
⑤ 전시를 시작하다

⑤ (행사, 활동 등을) 대규모로 전개하다/펼치다
开展丰富多彩的文化活动
풍부하고 다채로운 문화 행사를 펼치다

⑤ (범위가) 확대되다, 발전하다
交通安全宣传活动在全国开展
교통 안전 캠페인이 전국으로 확대되다

⑤ 전시를 시작하다
美术展览明日开展 미술 전시가 내일 시작된다

丰富多彩 fēngfù-duōcǎi
⑱ 내용이 풍부하고 형태가 다채롭다
5급 宣传 xuānchuán ⑤ 선전하다, 홍보하다
5급 展览 zhǎnlǎn ⑲ 전람, 전시, 전시품

6급 开支 kāizhī ⑤ 비용을 지불하다, 지출하다 ⑲ 비용, 지출 ⑤ 급여를 지급하다

⑤ 비용을 지불하다, 지출하다
今年开支5万元 올해는 5만 위안을 지출했다

⑲ 비용, 지출
预算中没有这项开支 예산에는 이 지출 항목이 없다

⑤ 급여를 지급하다
这家公司月初开支 이 회사는 월초에 급여를 지급한다

6급 预算 yùsuàn ⑲ 예산

6급 刊登 kāndēng ⑤ 게재하다, 등재하다

⑤ (신문, 잡지 등에) 게재하다/등재하다
在报纸上刊登招聘启事 신문에 구인 광고를 싣다

4급 招聘 zhāopìn ⑤ 공개 채용하다, 초빙하다
6급 启事 qǐshì ⑲ 게재 광고, 게재 공고

6급 刊物 kānwù ⑲ 간행물, 출판물

⑲ 간행물, 출판물
学术刊物 학술 간행물
创办刊物 간행물을 창간하다

创办 chuàngbàn ⑤ 창립하다, 창업하다, 창간하다

6급 勘探 kāntàn ⑤ 탐사하다

⑤ (지질 및 지하자원 매장량을) 탐사하다
勘探石油 석유를 탐사하다 | 地质勘探 지질 탐사

6급 地质 dìzhì ⑲ 지질

6급 侃侃而谈 kǎnkǎn'értán ⑱ 침착하고 당당하게 말하다

⑱ 침착하고 당당하게 말하다
他面对记者的提问侃侃而谈
그는 기자의 질문에 침착하고 당당하게 말했다

5급 提问 tíwèn ⑲ 질문

5급 砍 kǎn ⑤ 찍다, 쪼개다

⑤ (도끼 등으로) 찍다/쪼개다
到山上去，用斧头把树木一棵一棵砍下来
산에 올라가 도끼로 나무를 한 그루 한 그루씩 패다

斧头 fǔtou ⑲ 도끼

K

6급 砍伐 kǎnfá 동 나무를 자르다, 벌채하다

동 나무를 자르다, 벌채하다
森林被过度砍伐，严重破坏了生态平衡
산림이 과도하게 벌목되어 생태 균형이 심각하게 훼손되었다

4급 森林 sēnlín 명 삼림, 산림, 숲
5급 平衡 pínghéng 형 평형하다, 균형이 맞다

1급 看 kàn 동 보다 동 관찰하고 분석하다, 여기다, 생각하다

동 보다
他不喜欢看电视广告
그는 TV 광고 보는 것을 좋아하지 않는다
南方很多地方冬天都看不到雪
남쪽 지방의 많은 곳에서는 겨울에 눈을 볼 수 없다

동 관찰하고 분석하다, 여기다, 생각하다
看问题要看本质 문제를 볼 때 그 본질을 봐야 한다
我看可以，你看怎么样?
나는 괜찮다고 보는데 네가 보기에는 어떻니?

1급 电视 diànshì 명 텔레비전, 티브이(TV)
4급 广告 guǎnggào 명 광고
南方 nánfāng 명 남, 남쪽, 남방
3급 地方 dìfang 명 곳, 위치, 장소
5급 本质 běnzhì 명 본질

5급 看不起 kànbuqǐ 경시하다, 얕보다, 경멸하다, 업신여기다

경시하다, 얕보다, 경멸하다, 업신여기다
他怕别人看不起自己
그는 다른 사람이 자기를 얕볼까 봐 두려워한다
不要看不起环境卫生和消毒工作
환경 위생과 소독 작업을 경시하면 안 된다

环境卫生 huánjìng wèishēng 환경 위생
6급 消毒 xiāodú 동 소독하다, 살균하다

6급 看待 kàndài 동 대하다, 취급하다, 다루다

동 대하다, 취급하다, 다루다
不知该怎样看待这件事
이 일을 어떻게 다뤄야 할 지 모르겠다
他比较客观地看待了两国关系的变化
그는 양국 관계의 변화를 비교적 객관적으로 다루었다

怎样 zěnyàng 대 어떻게
5급 客观 kèguān 형 객관적이다

4급 看法 kànfǎ 명 견해, 관점, 의견

명 견해, 관점, 의견
提出自己的看法 자신의 의견을 제시하다
他对这件事有不同看法
그는 이 일에 대해 다른 견해를 가지고 있다

提出 tíchū 동 제시하다, 제출하다

1급 看见 kàn//jiàn 동 보다, 보이다, 눈에 들어오다

동 보다, 보이다, 눈에 들어오다 (동작의 결과, 완료를 나타냄)
一眼就看见 한눈에 들어왔다
屋子里漆黑一片，什么也看不见
방이 캄캄하여 아무것도 보이지 않는다

一眼 yīyǎn 한눈에, 단번에
5급 屋子 wūzi 명 방
漆黑 qīhēi 형 칠흑 같다, 캄캄하다

看来 kànlái 동 보아하니 …인 것 같다

동 보아하니 …인 것 같다 (추측을 나타냄) 동의어 看起来 kànqǐlai

他**看来**下决心离开家乡
그는 고향을 떠나기로 결심한 것 같다

看来，这事不好办
보아하니 이 일은 처리하기가 수월하지 않겠다

5급 决心 juéxīn 명 결심, 결정

5급 **看望** kànwàng 동 찾아가다, 문안하다, 방문하다

동 찾아가다, 문안하다, 방문하다

她虽然繁忙，但每天去医院**看望**生病的母亲
그녀는 바쁘지만 매일 병원에 가서 아픈 어머니를 문병한다

6급 繁忙 fánmáng 형 일이 많고 바쁘다

6급 **慷慨** kāngkǎi 형 강개하다, 격앙되다 형 인색하지 않다, 아낌없다, 후하다

형 강개하다, (감정, 정서가) 격앙되다

慷慨激昂地声讨 격앙되어 성토하다

형 인색하지 않다, 아낌없다, 후하다

她为人**慷慨**大方，乐于助人
그녀는 인성이 인색하지 않고 대범하며 기꺼이 남을 도울 줄 안다

慷慨激昂 kāngkǎi-jī'áng
성 말에 기개가 가득하고 격앙되다
声讨 shēngtǎo 동 성토하다, 규탄하다
5급 大方 dàfang 형 인색하지 않다, 대범하다
乐于助人 lèyú-zhùrén 기꺼이 남을 돕다

K

6급 **扛** káng 동 어깨에 메다 동 버티다, 견디다

동 어깨에 메다

扛着行李向我走过来
짐을 둘러 메고 나에게 다가왔다

동 버티다, 견디다

房租连涨，**扛**不住了
집세가 계속 올라서 버틸 수가 없다

行李 xíngli 명 (여행) 짐
房租 fángzū 명 집세, 임대료
5급 涨 zhǎng 동 상승하다

6급 **抗议** kàngyì 동 항의하다 명 항의

동 항의하다

数千民众走上街头，**抗议**种族歧视
수천 명의 민중이 거리로 나와 인종 차별에 항의하다

명 항의

递交了一份**抗议**书 항의서 하나를 제출했다

6급 歧视 qíshì 동 차별하다, 얕보다, 무시하다
递交 dìjiāo 동 직접 주다, 건네다

6급 **考察** kǎochá 동 현장 조사하다, 시찰하다, 답사하다 동 고찰하다, 탐구하다

동 현장 조사하다, 시찰하다, 답사하다

考察高铁建设现场
고속철 건설 현장을 시찰하다

동 고찰하다, 탐구하다

考察土地沙化的成因
토지 사막화의 형성 원인을 고찰하다

高铁 gāotiě 명 고속 철도
6급 现场 xiànchǎng 명 현장
沙化 shāhuà 동 사막화하다

6급 考古 kǎogǔ 동 고고하다, 옛날 유물이나 유적 등을 연구하다 명 고고학

동 고고하다, 옛날 유물이나 유적 등을 연구하다
他们每年都到各地遗址去考古
그들은 매년 각지의 유적에 가서 옛날 유적을 연구한다

명 고고학
这位考古专家正在从事文物发掘工作
이 고고학 전문가는 문물 발굴 작업에 종사하고 계십니다

遗址 yízhǐ 명 유지, 유적
5급 从事 cóngshì 동 종사하다, 참여하다
发掘 fājué 동 발굴하다

6급 考核 kǎohé 동 심사하다, 심사하고 평가하다

동 (부서, 인원 등을) 심사하다/심사하고 평가하다
考核在岗的工作人员
재직 실무자를 심사하고 평가하다

在岗 zàigǎng 동 근무하다, 재직하다

4급 考虑 kǎolǜ 동 고려하다, 생각하다

동 고려하다, 생각하다
这个问题要认真考虑 이 문제는 진지하게 고려해야 한다
请你再考虑考虑吧，千万别错过这个机会
좀 더 생각해 보시고 절대 이 기회를 놓치지 마세요

3급 认真 rènzhēn 형 진지하다
错过 cuòguò 동 (기회, 대상을) 놓치다

2급 考试 kǎoshì 동 시험 보다, 테스트하다 명 시험, 테스트

동 (kǎo//shì) 시험 보다, 테스트하다
学生们正在考试
학생들이 시험을 보고 있다

명 시험, 테스트
数学考试不及格
수학 시험에서 불합격했다

3급 数学 shùxué 명 수학
5급 及格 jígé 동 합격하다

6급 考验 kǎoyàn 동 시험하다, 검증하다

동 (이행 과정 중에) 시험하다/검증하다
我们要经得起考验
우리는 시련을 견딜 수 있어야 한다

经得起 jīngdeqǐ 감당할 수 있다, 이길 수 있다, 견딜 수 있다

4급 烤鸭 kǎoyā 명 카오야, 오리 구이

명 카오야, (통째로 화덕에서 구운) 오리 구이
终于吃到了正宗的北京烤鸭
드디어 정통 베이징 카오야를 먹었다

6급 正宗 zhèngzōng 형 정통의

5급 靠 kào 동 기대다, 기대어 세우다 동 접근하다, 가까이 하다 동 의지하다, 기대다
동 신뢰하다, 믿을 만하다

동 (사람이) 기대다, (물건을) 기대어 세우다
把梯子靠在墙上
사다리를 벽에 기대어 세우다

梯子 tīzi 명 사다리

동 접근하다, 가까이 하다
船靠码头了 배가 부두에 접근했다

동 의지하다, 기대다
要办成这件事，只能靠大家的帮助
이 일을 성사시키려면 모두의 도움에 의지할 수 밖에 없다

동 신뢰하다, 믿을 만하다
这个消息不太可靠
이 소식은 그다지 믿을 만하지 않다

| 6급 | 码头 mǎtou 명 부두, 선창 |
| 办成 bànchéng 동 해내다, 성사시키다 |
| 5급 | 可靠 kěkào 형 신뢰할 만하다 |

역순 어휘
可靠 kěkào　　　依靠 yīkào

6급 **靠拢** kào//lǒng 동 다가가다, 접근하다, 근접하다

동 다가가다, 접근하다, 근접하다
技术水平逐步向国际水平靠拢
기술 수준이 차츰차츰 국제적 수준에 근접하다

5급 逐步 zhúbù 부 차차, 차츰차츰

6급 **科目** kēmù 명 과목, 항목

명 (학술 등의) 과목, (장부 등의) 항목
会计科目 회계 항목 | 大学必修科目 대학 필수 과목
选择两门选修科目进行学习
선택 이수 과목 두 과목을 선택하여 학습하다

必修 bìxiū 동 필수로 이수하다
选修 xuǎnxiū 동 선택하여 이수하다

4급 **科学** kēxué 명 과학 형 정확하다, 과학적이다

명 과학
尖端科学技术 첨단 과학 기술
형 정확하다, 과학적이다
运用科学的方法 과학적인 방법을 활용하다
设计得很科学 정확하게 설계되다, 과학적으로 설계되다

6급 尖端 jiānduān 형 첨단의
5급 运用 yùnyòng 동 운용하다, 활용하다

4급 **棵** kē 양 그루, 포기

양 그루, 포기 (식물을 세는 단위)
花盆里长了几棵草
화분에 풀이 몇 포기 자랐다

花盆 huāpén 명 화분

5급 **颗** kē 양 알

양 알 (작은 구형이나 입자 형태의 물건을 세는 단위)
一颗珍珠 진주 한 알
五颗子弹 탄환 다섯 알

6급 珍珠 zhēnzhū 명 진주
6급 子弹 zǐdàn 명 총알, 탄약, 탄환

颗粒 kēlì 명 과립, 작고 둥근 알갱이, 낟알

명 과립, 작고 둥근 알갱이, 낟알
施用颗粒肥料 과립 비료를 사용하다
玉米颗粒饱满 옥수수 알갱이가 잘 여물다

施用 shīyòng 동 사용하다, 쓰다
饱满 bǎomǎn 형 옹골지다, 풍만하다

K

6급 磕 kē 동 부딪히다, 톡톡 치다, 툭툭 털다

동 (단단한 물체에) 부딪히다, 톡톡 치다, 툭툭 털다

脑袋不小心磕到墙上了
부주의하여 머리를 벽에 부딪혔다

摔了一跤，嘴巴里面磕破了
넘어져서 입 안이 찢어졌다

| 5급 脑袋 nǎodai 명 머리, 뇌 |
| 嘴巴 zuǐba 명 입 |

4급 咳嗽 késou 동 기침하다

동 기침하다

白天不咳嗽，到了晚上就会咳嗽得非常厉害
낮에는 기침을 하지 않다가도 저녁이 되면 기침을 매우 심하게 한다

4급 厉害 lìhai 형 대단하다, 심각하다, 지독하다

3급 可爱 kě'ài 형 귀엽다, 사랑스럽다

형 귀엽다, 사랑스럽다

我很喜欢可爱的东西
나는 귀여운 물건을 좋아한다

动物园里的小猴子可爱极了
동물원의 새끼 원숭이가 너무나 귀엽다

| 动物园 dòngwùyuán 명 동물원 |
| 5급 猴子 hóuzi 명 원숭이 |

6급 可观 kěguān 형 볼 만하다 형 뛰어나다, 대단하다, 굉장하다

형 볼 만하다

景色可观 경치가 볼 만하다

형 (수준, 정도가) 뛰어나다/대단하다/굉장하다

收入相当可观 소득이 상당히 높다

获得可观的成果 뛰어난 성과를 얻다

| 5급 相当 xiāngdāng 부 매우, 상당히 |
| 5급 成果 chéngguǒ 명 성과 |

5급 可见 kějiàn 동 볼 수 있다 연 …이라는 것을 알 수 있다, …임을 볼 수 있다

동 볼 수 있다

这种产品市场上到处可见
이런 제품은 시장 곳곳에서 볼 수 있다

연 …이라는 것을 알 수 있다, …임을 볼 수 있다

由此可见，摄取适量的脂肪对人体是有利的
이로부터 알 수 있듯이, 적당량의 지방 섭취는 몸에 좋다

基本公式都错了，可见没有认真学习
기본 공식조차 모두 틀렸으니 착실히 공부하지 않았음을 알 수 있다

| 4급 到处 dàochù 명 도처, 곳곳 |
| 摄取 shèqǔ 동 섭취하다, 흡수하다 |
| 6급 脂肪 zhīfáng 명 지방 |
| 6급 公式 gōngshì 명 공식, 법칙 |

5급 可靠 kěkào 형 신뢰할 만하다, 믿음직스럽다

형 신뢰할 만하다, 믿음직스럽다

这个小伙子办事很可靠
이 젊은이는 일하는 것이 믿음직스럽다

提供可靠的数据 믿을 만한 데이터를 제공하다

| 4급 小伙子 xiǎohuǒzi 명 젊은이, 총각 |
| 5급 数据 shùjù 명 수치, 데이터 |

6급 可口 kěkǒu 　형 입맛에 맞다, 맛이 좋다

형 입맛에 맞다, 맛이 좋다
　饭菜可口 밥과 반찬이 입에 맞다
　想喝清凉可口的饮料 상쾌하고 맛있는 음료를 마시고 싶다

清凉 qīngliáng 　형 상쾌하고 시원하다

4급 可怜 kělián 　형 불쌍하다, 가련하다

형 불쌍하다, 가련하다
　这孩子因事故失去了双亲，真是可怜了
　이 아이는 사고로 양친을 잃었다니 정말 불쌍하다

6급 事故 shìgù 　명 사고, 의외의 변고나 재앙
双亲 shuāngqīn 　명 양친

2급 可能 kěnéng 　형 가능하다 　명 가능성 　동 아마도 …일 것이다, 어쩌면 …일지도 모른다

형 가능하다
　让他改变看法是不可能的
　그로 하여금 생각을 바꾸게 하기란 불가능하다

명 가능성
　成功的可能很大 성공의 가능성이 크다

동 아마도 …일 것이다, 어쩌면 …일지도 모른다
　他可能了解情况 그는 아마 상황을 알고 있을 것이다

4급 改变 gǎibiàn 　동 변하게 하다, 바꾸다
3급 了解 liǎojiě 　동 분명히 알다, 이해하다

K

5급 可怕 kěpà 　형 두렵다, 무섭다

형 두렵다, 무섭다
　失败并不可怕，可怕的是失去面对失败的勇气
　실패는 결코 두렵지 않으며, 두려운 것은 실패에 맞설 용기를 잃는
　것이다

5급 面对 miànduì 　동 마주하다, 직면하다
5급 勇气 yǒngqì 　명 용기

4급 可是 kěshì 　연 그러나, 하지만

연 그러나, 하지만
　他心里虽然不高兴，可是脸上却依然笑嘻嘻的
　그는 비록 마음은 기쁘지 않으나, 얼굴은 여전히 웃고 있었다

5급 依然 yīrán 　부 여전히, 아직도, 변함없이
笑嘻嘻 xiàoxīxī 　싱글벙글거리다,
　생글생글하다

6급 可恶 kěwù 　형 혐오스럽다, 밉살스럽다, 가증스럽다

형 혐오스럽다, 밉살스럽다, 가증스럽다
　干这种损人利己的事，太可恶了
　이렇게 남을 해치면서 자기 잇속을 챙기다니 너무 가증스럽다

损人利己 sǔnrén-lìjǐ
　성 남에게 손해를 입히고 자신은 이익을 보다

4급 可惜 kěxī 　형 아깝다, 안타깝다, 애석하다

형 아깝다, 안타깝다, 애석하다
　可惜到现在仍然没有什么收获
　애석하게도 지금까지 여전히 별 성과가 없다
　我那支新笔没用就丢了，真可惜
　나의 그 새 펜은 써 보지도 못하고 잃어버려서 정말 아깝다

4급 仍然 réngrán 　부 여전히, 아직도, 변함없이
5급 收获 shōuhuò 　명 수확, 성과

可笑 kěxiào 톙 가소롭다, 우습다   톙 웃기다, 우스꽝스럽다

톙 가소롭다, 우습다
这种说法显得非常荒唐可笑
이러한 견해는 매우 터무니없고 가소롭게 보인다

톙 웃기다, 우스꽝스럽다
那个小品有许多可笑的情节
그 단막극에는 우스꽝스러운 줄거리가 많이 담겨 있다

6급 荒唐 huāngtáng 톙 황당하다, 터무니없다
小品 xiǎopǐn 톙 단막극, 토막극, 콩트
6급 情节 qíngjié 톙 줄거리, 플롯, 구성

6급 可行 kěxíng 동 실행 가능하다

동 실행 가능하다
制订切实可行的营销策略
현실적이고 실행 가능한 마케팅 전략을 수립하다

6급 切实 qièshí 동 현실에 부합하다
营销 yíngxiāo 동 마케팅하다, 판촉하다

2급 可以 kěyǐ 동 …할 수 있다, 가능하다   동 …해도 좋다, 허가하다   톙 괜찮은 편이다, 무난하다

동 …할 수 있다, 가능하다
章鱼可以随时变换自己皮肤的颜色
문어는 아무 때나 자신의 피부 색깔을 바꿀 수 있다

동 …해도 좋다, 허가하다
谁都可以提意见 누구든 의견을 제시해도 된다
喝酒后不可以开车 술 마신 후에는 운전하면 안 된다

톙 괜찮은 편이다, 무난하다
他汉语说得还可以 그는 중국어를 괜찮게 하는 편이다

章鱼 zhāngyú 톙 문어
5급 随时 suíshí 뷔 수시로, 언제나, 아무 때나
变换 biànhuàn 동 변환하다, 바꾸다
4급 提 tí 동 제기하다, 제시하다
开车 kāichē 동 운전하다

3급 渴 kě 톙 목이 마르다, 갈증이 나다

톙 목이 마르다, 갈증이 나다
半天没喝水，渴极了
한참 동안 물을 안 마셨더니 목이 너무 마르다
口渴了，你去给我拿杯水吧
목이 마르니 당신이 가서 물 좀 가져다 주세요

半天 bàntiān 톙 오랜 시간, 한참 동안
3급 极 jí 뷔 몹시, 극히, 매우

6급 渴望 kěwàng 동 갈망하다, 간절히 바라다

동 갈망하다, 간절히 바라다
我十分渴望我国队能参加世界杯
나는 우리 나라 팀이 월드컵에 참가할 수 있기를 간절히 바란다

世界杯 Shìjièbēi 톙 월드컵, 세계 선수권 대회

5급 克 kè 양 그램   동 무너뜨리다, 함락하다

양 그램 (무게의 단위)
建议成年人每天摄取蔬菜300-500克
성인은 매일 채소 300~500g을 섭취하도록 권장한다

동 무너뜨리다, 함락하다

6급 摄取 shèqǔ 동 섭취하다, 흡수하다

역순 어휘
攻克 gōngkè

5급 克服 kèfú 图 극복하다 图 인내하다, 참고 이겨 내다

图 극복하다
克服困难 역경을 극복하다

图 인내하다, 참고 이겨 내다
这儿生活条件不太好，大家克服一下吧
이곳 생활 조건은 그다지 좋지 않지만 모두 참고 견뎌 봅시다

4급 **困难** kùnnan 图 곤란, 어려움
4급 **条件** tiáojiàn 图 조건, 요건, 기준, 상태, 여건

6급 克制 kèzhì 图 억누르다, 자제하다

图 (감정, 언행 등을) 억누르다/자제하다
克制着内心的愤怒
마음속의 분노를 억누르다

6급 **愤怒** fènnù 图 분노

3급 刻 kè 图 새기다, 조각하다 图 심하다, 깊다 图 15분, 각

图 새기다, 조각하다
雕刻动物模型 동물 모형을 조각하다

图 심하다, 깊다
这部影片给我留下了深刻的印象
이 영화는 나에게 깊은 인상을 남겼다

图 15분, 각(刻) (시간의 단위)
两点三刻 2시 45분
现在是差一刻十二点
지금은 12시 15분 전이다

6급 **雕刻** diāokè 图 새기다, 조각하다
6급 **模型** móxíng 图 모형
影片 yīngpiàn 图 영화 (상영작)
5급 **深刻** shēnkè 图 (인상이) 깊다/강렬하다

역순 어휘
雕刻 diāokè　**立刻** lìkè　**片刻** piànkè
深刻 shēnkè　**时刻** shíkè

6급 刻不容缓 kèbùrónghuǎn 图 한시도 지체할 수 없다, 매우 긴박하다

图 한시도 지체할 수 없다, 매우 긴박하다
生活垃圾的分类处理工作刻不容缓
생활 쓰레기의 분리 처리 작업이 시급하다

分类 fēnlèi 图 분류하다

5급 刻苦 kèkǔ 图 어려움을 견디며 애쓰다, 근면하다

图 어려움을 견디며 애쓰다, 근면하다
经过刻苦训练，他终于夺得了冠军
어렵고 힘든 훈련을 거쳐 그는 마침내 우승을 차지했다

5급 **训练** xùnliàn 图 훈련하다
夺得 duódé 图 이룩하다, 쟁취하다

5급 客观 kèguān 图 객관, 객관 세계 图 객관적이다

图 객관, 객관 세계 [반의어] 主观 zhǔguān [5급]
客观事实 객관 사실

图 객관적이다 [반의어] 主观 zhǔguān [5급]
他的评论比较客观
그의 평론은 비교적 객관적이다
从客观角度评价他的功绩
객관적 입장에서 그의 공적을 평가하다

5급 **事实** shìshí 图 사실
6급 **评论** pínglùn 图 평론, 논평
5급 **评价** píngjià 图 평가하다
功绩 gōngjì 图 공적

K

6급 客户 kèhù 명 고객, 거래처

명 고객, 거래처
陪**客户**去看京剧表演
고객을 모시고 경극 공연을 보러 가다

4급 京剧 jīngjù 명 경극

3급 客人 kèrén 명 손님, 방문객

명 손님, 방문객
我们酒店向每一位**客人**提供免费早餐
우리 호텔은 모든 손님에게 무료 조식을 제공한다

酒店 jiǔdiàn 명 호텔, 여관
早餐 zǎocān 명 조찬, 조식, 아침 식사

4급 客厅 kètīng 명 응접실, 접대실, 객실

명 응접실, 접대실, 객실
新家的**客厅**面积很大 새 집의 응접실 면적이 크다

5급 面积 miànjī 명 면적

2급 课 kè 명 수업, 강의 명 과목, 과, 단원

명 수업, 강의
上午上4节**课** 오전에 4교시 수업을 듣는다
명 과목, 과, 단원
这学期我上3门专业**课**
이번 학기에 나는 3개의 전공 과목을 수강한다
这本汉语教材有30**课**
이 중국어 교재는 30과로 되어 있다

4급 学期 xuéqī 명 학기
4급 专业 zhuānyè 명 전공
5급 教材 jiàocái 명 교재

역순 어휘
旷课 kuàngkè

5급 课程 kèchéng 명 교과 과정, 커리큘럼, 교과목

명 교과 과정, 커리큘럼, 교과목
开设两门**课程** 두 개의 커리큘럼을 개설하다
她在读网络**课程**
그녀는 인터넷 강의를 수강하고 있다

开设 kāishè 통 설립하다, 개설하다
5급 网络 wǎngluò 명 컴퓨터 네트워크, 웹,
인터넷

6급 课题 kètí 명 과제, 중요한 문제, 중대 사항

명 과제, 중요한 문제, 중대 사항
治理环境污染是一个重大**课题**
환경 오염 처리는 반드시 해결해야 하는 중대 과제이다

6급 治理 zhìlǐ 통 정비하다, 정리하다, 처리하다

4급 肯定 kěndìng 통 긍정하다, 인정하다 형 긍정하는, 긍정적인 부 확실히, 반드시, 틀림없이

통 긍정하다, 인정하다 반의어 否定 fǒudìng 5급
应该**肯定**他们的冒险精神
그들의 모험 정신을 인정해야 한다
형 긍정하는, 긍정적인
肯定的答复 긍정적인 대답

5급 冒险 màoxiǎn 통 모험하다, 위험을
무릅쓰고 …을 하다
6급 答复 dáfù 명 대답, 응답

旵 확실히, 반드시, 틀림없이
今天他肯定会来的
오늘 그가 틀림없이 올 것이다
我仔细检查过了，肯定没问题
내가 꼼꼼하게 검사했는데, 확실히 문제가 없다

| 4급 | 仔细 zǐxì 톙 세심하다, 치밀하다, 자세하다

6급 恳切 kěnqiè 톙 간곡하다, 진지하고 간절하다

톙 간곡하다, 진지하고 간절하다
他恳切地请求我原谅你
그는 너를 용서해 달라고 나에게 간곡히 부탁했다

| 5급 | 请求 qǐngqiú 통 요청하다, 부탁하다
| 4급 | 原谅 yuánliàng 통 용서하다, 이해하다, 양해하다

6급 啃 kěn 통 잘게 뜯어 먹다, 갉아 먹다, 쏠다

통 잘게 뜯어 먹다, 갉아 먹다, 쏠다
老鼠啃玉米 쥐가 옥수수를 갉아 먹다
整天啃书本 하루 종일 책을 붙들고 있다

啃书本 kěn shūběn 책 내용을 한 글자, 한 구절씩 익히다, 책을 파고들어 읽다

K

6급 坑 kēng 몡 구덩이, 웅덩이, 굴, 갱

몡 구덩이, 웅덩이, 굴, 갱
挖个坑 구덩이를 파다
坑洼不平的道路
움푹 패여 고르지 못한 도로

挖 wā 통 파다, 캐다
坑洼 kēngwā 톙 움푹 패이다, 지대가 낮다

4급 空 kōng 톙 비다 톙 없다, 공허하다, 실속 없다

톙 (속이) 비다
家里空空的，一个人都没有
집은 텅 비었고 아무도 없다
톙 (내용이) 없다, 공허하다, 실속 없다
您拨打的电话是空号，请查证后再拨
당신이 건 전화는 없는 번호이오니 확인 후 다시 걸어 주십시오

拨打 bōdǎ 통 전화를 걸다
查证 cházhèng 통 조사하여 확인하다

역순 어휘
航空 hángkōng   太空 tàikōng
天空 tiānkōng

○ 空 kòng [4급] 참조

6급 空洞 kōngdòng 톙 내용이 없다, 요지가 없다, 공허하다

톙 (글이나 말에) 내용이 없다/요지가 없다/공허하다
内容空洞 내용이 없다
空空洞洞的理论 공허한 이론

| 5급 | 理论 lǐlùn 몡 이론

5급 空间 kōngjiān 몡 공간, 빈 곳 몡 우주, 우주 공간

몡 공간, 빈 곳
给职工提供足够的休息空间
직원에게 충분한 휴식 공간을 제공하다
몡 우주, 우주 공간
空间望远镜 우주 망원경

足够 zúgòu 톙 충분하다, 넉넉하다
望远镜 wàngyuǎnjìng 몡 망원경

4급 空气 kōngqì 명 공기 명 분위기, 기운

명 공기
呼吸新鲜空气 신선한 공기를 마시다

명 분위기, 기운
让紧张空气缓和下来 긴장된 분위기를 누그러뜨리다

5급 呼吸 hūxī 동 호흡하다, 숨을 쉬다,
숨을 들이쉬다
6급 缓和 huǎnhé 동 완화시키다, 완화되다

6급 空前绝后 kōngqián-juéhòu 성 전무후무하다, 이전에도 없고 이후에도 없다

성 전무후무하다, 이전에도 없고 이후에도 없다
秦始皇兵马俑是中国艺术史上空前绝后的杰作
진시황 병마용은 중국 예술사에서 전무후무한 걸작이다

秦始皇 Qínshǐhuáng 명 진시황, 진시황제
兵马俑 bīngmǎyǒng 명 병마용

3급 空调 kōngtiáo 명 에어컨, 공기 조절기

명 에어컨, 공기 조절기
把房间里的空调打开了 방 안의 에어컨을 켰다

打开 dǎkǎi 동 (스위치 등을) 켜다/올리다

6급 空想 kōngxiǎng 동 공상하다 명 공상

동 공상하다
改变落后面貌要靠实干，不能空想
낙후된 모습을 바꾸려면 실제로 행동해야지 공상만 해서는 안 된다

명 공상
如果没有自由，一切美好的愿望都是空想
만약 자유가 없다면 모든 아름다운 소원이 다 공상이다

6급 面貌 miànmào 명 면모, 모습
实干 shígàn 동 착실히 일하다,
실제로 일하다
5급 愿望 yuànwàng 명 바람, 희망

6급 空虚 kōngxū 형 공허하다, 부실하다, 빈약하다

형 공허하다, 부실하다, 빈약하다
内心特别孤独空虚 마음이 매우 고독하고 공허하다
敌人兵力空虚 적의 병력은 부실하다

6급 孤独 gūdú 형 고독하다, 적적하다
兵力 bīnglì 명 병력, 전력

6급 孔 kǒng 명 구멍

명 구멍
利用激光在木板上穿一个小孔
레이저를 이용해 목판에 작은 구멍을 뚫다

激光 jīguāng 명 레이저
木板 mùbǎn 명 목판, 나무판자, 널빤지

6급 恐怖 kǒngbù 형 공포스럽다, 두렵다, 끔찍하다 명 공포, 공포 분위기, 테러

형 공포스럽다, 두렵다, 끔찍하다
看到那惨状，我觉得很恐怖
참혹한 광경을 보고 나는 두려웠다

명 공포, 공포 분위기, 테러
发生恐怖袭击 테러 공격이 발생하다
制造恐怖气氛 공포 분위기를 조성하다

惨状 cǎnzhuàng 명 참상, 비참한 상황
6급 袭击 xíjī 동 습격하다, 급습하다
5급 制造 zhìzào 동 조성하다, 조장하다

6급 恐吓 kǒnghè 통 협박하다, 위협하다

통 협박하다, 위협하다
分手后，前男友多次威胁**恐吓**她
헤어진 후 전 남자 친구가 그녀를 여러 차례 위협하고 협박했다

5급 威胁 wēixié 통 위협하다

○ 吓 xià [5급] 참조

6급 恐惧 kǒngjù 형 겁먹다, 무서워하다

형 겁먹다, 무서워하다
脸上流露出**恐惧**的神色
얼굴에 두려운 기색이 역력하다

6급 流露 liúlù 통 무심결에 보이다, 드러내다
神色 shénsè 명 기색, 표정, 낯빛

4급 恐怕 kǒngpà 부 대략, 아마, 대체로

부 대략, 아마, 대체로 (짐작, 걱정, 부정적 추측을 나타냄)
我们**恐怕**有十年没见了吧
우리 못 만난 지 대략 십 년은 됐을 거야
下这么大的雨，**恐怕**他不会来了
비가 이렇게 퍼부으니 그는 아마 올 수 없을 것이다

这么 zhème 대 이렇게, 이런, 이와 같이

4급 空 kòng 명 짬, 틈, 겨를, 공간 동 비우다, 내다

명 짬, 틈, 겨를, 공간
抽**空**到医院去做了个体检
시간을 내 병원에 가서 신체 검사를 했다
屋子里人已经满了，没**空**儿了
방 안이 이미 사람들로 가득 차서 공간이 없다

동 비우다, (시간, 자리 등을) 내다
不会写的字先**空**着 쓸 줄 모르는 글자는 우선 비워 둬라

抽空 chōukòng 동 시간을 내다, 틈을 내다
体检 tǐjiǎn 동 신체 검사를 하다

역순 어휘
填空 tiánkòng

○ 空 kōng [4급] 참조

6급 空白 kòngbái 명 공백, 여백, 물건이 없는 장소

명 공백, 여백, 물건이 없는 장소
这一开创性的研究成果，填补了医学界的**空白**
이 혁신적인 연구 성과가 의료계의 공백을 메웠다

开创性 kāichuàngxìng 명 혁신적 성향, 창의성
填补 tiánbǔ 동 (부족한 것을) 메우다/채우다

6급 空隙 kòngxì 명 틈, 간격, 공간 명 겨를, 짬, 여가 명 틈새, 빈틈, 기회

명 틈, 간격, 공간
高铁的一等座的座位中间有很大的**空隙**
고속철의 일등석 자리 사이에는 넓은 공간이 있다

명 겨를, 짬, 여가
在两节课之间的**空隙**休息一会儿
두 수업 사이의 틈에 잠시 쉬다

명 틈새, 빈틈, 기회
要严格管理，使违规行为没有**空隙**可钻
엄격히 관리하여 규정 위반 행위가 파고들 틈새가 없도록 해야 한다

4급 座位 zuòwèi 명 좌석, 자리
违规 wéiguī 동 규정을 어기다
钻 zuān 동 뚫다, 관통하다

K

5급 空闲 kòngxián 몡 겨를, 여가, 짬 동 여유롭게 쉬다, 비어 있다

몡 **겨를, 여가, 짬**
好容易有半个月的**空闲**，要好好休息休息
어렵사리 보름 동안의 짬이 생겨서 충분히 쉬려고 한다

동 **여유롭게 쉬다, 비어 있다**
等你**空闲**下来，我想跟你去看电影
네가 여유가 생기면, 나는 너와 영화를 보러 가고 싶다
这套房子一直**空闲**着 이 집은 줄곧 비어 있다

好容易 hǎoróngyì 뷘 아주 어렵게, 겨우,
간신히
2급 休息 xiūxi 동 휴식하다, 쉬다
房子 fángzi 몡 가옥, 집

5급 控制 kòngzhì 동 통제하다, 제어하다, 억제하다

동 **통제하다, 제어하다, 억제하다**
控制自己的情绪 자신의 감정을 억제하다
控制货币发行量 화폐 발행량을 통제하다

6급 货币 huòbì 몡 화폐

3급 口 kǒu 몡 입 얭 식구, 마리 얭 입, 모금, 마디

몡 **입**
开**口**说话 입을 열어 말을 하다

얭 **식구, 마리 (사람이나 일부 가축을 세는 단위)**
全家三**口**人 일가족 세 명 | 两**口**猪 돼지 두 마리

얭 **입, 모금, 마디 (입과 관련된 동작의 횟수나 사물을 세는 단위)**
吸了一**口**气 숨을 한 번 들이쉬었다
一个大馒头三**口**两**口**就吃完了
커다란 찐빵 하나를 두세 입 만에 다 먹었다

5급 猪 zhū 몡 돼지
5급 馒头 mántou 몡 속이 없는 만두나 찐빵

역순 어휘
出口 chūkǒu　　　港口 gǎngkǒu
借口 jièkǒu　　　进口 jìnkǒu
可口 kěkǒu　　　缺口 quēkǒu
人口 rénkǒu　　　入口 rùkǒu
胃口 wèikǒu

6급 口气 kǒuqì 몡 어기, 어조, 말하는 기세 몡 말투, 어투, 말에서 드러나는 감정

몡 **어기, 어조, 말하는 기세**
态度诚恳，**口气**缓和 태도는 진지하고 어조는 온화하다

몡 **말투, 어투, 말에서 드러나는 감정**
听**口气**，觉得他不大赞成
어투를 듣자니 그는 그다지 찬성하지 않는 듯하다

5급 诚恳 chéngkěn 톙 진지하다, 간곡하다
6급 缓和 huǎnhé 톙 차분하다, 온화하다
5급 赞成 zànchéng 동 찬성하다, 동의하다

6급 口腔 kǒuqiāng 몡 구강

몡 **구강**
注意**口腔**清洁卫生 구강 청결 위생에 주의를 기울이다

6급 清洁 qīngjié 톙 깨끗하다, 청결하다

6급 口头 kǒutóu 몡 말, 입 몡 구두, 구두 형식

몡 **말, 입**
扎扎实实地做好工作，不能只停留在**口头**上
착실하게 일을 해야지 말로만 그쳐서는 안 된다

몡 **구두, 구두 형식**
口头通知 구두 통지

扎扎实实 zhāzha shíshí
톙 성실하다, 착실하다, 견실하다

5급 口味 kǒuwèi 명 맛 명 구미, 입맛 명 취향, 기호

명 **맛**
那个西瓜口味真不错 그 수박은 맛이 정말 좋다

명 **구미, 입맛**
这些饭菜不合你的口味吗?
이 음식들이 당신 입맛에 맞지 않습니까?

명 **취향, 기호**
再好的文艺节目也不能适合所有人的口味 아무리
훌륭한 문예 프로그램이라도 모든 이의 취향에 맞을 수는 없다

饭菜 fàncài 명 밥과 반찬, 음식
合 hé 동 부합하다, 적합하다, 알맞다
6급 文艺 wényì 명 문예, 문학과 예술
4급 适合 shìhé 동 …에 적절하다, …에 적합하다

6급 口音 kǒuyīn 명 목소리 명 말투, 어투, 어조

명 **(사람의 말하는) 목소리**
远远听到口音，我就知道是你来了
멀리서 목소리를 듣고 나는 네가 온 줄 알아챘다

명 **말투, 어투, 어조**
听口音，她好像不是本地人
말투를 들으니 그녀는 이곳 사람이 아닌 것 같다

本地 běndì 명 이곳, 본지, 현지

K

6급 扣 kòu 동 채우다, 걸어 잠그다 명 매듭, 단추, 버튼 동 공제하다, 제하다, 빼다

동 **채우다, 걸어 잠그다**
把门反扣上 문을 밖에서 걸어 잠그다

명 **매듭, 단추, 버튼**
解开衬衫的扣儿 셔츠 단추를 풀다

동 **공제하다, 제하다, 빼다**
扣工资 임금을 공제하다

解开 jiěkāi 동 풀다, 끄르다
3급 衬衫 chènshān 명 셔츠

枯竭 kūjié 동 고갈하다, 고갈되다

동 **고갈하다, 고갈되다**
水源枯竭 수원이 고갈하다
化石能源枯竭 화석 에너지가 고갈되다

水源 shuǐyuán 명 수원, 강하천의 원천
5급 能源 néngyuán 명 에너지원, 에너지

6급 枯萎 kūwěi 동 시들다, 마르다

동 **시들다, 마르다**
路边的野草到了冬天就枯萎了
길가의 들풀이 겨울이 되자 시들어 버렸다

野草 yěcǎo 명 야생초, 들풀

6급 枯燥 kūzào 형 무미건조하다, 단조롭고 지루하다, 재미없다

형 **무미건조하다, 단조롭고 지루하다, 재미없다**
枯燥无味的旅途 단조롭고 지루한 여행길
他写的文章太枯燥无趣了
그가 쓴 글은 너무 단조롭고 재미가 없다

旅途 lǚtú 명 여행길, 여정
无趣 wúqù 형 재미없다, 흥미가 없다

3급 哭 kū 동 소리 내어 울다

동 소리 내어 울다
小孩在公共场合大**哭**大闹
어린아이가 공공장소에서 큰 소리로 울고불고하다

6급 **场合** chǎnghé 명 상황, 경우, 장소
闹 nào 동 아우성치다

6급 哭泣 kūqì 동 울다, 흐느끼다

동 (작은 소리로) 울다, 흐느끼다
她**躲**在一旁**哭泣**
그녀는 한쪽에 숨어 흐느끼고 있다

躲 duǒ 동 숨기다, 숨다
一旁 yīpáng 명 옆쪽, 근처, 한쪽

4급 苦 kǔ 형 쓰다 _ 형 힘들다, 고생스럽다, 괴롭다

형 (맛이) 쓰다
这种药很**苦** 이 약은 매우 쓰다

형 힘들다, 고생스럽다, 괴롭다
感谢您不辞劳**苦**地帮助我
고생을 마다하지 않고 저를 도와 주셔서 감사 드립니다

不辞 bùcí 동 불사하다, 마다하지 않다
劳苦 láokǔ 형 고되다, 고생스럽다

역순 어휘
吃苦 chīkǔ   **艰苦** jiānkǔ   **刻苦** kèkǔ
痛苦 tòngkǔ   **辛苦** xīnkǔ

6급 苦尽甘来 kǔjìn-gānlái 성 고진감래, 고생 끝에 낙이 온다

성 고진감래(苦盡甘來), 고생 끝에 낙이 온다
艰难的时光终究过去，坚强的人必定**苦尽甘来**
힘든 시기는 결국 지나갈 것이고, 강인한 자는 반드시 고생 끝에 낙이 올 것이다

6급 **艰难** jiānnán 형 힘들다, 고생스럽다
6급 **终究** zhōngjiū 부 결국, 필경

6급 苦涩 kǔsè 형 쓰고 떫다 형 괴롭고 고통스럽다

형 쓰고 떫다
苦涩的柿子 쓰고 떫은 감

형 괴롭고 고통스럽다
脸上露出**苦涩**的表情 얼굴에 괴로운 표정을 짓다

柿子 shìzi 명 감, 감나무
5급 **表情** biǎoqíng 명 표정

3급 裤子 kùzi 명 바지

명 바지
她穿着一条黑**裤子**
그녀는 검정색 바지를 입고 있다

3급 **条** tiáo 양 장, 벌

5급 夸 kuā 동 과장하다, 허풍 치다 동 찬양하다, 찬미하다, 칭찬하다

동 과장하다, 허풍 치다
他经常在同事面前自**夸**
그는 종종 동료 앞에서 자화자찬한다

동 찬양하다, 찬미하다, 칭찬하다
老师**夸**他聪明 선생님은 그가 똑똑하다고 칭찬하신다

自夸 zìkuā 동 스스로 자랑하다, 자화자찬하다

5급 夸张 kuāzhāng 동 과장하다, 과장하여 말하다

동 과장하다, 과장하여 말하다

说话要恰如其分，不要夸张
말은 정도에 맞게 해야지 과장해서는 안 된다

用夸张的手法，表现瀑布的景象
과장된 수법으로 폭포의 정경을 표현하다

恰如其分 qiàrúqífèn 성 정도에 맞다, 적합하다
6급 瀑布 pùbù 명 폭포
景象 jǐngxiàng 명 정경, 광경, 상황

6급 挎 kuà 동 팔에 걸다, 팔에 끼다 동 걸다, 차다

동 (물건을) 팔에 걸다/팔에 끼다

两人挎着胳膊 두 사람은 팔짱을 끼고 있다

一手挎着提包向门口走去
한 손에 핸드백을 걸고 입구로 걸어가다

동 (어깨나 허리에) 걸다/차다

肩上挎着照相机 어깨에 카메라를 메고 있다

4급 胳膊 gēbo 명 팔
提包 tíbāo 명 (손잡이가 달린) 가방, 핸드백
肩 jiān 명 어깨

6급 跨 kuà 동 큰 걸음으로 넘어가다, 뛰어넘다 동 다리를 벌리고 걸터앉다, 가랑이 사이에 끼우다 동 뛰어넘다, 건너뛰다, 가로지르다

동 큰 걸음으로 넘어가다, 뛰어넘다

向右跨一步 오른쪽으로 한 걸음 넘어가다

동 다리를 벌리고 걸터앉다, (물체를) 가랑이 사이에 끼우다

跨上马背 말 등에 올라 걸터앉다

동 (한계, 시간, 지역 등을) 뛰어넘다/건너뛰다/가로지르다

跨世纪的友谊 세기를 뛰어넘는 우정

4급 友谊 yǒuyì 명 우의, 우정

5급 会计 kuàijì 명 회계 명 회계, 회계원

명 회계

他本科学的是会计专业
그는 학부에서 회계를 공부했다

명 회계, 회계원

在发票背面签名后，把发票交给会计
영수증 뒤에 서명한 다음 영수증을 회계에게 제출하다

5급 本科 běnkē 명 학부
5급 发票 fāpiào 명 영수증, 송장
签名 qiānmíng 동 서명하다, 사인하다

➲ 会 huì [1급] 참조

1급 块 kuài 양 덩어리 양 조각 양 위안

양 덩어리 (덩어리 모양의 물건을 세는 단위)

一块砖头 벽돌 하나

两块香皂 비누 두 개

양 조각 (납작하거나 평평한 물건을 세는 단위)

两块饼干 과자 두 조각

他们要在那块空地上盖小房子
그들은 그 공터에 작은 집을 지을 것이다

양 위안 (중국 화폐 단위로 구어에서 쓰임)

三块五毛钱 3.5위안

砖头 zhuāntóu 명 벽돌
4급 饼干 bǐnggān 명 과자, 비스킷
5급 盖 gài 동 짓다, 건축하다

2급 快 kuài 형 빠르다, 신속하다 부 빨리 부 곧, 이내, 거의

형 빠르다, 신속하다 [반의어] 慢 màn [2급]
跑得快 빨리 달리다
速度很快 속도가 아주 빠르다

부 빨리
快走吧 빨리 가자
就要下雨了，大家快点儿吧
곧 비가 내릴 것 같으니 모두 서두릅시다

부 곧, 이내, 거의
快8点了 곧 8시다 | 快写完了 거의 다 썼다

4급 速度 sùdù 명 속도

역순 어휘
赶快 gǎnkuài   尽快 jìnkuài
痛快 tòngkuài   愉快 yúkuài

6급 快活 kuàihuo 형 즐겁다, 유쾌하다

형 즐겁다, 유쾌하다
现场充满了快活的空气
현장은 유쾌한 분위기로 가득찼다

4급 空气 kōngqì 명 분위기, 기운

2급 快乐 kuàilè 형 즐겁다, 유쾌하다

형 즐겁다, 유쾌하다
回到故乡，他格外快乐
고향에 돌아와서 그는 아주 즐겁다

好好珍惜每一天，快快乐乐地生活
매일매일을 소중히 여기고 즐겁게 살아가다

5급 格外 géwài 부 각별히, 특히, 유달리
5급 珍惜 zhēnxī 동 아끼다, 소중히 여기다

3급 筷子 kuàizi 명 젓가락

명 젓가락
中国人用筷子吃饭
중국인은 젓가락으로 밥을 먹는다

从餐桌上拿起一双筷子
식탁에서 젓가락을 집어 올리다

餐桌 cānzhuō 명 식탁

5급 宽 kuān 형 넓다 명 폭, 너비

형 (폭이) 넓다 [반의어] 窄 zhǎi [5급]
河面很宽 강의 수면이 넓다
躺在一个宽宽的沙发上 넓다란 소파 위에 눕다

명 폭, 너비
马路有50米宽 도로의 너비는 50미터이다

河面 hémiàn 명 강수면, 하천의 수면

6급 宽敞 kuānchang 형 너르다, 널찍하다

형 (장소가) 너르다/널찍하다
新盖的房子又宽敞又舒适
새로 지은 집은 널찍하고 쾌적하다

5급 舒适 shūshì 형 편안하고 쾌적하다

6급 宽容 kuānróng
- 형 관대하다, 너그럽다, 포용력이 있다
- 동 용서하다, 너그럽게 받아들이다

형 관대하다, 너그럽다, 포용력이 있다
他很宽容大方，谦逊有礼
그는 관대하고 시원시원하며, 겸손하고 예의 바르다

동 용서하다, 너그럽게 받아들이다
宽容别人，就是善待自己
남을 너그럽게 대하는 것이 바로 스스로를 소중히 대하는 것이다

6급 谦逊 qiānxùn 형 겸손하다
善待 shàndài 동 잘 대접하다,
소중하게 대하다

6급 款待 kuǎndài 동 환대하다, 정성껏 대접하다

동 환대하다, 정성껏 대접하다
盛情款待客人
친절을 다해 정성껏 손님을 모시다
受到朋友的款待
친구의 융숭한 대접을 받다

6급 盛情 shèngqíng 형 두터운 정, 후의, 친절

6급 款式 kuǎnshì 명 양식, 디자인, 스타일

명 (의복 등의) 양식/디자인/스타일
这种款式的衣服现在最流行，最受欢迎的
이런 스타일의 옷이 지금 가장 유행하고 가장 인기가 있다

受欢迎 shòu huānyíng 환영 받다,
인기가 있다

6급 筐 kuāng 명 바구니, 광주리

명 바구니, 광주리
抬起竹筐 대바구니를 들어 올리다

4급 抬 tái 동 들어 올리다, 위로 들다
竹筐 zhúkuāng 명 대바구니

6급 旷课 kuàng∥kè 동 무단결석하다

동 (학생이) 무단결석하다
他今天又旷课了
그는 오늘도 무단결석했다
旷课三次的学生会被取消考试资格
무단결석을 세 차례 한 학생은 졸업 시험 응시 자격이 취소될 수 있다

5급 取消 qǔxiāo 동 취소하다, 없애다
5급 资格 zīgé 명 자격

6급 况且 kuàngqiě 연 하물며, 게다가, 더구나

연 하물며, 게다가, 더구나
路不算远，况且还是坐车，准能按时赶到
길이 그다지 멀지 않고, 게다가 차를 타고 가니 분명히 시간에 맞춰
도착할 수 있다

不算 bùsuàn 동 …이라고 할 정도는 아니다,
…한 편은 아니다
赶到 gǎndào 동 서둘러 도착하다

6급 矿产 kuàngchǎn 명 광산, 광산물

명 광산(鑛産), 광산물
南极地区有丰富的石油、天然气、煤等矿产资源
남극 지역에는 석유, 천연가스, 석탄 등의 광산 자원이 풍부하다

6급 天然气 tiānránqì 명 천연가스

4급 矿泉水 kuàngquánshuǐ 명 광천수, 미네랄워터

명 광천수, 미네랄워터
在超市里买了一瓶矿泉水喝
슈퍼마켓에서 광천수를 한 병 사서 마셨다

瓶 píng 양 병

6급 框架 kuàngjià 명 뼈대, 골조 명 틀, 윤곽, 사물의 전체적인 구조

명 뼈대, 골조
大厦的主体框架正在施工
빌딩의 주요 골조를 시공하고 있다

명 틀, 윤곽, 사물의 전체적인 구조
确定规划的总体框架
계획의 전체 윤곽을 확정하다

构思出小说的框架
소설의 윤곽을 구상해 내다

施工 shīgōng 동 시공하다
总体 zǒngtǐ 명 총체, 전체
6급 构思 gòusī 동 구사하다, 구상하다

6급 亏待 kuīdài 동 소홀히 대하다, 부당하게 대하다

동 소홀히 대하다, 부당하게 대하다
他做事是有分寸的，不会亏待对方
그는 일할 때 정도를 지키는 사람이라 상대를 소홀히 대하지 않는다

6급 分寸 fēncun 명 절도, 적정선, 한도

6급 亏损 kuīsǔn 동 지출이 수입을 초과하다, 적자를 보다 동 쇠약해지다, 약해지다

동 (경영에서) 지출이 수입을 초과하다, 적자를 보다
扭转亏损局面 적자 상황을 만회하다

동 (피로, 질병 등으로) 쇠약해지다/약해지다
元气亏损 원기가 쇠약해지다

6급 扭转 niǔzhuǎn 동 바로잡다, 만회하다
6급 局面 júmiàn 명 국면

5급 昆虫 kūnchóng 명 곤충

명 곤충
仔细观察昆虫 곤충을 자세히 관찰하다

5급 观察 guānchá 동 관찰하다, 자세히 살피다

6급 捆绑 kǔnbǎng 동 묶다, 포박하다

동 묶다, 포박하다
解救被捆绑的人质 묶여 있던 인질을 구하다
对临近保质期的食品实行捆绑销售
유통 기한이 임박한 식품에 대해 묶음 판매를 실시하다

6급 人质 rénzhì 명 인질, 볼모
临近 línjìn 동 가까워지다, 임박하다
保质期 bǎozhìqī 명 유통 기한, 보존 기간

4급 困 kùn 형 곤란하다, 가난하다 동 졸리다

형 곤란하다, 가난하다
陷入困境 곤경에 빠지다
资助贫困学生 빈곤 학생을 돕다

困境 kùnjìng 명 곤경, 어려운 상황
6급 资助 zīzhù 동 재물로 돕다

동 졸리다
困得睁不开眼
너무 졸려서 눈이 떠지지 않는다

| 5급 | 睁 zhēng | 동 (눈을) 뜨다

역순 어휘
贫困 pínkùn

4급 **困难** kùnnan 형 곤란하다, 어렵다 형 빈곤하다, 궁핍하다 명 곤란, 어려움

형 곤란하다, 어렵다
呼吸困难 호흡이 곤란하다
最困难的时候我都坚持下来了
가장 힘든 시기에도 나는 버텨냈다

| 6급 | 患者 huànzhě | 명 환자

형 빈곤하다, 궁핍하다
帮助经济困难的患者
경제적으로 궁핍한 환자를 돕다

명 곤란, 어려움
让孩子自己克服困难
아이 스스로 어려움을 극복하게 하다

6급 **扩充** kuòchōng 동 확충하다, 확대하여 보충하다

동 확충하다, 확대하여 보충하다
扩充实力 실력을 넓히다
扩充资金 자금을 확충하다

| 5급 | 资金 zījīn | 명 자금

5급 **扩大** kuòdà 동 확대하다, 증대하다

동 (범위, 규모 등을) 확대하다/증대하다
扩大资源利用的范围
자원 이용의 범위를 확대하다
网络媒体的影响力日益扩大
인터넷 매체의 영향력이 날로 커지다

| 5급 | 范围 fànwéi | 명 범위
| 5급 | 媒体 méitǐ | 명 매체, 미디어

6급 **扩散** kuòsàn 동 확산되다, 퍼지다

동 확산되다, 퍼지다
癌细胞已经扩散到全身了
암세포가 이미 온몸에 퍼졌다
化工厂排放的污染物不断扩散
화학 공장이 배출하는 오염 물질이 끊임없이 확산되다

| 6급 | 细胞 xìbāo | 명 세포
| 6급 | 排放 páifàng | 동 배출하다, 방출하다

6급 **扩张** kuòzhāng 동 확장하다, 확대하다

동 (세력, 영토 등을) 확장하다/확대하다
跨国公司把势力扩张到世界各国
다국적 기업이 세계 각국으로 세력을 확대하다

跨国 kuàguó 동 국경을 초월하다,
여러 국가와 연관되다
| 6급 | 势力 shìlì | 명 세력, 권력, 힘

K

4급 垃圾桶 lājītǒng 명 쓰레기통, 휴지통

명 쓰레기통, 휴지통
把废纸扔进了垃圾桶里
휴지를 쓰레기통에 던져 넣었다

废纸 fèizhǐ 명 폐지, 파지, 휴지
4급 扔 rēng 동 던지다

4급 拉 lā 동 당기다, 끌다, 끌어당기다 동 연주하다, 켜다

동 당기다, 끌다, 끌어당기다
拉车 수레를 끌다
把椅子拉过来 의자를 당겨 오다
寻找共同的兴趣，拉近彼此的距离
공통된 취미를 찾아 서로의 거리를 좁히다
동 (악기 등을) 연주하다/켜다
他是从小就拉小提琴的
그는 어릴 적부터 바이올린을 연주했다

5급 彼此 bǐcǐ 대 피차, 서로
4급 距离 jùlí 명 거리, 간격
小提琴 xiǎotíqín 명 바이올린

6급 喇叭 lǎba 명 나팔, 나팔과 비슷한 물건

명 나팔, 나팔과 비슷한 물건
吹喇叭 나팔을 불다
开车时经常乱按喇叭
운전할 때 늘 클랙슨을 마구 누른다

5급 吹 chuī 동 불다
4급 乱 luàn 부 함부로, 마구, 제멋대로

6급 蜡烛 làzhú 명 초, 양초

명 초, 양초
一口气吹灭生日蛋糕上的蜡烛
생일 케이크 위의 초를 단숨에 불어 끄다

一口气 yīkǒuqì 부 단숨에
吹灭 chuīmiè 동 (입으로) 불어서 끄다

4급 辣 là 형 맵다, 얼얼하다

형 맵다, 얼얼하다
这个菜太辣了 이 요리는 너무 맵다
我不能吃辛辣的东西 나는 매운 것을 못 먹는다

辛辣 xīnlà 형 (맛, 냄새가) 맵다

5급 辣椒 làjiāo 명 고추

명 고추
一闻到辣椒的味道就不停地打喷嚏
고추 냄새를 맡자마자 계속 재채기를 하다

5급 闻 wén 동 냄새를 맡다
5급 打喷嚏 dǎ pēntì 재채기하다

6급 啦 la 조 변화, 완료를 나타내거나 어조나 감정을 강조한다

조 변화, 완료를 나타내거나 어조나 감정을 강조한다
不用担心啦 걱정할 필요 없어요
你们都回来啦? 너희들 벌써 돌아왔니?

不用 bùyòng 부 불필요하게, …할 필요가 없다

1급 来 lái 동 오다 동 동작이 화자가 있는 곳으로 향함을 의미한다
동 어떤 일을 하기 위해 왔음을 나타낸다　동 어떤 일을 하려고 함을 나타낸다

동 오다 [반의어] 去 qù [1급]
来了两个客人　손님 두 명이 왔다
开会的人都**来**了　회의를 할 사람이 모두 왔다

동 (//lái) 동사 뒤에 쓰여 동작이 화자가 있는 곳으로 향함을 의미한다
开**来**一辆空车　빈 차를 운전해 오다
找几本书**来**　책 몇 권을 찾아 오다

동 다른 동사구 뒤에 쓰여 어떤 일을 하기 위해 왔음을 나타낸다
我向诸位学习**来**了
저는 여러분에게 배우려고 왔습니다

동 동사 앞에 쓰여 어떤 일을 하려고 함을 나타낸다
咱们一起**来**想想办法　우리 함께 방법을 좀 생각해 보자

| 3급 | 客人 kèrén 명 손님 |
| 开会 kāihuì 동 회의를 하다 |
3급	辆 liàng 양 대 (차량을 세는 단위)
6급	诸位 zhūwèi 대 여러분, 제
4급	咱们 zánmen 대 우리
3급	办法 bànfǎ 명 방법, 수단

❻ **来**가 동사 뒤에 쓰여 동작의 방향을 나타낼 경우, 일반적으로 경성으로 읽는다

4급 来不及 láibují 동 …할 틈이 없다, 미처 …하지 못하다

동 (시간이 부족하여) …할 틈이 없다/미처 …하지 못하다
时间太紧，这件事**来不及**跟你说了
시간이 너무 촉박하여 이 일을 미처 너에게 말하지 못했다
要珍惜身边人，等失去后再去后悔就**来不及**了
주변 사람을 소중히 여겨야지, 그 사람을 잃은 후에 후회하면 늦는다

| 紧 jǐn 형 긴밀하다, 곧바로 이어지다, 급박하다 |
| 5급 | 珍惜 zhēnxī 동 아끼다, 소중히 여기다 |
| 4급 | 后悔 hòuhuǐ 동 후회하다 |

4급 来得及 láidejí 동 …할 겨를이 있다, 제시간에 댈 수 있다

동 (아직 시간이 있어) …할 겨를이 있다, 제시간에 댈 수 있다
这些事都**来得及**办
이 일들은 모두 제시간에 할 수 있다
几点的火车，还**来得及**吃个晚饭吗？
몇 시 기차입니까, 저녁 먹을 시간이 됩니까？

| 火车 huǒchē 명 기차, 열차 |
| 晚饭 wǎnfàn 명 저녁밥, 저녁 식사 |

6급 来历 láilì 명 경력, 배경, 내력

명 경력, 배경, 내력
这个人**来历**不明，你要多加小心
이 사람은 이력이 불분명하니 너는 더욱 조심해야 한다

| 不明 bùmíng 동 불명확하다, 불분명하다 |

6급 来源 láiyuán 명 원천, 근원, 출처, 원산지　동 기원하다, 생기다

명 원천, 근원, 출처, 원산지
这本小说的创作灵感**来源**是什么？
이 소설의 창작 영감의 원천은 무엇입니까？
生活**来源**主要靠退休工资
생활 수입원은 주로 퇴직 급여에 의존한다

동 기원하다, 생기다
货币**来源**于物质交换
화폐는 물물 교환에서 기원한다

| 6급 | 灵感 línggǎn 명 영감(靈感) |
| 5급 | 物质 wùzhì 명 물질 |

4급 来自 láizì 图 오다, 기원하다

图 (…에서) 오다/기원하다
今天给大家介绍一位**来自**法国的摄影师
오늘 여러분에게 프랑스에서 온 촬영 기사를 소개합니다

摄影师 shèyǐngshī 圆 사진사, 영화 촬영 기사, 카메라맨

5급 拦 lán 图 가로막다, 저지하다

图 가로막다, 저지하다
他**拦**住了我的去路
그는 내가 가는 길을 가로막았다

去路 qùlù 圆 가는 길, 행선지

6급 栏目 lánmù 圆 칼럼, 란, 코너

圆 (신문, 잡지 등의) 칼럼/란/코너
本报今日起在相关版面增设《文化生活》**栏目**
본 신문은 오늘부로 관련 지면에「문화생활」코너를 증설합니다

版面 bǎnmiàn 圆 (서적이나 간행물의) 지면
增设 zēngshè 图 증설하다

3급 蓝 lán 圈 푸르다, 새파랗다, 남색의

圈 푸르다, 새파랗다, 남색의
她穿着一件**蓝**色的连衣裙
그녀는 남색 원피스를 입고 있다

连衣裙 liányīqún 圆 원피스

4급 懒 lǎn 圈 게으르다, 나태하다 圈 피곤하다, 기운이 없다

圈 게으르다, 나태하다
这人太**懒**，不爱干活儿
이 사람은 너무 게을러 일하기를 싫어한다

圈 피곤하다, 기운이 없다
伸了一个**懒**腰 기지개를 켰다

5급 干活儿 gànhuór 图 노동하다, 일하다
懒腰 lǎnyāo 圆 뻐근한 허리, 피로한 허리

6급 懒惰 lǎnduò 圈 나태하다, 게으르다, 해이하다

圈 나태하다, 게으르다, 해이하다
天性**懒惰** 천성이 게으르다
这种病多是由**懒惰**和不良生活习惯引起的
이런 병은 주로 나태하고 불량한 생활 습관으로 인해 생겨난다

不良 bùliáng 圈 불량하다, 나쁘다
4급 引起 yǐnqǐ 图 일으키다, 유발하다, 야기하다

5급 烂 làn 圈 물렁물렁하다, 흐물흐물하다, 부드럽다 圈 썩다, 부패하다 圈 해지다, 낡아 떨어지다

圈 (음식이 푹 익어) 물렁물렁하다/흐물흐물하다/부드럽다
鸡肉炖得很**烂** 닭고기가 부드럽게 삶겼다

圈 썩다, 부패하다
水果已经腐**烂**了 과일이 이미 썩었다

圈 해지다, 낡아 떨어지다
鞋穿**烂**了 신발이 다 해졌다

炖 dùn 图 고다, 푹 삶다
6급 腐烂 fǔlàn 图 변질되다, 썩다, 부패하다

狼 láng 명 이리, 늑대

명 이리, 늑대
狼群在雪地上奔跑 이리 떼가 눈밭 위를 뛰어다니다

奔跑 bēnpǎo 동 빨리 달리다, 질주하다

6급 狼狈 lángbèi 형 낭패스럽다, 궁지에 빠지다, 매우 난처하다

형 낭패스럽다, 궁지에 빠지다, 매우 난처하다
陷入狼狈不堪的境地 매우 난감한 처지에 빠지다

狼狈不堪 lángbèi-bùkān
성 매우 난감하다

6급 狼吞虎咽 lángtūn-hǔyàn 성 급하게 먹다, 게걸스럽게 먹다

성 (늑대, 호랑이처럼) 급하게 먹다/게걸스럽게 먹다
把桌上的饭菜狼吞虎咽地一扫而光
탁자 위의 음식을 게걸스럽게 깡그리 먹어 치우다

一扫而光 yīsǎo'érguāng
성 단번에 남김없이 쓸어버리다, 일소하다

5급 朗读 lǎngdú 동 낭독하다

동 낭독하다
大声朗读课文 본문을 큰 소리로 낭독하다

课文 kèwén 명 교과서 본문

4급 浪费 làngfèi 동 낭비하다

동 낭비하다
不要浪费粮食 식량을 낭비하지 마라

5급 粮食 liángshi 명 양식, 식량

4급 浪漫 làngmàn 형 낭만적이다, 로맨틱하다 형 자유분방하다, 방종하다, 방탕하다

형 낭만적이다, 로맨틱하다
他这种想法挺浪漫的 그의 이런 생각은 매우 낭만적이다
형 자유분방하다, (남녀 관계가) 방종하다/방탕하다
性格浪漫 성격이 자유분방하다

想法 xiǎngfa 명 생각, 의견
4급 性格 xìnggé 명 성격

6급 捞 lāo 동 건져 올리다, 끌어올리다 동 정당하지 못한 수단으로 얻다

동 (액체에서) 건져 올리다/끌어올리다
用筷子把煮好的面条捞起来
젓가락으로 삶은 국수를 건져 올리다
동 정당하지 못한 수단으로 얻다
趁机捞一把 기회를 틈타 한몫 잡다

2급 面条 miàntiáo 명 국수
趁机 chènjī 부 기회를 틈타

5급 劳动 láodòng 명 노동, 육체 노동 동 육체 노동을 하다, 일하다

명 노동, 육체 노동
不要轻视劳动 육체 노동을 무시하지 마라
동 육체 노동을 하다, 일하다
他正在田里劳动 그는 밭에서 일하고 있다

5급 轻视 qīngshì 동 경시하다, 얕보다

L

5급 劳驾 láo // jià 동 실례합니다, 수고하십니다

동 실례합니다, 수고하십니다 (도움, 양보 등을 부탁하는 말)

劳驾你替我给他送个口信
수고스럽지만 나 대신에 그에게 말을 좀 전해 주십시오

劳驾，去首都体育馆怎么走?
실례합니다, 수도 체육관에 가려면 어떻게 갑니까?

口信 kǒuxìn 명 전언, 전하는 말, 전갈
体育馆 tǐyùguǎn 명 체육관

6급 牢固 láogù 형 견고하다, 튼튼하다

형 견고하다, 튼튼하다

地基**牢固** 지반이 견고하다

帮孩子把基础知识掌握得更**牢固**
아이가 기초 지식을 더욱 튼튼히 다잡도록 돕다

地基 dìjī 명 (건물의) 토대/지반
5급 掌握 zhǎngwò 동 장악하다, 파악하다

6급 牢骚 láosāo 명 불만, 원망 동 원망하다, 불평하다

명 불만, 원망

他一看菜单就发起**牢骚**来
그는 메뉴를 보자마자 불평하기 시작했다

동 원망하다, 불평하다

动不动就**牢骚**一气 툭하면 한바탕 불평을 하다

3급 菜单 càidān 명 차림표, 메뉴판, 메뉴
动不动 dòngbudòng 부 걸핏하면, 툭하면

6급 唠叨 láodao 동 끝없이 잔소리하다, 반복해서 말하다, 말을 많이 하다

동 끝없이 잔소리하다, 반복해서 말하다, 말을 많이 하다

老奶奶又**唠叨**开了
할머니가 또 잔소리하기 시작했다

唠叨起来就没完没了 수다를 시작하면 끝이 없다

没完没了 méiwán-méiliǎo
명 (말이나 일이) 끝이 없다
老奶奶 lǎonǎinai 명 할머니
(아이가 나이든 부인을 높여 이르는 말)

3급 老 lǎo 형 늙다, 나이가 많다 형 시간이 오래된, 옛날의 접두 성(姓) 앞에 붙인다

형 늙다, 나이가 많다

我父亲已经很**老**了
우리 아버지는 이미 나이가 많으시다

형 시간이 오래된, 옛날의 반의어 新 xīn [2급]

这种酒牌子很**老** 이 술의 상표는 오래됐다

跟**老**朋友聊天 오랜 친구와 이야기를 나누다

접두 성(姓) 앞에 붙인다

老李，你去哪儿? 리 형, 어디 가십니까?

牌子 páizi 명 상표
3급 聊天 liáotiān 동 한담하다, 수다 떨다

5급 老百姓 lǎobǎixìng 명 평민, 일반 국민, 대중

명 평민, 일반 국민, 대중

物价上涨会直接或间接影响**老百姓**的生活水平
물가 상승은 일반 국민의 생활 수준에 직간접적인 영향을 미칠 수 있다

上涨 shàngzhǎng 동 (가격 등이)
상승하다/오르다
6급 间接 jiànjiē 형 간접적이다

5급 老板 lǎobǎn 명 사장, 상점 주인

명 사장, 상점 주인
老板亲自下厨给我们做了一大桌子的菜
사장은 직접 주방에 가서 우리에게 한 상 가득한 요리를 만들어
주었다

下厨 xiàchú 동 주방에서 요리하다,
주방에서 일하다

4급 老虎 lǎohǔ 명 호랑이

명 호랑이
目前该动物园一共有八只老虎
현재 이 동물원에는 모두 여덟 마리의 호랑이가 있다

动物园 dòngwùyuán 명 동물원

5급 老婆 lǎopo 명 아내, 처

명 아내, 처
昨天和老婆吵架了
어제 아내와 다퉜다

现在农村女少男多，娶老婆越来越难 현재 농촌은
여자가 적고 남자가 많아서 아내를 얻기가 갈수록 어려워진다

5급 吵架 chǎojià 동 다투다, 말다툼하다
5급 农村 nóngcūn 명 농촌
5급 娶 qǔ 동 아내를 얻다, 장가들다

1급 老师 lǎoshī 명 선생님, 스승, 교사

명 선생님, 스승, 교사
这位老师就是我们班的班主任王老师
이 선생님이 바로 우리 반의 담임인 왕 선생님이다

班主任 bānzhǔrèn 명 담임 선생님,
담임 교사

5급 老实 lǎoshi 형 충실하다, 성실하다, 정직하다

형 충실하다, 성실하다, 정직하다
这种工作非常适合老实人
이런 일은 성실한 사람에게 아주 적합하다

老实能干的小伙子
성실하고 능력 있는 젊은이

5급 能干 nénggàn 형 유능하다
4급 小伙子 xiǎohuǒzi 명 젊은이, 총각

5급 老鼠 lǎoshǔ 명 쥐

명 쥐
很多孩子喜欢该动画片中的小老鼠
많은 아이들이 이 만화 영화의 작은 쥐를 좋아한다

一只老鼠从垃圾桶里窜了出来
쥐 한 마리가 휴지통에서 뛰어나왔다

5급 动画片 dònghuàpiàn 명 만화 영화
6급 窜 cuàn 동 도망치다, 내빼다, 날뛰다

5급 姥姥 lǎolao 명 외할머니, 외조모

명 외할머니, 외조모
外孙女来看望姥姥，姥姥见到她非常开心 외손녀
가 외할머니를 찾아뵙자, 외할머니는 그녀를 보고 매우 기뻐하셨다

外孙女 wàisūnnǚ 명 외손녀
5급 看望 kànwàng 동 찾아가다, 방문하다

L

5급 乐观 lèguān 형 낙관적이다

형 낙관적이다 [반의어] 悲观 bēiguān [5급]
经济前景仍然乐观
경제 전망은 여전히 낙관적이다

6급 前景 qiánjǐng 명 전도, 장래, 전망

6급 乐趣 lèqù 명 즐거움, 기쁨, 재미

명 즐거움, 기쁨, 재미
校园生活充满乐趣
캠퍼스 생활이 즐거움으로 가득하다

5급 充满 chōngmǎn 동 충만하다, 가득하다

6급 乐意 lèyì 동 기꺼이 …하다, …하기를 원하다 형 만족하다, 유쾌하다

동 기꺼이 …하다, …하기를 원하다
他是个热心肠，乐意帮助别人
그는 따뜻한 마음을 가진 사람으로 기꺼이 남을 돕는다

형 만족하다, 유쾌하다
他嘴上没说什么，可心里不大乐意 그는 입으로는
아무 말도 하지 않았지만, 마음은 그다지 유쾌하지 않았다

热心肠 rèxīncháng 명 따뜻한 마음

1급 了 le 조 동작이나 상태의 변화, 완료를 나타낸다 조 저지나 명령을 나타낸다 조 감탄을 나타낸다

조 동작이나 상태의 변화, 완료를 나타낸다
去图书馆借了一本书
도서관에서 책 한 권을 빌렸다
等他来了再走
그가 오기를 기다렸다 가자
我明白他的意思了
나는 그의 뜻을 이해했다

조 저지나 명령을 나타낸다
好了，不要说话了 됐다, 말할 필요 없다
可别大意了 절대 소홀히 하지 마라

조 감탄을 나타낸다
太好了! 너무 좋네!

3급 借 jiè 동 빌리다
6급 大意 dàyi 형 소홀하다, 조심성이 없고
　　　　　　　　부주의하다

역순 어휘
除了 chúle　　为了 wèile

❍ 了 liǎo [1급] 참조

5급 雷 léi 명 천둥, 우레

명 천둥, 우레
半夜下起了大暴雨，又打雷又闪电
한밤중에 호우가 오기 시작하고 천둥과 번개도 쳤다

半夜 bànyè 명 자정 전후, 한밤중
大暴雨 dàbàoyǔ 명 호우, 큰비
5급 闪电 shǎndiàn 명 번개

6급 雷达 léidá 명 레이더

명 레이더 (영어 radar의 음역어)
利用干扰器，破坏敌人的雷达和通讯系统
전파 방해 장치를 이용해 적의 레이더와 통신 시스템을 파괴하다

5급 破坏 pòhuài 동 훼손하다, 파괴하다
6급 通讯 tōngxùn 동 통신하다
5급 系统 xìtǒng 명 체계, 조직, 시스템

类 lèi 명 종류, 부류 양 가지, 류

명 종류, 부류
词可以按语法功能分类
단어는 문법 기능에 따라 분류할 수 있다

양 가지, 류
正确认识两类不同性质的社会矛盾
두 가지 다른 성질의 사회 갈등을 정확히 인식하다

4급 语法 yǔfǎ 명 어법, 문법
分类 fēnlèi 동 분류하다
5급 性质 xìngzhì 명 성질, 성격, 특성

역순 어휘
人类 rénlèi   种类 zhǒnglèi

6급 类似 lèisì 동 유사하다, 비슷하다

동 유사하다, 비슷하다
试验结果跟预估的情况类似
실험 결과는 예측한 상황과 유사하다

预估 yùgū 동 예측하다, 예상하다

5급 类型 lèixíng 명 유형

명 유형
这个产品可以分为两种类型
이 상품은 두 가지 유형으로 나눌 수 있다

5급 产品 chǎnpǐn 명 생산품, 제품
3급 种 zhǒng 양 종류

L

2급 累 lèi 형 피곤하다, 지치다 동 피곤하게 하다

형 피곤하다, 지치다
连续多天加班，实在太累了
연일 계속되는 초과 근무로 정말 너무 피곤하다

동 피곤하게 하다
这孩子真累人 이 아이는 사람을 정말 피곤하게 한다

5급 连续 liánxù 동 연속하다
4급 加班 jiābān 동 초과 근무를 하다

역순 어휘
积累 jīlěi

1급 冷 lěng 형 차다, 춥다 형 냉담하다, 쌀쌀하다

형 차다, 춥다 반의어 热 rè [1급]
天气很冷 날씨가 차다
你冷不冷? 당신은 춥습니까?

형 냉담하다, 쌀쌀하다
他这个人冷漠无情 그는 사람이 냉담하고 무정하다

1급 天气 tiānqì 명 날씨, 일기
冷漠 lěngmò 형 쌀쌀맞다, 냉담하다

5급 冷淡 lěngdàn 형 냉담하다, 쌀쌀맞다 형 부진하다, 불경기이다 동 냉대하다, 푸대접하다

형 냉담하다, 쌀쌀맞다
他待人冷淡，从不讨好别人 그는 사람을 쌀쌀맞게
대하며, 이제까지 다른 사람의 기분을 맞춰 준 적이 없다

형 부진하다, 불경기이다
最近餐饮业生意冷淡，行业失业率越来越高
최근 요식업계 장사가 부진해서, 업계 실업률은 갈수록 높아진다

동 냉대하다, 푸대접하다
不要冷淡了客人 고객을 냉대하면 안 된다

待人 dàirén 동 사람을 대하다
6급 讨好 tǎohǎo 동 아첨하다, 비위를 맞추다
4급 生意 shēngyi 명 장사, 영업, 사업
失业率 shīyèlǜ 명 실업률

4급 冷静 lěngjìng 형 냉정하다, 침착하다

형 냉정하다, 침착하다
遇事要沉着冷静 사고를 당하면 침착해야 한다

遇事 yùshì 통 (의외의) 일이 생기다
6급 沉着 chénzhuó 형 침착하다, 차분하다

6급 冷酷 lěngkù 형 냉혹하다

형 냉혹하다
愿望很美好，现实却很冷酷
희망은 아름답지만 현실은 오히려 냉혹하다

5급 愿望 yuànwàng 명 바람, 희망
5급 现实 xiànshí 명 현실

6급 冷落 lěngluò 형 조용하다, 한산하다 통 냉대하다, 박대하다

형 조용하다, 한산하다
这里一度民生凋敝，市面冷落萧条
이곳은 한동안 민생이 피폐해져, 시장이 한산하고 불황이다

통 냉대하다, 박대하다
不要冷落客人，要热情待客
손님을 냉대하면 안 되고, 친절하게 접대해야 한다

民生凋敝 mínshēng-diāobì
성 백성들의 생활이 아주 곤궁하다
萧条 xiāotiáo 형 불황이다, 불경기이다
待客 dàikè 통 손님을 접대하다

6급 冷却 lěngquè 통 냉각하다, 냉각되다

통 냉각하다, 냉각되다
冷却系统是要防止发动机过热
냉각 시스템은 엔진이 과열되는 것을 방지한다

发动机 fādòngjī 명 발동기, 엔진, 모터
过热 guòrè 형 과열되다

6급 愣 lèng 통 멍해지다, 얼빠지다

통 멍해지다, 얼빠지다
听了这话，他顿时愣住了
이 말을 듣자 그는 바로 멍해졌다

6급 顿时 dùnshí 부 즉시, 곧

5급 厘米 límǐ 양 센티미터

양 센티미터 (길이의 단위) 동의어 公分 gōngfēn
跳高运动员把自己的成绩提高了六厘米
높이뛰기 선수가 자신의 성적을 6센티미터나 높였다

跳高 tiàogāo 명 높이뛰기
3급 提高 tígāo 통 제고하다, 높이다

2급 离 lí 통 분리하다, 갈라지다, 헤어지다 통 떨어져 있다

통 분리하다, 갈라지다, 헤어지다
他们俩过得不好，却又离不了
그 둘은 잘 지내지 못하면서, 또 헤어지지도 못한다
把盐从海水中分离出来 바닷물에서 소금을 분리해 내다

통 (시간, 장소 등으로부터) 떨어져 있다
他家离公园不远 그의 집은 공원에서 멀지 않다
离出发还有半小时 출발하려면 아직도 30분이 남았다

4급 盐 yán 명 소금
分离 fēnlí 통 분리하다, 나누다
4급 出发 chūfā 통 출발하다, 떠나다

역순 어휘
隔离 gélí   距离 jùlí   脱离 tuōlí

5급 离婚 lí//hūn 图 이혼하다

图 이혼하다
有子女的夫妻双方**离婚**时，必须就抚养问题做出处理 자녀가 있는 부부 쌍방이 이혼할 경우, 반드시 부양 문제를 해결해야 한다

夫妻 fūqī 图 남편과 아내, 부부
6급 抚养 fǔyǎng 图 키우다, 정성껏 기르다

3급 离开 lí//kāi 图 떠나다, 떨어지다, 헤어지다

图 떠나다, 떨어지다, 헤어지다
离开父母出国留学
부모와 떨어져 외국에 가서 유학하다
离开北京去天津了 베이징을 떠나 톈진으로 갔다

3급 留学 liúxué 图 유학하다

5급 梨 lí 图 배, 배나무

图 배, 배나무
吃**梨**可以促进消化，使营养更容易被吸收
배를 먹으면 소화를 촉진하고, 영양이 더 쉽게 흡수된다

5급 消化 xiāohuà 图 소화하다
5급 吸收 xīshōu 图 흡수하다

L

6급 黎明 límíng 图 여명, 동틀 무렵

图 여명, 동틀 무렵
黎明时他就散步去了
동틀 무렵에 그는 바로 산책하러 갔다
革命的**黎明**即将来临
혁명의 여명이 머지않아 올 것이다

6급 即将 jíjiāng 图 곧, 막, 머지않아
来临 láilín 图 도래하다, 오다, 도착하다

4급 礼拜天 lǐbàitiān 图 일요일

图 일요일 [동의어] 礼拜日 lǐbàirì · 星期天 xīngqītiān · 星期日 xīngqīrì
明天是**礼拜天**，全家去公园踏青吧
내일은 일요일이니 온 가족이 공원으로 나들이 가자

踏青 tàqīng 图 답청하다, 교외로 봄나들이 하다

6급 礼节 lǐjié 图 예절

图 예절
按照国际**礼节**来迎接外国元首
국제 예절에 따라 외국 원수를 영접하다

5급 迎接 yíngjiē 图 영접하다, 맞이하다
6급 元首 yuánshǒu 图 국가 원수

4급 礼貌 lǐmào 图 예의 图 예의 바르다

图 예의
他真没有**礼貌**，也没有教养
그는 너무 예의가 없고 교양도 없다

图 예의 바르다
这样做太不**礼貌**了
이렇게 하는 것은 너무 예의 없다

6급 教养 jiàoyǎng 图 교양

6급 礼尚往来 lǐshàng-wǎnglái

성 예의상 오고 가는 것을 중시하다, 대등하게 보답하다, 상대가 하는 대로 나도 상대방을 대하다

성 예의상 오고 가는 것을 중시하다, 대등하게 보답하다, 상대가 하는 대로 나도 상대방을 대하다

中国是讲究礼尚往来的，别人给你送礼时你要选择合适的时机给别人还礼 중국은 오고 가는 것을 중시하므로, 남이 선물을 주면 적당한 기회에 답례를 해야 한다

- 5급 讲究 jiǎngjiu 동 중시하다
- 送礼 sònglǐ 동 선물을 주다
- 还礼 huánlǐ 동 선물로 답례하다

3급 礼物 lǐwù 명 선물

명 선물

你要给他送什么生日礼物? 너는 그에게 어떤 생일 선물을 할 거니?

- 2급 送 sòng 동 주다, 증정하다, 선물하다

1급 里 lǐ 명 안, 안쪽, 속, 내부

명 안, 안쪽, 속, 내부 [반의어] 外 wài [2급]

房间里有人 방 안에 사람이 있다

和家里人一起吃饭 식구들과 함께 식사하다

手里拿着一件衣服 손에 옷 한 벌을 들고 있다

- 2급 房间 fángjiān 명 방

역순 어휘

公里 gōnglǐ

6급 里程碑 lǐchéngbēi 명 이정표 명 기념비적 사건, 중대 사건

명 이정표

干线公路的里程碑 간선 도로의 이정표

명 기념비적 사건, 중대 사건

推进改革开放是中国近现代史上的一个里程碑 개혁 개방 정책 추진은 중국 근현대사상 기념비적 사건이다

- 干线 gànxiàn 명 간선
- 公路 gōnglù 명 도로
- 改革开放 gǎigé kāifàng 개혁 개방, 1978년 이후 진행된 중국의 정치 경제 개혁 및 대외 개방 정책

6급 理睬 lǐcǎi 동 상대하다, 아랑곳하다, 거들떠보다

동 상대하다, 아랑곳하다, 거들떠보다 (주로 부정에 쓰임)

公司对于退款申请不予理睬 회사는 환불 신청에 대해 아랑곳하지 않았다

- 退款 tuìkuǎn 동 환불하다
- 不予 bùyǔ 동 …하지 않다

4급 理发 lǐ//fà 동 이발하다

동 이발하다

周末我要去理发，最近什么发型最流行? 나 주말에 이발하러 갈 건데, 요즘 어떤 헤어스타일이 제일 유행하지?

- 发型 fàxíng 명 머리 모양, 헤어스타일

4급 理解 lǐjiě 동 이해하다

동 이해하다

道理上能理解，感情上不容易接受 이치상으로 이해할 수 있지만, 감정적으로 받아들이기 어렵다

- 5급 道理 dàolǐ 명 도리, 근거, 이치
- 4급 接受 jiēshòu 동 접수하다, 받다, 채택하다

5급 理论 lǐlùn 명 이론

명 이론

有机化学的基本**理论**
유기 화학의 기본 이론

学习新**理论**，掌握新知识
새로운 이론을 학습하고 새로운 지식을 파악하다

有机 yǒujī 형 유기물의, 유기 화합의
5급 化学 huàxué 명 화학

6급 理所当然 lǐsuǒdāngrán 성 이치로 보아 당연히 그러하다

성 이치로 보아 당연히 그러하다

不要把别人善意的帮助，当作**理所当然**
다른 사람의 선의의 도움을 당연하게 여기면 안 된다

善意 shànyì 명 선의, 호의
当作 dàngzuò 동 …으로 여기다

4급 理想 lǐxiǎng 명 이상 형 이상적이다, 만족스럽다

명 이상

实现**理想**
이상을 실현하다

新时代的青年要树立远大**理想**
새 시대의 청년은 원대한 이상을 세워야 한다

형 이상적이다, 만족스럽다

大学毕业后找不到**理想**的工作
대학 졸업 후 이상적인 일자리를 찾지 못하다

比赛成绩很不**理想**
경기 성적이 매우 만족스럽지 못하다

5급 实现 shíxiàn 동 (꿈, 계획 등을) 실현하다
6급 树立 shùlì 동 수립하다, 세우다
远大 yuǎndà 형 (포부, 계획 등이) 원대하다
4급 毕业 bìyè 동 졸업하다
3급 成绩 chéngjì 명 성적

L

5급 理由 lǐyóu 명 이유, 까닭

명 이유, 까닭

理由充分合理，无法反驳
이유가 충분히 합리적이라서 반박할 수 없다

5급 充分 chōngfèn 형 충분하다
5급 合理 hélǐ 형 합리적이다
6급 反驳 fǎnbó 동 반박하다

6급 理直气壮 lǐzhí-qìzhuàng 성 이치에 맞아 당당하게 말하다

성 이치에 맞아 당당하게 말하다

他做错事还是一副**理直气壮**的样子，认为自己没有错 그는 잘못하고도 여전히 당당한 모습으로 자기는 잘못이 없다고 생각한다

6급 副 fù 양 얼굴 표정, 태도 등에 쓰인다
4급 样子 yàngzi 명 모습, 상태, 상황

6급 理智 lǐzhì 명 이지, 이성 형 이지적이다, 이성적이다

명 이지, 이성

我太过激动，暂时失去了**理智**
나는 너무 흥분해서 잠시 이성을 잃었다

형 이지적이다, 이성적이다

她在压力下表现得非常**理智**平静
그녀는 스트레스를 받으면서도 매우 이성적이고 차분하게 행동했다

5급 失去 shīqù 동 잃다, 잃어버리다, 상실하다
5급 平静 píngjìng 형 차분하다, 편안하다, 안정되다

5급 力量 lìliang 명 힘, 체력 명 능력, 역량 명 세력, 영향력

명 힘, 체력
浑身都充满力量
온몸에 힘이 넘치다

명 능력, 역량
团结就是力量
단결이 곧 역량이다

发挥出巨大的力量
큰 능력을 발휘하다

명 세력, 영향력
他们是正在崛起的新生力量
그들은 지금 막 떠오르는 신생 세력이다

6급 团结 tuánjié 통 단결하다
5급 巨大 jùdà 형 거대하다
崛起 juéqǐ 통 흥기하다, 일어나다, 떠오르다

4급 力气 lìqi 명 힘, 체력

명 힘, 체력
他全身有用不完的力气
그는 온몸에 넘치는 힘이 있다

全身 quánshēn 명 전신, 온몸

6급 力求 lìqiú 통 힘쓰다, 힘써 추구하다

통 힘쓰다, 힘써 추구하다
力求全面完成生产计划
생산 계획의 전면 달성을 위해 힘쓰다

5급 全面 quánmiàn 형 전면적인, 전체적인

力图 lìtú 통 힘을 다해 도모하다, 힘써 모색하다

통 힘을 다해 도모하다, 힘써 모색하다
公司力图进一步扩大市场份额
회사는 시장 점유율을 한층 더 확대하려고 힘써 도모한다

5급 扩大 kuòdà 통 확대하다, 증대하다
份额 fèn'é 명 몫, 비율

6급 力所能及 lìsuǒnéngjí 성 해낼 수 있는 능력이 있다

성 해낼 수 있는 능력이 있다
我会继续做力所能及的工作
나는 내 능력으로 할 수 있는 일을 계속할 것이다

4급 继续 jìxù 통 계속하다, 연속하다

6급 力争 lìzhēng 통 매우 노력하다, 힘쓰다

통 (목표를 위해) 매우 노력하다/힘쓰다
公司力争年内完成高速公路建设任务
회사는 연내에 고속도로 건설 임무를 완성하기 위해 매우 노력한다

5급 建设 jiànshè 통 건설하다, 세우다, 발전시키다

6급 历代 lìdài 명 역대, 대대

명 역대, 대대(代代)
中国历代王朝 중국 역대 왕조

王朝 wángcháo 명 왕조

6급 历来 lìlái 🕮 줄곧, 내내, 예로부터

🕮 줄곧, 내내, 예로부터

这里**历来**是多元文化荟萃、多种宗教并存的地区

이곳은 예로부터 다양한 문화가 모이고, 여러 종교가 함께 존재하는
지역이다

荟萃 huìcuì 통 한데 모이다
并存 bìngcún 통 병존하다, 공존하다

3급 历史 lìshǐ 명 역사

명 역사

历史可作为计划未来的借镜

역사는 미래를 계획하는 본보기가 될 수 있다

5급 未来 wèilái 명 미래
借镜 jièjìng 통 본보기로 삼다, 거울로 삼다

4급 厉害 lìhai 형 대단하다, 심각하다, 지독하다 형 사납다, 무섭다, 엄하다

형 대단하다, 심각하다, 지독하다

他的病一天比一天**厉害**

그의 병은 날로 위중해졌다

형 사납다, 무섭다, 엄하다

这位教练特别**厉害**，但运动员都尊敬他

이 코치는 매우 엄하지만 선수들은 모두 그를 존경한다

5급 教练 jiàoliàn 명 코치, 트레이너
5급 尊敬 zūnjìng 통 존경하다

6급 立场 lìchǎng 명 입장, 관점, 처지

명 입장, 관점, 처지

零售业必须站在消费者的**立场**去考虑问题，才
能取得成功 소매업은 반드시 소비자의 입장에 서서 문제를
고려해야 성공을 얻을 수 있다

消费者 xiāofèizhě 명 소비자
4급 考虑 kǎolǜ 통 고려하다, 생각하다

6급 立方 lìfāng 명 입방, 세제곱 양 입방미터, 세제곱미터

명 입방, 세제곱

三的**立方**是二十七 3의 세제곱은 27이다

양 입방미터, 세제곱미터 (부피의 단위) 동의어 立方米 lìfāngmǐ

一**立方**水泥等于多少吨?

1세제곱미터의 시멘트는 몇 톤입니까?

6급 水泥 shuǐní 명 시멘트
5급 吨 dūn 양 톤(ton)

5급 立即 lìjí 🕮 즉각, 즉시, 바로

🕮 즉각, 즉시, 바로

警察快速赶到现场，**立即**抢救伤员

경찰이 빠르게 현장에 도착해서 부상자를 즉각 구조하다

快速 kuàisù 형 속도가 빠르다, 신속하다
6급 抢救 qiǎngjiù 통 긴급 구조하다,
응급 처치하다

6급 立交桥 lìjiāoqiáo 명 입체 교차로, 인터체인지

명 입체 교차로, 인터체인지

这座建设30年的**立交桥**正式封闭大修 건설한 지
30년 된 이 인터체인지를 정식으로 폐쇄하고 대대적으로 수리한다

6급 封闭 fēngbì 통 봉하다, 봉쇄하다
大修 dàxiū 통 대대적으로 점검하고 수리
하다

L

5급 立刻 lìkè 彤 즉각, 즉시, 바로

彤 즉각, 즉시, 바로
一下飞机，**立刻**给家人打电话
비행기에서 내리자마자 바로 가족에게 전화하다

6급 立体 lìtǐ 명 입체 형 입체적인, 다각도의

명 입체
立体图形 입체 도형

형 입체적인, 다각도의
他的作品塑造了**立体**人物形象
그의 작품은 입체적인 인물 형상을 만들어냈다

图形 túxíng 명 도형
6급 塑造 sùzào 동 (예술 창작에서) 인물을 형상화하다
5급 形象 xíngxiàng 명 형상, 이미지

6급 立足 lìzú 동 발붙이다, 자리를 잡다 동 서다, 처하다, 입각하다

동 발붙이다, 자리를 잡다
到此地能**立足**，还得好好感谢各位 이곳에 와서 자리 잡을 수 있게 되어 여러분께 감사를 드려야 할 것 같습니다

동 (위치, 지역, 입장에) 서다/처하다/입각하다
立足本地需求，让数字经济更贴近生活
현지 수요에 입각하여 디지털 경제를 생활에 더 밀착시키다

6급 需求 xūqiú 명 수요, 요구, 필요
贴近 tiējìn 동 접근하다, 다가가다

6급 利害 lìhài 명 이해, 좋은 점과 나쁜 점, 이익과 손해

명 이해, 좋은 점과 나쁜 점, 이익과 손해
他与本案有直接的**利害**关系
그는 본 사건과 직접적인 이해관계가 있다

4급 直接 zhíjiē 형 직접적이다

利率 lìlǜ 명 이율, 금리

명 이율, 금리
按照活期存款**利率**计息
보통 예금의 이율에 따라 이자를 계산하다

活期存款 huóqī cúnkuǎn 요구불 예금, 보통 예금
计息 jìxī 동 이자를 계산하다

5급 利润 lìrùn 명 이윤

명 이윤
本公司的目标不是追求最大的**利润**，而是追求长期有效增长 본사의 목표는 최대의 이윤을 추구하는 것이 아니라 장기적이고 효과적인 성장을 추구하는 것이다

5급 追求 zhuīqiú 동 추구하다
增长 zēngzhǎng 동 증가시키다, 늘리다, 높이다

5급 利息 lìxī 명 이자

명 이자
借款**利息**不得违反国家有关规定
대출 이자는 국가 관련 규정을 위반해서는 안 된다

借款 jièkuǎn 동 돈을 빌리다, 돈을 빌려 주다
참조어 本金 běnjīn 명 원금

5급 利益 lìyì 명 이익, 이득, 이점

명 이익, 이득, 이점
我没有获取任何经济利益的盘算
나는 어떤 경제적 이득을 얻으려는 계산이 없다

获取 huòqǔ 동 얻다, 획득하다
盘算 pánsuan 명 속셈, 계산, 타산

5급 利用 lìyòng 동 이용하다

동 이용하다
经济增长要充分利用人力资源
경제 성장은 인적 자원을 충분히 활용해야 한다

5급 资源 zīyuán 명 자원

4급 例如 lìrú 동 예를 들다

동 예를 들다
富含维生素C的水果很多，例如橙子、草莓等
비타민C를 풍부하게 함유한 과일은 매우 많은데, 예를 들면 오렌지,
딸기 등이 있다

富含 fùhán 동 대량 함유하다, 풍부하게
담고 있다
6급 维生素 wéishēngsù 명 비타민

6급 例外 lìwài 동 예외로 하다, 예외가 되다 명 예외

동 예외로 하다, 예외가 되다
照章纳税谁也不能例外
규정에 따른 세금 납부는 누구도 예외가 될 수 없다

照章 zhàozhāng 동 규정에 따르다
纳税 nàshuì 동 납세하다, 세금을 납부하다

명 예외
这是个例外
이것은 예외이다

6급 粒 lì 명 알갱이, 입자 양 알, 톨, 발

명 알갱이, 입자
观察水稻谷粒的发芽过程
벼 알갱이의 발아 과정을 관찰하다

水稻 shuǐdào 명 논벼, 물벼
发芽 fāyá 동 발아하다, 싹이 돋다
参天大树 cāntiān dàshù
하늘을 찌를 듯한 높은 나무, 거목

양 알, 톨, 발 (알갱이 모양의 물건을 세는 단위)
每一粒种子都有长成参天大树的可能
한 톨의 씨앗은 모두 거목으로 성장할 가능성이 있다

4급 俩 liǎ 수 두 개, 두 사람

수 두 개, 두 사람
为了买俩馒头，排1小时队
찐빵 두 개를 사기 위해 한 시간 동안 줄을 서다

他们俩从小就是朋友
그들 두 사람은 어릴 때부터 친구였다

5급 馒头 mántou 명 속이 없는 만두나 찐빵
4급 排队 páiduì 동 줄을 서다

tip 뒤에 个gè나 다른 양사를 쓸 수 없다

L

4급 连 lián 〔부〕연속해서, 연이어 〔개〕···까지도, ···마저도, ···조차도

〔부〕연속해서, 연이어

这家餐厅的菜很好吃，我连去三天都不会腻
이 음식점은 요리가 맛있어서 나는 3일 연속으로 가도 질리지 않는다

〔개〕···까지도, ···마저도, ···조차도

他连头也不点就过去了
그는 인사조차 안 하고 지나가 버렸다

激动得连话都说不出来
감격해서 말조차 나오지 않는다

4급 餐厅 cāntīng 〔명〕식당
腻 nì 〔형〕질리다, 물리다
4급 激动 jīdòng 〔형〕격동하다, 감격하다

역순 어휘
接连 jiēlián

5급 连忙 liánmáng 〔부〕얼른, 급히, 재빨리

〔부〕얼른, 급히, 재빨리

一看时间不早了，奶奶连忙把他叫醒
시간이 늦은 것을 보고 할머니께서 그를 급히 깨웠다

叫醒 jiàoxǐng 〔동〕(잠을) 깨우다

6급 连年 liánnián 〔동〕여러 해 동안 계속되다

〔동〕여러 해 동안 계속되다

中国产品的出口量连年增加
중국 상품의 수출량이 여러 해 동안 계속 증가했다

出口量 chūkǒuliàng 수출량
4급 增加 zēngjiā 〔동〕증가하다

6급 连锁 liánsuǒ 〔형〕연쇄적인, 이어진, 연결된

〔형〕연쇄적인, 이어진, 연결된

进价上扬带来一系列连锁反应
매입가 상승이 일련의 연쇄 반응을 가져오다

他开了一家咖啡连锁店 그는 카페 체인점을 하나 열었다

一系列 yīxiliè 〔형〕일련의, 계속 이어진
连锁店 liánsuǒdiàn 〔명〕연쇄점, 체인점

6급 连同 liántóng 〔연〕···와 함께, ···와 같이

〔연〕···와 함께, ···와 같이

考古学家连同助手都赶到了古物出土地点
고고학자는 조수와 함께 고대 유물 출토 지점에 서둘러 도착했다

6급 助手 zhùshǒu 〔명〕조수
赶到 gǎndào 〔동〕서둘러 도착하다

5급 连续 liánxù 〔동〕연속하다

〔동〕연속하다

粮食生产连续10年获得丰收
식량 생산에서 10년간 연속해서 풍작을 거두다

6급 丰收 fēngshōu 〔동〕풍작을 거두다

连续剧 liánxùjù 〔명〕연속극

〔명〕연속극

我想给你推荐一部值得观看的电视连续剧
내가 너에게 볼만한 TV 연속극 한 편을 추천할게

观看 guānkàn 〔동〕관람하다, 참관하다

5급 联合 liánhé 동 연합하다, 결합하다 형 연합의, 공동의, 합동의

동 연합하다, 결합하다
所有爱好和平的人民**联合**在一起
평화를 사랑하는 모든 사람들이 하나로 연합하다

형 연합의, 공동의, 합동의
采取**联合**经营的模式开展合作
공동 경영의 유형을 채택하여 협력을 진행하다

- 5급 和平 hépíng 명 평화
- 5급 采取 cǎiqǔ 동 취하다, 채택하다
- 6급 模式 móshì 명 모식, 양식, 패턴, 유형

6급 联欢 liánhuān 동 함께 즐기다, 친목을 다지다

동 함께 즐기다, 친목을 다지다
举办庆祝国际儿童节的**联欢**晚会
국제 어린이날을 경축하는 친선 파티를 개최하다

- 5급 庆祝 qìngzhù 동 경축하다
- 晚会 wǎnhuì 명 이브닝 파티

6급 联络 liánluò 동 연락하다, 소통하다

동 연락하다, 소통하다
我**联络**几位代表写个提案吧
내가 대표 몇 분께 연락하여 제안을 작성할게요

- 提案 tí'àn 명 제안

6급 联盟 liánméng 명 연맹

명 연맹
为了国家经济发展，100名企业家成立了企业**联盟** 국가 경제 발전을 위해 기업가 100명이 기업 연맹을 결성했다

- 5급 成立 chénglì 동 설립하다, 설치하다, 결성하다
- 5급 企业 qǐyè 명 기업

4급 联系 liánxì 동 연계하다, 연락하다 명 연락

동 연계하다, 연락하다
他正用手机与单位**联系**
그는 핸드폰으로 부서와 연락하는 중이다

理论必须**联系**实际
이론은 반드시 실제와 연계되어야 한다

명 연락
两个人分手以后还保持**联系**
두 사람은 헤어진 후에도 연락을 유지한다

- 5급 单位 dānwèi 명 기관, 단체, 부문, 부서
- 5급 保持 bǎochí 동 유지하다, 지키다

6급 联想 liánxiǎng 동 연상하다, 떠올리다

동 연상하다, 떠올리다
谈到母亲的近况，我不由**联想**起她老人家辛酸的过去 어머니의 근황을 이야기하다 보니 나도 모르게 늙으신 어머니의 고생스러웠던 과거가 떠올랐다

- 不由 bùyóu 부 참지 못하고, 저절로
- 辛酸 xīnsuān 형 슬프다, 비통하다, 고통스럽다

L

6급 廉洁 liánjié 혱 청렴결백하다

혱 청렴결백하다
新任市长在会议上强调廉洁清正
신임 시장은 회의에서 청렴결백과 공정을 강조했다

清正 qīngzhèng 혱 청렴하고 공정하다

3급 脸 liǎn 뎽 얼굴 뎽 체면, 면목

뎽 얼굴
用水洗脸 물로 세수를 하다

뎽 체면, 면목
这点事都办不好，太丢脸了
이 정도의 일도 잘 해내지 못해 너무나 체면이 서질 않는다

洗脸 xǐliǎn 됭 세수하다
丢脸 diūliǎn 됭 체면을 잃다, 망신을 당하다

3급 练习 liànxí 됭 연습하다, 익히다 뎽 연습

됭 연습하다, 익히다
练瑜伽要每天练习动作
요가 수련을 하려면 매일 동작을 연습해야 한다

뎽 연습
解答了100道基础练习题 기초 연습 문제 100개를 풀었다

瑜伽 yújiā 뎽 요가
4급 动作 dòngzuò 뎽 동작, 행동
解答 jiědá 됭 해답하다, 문제를 풀다

5급 恋爱 liàn'ài 됭 연애하다, 사랑하다 뎽 연애

됭 연애하다, 사랑하다
他们正在恋爱 그들은 연애중이다

뎽 연애
我想和他谈恋爱 나는 그와 연애하고 싶다

谈恋爱 tán liàn'ài 사랑을 하다, 연애하다

5급 良好 liánghǎo 혱 좋다, 만족스럽다, 양호하다

혱 좋다, 만족스럽다, 양호하다
测试成绩良好 테스트 성적이 양호하다
良好的卫生习惯有助于减少感染
좋은 청결 습관은 감염을 줄이는 데 도움이 된다

测试 cèshì 됭 테스트하다, 시험하다
有助于 yǒuzhùyú 됭 …에 도움이 되다

6급 良心 liángxīn 뎽 양심, 선량한 마음

뎽 양심, 선량한 마음
他受到良心的谴责，主动投案自首
그는 양심의 가책을 받아 자발적으로 자수했다

6급 谴责 qiǎnzé 됭 견책하다, 비난하다
投案 tóuàn 됭 자수하다

4급 凉快 liángkuai 혱 시원하다, 서늘하다

혱 시원하다, 서늘하다
走在湖边，感觉很凉快 호숫가를 걸으니 매우 시원하다
用自来水凉凉快快地洗个澡 수돗물로 시원하게 목욕하다

湖边 húbiān 뎽 호숫가
自来水 zìláishuǐ 뎽 수돗물
3급 洗澡 xǐzǎo 됭 목욕하다

5급 粮食 liángshi 명 양식, 식량

명 양식, 식량
今年全国粮食产量预计达到6.7亿吨
올해 전국 식량 생산량은 6.7억 톤에 달할 것으로 예상한다

产量 chǎnliàng 명 산량, 생산량
预计 yùjì 동 예상하다, 예측하다

2급 两 liǎng 준 이, 둘, 2 수 몇, 한두, 두어

준 이, 둘, 2 (쌍으로 된 사물, 양사, 半bàn, 千qiān, 万wàn, 亿yì 앞에 쓰임)
两手抓 두 손으로 잡다 | 两张纸 종이 두 장
两条腿走路 두 다리로 걷다
수 몇, 한두, 두어
多呆两天 며칠 더 머물다

5급 抓 zhuā 동 잡다
5급 呆 dāi 동 머무르다, 체재하다

5급 亮 liàng 형 밝다, 환하다 동 밝아지다, 빛나다

형 밝다, 환하다
月亮很大，也很亮 달이 크고 밝다
동 밝아지다, 빛나다
屋子里亮着灯 방 안에 불이 켜져 있다
天刚亮就有不少人来了
날이 막 밝자 많은 사람들이 왔다

5급 屋子 wūzi 명 방

역순 어휘
响亮 xiǎngliàng

6급 谅解 liàngjiě 동 양해하다

동 양해하다
婚姻生活要懂得互相包容和谅解
결혼 생활은 서로 포용하고 양해할 줄 알아야 한다
订立谅解备忘录 양해 각서를 체결하다

包容 bāoróng 동 포용하다, 용인하다
订立 dìnglì 동 체결하다, 맺다

3급 辆 liàng 양 대

양 대 (차량을 세는 단위)
一辆汽车 자동차 한 대 | 两辆坦克 탱크 두 대

坦克 tǎnkè 명 탱크, 전차

6급 晾 liàng 동 말리다, 널다

동 (그늘에) 말리다, (햇볕에) 널다
把毛巾晾在绳子上 수건을 줄 위에서 말리다
每天都在阳台上晾衣服 매일 베란다에 옷을 널다

5급 绳子 shéngzi 명 줄, 밧줄, 노끈
5급 阳台 yángtái 명 발코니, 베란다

6급 辽阔 liáokuò 형 광활하다, 탁 트이고 넓다

형 광활하다, 탁 트이고 넓다
辽阔的草原 광활한 초원
中国幅员辽阔 중국은 국토 면적이 넓다

草原 cǎoyuán 명 초원
幅员 fúyuán 명 국토 면적, 영토 면적

L

3급 聊天 liáo//tiān 동 한담하다, 수다 떨다, 이야기를 나누다

동 한담하다, 수다 떨다, 이야기를 나누다
和朋友一起聊天的时候，时间过得很快
친구와 함께 이야기를 나눌 때는 시간이 매우 빨리 간다
网上聊天 온라인 채팅하다

网上 wǎngshàng 명 온라인

1급 了 liǎo 동 완결되다, 마치다, 끝나다 동 가능이나 불가능을 나타낸다
동 분명히 알다, 명백하게 알다

동 완결되다, 마치다, 끝나다
没完没了地唠叨 잔소리를 끝도 없이 하다
동 (동사 뒤에서 得de나 不bù와 결합하여) 가능이나 불가능을 나타낸다
一天里这些地方去得了吗?
하루에 이 지역들을 갈 수 있니?
这病好不了 이 병은 나을 수 없다
동 분명히 알다, 명백하게 알다
一目了然
일목요연하다, 한눈에 분명히 알다

没完没了 méiwán-méiliǎo 성 끝이 없다
6급 唠叨 láodao 동 끝없이 잔소리하다,
　　　　　　　　　반복해서 말하다

역순 어휘
不得了 bùdéliǎo　大不了 dàbuliǎo
受不了 shòubuliǎo

○ 了 le [1급] 참조

5급 了不起 liǎobuqǐ 형 대단하다, 뛰어나다, 굉장하다, 놀랍다

형 대단하다, 뛰어나다, 굉장하다, 놀랍다
儿子的心目中，爸爸就是最了不起的男子汉
아들의 마음속에 아버지는 가장 대단한 사나이이다

心目 xīnmù 명 내심, 속마음
男子汉 nánzǐhàn 명 남자, 사나이,
　　　　　　　　　사내대장부

3급 了解 liǎojiě 동 분명히 알다, 이해하다 동 조사하다, 알아보다

동 분명히 알다, 이해하다
他们相处多年，彼此十分了解
그들은 함께 한 지 여러 해라서 서로 잘 안다
동 조사하다, 알아보다
了解一下市场行情
시장 시세를 조사해 보다

5급 相处 xiāngchǔ 동 함께 지내다,
　　　　　　　　　서로 왕래하다
5급 彼此 bǐcǐ 대 피차, 서로
　　行情 hángqíng 명 시세, 시가, 시장 가격

5급 列车 lièchē 명 열차, 기차

명 열차, 기차
踏上由北京开往上海的列车
베이징에서 상하이로 가는 열차에 타다

开往 kāiwǎng 동 (기차, 배 등이)
　　　　　　　　…을 향하다/…으로 가다

6급 列举 lièjǔ 동 열거하다

동 열거하다
为了证明自己的言论是正确的，他们列举了他
们发现的证据 자기 말이 정확하다는 것을 증명하기 위해
그들은 발견한 증거를 열거했다

4급 证明 zhèngmíng 동 증명하다
6급 言论 yánlùn 명 언론, 말
5급 证据 zhèngjù 명 증거

3급 邻居 línjū 명 이웃, 이웃집, 옆집

명 이웃, 이웃집, 옆집
我家隔壁搬来了新的邻居
우리 집 옆집에 새 이웃이 이사를 왔다

5급 隔壁 gébì 명 이웃, 이웃집

6급 临床 línchuáng 동 임상하다

동 임상하다
医学检验机构的发展，提高了临床检验效率
의학 검사 기구의 발전은 임상 검사의 효율을 높였다

6급 检验 jiǎnyàn 동 검사하다, 검증하다
6급 机构 jīgòu 명 기구, 기관
5급 效率 xiàolǜ 명 효율, 능률

5급 临时 línshí 부 때가 되어 형 임시의, 일시적인

부 (일이 일어날) 때가 되어
今天临时有事，不能去上班了
오늘 갑자기 일이 생겨서 출근을 할 수 없었다

형 임시의, 일시적인
目前周边道路正在采取临时交通管理措施
현재 주변 도로에서 임시 교통 관리 조치를 취하고 있다

6급 周边 zhōubiān 명 주위, 주변
5급 措施 cuòshī 명 조치, 대책

L

6급 淋 lín 동 젖다 동 흩뿌리다, 끼얹다, 붓다

동 젖다
淋雨了，快洗个热水澡
비에 젖었으니 얼른 뜨거운 물로 목욕해라

동 흩뿌리다, 끼얹다, 붓다
花儿蔫了，快淋点儿水吧!
꽃이 시들었네, 얼른 물 좀 뿌려라!

淋雨 línyǔ 동 비에 젖다, 비를 맞다
蔫 niān 형 시들다

6급 吝啬 lìnsè 형 인색하다, 쩨쩨하다

형 인색하다, 쩨쩨하다
他是典型的铁公鸡，吝啬得一毛不拔
그는 전형적인 구두쇠로 인색하기가 그지없다

铁公鸡 tiěgōngjī 명 구두쇠, 인색한 사람
一毛不拔 yīmáo-bùbá 성 솜털 한 가닥
도 뽑지 않는다, 몹시 이기적이며 인색하다

6급 伶俐 línglì 형 영리하다, 뛰어나다

형 영리하다, 뛰어나다
孩子聪明伶俐，学习好
아이가 똑똑하고 영리하며 공부도 잘 한다

他们口才很好，口齿还非常伶俐
그들은 말재주가 좋고 발음도 뛰어나다

3급 聪明 cōngming 형 총명하다, 영리하다
口才 kǒucái 명 화술, 언변, 말재주
口齿 kǒuchǐ 명 (말할 때의) 발음, 말솜씨

6급 灵感 línggǎn 몡 영감

몡 영감(靈感)
只有深入生活，才能获得艺术灵感
생활 속으로 깊이 들어가야만 비로소 예술적 영감을 얻을 수 있다

4급 艺术 yìshù 몡 예술

6급 灵魂 línghún 몡 영혼, 정신, 마음

몡 영혼, 정신, 마음
眼睛是灵魂的窗户 눈은 마음의 창이다

4급 窗户 chuānghu 몡 창, 창문

5급 灵活 línghuó 톙 민첩하다, 원활하다 톙 융통성이 있다, 구애되지 않다

톙 민첩하다, 원활하다
年轻人手脚灵活 젊은이가 행동이 민첩하다

톙 융통성이 있다, 구애되지 않다
随机应变，灵活处理
임기응변하여 융통성 있게 처리하다

手脚 shǒujiǎo 몡 손발, 동작, 행동거지
随机应变 suíjī-yìngbiàn 셩 임기응변
하다

6급 灵敏 língmǐn 톙 민감하다, 예민하다, 영민하다

톙 민감하다, 예민하다, 영민하다
女性怀孕后，嗅觉会变得很灵敏
여성은 임신 후 후각이 매우 예민해질 수도 있다

5급 怀孕 huáiyùn 동 임신하다
6급 嗅觉 xiùjué 몡 후각

5급 铃 líng 몡 종, 방울

몡 종, 방울
下课铃一响，学生们就从教室里飞奔出来
수업이 끝나는 종이 울리자 학생들이 교실에서 쏟아져 나왔다

4급 响 xiǎng 동 소리가 나다
飞奔 fēibēn 동 나는 듯이 달리다

6급 凌晨 língchén 몡 새벽녘, 동틀 무렵

몡 새벽녘, 동틀 무렵
我昨晚跟朋友通宵玩游戏，凌晨3点才睡
나는 어젯밤에 친구와 밤새 게임을 하다가 새벽 3시에야 잠들었다

通宵 tōngxiāo 몡 철야, 밤샘, 온 하룻밤

2급 零 líng ㈜ 영, 0

㈜ 영(零), 0
零点二十分 0시 20분 | 二零零二年 2002년
三减三等于零 3에서 3을 빼면 0이다

减 jiǎn 동 빼다, 뺄셈하다
5급 等于 děngyú 동 …와 같다

5급 零件 língjiàn 몡 부분품, 부속품

몡 부분품, 부속품
动力电池是新能源汽车的核心零件
동력 배터리는 신에너지 자동차의 핵심 부속품이다

新能源 xīnnéngyuán 몡 신에너지
5급 核心 héxīn 몡 핵심, 중심

4급 零钱 língqián 명 잔돈 명 푼돈, 용돈, 팁

명 잔돈
去银行换零钱 은행에 가서 잔돈을 바꾸다
零钱不用找了 잔돈은 거슬러 줄 필요 없습니다
명 푼돈, 용돈, 팁
妈妈不让我打工赚零钱，怕我受累 엄마는 내가
고생할까 봐 아르바이트로 용돈을 버는 것을 못하게 하신다

5급 打工 dǎgōng 통 임시직으로 일하다, 아르바이트하다
4급 赚 zhuàn 통 돈을 벌다
受累 shòulèi 통 고생하다, 수고하다

5급 零食 língshí 명 간식, 군음식

명 간식, 군음식
吃这些高热量的零食会导致肥胖
이런 고열량 간식을 먹으면 뚱뚱해진다

肥胖 féipàng 형 뚱뚱하다, 비만하다

6급 零星 língxīng 형 자잘한, 사소한, 소량의 형 흩어진, 드문, 성긴

형 자잘한, 사소한, 소량의
干了一些零星活儿 자잘한 일들을 좀 했다
형 흩어진, 드문, 성긴
今天市区局部下零星小雨
오늘 시내 일부 지역에 산발적으로 비가 내릴 것이다

市区 shìqū 명 시가지, 도시 중심 지역
6급 局部 júbù 명 국부, 일부분

L

5급 领导 lǐngdǎo 통 영도하다, 지도하다, 이끌다 명 지도자, 대표, 리더, 책임자

통 영도하다, 지도하다, 이끌다
她领导了公司的技术开发工作
그녀는 회사의 기술 개발 사업을 이끌었다
在有关部门的领导下，我们取得了显著的成果
관련 부서의 지도 아래, 우리는 뛰어난 성과를 얻었다
명 지도자, 대표, 리더, 책임자
企业领导要关心职工的生活
기업 대표는 직원의 생활에 관심을 가져야 한다

4급 技术 jìshù 명 기술
5급 部门 bùmén 명 부, 부문, 부서
6급 显著 xiǎnzhù 형 현저하다, 두드러지다
5급 成果 chéngguǒ 명 성과
职工 zhígōng 명 직원, 근로자

6급 领会 lǐnghuì 통 깨닫다, 이해하다

통 깨닫다, 이해하다
秘书准确地领会了上级的意图
비서는 상사의 의도를 정확하게 이해했다
对教材的内容领会得不深
교재의 내용에 대해 깊이 이해하지 못하다

5급 秘书 mìshū 명 비서
6급 意图 yìtú 명 의도

6급 领事馆 lǐngshìguǎn 명 영사관

명 영사관
韩国驻成都总领事馆举办纪念活动
청두 주재 한국 총영사관이 기념 행사를 개최하다

驻 zhù 통 (기관, 단체 등이) 주재하다
成都 Chéngdū 명 청두, 성도,
쓰촨성(四川省)의 성도

6급 领土 lǐngtǔ 명 영토

명 영토
我国的主权和领土的完整神圣不可侵犯
우리 나라의 주권과 영토의 완전한 신성은 침범당해서는 안 된다

6급 主权 zhǔquán 명 주권
6급 侵犯 qīnfàn 통 침범하다, 침해하다

6급 领悟 lǐngwù 통 깨닫다, 이해하다

통 깨닫다, 이해하다
身患重病以后终于领悟到了人生的意义
중병을 앓고 나서야 마침내 인생의 의미를 깨달았다

5급 意义 yìyì 명 뜻, 의미

6급 领先 lǐng // xiān 통 앞서다, 리드하다, 선두에 서다

통 앞서다, 리드하다, 선두에 서다
这项科研成果处于世界领先地位
이 과학 연구의 성과는 세계에서 선두의 위치에 있다

处于 chǔyú 통 (지위, 상태, 환경 등에) 처하다
5급 地位 dìwèi 명 지위, 위치, 자리

6급 领袖 lǐngxiù 명 영수, 지도자, 리더

명 영수, 지도자, 리더
两国领袖同意加强合作
양국 지도자가 협력을 강화하기로 동의하다

加强 jiāqiáng 통 강화하다

5급 领域 lǐngyù 명 영역, 분야

명 영역, 분야
飞机进入他国领域
비행기가 타국 영역으로 진입하다
在数字经济领域具备很大的发展潜力
디지털 경제 분야에서 큰 발전 가능성을 가지고 있다

进入 jìnrù 통 진입하다, 도달하다
4급 数字 shùzì 명 디지털의, 디지털 기술의
5급 具备 jùbèi 통 구비하다
6급 潜力 qiánlì 명 잠재력, 잠재 능력

4급 另外 lìngwài 대 그 밖의, 다른 🔢 그 밖에, 달리, 따로 연 이외에, 이 밖에

대 그 밖의, 다른
另外的问题下次再讨论
그 밖의 문제는 다음에 다시 토론하자
你们俩先走，另外的人留下
너희 둘은 먼저 가고 다른 사람들은 남아라

下次 xiàcì 다음 번, 다음 차례
5급 设计 shèjì 통 설계하다, 방안을 세우다
书稿 shūgǎo 명 저작 원고
序文 xùwén 명 서문, 서언, 머리말

🔢 그 밖에, 달리, 따로 (再 zài, 又 yòu, 还 hái 등과 결합하여 쓰임)
另外再找一个人
따로 한 사람을 더 찾다
另外还设计了一个方案
따로 방안 하나를 더 세웠다

연 이외에, 이 밖에
书稿已经完成，另外还请人写了序文 책의 초고는
이미 완성되었고, 이외에도 다른 이에게 서문을 써달라고 청했다

6급 溜 liū 图 미끄러지다, 활주하다 图 남몰래 도망가다, 슬그머니 사라지다

图 미끄러지다, 활주하다
在封冻的河面上溜冰
얼어붙은 강 위에서 얼음을 지치다
从滑梯上溜下来 미끄럼틀에서 미끄러져 내려오다

图 남몰래 도망가다, 슬그머니 사라지다
留神别让小偷溜了 도둑이 남몰래 도망가지 않게 잘 살펴라

封冻 fēngdòng 图 수면이 얼다
溜冰 liūbīng 图 스케이트를 타다,
얼음을 지치다
滑梯 huátī 图 미끄럼틀

5급 浏览 liúlǎn 图 훑어보다, 대강 보다, 대충 읽다

图 훑어보다, 대강 보다, 대충 읽다
这种书浏览一下就可以了
이런 책은 대강 읽으면 된다

用手机浏览购物网站
핸드폰으로 쇼핑 사이트를 둘러보다

4급 购物 gòuwù 图 상품을 구매하다, 쇼핑하다
4급 网站 wǎngzhàn 图 웹 사이트

4급 留 liú 图 남다, 머무르다 图 기르다 图 남기다

图 남다, 머무르다
一个人留在家里 혼자 집에 남다
在北京停留了几天 베이징에서 며칠 머물렀다

图 기르다
他没留胡子 그는 수염을 기르지 않았다

图 남기다
毕业生请老师留言
졸업생이 선생님께 한 말씀 남겨 달라고 부탁하다

停留 tíngliú 图 머무르다, 체류하다
胡子 húzi 图 수염
留言 liúyán 图 말을 남기다

역순 어휘
保留 bǎoliú   残留 cánliú   拘留 jūliú
遗留 yíliú   滞留 zhìliú

6급 留恋 liúliàn 图 떠나기 아쉬워하다, 차마 버리지 못하다, 미련을 갖다

图 떠나기 아쉬워하다, 차마 버리지 못하다, 미련을 갖다
一旦分手了，就没必要留恋
일단 헤어졌으면 미련을 가질 필요가 없다

她从来都不会留恋过去
그녀는 여태 과거에 미련을 가진 적이 없다

5급 分手 fēnshǒu 图 이별하다, 헤어지다
3급 过去 guòqù 图 과거

6급 留念 liú//niàn 图 기념으로 남기다

图 기념으로 남기다
同大家合影留念
모두와 함께 사진을 찍어 기념으로 남기다

5급 合影 héyǐng 图 함께 사진을 찍다

6급 留神 liú//shén 图 조심하다, 유의하다, 신경 쓰다

图 (나쁜 일을) 조심하다/유의하다/신경 쓰다
道路又湿又滑，一不留神就会摔倒
길이 젖었고 미끄러우니 조심하지 않으면 넘어질 수 있다

道路 dàolù 图 길, 도로
湿 shī 图 젖다, 습하다, 촉촉하다
5급 摔倒 shuāidǎo 图 넘어지다, 쓰러지다

3급 留学 liú // xué 동 유학하다

동 (외국에서) 유학하다

近几年很多同学选择出国**留学**

최근 몇 년간 많은 학우들이 외국에 가서 유학하는 것을 선택한다

他在意大利**留**了9年**学**

그는 이탈리아에서 9년간 유학했다

3급	选择 xuǎnzé 동 고르다, 선택하다, 뽑다
	出国 chūguó 동 출국하다, 외국에 가다
	意大利 Yìdàlì 명 이탈리아

5급 流传 liúchuán 동 유전되다, 전해 내려오다, 널리 퍼지다

동 유전되다, 전해 내려오다, 널리 퍼지다

古代**流传**下来的传说

고대로부터 전해 내려온 전설

一则教师体罚学生的视频在网络上广为**流传**

교사가 학생을 체벌하는 동영상이 인터넷에 널리 퍼지다

5급	传说 chuánshuō 명 전설
	体罚 tǐfá 동 체벌하다
6급	视频 shìpín 명 동영상
	广为 guǎngwéi 부 광범위하게, 널리, 두루

6급 流浪 liúlàng 동 유랑하다, 떠돌다

동 유랑하다, 떠돌다

他在全国到处**流浪**，居无定所，无依无靠

그는 전국 곳곳을 유랑하며 고정된 거주지가 없고 의지할 곳도 없다

无依无靠 wúyī-wúkào 정 믿고 의지할 사람이 없다

5급 流泪 liúlèi 동 눈물을 흘리다

동 눈물을 흘리다

听了妈妈的话，她情绪失控，伤心地**流泪**了 엄마의

말을 듣고 그녀는 감정을 주체하지 못하고 상심하여 눈물을 흘렸다

5급	情绪 qíngxù 명 정서, 감정, 기분, 마음
	失控 shīkòng 동 통제력을 잃다, 제어하지 못하다

4급 流利 liúlì 형 유창하다, 매끄럽다

형 (말이나 글이) 유창하다/매끄럽다

他能讲一口**流利**的普通话

그는 유창한 표준 중국어를 구사할 줄 안다

一口 yīkǒu 형 (말의 발음, 억양, 내용 등이) 순수하다/완전하다

6급 流露 liúlù 동 무심결에 보이다, 드러내다

동 (생각이나 감정을) 무심결에 보이다/드러내다

他真情**流露**，大胆地表白了爱情

그는 진심을 드러내며 대담하게 사랑을 고백했다

大胆 dàdǎn 형 대담하다
表白 biǎobái 동 (생각, 마음을) 밝히다

6급 流氓 liúmáng 명 불량배, 깡패 명 불량한 행동, 비속한 짓, 행패

명 불량배, 깡패

他曾遭到过**流氓**的威胁

그는 불량배에게 협박을 당한 적이 있다

명 불량한 행동, 비속한 짓, 행패

这样的**流氓**行为是不可接受的

이런 불량한 행위는 용납할 수 없다

5급	威胁 wēixié 명 위협, 위해
5급	行为 xíngwéi 명 행위

6급 流通 liútōng 图 통하다, 막힘없이 흐르다 图 유통되다

图 통하다, 막힘없이 흐르다
房间里没有窗户，空气不**流通**
방 안에 창문이 없어서 공기가 통하지 않는다

图 (상품, 화폐 등이) 유통되다
促进农产品**流通** 농산품 유통을 촉진하다
股票上市**流通** 주식이 상장되어 유통되다

| 5급 | 促进 cùjìn 图 촉진하다, 추진하다 |
| | 上市 shàngshì 图 (증권 시장에) 상장하다 |

4급 流行 liúxíng 图 유행하다, 널리 퍼지다

图 유행하다, 널리 퍼지다
气候变化可能加剧传染病**流行**
기후 변화는 전염병 유행을 심화시킬 수 있다
这就是今年春夏服装的**流行**款式
이것이 올해 봄여름 의상의 유행 스타일이다

6급	加剧 jiājù 图 심해지다, 악화되다
	传染病 chuánrǎnbìng 图 전염병
6급	款式 kuǎnshì 图 양식, 디자인, 스타일

1급 六 liù 图 육, 여섯, 6

图 육, 여섯, 6
我每天上午九点上班，下午**六**点下班
나는 매일 오전 9시에 출근해서 오후 6시에 퇴근한다

5급 龙 lóng 图 용, 용 모양의 사물

图 용, 용 모양의 사물
龙的传人 용의 후예, 중화 민족
画**龙**点睛 화룡점정, 관건이 되는 부분을 완벽하게 마무리하다
马路上堵车，汽车排成了长**龙**
도로로 길이 막혀 차가 용처럼 줄지어 섰다

传人 chuánrén 图 계승자, 후계자

6급 聋哑 lóngyǎ 图 농아의, 귀가 먹고 말을 못하다

图 농아의, 귀가 먹고 말을 못하다
医护人员自学手语照顾两位**聋哑**患者
의료진이 수화를 독학해 두 명의 농아 환자를 돌보았다

自学 zìxué 图 독학하다
手语 shǒuyǔ 图 수화

6급 隆重 lóngzhòng 图 성대하다, 장중하다

图 성대하다, 장중하다
第二十二届毕业典礼**隆重**举行
제22회 졸업식이 성대하게 거행되었다

| | 毕业典礼 bìyè diǎnlǐ 졸업식 |
| 4급 | 举行 jǔxíng 图 거행하다 |

6급 垄断 lǒngduàn 图 농단하다, 독점하다

图 농단하다, 독점하다
二手车金融会被3-5家寡头**垄断**
중고차 금융은 3~5개 과두에게 독점될 것이다

| 6급 | 金融 jīnróng 图 금융 |
| | 寡头 guǎtóu 图 과두, 소수의 우두머리 |

L

6급 笼罩 lǒngzhào 图 덮다, 휩싸다

图 덮다, 휩싸다
蒙蒙细雨笼罩着大地
가랑비가 보슬보슬 대지를 덮고 있다

蒙蒙 méngméng 휑 빗방울이 가늘다

3급 楼 lóu 명 다층 건물 양 층

명 다층 건물
高楼大厦 고층 빌딩
办公楼 회사 건물, 사옥
这座楼一共有35层 이 건물은 모두 35층이다
양 (건물의) 층
他家住二楼，不用乘电梯
그의 집은 2층에 있어서 엘리베이터를 탈 필요가 없다

- 5급 大厦 dàshà 명 대형 고층 건물, 빌딩
  办公 bàngōng 图 공무를 보다, 근무하다
- 3급 层 céng 양 층
- 6급 乘 chéng 图 타다, 탑승하다
- 3급 电梯 diàntī 명 엘리베이터, 에스컬레이터

6급 搂 lǒu 图 껴안다, 포옹하다

图 껴안다, 포옹하다
把孩子搂在怀里 아이를 품에 껴안다
妹妹搂着姐姐的腰
여동생이 언니의 허리를 껴안고 있다

怀 huái 명 가슴, 품
- 5급 腰 yāo 명 허리

5급 漏 lòu 图 새다 图 누설하다, 새다 图 빠뜨리다, 누락하다

图 새다
口袋破了，米不停地往下漏
자루가 터져서 쌀이 끊임없이 아래로 샌다
图 누설하다, 새다
谁走漏了消息? 누가 정보를 누설했나?
图 빠뜨리다, 누락하다
说漏的请大家补充
말하다 빠뜨린 것은 여러분께서 보충해 주십시오

口袋 kǒudai 명 부대, 포대, 자루
- 6급 走漏 zǒulòu 图 누설하다, 발설하다
  说漏 shuōlòu 图 할 말을 빠뜨리다
- 5급 补充 bǔchōng 图 보충하다, 채우다

역순 어휘
走漏 zǒulòu

露 lòu 图 드러내다, 표현하다

图 드러내다, 표현하다
露着胳膊 팔을 드러내다
我炒几个菜，给你们露一手
내가 요리 몇 가지를 해서 너희에게 솜씨를 보여 주겠다

露一手 lòu yīshǒu 솜씨를 보이다

역순 어휘
泄露 xièlòu

○ 露 lù 참조

6급 炉灶 lúzào 명 부뚜막, 아궁이, 레인지

명 부뚜막, 아궁이, (주방용) 레인지
炉灶是厨房不可缺少的用具
레인지는 주방에 없어서는 안 될 용구이다

- 4급 厨房 chúfáng 명 주방, 부엌
  用具 yòngjù 명 용구, 도구

5급 陆地 lùdì 명 육지, 땅

명 **육지, 땅**
地球的海洋和**陆地**分布
지구의 해양과 육지 분포

4급 海洋 hǎiyáng 명 해양
5급 分布 fēnbù 동 분포하다

5급 陆续 lùxù 부 잇따라, 연달아

부 **잇따라, 연달아**
围观的群众**陆续**散去
둘러싸고 구경하던 군중들이 잇따라 흩어졌다

围观 wéiguān 동 둘러싸고 구경하다

5급 录取 lùqǔ 동 뽑다, 채용하다

동 **뽑다, 채용하다**
他决定了**录取**这个应聘者
그는 이 응시자를 채용하기로 결정했다

他已经被重点大学**录取**了
그는 이미 명문대에 합격했다

应聘者 yìngpìnzhe 명 응시자, 지원자
重点大学 zhòngdiǎn dàxué
중점 대학, 일류 대학, 명문대

5급 录音 lùyīn 동 녹음하다 명 녹음

동 (lù//yīn) **녹음하다**
把音频文件误删了，不得不要重新**录音**
음성 파일을 실수로 삭제해서 어쩔 수 없이 다시 녹음해야 한다

명 **녹음**
播放实况**录音** 실황 녹음을 방송하다

音频 yīnpín 명 음성 파일
5급 播放 bōfàng 동 방송하다, 방영하다
实况 shíkuàng 명 실황

2급 路 lù 명 길, 도로 명 길, 노정 명 선로, 노선

명 **길, 도로**
这条**路**平时不堵车 도로는 평소에 차가 막히지 않는다
명 **길, 노정**
路很近 목적지가 가깝다
명 **선로, 노선**
坐五**路**车去公园 5번 버스를 타고 공원에 가다

4급 平时 píngshí 명 평상시, 평소, 평시
4급 堵车 dǔchē 동 차가 많아 길이 막히다

역순 어휘
出**路** chūlù　　　　高速公**路** gāosù gōnglù
迷**路** mílù

露 lù 명 이슬 동 드러내다, 표현하다 명 음료, 화장품

명 **이슬**
每棵草上都有一颗**露**珠
풀마다 이슬이 방울방울 맺혔다

동 **드러내다, 표현하다**
不**露**声色
말소리와 표정을 드러내지 않다, 속내를 얼굴에 드러내지 않다

명 **음료, 화장품**
果子**露** 과즙 음료, 과일 시럽

露珠 lùzhū 명 이슬방울
从不 cóngbù 부 지금까지 …하지 않다
声色 shēngsè 명 말소리와 표정

역순 어휘
暴**露** bàolù　　　　揭**露** jiēlù
流**露** liúlù　　　　透**露** tòulù

○ 露 lòu 참조

4급 旅行 lǚxíng 동 여행하다

동 여행하다
出国旅行需要办护照和签证
해외 여행을 하려면 여권과 비자를 발급해야 한다

3급 护照 hùzhào 명 여권
4급 签证 qiānzhèng 명 사증, 비자

2급 旅游 lǚyóu 동 여행하다, 관광하다

동 여행하다, 관광하다
我想去香港旅游 나는 홍콩으로 여행을 가고 싶다
哪个季节去重庆旅游比较好?
어느 계절에 충칭으로 여행 가는 것이 비교적 좋을까요?

香港 Xiānggǎng 명 홍콩
重庆 Chóngqìng 명 충칭, 중경, 중국 서남부에 있는 직할시
3급 比较 bǐjiào 부 비교적

6급 屡次 lǚcì 부 누차, 여러 차례

부 누차, 여러 차례
屡次受挫, 但毫不气馁
여러 차례 좌절을 겪었으나 조금도 의기소침하지 않다

受挫 shòucuò 동 좌절을 겪다
毫不 háobù 조금도 …아니다
气馁 qìněi 명 의기소침하다, 맥없다

6급 履行 lǚxíng 동 이행하다

동 (약속, 직책 등을) 이행하다
履行公约 공약을 이행하다
他们从未履行过和约的义务
그들은 지금까지 조약의 의무를 이행한 적이 없다

公约 gōngyuē 명 공약
和约 héyuē 명 화약, 조약
5급 义务 yìwù 명 의무

4급 律师 lǜshī 명 변호사

명 변호사
被告人有权委托辩护律师
피고인은 변호사를 위탁할 권리가 있다

被告人 bèigàorén 명 피고인
6급 委托 wěituō 동 위탁하다, 의뢰하다, 맡기다
6급 辩护 biànhù 동 변호하다

3급 绿 lǜ 형 푸르다

형 푸르다
红绿灯 신호등 | 绿色的田野 푸른 들판

6급 田野 tiányě 명 전야, 들판

4급 乱 luàn 형 혼란하다, 엉망이다, 무질서하다 부 함부로, 마구, 제멋대로

형 혼란하다, 엉망이다, 무질서하다
头发很乱 머리카락이 엉망이다
脑子里乱腾腾的, 一时拿不定主意
머릿속이 혼란스러워 한동안 생각을 할 수가 없었다
부 함부로, 마구, 제멋대로
怎么改掉孩子乱花钱的坏习惯?
아이가 돈을 함부로 쓰는 나쁜 습관을 어떻게 고칠 수 있을까?
不调查了解, 不能乱说
조사해서 알아보지 않고 함부로 이야기하면 안 된다

乱腾腾 luànténgténg 형 혼란스럽다, 어수선하다
拿主意 ná zhǔyi 방법을 생각해 내다, 아이디어를 내다
乱说 luànshuō 동 함부로 질책하다, 함부로 이야기하다

역순 어휘
捣乱 dǎoluàn
混乱 hùnluàn
胡乱 húluàn
扰乱 rǎoluàn

6급 掠夺 lüèduó 동 약탈하다

동 약탈하다
依靠**掠夺**殖民地积累巨额财富
식민지 약탈로 거액의 재산을 축적하다

6급 依靠 yīkào 동 기대다, 의지하다
6급 殖民地 zhímíndì 명 식민지
巨额 jù'é 형 거액의

6급 轮船 lúnchuán 명 증기선, 기선

명 증기선, 기선
这艘**轮船**下午两点已经启航，你赶不上了
이 기선은 오후 2시에 이미 출항했으니 너는 늦어서 탈 수 없다

启航 qǐháng 동 출항하다
赶不上 gǎnbushàng 놓치다, 늦다

6급 轮廓 lúnkuò 명 윤곽, 윤곽선, 테두리 명 개황, 대략적 상황

명 (그림의) 윤곽/윤곽선/테두리
几笔就勾画出一个人的**轮廓**
몇 번의 터치로 바로 한 사람의 윤곽을 그려 내다

명 개황, 대략적 상황
介绍该地区近年来经济发展的**轮廓**
이 지역의 최근 몇 년간 경제 발전 개황을 소개하다

勾画 gōuhuà 동 스케치하다,
윤곽을 간단히 그리다
近年 jìnnián 명 최근 몇 년, 근년

5급 轮流 lúnliú 동 순서대로 …하다, 교대로 …하다

동 순서대로 …하다, 교대로 …하다
每次开会**轮流**发言的时候，我特别紧张
매번 회의에서 교대로 발언할 때 나는 유독 긴장한다

5급 发言 fāyán 동 발언하다, 의견을 발표하다

6급 轮胎 lúntāi 명 타이어

명 타이어
更换**轮胎**
타이어를 교체하다
我要去修理店给**轮胎**打气
나는 수리점에 가서 타이어에 바람을 넣으려고 한다

更换 gēnghuàn 동 교체하다, 대체하다
修理店 xiūlǐdiàn 명 수리점
打气 dǎqì 동 바람을 넣다

6급 论坛 lùntán 명 논단, 포럼

명 논단, 포럼
学术**论坛** 학술 논단
经济改革**论坛** 경제 개혁 포럼

5급 学术 xuéshù 명 학술

5급 论文 lùnwén 명 논문

명 논문
硕士**论文** 석사 논문
论文发表后引起了强烈反响
논문을 발표한 후 강렬한 반향을 불러일으켰다

4급 硕士 shuòshì 명 석사
5급 发表 fābiǎo 동 발표하다
反响 fǎnxiǎng 명 반응, 반향

L

6급 论证 lùnzhèng 图 논증하다 图 논증

图 논증하다
谁能举一个具体事例来论证这个观点?
누가 구체적인 사례를 들어 이 관점을 논증할 수 있습니까?

图 논증
写议论文时，论据要充分，论证须有力
논설문을 쓸 때 논거가 충분해야 하고 논증이 힘이 있어야 한다

| 5급 | 具体 jùtǐ 图 구체적이다 |
| 事例 shìlì 图 사례 |
| 议论文 yìlùnwén 图 논설문 |
| 论据 lùnjù 图 논거 |

6급 啰唆 luōsuo 图 수다스럽다, 말이 많다, 장황하다
图 주절주절하다, 거듭 말하다, 잔소리하다

图 수다스럽다, 말이 많다, 장황하다
他讲话太啰唆了
그는 말하는 것이 너무 장황하다

图 주절주절하다, 거듭 말하다, 잔소리하다
他啰唆了半天，也没说明白
그는 한참 동안 주절주절했지만 분명하게 말하지 않았다

讲话 jiǎnghuà 图 말하다, 발언하다

5급 逻辑 luóji 图 논리, 논리학, 객관 법칙

图 논리, 논리학, 객관 법칙 (영어 logic의 음역어)
逻辑严密的科学理论体系
논리가 엄밀한 과학 이론 체계

这一说法不合逻辑
이 표현은 논리에 맞지 않다

| 6급 | 严密 yánmì 图 엄밀하다, 빈틈없다 |
| 说法 shuōfa 图 표현법, 논법, 논조 |

螺丝钉 luósīdīng 图 나사, 나사못

图 나사, 나사못
螺丝钉松了 나사못이 풀렸다

6급 络绎不绝 luòyì-bùjué 图 끊이지 않다, 왕래가 빈번하다, 끊임없이 오가다

图 끊이지 않다, 왕래가 빈번하다, 끊임없이 오가다
这里是著名的历史胜地，前来参观的游客络绎
不绝 이곳은 유명한 역사 명승지라서 참관하러 오는 관광객이
끊이지 않는다

| 胜地 shèngdì 图 승지, 경승지, 명승지 |
| 前来 qiánlái 图 …으로 오다 |

6급 落成 luòchéng 图 낙성하다, 준공하다

图 낙성하다, 준공하다
大厦落成 빌딩이 준공되다
纪念碑月底落成
기념비는 월말에 준공된다

| 5급 | 大厦 dàshà 图 대형 고층 건물, 빌딩 |

5급 落后 luò//hòu 동 뒤떨어지다, 뒤처지다. 낙후하다 형 낙후된, 뒤처진

동 뒤떨어지다, 뒤처지다, 낙후하다

技术落后 기술이 낙후하다

到达终点时他只落后第一名不到一米
결승점에 도달했을 때 그는 1위와 겨우 1미터도 떨어져 있지 않았다

형 낙후된, 뒤처진

改变家乡的落后面貌
고향의 낙후된 모습을 바꾸다

| 6급 | 终点 zhōngdiǎn 명 결승점
| 5급 | 家乡 jiāxiāng 명 고향
| 6급 | 面貌 miànmào 명 면모, 모습

6급 落实 luòshí 동 실현되다, 현실화되다 동 실현하다, 시행하다

동 실현되다, 현실화되다

教育计划落实了
교육 계획이 실현되었다

经费落实，电视剧便可开拍
경비가 마련되면, 드라마 촬영을 시작할 수 있다

동 실현하다, 시행하다

全面落实安全工作责任制
안전 작업 책임제를 전면 시행하다

| 4급 | 教育 jiàoyù 명 교육
| 6급 | 经费 jīngfèi 명 경비
　　　 开拍 kāipāi 동 (영화, 드라마 등의) 촬영을
　　　 시작하다

L

1급 妈妈 māma 명 엄마

명 엄마 (주로 구어에 쓰임)
妈妈喜欢看电视剧 엄마는 TV드라마 보는 것을 좋아하신다

电视剧 diànshìjù 명 텔레비전 드라마

6급 麻痹 mábì 동 마비되다, 감각을 잃다 형 무감각하다, 경각심을 잃다

동 마비되다, 감각을 잃다
神经麻痹 신경이 마비되다
형 무감각하다, 경각심을 잃다
不能麻痹大意 경각심을 잃고 소홀하면 안 된다

6급 神经 shénjīng 명 신경
6급 大意 dàyi 형 소홀하다, 조심성이 없고 부주의하다, 꼼꼼하지 않다

4급 麻烦 máfan 형 귀찮다, 번거롭다 동 귀찮게 하다, 번거롭게 하다, 부담을 주다 명 귀찮은 일, 부담, 성가신 문제

형 귀찮다, 번거롭다
手续太麻烦 수속이 너무 복잡하다
동 귀찮게 하다, 번거롭게 하다, 부담을 주다
这件事就麻烦你了 이번 일은 당신에게 부탁하겠습니다
명 귀찮은 일, 부담, 성가신 문제
很抱歉给大家添麻烦了 모두에게 폐를 끼쳐서 죄송합니다

5급 手续 shǒuxù 명 수속
4급 抱歉 bàoqiàn 동 미안하다
添 tiān 동 더하다, 늘리다, 늘다, 증가하다

6급 麻木 mámù 형 저리다, 무감각하다 형 둔하다, 무디다, 무감각하다

형 (몸의 일부분이) 저리다/무감각하다
右手有点麻木了 오른손이 좀 저리다
형 (외부 사물에 대해) 둔하다/무디다/무감각하다
表情僵硬麻木，毫无生气
표정이 경직되고 무표정하게 전혀 생기가 없다

6급 僵硬 jiāngyìng 형 뻣뻣하다
3급 生气 shēngqì 명 생명력, 활력, 생기

6급 麻醉 mázuì 동 마취하다

동 마취하다
患者从麻醉状态下苏醒过来
환자가 마취 상태에서 점차 의식을 회복하다

6급 患者 huànzhě 명 환자
6급 苏醒 sūxǐng 동 소생하다, 깨어나다

3급 马 mǎ 명 말

명 말
一匹马在奔跑 말 한 마리가 질주하고 있다

奔跑 bēnpǎo 동 빨리 달리다, 질주하다

4급 马虎 mǎhu 형 경솔하다, 조심성 없고 부주의하다, 꼼꼼하지 않다

형 경솔하다, 조심성 없고 부주의하다, 꼼꼼하지 않다
这孩子做作业一点也不马虎
이 아이는 숙제를 아주 꼼꼼히 한다
不管做什么事情，都应该认真，不能马马虎虎
어떤 일을 하든지 성실해야 하며 건성으로 하면 안 된다

3급 认真 rènzhēn 형 진지하다

3급 马上 mǎshàng 里 곧, 즉시

里 곧, 즉시
集合时间马上就到了
곧 집합 시간이다

吃了两碗面，身上马上暖和起来了
국수를 두 그릇 먹었더니 몸이 금세 따뜻해졌다

5급 集合 jíhé 통 모이다, 집합하다
4급 暖和 nuǎnhuo 형 따뜻하다, 따스하다

6급 码头 mǎtou 명 부두, 선창

명 부두, 선창
货船停靠在码头
화물선이 부두에 정박하다

货船 huòchuán 명 화물선

6급 蚂蚁 mǎyǐ 명 개미

명 개미
勤劳的蚂蚁与懒惰的蚂蚱
부지런한 개미와 게으른 메뚜기

6급 勤劳 qínláo 형 근면하다, 부지런하다
6급 懒惰 lǎnduò 형 나태하다, 게으르다

5급 骂 mà 통 욕하다 통 질책하다, 꾸짖다

통 욕하다
她大发脾气，狠狠地骂了他几句
그녀는 몹시 화가 나서 그를 호되게 욕했다

통 질책하다, 꾸짖다
他们骂他忘恩负义
그들은 그를 배은망덕하다고 질책했다

狠狠 hěnhěn 里 흉악하게, 모질게, 호되게
忘恩负义 wàng'ēn-fùyì
성 배은망덕하다, 다른 사람이 베푼 은혜를 잊고 의리를 저버리다

M

1급 吗 ma 조 …냐?, …니?, …니까?

조 …냐?, …니?, …니까? (문장 끝에 쓰여 의문의 어기를 나타냄)
你去过上海吗?
너는 상하이에 가 봤니?

你听明白了吗?
너 알아들었니?

3급 明白 míngbai 통 잘 알다, 이해하다

6급 嘛 ma 조 당연히 그러함을 나타낸다 조 바람이나 충고를 나타낸다
조 휴지를 나타내며, 상대방의 주의를 환기한다

조 평서문의 끝에 쓰여 당연히 그러함을 나타낸다
有什么话就说嘛
하고 싶은 말이 있으면 그냥 말해 봐

조 명령문의 끝에 쓰여 바람이나 충고를 나타낸다
不让你去，就别去嘛!
가지 말라고 하면 그냥 가지 마!

조 휴지(休止)를 나타내며, 상대방의 주의를 환기한다
学生嘛，主要任务就是学习
학생은 말이지, 주요 임무가 바로 공부라고

4급 任务 rènwù 명 임무, 사명

6급 埋伏 máifú 통 매복하다, 잠복하다, 숨다

통 매복하다, 잠복하다, 숨다
游击队埋伏在草丛里 유격대가 풀숲에 매복하다
他曾在敌人的要害部门埋伏多年
그는 적의 주요 부서에서 몇 년간 잠복한 적이 있다

游击队 yóujīduì 명 유격대
草丛 cǎocóng 명 풀숲, 풀덤불
要害 yàohài 명 요충지, 요지

6급 埋没 máimò 통 매몰되다 통 파묻다, 감추다, 가리다

통 매몰되다
古城被沙漠埋没了一千多年
고성이 사막에 천여 년 동안 매몰되어 있었다
통 파묻다, 감추다, 가리다
可不能埋没人家的功劳 다른 사람의 공로를 감추면 안 된다

5급 沙漠 shāmò 명 사막
6급 功劳 gōngláo 명 공로

6급 埋葬 máizàng 통 매장하다, 시체를 묻다 통 철저히 없애다, 제거하다, 일소하다

통 매장하다, 시체를 묻다
他父亲埋葬在公墓里 그의 아버지는 공동묘지에 묻혔다
통 철저히 없애다, 제거하다, 일소하다
埋葬一切小时候的记忆 어릴 적 기억을 모두 없애다

公墓 gōngmù 명 공동묘지

1급 买 mǎi 통 사다, 구매하다

통 사다, 구매하다 반의어 卖 mài [2급]
你去买啤酒吗? 顺便帮我买一瓶果汁吧
맥주 사러 가요? 가는 김에 주스 한 병 사다 주세요

4급 顺便 shùnbiàn 부 …하는 김에, 겸사겸사
4급 果汁 guǒzhī 명 과즙, 주스

6급 迈 mài 통 성큼성큼 걷다, 다리를 들어 앞으로 걷다 양 마일

통 성큼성큼 걷다, 다리를 들어 앞으로 걷다
向前迈出一步 앞을 향해 한 걸음을 내딛다
양 마일 (거리의 단위)
时速可达80迈 시속 80마일에 이르다

时速 shísù 명 시속

역순 어휘
豪迈 háomài

5급 麦克风 màikèfēng 명 마이크, 마이크로폰

명 마이크, 마이크로폰
麦克风的杂音太大 마이크 잡음이 너무 크다

杂音 záyīn 명 잡음

2급 卖 mài 통 팔다, 판매하다 통 돈을 벌다

통 팔다, 판매하다 반의어 买 mǎi [2급]
卖掉一套房子 집을 팔아 버리다
盒饭已经卖完了 도시락은 이미 다 팔렸다
통 (노동, 기술 등으로) 돈을 벌다
卖苦力 중노동으로 돈을 벌다

盒饭 héfàn 명 (판매용) 도시락
苦力 kǔlì 명 고된 육체 노동, 중노동

역순 어휘
出卖 chūmài   贩卖 fànmài

6급 脉搏 màibó 명 맥박

명 **맥박**
脉搏正常 맥박이 정상이다
把握时代的脉搏 시대의 맥박을 파악하다

5급 把握 bǎwò 통 쥐다, 파악하다, 장악하다

6급 埋怨 mányuàn 통 원망하다, 불평하다

통 **원망하다, 불평하다**
一遇到问题就开始互相埋怨
문제에 부딪히자 서로 불평하기 시작했다
他埋怨自己太粗心
그는 자신이 너무 덜렁댄 것을 원망했다

3급 遇到 yùdào 통 만나다, 마주치다
4급 粗心 cūxīn 형 부주의하다, 덜렁대다

5급 馒头 mántou 명 만두, 찐빵

명 **(소가 없는) 만두, 찐빵**
蒸馒头 만두를 찌다
吃馒头充饥 만두로 요기를 하다

蒸 zhēng 통 찌다
充饥 chōngjī 통 요기하다, 허기를 채우다

4급 满 mǎn 형 그득하다, 가득하다, 가득 차다 형 온, 모든, 전체의

형 **그득하다, 가득하다, 가득 차다**
抽屉里装满了塑料袋
서랍 안에 비닐봉지가 가득 들어 있다
他给我倒了满满的一杯茶
그는 나에게 차 한 잔을 가득 따라주었다
형 **온, 모든, 전체의**
满身是汗 온몸이 땀투성이다

5급 抽屉 chōuti 명 서랍
4급 塑料袋 sùliàodài 명 비닐봉지

역순 어휘
充满 chōngmǎn   丰满 fēngmǎn
美满 měimǎn   圆满 yuánmǎn
自满 zìmǎn

3급 满意 mǎnyì 통 만족하다

통 **만족하다**
终于找到满意的工作了
드디어 만족하는 직장을 찾았다
许多同学对自己的学习成绩不太满意
많은 학우들이 자신의 학습 성적에 그다지 만족하지 않는다

3급 终于 zhōngyú 부 드디어, 마침내, 결국
4급 许多 xǔduō 형 많다

5급 满足 mǎnzú 통 만족하다 통 만족시키다

통 **만족하다**
他们不满足现状
그들은 현재 상황에 만족하지 않는다
통 **만족시키다**
满足人们的好奇心 사람들의 호기심을 만족시키다
可以满足顾客的需求
고객의 요구를 만족시킬 수 있다

6급 现状 xiànzhuàng 명 현재 상황, 현 상태
好奇心 hàoqíxīn 명 호기심
6급 需求 xūqiú 명 수요, 요구, 필요

M

6급 蔓延 mànyán 동 만연하다, 널리 퍼지다, 널리 번지다

동 만연하다, 널리 퍼지다, 널리 번지다
大火迅速向四周蔓延 큰불이 사방으로 빠르게 퍼졌다

5급 迅速 xùnsù 형 매우 빠르다
四周 sìzhōu 명 사방, 주위

6급 漫长 màncháng 형 길다

형 (시간, 공간 등이) 길다
经过一个漫长的冬天之后，迎来了充满生机的
春天 기나긴 겨울을 보낸 후, 생기가 가득한 봄을 맞이했다

5급 充满 chōngmǎn 동 충만하다, 가득하다
6급 生机 shēngjī 명 생기, 생명력, 활기, 활력

6급 漫画 mànhuà 명 만화

명 만화
他从小很想成为漫画的男主角
그는 어릴 때부터 만화의 남자 주인공이 되고 싶었다

男主角 nánzhǔjué 명 남자 주인공

2급 慢 màn 형 느리다

형 느리다 반의어 快 kuài [2급]
这表慢5分钟 이 시계는 5분 느리다
刚开始我不适应，后来慢慢地就习惯了
처음에 나는 적응이 안 됐는데 나중에는 차츰 익숙해졌다

4급 适应 shìyìng 동 적응하다, 맞추다
역순 어휘
怠慢 dàimàn

6급 慢性 mànxìng 형 만성의, 느릿한

형 만성의, 느릿한
慢性肝炎 만성 간염
吸毒是慢性自杀 마약 복용은 자신을 서서히 죽이는 짓이다

肝炎 gānyán 명 간염
吸毒 xīdú 동 마약을 흡입하다

2급 忙 máng 형 바쁘다 동 서두르다, 서둘러 …을 하다

형 바쁘다
忙得没空回家 바빠서 집에 돌아갈 짬이 없다
你这么忙，有时间跟我聊天吗?
너 이렇게 바쁜데 나와 이야기 나눌 시간이 있니?
동 서두르다, 서둘러 …을 하다
一个人忙不过来 혼자서 바빠 어쩔 줄 모르다

3급 聊天 liáotiān 동 한담하다, 수다 떨다, 이야기를 나누다
역순 어휘
帮忙 bāngmáng   匆忙 cōngmáng
繁忙 fánmáng   急忙 jímáng
连忙 liánmáng

6급 忙碌 mánglù 형 바쁘다 동 서두르다, 분주하게 보내다

형 바쁘다
过着忙碌的一天 바쁜 하루를 보내다
最近非常忙碌，顾不上休息
요즘 너무 바빠 쉴 틈이 없다
동 서두르다, 분주하게 보내다
为这事忙碌了一整天 이 일을 위해 온종일 분주히 보냈다

顾不上 gùbushàng …할 겨를이 없다
整天 zhěngtiān 명 온종일, 하루 종일

6급 盲目 mángmù 🔣 맹목적이다

🔣 맹목적이다
不要盲目地进行投资
맹목적으로 투자를 하면 안 된다

5급 投资 tóuzī 🔣 투자하다

6급 茫茫 mángmáng 🔣 망망하다, 한없이 넓다, 아득하다

🔣 망망하다, 한없이 넓다, 아득하다
茫茫沧海 망망대해
走在茫茫的沙漠中
드넓은 사막 가운데를 걷다

沧海 cānghǎi 🔣 창해, 넓고 검푸른 바다
5급 沙漠 shāmò 🔣 사막

6급 茫然 mángrán 🔣 멍하다, 얼떨떨하다, 어찌할 바를 모르다 🔣 얼빠지다, 넋이 나가다

🔣 멍하다, 얼떨떨하다, 어찌할 바를 모르다
发生了交通事故，茫然不知所措
교통사고가 난 후 어쩔 줄 몰라 갈팡질팡하다

不知所措 bùzhī-suǒcuò
🔣 어떻게 해야 좋을지 모르다, 안절부절못하다

🔣 (실망해서) 얼빠지다/넋이 나가다
她茫然地看着我 그녀는 멀거니 나를 보고 있다

1급 猫 māo 🔣 고양이

🔣 고양이
他对猫毛过敏 그는 고양이 털에 알레르기가 있다
他不喜欢猫，也不喜欢狗
그는 고양이를 좋아하지 않고, 개도 좋아하지 않는다
一只可爱的猫躺在树下睡觉
귀여운 고양이가 한 마리가 나무 아래에 누워 잠을 자다

5급 过敏 guòmǐn 🔣 알레르기 반응을 보이다
4급 躺 tǎng 🔣 (몸을) 눕다/옆으로 눕히다
3급 树 shù 🔣 나무, 수목

역순 어휘
熊猫 xióngmāo

4급 毛 máo 🔣 털, 깃털 🔣 마오

🔣 털, 깃털
鸡毛 닭털 | 羊毛衫 울 스웨터
眉毛又粗又浓 눈썹이 굵고 짙다
🔣 마오 (중국 화폐 단위로 서면어에서는 角jiǎo로 씀)
两块五毛 2위안 5마오, 2.5위안
找他一毛钱 그에게 1마오를 거슬러 주다

粗 cū 🔣 두껍다, 굵다
5급 浓 nóng 🔣 (색깔이) 짙다
2급 找 zhǎo 🔣 돌려주다, 거슬러 주다

5급 毛病 máobìng 🔣 흠, 고장, 문제점, 폐단 🔣 결점, 나쁜 습관

🔣 (기물의) 흠/고장, (일의) 문제점/폐단
电视机出毛病了，图像不清
텔레비전이 고장 나서 화면이 선명하지 않다
🔣 (사람의) 결점/나쁜 습관
又抽烟又喝酒，毛病不少
담배도 피우고 술도 마시고 나쁜 습관이 적지 않다

图像 túxiàng 🔣 그림, 이미지, 스크린 화면
4급 抽烟 chōuyān 🔣 흡연하다, 담배를 피우다

M

4급 毛巾 máojīn 명 수건, 타월

명 수건, 타월
用毛巾擦脸 수건으로 얼굴을 닦다

4급 擦 cā 동 문지르다, 닦다, 훔치다

5급 矛盾 máodùn 명 모순, 갈등, 대립 동 모순되다, 대립하다 형 모순적이다, 고민스럽다

명 모순, 갈등, 대립
他和父亲的想法太不一样了，两人经常闹矛盾
그는 아버지와 생각이 많이 달라서 둘 사이에 종종 의견이 충돌한다

동 모순되다, 대립하다
发言前后自相矛盾 발언의 앞뒤가 모순되다

형 모순적이다, 고민스럽다
去还是不去，他心理很矛盾
갈지 안 갈지 그는 아주 고민스럽다

闹矛盾 nào máodùn 말썽을 일으키다,
　　의견이 충돌하다
自相矛盾 zìxiāng-máodùn
성 자기의 언행이 앞뒤가 맞지 않다,
　언행이 모순되다

6급 茂盛 màoshèng 형 무성하다, 우거지다 형 흥성하다, 번영하다

형 (식물이) 무성하다/우거지다
茂盛的庄稼 무성하게 자란 농작물

형 흥성하다, 번영하다
财源茂盛 재원이 흥성하다, 자금 원천이 풍부하다

6급 庄稼 zhuāngjia 명 농작물
财源 cáiyuán 명 재원

6급 冒充 màochōng 동 가장하다, 속이다

동 가장하다, 속이다
假货冒充正品 위조품을 정품이라고 속이다
抓住了冒充警察的骗子 경찰을 사칭한 사기꾼을 붙잡았다

假货 jiǎhuò 명 모조품, 위조품
骗子 piànzi 명 사기꾼, 협잡꾼

6급 冒犯 màofàn 동 상대방을 모욕하다, 실례를 범하다

동 상대방을 모욕하다, 실례를 범하다
他就自己的冒犯行为表示道歉
그는 자신의 무례한 행동에 대해 사과를 했다

4급 道歉 dàoqiàn 동 사과하다

5급 冒险 màoxiǎn 동 모험하다, 위험을 무릅쓰고 …을 하다 형 위험하다

동 (mào//xiǎn) 모험하다, 위험을 무릅쓰고 …을 하다
冒险抢救伤员 위험을 무릅쓰고 부상자를 구하다

형 (행동이) 위험하다
这样做太冒险了 이렇게 하면 너무 위험하다

6급 抢救 qiǎngjiù 동 긴급 구조하다,
　　응급 처치하다

5급 贸易 màoyì 명 무역

명 무역
对外贸易 대외 무역
跟中国进行贸易协商 중국과 무역 협상을 하다

对外 duìwài 동 외부와 관련되다,
　　외부와 관계를 맺다
6급 协商 xiéshāng 동 협상하다, 상의하다

3급 帽子 màozi 명 모자

명 모자
给孩子戴帽子 아이에게 모자를 씌우다

| 4급 戴 dài 통 착용하다, 쓰다

没 méi 통 없다 통 …않다 부 아직 …않다, 일찍이 …한 적이 없다

통 없다 (소유, 존재의 부정)
手里没钱 수중에 돈이 없다
街上没车 거리에 차가 없다
통 …않다 (수량, 비교 대상 등에 미치지 못함)
弟弟没哥哥高 동생은 형만큼 크지 않다
这间屋子没10平方米 이 방은 10평방미터가 안 된다
부 아직 …않다, 일찍이 …한 적이 없다
衣服没干 옷이 아직 마르지 않았다
我没看过他演的电影 나는 그가 연기한 영화를 본 적이 없다

间 jiān 양 칸 (방을 세는 단위)
5급 屋子 wūzi 명 방
平方米 píngfāngmǐ 양 평방미터, 제곱미터
演 yǎn 통 공연하다, 연기하다, 출연하다

○ 没 mò 참조

1급 没关系 méi guānxi 괜찮다, 상관없다, 문제없다

괜찮다, 상관없다, 문제없다
不明白没关系 이해 못해도 괜찮다
没关系，以后注意点儿 괜찮습니다. 앞으로 주의하세요

| 3급 注意 zhùyì 통 주의하다, 관심을 기울이다

M

1급 没有 méiyǒu 통 없다 통 …않다 부 아직 …않다, 일찍이 …한 적이 없다

통 없다 (소유, 존재의 부정)
没有车票 승차권이 없다 | 家里没有人 집에 사람이 없다
통 …않다 (수량, 비교 대상 등에 미치지 못함)
我没有哥哥那么胖
나는 형만큼 그렇게 뚱뚱하지 않다
去了没有一个星期，又回来了
간 지 일주일도 되지 않아 또 돌아왔다
부 아직 …않다, 일찍이 …한 적이 없다
从来没有这样开心过 이렇게 즐거운 적이 없었다

车票 chēpiào 명 차표, 승차권
3급 胖 pàng 형 살찌다, 뚱뚱하다
1급 星期 xīngqī 명 주(週), 주일
4급 开心 kāixīn 형 기분이 유쾌하다, 즐겁다

没辙 méi // zhé 통 방법이 없다, 도리가 없다

통 방법이 없다, 도리가 없다
事情到了这个地步，就没辙了
사태가 이 지경까지 되니 방법이 없다

| 6급 地步 dìbù 명 상태, 지경, 상황

6급 枚 méi 양 매, 개

양 매, 개 (작고 납작한 물건, 무기를 세는 단위)
扔一枚硬币 동전 한 개를 던지다
发射两枚导弹 유도 미사일 두 발을 발사하다

硬币 yìngbì 명 금속 화폐, 동전
6급 导弹 dǎodàn 명 유도탄, 유도 미사일

5급 眉毛 méimao 명 눈썹

명 눈썹
弯弯的眉毛就像月牙似的
휘어진 가는 눈썹이 마치 초승달과 같다

月牙 yuèyá 명 초승달

6급 媒介 méijiè 명 매개, 매체, 매개체

명 매개, 매체, 매개체
新闻媒介 매스컴, 매스 미디어
唾液飞沫是传播疾病的媒介
타액의 비말은 질병을 전파하는 매개체이다

唾液 tuòyè 명 침, 타액
飞沫 fēimò 명 비말, 공기 중의 침
5급 传播 chuánbō 동 전파하다, 널리 전하다

5급 媒体 méitǐ 명 매체, 미디어

명 매체, 미디어
这一事件经新闻媒体报道后，引起了广泛关注
이 사건은 언론 매체를 통해 보도된 후 폭넓은 관심을 끌었다

5급 广泛 guǎngfàn 형 광범위하다, 폭넓다
关注 guānzhù 동 중시하다, 특별한 관심을 기울이다

5급 煤炭 méitàn 명 석탄

명 석탄
开采煤炭 석탄을 캐다
减少煤炭、石油等能源消耗
석탄, 석유 등의 에너지 소비를 줄이다

6급 开采 kāicǎi 동 채굴하다
6급 消耗 xiāohào 동 소모하다, 소비하다

2급 每 měi 대 매, 각, …마다 부 …마다, …할 때면 언제나, 늘, 항상

대 매, 각, …마다
每两周开一次会
2주마다 회의를 한 번 하다
导游给每位游客发了一张电子导游图
여행 가이드는 각 여행객에게 전자 안내 지도를 전송했다

부 …마다, …할 때면 언제나, 늘, 항상
每到暑假，他都回老家
그는 여름 휴가 때면 항상 고향 집에 간다

4급 导游 dǎoyóu 명 여행 가이드, 관광 안내원
游客 yóukè 명 관광객, 여행객
老家 lǎojiā 명 고향 집

6급 美观 měiguān 형 보기 좋다, 아름답다

형 (사물이) 보기 좋다, (장식, 외관 등이) 아름답다
办公室不大，但布置得很美观
사무실은 크지 않지만 아주 보기 좋게 꾸몄다

6급 布置 bùzhì 동 배치하다, 꾸미다, 안배하다

4급 美丽 měilì 형 아름답다, 매력적이다

형 아름답다, 매력적이다 (사람, 사물에 모두 쓰임)
美丽的季节 아름다운 계절
她既聪明又美丽 그녀는 총명하고 매력적이다

3급 季节 jìjié 명 계절, 철
既 jì 연 …하고, …하고도, …할 뿐만 아니라

6급 美满 měimǎn 형 아름답고 원만하다

형 아름답고 원만하다
生活幸福美满，令人羡慕
삶이 행복하고 원만하여 사람들이 부러워하다

4급 羡慕 xiànmù 동 부러워하다

6급 美妙 měimiào 형 아름답다, 화려하다, 절묘하다

형 아름답다, 화려하다, 절묘하다
这首歌曲很美妙 이 노래는 매우 아름답다
美妙无比的田园风光
더할 나위 없이 아름다운 전원 풍경

歌曲 gēqǔ 명 노래, 가곡
6급 无比 wúbǐ 형 비할 데 없는, 더할 나위 없는

5급 美术 měishù 명 미술, 회화, 그림

명 미술, 회화, 그림
全国美术作品展在国立美术馆开幕
전국 미술 작품전이 국립 미술관에서 개막하다

开幕 kāimù 동 (공연, 행사 등이) 개막하다

2급 妹妹 mèimei 명 여동생

명 여동생
他的妹妹很会弹钢琴
그의 여동생은 피아노를 잘 친다

4급 弹钢琴 tán gāngqín 피아노를 연주하다

5급 魅力 mèilì 명 매력

명 매력
感受京剧的艺术魅力
경극의 예술적 매력을 느끼다
大笑的样子很有魅力
크게 웃는 모습이 아주 매력 있다

5급 感受 gǎnshòu 동 느끼다, 받다
4급 艺术 yìshù 명 예술

M

2급 门 mén 명 문, 출입구 양 과목, 분과, 분야

명 문, 출입구
冰箱的门坏了 냉장고 문이 고장 났다
양 과목, 분과, 분야 (강의, 학문, 기술 등의 항목을 세는 단위)
掌握一门新技术 신기술 하나를 터득하다
三门功课的平均成绩是93分
세 과목 평균 성적은 93점이다

5급 掌握 zhǎngwò 동 장악하다, 파악하다
功课 gōngkè 명 학과목, 교과 과정

역순 어휘
部门 bùmén   窍门 qiàomén
热门 rèmén   专门 zhuānmén

门诊 ménzhěn 동 진찰하다, 외래 진료를 하다 명 진료, 진찰

동 진찰하다, 외래 진료를 하다
门诊病人 환자를 진찰하다
명 진료, 진찰
烧伤门诊 화상 진료

烧伤 shāoshāng 동 화상을 입다

蒙 méng 동 덮다, 가리다 형 사리에 어둡다, 교양이 없다

동 덮다, 가리다
用布蒙着眼睛 천으로 눈을 가리다
蒙上被子发汗 이불을 덮어 땀을 내다
형 사리에 어둡다, 교양이 없다
启蒙教育 계몽 교육
蒙昧无知 무지몽매하다

5급 **被子** bèizi 명 이불
6급 **启蒙** qǐméng 동 계몽하다, 기초 지식을 가르치다

역순 어휘
启蒙 qǐméng

6급 萌芽 méngyá 동 발아하다 동 발생하다, 시작하다 명 새싹, 맹아, 갓 출현한 사물

동 (méng//yá) (식물이) 발아하다
小麦开始萌芽了
밀이 싹이 트기 시작했다
동 (méng//yá) 발생하다, 시작하다
从两三岁起，孩子的自我意识就开始萌芽
두세 살부터 아이의 자의식이 싹트기 시작한다
명 새싹, 맹아, 갓 출현한 사물
古代神话是浪漫主义文学的萌芽
고대 신화는 낭만주의 문학의 맹아이다

5급 **小麦** xiǎomài 명 밀
自我意识 ziwǒ yìshí 자의식
5급 **神话** shénhuà 명 신화
4급 **浪漫** làngmàn 형 낭만적이다, 로맨틱하다

6급 猛烈 měngliè 형 맹렬하다, 거세다

형 (기세가) 맹렬하다/거세다
大雨猛烈地敲打着屋顶
폭우가 거세게 지붕을 때린다
比赛一开始，两队就展开了猛烈的攻击
경기가 시작되자마자 두 팀은 맹렬한 공격을 펼쳤다

屋顶 wūdǐng 명 옥상, 지붕
5급 **展开** zhǎnkāi 동 펼치다, 전개하다
6급 **攻击** gōngjī 동 공격하다, 진격하다

4급 梦 mèng 명 꿈 동 꿈꾸다

명 꿈
人为什么会做梦？
사람은 왜 꿈을 꾸는가?
동 꿈꾸다
如果你梦到被狗咬的话，这不是一个好的预兆
만약 당신이 개에게 물리는 꿈을 꿨다면 이는 좋은 조짐이 아니다

5급 **咬** yǎo 동 깨물다, 물다
6급 **预兆** yùzhào 명 징조, 조짐

5급 梦想 mèngxiǎng 동 갈망하다, 절실히 바라다 명 꿈, 염원, 이상

동 갈망하다, 절실히 바라다
他从小就梦想成为音乐家
그는 어려서부터 음악가가 되기를 갈망했다
명 꿈, 염원, 이상
对于未来充满了美好的梦想和希望
미래에 대해 아름다운 꿈과 희망으로 가득했다
祝贺他梦想成真 그가 꿈을 이룬 것을 축하하다

4급 **成为** chéngwéi 동 …이 되다
5급 **充满** chōngmǎn 동 충만하다, 가득하다
4급 **祝贺** zhùhè 동 축하하다, 경축하다

6급 眯 mī 图 실눈을 뜨다, 눈을 가늘게 뜨다 图 잠깐 졸다

图 실눈을 뜨다, 눈을 가늘게 뜨다
眯着眼笑 실눈을 뜨고 웃다
眼睛眯成一条缝 눈을 실금처럼 가늘게 뜨다

图 잠깐 졸다
在沙发上眯了一会儿 소파에서 잠깐 졸았다

缝 fèng 圈 틈, 틈새, 갈라진 자리
4급 **沙发** shāfā 圈 소파

6급 弥补 míbǔ 图 보상하다, 보충하다, 메우다

图 보상하다, 보충하다, 메우다
弥补赤字 적자를 메우다
弥补不足 부족한 점을 보충하다

6급 **赤字** chìzì 圈 적자
5급 **不足** bùzú 圈 부족하다, 불충분하다

6급 弥漫 mímàn 图 자욱하다, 가득하다

图 (안개, 연기, 먼지, 냄새 등이) 자욱하다/가득하다
空气中弥漫着烟草味儿
공기 중에 담배 냄새가 가득하다

高山上一年四季常常云雾弥漫
높은 산 위는 일 년 내내 항상 구름과 안개가 자욱하다

烟草 yāncǎo 圈 연초, 담배
云雾 yúnwù 圈 운무, 구름과 안개

6급 迷惑 míhuò 图 혼란스럽다, 어리둥절하다 图 미혹되다, 현혹되다

图 혼란스럽다, 어리둥절하다
我有点迷惑不解地问："你说这话是什么意思？"
나는 약간 어리둥절하며 물었다. "네가 한 말은 무슨 뜻이야?"

图 미혹되다, 현혹되다
大家不要被假象所迷惑了 모두 허상에 미혹되면 안 된다

不解 bùjiě 圈 이해하지 못하다, 알지 못하다
假象 jiǎxiàng 圈 가상, 허상, 허구적인 현상

4급 迷路 mí//lù 图 길을 잃다

图 길을 잃다
在山里迷了路 산에서 길을 잃었다
帮助一个迷路的小孩儿找到家人
길을 잃은 아이가 가족을 찾을 수 있도록 돕다

小孩儿 xiǎoháir 圈 아이, 아동

6급 迷人 mírén 图 매혹적이다 图 홀리다, 사로잡다

图 매혹적이다
沉醉在这片迷人的景色中 매혹적인 경치에 심취하다

图 홀리다, 사로잡다

沉醉 chénzuì 图 (상황에) 빠져들다/
심취하다

迷失 míshī 图 잃다, 헤매다

图 (방향, 길 등을) 잃다/헤매다
在森林里迷失了方向 숲속에서 방향을 잃었다

4급 **森林** sēnlín 圈 삼림, 산림, 숲

6급 迷信 míxìn 동 미신을 믿다, 맹목적으로 믿고 숭배하다 명 미신

동 미신을 믿다, 맹목적으로 믿고 숭배하다
迷信鬼神 귀신을 믿다
我们要尊重权威，但不能迷信权威
권위를 존중하되 권위를 맹신하면 안 된다

명 미신
破除迷信，崇尚科学 미신을 타파하고 과학을 숭상하다

鬼神 guǐshén 명 귀신
6급 权威 quánwēi 명 권위, 권위자
破除 pòchú 동 (신봉했던 사물을) 타파하다
崇尚 chóngshàng 동 숭상하다, 숭배하다

6급 谜语 míyǔ 명 수수께끼

명 수수께끼
爸爸给我出了一个不容易猜的谜语
아빠가 나에게 맞추기 어려운 수수께끼 하나를 냈다

4급 猜 cāi 동 짐작하다, 추측하다, 알아맞히다

3급 米 mǐ 명 쌀 양 미터

명 쌀
南方人爱吃米，北方人爱吃面
남방 사람은 쌀을 즐겨 먹고 북방 사람은 면을 즐겨 먹는다

양 미터 (길이의 단위)
他身高一米八二 그는 키가 1미터 82센티미터이다

身高 shēngāo 명 신장, 키

역순 어휘
毫米 háomǐ   厘米 límǐ   玉米 yùmǐ

1급 米饭 mǐfàn 명 쌀밥

명 쌀밥
昨天晚上我吃了两碗米饭
어제저녁 나는 밥을 두 공기 먹었다

3급 碗 wǎn 양 그릇, 공기, 사발

5급 秘密 mìmì 형 비밀의, 비밀스러운, 기밀의 명 비밀

형 비밀의, 비밀스러운, 기밀의 반의어 公开 gōngkāi [5급]
秘密会议 비밀 회의
事情秘密进行 일이 비밀리에 진행되다
명 비밀
绝对不能泄露秘密 절대 비밀을 누설하면 안 된다

6급 泄露 xièlòu 동 누설하다, 폭로하다

5급 秘书 mìshū 명 비서

명 비서
担任董事长秘书工作 회장 비서 업무를 담당하다

5급 担任 dānrèn 동 맡다, 담당하다
6급 董事长 dǒngshìzhǎng 명 이사장, 회장

6급 密度 mìdù 명 밀도

명 밀도
人口密度 인구 밀도
水的密度比空气大 물의 밀도는 공기보다 크다

5급 人口 rénkǒu 명 인구

6급 密封 mìfēng 동 밀봉하다, 밀폐하다

동 밀봉하다, 밀폐하다
打开**密封**玻璃瓶
밀폐된 유리병을 열다

打开 dǎkāi 동 (포장, 묶음, 밀폐된 것을) 열다

4급 密码 mìmǎ 명 암호, 비밀번호, 패스워드

명 암호, 비밀번호, 패스워드
设置信用卡**密码**
신용 카드 비밀번호를 설정하다
请重新输入您的用户名和**密码**
아이디와 패스워드를 다시 입력해 주세요

6급 设置 shèzhì 동 설치하다, 설정하다
4급 重新 chóngxīn 튄 다시, 새로이
5급 输入 shūrù 동 입력하다
用户名 yònghùmíng 명 사용자 이름, 아이디(ID)

5급 密切 mìqiè 형 밀접하다, 긴밀하다, 친하다 동 밀접하게 하다

형 밀접하다, 긴밀하다, 친하다
你别跟这样的人交往太**密切**了
너 이런 사람이랑 너무 친하게 지내지 마

동 (관계를) 밀접하게 하다
进一步**密切**两国间的文化学术交流
양국 사이의 문화 학술 교류를 더욱 밀접하게 하다

5급 交往 jiāowǎng 동 왕래하다, 사귀다
进一步 jìnyíbù 튄 한 걸음 더 나아가
5급 学术 xuéshù 명 학술

5급 蜜蜂 mìfēng 명 꿀벌

명 꿀벌
我们吃的蜂蜜都是**蜜蜂**勤劳采蜜的功劳
우리가 먹는 벌꿀은 꿀벌이 부지런히 꿀을 모은 공로이다

蜂蜜 fēngmì 명 벌꿀
采蜜 cǎimì 동 꿀을 따다

6급 棉花 miánhua 명 목화, 목화솜

명 목화, 목화솜
采摘**棉花** 목화솜을 따다
欧洲的气候不适宜种植**棉花**
유럽의 기후는 목화 재배에 적합하지 않다

采摘 cǎizhāi 동 따다, 뽑다, 뜯다
6급 适宜 shìyí 형 적합하다, 적절하다
6급 种植 zhòngzhí 동 재배하다, 심다

6급 免得 miǎnde 연 …을 면하기 위해, …하지 않도록

연 …을 면하기 위해, …하지 않도록
不要告诉父母这件事，**免得**他们担心
부모님이 걱정하지 않게 이 일을 말씀 드리지 마라

3급 担心 dānxīn 동 걱정하다, 염려하다

4급 免费 miǎn//fèi 동 돈을 받지 않다, 무료로 하다

동 돈을 받지 않다, 무료로 하다
心理咨询中心开通了**免费**咨询热线
심리 상담 센터에서 무료 상담 직통 전화를 개통했다

5급 咨询 zīxún 동 자문하다, 상의하다, 상담하다
开通 kāitōng 동 개통하다, 열다
热线 rèxiàn 명 핫라인, 직통 전화

M

6급 免疫 miǎnyì 图 면역이 되다

图 면역이 되다
手术可能会导致癌症患者的**免疫**功能下降
수술은 암 환자의 면역 기능을 더 떨어뜨릴 수 있다

|5급| 功能 gōngnéng 圐 기능, 효능
下降 xiàjiàng 图 하락하다, 떨어지다, 줄다

6급 勉励 miǎnlì 图 권면하다, 면려하다, 격려하다

图 권면하다, 면려하다, 격려하다
老板演讲时**勉励**员工勇敢追求梦想
사장은 연설할 때 직원들에게 용감히 꿈을 추구하라고 격려했다

|5급| 演讲 yǎnjiǎng 图 강연하다, 연설하다

6급 勉强 miǎnqiǎng 圐 마지못하다, 가까스로 견디다 图 강요하다
圐 억지스럽다 圐 간신히 …하다

圐 마지못하다, 가까스로 견디다
失业一个月，储蓄**勉强**能支撑半年 실직한 지 한 달
째인데, 저축으로 반 년 정도 가까스로 버틸 수 있을 것 같다

图 강요하다
你不同意我就不**勉强**了
네가 동의하지 않는다면 강요하지 않겠다

圐 억지스럽다
这样解释很**勉强** 이렇게 설명하는 것은 억지스럽다

圐 간신히 …하다
材料**勉强**够用 재료는 간신히 쓸 만하다

|6급| 储蓄 chǔxù 图 저축
|6급| 支撑 zhīchēng 图 유지하다, 견디다
|3급| 同意 tóngyì 图 동의하다, 찬성하다, 허락하다
|4급| 材料 cáiliào 圐 재료, 자재, 원료
|4급| 够 gòu 圐 충분하다

3급 面包 miànbāo 圐 빵

圐 빵
面包抹上草莓酱吃，味道不错
빵에 딸기잼을 발라서 먹으면 맛이 좋다

草莓酱 cǎoméijiàng 圐 딸기잼
|4급| 味道 wèidào 圐 맛

5급 面对 miànduì 图 마주하다, 직면하다

图 마주하다, 직면하다
面对困境，我们不应该逃避
어려움에 직면할 때 우리는 도망쳐서는 안 된다

困境 kùnjìng 圐 곤경, 어려운 상황
|5급| 逃避 táobì 图 도피하다, 피하다

5급 面积 miànjī 圐 면적

圐 면적
我国荒漠化土地占国土面积的四分之一
우리 나라의 사막화 토지는 국토 면적의 사분의 일을 차지한다

荒漠化 huāngmòhuà 图 사막화되다
|5급| 占 zhàn 图 차지하다

5급 面临 miànlín 图 직면하다, 당면하다

图 직면하다, 당면하다
我们面临着严峻的考验
우리는 엄중한 시험에 직면해 있다

|6급| 严峻 yánjùn 圐 (상황이) 엄중하다
|6급| 考验 kǎoyàn 图 시험하다, 검증하다

6급 面貌 miànmào 몡 용모, 생김새 몡 면모, 모습

몡 **용모, 생김새**
她长相清纯，**面貌**清秀
그녀는 생김새가 청순하고 용모가 아름답다

몡 **면모, 모습**
推进整治工作以后，村庄**面貌**焕然一新
정비 사업을 추진한 이후 마을의 모습이 완전히 새롭게 변했다

长相 zhǎngxiàng 몡 생김새, 용모
整治 zhěngzhì 동 정리하다, 정비하다
焕然一新 huànrán-yīxīn
성 완전히 새로운 면모를 보이다

2급 面条 miàntiáo 몡 국수

몡 **국수**
请客人吃一碗**面条**
손님에게 국수 한 그릇을 대접하다

3급 碗 wǎn 몡 사발, 공기

6급 面子 miànzi 몡 낯, 체면, 면목

몡 **낯, 체면, 면목**
越没本事，越爱**面子**
능력이 없으면 없을수록 체면을 더 중시한다

请给我留点**面子**吧!
내 체면 좀 살려 줘!

6급 本事 běnshi 몡 솜씨, 능력
留面子 liú miànzi 체면을 세워 주다

M

5급 苗条 miáotiao 톙 날씬하다, 호리호리하다

톙 **날씬하다, 호리호리하다**
坚持健身多年，保持**苗条**的身材
다년 간 꾸준히 운동을 해서 날씬한 몸매를 유지하다

5급 健身 jiànshēn 동 신체를 단련하다
5급 身材 shēncái 몡 몸매, 체격

6급 描绘 miáohuì 동 묘사하다, 생생하게 그리다, 구체적으로 기술하다

동 **묘사하다, 생생하게 그리다, 구체적으로 기술하다**
这部作品生动形象地**描绘**出了作者看到的场景
이 작품은 작가가 본 장면을 생생하게 묘사해 냈다

5급 生动 shēngdòng 톙 생동하다, 생생하다
5급 形象 xíngxiàng 톙 생동하다, 생생하다

5급 描写 miáoxiě 동 묘사하다

동 **(말, 글 등으로) 묘사하다**
把人物外形的特征**描写**出来
인물 외형의 특징을 묘사해 내다

5급 特征 tèzhēng 몡 특징

6급 瞄准 miáo//zhǔn 동 겨누다, 겨냥하다, 조준하다 동 초점을 두다, 겨냥하다

동 **겨누다, 겨냥하다, 조준하다**
瞄准敌人的阵地 적의 진지를 겨냥하다

동 **초점을 두다, 겨냥하다**
瞄准市场，开发新产品
시장을 겨냥하여 신제품을 개발하다

6급 阵地 zhèndì 몡 진지, 진영
5급 开发 kāifā 동 개발하다, 개간하다

4급 秒 miǎo 양 초

양 초 (시간의 단위)
我们要珍惜生命的每一分每一秒
우리는 살아 있는 1분 1초를 소중히 여겨야 한다

5급 珍惜 zhēnxī 동 아끼다, 소중히 여기다

6급 渺小 miǎoxiǎo 형 매우 작다, 미미하다, 보잘것없다

형 매우 작다, 미미하다, 보잘것없다
在大自然中，个人是多么渺小！
대자연 속에서 개인은 얼마나 미미한가!

大自然 dàzìrán 명 대자연, 자연계
3급 多么 duōme 부 얼마나, 아무리

6급 藐视 miǎoshì 동 얕보다, 무시하다

동 얕보다, 무시하다
不要因为别人藐视你而瞧不起自己
남들이 너를 얕본다고 해서 자신을 경멸하지 마

瞧不起 qiáobuqǐ 동 얕보다, 경멸하다, 업신여기다

6급 灭亡 mièwáng 동 멸망하다, 멸망시키다

동 멸망하다, 멸망시키다
封建制度早已灭亡 봉건 제도는 이미 없어졌다
敌人永远不能使我们灭亡
적은 영원히 우리를 멸망시킬 수 없다

6급 封建 fēngjiàn 명 봉건 제도, 봉건 사회
早已 zǎoyǐ 부 일찌감치, 이미

6급 蔑视 mièshì 동 멸시하다, 무시하다, 얕보다

동 멸시하다, 무시하다, 얕보다
两人用蔑视的眼神看我
두 사람은 멸시하는 눈빛으로 나를 봤다

6급 眼神 yǎnshén 명 눈빛, 눈길

6급 民间 mínjiān 명 민간

명 민간
这些谚语故事能反映出民间的智慧
이런 속담 이야기는 민간의 지혜를 반영한다

谚语 yànyǔ 명 속담, 속어
5급 反映 fǎnyìng 동 반영하다
5급 智慧 zhìhuì 명 지혜

民用 mínyòng 형 민용의, 민간의

형 민용의, 민간의
民用航空器 민용 항공기 | 民用建筑 민간 건축

航空器 hángkōngqì 명 항공기, 비행기구

6급 民主 mínzhǔ 명 민주 형 민주적인, 민주의

명 민주
형 민주적인, 민주의
同学们通过民主投票竞选班级干部
학우들은 민주 투표를 통해 학급 임원 경선에 나섰다

6급 投票 tóupiào 동 투표하다
6급 竞选 jìngxuǎn 동 경선에 나서다, 선거 운동을 하다

4급 民族 mínzú 명 민족

명 민족
游牧民族 유목 민족
多民族国家 다민족 국가

游牧 yóumù 통 유목하다

5급 敏感 mǐngǎn 형 민감하다, 예민하다

형 민감하다, 예민하다
他们追求时尚，对新鲜事物敏感
그들은 유행을 추구하고, 새로운 사물에 대해 민감하다
在记者会上他对一些敏感问题进行了回应
기자 회견에서 그는 일부 민감한 문제에 대해 대답했다

5급 时尚 shíshàng 명 유행
回应 huíyìng 통 대답하다, 응답하다

6급 敏捷 mǐnjié 형 민첩하다, 영민하다

형 (생각, 동작 등이) 민첩하다/영민하다
他才思敏捷，写下无数名篇佳句
그는 재사가 넘쳐서 많은 걸작과 아름다운 글을 썼다
老人家70岁仍动作敏捷，不输年轻人
어르신은 70세에도 여전히 동작이 민첩하셔서 젊은이 못지않다

才思 cáisī 명 재사, 재기와 구상, 상상력
老人家 lǎorénjia 명 어른, 어르신

M

6급 敏锐 mǐnruì 형 재빠르다, 예리하다, 예민하다

형 (생각, 눈빛 등이) 재빠르다/예리하다/예민하다
企业家需要敏锐的应变能力
기업가는 재빠른 대처 능력을 필요로 한다

应变 yìngbiàn 통 대응하다, 대처하다, 응변하다

6급 名次 míngcì 명 석차, 서열, 순위, 등수

명 석차, 서열, 순위, 등수
他在数学竞赛中拿到了一个好名次
그는 수학 경연에서 좋은 등수를 차지했다

6급 竞赛 jìngsài 통 시합하다, 경쟁하다

6급 名额 míng'é 명 정원, 규정, 인원, 티오

명 정원, 규정, 인원, 티오(TO)
每年招生名额有限
매년 신입생 모집 정원에 제한이 있다
我区有两个代表名额
우리 지역 대표자 정원은 두 명이다

招生 zhāoshēng 통 신입생을 모집하다
5급 代表 dàibiǎo 명 대표, 대표자

6급 名副其实 míngfùqíshí 성 명실상부하다, 명성과 실제가 부합되다

성 명실상부하다, 명성과 실제가 부합되다
她就是名副其实的新时代接班人
그녀가 바로 명실상부한 새로운 시대의 후계자이다

接班人 jiēbānrén 명 후계자, 계승자, 후임자

5급 名牌 míngpái · 몡 유명 상표, 유명 브랜드, 명품 · 몡 유명한 사람이나 단체

몡 유명 상표, 유명 브랜드, 명품
她购买了**名牌**包，鉴定的结果是假的
그녀는 명품 백을 구매했는데, 감정 결과 가짜였다

몡 유명한 사람이나 단체
考上**名牌**大学 명문 대학에 합격하다

购买 gòumǎi 통 사다, 구매하다
6급 鉴定 jiàndìng 통 감정하다, 평가하다

5급 名片 míngpiàn · 몡 명함

몡 명함
我给您留下我的**名片** 당신에게 제 명함을 남기겠습니다

5급 名胜古迹 míngshèng gǔjì · 명승고적, 유명한 경치와 역사적인 유적

명승고적, 유명한 경치와 역사적인 유적
泰山有数不清的**名胜古迹**
타이산에는 셀 수 없이 많은 명승고적이 있다

泰山 Tàishān 몡 타이산, 태산, 산둥성(山东省)에 있는 산
数不清 shǔbuqīng 셀 수 없을 정도로 많다

6급 名誉 míngyù · 몡 명예, 명성, 평판 · 혱 명예의, 명예로운

몡 명예, 명성, 평판
我不要钱，只要求道歉、恢复**名誉**
나는 돈을 원하는 것이 아니라 사과와 명예 회복만 요구한다

혱 명예의, 명예로운
诚邀他担任媒体协会**名誉**会长
그에게 언론 협회 명예 회장을 맡아 주길 간곡히 요청하다

4급 道歉 dàoqiàn 통 사과하다
5급 恢复 huīfù 통 회복하다, 회복되다
诚邀 chéngyāo 통 간곡하게 요청하다

1급 名字 míngzi · 몡 이름, 성명, 명칭

몡 이름, 성명, 명칭
爷爷给孙女取**名字** 할아버지가 손녀에게 이름을 지어 주다
这条河的**名字**叫子牙河 이 강의 이름은 쯔야허이다

4급 取 qǔ 통 고르다, 선발하다
1급 叫 jiào 통 …이라고 부르다

3급 明白 míngbai · 혱 명백하다, 분명하다, 명확하다 · 통 잘 알다, 이해하다

혱 명백하다, 분명하다, 명확하다
他已经**明白**表示不去旅游了
그는 여행을 가지 않겠다고 이미 명확하게 밝혔다

통 잘 알다, 이해하다
他说的话你**明白**了吗? 그가 하는 말을 너는 이해했니?

2급 已经 yǐjing 円 이미, 벌써
4급 表示 biǎoshì 통 표시하다, 나타내다
2급 旅游 lǚyóu 통 여행하다, 관광하다

6급 明明 míngmíng · 円 분명히, 명백히

円 분명히, 명백히
他**明明**看见我了却没跟我打招呼
그는 분명히 나를 보고도 나와 인사하지 않았다

4급 打招呼 dǎ zhāohu 친근함을 표하다, 인사하다

5급 明确 míngquè 형 명확하다, 분명하다 동 명확히 하다, 분명히 하다

형 **명확하다, 분명하다**
这些内容在合同上写得很**明确**
이 내용들은 계약서에 명확하게 쓰여 있다

동 **명확히 하다, 분명히 하다**
两家公司协议中**明确**了合作的方向
두 회사는 협의에서 협력의 방향을 명확히 했다

5급 合同 hétong 명 계약, 약정
6급 协议 xiéyì 명 협의, 합의

1급 明天 míngtiān 명 내일

명 **내일**
蔬菜已经卖完了，你们**明天**再来吧
채소는 이미 다 팔렸으니 너희는 내일 다시 와라

5급 蔬菜 shūcài 명 채소, 야채, 푸성귀

5급 明显 míngxiǎn 형 분명하게 드러나다, 뚜렷하다, 분명하다

형 **분명하게 드러나다, 뚜렷하다, 분명하다**
与去年相比并没有**明显**进步
작년과 비교하면 눈에 띄는 발전은 없다

我们队在过去联赛中保持不败，优势**明显**
우리는 과거 리그전에서 무패 행진을 했으니, 우세가 분명하다

相比 xiāngbǐ 동 비교하다, 대조하다
5급 进步 jìnbù 명 진보, 발전
联赛 liánsài 명 리그전, 연맹전
5급 优势 yōushì 명 우세, 우위, 유리한 형세

M

明信片 míngxìnpiàn 명 우편엽서

명 **우편엽서**
爸爸到了上海给我寄来了**明信片**
아빠는 상하이에 도착한 후 나에게 우편엽서를 보냈다

4급 寄 jì 동 부치다, 보내다

5급 明星 míngxīng 명 스타, 인기인, 유명 기업

명 **스타, 인기인, 유명 기업**
她是著名的电影**明星**
그녀는 유명한 영화 스타이다

4급 著名 zhùmíng 형 저명하다, 유명하다

6급 明智 míngzhì 형 현명하다, 슬기롭다

형 **현명하다, 슬기롭다**
加强经贸合作是**明智**的决策
경제 무역 협력을 강화하는 것은 현명한 방침이다

经贸 jīngmào 명 경제 무역
6급 决策 juécè 명 방침, 책략

5급 命令 mìnglìng 동 명령하다 명 명령

동 **명령하다**
命令三团黎明前进入阵地
3연대에게 새벽 전에 진지로 진입하라고 명령하다

명 **명령**
服从**命令** 명령에 복종하다

6급 黎明 límíng 명 여명, 동틀 무렵
6급 服从 fúcóng 동 따르다, 복종하다, 순종하다

6급 命名 mìng // míng 图 명명하다, 이름을 짓다

图 명명하다, 이름을 짓다
以革命烈士的名字命名的公园
혁명 열사의 이름을 붙인 공원

6급 革命 gémìng 图 혁명
烈士 lièshì 图 열사

5급 命运 mìngyùn 图 운명

图 운명
人要掌握自己的命运
사람은 자신의 운명을 장악해야 한다

5급 掌握 zhǎngwò 图 장악하다, 파악하다

5급 摸 mō 图 만지다, 쓰다듬다 图 뒤져내다, 훔치다

图 만지다, 쓰다듬다
用手摸了摸自己的耳朵 손으로 자기 귀를 만지작거렸다
图 (손으로) 뒤져내다/훔치다
从口袋里摸出一张票 주머니에서 표 한 장을 뒤져서 꺼내다

口袋 kǒudai 图 주머니, 호주머니

역순 어휘
抚摸 fǔmō

6급 摸索 mōsuǒ 图 찾다, 모색하다, 탐색하다

图 찾다, 모색하다, 탐색하다
公司摸索出了一套全新循环经济模式
회사는 완전히 새로운 순환 경제 모델을 찾아냈다

全新 quánxīn 图 완전히 새롭다, 참신하다
6급 循环 xúnhuán 图 순환하다

6급 模范 mófàn 图 모범, 본보기 图 모범이 되는, 본보기가 되는

图 모범, 본보기
他荣获全国劳动模范的荣誉称号
그는 영예롭게도 전국 모범 노동자라는 명예 칭호를 얻었다
图 모범이 되는, 본보기가 되는
联欢会上，20个模范家庭受到了表彰
친목회에서 20개의 모범 가정이 표창을 받았다

6급 荣誉 róngyù 图 영예의, 명예의
6급 表彰 biǎozhāng 图 표창하다

5급 模仿 mófǎng 图 모방하다, 본받다, 흉내 내다

图 모방하다, 본받다, 흉내 내다
她以模仿明星唱歌而闻名
그녀는 스타들을 흉내 내서 노래하는 것으로 유명해졌다

闻名 wénmíng 图 명성이 있다, 이름이 나다

5급 模糊 móhu 图 모호하다, 흐릿하다, 어렴풋하다 图 흐리게 하다, 불분명하게 하다

图 모호하다, 흐릿하다, 어렴풋하다
我记忆中的家乡已经开始模糊不清
내 기억 속의 고향은 이미 흐릿해지기 시작했다
图 흐리게 하다, 불분명하게 하다
泪水模糊了他的视线
눈물로 그의 시선은 흐려졌다

5급 记忆 jìyì 图 기억
6급 视线 shìxiàn 图 시선

6급 模式 móshì 명 모식, 양식, 패턴, 유형

명 모식, 양식, 패턴, 유형
开发市场没有一个固定的**模式**
시장 개발은 고정 패턴이 없다

5급	固定 gùdìng 형 고정된, 변하지 않는

5급 模特 mótè 명 모델

명 모델
她担任服装品牌的广告**模特**
그녀는 의류 브랜드의 광고 모델을 맡았다

5급	服装 fúzhuāng 명 복장, 의상
	品牌 pǐnpái 명 상표, 브랜드

6급 模型 móxíng 명 모형

명 모형
用垃圾做火箭**模型**
쓰레기로 로켓 모형을 만들다
进行地质力学**模型**试验
지질 역학 모형 실험을 하다

6급	火箭 huǒjiàn 명 로켓
6급	地质 dìzhì 명 지질
6급	试验 shìyàn 동 실험하다, 시험하다

6급 膜 mó 명 막

명 막
细胞**膜** 세포막 | 面**膜** 마스크 팩

6급	细胞 xìbāo 명 세포

6급 摩擦 mócā 동 마찰하다 명 마찰, 불화, 갈등

동 마찰하다
把两个物体在一起**摩擦**会产生静电或**摩擦**电
두 물체를 함께 마찰하면 정전기나 마찰 전기가 생긴다

명 마찰, 불화, 갈등
双方贸易**摩擦**有走向缓和的迹象
쌍방의 무역 갈등이 완화되어 가는 조짐이 보인다

	静电 jìngdiàn 명 정전기
6급	缓和 huǎnhé 동 완화시키다, 완화되다
6급	迹象 jìxiàng 명 현상, 조짐

5급 摩托车 mótuōchē 명 오토바이

명 오토바이
他在骑**摩托车**时，意外遭遇事故，严重受伤
그는 오토바이를 타다가 뜻밖의 사고를 당해 심한 부상을 입었다

6급	遭遇 zāoyù 동 (불행한 일을) 만나다/당하다
6급	事故 shìgù 명 사고, 의외의 변고나 재앙

6급 磨合 móhé 동 길들이다 동 적응하다

동 (기계, 차량 등을) 길들이다
对机械零部件进行**磨合**
기계 부품을 길들이다

동 적응하다
经过**磨合**，小两口的感情越来越好
서로 적응하면서 젊은 부부의 사랑은 점점 깊어졌다

6급	机械 jīxiè 명 기계
	零部件 líng-bùjiàn 명 부분품과 부품
	小两口 xiǎoliǎngkǒu 명 젊은 부부

M

6급 魔鬼 móguǐ 몡 마귀, 악마

몡 마귀, 악마
他们是残酷的**魔鬼**，简直是无恶不作
그들은 잔혹한 악마이며 온갖 나쁜 짓은 다 한다

6급 残酷 cánkù 톙 잔혹하다, 가혹하다, 냉혹하다
无恶不作 wú'è-bùzuò 셩 온갖 나쁜 짓은
다 하다

6급 魔术 móshù 몡 마술

몡 마술
我跟家人一起看了精彩的**魔术**表演
나는 가족들과 함께 훌륭한 마술 공연을 보았다

4급 精彩 jīngcǎi 톙 멋지다, 훌륭하다, 뛰어나다

6급 抹杀 mǒshā 동 말살하다, 무시하다, 지우다

동 말살하다, 무시하다, 지우다
不要**抹杀**她的成就和努力
그녀의 성취와 노력을 무시해서는 안 된다

5급 成就 chéngjiù 몡 성과, 성취, 업적

没 mò 동 물에 빠지다, 가라앉다 동 사라지다, 숨다

동 물에 빠지다, 가라앉다
没水而死 물에 빠져 죽다, 익사하다
渔船沉**没** 어선이 침몰하다

동 사라지다, 숨다
那里是毒蛇经常出**没**的地方
그곳은 독사가 자주 출몰하는 곳이다

沉没 chénmò 동 침몰하다
出没 chūmò 동 출몰하다

역순 어휘
埋没 máimò　　　淹没 yānmò

○ 没 méi 참조

5급 陌生 mòshēng 톙 낯설다, 생소하다

톙 낯설다, 생소하다
今天开学第一天，周围都是**陌生**的面孔
오늘이 개학 첫날이라 주위가 모두 낯선 얼굴이다

4급 周围 zhōuwéi 몡 주위, 주변
面孔 miànkǒng 몡 얼굴

6급 莫名其妙 mòmíng-qímiào 셩 오묘하다, 영문을 모르다, 이해할 수 없다

셩 오묘하다, 영문을 모르다, 이해할 수 없다
他的话使大家感到**莫名其妙**
그의 말에 모두가 영문을 알 수 없었다

6급 墨水儿 mòshuǐr 몡 먹물, 잉크 몡 학식

몡 먹물, 잉크
一支钢笔和一瓶**墨水儿**
만년필 한 자루와 잉크 한 병

몡 학식
他肚子里**墨水儿**多，就请教他吧！
그는 학식이 깊으니 그에게 지도를 청해 봐라!

钢笔 gāngbǐ 몡 펜, 만년필
6급 请教 qǐngjiào 동 가르침을 청하다,
지도를 청하다

6급 默默 mòmò 閉 묵묵히, 소리 없이, 잠자코

閉 묵묵히, 소리 없이, 잠자코
我默默忍受了两年，还是果断选择了离职
나는 2년을 묵묵히 참다가 과감하게 사직을 선택했다

6급 忍受 rěnshòu 튐 견디다, 참다
6급 果断 guǒduàn 튐 과단성이 있다, 과감하다

6급 谋求 móuqiú 튐 강구하다, 추구하다, 모색하다, 꾀하다

튐 강구하다, 추구하다, 모색하다, 꾀하다
促进国际合作，谋求共同发展
국제 협력을 추진하여 공동 발전을 모색하다

5급 促进 cùjìn 튐 촉진하다, 추진하다

5급 某 mǒu 떼 모, 어느, 아무 떼 모, 어떤, 아무개

떼 모, 어느, 아무 (잘 모르거나 말할 수 없는 사람이나 사물을 가리킴)
邻居李某 이웃의 리 모씨
某某经理 모 사장
某年某月某日 모년 모월 모일

떼 모, 어떤, 아무개 (불특정한 사람이나 사물을 가리킴)
表达某种情感 어떤 감정을 표현하다

3급 邻居 línjū 閉 이웃, 이웃집, 옆집
3급 经理 jīnglǐ 閉 사장, 지배인
情感 qínggǎn 閉 감정, 느낌, 기분

tip 某某와 같이 중첩해서 써도 단수를 가리킨다

M

6급 模样 múyàng 閉 용모, 외모, 모습 閉 상황, 형세

閉 용모, 외모, 모습
这孩子模样不错
이 아이는 외모가 뛰어나다

閉 상황, 형세
看这模样，演出得改期了
이 상황을 보아하니, 공연 날짜를 변경해야겠다

4급 演出 yǎnchū 閉 공연, 상연, 퍼포먼스
改期 gǎiqī 튐 날짜를 변경하다

4급 母亲 mǔqīn 閉 모친, 어머니

閉 모친, 어머니
他5岁时父母离婚，此后没见过自己的母亲
그는 다섯 살 때 부모가 이혼해서, 그 후로 자기 어머니를 본 적이 없다

父母 fùmǔ 閉 부모
5급 离婚 líhūn 튐 이혼하다

6급 母语 mǔyǔ 閉 모국어

閉 모국어
3-12岁的孩子学习第二语言几乎跟学习母语一样容易 3~12세의 아이들이 제2 언어를 배우는 것은 거의 모국어를 배우는 것만큼 쉽다

4급 语言 yǔyán 閉 언어
3급 几乎 jīhū 閉 거의

5급 木头 mùtou 閉 나무, 목재

閉 나무, 목재
用木头建造房子 나무로 집을 짓다

建造 jiànzào 튐 건조하다, 건축하다

5급 目标 mùbiāo 몡 목표, 표적

몡 **목표, 표적**
这是她毕生奋斗的**目标**
이것이 그녀가 일생 동안 분투한 목표이다

毕生 bìshēng 몡 필생, 일생, 평생
5급 奋斗 fèndòu 됭 분투하다

4급 目的 mùdì 몡 목적

몡 **목적**
达到**目的** 목적을 달성하다
成功实现自己的**目的** 자기의 목적을 성공적으로 실현하다

5급 达到 dádào 됭 실현하다, 도달하다
5급 实现 shíxiàn 됭 (꿈, 계획 등을) 실현하다

6급 目睹 mùdǔ 됭 목도하다, 목격하다

됭 **목도하다, 목격하다**
他们在旁边**目睹**了车祸的全过程
그들은 옆에서 교통사고의 모든 과정을 목격했다

车祸 chēhuò 몡 교통사고
4급 过程 guòchéng 몡 과정

6급 目光 mùguāng 몡 시선, 눈길 몡 안목, 식견, 통찰력

몡 **시선, 눈길**
全班同学的**目光**集中在老师身上
반 전체 학생들의 시선이 선생님에게 집중되다
몡 **안목, 식견, 통찰력**
她天资聪明，**目光**敏锐
그녀는 자질이 총명하고 통찰력이 예리하다

5급 集中 jízhōng 됭 집중하다, 모으다
天资 tiānzī 몡 천부적인 소질, 타고난 자질

5급 目录 mùlù 몡 목차, 차례, 목록, 카탈로그

몡 **목차, 차례, 목록, 카탈로그**
产品**目录** 상품 카탈로그
新书**目录** 신간 서적 목록

5급 产品 chǎnpǐn 몡 생산품, 제품

5급 目前 mùqián 몡 목전, 눈앞, 현재, 당장

몡 **목전, 눈앞, 현재, 당장**
目前形势稳定可控
현재 상황은 안정적이고 제어가 가능하다

5급 形势 xíngshì 몡 형세, 정세, 상황

6급 沐浴 mùyù 됭 목욕하다 됭 받다 됭 빠지다

됭 **목욕하다**
洗发液和**沐浴**露 샴푸와 보디 클렌저
됭 **(햇살, 비, 이슬 등을) 받다**
沐浴着温暖的阳光 따사로운 햇살을 받고 있다
됭 **(분위기 등에) 빠지다**
沐浴在欢乐的歌声中 즐거운 노랫소리에 빠지다

洗发液 xǐfàyè 몡 샴푸
5급 温暖 wēnnuǎn 혱 따뜻하다, 따스하다
6급 欢乐 huānlè 혱 즐겁다, 기쁘다

3급 **拿** ná 图 쥐다, 잡다, 들다, 가지다　图 얻다, 따다　께 …으로, …을 이용하여

图 **(손에) 쥐다/잡다/들다/가지다**
　手里**拿**着书 손에 책을 들고 있다
　把箱子**拿**走 상자를 가져가라
　让女儿**拿**来两个盘子
　딸에게 접시 두 개를 가져오게 하다

图 **얻다, 따다**
　拿了4枚金牌 네 개의 금메달을 땄다

께 **…으로, …을 이용하여**
　别**拿**自己的标准去要求别人
　자신의 기준으로 남에게 요구하지 마라

箱子 xiāngzi 圆 상자, 케이스
3급 盘子 pánzi 圆 접시
　金牌 jīnpái 圆 금메달
4급 标准 biāozhǔn 圆 표준, 기준

6급 **拿手** náshǒu 圈 뛰어나다, 숙달하다, 능숙하다　圆 믿음, 자신, 확신

圈 **(실력, 기예 등이) 뛰어나다/숙달하다/능숙하다**
　这个节目是他最**拿手**的
　이 레퍼토리는 그가 가장 뛰어나다
　这是他的**拿手**菜
　이것은 그가 가장 잘하는 음식이다

圆 **(성공에 대한) 믿음/자신/확신**
　没有取胜的**拿手** 승리할 자신이 없다

3급 节目 jiémù 圆 프로그램, 항목, 레퍼토리
　取胜 qǔshèng 图 승리하다, 승리를 얻다

1급 **哪** nǎ 団 어느 것, 어느, 어떤, 언제　団 어느, 언제　団 어디, 어찌

団 **어느 것, 어느, 어떤, 언제 (의문을 나타냄)**
　请问您是**哪**位? 실례지만 누구십니까?
　他**哪**天回来? 그는 언제 돌아옵니까?
　你喜欢**哪**种颜色?
　당신은 어떤 색깔이 좋습니까?

団 **어느, 언제 (불특정한 것을 가리킴)**
　哪天有空儿就过来玩儿吧!
　언제 시간 있을 때 놀러 오세요!

団 **어디, 어찌 (반문할 때 쓰이며, 부정을 나타냄)**
　下星期就考试了，**哪**能睡懒觉呢?
　다음 주가 곧 시험인데 어떻게 늦잠을 잘 수 있어?

2급 颜色 yánsè 圆 색, 색채, 색깔, 빛깔
　睡懒觉 shuì lǎnjiào 늦잠을 자다, 늦게 기상하다

1급 **哪儿** nǎr 団 어디, 어느 곳　団 어디, 아무 곳　団 어떻게, 어찌, 어디

団 **어디, 어느 곳 (장소를 묻는 경우에 쓰임)**
　你在**哪儿**工作? 당신은 어디에서 일합니까?

団 **어디, 아무 곳 (불특정 장소나 임의의 장소를 가리킴)**
　哪儿都找不到他 어디서도 그를 찾지 못하다
　星期天我**哪儿**也不去 일요일엔 난 아무 데도 안 가

団 **어떻게, 어찌, 어디 (반문에 쓰이며 부정을 나타냄)**
　哪儿有这么办事的?
　일을 이렇게 처리하는 게 어디 있냐?

办事 bànshì 图 (사무를) 처리하다

N

5급 哪怕 nǎpà 뎬 설령, 가령, 비록

뎬 설령, 가령, 비록 (주로 也yě, 都dōu, 还hái와 함께 쓰여 가정, 양보를 나타냄)
哪怕情况再复杂，也要如期完成任务
설령 상황이 더 복잡하더라도 예정대로 임무를 완수해야 한다

如期 rúqī ㈜ 예정대로, 기한대로

1급 那 nà 뎨 저, 그 뎨 저 사람, 저것 뎬 그러면, 그렇다면

뎨 저, 그 (멀리 있는 사람, 사물을 가리킴) 반의어 这 zhè [1급]
那个人不错 저 사람은 멋지다
那天晚上我在公园里散步
그날 저녁 나는 공원에서 산책을 했다

뎨 저 사람, 저것 (멀리 있는 사람, 사물을 대신함) 반의어 这 zhè [1급]
那是谁的孩子?
쟤는 누구의 아이인가?
那是刚买来的书
저것은 방금 사 온 책이다

뎬 그러면, 그렇다면
如果你不同意，那我就不去了
만일 네가 동의하지 않으면, 그렇다면 나는 가지 않겠다

不错 bùcuò 톙 좋다, 괜찮다
4급 散步 sànbù 됭 산책하다, 산보하다
3급 如果 rúguǒ 뎬 만약

6급 纳闷儿 nà∥mènr 됭 답답하다, 속이 터지다

됭 답답하다, 속이 터지다
听了这个消息，我心里不禁非常纳闷儿
이 소식을 듣고 나도 모르게 마음이 답답해졌다

6급 不禁 bùjīn 됭 금치 못하다, 참을 수 없다

3급 奶奶 nǎinai 뎽 조모, 할머니

뎽 조모, 할머니
爷爷和奶奶不愿意跟我们搬到城里
할아버지와 할머니는 우리와 시내로 이사 가고 싶어하지 않으신다

3급 爷爷 yéye 뎽 조부, 할아버지
城里 chénglǐ 뎽 성안, 시내, 시가지

4급 耐心 nàixīn 톙 인내심이 강하다, 끈기가 있다 뎽 인내심, 끈기

톙 인내심이 강하다, 끈기가 있다
耐心地等待机会
끈기 있게 기회를 기다리다

뎽 인내심, 끈기
缺少耐心 인내심이 부족하다

5급 等待 děngdài 됭 기다리다
4급 缺少 quēshǎo 됭 결핍되다, 모자라다, 부족하다

6급 耐用 nàiyòng 톙 오래 사용할 수 있다, 질기다

톙 오래 사용할 수 있다, 질기다
经久耐用的碱性电池
오랜 시간 쓸 수 있는 알칼리 전지

经久 jīngjiǔ 톙 오래가다, 내구성이 있다
碱性 jiǎnxìng 뎽 알칼리성, 염기성

2급 男 nán 〔형〕남자의, 남성의 〔명〕남자, 남성

〔형〕**남자의, 남성의** [반의어] 女 nǚ [2급]
男孩儿穿着黑色的裤子
남자아이는 검은색 바지를 입고 있다

〔명〕**남자, 남성** [반의어] 女 nǚ [2급]
男女平等 남녀평등

3급 | 裤子 kùzi 〔명〕바지
5급 | 平等 píngděng 〔형〕평등하다, 동등하다, 대등하다

男人 nánrén 〔명〕남성, 성인 남자

〔명〕**남성, 성인 남자**
我听不懂那个**男人**在说什么
나는 그 남자가 뭐라고 말하는지 알아들을 수가 없다

听不懂 tīngbudǒng 알아듣지 못하다, 들어도 이해할 수 없다

3급 南 nán 〔명〕남쪽

〔명〕**남쪽**
从北往**南**走 북쪽에서 남쪽으로 가다
学校**南**门对面有一家便利店
학교 남문 맞은편에 편의점이 있다

4급 | 对面 duìmiàn 〔명〕건너편, 맞은편, 정면
便利店 biànlìdiàn 〔명〕편의점

6급 南辕北辙 nányuán-běizhé 〔성〕남쪽으로 가려 하나 수레는 북쪽으로 간다, 뜻하는 바와 완전히 반대되는 행동을 하다

〔성〕**남쪽으로 가려 하나 수레는 북쪽으로 간다, 뜻하는 바와 완전히 반대되는 행동을 하다**
错误的学习方法会导致**南辕北辙**的结果
잘못된 학습 방법은 의도한 바와 반대되는 결과를 초래할 수 있다

5급 | 导致 dǎozhì 〔동〕초래하다, 가져오다

3급 难 nán 〔형〕어렵다, 힘들다, 곤란하다 〔동〕힘들게 하다, 곤란하게 하다
〔형〕좋지 않다, …하기 어렵다, …하기 싫다

〔형〕**어렵다, 힘들다, 곤란하다**
习惯很**难**改变 습관은 고치기 어렵다
这道问题太**难**了
이 문제는 너무 어렵다

〔동〕**힘들게 하다, 곤란하게 하다**
什么都**难**不倒我
어떤 것도 나를 힘들게 할 수 없다

〔형〕**좋지 않다, …하기 어렵다, …하기 싫다**
这些菜很**难**吃 이 요리들은 맛이 없다

4급 | 改变 gǎibiàn 〔동〕바꾸다, 고치다
难不倒 nánbùdǎo 힘들게 하지 못하다
难吃 nánchī 〔형〕먹기 괴롭다, 맛없다

역순 어휘
艰难 jiānnán   为难 wéinán

⊙ 难 nàn [3급] 참조

4급 难道 nándào 〔부〕설마 …이겠는가, 그러면 …인가

〔부〕**설마 …이겠는가, 그러면 …인가**
我说的**难道**是假的吗?
그러면 내 말이 거짓이란 말인가?

难道非他去不成?
설마 그가 가지 않으면 안 된다는 것인가?

不成 bùchéng 〔조〕문장 끝에 쓰여 추측이나 짐작, 또는 반문의 어기를 나타낸다

6급 难得 nándé 형 얻기 힘들다, 구하기 어렵다 형 드물다, 좀처럼 어렵다

형 (기회, 물건 등을) 얻기 힘들다, (인재 등을) 구하기 어렵다
抓住一个**难得**的机会 얻기 어려운 기회를 잡다
형 (발생이나 출현이) 드물다/좀처럼 어렵다
难得见上一面 한 번 만나기가 여간 어려운 것이 아니다
今天北京晴空万里, 是个**难得**的好天气
오늘 베이징은 하늘에 구름 한 점 없이 맑아, 보기 드문 좋은 날씨다

抓住 zhuāzhù 동 붙잡다, 꽉 잡다
晴空万里 qíngkōng-wànlǐ
성 하늘이 구름 한 점 없이 맑다

5급 难怪 nánguài 부 어쩐지, 과연

부 어쩐지, 과연
难怪这么冷, 昨天夜里下雪了
어쩐지 춥다 했더니 어젯밤에 눈이 내렸구나
他来中国十年了, **难怪**他汉语说得流利 그가 중국
에 온 지 십 년이 되었구나, 어쩐지 중국어를 유창하게 하더라니

4급 流利 liúlì 형 유창하다, 매끄럽다

3급 难过 nánguò 형 곤란하다, 고생스럽다 형 견디기 힘들다, 괴롭다, 고통스럽다

형 (생활이) 곤란하다/고생스럽다
丈夫下岗, 孩子又有病, 家里的日子太**难过**了
남편이 퇴직한 데다가 아이까지 아파서 집안 형편이 무척 곤란하다
형 견디기 힘들다, 괴롭다, 고통스럽다
听到这个不幸的消息, 他很**难过**
이 불행한 소식을 듣고 그는 아주 괴로웠다

下岗 xiàgǎng 동 실직하다, 퇴직하다
5급 日子 rìzi 명 생활, 생계, 형편
不幸 búxìng 형 불행하다, 마음 아프고 괴롭다

6급 难堪 nánkān 형 견디기 어려운, 참기 힘든 형 난감하다, 난처하다, 계면쩍다

형 견디기 어려운, 참기 힘든
痛苦**难堪** 고통스러워 참기 힘들다
형 난감하다, 난처하다, 계면쩍다
这件事情让他感到很**难堪**, 脸都涨红了
이 일로 그는 매우 난감하게 되어 얼굴이 벌게졌다

5급 痛苦 tòngkǔ 형 고통스럽다, 괴롭다
涨 zhàng 동 상기되다, 벌게지다

难看 nánkàn 형 흉하다, 보기 싫다 형 어둡다, 좋지 않다

형 흉하다, 보기 싫다
你刻意讨好别人的样子, 实在**难看**!
네가 애써 남의 비위를 맞추는 모습은 정말 꼴사납다!
형 (안색, 표정 등이) 어둡다/좋지 않다
今天老板的脸色特别**难看**, 大家小心点儿
오늘 사장님 안색이 어두우니 모두 조심하시오

刻意 kèyì 부 애써서, 마음을 다해, 정성껏
6급 讨好 tǎohǎo 동 아첨하다, 비위를 맞추다
脸色 liǎnsè 명 안색, 기색

5급 难免 nánmiǎn 형 피하기 어렵다, 불가피하다

형 피하기 어렵다, 불가피하다
有时朋友之间**难免**会发生误会和摩擦
때로는 친구 사이에 불가피하게 오해와 갈등이 생길 수 있다

6급 摩擦 mócā 명 마찰, 불화, 갈등

6급 难能可贵 nánnéng-kěguì

ⓢ 어려운 일을 뜻밖에 해내서 대견스럽다, 매우 기특하다

ⓢ 어려운 일을 뜻밖에 해내서 대견스럽다, 매우 기특하다
小王每天帮助妈妈干家务活儿，真是难能可贵啊
샤오왕은 매일 엄마를 도와 집안일을 한다니, 정말 기특하군요

家务活 jiāwùhuó ⓜ 집안일, 가사일, 가사 노동

4급 难受 nánshòu ⓗ 아프다, 괴롭다, 견디기 힘들다

ⓗ (몸이나 마음이) 아프다/괴롭다/견디기 힘들다
病痛难受 통증을 견디기 힘들다
他这一走我非常难受
그가 이렇게 가 버리니 내 마음이 무척 아프다

病痛 bìngtòng ⓜ 병으로 인한 통증, 질병

3급 难 nàn ⓜ 재난, 재앙

ⓜ 재난, 재앙
大难临头
큰 재난이 눈앞에 닥치다

역순 어휘
灾难 zāinàn

○ 难 nán [3급] 참조

6급 恼火 nǎohuǒ ⓥ 성나다, 화내다, 노여워하다

ⓥ 성나다, 화내다, 노여워하다
孩子太淘气，常惹她恼火
아이가 장난이 심해서 늘 그녀를 화나게 한다

5급 淘气 táoqì ⓗ 장난이 심하다, 짓궂다
惹 rě ⓥ (감정, 기분 등을) 거스르다/건드리다

5급 脑袋 nǎodai ⓜ 머리, 뇌 ⓜ 머리, 두뇌, 지능

ⓜ 머리, 뇌
他抬起脑袋看了看天空 그는 머리를 들어 하늘을 봤다
ⓜ 머리, 두뇌, 지능
你的脑袋怎么不开窍呢?
너는 어쩜 그렇게 머리가 안 돌아가니?

开窍 kāiqiào ⓥ 깨닫다, 납득하다, 알아차리다

1급 呢 ne ⓩ …니?, …지?, …나? ⓩ 동작이 진행되고 있음을 나타낸다
ⓩ …이야, …요, …잖아 ⓩ 휴지를 나타낸다

ⓩ …니?, …지?, …나? (의문문 끝에 쓰여 강조를 나타냄)
这可怎么办呢? 이거 정말 어떡하지?
我的书包呢? 내 책가방은?
咱们是今天去呢，还是明天去呢?
우리 오늘 갈까, 아니면 내일 갈까?
ⓩ 평서문 끝에 쓰여 동작이 진행되고 있음을 나타낸다
我在喝茶呢 나는 차를 마시고 있어
ⓩ …이야, …요, …잖아 (사실의 확인, 과장된 어기를 나타냄)
这才是真本事呢 이게 바로 진짜 능력이라는 거야
ⓩ 문장 중간에 쓰여 휴지를 나타낸다
一切都过去了，现在呢，咱们向前看
다 지난 일이지, 지금은 말이야, 우리 앞만 보자

怎么办 zěnmebàn 어떻게 하지, 어찌하나
书包 shūbāo ⓜ 책가방
4급 咱们 zánmen ⓓ 우리
6급 本事 běnshi ⓜ 솜씨, 능력, 수완, 기량
4급 一切 yīqiè ⓓ 전부, 모든, 일체
向前看 xiàngqián kàn 앞을 보다, 미래를 생각하다

N

4급 内 nèi 명 내, 안, 속, 내부

명 내, 안, 속, 내부 [반의어] 外 wài [2급]

禁止入内 내부 진입 금지

对国内市场比较熟悉
국내 시장에 비교적 훤하다

在规定时间内完成计划
정해진 시간 안에 계획을 완성하다

4급 禁止 jìnzhǐ 통 금지하다, 불허하다
4급 熟悉 shúxī 통 훤하다, 친숙하다
4급 规定 guīdìng 통 규정하다, 정하다

5급 内部 nèibù 명 내부

명 내부

内部文件被曝光了 내부 문건이 폭로되었다

这种教材只在学校内部发行和流通
이 교재는 오직 교내에서만 발행하고 유통된다

6급 曝光 bàoguāng 통 세상에 알리다,
폭로하다, 폭로되다
6급 流通 liútōng 통 유통되다

6급 内涵 nèihán 명 함의, 의미, 내포 명 내적 수양, 교양

명 함의, 의미, 내포

这篇文章虽然简单，内涵却十分丰富
이 글은 비록 간단하지만 의미는 매우 풍부하다

명 내적 수양, 교양

如何去培养气质，修炼内涵?
어떻게 기질을 기르고 내적 수양을 쌓을 것인가?

6급 气质 qìzhì 명 기질, 소질, 성격
修炼 xiūliàn 통 수련하다, 배워서 쌓다

5급 内科 nèikē 명 내과

명 내과

她是著名的心血管内科医生
그녀는 유명한 심혈관 내과 의사이다

心血管 xīnxuèguǎn 명 심혈관

6급 内幕 nèimù 명 내막, 속사정

명 내막, 속사정 (주로 부정적 의미를 나타냄)

企业贪污内幕被揭开了
기업의 횡령 내막이 폭로되었다

6급 贪污 tānwū 통 횡령하다
揭开 jiēkāi 통 벗기다, 폭로하다

4급 内容 nèiróng 명 내용

명 내용

要讲究形式，但更应注重内容
형식을 주의해야 하지만 내용을 더욱 중시해야 한다

6급 注重 zhùzhòng 통 중시하다

[참조어] 形式 xíngshì 명 형식 [5급]

6급 内在 nèizài 형 내재적인, 내재의, 내재하는

형 내재적인, 내재의, 내재하는

提升自己的内在能量
자신의 내재적인 역량을 끌어올리다

提升 tíshēng 통 올리다, 끌어올리다

5급 嫩 nèn ㉖ 여리다, 연하다 ㉖ 부드럽다, 말랑말랑하다 ㉖ 옅다, 연하다

㉖ **여리다, 연하다**
白嫩嫩的皮肤 희고 보드라운 피부

㉖ **(음식이) 부드럽다/말랑말랑하다**
把猪肝炒嫩点 돼지 간을 부드럽게 볶다

㉖ **(색깔이) 옅다/연하다**
嫩黄 담황색, 연노랗다 | 嫩绿 연녹색, 푸르스름하다

4급 皮肤 pífū ㉙ 피부
猪肝 zhūgān ㉙ (요리에 쓰이는) 돼지 간

1급 能 néng ㉙ 능력, 재간 ㉕ …할 수 있다, …할 줄 알다 ㉕ …할 것이다, …일 것이다 ㉙ 에너지

㉙ **능력, 재간**
无能为力 일을 할 능력이 없다, 무능하다

㉕ **…할 수 있다, …할 줄 알다**
家里空调坏了，你能来看看吗?
집에 있는 에어컨이 망가졌는데 네가 와서 봐 줄 수 있을까?
去年买的运动鞋，现在就不能穿了
작년에 산 운동화를 이제 신을 수가 없다

㉕ **…할 것이다, …일 것이다**
这事他不能不知道吧
이 일을 그가 모를 리는 없겠죠

㉙ **에너지**
电能 전기 에너지 | 原子能发电 원자력 발전

3급 空调 kōngtiáo ㉙ 에어컨, 공기 조절기
运动鞋 yùndòngxié ㉙ 운동화

역순 어휘
本能 běnnéng 功能 gōngnéng
可能 kěnéng 性能 xìngnéng
职能 zhínéng 智能 zhìnéng

5급 能干 nénggàn ㉖ 유능하다, 재능 있다, 솜씨가 좋다, 일을 잘하다

㉖ **유능하다, 재능 있다, 솜씨가 좋다, 일을 잘하다**
小王很精明能干 샤오왕은 영리하고 일을 잘한다
聘用能干的职业经理人
유능한 전문 경영인을 초빙하여 고용하다

精明 jīngmíng ㉖ 영리하다, 똑똑하다
聘用 pìnyòng ㉕ 초빙하여 직무를 맡기다
4급 职业 zhíyè ㉖ 직업적인, 프로의, 전문

4급 能力 nénglì ㉙ 능력

㉙ **능력**
他有能力干好这项工作
그는 이 일을 잘 해낼 능력이 있다
提高获取信息的能力
정보 획득 능력을 향상시키다

获取 huòqǔ ㉕ 얻다, 획득하다

6급 能量 néngliàng ㉙ 에너지, 열량 ㉙ 역량, 능력

㉙ **에너지, 열량**
在比赛间歇的时候，吃香蕉补充能量
시합에서 중간 휴식할 때 바나나를 먹어 에너지를 보충하다

㉙ **역량, 능력**
每一个人都拥有和别人不一样的内在能量
모든 사람은 남들과 다른 내재 역량을 가지고 있다

间歇 jiànxiē ㉕ 중간에 쉬다, 간격을 두다
5급 补充 bǔchōng ㉕ 보충하다, 채우다, 추가하다
6급 拥有 yōngyǒu ㉕ 영유하다, 가지다, 보유하다

N

5급 能源 néngyuán 명 에너지원, 에너지

명 에너지원, 에너지
面临能源枯竭危机 에너지가 고갈되는 위기에 직면하다

5급 面临 miànlín 동 직면하다, 당면하다
枯竭 kūjié 동 고갈하다, 고갈되다

5급 嗯 ng 탄 응, 좋아, 그래

탄 응, 좋아, 그래 (승낙, 동의를 나타냄)
嗯! 就照你说的办吧
응! 그럼 네가 말한 대로 처리하자

4급 照 zhào 개 …대로, …에 따라

6급 拟定 nǐdìng 동 초안을 잡다, 입안하다, 기초하다

동 초안을 잡다, 입안하다, 기초하다
方案早已拟定 방안은 이미 입안되었다

5급 方案 fāng'àn 명 방안

1급 你 nǐ 대 너, 당신, 너희

대 너, 당신, 너희
你好 안녕하세요
我见过你 나는 당신을 본 적이 있습니다
你有什么心事吗? 너 무슨 걱정거리 있니?

心事 xīnshì 명 걱정거리

6급 逆行 nìxíng 동 역행하다

동 (사람, 차량 등이) 역행하다
一切车辆都不得在单行道上逆行
모든 차량은 일방통행로에서 역주행하면 안 된다

车辆 chēliàng 명 차량
单行道 dānxíngdào 명 일방통행로

1급 年 nián 명 년, 해, 매년 양 년 명 연령, 나이

명 년, 해, 매년
今年 올해 | 闰年 윤년 | 年历 달력 | 年产量 연 생산량

양 년 (시간의 단위)
在北京住了三年 베이징에서 3년을 살았다
每年举行一次 매년 한 차례 거행하다

명 연령, 나이
年老体衰 나이가 들어 신체가 쇠약하다

4급 举行 jǔxíng 동 거행하다
体衰 tǐshuāi 형 몸이 쇠약하다

5급 年代 niándài 명 시대, 연대, 시기 명 연대, 한 세기의 매 10년

명 시대, 연대, 시기
战争年代 전쟁 시대 | 年代久远 시대가 오래되다
这套家具使用年代太久了
이 가구는 사용한 지 너무 오래되었다

명 연대, 한 세기의 매 10년
20世纪80年代 20세기 80년대

5급 战争 zhànzhēng 명 전쟁
久远 jiǔyuǎn 형 (시간이) 오래되다
4급 世纪 shìjì 명 세기

6급 **年度** niándù 명 연도

명 연도
　会计年度 회계 연도
　制定今年的**年度**工作计划
　올해의 연간 업무 계획을 세우다

5급 **会计** kuàijì 명 회계
5급 **制定** zhìdìng 동 제정하다, 세우다

3급 **年级** niánjí 명 학년

명 학년
　今年我第一次担任一**年级**班主任的工作
　올해 나는 처음으로 1학년 담임 교사 업무를 맡았다

5급 **担任** dānrèn 동 맡다, 담당하다
　　班主任 bānzhǔrèn 명 담임 선생님,
　　　　　　　　　　　　　담임 교사

5급 **年纪** niánjì 명 연령, 나이

명 연령, 나이 (사람에만 쓰임)
　小王的爷爷今年多大**年纪**了?
　샤오왕의 할아버지는 올해 연세가 어떻게 되시니?
　隔壁住着一对上了**年纪**的夫妻
　이웃집에 나이가 지긋한 부부가 살고 계신다

5급 **隔壁** gébì 명 이웃, 이웃집

4급 **年龄** niánlíng 명 연령, 나이

명 연령, 나이 (사람, 동물, 천체 등에 쓰일 수 있음)
　你妹妹的**年龄**多大?
　네 여동생은 나이가 몇 살이니?
　测定地球的**年龄** 지구의 나이를 측정하다

测定 cèdìng 동 측정하다

N

3급 **年轻** niánqīng 형 젊다, 오래되지 않다, 역사가 짧다　형 어리다

형 (사람이) 젊다, (국가, 조직 등이) 오래되지 않다/역사가 짧다
　他才20岁，很**年轻**
　그는 겨우 20세로 아주 젊다
　这家公司很**年轻**，但拥有一批优秀的专业人才
　이 회사는 오래되지 않았지만, 다수의 우수한 전문 인재들이 있다
형 (상대적으로 나이가) 어리다
　你比我**年轻**多了 너는 나보다 훨씬 어리다

4급 **优秀** yōuxiù 형 우수하다, 매우 뛰어나다
4급 **专业** zhuānyè 형 전문적이다

5급 **念** niàn 동 읽다, 낭독하다　동 학교에 다니다, 학교에서 공부하다
　　　　　　　　　　 동 염려하다, 자주 생각하다

동 (소리 내어) 읽다, 낭독하다
　给大家**念**几首诗吧
　모두에게 시 몇 편을 읽어 드릴게요
동 학교에 다니다, 학교에서 공부하다
　在大学**念书** 대학에서 공부하다, 대학에 재학 중이다
동 염려하다, 자주 생각하다
　念念不忘 항상 생각하며 잊지 못하다

念书 niànshū 동 책을 읽다, 학교에 다니다

3급 鸟 niǎo 몡 새

몡 새
听到阵阵清脆的鸟叫声
간간히 새가 낭랑하게 지저귀는 소리가 들린다

阵阵 zhènzhèn 틘 이따금, 간간이
清脆 qīngcuì 혱 (소리가) 맑고 듣기 좋다

6급 捏 niē 툉 집다, 쥐다, 잡다 툉 빚다 툉 모으다, 합치다, 중재하다

툉 (손가락으로) 집다/쥐다/잡다
他手里还捏着香烟
그는 손에 여전히 담배를 쥐고 있다

툉 (손가락으로) 빚다
捏饺子 만두를 빚다

툉 모으다, 합치다, 중재하다
把各种材料捏在一起
각종 재료를 한데 합치다

香烟 xiāngyān 몡 궐련, 담배
4급 饺子 jiǎozi 몡 교자, 만두
4급 材料 cáiliào 몡 재료, 자재, 원료

2급 您 nín 때 당신, 선생님, 귀하

때 당신, 선생님, 귀하 (你 nǐ[1급]의 존칭)
老师，您好 선생님, 안녕하세요
这是您的发票，请拿好
이것은 귀하의 영수증입니다, 받으십시오

5급 发票 fāpiào 몡 영수증, 송장

6급 凝固 nínggù 툉 응고하다, 굳다 툉 고착되다, 정체되다, 경직되다

툉 응고하다, 굳다
橄榄油在低温下会凝固吗?
올리브유는 저온에서 응고될 수 있습니까?

툉 고착되다, 정체되다, 경직되다
表情突然凝固了 표정이 갑자기 굳어졌다

橄榄油 gǎnlǎnyóu 몡 올리브유
5급 表情 biǎoqíng 몡 표정

6급 凝聚 níngjù 툉 응결하다, 맺히다 툉 응집하다, 한데 모으다

툉 응결하다, 맺히다
露珠是由空气里的水分凝聚而成的
이슬방울은 공기 중의 수분이 응집해서 만들어진다

툉 응집하다, 한데 모으다
凝聚力量 힘을 한데 모으다
这几个语句凝聚着人生智慧
이 글귀 몇 개에 인생의 지혜가 응집되어 있다

露珠 lùzhū 몡 이슬방울
5급 智慧 zhìhuì 몡 지혜

6급 凝视 níngshì 툉 응시하다

툉 응시하다
用温柔的目光凝视着对方
온화한 눈빛으로 상대방을 응시하다

5급 温柔 wēnróu 혱 온화하고 유순하다
6급 目光 mùguāng 몡 눈빛, 눈길

6급 拧 nǐng 图 틀다, 비틀다, 비틀어 돌리다

图 틀다, 비틀다, 비틀어 돌리다
洗完衣服，要把衣服拧一下
다 빨았으면 옷을 한 번 비틀어 짜야 한다
水龙头没拧紧
수도꼭지가 꽉 잠기지 않았다

1급 衣服 yīfu 图 옷, 의복, 의상
6급 水龙头 shuǐlóngtóu 图 수도꼭지

5급 宁可 nìngkě 图 차라리 …하더라도, 오히려

图 차라리 …하더라도, 오히려 (…하는 것이 낫다)
这种事，我们宁可小心谨慎些
이런 일은 우리가 오히려 더 조심하고 신중을 기하는 것이 낫다

5급 谨慎 jǐnshèn 图 신중하다, 조심스럽다

6급 宁肯 nìngkěn 图 차라리 …하더라도, 오히려

图 차라리 …하더라도, 오히려 (…하는 것이 낫다)
宁肯自己多吃点亏，也不想让别人吃亏
차라리 자기가 조금 손실을 입더라도 남이 손실을 입게 하지 않다

5급 吃亏 chīkuī 图 손실을 입다, 손해 보다

6급 宁愿 nìngyuàn 图 차라리 …하더라도, 오히려

图 차라리 …하더라도, 오히려 (…하는 것이 낫다)
宁愿自己吃亏，也不能让大伙儿受损失
차라리 내가 손해를 볼지언정 여러 사람을 손해 보게 할 수는 없다

6급 大伙儿 dàhuǒr 国 모두
5급 损失 sǔnshī 图 손실

2급 牛奶 niúnǎi 图 우유

图 우유
把剩下的牛奶放在冰箱里了
남은 우유를 냉장고에 넣었다

剩下 shèngxia 图 남기다, 남다
3급 冰箱 bīngxiāng 图 냉장고

5급 牛仔裤 niúzǎikù 图 청바지

图 청바지
她穿着一件白衬衫和一条牛仔裤
그녀는 흰 셔츠와 청바지를 입고 있다

3급 衬衫 chènshān 图 셔츠

6급 扭转 niǔzhuǎn 图 돌리다, 방향을 바꾸다, 전환하다 图 바로잡다, 만회하다

图 돌리다, 방향을 바꾸다, 전환하다
扭转身子向教室后面看
몸을 돌려 교실 뒤쪽을 바라보다
图 (비정상적인 상황을) 바로잡다, (나쁜 형세를) 만회하다
扭转了连年亏损的局面
여러 해 동안 계속된 적자 상태를 만회했다

6급 亏损 kuīsǔn 图 지출이 수입을 초과하다, 적자를 보다
6급 局面 júmiàn 图 국면

N

6급 纽扣儿 niǔkòur 명 단추, 버튼

명 **(옷의) 단추/버튼**
解开衣服上的**纽扣儿**
옷의 단추를 끄르다

解开 jiěkāi 동 (묶인 것을) 풀다/끄르다

5급 农村 nóngcūn 명 농촌

명 **농촌**
带孩子去乡下体验**农村**的生活
아이를 데리고 시골에 가서 농촌 생활을 체험하다

乡下 xiāngxia 명 농촌, 시골
5급 体验 tǐyàn 동 체험하다, 경험하다

6급 农历 nónglì 명 음력

명 **음력**
农历正月十五是元宵节
음력 정월 15일은 원소절이다

6급 元宵节 Yuánxiāojié 명 원소절, 대보름날, 정월 대보름

5급 农民 nóngmín 명 농민

명 **농민**
有个**农民**正在田里施肥
한 농민이 밭에서 비료를 주고 있다

施肥 shīféi 동 시비하다, 비료를 주다

5급 农业 nóngyè 명 농업

명 **농업**
推进**农业**现代化
농업 현대화를 추진하다

推进 tuījìn 동 추진하다, 추진시키다
现代化 xiàndàihuà 동 현대화하다

5급 浓 nóng 형 진하다, 짙다

형 **(농도, 색깔, 냄새 등이) 진하다/짙다** 반의어 淡 dàn [5급]
整个天空都被**浓**烟笼罩了
온 하늘이 짙은 연기로 뒤덮였다
香味很**浓**、口感很好的咖啡
향이 깊고 맛이 좋은 커피

6급 笼罩 lǒngzhào 동 덮다, 휩싸다
香味 xiāngwèi 명 향기, 향내
口感 kǒugǎn 명 입맛, 식감

6급 浓厚 nónghòu 형 농후하다, 짙다 형 자욱하다, 짙다

형 **(색채, 분위기, 의식, 흥미 등이) 농후하다/짙다**
民族色彩非常**浓厚**
민족 색채가 매우 짙다
他对电影产生了**浓厚**的兴趣
그는 영화에 깊은 흥미가 생겼다
형 **(안개, 구름 등이) 자욱하다/짙다**
云雾**浓厚** 구름과 안개가 자욱하다

5급 色彩 sècǎi 명 색채, 분위기, 경향
兴趣 xìngqù 명 흥미, 취미
云雾 yúnwù 명 운무, 구름과 안개

4급 弄 nòng 동 가지고 놀다, 만지작거리다, 장난하다 동 하다, 행하다, 만들다, …되게하다

동 (손으로) 가지고 놀다/만지작거리다/장난하다
他爱弄玩具
그는 장난감을 가지고 노는 것을 좋아한다

동 하다, 행하다, 만들다, …되게 하다
把人都弄糊涂了 사람을 헷갈리게 만들었다
这点活儿一会儿就弄完
이 정도 일은 잠깐이면 다 한다
弄不清他说的意思 그가 말한 의미를 알 수가 없다

5급 糊涂 hútu 형 혼란스럽다, 뒤죽박죽이다
弄不清 nòngbuqīng 명확하게 구분할 수
없다, 알 수가 없다

역순 어휘
玩弄 wánnòng

6급 奴隶 núlì 명 노예

명 노예
奴隶社会 노예 사회, 노예제 사회
抵不住金钱的诱惑，成为金钱的奴隶
금전의 유혹을 이기지 못하고 금전의 노예가 되다

抵不住 dǐbuzhù 감당할 수 없다, 버틸 수
없다, 막을 수 없다
6급 诱惑 yòuhuò 동 유혹하다, 미혹시키다

3급 努力 nǔlì 동 노력하다, 최선을 다하다, 힘쓰다 형 열심이다, 정성을 다하다

동 (nǔ//lì) 노력하다, 최선을 다하다, 힘쓰다
我们需要共同努力
우리는 함께 노력해야 한다
再努力一把，奋力拼搏
다시 한 번 최선을 다해 힘써 싸우다

형 열심이다, 정성을 다하다
孩子们都在努力地学习
아이들이 모두 열심히 공부하고 있다

4급 共同 gòngtóng 부 함께, 같이
把 bǎ 개 힘, 능력, 기능 등의 추상적인 사물에
쓰인다
奋力 fènlì 동 온 힘을 다하다

2급 女 nǚ 형 여성의, 여자의 명 여성, 여자, 부녀자

형 여성의, 여자의 [반의어] 男 nán [2급]
女工 여직공 | **女表** 여성용 손목시계
명 여성, 여자, 부녀자 [반의어] 男 nán [2급]
男女老幼 남녀노소 | **妇女** 여성, 부녀자

1급 女儿 nǚ'ér 명 딸

명 딸
他只有一个女儿，没有儿子
그는 딸만 하나 있고, 아들은 없다

1급 儿子 érzi 명 아들

女人 nǚrén 명 여인, 여성, 성인 여자

명 여인, 여성, 성인 여자
有才华有魅力的女人
재능이 뛰어나고 매력 있는 여성

才华 cáihuá 명 재주, 재능
5급 魅力 mèilì 명 매력

5급 女士 nǚshì 명 여사, 숙녀

명 여사, 숙녀 (주로 공식 석상에서 쓰이며, 존경을 나타냄)
女士们，先生们，欢迎乘坐南方航空公司的航班
신사 숙녀 여러분, 남방 항공 여객기 탑승을 환영합니다

| 4급 乘坐 chéngzuò 동 타다, 탑승하다
| 4급 航班 hángbān 명 여객기

4급 暖和 nuǎnhuo 형 따뜻하다, 따스하다 동 덥히다

형 따뜻하다, 따스하다
这里的冬天比北京暖和多了
이곳의 겨울은 베이징보다 훨씬 따뜻하다

동 덥히다
天气很冷，进来暖和一下身子吧
날이 춥네요, 들어와서 몸을 좀 녹이세요

身子 shēnzi 명 몸, 몸집, 신체

tip 여기에서는 和를 hé로 읽지 않는다

6급 虐待 nüèdài 동 학대하다

동 학대하다
最近虐待老人事件频频发生
최근 노인 학대 사건이 빈번히 발생하다

看到动物被虐待的场景
동물이 학대를 당하는 모습을 보다

频频 pínpín 부 여러 차례, 빈번히
场景 chǎngjǐng 명 장면, 정경, 광경

6급 挪 nuó 동 이동하다, 옮기다, 운반하다

동 이동하다, 옮기다, 운반하다
把书架往外挪一挪
책꽂이를 바깥쪽으로 좀 빼라

一步都没挪动
한 발짝도 움직이지 못하다

| 5급 书架 shūjià 명 책꽂이, 서가

6급 哦 ó 탄 아, 아하, 오

탄 아, 아하, 오 (놀람, 의아함 등을 나타냄)
哦，是这样吗? 오, 그런 거야?
哦，你怎么也来? 아, 어떻게 너도 왔네?

这样 zhèyàng 대 이런, 이렇게

5급 欧洲 Ōuzhōu 명 유럽

명 유럽
加入欧洲联盟 EU에 가입하다
跟家人移民到欧洲 가족과 유럽으로 이민을 가다

6급 联盟 liánméng 명 연맹
5급 移民 yímín 동 이민하다

6급 殴打 ōudǎ 동 구타하다

동 (사람을) 구타하다
半夜遭到陌生人殴打
한밤중에 모르는 사람에게 구타를 당하다

陌生人 mòshēngrén 명 낯선 사람,
모르는 사람

6급 呕吐 ǒutù 동 구토하다

동 구토하다
因为晕车，一路上呕吐不止
차멀미를 해서 가는 길 내내 구토가 멎지 않았다

晕车 yùnchē 동 차멀미하다

4급 偶尔 ǒu'ěr 부 간혹, 때때로, 가끔, 이따금

부 간혹, 때때로, 가끔, 이따금
偶尔和朋友喝酒 이따금 친구와 술을 마신다
路上行人很少，偶尔有几辆汽车开过去
길에는 행인이 매우 적었고, 가끔씩 차 몇 대가 지나갔다

5급 行人 xíngrén 명 행인, 보행자, 보행인

5급 偶然 ǒurán 형 우연이다, 우발적인 부 우연히, 뜻밖에

형 우연이다, 우발적인
事故的发生纯属偶然
사고가 발생한 것은 순전히 우연이다
부 우연히, 뜻밖에
在回家的路上偶然碰到了一个老朋友
집에 돌아가는 길에 옛 친구를 우연히 만났다

纯属 chúnshǔ 동 순전히 …이다
5급 碰 pèng 동 우연히 만나다, 마주치다

6급 偶像 ǒuxiàng 명 우상, 맹목적인 숭배의 대상 명 아이돌, 인기 스타

명 우상, 맹목적인 숭배의 대상
偶像崇拜 우상 숭배
명 아이돌, 인기 스타
她已成为万千影迷崇拜的偶像
그녀는 이미 수많은 영화 팬들이 숭배하는 인기 스타가 되었다

6급 崇拜 chóngbài 동 숭배하다
万千 wànqiān 수 천만(수가 많음을 나타냄)
影迷 yǐngmí 명 영화 팬, 영화 마니아

O

6급 趴 pā 동 엎드리다

동 엎드리다
猫趴在窗台上 고양이가 창턱에 엎드려 있다

窗台 chuāngtái 명 창턱, 창문턱

3급 爬山 páshān 동 산을 오르다, 등산하다

동 산을 오르다, 등산하다
趁着周末和朋友一块去爬山
주말을 이용해 친구와 함께 등산을 가다

5급 趁 chèn 동 (기회나 틈을) 이용하다/타다

5급 拍 pāi 동 치다, 두드리다 동 찍다, 촬영하다

동 (손바닥이나 납작한 물건으로) 치다/두드리다
他拍掉了身上的雪 그는 몸에 붙은 눈을 털어냈다
拍手叫好 손뼉을 치며 좋다고 외치다, 박수갈채를 보내다
동 (사진, 영화를) 찍다/촬영하다
在上海拍了一部电影 상하이에서 영화를 찍었다
用手机拍了几张照片
핸드폰으로 사진을 몇 장 찍었다

拍手 pāishǒu 동 손뼉 치다, 박수 치다
叫好 jiàohǎo 동 잘한다고 소리치다,
환호하다
2급 手机 shǒujī 명 휴대 전화, 핸드폰

6급 排斥 páichì 동 배척하다, 배격하다, 내치다

동 배척하다, 배격하다, 내치다
不要排斥意见不同的人
의견이 다른 사람을 배척하지 마라
排斥外来文化 외래 문화를 배격하다

外来 wàilái 형 외래의

6급 排除 páichú 동 배제하다, 제거하다, 없애다

동 배제하다, 제거하다, 없애다
排除故障 문제를 제거하다
不排除另一种可能性
또 다른 가능성을 배제하지 않다

6급 故障 gùzhàng 명 고장, 문제

4급 排队 pái//duì 동 줄을 서다

동 줄을 서다
为了购买高铁票，很多人在站厅排队等候
고속 철도 표를 구매하기 위해 많은 사람이 역사에서 줄을 서서
기다리고 있다

高铁 gāotiě 명 고속 철도
6급 等候 děnghòu 동 기다리다

6급 排放 páifàng 동 배출하다, 방출하다, 내보내다

동 배출하다, 방출하다, 내보내다
排放工业废水 공업 폐수를 배출하다
实行计量收费后，垃圾的排放量大幅减少了
종량제를 실시한 후 쓰레기의 배출량이 대폭 감소했다

废水 fèishuǐ 명 폐수
计量 jìliàng 동 계량하다
收费 shōufèi 동 비용을 거두다
垃圾 lājī 명 쓰레기

6급 排练 páiliàn 图 예행연습을 하다, 리허설을 하다

图 예행연습을 하다, 리허설을 하다
交响乐队正在**排练**
교향악단이 지금 예행연습 중이다
排练舞蹈节目
무용 프로그램 리허설을 하다

交响乐队 jiāoxiǎng yuèduì
심포니 오케스트라, 교향악단
6급 舞蹈 wǔdǎo 图 무용

4급 排列 páiliè 图 배열하다, 정렬하다

图 (일정한 순서에 따라) 배열하다/정렬하다
按顺序**排列** 순서대로 배열하다
数字**排列**很有规律 숫자 배열이 규칙적이다

4급 顺序 shùnxù 图 순서, 차례
5급 规律 guīlǜ 图 규율, 법칙

排球 páiqiú 图 배구, 배구공

图 배구, 배구공
打**排球** 배구를 하다
男子**排球**比赛 남자 배구 경기
你见过**排球**大小的冰雹?
네가 배구공만한 크기의 우박을 본 적이 있다고?

3급 比赛 bǐsài 图 시합, 경기, 대회
6급 冰雹 bīngbáo 图 우박

6급 徘徊 páihuái 图 배회하다 图 머뭇거리다, 망설이다 图 오르락내리락하다

图 배회하다
他一个人在学校附近**徘徊**了很久
그는 혼자서 학교 부근을 오랫동안 배회했다
图 머뭇거리다, 망설이다
徘徊不定 망설이며 정하지 못하다
图 오르락내리락하다
生产量在500公斤左右**徘徊**
생산량이 500킬로그램 정도에서 오르락내리락한다

3급 附近 fùjìn 图 부근, 근처, 인근
4급 左右 zuǒyòu 图 가량, 정도

P

5급 派 pài 图 파견하다, 안배하다, 배치하다 图 파, 파벌, 유파

图 파견하다, 안배하다, 배치하다
她就是公司**派**来调查的
그녀가 바로 회사에서 조사하라고 파견한 사람이다
派车去接他 차량을 배치하여 그를 데리러 가다
图 파, 파벌, 유파
党**派** 당파 | 学**派** 학파

4급 调查 diàochá 图 조사하다

6급 派别 pàibié 图 파별, 파벌, 계파, 유파

图 파별, 파벌, 계파, 유파
把不同的哲学**派别**融合成一个体系
서로 다른 철학 유파를 하나의 체계로 융합하다

融合 rónghé 图 융합하다, 하나로 합치다
6급 体系 tǐxì 图 체계, 구조

6급 派遣 pàiqiǎn 동 파견하다

동 파견하다
派遣代表团到中国
대표단을 중국으로 파견하다

代表团 dàibiǎotuán 명 대표단

6급 攀登 pāndēng 동 잡고 기어오르다, 등반하다

동 잡고 기어오르다, 등반하다
攀登高山 높은 산을 등반하다
攀登科技领域的高峰
과학 기술 영역의 정점에 오르다

5급 领域 lǐngyù 명 영역, 분야
6급 高峰 gāofēng 명 정점, 절정

6급 盘旋 pánxuán 동 선회하다, 빙빙 돌다 동 맴돌다

동 선회하다, 빙빙 돌다
飞机在天空盘旋1小时才降落
비행기가 하늘을 1시간 동안 선회하다가 착륙하다

동 (생각 등이) 맴돌다
她说的那句话反反复复在我脑海里盘旋
그녀가 한 말이 반복해서 내 머릿속을 맴돈다

4급 降落 jiàngluò 동 낙하하다, 착륙하다
脑海 nǎohǎi 명 뇌리, 머릿속

3급 盘子 pánzi 명 쟁반 명 규모, 범위

명 쟁반
他一手端着盘子，一手拿着筷子
그는 한 손에는 쟁반을 받쳐 들고, 한 손에는 젓가락을 들고 있다

명 규모, 범위
扩大基金的盘子 기금의 규모를 확대하다

6급 端 duān 동 가지런히 들다, 받쳐 들다
3급 筷子 kuàizi 명 젓가락
6급 基金 jījīn 명 기금

4급 判断 pànduàn 동 판단하다, 판정하다 명 판단, 판정

동 판단하다, 판정하다
他不能判断谁是谁非
그는 누가 옳고 누가 그른지 판단할 수가 없다

명 판단, 판정
她每次对于事情的判断都十分正确
그녀는 매번 일에 대한 판단이 매우 정확하다

4급 对于 duìyú 개 …에 대하여, …에 관하여
4급 正确 zhèngquè 형 정확하다, 올바르다, 틀림없다

6급 判决 pànjué 동 판결하다 명 판결

동 판결하다
法院最终判决无罪
법원이 최종적으로 무죄를 판결하다

명 판결
法院的判决公布了
법원의 판결이 공표되었다

5급 法院 fǎyuàn 명 법원
最终 zuìzhōng 명 최종, 마지막

5급 盼望 pànwàng 통 열망하다, 간절히 바라다

통 **열망하다, 간절히 바라다**
盼望早日康复
하루빨리 건강이 회복되기를 간절히 바라다
大家都**盼望**回家过年
모두가 귀성하여 설을 쇠기를 간절히 바란다

康复 kāngfù 통 (신체가) 건강을 회복하다
过年 guònián 통 설을 쇠다,
새해를 맞이하다

6급 畔 pàn 명 경계, 두렁 명 옆, 부근, 가장자리, 가

명 **(논밭 등의) 경계/두렁**
田**畔** 밭둑, 밭두렁
명 **옆, 부근, 가장자리, 가**
欣赏江**畔**的风光 강가의 경치를 감상하다

5급 欣赏 xīnshǎng 통 감상하다, 즐기다
6급 风光 fēngguāng 명 풍광, 경치

6급 庞大 pángdà 형 방대하다, 과도하게 크다

형 **(형체, 조직, 수량 등이) 방대하다/과도하게 크다**
规模**庞大** 규모가 방대하다
这座美术馆收藏着数量**庞大**的绘画作品
이 미술관은 방대한 수량의 회화 작품을 수장하고 있다

5급 规模 guīmó 명 규모
6급 收藏 shōucáng 통 수장하다,
수집하여 보관하다
绘画 huìhuà 명 회화, 그림

2급 旁边 pángbiān 명 옆쪽, 근처, 한쪽

명 **옆쪽, 근처, 한쪽**
我家就在学校**旁边** 우리 집은 바로 학교 옆이다
桌子**旁边**摆着两把椅子
탁자 옆에 의자가 두 개 놓여 있다

5급 摆 bǎi 통 놓다, 배열하다, 배치하다

P

3급 胖 pàng 형 살찌다, 뚱뚱하다, 비만하다

형 **살찌다, 뚱뚱하다, 비만하다** [반의어] 瘦 shòu [3급]
这小孩儿很**胖** 이 아이는 통통하다

6급 抛弃 pāoqì 통 포기하다, 내버리다, 버리다

통 **포기하다, 내버리다, 버리다**
你应该**抛弃**过去的旧思想
너는 과거의 낡은 사상을 버려야 한다
他**抛弃**了相恋八年的女友
그는 8년간 서로 사랑했던 여자 친구를 버렸다

相恋 xiāngliàn 통 서로 그리워하다,
서로 사랑하다

2급 跑步 pǎo//bù 통 달리기하다, 달리다, 뛰다

통 **달리기하다, 달리다, 뛰다**
我每天早上去操场**跑步**半小时
나는 매일 아침 운동장에 가서 30분 동안 달리기를 한다

5급 操场 cāochǎng 명 운동장, 연병장

6급 泡沫 pàomò 명 포말, 거품, 버블

명 포말, 거품, 버블
啤酒的泡沫能够持续存在几分钟
맥주 거품은 몇 분간 지속해서 존재할 수 있다
现在的房地产泡沫已经十分严重
현재 부동산 거품은 이미 매우 심각하다

3급 啤酒 píjiǔ 명 맥주
5급 持续 chíxù 동 지속하다
房地产 fángdìchǎn 명 부동산

4급 陪 péi 동 동반하다, 모시다, 수행하다

동 동반하다, 모시다, 수행하다
我陪你去逛街吧 내가 너와 같이 쇼핑하러 갈게
对不起，我得去开会，失陪了
죄송합니다만 회의에 참석해야 해서 이만 실례하겠습니다

逛街 guàngjiē 동 거리를 거닐다, 쇼핑하다
失陪 shīpéi 동 실례하다, 자리를 뜨다

5급 培训 péixùn 동 훈련하다, 양성하다

동 훈련하다, 양성하다
实施职业技术培训 직업 기술 훈련을 실시하다
全方位培训各类人才 각종 인재를 다각도로 양성하다

全方位 quánfāngwèi 명 전방위, 모든 방향, 모든 각도
各类 gèlèi 형 각종의, 각 종류의

5급 培养 péiyǎng 동 양성하다, 키우다 동 배양하다

동 양성하다, 키우다
一个贫困家庭培养出了三个优秀大学生
빈곤한 가정에서 세 명의 우수한 대학생을 키워 냈다
동 배양하다
培养蘑菇新品种 버섯 신품종을 배양하다

蘑菇 mógu 명 버섯

6급 培育 péiyù 동 기르다, 키우다 동 육성하다, 양성하다

동 기르다, 키우다
他曾经培育出20个优良品种
그는 지금까지 20개의 우량 품종을 길러 냈다
동 육성하다, 양성하다
培育拔尖人才 뛰어난 인재를 양성하다

优良 yōuliáng 형 우량하다, 우수하다, 매우 좋다
拔尖 bájiān 형 뛰어나다, 출중하다

5급 赔偿 péicháng 동 배상하다, 변상하다, 보상하다

동 배상하다, 변상하다, 보상하다
法院对此案作出判决，赔偿经济损失
법원은 이 안건에 대해 경제적 손실을 배상하라고 판결을 내렸다

5급 损失 sǔnshī 명 손실

5급 佩服 pèifú 동 패복하다, 감탄하다, 심복하다

동 패복하다, 감탄하다, 심복하다
我真佩服他的勇气 나는 그의 용기에 정말 감탄했다

5급 勇气 yǒngqì 명 용기

6급 配备 pèibèi 동 안배하다, 배치하다, 갖추다 명 설비, 장비

동 **안배하다, 배치하다, 갖추다**
配备3至5人的技术人员 3~5명의 기술 인력을 배치하다
配备侦察机协助搜索
정찰기를 배치하여 수색에 협조하다

명 **설비, 장비**
先进的科技和顶级配备 선진 과학 기술과 최고급 장비

侦察机 zhēnchájī 명 정찰기
5급 搜索 sōusuǒ 동 수색하다
顶级 dǐngjí 형 정상급의, 최고급의

5급 配合 pèihé 동 협력하다, 합동하다, 공동으로 하다 동 일치하다, 부합하다

동 **협력하다, 합동하다, 공동으로 하다**
他和队友配合十分默契 그는 팀원들과 손발이 잘 맞는다

동 **일치하다, 부합하다**
舞步要跟乐曲节奏配合 스텝이 곡의 리듬과 맞아야 한다

默契 mòqì 형 말없이 마음이 맞다,
묵묵히 통하다
舞步 wǔbù 명 (춤의) 스텝
6급 节奏 jiézòu 명 박자, 리듬

6급 配偶 pèi'ǒu 명 배우자

명 **배우자 (주로 서면어에 쓰임)**
报告显示女性学历越高越难找到相应配偶
보고서에서 여성은 학력이 높을수록 어울리는 배우자를 찾기가
어렵다고 나타났다

5급 学历 xuélì 명 학력
6급 相应 xiāngyìng 동 상응하다, 어울리다

6급 配套 pèi//tào 동 세트로 만들다, 완비하다, 체계를 갖추다

동 **세트로 만들다, 완비하다, 체계를 갖추다**
设施配套，布局合理
시설이 완비되고 배치도 합리적이다
提供配套服务 체계적인 서비스를 제공하다

5급 设施 shèshī 명 시설, 설비
服务 fúwù 동 봉사하다, 서비스하다

5급 盆 pén 명 대야, 화분 양 대야, 개

명 **대야, 화분**
塑料脸盆 플라스틱 세숫대야 | 陶瓷花盆 도자기 화분

양 **대야, 개 (대야, 화분, 그릇 등을 세는 단위)**
一盆水 물 한 대야 | 一盆花 꽃 화분 한 개

塑料 sùliào 명 플라스틱, 비닐
6급 陶瓷 táocí 명 도자, 도자기

6급 盆地 péndì 명 분지

명 **분지**
四川盆地的地理环境 쓰촨 분지의 지리적 환경

5급 地理 dìlǐ 명 지리

6급 烹饪 pēngrèn 동 음식을 만들다, 요리하다, 조리하다

동 **음식을 만들다, 요리하다, 조리하다**
用香油来烹饪青菜
참기름으로 채소를 조리하다

香油 xiāngyóu 명 참기름
青菜 qīngcài 명 채소, 야채

P

1급 朋友 péngyou 명 친구

명 친구
情侣分手后还能做朋友吗?
연인이 헤어진 후에도 여전히 친구가 될 수 있는가?

情侣 qínglǚ 명 연인, 애인
5급 分手 fēnshǒu 동 이별하다, 헤어지다

6급 捧 pěng 동 받들다, 받쳐 들다, 잡아 들다 양 움큼

동 (두 손으로) 받들다/받쳐 들다/잡아 들다
他捧着鲜花来迎接我
그는 꽃을 들고 나를 마중 나왔다

양 움큼 (두 손으로 움켜 들 수 있는 물건을 세는 단위)
手里拿着一捧瓜子儿
손에 해바라기씨 한 움큼을 들고 있다

鲜花 xiānhuā 명 생화
瓜子儿 guāzǐr 명 박과 식물의 씨

역순 어휘
吹捧 chuīpěng

5급 碰 pèng 동 부딪치다, 부딪히다 동 우연히 만나다, 마주치다

동 부딪치다, 부딪히다
头碰到门框上 문틀에 머리를 부딪혔다
동 우연히 만나다, 마주치다
在公园碰上一位老朋友 공원에서 옛 친구를 마주치다
最近碰到几件棘手的事
최근 몇 가지 까다로운 일에 맞닥뜨렸다

门框 ménkuàng 명 문틀
棘手 jíshǒu 형 곤란하다, 까다롭다

碰见 pèng//jiàn 동 우연히 만나다, 우연히 마주치다

동 우연히 만나다, 우연히 마주치다
我去上海正好碰见了他
나는 상하이에 갔다가 때마침 그와 우연히 마주쳤다

4급 正好 zhènghǎo 부 때마침, 공교롭게도

5급 批 pī 동 결재하다, 평가하다, 허가하다 양 무더기, 무리

동 (글, 문서 등을) 결재하다/평가하다/허가하다
报告还没批下来 보고서는 아직 결재가 나지 않았다
老师每天用心批改作业到深夜
선생님은 매일 밤늦게까지 열심히 숙제를 고치고 평가하신다
양 무더기, 무리 (대량의 화물, 많은 사람들을 세는 단위)
公司买了一批笔记本发放给员工
회사는 노트북을 대량 구매해 직원들에게 나눠 주었다

热烈庆祝第二批学员毕业
제2차 수강생들의 졸업을 열렬히 축하합니다

5급 报告 bàogào 명 보고서
批改 pīgǎi 동 고치고 평가하다
发放 fāfàng 동 (돈이나 물자를) 발급하다/
  나누어 주다
学员 xuéyuán 명 학생, 수강생

6급 批发 pīfā 동 도매하다

동 도매하다
这里只批发不零售
여기는 도매만 하고 소매로는 안 판다

零售 língshòu 동 소매로 팔다, 소매하다

6급 批判 pīpàn 동 비판하다 부 비판적으로

동 비판하다
带头**批判**错误倾向 잘못된 경향을 앞장서서 비판하다

부 비판적으로
我们要**批判**地吸收外来文化
외래 문화를 비판적으로 흡수해야 한다

带头 dàitóu 동 앞장서다, 선도하다, 이끌다
6급 倾向 qīngxiàng 명 경향, 추세
5급 吸收 xīshōu 동 흡수하다
外来 wàilái 형 외래의

4급 批评 pīpíng 동 비판하다, 비평하다

동 비판하다, 비평하다
文艺**批评** 문예 비평
谁不遵守纪律就**批评**谁
규칙을 준수하지 않는 사람은 누구라도 비판을 받는다

5급 纪律 jìlǜ 명 기율, 규칙, 법칙

5급 批准 pī∥zhǔn 동 비준하다, 승인하다, 허가하다

동 비준하다, 승인하다, 허가하다
计划被上级部门**批准**了
계획이 상급 부서에서 승인되었다

4급 计划 jìhuà 명 계획
6급 上级 shàngjí 명 상급 기관, 상사

5급 披 pī 동 덮다, 걸치다 동 나누다, 쪼개다, 가르다

동 (어깨에) 덮다/걸치다
她**披**着灰色大衣, 很时尚
그녀는 회색 코트를 어깨에 걸친 것이 매우 스타일리시하다

동 나누다, 쪼개다, 가르다
木板让我钉**披**了 내 못질에 나무판자가 쪼개졌다

大衣 dàyī 명 외투, 코트
5급 时尚 shíshàng 형 유행하다, 유행에 맞다

6급 劈 pī 동 쪼개다, 패다, 찍다 동 쪼개지다, 갈라지다

동 쪼개다, 패다, 찍다
用斧头**劈**木头 도끼로 나무를 패다

동 쪼개지다, 갈라지다
钢笔尖摔**劈**了 펜촉이 떨어져서 갈라졌다

斧头 fǔtou 명 도끼
摔 shuāi 동 떨어지다

4급 皮肤 pífū 명 피부

명 피부
含有维他命C的护肤品让**皮肤**白嫩光洁
비타민C를 함유한 스킨케어 제품은 피부를 희고 깨끗하게 해 준다

白嫩 báinèn 형 희고 보드랍다
光洁 guāngjié 형 반들반들하고 깨끗하다

6급 皮革 pígé 명 피혁, 가죽

명 피혁, 가죽
他身上穿一件**皮革**夹克
그는 가죽 재킷을 입고 있다

夹克 jiākè 명 재킷(jacket)

P

3급 皮鞋 píxié 명 가죽신, 가죽 구두

명 가죽신, 가죽 구두
我给父亲买了一双**皮鞋**
나는 아버지께 가죽 구두 한 켤레를 사 드렸다

3급 双 shuāng 양 쌍, 짝, 켤레

6급 疲惫 píbèi 형 극도로 피곤하다, 완전히 지치다

형 극도로 피곤하다, 완전히 지치다
忙碌的上班族常常会感到身心**疲惫**
바쁜 회사원은 심신이 피로하다고 종종 느낀다

6급 忙碌 mánglù 형 바쁘다
上班族 shàngbānzú 명 회사원, 사무원

6급 疲倦 píjuàn 형 피곤하다, 피로하다

형 피곤하다, 피로하다
工作繁忙，搞得我很**疲倦**
일이 바빠서 처리하느라 매우 피곤하다

6급 繁忙 fánmáng 형 일이 많고 바쁘다

5급 疲劳 píláo 형 피로하다, 지치다

형 피로하다, 지치다
我最近很容易**疲劳**，总是想睡觉
나는 요즘 쉽게 피로하고 늘 잠을 자고 싶다
练习这些瑜伽动作可以消除**疲劳**
이 요가 동작들을 연습하면 피로를 풀 수 있다

3급 总是 zǒngshì 부 늘, 항상
瑜伽 yújiā 명 요가
6급 消除 xiāochú 동 제거하다, 없애다

3급 啤酒 píjiǔ 명 맥주

명 맥주
我们今晚喝了两瓶**啤酒**和三杯扎啤
우리는 오늘 밤에 맥주 두 병과 생맥주 세 잔을 마셨다

扎啤 zhāpí 명 생맥주

4급 脾气 píqi 명 성격, 성질, 기질 명 성깔, 거친 성질

명 성격, 성질, 기질
他**脾气**太急，总是冲动做事
그는 성질이 매우 급해서 늘 충동적으로 일을 한다
명 성깔, 거친 성질
孩子稍有不顺心，就会耍**脾气**
아이는 조금만 불만족스러우면 바로 성질을 부린다

6급 冲动 chōngdòng 형 충동적이다, 흥분하다
稍有 shāoyǒu 동 조금 ⋯하다, 약간 ⋯하다
顺心 shùnxīn 형 만족하다, 여의하다
耍脾气 shuǎ píqi 성내다, 성깔을 부리다

5급 匹 pǐ 양 필

양 필 (말, 당나귀, 베, 비단 등을 세는 단위)
一**匹**马 말 한 필
三**匹**绸子 비단 세 필

绸子 chóuzi 명 견직물

6급 屁股 pìgu 몡 엉덩이, 궁둥이, 꽁무니, 후미

몡 엉덩이, 궁둥이, 꽁무니, 후미
我整天忙得**屁股**都坐不到凳子上
나는 종일 바빠서 의자에 엉덩이를 대고 앉지도 못했다
香烟**屁股** 담배꽁초

凳子 dèngzi 몡 등받이 없는 의자, 걸상
香烟 xiāngyān 몡 궐련, 담배

6급 譬如 pìrú 동 예를 들다

동 예를 들다
我曾到过许多名山大川，**譬如**黄山，长江三峡，
西湖等 나는 많은 명산대천을 가 보았는데, 예를 들어 황산,
창장싼샤, 시후 등이 있다

名山大川 míngshān-dàchuān
솅 명산대천, 이름난 산과 큰 하천

6급 偏差 piānchā 몡 편차 몡 오류, 착오

몡 편차
矫正**偏差**才能击中目标
편차를 바로잡아야 목표에 명중할 수 있다

矫正 jiǎozhèng 동 교정하다, 바로잡다
击中 jīzhòng 동 명중하다, 맞히다
6급 纠正 jiūzhèng 동 교정하다, 바로잡다

몡 오류, 착오
我们将对工作中产生的**偏差**和问题及时纠正
우리는 작업 중에 생긴 오류와 문제를 즉시 바로잡을 것이다

6급 偏见 piānjiàn 몡 편견

몡 편견
他用实力打破了大家对于他的**偏见**
그는 실력으로 그에 대한 모든 사람의 편견을 깼다

打破 dǎpò 동 깨다, 타파하다

P

6급 偏僻 piānpì 형 편벽하다, 외지다

형 편벽하다, 외지다
这一座寺庙，地理位置**偏僻**，但是众多游客慕
名而来
이 절은 지리적 위치가 외지지만, 많은 관광객이 명성을 듣고 온다

5급 位置 wèizhì 몡 위치
慕名 mùmíng 동 명성을 앙모하다,
명성을 부러워하다

6급 偏偏 piānpiān 뷔 기어코, 기어이, 일부러 뷔 유독, 오직, 하필

뷔 기어코, 기어이, 일부러
让我去一趟，我**偏偏**不去
나에게 한 번 가라고 했으나 난 일부러 가지 않았다
我叫他别去，可他**偏偏**不听
나는 그에게 가지 말라고 했지만, 그는 기어코 듣지 않았다

4급 趟 tàng 양 번, 차례, 회
1급 叫 jiào 동 요구하다, 명령하다, …하게 하다

뷔 유독, 오직, 하필 (불만의 어기를 나타냄)
别人都能来，为什么**偏偏**你来不了？
남들은 다 올 수 있다는데 왜 하필 너만 못 온다는 거야?

4급 篇 piān 양 편, 장

양 편, 장 (종이, 쪽수, 글 등을 세는 단위)

刚翻了两**篇**儿就发现三个错字
막 두 쪽을 들췄는데 틀린 글자 세 개를 발견했다

他已经推出了三**篇**文章 그는 이미 글 세 편을 내놓았다

5급 翻 fān 동 들추다, 뒤적이다
错字 cuòzì 필획을 틀리게 쓴 글자, 오자(误字)
推出 tuīchū 동 내놓다, 출시하다, 발표하다

2급 便宜 piányi 형 싸다, 저렴하다

형 싸다, 저렴하다

这里的香蕉非常**便宜** 여기 바나나는 아주 싸다

我再给您**便宜**二十块 제가 20위안 더 싸게 드릴게요

这本书比那本书**便宜**很多 이 책이 그 책보다 훨씬 싸다

3급 香蕉 xiāngjiāo 명 바나나

tip 여기에서는 便을 biàn으로 읽지 않는다

5급 片 piàn 양 조각, 편 명 영화, 드라마

양 조각, 편 (얇고 편평한 물건, 지면, 수면, 경치, 날씨, 소리, 언어, 마음 등을 세는 단위)

用两**片**儿面包，两**片**火腿和一个鸡蛋做三明治
식빵 두 조각, 햄 두 조각, 달걀 한 개로 샌드위치를 만들다

她辜负了我的一**片**好心 그녀는 나의 호의를 저버렸다

명 영화, 드라마

这是他拍摄的第一次纪录**片**
이것이 그가 촬영한 첫 다큐멘터리 영화이다

火腿 huǒtuǐ 명 햄
三明治 sānmíngzhì 명 샌드위치
6급 辜负 gūfù 동 저버리다
拍摄 pāishè 동 촬영하다
纪录片 jìlùpiàn 명 다큐멘터리 영화

역순 어휘
动画**片** dònghuàpiàn　　名**片** míngpiàn
照**片** zhàopiàn

6급 片断 piànduàn 명 단편, 단면, 부분 형 자잘한, 불완전한, 단편적인

명 단편, 단면, 부분 (주로 생활, 경험에 쓰임)

这些照片只是记忆**片断**中的一小部分
이 사진들은 단편 기억의 일부분일 뿐이다

형 자잘한, 불완전한, 단편적인

世界不是许多事实**片断**的堆积
세계는 많은 사실의 단편적인 퇴적이 아니다

5급 记忆 jìyì 명 기억
4급 部分 bùfen 명 부분, 일부
6급 堆积 duījī 동 쌓이다, 퇴적되다

6급 片刻 piànkè 명 잠시, 잠깐, 삽시간

명 잠시, 잠깐, 삽시간

他休息**片刻**便继续投入到他的日常工作中
그는 잠깐 쉬고 바로 그의 일상 업무에 계속 열중했다

5급 投入 tóurù 형 전념하다, 열중하다

5급 片面 piànmiàn 형 단편적이다, 일방적이다, 편면적이다

형 단편적이다, 일방적이다, 편면적이다 반의어 全面 quánmiàn 5급

把问题看得太**片面**了
문제를 너무 단편적으로 보았다

不能**片面**强调经济利益
경제적 이익을 일방적으로 강조하면 안 된다

5급 强调 qiángdiào 동 강조하다
5급 利益 lìyì 명 이익, 이득, 이점

4급 骗 piàn 동 속이다, 사기를 치다, 기만하다 동 편취하다, 사취하다, 속여서 빼앗다

동 속이다, 사기를 치다, 기만하다
他把大伙儿给骗了 그가 모두를 속였다

동 편취하다, 사취하다, 속여서 빼앗다
那些商人为了骗钱，造了许多冒牌货
그 상인들은 돈을 사취하기 위해 많은 유명 브랜드 모조품을
만들었다

6급 大伙儿 dàhuǒr 대 모두
冒牌 màopái 동 브랜드를 사칭하다

역순 어휘
欺骗 qīpiàn   诈骗 zhàpiàn

6급 漂浮 piāofú 동 뜨다, 떠다니다

동 (액체 표면에) 뜨다, (수면에) 떠다니다
花瓣漂浮在水面上
꽃잎이 물 위에 떠다니다

6급 花瓣 huābàn 명 꽃잎, 화판
水面 shuǐmiàn 명 수면

5급 飘 piāo 동 흔들리다, 날리다, 나부끼다

동 흔들리다, 날리다, 나부끼다
远处飘来一股清香
먼 곳에서 맑은 향기가 풍겨 오다

股 gǔ 양 줄기

6급 飘扬 piāoyáng 동 날리다, 펄럭이다, 팔랑거리다

동 날리다, 펄럭이다, 팔랑거리다
国旗迎风飘扬
국기가 바람에 펄럭이다

国旗 guóqí 명 국기
迎风 yíngfēng 동 바람을 맞다, 바람을 타다

P

2급 票 piào 명 표, 티켓, 증명서 명 지폐

명 표, 티켓, 증명서
还有到北京的车票吗?
베이징으로 가는 차표가 아직 있습니까?

在网上订机票 인터넷에서 비행기 티켓을 예약하다
今天的电影票小王已经买好了
오늘 영화 티켓은 샤오왕이 이미 사 두었다

명 지폐
爸爸的钱包里有四张50元的钞票
아빠의 지갑 안에 50위안짜리 지폐가 네 장 있다

网上 wǎngshàng 명 온라인, 인터넷
订 dìng 동 주문하다, 예약하다
6급 钞票 chāopiào 명 지폐

역순 어휘
彩票 cǎipiào   钞票 chāopiào
发票 fāpiào   股票 gǔpiào
投票 tóupiào   支票 zhīpiào

1급 漂亮 piàoliang 형 예쁘다, 잘생기다, 보기 좋다 형 훌륭하다, 뛰어나다

형 예쁘다, 잘생기다, 보기 좋다
这条裤子很漂亮 이 바지는 아주 예쁘다
她写的字挺漂亮 그녀가 쓴 글자는 상당히 보기 좋다
她今天打扮得非常漂亮
그녀는 오늘 아주 예쁘게 꾸몄다

형 (일 처리가) 훌륭하다/뛰어나다
任务完成得真漂亮 임무를 훌륭하게 완성하다

3급 裤子 kùzi 명 바지
4급 挺 tǐng 부 꽤, 제법, 상당히
4급 打扮 dǎban 동 치장하다, 꾸미다, 변장하다

6급 **撇** piě 图 던지다, 내던지다, 팽개치다 图 밖으로 기울다 图 입을 삐죽이다

图 **던지다, 내던지다, 팽개치다**
把石头撇到河里
돌을 강으로 던지다

图 **밖으로 기울다**
这孩子走路，两脚老向外撇着
이 아이는 길을 걸을 때 늘 팔(八)자로 걷는다

图 **입을 삐죽이다**
他一边听，一边撇嘴
그는 들으면서 입을 삐죽거렸다

5급 石头 shítou 图 돌
撇嘴 piězuǐ 图 입을 삐죽이다

6급 **拼搏** pīnbó 图 전력을 다해 투쟁하다, 필사적으로 싸우다

图 **전력을 다해 투쟁하다, 필사적으로 싸우다**
为了心中的梦想奋力拼搏
마음속 꿈을 위해 전력을 다해 분투하다

5급 梦想 mèngxiǎng 图 꿈, 이상
奋力 fènlì 图 온 힘을 다하다

6급 **拼命** pīn // mìng 图 목숨을 걸고 싸우다 图 필사적으로 하다, 전력을 다하다

图 **목숨을 걸고 싸우다**
徒手拼命搏斗
맨손으로 목숨을 걸고 격투하다

图 **필사적으로 하다, 전력을 다하다**
他拼命喊叫，但是没有人能听到他的声音
그는 전력을 다해 외쳤으나 아무도 그의 목소리를 듣지 못했다

徒手 túshǒu 图 빈손의, 맨손의
6급 搏斗 bódòu 图 격투하다, 투쟁하다
喊叫 hǎnjiào 图 외치다, 고함치다, 소리를 지르다

5급 **拼音** pīnyīn 图 병음

图 **병음 (중국어 발음을 표기하는 발음 기호)**
汉语拼音被看作是学习普通话正确发音的工具
한어 병음은 표준 중국어의 정확한 발음을 학습하는 도구로 간주된다

看作 kànzuò 图 …으로 여기다, 간주하다
发音 fāyīn 图 발음

6급 **贫乏** pínfá 图 궁핍하다, 곤궁하다, 빈곤하다 图 부족하다, 결핍하다

图 **궁핍하다, 곤궁하다, 빈곤하다**
当时他没房子，生活贫乏窘迫
그때 그는 집도 없고, 생활이 궁핍하고 곤란했다

图 **부족하다, 결핍하다**
孩子接受教育越多，想象力却越来越贫乏
아이가 교육을 많이 받을수록 상상력은 오히려 점점 부족해진다

窘迫 jiǒngpò 图 곤궁하다, 곤란하다
想象力 xiǎngxiànglì 图 상상력

6급 **贫困** pínkùn 图 빈곤하다, 궁핍하다

图 **빈곤하다, 궁핍하다**
让贫困地区学生享受到更多优质教育资源
빈곤 지역 학생들이 더 많은 양질의 교육 자원을 누리게 하였다

5급 享受 xiǎngshòu 图 향수하다, 누리다
优质 yōuzhì 图 우량한, 양질의

5급 频道 píndào 몡 채널

몡 채널
体育频道将会对这一场比赛进行现场直播
스포츠 채널에서 이 경기를 현장 생중계할 예정이다

6급 现场 xiànchǎng 몡 현장
6급 直播 zhíbō 됭 생중계하다

6급 频繁 pínfán 혱 빈번하다, 잦다

혱 빈번하다, 잦다
身体频繁出现这种状况，你尽早去检查身体吧
몸에 이런 상황이 자주 나타난다니 너는 가능한 빨리 건강 검진을
받아 봐

4급 出现 chūxiàn 됭 출현하다, 나타나다,
드러나다
5급 状况 zhuàngkuàng 몡 상황, 형편
尽早 jǐnzǎo 빈 최대한 일찍, 가능한 빨리

6급 频率 pínlǜ 몡 주파수, 빈도수

몡 주파수, 빈도수
微波是指频率为300MHz-300GHz的电磁波
마이크로파는 주파수가 300메가헤르츠에서 300기가헤르츠 사이의
전자파를 가리킨다

这些词语日常使用频率比较高
이 단어들은 일상적으로 사용 빈도가 비교적 높다

微波 wēibō 몡 마이크로파
电磁波 diàncíbō 몡 전자파, 전자기파
4급 词语 cíyǔ 몡 단어, 어휘
5급 日常 rìcháng 혱 일상의, 평소의

6급 品尝 pǐncháng 됭 맛보다

됭 맛보다
这是本店的特色菜，请诸位品尝
이것은 저희 가게의 특별 요리인데, 여러분이 맛보시기 바랍니다

5급 特色 tèsè 몡 특색, 특징
6급 诸位 zhūwèi 떼 제위(諸位), 여러분

6급 品德 pǐndé 몡 인품과 덕성, 품성, 성품

몡 인품과 덕성, 품성, 성품
我们希望孩子成为一个道德和品德高尚的人
우리는 아이가 도덕과 품성이 고상한 사람이 되길 바란다

5급 道德 dàodé 몡 도덕
6급 高尚 gāoshàng 혱 고상하다

品行 pǐnxíng 몡 품행, 행실

몡 품행, 행실
她人善良，品行端正
그녀는 선량하고 품행이 단정하다

5급 善良 shànliáng 혱 선량하다
6급 端正 duānzhèng 혱 단정하다, 바르다

6급 品质 pǐnzhì 몡 품성, 인품 몡 품질

몡 품성, 인품
他品质高尚，是值得深交的朋友
그는 인품이 고상해서 깊이 사귈 만한 친구이다

몡 (상품의) 품질
这些毛织品以品质优良深受消费者的欢迎
이 모직 제품들은 품질이 우수하여 소비자에게 매우 인기 있다

深交 shēnjiāo 됭 깊이 사귀다,
친밀하게 지내다
优良 yōuliáng 혱 (품질, 성적 등이)
우수하다

P

6급 品种 pǐnzhǒng 명 품종 명 품종, 제품의 종류

명 (생물의) 품종
培育优良品种
우량 품종을 배양하다

명 품종, 제품의 종류
品种繁多，花色齐全
종류가 많고 다양한 종류가 모두 구비되어 있다

繁多 fánduō 형 많다, 다양하다
花色 huāsè 명 유형, 종류
6급 齐全 qíquán 형 모두 갖추다, 완비하다, 구비하다

4급 乒乓球 pīngpāngqiú 명 탁구, 탁구공

명 탁구, 탁구공
乒乓球是中国人最喜爱的一项运动
탁구는 중국인이 가장 좋아하는 운동 중 하나이다

喜爱 xǐ'ài 동 좋아하다, 호감을 갖다

5급 平 píng 형 평평하다 형 대등하다, 균등하다, 공정하다

형 평평하다
桌面很平 테이블 윗면이 평평하다

형 대등하다, 균등하다, 공정하다
两队踢平了
두 축구팀이 비등한 경기를 했다
这笔钱该平分
이 돈은 균등하게 나눠야 한다

平分 píngfēn 동 균등하게 나누다

역순 어휘
公平 gōngpíng　　和平 hépíng
水平 shuǐpíng

5급 平安 píng'ān 형 평안하다, 무사하다

형 평안하다, 무사하다
祝你回国旅途平安愉快！
귀국하는 여행길이 무사하고 즐겁기를 기원합니다
一家人聚在一起，平平安安过大年
일가족이 함께 모여 평안하게 설을 쇠다

旅途 lǚtú 명 여행길, 여정
4급 愉快 yúkuài 형 유쾌하다, 기쁘다
大年 dànián 명 설

5급 平常 píngcháng 형 보통이다, 일반적이다, 평범하다 명 평상시, 평소

형 보통이다, 일반적이다, 평범하다
发生这种情况很平常，不要大惊小怪
이런 상황이 발생하는 것이 보통이니 괜히 크게 놀라지 마라

명 평상시, 평소
平常他爱喝葡萄酒
평소 그는 와인을 즐겨 마신다

4급 情况 qíngkuàng 명 정황, 상황, 사정
大惊小怪 dàjīng-xiǎoguài
성 사소한 일에 크게 놀라다
葡萄酒 pútáojiǔ 명 와인, 포도주

5급 平等 píngděng 형 평등하다, 동등하다, 대등하다

형 평등하다, 동등하다, 대등하다
提倡男女平等 남녀평등을 제창하다
受到平等对待 동등한 대우를 받다

5급 提倡 tíchàng 동 제창하다
4급 受到 shòudào 동 받다

6급 平凡 píngfán 혱 평범하다, 일반적이다, 보통이다

혱 평범하다, 일반적이다, 보통이다
他在平凡的岗位，做出了不平凡的事业
그는 평범한 직위에서 비범한 일을 해냈다

| 6급 岗位 gǎngwèi 혱 직위, 직무
| 6급 事业 shìyè 혱 사업, 일

5급 平方 píngfāng 몡 제곱, 평방 향 제곱미터, 평방미터

몡 제곱, 평방
五的平方是二十五 5의 제곱은 25이다

향 제곱미터, 평방미터 (넓이의 단위) [동의어] 平方米 píngfāngmǐ
卧室的面积是15平方
침실의 면적은 15제곱미터이다

| 5급 卧室 wòshì 몡 침실
| 5급 面积 miànjī 몡 면적

5급 平衡 pínghéng 혱 평형하다, 균형이 맞다, 균형 잡히다
동 평형을 유지하다, 균형 있게 하다, 균형을 맞추다

혱 평형하다, 균형이 맞다, 균형 잡히다
该公司有望在第二季度实现收支平衡
이 회사는 2분기에 수지 균형을 이룰 가능성이 있다

走钢丝一定要保持平衡
줄타기는 반드시 균형을 유지해야 한다

동 평형을 유지하다, 균형 있게 하다, 균형을 맞추다
运用市场机制平衡产业布局
시장 메커니즘을 운용하여 산업 분포의 균형을 맞추다

| 6급 季度 jìdù 몡 분기
收支 shōuzhī 몡 수지, 수입과 지출
走钢丝 zǒu gāngsī 줄타기하다
机制 jīzhì 몡 체제, 기능, 메커니즘
| 6급 布局 bùjú 몡 계획, 배치, 구도

5급 平静 píngjìng 혱 차분하다, 편안하다, 안정되다

혱 (마음, 환경 등이) 차분하다/편안하다/안정되다
这语录的句子让人心情平静
이 어록의 문장은 마음을 차분하게 한다

边境局势暂时恢复平静
변경의 정세가 잠시 안정을 회복했다

| 4급 心情 xīnqíng 몡 심정, 기분, 마음
| 6급 边境 biānjìng 몡 변경, 경계 지역
| 6급 局势 júshì 몡 정세, 국면, 형세

5급 平均 píngjūn 동 평균하다, 평균을 내다, 균일하게 하다
혱 균등하다, 균일하다, 평균적이다

동 평균하다, 평균을 내다, 균일하게 하다
5个人共花掉50元，平均每人10元
5명이 모두 50위안을 썼으니, 평균 한 사람이 10위안을 썼다

혱 균등하다, 균일하다, 평균적이다
夫妻愿意将财产平均分配给儿女
부부는 재산을 자녀에게 균등하게 분배하길 원한다

| 5급 财产 cáichǎn 몡 재산, 자산
| 5급 分配 fēnpèi 동 분배하다, 나누다

6급 平面 píngmiàn 몡 평면

몡 평면
太阳系的行星基本都在相同平面上公转
태양계 행성은 기본적으로 모두 같은 평면상에서 공전한다

行星 xíngxīng 몡 행성
公转 gōngzhuàn 동 공전하다

P

4급 平时 píngshí 명 평상시, 평소, 평시

명 평상시, 평소, 평시
平时他是不去逛商场的 평소에 그는 쇼핑을 다니지 않는다

商场 shāngchǎng 명 상가, 백화점

6급 平坦 píngtǎn 형 평탄하다

형 (도로, 지세 등이) 평탄하다
这里地势平坦开阔 이곳은 지세가 평탄하고 광활하다
人生没有平坦的道路，更没有捷径
인생에 평탄한 길은 없고 지름길은 더욱 없다

6급 地势 dìshì 명 지세, 지형
6급 开阔 kāikuò 형 광활하다, 드넓다
捷径 jiéjìng 명 지름길, 첩경

6급 平行 píngxíng 동 평행하다 형 동시의 형 동급의, 대등한, 동등한

동 평행하다
这两条直线互相平行 이 두 개의 직선은 서로 평행하다
형 동시의
多种经济成分平行发展 여러 경제 요소가 동시에 발전하다
형 동급의, 대등한, 동등한
县级市和县是平行的 현급시와 현은 동급이다

直线 zhíxiàn 명 직선
多种 duōzhǒng 형 여러 종류의, 다양한
5급 成分 chéngfèn 명 성분, 요소

6급 平庸 píngyōng 형 평범하다, 예사롭다

형 평범하다, 예사롭다
她外表平庸无奇
그녀의 겉모습은 특이한 것 없이 평범하다

6급 外表 wàibiǎo 명 외모, 겉모습

6급 平原 píngyuán 명 평원, 평야

명 평원, 평야
东北平原是中国面积最大的平原
둥베이 평원은 중국에서 면적이 가장 큰 평원이다

6급 评估 pínggū 동 평가하다

동 (품질, 수준, 성적 등을) 평가하다
教育厅对高中教学质量进行评估
교육청에서 고등학교 학습의 질에 대해 평가를 진행한다

4급 质量 zhìliàng 명 품질

5급 评价 píngjià 동 평가하다 명 평가

동 평가하다
评价事物，必须持客观态度
사물을 평가할 때는 반드시 객관적인 태도를 지녀야 한다
명 평가
这部电影在海外得到了很高的评价
이 영화는 해외에서 매우 높은 평가를 받았다

5급 事物 shìwù 명 사물
5급 客观 kèguān 형 객관적이다
4급 态度 tàidu 명 태도

6급 评论 pínglùn 동 평론하다, 평가하다 명 평론, 논평

동 평론하다, 평가하다
大家不了解情况就不要妄加评论
모두 상황을 잘 모르면 멋대로 평가하지 마라

명 평론, 논평
这篇评论写得很深刻
이 평론은 내용이 깊고 날카롭다

妄加 wàngjiā 동 함부로 가하다,
　　　　　　　멋대로 더하다
5급 深刻 shēnkè 형 (의견, 내용 등이) 깊고
　　　　　　　날카롭다, 핵심적이다

1급 苹果 píngguǒ 명 사과, 사과나무

명 사과, 사과나무
苹果多少钱一箱? 사과 한 상자에 얼마예요?
每天吃一颗苹果可以预防感冒
매일 사과 한 알을 먹으면 감기를 예방할 수 있다

箱 xiāng 명 상자, 박스
5급 颗 kē 양 알
5급 预防 yùfáng 동 예방하다

5급 凭 píng 동 의지하다, 기대다 개 …에 근거하여

동 의지하다, 기대다
干好干坏全凭你的本事了
잘하고 못하고는 모두 너의 기량에 달렸다
要取胜, 必须凭实力
이기려면 반드시 실력에 의지해야 한다

개 …에 근거하여 (뒤에 오는 명사구가 길 경우, 凭 뒤에 着zhe를 넣을 수 있음)
博览会要凭票入场吗?
박람회는 티켓이 있어야 입장합니까?
他凭着多年的经验, 找到了事件的突破口
그는 다년 간의 경험에 근거하여 사건의 돌파구를 찾았다

6급 博览会 bólǎnhuì 명 박람회
6급 事件 shìjiàn 명 사건
　　突破口 tūpòkǒu 명 돌파구

역순 어휘
文凭 wénpíng

P

6급 屏幕 píngmù 명 스크린

명 스크린
户外巨型电子屏幕上亮出戒烟标语
옥외 대형 전자 스크린에 금연 표어가 나왔다

户外 hùwài 명 옥외, 실외
戒烟 jièyān 동 담배를 끊다, 금연하다
标语 biāoyǔ 명 표어

6급 屏障 píngzhàng 명 장벽, 보호벽

명 장벽, 보호벽
太行山是座天然屏障
타이항산은 천연의 장벽이다

天然 tiānrán 형 천연의, 자연의

3급 瓶子 píngzi 명 병

명 병
酒瓶子 술병
罐头瓶子 통조림 병

罐头 guàntou 명 통조림

6급 坡 pō 명 경사진 곳, 비탈, 언덕

명 경사진 곳, 비탈, 언덕
如果开车上**坡**时动力不足，会熄火
운전해서 비탈을 오를 때 동력이 부족하면 시동이 꺼질 수 있다

6급 动力 dònglì 명 동력, 원동력
熄火 xīhuǒ 동 시동이 꺼지다, 작동이 멈추다

6급 泼 pō 동 뿌리다, 쏟다 형 난폭하다, 무지막지하다, 제멋대로이다

동 (액체를) 뿌리다/쏟다
不要把污水**泼**在街上
더러운 물을 길에 뿌리지 마라

형 난폭하다, 무지막지하다, 제멋대로이다
泼妇骂街
사나운 여자가 길에서 욕하다, 남에게 독설을 퍼붓다

污水 wūshuǐ 명 오수, 오염된 물

역순 어휘
活**泼** huópo

6급 颇 pō 형 치우치다 부 상당히, 매우, 꽤

형 치우치다
偏**颇** 편파적이다, 불공정하다

부 상당히, 매우, 꽤
看完先生的文章**颇**有同感
선생의 글을 읽고 나니 상당히 공감이 된다

同感 tónggǎn 명 동감, 공감

6급 迫不及待 pòbùjídài 성 상황이 급박하여 더 이상 기다릴 수가 없다

성 상황이 급박하여 더 이상 기다릴 수가 없다
我**迫不及待**想看下一场比赛
나는 다음 경기를 지금 당장 보고 싶다

6급 迫害 pòhài 동 박해하다

동 (사람을) 박해하다
父亲在战争中被**迫害**致死
아버지는 전쟁 중에 박해를 받아 돌아가셨다

致死 zhìsǐ 동 치사하다, 사망에 이르다

5급 迫切 pòqiè 형 절박하다, 절실하다

형 절박하다, 절실하다
管理体制转变的要求已经十分**迫切**
관리 체제 전환에 대한 요구는 이미 매우 절실하다

5급 转变 zhuǎnbiàn 동 바꾸다, 전환하다
4급 十分 shífēn 부 십분, 매우, 아주

4급 破 pò 동 찢어지다, 깨지다, 망가지다 동 파손하다, 부수다 동 깨다, 타파하다

동 찢어지다, 깨지다, 망가지다
衣服**破**了 옷이 찢어졌다
阳台的玻璃**破**碎了 발코니 유리가 산산조각이 났다

동 파손하다, 부수다
友谊牢不可**破** 우정이 매우 견고해서 깰 수 없다

5급 阳台 yángtái 명 발코니, 베란다
破碎 pòsuì 동 산산조각이 나다

동 (규칙, 제한, 기록 등을) 깨다/타파하다
他把男子100米的世界纪录给破了
그는 남자 100미터 세계 기록을 깼다

5급 纪录 jìlù 명 기록, 최고 기록

突破 tūpò

5급 破产 pò // chǎn 동 파산하다, 전 재산을 잃다

동 파산하다, 전 재산을 잃다
一场洪水，使他彻底破产了
한 차례의 홍수로 그는 전 재산을 모두 잃었다
那家企业面临破产的危险
그 기업은 파산 위험에 직면했다

5급 彻底 chèdǐ 동 철저하다, 완전하다, 빈틈없다
4급 危险 wēixiǎn 명 위험

5급 破坏 pòhuài 동 훼손하다, 파괴하다, 손상시키다

동 훼손하다, 파괴하다, 손상시키다
严厉打击破坏森林资源的违法行为
산림 자원을 훼손하는 위법 행위를 엄중히 단속하다
你不能为了自己的幸福，而破坏别人的家庭
너는 자신의 행복을 위해 남의 가정을 파괴하면 안 된다

6급 严厉 yánlì 엄하다, 준엄하다
违法 wéifǎ 동 위법하다
5급 家庭 jiātíng 명 가정, 가족

6급 破例 pò // lì 동 관례를 깨다, 전례를 깨다

동 관례를 깨다, 전례를 깨다
尽管情况特殊，也不能破例
상황이 특수하다 하더라도 관례를 깰 수는 없다

5급 特殊 tèshū 형 특수하다, 특별하다

P

6급 魄力 pòlì 명 박력, 패기, 기백

명 박력, 패기, 기백
她是一位很有魄力的女强人
그녀는 매우 기백 있는 여장부이다

女强人 nǚqiángrén 명 여장부, 유능한 여성

6급 扑 pū 동 달려들다, 돌진하다, 뛰어들다 동 집중하다, 몰두하다

동 달려들다, 돌진하다, 뛰어들다
孩子一头扑在妈妈怀里
아이는 곧장 엄마의 품속으로 달려들었다
동 집중하다, 몰두하다
一心扑在工作上
전심으로 일에 몰두하다
把心都扑在孩子身上了
마음을 모두 아이에게 쏟았다

一头 yītóu 부 곧장, 힘껏
一心 yīxīn 명 온 마음, 모든 정력

6급 铺 pū 동 깔다, 펴다, 펼쳐 놓다

동 (물건을) 깔다/펴다/펼쳐 놓다
把地毯铺在地上
바닥에 카펫을 깔다

5급 地毯 dìtǎn 명 카펫, 양탄자

4급 葡萄 pútáo 명 포도, 포도나무

명 포도, 포도나무
这种葡萄酸甜可口，大家都喜欢
이 포도는 새콤달콤하고 맛있어서 모두가 좋아한다

酸甜 suāntián 형 새콤달콤하다

6급 朴实 pǔshí 형 순박하다, 성실하다　형 수수하다, 소박하다　형 질박하다, 담백하다

형 순박하다, 성실하다
众所周知，他为人朴实正直
그가 인품이 성실하고 정직한 것은 여러 사람이 알고 있다

형 수수하다, 소박하다
她虽衣着朴实，但人美怎么穿都好看
그녀는 옷차림은 수수하지만, 아름다워서 어떻게 입던지 보기 좋다

형 질박하다, 담백하다
这部作品诙谐幽默，文风朴实利落
이 작품은 재미있고 유머가 있으며, 글의 풍격이 질박하고 깔끔하다

6급 众所周知 zhòngsuǒzhōuzhī
성 여러 사람이 두루 알다
衣着 yīzhuó 명 복장, 옷차림
诙谐 huīxié 형 익살스럽다, 재미있다
利落 lìluo 형 가지런하다, 깔끔하다

6급 朴素 pǔsù 형 소박하다, 수수하다　형 검소하다, 알뜰하다　형 자연스럽다, 과장되지 않다

형 소박하다, 수수하다
书房布置得朴素大方
서재를 소박하고 고상하게 꾸미다
穿着朴素 옷차림이 수수하다

형 검소하다, 알뜰하다
她是非常有名的演员，生活却朴素节俭
그녀는 매우 유명한 배우인데도, 생활은 검소하다

형 자연스럽다, 과장되지 않다
他平实朴素的表演让观众流泪
그의 질박하고 자연스러운 연기에 관중들은 눈물을 흘렸다

5급 大方 dàfang 형 고상하다, 우아하다,
세련되다
穿着 chuānzhuó 명 옷차림, 몸치장
节俭 jiéjiǎn 형 검소하다
平实 píngshí 형 소박하고 있는 그대로이다

4급 普遍 pǔbiàn 형 보편적이다, 일반적이다, 전면적이다

형 보편적이다, 일반적이다, 전면적이다
这种现象很普遍
이러한 현상은 매우 보편적이다

5급 现象 xiànxiàng 명 현상

6급 普及 pǔjí 동 보급되다, 확산되다　동 보편화하다, 대중화하다

동 보급되다, 확산되다
这本词典已普及全国
이 사전은 이미 전국에 보급됐다

동 보편화하다, 대중화하다
有些专家呼吁高中也要普及义务教育
일부 전문가들은 고등학교도 의무 교육을 보편화해야 한다고
호소한다

6급 呼吁 hūyù 동 외치다, 호소하다
5급 义务 yìwù 명 의무

4급 普通话 pǔtōnghuà 몡 표준 중국어, 현대 중국 표준어, 보통화

몡 **표준 중국어, 현대 중국 표준어, 보통화**
他是广东人，却能讲出一口流利的**普通话**
그는 광둥 사람인데도 유창한 표준 중국어를 구사한다

4급 流利 liúlì 휑 유창하다, 매끄럽다

6급 瀑布 pùbù 몡 폭포

몡 **폭포**
从高空落下的**瀑布**溅起的水花，高达300米
고공에서 떨어지는 폭포가 일으키는 물보라가 300미터에 달한다

高空 gāokōng 몡 고공
6급 溅 jiàn 통 튀다
水花 shuǐhuā 몡 물보라, 물방울

P

|1급| 七 qī [수] 칠, 일곱, 7

[수] **칠, 일곱, 7**
七是我的幸运数字
7은 나의 행운의 숫자이다

|5급| 幸运 xìngyùn [명] 행운

|2급| 妻子 qīzi [명] 아내, 처

[명] **아내, 처**
他的**妻子**去世了，他伤心了很久
아내가 세상을 떠나고 그는 오랫동안 슬퍼했다

|5급| 去世 qùshì [동] 세상을 뜨다, 별세하다

|6급| 凄凉 qīliáng [형] 처량하다, 쓸쓸하다, 애처롭다

[형] **처량하다, 쓸쓸하다, 애처롭다**
空巢老人的生活很**凄凉**
자녀가 떠나고 혼자 사는 노인의 생활은 처량하다
悲哀**凄凉**的歌曲 슬프고 처량한 노래

空巢 kōngcháo [명] 빈 둥지, 자녀들이 성장해서 집을 떠난 가정
|6급| 悲哀 bēi'āi [형] 매우 슬프다, 애통하다

|5급| 期待 qīdài [동] 기대하다, 희망하다, 기다리다

[동] **기대하다, 희망하다, 기다리다**
殷切**期待**着你的来信 당신의 회신을 간절히 기다립니다
他从不辜负父母的**期待**
그는 부모의 기대를 저버린 적이 없다

殷切 yīnqiè [형] 간절하다, 절박하다
|6급| 辜负 gūfù [동] 저버리다

|5급| 期间 qījiān [명] 기간

[명] **기간**
实习**期间**，她一次也没迟到过
실습 기간 동안 그녀는 한 번도 지각한 적이 없다

|5급| 实习 shíxí [동] 실습하다, 수습하다

|6급| 期望 qīwàng [동] 기대하다, 희망하다 [명] 기대, 희망

[동] **기대하다, 희망하다**
父母都**期望**子女成为有用之材
부모는 모두 자녀가 유용한 인재가 되길 희망한다
你**期望**的薪资是多少？ 당신이 희망하는 임금은 얼마입니까?
[명] **기대, 희망**
家长对孩子的**期望**过高
아이에 대한 학부모의 기대가 지나치게 크다

有用 yǒuyòng [동] 유용하다, 쓸모가 있다
薪资 xīnzī [명] 임금, 봉급
家长 jiāzhǎng [명] 학부모, 보호자

|6급| 期限 qīxiàn [명] 기한, 시한, 만기

[명] **기한, 시한, 만기**
三天**期限** 3일 기한 | 使用**期限** 사용 기한
偿还贷款的**期限**，明天就到了
대출금의 상환 기일이 바로 내일이다

|6급| 偿还 chánghuán [동] 상환하다, 갚다
|5급| 贷款 dàikuǎn [명] 대부금, 대출금

6급 欺负 qīfu 图 업신여기다, 구박하다, 괴롭히다

图 업신여기다, 구박하다, 괴롭히다
他总是欺负比自己弱小的人
그는 항상 자신보다 약한 사람을 괴롭힌다

弱小 ruòxiǎo 혭 약소하다, 작고 약하다

6급 欺骗 qīpiàn 图 속이다, 기만하다

图 속이다, 기만하다
打击用虚假广告欺骗消费者的促销行为
허위 광고로 소비자를 속이는 판촉 행위를 단속하다

6급 虚假 xūjiǎ 거짓이다, 틀리다
促销 cùxiāo 图 판매를 촉진하다

6급 齐全 qíquán 혭 모두 갖추다, 완비하다, 구비하다

혭 모두 갖추다, 완비하다, 구비하다
这家商场面积不大，但各种商品很齐全
이 상점은 면적이 넓지는 않지만 각종 상품이 구비되어 있다

5급 面积 miànjī 혭 면적
各种 gèzhǒng 혭 각종의, 여러 가지의

6급 齐心协力 qíxīn-xiélì 셩 생각이 같아 함께 노력하다, 한마음으로 협력하다

셩 생각이 같아 함께 노력하다, 한마음으로 협력하다
只要大家齐心协力，就没有克服不了的困难
모두가 한마음으로 노력하면 극복할 수 없는 어려움은 없다

4급 只要 zhīyào 엔 …하기만 하면

4급 其次 qícì 대 다음, 그다음

대 다음, 그다음
首先要确定目标，其次要为实现目标而努力
첫째로 목표를 확정하고, 다음은 목표를 실현하기 위해 노력해야 한다

4급 首先 shǒuxiān 대 첫째, 첫 번째
5급 确定 quèdìng 图 확정하다

3급 其实 qíshí 閏 사실, 실제로, 사실상

閏 사실, 실제로, 사실상
其实，这个问题并没有看起来那么简单
사실 이 문제는 결코 겉보기만큼 그렇게 간단하지 않다

看起来 kànqǐlai 겉으로 보기에,
볼 것 같으면
3급 简单 jiǎndān 혭 간단하다, 단순하다

3급 其他 qítā 대 기타, 그 외의 사물이나 사람

대 기타, 그 외의 사물이나 사람
这些功能只是其中一部分，还有很多其他功能
이런 기능은 그 중 일부분일 뿐이고, 또 다른 기능도 많다

5급 功能 gōngnéng 혭 기능, 효능
4급 部分 bùfen 혭 부분, 일부

5급 其余 qíyú 대 그 나머지, 그 밖의 사물이나 사람

대 그 나머지, 그 밖의 사물이나 사람
今天的会议就到这儿，其余的问题明天再讨论
오늘 회의는 여기까지 하고 나머지 문제는 내일 다시 얘기하자
除去一些技术人员，其余全被裁员
기술 인원 몇몇을 제외하고 나머지는 모두 감원되었다

除去 chúqù 꺠 …외에
6급 裁员 cáiyuán 图 감원하다, 인원을 줄이다

Q

4급 其中 qízhōng 명 그중, 그 안, 그 속

명 그중, 그 안, 그 속
分配到我系5人，**其中**博士4人，硕士1人
우리 학과로 5명이 배정되었는데, 그 중 박사는 4명, 석사는 1명이다
写论文很枯燥，她却乐在**其中**
논문 집필은 지루하지만, 그녀는 오히려 그 안에서 즐거움을 찾았다

6급 枯燥 kūzào 형 무미건조하다, 단조롭고
지루하다, 재미없다
乐在其中 lèzàiqízhōng
성 그 안에서 즐거움을 얻다

3급 奇怪 qíguài 형 기괴하다, 기이하다 형 뜻밖이다, 이상하다, 의외이다

형 기괴하다, 기이하다
太空中有许多**奇怪**的现象
우주에는 수많은 기이한 현상이 있다

형 뜻밖이다, 이상하다, 의외이다
这件事听起来很**奇怪**，让人费解!
이 일은 듣자니 너무 이상해서 이해할 수가 없네!

6급 太空 tàikōng 명 우주, 우주 공간
费解 fèijiě 형 난해하다, 이해하기 어렵다

5급 奇迹 qíjì 명 기적

명 기적
如果你努力了，就有可能创造**奇迹**
네가 노력했다면 기적을 만들 수도 있다

5급 创造 chuàngzào 동 창조하다, 만들다

6급 奇妙 qímiào 형 기묘하다, 신비롭다, 신기하고 미묘하다

형 기묘하다, 신비롭다, 신기하고 미묘하다
大自然真是太**奇妙**了! 대자연은 정말 신비롭다!
星空给他们带来**奇妙**的幻想
별이 빛나는 하늘은 그들에게 신기한 환상을 가져다 주었다

带来 dàilái 동 가져오다, 초래하다
5급 幻想 huànxiǎng 명 환상

6급 歧视 qíshì 동 차별하다, 얕보다, 무시하다

동 차별하다, 얕보다, 무시하다
参加反对种族**歧视**的集会活动
인종 차별에 반대하는 집회 활동에 참가하다

6급 种族 zhǒngzú 명 인종, 종족
集会 jíhuì 명 집회

3급 骑 qí 동 타다, 올라타다

동 (말, 자전거 등을) 타다/올라타다
骑在马背上 말 등에 올라타다
骑摩托车 오토바이를 타다
骑自行车回家 자전거를 타고 집에 돌아가다

5급 摩托车 mótuōchē 명 오토바이

6급 旗袍 qípáo 명 치파오

명 치파오 (원피스 모양의 중국 전통 의상)
她穿着显身材的**旗袍**
그녀는 몸매를 드러내는 치파오를 입고 있다

5급 身材 shēncái 명 몸매, 체격

6급 旗帜 qízhì 명 기, 깃발 명 귀감, 모범, 본보기 명 기치, 사상, 주장

명 기, 깃발
广场周围插满彩色**旗帜**
광장 주위에 채색 깃발이 가득 꽂혀 있다

명 귀감, 모범, 본보기
他是科技界的一面**旗帜** 그는 과학 기술계의 귀감이다

명 기치, 사상, 주장
高举创建和谐社会的**旗帜**
조화로운 사회 건설의 기치를 높이 들다

5급 插 chā 동 끼우다, 꽂다
高举 gāojǔ 동 치켜들다
6급 和谐 héxié 형 조화롭다, 어울리다, 화목하다

6급 乞丐 qǐgài 명 거지, 걸인

명 거지, 걸인
奶奶递给**乞丐**一个面包 할머니는 거지에게 빵 하나를 건넸다

5급 递 dì 동 건네다, 넘겨주다

6급 岂有此理 qǐyǒucǐlǐ 성 어찌 이런 경우가 있는가, 어찌 이럴 수 있는가

성 어찌 이런 경우가 있는가, 어찌 이럴 수 있는가
无故解除合同，真是**岂有此理**!
이유 없이 계약을 해지하다니, 정말 어찌 이럴 수 있는가!

6급 解除 jiěchú 동 제거하다, 없애다, 해소하다

6급 企图 qǐtú 동 꾀하다, 의도하다, 계획하다

동 꾀하다, 의도하다, 계획하다
企图把自己的责任推给别人
자신의 책임을 남에게 떠넘기려고 계획하다

我没有什么**企图**，你误解了!
나는 어떤 의도도 없었어, 네가 오해한 거야!

4급 责任 zérèn 명 책임
6급 误解 wùjiě 동 오해하다

5급 企业 qǐyè 명 기업, 회사

명 기업, 회사
企业效益 기업 이익 | 股份制**企业** 주식 회사

6급 效益 xiàoyì 명 효과, 이익
6급 股份 gǔfèn 명 주, 주식, 주권

6급 启程 qǐchéng 동 나서다, 출발하다

동 (먼 길을) 나서다, 출발하다
你什么时候**启程**回家? 我们欢送你!
너는 언제 집으로 출발해? 우리가 환송할게!

欢送 huānsòng 동 환송하다

5급 启发 qǐfā 동 계발하다, 계몽하다, 일깨우다

동 계발하다, 계몽하다, 일깨우다
眼前美景**启发**了我的写作欲望
눈앞의 아름다운 풍경이 나의 창작욕을 일깨웠다

从生活中得到**启发** 생활에서 깨달음을 얻다

5급 写作 xiězuò 동 글을 쓰다, 창작하다
6급 欲望 yùwàng 명 욕망

Q

6급 启蒙 qǐméng 图 계몽하다, 깨우치다, 기초 지식을 가르치다

图 계몽하다, 깨우치다, 기초 지식을 가르치다
启蒙课本 기초 교본, 입문 교과서
6岁孩子刚刚开始写字**启蒙**
6세 아이가 이제 막 글씨를 익히기 시작하다
他对我的思想起到了**启蒙**作用
그는 나의 생각을 깨우치는 역할을 했다

课本 kèběn 图 교과서
写字 xiězì 图 글씨를 쓰다

6급 启示 qǐshì 图 계시하다, 시사하다, 깨닫게 하다 图 계시, 깨달음

图 계시하다, 시사하다, 깨닫게 하다
这一切**启示**我们，艺术贵在创新
이 모든 게 예술은 창의성이 중요하다는 점을 우리에게 시사한다

图 계시, 깨달음
在这方面，前人给我们留下了有益的**启示**
이 분야에서 선인들은 우리에게 유익한 깨달음을 남겼다

6급 创新 chuàngxīn 图 독창성, 창의성
前人 qiánrén 图 전인, 선인, 옛 사람
有益 yǒuyì 图 유익하다, 도움이 되다

6급 启事 qǐshì 图 게재 광고, 게재 공고

图 게재 광고, 게재 공고
他是从网上看到这则寻人**启事**的
그는 인터넷에서 이 구인 광고를 보았다

5급 则 zé 图 항목, 가지, 토막
寻人 xúnrén 图 사람을 찾다

6급 起草 qǐ//cǎo 图 초고를 쓰다, 초안을 잡다

图 초고를 쓰다, 초안을 잡다
为了**起草**新的方案，他熬夜到凌晨三点
새 방안의 초안을 짜기 위해 그는 새벽 3시까지 밤을 샜다

5급 方案 fāng'àn 图 방안
6급 凌晨 língchén 图 새벽녘, 동틀 무렵

6급 起初 qǐchū 图 시작, 처음, 최초

图 시작, 처음, 최초
起初我觉得害怕，后来也就慢慢变习惯了
처음에는 두려웠는데 나중에는 점차 익숙해졌다

慢慢 mànmàn 图 천천히, 차차, 차츰차츰

2급 起床 qǐ//chuáng 图 기상하다, 일어나다

图 기상하다, (잠자리에서) 일어나다
我每天六点**起床** 나는 매일 6시에 일어난다
他不定五六个闹钟**起**不了**床**
그는 알람 시계를 대여섯 개 맞추지 않으면 일어나지 못한다

闹钟 nàozhōng 图 자명종, 알람 시계

3급 起飞 qǐfēi 图 이륙하다, 비행을 시작하다 图 급성장하다, 빠르게 발전하기 시작하다

图 (비행기 등이) 이륙하다, 비행을 시작하다
飞机马上就要**起飞**了，请系好安全带
비행기가 곧 이륙하니 안전벨트를 매십시오

安全带 ānquándài 图 안전띠, 안전벨트

동 급성장하다, 빠르게 발전하기 시작하다
经济正在**起飞** 경제가 급성장하는 중이다

6급 起伏 qǐfú 동 기복하다, 기복을 이루다 동 변화하다, 오르락내리락하다

동 기복하다, 기복을 이루다
波涛**起伏** 파도가 넘실대다

동 (감정, 관계 등이) 변화하다/오르락내리락하다
他情绪**起伏**比较大 그는 감정 기복이 좀 심하다
商品价格**起伏**不定
상품 가격이 오르락내리락 일정하지 않다

6급 波涛 bōtāo 명 파도
不定 bùdìng 형 불안정하다, 불확실하다

6급 起哄 qǐ//hòng 동 마구 떠들다, 소란을 피우다 동 놀리다, 희롱하다

동 마구 떠들다, 소란을 피우다
你**起**什么**哄**? 넌 무슨 소란이냐?
你别跟着他们瞎**起哄**!
너는 그 사람들을 따라 막 떠들지 마라!

동 (여러 사람이) 놀리다/희롱하다
你们别跟我**起哄**，好不好?
너희들 나 좀 그만 놀릴래?

5급 瞎 xiā 부 맹목적으로, 아무렇게나

3급 起来 qǐ//lái 동 일어나다, 일어서다 동 기상하다, 일어나다 동 위로 향함, 결과, 시작, 계속을 나타낸다 동 추측, 생각을 나타낸다

동 일어나다, 일어서다
扶他**起来** 그를 부축해 일으키다
他躺着**起**不**来**了 그는 누운 채 일어나지 못했다

동 기상하다, (잠자리에서) 일어나다
都快十点了，你还不**起来**啊?
벌써 열 시인데, 너 아직도 안 일어났니?

동 동사 뒤에서 동작이 위로 향함, 결과, 시작, 계속 등을 나타낸다
把一只手举**起来** 한 손을 들어 올리다
想**起来**了，这是我们第一次见面的地方
생각났어, 여기는 우리가 처음 만났던 장소야

동 추측, 생각을 나타낸다
你的手机看**起来**挺不错的，是在哪儿买的?
네 핸드폰은 꽤 좋아 보이는데 어디에서 산 거야?

5급 扶 fú 동 부축하다, 돕다
4급 躺 tǎng 동 눕다, 옆으로 눕히다
4급 举 jǔ 동 들다, 들어 올리다
4급 挺 tǐng 부 꽤, 제법, 상당히

Q

6급 起码 qǐmǎ 형 최소한의, 기본적인 부 최소한으로, 적어도

형 최소한의, 기본적인
这是教师职业道德最**起码**的要求
이는 교사 직업 윤리에서 가장 기본적인 요구이다

부 최소한으로, 적어도
起码要等三天 적어도 3일은 기다려야 한다
从我家到学校，最**起码**也得一个小时
우리 집에서 학교까지 적어도 1시간은 걸린다

职业道德 zhíyè dàodé 직업 윤리

起义 qǐyì 통 기의하다, 무장봉기하다, 폭동을 일으키다

통 기의하다, 무장봉기하다, 폭동을 일으키다
农民纷纷起义 농민들이 연달아 봉기하다

5급 **纷纷** fēnfēn 분 잇달아, 연이어

6급 起源 qǐyuán 통 기원하다, 발원하다 명 기원, 근원

통 기원하다, 발원하다
义务教育起源于德国 의무 교육은 독일에서 기원했다
명 기원, 근원
研究汉字的起源 한자의 기원을 연구하다

5급 **义务** yìwù 명 의무

5급 气氛 qìfēn 명 분위기, 기운

명 분위기, 기운
教室里的气氛变得严肃起来
교실 안의 분위기가 엄숙해졌다

5급 **严肃** yánsù 형 엄숙하다, 엄격하다, 진지하다

6급 气概 qìgài 명 기개, 기백

명 기개, 기백
他很有男子汉的气概 그는 사나이의 기개가 있다

男子汉 nánzǐhàn 명 남자, 사나이, 사내대장부

6급 气功 qìgōng 명 기공

명 기공 (중국의 전통적인 신체 단련 방법)
气功疗法 기공 치료법 | **练气功** 기공을 수련하다

疗法 liáofǎ 명 요법, 치료법

4급 气候 qìhòu 명 기후 명 동향, 정세

명 기후
气候变化是人类面临的共同挑战
기후 변화는 인류가 당면한 공통의 도전이다
명 동향, 정세
政治气候 정치 동향

5급 **挑战** tiǎozhàn 명 도전

6급 气魄 qìpò 명 기백, 패기, 박력 명 기세

명 기백, 패기, 박력
具有英雄气魄和度量 영웅다운 기백과 도량을 지니다
명 (사물의) 기세
气魄雄伟的万里长城 기세가 웅대한 만리장성

5급 **英雄** yīngxióng 명 영웅
度量 dùliàng 명 도량
6급 **雄伟** xióngwěi 형 장엄하다, 웅대하다

6급 气色 qìsè 명 기색, 낯빛, 안색

명 기색, 낯빛, 안색
气色难看 안색이 좋지 않다

难看 nánkàn 형 어둡다, 좋지 않다

6급 气势 qìshì 명 기세, 기개, 형세

명 기세, 기개, 형세
气势宏伟的古建筑 기세가 웅장한 옛 건축물

6급 宏伟 hóngwěi 형 웅장하다, 장엄하다

6급 气味 qìwèi 명 냄새, 내, 내음

명 냄새, 내, 내음
闻到一股难闻的气味 한 줄기 고약한 냄새가 나다

股 gǔ 양 줄기, 가닥
难闻 nánwén 형 고약하다, 구리다

6급 气象 qìxiàng 명 기상, 날씨

명 기상, 날씨
气象观测卫星 기상 관측 위성

观测 guāncè 동 관측하다
6급 卫星 wèixīng 명 인공위성

6급 气压 qìyā 명 기압

명 기압
海拔越高，气压越低 해발이 높을수록 기압은 낮아진다

6급 海拔 hǎibá 명 해발

6급 气质 qìzhì 명 기질, 소질, 성격, 성질, 성미

명 기질, 소질, 성격, 성질, 성미
她天生具有温柔的气质
그녀는 선천적으로 성격이 부드럽고 순하다

6급 天生 tiānshēng 형 천생의, 선천적인, 천성적인

6급 迄今为止 qìjīn-wéizhǐ 성 지금까지, 현재까지

성 (과거 어느 한 시점에서) 지금까지/현재까지
这台是迄今为止最强大的太空望远镜
이것은 현재까지 가장 강력한 우주 망원경이다

强大 qiángdà 형 강대하다, 막강하다
望远镜 wàngyuǎnjìng 명 망원경

5급 汽油 qìyóu 명 휘발유, 가솔린

명 휘발유, 가솔린
柴油车和汽油车 디젤차와 휘발유 차

6급 柴油 cháiyóu 명 디젤유, 중유

6급 器材 qìcái 명 기재, 기자재, 기구

명 기재, 기자재, 기구
体育器材 스포츠 기구 | 通讯器材 통신 기기
租赁建筑器材 건축 기재를 임대하다

6급 通讯 tōngxùn 동 통신하다
6급 租赁 zūlìn 동 임대하다, 세놓다, 대여하다

6급 器官 qìguān 명 기관, 장기

명 (생물체의) 기관/장기
移植内脏器官 장기를 이식하다

移植 yízhí 동 이식하다
内脏 nèizàng 명 내장

Q

6급 掐 qiā 图 끊다, 꺾다

图 (손톱, 엄지와 다른 손가락으로) 끊다/꺾다

姐姐掐了掐一朵花，转身戴在妹妹头上
언니는 꽃 한 송이를 꺾고 돌아서서 여동생의 머리에 꽂았다

把他的事掐头去尾地传达过去
거두절미하고 그의 일을 전달하다

掐头去尾 qiātóu-qùwěi
図 거두절미하다, 불필요한 부분을 없애다
6급 传达 chuándá 图 전달하다

6급 洽谈 qiàtán 图 협상하다, 상의하다, 교섭하다

图 협상하다, 상의하다, 교섭하다

双方当面洽谈
양측이 직접 협상하다

从洽谈到最后签约大约需要半年左右
교섭에서 최종 계약 체결까지 대략 반년 가량 걸린다

6급 当面 dāngmiàn 图 마주 보고, 직접 얼굴을 맞대고
签约 qiānyuē 계약서에 서명하다, 조약에 조인하다

6급 恰当 qiàdàng 图 알맞다, 적당하다, 적절하다

형 알맞다, 적당하다, 적절하다

从4个选项中选出最恰当的答案
4개의 보기 중에서 가장 적절한 답을 고르다

我认为这说法是非常不恰当的
내 생각에 이 표현은 매우 부적절하다

选项 xuǎnxiàng 图 보기, 선택 항목
4급 答案 dá'àn 图 답안, 해답

6급 恰到好处 qiàdào-hǎochù 図 아주 적절하다, 매우 적당하다, 꼭 들어맞다

図 (말, 일 등이) 아주 적절하다/매우 적당하다/꼭 들어맞다

这首诗恰到好处地描述了我的理想生活
이 시는 아주 적절하게 내가 원하는 삶을 묘사했다

描述 miáoshù 图 묘사하여 서술하다

6급 恰巧 qiàqiǎo 图 때마침, 공교롭게도

图 때마침, 공교롭게도

播种时节，恰巧下了一场透雨
파종기에 때마침 충분한 비가 내렸다

那天我去找你，恰巧你不在家
그날 내가 너를 찾아갔는데 공교롭게도 네가 집에 없었다

6급 播种 bōzhǒng 图 파종하다, 씨를 뿌리다
时节 shíjié 图 절기, 계절, 철
透雨 tòuyǔ 图 충분한 비

2급 千 qiān 图 천, 1000 图 매우 많은 수

图 천, 1000

中华民族有着五千年悠久的历史
중국 민족은 오천 년의 유구한 역사를 가지고 있다

图 매우 많은 수

他的新作品吸引了成千上万的观众
그의 신작은 수천 수만에 달하는 관중을 끌어들였다

5급 悠久 yōujiǔ 图 유구하다, 장구하다
成千上万 chéngqiān-shàngwàn
図 수천 수만에 달하다, 매우 많다

6급 千方百计 qiānfāng-bǎijì 図 온갖 방법을 다 동원하다, 갖은 수단을 다 쓰다

図 온갖 방법을 다 동원하다, 갖은 수단을 다 쓰다
千方百计实现全年目标
갖은 수단을 써서 연간 목표를 실현하다

5급 实现 shíxiàn 图 실현하다
全年 quánnián 图 한 해, 일 년 내내

4급 千万 qiānwàn 图 제발, 반드시, 절대로

图 제발, 반드시, 절대로
你**千万**不要随便相信陌生人
낯선 사람을 절대 함부로 믿으면 안 된다

陌生人 mòshēngrén 图 낯선 사람

6급 迁就 qiānjiù 图 타협하다, 맞추다, 순응하다, 그냥 넘어가다

图 타협하다, 맞추다, 순응하다, 그냥 넘어가다
他只要求我**迁就**他
그는 내가 그에게 맞추기만을 요구한다
在原则问题上我绝不会**迁就**
원칙적인 문제에서 나는 절대 타협하지 않는다

5급 原则 yuánzé 图 원칙
绝不 juébù 图 절대 …하지 않다

6급 迁徙 qiānxǐ 图 이동하다, 이주하다, 옮겨 가다

图 이동하다, 이주하다, 옮겨 가다
这种蜜蜂有**迁徙**的习性 이 꿀벌은 이동하는 습성이 있다
随着农业发展，人类由频繁**迁徙**转变为定居
농업 발전에 따라 인류는 자주 이동하는 것에서 정착하는 것으로
바뀌었다

5급 蜜蜂 mìfēng 图 꿀벌
6급 频繁 pínfán 图 빈번하다, 잦다

6급 牵 qiān 图 끌다, 잡아당기다 图 관련되다, 연관되다

图 끌다, 잡아당기다
一对老夫妇手**牵**手，走在公园的小路上
노부부가 손을 잡고 공원 오솔길을 걷다

图 관련되다, 연관되다
他担心这件事会**牵**到自己，一整夜都没睡着
그는 이 일에 자신이 연루될까봐 걱정되어 밤새 잠들지 못했다

3급 担心 dānxīn 图 걱정하다, 염려하다
整夜 zhěngyè 图 밤새, 하룻밤

Q

6급 牵扯 qiānchě 图 연루되다, 연관되다

图 연루되다, 연관되다
这些难题都**牵扯**到利益分配问题
이 난제들은 모두 이익 분배 문제에 연관되어 있다

5급 利益 lìyì 图 이익, 이득, 이점
5급 分配 fēnpèi 图 분배하다, 나누다

6급 牵制 qiānzhì 图 견제하다, 억누르다, 제약하다

图 견제하다, 억누르다, 제약하다
各个部门之间互相**牵制**，大大降低了工作效率
각 부서 간에 서로 견제하는 바람에 업무 효율을 크게 떨어뜨렸다

4급 降低 jiàngdī 图 낮추다, 떨어뜨리다
5급 效率 xiàolǜ 图 효율, 능률

2급 铅笔 qiānbǐ 몡 연필

몡 연필
两支铅笔 연필 두 자루 l 拿铅笔 연필을 쥐다
我可以用一下你的彩色铅笔吗? 나 네 색연필 써 봐도 돼?

5급 支 zhī 鷗 자루, 개비
彩色铅笔 cǎisè qiānbǐ 색연필

5급 谦虚 qiānxū 혱 겸허하다, 겸손하다

혱 겸허하다, 겸손하다
这么好的成绩, 你还说一般, 太谦虚了吧!
이렇게 좋은 성적을 너는 보통이라고 말하다니 너무 겸손하잖아!
他谦虚地点了点头 그는 겸허하게 고개를 끄덕였다

3급 一般 yībān 혱 보통이다, 일반적이다
点头 diǎntóu 동 고개를 끄덕이다

6급 谦逊 qiānxùn 혱 겸손하다

혱 겸손하다
谦逊的态度 겸손한 태도
他表面上显得很谦逊, 其实骨子里都是傲气
그는 겉으로는 겸손해 보이지만, 사실 속은 온통 오만하다

5급 显得 xiǎnde 동 표현하다, 드러내다, 보이다
骨子里 gǔzilǐ 몡 뼛속, 이면, 내심, 본심
傲气 àoqì 몡 거만한 태도, 안하무인인 태도

5급 签 qiān 동 서명하다, 사인하다 몡 표지, 라벨, 스티커

동 (서류, 영수증에) 서명하다/사인하다
请在这里签名 여기에 서명해 주십시오
몡 표지, 라벨, 스티커
标签 라벨 l 行李签 짐표

签名 qiānmíng 동 서명하다, 사인하다

签订 qiāndìng 동 조인하다, 체결하다

동 (조약, 협정, 계약 등을) 조인하다/체결하다
签订劳动合同 근로 계약을 체결하다
合同由甲乙丙三方共同签订
계약은 갑, 을, 병 삼자가 공동으로 체결한다

5급 甲 jiǎ 몡 갑, 첫 번째, 일등
5급 乙 yǐ 몡 을, 둘째, 두 번째
6급 丙 bǐng 몡 병, 셋째, 세 번째
三方 sānfāng 몡 3자 간, 삼자

6급 签署 qiānshǔ 동 정식으로 서명하다, 조인하다

동 (중요한 문서나 조약에) 정식으로 서명하다/조인하다
签署两国合作协定
양국 협력 협정에 조인하다

协定 xiédìng 몡 협정

4급 签证 qiānzhèng 동 비자를 발급 받다, 사증을 발급 받다 몡 비자, 사증

동 비자(visa)를 발급 받다, 사증을 발급 받다
办理签证手续 비자 발급 수속을 처리하다
몡 비자(visa), 사증
没有护照和签证你怎么出国?
여권과 비자 없이 어떻게 출국하니?

5급 手续 shǒuxù 몡 수속
3급 护照 hùzhào 몡 여권
出国 chūguó 동 출국하다, 외국에 가다

签字 qiān//zì 图 서명하다, 사인하다, 조인하다 图 서명, 사인

图 (문서, 증명서 등에) 서명하다/사인하다/조인하다
在条约上签字 조약에 서명하다
请您在这儿签一下字 여기에 서명해 주십시오
图 (문서, 증명서 등의) 서명/사인
你的签字具有法律效力
당신의 서명은 법적 효력을 지닙니다

6급 条约 tiáoyuē 图 조약
具有 jùyǒu 图 있다, 가지고 있다, 지니다
法律效力 fǎlǜ xiàolì 법적 효력

6급 前景 qiánjǐng 图 전경, 근경 图 전도, 장래, 전망

图 전경, 근경(近景)
画面上的前景是小桥流水
화면의 전경은 작은 다리와 개울이다
图 전도, 장래, 전망
这种行业具有十分广阔的发展前景
이 업종은 발전 전망이 매우 훤하다

画面 huàmiàn 图 화면
6급 广阔 guǎngkuò 圈 광활하다, 드넓다

1급 前面 qiánmiàn 图 전면, 앞, 정면 图 앞쪽, 앞부분

图 전면, 앞, 정면
房屋前面有一条小河 집 앞에 작은 강이 하나 있다
图 (공간, 위치 순서의) 앞쪽/앞부분
请向里走，前面还有空座位
안으로 들어가시면 앞쪽에 빈자리가 더 있습니다
关于这个问题，前面我已经说过了
이 문제에 대해 나는 앞에서 이미 말한 적이 있다

房屋 fángwū 图 가옥, 집, 건물
4급 座位 zuòwèi 图 좌석, 자리
3급 关于 guānyú 게 …에 관한, …에 대한

Q

6급 前提 qiántí 图 전제, 선결 조건

图 전제, 선결 조건
需要满足前提条件 전제 조건을 만족시켜야 한다
尊重是培养孩子自信心的前提
존중은 자녀의 자신감을 키우는 선결 조건이다

5급 满足 mǎnzú 图 만족시키다
4급 尊重 zūnzhòng 图 존중하다
5급 培养 péiyǎng 图 양성하다, 키우다

5급 前途 qiántú 图 전도, 앞길, 장래, 전망

图 전도, 앞길, 장래, 전망
前途光明的行业 전도가 유망한 업종
这家公司没有发展前途 이 회사는 발전 전망이 없다

5급 光明 guāngmíng 圈 밝다, 유망하다
5급 行业 hángyè 图 직종, 업종

1급 钱 qián 图 돈, 화폐

图 돈, 화폐
一共多少钱? 모두 얼마입니까?
买了三个玩具，总共花了150块钱
장난감 3개를 사서 모두 150위안을 썼다

5급 总共 zǒnggòng 图 모두, 전부

역순 어휘
压岁钱 yāsuìqián

6급 潜力 qiánlì 명 잠재력, 잠재 능력, 저력

명 잠재력, 잠재 능력, 저력
把潜力充分发挥出来 잠재력을 충분히 발휘하다
推荐有潜力的艺术家 잠재력 있는 예술가를 추천하다

5급 充分 chōngfèn 형 충분히, 최대한
5급 发挥 fāhuī 동 발휘하다
艺术家 yìshùjiā 명 예술가

6급 潜水 qián//shuǐ 동 잠수하다, 잠영하다

동 잠수하다, 잠영하다
潜水能够提高人体的心肺功能
잠수는 인체의 심폐 기능을 향상시킬 수 있다

能够 nénggòu 동 …할 수 있다
心肺 xīnfèi 명 심폐, 심장과 폐

6급 潜移默化 qiányí-mòhuà 성 모르는 사이에 영향을 받거나 감화되다

성 (사상, 성격, 습관 등이) 모르는 사이에 영향을 받거나 감화되다
父母的言行对孩子的性格起着潜移默化的作用
부모의 말과 행동은 모르는 사이에 아이의 성격에 영향을 미친다

起作用 qǐ zuòyòng 작용을 하다, 역할을 하다, 효과를 미치다

5급 浅 qiǎn 형 얕다 형 엷다, 옅다

형 얕다 반의어 深 shēn [4급]
这儿的水很浅 이곳의 물은 얕다
伤口较浅，进行简单的消毒
상처가 비교적 얕아서 간단하게 소독하다

형 (색깔이) 엷다/옅다 반의어 深 shēn [4급]
这件牛仔裤颜色较浅 이 청바지는 색깔이 비교적 옅다

伤口 shāngkǒu 명 상처
6급 消毒 xiāodú 동 소독하다, 살균하다
5급 牛仔裤 niúzǎikù 명 청바지

6급 谴责 qiǎnzé 동 견책하다, 비난하다

동 견책하다, 비난하다
对暴力行为表示强烈谴责 폭력 행위를 강하게 비난하다
受到舆论的谴责 여론의 비난을 받다

6급 暴力 bàolì 명 폭력
6급 舆论 yúlùn 명 여론

5급 欠 qiàn 동 부족하다, 모자라다 동 빚지다, 밀리다, 연체하다

동 부족하다, 모자라다
他做事总是欠考虑 그는 일을 할 때 늘 생각이 짧다
동 빚지다, 밀리다, 연체하다
欠银行的债务要继续偿还的
은행에 빚진 채무는 계속 상환해야 한다

债务 zhàiwù 명 채무, 빚

5급 枪 qiāng 명 총, 총알, 발

명 총, 총알, 발
用枪把鸟打死 총으로 새를 쏴 죽이다
在背后挨枪 뒤에서 총알을 맞다
对着空中打了两枪 공중을 향해 총을 두 발 쏘았다

背后 bèihòu 명 뒤에서, 남몰래, 암암리에
6급 挨 ái 동 당하다, 받다
打枪 dǎqiāng 총을 쏘다, 총알을 발사하다

5급 强调 qiángdiào 동 강조하다

동 강조하다
反复强调健康的重要性
건강의 중요성을 거듭 강조하다

5급 反复 fǎnfù 부 거듭, 반복하여, 반복적으로

5급 强烈 qiángliè 형 강렬하다, 크고 맹렬하다, 강하고 격렬하다

형 강렬하다, 크고 맹렬하다, 강하고 격렬하다
紫外线十分强烈 자외선이 매우 강하다
该事件在各界引起了强烈的反响
이 사건은 각계에서 강렬한 반향을 일으켰다

紫外线 zǐwàixiàn 명 자외선
反响 fǎnxiǎng 명 반응, 반향

6급 强制 qiángzhì 동 강제하다, 강압하다

동 강제하다, 강압하다
向法院申请强制执行 법원에 강제 집행을 신청하다
采取强制措施 강압적인 조치를 취하다

6급 执行 zhíxíng 동 집행하다, 실행하다
5급 措施 cuòshī 명 조치, 대책

5급 墙 qiáng 명 벽, 담, 울타리

명 벽, 담, 울타리
墙上挂着许多名画
벽에 많은 명화가 걸려 있다

4급 挂 guà 동 걸다
名画 mínghuà 명 명화

5급 抢 qiǎng 동 쟁탈하다, 빼앗다 동 앞다투다

동 쟁탈하다, 빼앗다
这简直是抢钱啊! 이거는 완전 돈을 빼앗는 격이야!
不要抢孩子的东西吃 아이의 음식을 빼앗아 먹지 마라
동 앞다투다
许多小学家长抢着报线上公开课
많은 초등학교 학부모들이 앞다투어 온라인 공개 수업을 신청하다

5급 简直 jiǎnzhí 부 완전히, 그야말로
金钱 jīnqián 명 금전, 돈, 화폐

6급 抢劫 qiǎngjié 동 약탈하다, 강탈하다

동 약탈하다, 강탈하다
歹徒抢劫财物
악당이 재물을 강탈하다

6급 歹徒 dǎitú 명 악당
财物 cáiwù 명 재물, 재산

6급 抢救 qiǎngjiù 동 긴급 구조하다, 신속히 구하다

동 긴급 구조하다, 신속히 구하다
全力抢救溺水男童
물에 빠진 남자아이를 전력을 다해 긴급 구조하다
抢救流失海外的文物
해외로 유출된 문화재를 신속히 구하다

溺水 nìshuǐ 동 물에 빠지다
流失 liúshī 동 유출되어 사라지다

Q

6급 强迫 qiǎngpò 동 강요하다, 억지로 시키다

동 강요하다, 억지로 시키다
父母也不能**强迫**孩子做违背意愿的事
부모라도 아이에게 원하지 않는 일을 하도록 강요할 수 없다

6급 违背 wéibèi 동 위배되다, 위반하다, 어기다
意愿 yìyuàn 명 뜻, 소원, 염원

5급 悄悄 qiāoqiāo 형 조용하다, 소리가 낮다 부 슬그머니, 몰래, 살금살금

형 조용하다, 소리가 낮다
他在我耳边**悄悄**说了几句话
그는 내 귀에 대고 조용히 몇 마디를 했다

부 슬그머니, 몰래, 살금살금
在聚会上他们**悄悄**溜走了
그들은 모임에서 슬그머니 빠져나갔다

溜走 liūzǒu 동 몰래 달아나다, 내빼다

4급 敲 qiāo 동 두드리다, 치다

동 두드리다, 치다
她轻轻地**敲**了**敲**门，问道："我可以进去吗？"
그녀는 가볍게 노크하며 "내가 들어가도 될까요?"라고 물었다

轻轻 qīngqīng 형 (소리가) 작다
敲门 qiāomén 동 문을 두드리다, 노크하다

4급 桥 qiáo 명 다리, 교량

명 다리, 교량
这座**桥**是世界上最长的大桥
이 다리는 세계에서 가장 긴 대교이다

4급 座 zuò 양 좌, 채

6급 桥梁 qiáoliáng 명 다리, 교량 명 다리, 중개자, 매개

명 다리, 교량
架设**桥梁** 교량을 가설하다

명 다리, 중개자, 매개
友谊与合作是通向和平与共同繁荣的**桥梁**
우정과 협력은 평화와 공동 번영으로 통하는 다리이다

架设 jiàshè 동 가설(架設)하다
通向 tōngxiàng 동 …으로 통하다

5급 瞧 qiáo 동 보다

동 보다
你快来**瞧瞧** 빨리 와서 좀 봐
大家都**瞧不起**他
모두가 그를 무시한다

瞧不起 qiáobuqǐ 동 얕보다, 무시하다

4급 巧克力 qiǎokèlì 명 초콜릿

명 초콜릿
吃**巧克力**可以减轻压力，增强记忆力
초콜릿을 먹으면 스트레스를 감소시키고, 기억력을 높일 수 있다

减轻 jiǎnqīng 동 경감하다, 줄이다, 낮추다
记忆力 jìyìlì 명 기억력

5급 巧妙 qiǎomiào 형 교묘하다, 약삭빠르고 기발하다

형 교묘하다, 약삭빠르고 기발하다
巧妙的设计 기발한 설계
巧妙的手段 교묘한 수단
解题方法很巧妙 문제를 푸는 방법이 교묘하다

解题 jiětí 동 문제를 풀다, 해답을 구하다

6급 窍门 qiàomén 명 비결, 요령, 솜씨

명 비결, 요령, 솜씨
学会了几个制作饼干的小窍门
비스킷을 만드는 요령을 몇 가지 배웠다

5급 制作 zhìzuò. 동 만들다, 제작하다
4급 饼干 bǐnggān 명 과자, 비스킷

6급 翘 qiào 동 치켜들다, 쳐들다, 쳐들리다

동 치켜들다, 쳐들다, 쳐들리다
翘尾巴 꼬리를 치켜 들다, 거만하게 굴다
他翘着二郎腿, 抽着烟, 看着足球比赛
그는 다리를 꼬고 앉아서 담배 피우면서 축구 경기를 보고 있다

5급 尾巴 wěiba 명 꼬리
二郎腿 èrlángtuǐ 명 다리를 꼬고 앉은 자세

5급 切 qiē 동 썰다, 자르다, 분할하다 동 끊다, 단절하다, 가로막다

동 (칼로) 썰다/자르다, 분할하다
用刀切肉 칼로 고기를 자르다
切西瓜 수박을 썰다
동 끊다, 단절하다, 가로막다
切断电源 전원을 차단하다

2급 西瓜 xīguā 명 수박
6급 电源 diànyuán 명 전원

Q

6급 切实 qièshí 동 현실에 부합하다, 현실적이다 형 확실하다, 적절하다

동 현실에 부합하다, 현실적이다
他提出了一个切实可行的计划
그는 현실적이고 실행 가능한 계획을 제시했다
형 확실하다, 적절하다
积极落实减税政策, 切实减轻企业负担
감세 정책을 적극적으로 시행하여 기업의 부담을 확실하게 경감하다

6급 可行 kěxíng 동 실행 가능하다
6급 落实 luòshí 동 실현하다, 시행하다
减税 jiǎnshuì 동 감세하다, 세금을 줄이다

6급 锲而不舍 qiè'érbùshě 성 인내심을 갖고 계속하다, 마음 먹으면 끝까지 해내다

성 인내심을 갖고 계속하다, 마음 먹으면 끝까지 해내다
我们要以锲而不舍的精神坚持到底
우리는 인내심을 가지고 계속하는 정신으로 끝까지 버텨야 한다

5급 精神 jīngshén 명 정신
4급 到底 dàodǐ 동 끝까지 …하다

6급 钦佩 qīnpèi 동 경복하다, 탄복하다, 존경하다

동 경복하다, 탄복하다, 존경하다
他的机智让很多人都很钦佩
그의 기지에 많은 사람들이 탄복했다

6급 机智 jīzhì 형 기지가 있다, 지혜롭고 재치 있다

6급 侵犯 qīnfàn 통 침범하다, 침입하다, 침해하다

통 침범하다, 침입하다, 침해하다
侵犯边境 변경을 침범하다
公民的合法的私有财产不受侵犯
국민의 합법적인 사유 재산은 침해 받지 않는다

6급 边境 biānjìng 명 변경, 경계 지역
5급 合法 héfǎ 형 합법적이다
私有 sīyǒu 형 사유의, 개인 소유의

6급 侵略 qīnlüè 통 침략하다

통 침략하다
武装侵略 무력으로 침략하다
抵抗敌人的侵略 적의 침략에 저항하다

6급 武装 wǔzhuāng 통 무장하다
6급 抵抗 dǐkàng 통 저항하다, 맞서 항거하다

5급 亲爱 qīn'ài 형 친애하는, 사랑하는

형 친애하는, 사랑하는
致敬最亲爱的母亲
가장 사랑하는 어머니께 경의를 표합니다
亲爱的朋友，你还好吗?
사랑하는 친구야, 잘 지내니?

致敬 zhìjìng 통 경례하다, 경의를 표하다
4급 母亲 mǔqīn 명 모친, 어머니

6급 亲密 qīnmì 형 친밀하다

형 (감정, 관계 등이) 친밀하다
他们俩亲密地交谈着
그 둘은 친밀하게 대화를 나누고 있다
从那次活动以后，他们就成了亲密的朋友
그 행사 이후로 그들은 친한 친구가 되었다

交谈 jiāotán 통 담화하다, 이야기를 나누다

4급 亲戚 qīnqi 명 친척

명 친척
每到春节，亲戚们都会来我家聚会
설날만 되면 친척들이 모두 우리집에 모인다

4급 聚会 jùhuì 통 모이다

5급 亲切 qīnqiè 형 친절하다, 친근하다, 친밀하다

형 친절하다, 친근하다, 친밀하다
感谢老师的亲切关怀
선생님의 친절한 보살핌에 감사드립니다
老朋友相聚感到格外亲切
오랜 친구들과 모이니 각별히 친근하게 느껴진다

6급 关怀 guānhuái 통 관심을 보이다, 보살피다
5급 格外 géwài 부 각별히, 특히, 유달리

6급 亲热 qīnrè 형 친밀하다, 다정하다

형 친밀하다, 다정하다
她亲热地向我打招呼
그녀는 다정하게 나에게 인사했다

4급 打招呼 dǎ zhāohu 친근함을 표하다, 인사하다

亲身 qīnshēn 형 스스로의, 직접적인 부 친히, 몸소, 스스로

형 스스로의, 직접적인
这不是道听途说，而是我的亲身经历
이것은 주워들은 말이 아니라 나 스스로의 경험이다

부 친히, 몸소, 스스로
亲身经历了艰辛的过程
힘든 과정을 몸소 겪었다

道听途说 dàotīng-túshuō
성 길에서 듣고 전하는 소식, 근거 없는 소문
艰辛 jiānxīn 형 힘들고 고생스럽다

5급 亲自 qīnzì 부 친히, 몸소, 직접

부 친히, 몸소, 직접
丈夫亲自下厨做午餐
남편이 직접 주방에 들어가 점심을 만든다

下厨 xiàchú 동 주방에서 요리를 하다,
주방에서 일하다

5급 勤奋 qínfèn 형 열심이다, 근면하다, 꾸준하다

형 (공부, 일 등에) 열심이다/근면하다/꾸준하다
只要你勤奋刻苦工作，就会取得良好的业绩
꾸준히 애써 일한다면, 좋은 성과를 거둘 것이다

5급 刻苦 kèkǔ 형 어려움을 견디며 애쓰다,
근면하다
业绩 yèjì 명 업적, 공적, 성과

6급 勤俭 qínjiǎn 형 근검하다, 부지런하고 알뜰하다

형 근검하다, 부지런하고 알뜰하다
他从小养成了勤俭节约的生活习惯
그는 어려서부터 알뜰하고 검소한 생활 습관이 몸에 배었다

4급 节约 jiéyuē 형 검소하다, 사치하지 않다

勤恳 qínkěn 형 근면하고 성실하다

형 근면하고 성실하다
他做事很勤恳，又礼貌待人
그는 성실하게 일하고 예의 바르게 사람을 대한다

4급 礼貌 lǐmào 형 예의 바르다
待人 dàirén 동 사람을 대하다

6급 勤劳 qínláo 형 근면하다, 부지런하다

형 근면하다, 부지런하다
勤劳的蚂蚁 부지런한 개미
农村妇女都是勤劳能干
농촌 부녀자들은 모두 근면하고 일을 잘한다

6급 蚂蚁 mǎyǐ 명 개미
5급 能干 nénggàn 형 유능하다, 일을 잘하다

5급 青 qīng 형 푸르다, 녹색이다, 진녹색의 형 젊다

형 푸르다, 녹색이다, 진녹색의
青叶子 푸른 잎사귀
青青的草原 푸릇푸릇한 초원

형 (나이가) 젊다
优秀的青年作家 우수한 청년 작가

4급 叶子 yèzi 명 잎
草原 cǎoyuán 명 초원
青年 qīngnián 명 청년, 젊은이

5급 青春 qīngchūn 명 청춘, 청소년기 명 생기가 충만한 시기, 아름다운 시기

명 청춘, 청소년기
青春只有一次，我们不能浪费**青春**
청춘은 단 한 번뿐이니 우리는 청춘을 허비하면 안 된다

명 생기가 충만한 시기, 아름다운 시기
考古研究工作恢复了**青春**
고고학 연구 작업이 활력을 되찾았다

4급 浪费 làngfèi 동 낭비하다
6급 考古 kǎogǔ 명 고고학
5급 恢复 huīfù 동 회복하다, 되찾다

5급 青少年 qīngshàonián 명 청소년

명 청소년
青少年犯罪呈现出低龄化的趋势
청소년 범죄가 저연령화 추세를 보이고 있다

6급 呈现 chéngxiàn 동 드러나다, 나타나다

tip 여기에서는 少를 shǎo로 읽지 않는다

4급 轻 qīng 형 가볍다 형 가볍다, 약하다, 적다 형 경솔하다

형 (무게가) 가볍다 반의어 重 zhòng [4급]
我想买个**轻**一点的笔记本
나는 조금 더 가벼운 노트북을 사고 싶다

형 (정도가) 가볍다/약하다, (수량이) 적다
病得不**轻** 병세가 가볍지 않다 | 年纪**轻** 나이가 젊다

형 경솔하다
轻举妄动 경거망동하다, 경솔하게 행동하다

3급 笔记本 bǐjìběn 명 노트북 컴퓨터

역순 어휘
年**轻** niánqīng

轻而易举 qīng'éryìjǔ 성 조금도 힘들지 않고 일을 쉽게 처리하다

성 조금도 힘들지 않고 일을 쉽게 처리하다
她**轻而易举**地拿下了第一名
그녀는 힘들이지 않고 1위를 차지했다

第一名 dì-yīmíng 명 1위, 1등

5급 轻视 qīngshì 동 경시하다, 얕보다, 하찮게 여기다

동 경시하다, 얕보다, 하찮게 여기다
轻视贬低体力劳动
육체 노동을 경시하고 폄하하다

6급 贬低 biǎndī 동 고의로 폄하하다

4급 轻松 qīngsōng 형 가뿐하다, 힘들지 않다, 수월하다 동 긴장을 풀다, 편하게 하다

형 가뿐하다, 힘들지 않다, 수월하다
轻轻松松地完成了这件事情
힘들이지 않고 수월하게 이 일을 완성했다
考试结束了，他心情**轻松**了很多
시험이 끝나서 그의 마음은 많이 홀가분하다

동 긴장을 풀다, 편하게 하다
这个周末大家都好好**轻松**一下！
이번 주말 모두 편하게 지냅시다!

3급 结束 jiéshù 동 완결하다, 종료하다, 끝나다
4급 心情 xīnqíng 명 심정, 기분, 마음

5급 轻易 qīngyì 형 매우 쉽다, 수월하다 형 경솔하다, 함부로 하다

형 매우 쉽다, 수월하다
谁也不能**轻易**成功 누구도 쉽게 성공할 수는 없다

형 경솔하다, 함부로 하다
没有经过深入的调查研究，**轻易**下结论
철저한 조사 연구를 거치지 않고 경솔하게 결론을 내리다

深入 shēnrù 형 철저하다, 투철하다

氢 qīng 명 수소

명 수소
测定**氢**含量 수소 함량을 측정하다

测定 cèdìng 동 측정하다
含量 hánliàng 명 함량

6급 倾听 qīngtīng 동 경청하다, 주의 깊게 듣다

동 경청하다, 주의 깊게 듣다
领导要善于**倾听**群众的意见
지도자는 대중의 의견을 경청하는 것을 잘해야 한다

6급 群众 qúnzhòng 명 군중, 대중

6급 倾向 qīngxiàng 동 기울다, 치우치다 명 경향, 추세

동 (한쪽으로) 기울다/치우치다
随着移动设备的普及，人们逐渐**倾向**于网上购物
모바일 기기의 대중화로 사람들은 점차 인터넷 쇼핑 쪽으로 기울었다

명 경향, 추세
要防止出现两种极端**倾向**
두 가지 극단적 경향이 나타나는 것을 막아야 한다

6급 普及 pǔjí 동 보편화하다, 대중화하다
6급 极端 jíduān 형 극단적인

6급 倾斜 qīngxié 동 경사지다, 기울다, 기울어지다 동 편중되다, 치중되다

동 경사지다, 기울다, 기울어지다
这座古塔已经**倾斜**了 이 오래된 탑은 이미 기울어졌다

동 편중되다, 치중되다
新增财政资金的使用要向基础教育**倾斜**
새로 추가된 재정 자금의 사용은 기초 교육에 치중되어야 한다

6급 财政 cáizhèng 명 재정, 국가 재정

6급 清澈 qīngchè 형 맑고 투명하다, 깨끗하고 맑다

형 맑고 투명하다, 깨끗하고 맑다
清澈的眼睛 맑고 투명한 눈
河水**清澈**见底 강물이 깨끗하고 맑아서 바닥까지 보인다

见底 jiàndǐ 동 바닥까지 보이다

6급 清晨 qīngchén 명 새벽, 이른 아침

명 새벽, 이른 아침
清晨，公园里有很多老人锻炼身体
이른 아침, 공원에는 많은 노인들이 운동을 하고 있다

3급 锻炼 duànliàn 동 단련하다

6급 清除 qīngchú 동 완전히 제거하다, 깨끗이 없애다

동 완전히 제거하다, 깨끗이 없애다
清除垃圾 쓰레기를 깨끗이 치우다
彻底清除恶劣影响
나쁜 영향을 철저하게 제거하다

5급 彻底 chèdǐ 형 철저하다, 완전하다
5급 恶劣 èliè 형 악랄하다, 매우 나쁘다

3급 清楚 qīngchu 형 명확하다, 뚜렷하다, 분명하다 동 이해하다, 알다

형 명확하다, 뚜렷하다, 분명하다
把问题调查清楚 문제를 철저하게 조사하다
他清清楚楚地记得他们第一次约会的情景
그는 그들이 처음 데이트한 광경을 뚜렷하게 기억한다

동 이해하다, 알다
我很清楚他这样做的真实目的
나는 그가 이렇게 한 진짜 목적을 잘 알고 있다

4급 约会 yuēhuì 형 약속, 데이트
5급 情景 qíngjǐng 형 정경, 광경, 장면
5급 真实 zhēnshí 형 진실한, 사실적인, 실제의

5급 清淡 qīngdàn 형 연하다, 은은하다, 산뜻하다 형 담백하다, 기름기가 적다

형 (맛 등이) 연하다/은은하다/산뜻하다
绿茶的茶水很清淡 녹차를 우려낸 찻물이 연하다
这种沐浴乳香味很清淡 이 샤워 젤은 향이 은은하다

형 (음식이) 담백하다/기름기가 적다
我喜欢清淡的饭菜，太油腻的食物我吃不了
나는 담백한 요리를 좋아하며, 너무 기름진 음식은 못 먹는다

沐浴乳 mùyùrǔ 형 샤워 젤, 보디 워시
香味 xiāngwèi 형 향기, 향내
6급 油腻 yóunì 형 기름지다, 느끼하다

6급 清洁 qīngjié 형 깨끗하다, 청결하다

형 깨끗하다, 청결하다
干净清洁的空气 깨끗하고 청결한 공기
保持室内清洁 실내를 청결하게 유지하다

3급 干净 gānjìng 형 깨끗하다
室内 shìnèi 형 실내

6급 清理 qīnglǐ 동 깨끗이 정리하다, 깨끗이 처리하다

동 깨끗이 정리하다, 깨끗이 처리하다
赶快清理一下仓库的物资
창고의 물품을 빨리 정리해라
清理电脑中的垃圾文件
컴퓨터의 정크 파일을 정리하다

6급 仓库 cāngkù 형 창고
6급 物资 wùzī 형 물자

6급 清晰 qīngxī 형 뚜렷하다, 선명하다

형 뚜렷하다, 선명하다
把模糊的图片处理清晰
흐릿한 사진을 선명하게 처리하다
发音准确、吐字清晰
발음이 정확하고 또박또박하다

5급 模糊 móhu 형 모호하다, 흐릿하다
图片 túpiàn 형 그림, 사진
吐字 tǔzì 동 발음하다, 글자를 소리 내어 읽다

6급 清醒 qīngxǐng 图 의식을 회복하다, 정신을 차리다 | 형 맑다, 또렷하다

图 의식을 회복하다, 정신을 차리다

看到老人清醒了，大家才放心了
노인이 정신을 차리는 것을 보고서야, 모두가 안심했다

형 (머리가) 맑다/또렷하다

第二天早晨醒来，头脑变得清醒了
다음날 아침에 깨어나니 머리가 맑아졌다

作为领导，你要有清醒的认识
리더로서 너는 뚜렷한 인식을 가져야 한다

3급 放心 fàngxīn 图 안심하다, 마음을 놓다
醒来 xǐnglái 图 깨어나다, 일어나다
头脑 tóunǎo 图 두뇌, 머리

6급 清真 Qīngzhēn 형 이슬람의, 이슬람식의, 회교의

형 이슬람의, 이슬람식의, 회교의

清真寺 이슬람 사원 | 清真食品 할랄 식품

6급 情报 qíngbào 图 정보, 기밀 정보, 첩보

图 정보, 기밀 정보, 첩보

为了获取敌军情报，我们牺牲了很多同志
적군의 정보를 얻기 위해 우리는 많은 동지를 희생하였다

6급 牺牲 xīshēng 图 희생하다

6급 情节 qíngjié 图 줄거리, 플롯, 구성 图 과정, 경위, 경과

图 (작품의) 줄거리/플롯/구성

这个故事的情节曲折动人，很值得一看
이 이야기는 줄거리가 단조롭지 않고 감동적이라 한 번 볼 만하다

图 (일의) 과정/경위/경과

具体的情节还没弄清楚
구체적인 경위가 아직 분명하게 밝혀지지 않았다

6급 曲折 qūzhé 图 복잡하다, 곡절이 많다
动人 dòngrén 图 감동적이다
5급 具体 jùtǐ 图 구체적이다

5급 情景 qíngjǐng 图 정경, 광경, 장면

图 정경, 광경, 장면

类似的情景，我好像在哪里见过
비슷한 광경을 나는 어디에선가 본 적이 있는 것 같다

6급 类似 lèisì 图 유사하다, 비슷하다

4급 情况 qíngkuàng 图 정황, 상황, 사정

图 정황, 상황, 사정

遇到特殊情况 특수한 상황에 맞닥뜨리다

5급 特殊 tèshū 图 특수하다, 특별하다

6급 情理 qínglǐ 图 정리, 도리, 이치

图 정리(情理), 도리, 이치

他这个人实在是不通情理 그러는 사람은 정말 몰상식하다

虽然有些出乎意料，但也在情理之中
비록 예상을 조금 넘어서지만 그럴만하다

出乎意料 chūhū-yìliào
图 예상을 넘어서다, 뜻밖이다

Q

486

6급 情形 qíngxíng 명 상황, 형편

명 상황, 형편
面对这种情形，经验丰富的经理也不知所措了
이런 상황에 직면하면, 경험이 풍부한 사장도 헤맨다

不知所措 bùzhī-suǒcuò
성 어떻게 해야 좋을지 모르다, 갈팡질팡하다

5급 情绪 qíngxù 명 정서, 감정, 기분, 마음

명 정서, 감정, 기분, 마음
紧张情绪逐渐消失了 긴장된 마음이 점차 사라졌다
表露自己的情绪 자신의 감정을 드러내다

5급 消失 xiāoshī 동 사라지다, 없어지다
表露 biǎolù 동 (생각, 감정 등을) 드러내다

2급 晴 qíng 형 맑다

형 (하늘이) 맑다
雨过天晴 비가 그친 뒤 하늘이 맑다, 상황이 좋아지다

6급 晴朗 qínglǎng 형 맑다, 쾌청하다

형 (하늘이) 맑다/쾌청하다
有时晴朗的天空会突然出现风暴
때로는 맑은 하늘에 갑자기 폭풍이 발생할 수도 있다

5급 天空 tiānkōng 명 천공, 하늘
6급 风暴 fēngbào 명 폭풍

1급 请 qǐng 동 요청하다, 청구하다 동 초청하다, 초빙하다 동 …해 주십시오

동 요청하다, 청구하다
员工请病假 직원이 병가를 요청하다
동 초청하다, 초빙하다
我昨晚请了几位客人吃饭
나는 어젯밤 손님 몇 명을 초대해서 밥을 먹었다
동 …해 주십시오 (요구나 권유에 쓰임)
请喝茶 차 드세요
请你帮我一个忙 저를 좀 도와주세요

病假 bìngjià 명 병가
3급 客人 kèrén 명 손님

역순 어휘
申请 shēnqǐng　　邀请 yāoqǐng

3급 请假 qǐng//jià 동 휴가를 신청하다, 휴가를 내다

동 휴가를 신청하다, 휴가를 내다
父亲因病去世，我要向公司请假
아버지가 병으로 돌아가셔서 나는 회사에 휴가를 내야 한다
他请10天假回家探亲
그는 열흘간 휴가를 신청해 집에 돌아가 가족을 만났다

探亲 tànqīn 동 친척을 방문하다, 가족을 만나러 가다

6급 请柬 qǐngjiǎn 명 청첩장, 초청장, 초대장

명 청첩장, 초청장, 초대장 동의어 请帖 qǐngtiě [6급]
新同事发结婚请柬，你会去吗?
새 직장 동료가 결혼 청첩장을 보내면 너는 갈 거니?

3급 同事 tóngshì 명 직장 동료
3급 结婚 jiéhūn 동 결혼하다

6급 请教 qǐngjiào 툉 지도를 청하다, 조언을 구하다

툉 지도를 청하다, 조언을 구하다 (질문에 쓰이기도 함)
他经常向有经验的农民**请教**
그는 경험이 있는 농부에게 종종 지도를 청한다

向您**请教**一下，这究竟是怎么回事？
이것이 도대체 어찌된 일인지 좀 알려 주시겠습니까?

| 4급 经验 jīngyàn 몡 경험, 체험
| 4급 究竟 jiūjìng 튄 도대체

请客 qǐng//kè 툉 한턱 내다, 초대하다, 대접하다

툉 한턱 내다, 초대하다, 대접하다
今天我在家里**请客**吃饭
오늘 나는 집으로 손님을 초대해 식사를 대접했다

请客看球赛
구기 경기 관람을 시켜 주다

球赛 qiúsài 몡 구기 시합, 구기 종목 경기

5급 请求 qǐngqiú 툉 요청하다, 부탁하다 몡 요청, 요구, 부탁

툉 요청하다, 부탁하다
请求上级批准
상급 기관의 비준을 요청하다

向朋友道歉**请求**原谅
친구에게 사과하고 용서를 구하다

몡 요청, 요구, 부탁
她向家人提出了最后的**请求**
그녀는 가족들에게 마지막 부탁을 했다

| 5급 批准 pīzhǔn 툉 비준하다, 승인하다,
| 　　　　　　　 허가하다
| 3급 最后 zuìhòu 몡 최후, 마지막

6급 请示 qǐngshì 툉 지시를 요청하다

툉 (상급 기관에) 지시를 요청하다
这件事不归我管，应向上级**请示**
이 일은 내 소관이 아니라서 상사에게 지시를 요청해야 한다

归 guī 꽤 …의 담당이다, …가 해야 할 일이다
| 6급 上级 shàngjí 몡 상급 기관, 상사

6급 请帖 qǐngtiě 몡 청첩장, 초청장, 초대장

몡 청첩장, 초청장, 초대장 [동의어] 请柬 qǐngjiǎn [6급]
他们下个月要举行婚礼，已经给亲朋好友发送
了**请帖**
그들은 다음달에 결혼식을 할 것이며, 이미 친척과 친구들에게
청첩장을 보냈다

| 5급 婚礼 hūnlǐ 몡 혼례, 결혼식
| 　　 亲朋 qīnpéng 몡 친척과 친구
| 　　 发送 fāsòng 툉 보내다, 발송하다

5급 庆祝 qìngzhù 툉 경축하다

툉 경축하다
今天召开**庆祝**教师节表彰大会
오늘 스승의 날을 경축하는 표창장 수여식이 열린다

| 6급 表彰 biǎozhāng 툉 표창하다

Q

4급 穷 qióng 동 다하다, 끝나다 형 궁하다, 빈곤하다, 가난하다

동 다하다, 끝나다
无穷无尽 무궁무진하다, 끝이 없다

형 궁하다, 빈곤하다, 가난하다 [반의어] 富 fù [4급]
家里很穷 집이 가난하다
我不想再过穷日子了
나는 다시 가난한 생활을 하고 싶지 않다

5급 日子 rìzi 명 생활, 생계, 형편

6급 丘陵 qiūlíng 명 구릉, 언덕

명 구릉, 언덕
丘陵海拔多在200米至500米之间，地势起伏较
大 구릉은 주로 해발 200미터에서 500미터 사이이며 지형 기복이
비교적 크다

6급 海拔 hǎibá 명 해발
6급 起伏 qǐfú 동 기복을 이루다

3급 秋 qiū 명 가을

명 가을
北方秋天很干燥 북쪽은 가을철에 매우 건조하다
秋风吹来，落叶纷飞 가을바람이 불어와 낙엽이 흩날리다

5급 干燥 gānzào 형 건조하다, 메마르다
落叶 luòyè 명 낙엽
纷飞 fēnfēi 동 흩날리다

5급 球迷 qiúmí 명 축구 팬, 구기 스포츠 팬

명 축구 팬, 구기 스포츠 팬
两队的争夺非常激烈，球迷也非常兴奋
두 팀의 쟁탈전이 매우 격렬해서 축구 팬들도 몹시 흥분했다

6급 争夺 zhēngduó 동 쟁탈하다, 강탈하다
5급 激烈 jīliè 형 격렬하다, 치열하다

4급 区别 qūbié 동 구별하다, 구분하다 명 구별, 차이

동 구별하다, 구분하다
要把两种不同性质的社会矛盾严格区别开来
성질이 다른 두 사회적 모순을 엄격하게 구별해야 한다

명 구별, 차이
两者没有什么区别 둘은 아무런 차이가 없다

不同 bùtóng 형 다르다, 같지 않다
5급 性质 xìngzhì 명 성질, 성격, 특성
4급 严格 yángé 형 엄격하다

6급 区分 qūfēn 동 구분하다

동 구분하다
食用蘑菇和毒蘑菇难以简单区分
식용 버섯과 독버섯은 간단히 구분하기 어렵다

难以 nányǐ 동 …하기 어렵다

6급 区域 qūyù 명 구역, 지역, 지구

명 구역, 지역, 지구
南方不少区域持续大雨
남쪽의 많은 지역에 큰비가 계속되다

不少 bùshǎo 형 적지 않다, 많다
5급 持续 chíxù 동 지속하다

6급 曲折 qūzhé 혱 굽다, 구불구불하다 혱 복잡하다, 곡절이 많다

혱 굽다, 구불구불하다

古城曲折的巷子留存着岁月的痕迹
고성의 구불구불한 골목에는 세월의 흔적이 남아 있다

家乡的门前有一条曲折折的小溪
고향의 집 앞에는 구불구불한 시냇물이 하나 있다

혱 복잡하다, 곡절이 많다

这部连续剧剧情十分曲折，震撼人心
이 드라마는 줄거리가 곡절이 많고 사람의 마음을 울린다

巷子 xiàngzi 몡 좁은 길, 골목
留存 liúcún 동 줄곧 존재하다, 현존하다
6급 痕迹 hénjì 몡 흔적, 자취, 자국
剧情 jùqíng 몡 줄거리
6급 震撼 zhènhàn 동 진감하다, 흔들다

6급 驱逐 qūzhú 동 축출하다, 몰아내다, 쫓아내다

동 축출하다, 몰아내다, 쫓아내다

把偷渡入境的外国人驱逐出境
밀입국한 외국인을 국외 추방하다

饭前先喝一杯水，驱逐饥饿感
밥 먹기 전에 물을 한 잔 마셔 허기진 느낌을 없애다

偷渡 tōudù 동 밀입국하다
出境 chūjìng 동 국경을 벗어나다, 출국하다
6급 饥饿 jī'è 혱 배고프다, 굶주리다

6급 屈服 qūfú 동 굴복하다

동 굴복하다

可以被敌人打败，但决不会向敌人屈服
적에게 질 수는 있지만, 결코 적에게 굴복하지 않을 것이다

不屈服于其他国家的压力
다른 나라의 압력에 굴복하지 않다

打败 dǎbài 동 지다, 패배하다
4급 压力 yālì 몡 압력, 압박

5급 趋势 qūshì 몡 추세

몡 추세

天气有转暖的趋势
날씨가 따뜻해지는 추세를 보이다

呈现良好的发展趋势
양호한 발전 추세를 나타내다

转暖 zhuǎnnuǎn 동 (날씨가) 따뜻해지다

6급 渠道 qúdào 몡 경로, 절차, 방법

몡 경로, 절차, 방법

畅通农产品流通和销售渠道
농산품의 유통과 판매 경로를 원활하게 하다

通过合法的渠道把车租给了别人
합법적인 절차를 통해 다른 사람에게 차를 빌려 주었다

6급 畅通 chàngtōng 혱 막힘이 없다, 잘 통하다
6급 流通 liútōng 동 유통되다
5급 销售 xiāoshòu 동 팔다, 판매하다
5급 合法 héfǎ 혱 합법적이다

6급 曲子 qǔzi 몡 노래, 가곡, 곡조

몡 노래, 가곡, 곡조

她唱了一首抒情的曲子
그녀는 서정적인 노래 한 곡을 불렀다

抒情 shūqíng 동 서정하다, 감정을 표현하다

Q

4급 取 qǔ 图 취하다, 가지다, 받다, 찾다 图 얻다

图 **취하다, 가지다, 받다, 찾다**

把画从墙上**取**下来
그림을 벽에서 떼어 내다

我要用银行卡**取**款
나는 은행 카드로 돈을 인출하려고 한다

图 **(노력 끝에) 얻다**

中国女排想要在奥运会上**取**得好成绩
중국 여자 배구는 올림픽에서 좋은 성적을 얻고자 한다

取款 qǔkuǎn 图 돈을 찾다,
예금한 돈을 인출하다
取得 qǔdé 图 얻다, 획득하다, 취득하다

采**取** cǎiqǔ　　录**取** lùqǔ　　索**取** suǒqǔ
吸**取** xīqǔ　　争**取** zhēngqǔ

6급 取缔 qǔdì 图 단속하다, 금지하다, 취소하다

图 **단속하다, 금지하다, 취소하다**

今年查实**取**缔的非法社会组织共有30家
올해 조사하여 단속한 불법 사회 조직은 모두 30개이다

查实 cháshí 图 조사하고 사실을 확인하다

5급 取消 qǔxiāo 图 취소하다, 없애다

图 **취소하다, 없애다**

他因涉嫌违纪被**取**消代表资格
그는 규율을 위반했다는 혐의를 받아 대표 자격이 취소되었다

原来的安排全部**取**消了
원래의 일정이 모두 취소되었다

涉嫌 shèxián 图 혐의를 받다
违纪 wéijì 图 기율을 위반하다, 규율을 어기다
5급 资格 zīgé 圀 자격

5급 娶 qǔ 图 아내를 얻다, 장가들다

图 **아내를 얻다, 장가들다** 반의어 嫁 jià [5급]

农村**娶**媳妇儿难，本质原因是男女比例失调
농촌에서 장가가기 힘든 본질적 원인은 남녀 비율 불균형 때문이다

几年前，他的儿子**娶**了一个妻子
그의 아들은 몇 년 전에 아내를 얻었다

媳妇儿 xífur 圀 아내, 처
失调 shītiáo 图 균형을 잃다
2급 妻子 qīzi 圀 아내, 처

1급 去 qù 图 가다, 향하다

图 **가다, 향하다** 반의어 来 lái [1급]

从北京**去**上海
베이징에서 상하이로 가다

去书店买一本杂志
서점에 가서 잡지를 사다

4급 杂志 zázhì 圀 잡지, 정기 간행물

过**去** guòqù　　失**去** shīqù

2급 去年 qùnián 圀 작년, 지난해

圀 **작년, 지난해**

去年他全年都在北京工作
작년에 그는 1년 내내 베이징에서 일했다

全年 quánnián 圀 한 해, 일 년 내내

5급 去世 qùshì 图 세상을 뜨다, 별세하다

图 세상을 뜨다, 별세하다
老夫人去世了 노부인이 세상을 뜨셨다
听到丈夫去世的消息，她一下子就昏厥过去了
남편이 죽었다는 소식을 듣고 그녀는 바로 정신을 잃었다

一下子 yīxiàzi 단숨에, 일시에
昏厥 hūnjué 图 기절하다, 졸도하다

6급 趣味 qùwèi 图 흥미, 관심, 취향

图 흥미, 관심, 취향
这本书写得很有趣味 이 책은 매우 흥미롭다
这样的题材体现出高雅的趣味
이러한 소재는 고상한 취향을 구체적으로 드러낸다

5급 题材 tícái 图 제재, 소재
5급 体现 tǐxiàn 图 체현하다, 구현하다,
　　　　　　　　구체적으로 드러나다
高雅 gāoyǎ 图 고아하다, 고상하고 우아하다

5급 圈 quān 图 원, 동그라미　图 권, 테두리, 범위　양 바퀴

图 원, 동그라미
在文件上画个圈儿 문서 위에 동그라미를 치다
图 권, 테두리, 범위
欧洲文化圈 유럽 문화권
话说得出圈儿了 말이 도가 지나쳤다
양 바퀴
在校园里走了一圈 교정을 한 바퀴 거닐었다

5급 欧洲 Ōuzhōu 图 유럽
出圈儿 chūquānr 图 선을 넘다, 도를 넘다
校园 xiàoyuán 图 교정, 캠퍼스

6급 圈套 quāntào 图 덫, 올가미, 함정, 계략

图 덫, 올가미, 함정, 계략
没想到中了敌人设下的圈套
뜻밖에 적이 놓은 덫에 걸렸다

5급 敌人 dírén 图 적인, 적, 원수

6급 权衡 quánhéng 图 재다, 따지다, 가늠하다

图 재다, 따지다, 가늠하다
我们必须权衡利弊，作出最为有利的战略抉择
우리는 반드시 이해를 따져서 가장 유리한 전략적 선택을 해야 한다

利弊 lìbì 图 이해, 이로움과 폐단
6급 战略 zhànlüè 图 전략
抉择 juézé 图 선정하다, 선택하다

5급 权力 quánlì 图 권력, 권한

图 권력, 권한
国家权力机关 국가 권력 기관
由人民法院行使审判的权力
인민 법원이 재판의 권한을 행사한다

机关 jīguān 图 기관
行使 xíngshǐ 图 행사하다, 집행하다
审判 shěnpàn 图 심판하다

5급 权利 quánlì 图 권리

图 권리
劳动者可以依法享受下列权利
노동자는 법에 따라 아래의 권리를 누릴 수 있다

5급 享受 xiǎngshòu 图 향수하다, 누리다

Q

6급 权威 quánwēi 명 권위 명 권위자, 권위 있는 사물

명 권위
共同维护国家法律的**权威**
국가 법률의 권위를 함께 수호하다

명 권위자, 권위 있는 사물
本公司的最新技术获得**权威**机构的认可
본사의 최신 기술이 권위 있는 기구의 인정을 받았다

6급 维护 wéihù 동 지키다, 보호하다
6급 机构 jīgòu 명 기구, 기관
6급 认可 rènkě 동 인가하다, 인정하다

权益 quányì 명 권익, 권리와 이익

명 권익, 권리와 이익
保护职工的正当**权益**
근로자의 정당한 권익을 보호하다

店铺违反了消费者**权益**保护法
상점에서 소비자 권익 보호법을 위반했다

6급 正当 zhèngdàng 형 정당한, 적당한, 합리적인
5급 违反 wéifǎn 동 위반하다

4급 全部 quánbù 명 전부, 전체, 모두 형 전부의, 전체의, 모든

명 전부, 전체, 모두
这只是事情的局部，不是**全部**
이것은 단지 사건의 일부일 뿐 전체가 아니다

형 전부의, 전체의, 모든
为国家发展贡献自己的**全部**力量
국가 발전을 위해 자신의 모든 역량을 바치다

6급 局部 júbù 명 국부, 일부분
5급 贡献 gòngxiàn 동 공헌하다
5급 力量 lìliang 명 능력, 역량

6급 全局 quánjú 명 전체 국면, 대세

명 전체 국면, 대세
从**全局**来说，调查工作基本结束了
전체 국면으로 보자면 조사 작업은 기본적으로 끝났다

把握整体，掌控**全局**
전체를 파악하고 대세를 제어하다

5급 基本 jīběn 부 대체로, 기본적으로
5급 整体 zhěngtǐ 명 전체, 전부
掌控 zhǎngkòng 동 장악하고 통제하다, 제어하다

6급 全力以赴 quánlìyǐfù 성 힘을 모두 쏟아 붓다, 전력을 다하다

성 힘을 모두 쏟아 붓다, 전력을 다하다
我要**全力以赴**干好我的事业
나는 전력을 다해 내 일을 잘 해낼 것이다

6급 事业 shìyè 명 사업, 일

5급 全面 quánmiàn 명 전면, 전체 형 전면적인, 전체적인

명 전면, 전체 [반의어] 局部 júbù [6급]
抓**全面** 전체를 살피다

형 전면적인, 전체적인 [반의어] 片面 piànmiàn [5급]
多彩活动促进未成年人**全面**发展
다양한 활동은 미성년자들의 전면적인 발전을 촉진한다

5급 抓 zhuā 동 주의하다, 치중하다, 강조하다
多彩 duōcǎi 형 다채롭다, 다양하다

6급 拳头 quántou 명 주먹 형 훌륭한, 우수한, 경쟁력 있는

명 주먹
他忍不住握紧了**拳头**
그는 참지 못하고 주먹을 꽉 쥐었다

형 훌륭한, 우수한, 경쟁력 있는
拳头设计 경쟁력 있는 디자인

5급 忍不住 rěnbuzhù 참을 수 없다, 참지 못하다
握紧 wòjǐn 통 꽉 쥐다, 움켜쥐다

6급 犬 quǎn 명 개

명 개 [동의어] 狗 gǒu [1급]
这种狗可以成为很优秀的伴侣**犬**
이런 개는 훌륭한 반려견이 될 수 있다

6급 伴侣 bànlǚ 명 반려, 동반자, 동료

5급 劝 quàn 통 권하다, 설득하다, 충고하다

동 권하다, 설득하다, 충고하다
大家都**劝**他别去，他勉强答应
모두가 가지 말라고 설득해서 그는 마지못해 동의했다

6급 勉强 miǎnqiǎng 형 마지못하다
5급 答应 dāying 통 허락하다, 동의하다

4급 缺点 quēdiǎn 명 결점, 단점, 부족한 점

명 결점, 단점, 부족한 점 [반의어] 优点 yōudiǎn [4급]
对别人的**缺点**可以批评，但不要讥讽
남의 약점을 비판할 수는 있으나 비방해서는 안 된다
这本书尽管有些**缺点**，但不失为一本好书
이 책은 몇 가지 단점이 있긴 하지만 좋은 책이라고 할 수 있다

4급 批评 pīpíng 통 비판하다, 비평하다
讥讽 jīfěng 통 헐뜯고 비방하다, 비난하다
不失为 bùshīwéi 통 여전히 …이라고 할 수 있다

5급 缺乏 quēfá 통 결핍되다, 모자라다, 부족하다

동 결핍되다, 모자라다, 부족하다
现在我们球队**缺乏**凝聚力和斗志
지금 우리 팀은 조직력과 투지가 부족하다

凝聚力 níngjùlì 명 응집력, 조직력
斗志 dòuzhì 명 투지, 투혼

6급 缺口 quēkǒu 명 틈, 흠집, 구멍 명 부족, 결핍

명 틈, 흠집, 구멍
罐子上有个**缺口** 캔 위에 구멍이 있다

명 (물자, 자금 등의) 부족/결핍
目前玉米供应出现**缺口**
현재 옥수수 공급에 차질이 생겼다
资金尚有**缺口** 자금이 아직 부족하다

罐子 guànzi 명 단지, 깡통
供应 gōngyìng 통 제공하다, 공급하다, 보급하다
尚 shàng 부 아직, 여전히

4급 缺少 quēshǎo 통 결핍되다, 모자라다, 부족하다

동 결핍되다, 모자라다, 부족하다
厂长身边**缺少**一位得力助手
공장장 곁에 유능한 조수가 부족하다

6급 得力 délì 형 유능하다, 강력하다

Q

6급 缺席 quē∥xí 图 결석하다, 빠지다

图 결석하다, 빠지다
由于无故缺席战术会议，他将会受到球队处罚
이유 없이 전술 회의에 빠졌기 때문에 그는 팀의 처벌을 받을 것이다

无故 wúgù 图 무고히, 이유 없이
6급 战术 zhànshù 图 전술
处罚 chǔfá 图 처벌, 처분

6급 缺陷 quēxiàn 图 결함, 흠

图 결함, 흠
雕像雕刻精致，找不出任何缺陷
조각상의 조각이 정교하여 어떤 흠도 찾을 수 없다
生理缺陷 신체적 결함

6급 精致 jīngzhì 图 정교하고 치밀하다,
세밀하다

6급 瘸 qué 图 다리를 절다, 절룩거리다

图 다리를 절다, 절룩거리다
骨折痊愈七个月了，走路还是一瘸一拐的
골절이 완치된 지 7개월이 되었지만 여전히 절룩거리며 걷는다

骨折 gǔzhé 图 골절되다
痊愈 quányù 图 완쾌되다, 완치되다
拐 guǎi 图 절룩거리다, 절름거리다

4급 却 què 图 도리어, 오히려

图 도리어, 오히려
虽然天气很冷，大家心里却热乎乎的
비록 날씨는 춥지만 모두의 마음은 오히려 뜨겁다
她话虽不多，却很有分量
그녀는 말은 많지 않지만 무게가 있다

热乎乎 rèhūhū 图 뜨끈뜨끈하다
6급 分量 fènliàng 图 무게, 가치

역순 어휘
冷却 lěngquè

6급 确保 quèbǎo 图 확보하다, 확실히 보증하다

图 확보하다, 확실히 보증하다
确保人身安全
신변 안전을 확실히 보증하다
确保大会不受任何干扰
대회가 어떠한 방해도 받지 않도록 확실히 보증하다

人身 rénshēn 图 인신, 신상
6급 干扰 gānrǎo 图 방해하다, 어지럽히다,
교란시키다

5급 确定 quèdìng 图 확정하다 图 명확하다, 확고하다

图 확정하다
确定会谈的时间和地点
회담 시간과 장소를 확정하다

图 명확하다, 확고하다
公司提出了确定的解决方案
회사는 명확한 해결 방안을 제시했다
这是确定无疑的
이것은 의심의 여지가 없이 명확하다

会谈 huìtán 图 회담
4급 地点 dìdiǎn 图 장소, 위치

6급 确立 quèlì 동 확립하다

동 **확립하다**

确立全球科技领导地位
전 세계 과학 기술의 지도자 지위를 확립하다

教育部确立了新的教师管理体制
교육부는 새로운 교사 관리 체제를 확립했다

全球 quánqiú 명 지구 전체, 전 세계
5급 地位 dìwèi 명 지위, 위치, 자리
体制 tǐzhì 명 체제, 체계

6급 确切 quèqiè 형 정확하다, 적절하다 형 확실하다

형 **정확하다, 적절하다**

解释得非常确切 해석이 매우 정확하다

형 **확실하다**

他亲自给出了确切的答复
그가 직접 확실한 답변을 제시했다

4급 解释 jiěshì 동 해석하다, 해설하다, 설명하다
6급 答复 dáfù 명 대답, 응답

5급 确认 quèrèn 동 확인하다

동 **확인하다**

确认考生身份 수험생 신분을 확인하다

这件事请你再确认一下 이 일을 다시 확인해 주십시오

输入密码后请按确认键
비밀번호 입력 후 확인 버튼을 누르시오

5급 身份 shēnfèn 명 신분, 출신, 지위, 자격
5급 输入 shūrù 동 입력하다
4급 密码 mìmǎ 명 비밀번호, 패스워드
键 jiàn 명 (컴퓨터 등의) 버튼/키

4급 确实 quèshí 형 확실하다 부 확실히, 정말로

형 **확실하다**

这家汽车公司的新车质量确实可靠
이 자동차 회사의 신차는 품질이 확실하고 믿을 수 있다

부 **확실히, 정말로**

他确实有病 그는 정말로 병이 났다

这个人确实不简单 이 사람은 확실히 비범하다

5급 可靠 kěkào 형 신뢰할 만하다, 믿음직스럽다
不简单 bùjiǎndān 평범하지 않다,
비범하다, 대단하다

Q

6급 确信 quèxìn 동 확신하다 명 확실한 소식, 믿을 수 있는 소식

동 **확신하다**

我确信这件事是真的
나는 이 일이 사실이라고 확신한다

명 **확실한 소식, 믿을 수 있는 소식**

刚刚得到一个确信: 他们已经启程了
방금 확실한 소식을 들었는데 그들은 이미 출발했다고 한다

6급 启程 qǐchéng 동 나서다, 출발하다

3급 裙子 qúnzi 명 치마, 스커트

명 **치마, 스커트**

你穿上这一条蓝裙子显得清纯优雅
네가 이 남색 치마를 입으니 청순하고 우아해 보인다

清纯 qīngchún 형 청순하다, 아름답고
순수하다
优雅 yōuyǎ 형 우아하다, 고상하다

5급 群 qún 명 무리, 떼, 많은 사람 형 무리를 이룬, 매우 많은 양 무리, 떼

명 **무리, 떼, 많은 사람**
羊**群** 양떼 | 楼**群** 빌딩 숲
成**群**结队 여럿이 무리를 짓다
형 **무리를 이룬, 매우 많은**
群岛 군도 | **群**集 군집하다, 떼지어 모이다
양 **무리, 떼**
这**群**小学生的表现真棒
이 초등학생들은 실력이 정말 대단하다
一**群**牛在草原上吃草
한 떼의 소들이 초원에서 풀을 먹고 있다

结队 jiéduì 동 무리 짓다, 대열을 만들다
5급 表现 biǎoxiàn 명 태도, 표현, 품행
4급 棒 bàng 형 좋다, 뛰어나다, 훌륭하다

6급 群众 qúnzhòng 명 군중, 대중, 많은 사람 명 일반인

명 **군중, 대중, 많은 사람**
消防队伍救出了被洪水围困的20名**群众**
소방대가 홍수에 고립된 20명의 군중을 구했다
명 **(간부, 당원이 아닌) 일반인**
当领导的不要把自己混同于**群众**
지도자는 자신을 일반인과 혼동해서는 안 된다

围困 wéikùn 동 포위하여 곤경에 빠뜨리다, 둘러싸 고립시키다
混同 hùntóng 동 혼동하다

4급 然而 rán'ér 옌 그러나, 그렇지만

옌 그러나, 그렇지만 (전환을 나타내며, 주로 서면어에 쓰임)
他原先答应得很好，然而没过几天就变卦了
그는 처음에 좋다고 승낙했으나, 며칠 지나지 않아 마음을 바꿨다

6급 原先 yuánxiān 몡 종전, 처음
变卦 biànguà 동 (의견, 결정 등을) 갑자기 바꾸다

3급 然后 ránhòu 옌 연후에, 그 다음에, 그리고 나서

옌 연후에, 그 다음에, 그리고 나서
先调查研究，然后再下结论
먼저 조사 연구를 한 다음에 결론을 내리다

5급 结论 jiélùn 몡 결론, 결말

5급 燃烧 ránshāo 동 연소하다, 불에 타다

동 연소하다, 불에 타다
大火燃烧14小时才被扑灭
큰불이 14시간 동안 타오르다가 꺼졌다

扑灭 pūmiè 동 박멸하다, 완전히 없애다

6급 染 rǎn 동 염색하다, 물들이다 동 감염되다, 물들다

동 염색하다, 물들이다
经常染头发会导致头发发质变差
자주 머리를 염색하면 머릿결이 상할 수 있다

동 (나쁜 습관 등에) 감염되다/물들다
孩子很容易染上坏习惯
어린이는 나쁜 습관에 물들기 쉽다

3급 头发 tóufa 몡 머리털, 머리카락

역순 어휘
传染 chuánrǎn　　　感染 gǎnrǎn
污染 wūrǎn

6급 嚷 rǎng 동 고함치다, 큰 소리로 부르다 동 말다툼하다, 소란을 피우다

동 고함치다, 큰 소리로 부르다
有话慢慢说，别这样大叫大嚷的
할 말 있으면 천천히 해, 이렇게 고함치지 말고

동 말다툼하다, 소란을 피우다
气得我跟他嚷了一顿
나는 화가 나서 그와 대판 말다툼을 했다

大叫大嚷 dàjiào-dàrǎng
큰 소리로 떠들어대다, 크게 소리를 지르다
气 qì 동 화내다, 성내다

tip 중첩해서 쓸 경우 rāngrang으로 읽는다

R

2급 让 ràng 동 양보하다, 사양하다 동 허용하다, …하게 하다 개 …에게, …에 의해

동 양보하다, 사양하다
年轻人给老人让座 젊은이가 노인에게 좌석을 양보하다

동 허용하다, …하게 하다
不能让他占了便宜
그가 부당하게 잇속을 차리도록 놔둘 수 없다

来晚了，让您久等了
늦었습니다. 오래 기다리시게 해서 죄송합니다

개 …에게, …에 의해 (피동문에 쓰여 동작의 주체를 이끌어 냄)
窗户纸让大风刮破了 창호지가 큰 바람에 찢겼다
让人打了一顿 남에게 한 대 얻어 맞았다

让座 ràngzuò 동 좌석을 양보하다
占便宜 zhàn piányi 부당한 이익을 취하다

역순 어휘
转让 zhuǎnràng

6급 让步 ràng // bù 통 양보하다

통 (협상, 논쟁 등에서) 양보하다

争了半天，谁也不肯让步

한참 논쟁하고도 아무도 양보하려 들지 않는다

争 zhēng 통 싸우다, 논쟁하다
半天 bàntiān 명 오랜 시간, 한참 동안

6급 饶恕 ráoshù 통 용서하다

통 용서하다

我决不能饶恕他这种卑鄙行为

나는 그의 이런 저열한 행위를 절대 용서할 수 없다

6급 卑鄙 bēibǐ 형 저열하다, 저급하다

6급 扰乱 rǎoluàn 통 어지럽히다, 교란하다

통 어지럽히다, 교란하다

虚构事实，扰乱公共秩序

허위 사실을 날조하여 공공 질서를 교란하다

虚构 xūgòu 통 꾸며내다, 지어내다
5급 秩序 zhìxù 명 질서, 순서, 차례

5급 绕 rào 통 휘감다, 둘둘 감다 통 맴돌다, 빙빙 돌다 통 우회하다, 돌아 가다

통 휘감다, 둘둘 감다

把线绕成团

실을 둘둘 감아 뭉치다

통 맴돌다, 빙빙 돌다

她为了锻炼身体，每天绕着操场跑步

그녀는 신체를 단련하기 위해 매일 운동장을 돌며 뛴다

통 우회하다, 돌아 가다

这条路走不通，可以从旁边绕过去

이 길은 막혔으니, 옆으로 돌아서 가면 된다

5급 操场 cāochǎng 명 운동장, 연병장
2급 跑步 pǎobù 통 달리기하다, 달리다, 뛰다

역순 어휘
缠绕 chánrào   围绕 wéirào

6급 惹祸 rě // huò 통 화를 초래하다, 문제를 일으키다

통 화를 초래하다, 문제를 일으키다

你要远离这种地方，否则会惹祸

이런 곳을 멀리 하지 않으면 화를 부르게 된다

远离 yuǎnlí 통 멀리 떠나다, 멀리하다

1급 热 rè 형 뜨겁다, 덥다 통 가열하다, 데우다

형 뜨겁다, 덥다 [반의어] 冷 lěng [1급]

天气太热 날씨가 너무 덥다

你穿得那么厚，热不热?

너는 이렇게 두껍게 입고도 덥지 않니?

통 가열하다, 데우다

饭菜都在冰箱里，你拿出来热一热再吃

음식은 모두 냉장고에 있으니, 꺼낸 후 좀 데워서 먹어

1급 天气 tiānqì 명 날씨, 일기
4급 厚 hòu 형 두껍다, 두텁다
饭菜 fàncài 명 밥과 반찬, 음식

역순 어휘
亲热 qīnrè   炎热 yánrè

5급 热爱 rè'ài 동 열렬히 사랑하다

동 열렬히 사랑하다
热爱和平 평화를 사랑하다
她**热爱**自己的工作
그녀는 자신의 일을 매우 사랑한다

5급 和平 hépíng 명 평화

6급 热泪盈眶 rèlèi-yíngkuàng 성 뜨거운 눈물이 눈에 가득하다, 감정이 몹시 격앙되다

성 뜨거운 눈물이 눈에 가득하다, 감정이 몹시 격앙되다
这是一部让观众**热泪盈眶**的温暖的电影
이것은 관중들이 뜨거운 눈물을 흘리게 하는 따뜻한 영화이다

5급 温暖 wēnnuǎn 형 따뜻하다, 따스하다

5급 热烈 rèliè 형 열렬하다, 뜨겁다, 격렬하다

형 열렬하다, 뜨겁다, 격렬하다
领导向外宾表示**热烈**欢迎
지도자는 외빈에게 열렬한 환영을 표했다

外宾 wàibīn 명 외빈
3급 欢迎 huānyíng 동 환영하다

6급 热门 rèmén 명 인기 있는 것, 유행하는 것

명 인기 있는 것, 유행하는 것
十年前的**热门**专业近年来在就业市场上不再吃香
10년 전의 인기 전공이 최근 취업 시장에서 더 이상 인기가 없다

吃香 chīxiāng 형 환영을 받다, 인기가 있다
참조어 冷门 lěngmén 명 주목 받지 못하거나 인기 없는 사물

4급 热闹 rènao 형 붐비다, 활기차다, 왁자지껄하다 동 활기차게 하다, 신나게 하다

형 붐비다, 활기차다, 왁자지껄하다
广场上人来人往，非常**热闹**
광장에 오고 가는 사람들로 매우 붐빈다

동 활기차게 하다, 신나게 하다
周末咱们聚一聚，大家**热闹热闹**
우리 주말에 한데 모여 다 같이 신나게 놀자

人来人往 rénlái-rénwǎng
성 사람들이 끊임없이 오고 가다

R

3급 热情 rèqíng 명 열정, 열의 형 열정적이다, 마음이 따뜻하다

명 열정, 열의
用全部的**热情**去完成神圣的使命
모든 열정을 쏟아 신성한 사명을 완수하다

형 열정적이다, 마음이 따뜻하다
我们非常感谢你们的**热情**接待
저희는 여러분의 따뜻한 접대에 매우 감사드립니다
志愿者**热情**参与公益活动
자원봉사자들이 공익 활동에 열정적으로 참여하다

6급 神圣 shénshèng 형 신성하다, 숭고하고 엄숙하다
6급 使命 shǐmìng 명 사명
5급 接待 jiēdài 동 접대하다, 맞이하다
5급 志愿者 zhìyuànzhě 명 지원자, 자원봉사자

5급 热心 rèxīn 혱 열심이다, 적극적이다 됭 열성을 다하다, 최선을 다하다

혱 **열심이다, 적극적이다**
警察热心为群众排忧解难
경찰은 적극적으로 민중의 근심과 어려움을 덜어준다

됭 **열성을 다하다, 최선을 다하다**
他重视企业家的社会责任，热心公益事业
그는 기업가의 사회적 책임을 중시해서 공익사업에 최선을 다한다

排忧解难 páiyōu-jiěnán 쎙 남을 위해
걱정거리를 없애고 곤란함을 해결하다
公益 gōngyì 혱 공익, 사회 공공의 이익

1급 人 rén 뗭 사람, 인간 뗭 특정 부류의 사람

뗭 **사람, 인간**
周末街上有很多人
주말에는 거리에 사람들이 아주 많다

뗭 **특정 부류의 사람**
证人 증인 | 军人 군인
外国人 외국인

역순 어휘
本人 běnrén 别人 biérén 成人 chéngrén
当事人 dāngshìrén 敌人 dírén
丢人 diūrén 法人 fǎrén 夫人 fūrén
个人 gèrén 工人 gōngrén 客人 kèrén
迷人 mírén 私人 sīrén 行人 xíngrén
主人 zhǔrén

5급 人才 réncái 뗭 인재

뗭 **인재**
他是本校培养的优秀人才
그는 본교에서 양성한 우수 인재이다

5급 培养 péiyǎng 됭 양성하다, 키우다
4급 优秀 yōuxiù 혱 우수하다, 매우 뛰어나다

6급 人道 réndào 뗭 인도, 사람의 도리, 인간성 혱 인도적이다

뗭 **인도, 사람의 도리, 인간성**
他只讲规矩，不讲人道
그는 규칙만 중시하고 사람의 도리는 중시하지 않는다

혱 **인도적이다**
这样待人太不人道
이렇게 사람을 대하는 것은 너무 비인도적이다

讲 jiǎng 됭 중시하다, 추구하다
5급 规矩 guīju 뗭 기준, 규칙, 규율

6급 人格 réngé 뗭 인격 뗭 인품, 품격, 성격

뗭 **인격**
培养学生健全的人格，需要学校的教育
학생의 건전한 인격을 키우는 데 학교의 교육이 필요하다

뗭 **인품, 품격, 성격**
她的人格魅力吸引了我
그녀의 인간적 매력이 나를 매료시켰다

6급 健全 jiànquán 됭 건전하다, 건강하다,
완전하다
5급 魅力 mèilì 뗭 매력
4급 吸引 xīyǐn 됭 끌어당기다, 사로잡다

6급 人工 réngōng 뗭 인력, 사람의 힘, 노동력 혱 인공의, 인위적인

뗭 **인력, 사람의 힘, 노동력**
用机器代替人工
기계로 인력을 대체하다

5급 代替 dàitì 됭 대체하다, 대신하다

형 인공의, 인위적인
这些鱼目前还无法人工养殖
이 물고기들은 아직 인공 양식을 할 수 없다

养殖 yǎngzhí 동 양식하다

참조어 天然 tiānrán 형 천연의, 자연의

6급 人家 rénjiā 명 가구, 세대, 인가 명 집안, 가문, 가정

명 가구, 세대, 인가
村里有百十来户人家 마을에는 약 100가구가 있다
走了半天，也见不到一户人家
한참을 걸어도 인가 하나도 볼 수 없다

명 집안, 가문, 가정
光荣人家 영광스러운 가문

户 hù 양 호, 세대, 가구

6급 光荣 guāngróng 형 영광스럽다, 명예롭다

◐ 人家 rénjiā [6급] 참조

6급 人家 rénjia 대 다른 사람, 남 대 그, 그들

대 다른 사람, 남
人家的事，你少管
남의 일에 참견하지 마라

대 그, 그들
他这样信任我，我不能给人家丢脸
그가 이렇게 나를 신임하는데 내가 그의 체면을 깎을 수는 없다

5급 信任 xìnrèn 동 신임하다, 신뢰하다

丢脸 diūliǎn 동 체면을 잃다, 망신을 당하다

◐ 人家 rénjiā [6급] 참조

6급 人间 rénjiān 명 세간, 인간 세상, 세속

명 세간, 인간 세상, 세속
这是人民创造的人间奇迹
이것은 국민들이 창조한 세상의 기적이다

5급 创造 chuàngzào 동 창조하다, 만들다

5급 奇迹 qíjì 명 기적

5급 人口 rénkǒu 명 인구 명 가족 수, 식구

명 인구
这里是全市人口最稠密的地区
이곳은 전체 시에서 인구가 가장 조밀한 지역이다

명 가족 수, 식구
家里人口少，负担轻
집안에 식구가 적어 부담이 적다

6급 稠密 chóumì 형 조밀하다, 많고 빽빽하다

5급 地区 dìqū 명 지역, 구역

6급 负担 fùdān 명 부담, 책임

5급 人类 rénlèi 명 인류, 사람

명 인류, 사람
宗教是如何影响人类历史文明的轨迹的?
종교는 인류 역사 문명의 궤적에 어떻게 영향을 주었나?

5급 文明 wénmíng 명 문명, 문화

轨迹 guǐjì 명 궤적, 궤도, 경로

5급 人民币 rénmínbì 명 런민비, 인민폐

명 런민비, 인민폐
股市走强推动人民币升值
주식 시장의 상승세는 런민비 절상을 촉진했다

走强 zǒuqiáng 동 (가격 등이) 상승세를 보이다/강세를 띠다

升值 shēngzhí 동 평가 절상하다

R

5급 人生 rénshēng 명 인생, 삶, 일생

명 **인생, 삶, 일생**
体验人生的快乐
인생의 즐거움을 경험하다

人生中会有很多意想不到的事情
인생에는 예상하지 못한 일들이 많다

5급 体验 tǐyàn 동 체험하다, 경험하다
意想 yìxiǎng 동 예상하다, 예측하다

6급 人士 rénshì 명 인사, 영향력이나 지위가 있는 인물

명 **인사, 영향력이나 지위가 있는 인물**
记者采访了各界权威人士
기자는 각계의 권위 있는 인사들을 인터뷰했다

5급 采访 cǎifǎng 동 인터뷰하다, 취재 방문하다
各界 gèjiè 명 각계

5급 人事 rénshì 명 인사, 직원 임용이나 평가 등과 관련된 일

명 **인사, 직원 임용이나 평가 등과 관련된 일**
低迷销量引发高层人事更迭
판매량이 저조해 고위직 인사가 경질되었다

低迷 dīmí 형 경기가 나쁘다
更迭 gēngdié 동 경질되다, 교체하다

6급 人为 rénwéi 동 사람의 힘으로 하다, 사람이 하다 형 인위적인

동 **사람의 힘으로 하다, 사람이 하다**
事在人为
일의 성공은 사람의 노력에 달려 있다

형 **인위적인**
除了这一人为的因素外，还有其他原因吗?
이 인위적인 요소 이외에 다른 원인이 더 있습니까?

5급 因素 yīnsù 명 요소
4급 原因 yuányīn 명 원인, 이유

5급 人物 rénwù 명 인물

명 **인물**
我们球队也需要新的领袖人物
우리 구기 팀에도 새로운 지도자급 인물이 필요하다

刻画立体人物形象
입체적인 인물 형상을 묘사하다

6급 领袖 lǐngxiù 명 영수, 지도자
刻画 kèhuà 동 묘사하다, 나타내다, 형상화하다
6급 立体 lìtǐ 형 입체적인, 다각도의

6급 人性 rénxìng 명 인성, 인간성, 인간의 본성

명 **인성, 인간성, 인간의 본성**
简直就是灭绝人性的禽兽
정말이지 인성을 상실한 금수와 같다

灭绝 mièjué 동 소멸하다, 상실하다
禽兽 qínshòu 명 금수, 나쁘고 비열한 사람

5급 人员 rényuán 명 인원, 요원, 성원, 일원

명 **인원, 요원, 성원, 일원(一员)**
公安人员 치안 요원
社会闲散人员 사회 잉여 인원

闲散 xiánsǎn 형 (인력, 물자 등이) 방치된, 쓰지 않는

6급 人质 rénzhì 몡 인질, 볼모

몡 인질, 볼모
扣留他们当人质
그들을 억류하여 인질로 삼다

扣留 kòuliú 동 구류하다, 억류하다, 압류하다

6급 仁慈 réncí 혱 인자하다, 자애롭다

혱 인자하다, 자애롭다
他母亲是善良仁慈的
그의 어머니는 선량하고 인자하다

5급 善良 shànliáng 혱 선량하다

5급 忍不住 rěnbuzhù 참을 수 없다, 참지 못하다

참을 수 없다, 참지 못하다
忍不住捧腹大笑 참지 못하고 배를 잡고 크게 웃다
他再也忍不住，流下了眼泪
그는 더 이상 참지 못하고 눈물을 흘렸다

捧腹大笑 pěngfù-dàxiào
성 배를 잡고 크게 웃다, 포복절도하다

6급 忍耐 rěnnài 동 인내하다, 참다

동 인내하다, 참다
他再也忍耐不住内心的悲痛，哭了出来
그는 더 이상 마음속 비통함을 참지 못하고 울음을 터뜨렸다
你要忍耐，不可急躁 참아야 해, 조급해하지 말고

悲痛 bēitòng 혱 비통하다
6급 急躁 jízào 혱 조급하다, 성급하다

6급 忍受 rěnshòu 동 견디다, 참다

동 (고통, 불행 등을) 견디다/참다
她四岁的儿子每天忍受着病痛的折磨
그녀의 네 살짜리 아들은 매일 병마의 고통을 견디고 있다

病痛 bìngtòng 혱 병통, 병고, 질병
6급 折磨 zhémó 동 괴롭히다, 고통스럽게 하다

6급 认定 rèndìng 동 굳게 믿다, 인정하다 동 확정하다

동 굳게 믿다, 인정하다
我认定这样做是正确的
나는 이렇게 하는 것이 맞다고 굳게 믿는다

동 확정하다
法院认定赔偿协议的有效性
법원이 배상 협의의 유효성을 확정했다

4급 正确 zhèngquè 혱 정확하다, 올바르다, 틀림없다
5급 赔偿 péicháng 동 배상하다, 변상하다

6급 认可 rènkě 동 인가하다, 인정하다, 허가하다

동 인가하다, 인정하다, 허가하다
志愿服务得到了社会的广泛认可
자원봉사는 사회의 광범위한 인정을 받았다
一开始，那个理论并不被认可
처음에 그 이론은 전혀 인정받지 못했다

志愿服务 zhìyuàn fúwù 자원봉사
5급 广泛 guǎngfàn 혱 광범하다, 광범위하다, 폭넓다

R

1급 认识 rènshi 동 확실하게 알다 동 인식하다 명 인식

동 (사람, 사물을) 확실하게 알다
他们都认识我 그들 모두 나를 안다
这个字我不认识 나는 이 글자를 모른다

동 인식하다
正确认识到了自己的长处和短处
자신의 장점과 단점을 정확히 인식하였다

명 인식
对这件事，大家有不同的认识
이 일에 대해 모두 서로 다른 인식을 가지고 있다

1급 字 zì 명 글자, 문자, 글씨
长处 chángchù 명 장점
短处 duǎnchù 명 약점, 결점
不同 bùtóng 동 다르다, 같지 않다

3급 认为 rènwéi 동 생각하다, 여기다, 간주하다

동 생각하다, 여기다, 간주하다
我认为他还有潜力
나는 그가 여전히 잠재력이 있다고 생각한다

6급 潜力 qiánlì 명 잠재력

3급 认真 rènzhēn 동 진지하게 여기다 형 진지하다, 착실하다, 성실하다

동 (rèn∥zhēn) 진지하게 여기다
这只是开玩笑，不必认真
이건 농담이니 진지하게 여길 필요 없다

형 진지하다, 착실하다, 성실하다
认真听老师说的话
선생님이 하시는 말씀을 귀담아듣다
他工作一丝不苟，办事认真
그는 일을 할 때 전혀 빈틈이 없고, 성실하게 처리한다

4급 开玩笑 kāi wánxiào 농담하다, 장난하다
6급 一丝不苟 yīsī-bùgǒu
성 치밀하여 빈틈이 전혀 없다

4급 任何 rènhé 대 어떠한, 어느

대 어떠한, 어느
任何困难也吓不倒我们
어떠한 어려움도 우리를 놀라 쓰러지게 할 수 없다
公司没有任何回应和解释
회사는 아무런 대답과 해명이 없다

5급 吓 xià 동 두려워하게 하다, 놀래다
回应 huíyìng 동 대답하다, 응답하다

6급 任命 rènmìng 동 임명하다

동 임명하다
他被任命为助理教练
그는 보조 코치로 임명되었다

6급 助理 zhùlǐ 명 조수, 보조

4급 任务 rènwù 명 임무, 사명, 책무

명 임무, 사명, 책무
要奋力完成经济发展目标任务
경제 발전의 목표 임무를 분발해서 완성해야 한다

奋力 fènlì 동 온 힘을 다하다
5급 目标 mùbiāo 명 목표

6급 任性 rènxìng 형 제멋대로이다, 거리낌 없다

형 제멋대로이다, 거리낌 없다
我劝你别再任性妄为
내가 충고하는데 더 이상 제멋대로 행동하지 마
他太任性，谁说都不听
그는 너무 제멋대로라 누구 말도 듣지 않는다

妄为 wàngwéi 동 멋대로 행동하다

6급 任意 rènyì 형 임의의 부 임의로, 멋대로, 마음대로

형 임의의
任意两点都可以连成直线
임의의 두 점은 모두 직선으로 연결할 수 있다
부 임의로, 멋대로, 마음대로
这里是保安严密的地方，不得任意行动
이곳은 보안이 엄격한 곳이니, 임의로 행동해서는 안 된다

保安 bǎo'ān 동 보안하다
6급 严密 yánmì 형 엄밀하다, 빈틈없다

6급 任重道远 rènzhòng-dàoyuǎn 성 임무는 막중하고 갈 길은 멀다, 책임이 중대하여 오랜 시간 분투해야 한다

성 임무는 막중하고 갈 길은 멀다, 책임이 중대하여 오랜 시간 분투해야 한다
保护隐私安全仍然任重道远
사생활 안전 보호는 여전히 막중하고 갈 길이 먼 임무이다

6급 隐私 yǐnsī 명 프라이버시(privacy), 개인 정보
4급 安全 ānquán 형 안전하다

4급 扔 rēng 동 던지다 동 내버리다, 내던지다, 포기하다

동 던지다
把球扔给我 공을 내게 던져라
往湖里扔一块石头 호수로 돌멩이 하나를 던지다
동 내버리다, 내던지다, 포기하다
不要乱扔垃圾 쓰레기를 함부로 버리지 마라
她扔下了工作去照顾母亲
그녀는 일을 포기하고 어머니를 돌보았다

5급 石头 shítou 명 돌
4급 乱 luàn 부 함부로, 마구, 제멋대로
垃圾 lājī 명 쓰레기
3급 照顾 zhàogù 동 돌보다, 보살피다

6급 仍旧 réngjiù 동 원래대로 하다, 예전의 것을 따르다 부 여전히, 아직도, 변함없이

동 원래대로 하다, 예전의 것을 따르다
奖惩办法仍旧 상벌 방식은 원래대로 한다
부 여전히, 아직도, 변함없이
风停了，雨仍旧下着 바람이 그쳤지만 비는 여전히 내린다

奖惩 jiǎngchéng 동 상벌하다, 장려하고 징벌하다

4급 仍然 réngrán 부 여전히, 아직도, 변함없이, 원래대로

부 여전히, 아직도, 변함없이, 원래대로
现在条件好了，但他仍然过着俭朴的生活
이제 여건이 좋아졌지만 그는 여전히 검소한 생활을 하고 있다
出院后她仍然按时上班
퇴원한 후에 그녀는 원래대로 제시간에 출근한다

4급 条件 tiáojiàn 명 조건, 상태, 여건
俭朴 jiǎnpǔ 형 검소하고 소박하다
4급 按时 ànshí 부 시간에 맞춰, 제시간에

2급 日 rì 명 해, 태양 명 낮 명 날, 일, 하루 양 날, 일

명 해, 태양
看日出 일출을 보다, 해가 뜨는 것을 바라보다

명 낮 [반의어] 夜 yè [5급]
日班 낮 근무 | 日夜 밤낮

명 날, 일, 하루
五月二十一日 5월 21일 | 今日 오늘

양 날, 일 (시간의 단위)
她一日三餐都要自己亲手做
그녀는 하루 세 끼를 모두 손수 만든다

餐 cān 양 끼
亲手 qīnshǒu 부 손수, 자기 손으로, 직접

역순 어휘
节日 jiérì　　生日 shēngrì　　昔日 xīrì

5급 日常 rìcháng 형 일상의, 평소의

형 일상의, 평소의
日常生活用品 일상 생활용품

4급 生活 shēnghuó 명 생활

5급 日程 rìchéng 명 일정

명 일정
组织委员会公布了比赛日程
조직 위원회가 경기 일정을 발표했다

委员会 wěiyuánhuì 명 위원회
5급 公布 gōngbù 동 공개 발표하다, 공포하다

4급 日记 rìjì 명 일기

명 일기
在老师的指导下，我每天写日记
선생님의 지도하에 나는 매일 일기를 쓴다

5급 指导 zhǐdǎo 동 지도하다, 가르치다

5급 日历 rìlì 명 달력, 일력

명 달력, 일력
每年的年底，很多人要买明年的日历
매년 연말에 많은 사람들이 다음 해 달력을 산다

年底 niándǐ 명 연말, 세밑
明年 míngnián 명 내년

5급 日期 rìqī 명 날, 날짜

명 날, 날짜
具体日期目前还没确定
구체적인 날짜는 현재 아직 확정되지 않았다

5급 具体 jùtǐ 형 구체적이다
5급 确定 quèdìng 동 확정하다

6급 日新月异 rìxīn-yuèyì 성 나날이 새롭고 다달이 다르다, 빠르게 발전하다

성 나날이 새롭고 다달이 다르다, 빠르게 발전하다
城市建设日新月异，居民生活得到极大改善
도시가 나날이 새롭게 건설되고, 주민들의 생활이 크게 개선되었다

极大 jídà 형 극대하다, 매우 크다
5급 改善 gǎishàn 동 개선하다

6급 日益 rìyì 튀 나날이 더욱, 날로

튀 나날이 더욱, 날로
地球生态环境日益恶化
지구의 생태 환경이 날로 악화되다

6급 恶化 èhuà 통 악화되다

5급 日用品 rìyòngpǐn 명 일용품

명 일용품
这个杂货店卖很多常用的日用品
이 잡화점은 자주 쓰는 일용품을 많이 판다

杂货店 záhuòdiàn 명 잡화점
常用 chángyòng 형 상용의, 늘 사용하는

5급 日子 rìzi 명 날, 날짜 명 시간, 시절 명 생활, 생계, 형편

명 (특정한) 날/날짜
今天是工业博览会开幕的日子
오늘은 공업 박람회가 개막하는 날이다

명 시간, 시절
这些日子太忙
요즘은 너무 바쁘다

명 생활, 생계, 형편
现在日子过得并不舒坦
지금 생활이 결코 편안하지 않다

5급 工业 gōngyè 명 공업
6급 博览会 bólǎnhuì 명 박람회
开幕 kāimù 통 (공연, 행사 등이) 개막하다
舒坦 shūtan 형 (몸이나 마음이) 편안하다

6급 荣幸 róngxìng 형 영광스럽다, 운이 좋다

형 영광스럽다, 운이 좋다
能够参加这次大会，我感到非常荣幸
이번 대회에 참가할 수 있어 나는 매우 영광스럽다

能够 nénggòu 통 …할 수 있다
感到 gǎndào 통 느끼다, 생각하다

6급 荣誉 róngyù 명 영예, 영광 형 영예의, 명예의

명 영예, 영광
我愿为国家争取更多的荣誉
나는 나라를 위해 더 많은 영예를 얻고 싶다

형 영예의, 명예의
他获得了中国知名大学的荣誉博士学位
그는 중국 유명 대학의 명예 박사 학위를 받았다

5급 争取 zhēngqǔ 통 쟁취하다, 획득하다
知名 zhīmíng 형 지명한, 저명한, 유명한
6급 学位 xuéwèi 명 학위

6급 容貌 róngmào 명 용모, 생김새

명 용모, 생김새 (주로 아름다운 모습을 가리킴)
她不仅容貌美丽而且实力也是数一数二的
그녀는 용모가 아름다울 뿐 아니라 실력도 매우 뛰어나다

4급 美丽 měilì 형 아름답다, 매력적이다
数一数二 shǔyī-shǔ'èr
성 첫째나 둘째로 꼽히다, 매우 뛰어나다

R

6급 容纳 róngnà 동 수용하다, 담다 동 받아들이다

동 **수용하다, 담다**
这家医院可**容纳**1000张病床
이 병원은 병상 1000개를 수용할 수 있다

동 **(의견 등을) 받아들이다**
校长应该有**容纳**不同意见的胸怀
교장은 다른 의견을 받아들일 수 있는 기개를 가져야 한다

病床 bìngchuáng 명 (의료 기관의) 병상
6급 胸怀 xiōnghuái 명 포부, 지향, 기개

6급 容器 róngqì 명 용기, 그릇

명 **용기, 그릇**
用完的化妆品**容器**属于有害垃圾
다 쓴 화장품 용기는 유해 쓰레기에 해당된다

化妆品 huàzhuāngpǐn 명 화장품
有害 yǒuhài 형 유해하다, 해롭다

6급 容忍 róngrěn 동 용인하다, 허용하다, 용납하다

동 **용인하다, 허용하다, 용납하다**
绝对不能**容忍**国家主权遭受侵犯
국가의 주권이 침해당하는 것을 절대 용납해서는 안 된다

6급 遭受 zāoshòu 동 …을 당하다, …을 입다
6급 侵犯 qīnfàn 동 침범하다, 침해하다

3급 容易 róngyì 형 쉽다, 용이하다 형 …하기 쉽다

형 **쉽다, 용이하다**
学一门手艺还真不**容易**
한 가지 기술을 익히는 것은 역시 쉽지 않다

형 **…하기 쉽다**
居室通风差，病毒**容易**传播
실내 통풍이 잘 되지 않으면 바이러스가 전파되기 쉽다

6급 手艺 shǒuyì 명 손재주, 솜씨, 수공 기술
居室 jūshì 명 방
5급 传播 chuánbō 동 전파하다, 널리 전하다

6급 溶解 róngjiě 동 녹다, 용해하다

동 **녹다, 용해하다**
气体可以**溶解**在水里
기체는 물에 용해될 수 있다

气体 qìtǐ 명 기체, 가스

6급 融化 rónghuà 동 녹다/융화하다/융해하다

동 **(얼음, 눈 등이) 녹다/융화하다/융해하다**
河里的冰开始**融化**了
강의 얼음이 녹기 시작했다

冰 bīng 명 얼음

6급 融洽 róngqià 형 잘 어울리다, 조화롭다, 사이좋다

형 **잘 어울리다, 조화롭다, 사이좋다**
你和朋友好好沟通，才能**融洽**相处
친구들과 잘 소통해야 사이좋게 어울릴 수 있다

5급 沟通 gōutōng 동 소통하다, 교류하다
5급 相处 xiāngchǔ 동 함께 지내다,
서로 왕래하다

| 6급 **柔和** róuhé 혱 온순하다, 온화하다, 따뜻하다 혱 연하다, 부드럽다 |

혱 **온순하다, 온화하다, 따뜻하다**

她性情柔和，从不发脾气
그녀는 성품이 온화해서 화를 낸 적이 없다

柔和的阳光洒满了草原
따뜻한 햇빛이 초원을 가득 비췄다

혱 **연하다, 부드럽다**

练太极拳时，动作要缓慢柔和
태극권을 수련할 때 동작은 완만하고 부드러워야 한다

性情 xìngqíng 몡 성정, 성격, 기질
发脾气 fā píqi 화내다, 성깔을 부리다, 짜증을 내다
洒满 sǎmǎn 동 온 사방으로 떨어지다
缓慢 huǎnmàn 혱 느리다, 완만하다

| 6급 **揉** róu 동 비비다, 문지르다 동 반죽하다, 이기다 |

동 **(손으로) 비비다/문지르다**

把眼睛揉得发红
눈을 비벼서 빨갛게 됐다

衣服不太脏，揉两把就行
옷이 그다지 더럽지 않으니 두어 번 문지르면 된다

동 **반죽하다, 이기다**

揉面做面包
밀가루를 반죽해 빵을 만들다

发红 fāhóng 동 붉히다, 빨갛게 변하다
4급 脏 zāng 혱 더럽다, 지저분하다
3급 面包 miànbāo 몡 빵

| 3급 **如果** rúguǒ 옌 만약 |

옌 **만약 (주로 就 jiù, 那么 nàme 등과 함께 씀)**

如果情况发生变化，我马上就给你打电话
만약 상황이 바뀌면 내가 즉시 너에게 전화할게

4급 发生 fāshēng 동 발생하다
3급 变化 biànhuà 변화하다, 달라지다

| 5급 **如何** rúhé 데 어찌, 어떻게 |

데 **어찌, 어떻게**

在徒步旅行中，如何解决洗澡问题？
도보 여행 중에 목욕 문제를 어떻게 해결하나?

徒步 túbù 동 도보하다, 걸어서 가다
3급 解决 jiějué 동 해결하다, 풀다

| 5급 **如今** rújīn 몡 지금, 현재 |

몡 **지금, 현재**

当年的小渔村如今已发展成大都市
그때의 작은 어촌은 현재 대도시로 발전했다

事到如今，后悔也来不及了
지금에 와서 후회해도 이미 늦었다

当年 dāngnián 몡 그 당시, 그때
4급 来不及 láibují …할 틈이 없다, 미처 …하지 못하다

| 6급 **儒家** Rújiā 몡 유가 |

몡 **유가(儒家)**

儒家思想对封建王朝产生了很深远的影响
유가 사상은 봉건 왕조에 깊은 영향을 주었다

5급 产生 chǎnshēng 동 생기다, 발생하다, 출현하다, 나타나다
深远 shēnyuǎn 혱 심원하다, 깊다

R

4급 入口 rùkǒu 명 입구

명 입구
前面就是高速公路的入口
바로 앞이 고속도로 입구이다

4급 高速公路 gāosù gōnglù 고속도로

5급 软 ruǎn 형 부드럽다, 유연하다, 무르다

형 부드럽다, 유연하다, 무르다 [반의어] 硬 yìng [5급]
小鸟的羽毛很软 작은 새의 깃털이 부드럽다
车里的座位非常软 차 안 좌석이 엄청 푹신하다
我喜欢吃甜甜软软的蛋糕
나는 달콤하고 부드러운 케이크를 좋아한다

羽毛 yǔmáo 명 깃털
3급 蛋糕 dàngāo 명 케이크

5급 软件 ruǎnjiàn 명 소프트웨어

명 소프트웨어
电脑出现无法下载软件的问题
컴퓨터에 소프트웨어를 다운로드할 수 없는 문제가 생겼다

5급 下载 xiàzài 동 다운로드하다
[참조어] 硬件 yìngjiàn 명 하드웨어, 설비 요소 [5급]

6급 若干 ruògān 대 몇, 약간, 얼마, 몇몇

대 몇, 약간, 얼마, 몇몇
公司要对员工提出的若干问题进行适当调查 회사
는 직원들이 제기한 몇몇 문제에 대해 적절한 조사를 실시할 것이다

提出 tíchū 동 제시하다, 제출하다
适当 shìdàng 형 적당하다, 적절하다

5급 弱 ruò 형 약하다

형 (힘, 실력, 세력, 성격 등이) 약하다
年老体弱 나이가 들고 몸이 약하다
室内的光线太弱 실내의 빛이 너무 약하다
她的能力并不比别人弱
그녀의 실력은 결코 다른 사람보다 약하지 않다

光线 guāngxiàn 명 광선, 빛
4급 能力 nénglì 명 능력

역순 어휘
薄弱 bóruò   脆弱 cuìruò   削弱 xuēruò

6급 弱点 ruòdiǎn 명 약점, 단점

명 약점, 단점
我的弱点是遇事爱急躁
내 단점은 일이 닥치면 곧잘 조급해 한다는 것이다
集中优势兵力，攻击敌人的弱点
우세한 병력을 한데 모아 적의 약점을 공격하다

5급 优势 yōushì 명 우세, 우위, 유리한 형세
6급 攻击 gōngjī 동 공격하다, 진격하다

6급 撒谎 sā∥huǎng 통 거짓말하다

통 거짓말하다
从来没撒过一次谎 한 번도 거짓말을 한 적이 없다
他一撒谎就脸红 그는 거짓말만 하면 얼굴이 빨개진다

脸红 liǎnhóng 통 얼굴이 빨개지다, 부끄러워하다

5급 洒 sǎ 통 뿌리다, 흩뿌리다 통 붓다, 엎지르다

통 (물을) 뿌리다, (물건을) 흩뿌리다
他每天凌晨五点起来洒水扫地
그는 매일 새벽 5시에 일어나 물을 뿌리고 바닥을 청소한다
통 붓다, 엎지르다
不小心把咖啡洒在身上了 실수로 커피를 몸에 쏟았다

6급 凌晨 língchén 명 새벽녘, 동틀 무렵
扫地 sǎodì 통 땅을 쓸다, 바닥을 청소하다

腮 sāi 명 볼, 뺨

명 볼, 뺨
眼泪顺着两腮流了下来
눈물이 두 뺨을 타고 흘러내렸다

眼泪 yǎnlèi 명 눈물

1급 三 sān 수 삼, 셋, 3 수 다수

수 삼, 셋, 3
下午三点半出发 오후 3시 반에 출발하다
수 다수
再三婉拒 여러 번 완곡하게 거절하다

4급 出发 chūfā 통 출발하다, 떠나다, 시작하다
5급 再三 zàisān 부 재삼, 여러 번
婉拒 wǎnjù 완곡하게 거절하다

三角 sānjiǎo 형 삼각형의, 세모꼴의, 삼각관계의

형 삼각형의, 세모꼴의, 삼각관계의
直角三角形 직각 삼각형
三角函数 삼각 함수
把三明治切成三角形 샌드위치를 삼각형으로 자르다

三明治 sānmíngzhì 명 샌드위치

S

3급 伞 sǎn 명 우산, 양산 명 우산 모양의 사물

명 우산, 양산
打雨伞 우산을 쓰다
我只有一把遮阳伞 나는 양산이 하나 밖에 없다
명 우산 모양의 사물
跳伞 스카이다이빙
打开降落伞 낙하산을 펼치다

遮阳 zhēyáng 통 햇빛을 차단하다, 해를 가리다
降落伞 jiàngluòsǎn 명 낙하산

6급 散文 sǎnwén 명 산문, 산문체 문장

명 산문, 산문체 문장
我平时喜欢阅读散文 나는 평소에 산문 읽는 것을 좋아한다

4급 阅读 yuèdú 통 열독하다, 읽고 이해하다

6급 散布 sànbù 동 흩어지다, 퍼지다 동 퍼뜨리다, 전하다

동 (각지에) 흩어지다/퍼지다

各种服装专卖店**散布**在北京的各个大街小巷

각종 의류 전문 매장이 베이징의 모든 거리에 퍼져 있다

동 (곳곳으로) 퍼뜨리다/전하다

对于**散布**虚假信息的行为，警察会依法处理

허위 뉴스를 퍼뜨리는 행위에 대해 경찰은 법에 따라 처리할 수 있다

专卖店 zhuānmàidiàn 명 전문 매장
大街小巷 dàjiē-xiǎoxiàng
성 큰 거리와 작은 골목, 도시의 모든 거리
依法 yīfǎ 부 법에 따라, 법률에 의거하여

4급 散步 sàn//bù 동 산책하다, 산보하다

동 산책하다, 산보하다

她每天到公园**散步**，过得很称心

그녀는 매일 공원에서 산책하며 만족스럽게 지낸다

称心 chènxīn 동 마음에 들다

6급 散发 sànfā 동 발산하다, 뿜어내다 동 뿌리다, 배포하다, 나누어주다

동 발산하다, 뿜어내다

花瓶里的玫瑰花**散发**着迷人的香气

꽃병의 장미가 매혹적인 향기를 뿜고 있다

동 뿌리다, 배포하다, 나누어주다

散发报纸

신문을 배포하다

6급 迷人 mírén 형 매혹적이다
香气 xiāngqì 명 향기

5급 嗓子 sǎngzi 명 목, 목구멍, 인후 명 목소리, 음성

명 목, 목구멍, 인후

嗓子疼得说不出话来

목이 아파서 말을 할 수가 없다

명 목소리, 음성

这位歌手天生有一副好**嗓子**

이 가수는 천성적으로 좋은 목소리를 가지고 있다

6급 天生 tiānshēng 형 천생의, 선천적인, 천성적인
6급 副 fù 양 얼굴 표정, 태도 등을 셀 때 쓰인다

6급 丧失 sàngshī 동 상실하다, 잃다

동 상실하다, 잃다 (주로 추상적인 사물에 쓰임)

那次车祸以后，小张完全**丧失**了生活自理能力

그 교통사고 이후, 샤오장은 일상생활 능력을 완전히 상실했다

车祸 chēhuò 명 교통사고
自理 zìlǐ 동 (자기 일을) 스스로 처리하다

6급 骚扰 sāorǎo 동 소란을 피우다, 어지럽히다, 불안하게 하다, 괴롭히다

동 소란을 피우다, 어지럽히다, 불안하게 하다, 괴롭히다

收到**骚扰**短信

스팸 문자 메시지를 받다

他不分昼夜地打电话**骚扰**我

그녀는 밤낮을 가리지 않고 전화를 걸어 나를 괴롭힌다

4급 短信 duǎnxìn 명 문자 메시지
6급 昼夜 zhòuyè 명 낮과 밤, 주야

6급 嫂子 sǎozi 阅 형수, 올케

阅 형수, 올케
每逢春节，哥哥和嫂子都会回农村老家过年
설날이 되면 형과 형수가 모두 시골 고향집으로 와 설을 쇤다

每逢 měiféng 동 …할 때마다 만나다, 매번 …할 때가 되다

5급 色彩 sècǎi 阅 색, 색채, 색깔, 빛깔 阅 분위기, 경향, 편향

阅 색, 색채, 색깔, 빛깔 [동의어] 颜色 yánsè [2급]
用丰富的色彩表现了一个多彩的海底世界
풍부한 색채를 이용하여 다채로운 해저 세계를 표현했다

阅 분위기, 경향, 편향
他的小说带有浓厚的政治色彩
그의 소설은 짙은 정치색을 띠고 있다

多彩 duōcǎi 형 다채롭다, 다양하다
海底 hǎidǐ 해저, 심해
6급 浓厚 nónghòu 형 농후하다, 짙다
5급 政治 zhèngzhì 阅 정치

4급 森林 sēnlín 阅 삼림, 산림, 숲

阅 삼림, 산림, 숲
爱护森林
삼림을 애호하다

预防森林火灾事故
산림 화재 사고를 예방하다

5급 爱护 àihù 애호하다, 아끼고 보호하다
火灾 huǒzāi 阅 화재

5급 杀 shā 동 죽이다 동 없애다, 약화시키다, 누그러뜨리다

동 죽이다
他平时连一只鸡都不敢杀，怎么可能杀人呢？
그는 평소에 닭 한 마리도 못 죽이는데, 어떻게 살인을 할 수 있겠는가?

동 없애다, 약화시키다, 누그러뜨리다
杀价 가격을 깎다
杀杀暑气
더위를 누그러뜨리다

4급 平时 píngshí 阅 평상시, 평소
暑气 shǔqì 阅 더위, 한더위

역순 어휘
抹杀 mǒshā

4급 沙发 shāfā 阅 소파

阅 소파
房间里有一张舒服的沙发
방 안에 편한 소파가 있다

3급 舒服 shūfu 형 편안하다, 쾌적하다

5급 沙漠 shāmò 阅 사막

阅 사막
沙漠里的绿洲
사막 안의 오아시스

长期过度放牧，导致草原的沙漠化
장기간 과도한 방목으로 초원의 사막화를 야기하다

绿洲 lǜzhōu 阅 오아시스
6급 过度 guòdù 형 과도하다, 지나치다
放牧 fàngmù 동 방목하다, 가축을 놓아 기르다

S

5급 沙滩 shātān 몡 모래사장, 백사장

몡 모래사장, 백사장

她躺在**沙滩**上，听着海浪的声音
그녀는 백사장에 누워 파도 소리를 듣고 있다

海浪 hǎilàng 몡 파랑, 파도

6급 刹车 shāchē 동 제동을 걸다, 차량을 정지시키다, 브레이크를 걸다 몡 브레이크

동 (shā//chē) 제동을 걸다, 차량을 정지시키다, 브레이크를 걸다

他还没来得及**刹车**，就撞上了前面的大巴
그가 미처 브레이크를 밟기도 전에 앞의 대형 버스에 충돌했다

4급 撞 zhuàng 동 부딪히다, 충돌하다
大巴 dàbā 몡 대형 버스
5급 踩 cǎi 동 밟다, 디디다

몡 브레이크

踩**刹车** 브레이크를 밟다

6급 啥 shá 때 무엇, 무슨

때 무엇, 무슨

一天**啥**也没干 하루종일 아무것도 하지 않다
你俩是**啥**关系？ 너희 둘은 무슨 관계니?

4급 俩 liǎ 주 두 개, 두 사람

5급 傻 shǎ 혱 머리가 나쁘다, 어리석다, 멍청하다 혱 융통성이 없다, 고지식하다

혱 머리가 나쁘다, 어리석다, 멍청하다

你真是太**傻**了，怎么能随便相信陌生人呢？
너는 정말 멍청하구나, 어떻게 마음대로 낯선 사람을 믿을 수 있니?

4급 随便 suíbiàn 혱 마음대로이다, 제멋대로이다
陌生人 mòshēngrén 몡 낯선 사람

혱 융통성이 없다, 고지식하다

傻等了两个小时
융통성 없이 두 시간을 기다렸다

6급 筛选 shāixuǎn 동 골라내다, 선별하다

동 골라내다, 선별하다

筛选优良品种
우량 품종을 골라내다

经过**筛选**，合格的人都是各领域的佼佼者
선별을 거쳐 합격된 사람들은 모두 각 영역에서 뛰어난 사람이다

6급 品种 pǐnzhǒng 몡 품종
4급 合格 hégé 혱 합격이다
佼佼者 jiǎojiǎozhě 몡 비범한 사람,
뛰어난 사람

5급 晒 shài 동 햇볕이 내리쬐다 동 햇볕에 말리다, 햇볕을 쬐다

동 햇볕이 내리쬐다

晒得我眼睛睁不开
햇볕이 내리쬐어 눈을 뜰 수가 없다

5급 睁 zhēng 동 (눈을) 뜨다
户外 hùwài 몡 옥외, 실외
4급 胳膊 gēbo 몡 팔

동 햇볕에 말리다, 햇볕을 쬐다

晒衣服 옷을 말리다
晒太阳 햇볕을 쬐다
经常在户外工作，胳膊、脸都**晒**黑了
늘 실외에서 일을 해서 팔, 얼굴이 다 검게 탔다

6급 山脉 shānmài 명 산맥

명 산맥

喜马拉雅山脉是世界上海拔最高的山脉
히말라야산맥은 세계에서 해발이 가장 높은 산맥이다

喜马拉雅山脉 Xīmǎlāyǎ Shānmài
히말라야산맥
6급 海拔 hǎibá 명 해발

5급 删除 shānchú 동 삭제하다, 없애다

동 삭제하다, 없애다

把一些不常用的软件删除掉
자주 쓰지 않는 소프트웨어를 삭제해 버리다

删除违禁内容
위법한 내용을 삭제하다

5급 软件 ruǎnjiàn 명 소프트웨어
违禁 wéijìn 동 금지법을 위반하다

5급 闪电 shǎndiàn 명 번개

명 번개

一道闪电过后，接着响起了隆隆的雷声
번개가 친 후 이어서 우르릉하고 천둥소리가 울렸다

隆隆 lónglóng 의성 우르릉 (천둥 소리)
雷声 léishēng 명 천둥, 천둥소리

6급 闪烁 shǎnshuò 동 반짝이다, 깜박이다, 번쩍거리다 동 얼버무리다, 우물거리다

동 반짝이다, 깜박이다, 번쩍거리다

救护车上的标灯闪烁不停
구급차의 표지등이 계속 반짝이다

동 (말을) 얼버무리다/우물거리다

面对警察的审讯，他闪烁其词，不肯正面回答
경찰의 심문에 그는 얼버무리면서 정면으로 대답하려 하지 않았다

5급 救护车 jiùhùchē 명 구급차
审讯 shěnxùn 명 취조, 심문
闪烁其词 shǎnshuò-qící
성 말을 얼버무리다, 말을 우물거리다

5급 扇子 shànzi 명 부채

명 부채

拿着一把扇子坐在外面乘凉
밖에 앉아 부채 하나를 들고 더위를 식히다

乘凉 chéngliáng 동 시원한 곳에서 쉬다,
그늘에서 더위를 식히다

5급 善良 shànliáng 형 선량하다, 착하다, 마음씨가 좋다

형 선량하다, 착하다, 마음씨가 좋다

她是心地善良、品质高尚的人
그녀는 마음씨가 선량하고 인품이 고상한 사람이다

心地 xīndì 명 마음, 마음씨
6급 品质 pǐnzhì 명 품성, 인품

5급 善于 shànyú 동 …을 잘하다, …에 능하다

동 …을 잘하다, …에 능하다

活泼好动、善于与人相处是他的优点
활발하고 활동적이며 사람들과 잘 어울려 지내는 것이 그의 장점이다

好动 hàodòng 형 활발하다, 활동적이다
5급 相处 xiāngchǔ 동 함께 지내다,
서로 왕래하다

S

6급 擅长 shàncháng 동 …에 뛰어나다, …을 잘하다

동 …에 뛰어나다, …을 잘하다
擅长田径运动 육상 운동을 잘하다
他擅长烹饪海鲜
그는 해산물 요리를 잘한다

- 6급 田径 tiánjìng 명 육상 운동, 육상
- 6급 烹饪 pēngrèn 동 음식을 만들다, 요리하다

6급 擅自 shànzì 동 독단적으로 하다, 제멋대로 하다

동 독단적으로 하다, 제멋대로 하다
擅自决定 독단적으로 결정하다
疫情期间，患者家属不得擅自出入医院
전염병 발생 기간 동안 환자 가족은 병원을 무단으로 출입할 수 없다

- 6급 家属 jiāshǔ 명 가속, 식솔, 가족

5급 伤害 shānghài 동 해치다, 상처를 입히다, 상해를 가하다

동 해치다, 상처를 입히다, 상해를 가하다
故意伤害他人
고의로 타인을 해치다
吸烟、喝酒都会对我们的健康造成伤害
흡연, 음주 모두 우리 건강을 해칠 수 있다

- 4급 故意 gùyì 부 고의로, 일부러
- 吸烟 xīyān 동 흡연하다
- 5급 造成 zàochéng 동 야기하다, 초래하다

6급 伤脑筋 shāng nǎojīn 속을 끓이다, 골머리를 앓다, 애를 먹다

속을 끓이다, 골머리를 앓다, 애를 먹다
图书盗版问题让出版界很伤脑筋
도서 불법 복제 문제로 출판계가 골머리를 앓고 있다

- 盗版 dàobǎn 명 해적판, 불법 복제물

4급 伤心 shāng//xīn 형 상심하다, 슬프다

형 상심하다, 슬프다
她伤心了一段时间后，又重新投入了工作中
그녀는 한동안 상심하더니 또 다시 업무에 전념했다
到底是谁伤了她的心?
도대체 누가 그녀의 마음을 아프게 했지?

- 4급 重新 chóngxīn 부 다시, 새로이
- 5급 投入 tóurù 동 전념하다, 열중하다

6급 商标 shāngbiāo 명 상표, 브랜드

명 상표, 브랜드
国外商标 해외 브랜드
注册商标 상표를 등록하다

- 5급 注册 zhùcè 동 등록하다, 등기하다

1급 商店 shāngdiàn 명 상점, 가게

명 상점, 가게
去商店买了一件衣服
가게에 가서 옷 한 벌 샀다
经营商店 상점을 운영하다

- 5급 经营 jīngyíng 동 경영하다, 운영하다

4급 商量 shāngliang 图 상의하다, 협의하다, 의논하다

图 상의하다, 협의하다, 의논하다
商量解决方法 해결 방법을 의논하다
等我们**商量商量**再说 우리 협의한 후에 다시 얘기합시다

4급 方法 fāngfǎ 图 방법, 방식

5급 商品 shāngpǐn 图 상품, 판매 물품

图 상품, 판매 물품
这衣服是打折**商品**，不能退换
이 옷은 할인 상품이라서 교환이 불가능합니다

4급 打折 dǎzhé 图 할인해서 판매하다, 세일하다
退换 tuìhuàn 图 바꾸다, 교환하다

5급 商务 shāngwù 图 상업상의 업무, 통상 업무, 비즈니스

图 상업상의 업무, 통상 업무, 비즈니스
电子**商务** 전자 상거래
乘坐**商务舱** 비즈니스 클래스에 탑승하다

4급 乘坐 chéngzuò 图 타다, 탑승하다
商务舱 shāngwù cāng 비즈니스 클래스

5급 商业 shāngyè 图 상업

图 상업
商业营销宣传活动 상업 마케팅 홍보 활동
提高**商业**谈判能力 사업 협상 능력을 높이다

营销 yíngxiāo 图 마케팅하다, 판촉하다
5급 宣传 xuānchuán 图 선전하다, 홍보하다
5급 谈判 tánpàn 图 담판, 협상, 교섭

1급 上 shàng 图 위, 높은 곳 图 앞, 먼저 图 올라가다, 오르다 图 …을 하다

图 위, 높은 곳
上有天，下有地
위에는 하늘이 있고 아래에는 땅이 있다
图 (시간이나 순서상) 앞/먼저
上午七点 오전 7시
上个星期 지난 주
图 올라가다, 오르다
坐电梯**上**楼
엘리베이터를 타고 올라가다
上公交车的时候，请不要拥挤
버스에 승차할 때 밀지 마십시오
图 (규정된 시간에) …을 하다
弟弟在北京**上**大学
남동생은 베이징에서 대학을 다닌다

3급 电梯 diàntī 图 엘리베이터, 에스컬레이터
上楼 shànglóu 图 위층으로 올라가다
公交车 gōngjiāochē 图 버스
5급 拥挤 yōngjǐ 图 붐비다, 한곳에 몰리다

역순 어휘
马**上** mǎshàng

○ 上 shang [1급] 참조

2급 上班 shàng//bān 图 출근하다

图 출근하다
坐地铁**上班** 지하철을 타고 출근하다
每天上午8点**上班**，下午5点下班
매일 오전 8시에 출근하고, 오후 5시에 퇴근한다

3급 地铁 dìtiě 图 지하철
下班 xiàbān 图 퇴근하다

S

5급 上当 shàng // dàng 图 속다, 속임수에 빠지다

图 속다, 속임수에 빠지다
防止上当受骗 속아서 사기당하는 것을 방지하다
刚来到这个城市的时候，他上过两次当
이 도시에 막 왔을 때, 그는 두 차례 속임수에 빠진 적이 있다

6급 防止 fángzhǐ 图 방지하다
受骗 shòupiàn 图 속다, 사기당하다

6급 上级 shàngjí 图 상급자, 상급 기관, 상사

图 상급자, 상급 기관, 상사
向上级汇报工作情况 상급 기관에 업무 상황을 보고하다

6급 汇报 huìbào 图 종합하여 보고하다

6급 上进 shàngjìn 图 향상하다, 진취하다, 앞으로 나아가다

图 향상하다, 진취하다, 앞으로 나아가다
我们班级学生都很好学，追求上进
우리 학급 학생들은 모두 배우기 좋아하고 나아가고자 한다

班级 bānjí 图 학년과 학급, 학급, 클래스
好学 hàoxué 图 배우기를 좋아하다

上进心 shàngjìnxīn 图 진취성, 진취력

图 진취성, 진취력
孩子学习不认真，没有上进心
아이가 열심히 공부하지 않고 진취성이 없다

3급 认真 rènzhēn 图 진지하다

6급 上任 shàng // rèn 图 취임하다, 부임하다

图 취임하다, 부임하다
新任局长上任 신임 국장이 부임하다
新总统一上任就进行了一系列的改革
새 대통령은 취임하자마자 일련의 개혁을 진행했다

新任 xīnrèn 图 신임의, 새로 임명된
5급 总统 zǒngtǒng 图 대통령
一系列 yīxiliè 图 일련의, 계속 이어진

3급 上网 shàng // wǎng 图 인터넷을 하다, 인터넷에 접속하다

图 인터넷을 하다, 인터넷에 접속하다
他天天上网玩儿游戏 그는 매일 인터넷에서 게임을 한다

3급 游戏 yóuxì 图 게임, 놀이, 오락

1급 上午 shàngwǔ 图 오전

图 오전
明天上午8点开会，大家都不能迟到
내일 오전 8시에 회의를 하니 여러분 모두 늦으면 안 됩니다

3급 迟到 chídào 图 지각하다, 늦게 도착하다

6급 上瘾 shàng // yǐn 图 중독되다, 인이 박이다, 버릇이 되다

图 중독되다, 인이 박이다, 버릇이 되다
这种止痛药吃多了会上瘾
이 진통제는 많이 먹으면 중독될 수 있다
他玩电脑游戏上瘾了 그는 컴퓨터 게임에 중독됐다

止痛药 zhǐtòngyào 图 진통제
电脑游戏 diànnǎo yóuxì PC게임,
컴퓨터 게임

6급 上游 shàngyóu 명 상류

명 **(하천의) 상류**
河流**上游**的造纸厂每天都在排放污水
강 상류에 있는 제지 공장이 매일 폐수를 방출하고 있다

河流 héliú 명 하류, 강과 하천
污水 wūshuǐ 명 오수, 폐수

6급 尚且 shàngqiě 연 …조차도, …마저도

연 **…조차도, …마저도**
骑车**尚且**来不及，何况步行呢?
자전거를 타고 가도 시간에 맞출 수 없는데 하물며 걸어서 가서야?
大城市**尚且**如此，农村那就更不用说了
대도시조차도 이러한데 농촌은 더 말할 나위도 없다

5급 何况 hékuàng 연 하물며
步行 bùxíng 동 보행하다, 걸어서 가다
不用说 bùyòngshuō …은 말할 것도 없다

1급 上 shang 동 위로 올라가는 것을 나타낸다 동 결과나 목표에 도달했음을 나타낸다 명 꼭대기나 표면을 나타낸다 명 범위 내에 있음을 나타낸다

동 **동사 뒤에 쓰여 위로 올라가는 것을 나타낸다**
爬**上**山顶 산 정상에 올라가다
小鸟飞**上**了天空 새가 하늘로 날아올랐다
동 **동사 뒤에 쓰여 동작이 결과나 목표에 도달했음을 나타낸다**
门关**上**了 문이 닫혔다 ㅣ 当**上**了模范 본보기가 되었다
명 **명사 뒤에 쓰여 물체의 꼭대기나 표면을 나타낸다**
树**上**有一只小鸟 나무 위에 새가 한 마리 있다
脸**上**带着微笑 얼굴에 미소를 띠다
명 **명사 뒤에 쓰여 범위 내에 있음을 나타낸다**
他是中国历史**上**最有名的诗人
그는 중국 역사상 가장 유명한 시인이다

爬 pá 동 기다, 기어오르다
山顶 shāndǐng 명 산꼭대기, 산 정상
5급 天空 tiānkōng 명 천공, 하늘
6급 模范 mófàn 명 모범, 본보기
5급 微笑 wēixiào 명 미소

역순 어휘
晚上 wǎnshang   早上 zǎoshang

○ 上 shàng [1급] 참조

6급 捎 shāo 동 가는 김에 전달하다, 인편에 보내다

동 **(말이나 물건을) 가는 김에 전달하다, 인편에 보내다**
给孩子**捎**个玩具
아이에게 장난감을 가져다주다
你能帮我**捎**个口信给他吗?
가는 김에 그에게 말 좀 전해 줄 수 있나요?

口信 kǒuxìn 명 전언, 전갈

6급 梢 shāo 명 끝 부분

명 **(가늘고 긴 물건의) 끝 부분**
月亮悄悄地爬**上**了树**梢** 달이 나무 끝에 살짝 올라가 있다
用吹风机吹发**梢** 헤어 드라이어로 머리카락 끝을 말리다

5급 悄悄 qiāoqiāo 부 슬그머니, 몰래, 살금살금
吹风机 chuīfēngjī 명 헤어 드라이어

4급 稍微 shāowēi 부 조금, 약간, 다소

부 **조금, 약간, 다소**
稍微休息一下 잠깐 쉬다
他比你**稍微**高一点儿 그는 너보다 약간 크다

2급 休息 xiūxi 동 휴식하다, 쉬다

S

4급 勺子 sháozi 명 숟가락, 국자

명 (약간 큰) 숟가락/국자
用筷子吃面条，用勺子喝汤
젓가락으로 국수를 먹고, 숟가락으로 국을 먹다

3급 筷子 kuàizi 명 젓가락
2급 面条 miàntiáo 명 국수

1급 少 shǎo 형 적다 동 부족하다, 모자라다, 결핍되다

형 적다 [반의어] 多 duō [1급]
我很少看电视
나는 TV를 잘 보지 않는다
那位作家写了不少的小说
그 작가는 많은 소설을 썼다

동 부족하다, 모자라다, 결핍되다 [반의어] 多 duō [1급]
想要学习好，预习和复习是必不可少的
공부를 잘하고 싶다면 예습과 복습은 반드시 필요하다
不多不少，正好五百块钱
많지도 않고 부족하지도 않고 딱 500위안이다

必不可少 bìbùkěshǎo
정 없어서는 안 된다, 반드시 필요하다
4급 正好 zhènghǎo 부 때마침

역순 어휘
减少 jiǎnshǎo　　缺少 quēshǎo
至少 zhìshǎo

◑ 青少年 qīngshàonián [5급] 참조

6급 哨 shào 명 보초, 보초병 명 호루라기

명 보초, 보초병
设置观察哨
감시 초소를 설치하다

명 호루라기
裁判吹哨示意比赛结束
심판이 호루라기를 불어 경기 종료를 알렸다

观察哨 guāncháshào 명 감시 초소
6급 裁判 cáipàn 명 심판, 심판원
6급 示意 shìyì 동 의사 표시를 하다

6급 奢侈 shēchǐ 형 사치하다, 사치스럽다

형 사치하다, 사치스럽다
别墅的装修太奢侈太豪华
별장의 실내 장식이 너무 사치스럽고 호화롭다

6급 别墅 biéshù 명 별장
5급 豪华 háohuá 형 호화롭다, 화려하다

6급 舌头 shétou 명 혀

명 혀
人的舌头能感受到各种不同的味道
사람의 혀는 갖가지 다른 맛을 느낄 수 있다

5급 感受 gǎnshòu 동 느끼다, 받다
4급 味道 wèidào 명 맛

5급 蛇 shé 명 뱀

명 뱀
我属蛇，你属什么？
나는 뱀띠인데, 당신은 무슨 띠입니까?

属 shǔ 동 (십이지 동물 중) …띠이다

5급 舍不得 shěbude [동] 차마 …하기 아쉽다, 떠나기 서운하다, 미련이 남다 [동] …하기 아까워하다, 아까워서 차마 …하지 못하다

[동] **차마 …하기 아쉽다, 떠나기 서운하다, 미련이 남다**

舍不得故乡和亲人
고향과 가족을 차마 떠나기 서운하다

留学生活已经结束，可我真**舍不得**离开中国
유학 생활은 이미 끝났지만 나는 정말 중국을 떠나기 아쉽다

[동] **…하기 아까워하다, 아까워서 차마 …하지 못하다**

舍不得付钱 돈 내는 것을 아까워하다

买了一件很喜欢的裤子却**舍不得**穿
마음에 드는 바지를 샀는데 아까워서 입지 못하다

亲人 qīnrén [명] 가족, 배우자
付钱 fùqián [동] 돈을 내다, 값을 치르다

5급 设备 shèbèi [동] 설비를 갖추다 [명] 설비 [명] 장치, 디바이스

[동] **설비를 갖추다**

这座大厦**设备**得不错
이 빌딩은 설비가 잘 갖춰져 있다

[명] **설비**

那时候工厂的技术水平和**设备**条件都很差
그때 공장의 기술 수준과 설비 조건은 모두 열악했다

[명] 장치, 디바이스

负责网络**设备**管理与维护
네트워크 장치 관리와 유지 보수를 담당하다

4급 负责 fùzé [동] 책임지다
6급 维护 wéihù [동] 지키다, 유지하고 보호하다

5급 设计 shèjì [동] 설계하다, 디자인하다, 계획하다, 세우다 [명] 설계, 디자인, 구상, 방안

[동] **설계하다, 디자인하다, 계획하다, 세우다**

设计建筑方案 건축 방안을 설계하다

他们为自己的孩子**设计**了一个课外活动
그들은 자신의 아이를 위해 방과 후 활동을 계획했다

[명] **설계, 디자인, 구상, 방안**

这项**设计**已经获得了**设计**大奖
이 디자인은 이미 디자인 대상을 받았다

课外 kèwài [명] 과외, 수업 외, 방과 후
大奖 dàjiǎng [명] 대상(大賞)

6급 设立 shèlì [동] 설립하다, 건립하다, 세우다

[동] **설립하다, 건립하다, 세우다**

设立一所民办学校 사립 학교를 건립하다

建议**设立**全球野生动物监控系统
전 세계 야생 동물 감시 통제 시스템 설립을 건의하다

民办 mínbàn [형] 민영의, 사립의
监控 jiānkòng [동] 감시하고 통제하다

5급 设施 shèshī [명] 시설, 설비

[명] **시설, 설비**

服务**设施** 서비스 시설

管理道路交通**设施**
도로 교통 시설을 관리하다

服务 fúwù [동] 봉사하다, 서비스하다
道路 dàolù [명] 길, 도로

S

6급 设想 shèxiǎng 图 가상하다, 상상하다 명 가상, 상상, 가상의 일, 상상의 일

图 **가상하다, 상상하다**
病毒一旦传播开来，后果简直不敢设想
일단 바이러스가 전파되면, 결과는 그야말로 감히 상상도 할 수 없다

명 **가상, 상상, 가상의 일, 상상의 일**
花了三年的精力，我们终于将设想变成现实
3년 동안 공을 들여서 마침내 우리는 상상을 현실로 바꾸었다

5급 传播 chuánbō 图 전파하다, 널리 전하다
5급 后果 hòuguǒ 图 (주로 나쁜) 결과/뒷일
5급 简直 jiǎnzhí 图 완전히, 그야말로, 정말로
5급 精力 jīnglì 图 정력, 정신과 체력

6급 设置 shèzhì 图 설치하다, 설정하다, 고정하다, 장치하다 图 건립하다, 설립하다, 세우다

图 **설치하다, 설정하다, 고정하다, 장치하다**
为了安全起见，他在楼道设置了摄像头
안전을 목적으로 그는 건물 복도에 카메라를 설치했다

图 **건립하다, 설립하다, 세우다**
交通管理部门在高速路上设置了一处收费站
교통 관리부는 고속도로에 톨게이트를 설치했다

起见 qǐjiàn 图 …하기 위하여, …의 목적으로
楼道 lóudào 图 복도
摄像头 shèxiàngtóu 웹캠(webcam)
收费站 shōufèizhàn 图 요금소, 톨게이트

4급 社会 shèhuì 명 사회

명 **사회**
现代社会 현대 사회
这是普遍存在的一种社会现象
이는 보편적으로 존재하는 사회 현상이다

4급 普遍 pǔbiàn 图 보편적이다, 일반적이다
5급 现象 xiànxiàng 图 현상

6급 社区 shèqū 명 커뮤니티, 지역 사회, 지역 공동체

명 **커뮤니티, 지역 사회, 지역 공동체**
社区服务 커뮤니티 서비스
许多同学积极参加了社区志愿服务
많은 학우들이 지역 사회의 자원봉사에 적극적으로 참가했다

志愿服务 zhìyuàn fúwù 자원봉사

5급 射击 shèjī 图 사격하다, 쏘다 명 사격

图 **사격하다, 쏘다**
开枪射击敌人 총을 쏴서 적을 사격하다

명 **사격**
进行实弹射击训练
실탄 사격 훈련을 실시하다

开枪 kāiqiāng 图 총을 발사하다, 총을 쏘다
实弹 shídàn 图 실탄

6급 涉及 shèjí 图 연관되다, 관련되다

图 **연관되다, 관련되다**
本案涉及著作权纠纷
이 사건은 저작권 분쟁과 연관되어 있다

这个问题涉及个人隐私，不方便公开
이 문제는 개인의 프라이버시와 관련이 있어 공개하기가 곤란하다

著作权 zhùzuòquán 图 저작권
6급 纠纷 jiūfēn 图 분쟁, 분규
6급 隐私 yǐnsī 图 프라이버시, 사적인 일

摄取 shèqǔ 图 섭취하다, 흡수하다 图 촬영하다, 찍다

图 섭취하다, 흡수하다
均衡摄取营养 고르게 영양분을 섭취하다

图 (사진기, 촬영기로) 촬영하다/찍다
用抓拍的方法摄取了许多精彩的镜头
스냅 촬영법으로 멋진 장면을 많이 찍었다

均衡 jūnhéng 图 균형을 이루다, 고르다
抓拍 zhuāpāi 图 스냅 사진을 찍다, 순간적인 것을 재빨리 찍다
6급 镜头 jìngtóu 图 장면, 화면

6급 摄氏度 shèshìdù 앵 섭씨 …도

앵 섭씨 …도 (섭씨온도의 단위)
白天最高气温会升到30摄氏度以上
한낮 최고 기온이 섭씨 30도 이상까지 오를 것이다

气温 qìwēn 图 기온

5급 摄影 shèyǐng 图 촬영하다, 찍다

图 (사진기 등으로) 촬영하다/찍다
游客正在摄影留念
여행객이 기념으로 사진을 찍고 있다

6급 留念 liúniàn 图 기념으로 남기다

1급 谁 shéi 때 누구, 누가 때 누구나, 누구도, 누구든

때 누구, 누가
谁来回答这个问题?
누가 이 문제에 대답합니까?
那篇小说的作者是谁?
그 소설의 작가는 누구예요?
谁喜欢和他一起合作啊!
누가 그와 함께 일하기를 좋아하겠어!

때 누구나, 누구도, 누구든
不论谁都能免费使用
누구든 모두 무료로 사용할 수 있다

3급 回答 huídá 图 회답하다, 대답하다
4급 作者 zuòzhě 图 작가
5급 合作 hézuò 图 합작하다, 함께 일하다
4급 免费 miǎnfèi 图 돈을 받지 않다, 무료로 하다
4급 使用 shǐyòng 图 사용하다

S

6급 申报 shēnbào 图 신청하다, 보고하다, 신고하다

图 (상급자나 관련 부서 등에) 신청하다/보고하다/신고하다
旅客行李物品申报单 여행자 세관 신고서
定期向主管机关申报改善情形
정기적으로 개선 상황을 주관 기관에 보고하다

旅客 lǚkè 图 여객, 여행자
物品 wùpǐn 图 물품, 물건
6급 主管 zhǔguǎn 图 주관하다

4급 申请 shēnqǐng 图 신청하다 图 신청서

图 (상급자나 관련 부서에) 신청하다
你不符合条件, 即使申请了也不可能通过
당신은 조건에 부합하지 않아서 신청했더라도 통과될 수 없습니다

图 신청서
请先填一下申请 먼저 신청서를 작성해 주세요

4급 符合 fúhé 图 부합하다, 일치하다
4급 通过 tōngguò 图 통과하다, 채택되다
填 tián 图 (서식 등에) 써넣다/기입하다

5급 伸 shēn 동 펴다, 뻗다, 늘이다

동 (사지나 물체를) 펴다/뻗다/늘이다
把腿伸直 다리를 곧게 펴다
她伸出手, 礼貌地和对方握了握手
그는 손을 뻗어 상대방과 예의 바르게 악수했다

握 wò 동 잡다, 쥐다

역순 어휘
延伸 yánshēn

5급 身材 shēncái 명 몸매, 체격

명 몸매, 체격
身材矮小 체격이 왜소하다
苗条的身材 날씬한 몸매

矮小 ǎixiǎo 형 자그마하다
5급 苗条 miáotiao 형 날씬하다, 호리호리하다

5급 身份 shēnfèn 명 신분, 출신, 지위, 자격

명 신분, (사람의) 출신/지위/자격
军人身份 군인 신분 | 身份证明 신분 증명
以顾问身份出席年会
고문의 자격으로 연례 회의에 출석하다

军人 jūnrén 명 군인
6급 顾问 gùwèn 명 고문, 자문
年会 niánhuì 명 연회, 연례 회의

2급 身体 shēntǐ 명 몸, 신체, 건강

명 몸, 신체, 건강
锻炼身体 신체를 단련하다
父母年纪大了, 身体越来越不好
부모님이 나이가 드셔서 건강이 점점 나빠지신다

5급 年纪 niánjì 명 연령, 나이

6급 呻吟 shēnyín 동 신음하다, 끙끙거리다

동 신음하다, 끙끙거리다
过了一会儿, 患者呻吟了一声, 醒了过来
잠시 뒤에 환자는 신음하며 깨어났다

6급 患者 huànzhě 명 환자

6급 绅士 shēnshì 명 신사, 젠틀맨

명 신사, 젠틀맨
他是一位彬彬有礼的绅士 그는 예의 바른 신사이다
他很有绅士风度 그는 신사다운 매너를 지녔다

彬彬有礼 bīnbīn-yǒulǐ
성 고상하고 예의 바르다
6급 风度 fēngdù 명 풍모, 기품, 태도, 매너

4급 深 shēn 형 깊다, 형 짙다, 진하다

형 깊다 반의어 浅 qiǎn [5급]
河水很深 강물이 깊다
他的演讲给我留下了很深的印象
그의 연설은 나에게 깊은 인상을 남겼다

형 (색이) 짙다/진하다 반의어 浅 qiǎn [5급]
穿深蓝色衣服 짙은 남색 옷을 입다

5급 演讲 yǎnjiǎng 명 연설, 강연
4급 印象 yìnxiàng 명 인상

역순 어휘
博大精深 bódà-jīngshēn   资深 zīshēn

6급 深奥 shēn'ào 형 심오하다

형 심오하다

深奥的哲学思想 심오한 철학 사상

这个道理并不深奥，你完全可以理解
이 이치는 전혀 심오하지 않으니, 너는 충분히 이해할 수 있다

5급 哲学 zhéxué 명 철학
5급 道理 dàolǐ 명 도리, 근거, 이치

6급 深沉 shēnchén 형 깊다 형 침착하고 진중하다, 드러나지 않다

형 (정도가) 깊다

深沉的思念 깊은 그리움

夜已深沉 밤이 이미 깊었다

형 (성격이) 침착하고 진중하다, (생각, 감정이) 드러나지 않다

深沉的眼光 그윽한 눈빛

他曾是那么热切而深沉地爱着她
그는 예전에 그녀를 간절하고 깊이 사랑했었다

6급 思念 sīniàn 통 그리워하다, 그리다
6급 眼光 yǎnguāng 명 시선, 눈길
　　热切 rèqiè 형 열렬하다, 간절하다

5급 深刻 shēnkè 형 깊다, 강렬하다 형 깊고 날카롭다, 핵심적이다

형 (인상이) 깊다/강렬하다

这件事教训太深刻了
이 일은 교훈이 매우 크다

那次见面给彼此留下了深刻的印象
그 만남은 서로에게 깊은 인상을 남겼다

형 (의견, 분석, 문장, 내용 등이) 깊고 날카롭다/핵심적이다

深刻的批判 날카로운 비판

5급 教训 jiàoxun 명 교훈
5급 彼此 bǐcǐ 대 피차, 서로
6급 批判 pīpàn 통 비판하다

6급 深情厚谊 shēnqíng-hòuyì 성 깊고 두터운 우정

성 깊고 두터운 우정

对你们的深情厚谊表示衷心感谢
여러분의 깊고 두터운 우정에 진심으로 감사를 표합니다

6급 衷心 zhōngxīn 형 마음속에서 우러나오는

S

1급 什么 shénme 대 무엇, 무슨, 어떤 대 뭐, 머, 뭐라고

대 무엇, 무슨, 어떤

那是什么? 그것은 무엇입니까?

他叫什么名字? 그는 이름이 뭐니?

没有什么特别的方法 별다른 방법이 없다

대 뭐, 머, 뭐라고 (놀라움을 나타냄)

什么! 都8点了? 뭐! 벌써 8시야?

3급 特别 tèbié 형 특별하다, 남다르다
4급 方法 fāngfǎ 명 방법, 방식

5급 神话 shénhuà 명 신화

명 신화

我小时候特别喜欢看古代神话故事
나는 어릴 적에 고대 신화 이야기를 유독 즐겨 봤다

5급 古代 gǔdài 명 고대

6급 神经 shénjīng 명 신경

명 신경
刺激神经 신경을 자극하다
午睡可以使紧张的神经得到放松
낮잠은 긴장된 신경을 풀어줄 수 있다

5급 刺激 cìjī 동 자극하다
4급 放松 fàngsōng 동 늦추다, 풀다

5급 神秘 shénmì 형 신비하다, 신비스럽다

형 신비하다, 신비스럽다
这是一种神秘罕见的自然现象
이것은 일종의 신비하고 보기 드문 자연 현상이다

6급 罕见 hǎnjiàn 형 보기 드물다
5급 现象 xiànxiàng 명 현상

6급 神奇 shénqí 형 신기하다, 신비롭다

형 신기하다, 신비롭다
神奇的化学反应 신기한 화학 반응
生命是神奇的，一切生命都值得尊重
생명은 신비로운 것이며, 모든 생명은 존중할 가치가 있다

5급 化学 huàxué 명 화학
5급 反应 fǎnyìng 명 반응
4급 尊重 zūnzhòng 동 존중하다

6급 神气 shénqì 명 기색, 태도, 표정 형 활기차다, 기운차다, 힘차다
형 거만하다, 건방지다, 득의양양하다

명 기색, 태도, 표정
看他的神气，不像知道了这件事
그의 표정을 보니 이 일을 아는 것 같진 않다

형 활기차다, 기운차다, 힘차다
他神气地走上讲台 그는 힘차게 강단 위로 올라갔다

형 거만하다, 건방지다, 득의양양하다
刚发表了两篇文章就神气起来了
글 두 편을 발표하자마자 바로 거만해졌다

讲台 jiǎngtái 명 강단, 교단, 연단
5급 发表 fābiǎo 동 게재하다, 발표하다

神情 shénqíng 명 표정, 안색, 기색

명 표정, 안색, 기색
上司的神情变得严肃了
상사의 표정이 진지하게 변했다

5급 严肃 yánsù 형 엄숙하다, 엄격하다,
진지하다

神色 shénsè 명 기색, 표정, 낯빛

명 기색, 표정, 낯빛
脸上露出紧张的神色
얼굴에 긴장한 기색을 드러내다

露出 lùchū 동 나타나다, 드러내다

6급 神圣 shénshèng 형 신성하다, 숭고하고 엄숙하다

형 신성하다, 숭고하고 엄숙하다
婚礼是一种神圣和美好的仪式
결혼식은 신성하고 아름다운 의식이다

5급 婚礼 hūnlǐ 명 혼례, 결혼식
6급 仪式 yíshì 명 의식

6급 神态 shéntài 명 표정과 태도

명 표정과 태도
他说话的**神态**显得特别自信
그가 말하는 표정과 태도는 매우 자신 있어 보인다

5급 显得 xiǎnde 동 표현하다, 드러내다, 보이다

6급 神仙 shénxiān 명 신, 신선, 선인

명 신, 신선, 선인
图片上白发白胡子的老人是道家的**神仙**
그림 속 백발과 흰 수염의 노인은 도가의 신선이다

胡子 húzi 명 수염
道家 Dàojiā 명 도가

6급 审查 shěnchá 동 심사하다

동 심사하다
通过资格**审查**的考生，进行网上缴费
자격 심사에 통과한 수험생은 온라인으로 비용을 납부한다

5급 资格 zīgé 명 자격
缴费 jiǎofèi 동 비용을 지불하다

6급 审理 shěnlǐ 동 심리하다

동 심리하다
法院公开**审理**重大涉黑案件
법원이 중대한 범죄 조직 관련 사건을 공개적으로 심리하다

涉黑 shèhēi 동 조직 폭력단에 관련되다, 범죄 조직에 연루되다
6급 案件 ànjiàn 명 사건, 안건

6급 审美 shěnměi 동 심미적으로 감별하다, 미적으로 평가하다

동 심미적으로 감별하다, 미적으로 평가하다
每一个艺术家都有自己的**审美**观念
모든 예술가들은 자신의 심미관이 있다

5급 观念 guānniàn 명 관념, 의식, 생각

6급 审判 shěnpàn 동 심판하다, 재판하다

동 심판하다, 재판하다
20名被告人集体接受公开**审判**
20명의 피고인이 단체로 공개 재판을 받았다

5급 集体 jítǐ 명 집체, 집단, 단체

4급 甚至 shènzhì 부 심지어, 까지도, …조차도, …마저도

부 심지어, 까지도, …조차도, …마저도
(일반적으로 뒤에 都dōu, 也yě와 함께 쓰임)
天热得**甚至**连觉都睡不好
날이 더워 심지어 잠도 잘 이루지 못한다
这个道理，**甚至**三岁小孩也懂得
이 이치는 세 살짜리조차도 안다

懂得 dǒngde 동 알다, 이해하다

S

6급 渗透 shèntòu 🅑 삼투하다 🅑 배다, 스며들다 🅑 침투하다, 녹아들다

🅑 삼투하다

🅑 배다, 스며들다

汗水渗透出来了
땀이 배어 나왔다

🅑 (사상, 역량 등이) 침투하다/녹아들다

作品渗透了作者的心血
작품 속에 작가의 심혈이 녹아 있다

汗水 hànshuǐ 🅝 땀

6급 心血 xīnxuè 🅝 심혈

6급 慎重 shènzhòng 🅗 신중하다, 조심스럽다

🅗 신중하다, 조심스럽다

报考之前一定要深思熟虑，慎重选择
시험에 응시하기 전에 반드시 심사숙고하여 신중하게 선택해야 한다

他说话很慎重 그는 말을 신중하게 한다

深思熟虑 shēnsī-shúlǜ 🅗 심사숙고,
깊이 생각하여 주도면밀히 계획하다

5급 升 shēng 🅑 오르다, 올라가다 🅑 오르다, 높아지다, 향상하다

🅑 오르다, 올라가다

太阳升起来了 태양이 떠올랐다

🅑 (등급이) 오르다, 높아지다, 향상하다

他刚升为主任 그는 막 주임으로 승진했다

血液胆固醇水平升高 혈중 콜레스테롤 정도가 상승하다

5급 主任 zhǔrèn 🅝 주임

血液 xuèyè 🅝 혈액

胆固醇 dǎngùchún 🅝 콜레스테롤

역순 어휘

晋升 jìnshēng

2급 生病 shēng // bìng 🅑 병나다, 병들다

🅑 병나다, 병들다

父亲突然生病了
아버지가 갑자기 병이 나셨다

人们只有在生病以后，才意识到健康的重要
사람들은 병이 났을 때 비로소 건강의 중요함을 깨닫는다

4급 父亲 fùqīn 🅝 아버지, 부친

只有 zhǐyǒu 🅟 오직 …해야만

6급 意识 yìshí 🅑 의식하다, 깨닫다

3급 重要 zhòngyào 🅗 중요하다

5급 生产 shēngchǎn 🅑 생산하다 🅑 낳다, 출산하다, 해산하다

🅑 생산하다

贵公司生产的芯片，市场份额大吗?
귀사에서 생산한 칩은 시장 점유율이 높습니까?

🅑 (아이를) 낳다/출산하다/해산하다

他妻子快生产了
그의 아내가 곧 아이를 낳으려고 한다

芯片 xīnpiàn 🅝 칩, 마이크로칩

市场份额 shìchǎng fèn'é 시장 점유율,
시장 비율

6급 生存 shēngcún 🅑 생존하다, 생명을 유지하다, 살다

🅑 생존하다, 생명을 유지하다, 살다 [반의어] 死亡 sǐwáng [6급]

过度开发带来的生态问题威胁到了人类的生存
과도한 개발이 가져온 생태 문제는 인류의 생존을 위협한다

6급 过度 guòdù 🅗 과도하다, 지나치다, 무리하다

5급 开发 kāifā 🅑 개발하다, 개간하다

5급 威胁 wēixié 🅑 위협하다

5급 生动 shēngdòng 형 생동하다, 생생하다

형 생동하다, 생생하다

塑造**生动**的艺术形象
생동하는 예술 이미지를 만들어 내다

这部小说情节曲折**生动**
이 소설은 줄거리가 복잡하고 생동감 있다

这些作品**生动**地记录了农村的历史变迁
이 작품들은 농촌의 역사적 변천을 생생하게 기록했다

6급 塑造 sùzào	동 인물을 형상화하다
6급 曲折 qūzhé	형 복잡하다, 곡절이 많다
5급 作品 zuòpǐn	명 작품
6급 变迁 biànqiān	동 변천하다

4급 生活 shēnghuó 동 생활하다 명 생활

동 생활하다

顽强地**生活**下去
꿋꿋이 생활해 나가다

명 생활

这种插座在日常**生活**中应用十分广泛
이 콘센트는 일상생활에서 매우 광범위하게 쓰인다

6급 顽强 wánqiáng	형 완강하다, 굳세다
6급 插座 chāzuò	명 콘센트

6급 生机 shēngjī 명 생기, 생명력, 활기, 활력

명 생기, 생명력, 활기, 활력

奥运会让北京焕发出新的**生机**
올림픽으로 베이징이 새로운 활력을 발산하게 되었다

焕发 huànfā	형 사방으로 빛나다, 발산하다

6급 生理 shēnglǐ 명 생리, 생리 작용

명 생리, 생리 작용

做梦是人体正常的**生理**现象
꿈을 꾸는 것은 인체의 정상적인 생리 현상이다

人体 réntǐ	명 인체

4급 生命 shēngmìng 명 생명

명 생명

她因为肺癌失去了**生命**
그녀는 폐암으로 생명을 잃었다

他的政治**生命**就此终结了吗?
그의 정치적 생명이 여기에서 끝난 것인가?

肺癌 fèi'ái	명 폐암
5급 失去 shīqù	동 잃다, 잃어버리다, 상실하다
终结 zhōngjié	동 종결하다, 끝나다

3급 生气 shēngqì 동 성나다, 화내다, 노여워하다 명 생명력, 활력, 생기

동 (shēng//qì) 성나다, 화내다, 노여워하다

你别**生气** 화내지 마라

这个孩子常常惹爸爸**生气**
이 아이는 종종 아빠의 화를 돋운다

명 생명력, 활력, 생기

迎接充满**生气**的春天
생기가 가득한 봄을 맞이하다

常常 chángcháng	부 종종, 늘, 자주
惹 rě	동 (감정, 기분 등을) 거스르다/건드리다
5급 迎接 yíngjiē	동 영접하다, 맞이하다

S

2급 生日 shēngrì 명 생일

명 생일
祝你生日快乐! 생일 축하해!
和朋友一起过生日 친구와 함께 생일을 보내다
前天是弟弟的生日 그저께는 동생의 생일이었다

3급 过 guò 통 보내다, 지내다
前天 qiántiān 명 그저께
2급 弟弟 dìdi 명 남동생, 아우

6급 生疏 shēngshū 형 생소하다, 낯설다 형 익숙하지 않다, 서투르다
형 소원하다, 서먹서먹하다

형 생소하다, 낯설다
除了一些著名演员外，还有两位生疏的面孔
일부 유명한 배우 외에 낯선 얼굴도 두 명 있다

형 익숙하지 않다, 서투르다
几年没打球了，现在打起来很生疏
몇 년 동안 공을 안 치다가 지금 치려니 매우 서툴다

형 소원하다, 서먹서먹하다
这两家关系越来越生疏
이 두 집안은 관계가 점점 소원해졌다

面孔 miànkǒng 명 얼굴
打球 dǎqiú 통 공을 치다, 구기를 하다

6급 生态 shēngtài 명 생태

명 생태
注重水生态保护修复 수질 생태 보호와 복원을 중시하다

6급 注重 zhùzhòng 통 중시하다
6급 修复 xiūfù 통 회복하다, 복원하다

6급 生物 shēngwù 명 생물

명 생물
每年众多海洋生物因误食塑料垃圾而死亡
매년 많은 해양 생물이 플라스틱 쓰레기를 잘못 먹고 죽는다

众多 zhòngduō 형 매우 많다
6급 死亡 sǐwáng 통 죽다, 사망하다

6급 生肖 shēngxiào 명 띠, 지지, 십이지

명 띠, 지지, 십이지
中国的十二生肖是以阴历计算的
중국의 십이지는 음력으로 계산한다

阴历 yīnlì 명 음력, 태음력

6급 生效 shēng // xiào 통 효력이 생기다, 효력이 있다

통 효력이 생기다, 효력이 있다
合同上写着：签订合同即日起生效
계약서에 계약을 체결한 당일부터 효력이 있다고 쓰여 있다

签订 qiāndìng 통 조인하다, 체결하다
即日 jírì 명 당일, 그날

6급 生锈 shēng // xiù 통 녹슬다

통 녹슬다
这是一种合金丝网，不会生锈
이것은 일종의 합금 철망이라 녹슬지 않는다

合金 héjīn 명 합금

4급 生意 shēngyi 몡 장사, 영업, 사업

몡 장사, 영업, 사업
去外地做生意 외지로 가서 장사를 하다
我衷心祝福你生意兴隆
당신의 사업이 번창하길 진심으로 축복합니다

5급 祝福 zhùfú 동 축복하다
6급 兴隆 xīnglóng 동 번창하다,
흥하여 번성하다

6급 生育 shēngyù 동 낳다, 출산하다, 해산하다

동 (아이를) 낳다/출산하다/해산하다
实行鼓励生育的人口政策
출산을 장려하는 인구 정책을 실시하다

4급 鼓励 gǔlì 동 격려하다, 장려하다
5급 人口 rénkǒu 몡 인구
6급 政策 zhèngcè 몡 정책

5급 生长 shēngzhǎng 동 생장하다, 자라다

동 생장하다, 자라다
自幼生长在南方 어릴 때부터 남쪽에서 자랐다
这种土壤适合花生、甘薯生长
이런 토양은 땅콩, 고구마가 생장하기에 알맞다

自幼 zìyòu 윈 유년 시절부터, 어릴 때부터
6급 土壤 tǔrǎng 몡 토양, 토지
甘薯 gānshǔ 몡 고구마

5급 声调 shēngdiào 몡 성조

몡 성조
声调对大多数学中文的外国人来说是过不去的坎
儿 성조는 중국어를 배우는 대다수 외국인에게 어려운 고비이다

过不去 guòbuqù 괴롭히다, 난처하게
하다, 골탕 먹이다
坎儿 kǎnr 몡 고비, 중요한 시기

6급 声明 shēngmíng 동 성명하다, 공개적으로 표명하다 몡 성명서

동 성명하다, 공개적으로 표명하다
政府严正声明，我们不会首先使用核武器
정부는 핵무기를 먼저 사용하지 않을 것이라고 엄정히 성명했다

몡 성명서
发表联合声明 연합 성명서를 발표하다

严正 yánzhèng 톙 엄정하다, 엄숙하다
5급 联合 liánhé 연합의, 공동의, 합동의

6급 声势 shēngshì 몡 명성과 위세, 성세

몡 명성과 위세, 성세
真相被揭开了，原来只是虚张声势
진상이 드러났는데 알고 보니 허장성세일 뿐이었다

揭开 jiēkāi 동 드러나다, 나타나다
虚张声势 xūzhāng-shēngshì
솅 허장성세, 과장하고 떠벌리며 허세를 부리다

3급 声音 shēngyīn 몡 소리, 음성

몡 소리, 음성
妹妹弹钢琴的声音把弟弟吵醒了
여동생이 피아노 치는 소리에 남동생이 잠에서 깼다
人工智能可在嘈杂的环境中分辨声音
인공 지능은 시끄러운 환경에서도 음성을 구분할 수 있다

吵醒 chǎoxǐng 동 떠들썩한 소리로 잠을
깨우다, 시끄러워 잠이 깨다
6급 嘈杂 cáozá 톙 떠들썩하다, 왁자지껄하다
6급 分辨 fēnbiàn 동 구분하다, 분별하다

S

6급 声誉 shēngyù 명 명성과 명예

명 명성과 명예

他是在国内外享有崇高声誉的导演
그는 국내외에서 최고의 명예를 누리는 감독이다

享有 xiǎngyǒu 통 (권리, 명예 등을) 향유하다/가지다/누리다
6급 崇高 chónggāo 형 숭고한, 고상한, 최고의

6급 牲畜 shēngchù 명 가축

명 가축

饲养牲畜
가축을 기르다

这种野草会被当作饲料喂牲畜
이 들풀은 가축에게 사료로 먹일 수 있다

6급 饲养 sìyǎng 통 사육하다, 기르다
当作 dàngzuò 통 …으로 삼다
饲料 sìliào 명 사료, 먹이
6급 喂 wèi 통 동물에게 먹이다, 사육하다

5급 绳子 shéngzi 명 줄, 밧줄, 노끈

명 줄, 밧줄, 노끈

她用一根绳子编手链送给我
그녀는 끈으로 팔찌를 엮어 나에게 선물했다

手链 shǒuliàn 명 팔찌

4급 省 shěng 통 절약하다, 아끼다 명 성, 중국 행정 구역 단위

통 절약하다, 아끼다

既省时间又省钱
시간을 절약하고 돈도 아끼다

这样安排，可以省却不少空间
이렇게 배치하면 많은 공간을 절약할 수 있다

명 성(省), 중국 행정 구역 단위

山东省 산둥성
东北三省 둥베이 3성

既 jì 접 …하고, …하고도, …할 뿐만 아니라
4급 安排 ānpái 통 안배하다, 배치하다
省却 shěngquè 통 절약하다

역순 어휘
节省 jiéshěng

6급 省会 shěnghuì 명 성도, 성의 소재지

명 성도(省都), 성의 소재지

一般来说省会城市是该省经济发展实力最强的
일반적으로 성도 도시는 그 성에서 경제 발전 역량이 가장 뛰어나다

一般来说 yìbānláishuō
일반적으로 말하면, 일반적으로

5급 省略 shěnglüè 통 생략하다, 줄이다

통 생략하다, 줄이다

这几个步骤不可省略
이 몇 개의 단계는 생략해서는 안 된다

5급 步骤 bùzhòu 명 순서, 단계

6급 胜负 shèngfù 명 승패, 승부, 승리와 실패

명 승패, 승부, 승리와 실패

双方交手了几次，但难分胜负
양측은 몇 번 맞붙었지만 승부를 가르기 어려웠다

交手 jiāoshǒu 통 맞붙어 싸우다, 힘겨루기를 하다

5급 胜利 shènglì 동 승리하다, 이기다 명 승리

동 승리하다, 이기다 [반의어] 失败 shībài [4급]
这一场战斗最后还是**胜利**了
이 전투에서 마지막에는 결국 승리했다

명 승리
夺取伟大的**胜利** 위대한 승리를 쟁취하다

6급 战斗 zhàndòu 명 전투
夺取 duóqǔ 동 쟁취하다

6급 盛 shèng 형 성하다, 왕성하다, 흥성하다, 풍성하다 형 성대하다, 장중하다

형 성하다, 왕성하다, 흥성하다, 풍성하다
公园里的梅花开得很**盛**
공원 안의 매화가 가득 피었다
唐代是中国古典诗歌发展的全**盛**时期
당대는 중국 고전 시가가 발전한 전성시대이다

형 성대하다, 장중하다
剧场内座无虚席，**盛**况空前
극장 내에 빈 자리가 없을 정도로 공전의 성황을 이루다

梅花 méihuā 명 매화
座无虚席 zuòwúxūxí 성 빈 자리가 없다
盛况空前 shèngkuàng-kōngqián
성 공전의 성황을 이루다

역순 어휘
昌盛 chāngshèng   丰盛 fēngshèng
茂盛 màoshèng

❍ 盛 chéng [6급] 참조

6급 盛产 shèngchǎn 동 대량 생산하다

동 대량 생산하다
这里**盛产**棉花 이곳에서 목화를 대량 생산한다

6급 棉花 miánhua 명 목화, 목화솜

6급 盛开 shèngkāi 동 무성하게 피다, 한창 피다

동 (꽃이) 무성하게 피다/한창 피다
春天是百花**盛开**的季节
봄은 온갖 꽃이 무성하게 피는 계절이다

3급 季节 jìjié 명 계절, 철

6급 盛情 shèngqíng 명 두터운 정, 후의, 친절

명 두터운 정, 후의, 친절
奶奶亲自下厨做饭**盛情**款待了他
할머니는 직접 음식을 만들어 그를 정성껏 대접하셨다

下厨 xiàchú 동 주방에서 요리하다, 주방에서 일하다
6급 款待 kuǎndài 동 환대하다, 정성껏 대접하다

6급 盛行 shèngxíng 동 성행하다, 널리 유행하다

동 성행하다, 널리 유행하다
这种诈骗手段依然**盛行**
이런 사기 수단이 여전히 성행한다

6급 诈骗 zhàpiàn 동 사취하다, 속여서 빼앗다
5급 依然 yīrán 부 여전히, 아직도, 변함없이

4급 剩 shèng 동 남다, 남기다

동 남다, 남기다
一分钱也没**剩** 한 푼도 남지 않았다
只**剩**下他一个人 그 사람 혼자만 남았다

S

6급 尸体 shītǐ 명 사체, 시체, 시신

명 사체, 시체, 시신
嫌犯**尸体**在案发现场附近被发现
용의자의 시체가 사건 발생 현장 부근에서 발견되었다

嫌犯 xiánfàn 명 혐의자, 피의자
案发 ànfā 동 사건이 발생하다, 발각되다

4급 失败 shībài 동 패하다, 지다 동 실패하다

동 패하다, 지다 반의어 胜利 shènglì [5급]
侵略者必然**失败** 침략자는 반드시 패한다

동 (일, 사업 등이) 실패하다 반의어 成功 chénggōng [4급]
这次试验**失败**了 이번 실험은 실패했다

侵略者 qīnlüèzhě 명 침략자
6급 试验 shìyàn 동 실험하다, 시험하다,
테스트하다

5급 失眠 shī∥mián 동 잠을 이룰 수 없다, 불면하다

동 잠을 이룰 수 없다, 불면하다
含有咖啡因的饮料容易导致**失眠**
카페인을 함유한 음료는 불면을 초래하기 쉽다

含有 hányǒu 동 함유하다
咖啡因 kāfēiyīn 명 카페인

5급 失去 shīqù 동 잃다, 잃어버리다, 상실하다

동 잃다, 잃어버리다, 상실하다
摔倒后她一度短暂**失去**记忆，后来恢复了
넘어진 후 그는 한때 잠시 기억을 잃었다가 후에 회복하였다

6급 一度 yídù 부 한때
短暂 duǎnzàn 형 (시간이) 짧다
5급 恢复 huīfù 동 회복하다, 회복되다

6급 失事 shī∥shì 동 뜻밖의 사고가 일어나다

동 (배, 비행기 등의) 뜻밖의 사고가 일어나다
查明潜艇**失事**原因
잠수함 사고가 일어난 원인을 조사하여 밝히다

潜艇 qiántǐng 명 잠수정, 잠수함

4급 失望 shīwàng 동 실망하다 형 실망스럽다

동 실망하다
期望越大，**失望**也越大
기대가 클수록 실망도 크다

형 실망스럽다
这里的服务和设施令人**失望**
이곳의 서비스와 시설은 실망스럽다

6급 期望 qīwàng 명 기대, 희망
5급 设施 shèshī 명 시설, 설비

6급 失误 shīwù 동 실수하다, 착오하다, 잘못하다 명 실수, 착오

동 실수하다, 착오하다, 잘못하다
一旦判断**失误**，后果不堪设想
일단 판단을 잘못하면 결과는 예측할 수 없다

명 실수, 착오
纠正初稿中的**失误**
초고의 실수를 교정하다

不堪设想 bùkān-shèxiǎng
성 일의 결과를 감히 예측할 수 없다, 예상되는
결과가 매우 나쁘거나 위험하다
6급 纠正 jiūzhèng 동 교정하다, 바로잡다

5급 失业 shī//yè 동 실업하다

동 실업하다
铁路自动化将造成大批工人**失业**
철도 자동화는 매우 많은 노동자의 실업을 야기할 것이다

自动化 zìdònghuà 동 자동화하다
大批 dàpī 형 매우 많은, 대량의

6급 失踪 shī//zōng 동 실종되다, 행방불명되다

동 실종되다, 행방불명되다
寻找**失踪**儿童
실종된 아동을 찾다

5급 寻找 xúnzhǎo 동 찾다

6급 师范 shīfàn 명 사범, 본보기, 모범 명 사범 학교

명 사범, 본보기, 모범
명 사범 학교
我想报考**师范**大学
나는 사범 대학에 응시하려고 한다

报考 bàokǎo 동 (시험에) 응시하다/
응시 원서를 제출하다

4급 师傅 shīfu 명 사부, 스승, 기사

명 사부, 스승, 기사
出租车司机王**师傅**帮迷路小孩找到了家人
택시 운전사인 왕 기사님이 길 잃은 아이를 도와 가족을 찾아 주었다

1급 出租车 chūzūchē 명 택시
4급 迷路 mílù 동 길을 잃다

5급 诗 shī 명 시

명 시(詩)
朗读一首**诗**
시 한 편을 낭독하다

5급 朗读 lǎngdú 동 낭독하다

5급 狮子 shīzi 명 사자

명 사자
狮子天生勇猛，无所畏惧
사자는 천성적으로 용맹하고 두려워하는 것이 없다

6급 天生 tiānshēng 형 천생의, 선천적인
勇猛 yǒngměng 형 용맹하다
6급 畏惧 wèijù 동 두려워하다, 무서워하다

6급 施加 shījiā 동 주다, 넣다, 가하다

동 (영향, 압력 등을) 주다/넣다/가하다
我不想给孩子**施加**太大的学习压力
나는 아이에게 너무 큰 학업 부담을 주고 싶지 않다

4급 压力 yālì 명 압박, 스트레스, 부담

6급 施展 shīzhǎn 동 충분히 발휘하다, 펼쳐 보이다

동 (재능, 역량 등을) 충분히 발휘하다/펼쳐 보이다
我给你**施展**抱负的好机会
내가 너에게 포부를 펼쳐 보일 좋은 기회를 주겠다

6급 抱负 bàofù 명 포부

S

5급 湿润 shīrùn 쥉 습윤하다, 습하다, 촉촉하다

쥉 습윤하다, 습하다, 촉촉하다
西北地区的气候在最近几十年里变得越来越湿润
서북부 지역의 기후는 최근 몇 십 년 동안 점점 습윤하게 바뀌었다

4급 气候 qìhòu 쭹 기후

1급 十 shí 쥊 십, 열, 10

쥊 십, 열, 10
十月一号 10월 1일
十个苹果 사과 열 개
今天上午十点开会 오늘 오전 10시에 회의를 한다

1급 苹果 píngguǒ 쭹 사과
1급 上午 shàngwǔ 쭹 오전
开会 kāihuì 쭉 회의를 하다

4급 十分 shífēn 쭬 십분, 매우, 아주

쭬 십분, 매우, 아주 (정도가 매우 심함을 나타냄)
我十分赞成你的意见
나는 너의 의견에 매우 찬성한다
未来发展十分不乐观
미래의 발전이 매우 낙관적이지 않다

5급 赞成 zànchéng 쭉 찬성하다, 동의하다,
지지하다
5급 乐观 lèguān 쥉 낙관적이다

6급 十足 shízú 쥉 매우 넉넉하다, 충분하다, 충만하다

쥉 매우 넉넉하다, 충분하다, 충만하다
职工们干劲十足 직원들은 의욕이 충만하다
她心中没有十足的把握
그녀는 마음속에 충분한 자신이 없다

职工 zhígōng 쭹 직원, 근로자
6급 干劲 gànjìn 쭹 열성, 의욕
5급 把握 bǎwò 쭹 성공 가능성, 자신감

5급 石头 shítou 쭹 돌

쭹 돌
从袋子里拿出一些小石头 자루에서 작은 돌들을 꺼내다
听了大夫的话，心里的一块石头落地了
의사의 말을 듣고 마음이 한시름 놓였다

袋子 dàizi 쭹 부대, 포대, 자루
一块石头落地 yī kuài shítou luò dì
쥈 걱정거리가 해결되어 한시름을 놓다

6급 石油 shíyóu 쭹 석유

쭹 석유
使用可再生能源取代石油和煤炭
석유와 석탄을 대신하여 재생 에너지를 사용하다
石油危机最严重的时期已经结束了
오일 쇼크가 가장 심각한 시기는 이미 끝났다

可再生能源 kězàishēng néngyuán
재생 가능 에너지
5급 煤炭 méitàn 쭹 석탄
6급 危机 wēijī 쭹 위기

5급 时差 shíchā 쭹 시차

쭹 시차
没有时间倒时差，刚下飞机就要去工作
시차에 적응할 시간도 없이 비행기에서 내리자마자 일하러 갔다

4급 倒 dào 쭉 거꾸로 하다, 뒤바꾸다

6급 时常 shícháng 〔부〕 자주

〔부〕 자주
这种现象是**时常**发生的，也是不容忽视的
이 현상은 자주 발생하며, 등한시할 수도 없다

不容 bùróng 〔동〕 허용하지 않다,
동의하지 않다
5급 忽视 hūshì 〔동〕 소홀히 하다, 경시하다

5급 时代 shídài 〔명〕 시대, 시기

〔명〕 시대, 시기
信息**时代**带来的不仅是便利，还有一些潜在的
隐患 정보화 시대는 편리함뿐만 아니라 잠재된 위험도 가져왔다

带来 dàilái 〔동〕 가져오다, 초래하다
潜在 qiánzài 〔형〕 잠재된
6급 隐患 yǐnhuàn 〔명〕 숨은 재난, 잠재된 위험

6급 时而 shí'ér 〔부〕 이따금, 때때로 〔부〕 때로는 …하고 때로는 …하다

〔부〕 이따금, 때때로 (규칙 없이 반복해서 발생함을 나타냄)
窗外**时而**传来一阵歌声
창밖에서 이따금 노랫소리가 들려왔다

〔부〕 때로는 …하고 때로는 …하다 (교대로 발생하거나 끊임없이
변하는 것을 나타냄)
他们**时而**爬上陡坡，**时而**跨过小溪
그들은 때로는 가파른 비탈을 오르고, 때로는 시내를 건넜다
声音**时而**高，**时而**低 소리가 컸다가 작았다가 한다

传来 chuánlái 〔동〕 전해오다, 전래되다
陡坡 dǒupō 〔명〕 가파른 고개, 급경사지
6급 跨 kuà 〔동〕 큰 걸음으로 넘어가다, 뛰어넘다
小溪 xiǎoxī 〔명〕 작은 개울, 시냇물

6급 时光 shíguāng 〔명〕 시간, 세월 〔명〕 시기, 때 〔명〕 생활, 삶

〔명〕 시간, 세월
时光飞逝，一晃就老了
세월이 쏜살같이 흘러 순식간에 나이가 들었다

〔명〕 (특정한) 시기/때
趁着假期的大好**时光**，选择出门游玩一番
휴가라는 절호의 시기를 이용해 나들이 나가는 것을 선택하다

〔명〕 생활, 삶
如今我们过着丰衣足食的好**时光**
지금 우리는 풍족한 만족스러운 삶을 살고 있다

飞逝 fēishì 〔동〕 (시간이) 쏜살같이 지나가다/
매우 빨리 흐르다
一晃 yīhuàng 〔부〕 순식간에,
눈 깜짝할 사이에
5급 趁 chèn 〔동〕 (기회나 틈을) 이용하다/타다
假期 jiàqī 〔명〕 방학, 휴가 기간
游玩 yóuwán 〔동〕 놀며 즐기다
丰衣足食 fēngyī-zúshí
〔성〕 의복과 음식이 풍족하다, 생활이 부유하다

S

1급 时候 shíhou 〔명〕 시간, 동안 〔명〕 시각, 때

〔명〕 시간, 동안
他小**时候**很调皮 그는 어릴 적에 아주 짓궂었다
〔명〕 시각, 때
他什么**时候**去天津? 그는 언제 텐진에 갑니까?

5급 调皮 tiáopí 〔형〕 장난이 심하다, 짓궂다
天津 Tiānjīn 〔명〕 톈진, 천진,
중국 북부에 있는 직할시

6급 时机 shíjī 〔명〕 기회, 시기

〔명〕 기회, 시기
现在就是买房的最佳**时机**
지금이 바로 집을 사기에 가장 좋은 시기이다

最佳 zuìjiā 〔형〕 가장 좋다, 가장 우수하다,
최적이다

2급 时间 shíjiān 명 시간, 동안, 시각

명 시간, 동안, 시각
时间不多了，要加紧工作
시간이 많지 않으니 서둘러 일을 해야 한다
完成这项任务要多长**时间**？
이 임무를 완성하는 데 얼마나 걸리니?
现在的**时间**是8点整 지금 시각은 8시 정각이다

加紧 jiājǐn 통 강화하다, 박차를 가하다, 서두르다
整 zhěng 형 정수의, 나머지가 없는

5급 时刻 shíkè 명 시각, 순간, 때 부 시시각각, 매 순간, 항상

명 시각, 순간, 때
关键**时刻**，他接到我的助攻，跳投得分
중요한 순간에 그가 나의 어시스트를 받아 점프 슛으로 득점했다

부 시시각각, 매 순간, 항상
时刻准备着为用户服务
항상 사용자를 위해 서비스할 준비가 되어 있다
我们不能**时刻**刻在一起
우리가 항상 같이 있을 수는 없다

4급 关键 guānjiàn 형 중요한, 결정적인
助攻 zhùgōng 통 공격을 돕다
跳投 tiàotóu 명 점프 슛
6급 用户 yònghù 명 사용자

5급 时髦 shímáo 형 유행이다, 참신하다, 최신식이다

형 유행이다, 참신하다, 최신식이다
这件连衣裙显得又**时髦**又好看
이 원피스는 스타일리시하면서도 보기 좋다
他去理发店换了一个**时髦**的发型
그는 이발소에 가서 유행하는 헤어스타일로 바꿨다

连衣裙 liányīqún 명 원피스
理发店 lǐfàdiàn 명 이발소
发型 fàxíng 명 머리 모양, 헤어스타일

5급 时期 shíqī 명 시기, 때

명 (특정한) 시기/때
进行发掘时，发现了一处战国**时期**古城遗址
발굴을 진행하면서 전국 시기의 고성 유적 하나를 발견했다

发掘 fājué 통 발굴하다
战国 Zhànguó 통 전국 시대
(B.C.475~B.C.221)
遗址 yízhǐ 명 유지, 유적지

5급 时尚 shíshàng 명 유행 형 유행하다, 유행에 맞다

명 유행
下海经商成了当时的**时尚**
직업을 바꿔 장사를 하는 것이 당시 유행하는 풍조가 되었다

형 유행하다, 유행에 맞다
这种款式很**时尚** 이런 스타일이 매우 유행한다

下海 xiàhǎi 통 장사에 뛰어들다
5급 经商 jīngshāng 통 상업 활동에 종사하다, 장사하다
6급 款式 kuǎnshì 명 양식, 디자인, 스타일

6급 时事 shíshì 명 시사, 당시의 국내외 큰 사건

명 시사, 당시의 국내외 큰 사건
公务员考试备考必看**时事**政治热点
공무원 시험을 준비하려면 시사 정치 이슈를 반드시 봐야 한다

备考 bèikǎo 통 시험을 준비하다
热点 rèdiǎn 명 이목을 끄는 사물이나 지역

时装 shízhuāng 囲 패션, 유행 의상, 최신 스타일의 옷 囲 현대 의상, 당시의 복장

囲 패션, 유행 의상, 최신 스타일의 옷
这次展览特别邀请巴黎著名时装设计师
이번 전람회에 파리의 유명 패션 디자이너를 특별히 초청하다

囲 현대 의상, 당시의 복장
本店只卖时装，不卖古装和戏装
본 상점은 현대 의상만 팔고 고전 의상과 무대 의상은 팔지 않습니다

| 5급 | 展览 zhǎnlǎn 囲 전람, 전시 |
| 设计师 shèjìshī 囲 설계사, 디자이너 |
| 古装 gǔzhuāng 囲 고대의 복장, 전통 복장 |
| 戏装 xìzhuāng 囲 (중국 전통극의) 무대 의상 |

6급 识别 shíbié 圄 식별하다, 변별하다

圄 식별하다, 변별하다
这款手机有人脸识别功能吗?
이 핸드폰은 안면 인식 기능이 있습니까?

5급 功能 gōngnéng 囲 기능, 효능

5급 实话 shíhuà 囲 사실에 근거한 말, 진실한 말, 바른말

囲 사실에 근거한 말, 진실한 말, 바른말
说实话，我不太喜欢冬天
솔직히 말하면, 나는 겨울을 그다지 좋아하지 않는다

如果你犯了错误，那就实话实说比较好
만약 당신이 잘못을 저질렀다면, 솔직히 말하는 것이 좋다

实话实说 shíhuà-shíshuō
囵 솔직히 말하다, 사실대로 이야기하다

6급 实惠 shíhuì 囲 실혜, 실익 囹 실속 있다, 실용적이다

囲 실혜, 실익
农业税收新政策让农民得到了实惠
새로운 농업 세수 정책으로 농민이 실익을 얻었다

囹 실속 있다, 실용적이다
这种做法比较经济实惠，效果又好
이 방법이 비교적 경제적이고 실속 있으며, 효과도 좋다

| 税收 shuìshōu 囲 세수입, 세수 |
| 4급 经济 jīngjì 囹 경제적이다, 가격이 싸다 |
| 4급 效果 xiàoguǒ 囲 효과, 결과 |

S

4급 实际 shíjì 囲 실제 囹 실제의, 구체적인 囹 실제적이다, 현실적이다

囲 실제
这个假设不太符合实际
이 가설은 그다지 실제에 부합하지 않는다

囹 실제의, 구체적인
根据实际情况制定对策
실제 상황에 근거하여 대책을 세우다

囹 실제적이다, 현실적이다
这个要求比较实际
이 요구는 비교적 현실적이다

| 5급 假设 jiǎshè 囲 가설, 가정 |
| 3급 根据 gēnjù 꺄 …에 근거하여 |
| 6급 对策 duìcè 囲 대책 |

5급 实践 shíjiàn 图 실천하다, 실행하다, 이행하다 명 실천, 실행, 이행

图 실천하다, 실행하다, 이행하다
实践自己的计划 자신의 계획을 실천하다
一旦答应了别人，就必须**实践**诺言
일단 남에게 약속했으면, 반드시 약속을 이행해야 한다

명 실천, 실행, 이행
学校开展暑期社会**实践**活动
학교에서 하계 사회 실습 활동을 펼치다

5급 答应 dāying 图 허락하다, 동의하다
诺言 nuòyán 명 약속
6급 开展 kāizhǎn 图 대규모로 전개하다, 펼치다

6급 实力 shílì 명 실력

명 실력
这些企业已具有国际竞争**实力**
이 기업들은 이미 국제적인 경쟁력을 지니고 있다
实力强大 실력이 막강하다

具有 jùyǒu 图 있다, 가지고 있다
强大 qiángdà 휑 강대하다, 막강하다

6급 实施 shíshī 图 실시하다, 집행하다, 실행하다

图 (강령, 법령 등을) 실시하다/집행하다/실행하다
相关方案7月起正式开始**实施**
관련 방안이 7월부터 정식으로 실시되기 시작한다

5급 相关 xiāngguān 图 서로 관련되다

6급 实事求是 shíshì-qiúshì 성 실사구시, 실제 상황을 토대로 문제를 타당하고 정확하게 처리하다

성 실사구시, 실제 상황을 토대로 문제를 타당하고 정확하게 처리하다
发扬**实事求是**的工作作风
실사구시의 업무 태도를 발전시키다

6급 发扬 fāyáng 图 발양하다, 선양하고 발전시키다, 드높이다

5급 实习 shíxí 图 실습하다, 수습하다

图 실습하다, 수습(修習)하다
招聘过程中，企业看重的是相关**实习**经历
채용 과정에서 기업이 중시하는 것은 관련 실습 경력이다

4급 招聘 zhāopìn 图 공개 채용하다, 초빙하다
看重 kànzhòng 图 중요하게 여기다, 중시하다

5급 实现 shíxiàn 图 실현하다

图 (꿈, 계획 등을) 실현하다
逐渐**实现**业务标准化 업무 표준화를 점차 실현하다
我的理想终于**实现**了 나의 이상이 드디어 실현되었다

5급 业务 yèwù 명 업무
标准化 biāozhǔnhuà 图 표준화하다

6급 实行 shíxíng 图 실행하다

图 실행하다
实行8小时工作制 8시간 근무제를 실시하다
单位年内要**实行**岗位责任制
회사에서 연내에 직무 책임제를 실행할 것이다

年内 niánnèi 명 연내

5급 实验 shíyàn 동 실험하다 명 실험

동 **실험하다**
经过反复**实验**，证明这一结论是正确的
반복 실험을 거쳐 이 결론이 정확한 것임을 증명하다

명 **실험**
老师要带学生做化学**实验**
선생님이 학생들을 데리고 화학 실험을 할 것이다

4급	证明 zhèngmíng 동 증명하다
5급	结论 jiélùn 명 결론, 결말
5급	化学 huàxué 명 화학

5급 实用 shíyòng 동 실용하다, 실제로 쓰다 형 **실용적이다**

동 실용하다, 실제로 쓰다
产品进入**实用**阶段
상품이 실용 단계에 들어가다

형 **실용적이다**
这东西只好看，不**实用**
이 물건은 예쁘기만 하고 실용적이지 않다

| 5급 | 阶段 jiēduàn 명 계단, 단계 |
| | 好看 hǎokàn 형 예쁘다, 보기 좋다 |

4급 实在 shízài 뿐 확실히, 정말 뿐 실제로는, 실은, 사실상

뿐 **확실히, 정말**
我们能够在一起的时间**实在**有限
우리가 함께 있을 수 있는 시간이 정말 많지 않다

뿐 실제로는, 실은, 사실상
打扮得花花绿绿，**实在**不好看
알록달록하게 치장했지만 실은 예쁘지 않다

	有限 yǒuxiàn 형 유한하다, 적다
4급	打扮 dǎban 동 치장하다, 꾸미다
	花花绿绿 huāhuā-lùlù 형 알록달록하다

6급 实质 shízhì 명 실질, 본질

명 **실질, 본질**
我们谈问题应该抓住**实质**
우리는 문제를 논할 때 본질을 파악해야 한다

抓住 zhuāzhù 동 붙잡다, 꽉 잡다

S

6급 拾 shí 동 줍다 동 정리하다, 정돈하다, 수습하다

동 **줍다**
他**拾**了一块石头，往海里扔了过去
그는 돌 하나를 주워서 바다로 던졌다

동 정리하다, 정돈하다, 수습하다
把房间**拾**掇得整整齐齐
방을 가지런히 정돈하다

4급	扔 rēng 동 던지다
	拾掇 shíduo 동 정리하다, 정돈하다, 수습하다
	整整齐齐 zhěngzhěng-qíqí 형 가지런하다

食品 shípǐn 명 식품

명 **식품**
加强学校**食品**卫生管理
학교 식품 위생 관리를 강화하다

卫生 wèishēng 명 위생

5급 食物 shíwù 몡 먹을거리, 음식, 음식물

몡 먹을거리, 음식, 음식물
消化食物 음식물을 소화하다
夏季要特别注意防止食物中毒
여름철에는 식중독에 걸리지 않도록 특히 조심해야 한다

5급 消化 xiāohuà 동 소화하다
夏季 xiàjì 몡 여름
食物中毒 shíwù zhòngdú 식중독

4급 使 shǐ 동 파견하다, 일을 시키다 동 …하게 하다, …시키다

동 파견하다, 일을 시키다
使人去叫他过来
사람을 보내 그를 오게 하다

동 …하게 하다, …시키다
他的才干使我佩服
그의 능력은 나를 탄복하게 했다

1급 叫 jiào 요구하다, 명령하다, …하게 하다
6급 才干 cáigàn 몡 재간, 능력, 재능

역순 어휘
促使 cùshǐ 　即使 jíshǐ 　致使 zhìshǐ

5급 使劲儿 shǐ//jìnr 동 힘을 쓰다, 힘껏 하다

동 힘을 쓰다, 힘껏 하다
三个伙伴一起使劲儿地推石头
세 친구들이 같이 돌을 힘껏 밀다

加油! 再使点儿劲儿 힘내세요! 힘을 좀 더 쓰세요

5급 伙伴 huǒbàn 몡 동료, 친구, 동반자
5급 石头 shítou 몡 돌
加油 jiāyóu 동 힘내다, 응원하다

6급 使命 shǐmìng 몡 사명, 명령, 중대한 임무

몡 사명, 명령, 중대한 임무
担负起新时代的光荣使命
새로운 시대의 영광스러운 사명을 맡다

担负 dānfù 동 (임무 등을) 맡다/담당하다
6급 光荣 guāngróng 혱 영광스럽다, 명예롭다

4급 使用 shǐyòng 동 사용하다

동 사용하다
使用工具维修电动车
공구를 사용하여 전동차를 수리하다

合理使用人才 인재를 합리적으로 쓰다

5급 工具 gōngjù 몡 공구, 연장
5급 维修 wéixiū 동 수리하다, 정비하다
5급 合理 hélǐ 혱 합리적이다

5급 始终 shǐzhōng 뷔 한결같이, 시종일관, 줄곧

뷔 한결같이, 시종일관, 줄곧
学习成绩始终很好
학업 성적이 언제나 좋다

始终不变的坚定信念
한결같이 변하지 않는 확고한 신념

6급 坚定 jiāndìng 혱 확고하다, 굳다, 결연하다
6급 信念 xìnniàn 몡 신념

5급 士兵 shìbīng 몡 사병, 군대의 병사

몡 사병, 군대의 병사
招募士兵 사병을 모집하다

招募 zhāomù 동 (인원을) 모집하다

6급 示范 shìfàn 동 시범하다, 모범을 보이다

동 **시범하다, 모범을 보이다**
老师一边讲解一边**示范**太极拳动作
선생님은 설명하면서 태극권 동작의 시범을 보이셨다

讲解 jiǎngjiě 동 설명하다, 해석하다
5급 太极拳 tàijíquán 명 태극권

6급 示威 shìwēi 동 시위하다, 위세를 떨치다

동 **시위하다, 위세를 떨치다**
举行反战**示威** 반전 시위를 벌이다
他一句话也不说，好像在向我**示威**
그는 한마디도 하지 않으며 마치 나에게 시위하는 것 같다

反战 fǎnzhàn 동 전쟁을 반대하다

6급 示意 shìyì 동 의사 표시를 하다

동 **(표정, 동작 등으로) 의사 표시를 하다**
她向我点头**示意**让我先走
그녀는 나에게 고개를 끄덕여 먼저 가라고 했다
他给了我一个眼神，**示意**我快点儿离开
그는 내게 눈짓을 하며 빨리 떠나라는 뜻을 표시했다

6급 眼神 yǎnshén 명 눈빛, 눈길

6급 世代 shìdài 명 시대, 연대, 세대 명 대대, 여러 세대

명 **시대, 연대, 세대**
世代交替 세대 교번, 세대 교체
Z**世代**就是科技产物影响很大的一代人
Z세대는 과학 기술 산물의 영향이 큰 세대이다

명 **대대, 여러 세대**
两国**世代**友好
양국은 대대로 우호적이다

交替 jiāotì 동 교대하다, 번갈다
4급 友好 yǒuhǎo 형 우호적이다

4급 世纪 shìjì 명 세기

명 **세기**
上个**世纪**五十年代
지난 세기 50년대
公元前八**世纪** 기원전 8세기

5급 年代 niándài 명 연대, 한 세기의 매 10년
5급 公元 gōngyuán 명 기원, 서기

3급 世界 shìjiè 명 세계 명 세상, 범위, 영역

명 **세계**
世界各国 세계 각국
我国女排连续五次获得**世界**亚军
우리 나라 여자 배구가 5회 연속 세계 2위를 차지하다

명 **세상, 범위, 영역**
内心**世界** 내면 세계
动物**世界** 동물 세계

女排 nǚpái 명 여자 배구, 여자 배구 팀
5급 连续 liánxù 동 연속하다
6급 亚军 yàjūn 명 준우승, 2위
内心 nèixīn 명 내심, 마음속, 마음

S

世界观 shìjièguān 몡 세계관, 우주관

몡 세계관, 우주관
树立正确的**世界观**和价值观
올바른 세계관과 가치관을 수립하다

6급 树立 shùlì 동 수립하다, 세우다, 확립하다
价值观 jiàzhíguān 몡 가치관

5급 市场 shìchǎng 몡 시장

몡 시장
去**市场**买水果
시장에 가서 과일을 사다

中国已经成为全球最大的消费**市场**
중국은 이미 전 세계에서 가장 큰 소비 시장이 되었다

4급 成为 chéngwéi 동 …이 되다
5급 消费 xiāofèi 동 소비하다

5급 似的 shìde 죄 …와 같다, …와 비슷하다

죄 …와 같다, …와 비슷하다
脸蛋儿红得像苹果**似的**
얼굴이 사과처럼 빨갛다

他像什么事情也没发生**似的**，起身离开办公室
그는 아무 일도 없었던 것처럼 일어나서 사무실을 나갔다

脸蛋儿 liǎndànr 몡 뺨, 볼, 얼굴
起身 qǐshēn 일어서다, 일어나다

6급 势必 shìbì 囯 반드시, 기필코

囯 반드시, 기필코
原料的短缺**势必**造成产品价格的上升
원료의 부족은 반드시 상품 가격의 상승을 초래한다

短缺 duǎnquē 동 결핍하다, 모자라다
上升 shàngshēng 동 상승하다, 올라가다

6급 势力 shìlì 몡 세력, 권력, 힘

몡 세력, 권력, 힘
新兴**势力**崛起 신흥 세력이 떠오르다
扩张政治**势力** 정치 권력을 확장하다

崛起 juéqǐ 흥기하다, 일어나다, 떠오르다
6급 扩张 kuòzhāng 동 확장하다, 확대하다

6급 事故 shìgù 몡 사고, 의외의 변고나 재앙

몡 사고, 의외의 변고나 재앙
承担交通**事故**的赔偿责任
교통사고의 배상 책임을 지다

预防安全**事故**发生
안전사고의 발생을 예방하다

5급 承担 chéngdān 동 맡다, 지다, 책임지다
5급 预防 yùfáng 동 예방하다

6급 事迹 shìjì 몡 사적, 업적

몡 사적, 업적
介绍烈士的生平**事迹**
열사의 평생의 업적을 소개하다

烈士 lièshì 몡 열사
生平 shēngpíng 몡 평생, 일생

6급 事件 shìjiàn 명 사건

명 사건
报道国内发生的重大**事件**
국내에서 발생한 중대 사건을 보도하다

5급 报道 bàodào 통 보도하다

2급 事情 shìqing 명 일, 업무, 사건, 사고

명 일, 업무, 사건, 사고
我们有许多**事情**要做 우리는 해야 할 일이 매우 많다

4급 许多 xǔduō 형 많다

5급 事实 shìshí 명 사실

명 사실
请你把**事实**的真相告诉我
사실의 진상을 나에게 알려 주십시오
事实上，这个问题的答案并不难
사실상, 이 문제의 답은 결코 어렵지 않다

6급 真相 zhēnxiàng 명 진상, 실상, 참모습
4급 答案 dá'àn 명 답안, 해답

6급 事态 shìtài 명 사태, 국면

명 사태, 국면 (주로 나쁜 일을 가리킴)
事态日益严重 사태가 날로 심각해지다
很可惜，**事态**并没有向我们预期的方向发展
안타깝게도 국면이 결코 우리가 기대하는 방향으로 흘러가지 않았다

6급 日益 rìyì 부 나날이 더욱, 날로
6급 预期 yùqī 통 예기하다

6급 事务 shìwù 명 사무, 일과, 일상적인 일 명 사무, 전문적인 업무

명 사무, 일과, 일상적인 일
处理繁杂的行政**事务** 번잡한 행정 업무를 처리하다
명 사무, 전문적인 업무
外交**事务** 외교 사무

5급 处理 chǔlǐ 통 처리하다, 해결하다
　　繁杂 fánzá 형 번잡하다
5급 外交 wàijiāo 명 외교

5급 事物 shìwù 명 사물

명 사물
观察**事物** 사물을 관찰하다
接触新**事物** 신문물을 접하다
抓住**事物**的本质 사물의 본질을 파악하다

5급 接触 jiēchù 통 접촉하다, 닿다
5급 本质 běnzhì 명 본질

5급 事先 shìxiān 명 사전, 일이 발생하기 전

명 사전, 일이 발생하기 전
事先做好准备可提高工作效率
사전에 준비를 잘 하면 작업 능률을 높일 수 있다
他们**事先**没有沟通好，产生了一点误会
그들은 사전에 의사소통이 잘 되지 않아서 약간의 오해가 생겼다

5급 效率 xiàolǜ 명 효율, 능률
5급 沟通 gōutōng 통 소통하다, 교류하다
5급 产生 chǎnshēng 통 생기다, 발생하다

S

6급 事项 shìxiàng 명 사항

명 **사항**
这儿有有关注意**事项**，请您仔细阅读一下
여기 관련 주의 사항이 있으니 자세히 읽어 보시기 바랍니다

有关 yǒuguān 형 관계된, 관련된
4급 仔细 zǐxì 형 자세하다, 세심하다

6급 事业 shìyè 명 사업, 일 명 사회사업, 비영리적 활동 명 성취, 사명

명 **사업, 일**
教育**事业** 교육 사업
成就大**事业** 큰일을 완성하다
명 **사회사업, 비영리적 활동**
从事环保**事业** 환경 보호 사업에 종사하다
명 **(개인의) 성취/사명**
责任心、**事业**心较强
책임감, 성취감이 비교적 강하다

5급 从事 cóngshì 동 종사하다, 참여하다
环保 huánbǎo 형 환경 보호의, 친환경의
责任心 zérènxīn 명 책임감
事业心 shìyèxīn 명 사업 정신, 성취욕

3급 试 shì 동 시도하다, 시험 삼아 해 보다 동 시험을 보다

동 **시도하다, 시험 삼아 해 보다**
再**试**一次 다시 한 번 시도하다
你不**试**一试，怎么知道行不行呢?
너는 한번 해 보지도 않고 될지 안 될지 어떻게 알아?
동 **시험을 보다**
参加英语口**试**
영어 구술 시험을 보다

英语 Yīngyǔ 명 영어
口试 kǒushì 명 구술시험을 보다

역순 어휘
尝试 chángshì   考试 kǎoshì

5급 试卷 shìjuàn 명 시험지

명 **시험지**
老师把语文**试卷**发给每个学生
선생님이 국어 시험지를 모든 학생에게 배부하다

语文 yǔwén 명 어문학, 언어와 문학

6급 试图 shìtú 동 시도하다, 계획하다

동 **시도하다, 계획하다**
登山队**试图**征服山顶
등산 팀이 정상 정복을 시도하다
试图化解债务危机
채무 위기를 넘기려고 시도하다

6급 征服 zhēngfú 동 정복하다
化解 huàjiě 동 없애다, 사라지다, 풀리다
债务 zhàiwù 명 채무, 빚

6급 试验 shìyàn 동 실험하다, 시험하다, 테스트하다

동 **실험하다, 시험하다, 테스트하다**
分析**试验**结果
실험 결과를 분석하다
新产品要经过反复**试验**才能推广
신제품은 반복적인 테스트를 거쳐야만 널리 보급할 수 있다

4급 结果 jiéguǒ 명 결과, 결실, 성과
5급 推广 tuīguǎng 동 널리 보급하다

6급 视力 shìlì 명 시력

명 시력
他从小视力很差，早就戴了眼镜
그는 어릴 때부터 시력이 나빠서 일찌감치 안경을 썼다

4급 戴 dài 동 착용하다, 쓰다
4급 眼镜 yǎnjìng 명 안경

6급 视频 shìpín 명 동영상, 비디오 영상

명 동영상, 비디오 영상
剪辑视频
동영상을 편집하다

剪辑 jiǎnjí 동 편집하다

6급 视线 shìxiàn 명 시선, 눈길

명 시선, 눈길
一辆大卡车挡住了他的视线
큰 트럭이 그의 시선을 가로막았다
今年初，公司开始将视线转向国外市场
올해 초에 회사는 해외 시장으로 시선을 돌렸다

5급 卡车 kǎchē 명 트럭
5급 挡 dǎng 동 막다, 차단하다, 저지하다
转向 zhuǎnxiàng 동 전향하다,
방향을 바꾸다

6급 视野 shìyě 명 시야

명 시야
这套公寓依山傍海，视野宽广
이 아파트는 산과 바다가 가까이 있어 시야가 확 트였다
多读书能增长见识，开阔视野
책을 많이 읽으면 식견을 높이고 시야를 넓힐 수 있다

宽广 kuānguǎng 형 (면적, 범위가) 넓다
见识 jiànshi 명 견문, 식견
6급 开阔 kāikuò 동 넓히다

1급 是 shì 동 …이다 강조를 나타낸다 탄 네, 예, 응

동 …이다 (동등, 분류, 종속, 해설, 묘사, 존재 등을 나타냄)
这是我的书
이것은 내 책이다
他是一个聪明可爱的孩子
그는 똑똑하고 귀여운 아이이다

동 (的de와 함께 쓰여) 강조를 나타낸다
我们是去年春天结婚的
우리는 작년 봄에 결혼했다

탄 네, 예, 응 (대답을 나타냄)
是，我马上就办
응, 내가 바로 할게

2급 孩子 háizi 명 아동, 아이, 어린이
3급 马上 mǎshàng 부 곧, 즉시

역순 어휘
凡是 fánshì   可是 kěshì
实事求是 shíshìqiúshì
于是 yúshì   总是 zǒngshì

S

6급 是非 shìfēi 명 시비, 옳은 것과 그른 것

명 시비, 옳은 것과 그른 것
分清事情的是非曲直
사건의 시비곡직을 분명히 가리다

分清 fēnqīng 동 분명히 구분하다
是非曲直 shìfēi-qūzhí
성 시비곡직, 옳고 그름

4급 是否 shìfǒu 튄 …인지 아닌지

튄 …인지 아닌지
他是否真正有本事，要进一步考察
그가 진짜 실력이 있는지 없는지는 좀 더 살펴봐야 한다
说实话，我也不知道这样做是否合适
솔직히 말하면 이렇게 하는 것이 적합한지 아닌지 나도 모르겠다

6급 本事 běnshi 명 솜씨, 능력, 수완, 기량
6급 考察 kǎochá 통 고찰하다, 탐구하다
5급 实话 shíhuà 명 사실에 근거한 말

4급 适合 shìhé 통 …에 적절하다, …에 적합하다, …에 알맞다

통 …에 적절하다, …에 적합하다, …에 알맞다
这本杂志很适合小学生阅读
이 잡지는 초등학생이 읽기에 적절하다
他不适合做这份工作
그는 이 일을 하기에 적합하지 않다

4급 杂志 zázhì 명 잡지, 정기 간행물
4급 阅读 yuèdú 통 열독하다, 읽고 이해하다

6급 适宜 shìyí 형 적합하다, 적절하다

형 적합하다, 적절하다
颜色浓淡适宜
색의 농담이 적절하다
这里土地肥沃，特别适宜种果树
여기는 땅이 비옥해서 특히 과일나무를 재배하기에 적합하다

浓淡 nóngdàn 명 (색채의) 농담
6급 肥沃 féiwò 형 비옥하다, 기름지다

4급 适应 shìyìng 통 적응하다, 맞추다

통 적응하다, 맞추다
不能迅速适应市场的变化
시장의 변화에 신속하게 적응하지 못하다
逐渐适应了这里的生活
이곳 생활에 차츰 적응해 갔다

5급 迅速 xùnsù 형 매우 빠르다
5급 逐渐 zhújiàn 튄 차츰, 점차

6급 逝世 shìshì 통 세상을 떠나다, 별세하다

통 세상을 떠나다, 별세하다
老教授于今日在北京逝世，享年68岁
노교수님은 오늘 베이징에서 향년 68세로 별세하셨다

4급 教授 jiàoshòu 명 교수
享年 xiǎngnián 명 향년, 죽을 때의 나이

6급 释放 shìfàng 통 석방하다 통 방출하다

통 석방하다
被无罪释放回国
무죄 석방되어 귀국하다
통 방출하다
释放出巨大的能量
거대한 에너지를 방출하다
你是如何释放压力的?
너는 어떻게 스트레스를 해소하니?

6급 能量 néngliàng 명 에너지, 열량

4급 收 shōu [동] 받다, 회수하다, 거두다 [동] 수확하다

[동] **받다, 회수하다, 거두다**

刚刚**收**到了一条短信
방금 문자 한 통을 받았다

他把餐具**收**了起来，去洗碗了
그는 그릇을 거두어 설거지를 하러 갔다

[동] **(농작물을) 수확하다**

收大麦 보리를 수확하다

餐具 cānjù [명] 식기, 식기구
大麦 dàmài [명] 보리

역순 어휘

丰**收** fēngshōu　回**收** huíshōu
吸**收** xīshōu　验**收** yànshōu
招**收** zhāoshōu　征**收** zhēngshōu

6급 收藏 shōucáng [동] 소장하다, 수장하다, 수집하여 보관하다

[동] **소장하다, 수장하다, 수집하여 보관하다**

这件瓷器有**收藏**价值
이 자기는 소장 가치가 있다

把墙上挂的字画**收藏**起来，以免损坏
손상을 막기 위해 벽에 걸렸던 서화를 거두어들이다

瓷器 cíqì [명] 자기
字画 zìhuà [명] 서화
6급 损坏 sǔnhuài [동] 손상시키다

5급 收获 shōuhuò [동] 수확하다, 얻다, 거두다 [명] 수확, 성과, 소득

[동] **수확하다, 얻다, 거두다**

夏天**收获**黄瓜 여름에 오이를 수확하다

经过多年的努力付出，她终于**收获**了成功
수 년 간의 노력 끝에 그녀는 마침내 성공을 거두었다

[명] **수확, 성과, 소득**

今年秋粮**收获**不错
올해 가을 곡식 수확물이 꽤 나쁘지 않다

参加这次展览有很多**收获**
이번 전시에 참가하여 많은 성과를 얻다

黄瓜 huángguā [명] 오이
秋粮 qiūliáng [명] 가을에 수확한 곡식
5급 展览 zhǎnlǎn [명] 전람, 전시, 전시품

5급 收据 shōujù [명] 영수증

[명] **영수증**

收款**收据** 대금 지급 영수증, 수납 영수증

收款 shōukuǎn [동] 돈을 받다

4급 收入 shōurù [명] 수입, 소득

[명] **수입, 소득**

物价越来越高，**收入**越来越低
물가는 갈수록 오르고 소득은 갈수록 낮아진다

物价 wùjià [명] 물가

4급 收拾 shōushi [동] 정리하다, 정돈하다, 수습하다, 치우다

[동] **정리하다, 정돈하다, 수습하다, 치우다**

收拾行李 짐을 정리하다

妈妈把厨房**收拾**得干干净净的
엄마는 주방을 깨끗이 치우셨다

行李 xíngli [명] (여행) 짐
4급 厨房 chúfáng [명] 주방, 부엌

S

6급 收缩 shōusuō 图 수축하다, 줄어들다 图 축소하다, 줄이다

图 수축하다, 줄어들다

心脏**收缩**时输出血液
심장은 수축할 때 혈액을 내보낸다

毛衣用热水洗会**收缩**
털옷은 뜨거운 물로 빨면 줄어들 수 있다

图 축소하다, 줄이다

我们只有**收缩**开支才能度过这一难关
우리는 지출을 줄여야만 이 난관을 극복할 수 있다

输出 shūchū 图 내보내다, 유출하다
血液 xuèyè 图 혈액, 피
6급 开支 kāizhī 图 비용, 지출
5급 度过 dùguò 图 시간을 보내다
难关 nánguān 图 난관, 곤란, 어려움

6급 收益 shōuyì 图 수익, 이득

图 수익, 이득

获取投资**收益**
투자 수익을 얻다

坚持学习，必有**收益**
꾸준히 공부하면 반드시 얻는 것이 있다

获取 huòqǔ 图 얻다, 획득하다
5급 投资 tóuzī 图 투자, 투자금

6급 收音机 shōuyīnjī 图 라디오

图 라디오

我们没事就围坐在一起听**收音机**
우리는 별일 없으면 함께 둘러앉아 라디오를 듣는다

围坐 wéizuò 图 둘러앉다

2급 手表 shǒubiǎo 图 손목시계

图 손목시계

随着手机的普及，戴**手表**的人越来越少
핸드폰의 보급으로 손목시계를 차는 사람이 갈수록 적어진다

6급 普及 pǔjí 图 보급되다, 확산되다

6급 手法 shǒufǎ 图 기법, 수법, 솜씨

图 기법, 수법, 솜씨

用夸张的**手法**描写下雨的场面
과장 기법을 사용하여 비가 오는 장면을 묘사하다

5급 夸张 kuāzhāng 图 과장하다
5급 描写 miáoxiě 图 묘사하다

5급 手工 shǒugōng 图 손으로 조작하다, 손으로 만들다 图 수공, 수공예

图 손으로 조작하다, 손으로 만들다

这家店所有的饰品都是她**手工**制作的
이 가게의 모든 액세서리 제품은 그녀가 손으로 만든 것이다

图 수공, 수공예

这种漆器**手工**精良
이 칠기는 수공이 정교하고 뛰어나다

5급 制作 zhìzuò 图 만들다, 제작하다
漆器 qīqì 图 칠기, 칠목기
精良 jīngliáng 图 정교하고 우수하다

2급 手机 shǒujī 명 휴대 전화, 핸드폰

명 휴대 전화, 핸드폰
请输入您的**手机**号码
귀하의 핸드폰 번호를 입력해 주십시오

5급 输入 shūrù 통 입력하다
4급 号码 hàomǎ 명 번호

6급 手势 shǒushì 명 손짓

명 손짓
裁判打**手势**表示没问题
심판은 손짓으로 문제가 없음을 나타냈다

打**手势** dǎ shǒushi 손짓하다, 손짓으로
신호하다
4급 表示 biǎoshì 통 표시하다, 나타내다

5급 手术 shǒushù 명 수술 통 수술하다

명 수술
动**手术** 수술하다
外科**手术** 외과 수술
통 수술하다
医生建议他尽快**手术**治疗
의사는 그에게 가능한 한 빨리 수술해서 치료할 것을 제안했다

外科 wàikē 명 외과
5급 尽快 jǐnkuài 부 가능한 한 빨리, 최대한 빨리
5급 治疗 zhìliáo 통 치료하다

5급 手套 shǒutào 명 장갑

명 장갑
天气冷了，出门要戴上**手套**，围围巾
날씨가 추워졌으니 나갈 때 장갑을 끼고 목도리를 둘러야 한다

5급 围巾 wéijīn 명 목도리, 머플러

5급 手续 shǒuxù 명 수속

명 수속
办登机**手续**
탑승 수속을 하다
出院**手续**很快就办完了
퇴원 수속이 아주 빨리 끝났다

登机 dēngjī 통 비행기에 탑승하다
出院 chūyuàn 통 퇴원하다

6급 手艺 shǒuyì 명 손재주, 솜씨, 수공 기술

명 손재주, 솜씨, 수공 기술
王师傅的**手艺**真高超
왕 사부님의 기술은 정말 뛰어나다
这是我的拿手菜，尝尝我的**手艺**
이게 내가 가장 잘하는 요리인데 내 솜씨를 맛 좀 봐

6급 高超 gāochāo 형 훌륭하다, 뛰어나다
6급 拿手 náshǒu 형 뛰어나다, 숙달하다

5급 手指 shǒuzhǐ 명 손가락

명 손가락
伸出一根**手指**，指向月亮
손가락 하나를 펼쳐 달을 가리키다

5급 伸 shēn 통 펴다, 뻗다, 늘이다
指向 zhǐxiàng 통 향하다, 가리키다

S

6급 守护 shǒuhù 통 수호하다, 보호하다

통 수호하다, 보호하다
守护游客安全 여행객의 안전을 지키다
守护生态环境 생태 환경을 보호하다

游客 yóukè 몡 관광객, 여행객
6급 生态 shēngtài 몡 생태

5급 首 shǒu 양 수

양 수 (시, 사, 노래를 세는 단위)
两首诗 시 두 수 | 一首中国歌 중국 노래 한 곡
这首歌最近很火 이 노래는 최근에 인기가 있다

4급 火 huǒ 혱 왕성하다, 흥성하다, 인기 있다

역순 어휘
元首 yuánshǒu

4급 首都 shǒudū 몡 수도

몡 수도
首尔是韩国的首都
서울은 한국의 수도이다

首尔 Shǒu'ěr 몡 서울, 대한민국의 수도
韩国 Hánguó 몡 한국, 대한민국

6급 首饰 shǒushi 몡 장신구, 액세서리

몡 장신구, 액세서리
她平时不喜欢佩戴首饰
그녀는 평소에 액세서리를 즐겨 착용하지 않는다

佩戴 pèidài 통 (장신구 등을) 달다/차다

4급 首先 shǒuxiān 뵈 가장 먼저, 우선 대 첫째, 첫 번째

뵈 가장 먼저, 우선
首先到达目的地
목적지에 가장 먼저 도착하다
发生火灾时, 首先不要慌张
화재 발생 시, 우선 당황하면 안 된다

대 첫째, 첫 번째 (열거에 쓰임)
要当一名好演员, 首先是做人, 其次是演技
좋은 배우가 되려면 첫째 올바른 사람이 되고, 그 다음이 연기이다

目的地 mùdìdì 몡 목적지
5급 慌张 huāngzhāng 혱 허둥대다, 당황하다
做人 zuòrén 통 올바른 사람이 되다
4급 其次 qícì 대 다음, 그 다음
演技 yǎnjì 몡 연기

6급 首要 shǒuyào 혱 가장 중요한

혱 가장 중요한
环保问题是当前养猪业所面临的首要问题
환경 보호 문제는 현재 양돈업이 직면한 가장 중요한 문제이다

6급 当前 dāngqián 몡 눈앞, 현재, 지금
养猪业 yǎngzhūyè 몡 양돈업
5급 面临 miànlín 통 직면하다, 당면하다

5급 寿命 shòumìng 몡 수명, 목숨, 사용 기한

몡 수명, 목숨, 사용 기한
女性的平均寿命要比男性长10年左右
여성의 평균 수명은 남성보다 10년 가량 길다
这款手机的使用寿命最长5年
이 핸드폰의 사용 수명은 최대 5년이다

5급 平均 píngjūn 통 평균하다, 평균을 내다
4급 左右 zuǒyòu 몡 가량, 정도
款 kuǎn 몡 종류, 유형

4급 受不了 shòubuliǎo　참을 수 없다

참을 수 없다
天气冷得**受不了**　날씨가 참을 수 없을 만큼 춥다
整天噪音不断，真让人**受不了**！
하루 종일 소음이 끊이지 않으니 정말 견딜 수가 없어!

| 6급 | 噪音 zàoyīn | 명 잡음, 소음 |

4급 受到 shòudào　동 받다, 당하다, 입다

동 받다, 당하다, 입다
做一件好事，**受到**表扬　좋은 일을 해서 칭찬을 받다
汽车**受到**严重的损坏　차량이 심각한 손상을 입다

| 4급 | 表扬 biǎoyáng | 동 칭찬하다 |
| 6급 | 损坏 sǔnhuài | 동 손상시키다 |

5급 受伤 shòu // shāng　동 부상당하다, 상처를 입다, 손상을 입다

동 부상당하다, 상처를 입다, 손상을 입다
他的右腿**受伤**严重　그는 오른쪽 다리에 심한 부상을 당했다
在比赛中他受过两次**伤**
시합에서 그는 두 번 부상을 당한 적이 있다

| 4급 | 严重 yánzhòng | 형 심각하다, 심하다 |

6급 受罪 shòu // zuì　동 고통받다, 고생하다, 힘든 일을 겪다

동 고통받다, 고생하다, 힘든 일을 겪다
父母宁愿自己多吃苦，也不希望孩子们**受罪**
부모는 자신이 고생할지언정, 자식들이 힘든 것을 원치 않는다

| 6급 | 宁愿 nìngyuàn | 부 차라리 …할지언정 |
| 6급 | 吃苦 chīkǔ | 동 고생하다 |

6급 授予 shòuyǔ　동 주다, 수여하다

동 (훈장, 학위, 영예 등을) 주다/수여하다
授予文学硕士学位　문학 석사 학위를 수여하다
把权力**授予**最恰当的人　권력을 가장 적절한 사람에게 주다

| 6급 | 学位 xuéwèi | 명 학위 |
| 6급 | 恰当 qiàdàng | 형 알맞다, 적당하다, 적절하다 |

S

4급 售货员 shòuhuòyuán　명 판매원, 점원

명 판매원, 점원
这家商场的**售货员**服务特别好
이 상가의 점원은 서비스가 매우 좋다

商场 shāngchǎng　명 상가, 백화점
服务 fúwù　동 봉사하다, 서비스하다

3급 瘦 shòu　형 마르다, 여위다　형 척박하다　형 꽉 끼다, 넉넉하지 않다

형 마르다, 여위다　반의어 胖 pàng [3급]
他最近**瘦**了很多　그는 요새 많이 여위었다
형 (토양이) 척박하다
这片土地太**瘦**了，只适合种土豆
이 땅은 너무 척박해서 감자만 재배하기 적합하다
형 (옷 등이) 꽉 끼다/넉넉하지 않다
穿在脚上肥**瘦**正合适　신어 보니 품이 딱 적당하다

5급	土豆 tǔdòu	명 감자
	肥瘦 féishòu	명 (옷, 신발 등의) 크기/품
4급	合适 héshì	형 적합하다, 알맞다

1급 书 shū 명 책, 서적 명 서류, 문서

명 **책, 서적**
喜欢读电子书 전자책 읽는 것을 좋아하다
我买了一本书 나는 책을 한 권 샀다

명 **서류, 문서**
提交申请书 신청서를 제출하다

电子书 diànzǐshū 명 전자책
提交 tíjiāo 통 (관계 기관 등에) 제출하다

역순 어휘
秘书 mìshū   证书 zhèngshū

6급 书法 shūfǎ 명 서예, 붓글씨 명 서법, 필법, 캘리그래피

명 **서예, 붓글씨**
观赏展览中的书法作品
전시 중인 서예 작품을 감상하다

명 **서법, 필법, 캘리그래피**
练习硬笔书法
펜글씨를 연습하다

观赏 guānshǎng 통 관상하다, 감상하다
硬笔 yìngbǐ 명 (만년필, 볼펜 등과 같은) 펜

6급 书籍 shūjí 명 서적, 책의 총칭

명 **서적, 책의 총칭**
专业书籍 전공 서적
出版文学书籍
문학 서적을 출판하다

5급 出版 chūbǎn 통 출판하다

6급 书记 shūjì 명 서기

명 **서기 (정당, 단체 등 조직의 주요 책임자)**
总书记发表重要讲话
총서기가 중요 담화를 발표하다

讲话 jiǎnghuà 명 말, 담화, 발언

5급 书架 shūjià 명 책꽂이, 서가

명 **책꽂이, 서가**
把大大小小的书整整齐齐地摆放在书架上
크고 작은 책들을 책꽂이에 가지런히 놓다

整整齐齐 zhěngzhěng-qíqí
형 가지런하다
摆放 bǎifàng 통 진열해 놓다, 배치해 놓다

6급 书面 shūmiàn 명 서면

명 **서면**
书面通知 서면 통지
以书面或口头的形式报告鉴定结果
서면 혹은 구두 형식으로 감정 결과를 보고하다

6급 口头 kǒutóu 명 구두, 구두 형식
5급 形式 xíngshì 명 형식, 양식
6급 鉴定 jiàndìng 통 감정하다, 평가하다

3급 叔叔 shūshu 명 숙부, 작은아버지, 삼촌, 아저씨

명 **숙부, 작은아버지, 삼촌, 아저씨**
我叔叔全家人要移民到国外了
내 삼촌은 온 가족이 외국으로 이민 가셨다

5급 移民 yímín 통 이민하다
国外 guówài 명 국외, 외국

5급 梳子 shūzi 명 빗

명 빗
用塑料**梳子**梳头时，头发会带电
플라스틱 빗으로 머리를 빗을 때, 머리카락에 정전기가 생길 수 있다

梳头 shūtóu 통 머리를 빗다
带电 dàidiàn 통 전기를 띠다

6급 舒畅 shūchàng 형 편안하고 상쾌하다

형 편안하고 상쾌하다
和同事的矛盾解决了，她心情**舒畅**了很多
동료와의 갈등이 해결되자 그녀는 마음이 한결 편안하고 상쾌해졌다

5급 矛盾 máodùn 명 갈등, 대립

3급 舒服 shūfu 형 편안하다, 쾌적하다, 안락하다

형 편안하다, 쾌적하다, 안락하다
我身体有点儿不**舒服**，提前下班回家了
나는 몸이 조금 아파서 일찍 퇴근해 귀가했다

舒舒**服**服地睡上一觉
매우 편안하게 한잠 푹 자다

躺在**舒服**的沙发上看电视
안락한 소파에 누워 TV를 보다

4급 提前 tíqián 통 앞당기다
4급 沙发 shāfā 명 소파

5급 舒适 shūshì 형 편안하고 쾌적하다

형 편안하고 쾌적하다
舒适的工作环境
쾌적한 업무 환경

居住条件**舒适**
거주 조건이 쾌적하다

6급 居住 jūzhù 통 거주하다, 살다

6급 疏忽 shūhu 통 소홀히 하다, 부주의하다

통 소홀히 하다, 부주의하다
由于一时**疏忽**，把孩子单独留在车里了
잠시 부주의해서 아이를 혼자 차에 남겨 두었다

千万别**疏忽**这个细节
이 세부 사항을 절대 소홀히 여기면 안 된다

5급 单独 dāndú 부 단독으로, 혼자서
5급 细节 xìjié 명 세부, 세부 사항

S

6급 疏远 shūyuǎn 형 소원하다, 관계가 멀어지다 통 거리를 두다, 멀리하다

형 소원하다, 관계가 멀어지다
情侣之间的感情越来越**疏远**
연인 간에 감정이 갈수록 소원해지다

통 거리를 두다, 멀리하다
她意识到朋友们在渐渐**疏远**她
그녀는 친구들이 점점 그녀를 멀리한다는 것을 깨달았다

情侣 qínglǚ 명 연인, 애인
4급 感情 gǎnqíng 명 감정, 애정
渐渐 jiànjiàn 부 점점, 차츰

4급 输 shū 동 운송하다, 보내다 동 지다, 패하다, 잃다

동 운송하다, 보내다
把这里的天然气输送到上海
이곳의 천연가스를 상하이로 운송하다

동 지다, 패하다, (도박 등에서) 잃다 [반의어] 赢 yíng [4급]
这场篮球比赛甲队输了
이번 농구 시합에서 갑 팀이 졌다

他迷上了赌博输了100万
그는 노름에 빠져 100만 위안을 잃었다

输送 shūsòng 동 수송하다, 운송하다
迷 mí 동 (어떤 일에) 빠지다/몰두하다
6급 赌博 dǔbó 동 도박하다

역순 어휘
运输 yùnshū

5급 输入 shūrù 동 수입하다, 도입하다, 유입하다 동 입력하다

동 수입하다, 도입하다, 유입하다
输入优秀的科技人才
우수한 과학 기술 인재를 영입하다

廉价商品的大量输入破坏了国内工业
저가 상품의 대량 유입은 국내 공업을 망가뜨렸다

동 입력하다
请重新输入您设置的密码
설정하신 비밀번호를 다시 입력하십시오

廉价 liánjià 명 염가, 저가
6급 设置 shèzhì 동 설치하다, 설정하다
4급 密码 mìmǎ 명 비밀번호, 패스워드

5급 蔬菜 shūcài 명 채소, 야채

명 채소, 야채
多吃蔬菜对身体好，可以补充各种维生素
채소를 많이 먹으면 몸에 좋고, 각종 비타민을 보충할 수 있다

6급 维生素 wéishēngsù 명 비타민

5급 熟练 shúliàn 형 능숙하다, 숙련되어 있다

형 능숙하다, 숙련되어 있다
熟练运用技巧
기술을 능숙하게 활용하다

他业务熟练，很快受到了公司的认可
그는 업무가 능숙하여 빠르게 회사의 인정을 받았다

5급 运用 yùnyòng 동 운용하다, 활용하다
6급 技巧 jìqiǎo 명 기교, 테크닉, 기술
6급 认可 rènkě 동 인가하다, 인정하다, 허가하다

4급 熟悉 shúxī 동 잘 알다, 숙지하다, 파악하다 형 익숙하다, 훤하다, 친숙하다

동 잘 알다, 숙지하다, 파악하다
虽然我们共事好多年，但我并不熟悉他
비록 우리는 여러 해 동안 함께 일했지만, 나는 그를 전혀 모른다

先熟悉熟悉这里的情况再决定
먼저 이곳의 상황을 잘 파악한 다음 결정하다

형 익숙하다, 훤하다, 친숙하다
我在这儿生活了四年了，对这里很熟悉
나는 여기에서 4년을 생활해서 이곳에 대해 아주 훤하다

共事 gòngshì 동 함께 일하다
3급 决定 juédìng 동 결정하다
4급 生活 shēnghuó 동 생활하다

5급 属于 shǔyú 图 …에 속하다, …에 예속되다, …의 소유이다

图 …에 속하다, …에 예속되다, …의 소유이다
国家的一切权力属于人民
국가의 모든 권력은 국민에게 속한다

这是属于我的私人住宅
이것은 내 소유의 개인 주택이다

5급 私人 sīrén 图 개인, 민간
6급 住宅 zhùzhái 图 주택

5급 鼠标 shǔbiāo 图 마우스

图 마우스
点击鼠标右键
마우스 오른쪽 버튼을 클릭하다

这个无线鼠标很好用
이 무선 마우스는 사용하기 편하다

点击 diǎnjī 图 클릭하다
无线 wúxiàn 图 무선의

5급 数 shǔ 图 수량을 세다, 일일이 계산하다 图 두드러지다, 손꼽히다

图 수량을 세다, 일일이 계산하다
从一数到十 1에서 10까지 세다
倒数第一名 뒤에서 1등이다
图 두드러지다, (…으로) 손꼽히다
她的成绩在班里是数一数二的
그녀의 성적은 반에서 손꼽힌다

倒数 dàoshǔ 图 뒤에서부터 세다
数一数二 shǔyī-shǔ'èr
图 첫째나 둘째로 손꼽히다, 매우 뛰어나다

○ 数 shù [5급] 참조

6급 束 shù 图 묶다, 매다, 동이다 图 다발, 단, 묶음

图 묶다, 매다, 동이다
腰束皮带 허리에 벨트를 매다
图 다발, 단, 묶음
送给朋友一束鲜花
친구에게 생화 한 다발을 보내다

皮带 pídài 图 가죽 벨트, 혁대
鲜花 xiānhuā 图 생화

S

6급 束缚 shùfù 图 묶다, 포박하다 图 속박하다, 구속하다, 제한하다

图 (주로 사람을) 묶다/포박하다
束缚手脚 손발을 묶다
图 속박하다, 구속하다, 제한하다
摆脱束缚 속박에서 벗어나다
讨厌受到任何束缚
어떤 구속도 받기 싫어하다

6급 摆脱 bǎituō 图 빠져나오다, 벗어나다, 모면하다
4급 讨厌 tǎoyàn 图 싫어하다

3급 树 shù 图 나무, 수목

图 나무, 수목
院子里长着一棵大树
정원에 큰 나무가 자라고 있다

院子 yuànzi 图 정원, 뜰

6급 树立 shùlì 통 수립하다, 세우다, 확립하다

통 수립하다, 세우다, 확립하다
树立目标 목표를 세우다
树立良好形象
좋은 이미지를 확립하다

5급 良好 liánghǎo 형 좋다, 양호하다
5급 形象 xíngxiàng 형 형상, 이미지

6급 竖 shù 통 곧게 세우다, 바로 세우다 형 수직의, 세로의

통 곧게 세우다, 바로 세우다
竖起大拇指
엄지손가락을 곧게 세우다

형 수직의, 세로의 [반의어] 横 héng [6급]
画了两条**竖**线和一条横线
세로줄 2개와 가로줄 1개를 그렸다

大拇指 dàmǔzhǐ 형 엄지손가락
竖线 shùxiàn 형 수직선
横线 héngxiàn 형 횡선, 가로선, 가로줄

5급 数 shù 명 수 쉬 수, 몇, 여러

명 수 (숫자)
严格限制每日参观人**数**
매일 관람객 수를 엄격히 제한하다
这次彩票的中奖号码都是奇**数**
이번 복권의 당첨 번호가 모두 홀수이다

쉬 수, 몇, 여러
数百种的植物 수백 종의 식물

5급 限制 xiànzhì 통 제한하다
奇数 jīshù 명 홀수

<u>역순 어휘</u>
算数 suànshù 无数 wúshù

● 数 shǔ [5급] 참조

6급 数额 shù'é 명 액수, 정액

명 액수, 정액(定额)
超出规定**数额**
규정된 액수를 넘다
奖学金**数额**巨大
장학금 액수가 매우 크다

超出 chāochū 통 초과하다, 뛰어넘다
奖学金 jiǎngxuéjīn 명 장학금

5급 数据 shùjù 명 수치, 데이터

명 수치, 데이터
有关**数据**已储存到电脑中
관련 데이터는 이미 컴퓨터에 저장했다
有**数据**显示，10月份汽车销量同比增长15%
수치에 따르면, 10월 자동차 판매는 전년 대비 15% 증가했다

6급 储存 chǔcún 통 저장하다, 비축하다
5급 显示 xiǎnshì 통 보여주다, 분명히 드러내다
销量 xiāoliàng 명 판매량

4급 数量 shùliàng 명 수, 수량

명 수, 수량
北极熊的**数量**在急剧减少
북극곰의 수가 급격히 감소하고 있다

北极熊 běijíxióng 명 북극곰, 흰곰
6급 急剧 jíjù 형 빠르고 맹렬하다, 급격하다

5급 数码 shùmǎ 명 숫자, 수 동 디지털화하다

명 **숫자, 수**
年份、序号用阿拉伯数码标识
연도, 번호는 아라비아 숫자로 표시하다

동 **디지털화하다**
数码相机 디지털 카메라

年份 niánfèn 명 해, 연도
序号 xùhào 명 순번, 일련번호
阿拉伯 Ālābó 명 아랍, 아라비아

数目 shùmù 명 수, 수효, 수량, 액수

명 **수, 수효, 수량, 액수**
数目激增 수량이 급격히 증가하다
公布收到的捐款数目 받은 기부금 액수를 공포하다

激增 jīzēng 동 급증하다
5급 公布 gōngbù 동 공개 발표하다, 공포하다

3급 数学 shùxué 명 수학

명 **수학**
这是今年高考数学试题及答案
이것은 올해 대입 시험 수학 문제 및 답안이다

试题 shìtí 명 시험 문제

4급 数字 shùzì 명 숫자 형 디지털의, 디지털 기술의

명 **숫자**
把下面的数字按照从小到大的顺序排列
아래의 숫자를 작은 것부터 큰 순서로 배열하시오

형 **디지털의, 디지털 기술의**
以互联网、数字技术为基础的新兴媒体迅猛发展
인터넷과 디지털 기술을 기반으로 한 뉴 미디어가 급속도로 발전하다

4급 排列 páiliè 동 배열하다
新兴 xīnxīng 형 신흥의, 급성장하는
5급 媒体 méitǐ 명 매체, 미디어
迅猛 xùnměng 형 빠르고 맹렬하다,
급격하다

3급 刷牙 shuāyá 동 이를 닦다, 양치하다

동 **이를 닦다, 양치하다**
水果香味的牙膏让孩子喜欢上刷牙
과일향 치약으로 아이는 양치하는 것을 좋아하게 되었다

香味 xiāngwèi 명 향기, 향내
4급 牙膏 yágāo 명 치약

S

6급 耍 shuǎ 동 놀다, 장난하다 동 희롱하다, 농락하다, 가지고 놀다 동 드러내다, 보이다

동 **놀다, 장난하다**
跟朋友一起在公园里玩耍
친구들과 공원에서 놀다

동 **희롱하다, 농락하다, 가지고 놀다**
他平时总是耍别人，没想到这次被别人耍了
그는 평소에 늘 다른 사람을 놀리는데, 뜻밖에도 이번에는 남에게
농락당했다

동 **드러내다, 보이다 (주로 부정적 의미를 나타냄)**
耍小聪明 잔머리를 굴리다
耍花招 수작을 부리다

玩耍 wánshuǎ 동 놀다, 장난하다
小聪明 xiǎocōngming 명 잔꾀, 잔재주
花招 huāzhāo 명 술수, 수작

6급 衰老 shuāilǎo 형 노쇠해지다, 노화하다

형 노쇠해지다, 노화하다
多补充维生素，可以延缓衰老
비타민을 충분히 보충하면 노화를 늦출 수 있다

5급 补充 bǔchōng 동 보충하다, 채우다, 추가하다
延缓 yánhuǎn 동 미루다, 연기하다, 늦추다

6급 衰退 shuāituì 동 쇠퇴하다, 약해지다, 감퇴하다

동 쇠퇴하다, 약해지다, 감퇴하다
疫情导致全球经济衰退，很多中小企业纷纷倒闭
전염병 발생으로 전 세계 경제가 침체되어 많은 중소 기업이 잇달아 도산했다

疫情 yìqíng 명 전염병 발생 상황
5급 纷纷 fēnfēn 부 잇달아, 연이어
6급 倒闭 dǎobì 동 파산하다, 도산하다

摔 shuāi 동 떨어지다 동 부서지다, 파손되다 동 넘어지다, 쓰러지다, 자빠지다

동 떨어지다
他一脚没踩好，从楼梯上摔了下来
그는 한 발을 잘 딛지 않아서 계단에서 아래로 떨어졌다

동 (떨어져서) 부서지다/파손되다
咖啡杯掉在地上，摔碎了
커피잔이 바닥에 떨어져 깨졌다

동 넘어지다, 쓰러지다, 자빠지다
他滑冰时失去平衡，重重地摔了一跤
그는 스케이트를 타다가 균형을 잃어 세게 자빠졌다

5급 踩 cǎi 동 밟다, 디디다
楼梯 lóutī 명 층계, 계단
5급 滑冰 huábīng 동 스케이트를 타다
5급 平衡 pínghéng 형 균형, 평형

5급 摔倒 shuāidǎo 동 넘어지다, 쓰러지다, 자빠지다

동 넘어지다, 쓰러지다, 자빠지다
看到一个小妹妹摔倒了，他赶紧跑过去把她扶了起来 여자아이가 넘어지는 것을 보고 그는 재빨리 뛰어 가서 그녀를 일으켜 세웠다

5급 赶紧 gǎnjǐn 부 즉시, 지체 없이, 곧
5급 扶 fú 동 부축하다, 돕다

5급 甩 shuāi 동 흔들다, 휘두르다 동 떼어 버리다, 내버리다, 차다

동 흔들다, 휘두르다
他很生气，一甩头离开了房间
그는 화가 나서 고개를 가로젓더니 방을 떠났다

동 떼어 버리다, 내버리다, 차다
她把男朋友甩了
그녀는 남자 친구를 찼다

3급 生气 shēngqì 동 성나다, 화내다, 노여워하다
2급 房间 fángjiān 명 방

4급 帅 shuài 형 멋지다, 훤하다, 잘생기다

형 멋지다, 훤하다, 잘생기다
他长得又高又帅，很受年轻女职员的青睐
그는 키도 크고 잘생겨서 젊은 여직원들에게 주목을 많이 받는다

3급 年轻 niánqīng 형 젊다
青睐 qīnglài 동 주목하다, 중시하다

6급 率领 shuàilǐng 동 통솔하다, 지휘하다

동 통솔하다, 지휘하다
院长亲自率领一支医疗队前往印度支援
원장이 직접 의료팀을 이끌고 인도에 가서 지원하다

前往 qiánwǎng 동 …으로 가다
印度 Yìndù 명 인도
6급 支援 zhīyuán 동 지원하다

6급 涮火锅 shuàn huǒguō 얇게 썬 고기를 끓는 육수에 넣어 익히다, 훠궈를 먹다

얇게 썬 고기를 끓는 육수에 넣어 익히다, 훠궈를 먹다
去重庆旅游一定要涮火锅
충칭에 여행을 가면 반드시 훠궈를 먹어야 한다

重庆 Chóngqìng 명 충칭, 중경, 중국
서남부에 있는 직할시

3급 双 shuāng 형 쌍의, 둘의, 짝수의, 두 배의 양 쌍, 짝, 켤레

형 쌍의, 둘의, 짝수의, 두 배의
我们举双手欢迎
우리는 쌍수를 들어 환영한다
双数 짝수
双份奖金 두 배의 보너스
양 쌍, 짝, 켤레 (대칭이나 짝을 이루는 것을 세는 단위)
一双眼睛 두 눈
三双袜子 양말 세 켤레
他用第一个月的工资给爸爸买了一双皮鞋
그는 첫 달 월급으로 아버지께 구두 한 켤레를 사 드렸다

4급 奖金 jiǎngjīn 명 장려금, 상금, 상여금
4급 袜子 wàzi 명 양말
3급 皮鞋 píxié 명 가죽신, 가죽 구두

6급 双胞胎 shuāngbāotāi 명 쌍둥이

명 쌍둥이
虽然他和弟弟是双胞胎，但兴趣爱好完全不一样
그와 남동생은 쌍둥이지만 취미와 좋아하는 것이 완전히 다르다

2급 弟弟 dìdi 명 남동생, 아우
兴趣 xìngqù 명 흥취, 흥미, 취미

5급 双方 shuāngfāng 명 양측, 쌍방

명 양측, 쌍방
经过协商，双方最终达成了一致意见
협상을 통해 양측은 결국 의견 일치를 이루었다

6급 协商 xiéshāng 동 협상하다, 상의하다
5급 一致 yīzhì 명 일치하다, 서로 같다

6급 爽快 shuǎngkuai 형 편하다, 상쾌하다, 개운하다 형 시원시원하다

형 편하다, 상쾌하다, 개운하다
一杯冰镇啤酒下肚，瞬间感觉爽快多了！
차가운 맥주를 한 잔 마시니 순식간에 상쾌해지네요!
형 (말, 일 처리 등이) 시원시원하다
王经理很爽快地答应了她的请求
왕 사장은 시원시원하게 그녀의 요청을 승락했다

冰镇 bīngzhèn 동 차갑게 하다
6급 瞬间 shùnjiān 명 순간, 순식간
5급 请求 qǐngqiú 명 요청, 요구

S

1급 水 shuǐ 몡 물

몡 물

我想喝水
나는 물이 마시고 싶다

请给我来一杯热水
뜨거운 물 한 잔 주세요

1급 喝 hē 됭 마시다, 먹다
杯 bēi 맹 잔, 컵
热水 rèshuǐ 몡 뜨거운 물, 더운 물

<u>역순 어휘</u>
淡水 dànshuǐ   洪水 hóngshuǐ
胶水 jiāoshuǐ   开水 kāishuǐ
矿泉水 kuàngquánshuǐ
潜水 qiánshuǐ

1급 水果 shuǐguǒ 몡 과일

몡 과일

你想吃什么水果?
당신은 어떤 과일을 먹고 싶습니까?

我想去水果店买一些水果
나는 과일 가게에 가서 과일을 좀 사고 싶다

1급 买 mǎi 됭 사다, 구매하다
一些 yìxiē 맹 조금, 약간

6급 水利 shuǐlì 몡 수리, 수리 사업

몡 수리, 수리 사업

我们一定竭尽全力去支援这项水利建设工程
우리는 전력을 다해 이 수리 건설 프로젝트를 지원해야 한다

6급 竭尽全力 jiéjìn-quánlì 젱 최선을 다하다,
전력을 다하다
5급 建设 jiànshè 됭 건설하다, 세우다

6급 水龙头 shuǐlóngtóu 몡 수도꼭지

몡 수도꼭지

打开水龙头,接了一杯自来水
수도꼭지를 틀어 수돗물을 한 컵 받았다

用完水后,一定要关紧水龙头
물을 다 쓰면 반드시 수도꼭지를 꼭 잠궈야 한다

3급 接 jiē 됭 받다
自来水 zìláishuǐ 몡 수돗물

6급 水泥 shuǐní 몡 시멘트

몡 시멘트

你家的地板是水泥的还是木板的?
너희 집 바닥은 시멘트니 아니면 나무판이니?

地板 dìbǎn 몡 나무 바닥, 마루
木板 mùbǎn 몡 목판, 나무판자

3급 水平 shuǐpíng 몡 수평 몡 수준, 정도, 능력

몡 수평

沿水平方向飞行
수평 방향으로 비행하다

몡 수준, 정도, 능력

随着生活水平的提高,人们更加看重生活品质
생활 수준이 높아짐에 따라 사람들은 삶의 질을 더욱 중시한다

更加 gèngjiā 틧 더욱, 더, 한층
看重 kànzhòng 됭 중요하게 여기다,
중시하다
6급 品质 pǐnzhì 몡 품질

5급 税 shuì 명 조세, 세금

명 조세, 세금
所得税 소득세
关税 관세
这家私人企业是当地的纳税大户
이 개인 기업은 현지의 고액 납세자이다

5급 当地 dāngdì 명 현지, 현장
纳税 nàshuì 동 납세하다, 세금을 납부하다
大户 dàhù 명 큰 비중을 차지하는 기관이나 개인

1급 睡觉 shuì//jiào 동 자다, 잠들다

동 자다, 잠들다
他在睡觉呢
그는 지금 자고 있다
她生活很规律，每天10点准时睡觉
그녀는 생활이 매우 규칙적이어서 매일 10시 정각에 잔다

5급 规律 guīlǜ 형 규율에 맞는, 규칙적인
4급 准时 zhǔnshí 부 정시에, 제때에

4급 顺便 shùnbiàn 부 …하는 김에, 겸사겸사

부 …하는 김에, 겸사겸사
路过邮局顺便把这封信寄了
우체국을 지나가는 김에 이 편지를 부쳤다
你去图书馆的时候，顺便帮我把书还了
네가 도서관에 갈 때 내 책도 겸사겸사 반납해 줘

路过 lùguò 동 지나가다, 경유하다

4급 顺利 shùnlì 형 순조롭다, 순탄하다, 무난하다

형 순조롭다, 순탄하다, 무난하다
祝您工作顺利！
당신의 일이 잘 되기를 바랍니다!
他顺利地考上了自己理想的大学
그는 자신이 바라던 대학에 무난히 합격했다

考上 kǎoshàng 동 (시험에) 합격하다/붙다
4급 理想 lǐxiǎng 형 이상적이다, 만족스럽다

4급 顺序 shùnxù 명 순서, 차례 부 순서에 따라, 차례대로

명 순서, 차례
请把下列句子按正确的顺序排列
아래 열거한 문장을 정확한 순서에 따라 배열하세요
부 순서에 따라, 차례대로
演出结束后，请大家顺序退场
공연이 끝난 후에 차례대로 퇴장해 주십시오

下列 xiàliè 형 아래 열거한
3급 句子 jùzi 명 문장
4급 排列 páiliè 동 배열하다
退场 tuìchǎng 동 퇴장하다, 떠나다

6급 瞬间 shùnjiān 명 순간, 순식간

명 순간, 순식간
老师一推门进来，教室里瞬间安静下来
선생님이 문을 밀고 들어오자 교실 안은 순식간에 조용해졌다

4급 推 tuī 동 밀다
3급 安静 ānjìng 형 조용하다, 고요하다

S

1급 说 shuō 图 말하다, 이야기하다 图 해설하다, 설명하다

图 말하다, 이야기하다

他只是随便**说**说，你不要太在意
그는 별 뜻 없이 말한 것이니 너는 너무 신경 쓸 필요 없다

你刚才**说**什么了？我没听清楚
너 방금 뭐라고 말했니? 내가 잘 듣지 못했어

图 해설하다, 설명하다

他很聪明，老师一**说**就明白了
그는 총명해서 선생님이 한 번 말하면 바로 이해했다

6급 在意 zàiyì 图 마음에 두다	
3급 清楚 qīngchu 图 명확하다, 뚜렷하다, 분명하다	
3급 明白 míngbai 图 잘 알다, 이해하다	

역순 어휘

传**说** chuánshuō 　 胡**说** húshuō
据**说** jùshuō 　 小**说** xiǎoshuō
学**说** xuéshuō

5급 说不定 shuōbudìng 단언할 수 없다, 아마 …일 것이다, 어쩌면 …일지도 모른다

단언할 수 없다, 아마 …일 것이다, 어쩌면 …일지도 모른다

你去找他谈谈，**说不定**他已经原谅你了呢
그를 찾아가 좀 얘기해 봐, 아마 그는 이미 너를 용서했을 거야

最近他运气不错，**说不定**买彩票会中奖
최근에 그는 운이 좋으니까 복권을 사면 당첨될지도 모른다

4급 原谅 yuánliàng 图 용서하다, 이해하다, 양해하다	
5급 运气 yùnqi 图 운, 운수, 운명	
6급 彩票 cǎipiào 图 복권	
中奖 zhòngjiǎng 图 당첨되다	

5급 说服 shuō//fú 图 설복하다, 설득하다

图 설복하다, 설득하다

要**说服**老板给自己提高工资，并没那么容易
자기 월급을 올려달라고 사장을 설득하는 것은 결코 쉽지 않다

5급 老板 lǎobǎn 图 사장, 주인	

2급 说话 shuō//huà 图 말하다, 이야기하다

图 말하다, 이야기하다

她性格比较内向，平时不爱**说话**
그녀는 성격이 좀 내성적이라 평소에 말하는 것을 좋아하지 않는다

4급 性格 xìnggé 图 성격	
内向 nèixiàng 图 내향적이다, 내성적이다	

4급 说明 shuōmíng 图 설명하다 图 설명

图 설명하다

她向老师**说明**了迟到的原因
그녀는 선생님에게 지각한 이유를 설명했다

图 설명

请按照使用**说明**来操作机器
사용 설명에 따라 기계를 조작하십시오

4급 原因 yuányīn 图 원인, 이유	
4급 按照 ànzhào 图 …에 따라, …대로	
4급 使用 shǐyòng 图 사용하다	
6급 操作 cāozuò 图 조작하다, 다루다	

4급 硕士 shuòshì 图 석사

图 석사(硕士)

他在北京大学攻读**硕士**学位
그는 베이징 대학에서 석사 학위 과정을 전공한다

攻读 gōngdú 图 깊이 연구하다, 전공하다	
6급 学位 xuéwèi 图 학위	

6급 司法 sīfǎ 图 사법 처리하다

图 사법 처리하다
这件事情只能通过司法程序来解决
이 일은 사법 절차를 통해서만 해결할 수 있다

司法程序 sīfǎ chéngxù
사법 절차, 소송 절차

3급 司机 sījī 图 운전사, 운전기사

图 운전사, 운전기사
司机把她落在车上的钱包还给了她
운전기사는 그녀가 차에 떨어뜨린 지갑을 돌려주었다

落 là 图 (물건을) 빠뜨리다,
(가지고 오는 것을) 잊어버리다
钱包 qiánbāo 图 지갑

6급 司令 sīlìng 图 사령관, 사령

图 사령관, 사령
海军司令亲自指挥军事演习
해군 사령관이 군사 훈련을 직접 지휘하다

6급 演习 yǎnxí 图 연습하다, 훈련하다

5급 丝绸 sīchóu 图 비단, 견직물

图 비단, 견직물
她喜欢丝绸的衬衫 그녀는 실크 셔츠를 좋아한다

3급 衬衫 chènshān 图 셔츠

5급 丝毫 sīháo 图 털끝, 조금, 아주 적은 수량

图 털끝, 조금, 아주 적은 수량 (주로 부정문에 쓰임)
我们丝毫没有觉察到对方有什么不对的地方
우리는 상대에게 어떠한 이상한 점도 전혀 알아차리지 못했다

觉察 juéchá 图 알아차리다, 발견하다

5급 私人 sīrén 图 개인, 민간

图 개인, 민간
私人财产 개인 재산
据统计，该市有三十多家私人美术馆
통계에 따르면 이 시에 삼십여 개의 민간 미술관이 있다

5급 财产 cáichǎn 图 재산, 자산
6급 统计 tǒngjì 图 통계

6급 私自 sīzì 图 몰래, 사사로이, 개인적으로

图 몰래, 사사로이, 개인적으로 (규정에 위배되는 행동을 가리킴)
这是国家的共有财产，不能私自占有
이것은 국가의 공유 재산이라 사사로이 점유할 수 없다

共有 gòngyǒu 图 공유하다, 함께 누리다
占有 zhànyǒu 图 점유하다, 차지하다

5급 思考 sīkǎo 图 사고하다, 사유하다, 궁리하다

图 사고하다, 사유하다, 궁리하다
经过反复思考，她终于找到了解决的办法
거듭 생각한 끝에 그녀는 마침내 해결 방법을 찾아냈다

5급 反复 fǎnfù 图 거듭, 반복하여

6급 思念 sīniàn 동 그리워하다, 그리다

동 그리워하다, 그리다

每逢佳节倍思亲，此刻她特别**思念**远在故乡的
父母 명절이 되면 가족이 더 그리워진다더니, 지금 그녀는 멀리
고향에 계신 부모님이 너무 그립다

每逢佳节倍思亲 měiféng jiājié bèi
sīqīn 명절이 되면 평소보다 더 고향에 있는
가족이 그리워진다
6급 故乡 gùxiāng 명 고향

6급 思索 sīsuǒ 동 사색하다, 숙려하다, 곰곰이 생각하다

동 사색하다, 숙려하다, 곰곰이 생각하다

他用心**思索**了很久，一个字也没写出来
그는 오래 고심하며 생각했지만, 한 글자도 쓰지 못했다

用心 yòngxīn 동 고심하다, 심사숙고하다

6급 思维 sīwéi 동 사유하다, 생각하다 명 사유, 생각

동 사유하다, 생각하다

思维方式 사유 방식

명 사유, 생각

他**思维**敏捷，善于随机应变
그는 머리 회전이 빨라서 임기응변에 능하다

6급 敏捷 mǐnjié 형 민첩하다, 영민하다
5급 善于 shànyú 동 …을 잘하다, …에 능하다
随机应变 suíjī-yìngbiàn
성 임기응변하다

5급 思想 sīxiǎng 명 생각, 의견, 견해

명 생각, 의견, 견해

父母尽量不要把自己的**思想**强加给孩子
부모는 가능한 자신의 생각을 아이에게 강요해서는 안 된다

5급 尽量 jǐnliàng 부 최대한, 가능한 한
强加 qiángjiā 동 (관점, 의견 등을) 강요하다

思绪 sīxù 명 생각, 정서, 기분, 감정

명 생각, 정서, 기분, 감정

他的一番话打乱了我的**思绪**
그의 말 한마디가 내 생각을 엉망으로 만들었다

打乱 dǎluàn 동 망치다, 엉망으로 만들다

6급 斯文 sīwén 형 고상하다, 우아하다, 점잖다

형 고상하다, 우아하다, 점잖다

小伙子说话**斯文**，举止大方
젊은이가 말을 점잖게 하고 행동이 시원시원하다

举止 jǔzhǐ 명 거동, 행동거지
5급 大方 dàfang 형 시원시원하다, 당당하다

5급 撕 sī 동 찢다, 뜯다, 벗기다

동 찢다, 뜯다, 벗기다

他不小心把书的封面**撕**掉了
그는 실수로 책 표지를 찢었다

封面 fēngmiàn 명 겉표지, 앞표지

4급 死 sǐ 동 죽다 형 …해서 죽겠다

동 죽다

人**死**不能复活!
사람은 죽으면 부활할 수 없어!

형 …해서 죽겠다 (정도가 심함을 나타냄)
吵**死**了 시끄러워 죽겠다 | 累**死**了 힘들어 죽겠다
忙了一整天，没吃一口东西，我快饿**死**了
하루 종일 바빠서 아무 것도 못 먹었더니 배고파 죽겠다

| 6급 复活 fùhuó 동 부활하다, 부활시키다
| 3급 饿 è 형 배고프다

6급 **死亡** sǐwáng 동 죽다, 사망하다

동 죽다, 사망하다 반의어 生存 shēngcún [6급]
当场**死亡** 그 자리에서 사망하다
所有生命都终将走向**死亡**
모든 생명은 결국에는 죽음을 향해 간다

| 6급 当场 dāngchǎng 명 당장, 즉석
| 终将 zhōngjiāng 부 결국에는 …할 것이다

1급 **四** sì 수 사, 넷, 4

수 사, 넷, 4
四个小时 네 시간 | **四**十公里 40킬로미터
下午**四**点**四**十分 오후 4시 40분
我家有**四**口人 우리 집은 식구가 네 명이다

| 4급 公里 gōnglǐ 양 킬로미터

역순 어휘
丢三落**四** diūsān-làsì

6급 **四肢** sìzhī 명 사지, 사람의 팔과 다리, 동물의 네 다리

명 사지, 사람의 팔과 다리, 동물의 네 다리
四肢发达
사지가 발달하다, 몸이 건강하다
大熊猫的**四肢**和肩膀是黑的，身子和头是白的
자이언트판다의 네 다리와 어깨는 검은색이고, 몸과 머리는 흰색이다

| 5급 发达 fādá 형 발달하다, 번창하다
| 大熊猫 dàxióngmāo 명 판다, 자이언트판다
| 5급 肩膀 jiānbǎng 명 어깨

6급 **寺庙** sìmiào 명 사원, 절, 사당

명 사원(寺院), 절, 사당
母亲每周都去**寺庙**烧香拜拜
어머니는 매주 절에 가서 향을 피우고 참배하신다

烧香 shāoxiāng 동 향을 피우다, 분향하다
拜拜 bàibai 동 참배하다, 절하다

S

5급 **似乎** sìhū 부 마치, 흡사, …인 듯하다

부 마치, 흡사, …인 듯하다
我们**似乎**在哪儿见过
우리는 마치 어디선가 만난 적이 있는 듯하다
听了妈妈的一番话，她**似乎**明白了许多
엄마의 말을 듣고 그녀는 많이 이해한 것 같다

| 4급 许多 xǔduō 형 많다

6급 **饲养** sìyǎng 동 사육하다, 기르다

동 사육하다, 기르다
他家**饲养**了一百多只羊
그의 집은 백여 마리의 양을 길렀다

| 3급 只 zhī 양 마리

6급 肆无忌惮 sìwújìdàn 성 거리낌 없이 멋대로 행동하다, 방자하여 거리낌이 없다

성 거리낌 없이 멋대로 행동하다, 방자하여 거리낌이 없다
两杯酒下肚，他开始变得**肆无忌惮**起来
술 두 잔이 들어가자 그는 멋대로 행동하기 시작했다

下肚 xiàdù 동 (먹거나 마셔서) 배에 넣다

6급 耸 sǒng 동 겁주다, 놀라게 하다, 주의를 끌다 / 동 곧추서다, 우뚝 솟다 / 동 으쓱하다, 추켜올리다

동 겁주다, 놀라게 하다, 주의를 끌다
情况并没有那么严重，你别危言**耸**听
상황이 그렇게 심각한 것은 아니니 너는 과장해서 겁주지 마라

동 곧추서다, 우뚝 솟다
十多米高的一座佛塔**耸**立在院子正中
10여 미터 높이의 불탑이 정원 한가운데 우뚝 솟아 있다

동 (어깨를) 으쓱하다/추켜올리다
他向我**耸**了**耸**肩，若无其事地离开了
그는 나에게 어깨를 으쓱이고 아무 일도 없는 것처럼 떠났다

危言耸听 wēiyán-sǒngtīng
성 놀랄만한 말로 남을 겁주다, 고의로 과장하여 사람을 놀라게 하다
佛塔 fótǎ 명 불탑
耸立 sǒnglì 동 우뚝 솟다
耸肩 sǒngjiān 동 어깨를 들썩이다
若无其事 ruòwúqíshì
성 그 일이 일어나지 않은 듯하다, 아무 일도 없는 듯하다

2급 送 sòng 동 배웅하다, 바래다주다 / 동 주다, 증정하다, 선물하다 / 동 보내다, 배달하다, 가져다주다

동 배웅하다, 바래다주다
刘经理亲自把客户**送**到了机场
류 사장은 직접 고객을 공항까지 배웅했다

동 (무상으로) 주다/증정하다/선물하다
快毕业了，同学们忙着互**送**礼物
곧 졸업이라 학생들은 한창 서로 선물을 한다

동 보내다, 배달하다, 가져다주다
快递员应该把贵重物品亲自**送**到收件人手中
택배원은 귀중품을 직접 수하인의 손까지 배달해야 한다

6급 客户 kèhù 명 고객, 거래처
3급 礼物 lǐwù 명 선물
快递员 kuàidìyuán 명 택배원
收件人 shōujiànrén 명 수하인, 수신인, 받는 사람

역순 어휘
赠送 zèngsòng

5급 搜索 sōusuǒ 동 수색하다, 자세히 조사하다 / 동 검색하다

동 수색하다, 자세히 조사하다
警察将大厅**搜索**了一遍，没有发现可疑的人
경찰이 홀을 한 차례 수색했지만 수상한 사람을 발견하지 못했다

동 (인터넷 등에서) 검색하다
网上有很多免费的资料，你可以去**搜索**一下
인터넷에는 무료 자료가 많으니 한번 검색해 봐

大厅 dàtīng 명 홀, 로비
可疑 kěyí 형 의심스럽다, 수상하다
4급 免费 miǎnfèi 동 돈을 받지 않다, 무료로 하다
5급 资料 zīliào 명 자료

6급 艘 sōu 양 척

양 척 (선박을 세는 단위)
在大海上行驶着几**艘**轮船
넓은 바다에 기선이 몇 척 운항하고 있다

行驶 xíngshǐ 동 (차, 배 등이) 통행하다, 다니다
6급 轮船 lúnchuán 명 증기선, 기선

6급 苏醒 sūxǐng 图 소생하다, 의식을 회복하다 图 회생하다, 깨어나다

图 소생하다, 의식을 회복하다
看他从昏迷中苏醒过来，家人终于松了一口气
그가 혼수상태에서 깨어나는 것을 보고 가족들은 마침내 한숨을
돌렸다

图 (사물이) 회생하다/깨어나다
一场春雨过后，万物苏醒，树木开始发芽
한차례 봄비가 지나간 후 만물이 깨어나고 수목에 싹이 트기 시작했다

| 6급 | 昏迷 hūnmí 图 혼미하다, 의식 불명이다 |
| 松气 sōngqì 图 숨을 돌리다 |
| 树木 shùmù 图 나무, 수목 |
| 发芽 fāyá 图 발아하다, 싹이 돋다 |

6급 俗话 súhuà 图 속어, 속담

图 속어, 속담
**俗话说"失败是成功之母"，你不要气馁，再接
再厉！** 속담에서 '실패는 성공의 어머니'라고 했으니, 너는
낙담하지 말고 더욱 분발해라!

气馁 qìněi 图 의기소침하다, 맥없다
| 6급 | 再接再厉 zàijiē-zàilì 图 계속 노력하다

6급 诉讼 sùsòng 图 소송하다

图 소송하다
双方私下已达成和解，将不提起诉讼
양측이 사적으로 이미 합의해서 소송을 제기하지 않을 것이다

私下 sīxià 图 사적으로, 개인적으로
| 6급 | 和解 héjiě 图 화해하다

6급 素食 sùshí 图 채식 图 채식하다

图 채식
你的体质适合吃素食，尽量不要吃大鱼大肉
너의 체질은 채식을 하는 것이 맞으니, 고기나 생선 같이 푸짐한
음식은 되도록 먹지 마

图 채식하다
适当素食有助于降低糖尿病的风险
채식을 적당히 하면 당뇨병의 위험을 낮추는 데 도움이 된다

| 体质 tǐzhì 图 체질, 체력 |
| 大鱼大肉 dàyú-dàròu |
| 图 진수성찬, 풍성한 음식 |
| 适当 shìdàng 图 적당하다, 적절하다 |
| 糖尿病 tángniàobìng 图 당뇨병 |
| 5급 | 风险 fēngxiǎn 图 위험 |

素食主义 sùshí zhǔyì 채식주의

채식주의
这种沙拉特别适合素食主义者
이 샐러드는 채식주의자에게 특히 적합하다

沙拉 shālā 图 샐러드

6급 素质 sùzhì 图 특징, 성질, 소질 图 소양, 교양

图 (타고난) 특징/성질, 소질
经过锻炼，我的身体素质越来越好
단련을 통해 나의 신체 조건이 점점 좋아졌다

图 소양, 교양
素质教育 소양 교육
他素质太差了，身边的朋友一个个都离开了他
그는 수준이 너무 떨어져서 주변 친구들이 하나씩 모두 그를 떠났다

| 3급 | 锻炼 duànliàn 图 단련하다 |
| 身边 shēnbiān 图 신변, 주위, 곁 |

S

4급 速度 sùdù 명 속도

명 **속도**
减缓植物的生长**速度** 식물의 생장 속도를 늦추다
他打字的**速度**特别快! 그는 타이핑 속도가 매우 빠르다!

减缓 jiǎnhuǎn 통 완화하다,
(속도를) 늦추다
打字 dǎzì 통 타자하다, 타이핑하다

5급 宿舍 sùshè 명 기숙사, 숙소

명 **기숙사, 숙소**
留学生**宿舍** 유학생 기숙사
由于离家比较远，他只能住在公司**宿舍**
집에서 좀 멀기 때문에 그는 회사 숙소에 살 수 밖에 없다

留学生 liúxuéshēng 명 유학생

4급 塑料袋 sùliàodài 명 비닐봉지

명 **비닐봉지**
为了环保，请尽量少使用**塑料袋**
환경 보호를 위해 비닐봉지를 가급적 적게 사용해 주세요

环保 huánbǎo 명 환경 보호

6급 塑造 sùzào 통 (석고, 진흙 등으로) 소조하다/빚다 통 형상화하다, 묘사하다

통 **(석고, 진흙 등으로) 소조하다/빚다**
这尊佛像是谁**塑造**的？是哪个朝代**塑造**的？
이 불상은 누가 만들었습니까? 어느 시대에 만들어졌나요?

통 **(예술 창작에서 인물을) 형상화하다, 묘사하다**
这部小说**塑造**的主人公勇敢、受人尊敬
이 소설에서 그린 주인공은 용감하고, 사람들의 존경을 받는다

佛像 fóxiàng 명 불상, 불교 신상
6급 朝代 cháodài 명 조대, 왕조, 시대
5급 尊敬 zūnjìng 통 존경하다

4급 酸 suān 형 시다, 시큼하다 형 시큰하다

형 **시다, 시큼하다**
味道**酸**甜 맛이 새콤달콤하다

형 **(병이 나서) 시큰하다**
做了一天的家务，她浑身**酸**痛
하루종일 집안일을 했더니 그녀는 온몸이 시큰하고 아프다

5급 家务 jiāwù 명 가사, 집안일
6급 浑身 húnshēn 명 온몸, 전신
酸痛 suāntòng 통 (몸이) 시큰하고 아프다

算 suàn 통 계산하다, 셈하다 통 추측하다, …이라고 생각하다 통 …이라고 여기다, …인 셈 치다 통 그만두다, 관두다

통 **계산하다, 셈하다**
你**算算**买衣服一共花了多少钱
오늘 옷을 사는 데에 모두 얼마나 썼는지 네가 좀 계산해 봐

통 **추측하다, …이라고 생각하다**
我**算**他应该不会上你的当
나는 그가 너에게 속지 않을 거라고 생각한다

통 **…이라고 여기다, …인 셈 치다**
老王**算**是一个好人
라오왕은 좋은 사람이라고 할 수 있다

5급 上当 shàngdàng 통 속다

你还算朋友吗? 你怎么可以这样对待我? 네가
그래도 친구라고 할 수 있어? 너 어떻게 나를 이렇게 대할 수 있어?

동 그만두다, 관두다 (뒤에 了le를 수반함)

算了, 我不喝了
됐어, 난 안 마실래

既然你不喜欢陪我去, 那就算了吧
네가 나와 함께 가기 싫다니, 그럼 관둬라

5급 对待 duìdài 동 대하다, 다루다	
4급 既然 jìrán 젭 …한 바에는, …한 이상	

역순 어휘

合算 hésuàn   计算 jìsuàn
结算 jiésuàn
精打细算 jīngdǎ-xìsuàn
预算 yùsuàn   运算 yùnsuàn
总算 zǒngsuàn

6급 **算数** suàn//shù	동 숫자를 계산하다, 수를 세다	동 책임지다

동 **숫자를 계산하다, 수를 세다**

别看他只是小学生, **算数**算得可快了
그는 초등학생이지만, 계산을 정말 빨리 한다

동 **(말을) 책임지다**

他总是说话不**算数**, 我不会再相信他了
그는 늘 말을 하고 책임지지 않으니, 나는 다시는 그를 믿지 않겠다

别看 biékàn 젭 …지만, …이나

2급 **虽然…但是…** suīrán…dànshì…	비록 …이지만 …하다

비록 **…이지만 …하다**

钱老师**虽然**很年轻, **但是**课却讲得很好
첸 선생님은 비록 젊지만 수업을 아주 잘 한다

3급 年轻 niánqīng 형 젊다
3급 讲 jiǎng 동 설명하다, 강의하다

4급 **随便** suíbiàn	동 마음대로 하다, 좋을대로 하다	형 마음대로이다, 제멋대로이다

동 **(suí//biàn)마음대로 하다, 좋을대로 하다**

随你的**便** 너 좋을대로 해
你爱去不去, **随便**!
가든지 말든지 네 마음대로 해!

형 **마음대로이다, 제멋대로이다**

他向来是一个很**随便**的人
그는 줄곧 제멋대로인 사람이다

6급 向来 xiànglái 튀 변함없이, 여태껏, 줄곧

S

6급 **随即** suíjí	튀 곧바로, 즉시, 뒤따라

튀 **곧바로, 즉시, 뒤따라**

接到报警后, 消防队员**随即**赶赴火灾现场
긴급 신고를 받고 소방대원은 즉시 화재 현장으로 달려갔다

6급 报警 bàojǐng 동 신고하다,
긴급 상황을 알리다
赶赴 gǎnfù 동 (목적지를 향해) 빨리 가다

5급 **随身** suíshēn	형 몸에 지니는, 휴대하는	형 곁에서 따르는, 수행하는

형 **몸에 지니는, 휴대하는**

随身携带 휴대하다
随身用品 일용품
他总是**随身**带着口香糖 그는 늘 껌을 지니고 다닌다

형 **곁에서 따르는, 수행하는**

那时他的**随身**警卫没和他在一起
그때 그의 수행 경호원은 그와 함께 있지 않았다

6급 携带 xiédài 동 지니다, 휴대하다
口香糖 kǒuxiāngtáng 명 껌
警卫 jǐngwèi 명 경호원

5급 随时 suíshí 児 수시로, 언제나, 아무 때나 児 즉시, 적시에, 제때

児 수시로, 언제나, 아무 때나
报名时间不限，你随时都可以参加比赛
신청 시간은 제한이 없으니, 당신은 언제든지 시합에 참가할 수 있다

児 즉시, 적시에, 제때
遇到问题，随时加以解决
문제를 만나면 바로 해결한다

不限 bùxiàn 図 제한이 없다, 무제한이다
3급 遇到 yùdào 图 만나다, 마주치다
加以 jiāyǐ 图 …을 가하다, …하다

5급 随手 suíshǒu 児 …하는 김에, 손이 가는 대로

児 …하는 김에, 손이 가는 대로
请随手关门
들어오거나 나가면서 문을 닫으세요
她随手拿起一本杂志，漫不经心地看着
그녀는 손 가는 대로 잡지를 한 권 들어 건성으로 보고 있다

漫不经心 mànbùjīngxīn
図 건성으로 하다, 전혀 신경을 쓰지 않다

6급 随意 suí//yì 헝 마음대로 하다, 하고 싶은 대로 하다

헝 마음대로 하다, 하고 싶은 대로 하다
金额是有限制的，您不能随意填写
금액이 제한이 있으니 마음대로 기입하시면 안됩니다

5급 限制 xiànzhì 図 제한
填写 tiánxiě 图 써넣다, 기입하다

4급 随着 suízhe 児 …에 따라서, …에 따라, …에 뒤이어

児 …에 따라서, …에 따라, …에 뒤이어
随着物质生活水平的提高，文化消费的要求也
越来越高
물질 생활 수준이 향상됨에 따라 문화 소비에 대한 요구 또한 점점
더 높아진다
随着年龄的增长，他对人生有了更多的感悟
나이가 들어감에 따라 그는 인생에 대해 더 많은 깨달음을 얻었다

3급 提高 tígāo 图 제고하다, 높이다
增长 zēngzhǎng 图 증가시키다, 늘리다,
높이다
感悟 gǎnwù 図 깨달음

1급 岁 suì 양 세, 살

양 세, 살 (나이를 세는 단위)
8岁上学 8세에 입학하다
他跟我同岁 그는 나와 동갑이다
你弟弟今年几岁了?
네 남동생은 올해 몇 살이야?

上学 shàngxué 图 등교하다, 학교에 다니다
同岁 tóngsuì 图 동갑이다

6급 岁月 suìyuè 명 세월, 시대, 시간

명 세월, 시대, 시간
在这漫长的岁月里，老王将这个秘密藏在心底
이렇게 긴 세월 동안 라오왕은 이 비밀을 마음속에 숨기고 있었다

6급 漫长 màncháng 헝 길다
心底 xīndǐ 명 마음속, 속마음

5급 碎 suì 통 깨지다, 부서지다, 부수다

통 깨지다, 부서지다, 부수다
玻璃碎了 유리가 깨졌다
我们的友情就像是被打碎了的花瓶，再也拼不
回原来的样子 우리 우정은 깨진 꽃병 같아서 다시는 원래
상태처럼 붙일 수 없다

打碎 dǎsuì 통 깨다, 부수다
拼 pīn 통 한데 합치다, 잇다, 맞붙이다

역순 어휘
粉碎 fěnsuì

6급 隧道 suìdào 명 굴, 터널, 지하도

명 굴, 터널, 지하도
要过隧道了，请关上车窗
터널을 지나야 하니 차의 창문을 닫아 주십시오

车窗 chēchuāng 명 차창

4급 孙子 sūnzi 명 손자

명 손자
爷爷最疼爱小孙子
할아버지는 어린 손자를 제일 사랑하신다

5급 疼爱 téng'ài 통 몹시 귀여워하다,
매우 사랑하다

6급 损坏 sǔnhuài 통 훼손시키다, 손상시키다

통 훼손시키다, 손상시키다
损坏他人财物就要赔偿，这是理所当然的事情
타인의 재물을 손상시키면 배상을 해야 하고, 이는 당연한 일이다

5급 赔偿 péicháng 통 배상하다, 변상하다
6급 理所当然 lǐsuǒdāngrán
성 이치로 보아 당연히 그러하다

5급 损失 sǔnshī 통 손실되다, 잃다 명 손실

통 손실되다, 잃다
他为此损失了一大笔钱
그는 이로 인해 큰돈을 잃었다

명 손실
如果提前预防，就可以避免财物的损失
미리 예방한다면 재물의 손실을 피할 수 있다

为此 wèicǐ 연 이로 인해, 그런 이유로
5급 预防 yùfáng 통 예방하다
5급 避免 bìmiǎn 통 피하다, 모면하다, 방지하다

S

5급 缩短 suōduǎn 통 단축하다, 짧게 줄이다

통 단축하다, 짧게 줄이다
缩短时间 시간을 단축하다
高铁缩短了城市间的距离
고속 철도는 도시 간의 거리를 단축시켰다

高铁 gāotiě 명 고속 철도
4급 距离 jùlí 명 거리, 간격

缩小 suōxiǎo 통 축소하다, 줄이다

통 축소하다, 줄이다 [반의어] 放大 fàngdà [6급]
改革开放以来，中国的城乡差距日益缩小
개혁 개방 이후 중국 도시와 농촌의 격차는 날로 줄어들었다

5급 差距 chājù 명 격차, 차이
6급 日益 rìyì 부 나날이 더욱, 날로

5급 所 suǒ 조 …하는 바, …하는 것 조 …되다, …당하다 양 채, 동, 곳

조 **…하는 바, …하는 것**
事情并不像你**所**想象的那样糟糕
일이 네가 상상한 것만큼 그렇게 나쁜 것은 아니다

조 **…되다, …당하다** (为wèi와 함께 쓰여 피동을 나타냄)
为生活**所**迫，他不得不放弃学业
생활에 압박을 받아 그는 부득이하게 학업을 포기했다

양 **채, 동, 곳** (집, 건물, 학교, 병원 등을 세는 단위)
一**所**楼房 건물 한 채 | 三**所**大学 대학 세 곳
创建这**所**医院花了好几百万资金
이 병원을 세우는 데 몇 백만의 자금을 썼다

5급	想象 xiǎngxiàng 동 상상하다
5급	糟糕 zāogāo 형 상황이 매우 나쁘다
4급	不得不 bùdébù 부득불 …하다, …하지 않을 수 없다
4급	放弃 fàngqì 동 버리다, 포기하다
	创建 chuàngjiàn 동 창건하다, 창립하다

역순 어휘
厕**所** cèsuǒ   场**所** chǎngsuǒ

所谓 suǒwèi 형 소위, 이른바, …라는 것은

형 **소위, 이른바, …라는 것은**
所谓天才就是百分之一的灵感加上百分之九十九的汗水 소위 천재란 1%의 영감과 99%의 땀이 더해진 것이다

6급	灵感 línggǎn 명 영감(靈感)
	汗水 hànshuǐ 명 땀

所以 suǒyǐ 연 그래서, 그러한 까닭은

연 **그래서, 그러한 까닭은** (인과 관계를 나타냄)
平时她特别努力，**所以**取得了第一名的好成绩
그녀는 평소에 매우 노력해서 1등이라는 좋은 성적을 얻었다

因为他不擅长和别人打交道，**所以**他朋友不多
그는 다른 사람과 친하게 지내는 것에 서툴러서 친구가 많지 않다

6급	擅长 shàncháng 동 …에 뛰어나다, …을 잘하다
5급	打交道 dǎ jiāodào 교류하고 연락하다, 교제하다

4급 所有 suǒyǒu 동 소유하다 형 모든, 일체의, 전부의

동 **소유하다**
老人的遗产归大儿子**所有**
노인의 유산이 장남의 소유로 귀속되다

형 **모든, 일체의, 전부의**
他把**所有**的时间都用在玩游戏上了
그는 모든 시간을 오락하는 데 썼다

6급	遗产 yíchǎn 명 유산
3급	游戏 yóuxì 명 게임, 놀이, 오락

索赔 suǒpéi 동 배상을 요구하다

동 **배상을 요구하다**
他曾三次找该公司**索赔**，都遭到拒绝
그는 예전에 세 번이나 이 회사에 배상을 요구했지만 모두 거절당했다

	曾 céng 부 일찍이, 예전에
	遭到 zāodào 동 당하다, 받다, 입다

6급 索取 suǒqǔ 동 독촉하여 받다, 달라고 요구하다

동 **독촉하여 받다, 달라고 요구하다**
索取钱财 재물을 요구하다
他这种人只知道**索取**，不知道付出！
그라는 사람은 받을 줄만 알지 쓸 줄은 모른다!

	钱财 qiáncái 명 돈, 재산
	付出 fùchū 동 지불하다, 지출하다, 들이다

6급 索性 suǒxìng 튀 차라리, 아예, 단도직입적으로

튀 **차라리, 아예, 단도직입적으로**

反正睡不着，他索性打开灯看起书来
어차피 잠이 안 와서 그는 아예 불을 켜고 책을 읽기 시작했다

现在出发也是迟到，他索性不去学校了
지금 출발해도 지각이어서 그는 아예 학교에 가지 않기로 했다

5급 反正 fǎnzhèng 튀 기왕에, 어차피
睡不着 shuìbuzháo 잠들지 못하다

5급 锁 suǒ 명 자물쇠 동 잠그다, 채우다

명 **자물쇠**

指纹锁 지문 인식 자물쇠
电子门锁 전자 도어록
一把钥匙开一把锁 한 개 열쇠로 한 개의 자물쇠만 열다,
조건에 따라 해결 방안을 달리하다

동 **(자물쇠로) 잠그다, (자물쇠를) 채우다**

书桌的抽屉被锁上了
책상 서랍이 잠겼다

走得太匆忙，我忘了锁门
너무 허둥지둥 가느라 나는 문을 잠그는 것을 잊어버렸다

指纹 zhǐwén 명 지문
4급 钥匙 yàoshi 명 열쇠
书桌 shūzhuō 명 책상
5급 匆忙 cōngmáng 형 허둥지둥하다

역순 어휘
封锁 fēngsuǒ   连锁 liánsuǒ

S

1급 他 tā 땐 그, 그 남자, 그 사람 땐 그 외의 것, 다른 것, 기타

땐 그, 그 남자, 그 사람
他是学生 그는 학생이다
他是你弟弟吗? 그가 당신의 남동생입니까?
땐 그 외의 것, 다른 것, 기타
他人 타인, 남 | 其**他** 기타

1급	学生 xuésheng 명 학생
2급	弟弟 dìdi 명 남동생, 아우

2급 它 tā 땐 그것

땐 그것 (사람 이외의 사물을 대신하여 가리킴)
艾草有独特的香味，我喜欢**它**
쑥은 독특한 향이 있는데 나는 그것을 좋아한다

艾草 àicǎo 명 쑥
香味 xiāngwèi 명 향기, 향내

1급 她 tā 땐 그녀, 그 여자

땐 그녀, 그 여자
她是我母亲 그녀는 나의 어머니이다
他跟**她**哥哥是同事
그는 그녀의 오빠와 동료이다

4급	母亲 mǔqīn 명 모친, 어머니
2급	哥哥 gēge 명 형, 오빠
3급	同事 tóngshì 명 직장 동료

6급 塌 tā 통 무너지다, 붕괴되다, 내려앉다 통 함몰하다, 꺼지다, 움푹 패다

통 무너지다, 붕괴되다, 내려앉다
墙壁**塌**了一部分 담장 일부분이 무너졌다
听到这个消息，我感觉天都要**塌**下来了
이 소식을 듣고 나는 하늘이 모두 무너져 내리는 것 같았다
통 (가운데가) 함몰하다/꺼지다/움푹 패다
路面**塌**了一个坑 노면이 꺼져 구덩이가 생겼다
床垫中间**塌**下去了一点 매트리스 가운데가 살짝 꺼졌다

墙壁 qiángbì 명 벽, 담, 울타리
路面 lùmiàn 명 노면, 길바닥
床垫 chuángdiàn 명 매트리스, 침대 매트

6급 踏实 tāshi 형 성실하다, 착실하다 형 마음이 놓이다, 편안하다

형 (태도가) 성실하다/착실하다
踏踏实实地干活儿 매우 성실하게 일하다
怀着**踏实**学习的心态努力学习
착실하게 공부하려는 마음가짐을 갖고 열심히 공부하다
형 마음이 놓이다, 편안하다
接到女儿的电话，她心里**踏实**多了
딸의 전화를 받고 그녀는 마음이 많이 놓였다

5급	干活儿 gànhuór 통 노동하다, 일하다
6급	心态 xīntài 명 심리 상태

6급 塔 tǎ 명 탑, 탑 모양의 건물이나 설비

명 탑, 탑 모양의 건물이나 설비
那座佛**塔**高二十多米
그 불탑은 높이가 20여 미터이다
电视**塔** 텔레비전 타워, 방송탑

4급	座 zuò 양 좌, 채 (크고 고정된 물체를 세는 단위)
	佛塔 fótǎ 명 불탑

4급 台 tái 📖 무대, 강단 📖 대

📖 **무대, 강단**
上台讲话 강단에 올라가 발언하다
他在观众热情的掌声中走上舞台
그는 관중들의 열렬한 박수소리 속에 무대 위로 올라갔다

📖 **대 (기계, 설비 등을 세는 단위)**
几台机器 기기 몇 대 | 一台电子秤 전자저울 한 대

讲话 jiǎnghuà 📖 말하다, 발언하다
掌声 zhǎngshēng 📖 박수 소리
舞台 wǔtái 📖 무대
电子秤 diànzǐchèng 📖 전자저울

6급 台风 táifēng 📖 태풍

📖 **태풍**
7号台风给沿海城市造成了巨大的经济损失
7호 태풍은 연안 도시에 막대한 경제적 손실을 초래했다

| 6급 沿海 yánhǎi 📖 연해

5급 台阶 táijiē 📖 계단, 층계

📖 **계단, 층계**
这里的台阶太陡峭，小心滑倒
여기 계단이 매우 가파르니 미끄러져 넘어지지 않게 조심해야 한다

| 6급 陡峭 dǒuqiào 📖 가파르다, 험준하다
滑倒 huádǎo 📖 미끄러져 넘어지다

4급 抬 tái 📖 들다, 들어 올리다

📖 **들다, 들어 올리다**
把手抬起来 손을 들어 올리다
衣柜太重了，我们两个根本抬不动!
옷장은 너무 무거워서 우리 둘이서는 아예 들 수가 없어!

衣柜 yīguì 📖 옷장, 장롱
| 5급 根本 gēnběn 📖 전혀, 도무지, 아예

1급 太 tài 📖 매우, 몹시, 너무 📖 그렇게, 그다지

📖 **매우, 몹시, 너무 (정도가 심함을 나타냄)**
工作太忙 일이 몹시 바쁘다
他太相信自己了 그는 자신을 너무 믿었다

📖 **그렇게, 그다지 (不bù 뒤에 쓰여 완곡한 어조를 나타냄)**
对当地的情况不太了解 현지 상황에 대해 잘 알지 못하다

| 3급 相信 xiāngxìn 📖 믿다
| 5급 当地 dāngdì 📖 현지, 현장

5급 太极拳 tàijíquán 📖 태극권

📖 **태극권 (중국 권법)**
你会打太极拳吗? 너 태극권 할 줄 알아?

打 dǎ 📖 (운동, 공연 등을) 하다

6급 太空 tàikōng 📖 높고 넓은 하늘, 우주

📖 **높고 넓은 하늘, 우주**
太空探测器 우주 탐측기
清理漂浮在宇宙空间的太空垃圾
우주 공간에 떠다니는 우주 쓰레기를 깨끗이 정리하다

探测器 tàncèqì 📖 탐측기, 탐지기
| 6급 漂浮 piāofú 📖 뜨다, 떠다니다

T

5급 太太 tàitai 명 부인, 여사 명 부인, 아내

명 부인, 여사 (기혼 여성에 대한 존칭)
李太太的健康状况不太好
리 여사님의 건강 상태가 그다지 좋지 않다

教师 jiàoshī 명 교사

명 부인, 아내 (주로 앞에 인칭 대명사를 붙임)
我和我**太太**都是教师　나와 내 아내는 모두 교사이다

3급 太阳 tàiyáng 명 태양, 해, 햇빛

명 태양, 해, 햇빛
皮肤被**太阳**晒黑了　피부가 햇빛에 탔다
你这么早就起床，**太阳**从西边升起来了?
네가 이렇게 일찍 일어나다니, 해가 서쪽에서 떴나?

晒黑 shàihēi 동 햇볕에 타다,
　　　　　　　　 햇볕에 그을리다
5급 升 shēng 동 오르다, 올라가다

4급 态度 tàidu 명 태도

명 태도
她**态度**强硬，不肯说一声抱歉
그녀는 태도가 강경하고 미안하다는 말도 하지 않으려고 한다
我抱着学习的**态度**去参加了比赛
나는 배운다는 자세로 시합에 참가했다

强硬 qiángyìng 형 강력하다, 강경하다
4급 抱歉 bàoqiàn 동 미안하다

6급 泰斗 tàidǒu 명 태두, 대가, 권위자, 제1인자

명 태두, 대가, 권위자, 제1인자
他被称为中国现代文学**泰斗**
그는 중국 현대 문학의 대가로 불린다

称为 chēngwéi 동 (…이라고) 부르다/
　　　　　　　　 일컫다

6급 贪婪 tānlán 형 탐욕스럽다, 욕심이 많다

형 탐욕스럽다, 욕심이 많다
他是一个**贪婪**、无耻的人
그는 탐욕스럽고 염치없는 사람이다

6급 无耻 wúchǐ 형 염치없다, 뻔뻔하다

6급 贪污 tānwū 동 횡령하다

동 횡령하다
贪污贿赂是极大的犯罪
뇌물 횡령은 지극히 큰 범죄이다
谁也没想到他会**贪污**巨额国有资金
아무도 그가 거액의 국유 자금을 횡령했을 거라고 생각하지 못했다

6급 贿赂 huìlù 명 뇌물
巨额 jù'é 형 거액의

6급 摊 tān 동 펼치다, 벌여 놓다 명 노점, 좌판 상점

동 펼치다, 벌여 놓다
他把地图**摊**开在桌子上
그는 지도를 책상 위에 펼쳤다

명 노점, 좌판 상점
他在农贸市场摆摊儿卖水果
그는 농산물 시장에서 노점을 벌여 놓고 과일을 판다

农贸市场 nóngmào shìchǎng 농산물
시장
| 5급 摆 bǎi 동 놓다, 배열하다

| 6급 **瘫痪** tānhuàn 동 신체가 마비되다 동 마비되다, 정지되다

동 신체가 마비되다
一场意外事故导致他全身瘫痪
그는 불의의 사고로 전신이 마비되었다

동 (활동 등이) 마비되다/정지되다
交通处于瘫痪状态 교통이 마비 상태가 되다

全身 quánshēn 명 전신, 온몸
处于 chǔyú 동 (지위, 상태, 환경 등에)
처하다

| 4급 **谈** tán 동 말하다, 이야기하다, 논의하다, 토론하다

동 말하다, 이야기하다, 논의하다, 토론하다
两人谈得很高兴 두 사람은 즐겁게 이야기를 나눴다
谈了半天也没达成协议
한참 논의했지만 합의를 이루지 못했다

| 6급 达成 dáchéng 동 달성하다, 이루다

역순 어휘
侃侃而谈 kǎnkǎn'értán　　洽谈 qiàtán

| 5급 **谈判** tánpàn 명 담판, 협상, 교섭 동 담판하다, 협상하다, 교섭하다

명 담판, 협상, 교섭
通过谈判解决争议 담판을 통해 논쟁을 해결하다
동 담판하다, 협상하다, 교섭하다
两国谈判贸易协定 양국이 무역 협정을 교섭하다

| 6급 争议 zhēngyì 명 이견, 다른 의견, 논쟁
| 5급 贸易 màoyì 명 무역
协定 xiédìng 명 협정

| 4급 **弹钢琴** tán gāngqín 피아노를 연주하다

피아노를 연주하다
他不但会弹钢琴，还会拉小提琴
그는 피아노를 칠 수 있을 뿐만 아니라 바이올린도 켤 줄 안다

| 4급 拉 lā 동 연주하다, 켜다
小提琴 xiǎotíqín 명 바이올린

| 6급 **弹性** tánxìng 명 탄성, 탄력성 명 융통성, 유연성

명 탄성, 탄력성
这种布料很有弹性，穿在身上很舒服
이런 원단은 신축성이 있어서 입으면 편하다

명 융통성, 유연성
采取具有弹性的立场 유연한 입장을 취하다

布料 bùliào 명 옷감, 천
具有 jùyǒu 동 있다, 가지고 있다
| 6급 立场 lìchǎng 명 입장, 관점, 처지

| 6급 **坦白** tǎnbái 형 순수하고 솔직하다 동 사실대로 말하다, 솔직하게 고백하다

형 순수하고 솔직하다
坦白地告诉大家 사람들에게 솔직하게 알리다
他是一个正直坦白的人 그는 정직하고 솔직한 사람이다
동 (잘못이나 죄를) 사실대로 말하다/솔직하게 고백하다
他主动向老师坦白了自己的错误
그는 자진해서 선생님에게 자기 잘못을 고백했다

正直 zhèngzhí 형 정직하다
| 5급 主动 zhǔdòng 형 자발적이다, 능동적이다

T

5급 坦率 tǎnshuài 형 솔직하고 담백하다

형 솔직하고 담백하다
他喜欢**坦率**真诚的人
그는 솔직하고 성실한 사람을 좋아한다
她**坦率**地说出了自己的想法
그녀는 자신의 생각을 솔직하게 말했다

真诚 zhēnchéng 형 진실하다, 진지하다, 성실하다

6급 叹气 tàn//qì 동 한숨 쉬다, 탄식하다

동 한숨 쉬다, 탄식하다
听到这个消息，他长长地**叹**了一口**气**
이 소식을 듣고 그는 길게 한숨을 내쉬었다

6급 探测 tàncè 동 탐측하다, 탐사하다, 탐지하다

동 (기계 등으로) 탐측하다/탐사하다/탐지하다
用雷达**探测**地下水源
레이더로 지하 수원을 탐측하다

6급 雷达 léidá 명 레이더
水源 shuǐyuán 명 수원, 강하천의 원천

6급 探索 tànsuǒ 동 찾다, 탐색하다, 탐구하다

동 찾다, 탐색하다, 탐구하다
探索宇宙的奥秘 우주의 신비를 탐색하다

6급 宇宙 yǔzhòu 명 우주
6급 奥秘 àomì 명 신비, 비밀, 심오한 이치

6급 探讨 tàntǎo 동 연구하고 토론하다, 탐구하다

동 연구하고 토론하다, 탐구하다
共同**探讨**节能减排技术
에너지 절약과 오염 물질 배출 감소 기술을 공동으로 탐구하다

节能 jiénéng 동 에너지를 절약하다
减排 jiǎnpái 동 오염 물질 배출을 줄이다

6급 探望 tànwàng 동 방문하다, 문안하다, 찾아가 보다

동 방문하다, 문안하다, 찾아가 보다
去医院**探望**病人 병원에 가서 환자를 병문안하다
他每年都会回母校**探望**张老师
그는 매년 모교에 가서 장 선생님을 찾아뵙는다

母校 mǔxiào 동 모교

4급 汤 tāng 명 탕, 국, 국물

명 탕, 국, 국물
这碗排骨**汤**太烫了！ 이 갈비탕은 엄청 뜨겁다!

排骨 páigǔ 명 갈비

4급 糖 táng 명 설탕, 사탕, 엿

명 설탕, 사탕, 엿
做这道菜，南方人爱放**糖**
이 요리를 만들 때, 남방 사람은 설탕을 즐겨 넣는다

3급 放 fàng 동 넣다, 집어 넣다

糖葫芦 tánghúlu 명 탕후루, 빙탕후루

명 탕후루, 빙탕후루 (꼬치에 끼운 열매에 녹인 설탕을 묻힌 간식)
我在回家的路上买了一串糖葫芦
나는 집으로 돌아가는 길에 탕후루를 샀다

6급 串 chuàn 양 꿰미, 두름, 꼬치

6급 倘若 tǎngruò 접 만약 …이라면, 만일 …한다면

접 만약 …이라면, 만일 …한다면
倘若你是我，你会怎么办？
만약 네가 나라면 너는 어떻게 할래?

怎么办 zěnmebàn 어떻게 하지, 어찌하나

4급 躺 tǎng 동 눕다, 옆으로 눕히다, 넘어지다, 쓰러지다

동 (몸을) 눕다/옆으로 눕히다, (물체가) 넘어지다/쓰러지다
他一躺下就睡着了
그는 눕자마자 바로 잠이 들었다
自行车被风吹倒，躺在路边
자전거가 바람에 넘어져 길가에 쓰러져 있다

睡着 shuìzháo 동 잠들다

5급 烫 tàng 동 데다, 화상을 입다 동 데우다, 덥히다 형 뜨겁다

동 데다, 화상을 입다
手上烫了一个泡 손을 데어 물집이 하나 생겼다
동 데우다, 덥히다
把清酒烫过后再喝 청주를 데워서 마시다
我想去美容院烫发
나는 미용실에 가서 파마를 하고 싶다
형 뜨겁다
在拔完牙之后，尽量不要吃太烫的食物
치아를 뽑은 후, 지나치게 뜨거운 음식은 가급적 먹지 않도록 한다

泡 pào 명 거품, 물집
清酒 qīngjiǔ 명 청주, 정종
烫发 tàngfà 동 파마하다
5급 尽量 jǐnliàng 부 최대한, 가능한 한
5급 食物 shíwù 명 먹을거리, 음식, 음식물

4급 趟 tàng 양 번, 차례, 회, 편

양 번, 차례, 회, 편 (왕래, 운행 횟수 등을 세는 단위)
他去了一趟洗手间
그는 화장실에 한 번 다녀왔다
这趟列车开往天津 이번 열차는 톈진행이다

5급 列车 lièchē 명 열차, 기차
开往 kāiwǎng 동 (기차 등이) …으로 가다

6급 掏 tāo 동 파다, 후비다 동 꺼내다, 끌어내다, 끄집어내다

동 (도구나 손으로) 파다/후비다
他在墙上掏了一个洞 그는 벽에 구멍을 냈다
동 (집어넣어) 꺼내다/끌어내다/끄집어내다
从口袋里掏出钥匙 주머니에서 열쇠를 꺼내다
每次和朋友一起吃饭，他从来不掏腰包
친구와 함께 밥을 먹을 때마다 그는 돈을 낸 적이 없다

5급 墙 qiáng 명 벽, 담
5급 洞 dòng 명 구멍
口袋 kǒudai 명 주머니, 호주머니
4급 钥匙 yàoshi 명 열쇠
掏腰包 tāo yāobāo 돈을 내다, 지갑을 열다

T

6급 滔滔不绝 tāotāo-bùjué [성] 홍수처럼 말을 쏟아 내다, 끊임없이 말을 하다, 말이 많다

[성] 홍수처럼 말을 쏟아 내다, 끊임없이 말을 하다, 말이 많다
他滔滔不绝地讲述自己的经历
그는 끊임없이 자기 경험을 이야기했다

讲述 jiǎngshù [동] 서술하다, 진술하다

5급 逃 táo [동] 달아나다, 도망치다, 피하다

[동] 달아나다, 도망치다, 피하다
贪污巨额财产后，他逃往国外
거액의 돈을 횡령한 후, 그는 해외로 도망갔다
逃不过现实的残酷
현실의 냉혹함을 피하지 못하다

国外 guówài [명] 국외, 외국
6급 残酷 cánkù [형] 잔혹하다, 냉혹하다

5급 逃避 táobì [동] 도피하다, 피하다

[동] 도피하다, 피하다
逃避问题 문제를 회피하다
逃避现实 현실을 도피하다
遇到困难时，不要逃避，要勇敢面对
어려움을 만났을 때 피하지 말고 용감히 맞서야 한다

5급 现实 xiànshí [명] 현실
4급 勇敢 yǒnggǎn [형] 용감하다
5급 面对 miànduì [동] 마주하다, 직면하다

5급 桃 táo [명] 복숭아, 복숭아나무

[명] 복숭아, 복숭아나무
果园里种了桃树和梨树
과수원에 복숭아나무와 배나무를 심었다

果园 guǒyuán [명] 과수원
梨树 líshù [명] 배나무

6급 陶瓷 táocí [명] 도자, 도자기, 도기와 자기, 세라믹

[명] 도자, 도자기, 도기와 자기, 세라믹
这个陶瓷花瓶价格很昂贵
이 도자기 화병은 가격이 매우 비싸다

花瓶 huāpíng [명] 화병, 꽃병
6급 昂贵 ángguì [형] 매우 비싸다

6급 陶醉 táozuì [동] 도취하다, 빠지다

[동] 도취하다, 빠지다
风景如画令人陶醉
그림 같은 풍경에 사람들이 빠져들다
美妙的歌声使全场的歌迷们都陶醉了
아름다운 노랫소리가 장내의 팬들을 사로잡았다

6급 美妙 měimiào [형] 아름답다, 화려하다
歌迷 gēmí [명] 노래 애호가, 노래 팬, 가수 팬

5급 淘气 táo∥qì [형] 장난이 심하다, 장난스럽다, 짓궂다

[형] 장난이 심하다, 장난스럽다, 짓궂다
我小时候很淘气，经常会惹爸爸生气
나는 어렸을 때 짓궂어서 아빠를 자주 화나게 했었다

惹 rě [동] (감정, 기분 등을) 거스르다/건드리다

6급 淘汰 táotài 图 도태하다, 추려내다

图 도태하다, 추려내다

他在第一轮面试中就被**淘汰**了
그는 1차 면접시험에서 떨어졌다

要不断学习新生事物，否则就会被社会**淘汰**
끊임없이 새로운 것을 배우지 않으면 사회에서 도태될 것이다

轮 lún 图 회, 차
面试 miànshì 图 면접시험
新生事物 xīnshēng shìwù 새로운 사물
4급 否则 fǒuzé 图 만약 그렇지 않으면

6급 讨好 tǎo//hǎo 图 아첨하다, 비위를 맞추다

图 아첨하다, (호감을 얻으려고) 비위를 맞추다

不用**讨**别人的**好**
남의 비위를 맞출 필요가 없다

为了升职，他千方百计地**讨好**领导
승진을 위해 그는 온갖 방법으로 상사에게 아첨한다

升职 shēngzhí 图 승진하다, 직급이 오르다
6급 千方百计 qiānfāng-bǎijì
图 온갖 방법을 다 동원하다, 갖은 수단을 다 쓰다

5급 讨价还价 tǎojià-huánjià 图 가격을 흥정하다

图 가격을 흥정하다

经过与店主的**讨价还价**，以八百元的价格成交了
가게 주인과 흥정을 거쳐 800위안의 가격에 거래가 성립되었다

店主 diànzhǔ 图 점주, 가게 주인
6급 成交 chéngjiāo 图 거래가 성립하다, 매매가 성립되다

4급 讨论 tǎolùn 图 토론하다

图 토론하다

代表们分组**讨论**，气氛很热烈
대표들이 조를 나눠 토론을 하는데 분위기가 뜨겁다

分组 fēnzǔ 图 그룹을 나누다, 조를 나누다
5급 热烈 rèliè 图 열렬하다, 뜨겁다

4급 讨厌 tǎo//yàn 图 싫다, 성가시다, 지긋지긋하다 图 싫어하다, 증오하다, 혐오하다

图 싫다, 성가시다, 지긋지긋하다

咳嗽总治不好，太**讨厌**了
기침이 좀처럼 나아지지 않으니 너무 지긋지긋하다

他总是无理取闹，真让人**讨厌**!
그는 늘상 이유 없이 소란을 피워대서 정말 싫어!

图 싫어하다, 증오하다, 혐오하다

我最**讨厌**打针
나는 주사 맞는 것을 가장 싫어한다

4급 咳嗽 késou 图 기침하다
6급 无理取闹 wúlǐ-qǔnào
图 이유 없이 남과 싸우다, 일부러 소란을 피우다
4급 打针 dǎzhēn 图 주사를 맞다

T

5급 套 tào 图 세트, 벌 图 세트, 가지, 벌

图 세트(set), 벌

西服**套**装 슈트, 정장 세트

图 세트(set), 가지, 벌

准备一**套**餐具 식기 한 벌을 준비하다

卖掉几**套**房子 집 몇 채를 팔아치우다

西服 xīfú 图 양복, 양장
餐具 cānjù 图 식기

역순 어휘
配**套** pèitào 圈**套** quāntào 手**套** shǒutào

3급 特别 tèbié 형 특별하다, 특이하다, 별다르다 부 매우, 특히, 몹시, 아주

형 **특별하다, 특이하다, 별다르다**
这个钱包的颜色很**特别** 이 지갑 색상이 아주 특이하다
给大家介绍一座非常**特别**的建筑
여러분에게 매우 특별한 건축물을 소개합니다

부 **매우, 특히, 몹시, 아주**
地理位置**特别**好 지리적 위치가 특히 좋다

钱包 qiánbāo 명 지갑
5급 建筑 jiànzhù 명 건축물, 건물
5급 地理 dìlǐ 명 지리
5급 位置 wèizhì 명 위치

6급 特长 tècháng 명 특장, 특유의 장점, 장기

명 **특장, 특유의 장점, 장기**
充分发挥自己的**特长**
자신의 장기를 충분히 발휘하다

5급 发挥 fāhuī 동 발휘하다, 충분히 드러내다

4급 特点 tèdiǎn 명 특징, 특성, 특색

명 **특징, 특성, 특색**
他的最大**特点**是意志坚强
그의 가장 큰 특징은 의지가 굳고 강하다는 점이다

5급 坚强 jiānqiáng 형 강인하다, 굳세다

6급 特定 tèdìng 형 특정한, 특별히 지정한, 일정한

형 **특정한, 특별히 지정한, 일정한**
保障**特定**群体权益 특정 집단의 권익을 보장하다
这一优惠政策只适用于**特定**地区
이 우대 정책은 특정 지역에만 적용된다

群体 qúntǐ 명 공동체, 단체, 집단
5급 优惠 yōuhuì 형 특혜의, 우대의
适用 shìyòng 동 적용하다

5급 特色 tèsè 명 특색, 특징

명 **특색, 특징**
欣赏具有民族**特色**的作品
민족 특색이 있는 작품을 감상하다
这家餐厅布置得很有**特色**
이 식당은 특색 있게 꾸며졌다

5급 欣赏 xīnshǎng 동 감상하다, 즐기다
4급 民族 mínzú 명 민족
6급 布置 bùzhì 동 배치하다, 꾸미다

5급 特殊 tèshū 형 특수하다, 특별하다

형 **특수하다, 특별하다**
结构很**特殊** 구조가 특수하다
这份礼物对他来说有着**特殊**的意义
이 선물은 그에게 있어서 특별한 의미가 있다

5급 结构 jiégòu 명 구성, 구조
5급 意义 yìyì 명 뜻, 의미, 의의, 가치

6급 特意 tèyì 부 특별히, 일부러

부 **특별히, 일부러**
合作伙伴**特意**为他准备了中秋节礼物
협력 파트너는 특별히 그를 위해 추석 선물을 준비했다

5급 伙伴 huǒbàn 명 동료, 친구, 동반자

5급 特征 tèzhēng 명 특징

명 특징

分析中国水墨画的艺术**特征**
중국 수묵화의 예술 특징을 분석하다

成功者都有一个共同的**特征**，那就是勤奋
성공한 사람의 공통된 특징은 근면하다는 것이다

5급	分析 fēnxī 동 분석하다
	水墨画 shuǐmòhuà 명 수묵화
4급	艺术 yìshù 명 예술
5급	勤奋 qínfèn 형 열심이다, 근면하다, 꾸준하다

3급 疼 téng 형 아프다, 고통스럽다

형 아프다, 고통스럽다

拔牙后伤口很**疼** 이를 뽑은 후 상처 부위가 아프다

肚子**疼**，吃药都没效果
배가 아픈데 약을 먹어도 효과가 없다

拔牙 báyá 동 발치하다, 이를 뽑다

역순 어휘
心**疼** xīnténg

5급 疼爱 téng'ài 동 몹시 귀여워하다, 매우 사랑하다

동 몹시 귀여워하다, 매우 사랑하다

奶奶最**疼爱**曾孙女
할머니는 증손녀를 제일 귀여워하신다

曾孙女 zēngsūnnǚ 명 증손녀

2급 踢足球 tī zúqiú 축구를 하다

축구를 하다

跟朋友一起去**踢足球**
친구와 함께 축구를 하러 가다

他会**踢足球**，还会打乒乓球
그는 축구도 할 줄 알고 탁구도 칠 줄 안다

2급	一起 yìqǐ 부 함께, 같이
4급	乒乓球 pīngpāngqiú 명 탁구

4급 提 tí 동 손에 들다　동 제기하다, 제시하다　동 말을 꺼내다, 언급하다

동 (손잡이가 있는 물건을) 손에 들다

你帮我**提**一下手提箱
슈트 케이스 좀 들어 주세요

동 제기하다, 제시하다

对硕士论文**提**一些意见
석사 논문에 대해 몇 가지 의견을 제시하다

동 말을 꺼내다, 언급하다

那些往事不值一**提**
그런 옛일은 언급할 가치가 없다

	手提箱 shǒutíxiāng 명 슈트 케이스
4급	硕士 shuòshì 명 석사
6급	往事 wǎngshì 명 옛일, 이전의 일

역순 어휘
前**提** qiántí

6급 提拔 tíbá 동 등용하다, 발탁하다, 선발하여 승진시키다

동 등용하다, 발탁하다, 선발하여 승진시키다

提拔两位年轻干部
젊은 간부 두 명을 등용하다

春节刚过，他就被**提拔**为副总经理了
설날이 막 지나고 그는 바로 부사장으로 발탁되었다

	干部 gànbù 명 간부, 공직자
	总经理 zǒngjīnglǐ 명 최고 책임자, 사장

T

5급 提倡 tíchàng 　동 제창하다, 장려하다, 권장하다

동 제창하다, 장려하다, 권장하다
市政府大力提倡生活垃圾分类
시 정부에서 생활 쓰레기 분리수거를 적극 권장하다

大力 dàlì 　부 힘껏, 강력하게, 대대적으로
分类 fēnlèi 　동 분류하다

5급 提纲 tígāng 　명 요지, 요점, 개요, 대강

명 요지, 요점, 개요, 대강
写论文提纲 논문 대강을 쓰다
采访他之前，我先起草了一份提纲
그를 인터뷰하기 전에 나는 먼저 인터뷰 개요 초안을 잡았다

5급 采访 cǎifǎng 　동 인터뷰하다, 취재 방문하다
6급 起草 qǐcǎo 　동 초고를 쓰다, 초안을 잡다

3급 提高 tí//gāo 　동 제고하다, 높이다, 향상시키다

동 제고하다, 높이다, 향상시키다
提高居民的环保意识
시민의 환경 보호 의식을 높이다
我不自觉地提高了嗓门儿
나는 나도 모르게 목소리를 높였다

6급 意识 yìshí 　명 의식
嗓门儿 sǎngménr 　명 목소리, 음성

4급 提供 tígōng 　동 제공하다, 공급하다

동 제공하다, 공급하다
禁止提供免费塑料袋
무료 비닐봉지 제공을 금지하다
为客户提供优质服务
고객에게 양질의 서비스를 제공하다

4급 塑料袋 sùliàodài 　명 비닐봉지
优质 yōuzhì 　형 우량한, 양질의

6급 提炼 tíliàn 　동 추출하다, 정련하다, 정제하다 　동 다듬다, 뽑아내다

동 추출하다, 정련하다, 정제하다
从石油中可以提炼出汽油、煤油等多种产品
석유에서 휘발유, 등유 등 여러 생산물을 추출해 낼 수 있다
香油是从芝麻中提炼出来的
참기름은 참깨에서 짜낸 것이다

동 다듬다, 뽑아내다
从生活中提炼写作素材
생활 속에서 작문 소재를 얻다

煤油 méiyóu 　명 등유
香油 xiāngyóu 　명 참기름
芝麻 zhīma 　명 참깨
素材 sùcái 　명 소재, 제재

4급 提前 tíqián 　동 앞당기다

동 (시간, 위치 등을) 앞당기다
她提前完成了任务
그녀는 임무를 앞당겨 완성했다
今年的雨季比往年提前了一周
올해 우기는 예년보다 일주일 빨라졌다

雨季 yǔjì 　명 우기
往年 wǎngnián 　명 왕년, 이전
周 zhōu 　명 주, 주일

6급 提示 tíshì 동 제시하다, 지적하다, 일깨우다 명 제시, 시사, 암시, 힌트

동 제시하다, 지적하다, 일깨우다
我向大家提示一下工作中应注意的几个要点
업무 중 주의해야 할 몇 가지 요점을 모두에게 알려 드립니다

명 제시, 시사, 암시, 힌트
请按照提示进行操作 지시에 따라 조작 하십시오

要点 yàodiǎn 명 요점
6급 操作 cāozuò 동 조작하다, 다루다

5급 提问 tíwèn 동 질문하다, 묻다 명 질문

동 질문하다, 묻다
有问题请举手提问 질문이 있으면 손을 들고 물어보세요

명 질문
她机灵地回避了记者的提问
그녀는 영리하게 기자의 질문을 회피했다

举手 jǔshǒu 동 거수하다, 손을 들다
6급 机灵 jīling 형 영리하고 재치 있다
6급 回避 huíbì 동 회피하다, 피하다

4급 提醒 tí // xǐng 동 일깨우다, 깨우치다, 환기시키다

동 일깨우다, 깨우치다, 환기시키다
提醒他注意安全
안전에 주의하라고 그를 일깨우다

出门时，妈妈提醒我带上雨伞
집에서 나올 때 엄마가 내게 우산을 가져가라고 알려 주셨다

出门 chūmén 동 외출하다, 나가다
雨伞 yǔsǎn 명 우산

6급 提议 tíyì 동 제의하다, 제안하다 명 제의, 제안

동 제의하다, 제안하다
他提议大家暂时休息一下
그는 모두에게 잠시 쉬자고 제안했다

명 제의, 제안
他的提议遭到了否决 그의 제의는 부결되었다

4급 暂时 zànshí 명 잠시, 임시
遭到 zāodào 동 당하다, 받다, 입다
6급 否决 fǒujué 동 부결하다

2급 题 tí 명 제목, 표제, 테마, 주제 명 문제

명 제목, 표제, 테마, 주제
主题 주제

명 (시험, 연습 등의) 문제
模拟试题 모의 시험 문제
多做练习题 연습 문제를 많이 풀다

模拟 mónǐ 동 모방하다, 본뜨다

역순 어휘
标题 biāotí 话题 huàtí 课题 kètí
问题 wèntí 主题 zhǔtí 专题 zhuāntí

6급 题材 tícái 명 제재, 소재

명 제재, 소재
这是一部以都市生活为题材的电影
이것은 도시 생활을 소재로 한 영화이다

他的作品题材非常广泛
그의 작품 제재는 매우 광범위하다

都市 dūshì 명 대도시, 도시
5급 广泛 guǎngfàn 형 광범위하다, 폭넓다

T

5급 题目 tímù 몡 제목, 표제, 테마 몡 문제

몡 제목, 표제, 테마
两篇作文**题目**是相同的，内容却是千差万别
두 편의 작문이 제목은 같지만 내용은 매우 다르다

몡 (연습, 시험 등의) 문제
他做完所有**题目**只花了三十分钟
그는 모든 문제를 다 푸는 데에 겨우 30분밖에 걸리지 않았다

5급 作文 zuòwén 몡 작문
4급 内容 nèiróng 몡 내용
　　千差万别 qiānchā-wànbié
　　정 천차만별, 차이가 매우 크고 많다
4급 所有 suǒyǒu 혱 모든, 전부의

6급 体裁 tǐcái 몡 체재, 장르

몡 (글의) 체재, (문학 작품의) 장르
小说是四大文学**体裁**之一
소설은 4대 문학 장르 중 하나이다

5급 文学 wénxué 몡 문학

5급 体会 tǐhuì 툉 몸소 깨닫다, 직접 터득하다, 직접 이해하다 몡 경험, 체득, 깨달음

툉 몸소 깨닫다, 직접 터득하다, 직접 이해하다
大家的关心让他**体会**到集体的温暖
모두의 관심으로 그는 단체의 따뜻한 정을 깨달았다

몡 경험, 체득, 깨달음
参加完这次夏令营活动，你有什么心得**体会**？
이번 여름 캠프에 참가하고 어떤 소감과 깨달을 점이 있습니까?

5급 温暖 wēnnuǎn 몡 온정, 관심
5급 夏令营 xiàlìngyíng 몡 여름 캠프
6급 心得 xīndé 몡 느낀 점, 소감

6급 体积 tǐjī 몡 체적, 부피

몡 체적, 부피
体积庞大 부피가 방대하다
立方米是**体积**计量单位
세제곱미터는 부피의 계량 단위이다

6급 庞大 pángdà 혱 방대하다
　　立方米 lìfāngmǐ 몡 입방미터, 세제곱미터
　　计量 jìliàng 툉 계량하다

6급 体谅 tǐliàng 툉 이해하다, 헤아리다

툉 (다른 사람의 입장을) 이해하다/헤아리다
懂得**体谅**别人 남을 헤아릴 줄 알다
夫妻之间要互相尊重、**体谅**对方
부부 간에는 서로 존중하고 상대방을 이해해야 한다

懂得 dǒngde 툉 알다, 이해하다
5급 对方 duìfāng 몡 상대방

6급 体面 tǐmiàn 혱 체면이 서다, 어엿하다, 당당하다, 떳떳하다 몡 체면, 명예

혱 체면이 서다, 어엿하다, 당당하다, 떳떳하다
不靠父母，怎样才能**体面**地生活？
부모에게 의지하지 않고 어떻게 해야 어엿하게 생활할 수 있을까?
看上去他很真诚，但总是干一些不**体面**的事情
그는 성실해 보이지만, 늘 떳떳하지 못한 일들을 한다

몡 체면, 명예
给他送什么礼物既贴心又不失**体面**？
그에게 어떤 선물을 줘야 마음에 들면서도 체면을 잃지 않을까요?

看上去 kànshàngqù 겉으로 보기에
贴心 tiēxīn 마음이 딱 맞다, 마음에 들다

5급 体贴 tǐtiē 동 세심하게 돌보다, 자상하게 보살피다

동 세심하게 돌보다, 자상하게 보살피다
他对爱人温柔体贴
그는 부인에게 온화하고 자상하다

奶奶总是很体贴家人，给予我们关爱
할머니는 늘 가족을 세심하게 돌보시고 우리에게 사랑을 주셨다

5급	温柔 wēnróu 형 온화하고 유순하다
6급	给予 jǐyǔ 동 주다
	关爱 guān'ài 동 관심을 갖고 사랑하다

6급 体系 tǐxì 명 체계, 체제, 구조

명 체계, 체제, 구조
健全社会保障体系
사회 보장 체제를 완비하다

质量管理体系 품질 관리 시스템

| 6급 | 健全 jiànquán 동 완비하다 |
| 6급 | 保障 bǎozhàng 동 보장하다, 보호하다 |

5급 体现 tǐxiàn 동 체현하다, 구현하다, 구체적으로 드러내다 명 체현, 구현

동 체현하다, 구현하다, 구체적으로 드러내다
选举的结果充分体现了选民的意志
선거 결과는 유권자의 의지를 충분히 드러냈다

명 체현, 구현
硬件芯片就是公司核心技术的体现
하드웨어 칩이 바로 회사 핵심 기술의 구현이다

	选民 xuǎnmín 명 유권자, 선거인
6급	意志 yìzhì 명 의지
	硬件芯片 yìngjiàn xīnpiàn 하드웨어 칩
5급	核心 héxīn 명 핵심, 중심

5급 体验 tǐyàn 동 체험하다, 경험하다 명 체험, 경험

동 체험하다, 경험하다
体验农民的辛苦 농민의 수고로움을 체험하다
只有亲身体验过，才会真正懂得
몸소 경험해야 비로소 진정으로 이해할 수 있다

명 체험, 경험
各人经历不同，体验也各不相同
각자 경력이 다르기 때문에 체험도 저마다 다르다

4급	辛苦 xīnkǔ 형 고생스럽다, 수고롭다
	亲身 qīnshēn 분 친히, 몸소, 스스로
4급	真正 zhēnzhèng 분 진정, 정말로
4급	相同 xiāngtóng 형 일치하다, 같다

3급 体育 tǐyù 명 체육, 운동, 스포츠

명 체육, 운동, 스포츠
他喜欢冬季体育运动
그는 동계 스포츠를 좋아한다

| | 冬季 dōngjì 명 동계, 겨울 |

6급 天才 tiāncái 명 천재, 천부적 재능, 뛰어난 재능의 소유자

명 천재, 천부적 재능, 뛰어난 재능의 소유자
他是伟大的天才科学家
그는 위대한 천재 과학자이다

发挥出色的天才，制作出了优秀的作品
뛰어난 재능을 발휘하여 우수한 작품을 만들어냈다

| 5급 | 伟大 wěidà 형 위대하다 |
| 5급 | 出色 chūsè 형 뛰어나다, 훌륭하다 |

T

6급 天赋 tiānfù 图 천부적이다, 타고나다 图 천부적 소질, 타고난 자질

图 **천부적이다, 타고나다**
任何人都没有**天赋**的特权
어떤 사람에게도 천부적인 특권은 없다

图 **천부적 소질, 타고난 자질**
她很有艺术**天赋**
그녀는 예술에 천부적 소질이 있다

4급 任何 rènhé 때 어떠한, 어느
特权 tèquán 图 특권

5급 天空 tiānkōng 图 천공, 하늘

图 **천공, 하늘**
晴朗的**天空** 맑은 하늘
天空中出现了一道彩虹
하늘에 무지개가 나타났다

6급 晴朗 qínglǎng 图 맑다, 쾌청하다
5급 彩虹 cǎihóng 图 무지개

6급 天伦之乐 tiānlúnzhīlè 图 가족이 한자리에 모이는 행복

图 **가족이 한자리에 모이는 행복**
他天天盼望着退休在家享受**天伦之乐**
그는 퇴직하고 집에서 가족과 행복을 누리기를 날마다 바란다

5급 盼望 pànwàng 图 열망하다, 간절히 바라다
5급 享受 xiǎngshòu 图 향수하다, 누리다

1급 天气 tiānqì 图 날씨, 일기

图 **날씨, 일기**
天气预报 일기 예보
由于**天气**原因，所有的航班都取消了
날씨로 인해 모든 항공편이 취소되었다

5급 预报 yùbào 图 예보
4급 航班 hángbān 图 항공편, 운항편

6급 天然气 tiānránqì 图 천연가스

图 **천연가스**
这里蕴藏着丰富的石油和**天然气**
여기에는 풍부한 석유와 천연가스가 매장되어 있다

6급 蕴藏 yùncáng 图 매장하다

6급 天生 tiānshēng 图 천생의, 선천적인, 천성적인

图 **천생의, 선천적인, 천성적인**
人的本事不是**天生**的，是后天培养的
사람의 능력은 선천적인 것이 아니라 후천적으로 길러지는 것이다

6급 本事 běnshi 图 솜씨, 능력
后天 hòutiān 图 후천, 생후

6급 天堂 tiāntáng 图 천당, 천국, 낙원

图 **천당, 천국, 낙원**
这好像是从**天堂**跌入地狱的感觉
이것은 마치 천당에서 지옥으로 떨어진 느낌이다

6급 跌 diē 图 떨어지다
地狱 dìyù 图 지옥

6급 天文 tiānwén 명 천문, 천문학

명 천문, 천문학
古埃及人对**天文**很有研究
고대 이집트인은 천문을 깊이 연구하였다

埃及 Āijí 명 이집트(Egypt)

5급 天真 tiānzhēn 형 천진하다, 순수하다, 순진하다, 단순하다

형 천진하다, 순수하다, 순진하다, 단순하다
天真烂漫的小孩子
천진난만한 어린아이

你居然相信他的谎言，你太**天真**了
그의 거짓말을 믿다니 너 너무 순진하다

烂漫 lànmàn 형 꾸밈이 없다, 진솔하다
5급 居然 jūrán 부 의외로, 뜻밖에, 놀랍게도
谎言 huǎngyán 명 거짓말

6급 田径 tiánjìng 명 육상 운동, 육상

명 육상 운동, 육상
在本次**田径**比赛中，双方实力不相上下
이번 육상 경기에서 쌍방의 실력이 막상막하이다

6급 实力 shílì 명 실력
6급 不相上下 bùxiāng-shàngxià 성 막상막하, 차이가 크지 않다

6급 田野 tiányě 명 전야, 들판

명 전야, 들판
一望无际的**田野**
끝없이 펼쳐진 들판

一望无际 yīwàng-wújì 성 끝이 보이지 않다, 매우 광활하다

3급 甜 tián 형 달다 형 달다, 달콤하다, 감미롭다

형 (맛이) 달다
他爱吃**甜**的蛋糕
그는 단 케이크를 즐겨 먹는다

这巧克力**甜甜**的，孩子们一定会喜欢
이 초콜릿은 달달해서 아이들이 분명 좋아할 것이다

형 (말, 느낌 등이) 달다/달콤하다/감미롭다
她笑起来很**甜**
그녀는 달콤하게 웃었다

你嘴巴真**甜**!
너 말을 참 감미롭게 한다!

3급 蛋糕 dàngāo 명 케이크
4급 巧克力 qiǎokèlì 명 초콜릿
嘴巴 zuǐba 명 입

4급 填空 tián//kòng 동 보충하다, 채우다 동 빈칸을 채우다

동 (자리나 직위를) 보충하다/채우다
人手不够的话，你来**填空**补缺吧
일손이 부족하면 네가 빈자리를 채워 보충해라

동 (시험에서) 빈칸을 채우다
按照课文的内容**填空**
본문 내용에 따라 빈칸을 채우시오

人手 rénshǒu 명 일하는 사람, 일손
补缺 bǔquē 동 보결하다, 결원을 보충하다
4급 按照 ànzhào 개 …에 따라, …대로
课文 kèwén 명 교과서 본문

T

6급 舔 tiǎn 동 핥다

동 핥다

舔舔嘴角的牛奶
입가의 우유를 핥다

小孩子吃得很香，把碗也舔得干干净净的
아이는 아주 맛있게 먹더니, 그릇까지 말끔히 핥았다

嘴角 zuǐjiǎo 명 입가, 입꼬리

6급 挑剔 tiāoti 동 트집을 잡다, 지나치게 흠잡다, 사소한 결점을 들추다

동 트집을 잡다, 지나치게 흠잡다, 사소한 결점을 들추다

她吃东西非常挑剔
그녀는 식성이 매우 까다롭다

对别人不要过于挑剔
다른 사람에 대해 지나치게 흠잡지 마라

6급 过于 guòyú 부 너무, 지나치게

3급 条 tiáo 양 개, 줄기, 가닥, 벌, 가지, 항목

양 개, 줄기, 가닥, 벌, 가지, 항목 (가늘고 긴 것, 세트, 인체, 옷, 항목 등을 세는 단위)

两条腿 두 다리, 양 다리 | 一条河 강 한 줄기

一条裙子 치마 한 벌 | 两条路 두 갈래 길

五六条短信 대여섯 통의 문자 메시지

4급 短信 duǎnxìn 명 문자 메시지

역순 어휘

便条 biàntiáo　　　面条 miàntiáo

4급 条件 tiáojiàn 명 조건, 요건, 기준, 상태, 여건

명 조건, 요건, 기준, 상태, 여건

小时候，他家的生活条件很差
어릴 때 그의 집은 생활 여건이 열악했다

你只有满足了这些条件，才有可能被录取
너는 이 조건들을 만족시켜야만 채용될 가능성이 있다

只有 zhǐyǒu 접 오직 …해야만

5급 满足 mǎnzú 동 만족시키다

6급 条款 tiáokuǎn 명 조항, 항목

명 조항, 항목

这一条款不利于消费者
이 조항은 소비자에게 불리하다

不利 búlì 형 불리하다, 해롭다

6급 条理 tiáolǐ 명 조리, 두서, 질서, 체계

명 조리, 두서, 질서, 체계

他说话条理不清晰
그는 말할 때 조리가 명확하지 않다

能有条理地表达自己的观点也是一种能力
자기 관점을 조리있게 표현할 수 있는 것도 일종의 능력이다

工作安排得很有条理
업무를 매우 체계적으로 안배했다

6급 清晰 qīngxī 형 뚜렷하다, 선명하다

5급 表达 biǎodá 동 표시하다, 나타내다

6급 条约 tiáoyuē 명 조약

명 조약

签订**条约** 조약을 체결하다

对方首先违反了**条约**规定
상대방이 먼저 조약 규정을 위반했다

签订 qiānding 통 조인하다, 체결하다
| 5급 | 违反 wéifǎn 통 위반하다
| 4급 | 规定 guīdìng 명 규정, 규칙

6급 调和 tiáohé 통 조정하다, 중재하다 통 타협하다, 양보하다 통 골고루 섞다, 배합하다

통 조정하다, 중재하다

从中**调和** 중간에서 중재하다

在律师的**调和**下，双方达成了一致意见
변호사의 조정으로 쌍방은 의견 일치에 도달했다

통 타협하다, 양보하다 (주로 부정문에 쓰임)

甲乙双方之间产生了不可**调和**的矛盾
갑을 쌍방 간에 타협할 수 없는 갈등이 발생했다

통 골고루 섞다, 배합하다

这种调料是由酱油、醋和香油**调和**而成的
이 양념은 간장, 식초, 참기름을 섞어서 만든 것이다

从中 cóngzhōng 부 안에서, 중간에서
| 4급 | 律师 lǜshī 명 변호사
| 5급 | 双方 shuāngfāng 명 양측, 쌍방
| 4급 | 意见 yìjiàn 명 견해, 의견
| 5급 | 矛盾 máodùn 명 갈등, 대립

6급 调剂 tiáojì 통 조절하다, 조정하다 통 조제하다

통 조절하다, 조정하다

专业银行之间应该**调剂**资金余缺
특수 은행들 간에 자금 과부족을 조절해야 한다

통 (tiáo∥jì) (약을) 조제하다

这种方法有效地提高了药品**调剂**质量
이 방법은 약품 조제의 질을 효과적으로 향상시켰다

余缺 yúquē 명 과부족, 잉여와 부족
药品 yàopǐn 명 약품

6급 调节 tiáojié 통 조절하다

통 조절하다

土豆含钾丰富有助于**调节**血压
감자는 칼륨 함량이 풍부해 혈압 조절에 도움이 된다

音乐对**调节**人们的情绪有一定的作用
음악은 사람들의 감정을 조절하는 데 상당히 효과가 있다

钾 jiǎ 명 칼륨
| 6급 | 血压 xuèyā 명 혈압
| 5급 | 情绪 qíngxù 명 정서, 감정, 기분, 마음

6급 调解 tiáojiě 통 조정하다, 중재하다

통 조정하다, 중재하다

调解矛盾 갈등을 조정하다 | **调解**纠纷 분쟁을 중재하다

| 6급 | 纠纷 jiūfēn 명 분쟁, 분규

6급 调料 tiáoliào 명 양념, 조미료

명 양념, 조미료

这几种蔬菜拌在一起，即使不加**调料**，味道也
不错 이 채소들을 버무리면 양념을 첨가하지 않아도 맛이 좋다

拌 bàn 통 섞다, 뒤섞다, 버무리다
| 4급 | 味道 wèidào 명 맛

T

5급 调皮 tiáopí 형 장난이 심하다, 짓궂다

형 장난이 심하다, 짓궂다
这孩子很**调皮**，还很爱撒娇
이 아이는 장난이 심하고 응석도 많이 부린다

撒娇 sājiāo 동 응석을 부리다, 애교를 떨다

5급 调整 tiáozhěng 동 조정하다, 조절하다

동 조정하다, 조절하다
灵活**调整**上下班时间
출퇴근 시간을 탄력적으로 조정하다

5급 灵活 línghuó 형 융통성이 있다, 구애되지 않다

6급 挑拨 tiǎobō 동 도발하다, 이간질하다, 부추기다

동 도발하다, 이간질하다, 부추기다
小李再三**挑拨**俩同事之间的关系
샤오리는 두 동료 사이를 여러 번 이간질했다

5급 再三 zàisān 부 재삼, 여러 번
3급 关系 guānxi 명 관계

6급 挑衅 tiǎoxìn 동 도발하다, 갈등을 유발하다, 분쟁을 일으키다

동 도발하다, 갈등을 유발하다, 분쟁을 일으키다
你别去**挑衅**他！
너 그를 도발하지 마!
发射弹道导弹向国际社会**挑衅**
탄도 미사일을 발사하여 국제 사회를 도발하다

6급 导弹 dǎodàn 명 유도탄, 유도 미사일

5급 挑战 tiǎo//zhàn 동 도전하다 명 도전

동 도전하다
超越自我，**挑战**极限
자기 자신을 뛰어넘어 극한에 도전하다
명 도전
年轻人应该勇敢地面对**挑战**，不要畏惧
젊은이들은 두려워하지 말고 용감하게 도전에 직면해야 한다

6급 超越 chāoyuè 동 초과하다, 넘어서다
6급 极限 jíxiàn 명 극한, 최대한도
6급 畏惧 wèijù 동 두려워하다, 무서워하다, 겁내다

2급 跳舞 tiào//wǔ 동 춤추다

동 춤추다
我会**跳舞**，但跳得不怎么样
나는 춤을 출 줄 알지만 잘 추지는 못한다
我周末和朋友们**跳跳舞**，运动运动
나는 주말에 친구들과 춤도 좀 추고 운동도 좀 한다

不怎么样 bùzěnmeyàng 썩 좋지는 않다, 그저 그렇다, 평범하다
2급 运动 yùndòng 동 운동하다

6급 跳跃 tiàoyuè 동 도약하다, 뛰어오르다

동 도약하다, 뛰어오르다
听到这个消息，大家欢呼**跳跃**起来
이 소식을 듣고 모두 환호하면서 뛰어올랐다

欢呼 huānhū 동 환호하다

1급 听 tīng 图 듣다 图 듣다, 따르다

图 (소리를) 듣다
听音乐 음악을 듣다
听奶奶讲故事 할머니가 하시는 옛날 이야기를 듣다
她说话声音太小，我**听**不清
그녀가 말하는 목소리가 너무 작아서 나는 잘 들리지 않는다

图 (말, 의견, 제안 등을) 듣다/따르다
大家都劝过他，可他不**听**
모두 그를 설득했지만, 그는 듣지 않는다

3급 声音 shēngyīn 图 소리, 음성
5급 劝 quàn 图 권하다, 설득하다

역순 어휘
倾**听** qīngtīng

6급 亭子 tíngzi 图 정자

图 정자
这儿新建了一个**亭子**
여기에 정자를 하나 새로 지었다

4급 停 tíng 图 정지하다, 멈추다, 그치다 图 세우다, 서다

图 정지하다, 멈추다, 그치다
手表**停**了 손목시계가 멈췄다
停下脚步 걸음을 멈추다
她一直笑个不**停** 그녀는 계속 웃음을 멈추지 않았다
图 세우다, 서다
路边**停**着一辆汽车 길가에 자동차 한 대가 서 있다

2급 手表 shǒubiǎo 图 손목시계
脚步 jiǎobù 图 걸음, 걸음걸이
路边 lùbiān 图 길가

6급 停泊 tíngbó 图 정박하다

图 정박하다
几艘渔船**停泊**在码头
어선 몇 척이 부두에 정박해 있다

渔船 yúchuán 图 어선, 고기잡이배
6급 码头 mǎtou 图 부두, 선창

6급 停顿 tíngdùn 图 머무르다, 체류하다, 잠시 멈추다, 중단하다 图 휴지하다, 말을 잠시 멈추다

图 머무르다, 체류하다, 잠시 멈추다, 중단하다
经过校门时，她**停顿**了一下，似乎在回忆什么
교문을 지날 때, 그녀는 무엇인가 회상하듯이 잠시 멈추었다
图 휴지(休止)하다, 말을 잠시 멈추다
她**停顿**了几秒，继续发表
그녀는 몇 초간 말을 멈추었다가, 발표를 계속했다

5급 似乎 sìhū 图 마치, 흡사
4급 回忆 huíyì 图 회상하다
5급 发表 fābiǎo 图 발표하다

停止 tíngzhǐ 图 중단하다, 중지하다, 멈추다

图 중단하다, 중지하다, 멈추다
停止供电 전기 공급을 중단하다
在朋友的劝说下，两人的争吵终于**停止**了
친구의 설득으로 두 사람은 마침내 말다툼을 멈추었다

劝说 quànshuō 图 권유하다, 설득하다
争吵 zhēngchǎo 图 언쟁하다, 말다툼하다

T

6급 停滞 tíngzhì 동 정체되다, 머무르다

동 정체되다, 머무르다
双方贸易谈判**停滞**不前
쌍방의 무역 협상이 제자리 걸음이다
该国经济已经**停滞**很长时间了
그 나라의 경제는 이미 오랫동안 정체되었다

5급 贸易 màoyì 명 무역

4급 挺 tǐng 부 꽤, 제법, 상당히 동 곧게 펴다, 내밀다 동 버티다, 견디다

부 꽤, 제법, 상당히
这套房子确实**挺**好的 이 집은 확실히 꽤 좋다
这手机看起来**挺**不错 이 핸드폰은 제법 괜찮아 보인다
동 곧게 펴다, 내밀다
抬起头，**挺**起胸 고개를 들고 가슴을 펴다
把腰**挺**直 허리를 곧게 펴라
동 버티다, 견디다
以前再苦再累都**挺**过来了
예전에는 아무리 어렵고 힘들어도 모두 견뎌냈다

房子 fángzi 명 가옥, 집
4급 确实 quèshí 부 확실히, 정말로
看起来 kànqǐlai 겉으로 보기에
5급 胸 xiōng 명 가슴
5급 腰 yāo 명 허리

6급 挺拔 tǐngbá 형 우뚝 솟다 형 강하다, 힘차다

형 우뚝 솟다
花园里有几棵高大**挺拔**的松树
화원에는 크고 우뚝 솟은 소나무가 몇 그루 있다
형 강하다, 힘차다
去健身房锻炼了一年，他变得健壮**挺拔**了很多
헬스클럽에서 1년간 단련해서 그는 매우 건장하고 강해졌다

高大 gāodà 형 높고 크다
健身房 jiànshēnfáng 헬스클럽, 피트니스 센터
3급 锻炼 duànliàn 동 단련하다
健壮 jiànzhuàng 형 건장하다

5급 通常 tōngcháng 형 보통은, 일반적인 부 보통, 통상적으로, 일반적으로

형 보통은, 일반적인
通常的情况下，该酒店会确认顾客的身份证
일반적인 상황에서 그 호텔은 고객의 신분증을 확인한다
부 보통, 통상적으로, 일반적으로
他们家的早餐**通常**是牛奶加面包
그들 집의 아침 식사는 보통 우유와 빵이다

5급 确认 quèrèn 동 확인하다
身份证 shēnfènzhèng 명 신분증
早餐 zǎocān 명 조찬, 아침 밥

4급 通过 tōngguò 동 통과하다, 채택되다 개 …을 통해

동 (tōng∥guò) 통과하다, 채택되다
看来你的提议很可能**通**不**过**
보아하니 너의 제안은 채택되지 못할 것 같다
他勉强**通过**了考试 그는 간신히 시험에 통과했다
개 …을 통해
我是**通过**同事知道这个消息的
나는 동료를 통해 이 소식을 알았다

6급 提议 tíyì 명 제의, 제안
6급 勉强 miǎnqiǎng 형 간신히 …하다

6급 通货膨胀 tōnghuò péngzhàng 통화 팽창, 인플레이션

통화 팽창, 인플레이션 통의어 通胀 tōngzhàng
抑制通货膨胀 인플레이션을 억제하다
通货膨胀导致了货币的购买力下降
인플레이션은 화폐 구매력의 하락을 초래했다

抑制 yìzhì 동 억제하다, 통제하다
6급 货币 huòbì 명 화폐

6급 通缉 tōngjī 동 지명 수배하다

동 지명 수배하다
通缉犯 지명 수배범
通缉告示 지명 수배 공고
他被网上通缉了 그는 인터넷에 지명 수배 되었다

告示 gàoshi 명 포고문, 공고문, 고시문

6급 通俗 tōngsú 형 통속적이다

형 통속적이다
这篇小说通俗易懂
이 소설은 통속적이고 이해하기 쉽다

4급 小说 xiǎoshuō 명 소설
易懂 yìdǒng 형 이해하기 쉽다

6급 通讯 tōngxùn 동 통신하다 명 통신, 보도, 기사

동 통신하다
无线电台被毁，一切通讯联络都中断了
무선국이 파괴되어 모든 통신과 연락이 끊겼다
명 통신, 보도, 기사
新闻通讯 뉴스 통신

6급 联络 liánluò 동 연락하다, 소통하다
6급 中断 zhōngduàn 동 중단하다, 중단되다, 끊기다
3급 新闻 xīnwén 명 뉴스, 뉴스거리

6급 通用 tōngyòng 동 통용하다, 통용되다

동 통용하다, 통용되다
通用语言 통용어
驾驶证全国通用 운전면허증은 전국에 통용된다

驾驶证 jiàshǐzhèng 명 운전면허증

T

4급 通知 tōngzhī 동 통지하다, 알리다 명 통지서, 통고서

동 통지하다, 알리다
公司通知他被录取了 회사는 그가 채용되었다고 통지했다
명 통지서, 통고서
教室门口贴了一张通知 교실 입구에 통지서 한 장이 붙었다

5급 录取 lùqǔ 동 뽑다, 채용하다
贴 tiē 동 붙이다

6급 同胞 tóngbāo 명 동포, 민족, 친형제자매

명 동포, 민족, 친형제자매
海外同胞 해외 동포
咱是一国同胞，互相帮助吧
우리는 한 나라 동포이니 서로 도웁시다

海外 hǎiwài 명 해외, 국외
4급 互相 hùxiāng 부 서로, 상호

4급 同情 tóngqíng 동 동정하다 동 동의하다, 찬성하다

동 **동정하다**
她并不喜欢别人同情自己
그녀는 다른 사람이 자신을 동정하는 것을 결코 좋아하지 않는다

동 **동의하다, 찬성하다**
许多政治活动，他虽然同情，但很少参加
많은 정치 활동에 대해 그는 동의하지만 거의 참가하지 않는다

5급 政治 zhèngzhì 명 정치
3급 参加 cānjiā 동 참가하다, 참여하다

4급 同时 tóngshí 명 같은 시간, 동시 부 동시에

명 **같은 시간, 동시**
李老师备课的同时，还辅导孩子功课
리 선생님은 수업을 준비하는 동시에 아이들의 숙제를 지도하신다

부 **동시에**
他俩同时点头同意了这一方案
그 둘은 동시에 고개를 끄덕이며 이 방안에 동의했다

备课 bèikè 동 (교사가) 수업을 준비하다
5급 辅导 fǔdǎo 동 도우며 지도하다
功课 gōngkè 명 숙제, 과제
点头 diǎntóu 동 고개를 끄덕이다

3급 同事 tóngshì 동 같이 일하다 명 직장 동료

동 (tóng//shì) **같이 일하다**
同事一年，他住哪儿我都不知道
1년을 같이 일했는데 그가 어디 사는지도 나는 모른다

명 **직장 동료**
这位是我们公司新来的同事
이 분은 우리 회사에 새로 온 동료이다

2급 公司 gōngsī 명 회사

1급 同学 tóngxué 명 동창, 학우, 학교 친구 명 학생

명 **동창, 학우, 학교 친구**
他是我最要好的同学
그는 나와 가장 친한 학교 친구이다

명 **학생** (학생을 이르는 호칭)
这位同学，你走错教室了
학생, 교실을 잘못 찾아왔어요

要好 yàohǎo 형 친밀하다, 친하다
2급 教室 jiàoshì 명 교실

3급 同意 tóngyì 동 동의하다, 찬성하다, 허락하다

동 **동의하다, 찬성하다, 허락하다**
我坚决不同意你的观点
나는 너의 관점에 절대로 동의하지 않는다

5급 坚决 jiānjué 형 결연하다, 단호하다
5급 观点 guāndiǎn 명 관점, 입장

6급 同志 tóngzhì 명 동지

명 **동지** (같은 정당 당원이나 일반적인 상대방을 부르는 호칭)
小李同志，有你的电话
샤오리 동지, 전화 왔어요

6급 铜 tóng 명 동, 구리

명 **동, 구리**
这个器皿是**铜**的
이 그릇은 동 재질이다

器皿 qìmǐn 명 그릇

铜矿 tóngkuàng 명 동광, 구리광, 구리 광산

명 **동광, 구리광, 구리 광산**
这地区又发现了一处**铜矿**
이 지역에서 또 하나의 구리 광산을 발견했다

5급 地区 dìqū 명 지역, 구역
3급 发现 fāxiàn 동 발견하다, 찾아내다

6급 童话 tónghuà 명 동화

명 **동화**
现实生活并没有**童话**故事的完美结局
현실 생활에는 동화 이야기 같은 완벽한 결말은 없다

3급 故事 gùshi 명 이야기, 줄거리
5급 完美 wánměi 형 완벽하다, 훌륭하다
6급 结局 jiéjú 명 결말

6급 统筹兼顾 tǒngchóu-jiāngù 성 각 방면을 통일적으로 계획하고 고려하다

성 **각 방면을 통일적으로 계획하고 고려하다**
家庭和事业**统筹兼顾**
가정과 일을 두루 계획하고 고려하다

6급 事业 shìyè 명 사업, 일

6급 统计 tǒngjì 동 통계를 내다, 합산하다, 집계하다 명 통계

동 **통계를 내다, 합산하다, 집계하다**
他们**统计**的数据前后不一致
그들이 합산한 데이터는 앞뒤가 일치하지 않는다

명 **통계**
统计显示，去年的出生率下降至百分之十
통계에서 나타나듯이 작년 출생률이 10퍼센트로 떨어졌다

5급 数据 shùjù 명 수치, 데이터
前后 qiánhòu 명 전후, 앞뒤
5급 显示 xiǎnshì 동 보여주다, 분명히 드러내다
下降 xiàjiàng 동 하락하다, 떨어지다

6급 统统 tǒngtǒng 부 다, 모두, 전부

부 **다, 모두, 전부**
别人的意见他**统统**听不进去
다른 사람의 의견을 그는 모두 듣지 않는다

听不进去 tīngbujìnqù 귀를 기울이지 않다

5급 统一 tǒngyī 동 통일하다 형 통일된, 단일한, 일치하는

동 **통일하다**
就这个问题，我们应该**统一**一下意见
이 문제에 대해 우리는 반드시 의견을 통일해야 합니다

형 **통일된, 단일한, 일치하는**
国际**统一**标准计量单位
국제 통일 표준 계량 단위

2급 就 jiù 개 …에 대해
4급 标准 biāozhǔn 명 표준, 기준
5급 单位 dānwèi 명 단위

T

6급 统治 tǒngzhì 동 통치하다 동 지배하다, 통제하다

동 통치하다
统治国家 국가를 통치하다
殖民统治 식민 통치

동 지배하다, 통제하다
儒家思想曾经统治了中国两千多年
일찍이 유가 사상은 2천여 년 동안 중국을 지배해 왔다

殖民 zhímín 동 식민하다
6급 儒家 Rújiā 유가
5급 曾经 céngjīng 부 일찍이, 예전에

5급 痛苦 tòngkǔ 형 고통스럽다, 괴롭다 명 고통

형 고통스럽다, 괴롭다
在他最痛苦的时候，她一直陪伴左右
그가 가장 괴로울 때 그녀는 계속 곁에서 함께 했다

명 고통
我可以理解你的痛苦
나는 너의 고통을 이해할 수 있다

陪伴 péibàn 동 동반하다, 함께 하다
4급 左右 zuǒyòu 명 곁, 주위
4급 理解 lǐjiě 동 이해하다

5급 痛快 tòngkuài 형 즐겁다, 통쾌하다 형 호쾌하다, 시원스럽다

형 즐겁다, 통쾌하다
听到这个消息，他心里很不痛快
이 소식을 듣고 그는 마음이 매우 불쾌했다

형 호쾌하다, 시원스럽다
朋友很痛快地答应了我的请求
친구가 나의 부탁을 시원스럽게 들어주었다

心里 xīnli 명 가슴속, 마음
5급 请求 qǐngqiú 명 요청, 요구, 부탁

5급 偷 tōu 동 훔치다, 도둑질하다 부 몰래, 살짝, 슬그머니

동 훔치다, 도둑질하다
钱到底是不是你偷的?
도대체 네가 돈을 훔친 거야, 아니야?

부 몰래, 살짝, 슬그머니
你偷偷地掉过眼泪吗?
너는 몰래 눈물을 흘린 적이 있니?

4급 到底 dàodǐ 부 도대체, 대체

3급 头发 tóufa 명 머리털, 머리카락

명 머리털, 머리카락
我要去理发店染头发
나는 이발소에 가서 머리를 염색하려고 한다

理发店 lǐfàdiàn 명 이발소
6급 染 rǎn 동 염색하다, 물들이다

6급 投机 tóujī 형 마음이 잘 맞다, 의견이 일치하다 동 투기하다, 기회를 틈타 사리를 취하다

형 마음이 잘 맞다, 의견이 일치하다
他们聊得特别投机
그들은 대화가 정말 잘 통한다

동 투기하다, 기회를 틈타 사리를 취하다
要成功就得下功夫，可他总想**投机取巧**
성공하려면 공을 들여야 하는데, 그는 늘 잔꾀로 이득을 얻으려 한다

下功夫 xià gōngfu 공을 들이다,
시간과 정성을 쏟다
取巧 qǔqiǎo 동 속임수를 써서 얻다

6급 投票 tóu // piào 동 투표하다

동 투표하다
班长以**投票**的方式选出
반장은 투표의 방법으로 선출한다

班长 bānzhǎng 명 반장

5급 投入 tóurù 동 참가하다, 뛰어들다 동 투입하다 명 투자, 투자금

동 참가하다, 뛰어들다
政府出动兵力，**投入**到抗洪抢险中
정부는 병력을 파견하여 홍수 구조에 참가시켰다

동 (자금 등을) 투입하다
为了完成销售任务，他**投入**了大量的精力
판매 목표를 달성하기 위해 그는 많은 공을 들였다

명 투자, 투자금
他所有的**投入**都变成了负数
그의 모든 투자금이 마이너스가 되었다

出动 chūdòng 동 출동시키다, 파견하다
抢险 qiǎngxiǎn 동 긴급 구조하다,
응급 조치하다
大量 dàliàng 형 대량의, 다량의
5급 精力 jīnglì 명 정력, 정신과 체력, 기력
负数 fùshù 명 음수, 마이너스

6급 投诉 tóusù 동 고발하다, 신고하다, 불만을 호소하다, 민원을 제기하다

동 고발하다, 신고하다, 불만을 호소하다, 민원을 제기하다
因为产品质量不好，商家被客户**投诉**了
제품의 질이 좋지 않아 판매자는 고객의 민원을 받았다

商家 shāngjiā 명 상품 판매자
6급 客户 kèhù 명 고객, 거래처

6급 投降 tóuxiáng 동 투항하다, 항복하다

동 투항하다, 항복하다
他宁愿牺牲，也不向敌人**投降**
그는 차라리 목숨을 바칠지언정 적에게 항복하지 않는다

6급 宁愿 nìngyuàn 부 차라리 …할지언정
6급 牺牲 xīshēng 동 희생하다, 목숨을 바치다
5급 敌人 dírén 명 적인, 적, 원수

6급 投掷 tóuzhì 동 던지다, 투척하다

동 던지다, 투척하다
我俩用**投掷**硬币的方式决定输赢
우리 둘은 동전을 던지는 방식으로 승부를 결정했다

硬币 yìngbì 명 동전
输赢 shūyíng 명 승패, 승부

5급 投资 tóuzī 동 투자하다 명 투자, 투자금

동 (tóu // zī) 투자하다
你是**投资**健康还是**投资**股票？
너는 건강에 투자할 것이냐 아니면 주식에 투자할 것이냐?

명 투자, 투자금
收回**投资** 투자금을 회수하다

5급 股票 gǔpiào 명 주식, 주식 증권
收回 shōuhuí 동 회수하다, 거두다

T

6급 透露 tòulù 동 누설하다, 폭로하다, 새어 나가다 동 드러내다, 드러나다

동 **누설하다, 폭로하다, 새어 나가다**
这些商业机密，绝对不能**透露**出去
이런 비즈니스 기밀은 절대 누설해서는 안 된다

동 **드러내다, 드러나다**
她眼中**透露**着焦急的目光
그녀의 눈에 초조한 눈빛이 드러났다

- 5급 商业 shāngyè 명 상업
- 6급 机密 jīmì 명 기밀, 극비
- 6급 焦急 jiāojí 형 초조하다, 애가 타다
- 6급 目光 mùguāng 명 눈빛, 눈길

5급 透明 tòumíng 형 투명하다 형 투명하다, 공개적이다

형 **투명하다**
窗户都是**透明**的玻璃
창문은 모두 투명 유리이다

형 **투명하다, 공개적이다**
她所做的一切都是公开**透明**的
그녀가 하는 모든 것은 공개적이고 투명하다

- 4급 窗户 chuānghu 명 창, 창문
- 5급 玻璃 bōli 명 유리
- 5급 公开 gōngkāi 형 공개적인, 드러난

6급 秃 tū 형 머리가 벗어지다, 대머리이다 형 민둥민둥하다, 앙상하다

형 **머리가 벗어지다, 대머리이다**
年纪轻轻，头就**秃**了
나이가 어린데 머리가 벗어졌다

형 **민둥민둥하다, 앙상하다**
这棵树已经**秃**了
이 나무는 이미 앙상해졌다

- 5급 年纪 niánjì 명 연령, 나이

5급 突出 tūchū 형 뛰어나다, 두드러지다 동 두드러지게 하다, 돋보이게 하다, 부각시키다

형 **뛰어나다, 두드러지다**
她为教育事业做出了**突出**的贡献
그녀는 교육 사업에서 두드러진 공헌을 했다

他成绩最**突出**
그의 성적이 가장 뛰어나다

동 **두드러지게 하다, 돋보이게 하다, 부각시키다**
写简历的时候一定要**突出**自己的优势
약력을 쓸 때 반드시 자신의 장점을 돋보이게 해야 한다

- 5급 贡献 gòngxiàn 명 공헌
- 5급 简历 jiǎnlì 명 약력, 간략한 이력

6급 突破 tū//pò 동 돌파하다, 뚫고 나아가다 동 돌파하다, 깨다 동 극복하다, 타파하다

동 **돌파하다, 뚫고 나아가다**
突破防守，一脚破门
수비를 돌파하고 한 방에 골인했다

동 **(기록, 한계 등을) 돌파하다/깨다**
突破纪录 기록을 깨다
做人要勇于挑战，不断**突破**自我
사람은 용감하게 도전하고 끊임없이 자신을 깨야 한다

- 6급 防守 fángshǒu 동 수비하다, 방어하다, 막아 지키다
  破门 pòmén 동 골을 넣다, 득점하다
- 6급 勇于 yǒngyú 동 용감히 …하다, 과감하게 …하다

图 (어려움을) 극복하다/타파하다
大家就如何**突破**目前的困境发表了自己的看法
현재의 어려운 상황을 어떻게 타파할 것인지 모두 자신의 의견을 발표했다

困境 kùnjìng 몡 곤경, 어려운 상황

3급 **突然** tūrán 혱 갑작스럽다, 느닷없다, 난데없다 图 갑자기, 갑작스럽게, 돌연, 느닷없이

혱 갑작스럽다, 느닷없다, 난데없다
这件事太**突然**了 이 일은 너무 갑작스럽다
图 갑자기, 갑작스럽게, 돌연, 느닷없이
我的自行车**突然**坏了 내 자전거가 갑자기 망가졌다
昨天下午**突然**下雨了 어제 오후 갑작스레 비가 내렸다

3급 自行车 zìxíngchē 몡 자전거
3급 坏 huài 图 파손되다, 고장내다
1급 昨天 zuótiān 몡 어제
1급 下午 xiàwǔ 몡 오후

6급 **图案** tú'àn 몡 도안

몡 도안
这份**图案**是他亲手设计的
이 도안은 그가 직접 설계한 것이다

亲手 qīnshǒu 凰 손수, 자기 손으로, 직접
5급 设计 shèjì 图 설계하다

3급 **图书馆** túshūguǎn 몡 도서관

몡 도서관
图书馆里禁止喧哗!
도서관 안에서는 큰 소리로 떠들지 마시오!

4급 禁止 jìnzhǐ 图 금지하다, 불허하다
6급 喧哗 xuānhuá 图 큰 소리로 말하다, 고함을 지르다

6급 **徒弟** túdi 몡 제자, 도제, 전문가에게 배우는 사람

몡 제자, 도제, 전문가에게 배우는 사람
这位是李师傅的**徒弟**
이 분은 리 사부님의 제자이다

4급 师傅 shīfu 몡 사부, 스승

6급 **途径** tújìng 몡 경로, 절차, 방법

몡 경로, 절차, 방법
有效阻断病毒传播**途径**
바이러스 전파 경로를 효과적으로 차단하다
我们要一起寻找解决问题的**途径**
우리는 문제를 해결할 방법을 함께 찾아야 한다

有效 yǒuxiào 혱 효과가 있다, 효력이 있다
阻断 zǔduàn 图 저지하다, 차단하다
5급 传播 chuánbō 图 전파하다

6급 **涂抹** túmǒ 图 갈겨쓰다, 엉망으로 그리다, 낙서하다 图 바르다, 칠하다

图 갈겨쓰다, 엉망으로 그리다, 낙서하다
不要在墙上随便**涂抹** 벽에 멋대로 낙서해서는 안 된다
图 바르다, 칠하다
小朋友们把天空**涂抹**成五颜六色的了
아이들이 하늘을 가지각색으로 칠했다
她脸上**涂抹**了一层厚厚的化妆品
그녀는 얼굴에 두껍게 화장품을 발랐다

五颜六色 wǔyán-liùsè
셍 가지각색, 각양각색
化妆品 huàzhuāngpǐn 몡 화장품

T

5급 土地 tǔdì 명 토지, 땅 명 영토, 국토

명 토지, 땅
肥沃的土地 비옥한 땅

명 영토, 국토
捍卫国家土地是军人的责任和义务
국가 영토 수호는 군인의 책임이자 의무이다

6급 肥沃 féiwò 형 비옥하다, 기름지다
6급 捍卫 hànwèi 동 지키다, 수호하다

5급 土豆 tǔdòu 명 감자

명 감자
土豆是一种营养丰富的蔬菜
감자는 영양이 풍부한 채소이다

5급 营养 yíngyǎng 명 영양, 영양분

6급 土壤 tǔrǎng 명 토양, 토지

명 토양, 토지
该地区土壤污染很严重 이 지역의 토양은 오염이 심각하다

4급 污染 wūrǎn 명 오염
4급 严重 yánzhòng 형 중대하다, 심각하다

5급 吐 tǔ 동 뱉다 동 말하다

동 뱉다
吐唾沫 침을 뱉다
她向我吐了吐舌头，转身跑了
그녀는 나를 향해 혀를 내밀고는 돌아서서 도망갔다

동 말하다
酒后吐真言 술김에 진심을 말하다

6급 舌头 shétou 명 혀
真言 zhēnyán 명 진심, 진실

역순 어휘
吞吞吐吐 tūntūn-tǔtǔ

○ 吐 tù [5급] 참조

5급 吐 tù 동 토하다 동 마지못해 내놓다, 토해 내다

동 토하다
繁忙的工作让她累吐血了
바쁜 업무로 그녀는 지쳐서 피를 토했다

동 (횡령한 재물 등을) 마지못해 내놓다/토해 내다
你要把从我这儿拿走的钱全吐出来
너는 나에게서 가져간 돈을 모두 토해 내야 한다

6급 繁忙 fánmáng 형 일이 많고 바쁘다

역순 어휘
呕吐 ǒutù

○ 吐 tǔ [5급] 참조

5급 兔子 tùzi 명 토끼

명 토끼
狗把兔子咬伤了 개가 토끼를 물어 상처를 입혔다

5급 咬 yǎo 동 깨물다, 물다

5급 团 tuán 명 무리, 집단, 단체, 그룹

명 무리, 집단, 단체, 그룹
剧团 극단 | 社团 동아리
三五成团 삼삼오오 무리를 이루다

역순 어휘
集团 jítuán

6급 团结 tuánjié 동 단결하다, 연합하다, 뭉치다 형 화목하다, 사이가 좋다

동 단결하다, 연합하다, 뭉치다
只要我们**团结**一心，没有解决不了的问题
우리가 한마음으로 단결하면 해결하지 못할 문제가 없다

형 화목하다, 사이가 좋다
家人之间一点儿也不**团结**
가족 간에 전혀 화목하지 않다

一心 yīxīn 형 한마음이다, 한뜻이다
家人 jiārén 명 가족, 식구

6급 团体 tuántǐ 명 단체, 집단

명 단체, 집단
山区孩子们收到了各社会**团体**的资助
산간 지역 아이들이 각 사회 단체의 후원을 받았다

6급 资助 zīzhù 동 재물로 돕다

6급 团圆 tuányuán 동 다시 모이다, 한자리에 모이다 형 원형의, 둥근

동 (가족이) 다시 모이다/한자리에 모이다
战争让一家人至今不能**团圆**
전쟁으로 일가족이 지금까지 다시 모이지 못했다

형 원형의, 둥근
这个人**团圆**脸，大眼睛
이 사람은 둥근 얼굴에 눈이 크다

一家人 yìjiārén 명 한 식구, 한 가족
5급 至今 zhìjīn 부 지금까지, 이제까지

4급 推 tuī 동 밀다 동 연기하다, 미루다 동 추천하다

동 밀다
有人在后面**推**了他一把 누군가 뒤에서 그를 한 번 밀었다
동 연기하다, 미루다
他回国的日期一**推**再推 그는 귀국 날짜를 차일피일 미뤘다
동 추천하다
经过讨论，大家一致**推**他当班长
토론을 거쳐 모두 다 같이 그를 반장으로 삼자고 추천했다

5급 一致 yīzhì 부 일제히, 다 같이
班长 bānzhǎng 명 반장

6급 推测 tuīcè 동 추측하다, 예측하다

동 추측하다, 예측하다
推测事故的原因 사고의 원인을 추측하다
医生用什么方法**推测**孕妇的预产期呢？
의사는 어떤 방법으로 임부의 출산 예정일을 예측하나요?

孕妇 yùnfù 명 임부, 임신부
预产期 yùchǎnqī 명 출산 예정일

4급 推迟 tuīchí 동 미루다, 연기하다, 지연시키다

동 (예정된 시간을) 미루다/연기하다/지연시키다
开学日期**推迟**了半个月 개학이 보름 미뤄졌다
受天气影响，这次比赛**推迟**到八月份
날씨의 영향으로 이번 경기는 8월로 미뤄졌다

5급 日期 rìqī 명 날, 날짜
3급 比赛 bǐsài 명 시합, 경기, 대회

T

5급 推辞 tuīcí 图 사절하다, 거절하다

图 사절하다, 거절하다
对于喝酒的应酬，他总是找各种借口**推辞**
술자리 모임을 그는 늘 온갖 핑계를 대며 거절한다

- 6급 应酬 yìngchou 图 교제, 사교 활동
- 5급 借口 jièkǒu 图 핑계, 구실

6급 推翻 tuī // fān 图 뒤엎다, 뒤집어엎다 图 뒤집다, 전복하다 图 뒤집다, 번복하다

图 뒤엎다, 뒤집어엎다
他俩打架，把教室里的桌椅都**推翻**了
그들 둘이 싸우면서 교실에 있는 책상과 의자를 모두 뒤집어엎었다

图 (정권, 사회 제도 등을) 뒤집다/전복하다
他的统治被**推翻**了 그의 통치는 전복되었다

图 (결론, 결정 등을) 뒤집다/번복하다
这案件证据确凿，谁也难以**推翻**
이 안건은 증거가 명확해서 누구도 뒤집기 어렵다

- 6급 打架 dǎjià 图 싸우다, 다투다
  桌椅 zhuōyǐ 图 책상과 의자
- 6급 案件 ànjiàn 图 사건, 안건
  确凿 quèzáo 图 확실하다, 명확하다

5급 推广 tuīguǎng 图 널리 보급하다, 널리 시행하다, 확대하다

图 널리 보급하다, 널리 시행하다, 확대하다
随着互联网的**推广**和普及，网购也越来越普遍
了 인터넷의 확대와 보급으로 인터넷 쇼핑도 점점 보편화되었다

- 6급 普及 pǔjí 图 보급되다, 확산되다
- 4급 普遍 pǔbiàn 图 보편적이다, 일반적이다

5급 推荐 tuījiàn 图 추천하다

图 추천하다
我对电子产品不太了解，你给我**推荐**一下
나는 전자 제품에 대해 잘 모르는데, 네가 추천 좀 해 줘

- 3급 了解 liǎojiě 图 분명히 알다, 이해하다

6급 推理 tuīlǐ 图 추리하다, 추론하다

图 추리하다, 추론하다
你的**推理**有什么科学根据吗?
너의 추론은 어떤 과학적 근거가 있니?

- 4급 科学 kēxué 图 과학적이다
- 3급 根据 gēnjù 图 근거

6급 推论 tuīlùn 图 추론하다, 추리하다 图 추론

图 추론하다, 추리하다
根据这些，你可以**推论**出什么结论?
이것들에 근거하여 너는 어떤 결론을 추론할 수 있니?

图 추론
不合逻辑的**推论** 논리에 맞지 않는 추론

- 5급 结论 jiélùn 图 결론, 결말
- 5급 逻辑 luóji 图 논리

6급 推销 tuīxiāo 图 내다 팔다, 판매를 확대하다

图 내다 팔다, 판매를 확대하다
推销员 세일즈맨, 판매원

他正在卖力地**推销**着公司的产品
그는 지금 최선을 다해 회사 상품을 프로모션하고 있다

卖力 màilì 동 전력을 다하다

| 3급 **腿** tuǐ | 명 다리

명 **다리**
椅子腿儿 의자 다리 | 鸡腿 닭다리
他腿受伤了 그는 다리에 부상을 당했다

| 5급 | **受伤** shòushāng 동 부상당하다, 상처를 입다

| 5급 **退** tuì | 동 물러나다, 후퇴하다 | 동 돌려주다, 반환하다, 무르다 | 동 그만두다, 떠나다

동 **물러나다, 후퇴하다** 반의어 进 jìn [2급]
不进则**退** 전진하지 않으면 퇴보하기 마련이다
동 **돌려주다, 반환하다, 무르다**
退货 반품하다
退火车票 기차표를 환불하다
只能**退**回一部分押金
보증금 일부만 돌려받을 수 있다
동 **그만두다, 떠나다**
由于健康出了问题，他不得不**退**学
건강에 문제가 생겨 그는 어쩔 수 없이 학교를 그만두었다

| 5급 | **押金** yājīn 명 보증금, 계약금, 선금
| 4급 | **不得不** bùdébù 부득불 …하다, …하지 않을 수 없다

역순 어휘
撤**退** chètuì　　衰**退** shuāituì

| 5급 **退步** tuì//bù | 동 퇴보하다, 뒤떨어지다 | 동 양보하다, 피하다

동 **퇴보하다, 뒤떨어지다** 반의어 进步 jìnbù [5급]
成绩没有上升，反而**退步**了
성적이 오르지 않고 도리어 떨어졌다
동 **양보하다, 피하다**
只有双方都做出**退步**，问题才有解决的希望
쌍방이 모두 양보해야만 문제가 해결될 희망이 있다

上升 shàngshēng 동 상승하다, 올라가다
| 5급 | **反而** fǎn'ér 부 오히려, 도리어

| 5급 **退休** tuì//xiū | 동 퇴직하다, 은퇴하다

동 **퇴직하다, 은퇴하다**
他**退休**以后，日子过得很清闲
그는 은퇴 후에 한가롭게 지낸다

清闲 qīngxián 형 한가하다, 조용하고 한적하다

| 6급 **吞吞吐吐** tūntūn-tǔtǔ | 성 말하기를 주저하다, 떠듬거리다, 우물쭈물하다

성 **말하기를 주저하다, 떠듬거리다, 우물쭈물하다**
你别**吞吞吐吐**的，坦率一点儿!
너는 우물쭈물하지 말고 좀 솔직해라!

| 5급 | **坦率** tǎnshuài 형 솔직하고 담백하다

吞咽 tūnyàn | 동 통째로 삼키다, 삼켜 버리다

동 **통째로 삼키다, 삼켜 버리다**
他嗓子疼得厉害，**吞咽**都很困难
그는 목이 너무 아파서 삼키는 것도 힘들다

| 5급 | **嗓子** sǎngzi 명 목, 목구멍

T

6급 托运 tuōyùn 동 탁송하다, 위탁 운송하다

동 탁송하다, 위탁 운송하다
这些危险物品只能**托运**
이런 위험 물품은 위탁 운송할 수 밖에 없다
在**自助值机**柜台办理行李**托运**手续
셀프 체크인 카운터에서 수하물 탁송 수속을 밟다

自助值机 zìzhù zhíjī (공항의) 셀프 체크인, 셀프 탑승 수속
5급 柜台 guìtái 명 카운터
5급 办理 bànlǐ 동 처리하다, 맡아서 처리하다

6급 拖延 tuōyán 동 시간을 끌다, 연기하다, 지연시키다

동 시간을 끌다, 연기하다, 지연시키다
问题发生时，要**立刻**解决，不要**拖延**
문제가 발생했을 때 바로 해결해야지 시간을 끌면 안 된다

5급 立刻 lìkè 튄 즉각, 즉시, 바로

4급 脱 tuō 동 떨어지다, 벗겨지다 동 벗다

동 떨어지다, 벗겨지다
还不到五十，他的头发几乎**脱**光了
아직 오십이 되지 않았는데 그의 머리는 거의 다 벗겨졌다
동 (몸에서) 벗다
脱外套 코트를 벗다
他来不及**脱**掉鞋子，匆匆进了卧室
그는 신발을 벗지도 못하고 황급히 침실로 들어갔다

外套 wàitào 명 재킷, 외투, 코트
4급 来不及 láibují … 할 틈이 없다, 미처 …하지 못하다
匆匆 cōngcōng 형 급하다, 분주하다

역순 어휘
摆脱 bǎituō

6급 脱离 tuōlí 동 벗어나다, 끊다

동 벗어나다, 끊다
脱离实际 실제와 동떨어지다
从繁忙的工作中**脱离**出来 바쁜 업무에서 벗어나다

4급 实际 shíjì 명 실제
6급 繁忙 fánmáng 형 일이 많고 바쁘다

6급 妥当 tuǒdang 형 타당하다, 적합하다, 적당하다

형 타당하다, 적합하다, 적당하다
虽然这样做不太**妥当**，可我也没有办法
이렇게 하는 것이 적당하지는 않지만, 나도 어쩔 수 없다

3급 办法 bànfǎ 명 방법, 수단

6급 妥善 tuǒshàn 형 적절하다, 알맞다

형 적절하다, 알맞다
请**妥善**保管银行卡 은행 카드를 잘 보관하세요
妥善处理贸易摩擦 무역 마찰을 적절히 수습하다

6급 保管 bǎoguǎn 동 보관하다
5급 处理 chǔlǐ 동 처리하다, 해결하다
6급 摩擦 mócā 명 마찰, 불화, 갈등

6급 妥协 tuǒxié 동 타협하다

동 타협하다
他从来不向困难**妥协**
그는 지금까지 어려움과 타협한 적이 없다

4급 从来 cónglái 튄 여태, 지금까지
4급 困难 kùnnan 명 곤란, 어려움

6급 椭圆 tuǒyuán 명 타원, 타원형

명 **타원, 타원형**

她把柜子设计成了**椭圆**形的
그녀는 수납장을 타원형으로 디자인했다

柜子 guìzi 명 장, 수납장

唾沫 tuòmo 명 침, 타액

명 **침, 타액**

我咽了一口**唾沫**，把话憋回去了
나는 침을 삼키며 말을 참았다

往地上吐了一口**唾沫** 바닥에 침을 뱉었다

咽 yàn 동 삼키다

6급 憋 biē 동 억제하다, 억누르다, 참다

6급 唾弃 tuòqì 동 혐오하다, 경멸하다

동 **혐오하다, 경멸하다**

他这种行为，让每个人都十分**唾弃**
그의 이런 행위는 모든 사람이 다 매우 혐오한다

5급 行为 xíngwéi 명 행위

4급 十分 shífēn 부 십분, 매우, 아주

T

6급 挖掘 wājué 통 파다, 파내다, 발굴하다 통 개발하다, 찾다, 발굴하다

통 파다, 파내다, 발굴하다
挖掘矿藏 지하자원을 발굴하다
考古学家从这座坟墓中**挖掘**出大量珍贵的文物
고고학자가 이 무덤에서 대량의 진귀한 문물을 발굴했다

통 개발하다, 찾다, 발굴하다
挖掘人才 인재를 발굴하다

矿藏 kuàngcáng 명 지하자원, 광물 자원
6급 坟墓 fénmù 명 분묘, 무덤

6급 哇 wā 의성 웩, 엉엉, 악

의성 웩 (구토 소리), 엉엉 (울음 소리), 악 (갑자기 지르는 소리)
小孩子吓得**哇哇**地哭
아이가 놀라서 엉엉 울다
气得他**哇哇**大叫
그는 화가 나서 악 하고 크게 소리 질렀다

5급 吓 xià 통 두려워하다, 놀라다

6급 娃娃 wáwa 명 아기, 유아 명 인형

명 아기, 유아
他女儿是眼睛还未睁开的小**娃娃**
그의 딸은 눈도 아직 안 뜬 아기이다

명 인형
我女儿最喜欢玩**娃娃**
내 딸은 인형을 가지고 놀기를 가장 좋아한다

1급 女儿 nǚ'ér 명 딸
5급 睁 zhēng 통 (눈을) 뜨다

6급 瓦解 wǎjiě 통 와해되다, 붕괴되다, 무너지다 통 와해시키다, 무너뜨리다

통 와해되다, 붕괴되다, 무너지다
同盟国在战场上相继战败，放线全部**瓦解**
동맹국이 전장에서 연이어 패전하고 방어선이 완전히 무너지다

통 와해시키다, 무너뜨리다
先逮捕他们的头儿，**瓦解**他们的士气
그들의 우두머리를 먼저 체포하여 그들의 사기를 무너뜨리다

同盟国 tóngméngguó 명 동맹국
相继 xiāngjì 부 연이어, 잇따라
6급 逮捕 dàibǔ 통 체포하다

4급 袜子 wàzi 명 양말

명 양말
他穿的**袜子**和鞋子颜色一点儿也不搭配
그가 신은 양말과 신발의 색이 전혀 어울리지 않는다

鞋子 xiézi 명 신발, 구두
6급 搭配 dāpèi 통 어울리다

5급 歪 wāi 형 비뚤다, 비스듬하다

형 비뚤다, 비스듬하다 반의어 正 zhèng [5급]
字写**歪**了 글씨를 비뚤게 썼다
你帽子戴**歪**了 너 모자를 삐뚤게 썼어

3급 帽子 màozi 명 모자
4급 戴 dài 통 착용하다, 쓰다

6급 歪曲 wāiqū 동 왜곡하다

동 왜곡하다

这些报道严重**歪曲**了事实
이런 보도는 심각하게 사실을 왜곡했다

你千万别**歪曲**我的意思
너는 내 뜻을 절대 왜곡하지 마라

5급 报道 bàodào 명 보도
5급 事实 shìshí 명 사실

2급 外 wài 명 외, 밖, 바깥, 겉 명 외국

명 외, 밖, 바깥, 겉 [반의어] 内 nèi [4급]·里 lǐ [1급]

室**外** 실외

在**外**面玩儿 밖에서 놀다

명 외국

对**外**贸易 대외 무역

外汇交易 외환 거래

外汇 wàihuì 명 외국환, 외화

역순 어휘

此**外** cǐwài   额**外** éwài   格**外** géwài

例**外** lìwài   另**外** lìngwài   意**外** yìwài

6급 外表 wàibiǎo 명 외모, 겉모습, 외관, 겉

명 외모, 겉모습, 외관, 겉

外表的美丽掩饰不了内心的丑恶
외모의 아름다움이 내면의 추악함을 숨길 수 없다

这台冰箱**外表**很美观
이 냉장고는 외관이 보기 좋다

6급 掩饰 yǎnshì 동 은폐하다, 숨기다
6급 美观 měiguān 형 보기 좋다, 아름답다

5급 外公 wàigōng 명 외조부, 외할아버지

명 외조부, 외할아버지

我**外公**已经去世十多年了
외할아버지가 돌아가신지 10년이 넘었다

5급 去世 qùshì 동 세상을 뜨다, 별세하다

6급 外行 wàiháng 형 문외한이다, 경험이 없다, 비전문가이다 명 문외한, 비전문가

형 문외한이다, 경험이 없다, 비전문가이다

别看他年纪小，见解却一点都不**外行**
그는 나이는 어리지만 견해는 전혀 문외한이 아니다

명 문외한, 비전문가

对这个问题，我完全是**外行**
이 문제에 대하여 나는 완전 문외한이다

别看 biékàn 접 …지만, …이나
6급 见解 jiànjiě 명 견해, 의견

W

5급 外交 wàijiāo 명 외교

명 외교

外交政策 외교 정책

建立正式**外交**关系
공식적인 외교 관계를 수립하다

6급 政策 zhèngcè 명 정책
4급 正式 zhèngshì 형 정식의, 공식의

6급 外界 wàijiè 명 외부, 바깥세상

명 외부, 바깥세상
不受任何**外界**干扰
어떠한 외부의 방해도 받지 않다

变温动物的体温是随**外界**温度的变化而变化的
변온 동물의 체온은 외부 온도의 변화에 따라 변화한다

6급 干扰 gānrǎo 동 방해하다, 어지럽히다
变温动物 biànwēn dòngwù 변온 동물

6급 外向 wàixiàng 형 외향적이다 형 외부 지향의, 해외 지향의, 국외 시장의

형 (성격이) 외향적이다
她性格**外向**、开朗，善于与人沟通
그녀는 성격이 외향적이고 활달하며 사람들과 잘 소통한다

형 외부 지향의, 해외 지향의, 국외 시장의
企业逐渐由内向型经济向**外向**型经济发展
기업이 점차 내수 지향형 경제에서 해외 지향형 경제로 발전하다

6급 开朗 kāilǎng 형 활달하다, 쾌활하다
内向 nèixiàng 형 국내 지향의, 내수의

弯 wān 형 굽다, 구불구불하다, 휘어 있다 동 굽히다, 구부리다 명 굽어진 곳, 모퉁이

형 굽다, 구불구불하다, 휘어 있다
弯弯的山路 구불구불한 산길
大雪压**弯**了树枝 큰눈에 나뭇가지가 휘었다

동 굽히다, 구부리다
把铁丝**弯**成钩子
철사를 갈고리 모양으로 구부리다

妈妈**弯**腰摸了摸我的头
엄마는 허리를 굽혀 내 머리를 쓰다듬었다

명 굽어진 곳, 모퉁이
沿着这条大路往前走，拐个**弯**儿就到了
이 큰길을 따라 앞으로 가서 모퉁이를 돌면 바로 도착한다

树枝 shùzhī 명 나뭇가지
铁丝 tiěsī 명 철사
6급 钩子 gōuzi 명 갈고리, 갈고리 모양
5급 腰 yāo 명 허리
5급 摸 mō 동 만지다, 쓰다듬다
沿着 yánzhe 개 …을 따라서, …을 지나서

역순 어휘
拐**弯** guǎiwān

6급 丸 wán 명 작고 둥근 것, 환, 알약 양 환, 알

명 작고 둥근 것, 환, 알약
猪肉**丸** 돼지고기 완자
吞不下去药**丸** 알약을 삼키지 못하다

양 환, 알 (알약 개수를 세는 단위)
一天吃三次，每次服两**丸**
하루에 3회, 매회 두 알을 복용한다

猪肉 zhūròu 명 돼지고기
吞 tūn 동 통째로 삼키다
药丸 yàowán 명 알약, 환약
服 fú 동 약을 먹다, 복용하다

2급 完 wán 동 완성하다, 끝나다, 다하다, 마치다

동 완성하다, 끝나다, 다하다, 마치다
牙膏用**完**了 치약을 다 썼다
你作业写**完**了吗? 너 숙제 다 했니?
吃**完**晚饭以后，你来洗碗
저녁을 다 먹은 후에 네가 설거지 해라

4급 牙膏 yágāo 명 치약
3급 作业 zuòyè 명 숙제, 과제
晚饭 wǎnfàn 명 저녁밥, 저녁 식사

6급 完备 wánbèi 휑 완비되다, 완전하다, 마치다

휑 완비되다, 완전하다, 마치다
医疗设施**完备** 의료 시설이 완비되다
销售手续已经**完备** 판매 수속을 이미 마치다

医疗 yīliáo 휑 의료
5급 设施 shèshī 휑 시설, 설비
5급 销售 xiāoshòu 통 팔다, 판매하다

6급 完毕 wánbì 통 완료하다, 마치다, 끝나다

통 완료하다, 마치다, 끝나다
大家已经准备**完毕**，立刻出发吧!
모두가 이미 준비를 마쳤으니 바로 출발합시다!

5급 立刻 lìkè 휑 즉각, 즉시, 바로

3급 完成 wán // chéng 통 완성하다, 끝내다

통 완성하다, 끝내다
按时**完成**作业 숙제를 제때 끝내다
工作任务提前**完成**了 작업 임무를 앞당겨 끝냈다

4급 按时 ànshí 휑 제시간에, 제때에
4급 提前 tíqián 통 앞당기다

5급 完美 wánměi 휑 완벽하다, 훌륭하다

휑 완벽하다, 훌륭하다
叙事结构很**完美** 서사 구조가 훌륭하다
追求**完美**的结合 완벽한 결합을 추구하다

叙事 xùshì 통 서사하다
5급 结构 jiégòu 휑 구성, 구조
5급 结合 jiéhé 휑 결합

4급 完全 wánquán 휑 완전하다, 완비하다 휑 완전히, 전부, 전혀

휑 완전하다, 완비하다
收集的资料还不**完全** 수집한 자료가 아직 완전하지 않다
휑 완전히, 전부, 전혀
这次打击让他**完全**失去了信心
이 타격으로 그는 완전히 자신감을 잃었다

收集 shōují 통 수집하다, 모으다
5급 资料 zīliào 휑 자료
6급 打击 dǎjī 통 타격을 주다, 공격하다
4급 信心 xìnxīn 휑 자신감

5급 完善 wánshàn 휑 완벽하다 통 완벽하게 하다, 개선하다

휑 완벽하다
解决方案还不够**完善** 해결 방안은 아직 완벽하지 않다
构建起较为**完善**的医疗服务体系
보다 완벽한 의료 서비스 체계를 구축하다
통 완벽하게 하다, 개선하다
完善管理制度 관리 제도를 개선하다

构建 gòujiàn 통 구축하다, 세우다
较为 jiàowéi 휑 비교적, 보다
6급 体系 tǐxì 휑 체계, 구조

W

5급 完整 wánzhěng 휑 완전하다, 완벽하다

휑 완전하다, 완벽하다
故事情节很**完整** 이야기의 줄거리가 완벽하다
完整地保留原始自然生态环境
원시 자연 생태 환경을 완전하게 보존하다

5급 保留 bǎoliú 통 보존하다, 유지하다
6급 原始 yuánshǐ 휑 원시의

2급 玩 wán 图 놀다, 장난하다 图 하다, 즐기다

图 놀다, 장난하다
周末我们一起去公园玩儿吧
주말에 우리 함께 공원에 가서 놀자

图 (놀이, 게임 등을) 하다/즐기다
他喜欢玩儿手机游戏
그는 핸드폰 게임을 하는 것을 좋아한다

- 3급 周末 zhōumò 图 주말
- 3급 公园 gōngyuán 图 공원
- 3급 游戏 yóuxì 图 게임, 놀이, 오락

5급 玩具 wánjù 图 장난감

图 장난감
儿童节他给儿子买了很多玩具
어린이날에 그는 아들에게 장난감을 많이 사줬다

儿童节 Értóngjié 图 어린이날

6급 玩弄 wánnòng 图 가지고 놀다, 만지작대다 图 놀리다, 희롱하다 图 부리다, 쓰다

图 가지고 놀다, 만지작대다
孩子喜欢玩弄积木
아이는 블록을 가지고 노는 걸 좋아한다

图 놀리다, 희롱하다
女方指控他玩弄女性
여자 측이 그가 여성을 희롱했다고 고소했다

图 (재간을) 부리다, (수단을) 쓰다
玩弄各种阴谋诡计 온갖 권모술수를 쓰다

积木 jīmù 图 블록 완구
指控 zhǐkòng 图 고소하다, 고발하다
阴谋诡计 yīnmóu-guǐjì
图 암암리에 간사한 계획을 꾸미다

6급 玩意儿 wányìr 图 장난감 图 물건 图 기예

图 장난감
这些小玩意儿都是他的宝贝
이 작은 장난감들이 모두 그의 보물이다

图 물건
高科技的玩意儿，我这老人可搞不定
첨단 기술의 물건은 나 같은 노인은 전혀 다룰 줄 모른다

图 (곡예, 잡기 등의) 기예
变魔术这玩意儿不好学 마술 부리는 기술은 배우기 어렵다

- 5급 宝贝 bǎobèi 图 보배, 보물, 귀중한 물건
  高科技 gāokējì 图 하이테크, 첨단 기술
- 6급 魔术 móshù 图 마술

6급 顽固 wángù 图 완고하다, 고집스럽다 图 보수적이다 图 고질적이다, 호전되기 어렵다

图 완고하다, 고집스럽다
顽固地坚持自己的立场 자신의 입장을 고집스럽게 견지하다

图 보수적이다
爷爷思想很顽固，还坚持男尊女卑的观点
할아버지는 생각이 보수적이라 아직 남존여비 관점을 고수하신다

图 고질적이다, 호전되기 어렵다
这种病很顽固，容易复发
이 병은 매우 고질적이고 재발하기 쉽다

- 4급 坚持 jiānchí 견지하다, 고수하다
- 6급 立场 lìchǎng 图 입장, 관점
  男尊女卑 nánzūn-nǚbēi 图 남존여비,
  남자가 여자보다 높고 귀하다고 여기는 것
  复发 fùfā 图 (질병 등이) 재발하다

6급 顽强 wánqiáng 형 완강하다, 굳세다

형 완강하다, 굳세다
他有着**顽强**的毅力 그는 굳센 의지가 있다
顽强地生活下去 굳세게 살아가다

6급 毅力 yìlì 명 굳센 의지, 끈기

6급 挽回 wǎnhuí 동 만회하다, 돌이키다 회수하다, 되찾다

동 만회하다, 돌이키다, 회수하다, 되찾다
挽回面子 체면을 만회하다
挽回利权 이권을 회수하다
事情已经到了不可**挽回**的地步
일이 이미 돌이킬 수가 없는 지경에 이르렀다

6급 面子 miànzi 명 체면
　　利权 lìquán 명 (국가의) 이권
6급 地步 dìbù 명 상태, 지경, 상황

6급 挽救 wǎnjiù 동 구하다, 구제하다

동 구하다, 구제하다
挽救濒危动物 멸종 위기의 동물을 구하다
10岁男孩捐献器官，**挽救**5个患者的生命
10세 남자아이가 장기를 기증해 환자 5명의 생명을 구하다

　　濒危 bīnwēi 동 죽음에 직면하다,
　　　　　　　　 멸종할 위기에 이르다
　　捐献 juānxiàn 동 기부하다
6급 器官 qìguān 명 기관, 장기

2급 晚上 wǎnshang 명 저녁, 밤

명 저녁, 밤
晚上六点电影院门口见!
저녁 6시에 영화관 입구에서 만나!

　　电影院 diànyǐngyuàn 명 영화관
　　门口 ménkǒu 명 입구

6급 惋惜 wǎnxī 동 동정하다, 안타깝게 여기다

동 동정하다, 안타깝게 여기다
他因癌症去世，让人感到很**惋惜**
그가 암으로 세상을 떠나 사람들이 매우 안타까워했다

6급 癌症 áizhèng 명 암

3급 碗 wǎn 명 그릇, 공기, 사발 양 그릇, 공기, 사발

명 그릇, 공기, 사발
昨天她买了一套**碗** 어제 그녀는 그릇 한 세트를 샀다
양 그릇, 공기, 사발
一顿吃了两**碗**米饭 한 끼에 밥을 두 공기 먹었다

5급 套 tào 양 세트, 가지, 벌
5급 顿 dùn 양 끼, 번, 차례
1급 米饭 mǐfàn 명 쌀밥

3급 万 wàn 수 만, 10000 형 매우 많다

수 만, 10000
在网上购物花了两**万**多元
인터넷 쇼핑에 2만 위안 넘게 썼다
형 매우 많다
千差**万**别 천차만별, 차이가 매우 크고 많다

4급 购物 gòuwù 동 상품을 구매하다, 쇼핑하다

역순 어휘
千**万** qiānwàn

W

6급 万分 wànfēn 형 대단하다, 지극하다

형 **대단하다, 지극하다**
万分感谢 대단히 감사합니다
他表面上一副不**在意**的样子，但内心**焦急万分**
그는 겉으로는 개의치 않는 모습이나, 속으로는 몹시 초조했다

6급 在意 zàiyì 통 마음에 두다
6급 焦急 jiāojí 형 초조하다, 애가 타다

5급 万一 wànyī 명 만일 연 만일, 만약

명 **만일 (가능성이 낮은 의외의 상황을 가리킴)**
多带点儿钱，以防**万一**
만일에 대비하여 돈을 좀 더 가지고 가라
연 **만일, 만약 (가능성이 낮은 원치 않는 상황의 가설에 쓰임)**
万一我不在你**身边**，你会怎么办?
만일 내가 너의 곁에 없다면 너는 어떻게 하겠니?

身边 shēnbiān 명 신변, 주위, 곁

5급 王子 wángzǐ 명 왕자

명 **왕자**
王子和**公主**结婚了，过着**幸福**的生活
왕자와 공주는 결혼하여 행복하게 살았다

5급 公主 gōngzhǔ 명 공주
4급 幸福 xìngfú 형 행복하다

5급 网络 wǎngluò 명 망, 조직, 시스템, 네트워크 명 컴퓨터 네트워크, 웹, 인터넷

명 **망, 조직, 시스템, 네트워크**
通信网络 통신망 | 农产品**流通网络** 농산품 유통 네트워크
명 **컴퓨터 네트워크, 웹, 인터넷**
订阅网络杂志 웹진을 구독하다
笔记本电脑**连接**不上无线**网络**
노트북이 무선 인터넷에 연결이 되지 않는다

通信 tōngxìn 통 통신하다
6급 流通 liútōng 통 유통되다
订阅 dìngyuè 통 (신문, 잡지 등을) 구독하다
连接 liánjiē 통 연결하다, 연결되다
无线 wúxiàn 형 무선의

4급 网球 wǎngqiú 명 테니스, 테니스공

명 **테니스, 테니스공**
你会打**网球**吗? 너 테니스 칠 줄 알아?
弯腰**捡网球** 허리를 굽혀 테니스공을 줍다

5급 捡 jiǎn 통 줍다

4급 网站 wǎngzhàn 명 웹 사이트

명 **웹 사이트**
介绍最**热门**的购物**网站**
가장 인기 있는 쇼핑 사이트를 소개하다

6급 热门 rèmén 명 인기 있는 것, 유행하는 것

2급 往 wǎng 개 …으로, …을 향하여 형 이전의, 과거의

개 **…으로, …을 향하여** [통의어] 朝 cháo [5급] · 向 xiàng [3급]
乘坐飞**往**上海的航班 상하이행 항공편에 탑승하다

4급 乘坐 chéngzuò 통 타다, 탑승하다

一直往前走，到十字路口向右拐
앞으로 계속 가다가 사거리에서 우회전하다

형 이전의, 과거의
今年春季的降雨量与往年相比减少了一倍多
올해 봄철 강우량은 예전에 비해 배 이상 감소했다

十字路口 shízi lùkǒu 사거리, 네거리
降雨量 jiàngyǔliàng 명 강우량

역순 어휘
交往 jiāowǎng　向往 xiàngwǎng
一如既往 yīrú-jìwǎng　以往 yǐwǎng

6급 往常 wǎngcháng 명 평소, 이전

명 평소, 이전
他像往常一样6点起床去上班了
그는 평소처럼 6시에 일어나 출근했다

3급 一样 yíyàng 형 같다

5급 往返 wǎngfǎn 동 왕복하다

동 왕복하다
往返一次需三小时
한 번 왕복하는 데 세 시간이 걸린다
预订高铁往返票
고속철 왕복 티켓을 예매하다

5급 预订 yùdìng 동 예약하다, 예매하다
高铁 gāotiě 명 고속 철도

6급 往事 wǎngshì 명 옛일, 이전의 일

명 옛일, 이전의 일
看着一张老照片，回忆往事
옛날 사진 한 장을 보며 옛일을 회상하다

4급 回忆 huíyì 동 회상하다

4급 往往 wǎngwǎng 부 왕왕, 흔히, 종종

부 왕왕, 흔히, 종종
计划往往赶不上变化
계획은 변화를 종종 따라잡지 못한다
他们周末往往去书店
그들은 주말에 서점에 자주 간다

赶不上 gǎnbushàng 따라잡을 수 없다, 미치지 못하다

6급 妄想 wàngxiǎng 동 망상하다 명 망상

동 망상하다
他自己犯错了还妄想独吞遗产
그는 자기가 잘못하고도 유산을 독차지하려는 망상을 했다
명 망상
痴迷被害妄想 피해 망상에 사로잡히다

独吞 dútūn 동 독차지하다, 독식하다
痴迷 chīmí 동 심취하다, 극도로 빠지다

3급 忘记 wàngjì 동 잊다, 잊어버리다

동 잊다, 잊어버리다
忘记带手机了 핸드폰 챙기는 것을 깜빡했다
今天是我们的结婚纪念日，我怎么会忘记呢
오늘은 우리 결혼기념일인데 내가 어떻게 잊을 수 있겠어

纪念日 jìniànrì 명 기념일

W

5급 危害 wēihài 동 심각한 해를 끼치다, 파괴하다 명 위해, 피해

동 심각한 해를 끼치다, 파괴하다
网瘾会**危害**人们的身心健康
인터넷 중독은 사람들의 심신 건강을 해칠 수 있다

명 위해, 피해
这次台风给该地区造成了巨大的**危害**
이번 태풍은 이 지역에 막대한 피해를 입혔다

网瘾 wǎngyǐn 명 인터넷 중독
5급 巨大 jùdà 형 거대하다

6급 危机 wēijī 명 위기, 위험

명 위기, 위험
在全球金融**危机**影响下，大量企业纷纷倒闭
세계 금융 위기의 영향으로 많은 기업이 줄줄이 도산했다

6급 金融 jīnróng 명 금융
5급 纷纷 fēnfēn 형 잇달아, 연이어
6급 倒闭 dǎobì 동 파산하다, 도산하다

4급 危险 wēixiǎn 형 위험하다 명 위험

형 위험하다
处置**危险**废弃物
위험 폐기물을 처리하다

酒后驾驶很**危险**
음주 운전은 매우 위험하다

명 위험
经过医生的抢救，病人终于脱离了**危险**
의사의 응급 처치를 거쳐 환자는 마침내 위험에서 벗어났다

6급 处置 chǔzhì 동 처리하다
废弃物 fèiqìwù 폐기물
6급 抢救 qiǎngjiù 동 긴급 구조하다, 응급 처치하다
6급 脱离 tuōlí 동 벗어나다, 끊다

6급 威风 wēifēng 명 위풍, 위엄 형 위풍이 있다, 위엄이 있다

명 위풍, 위엄
狐狸借着老虎的**威风**吓跑了百兽
여우가 호랑이의 위풍을 빌려 모든 동물이 놀라 달아나게 했다

형 위풍이 있다, 위엄이 있다
穿上警服，他显得格外**威风**
경찰복을 입으니 그는 유달리 위엄 있어 보인다

狐狸 húli 명 여우
百兽 bǎishòu 명 온갖 짐승
警服 jǐngfú 명 경찰복
5급 格外 géwài 부 특히, 유달리

6급 威力 wēilì 명 위력

명 위력
威力无比的核能
위력이 막강한 핵에너지

这种武器的**威力**有多大？
이 무기의 위력은 얼마나 됩니까?

6급 无比 wúbǐ 형 비할 데 없는, 더할 나위 없는
核能 hénéng 명 핵에너지, 원자력

6급 威望 wēiwàng 명 위엄과 신망, 명망, 명성

명 위엄과 신망, 명망, 명성
她在学生中有崇高的**威望**
그녀는 학생들 사이에서 높은 신망을 얻고 있다

6급 崇高 chónggāo 형 숭고한, 고상한, 최고의

5급 威胁 wēixié 동 위협하다 명 위협, 위해, 위험

동 위협하다

用武力威胁恐吓
무력으로 위협하고 협박하다

环境污染严重威胁着人类健康
환경 오염이 인류의 건강을 심각하게 위협하고 있다

명 위협, 위해, 위험

面临着新发传染病的威胁
새로 발생한 전염병의 위협에 직면하다

武力 wǔlì 명 무력
6급 恐吓 kǒnghè 동 협박하다, 위협하다
4급 严重 yánzhòng 형 심각하다, 심하다
传染病 chuánrǎnbìng 명 전염병

6급 威信 wēixìn 명 위신

명 위신

丑闻相继被曝光，结果他的威信受损
스캔들이 연이어 폭로되어 결과적으로 그의 위신이 손상되었다

丑闻 chǒuwén 명 추문, 스캔들
受损 shòusǔn 동 손상을 입다

6급 微不足道 wēibùzúdào 성 언급할 만한 가치가 없다, 보잘것없다, 하찮다

성 언급할 만한 가치가 없다, 보잘것없다, 하찮다

只要发现微不足道的过失都要严加惩治
하찮은 과실이라도 발견하면 모두 엄하게 처벌해야 한다

6급 过失 guòshī 명 과실, 실수, 잘못
惩治 chéngzhì 동 처벌하다

6급 微观 wēiguān 형 미시적인

형 미시적인 [반의어] 宏观 hóngguān [6급]

微观经济学 미시 경제학
他们从微观的角度对这个问题进行了分析
그들은 미시적인 각도에서 이 문제를 분석하였다

经济学 jīngjìxué 명 경제학
5급 角度 jiǎodù 명 각도, 시각, 관점
5급 分析 fēnxī 동 분석하다

5급 微笑 wēixiào 동 미소를 짓다, 웃음 짓다 명 미소

동 미소를 짓다, 웃음 짓다

他对着照相机微笑
그는 카메라를 보고 미소를 지었다

명 미소

脸上露出了幸福的微笑
얼굴에 행복한 미소를 지었다

3급 照相机 zhàoxiàngjī 명 카메라
露出 lùchū 동 나타나다, 드러내다

3급 为 wéi 동 하다, …이 되다, …이다

동 하다, …이 되다, …이다

一切事情都应尽力而为
모든 일에 최선을 다해야 한다

见习期为一年
수습 기간은 일 년이다

总面积大约为100平方米
총면적은 대략 100제곱미터이다

尽力而为 jìnlì'érwéi 성 최선을 다하다

역순 어휘
成为 chéngwéi 见义勇为 jiànyì-yǒngwéi
人为 rénwéi 认为 rènwéi 行为 xíngwéi
以为 yǐwéi 作为 zuòwéi

○ 为 wèi [3급] 참조

6급 **为难** wéinán 图 어려움을 느끼다, 어려워하다 图 괴롭히다, 난처하게 하다, 힘들게 하다

图 어려움을 느끼다, 어려워하다
两位同事拌嘴，我夹在中间很为难
동료 둘이 말다툼하는데 나는 중간에 껴서 난처하다

图 괴롭히다, 난처하게 하다, 힘들게 하다
不要故意为难他 일부러 그를 난처하게 하지 마라

拌嘴 bànzuǐ 图 말다툼하다,
　　　　 큰 소리로 싸우다
夹 jiā 图 둘 사이에 끼다
| 4급 | 故意 gùyì 图 고의로, 일부러

6급 **为期** wéiqī 图 기한 图 기한으로 하다

图 기한
比赛为期不远了，大家继续努力吧!
시합이 얼마 남지 않았으니 모두 계속 노력합시다!

图 기한으로 하다
以十年为期，期满以后再次商洽
10년을 기한으로 하며, 기간 만료 이후 다시 협상한다

期满 qīmǎn 图 만기가 되다, 기간이 만료되다
再次 zàicì 图 재차, 다시
商洽 shāngqià 图 상의하다, 협상하다

为首 wéishǒu 图 대표로 삼다, 앞세우다

图 대표로 삼다, 앞세우다
这个课题组是以王教授为首的
이 프로젝트 그룹은 왕 교수님이 대표로 있다

课题组 kètízǔ 图 프로젝트 팀, 과제 모임

6급 **违背** wéibèi 图 위배되다, 위반하다, 어기다

图 위배되다, 위반하다, 어기다
违背法律 법률을 위반하다 | **违背事理** 사리에 어긋나다
我违背了自己的诺言 나는 나 자신의 약속을 어겼다

事理 shìlǐ 图 사리, 일의 이치
诺言 nuòyán 图 약속

5급 **违反** wéifǎn 图 위반하다, 위배하다

图 (원칙, 규정, 제도 등을) 위반하다/위배하다
他酒后开车，违反了交通规则
그는 음주 후 운전을 해서 교통 규칙을 위반했다

| 4급 | 交通 jiāotōng 图 교통
| 5급 | 规则 guīzé 图 규칙, 법칙

5급 **围巾** wéijīn 图 목도리, 머플러

图 목도리, 머플러
他把新买的围巾围在她脖子上
그는 새로 산 목도리를 그녀의 목에 둘렀다

围 wéi 图 둘러싸다, 에워싸다
| 5급 | 脖子 bózi 图 목

5급 **围绕** wéirào 图 …을 둘러싸다

图 …을 둘러싸다
月球围绕着地球转，地球围绕着太阳转
달은 지구 주위를 돌고, 지구는 태양 주위를 돈다
同学们围绕着这个题目展开了讨论
학우들이 이 문제를 둘러싸고 토론을 벌였다

月球 yuèqiú 图 달
转 zhuàn 图 돌다, 회전하다
| 5급 | 题目 tímù 图 (시험 등의) 문제
| 5급 | 展开 zhǎnkāi 图 전개하다, 크게 벌이다

6급 唯独 wéidú 图 오직, 단지, 유독

图 오직, 단지, 유독
唯独对网络游戏感兴趣
오직 인터넷 게임에만 관심이 있다
大家都议论纷纷，**唯独**她一个人安静地坐着
모두들 의론이 분분한데 유독 그녀 혼자만 조용히 앉아 있다

5급 议论 yìlùn 图 의론, 비평, 의견	
5급 纷纷 fēnfēn 图 분분하다	

5급 唯一 wéiyī 图 유일한

图 유일한
她是我**唯一**的朋友　그녀는 나의 유일한 친구이다
夫妻俩**唯一**的乐趣就是看电影
부부 두 사람의 유일한 낙은 영화를 보는 것이다

6급 乐趣 lèqù 图 즐거움, 기쁨, 재미	

6급 维持 wéichí 图 유지하다 图 지지하다, 보호하다, 후원하다

图 유지하다
警察在会场内外**维持**秩序
경찰이 회의장 안팎에서 질서를 유지하다

图 지지하다, 보호하다, 후원하다
多亏大家**维持**，才能够渡过难关
여러분이 지지해 준 덕분에 비로소 난관을 극복할 수 있었습니다

5급 秩序 zhìxù 图 질서, 순서	
5급 多亏 duōkuī 图 다행히, 덕분에	
渡过 dùguò 图 이겨 내다, 극복하다	
难关 nánguān 图 난관, 어려움	

6급 维护 wéihù 图 지키다, 보호하다, 유지하고 보호하다

图 지키다, 보호하다, 유지하고 보호하다
维护员工合法权益　직원의 합법적 권익을 보호하다
尊重对方，**维护**对方的尊严
상대방을 존중하고 상대방의 존엄을 지키다

5급 合法 héfǎ 图 합법적이다	
权益 quányì 图 권익, 권리와 이익	
6급 尊严 zūnyán 图 존엄, 존엄성	

6급 维生素 wéishēngsù 图 비타민

图 비타민
缺乏**维生素**D会影响身体内的钙的吸收
비타민D가 부족하면 체내의 칼슘 흡수에 영향을 줄 수 있다

5급 缺乏 quēfá 图 결핍되다, 모자라다, 부족하다	
6급 钙 gài 图 칼슘	

W

5급 维修 wéixiū 图 수리하다, 정비하다

图 수리하다, 정비하다
维修装置及设备　장치 및 설비를 수리하다
提供车辆**维修**服务　차량 정비 서비스를 제공하다

装置 zhuāngzhì 图 장치, 설비	
5급 设备 shèbèi 图 설비	
车辆 chēliàng 图 차량	

1급 喂 wéi 圉 여보세요

圉 여보세요 (전화 대화에서 인사나 상대를 부를 때 쓰임)
喂，你找哪位?
여보세요, 누구를 찾으세요?

2급 找 zhǎo 图 찾다	
○ 喂 wèi [6급] 참조	

5급 伟大 wěidà [형] 위대하다

[형] **위대하다**

创作**伟大**的作品 위대한 작품을 창작하다

世界上所有母亲都是**伟大**的

세상의 모든 어머니는 위대하다

6급 创作 chuàngzuò [동] 창작하다, 만들다

4급 母亲 mǔqīn [명] 모친, 어머니

6급 伪造 wěizào [동] 위조하다, 날조하다

[동] **위조하다, 날조하다**

严厉打击**伪造**公文的犯罪行为

공문서를 위조하는 범죄 행위를 엄하게 단속하다

6급 严厉 yánlì [형] 엄하다, 준엄하다

公文 gōngwén [명] 공문서

5급 尾巴 wěiba [명] 꼬리, 끝부분, 후미

[명] **꼬리, 끝부분, 후미**

狗一边叫，一边摇晃**尾巴**

개가 짖으면서 꼬리를 흔들다

他们夹着**尾巴**逃跑了 그들은 꽁무니를 빼고 도망갔다

摇晃 yáohuàng [동] 흔들리다, 흔들다

夹尾巴 jiā wěiba 꼬리를 감추다, 몸을 사리다

逃跑 táopǎo [동] 도주하다, 도망치다

5급 委屈 wěiqu [형] 억울하다, 속상하다 [동] 억울하게 하다, 속상하게 만들다

[형] **억울하다, 속상하다**

如果我被人误解了，就会觉得十分**委屈**

만약 사람들이 나를 오해하면 매우 억울할 것이다

[동] **억울하게 하다, 속상하게 만들다**

这里条件很不好，实在**委屈**你了

이곳의 조건이 좋지 않아 불편을 끼쳤습니다

6급 误解 wùjiě [동] 오해하다

4급 实在 shízài [부] 확실히, 정말

6급 委托 wěituō [동] 위탁하다, 의뢰하다, 맡기다

[동] **위탁하다, 의뢰하다, 맡기다**

这件事就**委托**你了 이 일은 당신에게 맡기겠습니다

受当事人**委托**出庭辩护

당사자의 위탁을 받고 법정에 나가 변호하다

6급 当事人 dāngshìrén [명] 소송 당사자

6급 辩护 biànhù [동] 변호하다

6급 委员 wěiyuán [명] 위원

[명] **위원**

评审**委员** 심사 위원

他被委任为**委员**代表

그는 위원 대표로 위임되었다

评审 píngshěn [동] 평가하고 심사하다

委任 wěirèn [동] 위임하다

4급 卫生间 wèishēngjiān [명] 화장실

[명] **화장실**

请问，**卫生间**在哪儿?

실례지만 화장실은 어디에 있습니까?

6급 卫星 wèixīng 명 위성 명 인공위성

명 위성
卫星是指绕着行星运转的星球
위성은 행성을 둘러싸고 도는 천체를 가리킨다

명 인공위성
发射通信卫星 통신 위성을 발사하다

行星 xíngxīng 명 행성
运转 yùnzhuǎn 동 운행하다, 돌다
星球 xīngqiú 명 천체
| 6급 发射 fāshè 동 발사하다

3급 为 wèi 개 …을 위해, …을 대신하여 개 때문에, …을 위해

개 …을 위해, …을 대신하여 (행위의 대상을 이끌어 냄)
为市民服务 시민을 위해 봉사하다
我要为朋友严守秘密
나는 친구를 위해 비밀을 지킬 것이다

개 때문에, …을 위해 (원인이나 목적을 이끌어 냄)
父母为他取得的成绩感到高兴
부모님은 그가 받은 성적 때문에 기뻐하셨다
为方便读者，书后附有说明
독자의 편의를 위해 책 뒤에 설명을 첨부했다

严守 yánshǒu 동 (비밀 등을) 엄수하다
读者 dúzhě 명 독자
附有 fùyǒu 동 첨부하다, 덧붙이다

❍ 为 wéi [3급] 참조

3급 为了 wèile 개 …을 위하여

개 …을 위하여 (동작이나 행위의 목적을 이끌어 냄)
为了保持生态平衡，禁止毁林开垦
생태 균형을 유지하기 위하여 삼림 훼손과 개간을 금지하다
他拼命工作，就是为了多赚点儿钱
그가 필사적으로 일하는 것은 바로 돈을 더 많이 벌기 위해서이다

| 5급 平衡 pínghéng 형 평형하다, 균형이 맞다
毁林 huǐlín 동 산림을 훼손하다
开垦 kāikěn 동 개간하다
| 6급 拼命 pīnmìng 필사적으로 하다

2급 为什么 wèishénme 부 왜, 어째서, 무엇 때문에

부 왜, 어째서, 무엇 때문에
为什么那么着急? 어째서 그렇게 조급해하니?

| 3급 着急 zháojí 동 초조해하다, 조급하다

5급 未必 wèibì 부 반드시 …한 것은 아니다

부 반드시 …한 것은 아니다
事事追求完美未必是一件好事
매사에 완벽을 추구하는 것이 반드시 좋은 것만은 아니다

事事 shìshì 명 모든 일, 만사
| 5급 完美 wánměi 형 완벽하다, 훌륭하다

5급 未来 wèilái 명 미래 형 곧 다가오는, 머지않은, 앞으로의

명 미래
回顾过去，展望未来
과거를 되돌아보고, 미래를 전망하다

형 곧 다가오는, 머지않은, 앞으로의
在未来一周内，这些进口产品将停售
앞으로 1주일 내에 이 수입 상품들은 판매를 중지할 것이다

| 6급 回顾 huígù 동 뒤돌아보다, 돌이켜보다
| 6급 展望 zhǎnwàng 동 전망하다, 내다보다
| 5급 进口 jìnkǒu 동 수입하다
停售 tíngshòu 동 판매를 중지하다

W

6급 未免 wèimiǎn 튀 …이라고 할 수 밖에 없다, 아무래도 …하다

튀 …이라고 할 수 밖에 없다, 아무래도 …하다 (동의하지 않음을 나타냄)

你这样做未免太过分了
네가 이렇게 하는 것은 아무래도 너무 지나치다

这种说法未免太夸张了
이런 표현은 너무 과장됐다고 할 수 밖에 없다

5급 过分 guòfèn 튀 지나치다, 심하다
5급 夸张 kuāzhāng 튀 과장하다

3급 位 wèi 펑 위치, 자리 펑 지위, 직분 양 분

펑 위치, 자리
座位 좌석, 자리

펑 지위, 직분
学位 학위 | 名位 명성과 지위

양 분 (높이는 사람을 세는 단위)
各位顾客 고객 여러분 | 您是哪位? 당신은 누구십니까?
他是一位有名的作家 그는 유명한 작가이다

역순 어휘

部位 bùwèi	单位 dānwèi
地位 dìwèi	方位 fāngwèi
岗位 gǎngwèi	学位 xuéwèi
职位 zhíwèi	诸位 zhūwèi
座位 zuòwèi	

5급 位于 wèiyú 통 …에 위치하다

통 …에 위치하다
中国位于亚洲东部 중국은 아시아 동부에 위치한다

4급 亚洲 Yàzhōu 펑 아시아, 아시아주

5급 位置 wèizhì 펑 위치, 장소 펑 위치, 지위, 직위

펑 위치, 장소
位置是早已安排好的, 不可以随便坐
위치가 이미 배정되어서 마음대로 앉으면 안 된다

펑 위치, 지위, 직위
占有重要的位置 중요한 위치를 차지하다

4급 安排 ānpái 통 안배하다, 배치하다
占有 zhànyǒu 통 점유하다, 차지하다

4급 味道 wèidào 펑 맛, 냄새 펑 느낌, 흥미, 정취, 재미

펑 맛, 냄새
这道菜酸酸甜甜, 味道真好
이 요리는 새콤달콤하니 맛이 정말 좋다

新买的柜子有刺鼻的味道
새로 산 수납장에서 코를 찌르는 냄새가 난다

펑 느낌, 흥미, 정취, 재미
这部小说越看越有味道 이 소설은 볼수록 재미가 있다

酸甜 suāntián 새콤달콤하다
柜子 guìzi 펑 장, 수납장
6급 刺 cì 찌르다, 자극하다

6급 畏惧 wèijù 통 두려워하다, 무서워하다, 겁내다

통 두려워하다, 무서워하다, 겁내다
不要抱怨过去的挫折, 也不要畏惧未来的挑战
과거의 좌절을 원망하지 말고, 미래의 도전을 겁내지도 마라

5급 抱怨 bàoyuàn 통 원망하다
6급 挫折 cuòzhé 펑 좌절, 실패

5급 胃 wèi 명 위, 위장

명 위, 위장
通过改善饮食方式来缓解胃不舒服
식생활 개선을 통해 위장의 불편함을 완화하다

6급 饮食 yǐnshí 동 먹고 마시다

5급 胃口 wèikǒu 명 식욕, 입맛

명 식욕, 입맛
今天我很没胃口，不想吃东西
오늘 나는 식욕이 없어서 음식을 먹고 싶지 않다

这道菜很合我的胃口
이 요리는 내 입에 잘 맞는다

道 dào 양 차례, 번, 번째
(연속된 일 중 한 번을 가리킴)

6급 喂 wèi 동 동물에게 먹이를 주다, 사육하다 동 먹이다 탄 어이, 야

동 동물에게 먹이를 주다, 사육하다
这种鱼一天喂一次就行
이 물고기는 하루에 한 번만 먹이를 주면 된다

동 (음식, 약 등을) 먹이다
喂母乳和喂奶粉哪个好？
모유를 먹이는 것과 분유를 먹이는 것 중 어느 것이 좋습니까?

탄 어이, 야 (비교적 편하게 부르는 소리)
喂，快点儿，要迟到啦！
야, 서둘러, 늦겠다!

喂，你现在去哪儿？
어이, 너 지금 어디 가는 거야?

母乳 mǔrǔ 명 모유
奶粉 nǎifěn 명 분유
3급 迟到 chídào 동 지각하다, 늦게 도착하다

○ 喂 wéi [1급] 참조

6급 蔚蓝 wèilán 형 짙푸르다, 새파랗다, 쪽빛의

형 짙푸르다, 새파랗다, 쪽빛의
蔚蓝的天空中飘着朵朵白云
푸른 하늘에 흰 구름이 뭉게뭉게 흘러가고 있다

5급 天空 tiānkōng 명 천공, 하늘
5급 飘 piāo 동 흔들리다, 날리다, 나부끼다

6급 慰问 wèiwèn 동 위문하다

동 위문하다
每年春节，他都会去养老院慰问孤寡老人
매년 설날마다 그는 양로원에 가서 독거 노인들을 위문한다

养老院 yǎnglǎoyuàn 명 양로원
孤寡 gūguǎ 형 외롭다, 고독하다

W

6급 温带 wēndài 명 온대, 온대 지역

명 온대, 온대 지역
温带地区的气候最适合人居住
온대 지역의 기후가 사람이 살기에 가장 적합하다

4급 气候 qìhòu 명 기후
6급 居住 jūzhù 동 거주하다, 살다

4급 温度 wēndù 명 온도

명 온도
最低温度 최저 온도
平均温度 평균 온도
今天温度高达40度 오늘 온도가 40도에 이르렀다

5급 平均 píngjūn 형 균등하다, 균일하다, 평균적이다

6급 温和 wēnhé 형 따뜻하다 형 상냥하다, 부드럽다, 온화하다

형 (기후가) 따뜻하다
昆明气候温和，四季如春
쿤밍은 기후가 따뜻하고 사계절이 봄과 같다

형 상냥하다, 부드럽다, 온화하다
老师对我们总是那么温和
선생님은 우리에게 늘 그렇게 상냥하시다

她朝小孩儿温和地笑了笑
그녀는 어린아이를 향해 부드럽게 미소 지었다

昆明 Kūnmíng 쿤밍, 곤명, 윈난성 (云南省)에 있는 지명
四季 sìjì 명 사철, 사계
5급 朝 cháo 게 …을 향해, …쪽으로

5급 温暖 wēnnuǎn 형 따뜻하다, 따스하다 동 따뜻하게 하다

형 따뜻하다, 따스하다
温暖的阳光 따뜻한 햇빛
这里像家一样温暖 여기는 집처럼 따뜻하다

동 따뜻하게 하다
乘务员的一番话温暖了旅客的心
승무원의 말 한마디에 여행객들의 마음이 따뜻해졌다

4급 阳光 yángguāng 명 햇빛
乘务员 chéngwùyuán 명 승무원

5급 温柔 wēnróu 형 온화하고 유순하다, 부드럽고 순하다

형 온화하고 유순하다, 부드럽고 순하다
妈妈性格温柔，从来不对我们发脾气
어머니는 성격이 온화하셔서 여태껏 우리에게 화를 내신 적이 없다

4급 性格 xìnggé 명 성격
发脾气 fā píqi 화내다, 성깔을 부리다, 짜증을 내다

3급 文化 wénhuà 명 문화 명 지식, 교양, 교육

명 문화
传统文化 전통 문화
文化素养 문화적 소양

명 지식, 교양, 교육
文化水平 지식 수준
他没有什么文化 그는 교양이 없다

素养 sùyǎng 명 소양, 교양
3급 水平 shuǐpíng 명 수준

5급 文件 wénjiàn 명 문건, 서류, 자료, 문서 명 파일

명 문건, 서류, 자료, 문서
机密文件 기밀 문서
你把这份文件复印一下 너는 이 서류를 좀 복사해라

6급 机密 jīmì 형 기밀의, 극비의
4급 复印 fùyìn 동 복사하다

명 파일
把考试资料**文件**存储到硬盘里
시험 자료 파일을 하드 디스크에 저장하다

存储 cúnchǔ 통 저장하다
硬盘 yìngpán 명 하드 디스크

5급 文具 wénjù 　명 문방구, 문구

명 문방구, 문구
文具店 문구점
新学期开始了，妈妈给我买了很多新**文具**
신학기가 시작되어 엄마가 나에게 새 문구를 많이 사 주셨다

4급 学期 xuéqī 명 학기

5급 文明 wénmíng 　명 문명 　형 문명의, 문명화된 　형 교양이 있는, 예의 바른, 점잖은

명 문명
中华**文明**，历史悠久，博大精深
중화 문명은 역사가 유구하며 넓고 심오하다

형 문명의, 문명화된 반의어 野蛮 yěmán [6급]
人类进入**文明**社会
인류가 문명 사회로 진입하다

형 교양이 있는, 예의 바른, 점잖은
打架骂人是不**文明**的行为
싸우고 욕하는 것은 교양이 없는 행위이다

5급 悠久 yōujiǔ 형 유구하다, 장구하다
6급 博大精深 bódà-jīngshēn
　성 사상이나 학식이 폭넓고 깊다
6급 打架 dǎjià 통 주먹질하며 싸우다, 다투다
　骂人 màrén 통 비난하다, 욕하다

6급 文凭 wénpíng 　명 학위 증명서, 졸업 증명서

명 학위 증명서, 졸업 증명서
因为他没有大学**文凭**，找工作的时候吃了不少
苦头 그는 대학 학위가 없어서 구직할 때 고생을 많이 했다

吃苦头 chī kǔtou 쓴맛을 보다,
　고통과 시련을 겪다

6급 文物 wénwù 　명 문물, 문화재, 문화유산

명 문물, 문화재, 문화유산
博物馆里陈列着很多历史**文物**
박물관에 많은 역사 유물이 전시되어 있다

5급 博物馆 bówùguǎn 명 박물관
6급 陈列 chénliè 통 진열하다

6급 文献 wénxiàn 　명 문헌

명 문헌
根据**文献**记载，该遗址应该是夏朝的都城所在地
문헌 기록에 따르면 이 유적은 하나라의 도읍지일 것이다

6급 记载 jìzǎi 명 기록, 자료
　遗址 yízhǐ 명 유지, 유적지

W

5급 文学 wénxué 　명 문학, 언어 예술

명 문학, 언어 예술
文学批评 문학 비평
文学作品来源于生活
문학 작품은 삶에서 유래한다

4급 批评 pīpíng 통 비판하다, 비평하다
5급 作品 zuòpǐn 명 작품

6급 文雅 wényǎ 형 온화하고 예의 바르다, 우아하고 품위 있다

형 온화하고 예의 바르다, 우아하고 품위 있다
她举止**文雅**，性格谦和
그녀는 행동이 우아하고 성격이 겸허하다

举止 jǔzhǐ 명 행동거지
谦和 qiānhé 형 겸허하고 온화하다

6급 文艺 wényì 명 문예, 문학과 예술

명 문예, 문학과 예술
文艺演出 예술 공연 | **文艺**青年 예술을 사랑하는 청년
大学期间，她经常参加学校的**文艺**活动
대학 시절에 그녀는 학교의 예술 활동에 자주 참가했다

4급 演出 yǎnchū 명 공연, 상연, 퍼포먼스
4급 活动 huódòng 명 활동

4급 文章 wénzhāng 명 글, 저작, 저술

명 글, 저작, 저술
这篇**文章**极大讽刺了当今社会的腐败现象
이 글은 현재 사회의 부패 현상을 크게 풍자하고 있다

5급 讽刺 fěngcì 동 풍자하다
当今 dāngjīn 명 현재, 지금
6급 腐败 fǔbài 형 부패하다, 타락하다, 문란하다

5급 文字 wénzì 명 문자, 글자 명 문장, 글

명 문자, 글자
中国记录语言的**文字**是汉字
중국이 언어를 기록하는 문자는 한자이다

명 문장, 글
这段**文字**幽默风趣 이 글은 유머가 있고 재미있다

5급 记录 jìlù 동 기록하다, 기재하다
幽默 yōumò 형 익살맞다, 유머러스하다
6급 风趣 fēngqù 형 재미있다, 유머러스하다

5급 闻 wén 동 듣다, 들리다 동 냄새를 맡다

동 듣다, 들리다
百**闻**不如一见
백문이 불여일견, 백 번 듣는 것보다 직접 한 번 보는 것이 낫다

동 냄새를 맡다
这朵花**闻**起来很香 이 꽃은 향을 맡아 보니 아주 향기롭다
你**闻**一闻，这是什么臭味儿啊！
너 냄새 좀 맡아 봐, 이게 무슨 구린내야!

4급 香 xiāng 형 향기롭다
臭味儿 chòuwèir 명 악취, 구린내

역순 어휘
见**闻** jiànwén　新**闻** xīnwén

5급 吻 wěn 동 입 맞추다, 키스하다

동 입 맞추다, 키스하다
他轻轻地**吻**了一下妻子的嘴唇
그는 부인의 입술에 가볍게 키스했다

6급 嘴唇 zuǐchún 명 입술

5급 稳定 wěndìng 형 안정되다

형 안정되다
他家没有**稳定**的生活来源，生活很困窘
그의 집은 안정된 생활 원천이 없어서 생활이 궁하다

6급 来源 láiyuán 명 원천, 근원
困窘 kùnjiǒng 형 궁핍하고 어렵다, 곤궁하다

2급 问 wèn 통 묻다

통 묻다

请问，去火车站怎么走?
말 좀 묻겠습니다, 기차역은 어떻게 갑니까?

你替我向家人问好
네가 나 대신 가족들에게 안부를 전해 줘

역순 어휘

反问 fǎnwèn	访问 fǎngwèn
顾问 gùwèn	过问 guòwèn
提问 tíwèn	慰问 wèiwèn
询问 xúnwèn	疑问 yíwèn

5급 问候 wènhòu 통 안부를 묻다, 인사하다

통 안부를 묻다, 인사하다

互相问候健康，问候家人
서로 건강을 묻고 가족의 안부를 묻다

她向大家致以感谢的问候
그녀는 모두에게 감사 인사를 전했다

致以 zhìyǐ 통 표현하다, 나타내다

6급 问世 wènshì 통 세상에 나오다, 출시되다, 출판되다

통 세상에 나오다, 출시되다, 출판되다

新产品问世以来，受到了消费者的一致好评
신상품이 출시된 이후 소비자들의 일관된 호평을 받았다

5급 产品 chǎnpǐn 명 생산품, 제품, 산물
好评 hǎopíng 명 호평

2급 问题 wèntí 명 문제

명 문제

这些问题对我来说太难了
이 문제들은 나에게 너무 어렵다

那家公司财务状况好像有问题
그 회사의 재무 상황에 문제가 있는 것 같다

6급 财务 cáiwù 명 재무, 재정 관련 업무

6급 窝 wō 명 보금자리, 둥지 명 집, 소굴, 은신처

명 (새, 짐승 등의) 보금자리/둥지

他的房间乱得像狗窝 그의 방은 개집 같이 엉망이다

명 집, 소굴, 은신처

警察一举端了贼窝
경찰이 도둑의 소굴을 일거에 소탕했다

一举 yījǔ 부 단번에, 일거에
6급 端 duān 통 제거하다, 쓸어버리다

W

1급 我 wǒ 대 나, 저 대 우리 대 자기, 자신

대 나, 저

我喜欢读书 나는 독서를 좋아한다
我以前是英语老师 저는 전에 영어 선생님이었습니다

대 우리

在我国，男女平等 우리 나라에서는 남녀가 평등하다

대 자기, 자신

请做一下自我介绍吧 자기소개를 해 보십시오

3급 以前 yǐqián 명 이전
男女 nánnǚ 명 남녀
5급 平等 píngděng 형 평등하다, 동등하다, 대등하다
2급 介绍 jièshào 통 소개하다

1급 我们 wǒmen 때 우리

때 우리
我们见过一次面 우리는 한 번 만난 적이 있다
他在我们学校很有名
그는 우리 학교에서 아주 유명하다

3급 有名 yǒumíng 혱 유명하다

5급 卧室 wòshì 몡 침실

몡 침실
她的卧室布置得很温馨 그녀의 침실은 인테리어가 아늑하다

温馨 wēnxīn 혱 아늑하다

5급 握手 wò//shǒu 동 악수하다

동 악수하다
我和她握了握手，简单地寒暄了几句
나는 그녀와 악수를 하고 간단히 인사말 몇 마디를 나누었다

6급 寒暄 hánxuān 동 인사말을 하다,
인사를 나누다

6급 乌黑 wūhēi 혱 새까맣다

혱 새까맣다
她有一头乌黑亮丽的头发
그녀는 새까맣고 윤기 나는 아름다운 머리칼을 가졌다

亮丽 liànglì 혱 밝고 아름답다

6급 污蔑 wūmiè 동 중상하다, 모략하다, 모독하다

동 중상하다, 모략하다, 모독하다
你不要恶意污蔑好人 좋은 사람을 악의적으로 모략하지 마

恶意 èyì 몡 악의

4급 污染 wūrǎn 동 오염되다, 오염시키다 몡 오염

동 오염되다, 오염시키다
造纸厂排除的废水严重污染了周围的环境
제지 공장에서 방출한 폐수가 주위 환경을 심각하게 오염시켰다

몡 오염
空气污染日益严重 공기 오염이 날로 심각해지다

6급 排除 páichú 동 배제하다, 제거하다, 없애다
3급 环境 huánjìng 몡 환경
4급 空气 kōngqì 몡 공기

6급 诬陷 wūxiàn 동 무함하다, 모함하다, 무해하다

동 무함하다, 모함하다, 무해하다
他对你恩重如山，你怎么能诬陷他呢？ 그는 너에게
큰 은혜를 베풀었는데 너는 어떻게 그를 모함할 수 있니?

恩重如山 ēnzhòng-rúshān
쳥 은혜가 산처럼 크다

5급 屋子 wūzi 몡 방

몡 방
屋子里黑黑的，没有一丝光亮
방이 컴컴한 것이 한 줄기 빛도 없다

光亮 guāngliàng 몡 밝은 빛, 불빛, 광명

4급 无 wú 图 없다

图 없다
青春与年龄无关
청춘은 나이와 관계가 없다
友情无价 우정은 값을 매길 수 없다

毫无 háowú

6급 无比 wúbǐ 图 비할 데 없는, 더할 나위 없는

图 비할 데 없는, 더할 나위 없는
无比兴奋 매우 흥분하다
感到无比的自豪
비할 데 없는 자랑스러움을 느끼다

4급 兴奋 xīngfèn 图 흥분하다, 격분하다
5급 自豪 zìháo 图 자랑스럽다, 영예롭다

6급 无偿 wúcháng 图 무상의, 대가 없는

图 무상의, 대가 없는
李律师为外来工提供无偿的法律服务
리 변호사는 이주 노동자에게 무상 법률 서비스를 제공한다

外来工 wàiláigōng
图 타지에서 온 노동자, 이주 노동자
服务 fúwù 图 봉사하다, 서비스하다

6급 无耻 wúchǐ 图 부끄러운 줄 모르다, 염치없다, 뻔뻔하다

图 부끄러운 줄 모르다, 염치없다, 뻔뻔하다
厚颜无耻
후안무치, 낯이 두껍고 뻔뻔하다
他的无耻行为遭到人们的一致谴责
그의 염치없는 행위는 모든 사람의 비난을 받았다

遭到 zāodào 图 당하다, 받다, 입다
6급 谴责 qiǎnzé 图 견책하다, 비난하다

无从 wúcóng 图 어쩔 수 없이, …할 방법이 없이

图 어쩔 수 없이, …할 방법이 없이
无从下手 손을 댈 방법이 없다
我有千言万语，却无从谈起
하고 싶은 말이 많은데 어디서부터 시작해야 할지 모르겠다

下手 xiàshǒu 图 착수하다
千言万语 qiānyán-wànyǔ
图 하고 싶은 말이 많다

无动于衷 wúdòngyúzhōng 图 요지부동하다, 조금도 관심이 없다

图 요지부동하다, 조금도 관심이 없다
面对朋友的不幸，他却无动于衷
친구의 불행을 마주 대하고도 그는 전혀 관심이 없다

不幸 bùxìng 图 불행, 화, 변, 재앙

6급 无非 wúfēi 图 단지 …일 뿐, …에 지나지 않다

图 단지 …일 뿐, …에 지나지 않다
他说了那么多，无非是想证明自己是正确的
그가 그렇게 많은 말을 한 것은 단지 자기가 옳다고 증명하고
싶었을 뿐이다

4급 证明 zhèngmíng 图 증명하다

W

6급 无辜 wúgū 형 무고하다, 죄가 없다 명 무고한 사람, 죄가 없는 사람

형 무고하다, 죄가 없다
战争让很多无辜的人失去了生命
전쟁으로 많은 무고한 사람이 생명을 잃었다

명 무고한 사람, 죄가 없는 사람
警察担心伤及无辜，一直埋伏着等待最佳时机
경찰은 무고한 사람을 다치게 할까 걱정해서, 최적의 기회를
기다리며 계속 잠복하고 있다

- 5급 失去 shīqù 동 잃다, 잃어버리다, 상실하다
- 6급 埋伏 máifú 동 잠복하다, 숨다
- 5급 等待 děngdài 동 기다리다
- 6급 时机 shíjī 명 기회, 시기

无精打采 wújīng-dǎcǎi 성 생기가 없다, 의기소침하다, 활기가 없다

성 생기가 없다, 의기소침하다, 활기가 없다
一看他无精打采的样子，就知道他又挨骂了
생기 없는 그의 모습을 보니 또 욕을 먹었다는 것을 알겠다

- 4급 样子 yàngzi 명 모습, 상태, 상황
  挨骂 áimà 동 욕먹다, 꾸중을 듣다

无可奉告 wúkě-fènggào 성 상대방에게 알릴 것이 없다, 노코멘트

성 상대방에게 알릴 것이 없다, 노코멘트
这是我的个人隐私，无可奉告！
이것은 내 개인 프라이버시라 말할 것이 없다!

- 5급 个人 gèrén 명 개인
- 6급 隐私 yǐnsī 명 프라이버시, 개인 정보

无可奈何 wúkě-nàihé 성 방법이 전혀 없다, 어찌할 도리가 없다

성 방법이 전혀 없다, 어찌할 도리가 없다
他无可奈何地摇摇头，离开了
그는 어쩔 도리가 없다는 듯이 고개를 저으며 떠났다

摇头 yáotóu 동 고개를 젓다,
머리를 좌우로 흔들다

6급 无赖 wúlài 형 파렴치하다, 야비하다, 막되다 명 무뢰한, 깡패, 불량배

형 파렴치하다, 야비하다, 막되다
面对无赖的小人，只能用无赖的方式来解决
파렴치한 소인배를 만나면 야비한 방법을 써서 해결할 수 밖에 없다

명 무뢰한, 깡패, 불량배
他是个为了达到目的不择手段的无赖
그는 목적을 달성하기 위해서라면 수단을 가리지 않는 불량배이다

小人 xiǎorén 명 소인배, 비열한 사람
- 6급 不择手段 bùzé-shǒuduàn
  성 수단과 방법을 가리지 않다

6급 无理取闹 wúlǐ-qǔnào 성 이유 없이 남과 싸우다, 일부러 소란을 피우다

성 이유 없이 남과 싸우다, 일부러 소란을 피우다
他一旦不爽就无理取闹乱撒气
그는 일단 언짢으면 이유 없이 난리 치며 마구 화를 낸다

- 5급 一旦 yīdàn 명 일단
  不爽 bùshuǎng 형 즐겁지 않다, 언짢다
  撒气 sāqì 동 화를 내다, 화풀이하다

4급 无聊 wúliáo 형 무료하다, 심심하다, 따분하고 지루하다

형 무료하다, 심심하다, 따분하고 지루하다
无聊的时候，我就打电话和朋友聊天
심심할 때 나는 친구에게 전화를 걸어 수다를 떤다

- 3급 聊天 liáotiān 동 한담하다, 수다 떨다

4급 无论 wúlùn 연 ···에도 불구하고, ···을 막론하고

연 ···에도 불구하고, ···을 막론하고
无论做什么事情，他都不允许自己半途而废
어떤 일을 막론하고 그는 자기가 중도 포기하는 것을 용납하지 않는다

4급 允许 yǔnxǔ 동 허용하다, 허락하다, 동의하다
6급 半途而废 bàntú'érfèi 성 중도에 포기하다

5급 无奈 wúnài 동 어쩔 도리가 없다, 방법이 없다 연 안타깝게도, 유감스럽게도

동 어쩔 도리가 없다, 방법이 없다
他高中没毕业就出去打工了，实在是迫于无奈
그가 고등학교도 졸업하지 않고 아르바이트를 하는 것은 실로
어쩔 수 없다

연 안타깝게도, 유감스럽게도
他也想向她表白，无奈无房、无车，担心给不了
对方幸福
그도 그녀에게 고백하고 싶지만 유감스럽게도 집도 없고
차도 없어서 상대를 행복하게 하지 못할까 걱정한다

5급 打工 dǎgōng 동 임시직으로 일하다,
아르바이트하다
迫于 pòyú 동 어쩔 수 없이 하다,
강요에 못 이겨 하다
表白 biǎobái 동 마음을 밝히다, 고백하다

6급 无能为力 wúnéng-wéilì 성 무능하다, 능력이 부족하다

성 무능하다, 능력이 부족하다
在我看来，无能为力是一种借口
내가 보기에 능력이 부족하다는 것은 핑계이다

5급 借口 jièkǒu 명 핑계, 구실

6급 无穷无尽 wúqióng-wújìn 성 무궁무진하다, 끝이 없다

성 무궁무진하다, 끝이 없다
知识是无穷无尽的，我们要"活到老，学到老"
지식은 무궁무진하므로 우리는 '죽을 때까지 평생 배워야' 한다

活到老，学到老 huódàolǎo,
xuédàolǎo 평생 배우다, 배움은 끝이 없다

5급 无数 wúshù 형 무수하다, 매우 많다 동 확실하지 않다, 잘 모르다

형 무수하다, 매우 많다
经过无数次的挑战，他终于成功了
무수한 도전을 거쳐 그는 마침내 성공했다

동 확실하지 않다, 잘 모르다
他能不能应付这件事，我心中无数
그가 이 일에 대처할 수 있을지 나는 잘 모르겠다

5급 挑战 tiǎozhàn 명 도전
5급 应付 yìngfù 동 대처하다, 대응하다

W

5급 无所谓 wúsuǒwèi 동 ···이라고 말할 수 없다 동 상관없다, 신경 쓰지 않다

동 ···이라고 말할 수 없다
对于他，我无所谓喜欢，也无所谓不喜欢
그에 대해 나는 좋아한다고 할 수도 없고 싫어한다고 할 수도 없다

동 상관없다, 신경 쓰지 않다
他这种无所谓的态度让总经理很恼火
그의 이런 무신경한 태도에 사장은 화를 냈다

4급 态度 tàidu 명 태도
6급 恼火 nǎohuǒ 동 성나다, 화내다,
노여워하다

6급 无微不至 wúwēi-bùzhì
(성) 세심하여 관심이 미치지 않는 곳이 없다, 세심하게 보살피고 배려하다

(성) 세심하여 관심이 미치지 않는 곳이 없다, 세심하게 보살피고 배려하다

父母对我们的爱，可谓是无微不至
부모님의 나에 대한 사랑은 세심하고 지극하다고 말할 수 있다

可谓 kěwèi (동) …이라고 말할 수 있다, …이라고 이를 만하다

6급 无忧无虑 wúyōu-wúlǜ
(성) 아무 근심 걱정이 없다

(성) 아무 근심 걱정이 없다

真希望能回到无忧无虑的童年
아무 근심 걱정이 없었던 어린 시절로 정말 돌아가고 싶다

回到 huídào (동) 되돌아가다
童年 tóngnián (명) 어린 시절, 유년기

6급 无知 wúzhī
(형) 무지하다, 사리에 밝지 않다

(형) 무지하다, 사리에 밝지 않다

他不知天高地厚，无知蠢笨
그는 세상 물정을 모르고 무지하고 어리석다

天高地厚 tiāngāo-dìhòu (성) 하늘의 높이와 땅의 두께, 사물의 복잡하고 어려운 정도
蠢笨 chǔnbèn (형) 멍청하다, 아둔하다

1급 五 wǔ
(수) 오, 다섯, 5

(수) 오, 다섯, 5

五件衣服 옷 다섯 벌
三点零五分 3시 5분

2급 零 líng (수) 영, 0

6급 武器 wǔqì
(명) 무기, 병기 (명) 무기, 도구

(명) 무기, 병기

军队全面更新了武器装备
군대가 무기와 장비를 전부 새로 바꾸었다

(명) 무기, 도구

口才是成功的武器
말재주는 성공의 무기이다

6급 更新 gēngxīn (동) 경신하다, 바꾸다
6급 装备 zhuāngbèi (명) 장비
口才 kǒucái (명) 화술, 언변, 말재주

5급 武术 wǔshù
(명) 무술, 무예

(명) 무술, 무예

这位武术教练的本领很强！
이 무술 사범의 기량은 정말 뛰어나군!

5급 本领 běnlǐng (명) 기량, 솜씨, 능력

6급 武侠 wǔxiá
(명) 무협, 협객

(명) 무협, 협객

他的第一部武侠小说受到了读者的欢迎
그의 첫 번째 무협 소설은 독자들의 환영을 받았다

读者 dúzhě (명) 독자
受欢迎 shòu huānyíng
환영 받다, 인기가 있다

6급 武装 wǔzhuāng 명 무장, 군장 동 무장하다

명 무장, 군장
战士们全副**武装**，准备战斗
병사들이 완전 군장을 하고 전투를 준비하다
解除**武装** 무장을 해제하다
동 무장하다
这些武器足够**武装**一个师的兵力
이 무기들은 1개 사단의 병력을 무장하기에 충분하다

全副 quánfù 형 전부의, 모두 갖춘
6급 战斗 zhàndòu 명 전투
6급 解除 jiěchú 제거하다, 없애다, 해소하다
足够 zúgòu 충분하다
师 shī 명 사단, 군대 편성 단위의 하나

6급 侮辱 wǔrǔ 동 능욕하다, 모욕하다

동 능욕하다, 모욕하다
看到对方如此**侮辱**自己，他给了对方一拳
상대가 이렇게 자신을 모욕하는 것을 보고 그는 상대에게 주먹을
한 방 날렸다

拳 quán 명 주먹

6급 舞蹈 wǔdǎo 명 무용, 춤 동 무용하다, 춤추다

명 무용, 춤
舞蹈可以陶冶人的情操
무용은 사람의 정서를 도야할 수 있다
동 무용하다, 춤추다
一阵春风吹过，柳树也随风**舞蹈**起来
한 줄기 봄바람이 불어오자 버드나무도 바람에 따라 춤을 춘다

陶冶 táoyě 동 도야하다, 영향을 주다
情操 qíngcāo 명 정조, 정서
柳树 liǔshù 명 버드나무

5급 勿 wù 부 …하지 마라

부 …하지 마라 (금지를 나타냄)
女生宿舍，男生请**勿**入内
여학생 기숙사이니 남학생은 들어오지 마시오

5급 宿舍 sùshè 명 기숙사

6급 务必 wùbì 부 반드시, 꼭

부 반드시, 꼭
乘车时**务必**系好安全带
차를 탈 때 반드시 안전벨트를 매야 한다
请您**务必**保重身体 꼭 몸조심하세요

系 jì 동 묶다, 매다, 채우다
安全带 ānquándài 명 안전띠, 안전벨트
6급 保重 bǎozhòng 동 몸조심하다

务实 wùshí 형 실제적이다, 실용적이다

형 실제적이다, 실용적이다
采取**务实**举措
실제적인 조치를 취하다
大家都喜欢和**务实**的人合作
모두가 실무적인 사람과 함께 일하는 것을 좋아한다

举措 jǔcuò 명 행동, 대책, 조치
5급 合作 hézuò 동 합작하다, 함께 일하다

W

5급 物理 wùlǐ 명 물리, 물리학

명 물리, 물리학
一名女物理学家发明了一种新型核聚变火箭
한 여성 물리학자가 새로운 핵융합 로켓을 발명했다

核聚变 héjùbiàn 명 핵융합
6급 火箭 huǒjiàn 명 로켓

6급 物美价廉 wùměi-jiàlián 성 상품의 질도 좋고 값도 싸다

성 상품의 질도 좋고 값도 싸다
这家商店的东西物美价廉，生意特别好
이 상점의 물건은 질도 좋고 값도 싸서 장사가 정말 잘 된다

4급 生意 shēngyi 명 장사, 영업, 사업

6급 物业 wùyè 명 주택, 부동산, 주거용 건물, 주택 관리 업체

명 주택, 부동산, 주거용 건물, 주택 관리 업체
房屋出现问题，业主要找物业公司维修吗？
집에 문제가 생기면 소유주는 주거 관리 업체에 수리를 요구해야 합니까?

业主 yèzhǔ 명 (부동산) 소유주
5급 维修 wéixiū 동 수리하다, 정비하다

5급 物质 wùzhì 명 물질

명 물질
科学家们就在地球的周围发现了一种神秘物质
과학자들은 지구 주변에서 신비한 물질을 발견했다
真正的爱情比金钱和物质更重要
진정한 사랑이 금전과 물질보다 더 중요하다

5급 神秘 shénmì 동 신비하다, 신비스럽다
金钱 jīnqián 명 금전, 돈, 화폐

6급 物资 wùzī 명 물자

명 물자
救援物资从四面八方运往灾区
구호 물자가 각 지방에서 재해 지역으로 운송되었다

救援 jiùyuán 동 구하다
四面八方 sìmiàn-bāfāng 성 사방팔방, 각 지방

6급 误差 wùchā 명 오차, 차이

명 오차, 차이
我们要将误差降到最低
우리는 오차를 최저로 낮춰야 한다

最低 zuìdī 형 최저이다, 가장 낮다

4급 误会 wùhuì 동 오해하다 명 오해

동 오해하다
你误会了，我说的不是这个意思
당신이 오해한 거예요, 내 말은 그런 뜻이 아닙니다

명 오해
误会很深 오해가 깊다
引起误会 오해를 불러일으키다
因为一个小小的误会，多年的好友再也不联系了
작은 오해 하나 때문에 오랜 친구들끼리 더 이상 연락하지 않는다

2급 意思 yìsi 명 뜻, 의미
4급 引起 yǐnqǐ 동 일으키다, 유발하다
4급 联系 liánxì 동 연계하다, 연락하다

637

6급 误解 wùjiě 동 오해하다 명 오해

동 오해하다

你误解了我，还污蔑我，真是岂有此理！

네가 나를 오해하고 또 모함하다니 어떻게 이럴 수 있어!

명 오해

你主动找他谈谈，消除他对你的误解

네가 먼저 그를 찾아 가서 얘기하고 그의 오해를 풀어라

6급 岂有此理 qǐyǒucǐlǐ 성 어찌 이럴 수 있는가

6급 消除 xiāochú 동 제거하다, 없애다

5급 雾 wù 명 안개

명 안개

大雾天气，出行注意安全！

안개가 짙은 날씨니 외출할 때 안전에 주의해라!

3급 注意 zhùyì 동 주의하다

4급 安全 ānquán 형 안전하다

W

6급 夕阳 xīyáng 명 석양 명 만년, 노년

명 석양

坐在海边上看夕阳
바닷가에 앉아 석양을 바라보다

명 만년, 노년

老年大学使我们的夕阳生活丰富多彩
노인 대학이 우리의 노년 생활을 알차게 만들었다

海边 hǎibiān 명 해변, 바닷가
老年大学 lǎonián dàxué 노인 대학
丰富多彩 fēngfù-duōcǎi
성 내용이 풍부하고 형태가 다채롭다

3급 西 xī 명 서쪽, 서방 명 서양

명 서쪽, 서방 [반의어] 东 dōng [3급]

出了校门往西走
교문을 나와 서쪽으로 걸어가다

명 서양

西餐 양식, 서양 요리 | 西装 양장, 양복

校门 xiàomén 명 교문

2급 西瓜 xīguā 명 수박

명 수박

把西瓜切成两半儿
수박을 반으로 갈랐다

5급 切 qiē 동 (칼로) 썰다/자르다
两半儿 liǎngbànr 명 반, 절반

4급 西红柿 xīhóngshì 명 토마토

명 토마토 [동의어] 番茄 fānqié

西红柿是水果还是蔬菜?
토마토는 과일일까, 아니면 채소일까?

5급 蔬菜 shūcài 명 채소, 야채

5급 吸取 xīqǔ 동 섭취하다, 얻다

동 섭취하다, 얻다

从失败中吸取教训 실패에서 교훈을 얻다
靠吸取海水中的浮游生物为生
바닷물의 플랑크톤을 섭취하여 살다

5급 教训 jiàoxùn 명 교훈
浮游生物 fúyóu shēngwù 플랑크톤

5급 吸收 xīshōu 동 흡수하다, 빨아들이다

동 흡수하다, 빨아들이다

吸收营养物质 영양물질을 흡수하다
植物吸收水分 식물이 수분을 빨아들이다

5급 物质 wùzhì 명 물질
水分 shuǐfèn 명 수분

4급 吸引 xīyǐn 동 끌어당기다, 유인하다, 사로잡다

동 끌어당기다, 유인하다, 사로잡다

独特的广告吸引了观众的好奇心
독특한 광고가 관중의 호기심을 끌었다

5급 独特 dútè 형 독특하다
好奇心 hàoqíxīn 명 호기심

2급 希望 xīwàng 동 희망하다, 바라다 명 희망, 바람

동 희망하다, 바라다
希望你早日恢复健康 하루빨리 건강을 회복하시길 바랍니다
他从小就**希望**当一名警察
그는 어릴 적부터 경찰이 되길 희망했다

명 희망, 바람
青少年是国家的**希望** 청소년은 나라의 희망이다

5급 恢复 huīfù 동 회복하다, 회복되다
4급 警察 jǐngchá 명 경찰

6급 昔日 xīrì 명 과거, 지난날, 옛날

명 과거, 지난날, 옛날
昔日的小渔村变成了繁华的大都市
옛날의 작은 어촌이 번화한 대도시로 바뀌었다

渔村 yúcūn 명 어촌
6급 繁华 fánhuá 형 번화하다

6급 牺牲 xīshēng 동 희생하다, 목숨을 바치다, 손해를 보다

동 희생하다, 목숨을 바치다, 손해를 보다
在这次救火中**牺牲**的消防人员年仅28岁
이번 화재 진압 중에 희생된 소방대원은 나이가 겨우 28세이다
不惜**牺牲**个人利益
개인의 이익을 희생하는 것을 아까워하지 않다

救火 jiùhuǒ 동 불을 끄다
6급 不惜 bùxī 동 아까워하지 않다
5급 利益 lìyì 명 이익, 이득, 이점

6급 溪 xī 명 계곡, 개울, 시내

명 계곡, 개울, 시내
这条小**溪**十分清澈 이 작은 개울은 매우 맑다

6급 清澈 qīngchè 형 맑고 투명하다,
깨끗하고 맑다

6급 熄灭 xīmiè 동 꺼지다, 끄다

동 (등, 불 등이) 꺼지다, 끄다
太阳升了起来，路灯**熄灭**了 해가 뜨고 가로등은 꺼졌다
他协助消防队把火**熄灭**了 그는 소방대원을 도와 불을 껐다

路灯 lùdēng 명 가로등
6급 协助 xiézhù 동 협조하다, 보조하다

6급 膝盖 xīgài 명 무릎

명 무릎
上下楼梯的时候，**膝盖**很疼
계단을 오르내릴 때 무릎이 아프다

楼梯 lóutī 명 층계, 계단

X

3급 习惯 xíguàn 동 습관이 되다, 익숙해지다, 적응이 되다 명 습관, 관습

동 습관이 되다, 익숙해지다, 적응이 되다
你对这儿的生活**习惯**了吗？ 이곳 생활에 적응이 됐습니까?

명 습관, 관습
从小就要养成良好的生活**习惯**
어릴 적부터 좋은 생활 습관을 길러야 한다

4급 养成 yǎngchéng 동 기르다, 양성하다

6급 习俗 xísú 명 습속, 풍속

명 습속, 풍속
介绍端午节习俗的由来 단오절 풍속의 유래를 소개하다

6급 端午节 Duānwǔjié 명 단오, 단오절

6급 袭击 xíjī 동 습격하다, 급습하다, 갑자기 침입하다

동 습격하다, 급습하다, 갑자기 침입하다
遭到鲨鱼的袭击 상어의 습격을 받다
袭击敌军的秘密军火库 적군의 비밀 무기고를 습격하다

鲨鱼 shāyú 명 상어
军火库 jūnhuǒkù 명 무기고

6급 媳妇 xífù 명 며느리

명 며느리
贤惠的媳妇 현명한 며느리 | 侄媳妇 조카며느리, 질부

6급 贤惠 xiánhuì 명 어질다, 현명하다

2급 洗 xǐ 동 씻다, 빨다 동 현상하다, 인화하다

동 씻다, 빨다
洗衣服 옷을 빨다 | 干洗店 드라이클리닝 매장, 세탁소
我的孩子不喜欢洗脸刷牙
우리 아이는 세수하고 양치하는 것을 싫어한다
동 (필름을) 현상하다, (사진을) 인화하다
亲自洗了两张照片 두 장의 사진을 직접 현상했다

干洗 gānxǐ 동 드라이클리닝하다
3급 刷牙 shuāyá 동 이를 닦다
5급 亲自 qīnzì 형 친히, 몸소, 직접

3급 洗手间 xǐshǒujiān 명 화장실

명 화장실
洗手间在一楼走廊左边 화장실은 1층 복도 왼편에 있습니다

6급 走廊 zǒuláng 명 복도, 회랑

洗衣机 xǐyījī 명 세탁기

명 세탁기
去商场买了一台滚筒洗衣机
매장에 가서 드럼 세탁기를 한 대 샀다

滚筒洗衣机 gǔntǒng xǐyījī 드럼 세탁기

3급 洗澡 xǐ // zǎo 동 목욕하다

동 목욕하다
我一般是在早上洗澡 나는 주로 아침에 목욕한다
刚洗完澡又出了一身汗 방금 목욕을 했는데 또 땀이 났다

一身 yīshēn 명 온몸, 전신
4급 汗 hàn 명 땀

1급 喜欢 xǐhuan 동 좋아하다 형 기쁘다, 즐겁다

동 좋아하다
我喜欢小狗 나는 강아지를 좋아한다
你喜欢喝茶还是喝咖啡? 너는 차가 좋니, 커피가 좋니?

小狗 xiǎogǒu 명 강아지, 작은 개
2급 咖啡 kāfēi 명 커피

형 기쁘다, 즐겁다
听到这个好消息，我们都**喜欢**得不得了
이 좋은 소식을 듣고 우리는 모두 몹시 기뻐했다

| 4급 | 消息 xiāoxi 명 소식
| 5급 | 不得了 bùdéliǎo 대단하다

| 6급 | **喜闻乐见** xǐwén-lèjiàn 성 기쁘게 듣고 즐겁게 보다

성 기쁘게 듣고 즐겁게 보다
这是一档人们**喜闻乐见**的娱乐节目
이것은 사람들이 즐겨 보는 오락 프로그램이다

档 dàng 양 건, 가지
| 5급 | 娱乐 yúlè 명 오락, 레크리에이션

| 6급 | **喜悦** xǐyuè 형 기쁘다, 유쾌하다 명 희열, 기쁨

형 기쁘다, 유쾌하다
无比**喜悦** 더할 나위 없이 기쁘다
我怀着**喜悦**的心情走上了领奖台
나는 기쁜 마음을 안고 시상대에 올랐다

명 희열, 기쁨
她内心充满了成功的**喜悦**
그녀의 마음은 성공의 기쁨으로 가득 찼다

领奖台 lǐngjiǎngtái 명 시상대
| 5급 | 充满 chōngmǎn 동 충만하다, 가득하다

| 5급 | **戏剧** xìjù 명 극, 연극 명 극본, 대본

명 극, 연극
你对**戏剧**感兴趣吗? 당신은 연극에 관심이 있습니까?
명 극본, 대본
他擅长写**戏剧** 그는 극본을 잘 쓴다

| 3급 | 感兴趣 gǎn xìngqù 관심이 있다
| 6급 | 擅长 shàncháng 동 …에 뛰어나다, …을 잘하다

| 5급 | **系** xì 명 학과

명 학과
他毕业于南京大学物理**系**
그는 난징 대학교 물리학과를 졸업했다

| 4급 | 毕业 bìyè 동 졸업하다

➋ **系**领带 jì lǐngdài [5급] 참조

| 6급 | **系列** xìliè 명 계열, 세트, 시리즈

명 계열, 세트, 시리즈
同属一个**系列** 같은 계열에 속하다
推出了**系列**高端产品 고급 제품 시리즈를 출시했다

推出 tuīchū 동 내놓다, 출시하다, 발표하다
高端 gāoduān 형 고급의, 고가의

| 5급 | **系统** xìtǒng 명 계통, 체계, 시스템 형 체계적인

명 계통, 체계, 시스템
小区的供电**系统**出故障了
주거 단지의 전원 공급 시스템이 고장났다
预防循环**系统**疾病 순환기 계통의 질병을 예방하다

형 체계적인
系统地学习汉语 체계적으로 중국어를 학습하다

| 6급 | 故障 gùzhàng 명 고장, 문제
| 5급 | 预防 yùfáng 동 예방하다
| 6급 | 循环 xúnhuán 동 순환하다

X

6급 细胞 xìbāo 몡 세포

몡 세포
神经细胞 신경 세포 | 细胞分裂 세포 분열

6급 分裂 fēnliè 됭 분열하다, 분열시키다

5급 细节 xìjié 몡 세부, 세부 사항, 자세한 내용

몡 세부, 세부 사항, 자세한 내용
协议的大框架已经有了，现在正在商谈细节
협의의 큰 틀은 이미 정해졌고, 지금은 세부 사항을 상의하는 중이다

6급 框架 kuàngjià 몡 틀, 윤곽
商谈 shāngtán 됭 상담하다, 상의하다

6급 细菌 xìjūn 몡 세균

몡 세균
借助显微镜才能看到这些细菌
현미경의 도움을 받아야 이 세균들을 볼 수 있다

6급 借助 jièzhù 됭 도움을 받다, 힘을 빌리다
显微镜 xiǎnwēijìng 몡 현미경

6급 细致 xìzhì 혱 세밀하고 정교하다, 세심하고 주도면밀하다, 꼼꼼하다

혱 세밀하고 정교하다, 세심하고 주도면밀하다, 꼼꼼하다
为顾客提供细致周到的服务
고객을 위해 세심하고 주도면밀한 서비스를 제공하다
这件木雕作品工艺精巧细致
이 목조 작품은 공예가 정교하고 세밀하다

5급 周到 zhōudào 혱 주도면밀하다, 꼼꼼하다, 세심하다
精巧 jīngqiǎo 혱 정교하다

5급 瞎 xiā 됭 실명하다, 눈이 멀다 혱 맹목적으로, 아무렇게나

됭 실명하다, 눈이 멀다
他出生时就瞎了一只眼
그는 태어날 때 이미 한쪽 눈이 멀었다
붸 맹목적으로, 아무렇게나
你别听他瞎说！ 그가 하는 허튼소리를 듣지 마!
你在瞎想什么啊！ 너는 무슨 쓸데없는 생각을 하고 있는 거냐!

瞎说 xiāshuō 됭 (근거 없이) 아무렇게나 말하다, 허튼소리를 하다

6급 峡谷 xiágǔ 몡 협곡

몡 협곡
一进入峡谷，我们就看到了飞泻而下的瀑布
협곡에 들어서자마자 우리는 쏟아져 내리는 폭포를 보았다

飞泻 fēixiè 됭 높은 곳에서 쏟아지다
6급 瀑布 pùbù 몡 폭포

6급 狭隘 xiá'ài 혱 좁다 혱 좁다, 옹졸하다, 편협하다

혱 (너비, 폭, 범위 등이) 좁다
狭隘的山路 좁은 산길
这望远镜的视野非常狭隘 이 망원경의 시야는 매우 좁다
혱 (도량, 식견 등이) 좁다/옹졸하다/편협하다
用狭隘的观点来看待这个问题
편협한 관점으로 이 문제를 다루다

望远镜 wàngyuǎnjìng 몡 망원경
6급 视野 shìyě 몡 시야, 시계

6급 狭窄 xiázhǎi 형좁다 형좁다, 옹졸하다, 편협하다

형 (폭, 범위 등이) 좁다
狭窄的街道 좁은 거리 | 客厅狭窄 응접실이 좁다
형 (도량, 식견 등이) 좁다/옹졸하다/편협하다
他心胸狭窄，容不得别人批评自己
그는 도량이 좁아서 남이 자기를 비판하는 것을 용납하지 못한다

心胸 xīnxiōng 명 마음속, 도량, 아량
容不得 róngbude 포용할 수 없다, 용납할 수 없다

6급 霞 xiá 명 노을

명 노을
晚霞映红了整个天空 저녁노을이 온 하늘을 붉게 물들였다

映红 yìnghóng 통 붉게 비추다, 붉게 물들이다

1급 下 xià 명 낮은 곳, 아래 명 나중, 다음 통 내려가다, 떨어지다

명 낮은 곳, 아래 반의어 上 shàng [1급]
往下跳 아래로 뛰다, 뛰어내리다 | 长江下游 창장 하류
桌子下面有一双鞋 탁자 아래에 신발 한 켤레가 있다
명 나중, 다음
再见，欢迎下次再来 안녕히 가세요, 다음에 또 오세요
下个星期再见吧 다음 주에 만납시다
통 내려가다, 떨어지다
外面下雪了 밖에 눈이 온다

跳 tiào 통 도약하다, 점프하다, 뛰어오르다
下游 xiàyóu 명 (강의) 하류
3급 双 shuāng 양 쌍, 짝, 켤레

역순 어휘
不相上下 bùxiāng-shàngxià
一下 yīxià

6급 下属 xiàshǔ 명 부하, 아랫사람, 하급 관리

명 부하, 아랫사람, 하급 관리
他处处为下属考虑 그는 모든 방면에서 아랫사람을 배려한다
作为一个领导者必须了解下属的长处和短处
상사로서 부하 직원의 장점과 단점을 반드시 잘 알아야 한다

处处 chùchù 명 도처, 각 방면
长处 chángchù 명 장점
短处 duǎnchù 명 약점, 결점

1급 下午 xiàwǔ 명 오후

명 오후
下午的会议推迟了半小时 오후 회의는 30분 연기됐다

3급 会议 huìyì 명 회의
4급 推迟 tuīchí 통 미루다, 연기하다, 지연시키다

1급 下雨 xiàyǔ 통 비가 내리다

통 비가 내리다
下雨了，出门时别忘了带伞
비가 오니 나갈 때 우산 챙기는 거 잊지 마라

出门 chūmén 통 외출하다, 나가다
3급 伞 sǎn 명 우산

5급 下载 xiàzài 통 다운로드하다

통 다운로드하다
他把文件下载后，保存到硬盘里了
그는 파일을 다운로드한 후 하드 디스크에 저장했다

硬盘 yìngpán 명 하드 디스크

tip xiàzǎi로도 읽는다

5급 吓 xià 图 두려워하다, 놀라다 图 두렵게 하다, 놀라게 하다

图 **두려워하다, 놀라다**
　　吓得浑身发抖 두려워 온몸이 떨리다
　　吓出一身冷汗来 놀라서 온몸에서 식은땀이 나다
图 **두렵게 하다, 놀라게 하다**
　　吓死我了! 깜짝이야!

5급 发抖 fādǒu 图 떨다
　　冷汗 lěnghàn 图 식은땀

◐ 恐吓 kǒnghè [6급] 참조

3급 夏 xià 图 여름

图 **여름**
　　每年夏天，我和家人都会去那儿避暑
　　매해 여름에 나는 가족과 그곳으로 피서를 간다

夏天 xiàtiān 图 여름
避暑 bìshǔ 图 피서하다, 더위를 피하다

5급 夏令营 xiàlìngyíng 图 여름 캠프, 여름 학교, 서머스쿨

图 **여름 캠프, 여름 학교, 서머스쿨**
　　参加青少年军事**夏令营**
　　청소년 군사 여름 캠프에 참가하다
　　她也想去国外的英语**夏令营**
　　그녀도 외국의 영어 서머스쿨에 가고 싶어 한다

5급 军事 jūnshì 图 군사
　　国外 guówài 图 국외, 외국

3급 先 xiān 图 앞 图 먼저, 우선

图 **(공간이나 시간상의) 앞**
　　做任何事情都有个**先**后顺序
　　무슨 일을 하든지 모두 앞뒤 순서가 있다
图 **먼저, 우선**
　　他比我**先**毕业一年
　　그는 나보다 1년 먼저 졸업했다
　　我还有事儿，我**先**走了
　　저는 일이 있어서 먼저 가 보겠습니다

4급 顺序 shùnxù 图 순서, 차례

역순 어휘
领先 lǐngxiān 事先 shìxiān 首先 shǒuxiān
优先 yōuxiān 预先 yùxiān 原先 yuánxiān
祖先 zǔxiān

6급 先进 xiānjìn 图 선진적인, 진보한, 앞선

图 **선진적인, 진보한, 앞선**
　　节能技术很**先进**
　　에너지 절약 기술이 매우 앞서다
　　把国内外**先进**医疗技术应用于临床
　　국내외 선진 의료 기술을 임상에 응용하다

节能 jiénéng 图 에너지를 절약하다
5급 应用 yìngyòng 图 운용하다, 응용하다
6급 临床 línchuáng 图 임상하다

6급 先前 xiānqián 图 이전, 종전, 예전

图 **이전, 종전, 예전**
　　这里的生活条件比**先前**好多了
　　이곳의 생활 조건은 이전보다 많이 좋아졌다
　　先前的计划早就泡汤了
　　종전의 계획은 일찌감치 물거품이 되었다

泡汤 pàotāng 图 물거품이 되다,
　　　　　　　수포로 돌아가다

645

1급 先生 xiānsheng 몡 선생, 씨 몡 남편, 바깥양반

몡 선생, 씨 (남자에 대한 존칭)
李**先生**，咱们一起走吧
리 선생님, 우리 함께 가시지요

몡 남편, 바깥양반
林阿姨和她**先生**有相同的爱好
린씨 아주머니와 그녀 남편은 같은 취미를 가지고 있다

3급 阿姨 āyí 몡 아주머니
3급 爱好 àihào 몡 취미, 기호, 애호

6급 纤维 xiānwéi 몡 섬유

몡 섬유
天然**纤维** 천연 섬유
多吃热量低、膳食**纤维**丰富的食物
열량이 낮고 식이 섬유가 풍부한 식품을 많이 먹다

天然 tiānrán 톙 천연의, 자연의
热量 rèliàng 몡 열량, 칼로리
膳食纤维 shànshí xiānwéi 식이 섬유

6급 掀起 xiānqǐ 동 솟구치다, 용솟음치다 동 야기하다, 선동하다, 일으키다

동 솟구치다, 용솟음치다
平静的大海突然**掀起**了波浪
평온한 바다에 갑자기 파도가 일었다

동 야기하다, 선동하다, 일으키다
掀起全民阅读的热潮
전 국민 독서 열풍을 일으키다

5급 平静 píngjìng 톙 차분하다, 안정되다
6급 波浪 bōlàng 몡 파랑, 물결, 파도
热潮 rècháo 몡 열기, 붐(boom)

6급 鲜明 xiānmíng 톙 선명하다 톙 명확하다, 분명하다, 뚜렷하다

톙 (색상 등이) 선명하다
鲜明的色彩 선명한 색
톙 명확하다, 분명하다, 뚜렷하다
个性很**鲜明**
개성이 매우 뚜렷하다
回答问题时，要**鲜明**地表达出自己的观点
문제에 대답할 때, 자신의 관점을 분명하게 드러내야 한다

5급 色彩 sècǎi 몡 색채, 분위기
5급 个性 gèxìng 몡 개성
5급 表达 biǎodá 동 나타내다

5급 鲜艳 xiānyàn 톙 밝고 아름답다, 산뜻하다

톙 밝고 아름답다, 산뜻하다
鲜艳的花朵 색이 화사한 꽃송이
她穿了一套色彩**鲜艳**的连衣裙
그녀는 색이 밝고 아름다운 원피스를 입었다

花朵 huāduǒ 몡 꽃, 꽃송이
连衣裙 liányīqún 몡 원피스

6급 闲话 xiánhuà 몡 한담, 잡담

몡 한담, 잡담
开会前他们谈了一会儿家常**闲话**
회의를 시작하기 전에 그들은 잠시 일상적인 잡담을 나누었다

6급 家常 jiācháng 톙 가정식의, 일상적인, 보통의

X

6급 贤惠 xiánhuì 형 어질다, 현명하다

형 **어질다, 현명하다**

他娶了一个**贤惠**能干的太太
그는 현명하고 유능한 아내를 맞이했다

5급 娶 qǔ 동 아내를 얻다, 장가들다
5급 能干 nénggàn 형 유능하다, 일을 잘하다

6급 弦 xián 명 활시위 명 줄, 현, 현악기

명 **활시위**

拉紧弓**弦** 활시위를 힘껏 당기다

명 **(악기의) 줄/현, 현악기**

演奏**弦**乐器 현악기를 연주하다

拉紧 lājǐn 동 힘껏 당기다
6급 演奏 yǎnzòu 동 연주하다

4급 咸 xián 형 짜다

형 **짜다**

这道菜很**咸** 이 음식은 짜다
她口重，喜欢吃**咸**的
그녀는 입맛이 짠 편이라 짠 음식을 즐겨 먹는다

口重 kǒuzhòng 형 입맛이 짠 편이다, 짜게
먹는 것을 좋아하다

6급 衔接 xiánjiē 동 앞뒤로 연결하다, 잇다, 맞물리다

동 **(두 사물을) 앞뒤로 연결하다, 잇다, 맞물리다**

各个部分有机地**衔接**在一起
각 부분은 유기적으로 맞물려 있다

这座大桥把两个岛屿**衔接**起来
이 대교는 두 섬을 연결한다

有机 yǒujī 형 유기적인
5급 岛屿 dǎoyǔ 명 도서, 섬

6급 嫌 xián 동 싫어하다, 꺼리다, 혐오하다, 불만스럽게 여기다

동 **싫어하다, 꺼리다, 혐오하다, 불만스럽게 여기다**

一点也不**嫌**麻烦 전혀 번거로워하지 않다
顾客**嫌**价钱太贵
고객이 가격이 너무 비싸다고 싫어한다

4급 麻烦 máfan 형 귀찮다, 번거롭다
价钱 jiàqián 명 가격, 값

6급 嫌疑 xiányí 명 혐의

명 **혐의**

这个人有作案的**嫌疑**
이 사람은 범죄 행위를 한 혐의가 있다

作案 zuòàn 동 범행을 저지르다

5급 显得 xiǎnde 동 표현하다, 드러내다, 보이다

동 **(정황을) 표현하다/드러내다/보이다**

他脸上的表情**显得**很痛苦
그의 얼굴 표정이 아주 고통스러워 보인다

穿上西装，他**显得**更帅了
양복을 입으니 그는 더 멋있어 보였다

西装 xīzhuāng 명 양장, 양복

5급 显然 xiǎnrán 형 이해하기 쉽다, 매우 분명하다

형 (상황, 도리 등이) 이해하기 쉽다/매우 분명하다
酒驾肇事逃逸，显然是犯罪行为
음주 운전으로 사고를 내고 도주하는 것은 분명히 범죄 행위이다

酒驾 jiǔjià 동 음주 운전을 하다
肇事 zhàoshì 동 사고를 내다
逃逸 táoyì 동 도망가다, 도주하다

5급 显示 xiǎnshì 동 보여주다, 분명히 드러내다 동 과시하다, 자랑하다

동 보여주다, 분명히 드러내다
这些古建筑群，充分**显示**了古代人民的智慧
이 옛 건축물들은 고대 사람들의 지혜를 십분 드러냈다

동 과시하다, 자랑하다
显示自己的能力 자신의 능력을 과시하다

建筑群 jiànzhùqún
　 명 건축군, 유기적으로 연계된 건축물
5급 充分 chōngfèn 부 충분히, 최대한
5급 智慧 zhìhuì 명 지혜

6급 显著 xiǎnzhù 형 현저하다, 두드러지다

형 현저하다, 두드러지다
取得**显著**的成效
두드러진 성과를 얻다

这几天气温**显著**下降
요 며칠 기온이 현저하게 내려갔다

6급 成效 chéngxiào 명 효과, 성과
　 下降 xiàjiàng 동 하락하다, 떨어지다

5급 县 xiàn 명 시엔, 현

명 시엔, 현 (중국 행정 구획 단위)
山西省大同市浑源**县**
산시성 다퉁시 훈위안현

县是中国行政区划单位之一
시엔(현)은 중국 행정 구획 단위 중 하나이다

区划 qūhuà 명 구획, 구역

6급 现场 xiànchǎng 명 현장

명 현장
现场直播 현장 생중계
警察在作案**现场**附近找到了一个烟头
경찰은 범행 현장 부근에서 담배꽁초 하나를 찾아냈다

6급 直播 zhíbō 동 생방송하다, 생중계하다
　 烟头 yāntóu 명 담배꽁초

6급 现成 xiànchéng 형 본래 있는, 이미 만들어진, 기성의, 기존의

형 본래 있는, 이미 만들어진, 기성의, 기존의
家具买**现成**的好，还是定制的好？ 가구는 기성품을
사는 것이 좋습니까, 아니면 주문 제작한 것이 좋습니까?

定制 dìngzhì 동 주문하여 제작하다,
　　 맞춤 제작하다

5급 现代 xiàndài 명 현대

명 현대
首尔是一座古代与**现代**完美结合的城市
서울은 고대와 현대가 완벽하게 결합된 도시이다

5급 古代 gǔdài 명 고대
5급 完美 wánměi 형 완벽하다, 훌륭하다

X

4급 现金 xiànjīn 명 현금

명 현금

我们店只能微信支付，不收现金
우리 가게는 위챗 페이만 가능하며 현금은 받지 않습니다

微信支付 Wēixìn zhīfù
위챗 페이(WeChat Pay), 중국 모바일 간편 결제 서비스 중 하나

5급 现实 xiànshí 명 현실 형 현실적인

명 현실

现实与理想之间总是有差距的
현실과 이상 사이에는 언제나 괴리가 있기 마련이다

형 현실적인

现实地考虑就业问题 취업 문제를 현실적으로 고려하다

4급 理想 lǐxiǎng 명 이상	
5급 差距 chājù 명 격차, 차이	
4급 考虑 kǎolǜ 동 고려하다, 생각하다	

5급 现象 xiànxiàng 명 현상

명 현상

火山爆发是一种自然现象
화산 폭발은 일종의 자연 현상이다

6급 爆发 bàofā 동 (화산이) 폭발하다
4급 自然 zìrán 명 자연

1급 现在 xiànzài 명 현재, 지금

명 현재, 지금

现在几点了? 지금 몇 시입니까?
他现在在北京工作 그는 현재 베이징에서 일하고 있다

1급 工作 gōngzuò 동 일하다

6급 现状 xiànzhuàng 명 현상, 현재 상황, 현 상태

명 현상, 현재 상황, 현 상태

对自己的现状极度不满意
자신의 현재 상태를 극도로 불만스러워하다

分析中国半导体产业发展现状
중국 반도체 산업 발전 현황을 분석하다

极度 jídù 부 몹시, 극히, 매우
半导体 bàndǎotǐ 명 반도체

5급 限制 xiànzhì 동 제한하다 명 제한

동 제한하다

限制使用塑料制品 플라스틱 제품 사용을 제한하다

명 제한

放宽公务员考试考生年龄限制
공무원 시험 응시자 연령 제한을 완화하다

塑料 sùliào 명 플라스틱, 비닐
放宽 fàngkuān 동 완화하다, 낮추다
公务员 gōngwùyuán 명 공무원

6급 线索 xiànsuǒ 명 단서, 실마리 명 줄거리, 구성, 플롯, 전개

명 단서, 실마리

经过长期的调查，他发现了案件的重要线索
장기간의 조사를 거쳐 그는 사건의 중요한 단서를 찾아냈다

长期 chángqī 명 장기, 장기간
6급 案件 ànjiàn 명 사건, 안건

명 (이야기 등의) 줄거리/구성/플롯/전개
故事的线索清晰 이야기의 플롯이 명확하다

3급 故事 gùshi 명 이야기, 줄거리
6급 清晰 qīngxī 형 뚜렷하다, 선명하다

6급 宪法 xiànfǎ 명 헌법

명 헌법
正式公布宪法草案 헌법 초안을 정식으로 공포하다

5급 公布 gōngbù 동 공개 발표하다, 공포하다
6급 草案 cǎo'àn 명 초안

6급 陷害 xiànhài 동 모함하다

동 모함하다
诬告陷害他人 타인에게 누명을 씌워 모함하다
她刚进入公司，就遭到了上司的陷害
그녀는 갓 입사하자마자 상사로부터 모함을 당했다

诬告 wūgào 동 누명을 씌우다
遭到 zāodào 동 당하다, 받다, 입다

6급 陷阱 xiànjǐng 명 함정, 덫, 음모, 속임수

명 함정, 덫, 음모, 속임수
一只狼掉进了陷阱里
이리 한 마리가 함정에 빠졌다
警察设下陷阱，让罪犯自投罗网
경찰이 함정을 놓아서 범인이 스스로 그물에 걸리게 하였다

狼 láng 명 이리, 늑대
自投罗网 zìtóu-luówǎng
성 스스로 그물에 걸리다, 스스로 궁지에 빠지다

6급 陷入 xiànrù 동 떨어지다, 빠지다 동 깊이 빠지다, 몰입하다

동 (불리한 상황으로) 떨어지다/빠지다
我朋友再次陷入了窘境 내 친구는 또다시 곤경에 빠졌다
동 (상황, 생각 등으로) 깊이 빠지다/몰입하다
陷入深深的自责后悔中无法自拔
깊은 자책과 후회에 빠져 헤어나지 못하다

窘境 jiǒngjìng 명 곤경, 궁지, 난처한 처지
自责 zìzé 동 자책하다
自拔 zìbá 동 스스로 벗어나다

6급 馅儿 xiànr 명 소

명 소 (떡, 만두 등과 같은 음식 안에 채워 넣는 내용물)
将茄子中间切开，放入肉馅儿
가지의 가운데를 잘라 고기소를 넣다

茄子 qiézi 명 가지

4급 羡慕 xiànmù 동 부러워하다

동 부러워하다
真羡慕你! 정말 부럽네요!
大家都很羡慕他的才华 모두가 그의 재능을 부러워한다

才华 cáihuá 명 재주, 재능

6급 乡镇 xiāngzhèn 명 향과 진, 소도시

명 향(乡)과 진(镇), 소도시
大力发展乡镇企业，加快推进农业产业化
향진 기업을 적극 발전시켜 농업 산업화를 빠르게 추진하다

推进 tuījìn 동 추진하다

6급 相差 xiāngchà 동 차이가 나다, 서로 다르다

동 차이가 나다, 서로 다르다
实力相差悬殊 실력이 현격하게 차이가 나다
两人的年龄相差将近20岁
두 사람의 나이 차이가 거의 20세에 가깝다

6급 悬殊 xuánshū 형 차이가 크다
6급 将近 jiāngjìn 동 거의 …에 가깝다

5급 相处 xiāngchǔ 동 함께 생활하다, 함께 지내다, 서로 왕래하다

동 함께 생활하다, 함께 지내다, 서로 왕래하다
他和同事相处得很融洽
그는 동료와 아주 잘 지낸다

她温柔随和，很容易与人相处
그녀는 온화하고 상냥하며 사람들과 잘 지낸다

6급 融洽 róngqià 형 잘 어울리다, 사이좋다
5급 温柔 wēnróu 형 온화하고 유순하다
随和 suíhe 형 상냥하다, 온화하다

5급 相当 xiāngdāng 동 비슷하다, 상당하다, 대등하다 부 매우, 상당히

동 비슷하다, 상당하다, 대등하다
这两支球队实力相当，最终以二比二战平
이 두 팀은 실력이 비슷해서 결국 2대 2로 비겼다

부 매우, 상당히
味道相当好 맛이 매우 좋다

战平 zhànpíng 동 비기다, 무승부가 되다

6급 相等 xiāngděng 동 같다, 대등하다

동 (수량, 분량, 정도 등이) 같다/대등하다
两个小组的人数相等 두 그룹의 인원수가 같다
虽然这两个物体重量相等，可体积却相差很大
이 두 물체는 무게는 같지만, 부피는 차이가 크다

小组 xiǎozǔ 명 소그룹, 팀, 동아리, 소규모 단체
6급 体积 tǐjī 명 체적, 부피

5급 相对 xiāngduì 형 비교적인, 상대적인

형 비교적인, 상대적인
物价相对稳定 가격이 비교적 안정되다
论实力，小李相对弱一些
실력으로 말하자면, 샤오리가 상대적으로 조금 약하다

5급 稳定 wěndìng 형 안정되다
论 lùn 개 …에 대해서 말하자면

4급 相反 xiāngfǎn 동 상반되다, 반대되다 연 반대로

동 상반되다, 반대되다
南半球的四季与北半球正好相反
남반구의 사계절은 북반구와 정반대이다

他的政治观点和我的截然相反
그의 정치 관점은 나와 분명히 상반된다

연 반대로
我不认为他很可笑，相反，我觉得他很勇敢
나는 그가 웃기다고 생각하지 않고, 반대로 용감하다고 생각한다

截然 jiérán 부 분명히, 뚜렷하게, 명백하게
可笑 kěxiào 형 웃기다, 우스꽝스럽다

6급 相辅相成 xiāngfǔ-xiāngchéng 🔗 상부상조하다, 서로 보완하고 협력하다

🔗 상부상조하다, 서로 보완하고 협력하다
对一个孩子的成长来说，家庭教育和学校教育
是相辅相成的关系 한 아이의 성장에 있어서, 가정 교육과
학교 교육은 서로 보완하고 협력하는 관계이다

5급 成长 chéngzhǎng 🔗 성장하다, 자라다
5급 家庭 jiātíng 🔗 가정, 가족
4급 教育 jiàoyù 🔗 교육

5급 相关 xiāngguān 🔗 서로 관련되다

🔗 서로 관련되다
大幅减少相关费用
관련 비용을 대폭 줄이다

大幅 dàfú 🔗 대폭의, 변동이 큰
费用 fèiyòng 🔗 비용, 지출

5급 相似 xiāngsì 🔗 서로 비슷하다, 유사하다

🔗 서로 비슷하다, 유사하다
姐妹三人长相非常相似
자매 셋이 생김새가 매우 비슷하다

长相 zhǎngxiàng 🔗 생김새, 용모

4급 相同 xiāngtóng 🔗 일치하다, 같다, 차이가 없다

🔗 일치하다, 같다, 차이가 없다
他们性格各不相同
그들은 성격이 제각기 다르다
世上没有完全相同的人
세상에는 완전히 같은 사람은 없다

4급 完全 wánquán 🔗 완전히, 전부

3급 相信 xiāngxìn 🔗 믿다

🔗 믿다
我不相信他的话
나는 그의 말을 믿지 않는다
我相信你会成功的
나는 네가 성공할 거라고 믿는다

4급 成功 chénggōng 🔗 성공하다

6급 相应 xiāngyìng 🔗 상응하다, 부합하다, 호응하다, 대응하다

🔗 상응하다, 부합하다, 호응하다, 대응하다
失业以后，他家也相应地缩减了生活开支
실직한 후, 그의 집도 그에 맞게 가계 지출을 줄였다

5급 失业 shīyè 🔗 실업하다
缩减 suōjiǎn 🔗 감축하다, 축소하다
6급 开支 kāizhī 🔗 비용, 지출

X

4급 香 xiāng 🔗 향기롭다 🔗 맛있다

🔗 향기롭다 [반의어] 臭 chòu [5급]
这朵花闻起来很香 이 꽃은 향이 좋다
🔗 맛있다
妈妈做的家常便饭最香
엄마가 만드신 집밥이 제일 맛있다

5급 闻 wén 🔗 냄새를 맡다
家常便饭 jiācháng-biànfàn
🔗 가정에서 평소 먹는 식사

5급 香肠 xiāngcháng 명 소시지

명 소시지
香肠是一种最受欢迎的下酒菜
소시지는 가장 인기 있는 안주의 일종이다

受欢迎 shòu huānyíng 환영 받다, 인기가 있다
下酒菜 xiàjiǔcài 명 술안주

3급 香蕉 xiāngjiāo 명 바나나

명 바나나
香蕉含有丰富的维生素和矿物质
바나나는 비타민과 미네랄이 풍부하게 들어 있다

6급 维生素 wéishēngsù 명 비타민
矿物质 kuàngwùzhì 명 광물질, 미네랄

6급 镶嵌 xiāngqiàn 동 상감하다, 끼워 넣다, 박다

동 상감하다, (물건을) 끼워 넣다/박다
新郎把一枚**镶嵌**了钻石的戒指戴在了新娘的手
指上 신랑은 다이아몬드가 박힌 반지를 신부의 손가락에 끼웠다

6급 新郎 xīnláng 명 신랑
6급 钻石 zuànshí 명 다이아몬드
6급 新娘 xīnniáng 명 신부

4급 详细 xiángxì 형 상세하다, 자세하다

형 상세하다, 자세하다
他听课很认真，笔记记得很**详细**
그는 수업을 열심히 듣고, 필기를 자세하게 한다
医生**详细**地询问了病人的症状，然后开了药方
의사는 환자의 증상에 대해 상세히 물어보고 처방전을 썼다

5급 询问 xúnwèn 동 의견을 구하다, 묻다
6급 症状 zhèngzhuàng 명 증상, 증세
药方 yàofāng 명 처방, 처방전

5급 享受 xiǎngshòu 동 향수하다, 누리다

동 향수하다, 누리다
享受信息化时代带来的生活便利
정보화 시대가 가져온 생활의 편리함을 누리다

信息化 xìnxīhuà 동 정보화하다
6급 便利 biànlì 형 편리하다

4급 响 xiǎng 동 소리가 나다, 울리다

동 소리가 나다, 울리다
你的手机**响**了
네 핸드폰이 울렸다
凌晨五点，闹钟就**响**了起来
새벽 5시, 알람 시계가 울리기 시작했다

闹钟 nàozhōng 명 자명종, 알람 시계

역순 어휘
音响 yīnxiǎng　　影响 yǐngxiǎng

6급 响亮 xiǎngliàng 형 크고 맑다, 낭랑하다, 우렁차다

형 (소리가) 크고 맑다/낭랑하다/우렁차다
嗓子很**响亮**
목소리가 우렁차다
响亮而又干脆地回答
크고 시원시원하게 대답하다

5급 嗓子 sǎngzi 명 목소리, 음성
5급 干脆 gāncuì 형 단도직입적이다, 시원시원하다

6급 响应 xiǎngyìng 통 호응하다, 응답하다

통 (구호, 제창, 호소 등에) 호응하다/응답하다
市民积极响应了政府的号召，践行节约用水
시민들이 정부의 호소에 적극적으로 호응하여 용수 절약을 실천하다

6급 号召 hàozhào 명 호소
践行 jiànxíng 통 실행하다, 실천하다

1급 想 xiǎng 통 생각하다 통 계획하다, 원하다, 바라다

통 생각하다
让我想一想 생각 좀 해보자
他们正在努力想办法解决这个问题
그들은 이 문제를 해결할 방법을 열심히 생각하고 있다

통 계획하다, 원하다, 바라다
他想找个工作
그는 취직하기를 원한다

我想去美国读书
나는 미국에 가서 공부하고 싶다

读书 dúshū 통 공부하다

역순 어휘

感想 gǎnxiǎng	幻想 huànxiǎng
空想 kōngxiǎng	理想 lǐxiǎng
联想 liánxiǎng	梦想 mèngxiǎng
设想 shèxiǎng	思想 sīxiǎng
妄想 wàngxiǎng	着想 zhuóxiǎng

6급 想方设法 xiǎngfāng-shèfǎ 성 온갖 방법을 생각하다, 모든 방법을 다 생각해 보다

성 온갖 방법을 생각하다, 모든 방법을 다 생각해 보다
政府想方设法减轻农民的负担
정부가 모든 방법을 강구해 농민의 부담을 줄이려고 하다

减轻 jiǎnqīng 통 경감하다, 줄이다
6급 负担 fùdān 명 부담, 책임

5급 想念 xiǎngniàn 통 그리워하다, 그리다, 생각하다

통 그리워하다, 그리다, 생각하다
想念家乡 고향을 그리워하다

5급 家乡 jiāxiāng 명 고향

5급 想象 xiǎngxiàng 명 상상 통 상상하다

명 상상
最新科技超越大家的想象
최신 과학 기술은 모두의 상상을 넘어선다

통 상상하다
不难想象他当时的心情一定是痛苦的
당시 그의 심정은 분명 고통스러웠음을 어렵지 않게 상상할 수 있다

6급 超越 chāoyuè 통 초과하다, 넘어서다
5급 痛苦 tòngkǔ 형 고통스럽다, 괴롭다

X

3급 向 xiàng 통 향하다, 마주하다 개 …으로, …을 향하여, …에게

통 향하다, 마주하다
窗户向南的房子
창문이 남쪽을 향한 집

개 …으로, …을 향하여, …에게
在十字路口向右拐
사거리에서 우회전하다

向客人提供免费的无线上网服务
손님에게 무료 무선 인터넷 서비스를 제공하다

4급 窗户 chuānghu 명 창, 창문
4급 提供 tígōng 통 제공하다, 공급하다

역순 어휘

导向 dǎoxiàng	方向 fāngxiàng
倾向 qīngxiàng	外向 wàixiàng
一向 yīxiàng	意向 yìxiàng

6급 向导 xiàngdǎo 명 안내자, 가이드

명 안내자, 가이드
我们请了一个当地人做**向导**
우리는 현지인에게 가이드를 해 달라고 요청했다
信念是指引我们前行的**向导**
신념은 우리가 앞으로 나아가게 인도하는 안내자이다

指引 zhǐyǐn 동 이끌다, 인도하다, 안내하다
前行 qiánxíng 동 앞으로 가다, 전진하다

6급 向来 xiànglái 부 변함없이, 처음부터, 여태껏, 줄곧

부 변함없이, 처음부터, 여태껏, 줄곧
他做事**向来**很认真
그는 변함없이 일을 착실하게 한다
这些研究**向来**受到历史学家的关注
이 연구는 줄곧 역사학자들의 관심을 받아왔다

关注 guānzhù 동 중시하다, 특별한 관심을
기울이다

6급 向往 xiàngwǎng 동 갈망하다, 동경하다

동 갈망하다, 동경하다
从小就**向往**着环球旅行
어릴 적부터 세계 일주를 동경해 왔다
这是人类久已**向往**的理想
이것은 인류가 오래전부터 갈망한 이상이다

环球 huánqiú 동 지구를 돌다,
세계를 일주하다
久已 jiǔyǐ 부 오래전부터 이미

5급 项 xiàng 양 항, 항목, 가지

양 항, 항목, 가지
两**项**开支 두 항목의 지출
一**项**任务 한 가지 임무
这**项**计划已经付诸实施
이 계획은 이미 실행에 옮겼다

付诸 fùzhū 동 …에 부치다, …에 넘기다
6급 实施 shíshī 동 실시하다, 집행하다, 실행하다

역순 어휘
事项 shìxiàng

5급 项链 xiàngliàn 명 목걸이

명 목걸이
她不喜欢戴**项链**、戒指等首饰
그녀는 목걸이, 반지 등의 액세서리 착용을 좋아하지 않는다

5급 戒指 jièzhi 명 반지
6급 首饰 shǒushi 명 장신구, 액세서리

5급 项目 xiàngmù 명 항목, 종목 명 프로젝트, 사업, 연구 과제

명 항목, 종목
这次运动会，她参加了两个比赛**项目**
이번 체육 대회에서 그녀는 두 경기 종목에 참가했다
명 (공사, 학술 분야 등의) 프로젝트/사업/연구 과제
参与科研**项目**
과학 연구 프로젝트에 참여하다

运动会 yùndònghuì 명 운동회, 체육 대회
5급 参与 cānyù 동 참여하다, 참가하다

6급 巷 xiàng 명 좁은 길, 골목

명 좁은 길, 골목
这个消息已经传遍了大街小巷
그의 소식은 이미 온 거리에 퍼졌다

传遍 chuánbiàn 통 널리 퍼지다, 전파되다
大街小巷 dàjiē-xiǎoxiàng
성 큰 거리와 작은 골목, 도시의 모든 거리

6급 相声 xiàngsheng 명 상성, 만담

명 상성, 만담 (중국 설창 문예의 하나)
说相声 만담을 하다 | 相声演员 만담가

4급 演员 yǎnyuán 명 배우, 연기자

5급 象棋 xiàngqí 명 장기

명 장기(將棋)
他很喜欢下象棋 그는 장기 두기를 좋아한다

5급 象征 xiàngzhēng 동 상징하다 명 상징

동 상징하다
喜鹊象征着福气和好运，喜事降临
까치는 복과 행운, 경사가 곧 올 것임을 상징한다
명 상징
白色是纯洁的象征 흰색은 순수함의 상징이다

喜鹊 xǐque 명 까치
6급 降临 jiànglín 통 찾아오다, 다가오다
6급 纯洁 chúnjié 통 순결하다, 깨끗하다,
　　　　　　　　순수하다.

3급 像 xiàng 동 같다, 비슷하다, 닮다

동 같다, 비슷하다, 닮다
我儿子脸蛋儿红扑扑的，像个红苹果
내 아들의 얼굴은 불그스레한 것이 빨간 사과 같다

脸蛋儿 liǎndànr 명 뺨, 볼, 얼굴
红扑扑 hóngpūpū 형 발그레하다,
　　　　　　　불그스름하다

4급 橡皮 xiàngpí 명 지우개

명 지우개
这块橡皮可轻松擦掉圆珠笔字
이 지우개는 볼펜 글씨를 쉽게 지울 수 있다

圆珠笔 yuánzhūbǐ 명 볼펜

6급 削 xiāo 동 벗기다, 깎다

동 (껍질을) 벗기다/깎다
把甘薯皮削掉 고구마 껍질을 벗기다
削得尖尖的铅笔 뾰족하게 깎은 연필

甘薯 gānshǔ 명 고구마

○ 剥削 bōxuē [6급] 참조

6급 消除 xiāochú 동 제거하다, 없애다, 퇴치하다

동 제거하다, 없애다, 퇴치하다
消除和朋友之间的误会 친구 간의 오해를 풀다
轻松的娱乐活动可以消除身体疲劳
가벼운 오락 활동은 신체 피로를 풀어줄 수 있다

5급 娱乐 yúlè 명 오락, 레크리에이션
5급 疲劳 píláo 형 피로하다, 지치다

X

6급 消毒 xiāo // dú 동 소독하다, 살균하다

동 소독하다, 살균하다
对患者的生活用品进行消毒灭菌
환자의 생활용품을 소독하고 멸균하다

6급 患者 huànzhě 명 환자
灭菌 mièjūn 동 멸균하다

6급 消防 xiāofáng 동 소방하다, 불을 끄다, 화재를 예방하다

동 소방하다, 불을 끄다, 화재를 예방하다
消防队员接到报警电话之后，赶到了火灾现场
소방 대원이 신고 전화를 받고 화재 현장에 서둘러 도착했다

6급 报警 bàojǐng 동 신고하다,
긴급 경보를 발령하다
火灾 huǒzāi 명 화재

5급 消费 xiāofèi 동 소비하다

동 소비하다
刺激顾客消费 고객의 소비를 촉진하다
他出差15天消费了3000元
그는 출장 15일 동안 3000위안을 소비했다

5급 刺激 cìjī 동 자극하다

6급 消耗 xiāohào 동 소모하다, 소비하다

동 소모하다, (필요 이상으로) 소비하다
办公消耗用品 업무 소모품 | 消耗能源 에너지를 소비하다
消耗大量的卡路里 대량의 칼로리를 소모하다

5급 能源 néngyuán 명 에너지원, 에너지
卡路里 kǎlùlǐ 명 칼로리

5급 消化 xiāohuà 동 소화하다

동 소화하다
消化器官 소화 기관 | 消化不良 소화 불량
这些食物营养丰富，容易消化
이런 음식은 영양이 풍부하고 소화하기 쉽다

6급 器官 qìguān 명 기관, 장기
5급 食物 shíwù 명 음식, 음식물

5급 消极 xiāojí 형 소극적이다, 의기소침하다 형 부정적이다

형 소극적이다, 의기소침하다 [반의어] 积极 jījí [4급]
持有消极态度 소극적인 태도를 지니다
最近他变得比较消极 최근 그는 좀 의기소침하게 변했다
형 부정적이다 [반의어] 积极 jījí [4급]
面对困境，悲观的人往往只看到事情消极的一面
곤경에 처하면 비관적인 사람은 종종 일의 부정적인 면만 본다

困境 kùnjìng 명 곤경, 어려운 상황
5급 悲观 bēiguān 형 비관적이다

6급 消灭 xiāomiè 동 소멸하다, 사라지다, 없어지다 동 소멸시키다, 없애다

동 소멸하다, 사라지다, 없어지다
恐龙早已在地球上消灭了
공룡은 이미 지구상에서 사라졌다
동 소멸시키다, 없애다
人类彻底消灭了天花 인류는 천연두를 완전히 소멸시켰다

恐龙 kǒnglóng 명 공룡
天花 tiānhuā 명 천연두

5급 消失 xiāoshī 동 사라지다, 없어지다, 모습을 감추다

동 사라지다, 없어지다, 모습을 감추다

他渐渐消失在人群中
그는 차츰 군중 속으로 사라졌다

这个小湖在地球上完全消失了
이 작은 호수는 지구상에서 완전히 사라졌다

渐渐 jiànjiàn 부 점점, 차츰
人群 rénqún 명 군중, 무리, 인파

4급 消息 xiāoxi 명 소식, 편지, 뉴스, 정보

명 소식, 편지, 뉴스, 정보

近日传来了一条好消息
최근에 좋은 소식 하나가 전해졌다

他离家出走已经三年了，至今没有任何消息
그가 집을 떠난 지 벌써 3년이 됐는데 지금까지 아무 소식이 없다

传来 chuánlái 동 전해오다, 전래되다
5급 至今 zhìjīn 부 지금까지, 이제까지,
오늘날까지

6급 销毁 xiāohuǐ 동 불사르다, 소각하다, 부숴 버리다, 폐기하다

동 불사르다, 소각하다, 부숴 버리다, 폐기하다

完全销毁会计档案
회계 파일을 완전히 폐기하다

他销毁了所有的犯罪证据
그는 모든 범죄 증거를 인멸했다

5급 会计 kuàijì 명 회계
6급 档案 dàng'àn 명 공문서, 기록, 서류, 파일
5급 证据 zhèngjù 명 증거

5급 销售 xiāoshòu 동 팔다, 판매하다

동 (상품을) 팔다/판매하다

禁止向未成年人销售电子烟
미성년자에게 전자 담배를 판매하는 것을 금지하다

夏季是饮料产品的销售旺季
여름철은 음료 상품의 판매 성수기이다

未成年人 wèichéngniánrén 명 미성년자
电子烟 diànzǐ yān 전자 담배
旺季 wàngjì 명 한철, 한창, 성수기

6급 潇洒 xiāosǎ 형 시원시원하다, 자연스럽다, 소탈하다, 멋스럽다, 말쑥하다

형 시원시원하다, 자연스럽다, 소탈하다, 멋스럽다, 말쑥하다

他是一个英俊潇洒的青年
그는 잘생기고 멋진 청년이다

5급 英俊 yīngjùn 형 준수하다, 잘생기다
青年 qīngnián 명 청년, 젊은이

X

1급 小 xiǎo 형 작다, 적다 접투 친밀하게 부르는 것을 나타낸다

형 (면적, 부피, 나이, 수량 등이) 작다/적다

房子太小 집이 너무 작다

他比我小两岁 그는 나보다 두 살 어리다

声音小得别人都听不清
소리가 작아서 사람들이 모두 잘 듣지 못했다

접투 자기보다 어린 사람의 성이나 이름 앞에 쓰여 친밀하게
부르는 것을 나타낸다

小林和小李是同事 샤오린과 샤오리는 직장 동료이다

3급 声音 shēngyīn 명 소리, 음성
听不清 tīngbuqīng 명확하게 들리지 않다,
알아들을 수 없다
3급 同事 tóngshì 명 직장 동료

4급 小吃 xiǎochī 명 스낵, 간식, 별미, 간단한 먹거리

명 스낵, 간식, 별미, 간단한 먹거리
这是当地的风味小吃，大家都尝尝
이건 현지의 향토 먹거리입니다, 여러분 모두 드셔 보세요

5급 当地 dāngdì 명 현지, 현장
6급 风味 fēngwèi 명 풍미, 특색, …풍

4급 小伙子 xiǎohuǒzi 명 젊은이, 총각

명 젊은이, 총각
这小伙子长得一表人才!
이 젊은이는 출중하게 생겼군!

一表人才 yībiǎo-réncái
성 사람의 용모와 기질이 출중하다

1급 小姐 xiǎojiě 명 아가씨, 젊은 여성

명 아가씨, 젊은 여성 (여성 종업원, 여성 점원에 대한 호칭으로도 쓰임)
那位小姐的名字叫什么?
저 아가씨는 이름이 어떻게 됩니까?
小姐，请结账
아가씨, 계산 부탁합니다

5급 结账 jiézhàng 동 결산하다, 계산하다

5급 小麦 xiǎomài 명 밀, 밀의 낟알

명 밀, 밀의 낟알
把小麦磨成面粉
밀을 가루로 빻다

面粉 miànfěn 명 밀가루

5급 小气 xiǎoqi 형 인색하다, 쩨쩨하다 형 도량이 좁다, 옹졸하다

형 인색하다, 쩨쩨하다
这个人太小气
이 사람은 너무 인색하다

형 도량이 좁다, 옹졸하다
我不愿意与自私小气的人打交道
나는 이기적이고 옹졸한 사람과는 교제하고 싶지 않다

5급 自私 zìsī 형 이기적이다
5급 打交道 dǎ jiāodào 교제하다, 교류하고 연락하다

2급 小时 xiǎoshí 명 시간, 한 시간

명 시간, 한 시간
每天早上都花两个小时去跑步
매일 아침 두 시간씩 달리기를 한다

2급 跑步 pǎobù 동 달리기하다, 달리다

4급 小说 xiǎoshuō 명 소설

명 소설
我喜欢看推理小说，一拿起来就爱不释手
나는 추리 소설을 좋아해서 한번 들면 내려놓지 못한다

6급 推理 tuīlǐ 동 추리하다, 추론하다
爱不释手 àibùshìshǒu
성 매우 좋아하여 손에서 놓지 못하다

小偷 xiǎotōu 명 도둑

명 도둑
我的电动自行车被小偷偷走了
내 전동 자전거를 도둑에게 도난당했다

电动 diàndòng 형 전동의
3급 自行车 zìxíngchē 명 자전거

3급 小心 xiǎoxīn 동 조심하다, 주의하다 형 신중하다, 조심스럽다

동 조심하다, 주의하다
过马路的时候，一定要小心
길을 건널 때 반드시 조심해야 한다

형 신중하다, 조심스럽다
小心地把玻璃杯放在桌子上
탁자 위에 유리컵을 조심스럽게 놓다

马路 mǎlù 명 대로, 큰길
玻璃杯 bōlibēi 명 유리컵, 유리잔

6급 小心翼翼 xiǎoxīn-yìyì 성 엄숙하고 예의 바르다, 신중하다, 매우 조심스럽다

성 엄숙하고 예의 바르다, 신중하다, 매우 조심스럽다
爷爷小心翼翼地把心爱的瓷器放回展示柜里
할아버지는 아끼는 자기를 조심스럽게 진열장 안에 넣으셨다

瓷器 cíqì 명 자기
展示柜 zhǎnshìguì 명 진열장

5급 孝顺 xiàoshùn 동 효도하다, 공경하다 형 효성스럽다

동 효도하다, 공경하다
孝顺公婆 시부모에게 효도하다

형 효성스럽다
李大妈的子女们个个都非常孝顺
리씨 아주머님의 자식들은 하나하나가 다 효성스럽다

公婆 gōngpó 명 시부모
大妈 dàmā 명 아주머님
子女 zǐnǚ 명 자녀, 아들과 딸

6급 肖像 xiàoxiàng 명 초상, 인물 사진

명 초상, 인물 사진
他画的人物肖像非常逼真
그가 그린 인물 초상은 매우 사실적이다

逼真 bīzhēn 형 진짜와 매우 비슷하다, 매우 진짜 같다

3급 校长 xiàozhǎng 명 교장, 학장, 총장

명 교장, 학장, 총장
大学校长 대학 총장 | 校长办公室 교장실
王校长桃李满天下 왕 교장은 우수한 제자가 매우 많다

桃李满天下 táolǐ mǎn tiānxià
성 문하생이 매우 많아서 어디에나 있다

X

2급 笑 xiào 동 웃다

동 웃다
哈哈大笑起来
하하 하고 크게 웃기 시작하다

他笑得露出了白白的牙齿
그가 새하얀 치아를 드러내며 웃었다

哈哈 hāhā 의성 하하 (크게 웃는 소리)
露出 lùchū 동 나타나다, 드러내다
5급 牙齿 yáchǐ 명 이, 치아

4급 笑话 xiàohua 명 농담, 우스운 이야기, 우스갯소리 동 비웃다, 조소하다

명 농담, 우스운 이야기, 우스갯소리
他很会讲笑话 그는 농담을 곧잘 한다

동 비웃다, 조소하다
你千万别乱说话，以免被人笑话
사람들에게 비웃음을 당하지 않으려면 절대 함부로 말하지 마라

6급 以免 yǐmiǎn 젭 …하지 않도록, …하지 않게

4급 效果 xiàoguǒ 명 효과, 결과

명 효과, 결과
治疗的效果不错 치료의 효과가 좋다
取得了很好的效果 좋은 효과를 얻었다

5급 治疗 zhìliáo 동 치료하다

5급 效率 xiàolǜ 명 효율, 능률

명 (작업 등의) 효율/능률
提高工作效率 일의 능률을 높이다
他学习的时候特别集中，所以学习效率很高
그는 공부할 때 특히 집중해서 학습 효율이 높다

3급 提高 tígāo 동 제고하다, 높이다
5급 集中 jízhōng 동 집중하다

6급 效益 xiàoyì 명 효과, 이익

명 효과, 이익
创造经济效益 경제적 이익을 창출하다

5급 创造 chuàngzào 동 창조하다, 만들다

1급 些 xiē 양 조금, 얼마 양 조금, 약간

양 조금, 얼마 (명사 앞에 놓여 부정확한 양을 나타냄)
小王这些年做生意赚了很多钱
샤오왕은 최근 몇 년 간 장사를 해서 돈을 많이 벌었다

양 조금, 약간 (형용사나 일부 동사 뒤에 쓰여 적은 양을 나타냄)
比去年还胖了些 작년에 비해 약간 살이 쪘다
听他这么一说，我心里好受了些
그가 이렇게 말하는 것을 들으니, 내 마음이 조금 편안해졌다

4급 赚 zhuàn 동 돈을 벌다
3급 胖 pàng 형 살찌다, 뚱뚱하다
好受 hǎoshòu 형 (심신이) 즐겁고 편안하다

5급 歇 xiē 동 쉬다, 휴식하다

동 쉬다, 휴식하다
咱们在树荫下歇一会儿，喝点儿水吧
우리 나무 그늘 아래에서 잠깐 쉬면서 물 좀 마십시다

树荫 shùyīn 명 나무 그늘

6급 协会 xiéhuì 명 협회

명 협회
中小企业协会 중소기업 협회
正式加入作家协会 작가 협회에 정식 가입하다

4급 正式 zhèngshì 형 정식의, 공식의
加入 jiārù 동 가입하다, 참가하다

6급 协商 xiéshāng 툉 협상하다, 상의하다

툉 협상하다, 상의하다
双方经过多日的**协商**，终于达成了协议
쌍방은 여러 날 동안의 협상을 거쳐, 마침내 협의에 도달했다

5급 双方 shuāngfāng 뗑 양측, 쌍방
6급 达成 dáchéng 툉 달성하다, 이루다

6급 协调 xiétiáo 톙 어울리다, 적절하다, 알맞다 툉 협조하다, 조화하다, 조정하다

톙 어울리다, 적절하다, 알맞다
这张桌子和房间里的其他家具很不**协调**
이 테이블은 방 안의 다른 가구들과 어울리지 않는다

툉 협조하다, 조화하다, 조정하다
说了半天，两人仍然各持己见，根本无法**协调**
한참 얘기하고도 두 사람은 여전히 자기 의견을 고집해서 도무지
조율할 수가 없다

4급 家具 jiājù 뗑 가구
各持己见 gèchí-jǐjiàn
㎼ 각자 자기 견해만 고집하고 양보하지 않다

6급 协议 xiéyì 툉 협의하다, 합의하다 뗑 협의, 합의

툉 협의하다, 합의하다
领导正在开会**协议**如何解决问题
지도자들이 회의를 열어 문제를 어떻게 해결할지 협의하는 중이다

뗑 협의, 합의
该**协议**即日起生效
이 협의는 당일부터 효력이 발생한다

即日 jírì 뗑 당일, 그날
6급 生效 shēngxiào 툉 효력이 생기다, 효력이 있다

6급 协助 xiézhù 툉 협조하다, 보조하다

툉 협조하다, 보조하다
他能**协助**您尽快完成任务
그는 당신이 최대한 빨리 임무를 완성하도록 도울 수 있습니다

5급 尽快 jǐnkuài 뛩 가능한 한 빨리

5급 斜 xié 톙 비스듬하다, 비뚤다 툉 기울다

톙 비스듬하다, 비뚤다
这幅画你挂**斜**了
네가 이 그림을 비스듬하게 걸었다

툉 기울다
他**斜**靠在沙发上
그는 소파에 비스듬하게 기댔다

4급 沙发 shāfā 뗑 소파

역순 어휘
倾**斜** qīngxié

6급 携带 xiédài 툉 지니다, 휴대하다

툉 지니다, 휴대하다
乘车时严禁**携带**危险物品
승차 시 위험 물품의 휴대를 엄격히 금지한다

6급 严禁 yánjìn 툉 엄금하다, 엄격히 금지하다
4급 危险 wēixiǎn 톙 위험하다

X

鞋 xié 명 신, 신발, 구두

명 신, 신발, 구두

你这双**鞋**在哪儿买的?
너는 이 신발을 어디에서 샀니?

他穿上**鞋**就出去了 그는 신발을 신고 바로 나갔다

| 3급 | 双 shuāng 양 쌍, 짝, 켤레 |

역순 어휘
皮**鞋** píxié

1급 写 xiě 동 쓰다

동 쓰다

写字 글자를 쓰다

写小说 소설을 쓰다

他文章**写**得好
그는 글을 잘 쓴다

你作业**写**完了吗?
너 숙제 다했니?

| 3급 | 作业 zuòyè 명 숙제, 과제 |

역순 어휘
描**写** miáoxiě

5급 写作 xiězuò 동 글을 쓰다, 저작하다, 저술하다

동 글을 쓰다, 저작하다, 저술하다

每天写日记, 你的**写作**水平一定会有所提高
매일 일기를 쓰면 글쓰기 실력이 분명 어느 정도 향상될 것이다

| 4급 | 日记 rìjì 명 일기 |
| | 有所 yǒusuǒ 동 어느 정도 …하다 |

6급 泄露 xièlòu 동 누설하다, 새어 나가다, 폭로하다

동 누설하다, 새어 나가다, 폭로하다

这个消息绝对不能**泄露**出去
이 소식은 절대 새어 나가면 안 된다

这是商业机密, 千万不可**泄露**
이것은 영업 기밀이니 절대 누설하면 안 된다

5급	绝对 juéduì 부 절대로, 확실히
5급	商业 shāngyè 명 상업
6급	机密 jīmì 명 기밀, 극비
4급	千万 qiānwàn 부 제발, 반드시, 절대로

6급 泄气 xiè // qì 동 기가 죽다, 용기를 잃다 형 못나다, 형편없다

동 기가 죽다, 용기를 잃다

遇到挫折就灰心**泄气**, 那你永远是个失败者
좌절을 겪고 바로 낙심하고 기가 죽는다면 너는 영원히 실패자이다

형 못나다, 형편없다

他连这么小的事都办不好, 太**泄气**了
그는 이렇게 작은 일조차 제대로 하지 못하다니 너무 형편없군

6급	挫折 cuòzhé 명 좌절, 실패
5급	灰心 huīxīn 동 낙심하다, 낙담하다
4급	永远 yǒngyuǎn 형 영원하다, 영구하다

6급 屑 xiè 명 부스러기, 조각, 파편 형 자질구레하다, 사소하다, 작다

명 부스러기, 조각, 파편

弟弟把饼干**屑**掉得满地都是
남동생이 바닥에 온통 과자 부스러기를 흘렸다

형 자질구레하다, 사소하다, 작다

屑屑的问题 자질구레한 문제

| 4급 | 饼干 bǐnggān 명 과자, 비스킷 |

6급 谢绝 xièjué 동 사절하다, 정중히 거절하다

동 사절하다, 정중히 거절하다

我谢绝了他的好意
나는 그의 호의를 정중히 거절했다

他婉言谢绝了朋友的邀请
그는 완곡한 말로 친구의 초대를 거절했다

好意 hǎoyì 명 호의, 친절
婉言 wǎnyán 명 완언, 완곡한 말
4급 邀请 yāoqǐng 동 초청하다, 초대하다

1급 谢谢 xièxie 동 감사하다, 고맙다

동 감사하다, 고맙다

我要一杯咖啡，谢谢！
커피 한 잔 주세요, 감사합니다!

谢谢您给我们的帮助
우리에게 준 도움에 감사 드립니다

2급 咖啡 kāfēi 명 커피
2급 帮助 bāngzhù 동 돕다

6급 心得 xīndé 명 깨달은 이치, 느낀 점, 소감

명 깨달은 이치, 느낀 점, 소감

今天我来跟大家分享一下我的工作心得体会
오늘 제가 여러분께 저의 직업 체험 소감을 나누려고 합니다

每读完一本书，他都会记录一下自己的心得
책 한 권을 다 읽을 때마다 그는 자기가 깨달은 것을 모두 기록한다

分享 fēnxiǎng 동 함께 누리다, 함께 나누다
5급 体会 tǐhuì 명 경험, 깨달음

6급 心甘情愿 xīngān-qíngyuàn 성 진정으로 원하다, 간절히 바라다

성 진정으로 원하다, 간절히 바라다

为他做这件事，是我心甘情愿的，没有勉强
그를 위해 이 일을 하는 것은 내가 간절히 바라는 바이며, 마지못해 하는 것이 아니다

6급 勉强 miǎnqiǎng 형 마지못하다

5급 心理 xīnlǐ 명 심리, 심리 활동, 심리 상태

명 심리, 심리 활동, 심리 상태

心理的健康在对抗疾病的过程中是非常重要的
심리 건강은 질병에 맞서는 과정에서 매우 중요하다

他最近心理压力很大
그는 요즘 심리적 스트레스가 매우 크다

6급 疾病 jíbìng 명 질병, 질환, 병
4급 过程 guòchéng 명 과정
4급 压力 yālì 명 압박, 스트레스, 부담

X

6급 心灵 xīnlíng 명 영혼, 마음, 정신 형 영리하다, 재치 있다

명 영혼, 마음, 정신

人与人之间的交流最重要的是心灵的沟通
사람 간의 교류에서 가장 중요한 것은 마음이 통하는 것이다

형 영리하다, 재치 있다

她心灵手巧，可以做各种手工
그녀는 영리하고 손재주가 좋아서 각종 수공예를 할 수 있다

5급 沟通 gōutōng 동 소통하다, 교류하다
手巧 shǒuqiǎo 형 손재주가 좋다, 솜씨가 훌륭하다

4급 心情 xīnqíng 명 심정, 기분, 마음

명 심정, 기분, 마음
心情愉快 기분이 좋다
听到这个消息，她心情十分沉重
이 소식을 듣고 그녀는 마음이 매우 침울했다

4급 愉快 yúkuài 형 유쾌하다, 기쁘다
6급 沉重 chénzhòng 형 침울하다

6급 心态 xīntài 명 심리 상태

명 심리 상태
做任何事情一定要有积极的心态
어떤 일을 하든 긍정적인 마음을 가져야 한다

4급 积极 jījí 형 긍정적이다

6급 心疼 xīnténg 동 귀여워하다, 사랑하다 동 아쉬워하다, 아까워하다, 애석해하다

동 귀여워하다, 사랑하다
心疼孩子，但不要溺爱孩子
아이를 귀여워하되 애지중지해서는 안 된다

동 아쉬워하다, 아까워하다, 애석해하다
他总是心疼钱，舍不得吃舍不得穿
그는 늘 돈을 아까워해서 먹고 입는 것도 아까워한다

溺爱 nì'ài 익애하다, 지나치게 귀여워하다
5급 舍不得 shěbude 동 아깝다, 사용하기를 원치 않다

6급 心血 xīnxuè 명 심혈

명 심혈
为了创作，她花费了很多心血
창작을 위해 그녀는 많은 심혈을 기울였다
我们付出的心血没有白费！
우리가 흘린 심혈이 헛되지 않았다!

花费 huāfèi 동 써 버리다, 소비하다, 소모하다
付出 fùchū 동 지불하다, 지출하다, 들이다
白费 báifèi 동 허비하다, 쓸데없이 쓰다

6급 心眼儿 xīnyǎnr 명 마음씨 명 계책, 책략, 기지 명 포부, 도량

명 마음씨
他好心眼儿，一定会帮助你的
그는 마음씨가 착해서 반드시 너를 도와 줄 것이다

명 계책, 책략, 기지
缺心眼儿 어수룩하다 | 耍心眼儿 잔꾀를 부리다
他很狡猾，你和他交往得多长个心眼儿
그는 매우 교활해서 네가 그와 교류하려면 많이 현명해져야 한다

명 포부, 도량
她为自己的小心眼儿感到惭愧
그녀는 자신의 옹졸함에 부끄러움을 느꼈다

5급 狡猾 jiǎohuá 형 교활하다, 간사하다
长心眼儿 zhǎng xīnyǎnr 생각이 자라다, 현명해지다
5급 惭愧 cánkuì 형 부끄럽다, 면목이 없다, 송구스럽다

5급 心脏 xīnzàng 명 심장

명 심장
虽然医生极力抢救，他的心脏还是停止了跳动
의사가 힘을 다해 처치했지만 그의 심장은 박동을 멈추었다

6급 抢救 qiǎngjiù 동 응급 처치하다
跳动 tiàodòng 동 뛰다, 펄떡이다, 박동하다
tip 여기에서는 脏을 zāng으로 읽지 않는다

4급 辛苦 xīnkǔ 휑 고생스럽다, 수고롭다, 힘들다 통 수고하십니다, 고생하십니다

휑 **고생스럽다, 수고롭다, 힘들다**
妻子下班后还要做家务，太**辛苦**了
아내는 퇴근 후에 집안일도 해야 해서 매우 고생한다

통 **수고하십니다, 고생하십니다** (부탁, 요청 등에 쓰임)
这件事真是太**辛苦**您了！
이 일은 정말 수고를 부탁 드립니다!

5급 家务 jiāwù 휑 가사, 집안일

6급 辛勤 xīnqín 휑 근면하다, 부지런하다

휑 **근면하다, 부지런하다**
为了还房贷，他们夫妻俩日夜**辛勤**工作
주택 융자를 갚기 위해 그들 부부는 밤낮으로 부지런히 일한다

成功是**辛勤**劳动的报酬
성공은 근면하게 일한 대가이다

日夜 rìyè 휑 밤낮, 주야
5급 劳动 láodòng 통 육체 노동을 하다, 일하다
6급 报酬 bàochóu 휑 보수, 수당, 사례금

5급 欣赏 xīnshǎng 통 감상하다, 즐기다 통 좋아하다, 만족하다

통 **감상하다, 즐기다**
在火车上，我们一边聊天一边**欣赏**沿途的风景
기차에서 우리는 수다를 떨면서 길가의 풍경을 감상했다

통 **좋아하다, 만족하다**
他俩互相**欣赏**，惺惺相惜
그들 둘은 서로 좋아하고 아낀다

沿途 yántú 휑 길가
惺惺相惜 xīngxīng-xiāngxī 휑 비슷한 사람끼리 서로 아끼다

6급 欣慰 xīnwèi 휑 기쁘고 안심이 되다, 기쁘고 위안이 되다

휑 **기쁘고 안심이 되다, 기쁘고 위안이 되다**
你能如此说，我感到很**欣慰**
네가 그렇게 말하다니 나는 정말 기쁘고 안심이 된다

如此 rúcǐ 때 이렇다, 이와 같다

6급 欣欣向荣 xīnxīn-xiàngróng 셍 꽃과 나무가 무성하게 자라다, 사업이 왕성하게 발전하여 번창하다

셍 **꽃과 나무가 무성하게 자라다, 사업이 왕성하게 발전하여 번창하다**
如今我们的事业**欣欣向荣**，蒸蒸日上
지금 우리의 사업은 번창하고 있고 나날이 발전한다

蒸蒸日上 zhēngzhēng-rìshàng
셍 날로 발전하다, 나날이 번성하다

2급 新 xīn 휑 새로운 휒 새로, 방금, 갓

휑 **새로운** 반의어 旧 jiù [3급] · 老 lǎo [3급]
我搬**新**家了
나는 새집으로 이사했다

휒 **새로, 방금, 갓**
这是我**新**买的包，怎么样？
이건 내가 새로 산 가방인데 어때?

3급 包 bāo 휑 주머니, 가방

역순 어휘
重**新** chóngxīn   创**新** chuàngxīn
更**新** gēngxīn   崭**新** zhǎnxīn

6급 新陈代谢 xīnchén dàixiè 신진대사

신진대사
多运动能促进**新陈代谢**
운동을 많이 하면 신진대사를 촉진할 수 있다
随着年龄的增长，**新陈代谢**也越来越慢
나이가 들어가면 신진대사도 점차 느려진다

> 5급 | 促进 cùjìn 동 촉진하다, 추진하다
> 4급 | 年龄 niánlíng 명 연령, 나이

6급 新郎 xīnláng 명 신랑

명 **신랑**
新郎将结婚戒指戴在新娘左手的无名指上
신랑이 결혼반지를 신부의 왼손 약지에 끼웠다

> 5급 | 戒指 jièzhi 명 반지
> 无名指 wúmíngzhǐ 명 약지, 넷째손가락

6급 新娘 xīnniáng 명 신부, 새댁

명 **신부, 새댁**
新郎和**新娘**手牵着手，缓缓地走了过来
신랑과 신부가 서로 손을 잡고 천천히 걸어왔다

> 牵手 qiānshǒu 동 손을 잡다
> 缓缓 huǎnhuǎn 형 느릿느릿하다, 완만하다

3급 新闻 xīnwén 명 뉴스, 뉴스거리

명 **뉴스, 뉴스거리**
爸爸特别喜欢看时事**新闻**
아빠는 시사 뉴스 보는 것을 매우 좋아하신다
这已经不是什么**新闻**了，大家都知道了
이것은 이미 아무런 뉴스거리도 아니고, 모두가 다 안다

> 6급 | 时事 shíshì 명 시사, 당시의 국내외 큰 사건

3급 新鲜 xīnxiān 형 신선하다, 싱싱하다 형 새롭다, 희한하다, 신기하다

형 **신선하다, 싱싱하다**
早市上的蔬菜很**新鲜**
아침 시장의 채소는 신선하다
형 **새롭다, 희한하다, 신기하다**
这些实验对小学生们来说很**新鲜**
이런 실험은 초등학생들에게는 신기하다

> 5급 | 蔬菜 shūcài 명 채소, 야채, 푸성귀
> 5급 | 实验 shíyàn 명 실험

6급 新颖 xīnyǐng 형 참신하다, 신기하고 독특하다

형 **참신하다, 신기하고 독특하다**
新颖的观点 참신한 관점
这部长篇小说构思很**新颖**
이 소설은 구상이 매우 참신하다

> 6급 | 构思 gòusī 명 구사, 구상

6급 薪水 xīnshui 명 임금, 봉급

명 **임금, 봉급**
提高**薪水** 임금을 인상하다 | 发**薪水** 봉급을 주다

他每个月领了**薪水**，都会全部交给爱人
그는 매달 임금을 받으면 모두 부인에게 준다

领 lǐng 통 수령하다, 받다
爱人 àiren 명 배우자

信 xìn 통 믿다 명 소식, 편지

통 믿다

不管你信不信，**反正**我信了
네가 믿든 말든 간에 아무튼 나는 믿는다

명 소식, 편지

她今天**收到**了一封信，是男朋友寄来的
그녀는 오늘 편지 한 통을 받았는데, 남자 친구가 보내 온 것이다

最后一个给你写信的人是谁?
맨 마지막으로 당신에게 편지를 쓴 사람은 누구입니까?

4급 不管 bùguǎn 접 …와 상관없이, …든 간에
5급 反正 fǎnzhèng 부 어쨌든, 아무튼
收到 shōudào 통 받다, 수신하다

역순 어휘
短信 duǎnxin　　迷信 míxìn
确信 quèxìn　　威信 wēixìn
相信 xiāngxìn　　自信 zìxìn

4급 信封 xìnfēng 명 편지 봉투

명 편지 봉투

把**邮票**贴在信封的右上角吗?
우표를 편지 봉투의 오른쪽 상단에 붙입니까?

邮票 yóupiào 명 우표

5급 信号 xìnhào 명 신호

명 신호

一艘客轮在海上**遇险**，发出了**求救**信号
여객선 한 척이 해상에서 조난하여 구조 신호를 보냈다

遇险 yùxiǎn 통 위험한 상황에 처하다
求救 qiújiù 통 도움을 청하다,
구조 요청을 하다

6급 信赖 xìnlài 통 신뢰하다

통 신뢰하다

她是一个非常**值得**信赖的朋友
그녀는 매우 믿을 만한 친구이다

夫妻之间应该**互相**信赖
부부 간에는 서로 신뢰해야 한다

4급 值得 zhídé 형 …할 가치가 있다,
…할 만하다
4급 互相 hùxiāng 부 서로, 상호

6급 信念 xìnniàn 명 신념

명 신념

用**必胜**的信念**拼搏**
반드시 이긴다는 신념으로 필사적으로 싸우다

只要心中还有信念，就一定**能够**取得成功
마음속에 신념만 있으면 반드시 성공할 수 있다

必胜 bìshèng 통 필승하다, 반드시 이기다
6급 拼搏 pīnbó 통 필사적으로 싸우다
能够 nénggòu 통 …할 수 있다,
…해도 된다

5급 信任 xìnrèn 통 신임하다, 신뢰하다

통 신임하다, 신뢰하다

赢得信任 신임을 얻다

朋友之间**相互**信任，**友谊**才会**地久天长**
친구 사이는 서로 신뢰해야 우정이 오래 지속될 수 있다

4급 友谊 yǒuyì 명 우의, 우정
地久天长 dìjiǔ-tiāncháng 성 천장지구,
서로 아끼는 마음이 영원히 변치 않다

X

4급 信息 xìnxī 명 소식, 뉴스, 정보

명 소식, 뉴스, 정보

个人信息保护 개인 정보 보호 | 信息传输 정보 전송

给对方提供有用的信息
상대방에게 유용한 정보를 제공하다

在轻松的气氛中相互传递信息
편안한 분위기에서 서로 소식을 전하다

传输 chuánshū 동 전송하다
4급 提供 tígōng 동 제공하다, 공급하다
5급 气氛 qìfēn 명 분위기, 기운
传递 chuándì 동 전달하다, 넘겨 주다

4급 信心 xìnxīn 명 자신감

명 자신감

有信心 자신이 있다

经历过几次失败以后，她对自己失去了信心
몇 번의 실패를 겪은 후 그녀는 스스로에 대한 자신감을 잃었다

4급 失败 shībài 동 실패하다
5급 失去 shīqù 동 잃다, 잃어버리다, 상실하다

6급 信仰 xìnyǎng 동 믿다, 신앙하다 명 신앙

동 믿다, 신앙하다

她信仰佛教 그녀는 불교를 믿는다

명 신앙

人没有信仰就没有敬畏之心
사람이 신앙이 없으면 경외의 마음도 없다

敬畏 jìngwèi 동 경외하다, 공경하면서 두려워하다

3급 信用卡 xìnyòngkǎ 명 신용 카드

명 신용 카드

您可以用信用卡结账
신용 카드로 계산할 수 있습니다

5급 结账 jiézhàng 동 결산하다, 계산하다

6급 信誉 xìnyù 명 신용과 명예, 신망

명 신용과 명예, 신망

这家店是老字号，信誉很好
이 가게는 전통이 있는 유명 상점이라 명망이 높다

与有实力、讲信誉的公司进行合作
실력 있고 신용을 중시하는 회사와 협력하다

老字号 lǎozìhào 명 전통과 명성이 있는 상점
6급 实力 shílì 명 실력

4급 兴奋 xīngfèn 동 흥분하다, 감격하다, 격분하다 명 흥분

동 흥분하다, 감격하다, 격분하다

听了这个消息，我感到特别兴奋
이 소식을 듣고 나는 매우 흥분했다

听说要去郊游，她马上兴奋地去准备东西 교외로
놀러간다는 것을 듣고 그녀는 바로 흥분해서 물건을 준비하러 갔다

명 흥분

我无法用语言表达内心的兴奋
나는 마음속 흥분을 말로 표현할 수 없다

郊游 jiāoyóu 동 교외로 소풍 가다
内心 nèixīn 명 내심, 마음속, 마음

6급 兴隆 xīnglóng 형 번창하다, 흥하여 번성하다

형 번창하다, 흥하여 번성하다
祝您开张大吉，生意**兴隆**
개업을 축하드리며 장사가 번창하길 바랍니다

开张大吉 kāizhāng dàjí 개업 대길
4급 生意 shēngyi 명 장사, 영업, 사업

3급 兴趣 xìngqù 명 흥취, 흥미, 취미

명 흥취, 흥미, 취미
我对古典音乐很感**兴趣**
나는 클래식에 흥미가 있다

古典音乐 gǔdiǎn yīnyuè 고전 음악, 클래식

6급 兴旺 xīngwàng 형 흥왕하다, 흥성하다, 번영하다

형 흥왕하다, 흥성하다, 번영하다
为了祖国的**兴旺**发达，努力工作
조국의 번영과 번창을 위해 열심히 일하다
学校周围的文具店生意很**兴旺**
학교 주변의 문구점은 장사가 아주 잘 된다

5급 发达 fādá 형 발달하다, 번창하다
文具店 wénjùdiàn 명 문방구, 문구점

1급 星期 xīngqī 명 주, 주일 명 요일

명 주(週), 주일
上个**星期** 지난 주 | 这个**星期** 이번 주
下个**星期**我要去北京出差
다음 주에 나는 베이징에 출장을 가야 한다

명 요일
今天**星期**几? 오늘은 무슨 요일입니까?
我最喜欢**星期**六和**星期**天，因为可以休息
나는 토요일과 일요일을 제일 좋아한다, 쉴 수 있으니까

4급 出差 chūchāi 동 출장 가다
2급 休息 xiūxi 동 휴식하다, 쉬다

6급 腥 xīng 명 비린내 형 비리다, 비린내 나다

명 비린내
加入葡萄酒去**腥**
와인을 넣어 비린내를 제거하다

형 비리다, 비린내 나다
这菜这么**腥**，你怎么咽得下去?
이 요리는 이렇게 비린데 넌 어떻게 삼킨 거야?

加入 jiārù 동 첨가하다, 넣다
葡萄酒 pútáojiǔ 명 와인, 포도주
咽 yàn 동 넘기다, 삼키다

X

6급 刑事 xíngshì 형 형사의, 형법과 관련된

형 형사의, 형법과 관련된
办理**刑事**案件
형사 사건을 처리하다
严厉打击**刑事**犯罪活动
형사 범죄 활동을 엄격히 단속하다

6급 严厉 yánlì 형 엄하다, 준엄하다
犯罪 fànzuì 명 범죄

참조어 民事 mínshì 형 민사의

4급 行 xíng 동 가다, 걷다 동 괜찮다, …해도 좋다

동 가다, 걷다
每天早上坚持行走十公里
매일 아침 10킬로미터를 꾸준히 걷다

동 괜찮다, …해도 좋다
我们明天去行吗?
우리 내일 가도 괜찮아?

恐怕不行，我明天还有事
아마도 안 될 것 같아, 나는 내일 일이 있어

钱没必要太多，够花就行
돈은 너무 많이 필요가 없고, 쓸 만큼만 있으면 괜찮다

5급 **必要** bìyào 형 필요한, 필수적인

역순 어휘

发行 fāxíng | 航行 hángxíng
进行 jìnxíng | 举行 jǔxíng
可行 kěxíng | 流行 liúxíng
旅行 lǚxíng | 履行 lǚxíng
逆行 nìxíng | 平行 píngxíng
盛行 shèngxíng | 实行 shíxíng
运行 yùnxíng | 执行 zhíxíng

● 行 háng [4급] 참조

5급 行动 xíngdòng 동 행동하다 명 행동

동 행동하다
在他们到达之前，我们快点儿行动
그들이 도착하기 전에 우리 빨리 움직이자

명 행동
行动非常敏捷 행동이 매우 민첩하다
迅速采取行动应对空气污染
신속히 행동을 취해 대기 오염에 대처하다

6급 **敏捷** mǐnjié 형 민첩하다, 영민하다
5급 **迅速** xùnsù 형 신속하다, 매우 빠르다
应对 yìngduì 동 응대하다, 대처하다

3급 行李箱 xínglixiāng 명 트렁크, 여행 가방, 차량 화물칸

명 트렁크, 여행 가방, 차량 화물칸
他把叠好的衣服整整齐齐地放进了行李箱里
그는 갠 옷을 가지런하게 트렁크에 넣었다

叠 dié 동 접다, 개다
整整齐齐 zhěngzhěng-qíqí
형 가지런하다

5급 行人 xíngrén 명 행인, 보행자, 보행인

명 행인, 보행자, 보행인
可以向行人打听一下 행인에게 물어보면 된다

5급 **打听** dǎting 동 알아보다, 물어보다

5급 行为 xíngwéi 명 행위

명 행위
他的行为让周围的人感到很吃惊
그의 행위는 주위 사람을 놀라게 했다

4급 **吃惊** chījīng 동 놀라다, 겁먹다

6급 行政 xíngzhèng 명 행정, 사무

명 행정, 사무
行政人员 사무직원 | 行政机关 국가 행정 기관
划分行政区域 행정 구역을 구분하다
在市场经济条件下，行政干预应减少到最低限度
시장 경제 상황에서는 행정 간섭을 최저 한도로 줄여야 한다

机关 jīguān 명 기관
6급 **划分** huàfēn 동 구분하다
6급 **干预** gānyù 동 간여하다, 간섭하다, 참견하다
限度 xiàndù 명 한도, 한계

5급 形成 xíngchéng 图 형성하다, 이루다

图 형성하다, 이루다
两色形成鲜明的对比
두 색이 선명한 대비를 이루다

5급 对比 duìbǐ 图 대비하다

5급 形容 xíngróng 图 형용하다

图 형용하다
风景美到文字无法形容
풍경이 글로는 형용할 수 없을 정도로 아름답다

"小气鬼"来形容他再适合不过了
'구두쇠'로 그를 형용하는 것이 딱 어울린다

5급 文字 wénzì 图 문자, 글자
无法 wúfǎ 图 방법이 없다
小气鬼 xiǎoqìguǐ 图 구두쇠

5급 形式 xíngshì 图 형식, 표현 방식

图 형식, 표현 방식
形式主义 형식주의
艺术形式 예술 형식
文学艺术的表现形式要多样化
문학 예술의 표현 형식은 다양해져야 한다

6급 主义 zhǔyì 图 주의
多样化 duōyànghuà 图 다양화하다

참조어 内容 nèiróng 图 내용 [4급]

5급 形势 xíngshì 图 형세, 정세, 상황

图 형세, 정세, 상황
形势好转 형세가 호전되다
最近几年就业形势非常严峻
최근 몇 년간 취업 상황이 매우 심각하다

好转 hǎozhuǎn 图 호전되다
6급 就业 jiùyè 图 취업하다
6급 严峻 yánjùn 图 엄중하다, 심각하다

6급 形态 xíngtài 图 형태, 상태

图 형태, 상태
意识形态
이데올로기, 관념 형태
汉语的动词没有形态变化
중국어의 동사는 형태 변화가 없다

6급 意识 yìshí 图 의식
3급 变化 biànhuà 图 변화하다, 달라지다

5급 形象 xíngxiàng 图 형상, 이미지 图 생동하다, 생생하다

图 형상, 이미지
你要处处注意你的个人形象
너는 각 방면에서 본인의 이미지를 신경 써야 한다

图 생동하다, 생생하다
这个比喻太形象了
이 비유는 너무나 생생하다

他非常形象地描述了当时的情景
그는 매우 생생하게 당시 상황을 묘사했다

处处 chùchù 图 도처, 각 방면
6급 比喻 bǐyù 图 비유
描述 miáoshù 图 묘사하여 서술하다
5급 情景 qíngjǐng 图 정경, 광경, 장면

X

5급 形状 xíngzhuàng 명 형상, 형태, 모양

명 형상, 형태, 모양
这个形状比较独特, 我很喜欢
이 모양은 비교적 독특해서 내가 좋아한다

5급 独特 dútè 형 독특하다

4급 醒 xǐng 동 깨다, 깨어나다

동 깨다, 깨어나다
你快醒醒吧!
너 빨리 일어나!

我醒来之后通常喝一杯水
나는 잠에서 깨면 보통 물 한 잔을 마신다

5급 通常 tōngcháng 부 보통, 일반적으로

역순 어휘
觉醒 juéxǐng
苏醒 sūxǐng
清醒 qīngxǐng
提醒 tíxǐng

6급 兴高采烈 xìnggāo-cǎiliè 성 신나고 득의양양하다, 매우 기쁘다, 신바람이 나다

성 신나고 득의양양하다, 매우 기쁘다, 신바람이 나다
他兴高采烈地告诉我一个振奋人心的消息
그는 기뻐하며 힘이 되는 소식을 내게 알렸다

振奋人心 zhènfèn-rénxīn
성 격려하고 북돋우다, 민심을 고무시키다

6급 兴致勃勃 xìngzhì-bóbó 성 흥미진진하다, 열의가 가득차다

성 흥미진진하다, 열의가 가득차다
每次讨论会, 他都表现得兴致勃勃的样子
매번 토론회마다 그는 열의에 찬 모습으로 활약한다

讨论会 tǎolùnhuì 명 토론회
5급 表现 biǎoxiàn 동 표현하다

4급 幸福 xìngfú 형 행복하다 명 행복

형 행복하다
衷心祝愿您幸福、快乐!
당신이 행복하고 즐겁기를 진심으로 축원합니다!

명 행복
经历过苦难的人才能更深切地体会幸福
고난을 경험한 사람만이 더욱 깊이 행복을 느낄 수 있다

6급 衷心 zhōngxīn 형 마음속에서 우러나오는, 충심의
祝愿 zhùyuàn 동 축원하다, 기원하다
苦难 kǔnàn 명 고난, 고통과 재난, 역경
深切 shēnqiè 형 깊다, 절실하다

幸好 xìnghǎo 부 다행히, 운 좋게

부 다행히, 운 좋게
幸好钱包里有现金, 要不然我就要露宿街头了
운 좋게 지갑에 현금이 있었는데, 그렇지 않았다면 거리에서 노숙할 뻔 했다

要不然 yàoburán 접 그렇지 않으면
露宿 lùsù 동 노숙하다
街头 jiētóu 명 가두, 거리

5급 幸亏 xìngkuī 부 다행히, 운 좋게

부 다행히, 운 좋게
幸亏你提醒过我, 我真不知道该如何应对
네가 나를 일깨워 줘서 망정이지, 나는 어떻게 대처해야 할지 정말 몰랐다

5급 如何 rúhé 대 어찌, 어떻게
应对 yìngduì 동 응대하다, 대처하다

5급 幸运 xìngyùn 형 운이 좋다 명 행운

형 운이 좋다

如果幸运的话，我一次就可以通过考试
만일 운이 좋다면 나는 한 번에 시험에 통과할 것이다

在我最困难的时候遇到了他，我真是太幸运了
내가 가장 어려울 때 그를 만나다니, 나는 정말 운이 좋다

명 행운

我觉得这是一种幸运和奇迹
내 생각에 이것은 행운이고 기적이다

4급 通过 tōngguò 동 통과하다, 채택되다	
4급 困难 kùnnan 형 곤란하다, 어렵다	
3급 遇到 yùdào 동 만나다, 마주치다	
5급 奇迹 qíjì 명 기적	

4급 性别 xìngbié 명 성별

명 성별

性别歧视 성별 차별
通过公共政策促进社会性别平等
공공 정책을 통해 사회적 성평등을 촉진하다

6급 歧视 qíshì 동 차별하다, 얕보다, 무시하다	
6급 政策 zhèngcè 명 정책	

6급 性感 xìnggǎn 형 육감적이다, 관능적이다, 섹시하다

형 육감적이다, 관능적이다, 섹시하다

两个演员以性感的眼神凝视镜头
두 배우는 관능적인 눈빛으로 카메라 렌즈를 응시하고 있다

4급 演员 yǎnyuán 명 배우, 연기자	
6급 凝视 níngshì 동 응시하다	
6급 镜头 jìngtóu 명 (카메라 등의) 렌즈	

4급 性格 xìnggé 명 성격

명 성격

性格内向
성격이 내성적이다

她性格非常活泼
그녀는 성격이 매우 활발하다

内向 nèixiàng 형 내향적이다, 내성적이다	
4급 活泼 huópo 형 활발하다, 활기차다	

6급 性命 xìngmìng 명 생명, 목숨

명 생명, 목숨

拯救许多患者的性命
많은 환자의 생명을 구하다

做了三次手术才保住性命
세 번의 수술을 받고서야 목숨을 건졌다

拯救 zhěngjiù 동 구조하다, 구제하다	
6급 患者 huànzhě 명 환자	
保住 bǎozhù 동 유지하다, 지탱하다, 지키다	

X

6급 性能 xìngnéng 명 성능, 기능

명 성능, 기능

这款手机不仅性能好，外观也很漂亮
이 핸드폰은 성능이 좋을 뿐 아니라 외관도 매우 아름답다

外观 wàiguān 명 외관, 겉모양	

性情 xìngqíng 명 성정, 성격, 기질

명 성정, 성격, 기질
他性情豪放，喜欢结交朋友
그는 성격이 활달하고 친구를 사귀기 좋아한다

豪放 háofàng 형 호방하다
结交 jiéjiāo 동 교제하다, 사귀다

5급 性质 xìngzhì 명 성질, 성격, 특성

명 성질, 성격, 특성
这两件事性质不同，要分别对待和处理
이 두 일은 특성이 달라서 구분해서 다루고 처리해야 한다

5급 分别 fēnbié 동 구분하다
5급 处理 chǔlǐ 동 처리하다, 해결하다

2급 姓 xìng 명 성, 성씨 동 성이 …이다, …씨이다

명 성, 성씨
请问，您贵姓? 실례지만 성이 어떻게 되십니까?
你那个朋友姓什么? 너의 그 친구는 성이 뭐지?

동 성이 …이다, …씨이다
我不姓李 나는 성이 리씨가 아니다

1급 朋友 péngyou 명 친구

역순 어휘
老百姓 lǎobǎixìng

6급 凶恶 xiōng'è 형 흉악하다

형 흉악하다
他用凶恶的目光盯着她
그는 흉악한 눈빛으로 그녀를 노려보았다

6급 目光 mùguāng 명 눈빛, 눈길
6급 盯 dīng 동 주시하다, 응시하다

6급 凶手 xiōngshǒu 명 살인자

명 살인자
警察把凶手逮捕了
경찰이 살인자를 체포했다

6급 逮捕 dàibǔ 동 체포하다

5급 兄弟 xiōngdì 명 형제

명 형제
他们兄弟之间一点儿也不和睦
그들 형제지간은 전혀 화목하지 않다
兄弟应该互相照应
형제라면 마땅히 서로 보살펴야 한다

6급 和睦 hémù 형 화목하다
照应 zhàoying 동 보살피다, 돌보다

6급 汹涌 xiōngyǒng 형 출렁이다, 용솟음치다

형 출렁이다, 용솟음치다
波涛汹涌 파도가 출렁이다
地铁门一打开，人群汹涌而入
지하철 문이 열리자 인파가 물밀듯이 들어왔다

6급 波涛 bōtāo 명 파도
人群 rénqún 명 군중, 무리, 인파

5급 胸 xiōng 명 가슴 명 마음, 심정

명 **가슴**
挺起胸来走路 가슴을 펴고 걷다

명 **마음, 심정**
胸怀大志 마음속에 큰 뜻을 품다

4급 挺 tǐng 동 곧게 펴다, 내밀다
走路 zǒulù 동 길을 가다, 걷다

6급 胸怀 xiōnghuái 명 가슴, 흉부 명 포부, 기개, 마음 동 마음에 품다

명 **가슴, 흉부**
他敞开胸怀，炫耀自己的胸肌
그는 가슴을 열어 자기 가슴 근육을 과시했다

명 **포부, 기개, 마음**
以博大的胸怀去宽容别人
넓은 마음으로 다른 사람을 용서하다

동 **마음에 품다**
胸怀远大的抱负 큰 포부를 마음에 품다
虽然移民国外，但他一直胸怀祖国
비록 해외로 이민을 갔지만 그는 계속 조국을 마음에 품고 있다

敞开 chǎngkāi 동 활짝 열다
6급 炫耀 xuànyào 동 과시하다, 뽐내다
胸肌 xiōngjī 명 흉근, 가슴 근육
博大 bódà 형 (사상, 학문, 도량 등이) 넓다
6급 宽容 kuānróng 형 용서하다,
너그럽게 받아들이다
远大 yuǎndà 형 (포부, 계획 등이) 원대하다
6급 抱负 bàofù 명 포부

6급 胸膛 xiōngtáng 명 가슴

명 **가슴**
那一刻，我的心激动得快要跳出胸膛了
그 순간 내 심장이 흥분해서 가슴에서 튀어나올 것 같았다

4급 激动 jīdòng 형 격동하다, 감격하다

6급 雄厚 xiónghòu 형 풍부하다, 충분하다

형 **(인력, 재력, 물자가) 풍부하다/충분하다**
该公司财力十分雄厚
이 회사는 자금력이 매우 충분하다

财力 cáilì 명 재력, 경제력, 자금력

6급 雄伟 xióngwěi 형 장엄하다, 웅대하다 형 우람하다, 걸출하다

형 **장엄하다, 웅대하다**
雄伟的长城举世闻名
웅대한 장성은 세계적으로 유명하다

형 **우람하다, 걸출하다**
军人步伐整齐划一，显得十分雄伟刚健
군인들은 발걸음이 일사불란해서 우람하고 굳세어 보인다

举世闻名 jǔshì-wénmíng
성 온 세계에 이름이 알려지다, 명성이 매우 높다
6급 步伐 bùfá 명 발걸음, 진행 속도
刚健 gāngjiàn 형 강건하다, 굳세다

3급 熊猫 xióngmāo 명 판다, 자이언트판다

명 **판다, 자이언트판다** 동의어 大熊猫 dàxióngmāo
熊猫是一种十分珍贵的动物
판다는 매우 진귀한 동물이다

6급 珍贵 zhēnguì 형 진귀하다, 귀중하다

X

2급 休息 xiūxi 동 휴식하다, 쉬다

동 휴식하다, 쉬다
我们休息休息吧
우리 좀 쉽시다

我有一点感冒，吃点儿药，休息几天就可以了
나는 감기 기운이 좀 있는데, 약을 좀 먹고 며칠 쉬면 곧 괜찮아진다

3급 感冒 gǎnmào 명 감기

5급 休闲 xiūxián 동 한가하게 지내다, 여가를 즐기다

동 한가하게 지내다, 여가를 즐기다
休闲装 평상복, 캐주얼웨어
休闲活动 여가 활동
这个小岛是度假休闲的好去处
이 작은 섬은 휴가를 보내며 한가롭게 지내기 좋은 장소이다

度假 dùjià 동 휴가를 보내다
去处 qùchù 명 장소, 곳

修 xiū 동 수리하다, 수선하다, 정비하다, 고치다 동 건설하다, 건축하다, 짓다

동 수리하다, 수선하다, 정비하다, 고치다
他很快就把我的自行车修好了
그는 빠르게 내 자전거를 수리했다

동 건설하다, 건축하다, 짓다
这里新修了一条公路
이곳에 도로 하나를 새로 건설했다

公路 gōnglù 명 도로

역순 어휘
维修 wéixiū　　装修 zhuāngxiū

6급 修复 xiūfù 동 복원하다 동 회복하다

동 복원하다
摔碎了的瓷器还能修复吗?
부서진 도자기도 복원할 수 있습니까?

동 (관계를) 회복하다
感情一旦有裂痕，就很难修复了
감정에 일단 금이 생기면 회복하기 어렵다

摔 shuāi 동 떨어지다, 넘어지다
5급 碎 suì 동 깨지다, 부서지다
裂痕 lièhén 명 금, 균열, 틈

5급 修改 xiūgǎi 동 수정하다, 바꾸다, 고치다

동 수정하다, 바꾸다, 고치다
根据老师的建议，你再好好修改一下
선생님의 제안에 따라 네가 다시 잘 수정해 봐라

3급 根据 gēnjù 개 …에 근거하여
4급 建议 jiànyì 명 건의, 제안

6급 修建 xiūjiàn 동 건조하다, 건설하다, 시공하다, 건축하다

동 건조하다, 건설하다, 시공하다, 건축하다
这座桥修建于公元605年左右
이 다리는 서기 605년경에 건설되었다

5급 公元 gōngyuán 명 기원, 서기

4급 修理 xiūlǐ 동 수리하다

동 **수리하다**
洗衣机坏了，需要请人来**修理**一下
세탁기가 고장 나서 사람을 불러 수리해야 한다

洗衣机 xǐyījī 명 세탁기	

6급 修养 xiūyǎng 명 수양, 교양

명 **수양, 교양**
文化**修养** 문화적 교양
我们应该做一个有道德、有**修养**的人
우리는 도덕과 교양이 있는 사람이 되어야 한다

3급 文化 wénhuà 명 문화	
5급 道德 dàodé 명 도덕, 윤리	

6급 羞耻 xiūchǐ 형 수치스럽다, 부끄럽다

형 **수치스럽다, 부끄럽다**
他脸皮真厚，不知**羞耻**
그는 낯짝이 정말 두꺼워서 부끄러운 줄 모른다
他为自己当年的行为感到**羞耻**
그는 그때 자기 행동에 부끄러움을 느낀다

脸皮 liǎnpí 명 낯가죽, 낯짝	
4급 厚 hòu 형 두껍다, 두텁다	
当年 dāngnián 명 그 당시, 그때	

6급 绣 xiù 동 수놓다, 자수하다 명 자수, 자수품

동 **수놓다, 자수하다**
奶奶绣花绣得非常漂亮
할머니는 수를 아주 예쁘게 놓으셨다

명 **자수, 자수품**
苏绣是中国四大名绣之一
쑤저우 자수는 중국의 4대 자수 중 하나이다

绣花 xiùhuā 동 수놓다	
苏绣 sūxiù 명 쑤저우 자수, 중국 장쑤성(江苏省) 쑤저우(苏州)에서 생산되는 자수	

6급 嗅觉 xiùjué 명 후각

명 **후각**
警犬的**嗅觉**十分灵敏
경찰견의 후각은 매우 예민하다
他感冒了，**嗅觉**和味觉都减退了
그는 감기에 걸려서 후각과 미각이 모두 감퇴했다

6급 灵敏 língmǐn 형 민감하다, 예민하다	
味觉 wèijué 명 미각	
减退 jiǎntuì 동 감퇴하다, 약해지다	

X

6급 须知 xūzhī 동 반드시 알아야 한다 명 주의 사항, 지침서, 안내서

동 **반드시 알아야 한다**
须知父母的用心良苦
부모의 각별한 마음을 반드시 알아야 한다

명 **주의 사항, 지침서, 안내서**
考生必须仔细阅读考试**须知**
수험생은 반드시 시험 주의 사항을 자세히 읽고 이해해야 한다

用心良苦 yòngxīn-liángkǔ 성 마음을 다하다, 매우 고심하다	
4급 仔细 zǐxì 형 세심하다, 치밀하다, 자세하다	
4급 阅读 yuèdú 동 읽고 이해하다	

6급 虚假 xūjiǎ 휑 거짓이다, 틀리다, 부자연스럽다

휑 거짓이다, 틀리다, 부자연스럽다
该公司因发布虚假广告而被罚款
이 회사는 허위 광고를 내서 벌금을 물었다

6급 发布 fābù 동 발표하다, 발포하다
5급 罚款 fákuǎn 동 벌금을 부과하다

6급 虚荣 xūróng 명 허영 휑 허영심이 강하다

명 허영
走出校园后，她也慢慢变成了爱慕虚荣的人
학교를 졸업하고 그녀도 점점 허영을 추구하는 사람이 되었다

휑 허영심이 강하다
刚开始他也不知道朋友那么虚荣
처음에는 그도 친구가 그렇게 허영심이 강한 줄 몰랐다

校园 xiàoyuán 명 교정, 캠퍼스
爱慕 àimù 동 좋아하여 부러워하다, 추구하다

6급 虚伪 xūwěi 휑 거짓되다, 가식적이다

휑 거짓되다, 가식적이다
他虚伪的本质终于暴露出来了
그의 거짓된 본성이 마침내 폭로되었다

6급 本质 běnzhì 명 본성, 품성
6급 暴露 bàolù 동 드러내다, 폭로하다

5급 虚心 xūxīn 휑 겸허하다, 허심하다, 겸손하다

휑 겸허하다, 허심하다, 겸손하다
虚心接受上司的批评
상사의 비판을 겸허히 받아들이다

虚心使人进步，骄傲使人落后
겸손함은 사람을 진보하게 하고, 교만함은 사람을 퇴보시킨다

4급 接受 jiēshòu 동 접수하다, 받다, 채택하다
4급 批评 pīpíng 동 비판하다, 비평하다
4급 骄傲 jiāo'ào 휑 거만하다, 오만하다

6급 需求 xūqiú 명 수요, 요구, 필요

명 수요, 요구, 필요
市场需求很大
시장 수요가 매우 크다

你们有什么需求可以直接提出来
너희는 뭐든지 필요한 것이 있으면 직접 얘기해라

5급 市场 shìchǎng 명 시장

3급 需要 xūyào 동 필요하다, 요구되다 명 욕구, 요구, 필요

동 필요하다, 요구되다
要考上名牌大学，你需要多付出十倍的努力
명문대에 붙으려면 10배는 더 노력해야 한다

명 욕구, 요구, 필요
满足需要 요구를 만족시키다

针对盲人的需要，政府在人行道的中间铺设了盲道 시각 장애인의 필요에 맞춰 정부는 인도에 시각 장애인 전용 보도를 부설했다

5급 满足 mǎnzú 동 만족시키다
5급 针对 zhēnduì 동 겨누다, 겨냥하다, 조준하다
人行道 rénxíngdào 명 인도, 보도
铺设 pūshè 동 깔다, 부설하다
盲道 mángdào 명 시각 장애인 전용 보도

4급 许多 xǔduō 형 많다

형 많다
我喜欢种花，从中得到了许多乐趣
나는 꽃 심기를 좋아하는데, 그 속에서 많은 즐거움을 얻었다

从中 cóngzhōng 분 안에서, 중간에서
6급 乐趣 lèqù 명 즐거움, 기쁨, 재미

6급 许可 xǔkě 동 허가하다, 허락하다

동 허가하다, 허락하다
未经许可，不得擅自入内
허가를 받지 않고 제멋대로 들어오면 안 된다

不得 bùdé 동 …할 수 없다, …하면 안 되다
6급 擅自 shànzi 동 독단적으로 하다, 제멋대로 하다

6급 序言 xùyán 명 서언, 서문, 머리말

명 서언, 서문, 머리말
序言是放在著作正文之前的文章
서문은 저작의 본문 앞에 두는 글이다

6급 著作 zhùzuò 명 저작, 저술
正文 zhèngwén 명 본문

5급 叙述 xùshù 동 서술하다, 진술하다

동 서술하다, 진술하다
她把当时的情况向警察叙述了一遍
그녀는 당시 상황을 경찰에게 한 차례 진술했다

她叙述的并非是事实
그녀가 진술한 것은 결코 사실이 아니다

6급 并非 bìngfēi 동 결코 …이 아니다
5급 事实 shìshí 명 사실

6급 畜牧 xùmù 동 목축하다

동 목축하다
这里的老百姓世世代代过着以畜牧为主的生活
여기 주민들은 대대로 목축 위주의 생활을 하고 있다

世世代代 shìshì-dàidài 여러 세대, 대대손손
为主 wéizhǔ 동 주로 삼다, 주가 되다

6급 酗酒 xùjiǔ 동 폭음하다, 술에 취하다

동 폭음하다, 술에 취하다
他的父亲有酗酒的坏习惯
그의 아버지는 폭음하는 나쁜 습관이 있다

3급 习惯 xíguàn 명 습관, 관습

5급 宣布 xuānbù 동 선포하다, 공포하다, 발표하다

동 선포하다, 공포하다, 발표하다
他俩今天宣布了结婚日期
그 둘이 오늘 결혼 날짜를 발표했다

委员会正式宣布了一则重大消息
위원회는 중대한 소식 하나를 정식으로 공포했다

5급 日期 rìqī 명 날, 날짜
5급 重大 zhòngdà 형 중대하다, 막중하다

X

5급 宣传 xuānchuán 동 선전하다, 홍보하다

동 선전하다, 홍보하다
开展交通安全宣传活动
교통 안전 홍보 활동을 벌이다

6급 开展 kāizhǎn 동 대규모로 전개하다, 펼치다

6급 宣誓 xuān//shì 동 선서하다, 맹세하다, 서약하다

동 선서하다, 맹세하다, 서약하다
新当选的委员面向国旗郑重宣誓
새로 당선된 위원이 국기를 향해 엄숙하게 선서하다

6급 当选 dāngxuǎn 동 당선되다, 뽑히다
面向 miànxiàng 동 …을 마주하다/향하다
6급 郑重 zhèngzhòng 형 정중하다, 엄숙하다

6급 宣扬 xuānyáng 동 선양하다, 널리 전파하다, 널리 알리다

동 선양하다, 널리 전파하다, 널리 알리다
好人好事应该大力宣扬
좋은 사람과 좋은 일은 힘껏 알려야 한다

大力 dàlì 부 힘껏, 극력으로

6급 喧哗 xuānhuá 형 떠들썩하다 동 큰 소리로 말하다, 고함을 지르다

형 떠들썩하다
你是喜欢喧哗的城市还是喜欢宁静的农村？
너는 떠들썩한 도시가 좋아 아니면 조용한 농촌이 좋아?

동 큰 소리로 말하다, 고함을 지르다
请别在公共场合大声喧哗
공공장소에서 큰 소리로 떠들지 마세요

宁静 níngjìng 형 고요하다, 조용하다
公共 gōnggòng 형 공공의, 공용의, 공중의
6급 场合 chǎnghé 명 상황, 경우, 장소

6급 悬挂 xuánguà 동 매달다, 걸다 동 걱정하다, 염려하다, 염두에 두다

동 매달다, 걸다
那艘渔船上悬挂着中国国旗
그 어선에는 중국 국기가 걸려 있다

동 걱정하다, 염려하다, 염두에 두다
得知他安全到达，父母那颗悬挂的心才放下来
그가 무사히 도착한 것을 알고 부모는 염려하던 마음을 내려놓았다

国旗 guóqí 명 국기
得知 dézhī 동 알게 되다

6급 悬念 xuánniàn 동 걱정하다, 염려하다 명 기대 심리, 서스펜스

동 걱정하다, 염려하다
女儿去留学以后，妈妈日夜悬念
딸이 유학을 간 이후 엄마는 밤낮으로 걱정한다

명 (문학 작품의) 기대 심리/서스펜스
给观众留悬念
관중에게 기대감을 남기다

这部小说充满了悬念
이 소설은 서스펜스가 가득하다

4급 观众 guānzhòng 명 관중

6급 悬殊 xuánshū 형 차이가 크다, 차이가 현격하다

형 차이가 크다, 차이가 현격하다

消灭贫富**悬殊**
현격한 빈부 격차를 없애다

这两个队实力**悬殊**，比赛结果一点悬念也没有
이 두 팀은 실력 차이가 커서 경기 결과에 전혀 기대감이 없다

6급 消灭 xiāomiè 동 소멸시키다, 없애다
贫富 pínfù 명 빈부

6급 悬崖峭壁 xuányá-qiàobì 성 높고 가파른 절벽이나 석벽, 산세가 험준하다

성 높고 가파른 절벽이나 석벽, 산세가 험준하다

山上到处是**悬崖峭壁**
산 위 곳곳이 높고 가파르다

4급 到处 dàochù 명 도처, 곳곳

6급 旋律 xuánlǜ 명 선율, 멜로디, 리듬

명 선율, 멜로디, 리듬

她随着歌曲的**旋律**，优雅地走上了舞台
그녀는 노래의 선율에 따라 우아하게 무대로 걸어 올라갔다

歌曲 gēqǔ 명 노래
舞台 wǔtái 명 무대

6급 旋转 xuánzhuǎn 동 회전하다, 빙빙 돌다, 선회하다

동 회전하다, 빙빙 돌다, 선회하다

落叶**旋转**着从空中飘落到地上
낙엽이 빙빙 돌면서 공중에서 땅으로 떨어졌다

落叶 luòyè 명 낙엽
飘落 piāoluò 동 날리며 떨어지다

6급 选拔 xuǎnbá 동 선발하다, 뽑다

동 선발하다, 뽑다

选拔赛 선발 경기
选拔干部 간부를 선발하다
通过层层考试，**选拔**人才
여러 단계의 시험을 통해 인재를 선발하다

5급 人才 réncái 명 인재

6급 选举 xuǎnjǔ 동 선거하다

동 선거하다

宣布**选举**结果
선거 결과를 발표하다

年满十八岁的公民都可以参加总统**选举**投票
만 18세의 시민은 모두 대통령 선거 투표에 참가할 수 있다

公民 gōngmín 명 국민, 공민
5급 总统 zǒngtǒng 명 대통령
6급 投票 tóupiào 동 투표하다

6급 选手 xuǎnshǒu 명 선수

명 선수

她从众多**选手**中脱颖而出
그녀는 많은 선수들 중에서 두각을 나타낸다

众多 zhòngduō 형 매우 많다
脱颖而出 tuōyǐng'érchū
성 우수한 인재가 두각을 나타내다

X

3급 选择 xuǎnzé 동 고르다, 선택하다, 뽑다 명 선택

동 고르다, 선택하다, 뽑다
面对就业和读研究生，她**选择**了后者
취업과 대학원 진학을 앞두고 그녀는 후자를 선택했다

명 선택
我尊重你的**选择**
나는 너의 선택을 존중한다

6급 就业 jiùyè 동 취업하다
研究生 yánjiūshēng 명 연구생, 대학원생
4급 尊重 zūnzhòng 동 존중하다

6급 炫耀 xuànyào 동 빛나다, 비추다 동 과시하다, 자랑하여 보이다, 뽐내다

동 (강한 빛이) 빛나다/비추다
今天晴空万里，阳光**炫耀**
오늘은 하늘이 구름 한 점 없이 맑고 햇살이 빛난다

동 과시하다, 자랑하여 보이다, 뽐내다
真正有学识的人是不会**炫耀**自己的
진짜 학식이 있는 사람은 자신을 과시하지 않는다

晴空万里 qíngkōng-wànlǐ
성 하늘이 구름 한 점 없이 맑다
学识 xuéshí 명 학식, 학문과 지식

6급 削弱 xuēruò 동 약화되다, 약하게 하다

동 약화되다, 약하게 하다
经济全球化会**削弱**发展中国家的竞争力吗?
경제 세계화는 개발도상국의 경쟁력을 약화시킬 것인가?

全球化 quánqiúhuà 명 세계화
发展中国家 fāzhǎnzhōng guójiā
개발도상국

5급 学历 xuélì 명 학력, 학교 경력

명 학력, 학교 경력
一些公司都要求博士**学历**
일부 회사는 심지어 박사 학력을 요구한다

学历不代表实力
학력이 실력을 나타내지는 않는다

4급 博士 bóshì 명 박사
6급 实力 shílì 명 실력

4급 学期 xuéqī 명 학기

명 학기
他每**学期**都能领到奖学金
그는 매 학기 모두 장학금을 받는다

这**学期**，他在学习上有明显的进步
이번 학기에 그는 학습에 뚜렷한 발전이 있었다

奖学金 jiǎngxuéjīn 명 장학금
5급 明显 míngxiǎn 형 뚜렷하다, 분명하다
5급 进步 jìnbù 명 진보, 발전

1급 学生 xuésheng 명 학생

명 학생
学生们很喜欢王老师
학생들은 왕 선생님을 좋아한다

我认为他是一个好**学生**
나는 그가 훌륭한 학생이라고 생각한다

1급 喜欢 xǐhuan 동 좋아하다
1급 老师 lǎoshī 명 선생님, 스승, 교사
3급 认为 rènwéi 동 생각하다, 여기다, 간주하다

tip xuéshēng으로도 읽는다

5급 学术 xuéshù 명 학술

명 학술
学术讨论 학술 토론
学术批评 학술 비평
他是**学术**界的泰斗 그는 학술계의 권위자이다

4급 讨论 tǎolùn 동 토론하다
6급 泰斗 tàidǒu 명 태두, 대가, 권위자

6급 学说 xuéshuō 명 학설

명 학설
十九世纪以后，各种**学说**层出不穷
19세기 이후에 각종 학설이 끊임없이 등장했다

6급 层出不穷 céngchū-bùqióng
성 끊임없이 나타나다

6급 学位 xuéwèi 명 학위

명 학위
有硕士**学位**才有资格去这家公司应聘
석사 학위가 있어야만 이 회사에 지원할 자격이 된다
写**学位**论文 학위 논문을 쓰다

4급 硕士 shuòshì 명 석사
4급 应聘 yìngpìn 통 초빙에 응하다,
공모에 지원하다
5급 论文 lùnwén 명 논문

5급 学问 xuéwen 명 지식, 학식, 학문

명 지식, 학식, 학문
那个人很有**学问** 그 사람은 매우 유식하다
要做**学问**先做人
학문을 하려면 먼저 올바른 사람이 되어야 한다

做人 zuòrén 통 올바른 사람이 되다

1급 学习 xuéxí 동 학습하다, 공부하다, 배우다

동 학습하다, 공부하다, 배우다
学习计划 학습 계획
学习目标 학습 목표
学生的主要任务就是**学习**
학생의 주요 임무는 공부하는 것이다

4급 计划 jìhuà 명 계획
5급 目标 mùbiāo 명 목표

1급 学校 xuéxiào 명 학교

명 학교
学校的课外活动丰富多彩
학교의 과외 활동이 풍성하고 다채롭다

课外活动 kèwài huódòng
과외 활동, 방과 후 활동

X

2급 雪 xuě 명 눈

명 눈
外面下**雪**了 밖에 눈이 내렸다
今年的**雪**下得真大
올해 눈이 정말 많이 온다

外面 wàimiàn 명 밖, 바깥
今年 jīnnián 명 올해, 금년

6급 雪上加霜 xuěshàng-jiāshuāng

성 설상가상, 불행을 연달아 겪다, 엎친 데 덮친 격이다

성 설상가상, 불행을 연달아 겪다, 엎친 데 덮친 격이다
失恋时又遇上失业，这简直就是雪上加霜
실연한 때에 직업도 잃다니 이건 그야말로 설상가상이다

5급 失业 shīyè 실업하다
5급 简直 jiǎnzhí 완전히, 그야말로

5급 血 xuè (xiě) 명 피, 혈액

명 피, 혈액
血管 혈관 | 贫血 빈혈
他鼻子流血了 그의 코에서 피가 흘렀다
🌷 구어(口語)에서 血가 단독으로 쓰일 경우 xiě로 읽는다
血债要用血来偿(피맺힌 원수는 피로써 갚아야 한다)에서 앞의 血는 xuè로 읽고, 뒤의 血는 xiě로 읽어야 한다

역순 어휘
心血 xīnxuè

6급 血压 xuèyā 명 혈압

명 혈압
血压很低 혈압이 낮다
高血压是最常见的慢性疾病
고혈압은 가장 흔한 만성 질병이다

6급 慢性 mànxìng 형 만성의, 느릿한
6급 疾病 jíbìng 명 질병, 질환, 병

6급 熏陶 xūntáo 동 영향을 받다

동 (사상, 행동, 습관 등이) 영향을 받다 (주로 적극적이고 긍정적인 것에 쓰임)
在父亲的熏陶下，她对文学产生了浓厚的兴趣
아버지의 영향으로 그녀는 문학에 큰 흥미가 생겼다

5급 产生 chǎnshēng 동 생기다, 발생하다
6급 浓厚 nónghòu 형 농후하다, 짙다

6급 寻觅 xúnmì 동 찾다, 탐구하다

동 찾다, 탐구(探求)하다
儿子已经丢失五年了，他家一直没有放弃寻觅
아들을 잃어버린 지 5년이 되었지만 그의 집에서는 찾는 것을 내내 포기하지 않았다

丢失 diūshī 동 잃어버리다, 분실하다
4급 放弃 fàngqì 동 버리다, 포기하다

5급 寻找 xúnzhǎo 동 찾다

동 찾다
寻找原因 원인을 찾다
她把学生证丢了，到处寻找也没找到
그녀는 학생증을 잃어버려서 여기저기 찾아보았지만 찾지 못했다

4급 原因 yuányīn 명 원인, 이유
4급 丢 diū 동 잃어버리다, 분실하다

6급 巡逻 xúnluó 동 경비하다, 검사하고 단속하다

동 경비하다, 검사하고 단속하다
巡逻队员 경비대원
幸好他们遇上了巡逻的警察
다행히 그들은 순찰하던 경찰을 만났다

队员 duìyuán 명 대원, 팀원
4급 警察 jǐngchá 명 경찰

5급 询问 xúnwèn 동 의견을 구하다, 묻다

동 의견을 구하다, 묻다

警察简单地**询问**了她的家庭状况

경찰은 그녀의 가족 사항을 간단하게 물었다

3급 简单 jiǎndān 형 간단하다, 단순하다
5급 状况 zhuàngkuàng 명 상황, 형편

6급 循环 xúnhuán 동 순환하다, 왕복하다, 반복하다

동 순환하다, 왕복하다, 반복하다

慢跑可以促进血液**循环**，有利于健康

조깅은 혈액 순환을 촉진할 수 있어서 건강에 유익하다

慢跑 mànpǎo 명 조깅
血液 xuèyè 명 피, 혈액

6급 循序渐进 xúnxù-jiànjìn 성 차례대로 나아가다, 차츰 향상되다, 점차 발전하다

성 차례대로 나아가다, 차츰 향상되다, 점차 발전하다

任何事情都要**循序渐进**，欲速则不达

어떤 일이든 차근차근 해야지 너무 서두르면 이루지 못한다

欲速则不达 yù sù zé bù dá
성 빨리하려고만 하면 오히려 목적을 이루기
힘들다

5급 训练 xùnliàn 동 훈련하다

동 훈련하다

为了比赛的胜利，队员们正在加紧**训练**

시합의 승리를 위해 팀원들은 훈련에 박차를 가하고 있다

5급 胜利 shènglì 명 승리
加紧 jiājǐn 동 강화하다, 박차를 가하다,
서두르다

5급 迅速 xùnsù 형 신속하다, 재빠르다, 매우 빠르다

형 신속하다, 재빠르다, 매우 빠르다

野生动物的数量正在**迅速**减少

야생 동물의 수가 빠르게 감소하고 있다

迅速提高汉语水平 중국어 실력을 빠르게 향상시키다

野生 yěshēng 형 야생의
4급 数量 shùliàng 명 수, 수량

X

4급 压力 yālì 명 압력 명 압박, 스트레스, 부담

명 압력

潜水时，水的压力会影响我们的身体

잠수할 때 물의 압력은 우리의 신체에 영향을 줄 수 있다

명 압박, 스트레스, 부담

你就不要给孩子施加精神压力了

아이에게 정신적인 부담을 주지 마라

6급 潜水 qiánshuǐ 동 잠수하다, 잠영하다	
6급 施加 shījiā 동 주다, 넣다, 가하다	

6급 压迫 yāpò 동 압박하다, 억압하다

동 압박하다, 억압하다

压迫视神经

시신경을 압박하다

用权力压迫别人

권력으로 다른 사람을 억압하다

视神经 shìshénjīng 명 시신경	
5급 权力 quánlì 명 권력, 권한	

6급 压岁钱 yāsuìqián 명 세뱃돈

명 세뱃돈

今年春节她从长辈那儿得到了很多压岁钱

올해 춘절에 그녀는 어른들로부터 많은 세뱃돈을 받았다

春节 Chūnjié 명 춘제, 춘절, 음력설	
5급 长辈 zhǎngbèi 명 손윗사람, 웃어른, 연장자	

6급 压缩 yāsuō 동 압축하다 동 축소하다, 줄이다

동 압축하다

把文件压缩一下才可以发送

파일을 압축해야 발송할 수 있다

동 축소하다, 줄이다

中央政府要求各级单位压缩办公经费开支

중앙 정부는 각급 기관에 판공비 지출을 축소할 것을 요구했다

发送 fāsòng 동 보내다, 발송하다	
6급 中央 zhōngyāng 명 중앙, 최고 기관	
办公 bàngōng 동 공무를 보다, 근무하다	
6급 经费 jīngfèi 명 경비	

6급 压抑 yāyì 동 누르다, 억제하다, 자제하다

동 누르다, 억제하다, 자제하다

她压抑不住悲伤，大声痛哭起来

그녀는 슬픔을 자제하지 못하고 큰 소리로 통곡하기 시작했다

悲伤 bēishāng 형 슬프다, 상심하다, 비통하다	
痛哭 tòngkū 동 통곡하다, 큰 소리로 울다	

6급 压榨 yāzhà 동 눌러 짜다, 압착하다 동 착취하다

동 눌러 짜다, 압착하다

她把压榨出的葡萄汁倒进杯子里

그녀는 압착한 포도즙을 잔에 따랐다

동 착취하다

面对工厂老板的压榨，工人们选择了集体罢工

공장 사장의 착취에 직면하여 노동자들은 집단 파업을 선택했다

葡萄汁 pútáozhī 명 포도 주스, 포도즙	
4급 倒 dào 동 쏟다, 따르다, 붓다	
5급 工厂 gōngchǎng 명 공장	
6급 罢工 bàgōng 동 파업하다	

6급 压制 yāzhì 동 제한하다, 제지하다, 억제하다 동 눌러서 제조하다, 찍어서 만들다

동 제한하다, 제지하다, 억제하다
上司处处压制她，让她很恼火
상사가 사사건건 그녀를 제지해서 그녀는 화가 났다

동 눌러서 제조하다, 찍어서 만들다
我们参观了普洱茶压制成饼的整个流程
우리는 보이차를 눌러서 둥그렇게 만드는 전체 과정을 참관했다

处处 chùchù 명 도처, 각 방면
6급 恼火 nǎohuǒ 동 성나다, 화내다, 노여워하다
普洱茶 pǔ'ěrchá 명 푸얼차, 보이차
饼 bǐng 명 둥글 넓적한 물건
流程 liúchéng 명 작업 과정, 생산 과정

4급 呀 yā 탄 아, 야

탄 아, 야 (놀람, 이상함을 나타냄)
呀，你怎么可以这样！ 야, 너 어떻게 이럴 수 있어!

这样 zhèyàng 대 이런, 이렇게

5급 押金 yājīn 명 보증금, 계약금, 선금

명 보증금, 계약금, 선금
房东说只能退给我四分之一的押金
집주인은 나에게 보증금의 1/4만 돌려주겠다고 말했다

4급 房东 fángdōng 명 집주인
5급 退 tuì 동 돌려주다, 반환하다, 무르다

6급 鸦雀无声 yāquè-wúshēng 성 까마귀와 참새 울음소리조차 없다, 쥐 죽은 듯이 조용하다

성 까마귀와 참새 울음소리조차 없다, 쥐 죽은 듯이 조용하다
学生们都在上晚自习，教室里鸦雀无声 학생들은 모두 야간 자율 학습을 하고 있어서 교실 안은 쥐 죽은 듯이 고요하다

晚自习 wǎn zìxí 야간 자율 학습

5급 牙齿 yáchǐ 명 이, 치아

명 이, 치아
一排整齐洁白的牙齿 가지런하고 하얀 치아

5급 整齐 zhěngqí 형 가지런하다
洁白 jiébái 형 새하얗다, 순백하다

4급 牙膏 yágāo 명 치약

명 치약
把牙膏挤在牙刷上就可以了
치약을 칫솔 위에 짜면 된다

挤 jǐ 동 짜다
牙刷 yáshuā 명 칫솔

6급 亚军 yàjūn 명 준우승, 2위

명 준우승, 2위
她在跳高比赛中获得了亚军
그녀는 높이뛰기 시합에서 준우승을 차지했다

跳高 tiàogāo 명 높이뛰기
4급 获得 huòdé 동 얻다, 획득하다, 취득하다

Y

4급 亚洲 Yàzhōu 명 아시아, 아시아주

명 아시아, 아시아주
亚洲是世界七大洲中面积最大的洲
아시아주는 세계 7대주에서 면적이 가장 큰 주이다

5급 面积 miànjī 명 면적

6급 烟花爆竹 yānhuā bàozhú 불꽃놀이 폭죽

불꽃놀이 폭죽
烟花爆竹属于易燃物品，禁止携带上车 불꽃놀이
폭죽은 인화성 물질에 속하므로 휴대하고 승차하는 것을 금지한다

易燃 yìrán 톙 연소하기 쉬운, 인화성의
6급 携带 xiédài 톙 지니다, 휴대하다

6급 淹没 yānmò 톙 잠기다, 침몰하다 톙 묻히다, 덮이다

톙 잠기다, 침몰하다
洪水把整个城市淹没了
홍수로 시 전체가 잠겼다

톙 (소리 등이) 묻히다/덮이다
她的歌声被观众的掌声和欢呼声淹没了
그녀의 노랫소리는 관중의 박수 소리와 환호성에 묻혔다

6급 洪水 hóngshuǐ 톙 홍수
掌声 zhǎngshēng 톙 박수 소리
欢呼声 huānhūshēng 환호성

5급 延长 yáncháng 톙 연장하다

톙 (거리, 시간 등을) 연장하다
延长癌症病人的寿命
암 환자의 수명을 연장하다
把训练时间延长了两个小时
훈련 시간을 두 시간 늘렸다

6급 癌症 áizhèng 톙 암
5급 寿命 shòumìng 톙 수명

6급 延期 yán // qī 톙 연장하다, 연기하다

톙 연장하다, 연기하다
如果明天下雨，比赛就只能延期
만일 내일 비가 온다면 시합은 연기될 수 밖에 없다
双方会晤时间延期至下个月一号
양측 회담 시간이 다음 달 1일로 연기되었다

6급 会晤 huìwù 톙 회견하다, 만나다

6급 延伸 yánshēn 톙 뻗다, 뻗치다

톙 뻗다, 뻗치다
这条公路一直延伸到远方
이 도로는 먼 곳까지 뻗어 있다

公路 gōnglù 톙 도로
远方 yuǎnfāng 톙 먼 곳, 먼 데

6급 延续 yánxù 톙 연속되다, 계속하다, 지속되다, 연장하다

톙 연속되다, 계속하다, 지속되다, 연장하다
先进的医疗技术使越来越多的生命得以延续
선진 의료 기술이 갈수록 많은 생명을 연장시키다

6급 先进 xiānjìn 톙 선진적인, 진보한
得以 déyǐ 톙 …할 수 있다

4급 严格 yángé 톙 엄격하다

톙 엄격하다
严格执法 엄격하게 법을 집행하다
这项规定非常严格 이 규정은 매우 엄격하다

执法 zhífǎ 톙 법을 집행하다
4급 规定 guīdìng 톙 규정, 규칙

6급 严寒 yánhán 형 매우 춥다

형 **매우 춥다**

度过**严寒**的冬季
몹시 추운 겨울을 보내다

5급 度过 dùguò 동 경과하다, 시간을 보내다
冬季 dōngjì 명 동계, 겨울

6급 严禁 yánjìn 동 엄금하다, 엄격히 금지하다

동 **엄금하다, 엄격히 금지하다**

严禁酒后驾驶
음주 운전을 엄격히 금지하다

5급 驾驶 jiàshǐ 동 운전하다, 조종하다

6급 严峻 yánjùn 형 엄하다, 엄숙하다 형 엄중하다, 심각하다

형 **엄하다, 엄숙하다**

一看到老师**严峻**的面孔，我就万分紧张
선생님의 엄한 얼굴을 보자 나는 매우 긴장되었다

형 **엄중하다, 심각하다**

这项任务，对他来说是一个**严峻**的考验
이 임무는 그에게 가혹한 시험이다

面孔 miànkǒng 명 얼굴
6급 万分 wànfēn 형 대단하다, 지극하다
6급 考验 kǎoyàn 동 시험하다, 검증하다

6급 严厉 yánlì 형 엄하다, 준엄하다

형 **엄하다, 준엄하다**

我父亲有时候很**严厉**，有时候很慈祥
내 아버지는 때로는 엄하시고 때로는 자상하시다

严厉打击各种犯罪活动
각종 범죄 활동을 엄단하다

6급 慈祥 cíxiáng 형 자상하다, 선하고 다정하다
犯罪 fànzuì 명 범죄

6급 严密 yánmì 형 빈틈없다, 세밀하다, 치밀하다 동 엄밀하게 하다

형 **빈틈없다, 세밀하다, 치밀하다**

严密的计划 빈틈없는 계획
逻辑**严密** 논리가 치밀하다

동 **엄밀하게 하다**

公寓小区的摄像头二十四小时**严密**监控
아파트 단지의 보안 카메라는 24시간 엄밀히 감시한다

5급 逻辑 luóji 명 논리
摄像头 shèxiàngtóu 명 비디오 카메라
监控 jiānkòng 동 감시하고 통제하다

5급 严肃 yánsù 형 엄숙하다, 엄격하다, 진지하다 동 엄격하게 하다, 엄숙하게 하다

형 **엄숙하다, 엄격하다, 진지하다**

这是一个很**严肃**的问题，你不要当儿戏
이것은 진지한 문제이니 어린애 장난으로 여기지 마라

她工作起来一向认真**严肃**
그녀는 일을 할 때 언제나 진지하고 엄숙하다

동 **엄격하게 하다, 엄숙하게 하다**

严肃军纪 군기를 엄격하게 하다

儿戏 érxì 명 어린애 장난, 어린이 놀이
3급 认真 rènzhēn 형 진지하다
军纪 jūnjì 명 군기

Y

4급 严重 yánzhòng 형 중대하다, 심각하다, 심하다

형 중대하다, 심각하다, 심하다

环境污染日益严重
환경 오염이 날로 심각해지다

由于病情严重，他被转到市中心医院了
병세가 심해져서 그는 시 중심에 있는 병원으로 이송되었다

6급 日益 rìyì 부 나날이 더욱, 날로
病情 bìngqíng 명 병세

6급 言论 yánlùn 명 언론, 말, 의견

명 언론, 말, 의견

你的言论前后自相矛盾
너의 말은 앞뒤가 서로 모순된다

自相矛盾 zìxiāng-máodùn
성 자기의 언행이 앞뒤가 맞지 않다,
언행이 모순되다

6급 岩石 yánshí 명 암석

명 암석

岩洞里的岩石奇形怪状
바위 동굴 안의 암석은 모양이 기괴하다

岩洞 yándòng 명 바위 동굴
奇形怪状 qíxíng-guàizhuàng
성 기괴한 형상, 이상야릇한 모습

6급 炎热 yánrè 형 무덥다, 뜨겁다

형 무덥다, 뜨겁다

炎热的夏季，冰镇啤酒是我的最爱
무더운 여름날 차갑게 한 맥주는 내가 가장 좋아하는 것이다

夏季 xiàjì 명 여름
冰镇 bīngzhèn 동 차갑게 하다

6급 沿海 yánhǎi 명 연해

명 연해

一般来说，沿海地区的经济要比内地发达
일반적으로 연해 지구의 경제는 내륙 지역보다 발달한다

内地 nèidì 명 내지, 내륙
5급 发达 fādá 형 발달하다, 번창하다

4급 研究 yánjiū 동 연구하다, 탐구하다 동 논의하다, 의논하다

동 연구하다, 탐구하다

他们专门研究这些领域
그들은 이 영역들을 전문적으로 연구한다

调查研究报告 조사 연구 보고서

동 논의하다, 의논하다

好好研究一下这个问题 이 문제를 잘 논의해 봐

4급 专门 zhuānmén 부 전문적으로
5급 领域 lǐngyù 명 영역, 분야
5급 报告 bàogào 명 보고서

研究生 yánjiūshēng 명 연구생, 대학원생

명 연구생, 대학원생

她打算报考研究生
그녀는 대학원 시험에 응시할 예정이다

她正在读研究生二年级
그녀는 지금 대학원 2학년에 재학중이다

报考 bàokǎo 동 (시험에) 응시하다,
응시 원서를 제출하다

4급 盐 yán 명 소금

명 **소금**
做菜的时候忘了放**盐** 요리할 때 소금 넣는 것을 깜빡했다
不要往别人伤口上撒**盐** 다른 사람의 상처에 소금 뿌리지 마

做菜 zuòcài 동 요리를 하다
撒 sǎ 동 (자잘한 것을) 뿌리다

2급 颜色 yánsè 명 색, 색채, 색깔, 빛깔

명 **색, 색채, 색깔, 빛깔** 동의어 色彩 sècǎi [5급]
彩虹有七种**颜色**
무지개는 일곱 가지 색깔이 있다

5급 彩虹 cǎihóng 명 무지개

6급 掩盖 yǎngài 동 감추다, 숨기다, 덮다, 가리다

동 **감추다, 숨기다, 덮다, 가리다**
她千方百计地**掩盖**自己的错误
그녀는 온갖 방법을 다해 자기 잘못을 감추었다

6급 千方百计 qiānfāng-bǎijì
성 온갖 방법을 다 동원하다

6급 掩护 yǎnhù 동 엄호하다, 몰래 보호하다 명 엄호물, 엄폐물

동 **엄호하다, 몰래 보호하다**
我**掩护**你，你从后门溜出去
내가 너를 엄호할 테니 너는 뒷문으로 몰래 빠져나가라

6급 溜 liū 동 남몰래 가 버리다, 사라지다

명 **엄호물, 엄폐물**
用报纸在上面做**掩护**
신문지를 위에 놓아 엄폐물로 삼다

6급 掩饰 yǎnshì 동 은폐하다, 숨기다

동 **은폐하다, 숨기다**
她用微笑来**掩饰**内心的紧张
그녀는 미소로 마음속 긴장을 숨겼다

5급 微笑 wēixiào 명 미소
4급 紧张 jǐnzhāng 형 긴장되다, 불안하다

6급 眼光 yǎnguāng 명 시선, 눈길 명 안목, 식견, 통찰력 명 관점, 생각

명 **시선, 눈길**
用不友好的**眼光**上下打量别人
비우호적인 시선으로 다른 사람을 위아래로 훑어보다

6급 打量 dǎliang 동 훑어보다, 관찰하다
6급 看待 kàndài 동 대하다, 취급하다, 다루다

명 **안목, 식견, 통찰력**
她**眼光**很高 그녀는 안목이 매우 높다

명 **관점, 생각**
以独特的**眼光**来看待这个世界
독특한 관점으로 이 세상을 대하다

2급 眼睛 yǎnjing 명 눈

명 **눈**
一双漂亮的**眼睛** 아름다운 두 눈

3급 双 shuāng 양 쌍, 짝, 켤레

Y

4급 眼镜 yǎnjìng 명 안경

명 안경
他戴上**眼镜**像换了一个人似的
그는 안경을 쓰면 꼭 딴사람이 된 것 같다

4급 戴 dài	동 착용하다
5급 似的 shìde	조 …와 같다, …와 비슷하다

6급 眼色 yǎnsè 명 눈짓, 곁눈질, 눈치

명 눈짓, 곁눈질, 눈치
我们俩互相交换了一下**眼色**，都没说话
우리 둘은 서로 눈짓을 주고받으며 말을 하지 않았다

4급 互相 hùxiāng	부 서로, 상호
5급 交换 jiāohuàn	동 교환하다, 주고받다

6급 眼神 yǎnshén 명 눈빛, 눈길 명 시력

명 눈빛, 눈길
不要太在意别人的**眼神** 남의 눈길에 크게 개의치 마라
명 시력
奶奶**眼神**不好 할머니는 시력이 좋지 않으시다

6급 在意 zàiyì	동 마음에 두다

眼下 yǎnxià 명 목하, 목전, 눈앞, 당장

명 목하, 목전, 눈앞, 당장
这是**眼下**最棘手的问题 이것이 당장 가장 곤란한 문제이다

棘手 jíshǒu	형 곤란하다, 까다롭다

6급 演变 yǎnbiàn 동 변화 발전하다, 변천되다

동 변화 발전하다, 변천되다
研究汉字的**演变** 한자의 변천을 연구하다
乙肝可转为慢性，并可能**演变**为肝硬化
B형 간염이 만성화되어 간경변으로 발전할 수 있다

乙肝 yǐgān	명 B형 간염
6급 慢性 mànxìng	형 만성의, 느릿한
肝硬化 gānyìnghuà	명 간경변, 간경화

4급 演出 yǎnchū 동 공연하다, 상연하다 명 공연, 상연, 퍼포먼스

동 공연하다, 상연하다
我的偶像明天要来我家乡**演出**
내가 좋아하는 스타가 내일 우리 고향에 와서 공연한다
명 공연, 상연, 퍼포먼스
今晚我看了一场非常精彩的**演出**
오늘 저녁 나는 매우 훌륭한 공연을 봤다

6급 偶像 ǒuxiàng	명 아이돌, 인기 스타
5급 家乡 jiāxiāng	명 고향
4급 精彩 jīngcǎi	형 멋지다, 훌륭하다

5급 演讲 yǎnjiǎng 동 강연하다, 연설하다 명 연설, 강연

동 강연하다, 연설하다
他每次上台**演讲**就会紧张结巴
그는 매번 강단에 올라 연설할 때 긴장해서 말을 더듬는다
명 연설, 강연
举办**演讲**比赛 스피치 대회를 개최하다

上台 shàngtái	동 무대에 오르다, 강단에 오르다
结巴 jiēba	동 말을 더듬거리다
4급 举办 jǔbàn	동 거행하다, 개최하다

6급 演习 yǎnxí 동 연습하다, 훈련하다

동 연습하다, 훈련하다 (주로 군사 방면에서 쓰임)
举行消防演习 소방 연습을 실시하다
军事演习开始了 군사 훈련이 시작되었다

6급 消防 xiāofáng 동 소방하다, 불을 끄다
5급 军事 jūnshì 명 군사

6급 演绎 yǎnyì 동 연역하다, 상세히 서술하다 동 펼치다, 표현하다

동 연역하다, 상세히 서술하다
演绎出惊心动魄的故事
손에 땀을 쥐게 하는 이야기를 상세히 서술하다

동 펼치다, 표현하다
演绎出无与伦比的艺术效果
뛰어난 예술 효과를 표현해 내다

惊心动魄 jīngxīn-dòngpò 명 마음과 영혼을 놀라게 하다, 가슴이 조마조마하다
无与伦比 wúyǔlúnbǐ 성 비교가 안 된다, 비할 바 없이 뛰어나다
4급 效果 xiàoguǒ 명 효과, 결과

4급 演员 yǎnyuán 명 배우, 연기자

명 배우, 연기자
他的梦想是当一名演员
그의 꿈은 배우가 되는 것이다

5급 梦想 mèngxiǎng 명 꿈, 염원, 이상

6급 演奏 yǎnzòu 동 연주하다

동 연주하다
为大家演奏了一首钢琴曲
모두를 위해 피아노 곡 하나를 연주했다

钢琴曲 gāngqínqǔ 명 피아노곡

6급 厌恶 yànwù 동 싫어하다, 혐오하다, 증오하다

동 싫어하다, 혐오하다, 증오하다
他经常说脏话，令人十分厌恶
그는 욕을 자주 해서 사람들이 매우 싫어한다
我最厌恶表里不一的人
나는 겉과 속이 다른 사람을 제일 혐오한다

脏话 zānghuà 명 저속한 말
表里不一 biǎolǐ-bùyī 성 표리부동, 겉과 속이 다르다, 언행이 일치하지 않다

5급 宴会 yànhuì 명 연회, 잔치, 파티

명 연회, 잔치, 파티
她穿着一身漂亮的晚礼服参加宴会
그녀는 아름다운 이브닝 드레스를 입고 파티에 참석했다

晚礼服 wǎnlǐfú 명 야회복, 이브닝 드레스

Y

6급 验收 yànshōu 동 검수하다

동 검수하다
这是您的包裹，请验收
이것이 당신의 소포이니, 확인해 보세요
这批材料已经验收完毕
이 자료들은 이미 검수를 마쳤다

5급 包裹 bāoguǒ 명 꾸러미, 소포
4급 材料 cáiliào 명 자료, 데이터
6급 完毕 wánbì 동 완료하다, 마치다, 끝나다

6급 验证 yànzhèng 동 검증하다

동 검증하다
后来的事实验证了他的推断是正确的
이후의 사실은 그의 추론이 맞았음을 검증하였다

推断 tuīduàn 동 추단하다, 미루어 판단하다
4급 正确 zhèngquè 형 정확하다, 올바르다, 틀림없다

2급 羊肉 yángròu 명 양고기

명 양고기
羊肉有一股膻味儿 양고기는 노린내가 좀 있다

膻味儿 shānwèir 명 노린내

4급 阳光 yángguāng 명 햇빛

명 햇빛
今天是一个阳光灿烂的日子 오늘은 햇빛이 쨍쨍한 날이다

6급 灿烂 cànlàn 형 찬란하다

5급 阳台 yángtái 명 발코니, 베란다

명 발코니, 베란다
这种植物可以在家里的阳台上种植
이 식물은 집안 발코니에서 재배할 수 있다

4급 植物 zhíwù 명 식물
6급 种植 zhòngzhí 동 재배하다, 심다

4급 养成 yǎngchéng 동 기르다, 양성하다

동 기르다, 양성하다
让孩子从小养成节约的好习惯
아이에게 어려서부터 환경을 보호하는 좋은 습관을 길러주다

4급 节约 jiéyuē 동 절약하다, 아끼다
3급 习惯 xíguàn 명 습관, 관습

6급 氧气 yǎngqì 명 산소

명 산소
人失去氧气就无法生存
사람은 산소를 잃으면 생존할 수 없다

无法 wúfǎ 동 …할 방법이 없다
6급 生存 shēngcún 동 생존하다, 생명을 유지하다, 살다

5급 痒 yǎng 형 가렵다, 간지럽다 형 근질근질하다, 몹시 하고 싶다

형 가렵다, 간지럽다
伤口发痒时，不要抓挠
상처 부위가 가려울 때 긁으면 안 된다

형 근질근질하다, 몹시 하고 싶다
朋友们炒股挣了大钱，他也就心里痒痒的
친구들이 주식 투자로 큰돈을 벌자 그도 마음이 근질근질했다

发痒 fāyǎng 동 근질근질하다, 가렵다
抓挠 zhuānao 동 긁다
炒股 chǎogǔ 동 주식 거래를 하다, 주식 투기를 하다

6급 样品 yàngpǐn 명 샘플, 견본품, 견품

명 샘플, 견본품, 견품
展览会上，我们可以免费得到样品
전람회에서 우리는 견본품을 무료로 얻을 수 있다

展览会 zhǎnlǎnhuì 명 전람회
4급 免费 miǎnfèi 동 돈을 받지 않다, 무료로 하다

5급 样式 yàngshì 명 양식, 형식, 스타일

명 양식, 형식, 스타일
这是我国独有的建筑**样式**
이것은 우리 나라에만 있는 건축 양식이다

独有 dúyǒu 통 혼자만 가지다

4급 样子 yàngzi 명 모양, 스타일, 디자인 명 모습, 상태, 상황

명 모양, 스타일, 디자인
这手机包的**样子**很好看
이 핸드폰 파우치는 디자인이 보기 좋다

명 모습, 상태, 상황
看他洋洋得意的**样子**，就知道他考得不错
그가 득의양양한 모습을 보니 시험을 잘 봤다는 걸 알겠다

洋洋得意 yángyáng-déyì
성 뜻대로 되어 표정이나 태도가 매우 만족스럽
다, 득의양양하다

3급 要求 yāoqiú 통 요구하다 명 요구

동 요구하다
她**要求**老板给她加工资
그녀는 사장에게 급여를 더 달라고 요구했다

명 요구
父母总是尽量满足他的所有**要求**
부모님은 늘 그의 모든 요구를 가능한 한 들어주었다

4급 工资 gōngzī 명 임금, 급여, 봉급
5급 尽量 jǐnliàng 부 최대한, 가능한 한
5급 满足 mǎnzú 통 만족시키다

5급 腰 yāo 명 허리 명 사물의 중간 부분

명 허리
把腰挺直了 허리를 곧게 폈다
伸懒腰 기지개를 펴다
早上起来就腰酸背痛
아침에 일어났더니 허리가 시큰하고 등이 아프다

명 사물의 중간 부분
我们才爬到半山腰就累得气喘吁吁了
우리는 겨우 산 중턱까지 가는 것도 힘들어서 헉헉거렸다

挺直 tǐngzhí 통 곧게 펴다
4급 酸 suān 형 시큰하다
半山腰 bànshānyāo 명 산허리
气喘吁吁 qìchuǎn-xūxū 성 씩씩거리다,
헐떡거리다

4급 邀请 yāoqǐng 통 초청하다, 초대하다

동 초청하다, 초대하다
邀请朋友来家里作客
친구를 집에 손님으로 초대하다
她接受了我的**邀请**
그녀는 나의 초대를 받아들였다

作客 zuòkè 통 방문하다
4급 接受 jiēshòu 통 접수하다, 받다, 채택하다

6급 谣言 yáoyán 명 뜬소문, 헛소문, 요언

명 뜬소문, 헛소문, 요언
编造散布**谣言**
헛소문을 날조해서 퍼뜨리다

编造 biānzào 통 날조하다
6급 散布 sànbù 통 퍼뜨리다, 전하다

Y

5급 摇 yáo 동 흔들다, 흔들리다, 흔들거리다

동 흔들다, 흔들리다, 흔들거리다

她向我摇摇头，什么也没说
그녀는 나를 향해 고개를 흔들고는 아무 말도 하지 않았다

小狗摇着尾巴转来转去
강아지가 꼬리를 흔들며 왔다 갔다 한다

5급 尾巴 wěiba 명 꼬리

6급 摇摆 yáobǎi 동 흔들리다, 흔들거리다, 동요하다

동 흔들리다, 흔들거리다, 동요하다

路边的野花随风摇摆
길가의 야생화가 바람에 흔들리다

在大是大非面前决不摇摆
옳고 그름을 따지는 원칙적인 문제 앞에서는 절대 동요하지 않는다

野花 yěhuā 명 야생화
大是大非 dàshì-dàfēi
성 원칙적인 옳고 그름의 문제
决不 juébù 결코 …하지 않다,
절대 …하지 않다

6급 摇滚 yáogǔn 명 로큰롤(rockn'roll), 록(rock)

명 로큰롤(rockn'roll), 록(rock)

摇滚太吵了，我欣赏不了
록 음악은 너무 시끄러워서 나는 좋아할 수 없다

5급 吵 chǎo 형 시끄럽다, 떠들썩하다
5급 欣赏 xīnshǎng 동 좋아하다, 만족하다

摇晃 yáohuàng 동 흔들리다, 흔들다

동 흔들리다, 흔들다

他摇摇晃晃地走过来了
그는 비틀거리며 걸어왔다

随着音乐轻轻地摇晃着脑袋
음악에 맞춰 가볍게 머리를 흔들다

5급 脑袋 nǎodai 명 머리

6급 遥控 yáokòng 동 원격 조종하다, 리모트 컨트롤하다

동 원격 조종하다, 리모트 컨트롤하다

你用它可以远程遥控家里的所有电器
당신은 그것으로 집 안의 모든 가전제품을 원격 조종할 수 있다

远程 yuǎnchéng 형 원거리의, 원격의
电器 diànqì 명 전기 기구, 가전제품

6급 遥远 yáoyuǎn 형 요원하다, 아득히 멀다

형 (시간, 거리 등이) 요원하다/아득히 멀다

路途遥远 노정이 아득히 멀다

她突然感觉梦想太遥远了
그녀는 갑자기 꿈이 너무 요원하다고 느꼈다

路途 lùtú 명 노정, 이정(里程), 거리

5급 咬 yǎo 동 깨물다, 물다

동 깨물다, 물다

她咬了一下嘴唇 그녀는 입술을 한 번 깨물었다

兔子急了也会咬人 토끼도 급하면 사람을 문다

6급 嘴唇 zuǐchún 명 입술

咬牙切齿 yǎoyá-qièchǐ 성 이를 꽉 깨물거나 이를 갈다, 격분하여 몹시 화를 내다

성 이를 꽉 깨물거나 이를 갈다, 격분하여 몹시 화를 내다
提起小张，他就恨得咬牙切齿
샤오장을 언급하자 그는 미워서 이를 갈았다

5급 | **恨** hèn 동 미워하다, 증오하다, 적대시하다

2급 **药** yào 명 약, 약물

명 약, 약물
开药方 처방전을 쓰다
这个感冒药一天吃几次呢？
이 감기약은 하루에 몇 번 먹나요?

药方 yàofāng 명 처방, 약방, 처방전

역순 어휘
火药 huǒyào

2급 **要** yào 동 원하다 동 필요하다, 걸리다 동 …해야 한다 동 …하려고 하다, …할 것이다

동 원하다
我要喝咖啡 나는 커피를 마시고 싶다
동 필요하다, 걸리다
你一个月要多少生活费？
너는 한 달에 생활비가 얼마나 필요하니?
看完这本书至少要一个星期
이 책을 다 보는 데 최소한 일주일이 걸린다
동 …해야 한다
对长辈要有礼貌
연장자에게는 예의를 갖춰야 한다
동 …하려고 하다, …할 것이다
今天我要去百货商店买几件衣服
오늘 나는 백화점에 가서 옷을 몇 벌 살 것이다

2급 | **咖啡** kāfēi 명 커피
4급 | **至少** zhìshǎo 부 최소한, 적어도
4급 | **礼貌** lǐmào 명 예의
　　　百货商店 bǎihuò shāngdiàn 백화점

역순 어휘
必要 bìyào　　　　**次要** cìyào
纪要 jìyào　　　　**简要** jiǎnyào
首要 shǒuyào　　　**需要** xūyào
摘要 zhāiyào　　　**只要** zhǐyào
重要 zhòngyào　　**主要** zhǔyào

5급 **要不** yàobù 연 그렇지 않으면 연 …이든지, …이거나

연 그렇지 않으면 [동의어] **要不然** yàoburán
多亏你帮了我，要不我一个人可完不成 다행히 네
가 도와줬기에 망정이지 안 그랬으면 나 혼자는 끝내지 못했을 것이다
연 …이든지, …이거나 [동의어] **要不然** yàoburán
**你要不学习，要不工作，天天玩游戏怎么可以
呢？** 너는 공부를 하든지 일을 해라, 매일 게임만 하면 어떡하니?

5급 | **多亏** duōkuī 부 다행히, 덕분에
3급 | **游戏** yóuxì 명 게임, 놀이, 오락

要不然 yàoburán 연 그렇지 않으면 연 …이든지, …이거나

연 그렇지 않으면 [동의어] **要不** yàobu [5급]
你得省钱，要不然下个月只能吃方便面了
돈을 아껴야지, 그렇지 않으면 다음 달에 라면만 먹어야 한다
연 …이든지, …이거나 [동의어] **要不** yàobu [5급]
**这次出差只需要一个人，要不然你去，要不然
我去** 이번 출장은 한 사람만 필요하니, 네가 가든지 아니면 내가
간다

省钱 shěngqián 동 돈을 아끼다
方便面 fāngbiànmiàn 명 (인스턴트) 라면
4급 | **出差** chūchāi 동 출장 가다

Y

6급 要点 yàodiǎn 몡 요점 몡 주요 거점

몡 요점
老师给学生划出了复习要点
선생님이 학생들에게 복습 요점을 표시해 주셨다

몡 주요 거점
我方士兵攻下了敌人的两个要点
우리 쪽 병사들이 적의 거점 두 곳을 공격하여 함락시켰다

3급 复习 fùxí 동 복습하다	
5급 士兵 shìbīng 몡 사병, 군대의 병사	
攻下 gōngxià 동 점령하다, 공격하여 빼앗다	

6급 要命 yào//mìng 혱 죽을 지경이다, 못 참겠다, 심하다

혱 죽을 지경이다, 못 참겠다, 심하다
他渴得要命
그는 참을 수 없이 목이 말랐다

牙疼起来真要命!
이가 아파 죽겠어!

3급 渴 kě 혱 목이 마르다, 갈증이 나다
3급 疼 téng 혱 아프다, 고통스럽다

4급 要是 yàoshi 옌 만약 …이라면

옌 만약 …이라면
要是你不同意，我也不勉强你
만약 네가 동의하지 않으면 나도 강요하지는 않겠다

3급 同意 tóngyì 동 동의하다, 찬성하다
6급 勉强 miǎnqiǎng 동 강요하다

6급 要素 yàosù 몡 요소

몡 요소
积极向上的心态是成功者最基本的要素
진취적인 마음은 성공한 사람들의 가장 기본적인 요소이다

向上 xiàngshàng 동 향상하다, 진보하다
6급 心态 xīntài 몡 심리 상태
5급 基本 jīběn 혱 기본의, 기본적인

4급 钥匙 yàoshi 몡 열쇠

몡 열쇠
他总是丢三落四的，今天又把车钥匙丢了
그는 늘 물건을 잘 잃어버리는데, 오늘은 또 차 열쇠를 분실했다

6급 丢三落四 diūsān-làsì 솅 일을 대강대강 하다, 이것저것 잘 잊어버리다

6급 耀眼 yàoyǎn 혱 눈부시다

혱 눈부시다
耀眼的光芒 눈부신 빛
天空中的朝霞耀眼夺目
하늘의 아침노을이 눈부시다

6급 光芒 guāngmáng 몡 광망, 강렬한 빛
朝霞 zhāoxiá 몡 아침노을
夺目 duómù 혱 눈부시다

3급 爷爷 yéye 몡 조부, 할아버지

몡 조부, 할아버지
爷爷老花眼了，看报都离不开老花镜
할아버지는 노안이라 신문을 볼 때도 돋보기를 떼어 놓을 수 없다

老花眼 lǎohuāyǎn 몡 노안
离不开 líbukāi 뗄 수 없다, 떠날 수 없다
老花镜 lǎohuājìng 몡 돋보기, 노안경

2급 也 yě 튀 …도

튀 **…도**
我也不太清楚 나도 잘 모르겠다
他是我朋友，也是我的合作伙伴
그는 내 친구이자 나의 협력 파트너이다

5급 伙伴 huǒbàn 명 동료, 친구, 동반자

4급 也许 yěxǔ 튀 아마도, 어쩌면

튀 **아마도, 어쩌면**
他这样做也许是出于同情
그가 이렇게 한 것은 아마도 동정에서 비롯되었을 것이다
也许我再也见不到她了
어쩌면 나는 그녀를 다시는 만날 수 없을 것이다

4급 同情 tóngqíng 동 동정하다
见不到 jiànbudào 볼 수 없다, 만날 수 없다

6급 野蛮 yěmán 형 야만적인, 미개한, 원시적인

형 **야만적인, 미개한, 원시적인** 반의어 文明 wénmíng [5급]
打架是一种野蛮行为 싸움은 야만적인 행동이다
你这样做太野蛮了 네가 이렇게 하는 것은 너무 야만스럽다

6급 打架 dǎjià 동 싸우다, 다투다

6급 野心 yěxīn 명 야심

명 **야심**
我没有极度渴望成功的野心
나는 성공을 매우 갈망하는 야심은 없다
他是一位野心勃勃的政治家
그는 야심만만한 정치가이다

6급 渴望 kěwàng 동 갈망하다, 간절히 바라다
野心勃勃 yěxīn-bóbó 형 야심만만하다
政治家 zhèngzhìjiā 명 정치가

5급 业务 yèwù 명 업무

명 **업무**
这几位都是我们公司的业务骨干
이 몇 분은 모두 우리 회사의 업무 핵심 인력이다

6급 骨干 gǔgàn 골간, 핵심, 중심

5급 业余 yèyú 명 여가, 근무 외 시간 형 비전문적인, 아마추어의

명 **여가, 근무 외 시간**
你的业余爱好是什么？ 너의 취미는 뭐니?
형 **비전문적인, 아마추어의**
我不是专业作家，只是一个业余作家
나는 전문 작가가 아니라 그저 아마추어 작가일 뿐이다

3급 爱好 àihào 명 취미, 기호, 애호
4급 专业 zhuānyè 형 전문적이다

Y

4급 叶子 yèzi 명 잎

명 **잎**
秋风吹过，大树的叶子飘落下来
가을바람이 불어와 나무 잎사귀가 흩날리며 떨어지다

5급 吹 chuī 동 불다
飘落 piāoluò 날리며 떨어지다

4급 | 页 yè 명 쪽, 페이지 양 쪽, 페이지

명 쪽, 페이지

页码 페이지 번호

양 쪽, 페이지

他只翻了几页书就睡着了
그는 책을 몇 페이지 넘기고는 잠들어 버렸다

请把书翻到第99页 책 99페이지를 펴세요

5급 | **翻** fān 동 들추다, 뒤적이다

5급 | 夜 yè 명 밤, 야간

명 밤, 야간 반의어 **日** rì [2급]

四天三夜 3박 4일

上夜班 야근하다

她日日夜夜思念着家乡的亲人
그녀는 밤낮으로 고향의 가족을 그리워한다

日日夜夜 rìrì-yèyè 성 매일 밤 매일 낮,
수많은 나날

역순 어휘
熬夜 áoyè　　**昼夜** zhòuyè

6급 | 液体 yètǐ 명 액체

명 액체

气体和液体都没有固定的形状
기체와 액체는 모두 고정된 형태가 없다

气体 qìtǐ 명 기체, 가스

5급 | **固定** gùdìng 형 고정된, 변하지 않는

5급 | **形状** xíngzhuàng 명 형상, 형태, 모양

1급 | 一 yī 수 일, 하나, 1

수 일, 하나, 1

星期一 월요일 | **一月一号** 1월 1일

现在是下午一点二十一分 현재 시각은 오후 1시 21분이다

我只有一块糖，怎么分给你啊?
나는 사탕이 한 알밖에 없는데 어떻게 너에게 나눠 주니?

4급 | **糖** táng 명 사탕, 엿

역순 어휘
第一 dì-yī　　**统一** tǒngyī
万一 wànyī　　**唯一** wéiyī

tip 一의 성조 변화

- 서수로 쓰이거나 문장 끝에 쓰일 경우 1성으로 읽는다
  第一 dì-yī | **十月一** shíyuè yīrì | **感情专一** gǎnqíng zhuānyī
- 4성 앞에 쓰일 경우 2성으로 읽는다
  一并 yíbìng | **一定** yídìng | **一望无际** yíwàng-wújì
- 1성, 2성, 3성 앞에 쓰일 경우 4성으로 읽는다
  一般 yìbān | **一回** yì huí | **一览无余** yìlǎn-wúyú

3급 | 一般 yībān 형 같다, 똑같다 형 보통이다, 일반적이다

형 같다, 똑같다

老师的话像春风一般温暖
선생님의 말씀은 봄바람 같이 따스하다

형 보통이다, 일반적이다

你一般几点起床?
너는 일반적으로 몇 시에 일어나니?

他俩关系好像不一般
그 둘의 관계는 보통이 아닌 것 같다

5급 | **温暖** wēnnuǎn 형 따뜻하다, 따스하다

2급 | **起床** qǐchuáng 동 기상하다, 일어나다

4급 | **好像** hǎoxiàng 동 마치 …와 같다

5급 一辈子 yībèizi 몡 평생, 일생

몡 평생, 일생

朋友是一辈子的财富 친구는 평생의 자산이다

6급 财富 cáifù 몡 부, 재부, 자산

3급 一边 yībiān 몡 옆, 쪽, 부분 뿐 …하면서 …하다

몡 옆, 쪽, 부분

我们先把这个问题放在一边
우리 우선 이 문제를 한쪽으로 제쳐 놓자

뿐 …하면서 …하다 (앞의 一边은 생략할 수 있음)

一边跑步，一边听音乐 달리기를 하면서 음악을 듣다

妈妈帮孩子整理书包，一边叮嘱要注意安全
엄마는 아이를 도와 책가방을 정리하면서 한편으로 안전에
주의하라고 당부했다

2급 跑步 pǎobù 통 달리기하다, 달리다
4급 整理 zhěnglǐ 통 정리하다
书包 shūbāo 몡 책가방
6급 叮嘱 dīngzhǔ 통 신신당부하다

5급 一旦 yīdàn 몡 일단

몡 일단

一旦有了机会，就要赶紧抓住
일단 기회가 생기면 서둘러 붙잡아라

5급 赶紧 gǎnjǐn 뿐 즉시, 지체 없이, 곧
抓住 zhuāzhù 통 붙잡다, 꽉 잡다

1급 一点儿 yīdiǎnr 조금, 약간, 조금도, 전혀

조금, 약간, 조금도, 전혀

她只买了一点儿水果 그녀는 과일만 조금 샀다

这件衣服很贵，有便宜一点儿的吗?
이 옷은 비싼데 좀 싼 것이 있나요?

他今天一点儿时间也没有 그는 오늘 전혀 시간이 없다

1급 水果 shuǐguǒ 몡 과일
2급 便宜 piányi 혱 싸다, 저렴하다

3급 一定 yīdìng 혱 일정한 뿐 반드시, 필히, 꼭

혱 일정한

想创业没有一定的资金是不行的
창업을 하려면 일정한 자금이 없으면 안 된다

뿐 반드시, 필히, 꼭

签合同时，一定要仔细阅读合同条款
계약에 서명할 때 반드시 계약 조항을 자세히 읽어 보아야 한다

6급 创业 chuàngyè 통 창업하다
不行 bùxíng 통 (…하면) 안 된다
5급 签 qiān 통 서명하다, 사인하다
4급 仔细 zǐxì 혱 세심하다, 자세하다
6급 条款 tiáokuǎn 몡 조항, 항목

Y

6급 一度 yīdù 몡 한 번 뿐 한때

몡 한 번

一年一度的寒假即将开始
1년에 한 번인 겨울 방학이 곧 시작된다

뿐 한때

严重的河水污染曾经一度让当地居民痛苦不堪
심각한 하천 오염으로 한때 현지 주민들이 매우 고통을 겪었다

6급 即将 jíjiāng 뿐 곧, 막, 머지않아
5급 曾经 céngjīng 뿐 일찍이, 예전에

6급 一帆风顺 yīfān-fēngshùn 성 배가 돛을 펴고 순항하다, 일이 순조롭다

성 배가 돛을 펴고 순항하다, 일이 순조롭다
追求梦想的道路不会总是一帆风顺的
꿈을 좇는 길이 늘 순조로울 수는 없다

5급 追求 zhuīqiú 동 추구하다
道路 dàolù 명 길, 도로

3급 一共 yīgòng 부 전부, 모두

부 전부, 모두
换轮胎一共花了两千多块钱
타이어 교환에 모두 2천 위안 넘게 썼다

6급 轮胎 lúntāi 명 타이어

6급 一贯 yīguàn 형 한결같다, 일관되다

형 한결같다, 일관되다
乐于帮助朋友，善待他人，这是她一贯的作风
기꺼이 친구를 돕고 타인을 소중히 대하는 것, 이것이 그녀의 일관
된 태도이다
对父母的话，她一贯言听计从
그녀는 부모님의 말을 한결같이 신임한다

6급 作风 zuòfēng 명 태도, 방법, 스타일, 풍격
言听计从 yántīng-jìcóng 성 말이나 생
각을 모두 따르고 받아들이다, 매우 신임하다

3급 一会儿 yīhuìr 명 잠시, 잠깐 부 …했다 …하다

명 잠시, 잠깐
雨下了一会儿就停了
비가 잠깐 내리고는 곧 멎었다

부 …했다 …하다 (두 개의 동사나 형용사 앞에 쓰여 짧은 시간
안에 두 상황이 번갈아 일어남을 나타냄)
他一会儿赞成一会儿反对
그는 찬성했다가 반대했다가 한다

4급 停 tíng 동 멈추다, 그치다
5급 赞成 zànchéng 동 찬성하다, 동의하다

6급 一举两得 yījǔ-liǎngdé 성 일거양득, 한 번에 두 가지 이득을 얻다

성 일거양득, 한 번에 두 가지 이득을 얻다
既能学到技术，又能挣钱，真是一举两得
기술도 배우고 돈도 벌 수 있으니 정말 일거양득이다

既 jì 연 …하고, …하고도, …할 뿐만 아니라
挣钱 zhèngqián 동 돈을 벌다

6급 一流 yīliú 명 한 종류, 같은 부류 형 일류의, 최고의

명 한 종류, 같은 부류
他俩是一流人物，一拍即合
그들 둘은 같은 부류의 사람이라 단번에 잘 맞았다

형 일류의, 최고의
她的目标是考上世界一流大学
그녀의 목표는 세계 일류 대학에 합격하는 것이다

5급 人物 rénwù 명 인물
一拍即合 yīpāi-jíhé 성 의견 등이 단번에
일치하다
考上 kǎoshàng 동 (시험에) 합격하다/붙다

一路平安 yīlù-píng'ān　젤 가는 길이 평안하고 안전하다

젤 가는 길이 평안하고 안전하다 (주로 길을 떠나는 사람을
축복하는 말로 쓰임)

祝您**一路平安**，旅途愉快
가는 길이 편하고 여행이 즐겁기를 기원합니다

旅途 lǚtú 몡 여행길, 여정

5급 一律 yīlǜ　혱 일률적이다, 똑같다　뵘 일률적으로, 모두

혱 일률적이다, 똑같다

我觉得科幻片的内容千篇**一律**
나는 공상 과학 영화의 내용이 천편일률적이라고 생각한다

뵘 일률적으로, 모두

本店商品**一律**打八折
본 상점의 상품은 모두 20% 할인합니다

科幻片 kēhuànpiàn 몡 공상 과학 영화,
SF 영화

千篇一律 qiānpiān-yīlǜ
젤 천편일률, 단조롭고 아무런 변화가 없다

4급 打折 dǎzhé 통 할인해서 판매하다, 세일하다

6급 一目了然 yīmù-liǎorán　젤 일목요연하다, 한눈에 알 만큼 분명하고 뚜렷하다

젤 일목요연하다, 한눈에 알 만큼 분명하고 뚜렷하다

通过摄像头，整个会场的情况**一目了然**
CCTV를 통해 전체 회의장의 상황이 한눈에 보인다

会场 huìchǎng 몡 회의장

4급 情况 qíngkuàng 몡 정황, 상황, 사정

2급 一起 yīqǐ　몡 같은 곳, 한곳　뵘 함께, 같이

몡 같은 곳, 한곳

同学们围坐在**一起**聊天
학우들이 한곳에 둘러앉아 수다를 떨다

뵘 함께, 같이

和同事**一起**去食堂吃午饭
동료와 같이 구내식당에 가서 점심을 먹다

围坐 wéizuò 통 둘러앉다

3급 同事 tóngshì 몡 직장 동료

食堂 shítáng 몡 구내식당

午饭 wǔfàn 몡 점심, 점심식사

4급 一切 yīqiè　떼 전부, 모두, 일체

떼 전부, 모두, 일체

祝各位生活愉快，**一切**顺利
여러분의 생활이 즐겁고 모든 것이 순조롭기를 바랍니다

各位 gèwèi 떼 여러분

4급 顺利 shùnlì 혱 순조롭다, 순탄하다

6급 一如既往 yīrú-jìwǎng　젤 과거와 완전히 같다, 예전과 똑같다

젤 과거와 완전히 같다, 예전과 똑같다

虽然分手了，但他还是**一如既往**地关心她
비록 헤어졌지만 그는 예전과 같이 그녀에게 관심을 가지고 있다

5급 分手 fēnshǒu 통 이별하다, 헤어지다

3급 关心 guānxīn 통 관심을 갖다, 마음을 쓰다

Y

6급 一丝不苟 yīsī-bùgǒu　젤 치밀하여 빈틈이 없다, 조금도 허투루 하지 않다

젤 치밀하여 빈틈이 없다, 조금도 허투루 하지 않다

她办事一向谨慎，**一丝不苟**
그녀는 일을 할 때 항상 신중하고 빈틈이 없다

5급 谨慎 jǐnshèn 혱 신중하다, 조심스럽다

2급 一下 yīxià 부 단숨에, 일시에 수량 한번 …하다, 좀 …하다

부 **단숨에, 일시에**
一个月的工资**一下**就花光了
한 달 월급을 일시에 다 써 버렸다

수량 **한번 …하다, 좀 …하다 (동사 뒤에 쓰임)**
请您稍等**一下** 잠시 기다려 주세요

4급 光 guāng 형 전혀 남지 않다, 다 쓰고 없다
稍 shāo 부 조금, 약간, 잠시

6급 一向 yīxiàng 부 항상, 줄곧

부 **항상, 줄곧**
她**一向**乐于助人 그녀는 항상 기꺼이 남을 돕는다

乐于助人 lèyú-zhùrén 기꺼이 남을 돕다

3급 一样 yīyàng 형 같다

형 **같다**
两个女儿虽然是双胞胎，但相貌却很不**一样**
두 딸은 쌍둥이지만 생김새는 매우 다르다

6급 双胞胎 shuāngbāotāi 명 쌍둥이
相貌 xiàngmào 명 생김새, 용모

5급 一再 yīzài 부 거듭, 되풀이하여

부 **거듭, 되풀이하여**
朋友**一再**挽留，他还是离开了
친구들이 거듭 만류했지만, 그는 결국 떠났다

挽留 wǎnliú 동 만류하다

3급 一直 yīzhí 부 곧바로, 똑바로 부 계속, 내내 부 …에 이르기까지

부 곧바로, 똑바로
不用拐弯，**一直**走 방향을 바꿀 필요 없이 똑바로 가세요

부 **계속, 내내**
我们俩**一直**很要好 우리 둘은 계속 친했다

부 …에 이르기까지 (범위를 나타냄)
从老人**一直**到小孩都特别喜欢这部电影
노인부터 아이에 이르기까지 모두 이 영화를 매우 좋아한다

5급 拐弯 guǎiwān 동 방향을 바꾸다, 커브를 돌다
要好 yàohǎo 형 친밀하다, 친하다

5급 一致 yīzhì 형 일치하다, 서로 같다 부 일제히, 다 같이, 함께

형 **일치하다, 서로 같다**
两人的说法基本**一致** 두 사람의 의견은 기본적으로 일치한다

부 **일제히, 다 같이, 함께**
同事们**一致**推选他当组长
동료들이 일제히 그를 팀장으로 뽑았다

推选 tuīxuǎn 동 추천하여 선발하다
组长 zǔzhǎng 명 조장, 팀장

1급 衣服 yīfu 명 옷, 의복, 의상

명 **옷, 의복, 의상**
你怎么又把**衣服**弄脏了 너는 어째서 옷을 또 더럽혔니

弄脏 nòngzāng 동 더럽히다

6급 衣裳 yīshang 몡 옷, 의복, 의상

몡 옷, 의복, 의상
她特别喜欢华丽的**衣裳** 그녀는 화려한 옷을 특히 좋아한다

6급 华丽 huálì 몡 화려하다

1급 医生 yīshēng 몡 의사

몡 의사
我父亲是**医生** 내 아버지는 의사이다

4급 父亲 fùqīn 몡 아버지, 부친

1급 医院 yīyuàn 몡 병원, 의원

몡 병원, 의원
他去**医院**看望病人 그는 환자를 병문안하러 병원에 간다

5급 看望 kànwàng 동 찾아가다, 방문하다
病人 bìngrén 몡 병자, 환자

依次 yīcì 閂 순서대로

閂 순서대로
请大家排好队，**依次**领取节日礼品
모두 줄을 서서 순서대로 명절 선물을 받으세요

4급 排队 páiduì 동 줄을 서다
领取 lǐngqǔ 동 수령하다, 받다, 찾다
礼品 lǐpǐn 몡 선물

6급 依旧 yījiù 동 여전하다, 예전과 같다 閂 여전히, 예전 그대로

동 여전하다, 예전과 같다
景色**依旧**，人已不在
풍경은 예전과 같은데 사람은 이미 없다

閂 여전히, 예전 그대로
他**依旧**保持着勤俭节约的习惯
그는 예전 그대로 근검절약하는 습관을 유지하고 있다

4급 景色 jǐngsè 몡 풍경, 경치
5급 保持 bǎochí 동 유지하다, 지키다
6급 勤俭 qínjiǎn 몡 근검하다, 부지런하고 알뜰하다

6급 依据 yījù 동 의거하다, 근거하다 몡 근거, 의거 개 …에 의거하여, …에 근거하여, …에 따라

동 의거하다, 근거하다
说话要**依据**事实 말할 때는 사실에 근거해야 한다

몡 근거, 의거
找不到值得凭信的**依据** 믿을 만한 근거를 찾지 못하다

개 …에 의거하여, …에 근거하여, …에 따라
不要**依据**个人爱好去判断别人
개인의 기호에 따라 다른 사람을 판단하면 안 된다

5급 事实 shìshí 몡 사실
凭信 píngxìn 동 믿다, 신뢰하다
4급 判断 pànduàn 동 판단하다

Y

6급 依靠 yīkào 동 기대다, 의지하다 몡 버팀목, 의지할 수 있는 사람이나 사물

동 기대다, 의지하다
退休后，他**依靠**养老金生活
퇴직 후에 그는 연금에 의지해 생활한다

몡 버팀목, 의지할 수 있는 사람이나 사물
子女是老人唯一的**依靠** 자녀는 노인의 유일한 버팀목이다

5급 退休 tuìxiū 동 퇴직하다, 은퇴하다
养老金 yǎnglǎojīn 몡 연금, 퇴직금
5급 唯一 wéiyī 유일한

6급 依赖 yīlài 동 의지하다, 의존하다, 기대다

동 의지하다, 의존하다, 기대다
不要过度**依赖**别人
다른 사람에게 지나치게 의존하지 마라

6급 过度 guòdù 형 과도하다, 지나치다, 무리하다

5급 依然 yīrán 부 여전히

부 여전히
两人的关系**依然**那么亲密无间
두 사람의 관계는 여전히 그렇게 친밀하고 격이 없다

亲密无间 qīnmì-wújiàn
성 매우 친밀하여 격의가 없다

6급 依托 yītuō 동 기대다, 의지하다 동 이름을 빌리다, 빙자하다, 사칭하다

동 기대다, 의지하다
依托科技创新 과학 기술에 의지하여 혁신하다

동 이름을 빌리다, 빙자하다, 사칭하다
依托父亲之名，获取个人私利
아버지의 이름을 사칭하여 사익을 취하다

6급 创新 chuàngxīn 동 혁신하다
获取 huòqǔ 동 얻다, 획득하다
私利 sīlì 명 사리, 사익

6급 仪器 yíqì 명 측정 기구, 측정 장치

명 측정 기구, 측정 장치
使用新**仪器**之前，一定要先看说明书
새로운 측정 장치를 사용하기 전에 반드시 설명서를 먼저 봐야 한다

4급 使用 shǐyòng 동 사용하다
说明书 shuōmíngshū 명 설명서

6급 仪式 yíshì 명 의식

명 의식
对很多人来说，婚礼是一生中最重要的**仪式**
많은 사람에게 있어 결혼식은 일생에서 가장 중요한 의식이다

5급 婚礼 hūnlǐ 명 혼례, 결혼식

5급 移动 yí//dòng 동 이동하다, 옮기다

동 이동하다, 옮기다
车队慢慢向前**移动**
차량 행렬이 천천히 앞으로 이동하다
第五代**移动**通信技术 5세대 이동 통신 기술

慢慢 mànmàn 부 천천히, 차차, 차츰차츰
移动通信 yídòng tōngxìn
이동 통신, 모바일

5급 移民 yímín 동 이민하다 명 이민자

동 (yí//mín) 이민하다
他梦想着有一天能**移民**到美国
그는 언젠가 미국으로 이민 가는 것을 꿈꾸고 있다

명 이민자
该国的**移民**政策有所改变
이 나라의 이민자 정책은 다소 변화가 있다

6급 政策 zhèngcè 명 정책

6급 遗产 yíchǎn 명 유산

명 유산
他继承了一大笔**遗产**
그는 많은 유산을 물려받았다
世界文化**遗产** 세계 문화 유산

6급 继承 jìchéng 통 상속하다, 물려받다
大笔 dàbǐ 명 거액, 큰 몫

6급 遗传 yíchuán 통 유전되다

통 유전되다
这种血管疾病不会**遗传**给子女
이 혈관 질병은 자녀에게 유전되지 않는다

6급 疾病 jíbìng 명 질병, 질환, 병

5급 遗憾 yíhàn 명 유감, 여한 통 후회하다, 애석하다, 유감이다

명 유감, 여한
他终生最大的**遗憾**就是来不及完成这部巨著
그의 평생에 가장 큰 여한은 이 대작을 미처 완성하지 못한 것이다

통 후회하다, 애석하다, 유감이다
我们的计划泡汤了, 太**遗憾**了
우리 계획이 물거품이 되어 너무 유감이다

终生 zhōngshēng 명 일생, 평생
巨著 jùzhù 명 대작, 거작
泡汤 pàotāng 통 물거품이 되다,
수포로 돌아가다

6급 遗留 yíliú 통 남겨 놓다, 남기다

통 남겨 놓다, 남기다
这些都是祖先**遗留**给我们的美德
이것들이 모두 선조가 우리에게 남겨 준 미덕이다

多年**遗留**的老毛病终于要改了
여러 해 남아 있던 나쁜 습관을 마침내 고쳤다

6급 祖先 zǔxiān 명 선조, 조상
多年 duōnián 명 다년, 여러 해
老毛病 lǎomáobìng 명 오래된 나쁜 습관,
고질병

6급 遗失 yíshī 통 유실하다, 잃어버리다

통 유실하다, 잃어버리다
请保管好自己的随身物品，以免**遗失**
자기 휴대품을 잃어버리지 않도록 잘 보관하십시오
找回曾经**遗失**的尊严
예전에 잃어버렸던 존엄성을 되찾다

6급 保管 bǎoguǎn 통 보관하다
5급 随身 suíshēn 형 몸에 지니는, 휴대하는
5급 曾经 céngjīng 부 일찍이, 예전에

6급 疑惑 yíhuò 통 의심하다, 의문이 들다 명 의혹

통 의심하다, 의문이 들다
正当我**疑惑**时，他告诉了我事情真相
내가 의심하고 있던 참에 그가 사건의 진상을 나에게 알려 주었다

명 의혹
我不禁把心里的**疑惑**脱口而出
나는 참지 못하고 마음속 의혹을 불쑥 말했다

6급 真相 zhēnxiàng 명 진상
6급 不禁 bùjīn 통 금치 못하다, 참을 수 없다
脱口而出 tuōkǒu'érchū
성 나오는 대로 불쑥 말하다

Y

5급 疑问 yíwèn 명 의문, 질문

명 의문, 질문

有疑问请提出来 질문이 있으면 말씀해 주십시오

对于他的人品，大家没有任何疑问
그의 인품에 대해서는 모두가 아무런 의문이 없다

- 4급 提 tí 동 제기하다, 제시하다
- 4급 对于 duìyú 개 …에 대하여, …에 관하여
- 4급 任何 rènhé 대 어떠한, 어느

5급 乙 yǐ 명 을, 둘째, 두 번째

명 을, 둘째, 두 번째

甲方和乙方签了合同 갑 측과 을 측이 계약을 맺었다

普通话一级乙等证书 표준 중국어 1급 을등 증명서

- 5급 合同 hétong 명 계약, 약정
- 4급 普通话 pǔtōnghuà 명 표준 중국어, 보통화
- 6급 证书 zhèngshū 명 증서, 증명서, 자격증

2급 已经 yǐjing 부 이미, 벌써

부 이미, 벌써

火车已经开了 기차가 이미 출발했다

天已经很晚了，各自回家吧
날이 이미 늦었으니 각자 집으로 돌아가자

- 5급 各自 gèzì 대 각자

4급 以 yǐ 개 …으로, …로써, …을 가지고

개 …으로, …로써, …을 가지고

以实际行动表明我们的决心
실제 행동으로 우리 결심을 표명하다

请大家以热烈的掌声欢迎她
모두 큰 박수 소리로 그녀를 맞이해 주십시오

- 5급 表明 biǎomíng 동 표명하다

역순 어휘
可以 kěyǐ   足以 zúyǐ

6급 以便 yǐbiàn 연 …하기에 편하도록, …하기 위하여

연 …하기에 편하도록, …하기 위하여

她把重点都用红笔标示出来，以便以后复习
그녀는 나중에 복습하기 편하도록 중점을 모두 빨간 펜으로 표시했다

请您留下电话号码，以便我们能及时和您联系
우리가 제때 당신과 연락할 수 있도록 전화번호를 남겨 주세요

标示 biāoshì 동 표시하다
- 4급 及时 jíshí 형 때맞다, 시기적절하다

以后 yǐhòu 명 이후

명 이후

宝宝出生以后，我才知道母亲的辛苦
아기가 태어난 이후에야 나는 어머니의 고생스러움을 알게 되었다

以后的事情以后再说吧 다음 일은 다음에 다시 얘기하자

宝宝 bǎobao 명 우리 아기, 귀염둥이
- 4급 辛苦 xīnkǔ 형 고생스럽다, 수고롭다, 힘들다

5급 以及 yǐjí 연 및, 아울러, 게다가

연 및, 아울러, 게다가

请介绍一下你的家庭状况以及兴趣爱好
당신의 가정 상황 및 취미를 한번 소개해 보세요

- 2급 介绍 jièshào 동 소개하다
- 5급 状况 zhuàngkuàng 명 상황, 형편

5급 以来 yǐlái 圐 이래, 동안

圐 이래, 동안
自古以来 예로부터
自去年9月以来 작년 9월 이래
这个问题长期以来一直是争论的焦点
이 문제는 오랜 시간 동안 계속 논쟁의 초점이었다

自古 zìgǔ 閈 예로부터, 여태
长期 chángqī 圐 장기, 장시간
6급 焦点 jiāodiǎn 圐 초점, 포커스

6급 以免 yǐmiǎn 옌 …하지 않도록, …하지 않게

옌 …하지 않도록, …하지 않게 (뒤 문장 맨 앞에 쓰여 뒤에서 말하는 상황을 피하는 것이 목적임을 나타냄)
你一定要说清楚了，以免她误会你
너는 그녀가 오해하지 않도록 반드시 명확하게 말해야 한다
天冷了，多穿点衣服，以免感冒
날씨가 추워졌으니 감기에 걸리지 않도록 옷을 많이 입어라

3급 清楚 qīngchu 圀 명확하다, 뚜렷하다, 분명하다
4급 误会 wùhuì 圐 오해하다
3급 感冒 gǎnmào 圐 감기에 걸리다

3급 以前 yǐqián 圐 이전

圐 이전
我们以前没见过面 우리는 이전에 만난 적이 없다
他比以前瘦了很多 그는 이전보다 많이 말랐다

3급 瘦 shòu 圀 마르다, 야위다

6급 以往 yǐwǎng 圐 이왕, 이전, 과거

圐 이왕, 이전, 과거
如今的境况和以往完全不同
지금의 상황은 이전과 완전히 다르다

5급 如今 rújīn 圐 지금, 현재
境况 jìngkuàng 圐 생활 형편, (경제적) 상황

4급 以为 yǐwéi 圐 생각하다, 여기다

圐 생각하다, 여기다
他以为自己很聪明
그는 자기가 똑똑하다고 생각한다
别以为我愿意这么做
내가 이렇게 하기를 원할 거라고 생각하지 마라

3급 聪明 cōngming 圀 총명하다, 영리하다
3급 愿意 yuànyì 圐 원하다, 바라다, 희망하다

6급 以至 yǐzhì 옌 …까지, …에 이르기까지 옌 …하여, …때문에

옌 …까지, …에 이르기까지 (연결된 단어가 두 개 이상일 때 마지막 두 단어 사이에 쓰임)
家电、服装以至日用小百货都已齐全
가전, 의류, 일용 잡화에 이르기까지 모든 것이 완비되어 있다

옌 …하여, …때문에 (뒤 문장의 앞에 놓여, 앞 문장에서 서술한 상황의 결과를 나타냄)
科学技术发展得迅猛，以至有重新学习的必要
과학 기술이 빠르게 발전하여, 새롭게 공부해야 할 필요가 있다

小百货 xiǎobǎihuò 圐 일용품, 일용 잡화
6급 齐全 qíquán 圀 모두 갖추다, 완비하다, 구비하다
迅猛 xùnměng 圀 빠르고 사납다
5급 必要 bìyào 圐 필요

Y

6급 以致 yǐzhì 웹 …이 되다, …을 초래하다

웹 …이 되다, …을 초래하다 (뒤 문장의 앞에 놓여 앞 문장의
결과를 나타내며, 주로 나쁜 상황에 쓰임)
他消息不灵通，以致错失很好的机会
그는 소식에 빠르지 않아 좋은 기회를 놓쳤다

灵通 língtōng 웹 (정보가) 빠르다
错失 cuòshī 통 (기회 등을) 놓치다

1급 椅子 yǐzi 명 의자

명 의자
一把椅子 의자 한 개
这家咖啡厅的椅子很独特
이 카페의 의자는 매우 독특하다

3급 把 bǎ 영 자루, 개
咖啡厅 kāfēitīng 명 카페, 커피숍

5급 亿 yì 준 억

준 억
亿万富翁 억만장자
该省人口超过一亿 이 성은 인구가 1억이 넘는다

富翁 fùwēng 명 부자
4급 超过 chāoguò 통 초과하다, 넘다

5급 义务 yìwù 명 의무

명 의무
普及九年义务教育，提高国民素质
9년 의무 교육을 보편화하여 국민의 소양을 높이다

6급 普及 pǔjí 통 보편화하다, 대중화하다
6급 素质 sùzhì 명 소양, 교양

4급 艺术 yìshù 명 예술

명 예술
艺术作品 예술 작품
艺术风格 예술 양식
这孩子很有艺术天分
이 아이는 예술적인 재능이 있다

5급 风格 fēnggé 명 풍격, 양식
天分 tiānfèn 명 천부적인 소질, 타고난 자질

5급 议论 yìlùn 통 의논하다, 비평하다 명 의론, 비평, 의견

통 의논하다, 비평하다
人们正在热烈议论这个话题
사람들은 한창 이 화제에 대해 열렬히 의논 중이다

5급 话题 huàtí 명 화제, 이야기의 주제
他人 tārén 명 타인, 다른 사람, 남

명 의론, 비평, 의견
不要太在意他人的议论
다른 사람의 의견을 너무 마음에 두지 마

6급 亦 yì 뛰 …도 또한, 게다가

뛰 …도 또한, 게다가
毕业亦是新的开始
졸업은 또한 새로운 시작이다

6급 异常 yìcháng 형 이상하다, 평소와 다르다 부 매우, 몹시

형 이상하다, 평소와 다르다

他今天有些**异常**
그는 오늘 평소와 조금 다르다

地震发生前夕，一些动物会有**异常**的反应
지진이 발생하기 전날 밤 일부 동물은 이상 반응을 보이기도 한다

부 매우, 몹시

常年奔波，导致他的身体**异常**虚弱
일 년 내내 바쁘게 뛰어다녀서 그의 몸이 몹시 허약해졌다

5급	地震 dìzhèn 명 지진
	前夕 qiánxī 명 전야, 전날 밤
5급	反应 fǎnyìng 명 반응
	常年 chángnián 명 일 년 내내, 매년
6급	奔波 bēnbō 동 고생스럽게 뛰어다니다, 분주하다
	虚弱 xūruò 형 허약하다, 연약하다, 쇠약하다

抑制 yìzhì 동 억제하다, 통제하다

동 억제하다, 통제하다

人们睡眠时，大脑皮层处于**抑制**状态
사람들이 잠을 잘 때 대뇌 피질은 억제 상태가 된다

我**抑制**不住内心的喜悦，高兴得跳了起来
나는 마음속 기쁨을 참지 못하고 기뻐서 펄쩍 뛰었다

	睡眠 shuìmián 동 자다, 잠들다, 수면하다
	大脑皮层 dànǎo pícéng 대뇌 피질
	处于 chǔyú 동 (지위, 상태, 환경 등에) 처하다
6급	喜悦 xǐyuè 명 희열, 기쁨

4급 意见 yìjiàn 명 견해, 의견, 불만

명 견해, 의견, 불만

提出反对**意见**
반대 의견을 제기하다

他善于听取别人的**意见**
그는 다른 사람의 의견을 잘 듣는다

4급	反对 fǎnduì 동 반대하다
5급	善于 shànyú …을 잘하다, …에 능하다
	听取 tīngqǔ 동 (의견, 보고 등을) 청취하다

6급 意料 yìliào 동 예측하다, 예상하다 명 예측, 예상

동 예측하다, 예상하다

他早就**意料**到会有这么一天
그는 일찌감치 이런 날이 올 줄 예상했다

명 예측, 예상

他居然第一名，实在有点出乎众人**意料**之外
놀랍게도 그가 1등이라니 정말 많은 사람의 예상을 벗어났다

	早就 zǎojiù 부 진작, 훨씬 전에, 벌써
5급	居然 jūrán 부 의외로, 뜻밖에, 놀랍게도
	出乎 chūhū 동 초과하다, 넘어서다

6급 意识 yìshí 명 의식 동 의식하다, 깨닫다

명 의식

强化责任**意识**
책임 의식을 강화하다

一场车祸让他失去了**意识**
교통사고로 그는 의식을 잃었다

동 의식하다, 깨닫다

他没**意识**到事情的严重性
그는 일의 심각성을 깨닫지 못했다

	强化 qiánghuà 동 강화하다
	车祸 chēhuò 명 교통사고
	严重性 yánzhòngxìng 명 심각성, 위급성

Y

2급 意思 yìsi 명 뜻, 의미 명 흥미, 재미 명 마음, 성의, 호의

명 뜻, 의미
这个词有好几个**意思**
이 단어는 몇 가지 의미가 있다

명 흥미, 재미
汉语很有**意思**
중국어는 재미있다

명 마음, 성의, 호의
这是我的一点儿小**意思**，请您收下
이것은 나의 작은 성의니 받아 주십시오

收下 shōuxià 통 (선물 등을) 받다

6급 意图 yìtú 명 의도

명 의도
大家谁都没有领会到他的**意图**
모두들 다 그의 의도를 이해하지 못했다

6급 领会 lǐnghuì 통 깨닫다, 이해하다

5급 意外 yìwài 형 의외의, 뜻밖의 명 사고, 뜻밖의 일

형 의외의, 뜻밖의
这小气鬼竟然要请客，让大家都感到**意外**
이 짠돌이가 뜻밖에 한턱 낸다니 모두 의외라고 생각했다

명 사고, 뜻밖의 일
不要去深水游玩，以免发生**意外**
사고가 발생하지 않게 깊은 물에 가서 놀지 마라

小气鬼 xiǎoqìguǐ 명 구두쇠, 수전노
4급 竟然 jìngrán 부 의외로, 뜻밖에
游玩 yóuwán 통 놀며 즐기다

6급 意味着 yìwèizhe 통 의미하다, 나타내다

통 의미하다, 나타내다
一次成功并不**意味着**永远成功
한 번의 성공이 결코 영원한 성공을 의미하지는 않는다

4급 永远 yǒngyuǎn 형 영원하다

6급 意向 yìxiàng 명 의향, 의도, 계획

명 의향, 의도, 계획
他召开记者招待会，表明了辞职的**意向**
그는 기자 회견을 열어 사직할 뜻을 밝혔다

记者招待会 jìzhě zhāodàihuì 기자 회견
5급 辞职 cízhí 통 사직하다

5급 意义 yìyì 명 뜻, 의미 명 의의, 가치

명 뜻, 의미
理解这个词的**意义**
이 단어의 뜻을 이해하다

명 의의, 가치
参与有**意义**的公益活动
가치 있는 공익 활동에 참여하다

4급 理解 lǐjiě 통 이해하다
公益 gōngyì 명 공익, 사회 공공의 이익

6급 意志 yìzhì 명 의지

명 의지

面对困难，要有顽强不屈的**意志**
어려움 앞에서 굳세고 굴하지 않는 의지를 가져야 한다

6급 顽强 wánqiáng 형 완강하다, 굳세다
不屈 bùqū 동 굴복하지 않다, 굴하지 않다

6급 毅力 yìlì 명 굳센 의지, 끈기

명 굳센 의지, 끈기

只要有耐心和**毅力**，就没有克服不了的困难
인내심과 끈기만 있으면 극복하지 못할 어려움이 없다

4급 耐心 nàixīn 명 인내심, 끈기

6급 毅然 yìrán 부 의연히, 결연히

부 의연히, 결연히

他**毅然**跳入水中，救出了落水儿童
그는 결연하게 물에 뛰어들어 물에 빠진 어린이를 구해냈다

5급 救 jiù 동 구하다, 구조하다, 돕다
落水 luòshuǐ 동 물에 빠지다

6급 翼 yì 명 날개

명 날개　동의어 翅膀 chìbǎng [5급]

机**翼** 기익, 비행기 날개
鸟儿展开双**翼**，飞向天空
새는 양 날개를 펴서 하늘을 향해 날아갔다

5급 天空 tiānkōng 명 천공, 하늘

역순 어휘
小心**翼**翼 xiǎoxīn-yìyì

4급 因此 yīncǐ 연 그러므로, 이 때문에, 이러한 까닭으로

연 그러므로, 이 때문에, 이러한 까닭으로

他从小娇生惯养，**因此**脾气特别不好
그는 어려서부터 응석받이로 자라서 성격이 매우 나쁘다

娇生惯养 jiāoshēng-guànyǎng
성 응석받이로 자라다
4급 脾气 píqi 명 성격, 성질

5급 因而 yīn'ér 연 그러므로, 그 결과로

연 그러므로, 그 결과로

他因为没完成作业，**因而**被老师批评了一顿
그는 숙제를 다 하지 않았기 때문에 선생님에게 혼이 났다
地球是我们共同的家，**因而**我们要保护环境
지구는 우리 공동의 집이니 우리는 환경을 보호해야 한다

4급 共同 gòngtóng 형 공동의, 공통의
4급 保护 bǎohù 동 보호하다

5급 因素 yīnsù 명 요소

명 요소

取得成功的决定性**因素**
성공을 거둔 결정적 요소
影响孩子成绩的主要**因素**不是学校而是家庭
아이의 성적에 영향을 주는 주된 요소는 학교가 아니라 가정이다

3급 影响 yǐngxiǎng 명 영향
3급 主要 zhǔyào 형 주요한, 주된, 결정적인

Y

2급 因为…所以… yīnwèi…suǒyǐ… …때문에 …하다

…때문에 …하다
因为他酒后驾驶，所以警察把他带走了
그가 술을 마시고 운전을 했기 때문에 경찰은 그를 데리고 갔다

5급 驾驶 jiàshǐ 동 운전하다, 조종하다
带走 dàizǒu 동 가지고 가다, 데리고 가다

2급 阴 yīn 형 흐리다

형 흐리다
天阴了，可能快下雨了
날이 흐린 것이 곧 비가 올 것 같다

2급 可能 kěnéng 동 아마도 …일 것이다
1급 下雨 xiàyǔ 동 비가 내리다

6급 阴谋 yīnmóu 동 음모하다, 몰래 꾸미다 명 음모

동 음모하다, 몰래 꾸미다
阴谋分裂国家
국가를 분열시키려고 음모하다

명 음모
骗子的阴谋诡计被大家识破了
사기꾼의 음모와 계략을 모두가 간파했다

6급 分裂 fēnliè 동 분열하다, 분열시키다
骗子 piànzi 명 사기꾼, 협잡꾼
诡计 guǐjì 명 궤계, 궤책, 간사한 꾀
识破 shípò 동 간파하다

6급 音响 yīnxiǎng 명 음향, 음향 기기

명 음향, 음향 기기
这台音响打七五折
이 음향 기기는 25% 세일한다

4급 打折 dǎzhé 동 할인해서 판매하다, 세일하다

3급 音乐 yīnyuè 명 음악

명 음악
他喜欢古典音乐
그는 클래식을 좋아한다

一边听音乐，一边做作业
음악을 들으면서 숙제를 하다

5급 古典 gǔdiǎn 형 고전의
3급 作业 zuòyè 명 숙제, 과제

5급 银 yín 명 은

명 은
这耳钉是银质的
이 귀걸이는 은 제품이다

他在奥运会上获得了三枚银牌
그는 올림픽에서 세 개의 은메달을 획득했다

耳钉 ěrdīng 명 귀걸이, 피어싱
枚 méi 양 매, 개
银牌 yínpái 명 은메달

3급 银行 yínháng 명 은행

명 은행
我想去银行开账户，办理储蓄卡
나는 은행에서 계좌를 개설하고 체크 카드를 발급하고 싶다

5급 账户 zhànghù 명 계좌
5급 办理 bànlǐ 동 처리하다, 맡아서 처리하다
储蓄卡 chǔxùkǎ 명 체크 카드,
현금 인출 카드

6급 引导 yǐndǎo 동 인솔하다, 인도하다

동 인솔하다, 인도하다

在老师的**引导**下，他终于把这道难题解决了
선생님의 지도 아래 그는 이 어려운 문제를 마침내 풀었다

家长要**引导**孩子进行积极的思考
학부모는 아이가 긍정적으로 생각하도록 인도해야 한다

4급 | 积极 jījí 형 긍정적이다
5급 | 思考 sīkǎo 동 사고하다, 사유하다, 궁리하다

4급 引起 yǐnqǐ 동 일으키다, 유발하다, 야기하다

동 일으키다, 유발하다, 야기하다

这件事情很快就**引起**了人们的注意
이 일은 금세 사람들의 주의를 끌었다

这次山火是由于登山者乱扔烟头**引起**的
이번 산불은 등산객이 함부로 버린 담배꽁초 때문에 발생했다

2급 | 事情 shìqing 명 일, 업무, 사건, 사고
4급 | 乱 luàn 부 함부로, 마구, 제멋대로
　　　 烟头 yāntóu 명 담배꽁초

6급 引擎 yǐnqíng 명 엔진

명 엔진 (영어 engine의 음역어)

他发动**引擎**，把车开走了
그는 시동을 걸어 차를 몰고 갔다

6급 | 发动 fādòng 동 시동을 걸다, 기기를 돌리다

6급 引用 yǐnyòng 동 인용하다 동 임용하다, 기용하다

동 인용하다

引用了别人的论文一定要标示出来
다른 사람의 논문을 인용했으면 반드시 표시해야 한다

동 임용하다, 기용하다

引用外籍人士
외국인을 임용하다

标示 biāoshì 동 표시하다
外籍 wàijí 명 외국 국적

3급 饮料 yǐnliào 명 음료

명 음료

这瓶碳酸**饮料**是谁买来的?
이 탄산 음료는 누가 사온 것입니까?

瓶 píng 양 병
碳酸 tànsuān 명 탄산

6급 饮食 yǐnshí 동 먹고 마시다 명 음식

동 먹고 마시다

奶奶不喜欢荤腥，一生**饮食**清淡
할머니는 육식을 좋아하지 않으셔서 평생 담백하게 드셨다

명 음식

通过调节**饮食**来减肥
음식 조절로 체중을 감량하다

荤腥 hūnxīng 명 육식, 육류 식품
5급 | 清淡 qīngdàn 형 기름기가 적다, 담백하다
6급 | 调节 tiáojié 동 조절하다
4급 | 减肥 jiǎnféi 동 체중을 감량하다, 다이어트를 하다

Y

6급 隐蔽 yǐnbì 통 은폐하다 형 가려진, 숨겨진, 겉으로 드러나지 않은

통 은폐하다

把伤员隐蔽在山林里 부상자를 숲속에 은폐하다

형 가려진, 숨겨진, 겉으로 드러나지 않은

毒品犯罪手段日趋狡猾隐蔽

마약 범죄 수단이 나날이 교활해지고 은밀해지다

日趋 rìqū 🔒 나날이, 날로

5급 狡猾 jiǎohuá 형 교활하다, 간사하다

6급 隐患 yǐnhuàn 명 숨은 재난, 잠재된 위험

명 숨은 재난, 잠재된 위험

排除隐患 잠재된 위험을 제거하다

这是一个潜在的隐患，相关部门必须引起重视

이것은 잠재된 위험이니 관련 부서는 반드시 중시해야 한다

潜在 qiánzài 형 잠재된

4급 重视 zhòngshì 통 중시하다, 중요하게 여기다

6급 隐瞒 yǐnmán 통 숨기다

통 (사실을) 숨기다

第一次见面他向对方隐瞒了自己的年龄

처음 만날 때 그는 상대방에게 자기 나이를 숨겼다

4급 年龄 niánlíng 명 연령, 나이

6급 隐私 yǐnsī 명 프라이버시, 개인 정보, 사적인 일

명 프라이버시, 개인 정보, 사적인 일

侵犯别人的隐私 다른 사람의 프라이버시를 침해하다

6급 侵犯 qīnfàn 통 침범하다, 침해하다

6급 隐约 yǐnyuē 형 불명확하다, 어렴풋하다, 희미하다

형 불명확하다, 어렴풋하다, 희미하다

隐约听到门外有脚步声

문밖에서 발소리가 희미하게 들려왔다

大雾弥漫，只能隐约看到前方有一座大山

안개가 자욱해서 앞에 커다란 산이 있는 것만 어렴풋이 보일 뿐이다

脚步声 jiǎobùshēng 명 발소리

6급 弥漫 mímàn 통 자욱하다, 가득하다

5급 印刷 yìnshuā 통 인쇄하다

통 인쇄하다

印刷彩色图案 컬러 도안을 인쇄하다

这本书印刷精美，内容丰富

이 책은 인쇄가 정교하고 내용이 풍부하다

6급 图案 tú'àn 명 도안

精美 jīngměi 형 정교하고 아름답다

4급 内容 nèiróng 명 내용

4급 印象 yìnxiàng 명 인상

명 인상

他给我的第一印象很好

그가 내게 준 첫인상은 아주 좋다

他的演讲给我留下了深刻的印象

그의 연설은 나에게 깊은 인상을 남겼다

2급 第一 dì-yī 🔢 제일, 첫 번째

5급 深刻 shēnkè 형 깊다, 강렬하다

3급 应该 yīnggāi 동 반드시 …해야 한다, …하는 것이 마땅하다 동 반드시 …할 것이다

동 **반드시 …해야 한다, …하는 것이 마땅하다**
学生就**应该**按时完成作业
학생은 반드시 제때에 숙제를 다 해야 한다

동 **반드시 …할 것이다**
他这个人很自私，**应该**没有什么朋友
그 사람은 이기적이라 분명 친구가 별로 없을 것이다

4급 按时 ànshí 부 제시간에, 제때에
5급 自私 zìsī 이기적이다

5급 英俊 yīngjùn 형 준수하다, 재능이 뛰어나다, 잘생기다

형 **준수하다, 재능이 뛰어나다, 잘생기다**
她男朋友**英俊**潇洒，风趣幽默
그녀의 남자 친구는 잘생기고 멋진 데다 유머러스하다

6급 潇洒 xiāosǎ 시원시원하다, 멋스럽다, 말쑥하다

6급 英明 yīngmíng 형 식견이 높고 현명하다

형 **식견이 높고 현명하다**
在历史上，他是一位**英明**的皇帝
역사상 그는 현명한 황제이다

6급 皇帝 huángdì 황제

5급 英雄 yīngxióng 명 영웅

명 **영웅**
为了国家的独立，有多少**英雄**牺牲在战场上！
국가의 독립을 위해 얼마나 많은 영웅이 전장에서 희생되었는가!

5급 独立 dúlì 독립하다
战场 zhànchǎng 명 전장, 싸움터, 전쟁터

6급 英勇 yīngyǒng 형 용감하다

형 **용감하다**
他在这次战役中**英勇**牺牲了
그는 이번 전투에서 용감하게 희생되었다

今天的生活是无数**英勇**的战士用生命换来的
오늘의 삶은 무수히 많은 용감한 전사들이 생명으로 바꾼 것이다

6급 战役 zhànyì 명 전역, 전쟁, 전투
战士 zhànshì 명 전사, 투사

6급 婴儿 yīng'ér 명 영아, 갓난아이

명 **영아, 갓난아이**
这是**婴儿**的发育过程图
이것은 영아의 발육 과정 도표입니다

6급 发育 fāyù 동 발육하다, 자라다

Y

5급 迎接 yíngjiē 동 영접하다, 맞이하다, 받아들이다

동 **영접하다, 맞이하다, 받아들이다**
到车站去**迎接**贵宾
역에 가서 귀빈을 영접하다

开始**迎接**新的一天
새로운 하루를 맞이하기 시작하다

车站 chēzhàn 명 정거장, 역, 정류장
贵宾 guìbīn 명 귀빈, 귀객

6급 迎面 yíngmiàn 동 얼굴을 마주하다, 정면을 향하다 명 맞은편, 정면

동 (yíng//miàn) 얼굴을 마주하다, 정면을 향하다
两辆卡车迎面相撞
두 대의 트럭이 정면으로 충돌했다

명 맞은편, 정면
走进校门, 迎面是一个广场
교문에 들어서면 정면에 광장이 있다

相撞 xiāngzhuàng 동 서로 충돌하다
校门 xiàomén 명 교문

荧屏 yíngpíng 명 스크린, 텔레비전

명 스크린, 텔레비전
她看到女儿出现在荧屏上, 特别自豪
그녀는 딸이 스크린에 나온 것을 보자 매우 자랑스러웠다

4급 出现 chūxiàn 동 출현하다, 나타나다
5급 自豪 zìháo 형 자랑스럽다, 영예롭다

6급 盈利 yínglì 동 이윤을 얻다 명 이득, 이윤

동 이윤을 얻다
有些组织不以盈利为目的
일부 조직은 이윤을 얻는 것을 목적으로 하지 않는다

명 이득, 이윤
今年该企业的盈利比去年多两千万元
올해 이 기업의 이윤은 지난해보다 이천만 위안이 많다

5급 组织 zǔzhī 명 조직
5급 企业 qǐyè 명 기업

5급 营养 yíngyǎng 명 영양, 영양분

명 영양, 영양분
孩子在生长发育期, 得注意补充各种营养 아이가
성장 발육하는 시기에는 각종 영양분을 주의해서 보충해야 한다

5급 生长 shēngzhǎng 동 생장하다
5급 补充 bǔchōng 동 보충하다, 채우다

5급 营业 yíngyè 동 영업하다

동 영업하다
弥补营业损失
영업 손실을 메우다

节假日期间, 本店照常营业
명절과 휴일 기간에도 본점은 평소대로 영업합니다

6급 弥补 míbǔ 동 보상하다, 보충하다, 메우다
5급 损失 sǔnshī 명 손실
节假日 jiéjiàrì 명 명절과 휴일
5급 照常 zhàocháng 동 평소와 같다

4급 赢 yíng 동 이윤을 얻다 동 이기다, 따다

동 이윤을 얻다
做生意都有亏有赢
장사를 하면 손해도 보고 이익도 본다

동 이기다, 따다 [반의어] 输 shū [4급]
他赢得了这次网球比赛的冠军
그는 이번 테니스 시합에서 우승을 차지했다

4급 网球 wǎngqiú 명 테니스

3급 影响 yǐngxiǎng 동 영향을 미치다 명 영향

동 영향을 미치다

看书的姿势不正确，会影响孩子的视力
책을 볼 때 자세가 바르지 않으면 아이의 시력에 영향을 준다

명 영향

父母的言传身教对孩子的影响很大
부모가 말과 행동으로 모범을 보이는 것은 아이에게 영향이 매우 크다

这种报道会对企业形象造成负面影响
이런 보도는 기업 이미지에 부정적인 영향을 끼친다

| 5급 姿势 zīshì 명 자세 |
| 6급 视力 shìlì 명 시력 |
| 言传身教 yánchuán-shēnjiào 성 말로 전하고 행동으로 가르치다, 말과 행동으로 다른 사람에게 모범을 보이다 |
| 5급 造成 zàochéng 동 조성하다, 야기하다, 초래하다 |
| 负面 fùmiàn 명 부정적인 면 |

5급 影子 yǐngzi 명 그림자

명 그림자

她就是我的影子，我们整天形影不离
그녀가 바로 나의 그림자이고 우리는 하루 종일 떨어지지 않는다

形影不离 xíngyǐng-bùlí
성 형체와 그림자가 분리될 수 없다, 관계가 밀접하여 항상 같이 있다

6급 应酬 yìngchou 동 응대하다, 접대하다, 교제하다 명 교제, 접대, 회식

동 응대하다, 접대하다, 교제하다

白天工作，晚上应酬，每天很晚才回家
낮에는 일하고 저녁에는 접대하느라 매일 밤늦게 귀가한다

명 교제, 접대, 회식

为了做生意，他不得不经常参加应酬
사업을 하기 위해 그는 어쩔 수 없이 자주 회식에 참석한다

| 4급 不得不 bùdébù 부득불 …하다, …하지 않을 수 없다 |

5급 应付 yìngfù 동 대처하다, 대응하다

동 대처하다, 대응하다

你一个人应付得了吗?
너 혼자 대처할 수 있어?

他们今天搞卫生，原来是为了应付上级的检查
그들이 오늘 청소를 하더니 상사의 점검에 대처하기 위한 것이었구나

| 搞卫生 gǎo wèishēng 청소하다 |
| 3급 检查 jiǎnchá 동 검사하다, 점검하다 |

4급 应聘 yìng // pìn 동 초빙에 응하다, 공모에 지원하다

동 초빙에 응하다, 공모에 지원하다

毕业以后，我应聘到了一家公司实习
졸업 후 나는 한 회사에 인턴으로 지원했다

| 5급 实习 shíxí 동 실습하다, 수습하다 |

Y

6급 应邀 yìngyāo 동 초대에 응하다, 초청을 받아들이다

동 초대에 응하다, 초청을 받아들이다

我应邀参加了他的生日宴会
나는 그의 생일 파티에 초대를 받아 참석했다

国家主席应邀访问欧洲五国
국가 주석이 초청에 응해 유럽 5개국을 방문하다

| 5급 宴会 yànhuì 명 연회, 잔치, 파티 |
| 5급 主席 zhǔxí 명 의장, 주석 |
| 6급 访问 fǎngwèn 동 방문하다 |

5급 应用 yìngyòng 동 운용하다, 활용하다, 응용하다

동 운용하다, 활용하다, 응용하다
应用新技术 신기술을 활용하다
本公司的产品应用于各领域
본사 제품은 각 분야에서 활용됩니다

4급 技术 jìshù 명 기술
5급 领域 lǐngyù 명 영역, 분야

5급 硬 yìng 형 단단하다, 튼튼하다, 딱딱하다 형 강경하다

형 단단하다, 튼튼하다, 딱딱하다 [반의어] 软 ruǎn [5급]
这床太硬了，睡起来很不舒服
이 침대는 너무 딱딱해서 자기에 불편하다

형 강경하다
他说话口气很硬 그는 말투가 강경하다

6급 口气 kǒuqì 명 말투, 어투

역순 어휘
坚硬 jiānyìng　　僵硬 jiāngyìng

硬币 yìngbì 명 동전, 금속 화폐, 주화

명 동전, 금속 화폐, 주화
钱包里只剩下几枚硬币了
지갑에 동전 몇 개만 남았다

钱包 qiánbāo 명 지갑
剩下 shèngxia 동 남기다, 남다
枚 méi 양 매, 개

5급 硬件 yìngjiàn 명 하드웨어 명 설비 요소

명 하드웨어
对电脑硬件进行定期维护
컴퓨터 하드웨어를 정기적으로 점검하다

명 (생산, 연구, 경영 등의) 설비 요소
我们学校师资力量雄厚，还有良好的硬件环境
우리 학교는 교수진이 막강하고 좋은 시설 환경도 갖추고 있다

6급 维护 wéihù 동 지키다, 유지하고 보호하다
6급 雄厚 xiónghòu 풍부하다, 충분하다
5급 良好 liánghǎo 형 좋다, 양호하다

참조어
软件 ruǎnjiàn 명 소프트웨어, 비설비 요소 [5급]

5급 拥抱 yōngbào 동 포옹하다, 서로 껴안다

동 포옹하다, 서로 껴안다
他们紧紧地拥抱在一起 그들은 서로 꽉 껴안았다
我给你一个大大的拥抱 내가 너를 꼭 안아 줄게

紧紧 jǐnjǐn 부 바짝, 꽉, 단단히

6급 拥护 yōnghù 동 옹호하다, 지지하다

동 옹호하다, 지지하다
他勤勤恳恳为人民服务，受到了人们的拥护
그는 시민을 위해 근면 성실히 일해서 사람들의 지지를 받았다

勤恳 qínkěn 형 근면하고 성실하다
服务 fúwù 동 봉사하다, 서비스하다, 복무하다

5급 拥挤 yōngjǐ 동 붐비다, 한곳에 몰리다 형 혼잡하다, 과밀하다, 밀집하다

동 붐비다, 한곳에 몰리다
请大家按次序上车，不要拥挤
한곳에 몰리지 마시고, 모두 차례대로 승차하십시오

6급 次序 cìxù 명 순서, 차례

형 혼잡하다, 과밀하다, 밀집하다
上下班高峰期，地铁上太**拥挤**了
출퇴근 시간대에는 지하철이 너무 혼잡하다

高峰期 gāofēngqī 명 절정기, 전성기

6급 **拥有** yōngyǒu 동 영유하다, 가지다, 보유하다

동 영유하다, 가지다, 보유하다
珍惜你所**拥有**的 네가 가진 것을 소중히 여겨라
我们公司**拥有**一批高素质人才队伍
우리 회사는 일군의 뛰어난 인재들을 보유하고 있다

5급 珍惜 zhēnxī 동 아끼다, 소중히 여기다
6급 素质 sùzhì 명 특징, 성질, 소질

6급 **庸俗** yōngsú 형 용속하다, 저속하다

형 용속하다, 저속하다
我们可以平庸，但不能**庸俗**
우리는 평범할 수는 있어도 저속해서는 안 된다

6급 平庸 píngyōng 형 평범하다, 예사롭다

6급 **永恒** yǒnghéng 형 영원불변의, 영원불멸의, 영원한

형 영원불변의, 영원불멸의, 영원한
世界上没有**永恒**的敌人，也没有**永恒**的朋友
세상에는 영원한 적도 없고 영원한 친구도 없다

5급 敌人 dírén 명 적인, 적, 원수

4급 **永远** yǒngyuǎn 형 영원하다, 영구하다

형 영원하다, 영구하다
我**永远**不会忘记你们 나는 영원히 너희를 잊지 않을 거야
家是我们**永远**的避风港 집은 우리의 영원한 피난처이다

3급 忘记 wàngjì 동 잊다, 잊어버리다
避风港 bìfēnggǎng 명 대피항, 안전지대, 피난처

4급 **勇敢** yǒnggǎn 형 용감하다

형 용감하다
他们是一个勤劳**勇敢**的民族
그들은 근면하고 용감한 민족이다
勇敢地走出第一步 용감하게 첫걸음을 내딛다

6급 勤劳 qínláo 형 근면하다, 부지런하다
4급 民族 mínzú 명 민족

5급 **勇气** yǒngqì 명 용기

명 용기
他没有**勇气**坦率地说出自己的看法
그는 자기 의견을 솔직하게 말할 용기가 없다

5급 坦率 tǎnshuài 형 솔직하고 담백하다
4급 看法 kànfǎ 명 견해, 관점, 의견

6급 **勇于** yǒngyú 동 용감히 …하다, 과감하게 …하다

동 용감히 …하다, 과감하게 …하다
我们要**勇于**面对一切困难
우리는 용기 있게 모든 어려움을 직시해야 한다
勇于承认错误 용기 있게 잘못을 인정하다

5급 面对 miànduì 동 마주하다, 직면하다
5급 承认 chéngrèn 동 인정하다

tip 단독으로 술어로 쓰일 수 없으며, 반드시 뒤에
2음절 이상의 동사나 동사성 목적어를 동반해야 한다

Y

6급 涌现 yǒngxiàn 图 쏟아져 나오다

图 쏟아져 나오다
每天都有新生事物涌现出来
매일 새로운 사물이 쏟아져 나온다

新生事物 xīnshēng shìwù 새로운 사물

6급 踊跃 yǒngyuè 图 약동하다, 뛰어오르다, 점프하다 图 활발하다, 열렬하다, 앞다투다

图 약동하다, 뛰어오르다, 점프하다
听到举办晚会的消息，大家都欢呼踊跃起来
파티를 개최한다는 소식을 듣고 모두 환호하며 뛰어올랐다

欢呼 huānhū 图 환호하다
5급 发言 fāyán 图 발언하다, 의견을 발표하다

图 활발하다, 열렬하다, 앞다투다
在汉语课上，同学们都踊跃发言
중국어 수업에서 학생들이 모두 앞다투어 의견을 발표했다

3급 用 yòng 图 쓰다, 사용하다 图 필요하다 개 …으로

图 쓰다, 사용하다
我可以用一下你的圆珠笔吗? 네 볼펜을 좀 써도 될까?

圆珠笔 yuánzhūbǐ 图 볼펜

图 필요하다 (주로 부정에 쓰임)
没事，不用担心 괜찮습니다, 걱정하지 마세요

개 …으로
用手机买火车票 핸드폰으로 기차표를 구매하다
用自己的能力去解决问题
자기 능력으로 문제를 해결하다

역순 어휘	
利用 lìyòng	耐用 nàiyòng
实用 shíyòng	使用 shǐyòng
通用 tōngyòng	引用 yǐnyòng
应用 yìngyòng	运用 yùnyòng
作用 zuòyòng	

5급 用功 yònggōng 图 열심히 공부하다, 힘써 배우다 图 열심이다, 성실하다, 근면하다

图 (yòng//gōng) 열심히 공부하다, 힘써 배우다
下周就要考试了，他现在才开始用功
다음 주가 시험인데 그는 지금에서야 열심히 공부하기 시작했다

2급 考试 kǎoshì 图 시험 보다, 시험하다
读书 dúshū 图 공부하다

图 열심이다, 성실하다, 근면하다
她从小读书就很用功
그녀는 어릴 때부터 공부에 열심이었다

6급 用户 yònghù 图 사용자, 가입자, 이용자, 유저

图 사용자, 가입자, 이용자, 유저
用户首先需要设定用户名和密码
사용자는 먼저 아이디와 패스워드를 설정해야 한다

设定 shèdìng 图 설정하다
用户名 yònghùmíng 图 사용자 이름, 아이디(ID)

5급 用途 yòngtú 图 용도

图 용도
售货员向我们介绍了产品的用途
판매원이 우리에게 상품의 용도를 소개했다

4급 售货员 shòuhuòyuán 图 판매원, 점원

4급 优点 yōudiǎn 명 장점

명 장점 [반의어] 缺点 quēdiǎn [4급]

每个人都有自己的优点和缺点
누구에게나 다 자신만의 장점과 단점이 있다

这台机器的优点是速度快
이 기기의 장점은 속도가 빠르다는 것이다

5급 机器 jīqì 명 기계, 기기

5급 优惠 yōuhuì 형 특혜의, 우대의

형 특혜의, 우대의

超市有优惠活动，很多人来排队了
슈퍼마켓에 특가 행사가 있어서 많은 사람들이 줄을 섰다

您是我们店的老顾客，我们可以给您优惠
당신은 우리 가게의 단골이니, 우리가 우대해 드리겠습니다

3급 超市 chāoshì 명 슈퍼마켓
4급 排队 páiduì 동 줄을 서다

5급 优美 yōuměi 형 우아하고 아름답다, 좋다, 훌륭하다

형 우아하고 아름답다, 좋다, 훌륭하다

优美的舞姿 우아한 춤사위
这儿风景优美，气候宜人
여기는 풍경이 아름답고 기후가 쾌적하다

舞姿 wǔzī 명 춤 추는 자세, 춤사위
宜人 yírén 동 마음에 들다, 좋은 느낌을 주다, 마음을 끌다

6급 优胜劣汰 yōushèng-liètài 성 경쟁에서 강자는 승리하고, 약자는 도태된다

성 경쟁에서 강자는 승리하고, 약자는 도태된다
优胜劣汰是自然界的准则
강자는 승리하고 약자는 도태되는 것이 자연계의 법칙이다

6급 准则 zhǔnzé 명 준칙

5급 优势 yōushì 명 우세, 우위, 유리한 형세

명 우세, 우위, 유리한 형세

她凭借自己的优势在这次比赛中获得了冠军
그녀는 자신의 우세를 기반으로 이번 경기에서 우승을 차지했다

将劣势转变为优势
열세를 우세로 바꾸다

凭借 píngjiè 동 의지하다, 의거하다
劣势 lièshì 명 열세
5급 转变 zhuǎnbiàn 동 바꾸다, 전환하다

6급 优先 yōuxiān 동 우선하다, 우선시하다, 앞에 두다

동 우선하다, 우선시하다, 앞에 두다
我们应该优先考虑这个问题
우리는 우선 이 문제를 고려해야 한다

有博士学位者可以被优先录取
박사 학위가 있는 사람이 우선 채용될 수 있다

5급 考虑 kǎolǜ 동 고려하다, 생각하다
4급 博士 bóshì 명 박사

Y

4급 优秀 yōuxiù 휑 우수하다, 매우 뛰어나다

휑 우수하다, 매우 뛰어나다

她大学毕业后，成了一名**优秀**的小学老师
그녀는 대학을 졸업한 후 훌륭한 초등학교 선생님이 되었다

他从小聪明，成绩**优秀**
그는 어릴 때부터 총명하고 성적이 우수했다

小学 xiǎoxué 휑 초등학교

6급 优异 yōuyì 휑 특별히 뛰어나다, 우수하다, 우월하다

휑 특별히 뛰어나다, 우수하다, 우월하다

她以**优异**的成绩考上了大学
그녀는 우수한 성적으로 대학에 합격했다

考上 kǎoshàng 동 (시험에) 합격하다/붙다

6급 优越 yōuyuè 휑 우월하다, 특별히 뛰어나다, 우수하다

휑 우월하다, 특별히 뛰어나다, 우수하다

优越的地位 우월한 지위

他家庭条件非常**优越**
그는 가정 환경이 매우 좋다

5급 地位 dìwèi 휑 지위, 위치, 자리
4급 条件 tiáojiàn 휑 조건, 상태, 여건

6급 忧郁 yōuyù 휑 우울하다, 근심스럽다

휑 우울하다, 근심스럽다

忧郁的表情 우울한 표정 | **忧郁**症 우울증

当你心情**忧郁**的时候，多听听欢快的音乐
마음이 우울할 때 유쾌한 음악을 많이 들어라

5급 表情 biǎoqíng 휑 표정
欢快 huānkuài 휑 즐겁고 경쾌하다, 유쾌하다

4급 幽默 yōumò 휑 익살맞다, 유머러스하다

휑 익살맞다, 유머러스하다 (영어 humor의 음역어)

他是一个风趣**幽默**的人
그는 재미있고 유머러스한 사람이다

他很**幽默**，经常开玩笑逗大家开心
그는 익살맞아서 종종 농담으로 모두를 즐겁게 웃긴다

6급 风趣 fēngqù 휑 재미있다, 유머러스하다
5급 逗 dòu 동 놀리다, 농담하다, 웃기다
4급 开心 kāixīn 휑 기분이 유쾌하다, 즐겁다

5급 悠久 yōujiǔ 휑 유구하다, 장구하다

휑 유구하다, 장구하다

中国的历史很**悠久** 중국의 역사는 유구하다

创造**悠久**灿烂的文化
유구하고 찬란한 문화를 창조하다

3급 历史 lìshǐ 휑 역사
6급 灿烂 cànlàn 휑 찬란하다

4급 尤其 yóuqí 휀 특히, 더욱

휀 특히, 더욱

我喜欢吃水果，**尤其**喜欢苹果
나는 과일을 즐겨 먹는데, 특히 사과를 좋아한다

1급 水果 shuǐguǒ 휑 과일

4급 由 yóu 〔개〕 …에서, …이, …로

〔개〕 …에서, …이, …로 (동작의 장소, 기점, 주체, 근거 대상, 방식 등을 이끌어 냄)

这件事由你负责 이 일은 네가 책임을 져라

由此可以推断，他绝对在撒谎
여기에서 그가 당연히 거짓말을 하고 있다고 판단할 수 있다

推断 tuīduàn 〔동〕 추단하다, 미루어 판단하다
6급 撒谎 sāhuǎng 〔동〕 거짓말하다

역순 어휘
理由 lǐyóu　自由 zìyóu

4급 由于 yóuyú 〔개〕 …으로, …으로 말미암아 〔연〕 …때문에, …으로 인하여

〔개〕 …으로, …으로 말미암아 (원인이나 이유를 이끌어 냄)

由于天气原因，所有的航班都要延迟起飞
날씨의 원인으로 모든 항공편의 이륙이 지연되었다

〔연〕 …때문에, …으로 인하여

由于大家意见不一致，因而还不能作出决定
모두의 의견이 일치하지 않기 때문에 아직 결정을 내릴 수 없다

4급 航班 hángbān 〔명〕 운항 편수, 항공편
延迟 yánchí 〔동〕 미루다, 연기하다
3급 起飞 qǐfēi 〔동〕 이륙하다, 비행을 시작하다

4급 邮局 yóujú 〔명〕 우체국

〔명〕 우체국

我去邮局寄包裹
나는 소포를 부치러 우체국에 간다

5급 包裹 bāoguǒ 〔명〕 꾸러미, 소포

6급 犹如 yóurú 〔동〕 마치 …와 같다, …인 것 같다

〔동〕 마치 …와 같다, …인 것 같다

走进这里，犹如欣赏一幅美丽的山水画
이곳에 들어서니 마치 한 폭의 아름다운 산수화를 감상하는 것 같다

山水画 shānshuǐhuà 〔명〕 산수화

5급 犹豫 yóuyù 〔동〕 머뭇거리다, 주저하다, 망설이다

〔동〕 머뭇거리다, 주저하다, 망설이다

她毫不犹豫地答应了他的求婚
그녀는 조금도 주저하지 않고 그의 프러포즈를 승낙했다

毫不 háobù 〔부〕 조금도 …않다
求婚 qiúhūn 〔동〕 청혼하다

6급 油腻 yóunì 〔형〕 기름지다, 느끼하다

〔형〕 기름지다, 느끼하다

我爸爸做的家常菜清爽不油腻
우리 아빠가 만든 집밥은 깔끔하고 기름지지 않다

家常菜 jiāchángcài 〔명〕 가정식, 집밥
清爽 qīngshuǎng 〔형〕 깔끔하고 개운하다

Y

6급 油漆 yóuqī 〔명〕 페인트, 니스 〔동〕 페인트칠하다

〔명〕 페인트, 니스

这油漆是进口的，很环保
이 페인트는 수입한 것으로 친환경적이다

〔동〕 페인트칠하다

你把这把椅子油漆一下 이 의자에 페인트를 좀 칠해라

5급 进口 jìnkǒu 〔동〕 수입하다
环保 huánbǎo 〔형〕 환경 보호의, 친환경의

5급 油炸 yóuzhá 동 기름에 튀기다

동 기름에 튀기다
常吃油炸的食品不利于身体健康
튀김을 자주 먹으면 건강에 좋지 않다

食品 shípǐn 명 식품
不利 búlì 형 불리하다, 해롭다

5급 游览 yóulǎn 동 유람하다, 관광하다

동 유람하다, 관광하다
在导游的带领下，我们游览了当地的名胜古迹
가이드의 인솔하에 우리는 현지의 명승고적을 관광했다

4급 导游 dǎoyóu 명 여행 가이드, 관광 안내원
6급 带领 dàilǐng 동 인솔하다, 이끌다
5급 名胜古迹 míngshèng gǔjì 명승고적

3급 游戏 yóuxì 명 게임, 놀이, 오락

명 게임, 놀이, 오락
陪孩子做游戏 아이를 데리고 놀이를 하다
他不上学整天在家玩儿游戏
그는 학교에 가지 않고 온종일 집에서 게임만 한다

整天 zhěngtiān 명 온종일

2급 游泳 yóuyǒng 동 수영하다, 헤엄치다 명 수영

동 (yóu∥yǒng) 수영하다, 헤엄치다
这个周末我们一起去游泳好吗?
이번 주말에 우리 같이 수영하러 갈까요?

명 수영
他的游泳水平比1年前提高了不少
그의 수영 실력은 1년 전보다 많이 향상되었다

3급 周末 zhōumò 명 주말
2급 比 bǐ 개 …에 비해, …보다

4급 友好 yǒuhǎo 형 우호적이다

형 우호적이다
两国不能维持友好关系
양국은 우호적인 관계를 유지할 수 없다

加强两国青少年友好交流
양국 청소년들의 우호적 교류를 강화하다

3급 关系 guānxi 명 관계
加强 jiāqiáng 동 강화하다
4급 交流 jiāoliú 동 교류하다

4급 友谊 yǒuyì 명 우의, 우정

명 우의, 우정
我们结下了深厚的友谊
우리는 깊은 우정을 맺었다

结 jié 동 맺다, 결합하다, 이루다
深厚 shēnhòu 깊고 두텁다

1급 有 yǒu 동 있다

동 있다 (존재, 소유를 나타냄)
教室里有十名学生 교실에는 10명의 학생이 있다
我有一辆自行车和一辆摩托车
나는 자전거 한 대와 오토바이 한 대가 있다

2급 教室 jiàoshì 명 교실
5급 摩托车 mótuōchē 명 오토바이

这部电影很有意思
이 영화는 정말 재미있다

明天下午你有时间吗?
내일 오후에 시간 있어?

固有 gùyǒu　　　没有 méiyǒu
所有 suǒyǒu　　　拥有 yōngyǒu

5급 有利 yǒulì　형 유리하다, 도움이 되다

형 유리하다, 도움이 되다
户外活动**有利**于预防近视
실외 활동은 근시를 예방하는 데 도움이 된다

户外 hùwài 명 옥외, 실외
近视 jìnshì 명 근시

3급 有名 yǒu // míng　형 유명하다, 이름 있다

형 유명하다, 이름 있다
这本书的作者很**有名**
이 책의 작가는 아주 유명하다

他是中国历史上一个非常**有名**的人物
그는 중국 역사상 매우 유명한 인물이다

4급 作者 zuòzhě 명 작가
5급 人物 rénwù 명 인물

4급 有趣 yǒuqù　형 재미있다, 흥미를 유발하다

형 재미있다, 흥미를 유발하다
他说话很**有趣**，经常让周围的人发笑
그는 말을 재미있게 해서 종종 주위 사람들을 웃긴다

4급 周围 zhōuwéi 명 주위, 주변
发笑 fāxiào 통 웃음이 나오다, 웃기다

6급 有条不紊 yǒutiáo-bùwěn　성 가지런하다, 조금도 흐트러지지 않다, 질서 정연하다

성 가지런하다, 조금도 흐트러지지 않다, 질서 정연하다
他性格沉稳，做起事来**有条不紊**
그는 성격이 침착해서 일을 시작하면 일사불란하다

沉稳 chénwěn 형 침착하고 듬직하다, 점잖다, 진중하다

3급 又 yòu　부 또, 다시, 거듭　부 또한, 동시에, …하면서 …하기도 하다

부 또, 다시, 거듭
咱们**又**见面了
우리 또 만났네요

他特别喜欢西红柿，昨天吃了，今天**又**吃，明天还要吃 그는 토마토를 매우 좋아해서 어제 먹었는데 오늘도 또 먹고, 내일도 먹으려 한다

부 또한, 동시에, …하면서 …하기도 하다
中秋节的月亮**又**大**又**圆
추석의 달은 크고 둥글다

4급 西红柿 xīhóngshì 명 토마토
中秋节 Zhōngqiūjié 명 중추절, 추석
3급 月亮 yuèliang 명 달

2급 右边 yòubian　명 오른쪽, 우측

명 오른쪽, 우측
那个超市就在我们家的**右边**
그 슈퍼마켓은 바로 우리 집 우측에 있다

3급 超市 chāoshì 명 슈퍼마켓

Y

5급 幼儿园 yòu'éryuán 몡 유아원, 유치원

몡 유아원, 유치원
每天早晨，他把女儿送到幼儿园后去上班
매일 아침 그는 딸을 유치원에 데려다 주고 출근한다

早晨 zǎochen 몡 이른 아침, 아침

6급 幼稚 yòuzhì 혱 유치하다, 경험이 적다, 미숙하다

혱 유치하다, 경험이 적다, 미숙하다
你太幼稚了，什么时候能成熟一些?
너는 너무 유치해, 언제 좀 성숙해질거냐?

5급 成熟 chéngshú 혱 성숙하다, 무르익다, 완전하다

6급 诱惑 yòuhuò 동 유혹하다, 끌어들이다

동 유혹하다, (나쁜 일에) 끌어들이다
经受不起美食的诱惑
맛있는 음식의 유혹을 이겨 내지 못하다
不要被低价所诱惑，一分钱，一分货
낮은 가격에 현혹되지 마라, 싼 게 비지떡이다

经受 jīngshòu 동 받다, 견디다
一分钱，一分货 yī fēn qián, yī fēn huò 혱 1편을 내면 1편짜리 물건을 얻는다, 좋은 물건은 그 값을 한다

4급 于是 yúshì 옌 그래서, 그리하여

옌 그래서, 그리하여
我觉得这部电影不错，于是推荐给了很多朋友
나는 이 영화가 괜찮다고 생각해서 많은 친구들에게 추천했다

5급 推荐 tuījiàn 동 추천하다

2급 鱼 yú 몡 물고기, 생선

몡 물고기, 생선
爸爸钓到了两条鱼，今晚可以吃烤鱼了
아버지가 생선 두 마리를 낚아서 오늘 저녁에 생선구이를 먹을 수 있다

5급 钓 diào 동 낚다, 낚시질하다
烤鱼 kǎoyú 몡 생선구이

5급 娱乐 yúlè 동 즐겁게 시간을 보내다, 오락하다 몡 오락, 레크리에이션

동 즐겁게 시간을 보내다, 오락하다
他俩经常一起学习，一起娱乐
그 둘은 종종 함께 공부하고 함께 즐거운 시간을 보낸다

3급 节目 jiémù 몡 프로그램, 항목

몡 오락, 레크리에이션
我不太喜欢看娱乐节目
나는 오락 프로그램을 그다지 즐겨 보지 않는다

6급 渔民 yúmín 몡 어민

몡 어민
渔民靠捕鱼维持生计
어민은 어로로 생계를 유지한다

捕鱼 bǔyú 동 물고기를 잡다
生计 shēngjì 몡 생계, 살길

4급 愉快 yúkuài 　형 유쾌하다, 기쁘다, 상쾌하다

형 유쾌하다, 기쁘다, 상쾌하다
祝你周末愉快 주말 즐겁게 보내세요
吃巧克力可以让人心情愉快吗?
초콜릿을 먹으면 기분이 좋아지나요?

4급 巧克力 qiǎokèlì 　명 초콜릿
4급 心情 xīnqíng 　명 심정, 기분, 마음

6급 愚蠢 yúchǔn 　형 어리석다, 멍청하다

형 어리석다, 멍청하다
我现在才领悟到了自己有多么愚蠢
나는 지금에서야 자신이 얼마나 어리석었는지 깨달았다
我真没有想到，他会做出这么愚蠢的决定
나는 그가 이렇게 어리석은 결정을 내릴 줄은 정말 생각도 못했다

6급 领悟 lǐngwù 　동 깨닫다, 이해하다
3급 多么 duōme 　부 얼마나, 아무리

6급 愚昧 yúmèi 　형 우매하다, 어리석고 사리에 어둡다

형 우매하다, 어리석고 사리에 어둡다
人如果不学习就会愚昧无知
사람이 공부하지 않으면 우매하고 무지하게 된다

6급 无知 wúzhī 　형 무지하다, 사리에 밝지 않다

6급 舆论 yúlùn 　명 여론

명 여론
他承受不住舆论压力出面澄清了
그는 여론의 압박을 견디지 못하고 나와서 해명했다

5급 承受 chéngshòu 　동 맡다, 부담하다, 견디다
6급 澄清 chéngqīng 　동 분명히 밝히다

4급 与 yǔ 　개 …와, …와 함께 　연 …와

개 …와, …와 함께 (동작 행위와 관련된 대상을 이끌어 냄)
您经常与父母联系吗?
당신은 부모님과 자주 연락하십니까?

연 …와 (단어나 구를 연결하여 병렬이나 선택 관계를 나타냄)
饮食与健康的关系　음식과 건강의 관계
音乐能拉近人与人之间的距离
음악은 사람 사이의 거리를 좁힐 수 있다

6급 饮食 yǐnshí 　명 음식
4급 距离 jùlí 　명 거리, 간격

○ 参与 cānyù [5급] 참조

5급 与其 yǔqí 　연 …하기 보다는, …하느니 차라리

연 …하기 보다는, …하느니 차라리
与其在家闲着，不如出去走走
집에서 빈둥거리고 있느니 나가서 좀 걷는 게 낫다

闲着 xiánzhe 　동 한가하게 있다, 빈둥거리다
5급 不如 bùrú 　연 …하는 것이 낫다

6급 与日俱增 yǔrì-jùzēng 　성 날이 갈수록 늘어나다, 계속 신장하다

성 날이 갈수록 늘어나다, 계속 신장하다
我对家乡的思念与日俱增
나의 고향에 대한 그리움이 날로 커져간다

6급 思念 sīniàn 　동 그리워하다, 그리다

Y

6급 宇宙 yǔzhòu 명 우주

명 우주
地球只是浩瀚宇宙的一小部分而已
지구는 광대한 우주의 일부분에 불과하다

4급 地球 dìqiú 명 지구
浩瀚 hàohàn 형 광활하다

4급 羽毛球 yǔmáoqiú 명 배드민턴, 배드민턴공

명 배드민턴, 배드민턴공
我的爱好就是打羽毛球
나의 취미는 배드민턴을 치는 것이다

3급 爱好 àihào 명 취미, 기호, 애호

6급 羽绒服 yǔróngfú 명 오리털 점퍼, 다운 점퍼

명 오리털 점퍼, 다운 점퍼
她身穿羽绒服搭配T恤，简单又保暖
그녀는 오리털 점퍼에 티셔츠를 매치하여 심플하고 따뜻하게 입었다

6급 搭配 dāpèi 동 조합하다, 배합하다, 매치하다
保暖 bǎonuǎn 동 따뜻한 온도를 유지하다, 보온하다

4급 语法 yǔfǎ 명 어법, 문법

명 어법, 문법
学外语时，语法和词汇都非常重要
외국어를 배울 때 문법과 어휘는 모두 매우 중요하다

外语 wàiyǔ 명 외국어
5급 词汇 cíhuì 명 어휘

5급 语气 yǔqì 명 말투, 어조

명 말투, 어조
请求别人时，你要尽量用委婉的语气说话
다른 사람에게 부탁할 때, 당신은 최대한 완곡한 어조로 말해야 한다

5급 请求 qǐngqiú 동 요청하다, 부탁하다
委婉 wěiwǎn 형 완곡하다, 부드럽다

4급 语言 yǔyán 명 말, 언어

명 말, 언어
每个国家的语言都是历史的沉淀
모든 나라의 언어는 역사적으로 축적된 것이다

6급 沉淀 chéndiàn 동 응어리지다, 쌓이다, 축적되다

6급 玉 yù 명 옥

명 옥
中国人认为玉是一种珍贵的宝石
중국인은 옥이 진귀한 보석이라고 여긴다

6급 珍贵 zhēnguì 형 진귀하다, 귀중하다

5급 玉米 yùmǐ 명 옥수수

명 옥수수
该地区盛产玉米
이 지역은 옥수수가 많이 생산된다

6급 盛产 shèngchǎn 동 대량 생산하다

5급 预报 yùbào 동 예보하다, 예고하다 명 예보

동 예보하다, 예고하다
预报台风
태풍을 예보하다

명 예보
天气预报说，这几天会降温
기상 예보에서 며칠 동안 기온이 내려갈 것이라고 한다

6급	台风 táifēng 명 태풍
	降温 jiàngwēn 동 기온이 내려가다

5급 预订 yùdìng 동 예약하다, 예매하다

동 예약하다, 예매하다
预定机票
힝공권을 예매하다

网上可以预订酒店房间
온라인으로 호텔방을 예약할 수 있다

	机票 jīpiào 명 비행기 티켓, 항공권
	网上 wǎngshàng 명 온라인
	酒店 jiǔdiàn 명 호텔, 여관
2급	房间 fángjiān 명 방

5급 预防 yùfáng 동 예방하다

동 예방하다
接种疫苗是预防流感最有效的措施
백신 접종은 유행성 감기 예방에 가장 효과적인 조치이다

加强安全教育，预防事故发生
안전 교육을 강화하여 사고 발생을 예방하다

	接种 jiēzhòng 동 접종하다
	疫苗 yìmiáo 명 백신
	流感 liúgǎn 명 유행성 감기

6급 预料 yùliào 동 예측하다, 예상하다 명 예측, 예상

동 예측하다, 예상하다
谁也不能预料自己的未来
누구도 자신의 미래를 예측할 수 없다

명 예측, 예상
果然不出他的预料，她放弃了高考
과연 그의 예상에서 벗어나지 않고 그녀는 대입 시험을 포기했다

5급	未来 wèilái 명 미래
5급	果然 guǒrán 부 과연, 역시나
	不出 bùchū 동 …을 벗어나지 않다

6급 预期 yùqī 동 예기하다, 기대하다

동 예기하다, 기대하다
达到预期的目的
예기한 목적에 도달하다

事情进展的速度比预期的快很多
일이 진행되는 속도가 기대한 것보다 훨씬 빠르다

5급	达到 dádào 동 실현하다, 도달하다
6급	进展 jìnzhǎn 동 진전하다, 진척하다

Y

预赛 yùsài 명 예선 경기

명 예선 경기
他在预赛中就被淘汰了
그는 예선 경기에서 이미 탈락했다

6급	淘汰 táotài 동 도태하다

6급 预算 yùsuàn 图 예산하다 图 예산

图 예산하다

你的计划中没有这项支出，你**预算**错了
너의 계획에는 이 지출이 없었는데 네가 잘못 예산했다

图 예산

预算超出了我的支付能力
예산이 나의 지불 능력을 넘어섰다

4급	计划 jìhuà 图 계획
6급	支出 zhīchū 图 비용, 지출
	超出 chāochū 图 초과하다, 뛰어넘다
	支付 zhīfù 图 지불하다, 지출하다

4급 预习 yùxí 图 예습하다

图 예습하다

上课之前，先把要学的内容**预习**一遍
수업하기 전에 먼저 배울 내용을 한 번 예습하다

上课 shàngkè 图 수업을 하다

참조어 复习 fùxí 图 복습하다 [3급]

6급 预先 yùxiān 图 사전에, 미리

图 사전에, 미리

我总是**预先**安排好下周的工作
나는 늘 다음 주 업무를 사전에 안배한다

| 4급 | 安排 ānpái 图 안배하다, 배치하다 |
| | 下周 xiàzhōu 图 다음 주 |

6급 预言 yùyán 图 예언하다 图 예언

图 예언하다

命运掌握在自己的手里，谁也无法**预言**
운명은 자기 손 안에 있고, 누구도 예언할 수 없다

图 예언

100多年前的**预言**实现了
100여 년 전의 예언이 실현되었다

| 5급 | 命运 mìngyùn 图 운명 |

6급 预兆 yùzhào 图 징조를 보이다 图 전조, 징조, 조짐

图 징조를 보이다

某些动物的异常反应能**预兆**地震的发生
일부 동물의 이상 반응은 지진 발생의 징조이다

图 전조, 징조, 조짐

事情毫无**预兆**，发生得太突然了
일은 전혀 조짐 없이 매우 갑작스럽게 발생했다

6급	异常 yìcháng 图 이상하다, 평소와 다르다
6급	毫无 háowú 图 전혀 …이 없다, 조금도 …이 없다
3급	突然 tūrán 图 갑작스럽다

6급 欲望 yùwàng 图 욕망

图 욕망

他有强烈的求知**欲望**
그는 지식 탐구에 대해 강한 욕망이 있다

我们要学会控制自己的**欲望**
우리는 자기의 욕망을 조절할 줄 알아야 한다

| 5급 | 强烈 qiángliè 图 강렬하다 |
| | 求知 qiúzhī 图 지식을 탐구하다 |

3급 遇到 yù // dào 동 만나다, 마주치다

동 만나다, 마주치다

在工作中遇到困难是必然的
업무 중에 어려움을 겪는 것은 필연적인 것이다

他在路上偶然遇到了多年未见的朋友
그는 길에서 몇 년 동안 만나지 못한 친구를 우연히 마주쳤다

5급 必然 bìrán 형 필연적이다, 반드시 그러하다
5급 偶然 ǒurán 부 우연히, 뜻밖에

6급 寓言 yùyán 명 우언, 우화

명 우언, 우화

这则寓言告诉我们一个很深刻的道理
이 우화는 우리에게 매우 핵심적인 도리를 알려 준다

5급 深刻 shēnkè 형 깊고 날카롭다, 핵심적이다
5급 道理 dàolǐ 명 도리, 근거, 이치

6급 愈 yù 부 …할수록 …하다

부 …할수록 …하다 (사물의 발전에 따라 정도가 커짐을 나타냄)

两国之间的矛盾愈演愈烈
양국 간의 갈등이 갈수록 심각해지다

愈演愈烈 yùyǎn-yùliè
성 일이 점점 악화되다

6급 冤枉 yuānwang 동 누명을 씌우다 명 누명, 억울함 형 억울하다, 분하다, 원통하다

동 누명을 씌우다

你冤枉他了，他真的什么也不知道
네가 그에게 누명을 씌운 거야, 그는 정말 아무것도 모른다

명 누명, 억울함

人这一辈子难免会受到冤枉
사람이 한평생 억울함을 당하지 않기란 어렵다

형 억울하다, 분하다, 원통하다

莫名其妙地被老板骂了一顿，他很冤枉
영문도 모르고 사장에게 욕을 잔뜩 먹어서 그는 억울했다

5급 难免 nánmiǎn 형 피하기 어렵다, 불가피하다
6급 莫名其妙 mòmíng-qímiào 성 오묘하다, 영문을 모르다, 이해할 수 없다
5급 骂 mà 동 욕하다

3급 元 yuán 양 위안, 원

양 위안, 원 (중국의 화폐 단위)

150元人民币 인민폐 150위안

花100元钱买一张票
100위안을 써서 표를 한 장 사다

5급 人民币 rénmínbì 명 런민비, 인민폐

역순 어휘

单元 dānyuán   公元 gōngyuán

Y

5급 元旦 Yuándàn 명 원단, 새해 첫날, 양력 1월 1일

명 원단, 새해 첫날, 양력 1월 1일

今年元旦你和家人去哪儿旅游？
올해 1월 1일에 너는 가족들과 어디로 여행을 갔니?

2급 旅游 lǚyóu 동 여행하다, 관광하다

6급 元首 yuánshǒu 몡 군주, 국가 원수

몡 군주, 국가 원수
这是该国元首15年来首次访问我国
이는 그 나라 원수가 15년 만에 처음 우리 나라를 방문하는 것이다

首次 shǒucì 몡 첫 번째, 최초, 처음

6급 元素 yuánsù 몡 원소, 요소

몡 원소, 요소
微量元素 미량 원소 | 金属元素 금속 원소
不可缺少的元素 없어서는 안 되는 요소

4급 缺少 quēshǎo 동 결핍되다, 모자라다, 부족하다

6급 元宵节 Yuánxiāojié 몡 원소절, 대보름날, 정월 대보름

몡 원소절, 대보름날, 정월 대보름
元宵节到了，家家户户张灯结彩，热闹极了
대보름날이 되니 집집마다 초롱을 달고 색색의 천으로 장식하며 대단히 왁자지껄하다

张灯结彩 zhāngdēng-jiécǎi 솅 초롱과 색색의 천으로 장식하다, 명절의 떠들썩한 풍경
4급 热闹 rènao 혱 활기차다, 왁자지껄하다

6급 园林 yuánlín 몡 원림, 인공으로 조성한 화원식 명승지

몡 원림, 인공으로 조성한 화원식 명승지
苏州以美丽的园林而闻名全国
쑤저우는 아름다운 원림으로 전국에서 유명하다

4급 美丽 měilì 혱 아름답다, 매력적이다
闻名 wénmíng 동 명성이 있다, 유명하다

5급 员工 yuángōng 몡 직원과 노동자

몡 직원과 노동자
从去年开始，员工的福利待遇改善了很多
작년부터 직원들의 복지 대우가 많이 개선되었다

6급 福利 fúlì 몡 복리, 복지
5급 待遇 dàiyù 몡 대우

6급 原告 yuángào 몡 원고

몡 원고 (법원에 소송을 제기한 사람) 반의어 被告 bèigào [6급]
法院判决原告败诉
법원이 원고 패소를 판결하다

6급 判决 pànjué 동 판결하다

4급 原来 yuánlái 혱 원래의, 본래의 몡 원래, 처음 뭐 알고 보니

혱 원래의, 본래의
几次求职失败后，她又回到原来的公司
몇 차례 구직에 실패한 후 그녀는 다시 원래의 회사로 돌아갔다

몡 원래, 처음
我的看法没有改变，和原来一样
나의 생각은 바뀌지 않았고 처음과 같다

뭐 알고 보니 (몰랐던 사실을 발견했거나 깨달음을 나타냄)
怪不得他对答如流，原来他提前预习了
어쩐지 그가 유창하게 대답하더라니, 알고 보니 미리 예습했구나

求职 qiúzhí 동 구직하다, 일자리를 찾다
回到 huídào 동 되돌아가다, 되돌아오다
5급 怪不得 guàibude 뭐 어쩐지
对答如流 duìdá-rúliú 솅 대답이 청산유수이다, 막힘이 없이 척척 대답하다

6급 原理 yuánlǐ 명 원리

명 원리

这种设计完全合乎科学原理
이 설계는 과학적 원리에 완전히 들어맞는다

合乎 héhū 동 부합하다
4급 科学 kēxué 형 정확하다, 과학적이다

4급 原谅 yuánliàng 동 용서하다, 이해하다, 양해하다

동 용서하다, 이해하다, 양해하다

请你原谅他的无知和狂妄
그의 무지와 오만함을 용서해 주세요

狂妄 kuángwàng 형 오만방자하다,
시건방지다

5급 原料 yuánliào 명 원료

명 원료

花生是优质食用油的主要原料
땅콩은 양질의 식용유의 주요 원료이다

优质 yōuzhì 형 우량한, 품질이 우수한,
양질의
3급 主要 zhǔyào 형 주요한

6급 原始 yuánshǐ 형 원시의 형 원래의, 최초의

형 원시의

火车穿越原始森林
기차가 원시림을 지나간다

自我保护是一种最原始的本能
자기 방어는 가장 원시적인 본능이다

형 원래의, 최초의

原始记录 최초 기록
原始资料 원시 자료, 원시 데이터

6급 穿越 chuānyuè 동 통과하다, 지나가다,
넘다
4급 森林 sēnlín 명 삼림, 산림, 숲
6급 本能 běnnéng 명 본능

6급 原先 yuánxiān 명 종전, 처음

명 종전, 처음

按照原先的计划，本来应该昨天完成这件事
처음 계획에 따르면 원래 어제 이 일을 끝냈어야 한다

4급 按照 ànzhào 개 …에 따라, …에 의하면,
…대로
4급 本来 běnlái 부 본래, 원래

4급 原因 yuányīn 명 원인, 이유

명 원인, 이유

正确分析失败的原因
실패의 이유를 정확히 분석하다

5급 分析 fēnxī 동 분석하다

5급 原则 yuánzé 명 원칙

명 원칙

老师在教育过程中一定要坚持原则
교사는 교육 과정에서 반드시 원칙을 고수해야 한다

4급 坚持 jiānchí 동 견지하다, 고수하다,
고집하다

Y

5급 圆 yuán 圐 원 휑 둥글다 휑 완전하다

圐 원
圆圈 원, 동그라미 | 画一个圆 원을 하나 그리다

휑 둥글다
天上有一个圆圆的月亮 하늘에 둥근 달이 떴다

휑 완전하다
尽量把话说圆 가능한 한 말을 주도면밀하게 하다

3급 月亮 yuèliang 圐 달

方圆 fāngyuán   团圆 tuányuán
椭圆 tuǒyuán

6급 圆满 yuánmǎn 휑 원만하다, 순조롭다, 만족스럽다

휑 원만하다, 순조롭다, 만족스럽다
会议圆满结束 회의가 원만하게 끝나다

3급 结束 jiéshù 휑 완결하다, 종료하다, 끝나다

6급 缘故 yuángù 圐 원인, 이유

圐 원인, 이유
是什么缘故让你做出了这个决定?
어떤 이유로 너는 이런 결정을 했니?

做出 zuòchū 휑 만들어 내다, …을 하다
3급 决定 juédìng 圐 결정

6급 源泉 yuánquán 圐 원천

圐 원천
现实生活是艺术创作的源泉
실생활은 예술 창작의 원천이다

5급 现实 xiànshí 휑 현실적인
6급 创作 chuàngzuò 휑 창작, 작품

2급 远 yuǎn 휑 멀다

휑 (거리, 시간, 관계 등이) 멀다 반의어 近 jìn 2급
你家离这儿远不远? 당신 집은 여기서 멉니까?
我家离学校五公里远
우리 집은 학교에서 5킬로미터 떨어져 있다
跟他比起来，我还差得远呢，还要好好学习
그와 비교하면 저는 아직 멀었어요, 더 열심히 공부해야 합니다

4급 公里 gōnglǐ 圑 킬로미터
差得远 chàdeyuǎn 한참 못 미치다, 크게 차이가 나다

任重道远 rènzhòng-dàoyuǎn
疏远 shūyuǎn   遥远 yáoyuǎn
永远 yǒngyuǎn

5급 愿望 yuànwàng 圐 바람, 희망

圐 바람, 희망
她去中国留学的愿望终于实现了
중국에 유학 가고 싶다는 그녀의 소망이 마침내 이루어졌다

3급 终于 zhōngyú 圙 드디어, 마침내, 결국
5급 实现 shíxiàn 휑 실현하다

3급 愿意 yuànyì 휑 원하다, 바라다, 희망하다

휑 원하다, 바라다, 희망하다
我愿意去那里工作 나는 그곳에 가서 일하고 싶다
如果她不愿意，我也不会勉强她
그녀가 원하지 않으면 나도 강요하지 않을 것이다

6급 勉强 miǎnqiǎng 휑 강요하다

4급 约会 yuēhuì 동 만나기로 약속하다, 데이트하다　명 약속, 데이트

동 **만나기로 약속하다, 데이트하다**

和她**约会**的时候，说什么话题好呢？
그녀와 데이트할 때 어떤 이야기를 나누면 좋을까?

명 **약속, 데이트**

明天我有**约会**，不能来了
내일 나는 약속이 있어서 올 수 없다

5급 话题 huàtí 명 화제

6급 约束 yuēshù 동 속박하다, 통제하다, 제약하다

동 **속박하다, 통제하다, 제약하다**

网络空间的活动也要受到法律的**约束**
사이버 공간의 활동도 법률의 제약을 받아야 한다

教育孩子从小学会**约束**自己的行为
아이가 어릴 적부터 자신의 행동을 통제하는 것을 배우도록 교육하다

5급 空间 kōngjiān 명 공간
4급 教育 jiàoyù 동 교육하다

1급 月 yuè 명 달, 월

명 **달, 월**

明天是十**月**二十三号
내일은 10월 23일이다

我学汉语学了三个**月**了
나는 중국어를 배운 지 3개월이 되었다

1급 明天 míngtiān 명 내일

역순 어휘
岁**月** suìyuè　正**月** zhēngyuè

3급 月亮 yuèliang 명 달

명 **달**

月亮从东边升起来了
달이 동쪽에서 떠올랐다

5급 升 shēng 동 오르다, 올라가다

6급 乐谱 yuèpǔ 명 악보

명 **악보**

学会这几个音符，你可以看懂大部分**乐谱**了
이 몇 개 음표를 익히면 너는 대부분의 악보를 읽을 수 있게 된다

音符 yīnfú 명 음표

5급 乐器 yuèqì 명 악기

명 **악기**

她会演奏好几种**乐器**
그녀는 여러 악기를 연주할 줄 안다

6급 演奏 yǎnzòu 동 연주하다

岳父 yuèfù 명 장인

명 **장인**

他常常陪**岳父**下象棋
그는 종종 장인어른을 모시고 장기를 둔다

象棋 xiàngqí 명 장기

Y

6급 岳母 yuèmǔ 명 장모

명 장모

他很孝顺**岳母**
그는 장모님을 매우 공경한다

5급 孝顺 xiàoshùn 동 효도하다, 공경하다

4급 阅读 yuèdú 동 열독하다, 읽고 이해하다

동 열독하다, 읽고 이해하다

我坚持每天至少**阅读**一个小时的书
나는 매일 적어도 한 시간은 독서를 하려고 한다

至少 zhìshǎo 부 최소한, 적어도

3급 越 yuè 부 …할수록 …하다, 갈수록 …하다, 점점 …하다

부 …할수록 …하다, 갈수록 …하다, 점점 …하다 (越…越…, 越来越…의 형식으로 쓰임)

天气**越来越**热了
날씨가 점점 더워졌다

这里的生活环境会变得**越来越**好
이곳의 생활 환경은 갈수록 좋아질 것이다

他们的生意**越**做**越**大，赚的钱也**越来越**多
그들은 사업이 점점 커져서 버는 돈도 갈수록 많아졌다

4급 生活 shēnghuó 명 생활
4급 生意 shēngyi 명 장사, 영업, 사업
4급 赚 zhuàn 동 돈을 벌다

역순 어휘
超越 chāoyuè   穿越 chuānyuè
优越 yōuyuè   卓越 zhuóyuè

5급 晕 yūn 형 어지럽다 동 기절하다, 의식을 잃다

형 어지럽다

今天早上我头**晕**得厉害
오늘 아침에 나는 머리가 너무 어지러웠다

동 기절하다, 의식을 잃다

由于劳累过度，她**晕**倒在讲台上
너무 지쳐서 그녀는 강단에서 기절했다

劳累 láolèi 형 (노동으로) 피곤하다/지치다
6급 过度 guòdù 형 과도하다, 지나치다, 무리하다
晕倒 yūndǎo 동 정신을 잃고 쓰러지다, 기절하다

○ 晕 yùn [5급] 참조

4급 云 yún 명 구름

명 구름

明天白天多**云**
내일 낮에는 구름이 많겠습니다

月亮从**云**层里钻出来了
달이 구름을 뚫고 나왔다

白天 báitiān 명 낮
钻 zuān 동 뚫다, 관통하다

4급 允许 yǔnxǔ 동 허용하다, 허락하다, 동의하다

동 허용하다, 허락하다, 동의하다

父亲不**允许**他俩结婚
아버지는 그 둘의 결혼을 허락하지 않는다

如果时间**允许**，我会帮助你的
만일 시간이 허락되면 내가 너를 도와줄게

3급 结婚 jiéhūn 동 결혼하다
2급 帮助 bāngzhù 동 돕다, 원조하다

6급 孕育 yùnyù 图 임신하여 낳아 기르다 图 배양하다, 내포하다

图 **임신하여 낳아 기르다**
他们20年共同**孕育**了两个儿女
그들은 20년 동안 함께 두 명의 자녀를 낳아 길렀다

图 **배양하다, 내포하다**
这个想法在她脑子里**孕育**了好长时间了
이 생각이 그녀의 머릿속에 있은 지 꽤 오래되었다

4급 共同 gòngtóng 图 함께, 같이	
儿女 érnǚ 图 아들과 딸, 자녀	
脑子 nǎozi 图 머리, 두뇌	

2급 运动 yùndòng 图 운동 图 운동하다

图 **운동**
你喜欢什么**运动**?
너는 어떤 운동을 좋아하니?

图 **운동하다**
这个周末我们一起去公园**运动**，怎么样?
이번 주말에 우리 같이 공원에 가서 운동하는 게 어때?

3급 周末 zhōumò 图 주말	
3급 公园 gōngyuán 图 공원	

5급 运气 yùnqi 图 운, 운수, 운명

图 **운, 운수, 운명**
彩票中奖完全是靠**运气**
복권 당첨은 전적으로 운에 달려 있다

不要总是把失败归为**运气**不好
실패를 항상 운이 나쁜 것으로 돌리지 마라

6급 彩票 cǎipiào 图 복권	
中奖 zhòngjiǎng 图 당첨되다	
3급 总是 zǒngshì 图 늘, 항상	

5급 运输 yùnshū 图 운송하다, 수송하다

图 **운송하다, 수송하다**
卡车多用来**运输**货物
트럭은 화물을 운송하는 데 주로 쓰인다

5급 卡车 kǎchē 图 트럭	
货物 huòwù 图 상품, 화물	

6급 运算 yùnsuàn 图 운산하다, 연산하다

图 **운산하다, 연산하다**
提高电脑的**运算**速度
컴퓨터의 연산 속도를 높이다

从小姐姐的**运算**能力就比我的好
어릴 때부터 언니의 연산 능력이 나보다 좋았다

1급 电脑 diànnǎo 图 컴퓨터	
4급 速度 sùdù 图 속도	

6급 运行 yùnxíng 图 운행하다

图 **(차량, 선박, 천체 등이) 운행하다**
计算卫星的**运行**轨道的位置
위성 운행 궤도의 위치를 계산하다

示范**运行**电动公交车
전기 버스를 시범 운행하다

6급 轨道 guǐdào 图 궤도	
6급 示范 shìfàn 图 시범하다, 모범을 보이다	
公交车 gōngjiāochē 图 버스	

Y

5급 运用 yùnyòng 동 운용하다, 활용하다, 응용하다

동 운용하다, 활용하다, 응용하다
我们要灵活运用知识
우리는 지식을 유연하게 응용해야 한다
这种技术已被广泛地运用于医学领域中
이 기술은 이미 의학 분야에서 널리 활용된다

5급 灵活 línghuó 형 융통성이 있다, 구애되지 않다
5급 广泛 guǎngfàn 형 광범위하다, 폭넓다

5급 晕 yùn 동 현기증이 나다

동 현기증이 나다
我晕车，上车前必须吃药
나는 차멀미를 해서 차를 타기 전에 반드시 약을 먹어야 한다

晕车 yùnchē 동 차멀미하다

○ 晕 yūn [5급] 참조

6급 酝酿 yùnniàng 동 양조하다, 술을 빚다　동 미리 고려하다, 준비하다
동 성숙하다, 무르익다

동 양조하다, 술을 빚다
白酒是用高粱、大米等酝酿成的
백주는 수수, 쌀 등으로 양조한다
동 미리 고려하다, 준비하다
大家酝酿好久的计划被取消了
모두가 오랫동안 준비한 계획이 취소되었다
동 성숙하다, 무르익다
唱歌前她先酝酿了情绪
노래하기 전에 그녀는 먼저 감정을 충분히 잡았다

高粱 gāoliang 명 수수
5급 取消 qǔxiāo 동 취소하다, 없애다
5급 情绪 qíngxù 명 정서, 감정, 기분, 마음

6급 蕴藏 yùncáng 동 매장하다, 내재하다, 잠재하다

동 매장하다, 내재하다, 잠재하다
他身上蕴藏着无限的潜力
그는 무한한 잠재력을 내재하고 있다
中国西北地区蕴藏着丰富的铁矿
중국 서북 지역에는 풍부한 철광석이 매장되어 있다

无限 wúxiàn 형 무한하다, 끝이 없다
6급 潜力 qiánlì 명 잠재력
4급 丰富 fēngfù 형 풍부하다, 많다
铁矿 tiěkuàng 명 철광, 철광석

6급 熨 yùn 동 다리다, 다림질하다

동 다리다, 다림질하다
你帮我把这件衬衫熨一下 이 셔츠 좀 다려 줘

3급 衬衫 chènshān 명 셔츠

| 6급 | 杂技 zájì | 몡 잡기, 서커스, 각종 기예 공연의 총칭 |

몡 잡기, 서커스, 각종 기예 공연의 총칭
这里的**杂技**表演特别精彩
이곳 서커스 공연은 매우 훌륭하다

4급 表演 biǎoyǎn 통 공연하다, 연기하다
4급 精彩 jīngcǎi 톙 멋지다, 훌륭하다, 뛰어나다

| 6급 | 杂交 zájiāo | 통 교잡하다, 교배하다 |

통 교잡하다, 교배하다
这种**杂交**水稻产量高，品质好
이 교배한 벼는 생산량이 많고 품질이 좋다

水稻 shuǐdào 몡 논벼, 물벼
6급 品质 pǐnzhì 몡 품질

| 4급 | 杂志 zázhì | 몡 잡지, 정기 간행물 |

몡 잡지, 정기 간행물
书架上有几本科学**杂志**
책꽂이 위에 과학 잡지 몇 권이 있다

5급 书架 shūjià 몡 책꽂이, 서가
4급 科学 kēxué 몡 과학

| 6급 | 砸 zá | 통 내리치다, 찧다, 다지다 통 부수다, 깨다 |

통 (무거운 물건으로) 내리치다/찧다/다지다
他被阳台上掉下来的花盆**砸**到了
그는 베란다에서 떨어진 화분에 맞았다

통 부수다, 깨다
他踢足球时把邻居家的玻璃给**砸**碎了
그는 축구를 하다가 이웃집 유리를 깼다

5급 阳台 yángtái 몡 발코니, 베란다
花盆 huāpén 몡 화분
5급 玻璃 bōli 몡 유리

| 6급 | 咋 zǎ | 때 어떻게, 어째서, 왜 |

때 어떻게, 어째서, 왜
我心里**咋**能好受?
내 마음이 어떻게 편할 수 있겠어?
你想**咋**样就**咋**样吧
네가 하고 싶은 대로 해라

好受 hǎoshòu 톙 (심신이) 즐겁고 편안하다

| 5급 | 灾害 zāihài | 몡 재해 |

몡 재해
每年的洪水**灾害**让当地老百姓痛苦不堪
매년 홍수 피해가 현지 주민들을 매우 힘들게 한다

6급 洪水 hóngshuǐ 몡 홍수
5급 痛苦 tòngkǔ 톙 고통스럽다, 괴롭다

| 6급 | 灾难 zāinàn | 몡 재난 |

몡 재난
战争给人类带来了深重的**灾难**
전쟁은 인류에게 심각한 재난을 초래했다

带来 dàilái 통 가져오다, 초래하다
深重 shēnzhòng 톙 심하다, 엄중하다

Z

6급 栽培 zāipéi 통 재배하다 통 양성하다, 기르다, 교육하다

통 재배하다
栽培谷物 곡물을 재배하다
这种兰花容易栽培 이 난초는 재배하기 쉽다
통 양성하다, 기르다, 교육하다
非常感谢您多年的栽培
다년 간의 가르침에 매우 감사드립니다

谷物 gǔwù 명 곡물
兰花 lánhuā 명 난초

6급 宰 zǎi 통 죽이다

통 죽이다
每年春节前，他都会宰一头猪用来祭祀
매년 설날 전에 그는 돼지 한 마리를 잡아서 제사를 지낸다

头 tóu 양 마리
祭祀 jìsì 통 제사를 지내다, 제사하다

2급 再 zài 부 다시

부 다시
你再求她一次，说不定她会答应你
네가 그녀에게 다시 한 번 부탁하면 그녀가 허락할지도 모른다
这事以后再说吧
이 일은 다음에 다시 이야기하자

5급 说不定 shuōbudìng
아마 …일 것이다, 어쩌면 …일지도 모른다
以后 yǐhòu 명 이후

역순 어휘
一再 yīzài

1급 再见 zàijiàn 통 또 뵙겠습니다, 안녕히 계세요, 안녕

통 또 뵙겠습니다, 안녕히 계세요, 안녕
朋友们，再见了，我们明年见!
친구들아 안녕, 우리 내년에 만나!

明年 míngnián 명 내년

6급 再接再厉 zàijiē-zàilì 성 수탉이 싸울 때마다 부리를 날카롭게 하다, 계속 노력하다

성 수탉이 싸울 때마다 부리를 날카롭게 하다, 계속 노력하다
我一定再接再厉，不辜负老师的期望
나는 반드시 더욱 분발해서 선생님의 기대를 저버리지 않겠다

6급 辜负 gūfù 통 저버리다
6급 期望 qīwàng 명 기대, 희망

5급 再三 zàisān 부 재삼, 여러 번

부 재삼, 여러 번
这是老师再三强调的计算题
이것은 선생님이 여러 번 강조하신 계산 문제이다
母亲再三叮嘱他不要喝酒
어머니가 그에게 술을 마시지 말라고 여러 번 신신당부했다

5급 强调 qiángdiào 통 강조하다
6급 叮嘱 dīngzhǔ 통 신신당부하다

1급 在 zài 통 …에 있다 부 …하고 있다 개 …에, …에서

통 (사람, 사물 등이) …에 있다
他不在家 그는 집에 없다
图书馆在食堂左边 도서관은 식당 왼쪽에 있다

3급 图书馆 túshūguǎn 명 도서관
食堂 shítáng 명 구내식당

뮈 …하고 있다

我在学习，你在干什么?

나는 지금 공부하고 있는데 너는 뭐 하니?

깨 …에, …에서

我在路上遇到一个老朋友

나는 길에서 오랜 친구를 마주쳤다

这种花在这个季节长得很快

이 꽃은 지금 계절에 빨리 자란다

| 3급 | 遇到 yùdào 통 만나다, 마주치다
| 3급 | 季节 jìjié 명 계절, 철

역순 어휘

存在 cúnzài　内在 nèizài　实在 shízài
现在 xiànzài　正在 zhèngzài

| 5급 | **在乎** zàihu　통 …에 달리다　통 개의하다, 마음에 두다, 신경 쓰다

통 …에 달리다

人的魅力不在乎外表，而在乎灵魂

사람의 매력은 외모에 달린 것이 아니라 마음에 달려 있다

통 개의하다, 마음에 두다, 신경 쓰다

你别在乎网上的评论，做好自己就可以了

너는 인터넷상의 평가는 신경 쓰지 말고 너 자신에 충실하면 된다

| 5급 | 魅力 mèilì 명 매력
| 6급 | 灵魂 línghún 명 영혼, 정신, 마음
| 6급 | 评论 pínglùn 명 평론, 논평

| 6급 | **在意** zài//yì　통 마음에 두다, 개의하다

통 마음에 두다, 개의하다

他参加不参加，我根本不在意

그가 참가하든지 말든지 나는 전혀 개의치 않는다

| 5급 | 根本 gēnběn 뮈 전혀, 도무지, 아예

| 5급 | **在于** zàiyú　통 …에 있다, …하는 데 있다　통 …에 달려 있다, …에 의해 결정되다

통 …에 있다, …하는 데 있다

你的魅力在于你天真烂漫的性格

너의 매력은 너의 천진난만한 성격에 있다

통 …에 달려 있다, …에 의해 결정되다

团体比赛的输赢在于团队的合作能力

단체 경기의 승부는 팀의 협동력에 달려 있다

| 5급 | 天真 tiānzhēn 형 천진하다, 순박하다
| | 烂漫 lànmàn 형 꾸밈이 없다, 솔직하다
| 6급 | 团体 tuántǐ 명 단체, 집단
| | 输赢 shūyíng 명 승패, 승부
| | 团队 tuánduì 명 단체, 팀

| 4급 | **咱们** zánmen　대 우리

대 우리

咱们都是兄弟，你不用那么客气

우리는 다 형제 같은 사이니 그렇게 사양할 필요 없다

他们不去，那**咱们**走吧

그들이 가지 않는다면 우리가 가자

| 5급 | 兄弟 xiōngdì 명 형제
| | 客气 kèqi 통 사양하다

| 6급 | **攒** zǎn　통 쌓다, 모으다, 저축하다

통 쌓다, 모으다, 저축하다

他好不容易**攒**五千块钱，买了个新手机

그는 간신히 오천 위안을 저축해서 새 핸드폰을 샀다

好不容易 hǎobùróngyì
아주 어렵게, 겨우, 간신히

Z

744

6급 暂且 zànqiě 图 잠시

图 잠시
眼下我们只能**暂且**忍着
당장은 우리가 잠시 참을 수 밖에 없다
这件事**暂且**放一放 이 일은 잠시 내버려 두자

眼下 yǎnxià 몡 목하, 목전, 눈앞, 당장

4급 暂时 zànshí 몡 잠시, 임시, 일단

몡 잠시, 임시, 일단
困难只是**暂时**的 어려움은 잠시일 뿐이다
今天的会议**暂时**开到这儿，明天继续
오늘의 회의는 일단 여기까지 하고 내일 계속하자

3급 会议 huìyì 몡 회의
4급 继续 jìxù 图 계속하다, 연속하다

5급 赞成 zànchéng 图 찬성하다, 동의하다, 지지하다

图 찬성하다, 동의하다, 지지하다
赞成的请举手 찬성하는 사람은 손을 들어 주십시오
你**赞成**也好，反对也罢，反正我已经决定了
네가 찬성해도 좋고 반대해도 그만이지만, 아무튼 나는 이미 결정했다

举手 jǔshǒu 图 거수하다, 손을 들다
4급 反对 fǎnduì 图 반대하다
5급 反正 fǎnzhèng 뮈 어쨌든, 아무튼

5급 赞美 zànměi 图 찬미하다, 찬양하다, 칭송하다, 칭찬하다

图 찬미하다, 찬양하다, 칭송하다, 칭찬하다
给孩子鼓励和**赞美** 아이에게 격려와 칭찬을 하다
许多人都**赞美**他的勇气
많은 사람들이 그의 용기를 칭송하다

4급 鼓励 gǔlì 격려하다, 장려하다
5급 勇气 yǒngqì 몡 용기

6급 赞叹 zàntàn 图 찬탄하다, 감탄하며 칭찬하다, 칭송하다

图 찬탄하다, 감탄하며 칭찬하다, 칭송하다
精彩的表演让观众**赞叹**不已
훌륭한 공연에 관중들은 감탄을 멈추지 않았다
听完他的讲演，评委们连连**赞叹**
그의 연설을 다 듣고 나서 심사위원들은 연신 찬탄했다

不已 bùyǐ 몡 멈추지 않다, 끝이 없다
讲演 jiǎngyǎn 몡 강연, 연설
评委 píngwěi 몡 심사 위원

赞同 zàntóng 图 찬성하다, 동의하다

图 찬성하다, 동의하다
我完全**赞同**你的说法 나는 너의 의견에 완전 동의한다
在会议上只有少数人**赞同**他的言论
회의에서 소수의 사람만 그의 발언에 찬성했다

说法 shuōfa 몡 의견, 견해
6급 言论 yánlùn 몡 언론, 말

赞扬 zànyáng 图 찬양하다, 칭찬하다

图 찬양하다, 칭찬하다
为了培养学生的自信心，老师要多**赞扬**学生
학생들의 자신감을 기르기 위해 선생님은 학생을 많이 칭찬해야 한다

自信心 zìxìnxīn 몡 자신감

6급 赞助 zànzhù 동 찬조하다, 지지하고 돕다, 협찬하다

동 찬조하다, 지지하고 돕다, 협찬하다
赞助商 협찬사
这个公司为我们提供了一大笔赞助
이 회사는 우리에게 큰 협찬을 제공했다

4급 提供 tígōng 동 제공하다, 공급하다
大笔 dàbǐ 형 거액, 큰 몫

4급 脏 zāng 형 더럽다, 지저분하다

형 더럽다, 지저분하다
他很少说脏话 그는 욕을 거의 하지 않는다
别把新买的书弄脏了
새로 산 책을 더럽히지 마라

弄脏 nòngzāng 동 더럽히다

○ 心脏 xīnzàng [5급] 참조

6급 遭受 zāoshòu 동 당하다, 입다

동 (불행이나 손해를) 당하다/입다
只遭受了一次打击，他就一蹶不振了
단 한 번의 타격을 받았을 뿐인데 그는 다시 일어나지 못했다

6급 打击 dǎjī 동 타격을 주다, 공격하다, 단속하다
一蹶不振 yījué-bùzhèn
성 한 번 넘어지더니 일어나지 못하다

6급 遭殃 zāo∥yāng 동 재앙을 입다

동 재앙을 입다
他一个人失误，全公司的人跟着遭殃
그 한 사람이 실수를 했는데 회사 사람 전체가 함께 재앙을 입었다

6급 失误 shīwù 실수하다, 잘못하다
跟着 gēnzhe 부 …와 함께, …에 따라

6급 遭遇 zāoyù 동 만나다, 당하다

동 (불행한 일을) 만나다/당하다
他去年不幸遭遇了一场车祸
그는 작년에 안타깝게도 교통사고를 당했다

不幸 bùxìng 형 안타깝다, 아깝다
车祸 chēhuò 명 교통사고

5급 糟糕 zāogāo 형 매우 나쁘다, 엉망이다

형 (일, 상황 등이) 매우 나쁘다/엉망이다
心情十分糟糕 기분이 매우 나쁘다
糟糕，他受伤了！
큰일이야, 그가 부상 당했어!
他这次模拟考试考得非常糟糕
그는 이번 모의고사를 아주 엉망으로 쳤다

4급 心情 xīnqíng 명 심정, 기분, 마음
4급 十分 shífēn 부 십분, 매우, 아주
模拟考试 mónǐ kǎoshì 모의고사

6급 糟蹋 zāotà 동 낭비하다, 손상하다, 망가뜨리다

동 낭비하다, 손상하다, 망가뜨리다
你别糟蹋粮食！
음식을 낭비하지 마라!
好好的东西，被你糟蹋成这样了！
멀쩡한 물건이 너 때문에 이렇게 망가졌다!

5급 粮食 liángshi 명 양식, 식량

Z

2급 早上 zǎoshang 명 아침, 이른 아침

명 아침, 이른 아침
早上好! 굿모닝!
今天早上他没吃饭就去上班了
오늘 아침에 그는 밥을 먹지 않고 바로 출근했다

2급 上班 shàngbān 동 출근하다

5급 造成 zàochéng 동 조성하다, 야기하다, 초래하다

동 조성하다, 야기하다, 초래하다 (주로 나쁜 결과를 가리킴)
各种各样的因素造成了这次投资的失败
각종 요인이 이번 투자 실패를 초래했다
和孩子好好沟通，不要对孩子的心理造成伤害
아이와 잘 소통하여 아이의 마음에 상처를 주어서는 안 된다

各种各样 gèzhǒng-gèyàng
성 각종, 각양각색
5급 因素 yīnsù 명 요소
5급 沟通 gōutōng 동 소통하다, 교류하다
5급 伤害 shānghài 동 해치다, 상처를 입히다

造反 zào//fǎn 동 반역하다, 반란하다

동 반역하다, 반란하다
成千上万的农民跟着他起来造反
수천 수만의 농민들이 그를 따라 일어나 반란을 일으켰다

成千上万 chéngqiān-shàngwàn
성 수천 수만에 달하다, 매우 많다

6급 造型 zàoxíng 명 조형, 형상, 이미지, 스타일링

동 조형, 형상, 이미지, 스타일링
造型美观生动，具有艺术性
조형이 아름답고 생동적이며 예술성이 있다
给大家介绍美发造型的5个小技巧
여러분에게 헤어 스타일링의 다섯 가지 팁을 소개합니다

6급 美观 měiguān 형 보기 좋다, 아름답다
6급 技巧 jìqiǎo 명 기교, 테크닉, 기술

6급 噪音 zàoyīn 명 잡음, 소음

명 잡음, 소음
噪音也是一种环境污染
소음도 환경 오염의 일종이다

环境污染 huánjìng wūrǎn 환경 오염

5급 则 zé 명 규정, 제도 양 항목, 가지, 토막 연 오히려, 그러나

명 규정, 제도
遵守交通规则是每个公民应尽的义务
교통 규칙을 준수하는 것은 모든 시민이 반드시 다해야 하는 의무이다

양 항목, 가지, 토막 (조항이나 단락을 이루는 글을 세는 단위)
这则寓言告诉我们一个深刻的道理
이 우언은 우리에게 핵심적인 도리를 알려준다

연 오히려, 그러나 (대비, 전환을 나타냄)
怯懦是你最大的敌人，勇敢则是你最好的朋友
나약함은 너의 가장 큰 적이나, 용감함은 너의 가장 좋은 친구이다

5급 遵守 zūnshǒu 동 준수하다
6급 寓言 yùyán 명 우언, 우화
怯懦 qiènuò 형 나약하다, 겁이 많다
4급 勇敢 yǒnggǎn 형 용감하다

역순 어휘
否则 fǒuzé   规则 guīzé
原则 yuánzé   准则 zhǔnzé

5급 责备 zébèi 동 비난하다, 책망하다

동 비난하다, 책망하다

我没有**责备**你的意思
나는 너를 비난하려는 뜻은 없다

莫名其妙地受到**责备**，她感到很委屈
영문도 모르고 비난을 받아서 그녀는 억울했다

6급 莫名其妙 mòmíng-qímiào
형 오묘하다, 영문을 모르다, 이해할 수 없다

5급 委屈 wěiqu 형 서운하다, 억울하다, 속상하다

6급 责怪 zéguài 동 책망하다, 탓하다, 나무라다

동 책망하다, 탓하다, 나무라다

别**责怪**他了，他毕竟还是个孩子
그를 탓하지 마라, 그는 결국 아직은 어린아이다

他**责怪**我没有提醒他
그는 내가 그에게 귀띔해 주지 않았다고 책망했다

5급 毕竟 bìjìng 부 결국, 마침내
4급 提醒 tíxǐng 동 일깨우다, 깨우치다

4급 责任 zérèn 명 책임

명 책임

不要逃避**责任**，要主动承担**责任**
책임을 회피하지 말고 자발적으로 책임을 져라

5급 逃避 táobì 동 도피하다, 피하다
5급 承担 chéngdān 동 맡다, 지다, 책임지다

6급 贼 zéi 명 도둑, 도적

명 도둑, 도적

这个盗**贼**假装成快递员混进了小区
이 도둑은 택배원으로 가장해서 단지로 잠입했다

盗贼 dàozéi 명 강도, 도둑
混进 hùnjìn 동 위장하여 진입하다, 잠입하다

1급 怎么 zěnme 대 어떻게, 왜, 어째서

대 어떻게, 왜, 어째서

她今天**怎么**没来上课?
그녀가 오늘 왜 수업에 오지 않았지?

你**怎么**能怀疑我呢?
네가 어떻게 나를 의심할 수 있어?

4급 怀疑 huáiyí 동 의심하다, 회의하다

1급 怎么样 zěnmeyàng 대 어떻다, 어떠하다 대 별로 …않다, 그렇게 …하지 않다

대 어떻다, 어떠하다

我们一起去海边散散步，**怎么样**?
우리 같이 해변에 가서 산책 좀 하는게 어때?

这条灰色裤子**怎么样**?
이 회색 바지는 어떻습니까?

대 별로 …않다, 그렇게 …하지 않다 (주로 부정, 반문에 쓰임)

它看起来不**怎么样**，用起来很舒服
그건 보기에는 별로인데 써 보면 매우 편하다

海边 hǎibiān 명 해변
灰色 huīsè 명 회색
3급 裤子 kùzi 명 바지
3급 舒服 shūfu 형 편안하다, 쾌적하다, 안락하다

Z

4급 增加 zēngjiā 동 더하다, 늘리다, 늘다, 증가하다

동 더하다, 늘리다, 늘다, 증가하다
我国的肥胖症患者逐年增加
우리 나라의 비만 환자가 해마다 증가한다

参赛人数由一千增加到一千五
시합 참가 인원이 천 명에서 천오백 명으로 늘어났다

肥胖症 féipàngzhèng 명 비만증
6급 逐年 zhúnián 부 일년마다, 해마다, 매년

6급 增添 zēngtiān 동 늘리다, 보태다

동 늘리다, 보태다
给无聊的生活增添点儿情趣
지루한 생활에 흥미를 좀 더하다

4급 无聊 wúliáo 형 따분하고 지루하다
情趣 qíngqù 명 정취, 흥미

增长 zēngzhǎng 동 증가시키다, 늘리다, 높이다

동 증가시키다, 늘리다, 높이다
旅游可以开阔视野，增长见识
여행은 시야를 넓히고 견문을 넓혀 준다

控制人口增长 인구 증가를 억제하다

6급 开阔 kāikuò 형 넓히다
6급 视野 shìyě 명 시야, 식견
见识 jiànshi 명 견문, 견해
5급 控制 kòngzhì 동 통제하다, 제어하다

6급 赠送 zèngsòng 동 기증하다, 선사하다, 증정하다

동 기증하다, 선사하다, 증정하다
买生日蛋糕免费赠送生日蜡烛
생일 케이크를 사면 생일 초를 무료로 증정한다

4급 免费 miǎnfèi 동 돈을 받지 않다, 무료로 하다
6급 蜡烛 làzhú 명 초, 양초

6급 扎 zhā 동 찌르다 동 뚫고 들어가다, 파고들다 동 주둔하다

동 찌르다
她不小心被针扎到手指了
그녀는 부주의해서 바늘에 손가락을 찔렸다

동 뚫고 들어가다, 파고들다
他一头扎进水里，快乐地游起泳来
그는 머리부터 물속으로 뛰어들어 신나게 수영하기 시작했다

동 (군대가) 주둔하다
我们就在这儿扎营了
우리는 바로 여기서 주둔했다

一头 yìtóu 부 곤두박질로, 거꾸로
扎营 zhāyíng 동 진을 치고 주둔하다, 야영하다

역순 어휘
驻扎 zhùzhā

⟳ 挣扎 zhēngzhá [6급] 참조

6급 扎实 zhāshi 형 견실하다, 견고하다, 탄탄하다 형 성실하다, 착실하다

형 견실하다, 견고하다, 탄탄하다
他的基础知识特别扎实
그는 기초 지식이 매우 탄탄하다

4급 基础 jīchǔ 명 기초, 기반

형 성실하다, 착실하다
扎扎实实地把工作做好
착실하게 일을 해내다

6급 渣 zhā 명 찌꺼기, 부스러기

명 찌꺼기, 부스러기
面包渣 빵 부스러기, 빵가루
把底下的油渣倒掉吧 밑에 남은 기름 찌꺼기를 쏟아 버려라

3급 面包 miànbāo 명 빵
油渣 yóuzhā 명 기름을 짜고 남은 찌꺼기

6급 眨 zhǎ 동 깜작이다, 눈을 깜박이다

동 깜작이다, 눈을 깜박이다
他向我眨了眨眼，示意我别说话
그는 나를 향해 눈을 깜박이며 말을 하지 말라는 의사를 표시했다

示意 shìyì 동 의사 표시를 하다

6급 诈骗 zhàpiàn 동 사취하다, 속여서 빼앗다

동 사취하다, 속여서 빼앗다
骗子团伙用这种手段共诈骗了一百万元
사기단은 이 수법으로 모두 백만 위안을 사취했다

骗子 piànzi 명 사기꾼, 협잡꾼
团伙 tuánhuǒ 명 범죄 집단

5급 摘 zhāi 동 따다, 떼다, 뜯다, 벗기다

동 따다, 떼다, 뜯다, 벗기다
她把帽子摘了下来 그녀는 모자를 벗었다

3급 帽子 màozi 명 모자

6급 摘要 zhāiyào 명 요점, 적요

명 요점, 적요
你要把论文摘要翻译成英文
너는 논문 적요를 영문으로 번역해야 한다

5급 论文 lùnwén 명 논문
4급 翻译 fānyì 동 번역하다, 통역하다

5급 窄 zhǎi 형 협소하다, 좁다

형 협소하다, 좁다 [반의어] 宽 kuān [5급]
这条山路太窄了 이 산길은 너무 좁다
他不是心胸狭窄的人 그는 속 좁은 사람이 아니다

心胸 xīnxiōng 명 도량, 아량
역순 어휘
狭窄 xiázhǎi

6급 债券 zhàiquàn 명 채권

명 채권
他卖掉了所有的股票和债券
그는 모든 주식과 채권을 팔아버렸다

5급 股票 gǔpiào 명 주식, 주식 증권

Z

6급 沾光 zhān//guāng 동 남의 덕을 보다

동 남의 덕을 보다
孩子们将来出息了，我们也跟着沾光
아이들이 장래에 잘 되면, 우리도 따라서 덕을 본다
不要总是想着沾别人的光，你也要多努力
늘 다른 사람의 덕 볼 생각만 말고, 너도 많이 노력해야 한다

4급 将来 jiānglái 명 장래, 미래
6급 出息 chūxi 동 진보하다, 향상하다, 잘 되다

5급 粘贴 zhāntiē 동 붙이다 동 복사하여 붙여 넣다

동 붙이다

她把撕碎了的照片又重新**粘贴**了起来
그녀는 잘게 찢은 사진을 또 다시 붙이기 시작했다

동 (문서를) 복사하여 붙여 넣다

你只要把这段文字复制**粘贴**一下就好了
이 단락의 글자를 복사해서 붙여 넣으면 된다

撕碎 sīsuì 동 잘게 찢다
5급 复制 fùzhì 동 복제하다, 복사하다

6급 瞻仰 zhānyǎng 동 우러러보다, 참배하다

동 우러러보다, 참배하다

老师带领我们**瞻仰**了英雄纪念碑
선생님은 우리를 인솔해 영웅 기념비에 참배했다

6급 带领 dàilǐng 동 인솔하다, 이끌다
纪念碑 jìniànbēi 명 기념비

6급 斩钉截铁 zhǎndīng-jiétiě 성 언행이 단호하고 결단력 있다

성 언행이 단호하고 결단력 있다

她**斩钉截铁**地否认了这则传闻
그녀는 단호하게 이 소문을 부인했다

5급 否认 fǒurèn 동 부인하다
传闻 chuánwén 명 소문, 풍문

5급 展开 zhǎn//kāi 동 펼치다 동 전개하다, 크게 벌이다

동 펼치다

她**展开**双臂，享受着阳光的温暖
그녀는 두 팔을 벌려 태양의 온기를 만끽하고 있다

동 전개하다, 크게 벌이다

十五个面试者之间**展开**竞争
15명의 면접자들 간에 경쟁을 벌이다

6급 臂 bì 명 팔, 앞다리
5급 享受 xiǎngshòu 동 향수하다, 누리다
4급 竞争 jìngzhēng 동 경쟁하다

5급 展览 zhǎnlǎn 동 전람하다, 전시하다 명 전람, 전시, 전람회

동 전람하다, 전시하다

博物馆里**展览**着各个朝代的文物
박물관에 각 왕조의 문물이 전시되어 있다

명 전람, 전시, 전람회

这次**展览**非常成功
이번 전시는 매우 성공적이다

6급 朝代 cháodài 명 조대, 왕조, 시대
6급 文物 wénwù 명 문물
4급 成功 chénggōng 형 성공적이다

6급 展示 zhǎnshì 동 전시하다, 드러내다, 드러내 보이다

동 전시하다, 드러내다, 드러내 보이다

你一定要把握**展示**才华的机会
너는 재능을 드러낼 좋은 기회를 반드시 잡아야 한다

展示优美的舞姿
아리따운 춤사위를 보여 주다

才华 cáihuá 명 재화(才華), 재능
5급 优美 yōuměi 형 우아하고 아름답다
舞姿 wǔzī 명 춤 추는 자세, 춤사위

6급 展望 zhǎnwàng 동 전망하다, 멀리 바라보다, 내다보다

동 전망하다, 멀리 바라보다, (앞날을) 내다보다
展望美好明天
아름다운 내일을 전망하다

美好 měihǎo 형 좋다, 아름답다, 행복하다

6급 展现 zhǎnxiàn 동 펼쳐 보이다, 나타내다, 드러내다

동 펼쳐 보이다, 나타내다, 드러내다
这次演讲比赛，她充分**展现**了自己的实力
이번 연설 대회에서 그녀는 자신의 실력을 충분히 드러냈다

5급 充分 chōngfèn 형 충분하다
6급 实力 shílì 명 실력

6급 崭新 zhǎnxīn 형 참신하다, 매우 새롭다

형 참신하다, 매우 새롭다
我的人生即将翻开**崭新**的一页
나의 인생은 머지않아 새로운 한 페이지가 펼쳐질 것이다

6급 即将 jíjiāng 부 곧, 막, 머지않아
翻开 fānkāi 동 (책을) 펼치다

5급 占 zhàn 동 점용하다, 차지하다, 가지다

동 점용하다, 차지하다, 가지다
这个书柜太**占**地方了
이 책장은 자리를 너무 차지한다
中国留学生**占**留学生总人数的75%
중국 유학생이 유학생 총 인원수의 75%를 차지한다

书柜 shūguì 명 책장

6급 占据 zhànjù 동 점거하다, 차지하다

동 점거하다, 차지하다
比赛初期，他是**占据**优势的
시합 초기에 그는 우세를 차지했다
垃圾邮件**占据**了太多空间，得删除一下
스팸 메일이 너무 많은 공간을 차지하고 있어서 좀 삭제해야 된다

5급 优势 yōushì 명 우세, 우위, 유리한 형세
垃圾邮件 lājī yóujiàn 스팸 메일
5급 空间 kōngjiān 명 공간, 빈 곳
5급 删除 shānchú 동 삭제하다, 없애다

6급 占领 zhànlǐng 동 점령하다, 점거하다, 차지하다

동 점령하다, 점거하다, 차지하다
占领战略要地
전략적 요충지를 점령하다
了解消费者的需求，才能**占领**市场
소비자의 요구를 이해해야 시장을 차지할 수 있다

要地 yàodì 명 요지, 주요 지역
消费者 xiāofèizhě 명 소비자
6급 需求 xūqiú 명 수요, 요구, 필요

4급 占线 zhàn//xiàn 동 통화 중이다

동 통화 중이다
宾馆前台电话一直**占线**
호텔 프런트 전화는 계속 통화 중이다

2급 宾馆 bīnguǎn 명 여관, 호텔
前台 qiántái 명 카운터, 프런트, 데스크

Z

占有 zhànyǒu 동 점유하다, 점거하다, 차지하다

동 점유하다, 점거하다, 차지하다
占有重要的位置 중요한 위치를 차지하다
市场**占有**率逐步下滑 시장 점유율이 차츰 하락하다

5급 位置 wèizhì 명 지위, 위치
下滑 xiàhuá 동 아래로 미끄러지다

6급 战斗 zhàndòu 명 전투 동 교전하다, 전투하다

명 전투
他在那次**战斗**中光荣牺牲了
그는 그 전투에서 명예롭게 목숨을 바쳤다

동 교전하다, 전투하다
与敌军**战斗** 적군과 싸우다
为正义事业而**战斗** 정의로운 일을 위해 싸우다

6급 光荣 guāngróng 형 영광스럽다, 명예롭다
6급 牺牲 xīshēng 동 희생하다, 목숨을 바치다
6급 正义 zhèngyì 형 정의로운

6급 战略 zhànlüè 명 전략

명 전략
企业发展**战略** 기업 발전 전략
他具有高瞻远瞩的**战略**眼光
그는 앞을 내다볼 수 있는 전략적 시야를 가졌다

高瞻远瞩 gāozhān-yuǎnzhǔ
정 선견지명이 있다, 식견이 높다

6급 战术 zhànshù 명 전술

명 전술
下半场他们改变了**战术**，终于赢了这场比赛
후반전에 그들은 전술을 바꿔 마침내 이 경기에서 이겼다

下半场 xiàbànchǎng 명 후반전

6급 战役 zhànyì 명 전역, 전쟁, 전투

명 전역, 전쟁, 전투
这是一次以少胜多的**战役**
이것은 적은 인원으로 많은 인원을 이긴 전투이다

以少胜多 yǐshǎo-shèngduō
소수의 병력으로 강한 적을 이기다

5급 战争 zhànzhēng 명 전쟁

명 전쟁
扭转了不利局势，最终取得了**战争**的胜利
불리한 형세를 만회하여 결국은 전쟁의 승리를 거두었다

6급 扭转 niǔzhuǎn 동 (나쁜 형세를) 만회하다
6급 局势 júshì 명 국세, 국면, 형세

3급 站 zhàn 동 서다 동 멈추다, 머물다 명 역, 정류장

동 서다
他在那儿已经**站**了半天了
그는 거기에서 이미 한참 서 있었다

동 멈추다, 머물다
请等车**站**稳以后再下车 차가 완전히 멈춘 후에 내리세요

半天 bàntiān 명 오랜 시간, 한참 동안
站稳 zhànwěn 동 (차량 등이) 멈추어 서다/ 완전히 정지하다

图 역, 정류장
　公交车**站** 버스 정류장
　地铁**站**离这儿远吗? 지하철 역은 여기서 멉니까?
　坐五**站**就到了 다섯 개 역만 가면 도착한다

公交车 gōngjiāochē 图 버스

역순 어휘
火车**站** huǒchēzhàn　加油**站** jiāyóuzhàn
网**站** wǎngzhàn

|3급| 张 zhāng　图 열다, 펴다　양 장

图 열다, 펴다
　请**张**开嘴 입을 벌려 주세요
양 장 (평평한 사물을 세는 단위)
　两**张**电影票 영화 티켓 두 장
　一**张**桌子 테이블 하나
　请您先填一下这**张**申请表
　먼저 이 신청서를 작성해 주십시오

张开 zhāngkāi 图 열다, 펴다
申请表 shēnqǐngbiǎo 图 신청서

역순 어휘
慌**张** huāngzhāng　紧**张** jǐnzhāng
夸**张** kuāzhāng　扩**张** kuòzhāng
主**张** zhǔzhāng

|6급| 章程 zhāngchéng　图 장정, 규칙, 규정

图 장정, 규칙, 규정
　按**章程**办事 규칙에 따라 일을 처리하다
　公司**章程**不是一成不变的, 可以修改
　회사 규정은 고정불변의 것이 아니고 개정할 수 있다

一成不变 yīchéng-bùbiàn 阁 고정불변
하다, 법이 한 번 제정되면 개정할 수 없다
|5급| 修改 xiūgǎi 图 교정하다, 수정하다

|3급| 长 zhǎng　图 자라다, 생장하다, 성장하다　图 나다, 생기다

图 자라다, 생장하다, 성장하다
　她在南方**长**大, 从来没见过雪
　그녀는 남쪽에서 자라서 눈을 본 적이 없다
　小王**长**得很帅
　샤오왕은 잘 생겼다
图 나다, 생기다
　他脸上**长**了很多青春痘
　그는 얼굴에 여드름이 많이 났다
　苹果树**长**虫子了
　사과나무에 벌레가 생겼다

长大 zhǎngdà 图 자라다, 성장하다
青春痘 qīngchūndòu 图 여드름

역순 어휘
拔苗助**长** bámiáo-zhùzhǎng
成**长** chéngzhǎng　董事**长** dǒngshìzhǎng
生**长** shēngzhǎng　校**长** xiàozhǎng

○ 长 cháng [2급] 참조

|5급| 长辈 zhǎngbèi　图 손윗사람, 웃어른, 연장자

图 손윗사람, 웃어른, 연장자
　我们要尊敬**长辈**, 不可以对**长辈**没有礼貌 우리는
　웃어른을 존경해야 하고 손윗사람을 예의 없이 대해서는 안 된다

|5급| 尊敬 zūnjìng 图 존경하다
|4급| 礼貌 lǐmào 图 예의

Z

|5급| 涨 zhǎng　图 상승하다

图 (수위, 물가 등이) 상승하다
　河水**涨**了 강물이 불었다
　和去年比, 物价**涨**了两倍
　작년과 비교해서 물가가 두 배나 상승했다

物价 wùjià 图 물가

역순 어휘
高**涨** gāozhǎng

5급 掌握 zhǎngwò 동 장악하다, 파악하다, 숙달하다, 정통하다

동 장악하다, 파악하다, 숙달하다, 정통하다

掌握规律 규율을 파악하다

掌握了技术，就等于拥有了财富
기술에 정통하면 재산을 가진 것과 같다

5급 规律 guīlǜ 명 규율, 법칙
6급 财富 cáifù 명 부, 재부, 자산

2급 丈夫 zhàngfu 명 남편

명 남편

她**丈夫**是出了名的妻管严
그녀의 남편은 소문난 공처가이다

出名 chūmíng 동 유명해지다
妻管严 qīguǎnyán 명 공처가

6급 帐篷 zhàngpeng 명 천막, 장막

명 천막, 장막

这个**帐篷**是防水的吗？
이 천막은 방수입니까?

防水 fángshuǐ 동 방수하다

5급 账户 zhànghù 명 계좌

명 계좌

为孩子开设一个**账户**，把孩子的压岁钱存进去
아이에게 계좌를 하나 개설해 주고, 아이의 세뱃돈을 모두 입금했다

开设 kāishè 동 설립하다, 개설하다
6급 压岁钱 yāsuìqián 명 세뱃돈
4급 存 cún 동 저금하다, 저축하다

6급 障碍 zhàng'ài 동 저지하다, 가로막다, 방해하다 명 장애, 장애물

동 저지하다, 가로막다, 방해하다

路上的乱石**障碍**着车辆前进
길 위에 널려 있는 돌들이 차량의 전진을 가로막고 있다

명 장애, 장애물

排除**障碍**
장애물을 제거하다

克服睡眠**障碍**
수면 장애를 극복하다

车辆 chēliàng 명 차량
前进 qiánjìn 동 전진하다, 발전하다
6급 排除 páichú 동 배제하다, 제거하다, 없애다
5급 克服 kèfú 동 극복하다

6급 招标 zhāo // biāo 동 입찰 공고를 하다

동 입찰 공고를 하다

公开**招标** 공개 입찰하다

按照公平竞争的原则进行**招标**承包
공평한 경쟁 원칙에 따라 도급 입찰을 진행하다

5급 公开 gōngkāi 형 공개적인, 드러난
5급 公平 gōngpíng 형 공평하다
6급 承包 chéngbāo 동 도급을 맡다

5급 招待 zhāodài 동 초대하다, 환대하다, 접대하다

동 초대하다, 환대하다, 접대하다

招待不周，请您多多包涵
접대가 변변치 못하니 많은 양해 바랍니다

不周 bùzhōu 형 주도면밀하지 않다, 부주의하다, 허술하다
包涵 bāohan 동 양해를 구하다

他们拿出最好的酒来**招待**客人
그들은 가장 좋은 술을 꺼내 손님을 대접했다

4급 **招聘** zhāopìn 동 공개 채용하다, 초빙하다, 공고하여 모집하다

동 공개 채용하다, 초빙하다, 공고하여 모집하다
我们打算**招聘**十位技术人员
우리는 10명의 기술 인원을 모집할 예정이다

5급 **人员** rényuán 명 인원, 요원

6급 **招收** zhāoshōu 동 모집하다, 선발하다, 받아들이다

동 모집하다, 선발하다, 받아들이다
钢琴特长班正在**招收**新学员
피아노 특기반에서 새로운 수강생을 모집하고 있다

6급 **特长** tècháng 명 특장점, 특기, 장기
学员 xuéyuán 명 학생, 수강생

招投标 zhāo tóubiāo 입찰에 참가하다, 응찰하다

입찰에 참가하다, 응찰하다
本项目采用电子**招投标**的方式
본 프로젝트는 전자 입찰 참가 방식을 채택하고 있다

5급 **项目** xiàngmù 명 프로젝트, 사업
采用 cǎiyòng 동 채택하다

6급 **朝气蓬勃** zhāoqì-péngbó 성 패기가 넘치다, 활기 넘치고 생기발랄하다

성 패기가 넘치다, 활기 넘치고 생기발랄하다
这群**朝气蓬勃**的孩子在操场上快乐地互相追逐
활기 넘치는 아이들이 운동장에서 즐겁게 서로 잡으려고 뛰어다닌다

追逐 zhuīzhú 동 따라잡다

tip 여기에서는 朝를 cháo로 읽지 않는다

2급 **着** zháo 동 받다, 당하다, 되다

동 (침입을) 받다/당하다, (어떤 상태가) 되다
一听家里出了事，他心里就**着**忙了
집에 일이 생겼다고 듣자마자 그는 마음이 조급해졌다

着忙 zháománg 동 조급해하다, 당황해하다

↪ **着** zhe [2급] · **着** zhuó [2급] 참조

5급 **着火** zháo // huǒ 동 불나다, 화재가 발생하다

동 불나다, 화재가 발생하다
着火啦，快打消防急救电话！
불이야, 빨리 소방 구급 전화를 걸어라!

6급 **消防** xiāofáng 동 소방하다
急救 jíjiù 동 구급하다,
위급 상황에서 구해 내다

3급 **着急** zháo // jí 동 초조해하다, 조급해하다

동 초조해하다, 조급해하다
别**着急**，我们一起来想办法
초조해하지 마라, 우리 함께 방법을 생각해 보자
又没**着**火，你**着**什么急！
불이 난 것도 아닌데 너는 뭘 그렇게 조급해하나!

3급 **办法** bànfǎ 명 방법, 수단

Z

5급 着凉 zháo//liáng 图 감기 들다, 감기에 걸리다

图 감기 들다, 감기에 걸리다
他开着窗户睡觉，结果着凉了
그는 창문을 열고 자서 결국 감기에 걸렸다
我没穿外套，着了凉 나는 외투를 입지 않아 감기에 걸렸다

4급 窗户 chuānghu 图 창, 창문
外套 wàitào 图 재킷, 외투, 코트

6급 着迷 zháo//mí 图 빠져들다, 반하다, 매료되다

图 빠져들다, 반하다, 매료되다
这本漫画书特别有意思，越看越着迷
이 만화는 매우 재미있어서 볼수록 빠져든다

漫画书 mànhuàshū 图 만화책
有意思 yǒu yìsi 재미있다, 흥미가 있다

2급 找 zhǎo 图 찾다 图 돌려주다, 거슬러 주다

图 찾다
钥匙找到了 열쇠를 찾았다
他正在找工作 그는 일을 찾고 있다
图 돌려주다, 거슬러 주다
找您5元 당신에게 5위안을 거슬러 드리겠습니다

4급 钥匙 yàoshi 图 열쇠

역순 어휘
寻找 xúnzhǎo

6급 沼泽 zhǎozé 图 소택, 소택지, 소지

图 소택, 소택지, 소지
穿过这片沼泽就到了 이 소택지를 지나가면 바로 도착한다

穿过 chuānguò 图 통과하다, 가로지르다

5급 召开 zhàokāi 图 열다, 소집하다, 개최하다

图 (회의를) 열다/소집하다/개최하다
每次学校召开家长会，她都会参加
매번 학교에서 학부모 회의를 소집할 때마다 그녀는 모두 참가한다
会议推迟两天召开 회의는 이틀 연기되어 열린다

家长会 jiāzhǎnghuì 图 학부모회
4급 推迟 tuīchí 图 미루다

4급 照 zhào 图 비추다, 비치다 图 촬영하다, 찍다 图 사진

图 (빛이) 비추다/비치다
太阳光照得人睁不开眼 햇빛이 비쳐 눈을 뜰 수가 없다
图 촬영하다, 찍다
您可以帮我照一张相吗? 사진 한 장만 찍어주시겠어요?
图 사진
墙上挂着他们的结婚照 벽에 그들의 결혼 사진이 걸려 있다

5급 睁 zhēng 图 뜨다

역순 어휘
按照 ànzhào　　参照 cānzhào
对照 duìzhào　　关照 guānzhào
护照 hùzhào　　执照 zhízhào

5급 照常 zhàocháng 图 평소와 같다, 평소와 같이 하다, 평소대로 하다

图 평소와 같다, 평소와 같이 하다, 평소대로 하다
即使明天下雨，比赛也会照常进行的
설령 내일 비가 올지라도 시합은 평소대로 진행할 것이다

4급 即使 jíshǐ 圈 설사 …하더라도,
설령 …할지라도

3급 照顾 zhàogù 동 돌보다, 보살피다

동 돌보다, 보살피다
护士对病人照顾得无微不至
간호사는 환자를 매우 세심하게 보살핀다
在异国他乡你要学会照顾自己
이국 타향에서 너는 자신을 돌보는 법을 배워야 한다

6급 无微不至 wúwēi-bùzhì
형 세심하여 관심이 미치지 않는 곳이 없다
异国 yìguó 명 이국, 외국
他乡 tāxiāng 명 타향

照料 zhàoliào 동 돌보다, 보살피다

동 돌보다, 보살피다
在妈妈的悉心照料下，奶奶的身体好起来了
엄마의 정성스런 보살핌에 할머니의 몸은 좋아지셨다

悉心 xīxīn 閏 정성을 다하여

3급 照片 zhàopiàn 명 사진

명 사진
这些老照片都发黄了
이 낡은 사진들은 모두 색이 바랬다

发黄 fāhuáng 동 누렇게 바래다,
누르스름해지다

3급 照相机 zhàoxiàngjī 명 사진기, 카메라

명 사진기, 카메라
用照相机记录生活的点点滴滴
카메라로 생활의 사소한 부분을 기록하다

5급 记录 jìlù 동 기록하다, 기재하다
点点滴滴 diǎndiǎn dīdī
형 수량이 매우 적다, 매우 사소하다

6급 照样 zhàoyàng 동 …을 따라 …하다, 똑같이 …하다 부 그대로, 여전히, 예전처럼

동 (zhào∥yàng) …을 따라 …하다, 똑같이 …하다
你照这个样画一张吧
이대로 그림을 한 장 그려라

5급 升 shēng 동 오르다, 올라가다

부 그대로, 여전히, 예전처럼
不用担心，明天太阳照样会升起
걱정 마, 내일도 여전히 태양은 떠오를 테니

6급 照耀 zhàoyào 동 밝게 비추다, 내리쬐다

동 밝게 비추다, 내리쬐다
皎洁的月光照耀着整个城市
밝은 달빛이 도시 전체를 밝게 비췄다

皎洁 jiǎojié 동 밝고 새하얗다
月光 yuèguāng 명 달빛

照应 zhàoying 동 보살피다, 돌보다

Z

동 보살피다, 돌보다
小李刚来我们公司，大家多照应一下他
샤오리는 우리 회사에 막 들어왔으니, 다들 그를 잘 보살펴 주세요
照应孤寡老人
독거노인을 돌보다

孤寡 gūguǎ 형 외롭다, 고독하다

6급 折腾 zhēteng　동 엎치락뒤치락하다, 뒤척이다　동 괴롭히다, 괴롭게 하다
동 반복하다, 만지작거리다

동 엎치락뒤치락하다, 뒤척이다
　折腾半天睡不着　한참을 뒤척이며 잠들지 못하다

동 괴롭히다, 괴롭게 하다
　这次会展把几个员工**折腾**得精疲力竭
　이번 컨벤션으로 직원 몇 명은 괴로워서 기진맥진했다

동 반복하다, 만지작거리다
　来来回回，他**折腾**了好几趟
　왔다 갔다 하기를 그는 여러 번 반복했다

睡不着 shuìbuzháo 잠들지 못하다
会展 huìzhǎn 명 회의, 컨벤션, 박람회
精疲力竭 jīngpí-lìjié 성 극도로 피곤하다,
　기진맥진하다

6급 遮挡 zhēdǎng　동 차단하다, 막다

동 차단하다, 막다
　植树造林**遮挡**风沙　나무를 심고 숲을 만들어 풍사를 막다
　嫌疑人用帽子**遮挡**住了脸，看不清楚
　용의자는 모자로 얼굴을 가려서 똑똑히 보이지 않는다

造林 zàolín 동 조림하다, 숲을 만들다
风沙 fēngshā 명 풍사, 바람과 모래
嫌疑人 xiányírén 명 용의자

6급 折 zhé　동 끊다, 자르다, 꺾다　명 할인, 에누리

동 끊다, 자르다, 꺾다
　不要随便**折**路边的花草
　길가의 꽃과 풀을 함부로 꺾지 마라
　他运动的时候骨**折**了　그는 운동하다가 뼈가 부러졌다

명 할인, 에누리
　本店所有商品一律不打**折**
　본 상점의 모든 상품은 일률적으로 할인하지 않습니다

骨折 gǔzhé 동 골절되다, 뼈가 부러지다
5급 一律 yīlǜ 부 일률적으로, 모두

역순 어휘
挫折 cuòzhé　　打折 dǎzhé
曲折 qūzhé　　周折 zhōuzhé
转折 zhuǎnzhé

6급 折磨 zhémó　동 괴롭히다, 고통스럽게 하다

동 괴롭히다, 고통스럽게 하다
　爷爷被病痛**折磨**得面黄肌瘦的
　할아버지는 병고로 괴로워서 얼굴이 누렇게 뜨고 수척해졌다

病痛 bìngtòng 명 병통, 병고, 질병
面黄肌瘦 miànhuáng-jīshòu
　성 낯빛이 누렇고 몸이 수척하다

5급 哲学 zhéxué　명 철학

명 철학
　探讨**哲学**思想　철학 사상을 연구하고 토론하다

6급 探讨 tàntǎo 동 연구하고 토론하다

1급 这 zhè　대 이　대 이, 이것

대 이 (가까이 있는 사람, 사물을 가리킴) 반의어 那 nà [1급]
　这件衣服多少钱？　이 옷은 얼마입니까？
　这个月你爬过几次山？
　이번 달에 너는 등산을 몇 번 했니？

대 이, 이것 (가까이 있는 사람, 사물을 대신함) 반의어 那 nà [1급]
　这是我送你的礼物　이것은 내가 너에게 주는 선물이다

3급 爬山 páshān 동 산을 오르다, 등산하다
3급 礼物 lǐwù 명 선물

2급 着 zhe

[조] …하고 있다, …하는 중이다　[조] …한 상태로 있다, …한 채로 있다
[조] …하면서, …한 채로

[조] …하고 있다, …하는 중이다 (동사 뒤에 쓰여 동작의 진행 상황을 나타냄)

外面正下着雨 밖에 비가 내리고 있다

小声点儿，她睡着觉呢 목소리 낮춰, 그녀가 자고 있잖아

[조] …한 상태로 있다, …한 채로 있다 (동사, 형용사 뒤에 쓰여 상태의 지속을 나타냄)

饭还热着呢 밥이 아직도 뜨겁네

书桌上放着一个茶杯 책상에 찻잔이 하나 놓여 있다

[조] …하면서, …한 채로

老师站着讲课，学生们坐着听课
선생님은 서서 강의하시고 학생들은 앉아서 수업을 듣는다

5급	正 zhèng	[부] 마침, 바로, 딱
	茶杯 chábēi	찻잔, 컵
	讲课 jiǎngkè	[동] 강의하다
	听课 tīngkè	[동] 청강하다, 수업을 듣다

역순 어휘

接着 jiēzhe　　　　随着 suízhe
意味着 yìwèizhe

○ 着 zháo [2급] · 着 zhuó [2급] 참조

5급 针对 zhēnduì　[동] 겨누다, 겨냥하다, 조준하다

[동] 겨누다, 겨냥하다, 조준하다

这款衣服是针对中老年人设计的
이 옷은 중년층과 노년층을 겨냥하여 디자인된 것이다

我只是说明一个真理，不是针对某一个人
나는 진리를 설명하려 했을 뿐, 어떤 한 사람을 겨냥한 것은 아니다

	款 kuǎn	[양] 종류, 유형
5급	设计 shèjì	[동] 설계하다, 디자인하다
4급	说明 shuōmíng	[동] 설명하다

6급 侦探 zhēntàn　[동] 정탐하다, 탐정하다　[명] 탐정

[동] 정탐하다, 탐정하다

警察蹲守在她家附近，侦探她的一举一动　경찰은
그녀의 집 부근에서 잠복하며 그녀의 일거수일투족을 정탐했다

[명] 탐정

侦探发现了一个新线索 탐정은 새로운 단서를 발견했다

	蹲守 dūnshǒu	[동] 장시간 기다리다, 잠복하다
	一举一动 yìjǔ-yídòng	
	[성] 일거일동, 하나하나의 거동이나 행동	
6급	线索 xiànsuǒ	[동] 단서, 실마리

6급 珍贵 zhēnguì　[형] 진귀하다, 귀중하다

[형] 진귀하다, 귀중하다

博物馆里陈列着很多珍贵的文物
박물관에 진귀한 문물이 많이 진열되어 있다

5급	博物馆 bówùguǎn	[명] 박물관
6급	陈列 chénliè	[동] 진열하다

5급 珍惜 zhēnxī　[동] 아끼다, 소중히 여기다

[동] 아끼다, 소중히 여기다

珍惜生命 생명을 소중히 여기다

只有失去了才懂得珍惜
잃어버린 후에야 소중함을 이해하다

	懂得 dǒngde	[동] 알다, 이해하다

6급 珍稀 zhēnxī　[형] 진귀하고 드문, 희귀한

[형] 진귀하고 드문, 희귀한

禁止捕杀珍稀野生动物
희귀한 야생 동물을 잡아 죽이는 것을 금지하다

	捕杀 bǔshā	[동] 포살하다, 잡아 죽이다

Z

6급 珍珠 zhēnzhū 몡 진주

몡 진주

姐姐给妈妈买了一条珍珠项链

언니가 엄마에게 진주 목걸이를 사 드렸다

5급 项链 xiàngliàn 몡 목걸이

2급 真 zhēn 혱 사실의, 진짜의, 정확한 뵘 정말로, 진짜

혱 사실의, 진짜의, 정확한 [반의어] 假 jiǎ [4급]

这是真的还是假的?

이것이 사실이냐 거짓이냐?

뵘 정말로, 진짜

这儿的秋天真凉快!

이곳의 가을은 정말 시원하다!

4급 凉快 liángkuai 혱 시원하다, 서늘하다

역순 어휘

传真 chuánzhēn　　清真 qīngzhēn

认真 rènzhēn　　天真 tiānzhēn

6급 真理 zhēnlǐ 몡 진리

몡 진리

他的狡辩在真理面前显得非常无力

그의 억지스러운 궤변은 진리 앞에 매우 무력해 보인다

狡辩 jiǎobiàn 동 억지 부리며 궤변을 늘어놓다

无力 wúlì 혱 무력하다, 힘이 없다

5급 真实 zhēnshí 혱 진실한, 사실적인, 실제의

혱 진실한, 사실적인, 실제의

他这样做的真实目的是什么?

그가 이렇게 하는 진짜 목적은 무엇입니까?

4급 目的 mùdì 몡 목적

6급 真相 zhēnxiàng 몡 진상, 실상, 참모습

몡 진상, 실상, 참모습

真相并非如此，你别听他胡说八道

실상은 전혀 그렇지 않으니, 너는 그의 허튼 소리를 듣지 마라

6급 并非 bìngfēi 동 결코 …이 아니다

胡说八道 húshuō-bādào 솅 입에서 나오는 대로 마구 지껄이다, 허튼소리를 하다

4급 真正 zhēnzhèng 혱 진정한, 진짜의, 명실상부한 뵘 진정, 확실히, 정말로

혱 진정한, 진짜의, 명실상부한

真正的铁饭碗是你的本事

진정한 평생 직업은 너의 능력이다

뵘 진정, 확실히, 정말로

这小吃真正好吃!

이 간식은 정말 맛있다!

铁饭碗 tiěfànwǎn 몡 안정적인 직업, 평생 직업

6급 本事 běnshi 몡 솜씨, 능력

4급 小吃 xiǎochī 몡 스낵, 간식

6급 真挚 zhēnzhì 혱 진지하다, 진실하다, 참되다

혱 진지하다, 진실하다, 참되다

在这美好的时刻，送上我最真挚的祝福

이 아름다운 순간에 나의 가장 참된 축복을 보냅니다

5급 祝福 zhùfú 동 축복하다

6급 斟酌 zhēnzhuó 통 심사숙고하다, 숙고하다

통 심사숙고하다, 숙고하다
她反复斟酌推敲，还是没找到合适的词语
그녀는 거듭 숙고하고 퇴고했지만 적당한 어휘를 찾지 못했다

5급 反复 fǎnfù 图 거듭, 반복하여
推敲 tuīqiāo 통 퇴고하다

5급 诊断 zhěnduàn 통 진단하다

통 진단하다
他被诊断为癌症晚期
그는 암 말기 진단을 받았다

6급 癌症 áizhèng 명 암

6급 枕头 zhěntou 명 베개

명 베개
枕头会影响到睡眠质量，甚至让你失眠
베개는 수면의 질에 영향을 주며, 나아가 불면을 유발할 수도 있다

睡眠 shuìmián 통 자다, 잠들다, 수면하다
5급 失眠 shīmián 통 잠을 이룰 수 없다, 불면하다

5급 阵 zhèn 양 차례, 바탕

양 차례, 바탕 (일정 시간 지속되는 일이나 현상을 세는 단위)
他感到一阵恐惧
그는 한동안 공포를 느꼈다

操场上传来一阵阵欢笑声
운동장에서 한바탕 웃음소리가 들려왔다

6급 恐惧 kǒngjù 통 겁먹다, 무서워하다
传来 chuánlái 통 전해오다

6급 阵地 zhèndì 명 진지, 진영 명 영역, 활동의 장

명 진지, 진영
敌军放弃阵地，连夜逃跑了
적군은 진지를 포기하고 그날 밤 도망갔다

명 영역, 활동의 장
打造社区文艺阵地
지역 사회 문화 예술의 장을 마련하다

连夜 liányè 图 당일 밤에, 그날 밤에
逃跑 táopǎo 통 도망가다, 도주하다
打造 dǎzào 통 만들다, 조성하다
6급 社区 shèqū 명 지역 사회, 지역 공동체
6급 文艺 wényì 명 문예, 문학과 예술

6급 阵容 zhènróng 명 진용

명 진용
决赛开始前，双方都公布了首发阵容
결승전이 시작되기 전에 쌍방은 선발 진용을 공개했다

5급 决赛 juésài 명 결승전
首发 shǒufā 통 (경기 등에) 먼저 출전하다

5급 振动 zhèndòng 통 진동하다

통 진동하다
把手机调成振动状态
핸드폰을 진동 상태로 전환하다

鸟儿振动着翅膀，自由翱翔
새가 날개를 펄럭이며 자유롭게 비상하다

5급 状态 zhuàngtài 명 상태, 형태
5급 翅膀 chìbǎng 명 날개
翱翔 áoxiáng 통 선회하며 날다

Z

6급 振奋 zhènfèn · 형 활기차다, 고무적이다 · 동 진작시키다, 북돋우다

형 활기차다, 고무적이다
听了他的发言，大家都很**振奋**
그의 발언을 듣고 모두 고무되었다

동 진작시키다, 북돋우다
这是一个**振奋**人心的消息
이것은 민심을 북돋우는 소식이다

振奋人心 zhènfèn-rénxīn
성 민심을 북돋우다

6급 振兴 zhènxīng · 동 진흥하다, 발달시키다

동 진흥하다, 발달시키다
他为了**振兴**教育事业，贡献了毕生的精力
그는 교육 사업을 진흥시키기 위해 평생 힘을 바쳤다

毕生 bìshēng 형 필생, 일생, 평생

6급 震撼 zhènhàn · 동 진감하다, 흔들다

동 진감하다, 흔들다
这次恐怖袭击一下子**震撼**了全世界
이번 테러 습격은 단숨에 전세계를 뒤흔들었다

6급 **恐怖** kǒngbù 형 공포, 테러
一下子 yīxiàzi 단숨에, 일시에

6급 震惊 zhènjīng · 동 놀라다, 놀라게하다

동 놀라다, 놀라게하다
听到他要退出娱乐圈的消息，大家都大为**震惊**
그가 연예계를 은퇴한다는 소식을 듣고 모두 매우 놀랐다

退出 tuìchū 동 (직책, 장소 등에서) 물러나다
大为 dàwéi 부 매우, 지극히

6급 镇定 zhèndìng · 형 침착하다, 차분하다 · 동 진정시키다

형 침착하다, 차분하다
她努力克制自己，尽量表现出很**镇定**的样子
그녀는 자제하려고 노력하며 최대한 침착한 모습을 보였다

동 진정시키다
经过家人的安抚，她的情绪才逐渐**镇定**下来
가족의 위로를 받고 나서야 그녀는 기분이 차츰 진정되었다

6급 **克制** kèzhì 동 억누르다, 자제하다
安抚 ānfǔ 동 위로하다, 위안하다
5급 **情绪** qíngxù 명 정서, 감정, 기분, 마음

6급 镇静 zhènjìng · 형 차분하다, 침착하다 · 동 진정시키다

형 차분하다, 침착하다
大家都手忙脚乱，只有她十分**镇静**
모두 허둥지둥하는데 그녀만 매우 차분하다

동 진정시키다
遇事慌张的时候，喝一口水就会**镇静**下来
뜻밖의 일이 생겨 당황스러울 때는 물을 한 모금 마시면 진정된다

手忙脚乱 shǒumáng-jiǎoluàn
성 갈피를 잡지 못해 허둥대고 일에 체계가 없다
5급 **慌张** huāngzhāng 형 허둥대다, 당황하다

镇压 zhènyā 图 진압하다, 제압하다, 억압하다

图 진압하다, 제압하다, 억압하다
警察暴力镇压了示威群众
경찰이 시위 군중을 폭력으로 진압했다

6급 | 暴力 bàolì 图 폭력
6급 | 示威 shìwēi 图 시위하다

6급 正月 zhēngyuè 图 정월, 음력 1월

图 정월, 음력 1월
正月十五，家家户户挂灯笼
정월 15일은 집집마다 등롱을 건다

家家户户 jiājiā-hùhù 図 가가호호, 집집마다
6급 | 灯笼 dēnglong 图 등롱, 초롱

6급 争端 zhēngduān 图 분쟁, 분쟁의 발단

图 분쟁, 분쟁의 발단
调解两国之间的边界争端
양국간 국경 분쟁을 조정하다

6급 | 调解 tiáojiě 图 조정하다, 중재하다
6급 | 边界 biānjiè 图 경계선, 국경

6급 争夺 zhēngduó 图 쟁탈하다, 강탈하다, 다투다

图 쟁탈하다, 강탈하다, 다투다
争夺高端手机市场 고급 핸드폰 시장을 쟁탈하다
双方展开了激烈的争夺 양측은 격렬한 다툼을 벌였다

高端 gāoduān 图 고급의, 고가의
5급 | 展开 zhǎnkāi 图 전개하다, 벌이다
5급 | 激烈 jīliè 图 격렬하다, 치열하다

5급 争论 zhēnglùn 图 논쟁하다

图 논쟁하다
经过激烈的争论，大家终于达成了共识
격렬한 논쟁을 통해 모두가 마침내 합의를 이루었다
我们不要再争论下去了 우리 더 이상 논쟁하지 말자

6급 | 达成 dáchéng 图 달성하다, 이루다
共识 gòngshí 图 공통 인식, 의견 일치

6급 争气 zhēng // qì 图 분발하다, 잘하려고 애쓰다 图 명예를 쟁취하다, 체면을 세우다

图 분발하다, 잘하려고 애쓰다
你能不能争点儿气，争取下次超过他？
너는 다음 번에 그를 앞서는 것을 목표로 좀 분발할 수 없어?
图 명예를 쟁취하다, 체면을 세우다
他下定决心一定要为整个家族争气
그는 반드시 모든 가족을 위해 체면을 세우기로 마음먹었다

4급 | 超过 chāoguò 图 초과하다, 넘다, 앞서다, 능가하다
家族 jiāzú 图 가족, 친족

5급 争取 zhēngqǔ 图 쟁취하다, 획득하다, 얻으려고 애쓰다

图 쟁취하다, 획득하다, 얻으려고 애쓰다
我们一定要争取主动权
우리는 반드시 주도권을 쟁취해야 한다
他们废寝忘食地工作，争取提前完成计划
그들은 먹고 자는 것을 잊고 일에 몰두하여 계획을 앞당겨 완성했다

主动权 zhǔdòngquán 图 주도권
6급 | 废寝忘食 fèiqǐn-wàngshí 図 먹고 자는 것을 잊다, 전심전력을 다해 몰두하다

Z

6급 争先恐后 zhēngxiān-kǒnghòu 〔성〕 앞다투며 뒤처지는 것을 두려워하다, 뒤질세라 앞다투다

〔성〕 앞다투며 뒤처지는 것을 두려워하다, 뒤질세라 앞다투다

课堂上同学们都很积极，**争先恐后**地举手发言
교실에서 학우들은 모두 적극적이며, 발표하려고 앞다투어 손을 든다

课堂 kètáng 〔명〕 교실
4급 积极 jījí 〔형〕 적극적이다, 열성적이다
举手 jǔshǒu 〔동〕 거수하다, 손을 들다

6급 争议 zhēngyì 〔동〕 쟁의하다, 논쟁하다, 쟁론하다 〔명〕 이견, 쟁의, 논쟁

〔동〕 쟁의하다, 논쟁하다, 쟁론하다
大家七嘴八舌地**争议**起来
모두 왁자지껄하게 논쟁하기 시작했다

〔명〕 이견, 쟁의, 논쟁
这个问题存在一些**争议**，需要大家进一步讨论
이 문제는 일부 다른 의견이 있어 모두가 좀 더 토론할 필요가 있다

七嘴八舌 qīzuǐ-bāshé 〔성〕 너도나도 한 마디씩 하다, 여럿이 시끄럽게 떠들다
5급 存在 cúnzài 〔동〕 존재하다, 있다
4급 讨论 tǎolùn 〔동〕 토론하다

6급 征服 zhēngfú 〔동〕 정복하다 〔동〕 매료하다, 마음을 사로잡다

〔동〕 정복하다
人类不应该**征服**自然 인류는 자연을 정복해서는 안 된다

〔동〕 매료하다, 마음을 사로잡다
她美妙的歌声**征服**了在场的每一位观众
그녀의 아름다운 노랫소리가 현장의 모든 관중을 매료시켰다

6급 美妙 měimiào 〔형〕 아름답다, 화려하다
在场 zàichǎng 〔동〕 (일이 일어난) 현장에 있다

5급 征求 zhēngqiú 〔동〕 구하다

〔동〕 (의견 등을) 구하다
征求意见 의견을 구하다 | **征求**同意 동의를 구하다
使用前你得先**征求**她的许可
사용하기 전에 너는 그녀의 허락을 먼저 구해야 한다

3급 同意 tóngyì 〔동〕 동의하다, 찬성하다, 허락하다
6급 许可 xǔkě 〔동〕 허가하다, 허락하다

6급 征收 zhēngshōu 〔동〕 징수하다

〔동〕 징수하다
因为废气排放问题，政府向那家工厂**征收**罚金
배기가스 배출 문제로 정부가 그 공장에 벌금을 징수하다

6급 排放 páifàng 〔동〕 배출하다, 방출하다, 내보내다
罚金 fájīn 〔명〕 벌금

6급 挣扎 zhēngzhá 〔동〕 힘써 버티다, 몸부림치다, 발버둥을 치다

〔동〕 힘써 버티다, 몸부림치다, 발버둥을 치다
她拼命**挣扎**，想摆脱歹徒的魔掌
그녀는 악인의 마수에서 벗어나고자 필사적으로 발버둥쳤다

6급 摆脱 bǎituō 〔동〕 빠져나오다, 벗어나다
魔掌 mózhǎng 〔명〕 마수, 악인의 손길
tip zhèngzhā로 읽지 않는다

5급 睁 zhēng 〔동〕 뜨다

〔동〕 (눈을) 뜨다
睁一只眼，闭一只眼
한쪽 눈을 뜨고 한쪽 눈을 감다, 보고도 못 본 체하다

闭 bì 〔동〕 닫다, 다물다, 눈을 감다

6급 蒸发 zhēngfā 图 증발하다 图 사라지다

图 증발하다
酒精蒸发的速度远远大于水的蒸发速度
알코올이 증발하는 속도는 물이 증발하는 속도보다 훨씬 빠르다

图 사라지다
提出分手以后，她仿佛人间蒸发了一般
헤어지자고 한 이후 그녀는 마치 세상에서 사라진 것 같다

6급 酒精 jiǔjīng 图 주정, 에탄올, 알코올	
5급 仿佛 fǎngfú 图 마치, 흡사	

6급 整顿 zhěngdùn 图 정돈하다, 가지런히 바로잡다

图 정돈하다, 가지런히 바로잡다
好好整顿一下我们班的纪律
우리 반의 기강을 제대로 바로잡아 보자

公司经过全面整顿后，面目一新
회사는 전면적인 정비를 거쳐 새롭게 거듭났다

5급 纪律 jìlǜ 图 기율, 규칙, 법칙	
5급 全面 quánmiàn 图 전면적인, 전체적인	
面目一新 miànmù-yīxīn	
图 완전히 새롭게 변하다	

5급 整个 zhěnggè 图 전부의, 전체의

图 전부의, 전체의
她整个晚上都没睡好 그녀는 밤새도록 잠을 설쳤다
手术后，他整个人精神多了
수술 후에 그는 전체적으로 훨씬 활기차다

5급 精神 jīngshen 图 활기차다, 생기가 있다	

4급 整理 zhěnglǐ 图 정리하다

图 정리하다
我忙着整理行李呢 나는 여행 짐을 정리하느라 바빠요
他把房间整理得干干净净的 그는 방을 말끔히 정리했다

行李 xíngli 图 (여행) 짐

5급 整齐 zhěngqí 图 정연하다, 가지런하다, 고르다 图 가지런히 하다, 고르게 하다

图 정연하다, 가지런하다, 고르다
他穿戴整齐干净，给人的感觉很好
그는 옷차림이 가지런하고 깔끔하며 인상이 매우 좋다

她把衣服整理得整整齐齐的
그녀는 옷을 가지런히 정리했다

图 가지런히 하다, 고르게 하다
整齐步伐 발걸음을 가지런히 맞추다

穿戴 chuāndài 图 차림새, 옷과 장신구	
3급 干净 gānjìng 图 깨끗하다	
6급 步伐 bùfá 图 발걸음, 진행 속도	

5급 整体 zhěngtǐ 图 전체, 전부

图 전체, 전부
负责公司整体业务
회사의 전체 업무를 책임지다

国民的整体素质有待提高
국민 전체의 자질을 끌어올릴 필요가 있다

5급 业务 yèwù 图 업무	
有待 yǒudài 图 …이 요구되다,	
…할 필요가 있다	

Z

5급 正 zhèng 형 바르다, 곧다 부 마침, 바로, 딱

형 **바르다, 곧다** 반의어 歪 wāi [5급]

这幅画挂得不正
이 그림은 비뚤게 걸렸다

부 **마침, 바로, 딱** (진행, 지속, 알맞음 등을 나타냄)

我正要给你打电话呢，你就来了
내가 바로 너에게 전화하려고 했는데, 네가 왔다

我们正聊着你呢 우리가 마침 네 얘기를 하고 있었어

4급 挂 guà 동 걸다

역순 어휘
端正 duānzhèng 反正 fǎnzhèng
改正 gǎizhèng 更正 gēngzhèng
公正 gōngzhèng 纠正 jiūzhèng
真正 zhēnzhèng

4급 正常 zhèngcháng 형 정상이다, 정상적이다

형 **정상이다, 정상적이다**

冰箱有流水的声音，这是正常现象吗?
냉장고에서 물 흐르는 소리가 나는데, 정상적인 현상입니까?

他今天有些不正常 그는 오늘 좀 이상하다

5급 现象 xiànxiàng 명 현상

6급 正当 zhèngdāng 동 마침 …의 시기이다, 때마침 …에 이르다

동 **마침 …의 시기이다, 때마침 …에 이르다**

正当我们走投无路的时候，老师来了
우리가 막다른 길에 이르렀을 때 선생님이 오셨다

走投无路 zǒutóu-wúlù
성 곤경에 처해 빠져나올 길을 찾지 못하다

○ 正当 zhèngdàng [6급] 참조

6급 正当 zhèngdàng 형 정당한, 적당한, 합리적인 형 바르다

형 **정당한, 적당한, 합리적인**

正当防卫 정당방위
正当的要求 정당한 요구
用正当的手段谋取钱财
정당한 수단으로 돈을 벌다

형 **(인품이) 바르다**

这个人向来很正当 이 사람은 원래부터 매우 바르다

防卫 fángwèi 동 방위하다
手段 shǒuduàn 명 수단
谋取 móuqǔ 동 꾀하다, 도모하다

○ 正当 zhèngdāng [6급] 참조

6급 正负 zhèngfù 형 양수와 음수의, 양극과 음극의, 플러스와 마이너스의

형 **양수와 음수의, 양극과 음극의, 플러스와 마이너스의**

正负数 양수와 음수
安装电池时请注意放好正负极位置
배터리를 장착할 때 양극과 음극의 위치를 주의해서 끼우십시오

5급 安装 ānzhuāng 동 설치하다, 고정시키다
5급 电池 diànchí 명 전지

6급 正规 zhèngguī 형 정규의, 정식의, 표준의

형 **정규의, 정식의, 표준의**

他从小没受过正规教育
그는 어려서부터 정규 교육을 받은 적이 없다

这是山寨版，不是正规厂家生产的产品
이것은 모조품으로, 정식 업체에서 생산한 상품이 아니다

山寨 shānzhài 형 모조품의, 짝퉁의
厂家 chǎngjiā 명 공장, 제조업체

4급 正好 zhènghǎo 혭 알맞다, 딱 맞다 뷔 때마침

혭 알맞다, 딱 맞다

您付的钱正好
지불하신 돈이 딱 맞습니다

这双鞋不大也不小，我穿着正好
이 신발은 크지도 작지도 않고 내가 신으니 딱 맞다

뷔 때마침

我正想去找他时，正好看见他走过来了
내가 그를 찾아가려고 했을 때, 때마침 그가 걸어오는 것을 보았다

付 fù 됭 돈을 주다, 지불하다

6급 正经 zhèngjīng 혭 단정하다, 올바르다 혭 정식의, 규격에 맞는 혭 정당하다, 진지하다

혭 (품행, 태도 등이) 단정하다/올바르다

他表面看起来正经，其实内心很邪恶
그는 겉으로 보기엔 올바르지만 사실 마음이 사악하다

혭 정식의, 규격에 맞는

这几种口罩是正经厂家生产的
이 몇 가지 마스크는 정식 제조업자가 생산한 것이다

혭 정당하다, 진지하다

我跟你说正经的!
내가 너에게 진지한 얘기를 하잖아!

5급 表面 biǎomiàn 몡 표면, 겉, 겉모습
邪恶 xié'è 혭 사악하다, 나쁘다
5급 生产 shēngchǎn 됭 생산하다

6급 正气 zhèngqì 몡 기개, 절개 몡 정기, 바른 기풍

몡 기개, 절개

他眉宇间透露着一股正气
그는 양미간에 기개가 드러나 있다

몡 정기, 바른 기풍

邪气永远战胜不了正气
그릇된 기풍은 바른 기풍을 영원히 이길 수 없다

眉宇 méiyǔ 몡 이마, 눈썹 언저리
6급 透露 tòulù 됭 드러내다, 드러나다
邪气 xiéqì 몡 사기, 그릇된 기풍

4급 正确 zhèngquè 혭 정확하다, 올바르다, 틀림없다

혭 정확하다, 올바르다, 틀림없다

他的答案很正确
그의 답안은 정확하다

我们必须正确地认识自己
우리는 자신을 정확하게 알아야 한다

4급 答案 dá'àn 몡 답안, 해답
1급 认识 rènshi 됭 알다

4급 正式 zhèngshì 혭 정식의, 정규의, 공식의

혭 정식의, 정규의, 공식의

正式员工 정규 직원
正式会谈 정식 회담
学校足球俱乐部正式成立了
학교 축구 클럽이 정식으로 결성되었다

会谈 huìtán 몡 회담
5급 成立 chénglì 됭 설립하다, 설치하다, 결성하다

Z

6급 正义 zhèngyì 명 정의 형 정의로운

명 **정의**
捍卫正义 정의를 수호하다

형 **정의로운**
我们要支持一切正义的行动
우리는 모든 정의로운 행동을 지지해야 한다

6급 捍卫 hànwèi 동 지키다, 수호하다
5급 行动 xíngdòng 명 행동

2급 正在 zhèngzài 부 한창, 마침

부 **한창, 마침 (동작, 행위가 진행 중임을 나타냄)**
他正在学习，你不要去打扰他
그는 한창 공부중이니 너는 가서 방해하지 마라

4급 打扰 dǎrǎo 동 방해하다, 어지럽히다

6급 正宗 zhèngzōng 명 정종, 정통, 전통파 형 정통의

명 **정종, 정통, 전통파**
正宗昆曲 정통 곤곡

형 **정통의**
正宗的法式菜肴 정통 프랑스 요리

昆曲 kūnqǔ 명 곤곡, 중국의 지방 전통극
菜肴 càiyáo 명 요리

5급 证件 zhèngjiàn 명 증서, 증명서

명 **증서, 증명서**
支付证件 지불 증명서 | 证件照 증명사진
请您出示有效身份证件
유효한 신분증을 제시해 주십시오

支付 zhīfù 동 지불하다, 지출하다
5급 出示 chūshì 동 보이다, 제시하다

5급 证据 zhèngjù 명 증거

명 **증거**
大量证据表明，他是无辜的
많은 증거가 그가 무고하다는 것을 나타낸다

5급 表明 biǎomíng 동 표명하다, 나타내다
6급 无辜 wúgū 형 무고하다, 죄가 없다

4급 证明 zhèngmíng 동 증명하다 명 증명서

동 **증명하다**
他总是用业绩来证明自己的能力
그는 늘 성과로 자신의 능력을 증명한다

명 **증명서**
出入境证明 출입국 증명서

业绩 yèjì 명 업적, 공적, 성과
出入境 chū-rùjìng 출입국하다

6급 证实 zhèngshí 동 실증하다, 사실을 증명하다

동 **실증하다, 사실을 증명하다**
那些网络传言后来都证实只是谣言
그 인터넷 루머는 후에 그저 헛소문이었음이 증명되었다

传言 chuányán 명 떠도는 말, 소문
6급 谣言 yáoyán 명 뜬소문, 헛소문, 요언

6급 证书 zhèngshū 명 증서, 증명서, 자격증

명 증서, 증명서, 자격증
毕业证书 졸업 증명서, 졸업장
大学四年级的时候，同学们都忙着考各种证书
대학 4학년 때 학생들은 모두 각종 자격증을 따느라 바쁘다

4급 毕业 bìyè 동 졸업하다

6급 郑重 zhèngzhòng 형 정중하다, 엄숙하다

형 정중하다, 엄숙하다
主持人郑重宣布讨论会开始
진행자가 토론회의 시작을 엄숙히 선포했다

5급 宣布 xuānbù 동 선포하다, 공포하다

6급 政策 zhèngcè 명 정책

명 정책
优惠政策 우대 정책
减税政策使广大农民的生活状况得到了改善
세금 감면 정책으로 많은 농민의 생활 상황이 개선되었다

5급 优惠 yōuhuì 형 특혜의, 우대의
减税 jiǎnshuì 동 감세하다, 세금을 줄이다

5급 政府 zhèngfǔ 명 정부

명 정부
我国政府一向主张通过谈判来解决国际争端
우리 정부는 줄곧 협상을 통해서 국제 분쟁을 해결할 것을 주장한다

6급 一向 yīxiàng 명 항상, 줄곧
5급 谈判 tánpàn 명 담판, 협상, 교섭

6급 政权 zhèngquán 명 정권, 정권 기관

명 정권, 정권 기관
夺取政权 정권을 빼앗다
掌握政权 정권을 장악하다
他也不确定自己建立的政权能不能保住
그도 자기가 세운 정권 기관이 유지될 수 있을지 확신하지 못했다

夺取 duóqǔ 동 탈취하다, 강탈하다
5급 建立 jiànlì 동 건립하다, 세우다
保住 bǎozhù 동 유지하다, 지탱하다, 지키다

5급 政治 zhèngzhì 명 정치

명 정치
经济的繁荣离不开政治的稳定
경제 번영은 정치 안정과 떨어질 수 없다

5급 繁荣 fánróng 형 번영하다, 번창하다
离不开 líbukāi 뗄 수 없다, 떠날 수 없다
5급 稳定 wěndìng 형 안정되다

5급 挣 zhèng 동 일하여 벌다, 노력하여 얻다

동 일하여 벌다, 노력하여 얻다
他挣得多，花得也多
그는 버는 것도 많고 쓰는 것도 많다
祖上辛辛苦苦挣下的家产被他输了个精光
조상들이 힘들게 번 가산을 그가 몽땅 잃었다

家产 jiāchǎn 명 가산(家産)
精光 jīngguāng 형 아무것도 없다

➡ 挣扎 zhēngzhá [6급] 참조

Z

挣钱 zhèngqián 동 돈을 벌다

동 돈을 벌다
花钱容易，挣钱难 돈을 쓰기는 쉽고, 돈을 벌기는 어렵다
我决定长大了一定要挣钱养活父母
나는 커서 꼭 돈을 벌어 부모님을 부양하기로 마음먹었다

花钱 huāqián 동 돈을 쓰다
养活 yǎnghuo 동 부양하다

6급 症状 zhèngzhuàng 명 증상, 증세

명 증상, 증세
咳嗽、发烧、浑身无力都是感冒的症状
기침, 발열, 온몸에 기력이 없는 것은 모두 감기 증세이다

4급 咳嗽 késou 동 기침하다
3급 发烧 fāshāo 동 열이 나다
6급 浑身 húnshēn 명 온몸, 전신

4급 之 zhī 조 …의

조 …의 (종속이나 수식 관계를 나타냄)
善良是人之根本
선량함은 사람의 근본이다
百分之八十的人都不知道这件事
80퍼센트의 사람이 이 일을 모른다

5급 善良 shànliáng 형 선량하다

역순 어휘
百分之 bǎifēnzhī   反之 fǎnzhī
总而言之 zǒng'éryánzhī   总之 zǒngzhī

6급 之际 zhījì 명 …할 때, 즈음

명 …할 때, 즈음
在此佳节来临之际，我祝愿大家健康快乐!
이번 명절을 맞아 모두 건강하고 즐겁기를 기원합니다!

佳节 jiājié 명 가절, 즐거운 명절

5급 支 zhī 양 자루, 개비

양 자루, 개비 (가늘고 긴 물건을 세는 단위)
一支笔 연필 한 자루 | **一支枪** 총 한 자루
他一天抽十支烟 그는 하루에 담배 10개비를 피운다

역순 어휘
开支 kāizhī

6급 支撑 zhīchēng 동 받치다, 지탱하다 동 유지하다, 견디다

동 받치다, 지탱하다
几根柱子支撑着这个顶棚
몇 개의 기둥이 이 천장을 받치고 있다

柱子 zhùzi 명 기둥
顶棚 dǐngpéng 명 천장
6급 信念 xìnniàn 명 신념

동 유지하다, 견디다
他虽然病重，但仍在努力支撑着
그는 병이 위중하지만 애써 견디고 있다
必胜的信念支撑着他坚持下去
반드시 이기겠다는 신념이 그가 계속하도록 지탱해 준다

4급 支持 zhīchí 동 지탱하다, 유지하다, 견디다 동 지지하다

동 지탱하다, 유지하다, 견디다
他累得支持不下去了 그는 지쳐서 더 이상 견딜 수 없었다

동 지지하다

我的父母都**支持**我的意见

내 부모님은 내 의견을 모두 지지하신다

意见 yìjiàn 명 견해, 의견

6급 支出 zhīchū 동 지출하다, 지불하다 명 비용, 지출, 지불

동 지출하다, 지불하다

所有的费用已经**支出**了　모든 비용을 이미 지출했다

명 비용, 지출, 지불

减少**支出**　비용을 줄이다

目前政府的**支出**约达国民收入的百分之四十

현재 정부 지출은 국민 소득의 약 40%에 달한다

费用 fèiyòng 명 비용, 지출

4급 减少 jiǎnshǎo 동 감소하다, 줄이다

国民收入 guómín shōurù 국민 소득

6급 支流 zhīliú 명 지류 명 부차적인 부분

명 지류

这条河从这儿分成两条**支流**

이 하천은 여기서부터 두 갈래 지류로 나뉜다

명 부차적인 부분

认识当前的社会形势，必须分清主流和**支流**

현재 사회 정세를 인식하고 주류와 지류를 분명히 구별해야 한다

6급 当前 dāngqián 명 눈앞, 현재, 지금

6급 主流 zhǔliú 명 주류, 주요 방향, 주요 추세

6급 支配 zhīpèi 동 분배하다, 안배하다 동 지배하다, 통제하다

동 분배하다, 안배하다

结婚后，他不可以自由**支配**自己的工资

결혼 후에 그는 자기 월급을 자유롭게 안배할 수 없다

동 지배하다, 통제하다

人应该**支配**习惯，别被习惯**支配**

사람은 습관을 지배해야지, 습관에 지배당하지 마라

5급 自由 zìyóu 형 자유롭다

4급 工资 gōngzī 명 임금, 급여, 봉급

3급 习惯 xíguàn 명 습관, 관습

5급 支票 zhīpiào 명 수표

명 수표

请在这张**支票**上签一下字　이 수표에 사인을 해 주십시오

签字 qiānzì 동 서명하다, 사인하다, 조인하다

6급 支援 zhīyuán 동 지원하다

동 지원하다

为了**支援**救援工作，紧急派出医护人员

구조 작업을 지원하기 위해 의료진을 급히 파견하다

救援 jiùyuán 동 구원하다, 구하다

5급 紧急 jǐnjí 형 긴박하다, 긴급하다

医护 yīhù 명 의료하고 간호하다

6급 支柱 zhīzhù 명 지주, 받침대, 버팀목, 기둥

명 지주, 받침대, 버팀목, 기둥

父亲是我们整个家庭的**支柱**

아버지는 우리 온 가족의 기둥이다

旅游业是当地的**支柱产业**　여행업은 현지의 기간 산업이다

5급 家庭 jiātíng 명 가정, 가족, 가문

支柱产业 zhīzhù chǎnyè 기간 산업

Z

3급 只 zhī 양 마리 양 짝, 쪽

양 마리 (짐승, 조류를 세는 단위)
奶奶家养了三只小兔子
할머니는 집에 작은 토끼 세 마리를 키우셨다

양 짝, 쪽 (쌍을 이루는 것의 각각을 세는 단위)
她一只手拿叉子，另一只手拿勺子
그녀는 한 손에는 포크를 들고 다른 한 손에는 숟가락을 들었다

5급 兔子 tùzi 명 토끼
5급 叉子 chāzi 명 포크
4급 勺子 sháozi 명 숟가락, 국자

○ 只 zhǐ [3급] 참조

6급 枝 zhī 명 가지 양 가지, 송이

명 가지
果实已经挂满了枝头
열매가 이미 나뭇가지에 가득 달려 있다

양 가지, 송이
一枝荷花 연꽃 한 송이

5급 果实 guǒshí 명 과실, 열매
枝头 zhītóu 명 나뭇가지 위
荷花 héhuā 명 연꽃

2급 知道 zhīdào 동 알다, 이해하다

동 알다, 이해하다
我知道你在想什么
나는 네가 무슨 생각을 하는지 안다

你知不知道这件事，我都无所谓
네가 이 일을 알든 모르든 나는 상관없다

5급 无所谓 wúsuǒwèi 동 상관없다,
신경 쓰지 않다

6급 知觉 zhījué 명 감각, 지각

명 감각, 지각
他的左腿已经麻木，没有知觉
그의 왼쪽 다리는 이미 마비되어 감각이 없다

6급 麻木 mámù 형 저리다, 무감각하다

4급 知识 zhīshi 명 지식

명 지식
通过学习，获取知识
학습을 통해 지식을 얻다

获取 huòqǔ 동 얻다, 획득하다

6급 知足常乐 zhīzú-chánglè 성 만족을 알면 항상 즐겁다

성 만족을 알면 항상 즐겁다
要想幸福其实很简单，知足常乐就可以
행복해지는 것은 사실 간단한데 만족할 줄 알고 즐거우면 된다

4급 幸福 xìngfú 명 행복

6급 脂肪 zhīfáng 명 지방

명 지방
要减肥，就要燃烧脂肪
다이어트를 하려면 지방을 연소해야 한다

4급 减肥 jiǎnféi 동 체중을 감량하다,
다이어트를 하다
5급 燃烧 ránshāo 동 연소하다, 불에 타다

6급 执行 zhíxíng 동 집행하다, 실행하다

동 집행하다, 실행하다

我们要严格**执行**各项规定
우리는 각종 규정을 엄격하게 집행해야 한다

他们正在**执行**一项任务
그들은 임무 하나를 수행하는 중이다

- 4급 严格 yángé 형 엄격하다
- 4급 规定 guīdìng 명 규정, 규칙
- 4급 任务 rènwù 명 임무, 사명

5급 执照 zhízhào 명 면허증, 허가증, 증서

명 면허증, 허가증, 증서

他今天终于拿到驾驶**执照**了
그는 오늘 마침내 운전 면허증을 땄다

- 5급 驾驶 jiàshǐ 동 운전하다, 조종하다

6급 执着 zhízhuó 형 집착하다, 고집스럽다

형 집착하다, 고집스럽다

有些人过于**执着**于自己的想法
어떤 사람들은 지나치게 자기 생각에 집착한다

成功的秘诀在于对目标的**执着**追求
성공의 비결은 목표에 대해 고집스럽게 추구하는 데 있다

- 6급 过于 guòyú 부 너무, 지나치게
- 秘诀 mìjué 명 비결, 요령
- 5급 追求 zhuīqiú 동 추구하다

5급 直 zhí 형 곧다 형 수직의, 세로의

형 곧다

你把它拉**直**了
네가 그걸 당겨서 곧게 펴라

형 수직의, 세로의 [반의어] 横 héng [6급]

不要横着写，要**直**着写
가로로 쓰지 말고 세로로 써라

- 4급 拉 lā 동 당기다, 끌다, 끌어당기다

역순 어휘
垂**直** chuízhí 简**直** jiǎnzhí 一**直** yìzhí

6급 直播 zhíbō 동 생방송하다, 생중계하다

동 생방송하다, 생중계하다

中央电视台现场**直播**了这场比赛
중국 중앙 텔레비전(CCTV)에서 이 경기를 현장 생중계했다

- 6급 现场 xiànchǎng 명 현장

4급 直接 zhíjiē 형 직접적이다

형 직접적이다 [반의어] 间接 jiànjiē [6급]

这与事故没有**直接**因果关系
이것은 사고와 직접적인 인과 관계가 없다

因果 yīnguǒ 명 인과, 원인과 결과

6급 直径 zhíjìng 명 직경, 지름

명 직경, 지름

帮我测量一下这个圆形餐桌的**直径**
제 대신 이 원형 식탁의 지름을 좀 측량해 주세요

- 6급 测量 cèliáng 동 측량하다
- 圆形 yuánxíng 명 원형
- 餐桌 cānzhuō 명 식탁

Z

6급 侄子 zhízi 몡 조카, 친척이나 친구의 아들

몡 조카, 친척이나 친구의 아들
她带着侄子和侄女出门游玩了
그녀는 조카와 조카딸을 데리고 밖에 놀러 나갔다

侄女 zhínǚ 몡 질녀, 조카딸
游玩 yóuwán 동 놀며 즐기다

6급 值班 zhí//bān 동 당직하다, 당번하다

동 당직하다, 당번하다
春节期间，我们五个人轮流值班七天
설날 동안 우리 다섯 사람이 교대로 7일간 당직을 선다

5급 轮流 lúnliú 동 순서대로 …하다,
교대로 …하다

4급 值得 zhí//dé 형 …할 가치가 있다, …할 만하다

형 …할 가치가 있다, …할 만하다
这家服装店的衣服物美价廉，值得买
이 옷 가게는 옷이 좋고 가격도 싸서 살 만하다

6급 物美价廉 wùměi-jiàlián
젱 상품의 질도 좋고 값도 싸다

6급 职能 zhínéng 몡 직능, 직무 능력

몡 직능, 직무 능력
强化监督职能
감독 기능을 강화하다
转变政府职能
정부의 기능을 일신하다

监督 jiāndū 몡 감독
5급 转变 zhuǎnbiàn 동 바꾸다, 전환하다

6급 职位 zhíwèi 몡 직위

몡 직위
职位有高低，职业无贵贱
직위에는 고하가 있지만 직업에는 귀천이 없다

贵贱 guìjiàn 몡 귀천, 귀함과 천함

6급 职务 zhíwù 몡 직무

몡 직무
他将继续担任市长职务
그는 계속 시장 직무를 맡을 것이다

5급 担任 dānrèn 동 맡다, 담당하다

4급 职业 zhíyè 몡 직업 형 직업적인, 프로의, 전문의

몡 직업
职业培训学校 직업 훈련 학교
你现在从事什么职业?
지금 어떤 직업에 종사하고 있습니까?

형 직업적인, 프로의, 전문의
他是一名职业高尔夫球选手
그는 프로 골프 선수이다

5급 从事 cóngshì 동 종사하다, 참여하다
高尔夫球 gāo'ěrfūqiú 몡 골프

4급 植物 zhíwù 명 식물

명 식물

植物生长需要阳光、水分和空气
식물 생장에는 햇빛, 수분, 그리고 공기가 필요하다

| 5급 生长 shēngzhǎng 동 생장하다

6급 殖民地 zhímíndì 명 식민지

명 식민지

殖民地人民为争取独立进行了解放斗争
식민지 국민들은 독립을 쟁취하기 위해 해방 투쟁을 벌였다

| 5급 独立 dúlì 형 독립적이다, 독자적이다
| 6급 解放 jiěfàng 동 해방하다
| 6급 斗争 dòuzhēng 동 투쟁하다, 분투하다

3급 只 zhǐ 부 단지, 다만, 오직, 겨우

부 단지, 다만, 오직, 겨우

我只有一个女儿
나는 딸만 하나 있다

年龄只是一个数字而已
나이는 단지 숫자에 불과하다

每天早上只吃一个鸡蛋
매일 아침 달걀 하나만 먹는다

| 6급 而已 éryǐ 조 …일 뿐이다, …일 따름이다
| 2급 鸡蛋 jīdàn 명 달걀

● 只 zhī [2급] 참조

4급 只好 zhǐhǎo 부 부득이, 어쩔 수 없이, 할 수 없이

부 부득이, 어쩔 수 없이, 할 수 없이

今天爸妈都不在家，他只好饿肚子了
오늘 부모님이 모두 집에 안 계셔서 그는 어쩔 수 없이 굶었다

找不到解决的方法，我只好放弃了
해결 방법을 찾지 못해서 나는 부득이 포기했다

饿肚子 è dùzi 굶다, 굶주리다
| 4급 放弃 fàngqì 동 버리다, 포기하다

4급 只要 zhǐyào 연 …하기만 하면, 만일 …이라면

연 …하기만 하면, 만일 …이라면

只要坚持锻炼，身体就会逐渐强壮起来
꾸준히 단련을 한다면 몸은 점점 건강해질 것이다

只要是合理的要求，妈妈都会满足我
합리적인 요구라면 엄마는 내 말을 다 들어주셨다

强壮 qiángzhuàng 형 건강하다, 힘이 세다
| 3급 要求 yāoqiú 명 요구

tip 주로 就 jiù 등과 함께 쓰여 충분조건을 나타낸다

3급 只有…才… zhǐyǒu…cái… 오직 …해야만 …한다

오직 …해야만 …한다

你只有努力，才能获得好的结果
너는 노력해야만 좋은 성과를 얻을 수 있다

| 3급 努力 nǔlì 동 노력하다
| 4급 获得 huòdé 동 얻다, 획득하다
| 4급 结果 jiéguǒ 명 결과, 결실, 성과

Z

4급 指 zhǐ 명 손가락 동 가리키다, 지적하다

명 손가락
她左手无名指上戴着戒指
그녀는 왼손 넷째손가락에 반지를 끼고 있다

동 가리키다, 지적하다
他指了指沙发，示意我坐下
그는 나에게 앉으라며 소파를 가리켰다

公共场所指的是哪些地方？
공공장소는 어떤 곳을 가리키는가?

无名指 wúmíngzhǐ 명 넷째손가락
5급 戒指 jièzhi 명 반지
4급 沙发 shāfā 명 소파

역순 어휘
手指 shǒuzhǐ

6급 指标 zhǐbiāo 명 지표, 목표

명 지표, 목표
体重一旦超过健康指标，各种疾病都会随之而来
체중이 일단 건강 지표를 초과하면 각종 질병이 따라 온다
农民收入的增加是衡量小康水平的一个重要指标
농민 소득의 증가는 중산층의 생활 수준을 가늠하는 중요 지표이다

6급 疾病 jíbìng 명 질병, 질환, 병
衡量 héngliáng 동 평가하다, 헤아리다
小康 xiǎokāng 명 중산층 수준의 생활 형편, 중간 수준의 경제 상황
3급 水平 shuǐpíng 명 수준

5급 指导 zhǐdǎo 동 지도하다, 가르치다

동 지도하다, 가르치다
老师指导学生参加大学生竞赛
선생님은 학생들이 대학생 경연에 참가하도록 지도한다

这种药要在医生的指导下服用
이 약은 의사의 지도하에 복용해야 한다

3급 参加 cānjiā 동 참가하다, 참여하다
6급 竞赛 jìngsài 동 시합하다, 경쟁하다
服用 fúyòng 동 복용하다

6급 指定 zhǐdìng 동 지정하다

동 (인선, 시간, 장소 등을) 지정하다
请大家在指定地点集合
모두 지정된 장소에 집합하세요
校领导指定他主持本届学术会议
학교 지도부는 그를 지정해 이번 회 학술 회의를 주관하도록 했다

5급 集合 jíhé 동 모이다, 집합하다
5급 主持 zhǔchí 동 주관하다, 진행하다

5급 指挥 zhǐhuī 동 지휘하다 명 지휘자, 지휘관

동 지휘하다
军人必须服从命令，听从指挥
군인은 반드시 명령에 복종하고 지휘에 따라야 한다
在他的指挥下，我们顺利完成了任务
그의 지휘 하에 우리는 순조롭게 임무를 완성했다

명 지휘자, 지휘관
他是这次比赛的总指挥
그는 이번 경기의 총지휘관이다

6급 服从 fúcóng 동 따르다, 복종하다, 순종하다
5급 命令 mìnglìng 명 명령
听从 tīngcóng 동 따르다, 순종하다

6급 指甲 zhǐjiǎ 명 손톱

명 손톱
他被小猫的**指甲**划伤了
그는 고양이의 손톱에 긁혀서 다쳤다

划 huá 동 베다, 긋다, 가르다

6급 指令 zhǐlìng 동 지시하다, 명령하다 명 지시, 명령

동 지시하다, 명령하다
教官**指令**我们围着操场跑十圈
교관은 우리에게 운동장 주위를 열 바퀴 뛰라고 지시했다

명 지시, 명령
上级向他传达了**指令**
상사는 그에게 지시를 전달했다

教官 jiàoguān 명 교관
5급 操场 cāochǎng 명 운동장, 연병장
6급 上级 shàngjí 명 상급 기관, 상사
6급 传达 chuándá 동 전달하다

6급 指南针 zhǐnánzhēn 명 나침반

명 나침반
在森林中没有**指南针**很容易迷失方向
숲에서 나침반이 없으면 방향을 잃기 쉽다

4급 森林 sēnlín 명 삼림, 산림, 숲
迷失 míshī 동 잃다, 헤매다
4급 方向 fāngxiàng 명 방향, 방위

6급 指示 zhǐshì 동 지시하다 명 지시

동 지시하다
领导**指示**一定要把这件事情处理好
지도자는 이 일을 반드시 잘 처리하라고 지시했다

명 지시
他经常忽略上级的**指示**
그는 상사의 지시를 자주 등한시한다

2급 事情 shìqing 명 일, 업무, 사건, 사고
6급 忽略 hūlüè 동 소홀히 하다, 등한시하다

6급 指望 zhǐwàng 동 기대하다, 바라다 명 기대, 희망

동 기대하다, 바라다
别**指望**她对你有什么帮助
그녀가 네게 무슨 도움이 될 것이라고 기대하지 마라

명 기대, 희망
难道他完全没有**指望**了吗?
설마 그는 완전히 희망이 없다는 말이냐?

4급 难道 nándào 부 설마 …이겠는가,
그러면 …인가

6급 指责 zhǐzé 동 질책하다, 비난하다, 꾸짖다

동 질책하다, 비난하다, 꾸짖다
受到民众的**指责** 민중의 질책을 받다
很多人都**指责**他没有责任心
많은 사람들이 모두 그가 책임감이 없다고 비난했다
她只知道**指责**别人，从来不会反省自己
그녀는 남을 비난할 줄만 알지 지금까지 자기 반성은 할 줄 모른다

民众 mínzhòng 명 민중
责任心 zérènxīn 명 책임감
反省 fǎnxǐng 동 반성하다

Z

5급 至今 zhìjīn 🕮 지금까지, 이제까지, 오늘날까지

🕮 **지금까지, 이제까지, 오늘날까지**
我们初次相遇的场面，**至今**仍历历在目
우리가 처음 서로 만나던 장면이 지금까지도 여전히 눈에 선하다

仍 réng 🕮 아직도, 여전히
历历在目 lìlì-zàimù 🕮 눈앞에 선하다

4급 至少 zhìshǎo 🕮 최소한, 적어도

🕮 **최소한, 적어도**
他们举办婚礼**至少**花了二十万
그들은 결혼식을 하는 데 최소한 20만 위안을 썼다

她每个星期**至少**给父母打一次电话
그녀는 매주 적어도 한 번은 부모님께 전화를 한다

4급 举办 jǔbàn 🕮 거행하다, 개최하다
5급 婚礼 hūnlǐ 🕮 혼례, 결혼식

5급 至于 zhìyú 🕮 …에 이르다, …에까지 도달하다 🕮 …에 관하여, …에 대해서

🕮 **…에 이르다, …에까지 도달하다 (주로 부정문이나 반어문에 쓰임)**
如果年轻的时候努力一些，你**至于**落到这地步
吗？ 만일 젊었을 때 조금 더 노력했더라면 네가 이 지경까지 됐겠어?

🕮 **…에 관하여, …에 대해서**
她精通好几种语言，**至于**英语更不在话下
그녀는 여러 언어에 능통하며 영어에 관해서는 말할 것도 없다

6급 地步 dìbù 🕮 상태, 지경, 상황
6급 精通 jīngtōng 🕮 정통하다, 깊이 알다
不在话下 bùzài-huàxià
🕮 거론할 만한 가치가 없다, 말할 필요도 없다

6급 志气 zhìqì 🕮 기개, 패기

🕮 **기개, 패기**
老师教导我们要做一个有**志气**的人
선생님은 우리에게 기개가 있는 사람이 되어야 한다고 가르치셨다

教导 jiàodǎo 🕮 가르치고 지도하다

5급 志愿者 zhìyuànzhě 🕮 지원자, 자원봉사자

🕮 **지원자, 자원봉사자**
志愿者们将进行为期三天的培训
지원자들은 3일간의 교육을 받게 된다

一名**志愿者**向灾民分发救灾物品
자원봉사자 한 명이 이재민에게 구호 물품을 나눠 주다

5급 培训 péixùn 🕮 훈련하다, 양성하다
分发 fēnfā 🕮 분배하다, 할당하다
救灾 jiùzāi 🕮 이재민을 구제하다, 재난을 없애다
物品 wùpǐn 🕮 물품, 물건

6급 制裁 zhìcái 🕮 제재하다, 제한하고 처벌하다

🕮 **제재하다, 제한하고 처벌하다**
他平时坏事做得多，终于受到了法律的**制裁**
그는 평소에 나쁜 짓을 일삼더니 결국 법의 제재를 받았다

采取经济**制裁**的措施
경제 제재라는 조치를 취하다

作恶多端 zuò'è-duōduān
🕮 온갖 악행을 저지르다
5급 采取 cǎiqǔ 🕮 취하다, 채택하다
5급 措施 cuòshī 🕮 조치, 대책

制订 zhìdìng 〔동〕 초안을 제정하다, 초안을 잡다, 입안하다

〔동〕 초안을 제정하다, 초안을 잡다, 입안하다
公司制订了未来五年的发展规划
회사는 향후 5년의 발전 계획을 입안했다

| 5급 | 未来 wèilái 〔명〕 미래
| 6급 | 规划 guīhuà 〔명〕 계획

5급 制定 zhìdìng 〔동〕 제정하다, 세우다

〔동〕 제정하다, 세우다
这个计划是他经过深思熟虑后制定出来的
이 계획은 그가 심사숙고하여 세운 것이다
事实证明，国家制定的政策是正确的
국가가 제정한 정책이 정확했음이 사실로 증명되었다

深思熟虑 shēnsī-shúlǜ 〔성〕 심사숙고, 깊이 생각하여 주도면밀히 계획하다

5급 制度 zhìdù 〔명〕 제도, 규칙

〔명〕 제도, 규칙
完善法律制度 법률 제도를 개선하다
健全教育制度 교육 제도를 완비하다

| 5급 | 完善 wánshàn 〔동〕 완벽하게 하다, 개선하다
| 6급 | 健全 jiànquán 〔동〕 완비하다

6급 制服 zhìfú 〔동〕 복종시키다, 제압하다 〔명〕 제복, 유니폼

〔동〕 (zhì//fú) 복종시키다, 제압하다
警察制服了那个歹徒
경찰이 그 악당을 제압했다
如果想要制服对方，就要先了解对方的弱点
상대를 제압하려면 먼저 상대의 약점을 알아야 한다
〔명〕 제복, 유니폼
他穿的制服很好看
그가 입은 제복은 아주 근사하다

| 6급 | 歹徒 dǎitú 〔명〕 악당
| 5급 | 对方 duìfāng 〔명〕 상대방
| 6급 | 弱点 ruòdiǎn 〔명〕 약점, 단점

6급 制约 zhìyuē 〔동〕 제약하다, 제한하다

〔동〕 제약하다, 제한하다
任何人都应当受到法律法规的制约
누구든지 모두 법률, 법규의 제약을 받아야 한다

应当 yīngdāng 〔동〕 반드시 …해야 한다
法规 fǎguī 〔명〕 법규

5급 制造 zhìzào 〔동〕 제조하다, 만들다 〔동〕 조성하다, 조장하다

〔동〕 제조하다, 만들다
制造家具 가구를 제조하다
这款名牌包是在中国制造的
이 명품 가방은 중국에서 만든 것이다
〔동〕 (나쁜 분위기를) 조성하다/조장하다
制造舆论 여론을 조성하다
你不要在我和他之间制造矛盾
너는 나와 그 사이에 갈등을 조장하지 마라

| 5급 | 名牌 míngpái 〔명〕 유명 상표, 유명 브랜드, 명품
| 6급 | 舆论 yúlùn 〔명〕 여론
| 5급 | 矛盾 máodùn 〔명〕 갈등, 대립

Z

6급 制止 zhìzhǐ 통 제지하다, 저지하다, 방지하다

통 제지하다, 저지하다, 방지하다
对贪污腐败的行为，政府应该坚决制止
횡령과 부패 행위에 대해서 정부는 단호하게 제지해야 한다

6급 贪污 tānwū 통 횡령하다	
6급 腐败 fǔbài 통 부패하다, 타락하다, 문란하다	
5급 坚决 jiānjué 형 결연하다, 단호하다	

5급 制作 zhìzuò 통 만들다, 제작하다

통 만들다, 제작하다
他制作的手工艺品十分逼真
그가 만든 수공예품은 진짜와 매우 비슷하다

公司经营范围包括电影和影视节目制作
회사 경영 범위는 영화와 영상 프로그램 제작을 포함한다

手工艺品 shǒugōngyìpǐn 명 수공예품
逼真 bīzhēn 형 진짜와 매우 비슷하다
5급 范围 fànwéi 명 범위

4급 质量 zhìliàng 명 품질, 질

명 품질, 질
产品质量不合格 제품 품질 불합격
厂家不能只顾追求数量，更要追求质量
제조업체는 수량만 추구하면 안 되고 품질을 더욱 추구해야 한다

4급 合格 hégé 형 합격이다, 기준에 맞다, 규격에 맞다
只顾 zhǐgù 오직 …만 생각하다
5급 追求 zhuīqiú 통 추구하다

6급 治安 zhì'ān 명 치안

명 치안
警察的责任主要是维护社会治安
경찰의 책임은 주로 사회 치안을 지키는 것이다

6급 维护 wéihù 통 지키다, 보호하다

6급 治理 zhìlǐ 통 통치하다, 다스리다 통 정비하다, 정리하다, 보수하다

통 통치하다, 다스리다
要想把国家治理好，必须任人唯贤
국가를 잘 통치하려면 유능한 사람을 임용해야 한다

통 정비하다, 정리하다, 보수하다
治理黄河，以防洪水泛滥成灾
황허를 정비하여 홍수와 범람으로 입는 피해를 막다

任人唯贤 rènrén-wéixián
성 인품과 재능을 겸비한 인재만 임용하다
泛滥成灾 fànlàn-chéngzāi
성 물이 범람하여 재해가 되다, 악영향을 미치다

5급 治疗 zhìliáo 통 치료하다

통 치료하다
时间是治疗心灵创伤的良药
시간은 마음의 상처를 치료하는 좋은 약이다

由于得到及时治疗，他的病情逐渐平稳下来
제때 치료를 받아서 그의 병세는 점차 안정되었다

6급 心灵 xīnlíng 명 영혼, 마음, 정신
创伤 chuāngshāng 명 상처
平稳 píngwěn 형 안정되다, 차분하다

6급 致辞 zhì // cí 통 연설하다, 인사말을 하다

통 (의식, 집회 등에서) 연설하다/인사말을 하다
他在开幕式上发表了致辞 그는 개막식에서 연설을 했다

5급 开幕式 kāimùshì 명 개막식, 개회식

他在**致辞**中多次提到交流合作的重要性
그는 인사말에서 교류 협력의 중요성을 여러 차례 언급했다

提到 tídào 동 언급하다

6급 致力 zhìlì 동 주력하다, 힘쓰다

동 주력하다, 힘쓰다
他**致力**于慈善事业多年，帮助过无数贫困儿童
그는 몇 년간 자선 사업에 힘써 무수한 빈곤 아동을 도왔다
工会一直**致力**于维护劳动者权益
노동조합은 계속 노동자 권익 보호에 주력해 왔다

6급 慈善 císhàn 형 자선의, 자비로운
5급 无数 wúshù 형 무수하다, 매우 많다
6급 贫困 pínkùn 형 빈곤하다, 궁핍하다
工会 gōnghuì 명 노동조합

6급 致使 zhìshǐ 동 야기하다, 초래하다 연 …을 초래하다, …의 원인이 되다

동 야기하다, 초래하다
一次酒驾**致使**两个家庭支离破碎
음주 운전 한 번으로 두 가정이 산산조각 났다

연 …을 초래하다, …의 원인이 되다
由于聚众示威游行，**致使**疫情再次爆发
많은 사람들이 모여 데모를 해서 전염병이 다시 유행하게 되었다

支离破碎 zhīlí-pòsuì 정 산산조각이 되다
6급 示威 shìwēi 동 시위하다
6급 爆发 bàofā 동 발발하다, 갑자기 발생하다

5급 秩序 zhìxù 명 질서, 순서, 차례

명 질서, 순서, 차례
交通**秩序** 교통질서
扰乱市场**秩序** 시장 질서를 어지럽히다
在公共场合我们要遵守社会**秩序**
공공장소에서 우리는 사회 질서를 준수해야 한다

6급 扰乱 rǎoluàn 동 어지럽히다, 교란하다
公共 gōnggòng 형 공공의, 공용의, 공중의
5급 遵守 zūnshǒu 동 준수하다

5급 智慧 zhìhuì 명 지혜

명 지혜
他是特别聪明、有**智慧**的人
그는 특히 총명하고 지혜가 있는 사람이다
这是集体**智慧**的结晶
이것은 집단 지성의 결정체이다

集体智慧 jítǐ zhìhuì 집단 지성
6급 结晶 jiéjīng 명 결정, 귀한 성과, 소중한 결과

6급 智力 zhìlì 명 지력, 지능

명 지력, 지능
玩拼图游戏可以提高孩子的**智力**水平
퍼즐 놀이는 아이의 지능 수준을 높일 수 있다

拼图 pīntú 명 퍼즐, 조각 그림 맞추기

Z

6급 智能 zhìnéng 명 지능

명 지능
培养幼儿的语言**智能** 유아의 언어 지능을 키우다
该公司致力于开发一款**智能**手机
이 회사는 스마트폰 개발에 주력하고 있다

6급 致力 zhìlì 동 주력하다, 힘쓰다
智能手机 zhìnéng shǒujī 스마트폰

6급 智商 zhìshāng 명 지능 지수, 아이큐(IQ)

명 지능 지수, 아이큐(IQ)

他智商非常高
그는 지능 지수가 매우 높다

在人际交往中，情商绝对比智商重要
사람 사이의 교류에서는 EQ가 IQ보다 절대적으로 중요하다

人际 rénjì 명 사람과 사람 사이
5급 交往 jiāowǎng 동 왕래, 교제, 교류
情商 qíngshāng 명 감성 지수, 이큐(EQ)

6급 滞留 zhìliú 동 체류하다, 머무르다

동 체류하다, 머무르다

因航班突然取消，被迫滞留在机场过夜
항공편이 갑자기 취소되어 부득이하게 공항에 체류하며 밤새우다

4급 航班 hángbān 명 운항 편수, 항공편
被迫 bèipò 동 강요당하다, 부득이 …하다
过夜 guòyè 동 밤새우다, 묵다

6급 中断 zhōngduàn 동 중단하다, 중단되다, 끊기다

동 중단하다, 중단되다, 끊기다

不得不中断学业
어쩔 수 없이 학업을 중단하다

她出国以后，我们的联系就中断了
그녀가 출국한 후 우리는 연락이 끊겼다

学业 xuéyè 명 수업, 학습, 학업
4급 联系 liánxì 동 연계하다, 연락하다

1급 中国 Zhōngguó 명 중국

명 중국

中国有着五千年的悠久历史
중국은 오천 년의 유구한 역사를 가지고 있다

5급 悠久 yōujiǔ 형 유구하다, 장구하다
3급 历史 lìshǐ 명 역사

3급 中间 zhōngjiān 명 중간, 가운데, 사이

명 중간, 가운데, 사이

你站中间就可以了
너는 가운데에 서면 된다

他夹在母亲和妻子中间，左右为难
그는 어머니와 아내 사이에 껴서 이러지도 저러지도 못한다

夹 jiā 동 둘 사이에 끼다
左右为难 zuǒyòu-wéinán
성 진퇴양난, 어떻게 해도 모두 어려움이 있다

5급 中介 zhōngjiè 명 중개, 매개

명 중개, 매개

本合同一式三份，甲乙双方、中介方各执一份
본 계약은 같은 양식 세 통을 갑을 쌍방과 중개인 측이 각 한 통씩 가진다

5급 合同 hétong 명 계약, 약정
5급 双方 shuāngfāng 명 양측, 쌍방

6급 中立 zhōnglì 동 중립하다

동 중립하다

保持中立的立场 중립 입장을 유지하다

6급 立场 lìchǎng 명 입장, 관점

法律是**中立**的仲裁者
법률은 중립적인 중재자이다

仲裁 zhòngcái 동 중재하다

3급 **中文** Zhōngwén 명 중국어, 한자

명 중국어, 한자
这部小说已被翻译成**中文**出版了
이 소설은 이미 중국어로 번역되어 출판되었다

4급 **翻译** fānyì 동 번역하다, 통역하다
5급 **出版** chūbǎn 동 출판하다

1급 **中午** zhōngwǔ 명 정오

명 정오
我**中午**没有时间，下午见面怎么样?
나는 정오에 시간이 없는데, 오후에 만나면 어때?

1급 **下午** xiàwǔ 명 오후

5급 **中心** zhōngxīn 명 중심, 중앙, 가운데 명 핵심, 주요 부분 명 센터

명 중심, 중앙, 가운데
商场就在市**中心**
백화점은 바로 시 중심에 있다

명 핵심, 주요 부분
概括文章的**中心**思想
글의 핵심 사상을 개괄하다

명 센터 (주로 기관 명칭에 쓰임)
购物**中心** 쇼핑센터

5급 **概括** gàikuò 동 개괄하다, 총괄하다, 요약하다
4급 **购物** gòuwù 동 상품을 구매하다, 쇼핑하다

5급 **中旬** zhōngxún 명 중순

명 중순
暑期培训班的课程从6月下旬至8月**中旬**
여름 방학 훈련반 과정은 6월 하순부터 8월 중순까지이다

暑期 shǔqī 명 여름 방학 기간
5급 **课程** kèchéng 명 교과 과정, 커리큘럼
下旬 xiàxún 명 하순

6급 **中央** zhōngyāng 명 중앙, 중심 명 중앙, 최고 기관

명 중앙, 중심
人民英雄纪念碑竖立在天安门广场**中央**
인민 영웅 기념비가 톈안먼 광장 중앙에 우뚝 서 있다

명 (정부, 조직 등의) 중앙/최고 기관
中央气象台发布降温预报
중앙 기상대에서 기온 하강 예보를 발표했다

竖立 shùlì 동 수립하다, 곧게 세우다
气象台 qìxiàngtái 명 기상대
降温 jiàngwēn 동 기온이 내려가다

6급 **忠诚** zhōngchéng 형 충실하다, 충성스럽다

형 충실하다, 충성스럽다
他一向为人**忠诚**老实，办事可靠
그는 늘 충실하고 정직하며 믿음직스럽게 일을 한다

5급 **老实** lǎoshi 형 충실하다, 성실하다, 정직하다
5급 **可靠** kěkào 형 신뢰할 만하다, 믿음직스럽다

Z

6급 忠实 zhōngshí 형 충실하다, 충성스럽고 성실하다 형 진실하다, 사실적이다

형 충실하다, 충성스럽고 성실하다
忠实的朋友 충직한 친구
忠实于原著 원작에 충실하다

형 진실하다, 사실적이다
这部纪录片忠实记录了大熊猫的繁殖过程
이 다큐멘터리는 판다의 번식 과정을 사실적으로 기록했다

原著 yuánzhù 명 원저, 원작
纪录片 jìlùpiàn 명 기록 영화, 다큐멘터리 영화
6급 繁殖 fánzhí 동 번식하다, 생식하다

6급 终点 zhōngdiǎn 명 종점, 결승점

명 종점, 결승점
他竭尽全力跑向终点，取得了冠军
그는 결승점을 향해 전력을 다해 달려 우승을 차지했다
家是我们人生航行的起点和终点
집은 우리 인생 항해의 출발점이자 종점이다

6급 竭尽全力 jiéjìn-quánlì
성 최선을 다하다, 전력을 다하다
6급 航行 hángxíng 동 항행하다
起点 qǐdiǎn 명 기점, 시작점

6급 终究 zhōngjiū 부 결국

부 결국
过程虽然艰辛，但他终究还是熬过来了
과정은 비록 고생스러웠지만 그는 결국 견뎌냈다

艰辛 jiānxīn 형 힘들고 고생스럽다
6급 熬 áo 동 참고 견뎌내다, 간신히 지탱하다

终年 zhōngnián 명 일년 내내 명 향년

명 일년 내내
瀑布终年水流不断
폭포에 일년 내내 물이 끊이지 않는다

명 향년 (세상을 떠난 나이)
终年78岁 향년 78세

水流 shuǐliú 명 수류, 흐르는 물
5급 不断 bùduàn 동 끊임없다

6급 终身 zhōngshēn 명 일평생, 일생

명 일평생, 일생
毕业典礼上老师的一番话，让我终身难忘
졸업식에서 선생님이 하신 말씀을 나는 일평생 잊지 못한다

难忘 nánwàng 동 잊기 어렵다, 잊을 수 없다

3급 终于 zhōngyú 부 드디어, 마침내, 결국

부 드디어, 마침내, 결국
我们终于爬到了山顶
우리는 드디어 산 정상에 도착했다

山顶 shāndǐng 명 산꼭대기, 산 정상

6급 终止 zhōngzhǐ 동 종결하다, 정지하다, 종료하다

동 종결하다, 정지하다, 종료하다
终止合作 협력을 종료하다

6급 合伙 héhuǒ 동 동업하다

现在**终止**合同的话，我们公司的损失会更大
지금 계약을 중단하면 우리 회사의 손실이 더 크다

| 5급 损失 sǔnshī 명 손실 |

钟 zhōng 명 종, 시계 명 시간, 시각

명 종, 시계
闹**钟**响了 알람 시계가 울렸다

명 시간, 시각
一分**钟**是六十秒 1분은 60초이다
正好七点**钟**，一分**钟**不多，一分**钟**也不少
마침 7시 정각으로 1분도 많지 않고 1분도 적지 않다

闹钟 nàozhōng 명 자명종, 알람 시계
4급 正好 zhènghǎo 부 때마침

<u>역순 어휘</u>
分钟 fēnzhōng

6급 衷心 zhōngxīn 형 마음속에서 우러나오는, 충심의

형 마음속에서 우러나오는, 충심의
衷心感谢老师的精心栽培
선생님의 세심한 교육에 진심으로 감사드립니다

6급 精心 jīngxīn 형 정성스럽다, 세심하다
6급 栽培 zāipéi 동 양성하다, 기르다, 교육하다

6급 肿瘤 zhǒngliú 명 종양

명 종양
肿瘤压迫了脑部的神经
종양이 뇌신경을 압박했다

6급 压迫 yāpò 동 압박하다, 억압하다

3급 种 zhǒng 명 씨, 씨앗, 종자 양 종류

명 씨, 씨앗, 종자
春天播**种**，秋天收获
봄에 씨를 뿌리고 가을에 수확하다

양 종류
这**种**裤子最近很流行
이 바지는 최근에 유행이다
由于**种种**原因，她没能继续读书
여러 가지 이유로 그녀는 공부를 계속 하지 못했다

6급 播种 bōzhǒng 동 파종하다, 씨를 뿌리다
5급 收获 shōuhuò 동 수확하다
种种 zhǒngzhǒng 명 여러 가지, 각종

<u>역순 어휘</u>
播种 bōzhǒng 品种 pǐnzhǒng

➋ 种植 zhòngzhí [6급] 참조

5급 种类 zhǒnglèi 명 종류

명 종류
农贸市场的商品**种类**齐全，价格低廉
농산물 시장은 상품이 온갖 종류가 구비되어 있고 가격도 싸다

6급 齐全 qíquán 형 모두 갖추다, 완비하다, 구비하다
低廉 dīlián 형 저렴하다, 값이 싸다

6급 种子 zhǒngzi 명 종자, 씨앗

명 종자, 씨앗
玉米**种子**发芽了
옥수수 종자에서 싹이 났다
播下希望的**种子** 희망의 씨앗을 뿌리다

发芽 fāyá 동 발아하다, 싹이 돋다
播 bō 동 파종하다, 씨앗을 뿌리다

Z

6급 种族 zhǒngzú 명 인종, 종족

명 인종, 종족
努力解决种族歧视问题
인종 차별 문제 해결을 위해 노력하다

6급 歧视 qíshì 동 차별하다, 얕보다, 무시하다

6급 众所周知 zhòngsuǒzhōuzhī 성 여러 사람이 두루 알다, 일반적으로 모두 알다

성 여러 사람이 두루 알다, 일반적으로 모두 알다
众所周知，抽烟有害健康
모두가 알다시피 흡연은 건강에 해롭다

有害 yǒuhài 형 유해하다, 해롭다

6급 种植 zhòngzhí 동 재배하다, 심다

동 재배하다, 심다
奶奶在院子里种植了好几种蔬菜
할머니는 정원에 여러 종류의 채소를 심으셨다

院子 yuànzi 명 정원, 뜰

tip 여기에서는 种을 zhǒng으로 읽지 않는다

4급 重 zhòng 형 무겁다 형 중요하다 형 중하다, 심하다, 깊다

형 무겁다 [반의어] 轻 qīng [4급]
这椅子太重了 이 의자는 너무 무겁다
你多重? 너는 체중이 얼마나 나가니?

형 중요하다
学生要以学业为重
학생은 학업을 중요하게 여겨야 한다

형 (정도가) 중하다/심하다/깊다
病情越来越重 병세가 갈수록 심해진다
颜色太重 색깔이 너무 진하다

역순 어휘
保重 bǎozhòng　　比重 bǐzhòng
沉重 chénzhòng
举足轻重 jǔzú-qīngzhòng
隆重 lóngzhòng　　慎重 shènzhòng
严重 yánzhòng　　郑重 zhèngzhòng
注重 zhùzhòng　　庄重 zhuāngzhòng
着重 zhuózhòng　　尊重 zūnzhòng

○ 重 chóng [4급] 참조

5급 重大 zhòngdà 형 중대하다, 막중하다

형 중대하다, 막중하다
取得重大突破
중대한 돌파를 이루다
我们面临着一个重大的任务
우리는 막중한 임무에 직면해 있다

6급 突破 tūpò 동 깨다, 돌파하다
5급 面临 miànlín 동 직면하다, 당면하다
4급 任务 rènwù 명 임무, 사명

4급 重点 zhòngdiǎn 명 중점, 핵심, 포인트 부 중점적으로

명 중점, 핵심, 포인트
突出重点 중점을 부각시키다
他听了半天，也没弄清重点是什么
그는 한참을 듣고도 핵심이 무엇인지 파악하지 못했다

부 중점적으로
重点发展新兴技术产业
신흥 기술 산업을 중점적으로 발전시키다

5급 突出 tūchū 동 부각시키다, 돋보이게 하다
弄清 nòngqīng 동 명확하게 하다
新兴 xīnxīng 형 신흥의, 급성장하는

5급 重量 zhòngliàng 명 중량, 무게

명 중량, 무게
国际运费是根据货物的**重量**和体积来收取的
국제 운임은 화물의 중량과 부피에 따라 징수한다

运费 yùnfèi 명 운임, 운송료
6급 体积 tǐjī 명 체적, 부피
收取 shōuqǔ 수납하다, 받다

4급 重视 zhòngshì 동 중시하다, 중요하게 여기다

동 중시하다, 중요하게 여기다
我们一直以来高度**重视**新产品的研发
우리는 그동안 신제품의 연구 개발을 매우 중시해 왔다

高度 gāodù 형 (정도가) 높은, 고도의
研发 yánfā 동 연구 개발하다

6급 重心 zhòngxīn 명 중심, 무게 중심 명 중심, 핵심

명 중심, 무게 중심
她没把握好**重心**，身体失去平衡，摔倒了
그녀는 중심을 잡지 못하고 몸이 균형을 잃어서 넘어졌다

명 중심, 핵심
年龄阶段不同，生活的**重心**也不同
연령대가 다르면 생활의 중심도 다르다

5급 把握 bǎwò 동 쥐다, 장악하다, 잡다
5급 平衡 pínghéng 명 균형, 평형
5급 摔倒 shuāidǎo 동 넘어지다, 쓰러지다, 자빠지다

3급 重要 zhòngyào 형 중요하다

형 중요하다
参加**重要**的国际会议
중요한 국제회의에 참석하다
良好的生活习惯对我们来说很**重要**
좋은 생활 습관은 우리에게 아주 중요하다

4급 国际 guójì 명 국제의, 국제적인
3급 习惯 xíguàn 명 습관, 관습

6급 舟 zhōu 명 배

명 배
希望大家要同**舟**共济、共渡难关
모두가 단합하여 난관을 극복하기를 바랍니다

同舟共济 tóngzhōu-gòngjì
생 배 하나로 함께 강을 건너다, 서로 단합하여 어려움을 극복하다

6급 州 zhōu 명 주, 자치주

명 주, 자치주
自治**州**是中国行政区划之一
자치주는 중국 행정 구획의 하나이다
朝鲜族自治**州** 조선족 자치주

行政区划 xíngzhèng qūhuà
행정 구획, 행정 구역

6급 周边 zhōubiān 명 주위, 주변

명 주위, 주변
和**周边**国家保持密切经济往来
주변 국가와 밀접한 경제 교류를 유지하다

5급 密切 mìqiè 형 밀접하다, 긴밀하다
往来 wǎnglái 동 교제하다, 왕래하다

Z

5급 周到 zhōudào 형 주도면밀하다, 꼼꼼하다, 세심하다

형 **주도면밀하다, 꼼꼼하다, 세심하다**
这家酒店的服务特别**周到**
이 호텔은 서비스가 매우 세심하다

她想得特别**周到**，连零食都准备好了
그녀는 생각하는 게 매우 꼼꼼해서 간식도 다 준비했다

服务 fúwù 봉사하다, 서비스하다
5급 零食 língshí 명 간식, 군음식

6급 周密 zhōumì 형 주도면밀하다, 치밀하다, 세밀하다, 빈틈없다

형 **주도면밀하다, 치밀하다, 세밀하다, 빈틈없다**
计划十分**周密** 계획이 매우 치밀하다
没有经过**周密**的调查研究，就贸然下结论
세밀한 조사 연구를 거치지 않고 경솔하게 결론을 내리다

4급 调查 diàochá 동 조사하다
贸然 màorán 부 경솔하게, 무모하게

3급 周末 zhōumò 명 주말

명 **주말**
周末愉快 주말 잘 보내세요
这个**周末**有个重要的会议
이번 주말에 중요한 회의가 있다

3급 重要 zhòngyào 형 중요하다

6급 周年 zhōunián 명 주년

명 **주년**
为了纪念毕业五周**年**，同学们在欢聚一堂
졸업 5주년을 기념하기 위해 동창들이 한자리에 모였다

5급 纪念 jìniàn 동 기념하다
欢聚一堂 huānjù-yītáng
성 즐겁게 한자리에 모이다

6급 周期 zhōuqī 명 주기

명 **주기**
缩短产品生产**周期**
제품 생산 주기를 단축하다
笔记本电脑的使用**周期**一般是三到五年
노트북의 사용 주기는 일반적으로 3년에서 5년이다

5급 缩短 suōduǎn 동 단축하다
4급 使用 shǐyòng 동 사용하다

4급 周围 zhōuwéi 명 주위, 주변

명 **주위, 주변**
周围的环境很安静
주위 환경이 조용하다

3급 环境 huánjìng 명 환경
3급 安静 ānjìng 형 조용하다, 고요하다

6급 周折 zhōuzhé 명 우여곡절

명 **우여곡절**
经过几番**周折**，她终于到达了目的地
몇 번의 우여곡절을 겪고 그는 마침내 목적지에 도착했다

3급 经过 jīngguò 동 통하다, 겪다, 경험하다
6급 番 fān 양 번, 회
目的地 mùdìdì 명 목적지

6급 周转 zhōuzhuǎn 图 회전하다, 운용하다, 유통하다

图 (자금, 물품 등을) 회전하다/운용하다/유통하다
为了周转资金，他多次向银行贷款
자금 회전을 위해 그는 몇 차례 은행에서 대출을 받았다

5급 贷款 dàikuǎn 图 대부금, 대출금

6급 粥 zhōu 图 죽

图 죽
胃不舒服的时候，喝点粥，确实能舒缓一些
위가 아플 때 죽을 먹으면 확실히 좀 덜 아프다

5급 胃 wèi 图 위, 위장
舒缓 shūhuǎn 图 편하게 하다, 경감시키다

6급 昼夜 zhòuyè 图 낮과 밤, 주야

图 낮과 밤, 주야
不分昼夜地工作 밤낮을 가리지 않고 일하다
最近昼夜温差比较大
최근에 낮과 밤의 온도차가 비교적 크다

温差 wēnchā 图 온도 차이, 일교차

6급 皱纹 zhòuwén 图 주름

图 주름
额头上一道道的皱纹显得她很苍老
이마에 있는 주름 한 줄 때문에 그녀는 늙어 보인다

额头 étóu 图 이마
苍老 cānglǎo 图 노쇠하다, 늙다

6급 株 zhū 图 그루

图 그루 (나무를 세는 단위)
门口种着两株枣树
입구에 대추나무 두 그루가 심겨 있다

种 zhòng 图 심다, 뿌리다, 기르다
枣树 zǎoshù 图 대추나무

6급 诸位 zhūwèi 圈 여러분

圈 여러분
望诸位多多包涵 널리 여러분의 양해를 바랍니다
能与诸位一起参加此会，我深感荣幸
여러분과 함께 이 모임에 참가하게 되어 저는 매우 영광입니다

包涵 bāohan 图 용서를 청하다,
양해를 구하다
6급 荣幸 róngxìng 图 영광스럽다, 운이 좋다

5급 猪 zhū 图 돼지

图 돼지
有一位农民养了几头猪 한 농민이 돼지 몇 마리를 키웠다

5급 农民 nóngmín 图 농민
头 tóu 图 마리

5급 竹子 zhúzi 图 대나무

图 대나무
一提到竹子，我就会想到大熊猫
대나무를 언급하면 나는 바로 판다가 생각난다

大熊猫 dàxióngmāo 图 판다

Z

5급 逐步 zhúbù 🕮 차차, 차츰차츰, 한 걸음 한 걸음

🕮 차차, 차츰차츰, 한 걸음 한 걸음
逐步缩小城乡差距
도시와 농촌의 격차를 점차 줄이다

缩小 suōxiǎo 图 축소하다, 줄이다
5급 差距 chājù 圄 격차, 차이

5급 逐渐 zhújiàn 🕮 차츰, 점차

🕮 차츰, 점차
改变饮食习惯以后，她的体重**逐渐**减少
식습관을 바꾼 이후 그녀의 체중이 점차 감소했다

4급 改变 gǎibiàn 图 변하다, 바뀌다
4급 减少 jiǎnshǎo 图 감소하다, 줄이다

6급 逐年 zhúnián 🕮 일년마다, 해마다, 매년

🕮 일년마다, 해마다, 매년
工人工资**逐年**递增
노동자의 임금이 매년 늘어나다

6급 递增 dìzēng 图 점차 증가하다,
점차 늘어나다

6급 主办 zhǔbàn 🕮 주최하다, 책임지고 맡다

🕮 주최하다, 책임지고 맡다
这次展览会由我们单位**主办**
이번 전시회는 우리 부서에서 맡는다

展览会 zhǎnlǎnhuì 圄 전람회

5급 主持 zhǔchí 图 주관하다, 진행하다

图 주관하다, 진행하다
他们共同**主持**一个综艺节目
그들은 예능 프로그램을 공동으로 진행한다

综艺 zōngyì 圄 종합 예능, 버라이어티
3급 节目 jiémù 圄 프로그램, 항목, 레퍼토리

6급 主导 zhǔdǎo 图 주도하다 圃 주도적인, 주도하는 圄 주도, 주역

图 주도하다
这项建设工程由政府**主导**
이 건설 프로젝트는 정부에서 주도한다

工程 gōngchéng 圄 공정, 프로젝트
6급 占据 zhànjù 图 점거하다, 차지하다

圃 주도적인, 주도하는
这家公司在广告市场上占据着**主导**地位
이 회사는 광고 시장에서 주도적인 위치를 차지하고 있다

圄 주도, 주역

5급 主动 zhǔdòng 圃 자발적이다, 능동적이다, 주도적이다

圃 자발적이다, 능동적이다, 주도적이다 [반의어] 被动 bèidòng [6급]
凡事**主动**出击
모든 일에 적극적으로 공세를 취하다

她**主动**把座位让给了一位孕妇
그녀는 자발적으로 임신부에게 자리를 양보했다

凡事 fánshì 圄 범사, 매사, 모든 일
出击 chūjī 图 출격하다, 공격하다
4급 座位 zuòwèi 圄 좌석, 자리
孕妇 yùnfù 圄 임부, 임신부

5급 主观 zhǔguān 명 주관 형 주관적이다

명 **주관** 반의어 客观 kèguān 5급
在做决定之前，一定要考虑**主观**和客观条件
결정을 내리기 전에 주관 조건과 객관 조건을 반드시 고려해야 한다

형 **주관적이다** 반의어 客观 kèguān 5급
你的想法太**主观**了 네 의견은 너무 주관적이다

想法 xiǎngfa 명 생각, 의견

6급 主管 zhǔguǎn 동 주관하다 명 주관자, 책임자

동 **주관하다**
她**主管**公司的财务 그녀는 회사의 재무를 주관한다

명 **주관자, 책임자**
谁是这部门的高级**主管**?
누가 이 부서의 상급 책임자인가?

6급 财务 cáiwù 명 재무, 재정 관련 업무
5급 部门 bùmén 명 부, 부문, 부서
5급 高级 gāojí 형 상급의, 상위의, 고위의

6급 主流 zhǔliú 명 주류, 주요 방향, 주요 추세

명 **주류, 주요 방향, 주요 추세**
这就是如今的**主流**思想
이것이 바로 현재의 주류 사상이다

和平与发展是当今世界的两大**主流**
평화와 발전이 현재 세계의 양대 주류이다

5급 如今 rújīn 명 지금, 현재
5급 和平 hépíng 명 평화
当今 dāngjīn 명 현재, 지금

6급 主权 zhǔquán 명 주권

명 **주권**
任何国家的领土和**主权**都不容侵犯
어느 나라든 영토와 주권은 모두 침범할 수 없다

6급 领土 lǐngtǔ 명 영토
不容 bùróng 동 허용하지 않다
6급 侵犯 qīnfàn 동 침범하다, 침해하다

5급 主人 zhǔrén 명 주인

명 **주인**
主人特别热情地招待了我们
주인은 우리를 매우 따뜻하게 대접했다

3급 热情 rèqíng 형 열정적이다, 마음이 따뜻하다
5급 招待 zhāodài 동 초대하다, 접대하다

5급 主任 zhǔrèn 명 주임

명 **주임**
来单位十年了，她终于熬成了**主任**
부서에 온 지 10년이 되어 그녀는 마침내 주임이 되었다

5급 单位 dānwèi 명 기관, 단체, 부문, 부서
熬成 áochéng 동 고생해서 결과를 얻다

Z

5급 主题 zhǔtí 명 주제

명 **주제**
这次会议的**主题**是什么? 이번 회의의 주제는 무엇입니까?
她的作品大多以爱情为**主题**
그녀의 작품은 대부분 사랑을 주제로 한다

5급 作品 zuòpǐn 명 작품
大多 dàduō 부 대부분, 거의

5급 主席 zhǔxí 명 의장, 주석

명 의장, 주석
他被推选为学生会主席
그는 학생회 의장으로 추천 선발되었다

推选 tuīxuǎn 동 추천하여 선발하다

3급 主要 zhǔyào 형 주요한, 주된, 결정적인

형 주요한, 주된, 결정적인 반의어 次要 cìyào [5급]
这款手机的主要优点是什么?
이 핸드폰의 주된 장점은 무엇입니까?

4급 优点 yōudiǎn 명 장점

6급 主义 zhǔyì 명 주의

명 주의
素食主义越来越盛行 채식주의가 갈수록 유행하다

素食主义 sùshí zhǔyì 채식주의
6급 盛行 shèngxíng 동 널리 유행하다

4급 主意 zhǔyi 명 생각, 의견, 마음

명 생각, 의견, 마음
她终于想出了一个好主意
그녀는 마침내 좋은 생각을 해 냈다

想出 xiǎngchū 동 생각해 내다, 떠올리다

5급 主张 zhǔzhāng 동 주장하다 명 주장

동 주장하다
主张和邻国和睦相处,友好往来
이웃 국가와 화목하게 지내고 우호적으로 왕래할 것을 주장하다

명 주장
大家一致赞成他的主张
모두가 일제히 그의 주장에 찬성했다

邻国 línguó 명 이웃 나라
6급 和睦 hémù 형 화목하다
4급 友好 yǒuhǎo 형 우호적이다
5급 赞成 zànchéng 동 찬성하다, 동의하다, 지지하다

6급 拄 zhǔ 동 몸을 지탱하다

동 (지팡이 등으로) 몸을 지탱하다
他拄着拐杖颤巍巍地走过来
그는 지팡이에 몸을 기대고 비틀거리며 걸어왔다

6급 拐杖 guǎizhàng 명 지팡이
颤巍巍 chànwēiwēi 형 비틀거리다, 휘청거리다

5급 煮 zhǔ 동 끓이다, 삶다

동 끓이다, 삶다
水煮开了,可以关火了 물이 끓었으니 불을 꺼도 된다

1급 开 kāi 동 끓다
关 guān 동 끄다

6급 嘱咐 zhǔfù 동 분부하다, 당부하다

동 분부하다, 당부하다
妈妈一再嘱咐她要保重身体
어머니는 그녀에게 몸조심하라고 거듭 당부했다

5급 一再 yīzài 부 거듭, 되풀이하여

6급 助理 zhùlǐ 图 보조하다 图 조수, 보조, 보좌관

图 **보조하다**
　　助理财务工作 재무 업무를 보조하다
图 **조수, 보조, 보좌관 (주로 직위의 명칭으로 쓰임)**
　　她是经理**助理** 그녀는 매니저 보조이다

| 6급 | 财务 cáiwù 图 재무, 재정 관련 업무 |

6급 助手 zhùshǒu 图 조수

图 **조수**
　　公司派了一个**助手**辅助我工作
　　회사에서 조수 한 명을 파견해서 내가 작업하는 것을 돕도록 했다

| 6급 | 辅助 fǔzhù 图 보좌하다, 돕다 |

1급 住 zhù 图 숙박하다, 살다, 거주하다

图 **숙박하다, 살다, 거주하다**
　　他现在**住**在公司附近 그는 현재 회사 부근에 산다

역순 어휘
居**住** jūzhù　　忍不**住** rěnbuzhù

6급 住宅 zhùzhái 图 주택

图 **주택**
　　有些城市高档商品**住宅**供大于求
　　일부 도시의 고급 주택은 공급이 수요보다 많다

| 5급 | 高档 gāodàng 图 고급의 |
| | 供大于求 gōngdàyúqiú 图 공급이 수요를 초과하다 |

5급 注册 zhù//cè 图 등록하다, 등기하다, 가입하다

图 **등록하다, 등기하다, 가입하다**
　　注册商标 상표를 등록하다 | **注册**网站 웹 사이트에 가입하다
　　依法办理**注册**登记手续 법에 따라 등기 수속을 하다

6급	商标 shāngbiāo 图 상표, 브랜드
5급	办理 bànlǐ 图 처리하다, 맡아서 처리하다
5급	登记 dēngjì 图 등록하다, 신고하다

6급 注射 zhùshè 图 주사하다

图 **주사하다**
　　注射疫苗 백신을 주사하다

疫苗 yìmiáo 图 백신

6급 注视 zhùshì 图 주시하다, 관심 있게 보다

图 **주시하다, 관심 있게 보다**
　　老师用温和的目光**注视**着我们
　　선생님은 온화한 눈빛으로 우리를 지켜보신다

| 6급 | 温和 wēnhé 图 상냥하다, 부드럽다, 온화하다 |
| 6급 | 目光 mùguāng 图 눈빛, 눈길 |

Z

6급 注释 zhùshì 图 주해하다, 주석하다 图 주해, 주석

图 **주해하다, 주석하다**
　　这部分需要**注释**一下 이 부분은 주해를 좀 할 필요가 있다
图 **주해, 주석**
　　可以参考**注释**部分 주석 부분을 참고할 수 있다

| 3급 | 需要 xūyào 图 필요하다, 요구되다 |
| 5급 | 参考 cānkǎo 图 참고하다, 참조하다 |

3급 注意 zhù//yì 图 주의하다, 관심을 기울이다

图 주의하다, 관심을 기울이다

过马路时要注意安全
큰길을 건널 때는 안전에 주의해야 한다

在长辈面前，你要注意自己的言行
윗사람 앞에서는 자신의 언행에 주의해야 한다

马路 mǎlù 图 대로, 큰길
5급 长辈 zhǎngbèi 图 손윗사람, 웃어른, 연장자
言行 yánxíng 图 언행, 말과 행동

6급 注重 zhùzhòng 图 중시하다

图 중시하다

看人不能只注重表面，更要看他的内在
사람을 볼 때 겉만 중시해서는 안 되고, 그의 내면을 더 봐야 한다

5급 表面 biǎomiàn 图 표면, 겉, 겉모습
6급 内在 nèizài 图 내재적인, 내재의, 내재하는

6급 驻扎 zhùzhā 图 주재하다, 주둔하다

图 주재하다, 주둔하다

部队在这儿已经驻扎了一个多月了
부대는 여기에서 이미 한 달 남짓 주둔했다

部队 bùduì 图 군대, 부대

祝 zhù 图 축복하다, 축원하다, 축하하다

图 축복하다, 축원하다, 축하하다

祝你生日快乐！생일 축하합니다!
祝你们在今后取得更大的成绩
앞으로 더 큰 성과를 거두시길 바랍니다

今后 jīnhòu 图 이후, 앞, 향후

역순 어휘
庆祝 qìngzhù

5급 祝福 zhùfú 图 축복하다

图 축복하다

祝福你心想事成
네가 바라는 일이 이루어지길 축복해

请接受我最真挚的祝福
나의 가장 진실한 축복을 받아주세요

6급 真挚 zhēnzhì 图 진지하다, 진실하다, 참되다

4급 祝贺 zhùhè 图 축하하다, 경축하다

图 축하하다, 경축하다

我祝贺大家圆满完成计划
여러분이 순조롭게 계획을 완성한 것을 축하합니다

她考上了北京大学，亲戚、邻居纷纷前来祝贺
그녀는 베이징 대학에 합격해서 친척, 이웃들이 줄지어 축하하러 왔다

6급 圆满 yuánmǎn 图 원만하다, 순조롭다
4급 亲戚 qīnqi 图 친척
3급 邻居 línjū 图 이웃, 이웃집, 옆집

4급 著名 zhùmíng 图 저명하다, 유명하다

图 저명하다, 유명하다

他们都抱着成为著名导演的理想
그들은 모두 유명한 감독이 되겠다는 이상을 품고 있다

4급 抱 bào 图 마음속에 품다
5급 导演 dǎoyǎn 图 연출자, 감독

[6급] 著作 zhùzuò [동] 글을 쓰다, 저작하다, 저술하다 [명] 저작, 저술

[동] **글을 쓰다, 저작하다, 저술하다**
倾心**著作** 마음을 다해 글을 쓰다
[명] **저작, 저술**
为了完成这部**著作**，他花费了毕生的心血
이 저작을 완성하기 위해 그는 필생의 심혈을 기울였다

倾心 qīngxīn [동] 성의를 다하다
毕生 bìshēng [명] 필생, 일생, 평생
[6급] 心血 xīnxuè [명] 심혈

[6급] 铸造 zhùzào [명] 주조하다

[명] **주조하다**
这雕像是用铜**铸造**的 이 조각상은 동으로 주조한 것이다

雕像 diāoxiàng [명] 조각상

[5급] 抓 zhuā [동] 잡다, 긁다 [동] 쥐다, 잡다 [동] 주의하다, 치중하다, 강조하다

[동] **잡다, 긁다**
这孩子紧紧**抓**住妈妈的手，怎么也不松开
아이는 엄마의 손을 꽉 잡고 어떻게 해도 놓지 않았다
胳膊被猫**抓**破了 고양이가 팔을 할퀴었다
[동] **(시간, 기회 등을) 쥐다/잡다**
抓住青春的尾巴，好好享受年轻
청춘의 끝을 잡고 젊음을 마음껏 즐기다
[동] **주의하다, 치중하다, 강조하다**
抓安全 안전에 주의하다 | **抓**生产 생산에 치중하다

紧紧 jǐnjǐn [부] 바짝, 꽉, 단단히
松开 sōngkāi [동] 늦추다, 느슨하게 풀다
[4급] 胳膊 gēbo [명] 팔
[5급] 尾巴 wěiba [명] 끝부분, 꼬리, 후미

[5급] 抓紧 zhuā//jǐn [동] 단단히 쥐다, 꽉 잡다 [동] 서두르다, 급히 하다

[동] **단단히 쥐다, 꽉 잡다**
我们要**抓紧**这次有利时机
우리는 이번 유리한 기회를 꽉 잡아야 한다
[동] **서두르다, 급히 하다**
抓紧时间写作业 서둘러 숙제를 하다
还有一天就要比赛了，运动员们正在**抓紧**训练
하루만 있으면 바로 시합이라 운동선수들은 훈련에 박차를 가하고 있다

[5급] 有利 yǒulì [형] 유리하다
[6급] 时机 shíjī [명] 기회, 시기

[6급] 拽 zhuài [동] 잡아당기다, 끌다

[동] **잡아당기다, 끌다**
风筝被挂在树上了，我怎么**拽**也**拽**不下来
연이 나무 위에 걸려서 내가 어떻게 잡아당겨도 끌어내릴 수 없었다

风筝 fēngzheng [명] 연

[6급] 专长 zhuāncháng [명] 전문 기능, 특기

[명] **전문 기능, 특기**
你只要充分发挥自己的**专长**就可以了
너는 자신의 특기를 충분히 발휘하기만 하면 된다

[5급] 发挥 fāhuī [동] 발휘하다

6급 专程 zhuānchéng 閉 특별히

閉 **특별히** (…에 가다)
我专程去看望了小学老师
나는 특별히 초등학교 선생님을 방문했다

她专程去北京拜见了那位老艺术家
그녀는 특별히 베이징에 가서 그 예술가를 만나 뵈었다

5급 **看望** kànwàng 图 찾아가다, 방문하다
拜见 bàijiàn 图 알현하다, 찾아뵙다

5급 专家 zhuānjiā 閉 전문가

閉 **전문가**
她是该领域的专家
그녀는 이 영역의 전문가이다

5급 **领域** lǐngyù 閉 영역, 분야

专科 zhuānkē 閉 전문 과목, 전문 분야 閉 전문 학교, 전문 대학

閉 **전문 과목, 전문 분야**
专科医生 전문의
儿童专科医院 아동 전문 병원
閉 **전문 학교, 전문 대학**
大学专科毕业
전문 대학을 졸업하다

4급 **儿童** értóng 閉 아동, 어린이

6급 专利 zhuānlì 閉 특허

閉 **특허**
申请专利 특허를 신청하다
发明了一种新产品，获得了国家专利
새로운 상품을 발명하여 국가 특허를 획득했다

4급 **申请** shēnqǐng 图 신청하다
5급 **发明** fāmíng 图 발명하다

4급 专门 zhuānmén 閺 전문의, 전문적인 閉 전문적으로 閉 특별히, 일부러

閺 **전문의, 전문적인**
拥有专门技术的人不用担心失业
전문 기술을 보유한 사람은 실직을 걱정할 필요가 없다
閉 **전문적으로**
专门研究宇宙的起源
우주의 기원을 전문적으로 연구하다
閉 **특별히, 일부러**
她专门为他制作了一个生日蛋糕
그녀는 특별히 그를 위해 생일 케이크를 만들었다

6급 **拥有** yōngyǒu 图 영유하다, 가지다, 보유하다
5급 **失业** shīyè 图 실업하다
4급 **研究** yánjiū 图 연구하다, 탐구하다
6급 **宇宙** yǔzhòu 閉 우주
6급 **起源** qǐyuán 閉 발생 근원, 기원

6급 专题 zhuāntí 閉 특별 주제, 특집

閉 **특별 주제, 특집**
收看专题节目
특집 프로그램을 시청하다

收看 shōukàn 图 시청하다

李老师下午去参加一个**专题研讨会**
리 선생님은 오후에 특별 토론회에 참석하러 가신다

研讨会 yántǎohuì 몡 토론회

5급 **专心** zhuānxīn 혱 전심하다, 전념하다, 몰두하다

혱 전심하다, 전념하다, 몰두하다
做任何事情都要**专心**，不能三心二意
무슨 일을 하든지 몰두해야지 이리저리 망설여서는 안 된다

三心二意 sānxīn-èryì 쩡 딴마음을 품다,
생각을 정하지 못하다, 의지가 굳지 못하다

4급 **专业** zhuānyè 몡 전공 혱 전문적이다

몡 전공
她报考了一个热门**专业**
그녀는 인기 있는 전공에 지원했다

혱 전문적이다
一看她的手法，就知道她一点儿也不**专业**
솜씨를 보자마자 그녀가 전혀 전문적이지 않음을 바로 알았다

报考 bàokǎo 동 (시험에) 응시하다,
응시 원서를 제출하다
6급 热门 rèmén 몡 인기 있는 것, 유행하는 것
6급 手法 shǒufǎ 몡 수법, 솜씨, 창작 기교

6급 **砖** zhuān 몡 벽돌, 벽돌 모양의 물건

몡 벽돌, 벽돌 모양의 물건
用**砖**头盖房子
벽돌로 집을 짓다

砖头 zhuāntóu 몡 벽돌
5급 盖 gài 동 짓다, 건축하다

砖瓦 zhuānwǎ 몡 벽돌과 기와

몡 벽돌과 기와
工地上堆放着一些**砖瓦**
공사 현장에 벽돌과 기와가 쌓여 있다

工地 gōngdì 몡 공사장
堆放 duīfàng 동 한데 쌓아 놓다

4급 **转** zhuǎn 동 바꾸다, 돌리다 동 전하다, 전달하다

동 (방향, 상황 등을) 바꾸다/돌리다
说完他**转**身离开了
말을 마치고 그는 몸을 돌려 떠났다
最后时刻，我队连投两球，**转**败为胜
마지막 순간 우리 팀이 연달아 두 골을 넣어 패배를 승리로 바꾸었다

동 (물품, 의견 등을) 전하다/전달하다
麻烦你把这本书**转**给老师
죄송하지만 이 책을 선생님께 전달해 주세요

5급 时刻 shíkè 몡 시각, 순간, 때
转败为胜 zhuǎnbài-wéishèng
쩡 패배를 승리로 바꾸다
4급 麻烦 máfan 동 귀찮게 하다, 번거롭게 하다

역순 어휘
扭转 niǔzhuǎn   旋转 xuánzhuǎn
周转 zhōuzhuǎn

5급 **转变** zhuǎnbiàn 동 바꾸다, 전환하다

동 바꾸다, 전환하다
情况发生了180度的**转变**
상황이 180도 바뀌었다
经过老师的谆谆教诲，他**转变**成了好学生
선생님의 간곡한 타이름으로 그는 훌륭한 학생으로 바뀌었다

谆谆 zhūnzhūn 혱 간절하며 인내심이 있다
教诲 jiàohuì 동 가르치다, 지도하다

Z

6급 转达 zhuǎndá 동 전달하다

동 (의사를) 전달하다

请向老人家**转达**我的问候
어르신께 제 안부 인사를 전해 주세요

把经理的要求**转达**给员工
매니저의 요구를 직원들에게 전달하다

老人家 lǎorenjia 명 어른, 어르신
5급 问候 wènhòu 동 안부를 묻다, 인사하다
5급 员工 yuángōng 명 직원과 노동자

5급 转告 zhuǎngào 동 전하다

동 (말, 상황 등을) 전하다

请您帮我**转告**他今天的视频会议取消了
오늘 화상 회의는 취소됐다고 그에게 전해 주세요

6급 视频 shìpín 명 동영상
5급 取消 qǔxiāo 동 취소하다

6급 转让 zhuǎnràng 동 타인에게 넘기다, 양도하다

동 (재물, 권리 등을) 타인에게 넘기다, 양도하다

本店会员证不得**转让**给他人
본점의 회원증은 타인에게 양도할 수 없습니다

会员证 huìyuánzhèng 명 회원증
不得 bùdé …할 수 없다, …하면 안 되다

6급 转移 zhuǎnyí 동 바꾸다, 옮기다

동 (방향, 위치 등을) 바꾸다/옮기다

把伤员**转移**到安全的地方 부상자를 안전한 곳으로 옮기다

他偷偷地**转移**了那笔资金
그는 그 자금을 몰래 옮겼다

把人们的视线**转移**到别的地方
사람들의 시선을 다른 곳으로 옮기다

伤员 shāngyuán 명 부상자, 부상병
偷偷 tōutōu 부 몰래, 은밀히
6급 视线 shìxiàn 명 시선

6급 转折 zhuǎnzhé 동 전환하다, 바뀌다

동 전환하다, 바뀌다

我的人生态度在这里**转折**
내 인생의 태도가 여기에서 바뀌었다

新航路开辟以后，人类历史发生了重大**转折**
신항로 개척 이후, 인류 역사에 중대한 전환이 일어났다

6급 开辟 kāipì 동 개발하다, 개척하다
5급 人类 rénlèi 명 인류

6급 传记 zhuànjì 명 전기

명 전기

我从小喜欢看人物**传记**
나는 어려서부터 인물 전기를 즐겨 읽었다

5급 人物 rénwù 명 인물

4급 赚 zhuàn 동 이윤을 얻다, 돈을 벌다

동 이윤을 얻다, 돈을 벌다

他做生意**赚**了很多钱
그는 장사를 해서 많은 돈을 벌었다

做生意 zuò shēngyi 장사하다

6급 庄稼 zhuāngjia 명 농작물

명 농작물
秋天是庄稼收获的季节
가을은 농작물을 수확하는 계절이다

5급 收获 shōuhuò 동 수확하다

6급 庄严 zhuāngyán 형 장엄하다

형 장엄하다
我们去天安门广场观看了庄严的升旗仪式
우리는 톈안먼 광장에 가서 장엄한 게양식을 관람했다

5급 广场 guǎngchǎng 명 광장
升旗 shēngqí 동 국기를 게양하다
6급 仪式 yíshì 명 의식

6급 庄重 zhuāngzhòng 형 장중하다, 정중하다, 엄숙하다

형 (언행이) 장중하다/정중하다/엄숙하다
庄重的场合 장중한 장면
神态庄重 태도가 엄숙하다
他仪态庄重, 温文尔雅 그는 태도가 정중하고 예의 바르다

6급 神态 shéntài 명 표정과 태도
仪态 yítài 명 용모와 자태
温文尔雅 wēnwén-ěryǎ
성 태도가 온화하고 행동이 예의 바르다

5급 装 zhuāng 동 가장하다, …인 척하다 동 넣다, 수용하다, 담다 동 설치하다, 설비하다

동 가장하다, …인 척하다
你不要在我面前装好人
너는 내 앞에서 좋은 사람인 척하지 마라

동 넣다, 수용하다, 담다
他书包里装满了书 그는 책가방에 책을 가득 넣었다

동 설치하다, 설비하다
天气太热了, 家里得装空调了
날씨가 너무 더우니, 집에 에어컨을 설치해야겠다

书包 shūbāo 명 책가방
3급 空调 kōngtiáo 명 에어컨, 공기 조절기

역순 어휘
安装 ānzhuāng
包装 bāozhuāng
服装 fúzhuāng
假装 jiǎzhuāng
武装 wǔzhuāng

6급 装备 zhuāngbèi 동 장비하다, 구비하다, 갖추다 명 장비

동 (무기, 기계 등을) 장비하다/구비하다/갖추다
用知识装备自己 지식으로 자신을 무장하다

명 (무기, 기계 등의) 장비
更新装备 장비를 새 것으로 바꾸다
我们的登山装备很简陋
우리의 등산 장비는 매우 초라하다

6급 更新 gēngxīn 동 경신하다, 바꾸다
6급 简陋 jiǎnlòu 형 누추하다, 빈약하다, 초라하다

5급 装饰 zhuāngshì 동 장식하다 명 장식

동 장식하다
把房间装饰得古色古香的
방을 고풍스럽게 장식하다

명 장식
圣诞树上挂满了精美的装饰
크리스마스트리에 정교하고 아름다운 장식이 가득 걸려 있다

古色古香 gǔsè-gǔxiāng
성 소박하면서도 고풍스럽다
圣诞树 shèngdànshù 명 크리스마스트리
精美 jīngměi 형 정교하고 아름답다

Z

6급 装卸 zhuāngxiè 동 하역하다, 짐을 싣고 내리다 동 조립하고 분해하다

동 하역하다, 짐을 싣고 내리다

他在港口帮助船舶**装卸**货物
그는 항구에서 선박 화물 하역을 돕는다

동 조립하고 분해하다

他会**装卸**电动自行车
그는 전기 자전거를 조립하고 분해할 수 있다

6급 港口 gǎngkǒu 명 항구
6급 船舶 chuánbó 명 선박, 배

5급 装修 zhuāngxiū 동 실내 장식하다, 인테리어를 하다

동 실내 장식하다, 인테리어를 하다

她家**装修**得十分豪华
그녀는 집을 매우 호화롭게 인테리어 했다

由于店面**装修**，这家餐厅暂时停止营业
매장 외관 인테리어 때문에 이 음식점은 잠시 영업을 중단한다

5급 豪华 háohuá 형 호화롭다, 화려하다
店面 diànmiàn 명 매장 외관

6급 壮观 zhuàngguān 명 장관 형 장관이다, 아름답고 웅장하다

명 장관

泰山日出的**壮观**，我第一次见到
타이산 일출의 장관을 나는 처음 보았다

형 장관이다, 아름답고 웅장하다

气势**壮观** 기세가 웅장하다
黄河的水奔腾不息，十分**壮观**
황허의 물이 쉬지 않고 세차게 흐르는 것이 매우 장관이다

6급 气势 qìshì 명 기세, 기개, 형세
奔腾 bēnténg 세차게 흐르다

6급 壮丽 zhuànglì 형 장려하다, 웅장하고 아름답다

형 장려하다, 웅장하고 아름답다

壮丽的自然风光
웅장하고 아름다운 자연 풍경

6급 风光 fēngguāng 명 풍광, 경치

6급 壮烈 zhuàngliè 형 장렬하다, 늠름하고 씩씩하다

형 장렬하다, 늠름하고 씩씩하다

在这次战役中，他**壮烈**牺牲了
이번 전투에서 그는 장렬하게 희생되었다

6급 牺牲 xīshēng 동 희생하다, 목숨을 바치다

5급 状况 zhuàngkuàng 명 상황, 형편

명 상황, 형편

国内经济**状况**不太好
국내 경제 상황이 그다지 좋지 않다

在家人的悉心照料下，他的身体**状况**好转了很多
가족의 정성스러운 보살핌으로 그의 몸 상태가 많이 호전되었다

悉心 xīxīn 부 전심으로, 정성을 다하여
照料 zhàoliào 동 돌보다, 보살피다
好转 hǎozhuǎn 동 호전되다

5급 状态 zhuàngtài 명 상태, 형태

명 상태, 형태
气体状态 기체 상태
心理状态 심리 상태
患者一直处于昏迷状态 환자는 계속 혼수 상태이다

气体 qìtǐ 명 기체, 가스
处于 chǔyú 통 (상태, 환경 등에) 처하다
6급 昏迷 hūnmí 통 혼미하다, 의식 불명이다

5급 撞 zhuàng 통 부딪치다, 충돌하다 통 우연히 마주치다

통 부딪치다, 충돌하다
两辆车撞到了一起
차량 두 대가 서로 부딪쳤다

통 우연히 마주치다
今天在商场撞见了前男友，真倒霉!
오늘 백화점에서 예전 남자 친구를 마주쳤어, 정말 재수가 없다!

撞见 zhuàngjiàn 통 마주치다, 우연히 만나다
5급 倒霉 dǎoméi 형 재수 없다, 운수 사납다

6급 幢 zhuàng 양 채, 동

양 채, 동 (집을 세는 단위)
这整幢大楼都是他家的
이 빌딩 전체가 그 집 소유이다

大楼 dàlóu 명 빌딩

5급 追 zhuī 통 쫓아가다 통 쫓아다니다, 추구하다

통 쫓아가다
他气喘吁吁地追了上来
그가 씩씩거리며 쫓아왔다

통 쫓아다니다, 추구하다
几个小伙子都在追她
몇몇 청년들이 모두 그녀를 쫓아다닌다

气喘吁吁 qìchuǎn-xūxū 성 씩씩거리다, 헐떡거리다
4급 小伙子 xiǎohuǒzi 명 젊은이, 총각

6급 追悼 zhuīdào 통 추도하다, 애도하다

통 추도하다, 애도하다
沉痛追悼牺牲的战友
희생된 전우를 비통하게 추도하다

沉痛 chéntòng 형 침통하다, 비통하다

6급 追究 zhuījiū 통 추궁하다

통 (원인, 책임 등을) 추궁하다
生产中出了事故，要追究厂长的责任
생산 중에 사고가 나서 공장장의 책임을 추궁해야 한다

6급 事故 shìgù 명 사고, 의외의 변고나 재앙
4급 责任 zérèn 명 책임

5급 追求 zhuīqiú 통 추구하다

통 추구하다
年轻人喜欢追求时髦
젊은이는 유행을 추구하기를 좋아한다

5급 时髦 shímáo 형 유행이다, 참신하다, 최신식이다

Z

6급 坠 zhuì [동] 떨어지다 [동] 늘어지다, 드리우다, 매달리다

[동] **떨어지다**

那架飞机坠毁在山坡上了

그 비행기가 산비탈에 추락해 부서졌다

[동] **늘어지다, 드리우다, 매달리다**

积雪把树枝坠得弯弯的

눈이 덮혀 나뭇가지가 휘어서 늘어졌다

山坡 shānpō [명] 산비탈
积雪 jīxuě [동] 눈이 쌓이다

2급 准备 zhǔnbèi [동] 준비하다 [명] 준비

[동] **준비하다**

你回去**准备**好行李，明天一早出发

너는 돌아가서 짐을 준비해라, 내일 아침 일찍 출발한다

[명] **준비**

雨季就要来临，各地区要做好防洪**准备**

우기가 곧 올 것이니 각 지역은 홍수 대비 준비를 잘 해야 한다

你要有思想**准备**

너는 마음의 준비를 해라

雨季 yǔjì [명] 우기
来临 láilín [동] 도래하다, 오다, 도착하다
防洪 fánghóng [동] 홍수에 대비하다

4급 准确 zhǔnquè [형] 완전히 부합하다, 정확하다

[형] **완전히 부합하다, 정확하다**

媒体报道不**准确**

언론 보도가 부정확하다

只有深入了解，才能作出**准确**的判断

깊이 이해해야 정확한 판단을 할 수 있다

5급 报道 bàodào [명] 보도
深入 shēnrù [형] 철저하다, 투철하다
4급 判断 pànduàn [명] 판단

4급 准时 zhǔnshí [부] 정시에, 제때에

[부] **정시에, 제때에**

这家快递公司保证货物安全**准时**到达

이 택배 회사는 화물이 안전하게 제때 도착하는 것을 보증한다

快递 kuàidì [명] 특급 우편, 속달, 택배
5급 到达 dàodá [동] (장소에) 도착하다

6급 准则 zhǔnzé [명] 준칙

[명] **준칙**

把和平共处五项原则作为处理国际关系的**准则**

평화 공존 5개 원칙을 국제 관계 처리의 준칙으로 삼다

和平共处 hépíng gòngchǔ 평화 공존
5급 原则 yuánzé [명] 원칙

1급 桌子 zhuōzi [명] 탁자, 테이블

[명] **탁자, 테이블**

桌子上摆着一盆花

탁자에 화분 한 개가 놓여 있다

5급 摆 bǎi [동] 놓다, 배열하다, 배치하다

6급 卓越 zhuóyuè 톙 탁월하다

톙 탁월하다
这位科学家对中国航天事业做出了**卓越**的贡献
이 과학자는 중국 우주 사업에 탁월한 공헌을 했다

6급 航天 hángtiān 톙 우주 비행의, 우주의
5급 贡献 gòngxiàn 톙 공헌

6급 着 zhuó 동 접촉하다, 붙다, 붙이다, 가져다 대다

동 접촉하다, 붙다, 붙이다, 가져다 대다
他说话常常不**着**边际
그는 말할 때 종종 주제에서 동떨어진다

边际 biānjì 톙 핵심, 갈피, 두서

역순 어휘
沉着 chénzhuó　　执着 zhízhuó

◑ 着 zháo [2급] · 着 zhe [2급] 참조

6급 着手 zhuóshǒu 동 착수하다, 시작하다

동 착수하다, 시작하다
公司已经**着**手开发下一代智能电动汽车
회사가 이미 차세대 스마트 전기차 개발에 착수했다

5급 开发 kāifā 동 개발하다, 개간하다
下一代 xiàyīdài 톙 다음 세대

6급 着想 zhuóxiǎng 동 생각하다, 계획하다, 고려하다

동 (…을 위해서) 생각하다/계획하다/고려하다
夫妻俩总是为对方**着想**，非常恩爱
부부 둘이 늘 서로를 위해 생각하고 매우 애정이 깊다
他处事一直从大局**着想**
그는 일을 처리할 때 줄곧 전체 국면을 고려해 왔다

恩爱 ēn'ài 톙 (부부 간에) 애정이 깊다
处事 chǔshì 일을 처리하다
大局 dàjú 톙 대국, 전반적인 정세

6급 着重 zhuózhòng 동 치중하다, 중점을 두다

동 치중하다, 중점을 두다
这部电影**着**重批判了社会现象
이 영화는 사회 현상을 비판하는 데 중점을 두었다

6급 批判 pīpàn 동 비판하다

5급 咨询 zīxún 동 자문하다, 상의하다, 상담하다

동 자문하다, 상의하다, 상담하다
欢迎拨打我们公司的**咨询**电话
저희 회사에 문의 전화하는 것을 환영합니다
我已经向有关部门**咨询**过此事
나는 이미 관련 부서에 이 일을 자문했다

拨打 bōdǎ 동 전화를 걸다, 전화번호를 누르다
有关 yǒuguān 톙 관계된, 관련된

5급 姿势 zīshì 톙 자세

톙 자세
上班族要注意看电脑的**姿势**
직장인은 컴퓨터를 보는 자세를 주의해야 한다
我不知道拍婚纱照时要怎么摆**姿势**
나는 웨딩 사진을 찍을 때 어떻게 포즈를 취해야 할 지 모르겠다

上班族 shàngbānzú 톙 회사원, 직장인
婚纱照 hūnshāzhào 톙 결혼사진, 웨딩 사진

Z

6급 姿态 zītài 명 자세 명 태도, 도량

명 **자세**
姿态优雅 자세가 우아하다

명 **태도, 도량**
你不能做出一味妥协退让的**姿态**
너는 덮어놓고 타협하고 양보하는 태도를 취해서는 안 된다

一味 yīwèi 튀 단순히, 끊임없이
6급 妥协 tuǒxié 동 타협하다
退让 tuìràng 동 양보하다

6급 资本 zīběn 명 자본 명 자금, 밑천

명 **자본**
她将大部分**资本**用于购买先进设备
그녀는 대부분의 자본을 선진 설비를 구매하는 데 썼다

명 **자금, 밑천 (비유적 의미)**
谦虚是你今后成功的**资本**，继续保持下去
겸손은 네가 앞으로 성공할 수 있는 밑천이니 계속 유지해라

购买 gòumǎi 동 사다, 구매하다
5급 谦虚 qiānxū 형 겸허하다, 겸손하다

6급 资产 zīchǎn 명 재산, 자산

명 **재산, 자산**
他们是裸婚，当时根本没有什么**资产**
그들은 간소하게 결혼했고, 그 당시 재산이 전혀 없었다

企业最有价值的无形**资产**就是品牌
기업의 가장 가치 있는 무형 자산은 바로 브랜드이다

裸婚 luǒhūn 간소하게 결혼하다
5급 价值 jiàzhí 명 가치
无形 wúxíng 형 무형의, 보이지 않는
品牌 pǐnpái 명 상표, 브랜드

5급 资格 zīgé 명 자격

명 **자격**
你有什么**资格**批评我
너는 무슨 자격으로 나를 비판하느냐

她被取消了考试**资格**
그녀는 시험 자격을 취소당했다

4급 批评 pīpíng 동 비판하다, 비평하다
5급 取消 qǔxiāo 동 취소하다, 없애다

5급 资金 zījīn 명 자금

명 **자금**
国家投入大量**资金**，用于西部开发
국가가 대량으로 자금을 투입해 서부 개발에 썼다

5급 投入 tóurù 동 투입하다

5급 资料 zīliào 명 생산 수단, 필수품 명 자료

명 **생산 수단, 필수품**
生活**资料** 생활 필수품
全国生产**资料**市场价格小幅上涨
전국 생산재 시장 가격이 소폭 상승하다

명 **자료**
为了完成毕业论文，她查阅了很多研究**资料**
졸업 논문을 완성하기 위해 그녀는 많은 연구 자료를 열람했다

小幅 xiǎofú 형 소폭의
毕业论文 bìyè lùnwén 졸업 논문
查阅 cháyuè 동 (서류 등을) 찾아서 열람하다

6급 资深 zīshēn 형 자격과 경력이 풍부한, 베테랑의

형 자격과 경력이 풍부한, 베테랑의
她是该领域的资深教授, 深受大家敬仰
그녀는 그 영역에서 경력이 풍부한 교수라 모두의 존경을 받는다

5급 领域 lǐngyù 명 영역, 분야
敬仰 jìngyǎng 동 공경하여 우러르다

5급 资源 zīyuán 명 자원

명 자원
这个地区蕴藏着丰富的煤炭资源
이 지역에는 풍부한 석탄 자원이 매장되어 있다

企业人力资源管理系统 기업 인적 자원 관리 시스템

6급 蕴藏 yùncáng 동 매장하다, 내재하다, 잠재하다
4급 丰富 fēngfù 형 풍부하다, 많다
5급 煤炭 méitàn 명 석탄

6급 资助 zīzhù 동 재물로 돕다

동 재물로 돕다
大家纷纷捐款, 资助灾区人民
모두가 연이어 기부하여 재난 지역 주민들을 돕다

5급 纷纷 fēnfēn 잇달아, 연이어
捐款 juānkuǎn 동 돈을 기부하다
灾区 zāiqū 명 재해 지역

6급 滋润 zīrùn 형 촉촉하다, 윤기가 있다 동 수분을 주다, 촉촉하게 하다

형 촉촉하다, 윤기가 있다
雨后的空气十分滋润 비가 온 후 공기가 매우 촉촉하다
동 수분을 주다, 촉촉하게 하다
这种水果还有滋润皮肤的作用
이런 과일은 또한 피부를 촉촉하게 하는 효과가 있다

4급 皮肤 pífū 명 피부

6급 滋味 zīwèi 명 맛 명 기분, 감정

명 맛
这位厨师做的饭菜滋味特别棒
이 요리사가 만든 음식은 맛이 매우 좋다
명 기분, 감정
他终于尝到了失败的滋味 그는 마침내 실패의 맛을 보았다
她心里很不是滋味儿 그녀는 마음이 매우 좋지 않다

厨师 chúshī 명 요리사, 조리사
饭菜 fàncài 명 밥과 반찬, 음식
不是滋味儿 bùshìzīwèir
불쾌하다, 마음이 좋지 않다

6급 子弹 zǐdàn 명 총알, 탄약, 탄환

명 총알, 탄약, 탄환
一发子弹打在了他的腿上
총알 한 발이 그의 다리에 맞았다

3급 发 fā 양 발(총알, 포탄을 세는 단위)

Z

4급 仔细 zǐxì 형 세심하다, 치밀하다, 자세하다

형 세심하다, 치밀하다, 자세하다
对这个问题, 我们还得仔细研究一下
이 문제에 대해 우리는 더 자세하게 연구해야 한다

4급 研究 yánjiū 동 연구하다, 탐구하다

5급 紫 zǐ 형 자줏빛이다, 자색이다

형 자줏빛이다, 자색이다

她穿了一身紫色连衣裙
그녀는 자주색 원피스를 입었다

他最近红得发紫
그는 요즘 최고의 전성기를 누리고 있다

连衣裙 liányīqún 명 원피스
红得发紫 hóngde-fāzǐ 셩 인기가 절정에 달하다, 최고의 전성기를 누리다

6급 自卑 zìbēi 형 비굴하다, 열등감을 느끼다, 스스로를 비하하다

형 비굴하다, 열등감을 느끼다, 스스로를 비하하다

经历过几次失败以后，他变得越来越自卑了
몇 차례의 실패를 겪은 이후 그는 점점 비굴해졌다

4급 经历 jīnglì 동 겪다, 체험하다, 경험하다
4급 失败 shībài 동 실패하다

5급 自从 zìcóng 개 …부터, …에서

개 …부터, …에서 (행위나 상황이 시작된 시간을 이끌어냄)

自从那件事以后，我意识到了英语是多么重要
그 일이 있은 후 나는 영어가 얼마나 중요한지 깨달았다

自从失恋后，他再也没谈过恋爱
실연한 후 그는 다시는 연애를 하지 않았다

6급 意识 yìshí 동 의식하다, 깨닫다
失恋 shīliàn 동 실연하다
谈恋爱 tán liàn'ài 사랑을 하다, 연애하다

5급 自动 zìdòng 형 자발적이다, 능동적이다 부 저절로, 자동으로 형 자동의

형 자발적이다, 능동적이다

好友搬家，大家自动来帮忙
친한 친구가 이사를 하는데, 모두가 자진해서 도우러 왔다

부 저절로, 자동으로

天气变暖了，雪自动融化了
날씨가 따뜻해져서 눈이 저절로 녹았다

형 (기계, 장치 등이) 자동의

自动控制 자동 제어
自动化设备 자동화 설비

搬家 bānjiā 동 이사하다, 이전하다
6급 融化 rónghuà 동 녹다, 융화하다, 융해하다

6급 自发 zìfā 형 자발적인, 자연적으로 발생한

형 자발적인, 자연적으로 발생한

大家自发地前来为他送行
모두 자발적으로 와서 그를 배웅했다

前来 qiánlái 동 …으로 오다
送行 sòngxíng 동 배웅하다, 송별하다

5급 自豪 zìháo 형 자랑스럽다, 영예롭다

형 자랑스럽다, 영예롭다

我为祖国的强大而自豪
나는 조국의 강대함이 자랑스럽다

他很自豪地说，冠军获得者是他哥哥
그는 매우 자랑스럽게 우승자가 그의 형이라고 말했다

强大 qiángdà 강대하다, 막강하다
5급 冠军 guànjūn 명 우승, 우승자, 일등

3급 自己 zìjǐ 때 자기, 자신, 스스로

때 **자기, 자신, 스스로**
在任何时候都要相信**自己**
언제나 자신을 믿어야 한다

4급 任何 rènhé 때 어떠한, 어느
3급 相信 xiāngxìn 통 믿다

5급 自觉 zìjué 통 자각하다, 스스로 생각하다　형 자각적인, 자발적인

통 **자각하다, 스스로 생각하다**
他**自觉**羞愧，悄悄回家了
그는 스스로 부끄럽다고 생각해서 몰래 집으로 돌아갔다

형 **자각적인, 자발적인**
现在大部分人都有了**自觉**排队的意识
지금은 대부분의 사람이 자발적으로 줄을 서야 한다는 의식을 갖게 되었다

羞愧 xiūkuì 형 부끄럽다, 수줍다
5급 悄悄 qiāoqiāo 변 슬그머니, 몰래, 살금살금
4급 排队 páiduì 통 줄을 서다

6급 自力更生 zìlì-gēngshēng 성 자력갱생하다, 스스로 상황을 바꾸고 발전시키다

성 **자력갱생하다, 스스로 상황을 바꾸고 발전시키다**
人要学会**自力更生**，不能总是依靠别人
사람이라면 자력갱생을 할 줄 알아야지, 늘 다른 사람에게 의지하면 안 된다

6급 依靠 yīkào 통 기대다, 의지하다

6급 自满 zìmǎn 형 자신만만하다, 스스로 만족하다

형 **자신만만하다, 스스로 만족하다**
自大自满的人不会取得大的成就
거만하고 자만하는 사람은 큰 성취를 얻지 못한다

自大 zìdà 형 거만하다
5급 成就 chéngjiù 명 성과, 성취, 업적

4급 自然 zìrán 명 자연　형 자연스럽다　변 당연히

명 **자연**
自然灾害　자연 재해

형 **자연스럽다**
舞台上的她神态**自然**，落落大方
무대에서 그녀는 태도가 자연스럽고 시원시원하다

변 **당연히**
你对别人好，别人**自然**会对你好
네가 남에게 잘 하면 남도 당연히 너에게 잘 할 것이다

5급 灾害 zāihài 명 재해
落落大方 luòluò-dàfāng
성 솔직하고 쾌활하다, 자연스럽고 대범하다

5급 自私 zìsī 형 이기적이다

형 **이기적이다**
他一向很吝啬又**自私**
그는 항상 인색하고 또 이기적이다

自私的人交不到真正的朋友
이기적인 사람은 진정한 친구를 사귈 수 없다

6급 吝啬 lìnsè 형 인색하다, 쩨쩨하다

Z

4급 自信 zìxìn 혱 자신만만하다 몡 자신, 자신감

혱 자신만만하다

他对自己的身材很**自信**
그는 자신의 체격에 자신 있어 한다

过于**自信**就是自负
과하게 자신만만해지면 그것이 자만이다

몡 자신, 자신감

他是一个充满**自信**、爱自己的人
그는 자신감이 충만하고 자신을 사랑하는 사람이다

5급 身材 shēncái 몡 몸매, 체격
自负 zìfù 혱 자부하다, 스스로 대단하다고
　　　　여기다
5급 充满 chōngmǎn 동 충만하다, 가득하다

3급 自行车 zìxíngchē 몡 자전거

몡 자전거

自行车存放处　자전거 보관소

他骑**自行车**上下班
그는 자전거를 타고 출퇴근한다

存放 cúnfàng 동 놓아두다, 맡기다,
　　　　보관하다
3급 骑 qí 동 타다, 올라타다

5급 自由 zìyóu 혱 자유롭다 몡 자유

혱 자유롭다

人人都向往**自由**的生活
사람은 누구나 자유로운 생활을 동경한다

몡 자유

他觉得婚姻会让他失去**自由**
그는 결혼이 자유를 잃게 만든다고 생각한다

6급 向往 xiàngwǎng 동 바라다, 기대하다,
　　　　동경하다
5급 婚姻 hūnyīn 몡 혼인, 결혼

5급 自愿 zìyuàn 동 자원하다

동 자원하다

大学毕业后，他**自愿**去贫困地区工作
대학 졸업 후 그는 자원해서 빈곤 지역으로 일하러 갔다

6급 贫困 pínkùn 혱 빈곤하다, 궁핍하다

6급 自主 zìzhǔ 동 자주하다, 자기 주관대로 행동하다

동 자주하다, 자기 주관대로 행동하다

我觉得很委屈，眼泪不由**自主**地流了下来
나는 너무 억울해서 눈물이 저절로 흘러 내렸다

培养孩子**自主**学习的能力
아이의 자기 주도적 학습 능력을 길러주다

不由自主 bùyóu-zìzhǔ
　　 솅 자기 의지대로 되지 않다, 저절로
5급 培养 péiyǎng 동 양성하다, 키우다

1급 字 zì 몡 글자, 문자, 글씨

몡 글자, 문자, 글씨

三百个汉**字**中你写错了十多个**字**
300개 한자 중에 너는 십여 개를 틀리게 썼다

역순 어휘
赤**字** chìzì　　　　繁体**字** fántǐzì
简体**字** jiǎntǐzì　　数**字** shùzì
文**字** wénzì

字典 zìdiǎn 몡 자전, 사전

몡 자전, 사전

这本**字典**收录了五千个常用字
이 자전은 오천 개의 상용자를 수록했다

收录 shōulù 통 수록하다

5급 字母 zìmǔ 몡 자모, 알파벳

몡 자모, 알파벳

他已经学会了所有的汉语拼音**字母**
그는 이미 모든 중국어 병음 자모를 익혔다

他的T恤上印有英文**字母**
그의 티셔츠에 영어 알파벳이 인쇄되어 있다

5급 拼音 pīnyīn 몡 병음
T恤 T xù 티셔츠
印有 yìnyǒu 통 인쇄되어 있다

5급 字幕 zìmù 몡 자막

몡 자막

这部电影有中文**字幕**吗?
이 영화는 중국어 자막이 있습니까?

他汉语非常棒，不看**字幕**也听得懂
그는 중국어를 매우 잘해서 자막을 보지 않고도 듣고 이해한다

1급 电影 diànyǐng 몡 영화
4급 棒 bàng 좋다, 뛰어나다, 훌륭하다
听得懂 tīngdedǒng 듣고 알 수 있다, 듣고 이해할 수 있다

6급 宗教 zōngjiào 몡 종교

몡 종교

宗教信仰自由是公民的一项权利
종교 신앙의 자유는 국민의 권리이다

6급 信仰 xìnyǎng 몡 신앙
5급 权利 quánlì 몡 권리

6급 宗旨 zōngzhǐ 몡 종지, 요지, 주지

몡 종지, 요지, 주지

让顾客满意是我们的服务**宗旨**
고객을 만족시키는 것이 우리의 서비스 요지이다

3급 满意 mǎnyì 통 만족하다

5급 综合 zōnghé 통 종합하다

통 종합하다 반의어 分析 fēnxī [5급]

做决定之前，我们要**综合**各方面因素
결정하기 전에 우리는 각 방면의 요인을 종합해야 한다

从两队的**综合**实力来看，水平不相上下
양 팀의 종합적인 실력을 놓고 보면 수준이 막상막하이다

4급 方面 fāngmiàn 몡 방면, 분야
6급 不相上下 bùxiāng-shàngxià 솅 막상막하, 차이가 크지 않다

6급 棕色 zōngsè 몡 갈색

몡 갈색

她买了一个**棕色**的手提包
그녀는 갈색 핸드백을 하나 샀다

手提包 shǒutíbāo 몡 가방, 핸드백

Z

6급 踪迹 zōngjì 몡 종적

몡 종적
尚未发现任何**踪迹**
어떤 종적도 아직 발견되지 않았다

遇难者家属也自发地寻找失踪飞机的**踪迹**
조난자 가족들도 자발적으로 실종 항공기의 종적을 찾았다

尚未 shàngwèi 뮈 아직 …하지 않다
遇难者 yùnànzhě 몡 조난자, 사망 피해자
6급 失踪 shīzōng 됭 실종되다, 행방불명되다

5급 总裁 zǒngcái 몡 총재, 총수

몡 총재, 총수
这次风波以后，他辞去了**总裁**的职务
이번 파문 이후 그는 총재 직무에서 사임했다

风波 fēngbō 몡 풍파, 분규, 소란
辞去 cíqù 됭 일을 그만두다, 사직하다

6급 总而言之 zǒng'éryánzhī 솅 종합해서 말하면, 요컨대

솅 종합해서 말하면, 요컨대 (결론을 이끌어낼 때 쓰임)
总而言之，这个方案有些不切实际
종합해서 말하면 이 방안은 약간 현실에 맞지 않는다

不切实际 bùqiè-shíjì
솅 실제 상황에 부합되지 않다

5급 总共 zǒnggòng 뮈 모두, 전부

뮈 모두, 전부
一年下来，他**总共**存了十万块钱
1년 동안 그는 모두 십만 위안을 저축했다

人手不多，**总共**只有七八个
일손이 많지 않아서 모두 일고여덟 명뿐이다

4급 存 cún 됭 저금하다, 저축하다
人手 rénshǒu 몡 일하는 사람, 일손

6급 总和 zǒnghé 몡 총화, 총계

몡 총화, 총계
今年上半年的参考人数已经超过去年的**总和**
올해 상반기 시험 참가 인원이 이미 작년의 총계를 넘어섰다

上半年 shàngbànnián 몡 상반기
人数 rénshù 몡 사람 수, 인원 수

4급 总结 zǒngjié 됭 총결하다, 총괄하다 몡 총결, 최종 결론, 총결산

됭 총결하다, 총괄하다
我**总结**了七条经验教训
내가 일곱 가지 경험과 교훈을 총결했다

몡 총결, 최종 결론, 총결산
年末，我们每人都要写一份工作**总结**报告
연말에 우리는 모두 업무 총결산 보고서를 써야 한다

5급 教训 jiàoxùn 몡 교훈
年末 niánmò 몡 연말
5급 报告 bàogào 몡 보고서

5급 总理 zǒnglǐ 몡 총리

몡 총리
总理德高望重，深受人民群众的尊敬和爱戴
총리는 덕과 명망이 높아 대중의 존경과 추대를 받는다

德高望重 dégāo-wàngzhòng
솅 인격이 훌륭하고 명망이 높다
6급 爱戴 àidài 됭 경애하며 추대하다

|3급| 总是 zǒngshì 🔒 늘, 항상 🔒 결국

🔒 **늘, 항상**
他上班**总是**迟到，被领导扣了不少工资
그는 출근할 때 늘 지각해서 상사에게 적지 않은 급여를 삭감당했다

🔒 **결국**
冬天**总是**会过去的，春天**总是**会来的
겨울은 결국 지나가고, 봄이 결국 온다

|3급| 迟到 chídào 🔒 지각하다, 늦게 도착하다
|6급| 扣 kòu 🔒 공제하다, 제하다, 빼다

|5급| 总算 zǒngsuàn 🔒 마침내, 드디어, 결국 🔒 그럭저럭, 그런대로, 간신히

🔒 **마침내, 드디어, 결국**
他**总算**把房贷还清了
그는 마침내 주택 대출을 청산했다

🔒 **그럭저럭, 그런대로, 간신히**
这样处理，**总算**不错了
이렇게 처리하면 그런대로 괜찮다

房贷 fángdài 🔒 주택 담보 대출
还清 huánqīng 🔒 빚을 청산하다

|5급| 总统 zǒngtǒng 🔒 대통령, 국가 원수

🔒 **대통령, 국가 원수**
他正式就任**总统**职务
그는 정식으로 대통령 직무를 맡았다

就任 jiùrèn 🔒 취임하다, (직무를) 맡다

|5급| 总之 zǒngzhī 🔒 한마디로 말하면, 요컨대

🔒 **한마디로 말하면, 요컨대 (앞의 내용을 총괄하는 것을 나타냄)**
总之，知人知面不知心，我看错她了
한마디로 열 길 물 속은 알아도 한 길 사람 속은 모른다더니,
내가 그녀를 잘못 봤다
总之一句话，坚持就是胜利
한마디로 요약하자면 버티는 것이 곧 이기는 것이다

知人知面不知心 zhī rén zhī miàn bù
zhī xīn 🔒 사람의 겉모습을 알 수 있으나
속마음을 알기 어렵다, 열 길 물 속은 알아도
한 길 사람 속은 모른다

|6급| 纵横 zònghéng 🔒 종횡의 🔒 자유분방하다 🔒 종횡무진하다, 거침없이 오가다

🔒 **종횡의**
市区道路**纵横**交错，高楼林立
시내는 도로가 종횡으로 교차하고 고층 빌딩이 즐비하다

🔒 **자유분방하다**
他才气**纵横**，出口成章
그는 재기가 자유분방하고 말솜씨가 뛰어나다

🔒 **종횡무진하다, 거침없이 오가다**
他率领军队，**纵横**数千里
그는 군대를 거느리고 수천 리를 종횡무진했다

交错 jiāocuò 🔒 교차하다, 뒤섞이다
林立 línlì 🔒 빽빽하게 늘어서다, 즐비하다
才气 cáiqi 🔒 (문예 방면의) 재기/재능
出口成章 chūkǒu-chéngzhāng
🔒 말하는 것이 그대로 문장이 되다,
재치가 있고 말솜씨가 뛰어나다
|6급| 率领 shuàilǐng 🔒 통솔하다, 지휘하다

Z

2급 走 zǒu 图 걷다, 가다, 떠나다

图 걷다, 가다, 떠나다
我们出去走走吧 우리 나가서 좀 걷자
大约走五分钟就到了
대략 5분 정도 가면 도착한다
同学们都走了，空荡荡的教室里只有他一个人
학우들이 모두 떠나고 텅 빈 교실에 그 혼자 있다

4급 大约 dàyuē 图 대략, 대강
空荡荡 kōngdàngdàng
图 텅 비어 쓸쓸하다, 휑하다

6급 走廊 zǒuláng 图 복도, 회랑

图 복도, 회랑
穿过这个走廊就可以看到
이 복도를 건너가면 바로 보인다

穿过 chuānguò 图 통과하다, 관통하다,
가로지르다

6급 走漏 zǒulòu 图 누설하다, 새다 图 밀수하여 탈세하다 图 도난당하다

图 누설하다, (비밀이) 새다
消息走漏得很快，一天以后就满城风雨了
소식이 빨리 새 나가 하루 만에 소문이 자자하다

图 밀수하여 탈세하다
严厉打击走漏行为
탈세 행위를 엄격하게 단속하다

图 (물건 중 일부를) 도난당하다
请放心，东西不会走漏的
안심하십시오, 물건은 도난당하지 않을 겁니다

满城风雨 mǎnchéng-fēngyǔ
图 온 동네에 소문이 자자하다
6급 打击 dǎjī 图 공격하다, 단속하다

6급 走私 zǒu//sī 图 밀수하다

图 밀수하다
海关查获一宗毒品走私案
세관에서 마약 밀수 사건 한 건을 수사해서 적발했다

5급 海关 hǎiguān 图 세관
6급 查获 cháhuò 图 수사하여 적발하다
宗 zōng 图 건, 가지 (사건을 세는 단위)

6급 揍 zòu 图 때리다 图 부수다, 깨뜨리다

图 (사람을) 때리다
他狠狠地揍了儿子一顿
그는 아들을 호되게 한 대 때렸다

图 부수다, 깨뜨리다
她把妈妈最喜欢的杯子揍碎了
그녀는 엄마가 제일 좋아하는 컵을 깨뜨렸다

狠狠 hěnhěn 图 세차게, 힘껏, 호되게

4급 租 zū 图 세, 임대료 图 임차하다, 빌리다, 세내다 图 임대하다, 세놓다

图 세, 임대료
每个月要交两千块钱的房租
매달 2천 위안의 집세를 내야 한다

图 임차하다, 빌리다, 세내다
她俩合租了一间房 그녀 둘은 방 한 칸을 같이 빌렸다
我们去租辆车吧 우리 차를 렌트하러 가자

图 임대하다, 세놓다
他把房子租给了远房亲戚
그는 집을 먼 친척에게 세놓았다

远房 yuǎnfáng 圈 혈통이 먼
4급 亲戚 qīnqi 圈 친척

6급 租赁 zūlìn 图 임차하다, 빌리다, 세내다 图 임대하다, 세놓다, 대여하다

图 임차하다, 빌리다, 세내다
他在郊区租赁了一个高档公寓
그는 교외에 고급 아파트를 빌렸다

图 임대하다, 세놓다, 대여하다
公司向个人租赁车辆
회사가 개인에게 차량을 대여하다

5급 高档 gāodàng 圈 고급의
5급 公寓 gōngyù 圈 아파트

6급 足以 zúyǐ 图 …에 충분하다

图 …에 충분하다
我们现在的实力还不足以和他们相抗衡
우리의 현재 실력은 아직 그들에게 맞서기는 충분하지 않다

抗衡 kànghéng 图 대항하다, 맞서다

6급 阻碍 zǔ'ài 图 막다, 방해하다 图 장애물

图 막다, 방해하다
任何困难都不能阻碍我们前进的脚步
어떤 어려움도 우리의 전진하는 발걸음을 막을 수 없다

图 장애물
这点儿阻碍算不了什么，你可以克服的
이 정도 장애물이야 별것 아니니 너는 극복할 수 있다

前进 qiánjìn 图 전진하다, 발전하다
5급 克服 kèfú 图 극복하다

6급 阻拦 zǔlán 图 제지하다, 막다

图 제지하다, 막다
人各有志，你别阻拦他做生意
사람마다 생각이 있는 거니까, 너는 그가 장사하는 것을 막지 마라

人各有志 réngèyǒuzhì
⬤ 누구나 자신만의 포부와 이상이 있다

6급 阻挠 zǔnáo 图 방해하다, 혼란하게 하다

图 방해하다, 혼란하게 하다
虽然父母百般阻挠，但他俩还是走到了一起
부모가 백방으로 방해했지만, 그 둘은 변함없이 함께하게 되었다

百般 bǎibān 图 백방으로, 온갖 방법으로

Z

5급 阻止 zǔzhǐ 图 저지하다

图 저지하다
现在阻止他已经来不及了
지금 그를 저지하는 것은 이미 늦었다

4급 来不及 láibují …할 틈이 없다,
미처 …하지 못하다

5급 组 zǔ 图 조직하다, 모으다, 짜다 명 조직, 그룹, 팀

图 조직하다, 모으다, 짜다
一起组一个队 같이 팀을 짜다

명 조직, 그룹, 팀
课堂小组活动 교실 내 소그룹 활동
他被推选为组长
그는 팀장으로 추천 선발되었다

队 duì 명 팀(team)
课堂 kètáng 명 교실
推选 tuīxuǎn 图 추천하여 선발하다

5급 组成 zǔchéng 图 조성하다, 구성하다, 조직하다

图 조성하다, 구성하다, 조직하다
五个人组成一个小组
다섯 명이 한 조를 구성한다
水由氧和氢组成
물은 산소와 수소로 구성된다

氧 yǎng 명 산소
氢 qīng 명 수소

5급 组合 zǔhé 图 조합하다 명 조합, 그룹

图 조합하다
重新组合 새롭게 조합하다
你能将各个部分组合起来吗?
너는 각 부분을 조합할 수 있니?

명 조합, 그룹
彩色组合 컬러 조합
音乐组合 음악 그룹, 밴드

4급 重新 chóngxīn 图 다시, 새로이
4급 部分 bùfen 图 부분, 일부
彩色 cǎisè 명 컬러의

5급 组织 zǔzhī 图 조직하다 명 조직

图 조직하다
这次募捐活动由他们部门组织
이번 모금 활동은 그들 부서에서 조직한 것이다

명 조직
他如实向组织汇报了情况
그는 조직에 사실대로 정황을 보고했다

募捐 mùjuān 图 모금하다, 기부금을 모으다
如实 rúshí 图 사실대로, 실제 상황에 따라
6급 汇报 huìbào 图 종합하여 보고하다

6급 祖父 zǔfù 명 조부, 할아버지

명 조부, 할아버지
祖父对我们很慈祥
할아버지는 우리에게 매우 자상하시다

6급 慈祥 cíxiáng 图 자상하다, 선하고 다정하다

6급 祖国 zǔguó 명 조국

명 조국
年过六旬的他渴望回到祖国的怀抱
나이가 예순이 넘은 그는 조국의 품으로 돌아가기를 갈망했다

6급 渴望 kěwàng 图 갈망하다, 간절히 바라다
怀抱 huáibào 명 가슴, 품

6급 祖先 zǔxiān 명 선조, 조상

명 선조, 조상

祖先为我们遗留下许多宝贵的文化遗产
선조는 우리에게 많은 귀중한 문화 유산을 남겼다

6급 遗留 yíliú 통 남겨 놓다, 남기다
6급 遗产 yíchǎn 명 유산

6급 钻研 zuānyán 통 깊이 연구하다

통 깊이 연구하다

祖父**十年如一日**，苦心**钻研**中药
조부는 십 년을 하루 같이 심혈을 기울여 중국 약학을 연구하셨다

十年如一日 shí nián rú yī rì
정 십 년이 마치 하루 같다, 꾸준히 계속하다
苦心 kǔxīn 명 고심하여, 심혈을 기울여

6급 钻石 zuànshí 명 다이아몬드, 금강석

명 다이아몬드, 금강석

钻石代表着永恒
다이아몬드는 영원함을 나타낸다

6급 永恒 yǒnghéng 형 영원불변의,
영원불멸의, 영원한

3급 嘴 zuǐ 명 입

명 입

他张开**嘴**吃了一大口苹果
그는 입을 벌려 사과를 크게 한 입 먹었다

她开心得合不上**嘴**
그녀는 즐거워서 입을 다물지 못했다

张开 zhāngkāi 통 열다, 펴다
4급 开心 kāixīn 형 기분이 유쾌하다, 즐겁다

6급 嘴唇 zuǐchún 명 입술

명 입술

她突然晕倒了，连**嘴唇**也失去了血色
그녀는 갑자기 기절했고, 입술도 혈색을 잃었다

晕倒 yūndǎo 통 정신을 잃고 쓰러지다,
기절하다
血色 xuèsè 명 혈색, 핏기

2급 最 zuì 부 가장, 제일

부 가장, 제일

你尽了**最**大努力，至于结果如何就听天由命吧
너는 최선의 노력을 다했으니, 결과가 어떨지는 운명에 맡겨라

听天由命 tīngtiān-yóumìng
정 하늘의 뜻에 따르다

5급 最初 zuìchū 명 최초, 처음

명 최초, 처음

最初他是一名普通职员，现在就晋升为经理了
처음에 그는 일반 직원이었지만, 현재는 책임자로 승진했다

普通 pǔtōng 형 보통의, 일반의, 평범한
6급 晋升 jìnshēng 통 승진하다

Z

4급 最好 zuìhǎo 톙 가장 좋은 팀 가장 좋게는

톙 **가장 좋은**
我们在努力寻找最好的解决办法
우리는 가장 좋은 해결 방법을 찾으려고 노력중이다

팀 **가장 좋게는**
你最好和父母商量一下
너는 부모님과 상의해 보는 것이 가장 좋겠다

5급 寻找 xúnzhǎo 툉 찾다
3급 办法 bànfǎ 톙 방법, 수단
4급 商量 shāngliang 툉 상의하다, 협의하다, 의논하다

3급 最后 zuìhòu 톙 최후, 마지막

톙 **최후, 마지막**
笑到最后的人才是真正的赢家
최후에 웃는 사람이 비로소 진정한 승자이다

赢家 yíngjiā 톙 승자

3급 最近 zuìjìn 톙 최근

톙 **최근**
她最近总是愁眉苦脸的
그녀는 최근에 늘 수심에 가득 찬 얼굴을 하고 있다

愁眉苦脸 chóuméi-kǔliǎn 셩 찡그린 눈썹과 괴로운 얼굴, 매우 걱정스러운 표정

6급 罪犯 zuìfàn 톙 죄인, 범인

톙 **죄인, 범인**
公安人员很快就将罪犯一网打尽
공안 요원들이 매우 빨리 범인을 일망타진했다

一网打尽 yīwǎng-dǎjìn
셩 일망타진하다, 모조리 잡다

5급 醉 zuì 툉 술에 취하다 툉 빠지다, 도취하다

툉 **술에 취하다**
他醉得不省人事 그는 취해서 인사불성이다

툉 **빠지다, 도취하다**
她唱这首歌，听得我的心都醉了
그녀가 이 곡을 부르는 것을 들으며 내 마음이 다 빠져들었다

不省人事 bùxǐng-rénshì 셩 인사불성

역순 어휘
麻醉 mázuì   陶醉 táozuì

5급 尊敬 zūnjìng 툉 존경하다 톙 존경하는

툉 **존경하다**
我很尊敬这位老校长
나는 이 연로하신 교장 선생님을 매우 존경한다

톙 **존경하는**
尊敬的各位来宾，欢迎你们参加今天的宴会
존경하는 내빈 여러분, 오늘 파티에 참가하신 것을 환영합니다

3급 校长 xiàozhǎng 톙 교장, 학장, 총장
来宾 láibīn 톙 내빈, 초대 손님
5급 宴会 yànhuì 톙 연회, 잔치, 파티

6급 尊严 zūnyán 톙 존엄하다 톙 존엄, 존엄성

톙 **존엄하다**
尊严的讲台 존엄한 교단

讲台 jiǎngtái 톙 강단, 교단, 연단

명 존엄, 존엄성
绝不允许别人践踏自己的**尊严**
다른 사람이 자신의 존엄을 짓밟는 것을 절대 허용하지 않다

6급 **践踏** jiàntà 동 짓밟다, 유린하다

4급 **尊重** zūnzhòng 동 존중하다, 중시하다

동 존중하다, 중시하다
尊重他人，可以反映出你的人品素质如何
타인을 존중하는 것은 너의 인격 소양이 어떠한지 반영한다

他人 tārén 명 타인, 다른 사람, 남
人品 rénpǐn 명 인품, 인격

5급 **遵守** zūnshǒu 동 준수하다

동 준수하다
我们要**遵守**交通规则，不可以闯红灯
우리는 교통 규칙을 준수해야 하며 빨간불에 차를 몰아서는 안 된다

5급 规则 guīzé 명 규칙, 법칙
闯红灯 chuǎng hóngdēng
빨간불을 무시하고 차를 몰다

6급 **遵循** zūnxún 동 따르다

동 따르다
学习语言必须**遵循**循序渐进的原则
언어를 배우는 것은 점차 심화시키는 원칙을 따라야 한다

6급 循序渐进 xúnxù-jiànjìn
성 차례대로 나아가다, 점진적으로 발전하다

1급 **昨天** zuótiān 명 어제

명 어제
昨天下午你去哪儿了?
어제 오후에 너 어디 갔었어?

6급 **琢磨** zuómo 동 반복하여 생각하다, 고려하다

동 반복하여 생각하다, 고려하다
他整天心事重重，不知道在**琢磨**什么东西
그는 종일 걱정이 태산인데 뭘 계속 생각하고 있는지 모르겠다

心事重重 xīnshì-chóngchóng
성 마음속에 걱정거리가 쌓이다

2급 **左边** zuǒbian 명 왼쪽, 왼편

명 왼쪽, 왼편
图书馆在食堂**左边**
도서관은 구내식당의 왼쪽에 있다

3급 图书馆 túshūguǎn 명 도서관
食堂 shítáng 명 구내식당

4급 **左右** zuǒyòu 명 좌우 명 가량, 정도

Z

명 좌우
都8岁了，他还分不清**左右**
이미 여덟 살인데 그는 아직 좌우를 구별하지 못한다

身高 shēngāo 명 신장, 키
5급 年纪 niánjì 명 연령, 나이

명 가량, 정도 (수량사 뒤에 쓰여서 대강의 수를 나타냄)
他身高一米八**左右** 그는 키가 1미터 80 정도이다
年纪在40岁**左右** 나이가 40세 가량이다

6급 作弊 zuò//bì 图 부정행위를 하다, 속임수를 쓰다

图 부정행위를 하다, 속임수를 쓰다
作弊一旦被发现，马上取消考试资格
부정행위를 하다 일단 발각되면 바로 시험 자격이 취소된다

5급 一旦 yídàn 图 일단
3급 发现 fāxiàn 图 발견하다, 찾아내다

6급 作废 zuò//fèi 图 폐기하다

图 폐기하다
这张会员卡已经作废了
이 회원 카드는 이미 폐기되었다

此通知有效期为一天，明天就作废
이 통지서의 유효 기간은 하루이며, 내일은 바로 폐기된다

会员卡 huìyuánkǎ 图 회원 카드,
멤버십 카드
有效期 yǒuxiàoqī 图 유효 기간

6급 作风 zuòfēng 图 태도, 방법, 스타일, 풍격, 양식

图 태도, 방법, 스타일, 풍격, 양식
爷爷仍然保持着艰苦朴素的生活作风
할아버지는 여전히 검소한 생활 태도를 유지하신다

我们需要建立诚信、文明的校园作风
우리는 성실하고 교양 있는 학교 기풍을 만들어야 한다

艰苦朴素 jiānkǔ-pǔsù
图 고생을 이기며 검소하고 소박한 생활을 하다
诚信 chéngxìn 图 성실하고 믿음직하다,
신실하다
5급 文明 wénmíng 图 교양이 있는, 예의 바른,
점잖은

4급 作家 zuòjiā 图 작가

图 작가
她是当今文坛上大名鼎鼎的作家
그녀는 현재 문단에서 가장 이름난 작가이다

文坛 wéntán 图 문단, 문학계
大名鼎鼎 dàmíng-dǐngdǐng
图 명성이 높다, 저명하다

5급 作品 zuòpǐn 图 작품

图 작품
经过时间沉淀的作品才是真正的好作品
시간이 쌓인 작품이야말로 진짜 좋은 작품이다

6급 沉淀 chéndiàn 图 응어리지다, 쌓이다,
축적되다

5급 作为 zuòwéi 图 …으로 여기다 图 …으로서

图 …으로 여기다
我把这个城市作为第二故乡
나는 이 도시를 제2의 고향으로 여긴다

图 …으로서
作为一名医生，救死扶伤是我的职责
의사로서 생명을 구하고 부상자를 치료하는 것은 나의 직책이다

6급 故乡 gùxiāng 图 고향
救死扶伤 jiùsǐ-fúshāng 图 생명이
위험한 사람을 구하고, 부상자를 돕다
职责 zhízé 图 직책

5급 作文 zuòwén 图 작문하다 图 작문

图 (zuò//wén) 작문하다
平时多注意观察，作文时就不会觉得难了
평소에 더 주의해서 관찰하면 작문할 때 어렵게 느끼지 않을 것이다

5급 观察 guānchá 图 관찰하다

명 작문
老师要求我们一星期写一篇作文
선생님은 우리에게 한 주일에 한 편씩 작문 쓰기를 요구하셨다

|4급| 篇 piān 양 편, 장

|6급| **作息** zuòxī 동 일하고 쉬다

동 일하고 쉬다
调整作息时间
일하고 쉬는 시간을 조정하다
工作再忙，你也得按时作息，保重身体
일이 아무리 바빠도 제때 일하고 쉬면서 몸조심해야 한다

|5급| 调整 tiáozhěng 동 조정하다, 조절하다
|6급| 保重 bǎozhòng 동 몸조심하다

|3급| **作业** zuòyè 명 숙제, 과제

명 숙제, 과제
今天老师布置了很多作业
오늘 선생님이 많은 숙제를 내 주셨다

|6급| 布置 bùzhì 동 배치하다, 꾸미다, 안배하다

|4급| **作用** zuòyòng 명 작용, 영향, 효과

명 작용, 영향, 효과
这种药没有副作用 이 약은 부작용이 없다
老师的话对他起了极大的作用
선생님의 말씀은 그에게 매우 큰 영향을 미쳤다

副作用 fùzuòyòng 명 부작용
极大 jídà 형 극대하다, 매우 크다

|4급| **作者** zuòzhě 명 작가

명 작가
不经作者同意，编辑不可以随便更改原稿内容
작가의 동의 없이 편집자가 마음대로 원고 내용을 바꾸면 안 된다

|5급| 编辑 biānjí 명 편집자
更改 gēnggǎi 동 바꾸다, 변동하다
原稿 yuángǎo 명 원고, 초고(草稿)

|1급| **坐** zuò 동 앉다 동 타다

동 앉다
请坐 앉으세요 ㅣ坐在沙发上 소파에 앉다
동 (교통수단을) 타다
你坐什么回老家？
너는 무엇을 타고 고향 집에 돌아가니?
她每天坐公交车上班
그녀는 매일 버스를 타고 출근한다

老家 lǎojiā 명 고향, 고향 집
公交车 gōngjiāochē 명 버스

역순 어휘
乘坐 chéngzuò

|4급| **座** zuò 양 좌, 채

양 좌, 채 (부피가 크고 고정된 물체를 세는 단위)
这座房子早已破落不堪
이 건물은 이미 심하게 허물어졌다
那座大桥将在下个月底竣工
그 대교는 다음 달 말에 준공할 것이다

破落 pòluò 동 훼손되다, 허물어지다
竣工 jùngōng 동 준공하다, 완공하다

역순 어휘
插座 chāzuò   讲座 jiǎngzuò

Z

4급 座位 zuòwèi 명 좌석, 자리

명 좌석, 자리

她将座位让给了一位老人
그녀는 노인에게 좌석을 양보했다

他羞愧地回到座位上
그는 부끄러워하며 자리로 돌아왔다

2급 让 ràng 동 양보하다, 사양하다
羞愧 xiūkuì 형 부끄럽다, 수줍다

6급 座右铭 zuòyòumíng 명 좌우명

명 좌우명

选一句名言作为人生的座右铭
명언을 한 구절 골라 인생의 좌우명으로 삼다

名言 míngyán 명 명언

1급 做 zuò 동 하다, 만들다

동 하다, 만들다

你在做什么? 너 지금 뭐 하니?

做错了就应该反省 잘못을 했으면 반성해야 한다

我下午一般在家，打扫，做饭
나는 오후에는 보통 집에 있으면서 청소하고 밥을 한다

反省 fǎnxǐng 동 반성하다
3급 打扫 dǎsǎo 동 청소하다, 깨끗이 치우다

做东 zuò//dōng 동 한턱 내다, 주인 노릇을 하다

동 한턱 내다, 주인 노릇을 하다

我邀请你来的，当然是我做东
내가 너를 초대했으니 당연히 내가 내야지

4급 邀请 yāoqǐng 동 초청하다, 초대하다

做生意 zuò shēngyi 장사하다

장사하다

他做了十几年的生意，赚了不少钱
그는 십 몇 년간 장사를 해서 많은 돈을 벌었다

做生意难免要承担风险，有赚就有赔
장사는 위험을 감수해야 하고, 버는 게 있으면 밑질 때도 있다

4급 赚 zhuàn 동 이윤을 얻다, 돈을 벌다
5급 风险 fēngxiǎn 명 위험
赔 péi 동 손해를 보다, 손실을 입다

6급 做主 zuò//zhǔ 동 책임지고 결정하다

동 책임지고 결정하다

我家的大事小事都由爸爸做主
우리 집의 대소사는 모두 아빠가 책임지고 결정하신다

这件事情我做不了主，你去问领导吧
이 일은 내가 결정할 수 없으니 책임자에게 가서 물어 봐

5급 领导 lǐngdǎo 명 대표, 지도자, 책임자

1~6급

HSK 급수별 어휘

3级

4급

4级

4급

专业	zhuānyè	797	保持	bǎochí	25	不安	bù'ān	53
转	zhuǎn	797	保存	bǎocún	26	不得了	bùdéliǎo	54
赚	zhuàn	798	保留	bǎoliú	26	不断	bùduàn	54
准确	zhǔnquè	802	保险	bǎo//xiǎn	27	不见得	bùjiàndé	56
准时	zhǔnshí	802	报到	bào//dào	28	不耐烦	bùnàifán	57
仔细	zǐxì	805	报道	bàodào	28	不然	bùrán	57
自然	zìrán	807	报告	bàogào	29	不如	bùrú	57
自信	zìxìn	808	报社	bàoshè	29	不要紧	bùyàojǐn	58
总结	zǒngjié	810	抱怨	bàoyuàn	30	不足	bùzú	59
租	zū	812	悲观	bēiguān	31	布	bù	59
最好	zuìhǎo	816	背	bèi	32	步骤	bùzhòu	60
尊重	zūnzhòng	817	背景	bèijǐng	33	部门	bùmén	60
左右	zuǒyòu	817	被子	bèizi	34	财产	cáichǎn	62
作家	zuòjiā	818	本科	běnkē	34	采访	cǎifǎng	63
作用	zuòyòng	819	本领	běnlǐng	35	采取	cǎiqǔ	63
作者	zuòzhě	819	本质	běnzhì	36	彩虹	cǎihóng	63
座	zuò	819	比例	bǐlì	38	踩	cǎi	63
座位	zuòwèi	820	彼此	bǐcǐ	38	参考	cānkǎo	64
			必然	bìrán	39	参与	cānyù	65
5级			必要	bìyào	39	惭愧	cánkuì	66
哎	āi	10	毕竟	bìjìng	40	操场	cāochǎng	66
唉	āi	10	避免	bìmiǎn	40	操心	cāo//xīn	67
爱护	àihù	12	编辑	biānjí	41	册	cè	68
爱惜	àixī	12	鞭炮	biānpào	42	测验	cèyàn	68
爱心	àixīn	12	便	biàn	43	曾经	céngjīng	69
安慰	ānwèi	13	辩论	biànlùn	44	叉子	chāzi	70
安装	ānzhuāng	14	标点	biāodiǎn	45	差距	chājù	70
岸	àn	14	标志	biāozhì	45	插	chā	70
暗	àn	15	表达	biǎodá	46	拆	chāi	72
熬夜	áo//yè	15	表面	biǎomiàn	46	产品	chǎnpǐn	73
把握	bǎwò	17	表明	biǎomíng	46	产生	chǎnshēng	73
摆	bǎi	19	表情	biǎoqíng	46	长途	chángtú	74
办理	bànlǐ	21	表现	biǎoxiàn	47	常识	chángshí	75
傍晚	bàngwǎn	23	冰激凌	bīngjīlíng	49	抄	chāo	77
包裹	bāoguǒ	24	病毒	bìngdú	50	超级	chāojí	77
包含	bāohán	24	玻璃	bōli	51	朝	cháo	78
包括	bāokuò	24	播放	bōfàng	51	潮湿	cháoshī	78
薄	báo	25	脖子	bózi	51	吵	chǎo	78
宝贝	bǎobèi	25	博物馆	bówùguǎn	52	吵架	chǎo//jià	79
宝贵	bǎoguì	25	补充	bǔchōng	52	炒	chǎo	79

5级

5级

老鼠	lǎoshǔ	373	陆续	lùxù	397	模仿	mófǎng	422
姥姥	lǎolao	373	录取	lùqǔ	397	模糊	móhu	422
乐观	lèguān	374	录音	lùyīn	397	模特	mótè	423
雷	léi	374	轮流	lúnliú	399	摩托车	mótuōchē	423
类型	lèixíng	375	论文	lùnwén	399	陌生	mòshēng	424
冷淡	lěngdàn	375	逻辑	luójí	400	某	mǒu	425
厘米	límǐ	376	落后	luò∥hòu	401	木头	mùtou	425
离婚	lí∥hūn	377	骂	mà	403	目标	mùbiāo	426
梨	lí	377	麦克风	màikèfēng	404	目录	mùlù	426
理论	lǐlùn	379	馒头	mántou	405	目前	mùqián	426
理由	lǐyóu	379	满足	mǎnzú	405	哪怕	nǎpà	428
力量	lìliang	380	毛病	máobìng	407	难怪	nánguài	430
立即	lìjí	381	矛盾	máodùn	408	难免	nánmiǎn	430
立刻	lìkè	382	冒险	mào∥xiǎn	408	脑袋	nǎodai	431
利润	lìrùn	382	贸易	màoyì	408	内部	nèibù	432
利息	lìxī	382	眉毛	méimao	410	内科	nèikē	432
利益	lìyì	383	媒体	méitǐ	410	嫩	nèn	433
利用	lìyòng	383	煤炭	méitàn	410	能干	nénggàn	433
连忙	liánmáng	384	美术	měishù	411	能源	néngyuán	434
连续	liánxù	384	魅力	mèilì	411	嗯	ǹg	434
联合	liánhé	385	梦想	mèngxiǎng	412	年代	niándài	434
恋爱	liàn'ài	386	秘密	mìmì	414	年纪	niánjì	435
良好	liánghǎo	386	秘书	mìshū	414	念	niàn	435
粮食	liángshi	387	密切	mìqiè	415	宁可	nìngkě	437
亮	liàng	387	蜜蜂	mìfēng	415	牛仔裤	niúzǎikù	437
了不起	liǎobuqǐ	388	面对	miànduì	416	农村	nóngcūn	438
列车	lièchē	388	面积	miànjī	416	农民	nóngmín	438
临时	línshí	389	面临	miànlín	416	农业	nóngyè	438
灵活	línghuó	390	苗条	miáotiao	417	浓	nóng	438
铃	líng	390	描写	miáoxiě	417	女士	nǚshì	440
零件	língjiàn	390	敏感	mǐngǎn	419	欧洲	Ōuzhōu	441
零食	língshí	391	名牌	míngpái	420	偶然	ǒurán	441
领导	lǐngdǎo	391	名片	míngpiàn	420	拍	pāi	442
领域	lǐngyù	392	名胜古迹	míngshèng gǔjì	420	派	pài	443
浏览	liúlǎn	393	明确	míngquè	421	盼望	pànwàng	445
流传	liúchuán	394	明显	míngxiǎn	421	培训	péixùn	446
流泪	liúlèi	394	明星	míngxīng	421	培养	péiyǎng	446
龙	lóng	395	命令	mìnglìng	421	赔偿	péicháng	446
漏	lòu	396	命运	mìngyùn	422	佩服	pèifú	446
陆地	lùdì	397	摸	mō	422	配合	pèihé	447

5급

设备	shèbèi	521	始终	shǐzhōng	542	撕	sī	566
设计	shèjì	521	士兵	shìbīng	542	似乎	sìhū	567
设施	shèshī	521	市场	shìchǎng	544	搜索	sōusuǒ	568
射击	shèjī	522	似的	shìde	544	宿舍	sùshè	570
摄影	shèyǐng	523	事实	shìshí	545	随身	suíshēn	571
伸	shēn	524	事物	shìwù	545	随时	suíshí	572
身材	shēncái	524	事先	shìxiān	545	随手	suíshǒu	572
身份	shēnfèn	524	试卷	shìjuàn	546	碎	suì	573
深刻	shēnkè	525	收获	shōuhuò	549	损失	sǔnshī	573
神话	shénhuà	525	收据	shōujù	549	缩短	suōduǎn	573
神秘	shénmì	526	手工	shǒugōng	550	所	suǒ	574
升	shēng	528	手术	shǒushù	551	锁	suǒ	575
生产	shēngchǎn	528	手套	shǒutào	551	台阶	táijiē	577
生动	shēngdòng	529	手续	shǒuxù	551	太极拳	tàijíquán	577
生长	shēngzhǎng	531	手指	shǒuzhǐ	551	太太	tàitai	578
声调	shēngdiào	531	首	shǒu	552	谈判	tánpàn	579
绳子	shéngzi	532	寿命	shòumìng	552	坦率	tǎnshuài	580
省略	shěnglüè	532	受伤	shòu∥shāng	553	烫	tàng	581
胜利	shènglì	533	书架	shūjià	554	逃	táo	582
失眠	shī∥mián	534	梳子	shūzi	555	逃避	táobì	582
失去	shīqù	534	舒适	shūshì	555	桃	táo	582
失业	shī∥yè	535	输入	shūrù	556	淘气	táo∥qì	582
诗	shī	535	蔬菜	shūcài	556	讨价还价	tǎojià-huánjià	583
狮子	shīzi	535	熟练	shúliàn	556	套	tào	583
湿润	shīrùn	536	属于	shǔyú	557	特色	tèsè	584
石头	shítou	536	鼠标	shǔbiāo	557	特殊	tèshū	584
时差	shíchā	536	数	shǔ / shù	557 / 558	特征	tèzhēng	585
时代	shídài	537	数据	shùjù	558	疼爱	téng'ài	585
时刻	shíkè	538	数码	shùmǎ	559	提倡	tíchàng	586
时髦	shímáo	538	摔倒	shuāidǎo	560	提纲	tígāng	586
时期	shíqī	538	甩	shuǎi	560	提问	tíwèn	587
时尚	shíshàng	538	双方	shuāngfāng	561	题目	tímù	588
实话	shíhuà	539	税	shuì	563	体会	tǐhuì	588
实践	shíjiàn	540	说不定	shuōbudìng	564	体贴	tǐtiē	589
实习	shíxí	540	说服	shuō∥fú	564	体现	tǐxiàn	589
实现	shíxiàn	540	丝绸	sīchóu	565	体验	tǐyàn	589
实验	shíyàn	541	丝毫	sīháo	565	天空	tiānkōng	590
实用	shíyòng	541	私人	sīrén	565	天真	tiānzhēn	591
食物	shíwù	542	思考	sīkǎo	565	调皮	tiáopí	594
使劲儿	shǐ∥jìnr	542	思想	sīxiǎng	566	调整	tiáozhěng	594

信任	xìnrèn	667
行动	xíngdòng	670
行人	xíngrén	670
行为	xíngwéi	670
形成	xíngchéng	671
形容	xíngróng	671
形式	xíngshì	671
形势	xíngshì	671
形象	xíngxiàng	671
形状	xíngzhuàng	672
幸亏	xìngkuī	672
幸运	xìngyùn	673
性质	xìngzhì	674
兄弟	xiōngdì	674
胸	xiōng	675
休闲	xiūxián	676
修改	xiūgǎi	676
虚心	xūxīn	678
叙述	xùshù	679
宣布	xuānbù	679
宣传	xuānchuán	680
学历	xuélì	682
学术	xuéshù	683
学问	xuéwen	683
血	xuè (xiě)	684
寻找	xúnzhǎo	684
询问	xúnwèn	685
训练	xùnliàn	685
迅速	xùnsù	685
押金	yājīn	687
牙齿	yáchǐ	687
延长	yáncháng	688
严肃	yánsù	689
演讲	yǎnjiǎng	692
宴会	yànhuì	693
阳台	yángtái	694
痒	yǎng	694
样式	yàngshì	695
腰	yāo	695
摇	yáo	696

咬	yǎo	696
要不	yàobù	697
业务	yèwù	699
业余	yèyú	699
夜	yè	700
一辈子	yíbèizi	701
一旦	yídàn	701
一律	yílǜ	703
一再	yīzài	704
一致	yízhì	704
依然	yīrán	706
移动	yí//dòng	706
移民	yímín	706
遗憾	yíhàn	707
疑问	yíwèn	708
乙	yǐ	708
以及	yǐjí	708
以来	yǐlái	709
亿	yì	710
义务	yìwù	710
议论	yìlùn	710
意外	yìwài	712
意义	yìyì	712
因而	yīn'ér	713
因素	yīnsù	713
银	yín	714
印刷	yìnshuā	716
英俊	yīngjùn	717
英雄	yīngxióng	717
迎接	yíngjiē	717
营养	yíngyǎng	718
营业	yíngyè	718
影子	yǐngzi	719
应付	yìngfù	719
应用	yìngyòng	720
硬	yìng	720
硬件	yìngjiàn	720
拥抱	yōngbào	720
拥挤	yōngjǐ	720
勇气	yǒngqì	721

用功	yònggōng	722
用途	yòngtú	722
优惠	yōuhuì	723
优美	yōuměi	723
优势	yōushì	723
悠久	yōujiǔ	724
犹豫	yóuyù	725
油炸	yóuzhá	726
游览	yóulǎn	726
有利	yǒulì	727
幼儿园	yòu'éryuán	728
娱乐	yúlè	728
与其	yǔqí	729
语气	yǔqì	730
玉米	yùmǐ	730
预报	yùbào	731
预订	yùdìng	731
预防	yùfáng	731
元旦	Yuándàn	733
员工	yuángōng	734
原料	yuánliào	735
原则	yuánzé	735
圆	yuán	736
愿望	yuànwàng	736
乐器	yuèqì	737
晕	yūn	738
运气	yùnqi	739
运输	yùnshū	739
运用	yùnyòng	740
晕	yùn	740
灾害	zāihài	741
再三	zàisān	742
在乎	zàihu	743
在于	zàiyú	743
赞成	zànchéng	744
赞美	zànměi	744
糟糕	zāogāo	745
造成	zàochéng	746
则	zé	746
责备	zébèi	747

5级

摘	zhāi	749	指导	zhǐdǎo	776	装	zhuāng	799
窄	zhǎi	749	指挥	zhǐhuī	776	装饰	zhuāngshì	799
粘贴	zhāntiē	750	至今	zhìjīn	778	装修	zhuāngxiū	800
展开	zhǎn//kāi	750	至于	zhìyú	778	状况	zhuàngkuàng	800
展览	zhǎnlǎn	750	志愿者	zhìyuànzhě	778	状态	zhuàngtài	801
占	zhàn	751	制定	zhìdìng	779	撞	zhuàng	801
战争	zhànzhēng	752	制度	zhìdù	779	追	zhuī	801
长辈	zhǎngbèi	753	制造	zhìzào	779	追求	zhuīqiú	801
涨	zhǎng	753	制作	zhìzuò	780	咨询	zīxún	803
掌握	zhǎngwò	754	治疗	zhìliáo	780	姿势	zīshì	803
账户	zhànghù	754	秩序	zhìxù	781	资格	zīgé	804
招待	zhāodài	754	智慧	zhìhuì	781	资金	zījīn	804
着火	zháo//huǒ	755	中介	zhōngjiè	782	资料	zīliào	804
着凉	zháo//liáng	756	中心	zhōngxīn	783	资源	zīyuán	805
召开	zhàokāi	756	中旬	zhōngxún	783	紫	zǐ	806
照常	zhàocháng	756	种类	zhǒnglèi	785	自从	zìcóng	806
哲学	zhéxué	758	重大	zhòngdà	786	自动	zìdòng	806
针对	zhēnduì	759	重量	zhòngliàng	787	自豪	zìháo	806
珍惜	zhēnxī	759	周到	zhōudào	788	自觉	zìjué	807
真实	zhēnshí	760	猪	zhū	789	自私	zìsī	807
诊断	zhěnduàn	761	竹子	zhúzi	789	自由	zìyóu	808
阵	zhèn	761	逐步	zhúbù	790	自愿	zìyuàn	808
振动	zhèndòng	761	逐渐	zhújiàn	790	字母	zìmǔ	809
争论	zhēnglùn	763	主持	zhǔchí	790	字幕	zìmù	809
争取	zhēngqǔ	763	主动	zhǔdòng	790	综合	zōnghé	809
征求	zhēngqiú	764	主观	zhǔguān	791	总裁	zǒngcái	810
睁	zhēng	764	主人	zhǔrén	791	总共	zǒnggòng	810
整个	zhěnggè	765	主任	zhǔrèn	791	总理	zǒnglǐ	810
整齐	zhěngqí	765	主题	zhǔtí	791	总算	zǒngsuàn	811
整体	zhěngtǐ	765	主席	zhǔxí	792	总统	zǒngtǒng	811
正	zhèng	766	主张	zhǔzhāng	792	总之	zǒngzhī	811
证件	zhèngjiàn	768	煮	zhǔ	792	阻止	zǔzhǐ	813
证据	zhèngjù	768	注册	zhù//cè	793	组	zǔ	814
政府	zhèngfǔ	769	祝福	zhùfú	794	组成	zǔchéng	814
政治	zhèngzhì	769	抓	zhuā	795	组合	zǔhé	814
挣	zhèng	769	抓紧	zhuā//jǐn	795	组织	zǔzhī	814
支	zhī	770	专家	zhuānjiā	796	最初	zuìchū	815
支票	zhīpiào	771	专心	zhuānxīn	797	醉	zuì	816
执照	zhízhào	773	转变	zhuǎnbiàn	797	尊敬	zūnjìng	816
直	zhí	773	转告	zhuǎngào	798	遵守	zūnshǒu	817

6급

便于	biànyú	43	不顾	bùgù	55	仓促	cāngcù	66
遍布	biànbù	44	不禁	bùjīn	56	仓库	cāngkù	66
辨认	biànrèn	44	不堪	bùkān	56	苍白	cāngbái	66
辩护	biànhù	44	不可思议	bùkě-sīyì	56	舱	cāng	66
辩解	biànjiě	44	不愧	bùkuì	57	操劳	cāoláo	67
辩证	biànzhèng	44	不料	bùliào	57	操练	cāoliàn	67
辫子	biànzi	44	不免	bùmiǎn	57	操纵	cāozòng	67
标本	biāoběn	45	不时	bùshí	57	操作	cāozuò	67
标记	biāojì	45	不惜	bùxī	58	嘈杂	cáozá	67
标题	biāotí	45	不相上下	bùxiāng-shàngxià	58	草案	cǎo'àn	68
表决	biǎojué	46	不像话	bùxiànghuà	58	草率	cǎoshuài	68
表态	biǎo∥tài	47	不屑一顾	bùxiè-yīgù	58	侧面	cèmiàn	68
表彰	biǎozhāng	47	不言而喻	bùyán'éryù	58	测量	cèliáng	68
憋	biē	47	不由得	bùyóude	58	策划	cèhuà	69
别墅	biéshù	48	不择手段	bùzé-shǒuduàn	59	策略	cèlüè	69
别致	biézhì	48	不止	bùzhǐ	59	层出不穷	céngchū-bùqióng	69
别扭	bièniu	48	布告	bùgào	59	层次	céngcì	69
濒临	bīnlín	49	布局	bùjú	59	差别	chābié	70
冰雹	bīngbáo	49	布置	bùzhì	60	插座	chāzuò	70
丙	bǐng	49	步伐	bùfá	60	查获	cháhuò	71
并非	bìngfēi	49	部署	bùshǔ	60	岔	chà	71
并列	bìngliè	50	部位	bùwèi	60	刹那	chànà	71
拨	bō	50	才干	cáigàn	61	诧异	chàyì	71
波浪	bōlàng	50	财富	cáifù	62	柴油	cháiyóu	72
波涛	bōtāo	51	财务	cáiwù	62	搀	chān	72
剥削	bōxuē	51	财政	cáizhèng	62	馋	chán	72
播种	bō∥zhòng	51	裁缝	cáifeng	62	缠绕	chánrào	72
伯母	bómǔ	51	裁判	cáipàn	62	产业	chǎnyè	73
博大精深	bódà-jīngshēn	51	裁员	cái∥yuán	62	阐述	chǎnshù	73
博览会	bólǎnhuì	52	采购	cǎigòu	63	颤抖	chàndǒu	73
搏斗	bódòu	52	采集	cǎijí	63	昌盛	chāngshèng	73
薄弱	bóruò	52	采纳	cǎinà	63	尝试	chángshì	74
补偿	bǔcháng	52	彩票	cǎipiào	63	偿还	chánghuán	75
补救	bǔjiù	52	参谋	cānmóu	64	场合	chǎnghé	75
补贴	bǔtiē	53	参照	cānzhào	65	场面	chǎngmiàn	75
捕捉	bǔzhuō	53	残疾	cánjí	65	场所	chǎngsuǒ	76
哺乳	bǔrǔ	53	残酷	cánkù	65	敞开	chǎngkāi	76
不得已	bùdéyǐ	54	残留	cánliú	65	畅通	chàngtōng	76
不妨	bùfáng	54	残忍	cánrěn	65	畅销	chàngxiāo	76
不敢当	bùgǎndāng	54	灿烂	cànlàn	66	倡导	chàngdǎo	76

倡议	chàngyì	76	迟钝	chídùn	89	喘气	chuǎn∥qì	102
钞票	chāopiào	77	迟缓	chíhuǎn	90	串	chuàn	102
超越	chāoyuè	77	迟疑	chíyí	90	床单	chuángdān	103
巢穴	cháoxué	77	持久	chíjiǔ	90	创立	chuànglì	103
朝代	cháodài	78	赤道	chìdào	90	创新	chuàngxīn	103
嘲笑	cháoxiào	78	赤字	chìzì	91	创业	chuàngyè	104
潮流	cháoliú	78	冲动	chōngdòng	91	创作	chuàngzuò	104
撤退	chètuì	79	冲击	chōngjī	91	吹牛	chuī∥niú	104
撤销	chèxiāo	79	冲突	chōngtū	92	吹捧	chuīpěng	104
沉淀	chéndiàn	80	充当	chōngdāng	92	炊烟	chuīyān	104
沉闷	chénmèn	80	充沛	chōngpèi	92	垂直	chuízhí	105
沉思	chénsī	80	充实	chōngshí	92	锤	chuí	105
沉重	chénzhòng	80	充足	chōngzú	93	纯粹	chúncuì	105
沉着	chénzhuó	81	重叠	chóngdié	93	纯洁	chúnjié	105
陈旧	chénjiù	81	崇拜	chóngbài	93	慈善	císhàn	106
陈列	chénliè	81	崇高	chónggāo	94	慈祥	cíxiáng	106
陈述	chénshù	81	崇敬	chóngjìng	94	磁带	cídài	106
衬托	chèntuō	81	稠密	chóumì	94	雌雄	cíxióng	106
称心如意	chènxīn-rúyì	81	筹备	chóubèi	95	次品	cìpǐn	107
称号	chēnghào	82	丑恶	chǒu'è	95	次序	cìxù	107
成本	chéngběn	82	出路	chūlù	96	伺候	cìhou	107
成交	chéng∥jiāo	83	出卖	chūmài	96	刺	cì	107
成天	chéngtiān	84	出身	chūshēn	97	从容	cóngróng	109
成效	chéngxiào	84	出神	chū∥shén	97	从	cóng	109
成心	chéngxīn	84	出息	chūxi	97	凑合	còuhe	109
成员	chéngyuán	85	初步	chūbù	98	粗鲁	cūlǔ	110
呈现	chéngxiàn	85	除	chú	98	窜	cuàn	110
诚挚	chéngzhì	85	处分	chǔfèn	99	摧残	cuīcán	111
承办	chéngbàn	85	处境	chǔjìng	99	脆弱	cuìruò	111
承包	chéngbāo	86	处置	chǔzhì	100	搓	cuō	111
承诺	chéngnuò	86	储备	chǔbèi	100	磋商	cuōshāng	112
城堡	chéngbǎo	86	储存	chǔcún	100	挫折	cuòzhé	112
乘	chéng	87	储蓄	chǔxù	100	搭	dā	113
盛	chéng	87	触犯	chùfàn	100	搭档	dādàng	113
惩罚	chéngfá	88	川流不息	chuānliú-bùxī	101	搭配	dāpèi	113
澄清	chéngqīng	88	穿越	chuānyuè	101	达成	dáchéng	113
橙	chéng	88	传达	chuándá	101	答辩	dábiàn	114
秤	chèng	88	传单	chuándān	101	答复	dáfù	114
吃苦	chī∥kǔ	89	传授	chuánshòu	102	打包	dǎ∥bāo	114
吃力	chīlì	89	船舶	chuánbó	102	打官司	dǎ guānsi	115

6급

腐蚀	fǔshí	192	搁	gē	207	共计	gòngjì	220
腐朽	fǔxiǔ	193	割	gē	207	共鸣	gòngmíng	220
负担	fùdān	193	歌颂	gēsòng	208	勾结	gōujié	221
附和	fùhè	194	革命	gémìng	208	钩子	gōuzi	221
附件	fùjiàn	194	格局	géjú	208	构思	gòusī	222
附属	fùshǔ	194	格式	géshì	208	孤独	gūdú	222
复活	fùhuó	194	隔阂	géhé	208	孤立	gūlì	223
复兴	fùxīng	195	隔离	gélí	209	姑且	gūqiě	223
副	fù	195	个体	gètǐ	209	辜负	gūfù	223
赋予	fùyǔ	195	各抒己见	gèshū-jǐjiàn	210	古董	gǔdǒng	224
富裕	fùyù	196	根深蒂固	gēnshēn-dìgù	211	古怪	gǔguài	224
腹泻	fùxiè	196	根源	gēnyuán	211	股东	gǔdōng	224
覆盖	fùgài	196	跟前	gēnqián	212	股份	gǔfèn	224
改良	gǎiliáng	197	跟随	gēnsuí	212	骨干	gǔgàn	225
钙	gài	197	跟踪	gēnzōng	212	鼓动	gǔdòng	225
盖章	gàizhāng	198	更新	gēngxīn	212	固然	gùrán	226
干旱	gānhàn	199	更正	gēngzhèng	212	固体	gùtǐ	226
干扰	gānrǎo	199	耕地	gēngdì	213	固有	gùyǒu	226
干涉	gānshè	199	工艺品	gōngyìpǐn	214	固执	gùzhí	226
干预	gānyù	199	公安局	gōng'ānjú	214	故乡	gùxiāng	226
尴尬	gāngà	200	公道	gōngdào	215	故障	gùzhàng	227
感慨	gǎnkǎi	201	公告	gōnggào	215	顾虑	gùlǜ	227
感染	gǎnrǎn	202	公关	gōngguān	215	顾问	gùwèn	227
干劲	gànjìn	203	公民	gōngmín	216	雇佣	gùyōng	227
纲领	gānglǐng	203	公然	gōngrán	216	拐杖	guǎizhàng	228
岗位	gǎngwèi	203	公认	gōngrèn	216	关怀	guānhuái	229
港口	gǎngkǒu	204	公式	gōngshì	217	关照	guānzhào	230
港湾	gǎngwān	204	公务	gōngwù	217	观光	guānguāng	230
杠杆	gànggǎn	204	公正	gōngzhèng	217	官方	guānfāng	231
高超	gāochāo	204	公证	gōngzhèng	218	管辖	guǎnxiá	231
高潮	gāocháo	204	功劳	gōngláo	218	贯彻	guànchè	231
高峰	gāofēng	205	功效	gōngxiào	219	惯例	guànlì	231
高明	gāomíng	205	攻击	gōngjī	219	灌溉	guàngài	231
高尚	gāoshàng	205	攻克	gōngkè	219	罐	guàn	232
高涨	gāozhǎng	206	供不应求	gōngbùyìngqiú	219	光彩	guāngcǎi	232
稿件	gǎojiàn	206	供给	gōngjǐ	219	光辉	guānghuī	232
告辞	gào∥cí	206	宫殿	gōngdiàn	219	光芒	guāngmáng	233
告诫	gàojiè	206	恭敬	gōngjìng	219	光荣	guāngróng	233
疙瘩	gēda	207	巩固	gǒnggù	220	广阔	guǎngkuò	234
鸽子	gēzi	207	共和国	gònghéguó	220	归根到底	guīgēn-dàodǐ	234

6级

6급

纽扣儿	niǔkòur	438	偏差	piānchā	451	普及	pǔjí	462
农历	nónglì	438	偏见	piānjiàn	451	瀑布	pùbù	463
浓厚	nónghòu	438	偏僻	piānpì	451	凄凉	qīliáng	464
奴隶	núlì	439	偏偏	piānpiān	451	期望	qīwàng	464
虐待	nüèdài	440	片断	piànduàn	452	期限	qīxiàn	464
挪	nuó	440	片刻	piànkè	452	欺负	qīfu	465
哦	ó	441	漂浮	piāofú	453	欺骗	qīpiàn	465
殴打	ōudǎ	441	飘扬	piāoyáng	453	齐全	qíquán	465
呕吐	ǒutù	441	撇	piě	454	齐心协力	qíxīn-xiélì	465
偶像	ǒuxiàng	441	拼搏	pīnbó	454	奇妙	qímiào	466
趴	pā	442	拼命	pīn//mìng	454	歧视	qíshì	466
排斥	páichì	442	贫乏	pínfá	454	旗袍	qípáo	466
排除	páichú	442	贫困	pínkùn	454	旗帜	qízhì	467
排放	páifàng	442	频繁	pínfán	455	乞丐	qǐgài	467
排练	páiliàn	443	频率	pínlǜ	455	岂有此理	qǐyǒucǐlǐ	467
徘徊	páihuái	443	品尝	pǐncháng	455	企图	qǐtú	467
派别	pàibié	443	品德	pǐndé	455	启程	qǐchéng	467
派遣	pàiqiǎn	444	品质	pǐnzhì	455	启蒙	qǐméng	468
攀登	pāndēng	444	品种	pǐnzhǒng	456	启示	qǐshì	468
盘旋	pánxuán	444	平凡	píngfán	457	启事	qǐshì	468
判决	pànjué	444	平面	píngmiàn	457	起草	qǐ//cǎo	468
畔	pàn	445	平坦	píngtǎn	458	起初	qǐchū	468
庞大	pángdà	445	平行	píngxíng	458	起伏	qǐfú	469
抛弃	pāoqì	445	平庸	píngyōng	458	起哄	qǐ//hòng	469
泡沫	pàomò	446	平原	píngyuán	458	起码	qǐmǎ	469
培育	péiyù	446	评估	pínggū	458	起源	qǐyuán	470
配备	pèibèi	447	评论	pínglùn	459	气概	qìgài	470
配偶	pèi'ǒu	447	屏幕	píngmù	459	气功	qìgōng	470
配套	pèi//tào	447	屏障	píngzhàng	459	气魄	qìpò	470
盆地	péndì	447	坡	pō	460	气色	qìsè	470
烹饪	pēngrèn	447	泼	pō	460	气势	qìshì	471
捧	pěng	448	颇	pō	460	气味	qìwèi	471
批发	pīfā	448	迫不及待	pòbùjídài	460	气象	qìxiàng	471
批判	pīpàn	449	迫害	pòhài	460	气压	qìyā	471
劈	pī	449	破例	pò//lì	461	气质	qìzhì	471
皮革	pígé	449	魄力	pòlì	461	迄今为止	qìjīn-wéizhǐ	471
疲惫	píbèi	450	扑	pū	461	器材	qìcái	471
疲倦	píjuàn	450	铺	pū	461	器官	qìguān	471
屁股	pìgu	451	朴实	pǔshí	462	掐	qiā	472
譬如	pìrú	451	朴素	pǔsù	462	洽谈	qiàtán	472

6级

儒家	Rújiā	**509**	深沉	shēnchén	**525**	施加	shījiā	**535**
若干	ruògān	**510**	深情厚谊	shēnqíng-hòuyì	**525**	施展	shīzhǎn	**535**
弱点	ruòdiǎn	**510**	神经	shénjīng	**526**	十足	shízú	**536**
撒谎	sā//huǎng	**511**	神奇	shénqí	**526**	石油	shíyóu	**536**
散文	sǎnwén	**511**	神气	shénqì	**526**	时常	shícháng	**537**
散布	sànbù	**512**	神圣	shénshèng	**526**	时而	shí'ér	**537**
散发	sànfā	**512**	神态	shéntài	**527**	时光	shíguāng	**537**
丧失	sàngshī	**512**	神仙	shénxiān	**527**	时机	shíjī	**537**
骚扰	sāorǎo	**512**	审查	shěnchá	**527**	时事	shíshì	**538**
嫂子	sǎozi	**513**	审理	shěnlǐ	**527**	识别	shíbié	**539**
刹车	shāchē	**514**	审美	shěnměi	**527**	实惠	shíhuì	**539**
啥	shá	**514**	审判	shěnpàn	**527**	实力	shílì	**540**
筛选	shāixuǎn	**514**	渗透	shèntòu	**528**	实施	shíshī	**540**
山脉	shānmài	**515**	慎重	shènzhòng	**528**	实事求是	shíshì-qiúshì	**540**
闪烁	shǎnshuò	**515**	生存	shēngcún	**528**	实行	shíxíng	**540**
擅长	shàncháng	**516**	生机	shēngjī	**529**	实质	shízhì	**541**
擅自	shànzì	**516**	生理	shēnglǐ	**529**	拾	shí	**541**
伤脑筋	shāng nǎojīn	**516**	生疏	shēngshū	**530**	使命	shǐmìng	**542**
商标	shāngbiāo	**516**	生态	shēngtài	**530**	示范	shìfàn	**543**
上级	shàngjí	**518**	生物	shēngwù	**530**	示威	shìwēi	**543**
上进	shàngjìn	**518**	生肖	shēngxiào	**530**	示意	shìyì	**543**
上任	shàng//rèn	**518**	生效	shēng//xiào	**530**	世代	shìdài	**543**
上瘾	shàng//yǐn	**518**	生锈	shēng//xiù	**530**	势必	shìbì	**544**
上游	shàngyóu	**519**	生育	shēngyù	**531**	势力	shìlì	**544**
尚且	shàngqiě	**519**	声明	shēngmíng	**531**	事故	shìgù	**544**
捎	shāo	**519**	声势	shēngshì	**531**	事迹	shìjì	**544**
梢	shāo	**519**	声誉	shēngyù	**532**	事件	shìjiàn	**545**
哨	shào	**520**	牲畜	shēngchù	**532**	事态	shìtài	**545**
奢侈	shēchǐ	**520**	省会	shěnghuì	**532**	事务	shìwù	**545**
舌头	shétou	**520**	胜负	shèngfù	**532**	事项	shìxiàng	**546**
设立	shèlì	**521**	盛	shèng	**533**	事业	shìyè	**546**
设想	shèxiǎng	**522**	盛产	shèngchǎn	**533**	试图	shìtú	**546**
设置	shèzhì	**522**	盛开	shèngkāi	**533**	试验	shìyàn	**546**
社区	shèqū	**522**	盛情	shèngqíng	**533**	视力	shìlì	**547**
涉及	shèjí	**522**	盛行	shèngxíng	**533**	视频	shìpín	**547**
摄氏度	shèshìdù	**523**	尸体	shītǐ	**534**	视线	shìxiàn	**547**
申报	shēnbào	**523**	失事	shī//shì	**534**	视野	shìyě	**547**
呻吟	shēnyín	**524**	失误	shīwù	**534**	是非	shìfēi	**547**
绅士	shēnshi	**524**	失踪	shī//zōng	**535**	适宜	shìyí	**548**
深奥	shēn'ào	**525**	师范	shīfàn	**535**	逝世	shìshì	**548**

释放	shìfàng	548	思索	sīsuǒ	566	探望	tànwàng	580
收藏	shōucáng	549	思维	sīwéi	566	倘若	tǎngruò	581
收缩	shōusuō	550	斯文	sīwén	566	掏	tāo	581
收益	shōuyì	550	死亡	sǐwáng	567	滔滔不绝	tāotāo-bùjué	582
收音机	shōuyīnjī	550	四肢	sìzhī	567	陶瓷	táocí	582
手法	shǒufǎ	550	寺庙	sìmiào	567	陶醉	táozuì	582
手势	shǒushì	551	饲养	sìyǎng	567	淘汰	táotài	583
手艺	shǒuyì	551	肆无忌惮	sìwújìdàn	568	讨好	tǎo∥hǎo	583
守护	shǒuhù	552	耸	sǒng	568	特长	tècháng	584
首饰	shǒushi	552	艘	sōu	568	特定	tèdìng	584
首要	shǒuyào	552	苏醒	sūxǐng	569	特意	tèyì	584
受罪	shòu∥zuì	553	俗话	súhuà	569	提拔	tíbá	585
授予	shòuyǔ	553	诉讼	sùsòng	569	提炼	tíliàn	586
书法	shūfǎ	554	素食	sùshí	569	提示	tíshì	587
书籍	shūjí	554	素质	sùzhì	569	提议	tíyì	587
书记	shūjì	554	塑造	sùzào	570	题材	tícái	587
书面	shūmiàn	554	算数	suàn∥shù	571	体裁	tǐcái	588
舒畅	shūchàng	555	随即	suíjí	571	体积	tǐjī	588
疏忽	shūhu	555	随意	suí∥yì	572	体谅	tǐliàng	588
疏远	shūyuǎn	555	岁月	suìyuè	572	体面	tǐmiàn	588
束	shù	557	隧道	suìdào	573	体系	tǐxì	589
束缚	shùfù	557	损坏	sǔnhuài	573	天才	tiāncái	589
树立	shùlì	558	索取	suǒqǔ	574	天赋	tiānfù	590
竖	shù	558	索性	suǒxìng	575	天伦之乐	tiānlúnzhīlè	590
数额	shù'é	558	塌	tā	576	天然气	tiānránqì	590
耍	shuǎ	559	踏实	tāshi	576	天生	tiānshēng	590
衰老	shuāilǎo	560	塔	tǎ	576	天堂	tiāntáng	590
衰退	shuāituì	560	台风	táifēng	577	天文	tiānwén	591
率领	shuàilǐng	561	太空	tàikōng	577	田径	tiánjìng	591
涮火锅	shuàn huǒguō	561	泰斗	tàidǒu	578	田野	tiányě	591
双胞胎	shuāngbāotāi	561	贪婪	tānlán	578	舔	tiǎn	592
爽快	shuǎngkuai	561	贪污	tānwū	578	挑剔	tiāoti	592
水利	shuǐlì	562	摊	tān	578	条款	tiáokuǎn	592
水龙头	shuǐlóngtóu	562	瘫痪	tānhuàn	579	条理	tiáolǐ	592
水泥	shuǐní	562	弹性	tánxìng	579	条约	tiáoyuē	593
瞬间	shùnjiān	563	坦白	tǎnbái	579	调和	tiáohé	593
司法	sīfǎ	565	叹气	tàn∥qì	580	调剂	tiáojì	593
司令	sīlìng	565	探测	tàncè	580	调节	tiáojié	593
私自	sīzì	565	探索	tànsuǒ	580	调解	tiáojiě	593
思念	sīniàn	566	探讨	tàntǎo	580	调料	tiáoliào	593

6급

挑拨	tiǎobō	594	推理	tuīlǐ	606	微不足道	wēibùzúdào	619
挑衅	tiǎoxìn	594	推论	tuīlùn	606	微观	wēiguān	619
跳跃	tiàoyuè	594	推销	tuīxiāo	606	为难	wéinán	620
亭子	tíngzi	595	吞吞吐吐	tūntūn-tǔtǔ	607	为期	wéiqī	620
停泊	tíngbó	595	托运	tuōyùn	608	违背	wéibèi	620
停顿	tíngdùn	595	拖延	tuōyán	608	唯独	wéidú	621
停滞	tíngzhì	596	脱离	tuōlí	608	维持	wéichí	621
挺拔	tǐngbá	596	妥当	tuǒdang	608	维护	wéihù	621
通货膨胀	tōnghuò péngzhàng	597	妥善	tuǒshàn	608	维生素	wéishēngsù	621
通缉	tōngjī	597	妥协	tuǒxié	608	伪造	wěizào	622
通俗	tōngsú	597	椭圆	tuǒyuán	609	委托	wěituō	622
通讯	tōngxùn	597	唾弃	tuòqì	609	委员	wěiyuán	622
通用	tōngyòng	597	挖掘	wājué	610	卫星	wèixīng	623
同胞	tóngbāo	597	哇	wā	610	未免	wèimiǎn	624
同志	tóngzhì	598	娃娃	wáwa	610	畏惧	wèijù	624
铜	tóng	599	瓦解	wǎjiě	610	喂	wèi	625
童话	tónghuà	599	歪曲	wāiqū	611	蔚蓝	wèilán	625
统筹兼顾	tǒngchóu-jiāngù	599	外表	wàibiǎo	611	慰问	wèiwèn	625
统计	tǒngjì	599	外行	wàiháng	611	温带	wēndài	625
统统	tǒngtǒng	599	外界	wàijiè	612	温和	wēnhé	626
统治	tǒngzhì	600	外向	wàixiàng	612	文凭	wénpíng	627
投机	tóujī	600	丸	wán	612	文物	wénwù	627
投票	tóu∥piào	601	完备	wánbèi	613	文献	wénxiàn	627
投诉	tóusù	601	完毕	wánbì	613	文雅	wényǎ	628
投降	tóuxiáng	601	玩弄	wánnòng	614	文艺	wényì	628
投掷	tóuzhì	601	玩意儿	wányìr	614	问世	wènshì	629
透露	tòulù	602	顽固	wángù	614	窝	wō	629
秃	tū	602	顽强	wánqiáng	615	乌黑	wūhēi	630
突破	tū∥pò	602	挽回	wǎnhuí	615	污蔑	wūmiè	630
图案	tú'àn	603	挽救	wǎnjiù	615	诬陷	wūxiàn	630
徒弟	túdi	603	惋惜	wǎnxī	615	无比	wúbǐ	631
途径	tújìng	603	万分	wànfēn	616	无偿	wúcháng	631
涂抹	túmǒ	603	往常	wǎngcháng	617	无耻	wúchǐ	631
土壤	tǔrǎng	604	往事	wǎngshì	617	无动于衷	wúdòngyúzhōng	631
团结	tuánjié	605	妄想	wàngxiǎng	617	无非	wúfēi	631
团体	tuántǐ	605	危机	wēijī	618	无辜	wúgū	632
团圆	tuányuán	605	威风	wēifēng	618	无精打采	wújīng-dǎcǎi	632
推测	tuīcè	605	威力	wēilì	618	无赖	wúlài	632
推翻	tuī∥fān	606	威望	wēiwàng	618	无理取闹	wúlǐ-qǔnào	632
			威信	wēixìn	619	无能为力	wúnéng-wéilì	633

6级

性命	xìngmìng	673	雪上加霜		684	厌恶	yànwù	693
性能	xìngnéng	673	xuěshàng-jiāshuāng			验收	yànshōu	693
凶恶	xiōng'è	674	血压	xuèyā	684	验证	yànzhèng	694
凶手	xiōngshǒu	674	熏陶	xūntáo	684	氧气	yǎngqì	694
汹涌	xiōngyǒng	674	寻觅	xúnmì	684	样品	yàngpǐn	694
胸怀	xiōnghuái	675	巡逻	xúnluó	684	谣言	yáoyán	695
胸膛	xiōngtáng	675	循环	xúnhuán	685	摇摆	yáobǎi	696
雄厚	xiónghòu	675	循序渐进	xúnxù-jiànjìn	685	摇滚	yáogǔn	696
雄伟	xióngwěi	675	压迫	yāpò	686	遥控	yáokòng	696
修复	xiūfù	676	压岁钱	yāsuìqián	686	遥远	yáoyuǎn	696
修建	xiūjiàn	676	压缩	yāsuō	686	要点	yàodiǎn	698
修养	xiūyǎng	677	压抑	yāyì	686	要命	yào∥mìng	698
羞耻	xiūchǐ	677	压榨	yāzhà	686	要素	yàosù	698
绣	xiù	677	压制	yāzhì	687	耀眼	yàoyǎn	698
嗅觉	xiùjué	677	鸦雀无声	yāquè-wúshēng	687	野蛮	yěmán	699
须知	xūzhī	677	亚军	yàjūn	687	野心	yěxīn	699
虚假	xūjiǎ	678	烟花爆竹	yānhuā bàozhú	688	液体	yètǐ	700
虚荣	xūróng	678	淹没	yānmò	688	一度	yídù	701
虚伪	xūwěi	678	延期	yán∥qī	688	一帆风顺	yìfān-fēngshùn	702
需求	xūqiú	678	延伸	yánshēn	688	一贯	yíguàn	702
许可	xǔkě	679	延续	yánxù	688	一举两得	yìjǔ-liǎngdé	702
序言	xùyán	679	严寒	yánhán	689	一流	yìliú	702
畜牧	xùmù	679	严禁	yánjìn	689	一目了然	yìmù-liǎorán	703
酗酒	xùjiǔ	679	严峻	yánjùn	689	一如既往	yìrú-jìwǎng	703
宣誓	xuān∥shì	680	严厉	yánlì	689	一丝不苟	yìsī-bùgǒu	703
宣扬	xuānyáng	680	严密	yánmì	689	一向	yíxiàng	704
喧哗	xuānhuá	680	言论	yánlùn	690	衣裳	yīshang	705
悬挂	xuánguà	680	岩石	yánshí	690	依旧	yījiù	705
悬念	xuánniàn	680	炎热	yánrè	690	依据	yījù	705
悬殊	xuánshū	681	沿海	yánhǎi	690	依靠	yīkào	705
悬崖峭壁	xuányá-qiàobì	681	掩盖	yǎngài	691	依赖	yīlài	705
旋律	xuánlǜ	681	掩护	yǎnhù	691	依托	yītuō	706
旋转	xuánzhuǎn	681	掩饰	yǎnshì	691	仪器	yíqì	706
选拔	xuǎnbá	681	眼光	yǎnguāng	691	仪式	yíshì	706
选举	xuǎnjǔ	681	眼色	yǎnsè	692	遗产	yíchǎn	707
选手	xuǎnshǒu	681	眼神	yǎnshén	692	遗传	yíchuán	707
炫耀	xuànyào	682	演变	yǎnbiàn	692	遗留	yíliú	707
削弱	xuēruò	682	演习	yǎnxí	693	遗失	yíshī	707
学说	xuéshuō	683	演绎	yǎnyì	693	疑惑	yíhuò	707
学位	xuéwèi	683	演奏	yǎnzòu	693	以便	yǐbiàn	708

6급

6급